트럼프가 짚어주는
똑똑한 투자법

트럼프노믹스 알아야 새로운 돈맥脈 찾는다

트럼프가 짚어주는
똑똑한 투자법

매일경제 증권부 지음

매일경제신문사

도널드 트럼프의 대통령 취임 이후 미국은 경제 정책, 복지 정책, 안보 정책에 큰 변화를 겪게 된다. 트럼프의 개인적 소신에 의해서 바뀌는 부분도 있겠지만, 민주당에서 공화당으로 정권으로 바뀌기 때문에 큰 변화가 오는 것이다. 공화당과 민주당은 보수적 가치와 진보적 가치를 각자 추구하여 왔는데, 최근 들어 보수와 진보 간의 간격이 크게 벌어지고 있다. 대표적인 예가 '오바마케어Obama care'로 불리는 의료보험 개혁이다.

민주당은 국민개보험 제도를 도입해 의료 혜택의 평등을 추구하는 반면, 공화당은 오바마케어가 시장을 무시한 사회주의적 접근 방식으로서 의료 수준의 질 저하, 과잉 진료 수요에 의한 중환자 방치 등 유럽식 사회주의의 병폐를 초래하고 재정 부담을 크게 늘리므로 폐지해야 한다는 입장이다. 공화당은 '개인의 자유individual freedom', '자유 기업free enterprise', '제한된 정부limited government'로 요약되는 미국의 건국이념에 충실해야 하며 복지는 꼭 필요한 범위 이내로 한정해야 한다는 입장인 데 반해, 민주당은 산업 사회의 경제적 약자를 위해 시장 원리에 반하더라도 정부가 보다 적극적인 역할을 해야 한다는 입장이다.

공화당과 민주당은 국방 정책에도 차이가 있다. 민주당이 보다 온건한 반면 공화당은 상대적으로 강경하다. 트럼프 내각의 안보 라인이 군 장성 출신의 강골들로 채워지는 이유이다. 세계의 경찰이라고 하는 미국의 안보 정책은 분쟁 지역의 범위와 위험도를 결정하는 요인이므로 투자 대상국을 선정하는 데 영향을 미친다. 투자자들이 미국의 안보 정책 동향에 대해서도 안테나를 높여야 하는 이유이다.

금리 정책도 미국의 국익을 최우선으로 한다는 관점에서 좌고우면하지 않고 미국 경제의 입장만 고려하여 금리를 과감하게 인상할 가능성이 있다. 트럼프가 감세와 인프라 투자 확대를 내세우는 걸 볼 때, 당장 금리를 급격히 올려 축제 분위기에 찬물을 끼얹지는 않겠지만 시간을 두고 예의주시할 필요가 있다. 기축 통화국인 미국의 금리 정책은 세계 경제에 영향을 끼치는데, 특히 금융시장 개방도가 높은 개발도상국에 큰 영향을 미친다. 그러므로 미국의 금리 정책이 미치는 파장에 대한 이해도를 높이는 것이 투자 수익률을 높이는 길이다.

이번에 매일경제 증권부에서 집필한 《트럼프가 짚어주는 똑똑한 투자법》은 투자자들이 미국의 정책을 읽고 투자 전략을 가다듬는 사고의 틀을 형성하는 데 큰 도움을 줄 것으로 보인다. 예측은 틀리기 위해서 존재한다는 말이 있듯이 예측의 정확성을 사전에 예단하기는 어렵다. 그러나 이 책을 읽어나가면서 독자 나름대로 미국이라는 변수, 공화당이라는 변수, 트럼프라는 변수를 독자 자신의 투자 모델에 대입하고 의사 결정에 활용할 수 있게 된다면, 그 자체만으로도 노련한 투자자, 성공하는 투자자로 업그레이드되는 자신의 모습을 발견하게 될 것으로 믿는다.

前 대통령실 경제수석비서관
前 지식경제부 장관
前 미국 공화당 헤리티지재단 방문연구원
現 한국공인회계사회 회장

최중경

도널드 트럼프, 그는 누구인가

도널드 트럼프Donald Trump. 70세 '고희古稀'의 사나이에게 나이는 숫자에 불과했다. 보란 듯이 2016년 11월 대통령 선거를 통해 세계 최강국 미국호號의 선장이 됐다. 그를 표현하는 수식어는 한두 개가 아니다. 소위 금수저, 아니 다이아몬드수저에 부동산 재벌부터 공직 경험이 전무후무한 아웃사이더, 극단적인 자국 우선주의자 등 다 헤아리기 어려울 정도다. 그런데도 아직 대중들은 그를 잘 알지 못한다. 수박 겉핥기겠지만 트럼프가 지금까지 걸어온 길을 통해 그가 누구인지를 살펴보는 것은 의미 있는 작업일 수 있다. 우리는 실제로 '악동' 이미지보다는 인간 트럼프의 모습을 들여다볼 필요가 있다.

트럼프는 1964년 6월 14일 뉴욕 시 퀸스Queens에서 태어났다. 독일계 이민자의 후손으로 부동산 업계에서 나름 기반을 닦은 중견 사업가 프레드 트럼프Fred Trump와 스코틀랜드 태생의 어머니인 메리 애니Mary

Anne 사이에서 3남 2녀 중 차남으로 태어났다.

대표적인 금수저였지만 그는 어릴 적부터 말썽을 몰고 다니는 문제아였다. 13살의 꼬마 트럼프는 학교 음악 선생님에게 주먹을 날렸다. 트럼프의 주먹에 음악 선생님의 눈은 퉁퉁 부어올랐다. 이유는 "음악을 너무 몰라 참을 수 없었다"라는 것이었다.

그런 꼬마 트럼프의 '기행'을 부모는 견디지 못했다. 부친은 강제로 트럼프를 뉴욕군사학교New York Military Academy로 보낸다. 사립 기숙학교로서 엄한 규율로 유명세를 탄 이곳에서 트럼프는 범상치 않은 능력을 발휘했다. 그는 군사학교의 거리 행진에 대한 관심이 인근 가톨릭 여학교의 행진에 묻힐 것을 염려한 동기들을 위해 협상의 기술을 선보였다. 결국 행사 몇 분 전에 행진 순서가 군사학교로 확 바뀌었다.

군사학교 재학 시절이 트럼프에 미친 영향에 대해선 이견이 있다. 사신보다 더 잘사는 '다이아몬드수저'의 친구들을 보며 열등감을 느꼈다는 등 오히려 주류 사회의 단맛에 푹 빠져 더 큰 성공을 향한 자기 담금의 시간이 됐다는 등 말이다.

트럼프는 군사학교 시절을 마치고 1964년 뉴욕에 있는 포덤대학교Fordham University에 입학했다. 하지만 그의 주류 사회에 대한 갈망은 식지 않았다. 포덤대학교를 2년간 다니다 미국 아이비리그의 명문 대학 펜실베이니아대학교 와튼스쿨Wharton School of the University of Pennsylvania 경제학과로 편입했다. 그는 지금도 "와튼스쿨 입학이 내 인생에서 손에 꼽을 정도의 기쁜 순간이었다"라며 와튼스쿨 출신임을 거리낌 없이 자랑해왔다.

대학 졸업 후 트럼프가 선택한 길은 '돈 벌기'였다. 그는 부친과 함께 부동산 사업에 손을 댔다. 자금은 부친에게 빌린 100만 달러(현재 가치로는 80억 원)였다. 뭉칫돈을 손에 쥔 그의 발걸음에는 힘이 붙었다. 1971년 부친으로부터 경영권을 승계받은 뒤에는 전 세계에 자신의 이름을 붙인 호텔, 골프장, 카지노 등을 운영하는 트럼프그룹The Trump Organization을 세웠다. 우리나라에서는 대우건설과 인연을 맺었다. 대우건설이 1990년대 후반 트럼프와 공동으로 뉴욕 유엔 본부 인근에 맨해튼 트럼프 월드 타워를 건설한 뒤 '트럼프월드' 이름이 들어간 주상복합을 건설한 것으로 유명하다.

성공한 부동산 사업가만큼이나 트럼프에게 따라 붙는 직업은 '연예인'이다. 2004년 미국 NBC에서 진행한 리얼리티쇼 〈어프렌티스The Apprentice〉 출연이 시작이었다. 이 프로그램에서 매회 '너는 해고야!You're fired'를 외쳐대는 트럼프에게 미국 국민들은 통쾌한 반응으로 화답했고, 그는 유명 연예인의 반열에 오르기도 했다.

결혼 생활도 '정상'과는 거리가 멀었다. 숱한 여배우들과 염문을 뿌리며 결혼도 세 번이나 했다. 첫째 부인 이바나 트럼프Ivana Trump, 둘째 부인 말라 메이플스Marla Maples와 각각 이혼한 뒤 2005년 현 부인인 멜라니아 트럼프Melanija Trump와 합쳤다. 슬로베니아 출신 모델이다. 장남 도널드 트럼프 주니어Jr, 장녀 이반카 트럼프Ivanka Trump와 차남 에릭 트럼프Eric Trump 등 5명의 자녀를 두고 있다.

트럼프가 성공 가도를 걷게 한 원동력은 과감한 베팅을 앞세운 승부사 기질, 뼛속까지 배어있는 협상의 기술 등일 것이다. 이러한 기질과 재능은 부친에게 물려받았다고 한다. 부친인 프레드는 꼬마 트럼프와 여덟 살 위의 형인 프레드 트럼프 주니어의 손을 잡고 부동산 개발 현장을 자주 들렀다. 시간 날 때마다 부친이 "적들을 깔아뭉개고 올라가야 한다. 최고가 돼라"라고 주문했다. 그리고 부친의 희망대로 트럼프는 최고의 승부수로 명성을 날렸다.

트럼프의 삶에서 부친만큼이나 중요한 위치에 있었던 인물은 형인 프레드 주니어다. 트럼프와 달리 내성적이면서 사업에 관심을 갖지 않았던 프레드 주니어는 불행히도 43세의 나이로 세상을 떠났다. 사인은 알콜 중독이었다. 트럼프는 어린 시절을 함께 했던 형의 갑작스런 죽음을 어떻게 받아들였을까? 〈뉴욕타임스_The New York Times_〉는 "트럼프는 당시 (형이 보여준) 한순간의 나쁜 선택이 얼마나 치명적인지 피부로 느꼈다. 형의 고통스런 모습을 보면서 트럼프는 술과 담배를 멀리하게 된다"라고 당시 상황을 설명했다. 그가 '성공'이란 열매를 딸 수 있었던 힘에는 형의 죽음으로 느꼈던 '자기 절제'의 노력이 숨어있었다는 얘기다.

간략하게나마 트럼프라는 인물에 대해 알아보았다. 앞으로 트럼프가 이끌어갈 미국호와 그로 인해 변화할 세계 경제는 어떠할지 세세히 짚어보도록 한다.

트럼프 이후 업종별 기상도

트럼프 이후로 한국 산업은 분야별로 어떤 영향을 받게 될까? 투자자들은 이에 대비해 어떤 준비를 해둬야 할까? 전문가들은 공통적으로 3가지 변수에 주목하라는 의견을 내고 있다.

우선 첫 번째는 보호무역주의다. 트럼프는 자신의 주 지지 계층인 블루컬러(중산층 이하 노동 계층) 백인 남성의 표를 얻기 위해 "외국과의 교역이 미국인의 일자리를 빼앗아갔다"라는 연설을 선거 기간 내내 여러 차례 되풀이했다.

트럼프가 당선 이후 공약에 대대적인 손질을 가하고 있지만 핵심 정책인 보호무역주의는 그대로 유지할 것으로 보인다. 실제로 당선 직후인 2016년 11월 초에는 다시 한 번 환태평양경제동반자협정TPP 탈퇴를 공언하기도 했다.

이를 위해 자국 산업 보호에 힘을 기울이며 외국 상품에 대해 단계적인 수입 제한 조치를 취할 전망이다. 대미 수출 비중이 높은 수출 산업들에 피해가 예상된다. 이에 따라 2차전지, 전기전자부품, 전기차 비중 산업에는 '집중 호우'가 예상된다.

두 번째는 환율 정책이다. 트럼프는 중국·일본·한국 등 대미 수출 비중이 높은 국가들이 환율을 조작해 미국의 국부를 훔쳐간다고 강도 높은 비난을 퍼부어왔다. 이에 따라 약달러 정책을 펴겠다는 의견도 덧붙였다.

그러나 미국 대선 이후 이런 트럼프의 구상과 달리 실제 돈의 흐름은 완전히 다르게 흘러갔다. 미국 정부 정책의 불확실성에 대한 시장의 공포감이 극에 달하며 역설적으로 안전 자산인 달러의 가치가 크게 오르는 '트럼프 탠트럼Trump tantrum(발작)'이 발생했다. 과연 트럼프 탠트럼이 계속해서 이어질지, 달러의 가치가 어느 쪽으로 움직일지는 아직 섣불리 예상하기 어렵다.

달러의 가치가 지속적으로 오를 경우 한국 상품의 가격이 상대적으로 저렴해지는 효과를 가져 오기 때문에 수출 중심 산업들은 반사효과를 누릴 수 있을 전망이다. 반면 수입에 의존하는 분야는 수입품 원가가 올라가기에 이에 따른 시장 수요의 감축을 피하기 어려울 수 있다.

세 번째는 인프라 투자와 트럼프케어Trump Care다. 대선 기간 동안 트럼프는 미국의 제조업 경기 부흥을 위해 1조 달러 규모의 미국 내 도로·댐·송유관 등의 인프라 확충을 부르짖었다.

이중 백미는 오바마 행정부가 환경오염을 이유로 수차례 거부 의사를 밝힌 키스톤Keystone 송유관 건설이다. 캐나다 앨버타 주를 시작으로 미국의 중부 네브라스카 주를 거쳐 텍사스 주까지 이르는 장장 4,500km의 초장거리 송유관이 완성된다면 하루 83만 배럴의 원유 수송이 가능할 전망이다. 트럼프는 이 송유관 건설을 재개해 미국의 제조업 경기 부흥의 신호탄을 쏘겠다고 밝힌 바 있다. 만일 이 사업에 한국 업체들이 참여하게 된다면 미국 내에서 대량의 수주도 가능할 전망이다.

트럼프는 또한 오바마 정부의 최대 정책인 오바마케어를 폐기하겠다고 밝히고, 대표적인 오바마케어 반대론자인 톰 프라이스Tom Price 하원의원을 보건복지부 장관으로 지난 11월 말 지명했다. 저소득층에 대한 의료보험료 보조금 지급과 의료보험 의무 가입을 핵심으로 하는 오바마케어는 전면 수정 또는 폐지를 피하기 어려울 전망이다.

트럼프 행정부는 대신 저소득층을 위해 외국에서 저렴한 복제약을 다량 수입해 공급할 계획임을 밝혔다. 이 경우 미국 제약사에 비해 상대적으로 저렴한 가격에 유사한 성능을 지닌 복제약 공급이 가능한 제약사들의 전망은 밝을 것으로 보인다. 따라서 제약, 바이오주는 대표적인 수혜주로 꼽혀 '맑음'으로 분류할 수 있다.

차
례

06 혼란의 시기를 극복할 스마트한 투자법

07 채권 - 다가올 트럼플레이션에 대비하라

PART

01

트럼프 시대
투자의
기초 다지기

트럼프노믹스
기초 다지기① 통화 정책

트럼프노믹스의 기초를 이룰 3대 정책, 즉 '통화·재정·환율' 정책을 살펴보기 전에 해야 할 일이 있다. 바로 트럼프 정부가 향후 4년, 길면 8년까지도 내다보는 재임 기간 중의 미국 경제 환경을 점쳐보는 일이다. 당장 거시경제 환경이 어떤 상황인지를 알아야 경제 정책의 방향성을 가늠할 수 있기 때문이다.

크게 보면 트럼프 집권 직후 미국 경제는 완전한 경기 회복 사이클을 탈 것으로 보인다. 그만큼 경기가 좋아진다는 말이다. 지난 2008년 글로벌 금융 위기 이후 장기간에 걸쳐 느린 속도로 회복을 겪어왔던 미국 경제가 2017년 이후에는 사실상 완전 고용 체제로 넘어가게 될 전망이다. 물론 트럼프 정책의 변수에 따라 불확실성이 많지만 객관적인 수치만 놓고 보자면 미국의 실업률은 2010년 10%이던 것이 2016년에는 4.9%까지 떨어졌다. 이정도면 미국에서는 자연실업률에 가까운 것으로 보고 있다. 참고로 미국 연방공개시장위원회FOMC 위원들이 전망한 완전고용실업률(자연실업률)의 범위는 4.7~5.0% 이다.

하지만 장기적으로 볼 때 미국 경제의 기초 체력은 그다지 낙관할 정도는 못된다. 일단 잠재성장률이 여전히 많이 떨어져있는 상태다. 지난 2000년 이후 미국의 잠재성장률은 약 3%에서 1.5%까지 떨어졌다. 잠재성장률을 구성하는 노동 투입과 생산성이 부진한 모습을 보이면서 연방준비제도FRS(이하 연준)에서도 미국 경제의 잠재성장률 추정치를 1.8~2.1%로 낮게 보고 있다. 일단 소위 베이비부머들이 은퇴하고, 노동인구가 둔화되면서 인구가 고령화되고 있기 때문이다.

미국 경제의 기초 체력을 걱정하는 또 다른 이유는 소득 불균형의 심화다. 미국 경제는 지난 1947년부터 1973년까지 가구 소득에 상관없이 꾸준히 벌이가 증가했다. 하지만 1973년 이후 가구 간 소득 불균형이 시작되면서 1973년부터 2015년까지는 부의 축적이 특정 수입군에 집중됐다. 즉 소득 구간별 상위 95%에 달하는 가정에서는 소득이 57% 늘어났지만 하위 20%에 해당하는 가정에서는 소득이 오히려 2%나 줄었다.

소득 재분배를 위해서는 결국 감세 정책이 필요하다는 것이 트럼프의 생각이다. 트럼프 내각의 첫 재무장관으로 내정된 투자은행 골드만삭스 출신 스티브 므누신Steven Mnuchin은 법인세 인하와 중산층 감세를 골자로 하는 세제 개편을 서둘러 "미국 경제가 다시 3~4%씩 성장하는 것을 최우선 과제로 삼겠다"라고 밝힌 상태다. 특히 트럼프는 선거과정에서 본인은 부동산 디벨로퍼로써 저금리를 선호하지만, 예금과 이자로 살아가는 국민들은 상대적으로 큰 피해를 보고 있다고 강조했다.

여기까지만 놓고 보면 향후 트럼프 정부의 통화 정책은 방향성이 매우 모호해 보인다. 트럼프는 지속적으로 현재 재닛 옐런Janet Yellen 연준 의장에 대해 임기인 2018년 2월까지만 두고 연임시키지 않겠다고 공언해왔다. 연준 위원들도 금리 인상을 외치는 매파들로 채우겠다고 한다.

그런데 이게 말처럼 쉽지가 않다. 지금 트럼프 정부에 필요한 것은 상당 기간의 낮은 금리이다. 오바마 대통령이 권력을 이양받았던 지난 2009년처럼 국가의 돈을 풀어 경기를 살리는 확장 재정 정책이 트럼프 정부에서도 시작될 것이기 때문이다. 이미 트럼프 정부는 선거 과정에서 1조 달러짜리 초대형 인프라 투자를 공약한 상태다. 그런데 이런 천문학적 재원을 마련하려면 국채 발행을 늘려 빚을 내야 한다. 금리가 오를수록 국채에 대한 이자 부담은 커지는데 기준금리를 마구 올릴 수도 없는 상황이다. 뿐만 아니다. 트럼프식 공격적 감세 정책을 편다면 세수는 줄어들어 적극적인 재정을 펼 재원도 사라지게 된다.

경기는 좋은데 금리를 올릴 수도 내릴 수도 없는 상황에서 나온 말이 '고압 경제High pressured economy'다. 정부와 중앙은행이 일시적으로 과열된 경제 상황을 용인하는 고압 경제가 정권 초기에 나타날 수 있다는 얘기다.

이 과정에서 트럼프 대통령은 통화 정책을 조절하기 위해 연준 위원 임명권을 이용해 영향력을 행사할 전망이다. 2017년 트럼프 취임 이후 연준 위원들은 임기 만료가 속속 이어진다. 2016년 말 현재 7명의 연준 위원 정원 중 2명이 공석이다. 물론 오바마 대통령이 임명한 인물이 있었지만, 상원 인사위원회에서 계속 보류시키고 있다. 결국 트럼프 취임 이후 새로 임명될 인사들을 기다리고 있는 셈이다.

트럼프가 옐런 의장에 대한 사임을 종용하고 나섰지만 옐런 의장은 2018년 초까지 보장된 임기를 채우겠다고 밝힌 상태다. 연준 부의장인 스탠리 피셔도 같은 해 중반 임기 만료를 맞는다. 옐런 의장과 피셔 부의장은 의장과 부의장직을 그만둔다고 해도 일반 위원으로서 계속 연준에 남을 수는 있다. 하지만 트럼프 시대 정세로 볼 때 그럴 가능성은 낮다는 게 대체적인 관측이다.

여기에 오바마 대통령이 금융 규제 부의장을 공석으로 두면서 그동안 대니얼 터룰로Daniel Tarullo 위원이 사실상 금융 규제 수장으로 일해 왔다. 트럼프가 취임 이후 해당 자리를 채워넣는다면, 터룰로 위원이 조기 사임할 가능성이 높다.

그렇게 되면 트럼프가 4년 임기 동안 7명의 연준 위원 가운데 5명을 지명할 수 있게 된다. 그중 3자리는 의장 1자리와 부의장 2자리다. 트럼프가 원하는 연준를 만들어 통화 정책도 유연하게 조절할 수 있을 것이라 짐작하는 데는 이 같은 배경이 숨어있다.

트럼프노믹스
기초 다지기② 재정 정책

　미국 부시 정권에서 잉태된 글로벌 금융 위기는 결국 오바마 행정부에서 수습을 담당했다. 이 과정에서 통화 정책은 오랜 기간 저금리를 유지하며 시장을 안정시켰고, 재정 정책은 최대한 긴축을 통해 허리띠 졸라매기를 해왔다. 물론 과연 긴축이 필요한가에 대한 논란이 미국뿐만 아니라 유럽에서도 다각도로 논의됐지만 과도한 국가 부채를 줄이기 위해서는 긴축만이 살길이라는 게 시대의 테마였다.

　트럼프의 대표적인 경제 정책은 감세와 재정 부양책이다. 그러나 그의 공약은 제한적으로 실시될 가능성이 높다. 왜냐면 대규모 감세 및 재정 지출 확대 영향으로 재정 적자가 발생하고, 시장 금리가 급등할 경우 트럼프와 공화당 지도부 모두 받아들이기 힘든 사태가 되기 때문이다.

트럼프는 감세와 관련해서 소득세 세율 구간을 현행 7단계에서 3단계로 줄이고 최고 세율도 39.6%에서 33%로 낮추겠다고 약속했다. 법인세 역시 현행 35%에서 15%까지 떨어뜨리고, 부동산세를 폐지하는 대신 육아비 세제 혜택을 확대하겠다고 공약했다. 또 마이크로소프트, 애플 등 해외에서 많은 수익을 올리는 미국 기업들에게 해외 이윤을 본국으로 가져와 고용, 사업 확장 등에 쓰면 세금을 한 차례 최대 10%까지 감면해주겠다고 밝혔다.

여기에 경기 부양을 위해서 트럼프는 국방비 5,500억 달러, 인프라 투자에 1조 달러를 쏟아부으며 재정 지출을 확대하겠다고 선언했다. 특히 인프라 투자 확대를 통해 낙후된 도로, 항만, 교량 등을 재건하는 한편 철강 및 건설 사업을 일으키고 일자리를 늘리겠다는 계획이다.

트럼프의 핵심 공약을 실행하려면 향후 10년간 3,500억 달러 이상의 추가 비용이 들어가고 국가 부채가 5조 3,000억 달러 이상 더 늘어날 수 있다는 것이 시장의 전망이다.

문제는 여기서 시작된다. 트럼프의 공화당은 지금까지 오바마 행정부에 긴축 재정, 정확히는 균형 재정을 요구해온 정당이다. 빚을 지지 말고 수입 내 지출을 통해 경제 구조를 장기적으로 건강하게 가져가야 한다는 게 공화당의 논리였다. 그러나 트럼프의 공약을 지키기 위해 늘어날 국가 부채에 공화당이 오히려 발목을 잡히게 되었다.

이미 미국 언론들은 우려의 목소리를 내고 있다. 〈워싱턴포스트*The Washington Post*〉는 수조 달러가 들어가게 될 트럼프의 공약을 공화당이 받아들일지 의문이라고 전했다. 공화당은 지난 8년 간 국가 부채 증가에 대해 비판의 목소리를 높여왔는데, 트럼프의 감세 공약만 놓고 봐도 향후 10년 간 7조 2,000억 달러가 필요할 것이라는 분석이다.

상황이 이렇다 보니 공화당 내에서도 갑론을박이 나타나고 있다. 하원 예산위원장을 맡고 있는 톰 프라이스 의원은 긴축 재정을 강조하면서도 대규모 적자 가능성에 대해서는 부인하고 있다. 공화당 마르코 루비오_{Marco Rubio} 상원의원도 "재정 적자 문제를 해결해야 하지만 트럼프의 제안이 무엇일지 기다려봐야 한다"라며 구체적인 대답을 회피하고 있다. 트럼프 행정부의 첫 재무장관 내정자 스티븐 므누신의 말처럼 경제가 3~4%씩 성장한다면 부채가 어느 정도 늘어나는 것은 감당할 수 있을 것이다. 하지만 자칫 잘못하면 경기 부양은 더딘데 빚만 늘어나 미국 경기 적자폭을 더 키울 수도 있다는 게 문제다.

트럼프 당선 이후 채권시장에서 대거 자금이 빠져나온 것도 같은 맥락이다. 트럼프가 감세와 대규모 재정 지출로 미국의 경제 성장과 인플레이션을 가속화할 것이라는 전망에 투자자들이 안전 자산인 채권에서 발을 빼고 있기 때문이다. 이미 글로벌 채권시장은 글로벌 금융 위기 직후인 지난 2009년 이후 최악의 슬럼프를 겪고 있다.

2016년 11월 8일 미국 차기 대통령이 공화당의 도널드 트럼프로 결정된 이후 2주 동안 글로벌 자금은 빠른 속도로 이동했다. 주식시장에는 2년 만에 가장 많은 자금이 몰려들었고 채권시장에서는 181억 달러가 빠져나와 지난 2013년 이후 가장 큰 규모로 자금이 사라졌다. 지난 2013년 6월 벤 버냉키 당시 연준 의장이 양적 완화 축소 가능성을 언급하면서 선진국의 양적 완화 축소 정책이 신흥국의 통화 가치와 증시 급락을 불러오는 현상인 긴축 발작taper tantrum을 불러일으켰던 당시에 버금가는 양의 돈이 채권시장에서 빠져나온 것이다. 트럼프 정권에서 나타날 수 있는 대규모 재정 확대 정책과 인플레이션, 금리 인상 가능성이 채권시장에 우선 반영되면서 채권 가격을 떨어뜨렸기 때문이다. 레이건 행정부 집권기인 80년 대 초 16%에 육박했던 10년 만기 국채 수익률은 그 이후 약 35년 가량 하향 곡선을 그리면서 1% 대까지 떨어졌다. 하지만 트럼프 당선 이후 이 금리 곡선은 2%대 중반까지 치고 올라가기 시작했다. 미국의 30년 저금리 장세는 끝났다.

트럼프노믹스
기초 다지기③ 환율 정책

사실 트럼프노믹스에서 가장 어려운 부분이 환율 정책이다. 트럼프 대통령이나 경제 관료 내정자들이 이 부분에 대해 명확히 밝힌 적이 없는 데다가 달러화를 둘러싼 각종 경제 정책들이 상충하고 있기 때문이다.

일단 가장 큰 모순은 트럼프의 보호무역주의에서 나온다. 트럼프는 선거 기간 내내 미국을 다시 훌륭한 나라로 만들기 위해 해외로 나간 미국 기업의 일자리를 되찾아오겠다고 밝혔다. 미국으로 일자리가 돌아오려면 임금이 싸져야 한다. 베트남에서 티셔츠를 만드는 것보다 미국에서 만들 때 더 싸다고 생각돼야 기업이 돌아올 게 아닌가? 하나 더, 미국 달러가 싸져야 한다. 미국에서 생산한 제품을 해외에 내다 팔기 위해서는 원가 경쟁력이 있어야 한다. 결국 해외로 나간 일자리가 다시 미국으로 돌아오고 미국서 만든 제품들이 싸게 팔려 나가게 하기 위해서는 달러 약세가 필수다.

여기까지만 보면 트럼프가 지지하는 것은 약달러라고 생각하기 쉽지만 더 아리송한 부분은 다음부터다. 트럼프의 선거 공약 3가지 중 하나가 중국과의 관계 재정립이다. 대통령에 당선되면 가장 먼저 중국을 환율 조작국으로 지정하겠다고 호언해왔다. 지금까지는 중국 정부가 위안화를 인위적으로 약세 유지하면서 수출 경쟁력을 유지해 왔지만 더는 좌시하지 않겠다는 얘기다. 위안화를 정상화시켜 중국 제품의 가격 경쟁력을 떨어뜨리겠다는 말이다. 위안화 약세가 되면 달러는 당연히 강세가 될 수밖에 없는데 말이다.

시장에서는 이미 달러 강세에 대한 베팅이 거세지고 있다. 트럼프 당선 이후 미국 달러화는 2주간 하루도 빠짐없이 폭등하면서 어느 나라 통화보다도 강한 '슈퍼달러'를 연출했다. 달러화는 유로화에 비해서 이미 초강세 상태다. 지난 1999년 유로화가 출범한 이후 가장 오랜 기간 강세를 이어왔을 정도다. 위안화도 트럼프 당선 이후 2016년 11월 한 달 사이 8년 만에 최저 수준까지 떨어졌다.

트럼프 대통령이 대규모 부양책을 공언하고 있다는 점이 달러를 더욱 빠른 속도로 견인하고 있다. 미국 연준이 예상보다 빠른 속도로 금리를 인상할 가능성도 제기되고 있는 상황이라 달러 강세는 상당 기간 유지될 것으로 전망된다.

하지만 문제는 미국 달러 강세를 트럼프 정부가 결코 원하지 않는다는 점이다. 달러 강세는 결국 뉴욕 증시에 악영향을 미치고 경기 전반에 영향을 미칠 것이 분명하기 때문이다. 미국 증시에 상장된 대형 주들의 경우 매출의 절반 가까이가 해외에서 발생하기 때문에 이들 수출 기업에 강달러는 독이 될 수밖에 없다. 실제 국제 신용평가기관 인 미국의 스탠더드앤푸어스S&P 주가 지수 중 500개 대형기업 주식을 포함한 지수인 S&P500 기업의 매출 중 44%가 미국이 아닌 해외에서 발생하고 있다. 특히 에너지, 기술 섹터들의 경우 매출의 약 58%를, 소재 섹터는 매출의 53.5%를 해외 시장에서 내고 있다. 달러 강세가 계속되면 가장 먼저 뉴욕 증시에 타격이 불가피하다. 기업들의 실적 은 부진해질 것이고 결국 경기 부양 효과도 반감되면서 트럼프 정권 은 다시 달러 가치 약세를 위한 노력을 기울여야 할지도 모른다.

공화당 정권 때
코스피는

———

국내 증시는 흔히 미국과 대체적으로 동조화 현상을 보인다고 생각하는 경우가 많다. 밤사이 전해지는 다우존스Dow Jones지수, S&P 지수, 나스닥NASDAQ지수 등 미국의 3대 지수의 상승·하락을 보고 당일 국내 코스피의 향방을 대략 가늠하는 경우도 있다. 이 때문에 미국 증시에 가장 큰 영향을 미치는 미국 정부의 정책을 국내 투자자는 꼭 챙겨봐야 한다. 사실상 양당제로 운영되는 미국은 어느 정당이 집권하느냐에 따라 큰 틀에서 정책 차이가 존재하기 때문이다.

실제로 각종 통계를 살펴보면 과거 공화당과 민주당 집권 시기의 증시 흐름은 다소 다르다. 대통령 개인의 역량, 사상, 정책 이해도 및 추진력 등의 차이는 물론 미국 사회 기준으로 상대적으로 보수 성향인 공화당과 진보 색채의 민주당이 취하는 거시적·미시적 담론에 차별성이 있다.

그렇다면 미국 정당별 집권에 따라 국내 증시도 어떤 상관관계가 있을까? 일단 미국 공화·민주당 집권기에 따른 미국 증시 흐름을 비교해보자. 국내 투자자 입장에서 다수가 예상치 못한 도널드 트럼프 대통령 시대를 맞이하게 됐지만, 옛 데이터를 살펴보니 공화당 시기가 증시 부흥기였다면 오히려 다소나마 위안을 받을 수 있을 것이다. 하지만 안타깝게도 각종 통계상 미국 공화당 때 증시는 민주당 때보다 상대적으로 부진했다.

신한금융투자의 분석에 의하면 최근 100년 동안 민주당에서 공화당으로 정권이 교체된 적은 총 다섯 차례다. 트럼프 대통령 역시 민주당 정부를 상대로 정권을 되찾아왔기 때문에 과거 사례는 참고할 만하다. 정권 교체 시기는 1921년 우드로 윌슨(민주당)→워런 하딩(공화당), 1953년 해리 트루먼(민주당)→드와이트 아이젠하워(공화당), 1969년 린든 존슨(민주당)→리처드 닉슨(공화당), 1981년 지미 카터(민주당)→로널드 레이건(공화당), 2001년 빌 클린턴(민주당)→조지 W. 부시(공화당) 등이다.

새로운 기대를 안고 국민은 정권을 바꿨지만 주식 시장은 당시 매우 부진했다. 공화당 대통령 취임 이후 6개월 간 수익률은 평균 −11%였다. 공화당에서 민주당으로 정권이 교체됐을 때는 한 번을 제외하고 초반 6개월간 주가는 모두 올랐다. 상승 폭도 평균 23%다. 민주당 출신 대통령이 연임에 성공했던 1997년 빌 클린턴과 2013년 버락 오바마 때의 경우 초반 6개월간 수익률은 각각 13%와 25%로 매우 우수했다.

유안타증권은 공화당과 민주당 집권 시기 S&P 지수 변화를 비교했다. 유안타증권에 따르면 1940년 이후 민주당 출신 대통령 재임 기간은 총 40년, 공화당 출신 대통령 재임 기간은 총 36년이다. 단순 비교하기에 무리가 없는 상당히 균등한 수준으로 정부를 운영해왔다. 분석 결과 민주당 정부에서는 S&P지수가 평균 45.3% 오른 반면 공화당 집권기에는 평균 24.5% 상승하는 데 그쳤다. 벤처기업이 약진했던 빌 클린턴 대통령 시절이 가장 수익률이 우수했고 다음은 드와이트 아이젠하워 대통령 시절이다. 정권 교체 이후 이전 대통령보다 높은 수익률을 낸 경우는 민주당의 존 F. 케네디, 지미 카터, 빌 클린턴, 버락 오바마 4명, 공화당의 드와이트 아이젠하워, 로널드 레이건 2명으로 조사됐다.

미국 CNBC 방송은 2016년 미국 대선을 앞두고 역사적으로 보면 대통령은 민주당, 의회는 공화당일 경우 증시가 좋았다고 보도했다. 1945년 이후 상·하원에서 공화당이 다수당일 경우 증시는 평균 13.3% 올랐다. 반면 민주당이 의회를 차지했을 때는 7.4% 상승하는 데 그쳤다.

앞선 분석들을 본 투자자들은 트럼프 시대 미국 증시가 결과적으로 부진할 수도 있겠다는 생각을 할 것이다. 그리고 미국 증시의 부진은 곧 코스피 침체로 이어질 것으로 짐작하는 경우도 많을 것이다.

그렇다면 공화당 집권 시기에 코스피는 어떤 행보를 보였는지 살펴보겠다. 기준은 1981년 1월 20일 로널드 레이건 대통령이 취임한 이후로 잡으려 한다. 다만 그 당시 국내 증시는 걸음마 단계였다는 점을 염두에 두고 살펴봐야 한다.

레이건 정부가 시작된 이후 2016년 11월 말까지 코스피 지수는 무려 1,700% 이상 상승했다. 레이건 대통령의 취임 첫날 코스피 지수는 104.90에 불과했다.

레이건 정부 8년 간 코스피 지수는 723% 올랐다. 미국은 레이거노믹스Reaganomics로 경제 호황기를 누리던 시절이다. 한국도 1985년 재무 장관들이 맺은 G5(미국, 프랑스, 영국, 독일, 일본)플라자 합의Plaza Accord 이후 전개된 저달러, 저금리, 저유가 등 이른바 3저低 덕분에 높은 경제 성장을 이루며 큰 폭의 국제 수지 흑자를 내던 시절이다.

그렇다고 공화당 정부가 국내 증시와 궁합이 잘 맞았던 것은 아니다. 최근 36년간 흐름을 보면 딱히 당파성에 따른 상관관계를 파악하기 힘든 게 사실이다. 레이건 정부 이후 다시 정권을 잡은 조지 H.W. 부시의 공화당 정부 4년간은 오히려 코스피가 하락했다. 아버지 부시 대통령이 취임한 당일 868.51포인트였던 코스피는 임기가 끝나는 날 700선이 무너졌다. 반면 아들인 조지 W. 부시가 재임했던 8년 동안은 코스피 수익률이 86%를 기록했다.

반면 미국 경제가 좋았던 빌 클린턴 대통령 시절에는 오히려 코스피가 하락했다. 지수 700포인트로 시작했던 코스피는 등락을 반복하다 619.78로 마무리됐다. 반면 버락 오바마 정부 때는 집권 초보다 지수가 올랐다.

재임 기간이 아버지 부시를 제외하고 8년이었다는 점에서 단순히 임기 기간 전체의 지수 변동폭을 보는 것이 무리일 수 있다. 그렇다고 집권 연차에 따른 눈에 띄는 특징도 보이지 않는다. 아버지 부시를 제외하고 모두 집권 1년차 동안 국내 코스피가 상승했다는 정도다.

미국 대통령의 집권 시기별 단순 비교에는 착시 현상도 존재한다. 앞서 언급한 레이건 정부 시절의 국내외 긍정적 환경과 달리 클린턴 행정부 시절 한국은 1997년부터 국제통화기금IMF 시대를 맞이하게 된다. 1997년 10월 28일 주가지수 500선이 붕괴됐고 그해 376.31포인트로 장을 마감했다. 미국 정권의 성향과 상관없이 국내 이슈에 따른 지수 폭락이다. 이후 국내 경제가 치유를 해가면서 증시도 다시 살아나며 2000년 상반기 800포인트 선까지 회복됐지만, 2000년 10월~12월 국내에서 퇴출 기업 발표, 대우자동차 부도 등으로 경제 위기가 재현되면서 지수는 다시 500선으로 밀려났다.

이런 난국 속에서 미국의 정권이 공화당으로 넘어갔고, 당연히 경제 회복기와 맞물리며 지수는 상승하다가 2008년 글로벌 금융 위기를 겪으며 다시 한 번 고꾸라진다. 오바마 정부는 겉으로는 상승했지만 최근 몇 년간 박스권 장세를 유지하고 있다는 흠이 있다.

이처럼 착시 효과, 기저 효과 등으로 미국 정부와 코스피 간 정확한 상관관계를 파악하기 어렵다. NH투자증권도 1992년 이후 미국 대선이 미국 및 국내 증시에 미치는 영향을 살펴보니 뚜렷한 연관성을 찾아보기 힘들다고 분석한 바 있다. S&P500 지수의 경우 2000년 부시 당선 때 IT버블 붕괴와 2008년 오바마 당선 때 리먼 사태 등의 특수한 경우를 제외할 경우 정권 교체에 따른 후폭풍이 크지 않았다. 코스피도 미국 대선의 영향력이 크지 않았다고 이 보고서는 밝혔다.

이처럼 과거의 통계가 미래를 보여주지 않는 상황에서 투자자들은 수많은 투자 참고 자료 중 하나로 미국 정부를 고려하면 될 것으로 보인다.

아시아 어디에
투자해야 하나

아시아는 도널드 트럼프 대통령 시대의 대표적 피해 예상 지역으로 꼽힌다. 하지만 위기에도 틈새시장은 있기 마련이다. 오히려 아시아 내에서 트럼프 시대에 수혜를 입을 곳도 존재하기 때문에 투자자들은 꼼꼼히 지역별 특성을 따져볼 필요가 있다.

트럼프 대통령의 '아메리카 퍼스트America First(미국제일주의)'는 무역적자 감축과 자유무역협정FTA 재검토가 핵심이다. 미국의 대표적인 무역수지 적자 유발 국가인 중국, 멕시코 등이 1순위 주의 대상이다. 이미 트럼프는 중국 45%, 멕시코 35%의 수입품에 대한 고관세율 적용을 언급했다.

트럼프 대통령이 공약대로 움직인다면 미국의 보호무역주의 강화로 이어질 가능성이 높다는 게 전문가들의 의견이다. 트럼프 정부가 보호주의 정책을 강화할 경우 미국 수출 및 무역 흑자 비중 높은 아시아 국가들이 피해를 볼 것이라는 게 일반적 견해다. 중국전자산업공사CEIC와 신한금융투자 분석에 따르면 미국의 무역수지가 적자인 아시아 국가들은 앞서 언급한 중국을 비롯해 일본, 베트남, 한국, 인도, 말레이시아, 태국, 대만, 인도네시아 등이다.

도이체방크는 미국이 가파르게 성장할수록 동북아시아 국가들의 수출업이 피해를 입게 될 것으로 봤다. 홍콩 노무라 증권은 트럼프 대통령의 공약이 완전히 실현된다고 가정할 경우 아시아에서 한국·홍콩·싱가포르·대만·말레이시아 등 5개국은 큰 타격을 입게 될 것으로 분석했다. 대통령의 공약이 이행될 경우 경제 성장률이 전망치보다 한국은 0.5%포인트, 홍콩과 싱가포르는 각각 0.4%포인트 하락할 것이라고 예상했다.

교보증권의 분석에 따르면 트럼프 보호주의가 실현되면 한국은 2017년 하반기부터 수출이 감소하게 돼 2018년에는 소비·정부 지출을 제외한 전 부문에서 마이너스 성장이 나타날 것으로 예상했다. 산업연구원은 〈2017년 경제산업전망〉 보고서에서 트럼프 행정부의 정책방향이 보호무역주의로 확정될 경우 한국의 경제성장률이 2.7%인 2016년보다 0.2%포인트 떨어진 2.5%에 머물 것으로 전망했다.

한국이 대표적 희생양으로 지목되는 이유 중 하나가 지난 2012년 타결된 한미FTA 때문이다. 트럼프 대통령은 선거 유세 중 한미FTA로 미국 내 일자리 10만 개가 사라졌다며 당선 뒤 그 폐해를 조정하겠다고 밝혔다. 이에 따라 트럼프 행정부에서 한미FTA 재협상 가능성도 거론되고 있다.

필리핀은 트럼프 대통령의 이민자 적대 정책에 따른 경제적 피해 가능성이 거론된다. 필리핀의 해외 파견 인력 중 35%는 미국에서 일을 하고 있다. 이들이 필리핀에 송금하는 자금은 필리핀에 들어오는 해외 송금액 중 31%를 차지한다. 이 때문에 트럼프의 당선이 필리핀 경제에 위험 요소가 될 수 있다는 의견도 있다.

베트남과 말레이시아는 TPP 무산으로 피해가 예상되는 국가로 꼽힌다. TPP는 미국과 일본이 주도하고 캐나다, 멕시코, 페루, 칠레, 싱가포르, 브루나이, 베트남, 말레이시아 12개국이 참여하는 다자간 자유무역협정이다. TPP 12개국의 인구 수를 합하면 전 세계 인구의 11%를 차지하며 2013년 기준 국내총생산GDP 비중은 세계 GDP의 37.1%에 달하고, 교역 비중은 25.7%에 이른다. 베트남은 2015년 302억 달러의 대미 무역 흑자를 기록했다. 트럼프 대통령이 취임 첫날 TPP 탈퇴를 위한 조치에 나선다고 당선 후부터 밝힌 터라 회원국들은 일정 부분 피해가 불가피할 것으로 보인다.

일각에서는 단순히 미국 수출 의존도 등으로 앞선 아시아 국가들의 피해를 당연시하는 것에 대해 의문을 제기한다. 이승준 신한금융투자 연구원은 2016년 11월 18일 〈트럼프와 신흥시장〉이라는 보고서를 통해 베트남은 이미 미국 대상 수출 품목 중 60% 가량이 관세 대상이라고 밝혔다. 이중 주력 미국 수출 품목인 IT, 기계류는 베트남에 진출한 해외 기업이고 베트남 기업들의 주력 수출 품목인 농수산품, 섬유 등은 이미 다른 품목보다 평균 2~3배 높은 관세를 지불하고 있다. 즉

TPP가 불발돼도 추가 관세 인상 효과가 크지 않을 것이라는 점이 이 승준 연구원의 분석이다.

장기적으로는 베트남, 인도, 인도네시아 등 동남아 신흥 시장에 주목해야 한다는 전문가들도 있다. 특히 트럼프가 공약으로 내세운 인프라 투자 정책이 실현된다면 장기적으로 원자재 자원이 풍부한 인도네시아 등 동남아 신흥국을 비롯해 러시아, 호주 등의 부상을 예견하고 있다.

또 인도와 인도네시아의 경우 트럼프 변수에도 불구하고 내수 중심의 성장세가 지속될 것이라는 전망이 나온다. 미래에셋대우가 발표한 〈2017 금융시장 전망〉을 보면 2017년에 아시아 신흥국들은 소비와 투자 중심의 경기 회복이 지속돼 증시가 안정적일 것으로 예상했다. 보고서에서는 인도에 대해 '천천히 나아가는 코끼리'라고 표현했다. 인도 증시는 단기 모멘텀은 부재하지만 비료, 시멘트, 전기, 정유, 석탄, 천연가스, 원유, 철강의 8대 핵심 인프라를 중심으로 완만한 투자 개선과 증시 상승을 예측했다. 인도네시아는 안정적 물가 흐름과 자국 화폐인 루피아 강세를 바탕으로 내수 중심의 성장세가 이어질 것으로 내다봤다.

일본 주식시장을 주목해야 한다는 의견도 있다. 2017년 3월부터 일본 기업의 실적 회복 기대 가능성 때문이다. 또 일본 아베 신조 총리가 특별한 변수가 발생하지 않는 한 2017년 3월 자민당 총재 연임에 성공하며 일본을 계속 이끌 것으로 보인다. 정치적 불확실성이 없다는 점이 긍정 요인으로 꼽힌다. 아울러 구로다 하루히코黑田東彦 일본중앙은행 총재의 임기는 2018년 3월까지다. 이 때문에 금융 정책의 갑작스런 변화도 없을 것으로 보는 시각이 많다. 특히 일본 중앙은행의 상장지수펀드ETF 매입 규모가 연간 3조 3,000억 엔에서 6조 엔으로 확대되면서 주가지수 하단은 더 견고해질 것이라는 평가도 나온다.

현재까지는 트럼프 대통령이 자기가 주장한 대로 보호무역주의를 강화해간다는 전제하에 발생할 가능성을 주로 언급했다. 하지만 일각에서는 정책 실효성 등을 이유로 공약이 그대로 실행될 가능성을 높지 않게 보는 경우도 있다.

트럼프의 공약대로 보호무역주의를 강행한다면 결국 미국 경제의 침체라는 부메랑으로 되돌아올 것으로 보는 시각도 많다. 피터슨연구소는 트럼프 공약 실현 시 1930년 스무트–홀레이법Smoot–Hawley Tariff처럼 관세 인상 경쟁을 불러와 세계 경제가 침체기에 빠질 수 있다고 경고했다. 스무트–홀레이법은 1929년 미국 경제 대공황 발생 시점에 자국 산업 보호를 위해 약 2만 개 수입 품목의 관세를 대폭 인상한 것으로, 이후 상대국들의 보복으로 인해 관세 인상 경쟁이 가속화됐다. 이 연구소는 글로벌 관세 전쟁이 재현된다면 미국 내 일자리가 500만 개 사라지고 3년 내 마이너스 경제 성장을 초래할 것이라고 분석했다.

무디스 역시 글로벌 무역 전쟁이 발생하면 2019년까지 미국 경제 성장률은 4.6% 감소할 것으로 봤다. 일자리 700만 개 감소, 실업률 9.5% 육박, 재정 적자 60% 이상 증가를 예상했다. 설령 상대국들의 무역 보복이 없더라도 2018년까지 미국 경제성장률이 0%대로 정체되고 330만 개의 일자리가 감소할 것으로 내다봤다. 옥스퍼드 경제연구소는 트럼프의 통상 정책으로 140만 개의 일자리 증발 효과가 발생한다고 밝혔다. 또 2020년까지 미국 내 실질 경제성장률이 1.6% 하락하고 물가는 3.5% 상승할 것으로 봤다.

중국의 부상을 견제하기 위해서라도 미국은 보호무역주의를 강력하게 밀어붙이지 못할 것이라는 의견도 있다. 실제 트럼프의 대선 승리 후 중국이 글로벌 무역시장에서 미국의 자리를 대신하기 위해 분주하게 움직였다. 중국 주도의 '역내 포괄적경제동반자협정RCEP'을 TPP의 대안으로 제시하고 있다. RCEP는 중국이 미국 중심의 TPP에 맞서 추진하는 자유무역협정이다. RCEP에는 중국과 한국, 일본, 아세안(동남아국가연합) 10개국, 인도, 호주, 뉴질랜드 등 16개국이 협상에 참여하고 있다.

또 미국은 의회의 권한이 상당히 강하다는 점에서 비록 공화당이 상·하원의 다수 의석을 점유하고 있지만 트럼프 대통령이 후보 시절 약속했던 정책을 그대로 추인하지 않고 제동을 걸 가능성도 있다.

세계 경제,
악재 현실화될까

　2017년은 트럼프 정부 출범과 함께 국내 증시에 영향을 줄 만한 글로벌 이슈들이 산재해 있다. 특히 유럽의 대선·총선을 통한 '고립주의' 강화 흐름에 주목해야 한다. 영국 〈파이낸셜타임스*Financial Times*〉는 유럽식 민주주의가 2차 세계대전 이후 최대 위기에 봉착할 수 있다고 분석했다.

　우선 영국이 유럽연합EU을 탈퇴한 사건인 '브렉시트Brexit'가 어떻게 전개될지 주목된다. 테레사 메이Theresa May 영국 총리는 2017년 3월말까지 리스본 조약 50조를 발동해 협상을 시작하겠다는 입장만을 밝힌 상태다.

　향후 브렉시트 전개가 '하드 브렉시트Hard Brexit'로 갈지 아니면 '소프트 브렉시트Soft Brexit'로 흐를지가 중요한 포인트다. 하드 브렉시트란 영국과 EU 간 완전한 결별을 의미한다. 이럴 경우 영국은 EU 멤버로서 누렸던 혜택을 포기하는 대신 독립성을 확보한다. 세계무역기구 WTO 회원으로 합류하게 되면 EU 시장에서 영국산 물품과 서비스에 대해 관세가 붙게 된다. 영국 기업들은 '패스포팅 제도'를 활용할 수 없게 된다. 패스포팅 제도란 한 금융기관이 EU 국가들 중 한 국가에서만 설립 인가를 받을 경우 다른 모든 EU 국가에서 별도 인가 없이 자유롭게 영업을 할 수 있는 제도다. 반면 영국은 국경 난민과 이민자 통제를 자율적으로 선택할 수 있다.

반면 소프트 브렉시트를 원하는 의견도 있다. EU 멤버는 아니지만 무역에 대해 비관세가 적용된다. 다만 노동력, 재화 등이 자유롭게 오가는 대신 EU 예산 일부를 부담해야 한다.

2017년 유럽 주요 국가의 선거도 챙겨야 할 사안이다. 4월 프랑스 대선, 10월 독일 총선 등이 있다.

프랑스 대선에서는 현재 집권당인 사회당이 정권을 내줄 가능성이 높다. 제1야당인 공화당 후보로 우파 노선의 프랑수아 피용François Fillon 전 총리가 뽑혔다. 피용 후보는 '작은 정부'를 외치는 친親시장주의자다. 공공부문에서 공무원 50만 명 감축, 은퇴 연령 연장 및 주 35시간 근무제 등 각종 기업 규제 철폐 등을 공약으로 내세웠다. 프랑스 대선에서는 극우 정당 국민전선의 마린 르펜Marine Le Pen 대표가 변수다. 반이민, 반이슬람, 민족주의를 내세우고 있고 도널드 트럼프 대통령 당선 후 프랑스에서도 이변의 가능성이 점쳐진다. 르펜은 프랑스의 EU 탈퇴를 주장하고 있어, 만약 그가 대통령이 되면 또 한 차례 EU에 대

격변이 일어날 수 있다.

앙겔라 메르켈Angela Markel 독일 총리가 4선에 도전하는 독일 총선도 주요 이벤트다. 적극적으로 난민을 수용해온 게 독이 돼 메르켈의 지지율이 출렁이고 있는 게 변수다. 독일 내에서도 백인우월주의 목소리가 나오면서 반이슬람·반이민을 내세운 극우정당 '독일을 위한 대안'의 인기가 올라가고 있다.

2017년 9월 스페인 카탈루냐 주의 분리 독립 주민 투표도 정치 리스크를 키울 수 있다. 카를레스 푸지데몬Carles Puigdemont 카탈루냐 주지사는 분리 독립을 강하게 밀어붙이고 있다. 1714년 스페인에 병합된 카탈루냐는 스페인 경제 생산의 20%를 차지하는 부유한 지역이다. 전체 인구는 750만 명 정도다. 이미 2014년 11월 아르투르 마스Artur Mas 당시 카탈루냐 주지사는 중앙정부의 반대에도 비공식 분리 독립 주민투표를 시행한 바 있다. 230만 명이 참여한 투표에서 80%가 분리 독립을 찬성했다. 하지만 헌법재판소에서 재판관 만장 일치로 투표를 위헌이라고 결정했다.

이미 브렉시트와 트럼프 당선 등 예상치 못한 정치적 결과에 국내 증시가 크게 출렁이는 경험을 했다. 글로벌 시대에 유럽 국가들의 선거를 남의 나라 일로 치부할 수 없는 이유다.

트럼프 증시
단기와 중기로 나눠서 보니

———

1971년 당시 미국 재무장관이었던 존 코널리John Connolly는 미국의 인플레이션 수출에 대해 우려하는 유럽 재무장관들에게 "달리는 우리의 돈이지만 당신의 문제다"라는 유명한 말을 남긴다. 이처럼 미국 대선의 결과는 미국인들의 몫이지만 이로 인한 영향은 한국의 문제로 고스란히 남게 된다.

도널드 트럼프의 미국 대통령 당선은 단기적으로 불확실성 확대라는 단어로 요약되고, 당선 때 일어난 롤러코스터 장세는 한국 증시의 혼란스러움을 보여줬다. 트럼프가 주장하는 재정지출 확대, 대규모 감세, 공격적인 법인세 인하, 미국 제조업 부흥 등의 메시지는 명확했지만 구체적 대안이 모호해서 투자자들의 혼란을 가져왔던 것이다.

'트럼프 쇼크'가 거세게 불었던 2016년 11월 9일 시장에서는 "트럼프의 당선이 확실하다"라는 소식이 전해졌다.

국내 증시는 오전 상승 출발했다가 급락하는 롤러코스터 장세를 연출하며 '제2의 브렉시트' 충격을 재연했다. 보호무역주의를 외치는 미국 대통령의 등장이 예상되면서 수출 위주 국내 기업의 실적이 악화될 것이라는 예상에 외국인은 선·현물 매도 공세에 나섰다. 불확실성이 커지며 공포 지수가 전일 대비 20% 상승하고 채권 시장도 강세로 돌아서는 등 '트럼프 쇼크'에 몸살을 앓았다.

이날 코스피와 코스닥은 각각 2.2%, 3.9% 급락하며 장을 마감했다. 거래소에서 상승 마감한 종목은 67개 종목에 불과한 반면 하락한 종목은 무려 802곳에 달했다. 코스닥 역시 1,068곳이 하락의 쓴맛을 봤다. 거래소에서 시가총액 상위 10곳 중 상승 마감한 곳은 1.1%인 아모레퍼시픽 한 곳에 불과했을 정도로 트럼프 쇼크에 시달렸다.

이날 외국인은 거래소에서 2,140억 원을 순매도하고 코스피 200선물을 6,000계약 넘게 매도하면서 향후 외국인의 한국 주식 매도 분위기인 '셀코리아'의 전주곡을 올렸다. 이같은 선·현물 동시 매도는 단기적으로 외국인이 시장 하락을 예상하고 있다는 뜻이다. 김형렬 교보증권 투자전략팀장은 "예상치 못한 미국 대선 상황과 석유 감산 합의 무산, 미국 12월 금리 인상 가능성 등 증시 불확실성이 계속돼 단기 리스크 관리가 필요한 시점이다"라고 말했다.

트럼프 쇼크로 채권시장도 단기 강세로 돌아섰다. 채권값 강세는 트럼프의 당선으로 인한 불확실성 확대와 안전 자산 선호 심리 등의 영향으로 풀이된다. 문홍철 동부증권 연구원은 "트럼프의 공약 내용을 살펴보면 금리 상승 요인이 많다"라고 말했다.

2016년 11월로 한정해서 보면 확실히 트럼프 쇼크는 이어졌다. 당선 직후 다음 날 국내 증시가 상승했지만 결국 2,000선을 회복하지 못했기 때문이다. 트럼프라는 거대 불확실성과 최순실 사태로 대변되는 국내 정치 혼란이 코스피지수 2,000선 붕괴로 이어졌다.

이렇게 20116년 11월 미국 대선 이후 이어져온 달러 강세의 영향은 12월에도 신흥국 통화 및 증시 약세로 이어질 것이라 전망됐다.

다만 전문가들은 이런 신흥국 통화와 증시의 약세는 2016년 12월 FOMC의 금리 결정 이후 완화될 것이며, 트럼프 정부의 정책이 명확해지는 시점부터 반등세를 보일 것이라는 예상을 내놨다. 2016년 12월 FOMC 이후 채권시장과 달러 강세가 1차적으로 안정을 찾더라도 신흥국 증시의 불확실성은 좀 더 이어질 것이란 예상도 나왔다.

과거 미국 대통령 취임 사례에 비춰봤을 때 약 4~8주 정도의 기간을 두고 트럼프 정부의 새로운 정책이 구체화되는 것으로 나온다. 지난 8년간 유지돼 왔던 집권 민주당의 정책 기조를 큰 틀에서 바꾸게 되는 데 걸리는 시간이다. 결국 투자자들에겐 단기적으로 불확실성이라는 악재가 이어지는, '터널' 같은 시기다. 국내 증시에서 외국인 자금이 이탈하고 지수 반등 시도가 나올 때마다 발목을 잡을 가능성이 깊어지는 것이다.

2016년 6월 이후 5개월 동안 불었던 외국인의 한국 주식 매수 분위기인 '바이코리아' 바람도 트럼프를 만나 '셀코리아'로 바뀌었다. 외국인 투자자들은 11월에 주식 1조 7,000억 원어치를 순매도했다. 트럼프의 미국 경제 살리기로 자금 이탈 속도는 **빨랐고** 확실하게 글로벌 투자 자금이 미국으로 유턴했다.

사실 주식시장에서는 하루가 멀다 하고 악재와 호재가 반복된다. 문제는 그 효과와 영향 폭이다. 단기 악재로 작용한 트럼프 쇼크가 중기적으로도 지속되면 기업 실적 부진과 거래 감소 등으로 인해 한국 경제의 활력은 떨어질 수밖에 없다.

거래소 기준으로 외국인 매수가 영향이 큰 만큼 미국 행정부의 인선 마무리 기간이 관건이다. 빌 클린턴 때는 8주, 조지 W. 부시 때는 9주, 로널드 레이건 당시에는 무려 10주나 걸렸다. 이 기간이 길어질수록 국내 증시에는 좋을 게 없다. 그동안 증시 상황을 보면 미국 각료 인선이 마무리되고 경제 정책이 확실해지면 이에 따른 수혜 업종이 국내 증시의 주도주로 치고 나왔다.

트럼프의 당선으로 방산 업종이나 금융, 건설주 등이 기대주로 꼽혔지만 단기적으로는 어떤 종목이 구체적 수혜를 받을지는 불명확하다. 다만 자동차 업종이 어려워지리라는 것은 증시 전문가들의 공통의견이다. 보호무역주의 강화로 수출 비중이 높은 현대·기아차는 당선 첫날부터 주가 하락으로 고생하고 있다.

강달러의 기조는 2017년 약화될 것이란 예상이 많다. 미국 경제 살리기에 지나친 강달러 정책은 불편하기 때문이다. 심각한 화두는 사실 한미FTA와 주한미군 방위비 분담금 인상 여부다. 유가 환율 금리 등이 복잡하게 맞물려 있는 경제 정책 이외에 이 같은 거대 담론이 중장기 트럼프 효과를 좌우할 가능성이 높은 셈이다.

한국경제연구원에 따르면 한미FTA를 재협상해 이 협정이 정지된다면 향후 5년간 한국 수출 손실은 269억 달러(약 31조 원)에 달하고 일자리도 24만 개가 사라진다. 투자·외교 등에서 미국 의존도가 높은 것은 분명 아킬레스건이다. 트럼프 쇼크로 국내 증시가 크게 흔들리고 중장기 전망도 불투명해지는 게 그 방증이다.

　전문가들은 2017년 중장기 전망으로 코스피 기준 1,900~2,000선의 박스권을 예상하고 있고 이후에는 다시 상승기에 접어들 것이란 전망이다.

　다만 코스닥은 대기업에 종속된 기업들이 많아 코스피와 달리 오히려 하락할 것이란 전망도 나오고 있다. 코스닥의 상장 요건이 유가증권시장과 비슷한 수준이어서 우량 기업들이 유가증권 상장을 노려 코스닥의 경쟁력이 점점 떨어지고 있기 때문이다.

하락장에서
지키는 투자

　때론 공격보다 수비다. 트럼프 이후 증시도 하락장에서 지키는 투자로 대변된다.

　개인들은 항상 일확천금을 노리는 도박성 투자에 매력을 느낀다. 그러나 외국인은 철저하게 실적 등 수치를 놓고 따진다. 미국의 대표적 비즈니스맨 트럼프의 당선은 이 같은 냉철한 투자 접근법을 요구하고 있다.

　트럼프와 함께 국내에는 최순실 사태라는 희대의 정치 불안이 찾아왔다. 결국 차기 대선 후보 이름을 딴 정치 테마주가 활개를 쳤다. 이같은 '정치 테마주'는 2016년 하반기 코스닥 거래의 절반을 넘기도 했다.

　개인들이 정치 테마주를 쫓아다닐 때, 외국인들은 주가 수준이 청산 가치보다 낮은 '저低주가자산비율PBR주식'을 집중 사냥했다. 바로 이것이 하락장에서 지키는 투자 철학 중 하나다.

전문가들은 국내외 불확실성이 확대될수록 성장성보다는 주가 수준에 비해 현금 수준이 풍부하고 향후 투자 여력까지 갖춘 저평가 주식에 대한 관심을 높여야 한다고 조언한다.

2016년 11월 1~22일 외국인 순매수 상위 종목과 PBR 수준을 확인한 결과, 금액 기준 상위 6개 종목 PBR은 모두 1배 이하로 나타났다.

PBR은 주가가 자본금과 자본잉여금, 이익잉여금의 합계인 순자산에 비해 1주당 몇 배로 거래되고 있는지를 측정하는 지표다. 향후 수익 창출 능력을 보는 주가수익비율PER과 달리 '손실을 보지 않을 주식'을 찾는 데 PBR을 사용한다. 통상 PBR이 1 이하면 주가가 청산 가치보다 낮아 저평가됐다고 판단한다.

트럼프가 당선된 11월, PBR 1 이하 종목 중 외국인 순매수 상위 15개 사의 평균 수익률은 2.97%로 같은 기간 코스피 수익률인 −1.23%보다 월등한 수치를 나타냈다. 결국 성장으로 대표되는 고PER주의 시대는 가고 저PBR의 시대가 도래한 것이다.

김승현 유안타증권 연구원은 "올 들어 기관이나 외국인이 PBR을 주요 투자 판단 지표로 삼고 있다. 앞서 수년간 고PER 위주의 성장주가 각광받았다면 최근엔 불확실성이 커지면서 보수적 지표가 각광받는 시기이다"라고 전했다.

포스코로 대표되는 국내 철강사의 PBR도 1배가 채 안 된다. 국내 철강 사업은 혹독한 구조 조정으로 기초 체력을 키워놨고 이를 외국인이 높게 평가해 순매수가 이어졌다. 조선 업종도 실적 호전이 되면서 하락장의 든든한 지지 세력이 될 것이란 전망도 나온다. 외국인들은 트럼프 효과로 금융 규제 완화 기대감과 저PBR이란 점을 들어 국내 금융주도 대거 사들였다.

PBR이 낮다고 외국인이 꾸준히 매수하고 수익률이 높은 건 아니다. 대표적인 것이 현대·기아차 등 국내 자동차 업종이다. 트럼프의 보호무역 영향으로 수출 비중이 높은 현대차를 팔기 시작한 것은 우연이 아니다.

김형렬 교보증권 투자전략부장은 "PBR 기준으로 저평가됐던 조선 철강 에너지 등은 2017년에 각광을 받을 것이다. 주요 기업들의 이익이 2015년 저점을 통과한 게 2016년 확인되면서 2017년에 코스피 종목 위주로 추가 상승 여력이 있다"라고 밝혔다.

또 다른 전략은 외국인들의 '셀코리아'를 기정사실로 받아들이고 연기금 등 기관 투자 종목에 집중하는 것이다. 역사적으로 외국인의 매도는 국내 증시 하락으로 이어졌다. 트럼프 효과를 악재로 가정한다면 하락장에서 기관들의 역할이 그만큼 중요해지는 셈이다.

실제 트럼프가 당선된 2016년 11월, 국내 증시의 기관 영향력은 대폭 증가했다. 외국인의 매매 패턴보다는 국민연금 등 연기금이 개별 종목 강세·약세를 좌우했다. 이렇게 외국인의 순매도가 지속되고 있는 가운데 당분간 순매수 주체는 연기금이다. 지난 2000년 이후 매년 11월과 12월에 연기금의 누적 순매수를 보면 금융 위기의 충격이 있었던 2009년을 제외하고는 항상 순매수를 보여 왔다.

국민연금이 2016년까지 추가로 1조 원의 자금을 집행하기로 한 것은 증시의 호재다. 국민연금은 그동안 시가총액 1,000억 원 이상, 매출 300억 원 이상, 일평균 거래대금 5억 원 이상의 종목에 투자해야 한다는 이상한(?) 투자 지침을 갖고 있었다. 이를 폐지한 것은 코스닥의 수혜다. 비록 11월에는 그 효과가 나타나지 않았지만 중장기적으로 지수를 받쳐줄 것으로 보인다.

2011년 이후 연기금의 순매수 비중은 2011년부터 2015년까지 평균적으로 유가증권시장이 94.55%, 코스닥은 5.45%를 차지해왔다. 2016년에는 유가증권시장에 95.08%, 코스닥에 4.92%의 순매수 비중을 보이고 있다.

역사적으로 외국인 매도가 강화될수록 연기금의 순매수 기조는 이어져왔다. 국민연금 운용 방식에 많은 비판이 있지만 증시 버팀목은 이 같은 연기금의 역할이 크다. 이에 따라 전문가들은 연기금의 순매수가 유입되고 있는 종목들에 관심을 가질 필요가 있다고 조언하고 있다.

일반적으로 시가총액 상위 순서대로 연기금이 사고 있다고 생각하기 마련이지만 실제는 이와 다르다. 2016년 11월, 연기금의 순매수 상위 종목들은 삼성전자들 제외하면 시가총액 순서와 달랐다. SK, SK하이닉스, 에스오일, 삼성바이오로직스, 현대건설, 롯데케미칼, 고려아연, 현대해상 등이 연기금의 러브콜을 받았다.

트럼프로 하락장이 시작된 2016년 11월은 외국인들의 삼성전자 매도와 연기금의 삼성바이오로직스 매수로 요약된다. 상대적으로 실적이 탄탄한 삼성전자보다는 신성장 동력으로 떠오른 바이오주의 가능성에 연기금이 베팅되고 있는 셈이다.

시장이 하락할 때 업계 '독점주'에 투자하는 전략도 유효하다. 트럼프 악재가 시작된 11월, 코스닥은 4% 넘게 빠지며 고전했다. 그러나 일부 종목들은 오히려 52주 신고가 행진을 펼쳤다. 이유를 알고 보니 세계적 기술력이나 기업 인수·합병M&A을 통해 시장 내 독점적 지위를 확보했기 때문이다.

정밀기기 제조업체인 코메론, 국내 1위 스마트카드 제조업체 아이씨케이, SK그룹 계열의 마그네틱 및 광학 매체 제조업체인 SKC 등은 국내 1위이자 세계 톱3 안에 드는 종목으로 각종 정치적 변수에서 자유로와 하락장에서 오히려 오르는 종목들이다.

트럼프 이후,
호재 악재는 뒤바뀔 수 있다

트럼프의 미국 대통령 당선은 당초 예상을 빗나간 것이란 지적이지만 사실 주가 지표는 트럼프를 가리키고 있었다.

미국 뉴욕증권거래소의 대표 우량기업 지수인 S&P500은 1984년 이후 집권당의 대선 승패를 정확히 맞추는 것으로 정평이 나있었는데, 2016년 11월 9일 트럼프의 당선도 나홀로 적중했다. 역사적으로 이 지수가 대선 직전 3개월 동안 상승하면 집권당이 승리했고 반대로 나오면 패배했는데, 최근 2016년 8월 8일~11월 8일 3개월간 S&P500은 1.9% 하락하며 야당 후보인 트럼프를 가리켜왔다.

반면 대선 직전까지 외신이나 여론조사 기관은 대부분 집권당 힐러리 클린턴 후보의 우세를 점쳤다. CNN은 선거 직전 클린턴 후보의 당선 확률이 91%라고 공언해 망신을 사기도 했다.

S&P500 지수는 지난 1957년부터 사용되기 시작했는데 기업 크기보다는 성장성을 중시한 기업들이 포함돼 있다. 20% 가량이 첨단 산업 관련 기업으로 이들 기업 투자자들은 정책 변화에 민감하다는 특징이 있다. 이 지수와 미국 대선 결과의 상관관계는 이번 대선 결과의 적중으로 더욱 높아졌다. 1928년부터 22차례 대선 중 86%인 19차례 적중한 것으로 나타났다. 1984년 이후부터는 단 한 차례도 틀린 적이 없다. 한 증시 전문가는 "S&P500지수는 정치 민감주가 많고 투자 수익을 쫓다 보니 선거 결과까지 선행하는 마력을 발휘한 것이다. 각종 여론조사기관이 이번에 대거 틀린 만큼 국내외 증시 지표의 신뢰도는 더욱 높아질 것이다"라고 내다봤다.

국내에서도 주가 지수와 선거 결과가 밀접한 것으로 나타났다. 국내 증시 대표 지수인 코스피 200 지수 수익률과 15~18대 대선 결과의 상관관계를 분석한 결과, 대선 직전 3개월 지수 수익률이 플러스이거나 변동이 없었을 때는 집권당이 승리했고, 마이너스인 경우 야당이 이긴 것으로 나타났다.

이것은 우연의 일치일까? 수많은 투자자들이 내린 복잡한 결정의 결과물인 주가가 얼핏 상관없어 보이는 대선 결과를 예측한다는 것은 의미심장하다. 트럼프의 당선도 예측 불가능한 '럭비공'이었고 그의 영향력도 예측 불가능하다는 것이다. 이는 트럼프 이후 호재와 악재가 뒤바뀔 수도 있다는 점을 암시한다.

미국의 지난 36년간 역사를 돌아봤을 때, 공화당은 약달러를 선호한 것을 알 수 있다. 반대로 민주당이 집권했던 시기에는 강달러를 선택해 글로벌 경제를 움직여왔다.

이 같은 미국의 달러 정책은 전 세계 금융 지도를 바꿔왔다. 클린턴 미국 대통령 임기 당시인 1996~2002년까지는 강달러의 시대로 신흥국들은 자금이 빠져나가 위기를 겪었다. 한국은 수출 중심의 중화학 공업이 전성기였고 원화 가치 하락으로 수출 기업들이 대거 글로벌 기업으로 성장하는 데 발판을 마련했다.

러시아·브라질·한국·대만·인도 등 신흥국들은 언제나 강달러 시절에 힘을 쓰지 못했다. 트럼프 당선 이후 강달러가 지속되며 국내 증시도 어려움을 맞고 있다. '강한 미국'을 외친 트럼프로 인해 강달러가 이어질 것이란 전망도 나오지만 그가 공화당 후보라는 점에서 이 같은 주장은 설득력이 떨어진다. 결국 트럼프 자체의 캐릭터를 버리고 공화당 후보의 면모로 돌아갈 가능성이 크며 이는 곧 약달러 정책이 펼쳐질 것이란 예상이 나온다.

트럼프 행정부는 미국 기업의 경쟁력 확보를 노리고 있는데 강달러가 지속될 경우, 해외 매출과 수출 비중이 높은 다국적 기업들의 수익이 감소해 정책 목표 달성이 어려워지기 때문이다.

중장기적으로 국내 주식에 대한 투자 매력은 증가할 것으로 보인다. 2016년 국내 상장 기업의 순이익이 총 116조 원에 달하면서 사상 최대치를 기록하는 등 기업들의 체력은 나날이 강해지고 있다. 박근혜 정부 이후 4년 연속으로 상반기에 주가가 상승하고 하반기에 하락하는 패턴인 '상고하저'였던 점을 감안하면 트럼프 시대의 역발상 투자는 하반기 국내 우량 주식의 매수라는 것을 알 수 있다.

2016년 말 현재 기술력을 갖춘 코스닥 주식들은 전년보다 15~20% 할인된 가격에 매수가 가능한 상태다. 업종별로도 역발상 투자가 가능하다. 가장 대표적인 업종은 뭐니 뭐니 해도 자동차다. 트럼프의 보호무역 영향으로 향후 전망이 불투명한 국내 완성차 업종에 대해 '용감하게' 매수 추천을 하는 증권사도 있다. 미국 대선 결과 직후 현대차, 기아차, 현대모비스 등 차 관련 주식은 급락했다. 이는 하나만 보고 둘은 보지 못한 결과다.

트럼프 이후 관세 압박은 예상된 악재다. 트럼프는 전기차에 대해 부정적이다. 또 미국 내 일자리 창출을 위해 법인세 인하라는 '당근책'도 만지작거리고 있다.

미국 정부가 전기차 및 자율 주행차 육성 정책을 포기할 경우 현대·기아차는 준비할 시간이 생긴다. 또 법인세 인하를 통해 관세 부담을 상쇄할 수 있어 오히려 국내 자동차 업종에게 기회가 될 것이란 전망도 있다. 현지 생산 공장 및 법인이 있는 완성차 업체와 타이어 등 부품업체에겐 트럼프의 정책에 따라 실적이 호전될 수도 있다.

일본 완성차 업체들의 주가가 트럼프 당선 이후에도 그리 빠지지 않았던 점도 이 같은 주장을 뒷받침한다. 수혜냐 악재냐를 두고 뒤집어서 생각해야 할 또 다른 업종은 금융이다. 보험 등 금융 업종은 트럼프 당선 직후 주가가 대부분 오르며 그의 당선을 반겼다.

문제는 미국과 국내 금융시장이 전혀 다르다는 점이다. 국내 금융주가 트럼프 효과를 보기는 사실상 어렵다. 기본적으로 '돈 놀이'인 금융시장에서 최대 호재는 바로 규제 완화다. 트럼프는 바로 이것을 약속했기 때문에 미국 금융주가 날개를 단 것이다.

아시아 증시가 급락할 때, 미국 S&P 500 금융 부문 섹터 지수는 3거래일 동안 8.34%나 치솟았다. 골드만삭스, JP모건 등 주요 투자은행 주가도 곧바로 2016년 최고치를 달렸다.

트럼프의 당선은 금융 규제의 대명사였던 '도드–프랭크법Dodd–Frank Rule'이 폐지되거나 대대적으로 개편된다는 것과 같은 말이기 때문이다. 도드–프랭크법은 은행의 업무 영역을 엄격히 구분해 상업은행은 상업은행의 업무만, 투자은행은 투자은행의 업무만 하도록 제한하고 있다.

이 법은 당초 월가의 위기를 극복하기 위해 나왔지만 최근엔 미국 금융사 수익 악화의 주범으로 떠올랐다. 이 법이 시행되면서 상업은행과 투자은행의 역할을 분리한 '볼커 룰Volcker rule'이 적용됐고 금융지주회사와 지급 결제 시스템에 대한 감독이 강화됐다. 미국 대형 은행들의 영역이 크게 좁아진 것이다. 트럼프의 공약대로 이 법이 폐기된다면 이는 미국 내 호재로 국한될 가능성이 높다.

한국은 은행, 증권사, 보험사 간에 칸막이가 쳐져 있고 별도 규제가 존재해 글로벌 금융사로 크기 어려운 구조다. 사실상 미국보다 더 강력한 규제하에 놓여 있다.

기업의 구조 조정이나 향후 성장 동력 활성화와 같은 한국 경제의 주요 과제를 해결하기 위해 투자은행이 절실히 필요하지만 그 길은 요원하다는 것이다.

박기홍 하나금융경영연구소 연구위원은 "각 업종 간 진입 장벽과 건전성 규제가 높으면 다양하고 전문화된 투자은행의 설립과 성장이 저해될 소지가 많아, 시장의 창의성과 활력을 불어넣기 위한 규제 완화가 검토돼야 한다"라고 주장하기도 했다.

앞으로
주목해야 할
투자 종목은?

국내 증시를 주도할
업종을 선점하라

―――

트럼프 시대, 국내 증시는 업종별 차별화 장세가 펼쳐질 전망이다. 새 미국 대통령의 정책 방향에 따라 산업 지형도가 바뀔 것은 '불문가지'다. 주가가 실물에 선행한다는 점을 감안할 때 눈 밝은 투자자라면 수혜 업종을 남보다 한발 빨리 선점해야 한다. 그만큼 더 큰 이익을 얻을 수 있기 때문이다.

이미 트럼프의 당선 소식이 전해진 2016년 11월 시점에 관련된 향후 전망이 먼저 반영되어 있다는 시각이 팽배하지만, 늘 길게 보고 호흡을 길게 가져가는 사람이 시장에서 승자가 되어왔다는 것을 우리는 알 수 있다. 긴 호흡으로 바라봐야 할 트럼프 시대의 국내 증시를 주도할 업종은 어디일까? 전문가들은 반도체, 타이어, 제약, 바이오 업종에 주목하라고 권한다.

업종별 기상도		
업종명	기상도	전망
반도체, 타이어, 제약, 바이오	☼	맑음
디스플레이, 항공, 철강, 조선, 은행, 증권, 보험, 건설, 유틸리티, 유통, F&B	☁	구름 조금
자동차, 해운	☁	흐림
2차전지, 전기전자부품, 전기차	🌧	비

에너지 정책 예상 흐름도		
연도	신 기후 체계 관련	유틸리티 관련 제도
2016년	- 파리기후협약 빌효 - 기후 변화 대응 기본 계획 - 2030년 온실가스 감축 로드맵	- 전기요금 체계 개편(11월) - 전력 시장 개방
2017년	- 2050년 장기 저탄소 발전전략	- 8차 전력수급기본계획 초안 - 8차 전력수급기본계획 확정(7월) - 13차 장기 천연가스 수급계획(하반기)
2018년	-	- 3차 국가에너지기본계획 초안 공개 예상(상반기) - 3차 국가에너지기본계획 확정(하반기)

자료: 키움증권

삼성전자, SK하이닉스를 주축으로 한 반도체 업종은 대한민국 경제를 이끌어나가는 핵심 산업이다. 산업통상자원부에 따르면 2016년 전체 수출 중 반도체가 차지하는 비중은 18%로 2013년 이후 4년 연속 수출 비중 1위다.

트럼프 시대 개막 이후 보호무역주의에 따른 무역 장벽이 높아질 것이라는 우려가 높다. 그러나 반도체는 다를 것이라는 전망이 우세하다.

한 자산운용사 펀드매니저는 "휘발성 메모리인 디램DRAM과 비휘발성 메모리인 낸드플래시NAND Flash 분야에서 국내 기업의 기술력은 월드 톱 클래스 수준이다. 기술력의 차이에 따른 자연 독점 발생 때문에 보호무역주의 영향권에서 자유로울 것이다"라고 진단했다.

삼성전자, SK하이닉스 등 국내 반도체 기업들이 보호무역주의 바람에도 건재할 것으로 예상되는 반면, 최근 국내 기업을 무서운 속도로 쫓아오고 있는 중국 반도체 기업들은 후폭풍에 시달릴 것으로 예상된다. 이세철 NH투자증권 연구원은 "트럼프 당선으로 중국의 반도체 산업 진입 속도는 늦춰질 전망이다. 미국의 보호무역주의로 중국의 미국 반도체 기업 M&A 및 기술 협력 가능성이 낮아지기 때문이다"라고 분석했다. 국내 기업이 반사 이득을 누릴 가능성이 높다는 설명이다.

한국타이어, 금호타이어 등 국내 타이어 기업도 역설적으로 트럼프 시대 수혜를 입을 전망이다. 미국 현지 공장에 적극적인 투자를 해옴과 동시에 현지 유통망도 확충해뒀기 때문이다.

김진우 한국투자증권 연구원은 "2016년 초 금호타이어가 조지아 주에 공장을 열었고 2017년 초에는 한국타이어가 테네시 주에 공장을 새로 가동한다. 두 공장 모두 향후 점진적으로 규모를 늘릴 계획이다"라고 말했다. 특히 트럼프가 미국 내 법인세율을 최고 35%에서 15%로 낮추는 공약을 제시함에 따라 국내 타이어 기업들이 미국 현지에서 세제 혜택을 볼 것이라는 점도 우호적 요인으로 지목된다.

제약, 바이오 업종 역시 트럼프 수혜를 입을 대표 분야로 꼽힌다. 트럼프의 제약 바이오 관련 공약인 소위 '트럼프케어'는 의약품 가격을 낮추는 데 초점이 맞춰진 상태다. 트럼프케어는 의약품 가격에 대해 정부 규제보다 시장에 의한 자유경쟁 원칙을 근간으로 하고 있다. 얼핏 보면 약품 가격 상승 요인으로 읽힌다. 그러나 이면에는 해외 의약품 수입 제한 완화가 담겨져 있다. 소비자의 약품 선택권을 보장하기 위해 저렴한 해외 의약품의 수입을 자유롭게 하겠다는 포석이다.

이 같은 트럼프케어는 복제약을 주력으로 하는 삼성바이오로직스, 셀트리온 등 국내 대표 바이오주는 물론 신약 개발에 앞장서고 있는 한미약품 등의 기업에 호재로 작용할 전망이다. 글로벌 제약사 대비 낮은 약 단가를 무기로 의약품 분야 최대 소비국인 미국 시장을 공략할 수 있기 때문이다.

반도체, 중국 급성장 제동 거는
트럼프로 인해 호재

국내 반도체 업종은 중국의 급성장이라는 큰 도전에 직면해 있다. 중국의 스마트폰 제조업체들이 스마트폰, 컴퓨터 등에 공급되는 디램, 낸드플래시 등의 막대한 반도체 수요를 감당하는 자국 시장에서 반도체 생산까지 영역을 확장하기 시작했기 때문이다. 미국 반도체 업체인 스펜션Spansion은 중국 반도체 기업 XMC로 기술을 이전했고, AMD는 중국 현지에 합작 회사를 설립했다. 인텔 역시 중국 다롄大連 지역 생산 라인을 낸드플래시 용도로 전환하기도 했다.

특히 중국 최대 반도체 기업인 창장스토리지YRST가 미국 반도체 기업 마이크론Micron과 기술 제휴를 논의하고 있다는 소식은 국내 반도체 기업들을 긴장하게 만들고 있다. 삼성전자와 SK하이닉스 등에 밀려 자금난에 빠진 마이크론은 세계 3위 메모리 반도체 기업이다. 이미 지난해 칭화유니그룹Tsinghua Unigroup(YRST의 전신)은 마이크론의 인수를 시도했다가 미국 정부의 규제로 실패한 바 있는데, 규제를 피하기 위해 제휴로 전략을 튼 셈이다. YRST는 지난 7월 국유기업인 칭화유니그룹과 우한신신XMC이 합병해 탄생한 기업으로 실리콘 웨이퍼 제조 공장인 팹Fab 건설에만 240억 달러(약 25조 원)를 투자했으며 2019년부터 반도체 양산에 돌입할 예정이다.

미국과 일본, 한국의 과점 시장으로 불리던 반도체 시장에 막대한 자본력을 무기로 한 중국이 뛰어들 경우, 생산력과 비용 면에서 열세인 국내 업체들의 입지가 좁아질 수밖에 없다. 아직까지 반도체의 성능 측면에서는 국내 업체들의 경쟁력이 우수하지만, 기술에 자본력이 뒷받침됐을 때 중국의 성장 속도를 무시할 수 없기 때문이다.

이런 상황에서 미국의 차기 대통령으로 트럼프가 당선된 것은 국내 반도체 분야에 호재로 작용할 전망이다. 자국의 이익을 최우선 고려 대상으로 둔다는 트럼프의 성향을 고려하면 미국의 기술력을 돈으로 사려는 중국에 대한 견제가 심해질 가능성이 높아서다. 실제로 트럼프 당선 후 미국 재무부와 국방부를 포함해 17개 정부 부처로 구성된 외국인투자심의위원회CFIUS는 중국 사모펀드의 독일 반도체 기업 인수를 반대했다. 유럽 기업을 중국이 사들이는 것을 미국이 견제하고 나선 것이다.

금융 투자 업계에서도 트럼프의 당선이 미국과 중국 간 M&A 흐름을 늦추고, 이는 중국의 반도체 기술 확보 시기를 늦출 것으로 전망하고 있다. 이승우 IBK투자증권 연구원은 "이번 차기 대통령으로 당선된 트럼프 정부의 보호무역주의 정책을 감안할 때, 마이크론과 YRST의 협상 뉴스가 실제 결과로 이어질지는 의문이다"라고 말했다.

이 같은 취지에서 중국발 리스크가 주가 상승의 발목을 잡던 SK하이닉스는 트럼프 당선의 최대 수혜주로 꼽힐 만하다. 디램 부문이 공급 불균형에 따른 호황기를 맞이한 데다, 미국과 중국 간 M&A 바람에 제동이 걸리면 중국의 반도체 기술 확보도 늦어질 것이란 분석이다.

현재 디램 시장은 1위인 삼성전자를 비롯해 SK하이닉스와 마이크론 등 사실상 3개 업체가 남아 경쟁하고 있다. 반도체 시장은 대략적인 예측이 가능한 수요보다는 공급 업체 간 생산 확대 등 눈치 보기로 수급 불균형이 발생하는 경우가 많았다. 생산 업체가 난립했던 과거의 경우 출하량 증가를 계획하는 일부 업체들로 인해 대규모 증설 바람이 불었다. 그러나 주력 생산업체가 3~4개로 줄어든 현 시장에서 공급 증가 리스크는 확실히 줄었다는 평가다.

김선우 메리츠종금증권 연구원은 "리스크 요인이었던 중국과 마이크론의 조인트 벤처 가능성이 낮아졌다. 지난 1분기 이후 경쟁사들의 증설 추이 및 수요 둔화 가능성이 D램 가격 상승세에 영향을 미치고 있어 중단기적인 실적 가시성이 확보된 상황이다"라고 설명했다.

삼성전자의 경우는 추후 상황을 지켜봐야 한다는 분석이 지배적이다. 반도체 기술력은 충분히 입증됐지만 트럼프 정부에서 인텔, 글로벌파운드리GlobalFoundries 등 자국 위탁생산업체 중심의 정책을 펼칠 수 있기 때문이다.

제약·바이오주,
트럼프 효과 수혜 전망

　도널드 트럼프의 당선으로 국내 제약·바이오 업종은 수혜를 입을 것이란 전망이 우세하다. 트럼프의 헬스케어 공약인 '트럼프케어'에는 저가의 고품질 의약품에 대한 수입을 늘리자는 정책이 포함돼 있다. 트럼프는 대선 후보 시절 언론과의 인터뷰에서 "품질이 높으면서 상대적으로 가격이 싼 해외 의약품 수입에 찬성한다"라고 밝히면서 시장 논리에 입각한 견해를 내비쳤다. 이 때문에 시장에서는 트럼프의 당선이 신약 개발 기업과 복제약 업체들에게 호재로 작용할 것으로 예상하고 있다. 다만 트럼프의 당선으로 오바마케어가 폐지될 가능성이 높아진 가운데 미국의 병원 서비스 관련주와 저소득층을 위한 의료보험 관련 종목 중심으로 불확실성은 더욱 커질 전망이다. 한편 트럼프케어는 국내 제약·바이오주에게 호재로 작용할 것으로 보

종목명	시가총액	투자 포인트
중단기적으로 주목할 제약·바이오주		
녹십자	17,296	- 2016년 6월 브라질 정부 대상 2,570만 달러 규모 IVIG 수주 등 역대 최대 수주 경신 - 헌터라제 기술 수출 가능성과 얼비툭스 복제약 및 허셉틴 복제약의 기술 수출 가능성 기대
종근당	8,694	- 최근 상위 제약사의 영업 실적이 비교적 부진한 상황에서 종근당의 실적 호조는 크게 차별화됨 - 하반기 들어와 판관비 지출이 감소하면서 영업이익이 대폭 증가
보령 제약	4,611	- 보령제약이 카나브 패밀리 제품을 구축하고 마케팅을 강화, 2017년부터 본격 성장할 전망 - 파머징 중심으로 수출 확대, 장기적으로 유럽 등 선진국 시장에도 진출할 계획
셀트 리온	118,922	- 화이자가 미국에서 복제약 램시마의 판매를 담당하고 있으며 11월 말부터 출시 예정 - 트룩시마와 허쥬마도 전 세계에서 가장 앞서있는데, 글로벌 제약사 테바Teva와 북미 지역에 대한 판권 계약을 체결하여 향후 높은 시장 침투율을 보일 전망
메디 톡스	21,054	- 앨러간에 기술 수출한 액상형 보톡스, 2017년 초 미국 FDA 3상 진입 기대. 내성을 줄인 코어톡스는 2017년 초 국내 시장 출시 전망 - 금년 하반기 실적도 전년 대비 크게 성장 예상, 2017년 상반기 제 3공장 가동되면 초과 수요를 충분히 해 소할 전망
에이치 엘비	6,561	- 항암제 아파티닙Apatinib, 위암 3차 치료제로 미 FDA 3상 연내 진입 예상 - 글로벌 제약사와 기술 수출 추진 중인데, 2016년 5월 세계 최고 저널 중 하나인 〈네이처리뷰〉에서 동 사의 아파티닙을 호평하여 높은 가치로 기술 수출 기대
지트리 비앤티	3,638	- 미 FDA 3상에서 2차 임상 중인 안구 건조증 치료제, 2017년 상반기쯤 글로벌 제약사와 기술 수출 예상 - 희귀성 질환인 표피성 박리증, 2017년 1분기에 미 FDA 3상 진입 예상
에스 티팜	8,031	- 원료의약품인 API 생산업체로, 제품의 우수성으로 글로벌 제약사에 공급 - 매년 빠르게 매출 확대 중이며, 약 40%에 가까운 높은 영업이익률 시현
바텍	4,954	- 휴대용 Standard X-ray가 2017년 1분기부터 본격적으로 판매될 전망 - 중국 시장은 2D 중심의 시장에서 동사 제품 가세로 3D 중심 시장으로 교체 중
아이 센스	4,439	- 원료의약품인 API 생산업체로, 제품의 우수성으로 글로벌 제약사에 공급 - 매년 빠르게 매출 확대 중이며, 약 40%에 가까운 높은 영업이익률 시현
에스 티팜	4,954	- 북미 지역 신규 고객 확보와 중국 매출 증가 등으로 양호한 실적 지속 - 중국 당뇨병 환자 수는 1억 명에 달하며 지속적으로 늘어나는 추세
루트 로닉	3,772	- 2017년 1분기 중에 글로벌 레이저 에스테틱 및 레이저 안과 치료기기업체 인수 기대 - 2017년 초부터 안과 레이저 사업이 시작될 전망이며, 레이저 업체 인수 시 매출 2배 이상으로 실적 급격 히 증가

단위: 억 원 자료: 각사, SK증권 2016년 11월 9일 기준

인다. 미국에서 해외 의약품 수입이 늘어날 것이란 기대감이 이들 주가를 끌어올릴 재료로 받아들여지고 있기 때문이다.

트럼프케어가 담고 있는 정책적 함의

트럼프 당선이 국내 제약·바이오주에 미칠 영향을 전망하기에 앞서 트럼프케어가 담고 있는 정책 방향에 대해 살펴볼 필요가 있다. 트럼프케어의 시행은 곧 오바마케어의 폐지를 의미한다. 트럼프는 과거 언론과의 인터뷰에서 "오바마케어로 인해 미국인들의 가계 지출 부담이 더욱 가중될 것이다"라며 오바마케어에 대해 부정적인 시각을 드러냈다. 미국 의회 예산국에 따르면 오바마케어를 유지할 경우 2025년까지 약 600조 원에 달하는 예산을 쏟아부어야 한다. 이 때문에 트럼프는 오바마케어가 국가 재정에 큰 부담으로 작용할 것으로 판단하고 전면 폐지를 추진하는 것이다. 하지만 트럼프는 오바마케어의 핵심 내용으로 꼽히는 '전 국민의 건강보험 가입 의무화'에 대해서는 뚜렷한 입장을 내놓지 않았다. 다만 트럼프는 국민건강보험의 필요성을 인정하면서도 '자유 시장 원칙'에 따라 관련 정책을 펼쳐나갈 것임을 시사했다. 정보라 한국투자증권 연구원은 "오바마케어가 시행되면 병원 서비스를 제공하는 기업들이 수혜를 입을 것으로 예상됐으나 트럼프의 당선으로 오바마케어가 폐지 수순을 밟게 됐다. 미국에서는 병원 서비스 관련 기업들이 위축될 가능성이 있다"라고 분석했다.

트럼프는 오바마케어 폐지에 이어 건강보험 상품에 대한 의견도 내

트럼프케어 정책 및 영향		
정책	내용	영향
오바마케어 폐지	- 오바마케어로 인한 미국인들의 부담이 급증하고 있다며 폐지 입장을 밝힘 - 하지만 오바마케어의 핵심인 전 국민의 건강보험 가입 의무 방침에 대해서는 언급을 하지 않음 - 국민건강보험의 필요성을 인정하면서도 '자유 시장 원칙'에 따라 실현하겠다고 함	병원 서비스 관련 기업에 부정적 의약품 사용량이 감소할 것이라는 우려가 있음
보험상품 판매 제한 완화	- 주 경계 범위를 넘어서 다른 주에도 같은 보험상품을 판매하도록 허용	의료보험주에 긍정적
메디케이드 오남용 방지	- 메디케이드는 연방정부의 정액 보조금 제도로 편입하자고 주장	-
의약품 가격 자유경쟁 원칙	- 의약품 가격에 대해 정부의 규제보다는 시장의 논리에 맡겨야 함	신약 개발 관련 기업에 긍정적
해외 의약품 수입 제한 완화	- 소비자의 약값 부담을 줄이기 위해 안전한 해외 의약품의 수입은 확대	복제약 기업에 긍정적
개인 건강보험 세금 공제	- 개인건강보험에 대해 세금을 공제하고, 보험료 외에 실비로 지출해야 하는 비용을 보건저축계좌HAS를 통해 낼 수 있도록 허용하면서 세금을 면제	의료보험주에 긍적적

자료: 한국투자증권

비쳤다. 즉 트럼프케어에서는 건강보험 상품을 사실상 모든 주州에서 판매할 수 있도록 허용하고, 65세 미만의 저소득층과 장애인을 위한 국민 의료 보조 제도인 '메디케이드Medicaid'를 연방정부의 정액 보조금 제도로 편입시키는 안이 들어있다.

트럼프는 나아가 개인 건강보험 비용에 대한 세금 공제를 확대할 것이라고 시사했다. 〈뉴욕타임스〉에 따르면 트럼프의 공약에는 건강보험에 대한 세금을 공제하고, 보험료 이외에 실비로 지출하는 비용을 보건저축계좌HAS를 통해 지출할 수 있도록 허용하는 방안이 포함돼있다. 마지막으로 트럼프케어에서는 의약품 가격 인하 방안을 제시하고 있다. 즉 '고품질 저가 해외 의약품'에 대한 수입을 확대하는 것이다. 나아가 정부가 나서서 의약품 가격을 조절하기보다는 시장에 의해 자연스럽게 가격이 결정되어야 한다는 입장을 내비쳤다.

국내 제약·바이오 부문의 미국 수출 현황 및 전망

한국의약품수출입협회에 따르면 2015년 우리나라의 의약품 수출 규모는 29억 4,000만 달러로 집계됐다. 이 가운데 대미對美 의약품 수출액은 1억 달러로, 전체 수출에서 3.5%를 차지하고 있다. 이승호 삼성증권 연구원은 "한국 의약품 업종의 경우 미국 수출 비중이 작은 상황이다. 트럼프가 당선된 이후 오히려 대미 수출이 늘어날 수 있다는 점에서 긍정적으로 판단된다"라고 분석했다. 이 연구원은 또 "거시경제적인 측면에서 바라볼 때 미국 금리 인상 우려와 같은 대외적 변수에 의한 실질적인 영향은 제한적일 것으로 판단된다. 한미약품 사태의 후폭풍 이후 국내 제약·바이오 업종을 둘러싼 대내적 악재 역시 상당 부분 해소됐다"라고 설명했다.

국내 제약·바이오주에 대한 전망에 앞서 미국 바이오 업종의 주가 흐름을 살펴볼 필요가 있다. 국내 제약·바이오주는 미국 바이오주와 커플링(동조 현상)을 이루는 경향이 있기 때문이다. 의료·바이오 산업은 생명과 직접적인 연관성이 높은 만큼 정부 규제에 크게 영향을 받는다. 강력한 대선 후보였던 힐러리 클린턴의 약값 규제 관련 발언 탓에 미국 바이오 관련 지수는 2015년 9월 이후 계속 하락 곡선을 그려왔다. 2016년 10월까지 최근 1년 동안 미국의 나스닥 바이오텍 지수는 2014년 7월 수준으로 회귀한 것이다. 노경철 SK증권 연구원은 "지난해 미국 바이오 지수의 하락은 힐러리의 약값 규제 영향뿐만 아니라 금리 인상 이슈와도 맞물려 낙폭을 키웠다. 2016년 10월까지 힐러리의 미국 대선 승리 가능성이 점쳐지면서 바이오주가 좀처럼 기를 펴지 못하다 트럼프의 예상 밖 당선으로 바이오주가 오름세를 타기 시작한 것이다"라고 설명했다.

한편 2016년 11월 중순부터 국내 제약 및 바이오주 역시 다시 상승 곡선을 그리고 있다. 트럼프 당선 이후 미국 바이오주가 상승 랠리를 타고 있는 가운데 커플링을 이루고 있는 국내 제약·바이오 관련주에도 상승 기대 심리가 투영되고 있기 때문이다. 노경철 SK증권 연구원은 "현재 국내 제약 및 바이오 종목들은 국가의 건강한 경제 상태를 나타내는 펀더멘털Fundamental과 상관없이 과도하게 하락한 상태이다. 미국 바이오주가 상승하면 동조 현상을 보였던 국내 바이오주도 회복세를 탈 것으로 예상된다"라고 말했다. 노 연구원은 이어 "국민연금이 중소형주 위탁운용사를 선정할 계획인 것으로 알려지고 있다. 국민연금이 중소형주에 대규모 자금을 집행할 경우 국내 제약·바이오주 역시 상승 탄력을 받을 수 있다"라고 진단했다.

주목할 만한 국내 제약·바이오주

지난 9월 말 한미약품 사건 이후 코스피 제약 업종 지수는 30%, 코스닥 제약 업종은 15% 이상 떨어졌다. 특히 신약에 대한 기대감이 컸던 한미약품, 유한양행, 큐리언트, 오스코텍 등 연구·개발R&D 관련 기업들의 주가 낙폭이 컸다. 11월 말 현재 제약 업종의 PER은 22배 수준으로 업종 밸류에이션Valuation은 지난해 한미약품이 기술 수출을 시작하기 전 수준으로 돌아간 상황이다. 이에 따라 이번 미국 대선 결과가 국내 제약·바이오 업종의 주가 조정에 영향을 미칠 가능성은 비교적 낮은 상황이다. 오히려 신약의 약값 인하에 대한 위험이 줄어들면서 미국 나스닥 헬스 케어 지수가 오름세를 탈 경우 국내 제약·바이오 지수도 기저 효과에 따른 반등이 가능할 것으로 예상되고 있다.

나아가 의약품 가격을 시장에 맡기겠다는 트럼프의 정책 기조는 미국 의약품 시장에 수출하는 국내 제약·바이오 기업들에게 호재로 작용할 전망이다. 녹십자는 면역증강제 '정맥 면역 글로불린IVIG'을 통해 미국 진출을 추진하고 있고, 셀트리온은 류마티스 관절염 치료제인 '레미케이드Remicade'의 복제약 '램시마Remsima'를 앞세워 미국 시장을 공략할 준비를 하고 있다.

전문가들은 빠르게 실적이 개선되고 있는 일부 제약주와 의료기기 관련주, 글로벌 임상 후기 단계를 지나고 있으면서 기술 수출이 기대되는 바이오주에 주목할 필요가 있다고 설명한다. 시장에서는 녹십자, 셀트리온과 더불어 종근당, 메디톡스, 에이치엘비, 루트로닉 등을 주요 관심 종목으로 제시하고 있다.

타이어, 수혜주로 꼽히는
국내 타이어 기업 '빅2'

트럼프 시대 개막으로 인해 타이어 업종에 대해 어두운 전망이 앞서고 있다. 세계 최대 자동차 시장으로 타이어 소비 역시 최대인 미국 시장에 보호무역주의 장벽이 높게 설 가능성이 점쳐지고 있기 때문이다. 그러나 역설적으로 국내 타이어 기업 '빅2'인 한국타이어와 금호타이어는 트럼프 시대의 수혜주로 꼽히고 있다. 미국 현지에 공장을 갖춘 데다 현지 영업망도 강력하기 때문이다.

트럼프 시대에 주목받는 타이어 업체로는 단연 한국타이어가 꼽힌다. 이상현 IBK투자증권 연구원은 "한국타이어는 2016년 말을 목표로 8억 달러를 투입해 미국 테네시 주에 189만㎡ 규모의 공장을 건립하고 있다. 한국타이어 연결 매출에서 미국 비중은 28%를 차지하고 있다"라고 말했다. 테네시 공장 완공 이후 현지 생산량은 1단계로 연간 550만 개이며, 이후 2020년까지 2단계 증설이 완료되면 생산량이 1,100만 개로 확대된다.

미국이 보호무역주의 장벽을 친다 하더라도 현지 생산을 통해 이를 만회할 수 있다는 분석이다. 특히 친기업 성향인 트럼프가 법인세율을 인하하겠다는 공약을 내건 만큼 향후 미국 현지 생산을 통한 절세 효과도 덤으로 누릴 수 있을 것으로 예상된다.

아울러 한국타이어는 고성능 타이어 주도로 수익성이 구조적으로 변화하고 있다는 점이 눈길을 끈다. 김진우 한국투자증권 연구원은 "초고성능 타이어UHPT시장이 기존 신차 수요OE에서 교체 수요RE로 확성되며 수익성이 근본적으로 개선되고 있다"라고 말했다. 미국 내 타이어 교체 수요 내에서 UHPT가 차지하는 비중은 2015년 38%에서 2018년에 50%로 급격히 늘어날 것으로 예측되고 있다. 한국타이어 미국 테네시 공장은 UHPT 생산 가능 비중이 80%에 달한다.

금호타이어 역시 트럼프 시대 보호무역주의의 파고를 넘을 가능성이 높은 기업으로 꼽힌다. 정용진 신한금융투자 연구원은 "트럼프의 대선 승리로 보호무역주의가 득세하면서 수출 경쟁력이 훼손될 가능성이 높아 우려가 커진 상황이다. 이런 상황에서 금호타이어가 2016년 1월 전체 생산량 대비 7% 수준인 연 400만 개 규모의 미국 조지아 공장을 신규 가동한 것은 시의적절한 투자"라고 분석했다.

다만 금호타이어는 2016년 11월 현재 매각 작업을 진행하고 있다는 점이 불확실성으로 꼽힌다. 정 연구원은 "매각 절차가 진행되고 유력 인수 후보가 확인되기 전까지 향후 경영 방침을 예단하거나 미래

실적을 가늠하기 어렵다"라고 설명했다. 매각 작업이 최종 마무리되기 전까지 보수적인 관점을 유지해야 한다는 지적이다.

금호타이어 매각전은 2016년 11월 현재 옛 오너인 박삼구 금호아시아나 회장과 중국 타이어 기업 간의 경쟁 구도로 진행되고 있다. 중국 타이어 기업들은 트럼프 파고를 넘을 우회 통로로 금호타이어 인수에 매력을 느끼고 있는 상황이다.

투자은행IB 업계 관계자는 "중국 기업은 미국 타이어 시장 내 생산은커녕 유통망도 제대로 갖춰지지 않은 상황이다. 금호타이어 인수를 통해 미국 현지 생산과 유통망 확보를 도모하는 것이다"라고 설명했다.

넘버3 넥센타이어는 '빅2'에 비해 상대적으로 투자 매력도는 떨어지는 것으로 평가된다. 권순우 SK증권 연구원은 "넥센타이어는 매출 비중이 높은 미국 보호무역정책에 대한 불확실성이 존재한다"라고 분석했다. 넥센타이어 매출은 국내 공장이 9,464억 원, 중국 공장이 3,438억 원이며 아직까지 미국 현지 공장은 없는 상태다.

PART

03

국내 경제를
뒤흔들 먹구름이
몰려온다

피해야 할 비즈니스
종목별로 진단한다면

트럼프 시대 개막으로 업종별 희비가 엇갈리고 있다. 특히 환경 정책에 있어서 대대적인 변화가 예고되며 친환경 관련 비즈니스에 대한 전망이 암울하다. 전임 오바마 대통령이 친환경을 강조하며 각광받던 전기차 등 연관 산업들이 주 타격 대상이 될 것이라는 시장 전망이다. 트럼프 미국 신임 대통령은 유세 기간 내내 "지구온난화에 따른 기후 변화는 사기Hoax다"라고 강변했기 때문이다.

트럼프는 배기가스 규제 등을 담당하는 에너지환경청EPA을 폐지할 계획을 시사하는 등 친환경 자동차 산업에 부정적인 기류를 노골적으로 드러낸 바 있다. 아울러 트럼프발 보호무역주의의 발호는 전기전자제품 업종에도 어두운 그림자를 드리울 것으로 예상된다.

2차전지, 전기차 관련 업종은 트럼프발 충격의 직격탄을 맞을 것으로 예상된다. 김진우 한국투자증권 연구원은 "전임 오바마 대통령은 임기 내내 연비 규제를 통해 전기차 공급을 늘리는 한편 보조금 확대를 통해 전기차 수요를 늘리는 정책을 써왔다. 기후 변화 자체에 부정적인 인식을 드러내는 트럼프 집권 이후 연비 규제가 완화되거나 보조금이 축소될 경우 전기차 성장이 느려질 전망이다"라고 말했다.

이에 따라 2차전지 생산 기업인 LG화학, 삼성SDI를 비롯해 전기차 관련 수혜를 받아온 한온시스템, 일진머티리얼즈, 에코프로 등은 단기적으로 가격 조정이 불가피한 상황이다.

전기전자부품, 정보기술IT 부품 분야는 보호무역주의의 직격탄이 예상된다. 이들의 납품처인 삼성전자, LG전자 등으로 중심으로 한 세트업체들의 주력 생산품인 스마트폰이 수출 부진을 겪을 수 있기 때문이다. 애플의 아이폰이라는 확고한 대체재가 있어 타격은 불가피할 전망이다.

이세철 NH투자증권 연구원은 "미국의 보호무역주의 강화로 국내 세트업체의 출하량에 부정적인 영향을 미칠 것으로 전망된다. 세트업체의 출하량 부진은 관련 부품업체에도 부정적인 영향을 미칠 것으로 예상된다"라고 말했다.

특히 미국 내 고용 확대 정책은 직격탄이 될 수 있다는 분석도 나온다. 송명섭 유안타증권 연구원은 "미국 내 고용 확대를 위해 미국 기업의 현지 생산을 늘리려는 공약은 타격이 될 수 있을 것이다"라고 말했다.

다만 이 같은 어두운 전망이 실제 현실화될지 여부가 가장 중요하다는 시장 판단이다.

자산운용사 관계자는 "공약이 실제 정책으로 이행될지 여부가 더욱 중요하다. 실제 정책의 변화 과정이 쉽지 않은 만큼 공약이 정책으로 연결되지 않을 경우 눌려왔던 주가가 크게 뛸 가능성이 높다"라고 지적했다.

아울러 트럼프 공약이 글로벌 추세와 어긋나기 때문에 길게 보면 저가 매수 기회라는 인식도 나온다. 투자자문사 관계자는 "미국 대통령의 임기는 4년에 불과하기 때문에 장기 투자자 관점에서는 트럼프 리스크로 인한 기업의 저평가 상황은 가치 투자 기회이다"라고 말했다. 트럼프발 폭풍을 견뎌낼 수 있는 우량기업에 돈을 묻어놓고 기다리는 지혜가 필요하다는 설명이다.

전기전자부품,
고객 매출 다변화 기업 선별해야

전기전자부품 업종은 이미 트럼프 당선 전인 2016년 3분기부터 상황이 좋지 않았다. 전작과 다를 바 없는 애플의 '아이폰7'이 시장의 혹평을 받고 있었으며, 삼성전자의 갤럭시노트7 배터리 발화 사고와 전량 리콜은 고성능 스마트폰 시장에 치명상을 입혔다. 글로벌 선두 스마트폰 업체들의 주요 제품 판매량이 IT 부품 기업들의 연간 실적을 좌우한다는 점에서 대부분의 전자부품 기업 실적과 주가는 흔들렸다.

보호무역주의를 내세우는 트럼프의 당선은 전기전자부품 업종에서는 또 다른 악재가 될 전망이다. 미국의 보호무역주의가 강화되면 국내 세트업체의 출하량에 부정적인 영향을 미칠 것으로 전망되기 때문이다. 구체적으로는 한국과 미국의 자유무역협정 재협상, 관세 인상 등이 우려된다.

박형우 SK증권 연구원은 "트럼프 대통령이 선거 운동 기간에 보호무역주의 강화 의견을 여러 차례 밝힘에 따라 국내 IT 세트 제조사의 대미 수출 감소가 우려된다. 미국의 IT 제품에 대한 관세 인상이 현실화될 경우 타격이 가장 큰 제품은 스마트폰이다"라고 말했다. SK증권에 따르면 2016년 상반기 미국 내 스마트폰 시장에서 삼성전자의 점유율은 26%, LG전자 13%로 모두 합쳐 40%에 육박하는데, 보호무역주의의 강화로 한국 제조사의 스마트폰 사업 매출이 감소하는 것이 불가피하다는 설명이다.

애플과 함께 스마트폰 시장을 양분하고 있는 삼성에 대해 어떤 식으로든 제재를 가할 것이라는 전망도 나온다. 예를 들어 트럼프의 당선으로 인해 특허 소송이 빈번한 스마트폰 제조사 간의 분쟁에서 미국 기업의 손을 들어줄 가능성이 높아졌다는 분석이다. 결국 부품업체들의 실적 저하로 연결될 수밖에 없다.

결국 이런 시장 환경 속에서는 철저하게 종목 위주의 투자가 필요하다는 목소리가 나온다. 특히 매출처 의존도가 특정 기업에 높은 기업보다는 분산돼있는 기업들을 찾아나서야 한다는 분석이다. 최준영 NH투자증권 연구원은 "결국 국내 세트업체들의 출하량 부진은 관련 부품업체에도 부정적인 영향을 미칠 것으로 예상된다. 반면 해외 고객 포트폴리오가 견고한 업체들이 상대적으로 타격이 적을 것으로 예상된다"라고 설명했다.

트럼프의 당선에도 흔들리지 않을 전기전자부품업체로는 와이솔, 옵트론텍, 아모텍 등이 꼽힌다. 무선주파수 솔루션 제품이 주력인 와

이솔은 삼성전자 갤럭시노트7의 배터리 발화로 대부분의 부품업체들의 2016년 3~4분기 실적이 감소했음에도 불구하고 견조한 실적을 남기고 있다. 2014년 129억 원이던 영업이익은 2016년 364억 원으로 급증한 데 이어 2016년 400억 원을 넘어설 전망이다. 중국 톈진天津에 종속회사를 보유하고 있어 중국 매출이 확대되고 있으며, 주요 고객인 삼성전자의 제품 생산 중단에도 불구하고 제품군 국산화를 통해 꾸준한 실적 성장을 유지하고 있다.

글래스 기반의 광학부품 전문기업인 옵트론텍이 경쟁력을 가진 분야는 초박형 카메라 필름 필터다. 업계에 따르면 스마트폰 두께에 결정적인 영향을 미치는 것이 바로 카메라 모듈인데, 이 두께를 줄이려는 세트업체들의 노력은 지속되고 있으므로 수요가 꾸준히 확대될 것이라 분석이다. 교보증권에 따르면 특히 중국 스마트폰 세트업체들로의 수출이 빠르게 증가 중인데, 현재 오포OPPO, 화웨이Huawei 등 대형 세트업체들로 공급 중이며 신규 고객사도 빠르게 가세하고 있다. 현재 광학부품 생산 전문업체인 옵트론텍의 수출 물량 중 중국 업체로의 물량이 전체 10% 이상을 차지하고 있다.

마지막으로 전자부품 제조업체인 아모텍이다. 역시 주요 고객사인 삼성전자 갤럭시노트7의 영향에 2016년 3분기 매출이 부진했지만 영업이익은 줄어들지 않았다. 수익성 높은 전장부품의 매출 증가가 영업이익률 개선으로 이어지게 된 것이다. 고수익성의 스마트폰 감전소자와 전장부품의 매출 확대가 예상돼, 아모텍의 2016년 전망치 10%의 높은 영업이익률은 지속될 것으로 업계는 전망하고 있다.

2차전지,
성장 동력에 제동 걸리나

2차전지 시장은 확실히 성장하고 있다. 환경오염에 대한 세계 각국의 관심이 환경 규제로 이어지면서 자동차를 중심으로 한 2차전지 수요의 증가는 지속될 것으로 전망된다.

현재 2차전지 시장은 크게 스마트폰·태블릿PC 등 IT 기기에 들어가는 소형 전지와 자동차 배터리와 같은 중대형 전지 시장으로 나뉜다. 이 중 미래 성장 동력은 전기차 시장 확대에 따른 중대형 전지 시장에 있는데, 국내에서는 LG화학과 삼성SDI 등이 경쟁력을 강화하면서 시장 개척을 주도하고 있다.

그러나 트럼프가 45대 미국 대통령에 당선되면서 2차전지 시장에 먹구름이 드리웠다. 트럼프 대통령이 연료 사용으로 발생하는 환경오염과 이에 따른 기후 변화를 그다지 신뢰하지 않아서다. 증권업계에서는 기후 변화를 사기라고 표현하면서 친환경 에너지 정책에 반대하고 있는 트럼프가 국가 차원에서 주도하는 친환경 에너지 투자를 집행할 가능성을 낮게 보고 있다.

대선 전부터 트럼프는 기존 에너지 연료인 석유와 석탄 개발을 활발히 해야 한다고 주장해왔다. 그가 이번 미국 대선에서 미국의 낙후된 공업지대 '러스트벨트Rust belt' 지역에 있는 블루칼라 계층의 절대적인 지지를 받을 수 있었던 것도 이 지역의 부활을 약속했기 때문이다. 구체적으로는 자유 시장경제 논리에 입각한 미국의 석탄·석유·천연가스·원자력 등 기존 에너지원의 적극적 개발을 위한 관련 규제 철폐 등이다.

보호무역주의를 기치로 내건 미국이 석유·석탄과 같은 기존 에너지원 공급 확대에 주력하는 자국 관련 사업을 부흥시키기 위해선 수요가 뒷받침돼야 한다. 트럼프는 세계 최대 소비 시장을 적극적으로 이용할 가능성이 높은데, 이는 결국 국내 배터리업체들의 악재로 연결될 수밖에 없다. 예를 들어 2차전지의 핵심 성장 부문인 자동차 시장에서 국내 기업들의 최대 수출국인 미국이 2차전지 전환에 소극적이거나 자국 배터리 업체를 선호하게 되는 경우다.

미국이 이같은 노선을 취할 경우 세계 최대 전기차 시장으로 꼽히는 중국 역시 해외 배터리 업체들에게 더욱 배타적인 노선을 취할 가능성이 높아진다. 지난해 3월부터 전기차 배터리 규범 인증안을 만들고 시행에 들어간 중국은 이미 4차례 인증을 거치는 과정에서 한국 기업들을 배제시킨 바 있다. 이런 상황에서 미국발 보호무역주의 기조가 전 세계적으로 확대될 경우, 현재 중국 시장 진출에 무게 중심을 맞추고 있는 LG화학과 삼성SDI 등 국내 대표 배터리 제조업체들의 실적 성장에 대한 우려는 커질 수밖에 없는 셈이다.

실제로 LG화학의 경우 중국의 5차 인증 명단에 포함되면 연매출 성장률이 60%, 인증받지 못하면 30% 수준으로 예상하고 있는데, 2016년 하반기로 예상됐던 5차 인증 결과도 2017년으로 넘어가면서 업체들의 불안감은 더욱 커지고 있다.

고정우 NH투자증권 연구원은 "환경 규제 강화 등으로 전기자동차 및 에너지 저장 장치ESS용 2차전지의 수요는 증가하겠으나, 전반적인 친환경 에너지 투자는 국가 주도보다는 기업들의 자율 투자 형태로 진행될 것이다. 정부 개입이 없는 자율적 선택은 다양한 이해 당사자 들의 관계를 조율해야 하는 어려움이 따른다"라고 설명했다.

특히 국내 업체들이 소형 전지 부문에서 벌어들인 수익을 수년간 중대형 전지 연구·개발 및 생산력 확대에 투입해왔다는 점도 우려로 작용한다. LG화학은 올 3분기 기준 매출액에서 전지사업부가 차지하 는 비중은 16.5%에 달하지만 영업이익은 오히려 –3%에 그치고 있다. 소형 전지 부문의 우수한 경쟁력에 비해 중대형 전지 사업의 시작이 늦었던 삼성SDI도 경쟁에서 앞서나가기 위한 투자를 확대하고 있는 상황이다. 성장 산업을 위한 초기 투자 비용은 당연히 감수해야 하지 만, 트럼프가 대통령이 되어 투자 대비 효용을 뽑아내기가 더욱 어려 운 환경이 조성되고 있다.

전기차 관련 업종,
보수적 입장을 견지하라

트럼프 시대가 열리며 전기차 관련 업종 주가가 일제히 조정 양상을 보이고 있다. 트럼프 대통령이 기후 변화 관련 친환경 정책을 폐기하고 기존 화석연료 중심으로 새 정책의 판을 짜고 있기 때문이다. 정책 관련 불확실성이 높은 만큼 투자자들은 관련 주식에 대해 보수적인 입장을 견지하라는 것이 전문가들의 견해다.

그럼에도 전기차에 대한 시대적 흐름은 거스를 수 없다는 점에 주목해 대표 주식들을 장기 관점에서 바라볼 만하다는 조언이다. 트럼프의 공약과 실제 정책이 다를 가능성 또한 있기 때문이다. 아울러 트럼프 대통령의 임기는 4년에 불과하다는 점도 상기해야 한다. 전기차라는 거대한 트렌드를 트럼프 대통령 집권 이슈만으로 되돌릴 수는 없을 것이라는 분석이 우세하다.

이재일 신영증권 연구원은 "전기차는 다년간에 걸친 기술 혁신으로 대중화 단계에 접어들고 있다. 미국의 전기차 보조금은 애초부터 메이커당 초기 20만 대에 한해서 지급돼 보조금 고갈은 이미 예견된 사건이다"라고 분석했다.

자동차 공조 시스템을 공급하는 한온시스템은 전기차 관련 국내 주식 중 가장 주목받는 주로 꼽힌다. 친환경 공조 시스템 기술력을 토대로 매출처 다각화를 적극 추진하고 있기 때문이다.

이상현 IBK투자증권 연구원은 "한온시스템은 한국 30%, 유럽 32%, 북미 15%, 중국 15% 등 지역별로 글로벌 매출이 다변화되어 있다"라고 말했다. 특히 친환경차 공조 시스템 관련 기술력에서 월드 톱 클래스라는 점은 차별화된 요소로 분석된다.

지배구조 측면에서도 사모투자펀드PEF 운용사 한앤컴퍼니와 한국타이어의 공동 보유로 인해 경영 효율성이 극대화되고 있다. PEF 보유 기업들은 재매각을 위한 기업 가치 제고에 전력을 다하기 때문에 주주 중시 경영이 일반화되어 있다.

2차전지 핵심 소재 중 하나인 '일렉포일(각종 전자 장비에 사용되는 얇은 구리 박)' 시장 글로벌 1위 기업인 일진머티리얼즈도 주목해볼 만하다. 특히 최근 중국이 2차전지에 대해 무역장벽을 쌓아올리고 있는 상황도 피해갔다. 한병화 유진투자증권 연구원은 "국내 업체는 물론 중국 1위 전기차 업체 비야디BYD를 고객으로 확보하고 있어 매출 감소 없이 지속적인 성장을 이어갈 전망이다"라고 분석했다.

아울러 향후 미국 전기차 기업 테슬라Tesla에도 납품할 것이라는 전망도 팽배해 있다. 중국 1위 전기차 기업은 물론 세계 1위 전기차 기업까지 고객사로 삼을 수 있다는 분석이다.

2차전지 소재 기업인 에코프로 역시 주목해볼 만하다. 파리기후협약 관련 테마주로 꼽히며 2016년 주가 상승 랠리를 펼치다, 트럼프 미국 대통령 당선 소식 이후 역풍을 맞으며 주가가 원점으로 돌아온 상태다. 기업의 내재 가치에 주목할 타이밍인 셈이다.

장정훈 삼성증권 연구원은 "성장을 위한 생산 규모 증설이 지속적으로 이뤄지면서 안정적인 펀딩이 이뤄지고 있는 부분은 긍정적이다"라고 말했다. 에코프로는 설비 투자 자금 마련을 위해 2016년말 유상증자를 실시한다. 이에 따라 에코프로 주력 생산품 중 하나인 양극활 물질 생산 규모는 2016년 3분기 말 기준 월간 470톤에서 2017년 1분기 월간 920톤으로 확대될 전망이다.

위기의 내수 산업
비상구를
찾아라

트럼프 시대 보호무역 강화로
인한 악재 대비해야

———

　트럼프 시대 개막에 따른 보호무역주의 강화 전망은 자동차 업종과 해운업에 어두운 그림자를 드리우고 있다. 국내 주력 수출 품목 중 하나인 자동차의 경우 미국 수출 비중이 상당히 높기 때문에 타격은 불가피할 수밖에 없다. 보호무역주의 강화로 인한 국제 무역 쇠퇴 가능성은 가뜩이나 여건이 어려운 국내 해운업계에도 악재다.

　현대·기아차의 연간 미국 판매량은 각각 76만 대, 63만 대에 달하며 매출 비중은 현대차 26%, 기아차 38%다. 최대 시장 중 하나인 미국이 보호무역주의 장벽을 올릴 경우 피해가 일정 부분 있을 수밖에 없다는 우려가 나오는 이유다.

　특히 기아차는 2016년 5월 연간 30만대 생산 규모인 멕시코 공장의 가동을 시작하며 우려가 더 큰 모습이다. 트럼프가 멕시코 생산품에 대해 고율 관세를 매기겠다고 엄포를 놨기 때문이다. 기아차 멕시코 공장은 주요 판매 타깃이 미국 시장이다.

불행 중 다행으로 대미 자동차 수출관세는 2012년 2.5%에서 한미 자유무역협정 체결 이후 0%로 낮아진 상황으로 관세 철폐에 따른 피해는 크지 않을 것으로 전망된다.

최근 구조 조정이 긴박하게 이뤄지고 있는 국내 해운업은 보호무역주의가 실제로 발생할 경우 추가 악재를 만나는 형국이다. 중국발 물동량으로 글로벌 해운업이 버티고 있지만 보호무역주의의 심화로 물동량이 줄어들 경우 후폭풍에 휘말릴 수 있기 때문이다.

그러나 트럼프가 미국 인프라 투자의 확대를 공언하며 반전의 실마리도 나오고 있다. 인프라 투자 확대에 필요한 철광석, 시멘트 등의 물동량이 크게 늘어날 가능성이 높기 때문이다. 벌크선 위주로 선단을 운영하고 있는 대한해운 등이 수혜를 볼 가능성이 존재한다.

자동차,
트럼프의 무역 정책 지켜봐야

"트럼프의 미국 대통령 당선은 자동차 산업 판도를 뒤바꿀 만한 게임체인저다."

세계적인 자동차 기업 피아트크라이슬러Fiat Chrysler Automobiles의 CEO 세르지오 마르키온네Sergio Marchionne는 트럼프의 당선 소식에 이같이 평했다. 북미자유무역협정NAFTA 탈퇴 가능성을 내비친 데 이어 제조 시설을 자국이 아닌 해외로 옮긴 기업들에게 35%에 달하는 관세 부담을 부과하겠다는 트럼프가 전 세계 자동차 업계 전반에 미칠 부정적인 영향을 빗댄 것이다.

멕시코를 예로 들어보자. 현지 생산시설을 둔 업체는 GM, 포드Ford, 피아트Fiat와 같은 글로벌 업체들만이 아니다. 기아차는 미국 수출에 있어 가격 경쟁력을 낮추기 위해 연 40만 대 규모의 멕시코 공장을

2014년 착공, 2016년 5월부터 가동에 들어간 상태다. 들어간 돈만 1조 원에 달한다.

보호무역주의를 앞세운 트럼프 행정부가 본격적으로 들어서게 될 경우 멕시코산 기아차의 미국 시장 내 경쟁력 하락은 불가피해진다. 관세 부담이 늘어나게 되면 제조업체 입장에서는 자동차 가격을 올려야 수익성을 유지할 수 있어서다. 트럼프 당선 전 주당 4만 원을 넘던 기아차 주가는 약 2주 만에 3만 7,000원으로 내려앉았다.

다만 실제로 트럼프가 관세를 35% 수준까지 올릴 지는 미지수다. 김진우 한국투자증권 연구원은 "유럽과 미국 투자자들 모두 멕시코의 대미 수출 관세가 실제로 35%까지 부과될 가능성은 매우 낮게 보고 있다. 이보다는 자동차 수요 둔화가 업계의 전반적인 수익성 저하로 이어질 가능성을 크게 우려하고 있다"고 말했다.

국내 자동차 업종 투자는 트럼프의 다소 과격해 보이는 보호무역 관련 정책이 실제로 어떤 방향으로 흘러갈지를 관망해야 할 것으로 보인다. 트럼프가 주장한 TPP 반대, FTA 및 NAFTA 재협상이 그대로 시행되면 분명 국내 자동차 업체들의 수익성에 악재로 작용할 것이다. 여기에 환경 부문에서 화석 연료 개발 확대와 파리기후협약 탈퇴를 시사하면서 저유가 및 전기차 지원금 축소 등도 언급되고 있다. 중국을 환율 조작국으로 지정할 경우에는 주변국의 환율 변동성도 확대될 가능성이 높다.

그러나 업계에서는 실제로 이러한 악재들이 나타나진 않을 것으로 전망한다. 이상현 IBK투자증권 연구원은 "이미 트럼프는 당선 후 공약 중 일부를 완곡하게 수정하고 있어 기우에 그칠 가능성이 높다. 자세히 살펴보면 모순되는 정책들이 많아 수정할 수밖에 없을 것이다"라고 말했다.

구체적인 방향이 잡히지 않은 상황에서는 2017년부터 벌어질 업계 변화에 초점을 맞춰야 한다. 먼저 2017년은 신흥 시장 수요가 회복되는 중에도 미국·유럽 등 주요 시장 수요가 둔화될 것으로 예상된다. 최근 가동을 시작한 현대차 중국 4공장과 기아차 멕시코 공장의 적정 가동률 확보 여부가 동반 진출한 부품기업들의 재무제표에도 중요 변수가 될 전망이다.

완성차 업체들이 겪고 있는 주요 시장에서의 수요 부진과 잠재적인 트럼프리스크를 고려하면 2017년에는 제품 경쟁력을 바탕으로 사업 확장성이 높은 저평가 기업에 선별 투자하는 것이 바람직할 것으로 보인다.

이런 조건을 충족시키는 업체로는 한라홀딩스, 현대모비스, 에스엘SL 등이 꼽힌다. 한라홀딩스는 첨단운전자보조시스템ADAS 성장세에 따른 핵심 자회사 만도와 만도 헬라의 성장성이 기대되며 지주회사로서의 안정성을 동시에 보유한 것으로 평가받는다.

현대모비스 역시 현대차그룹의 전장부품업체로서의 잠재력이 긍정적이라는 진단이다. 조수홍 NH투자증권 연구원은 "현대모비스는 글로벌 생산 거점 확보를 통한 장기 매출처 다변화 가능성이 높다. 맥시코 공장 가동으로 북미 지역 핵심 부품 생산 거점을 확보했고 2017년 유럽의 램프 공장 가동으로 모듈 부문의 외형 성장세도 지속될 것이다"라고 설명했다.

자동차 램프 생산이 주력인 에스엘은 업계에서 최선호주로 추천받는 종목이다. 북미·인도 법인을 가지고 있고 중국과 폴란드 등 다양한 생산 시설 및 매출처를 확보했다.

해운,
당장은 암울하나 돌파구는 존재한다

2008년 금융 위기 이후 가장 암울한 시기를 겪고 있는 업종은 바로 '해운'이다. 3면이 바다로 둘러싸인 한반도 지형상 해운은 무역으로 먹고 살아야 하는 한국에 없어서는 안 될 업종이었다. 한때 세계 상위 10위 글로벌 선사에 한국 선사가 2개나 이름을 올릴 정도로 '해운 강국'이란 칭호를 얻기도 했는데 이젠 상위 10위권 안에 한국은 없다.

2016년 8년 동안 해운업의 불황이 지속되자 결국 국내 1위 선사인 한진해운이 무너졌다. 2위 선사였던 현대상선은 가까스로 살아났지만 정상화의 길은 아직 험난하고 멀다. 이런 상황에서 아시아—북미 항로가 주력인 한국 해운업계에 트럼프의 보호무역주의는 상황을 더 악화시킬 것으로 전망된다.

가장 비상이 걸린 곳은 현대글로비스다. 현대글로비스는 현대·기아차가 미국으로 수출하는 차량 70만 대 중 약 35만 대를 수송하고 있다. 이는 전체 수출 대수의 약 15%에 해당하는 물량이다. 즉 향후 트럼프 정권이 외국산 차량 수입에 대해 관세를 높여 현대·기아차 수출량이 줄어드는 상황은 현대글로비스의 매출 악화로 이어질 수 있다.

한 해운업계 관계자는 "전 세계 해운사들이 하나둘 무너지는 상황에서도 버틸 수 있었던 곳은 현대글로비스처럼 계열사 물량이 받쳐주는 곳들이었다. 근간이 흔들리면 대기업에 속한 해운사들도 기존 영업 방식만으로 버티는 데에 한계가 있을 것이다"라고 전했다.

이런 우려 때문에 트럼프 당선 전날인 2016년 11월 8일 17만 6,500원이었던 현대글로비스 주가는 이후 이틀 만에 15만 9,500원으로 급감했다. 11월 15일엔 15만 4,500원까지 떨어졌다.

다만 시선을 미국에서 다른 지역으로 돌린다면 현대글로비스의 전망이 암울한 것만은 아니다. 현대·기아차가 생산지를 다변화하는 추세이기 때문이다. 덕분에 한화투자증권은 2017년 현대글로비스 매출액이 전년 대비 7.3% 성장한 약 16조 5,000억 원에 이르고, 영업이익도 11.4% 개선된 8,700억 원 수준에 달할 것이라고 전망했다.

류연화 한화투자증권 애널리스트는 "트럼프 당선으로 불확실성이 커지긴 했으나 사업 확장에 대한 기대감엔 변함이 없다. 실적도 나아질 가능성이 크다"라고 분석했다.

국내 최대 컨테이너선사가 된 현대상선도 트럼프 당선은 달갑지 않은 상황이다. 현대상선의 매출액 중 미주 노선 비중이 40%에 달하기 때문이다. 다만 현대상선이 남미·호주·러시아에 이어 최근 중동 항로

현대상선 구조 조정 일지	
날짜	내용
2016.1.29	채권단에 자구안 제출
2016.3.21	채권단에 자율협약 신청
2016.3.29	채권단, 자율협약 가결
2016.6.1	사채권자 집회서 8,042억 채무 재조정 완료
2016.7.15	현정은 등 대주주 및 특수 관계인 주식 감사
2016.7.25	대주주 산업은행으로 변경
2016.9.29	유창근 사장으로 대표이사 변경
2016.11.25	한진해운 스페인 터미널 우선협상대상자로 선정

자료: 에프앤가이드

와 아시아 지역 항로를 강화하면서 항로 다변화를 추진하고 있다는 점은 긍정적이다

그러나 현대상선은 '트럼프 효과'로 설명하기엔 너무 복잡한 상황에 처해있다. 2016년 한 해 동안 현대그룹에서 떨어져 나와 산업은행 체제로 들어가면서 많은 변화가 있었기 때문이다. 재무 구조를 건전화시키고 사업을 안정화시키기까진 아직 시간이 필요하다. '제 코가 석자'이면서도 국책은행 산하에 있고, 유일한 국적 선사란 이유로 한진해운의 자산을 무리하게 인수할 수 있다는 우려도 있다. 다행히 지난 11월 한진해운 미주 노선 인수 과정에서 보여준 현대상선의 차분한 태도는 그런 우려를 불식시키는 데 기여했다.

현대글로비스와 현대상선 외에 국내 해운업계엔 또 다른 다크호스

해운업계의 목표 주가				
종목명	투자 의견	의견 변동	목표 주가	목표 주가 변동
대한해운			28,000	펀더멘털보다 한진해운 미주노선 인수 여부가 주가 영향
팬오션			5,400	
KSS해운	매수	유지	11,000	무상증자 반영하여 하향
대한항공			36,000	-
한진칼			26,000	항공 최선호주

단위: 포인트   자료: 신영증권 리서치센터

가 등장했다. 바로 SM그룹의 대한해운이다. 당초 한진해운의 미주
노선을 현대상선이 가져갈 가능성이 크다는 선망을 여지없이 무너뜨
린 장본인이기도 하다. 능력에 비해 과도하게 사업 영역을 넓히려는
것 아니냐는 시각도 있다. 한진해운의 미주노선은 현재로선 수익성
을 따지기 어렵고, 전략적 제휴 관계인 글로벌 해운 동맹에 속하지 못
한 상황에서 물동량을 어떻게 확보할지 의문이기 때문이다.

노상원 동부증권 애널리스트는 "벌크선 중심의 사업 구조에서 컨
테이너 사업까지 확대할 수 있는 점에서는 긍정적이다. 하지만 컨테
이너 시황이 개선되지 않고 있다는 점이 부담스럽다"라고 분석했다.
그럼에도 1위 국적 선사가 사라진 국내 해운업 속에서 눈에 띄게 움
직이는 대한해운에 기대하는 바 또한 큰 것이 사실이다.

석유화학,
트럼프발 경제 변화 추세로 리스크 증가

　국내 석유화학 업종은 트럼프발 글로벌 경제 변화 추세에서 리스크가 클 것으로 보인다. 수출 비중이 높고 국내 생산 설비 의존도가 높기 때문이다. 이에 원가 구조를 개선하고 사업 구조를 고도화시켜야 한다고 전문가들은 입을 모은다.

　석유화학기업 입장에서 주시해야 할 트럼프의 정책은 크게 3가지다. 에너지 개발·생산, 수송 인프라 및 석유화학 플랜트 투자 규제를 완화해야 한다는 것이 첫 번째다. 이는 긍정적인 요인으로 뽑힌다. 트럼프의 에너지 정책은 미국의 석유 생산 증가와 석유수출국기구OPEC의 감산합의를 어렵게 할 가능성이 크다.

　임지수 LG경제연구원 연구위원은 "저유가를 연장시키는 효과가 나타날 수 있다. 유가가 50달러 수준에서 유지될 경우 국내 석유화학

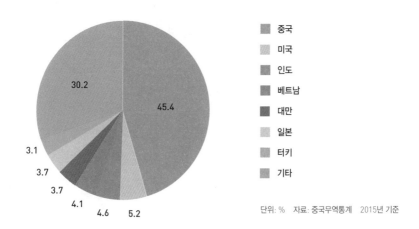

한국 석유화학제품의 수출국 비중

- 중국
- 미국
- 인도
- 베트남
- 대만
- 일본
- 터키
- 기타

45.4
30.2
3.1
3.7
3.7
4.1
4.6
5.2

단위: % 자료: 중국무역통계 2015년 기준

플랜트의 원가 경쟁력은 미국 에탄크래커 플랜트보단 열세지만 중국 석탄·화학 플랜트와 비슷한 수준이다"라고 분석했다.

두 번째는 통상 정책이다. 한국산 석유화학제품의 수입 규제를 강화할 가능성이 크다는 것은 리스크 요인이다. 한국의 석유화학 수출 비중 중 미국은 5.1%로 두 번째로 큰 수출 대상국이기 때문이다. 대중국 수출이 감소하는 제품들의 미국 시장 비중이 높아지는 추세란 점을 감안하면 트럼프의 통상 정책으로 인한 국내 업계 피해는 불가피하다.

마지막으로 트럼프가 공약한 이란 핵 재협상은 실현 가능성이 크지 않지만, 이란과의 긴장 관계가 고조돼 유가 상승 요인으로 작용할 수 있다는 점은 한국 석유화학기업에게 위협적이다.

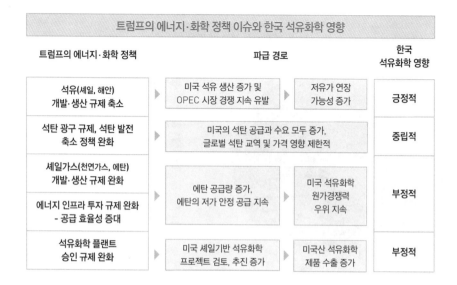

트럼프의 에너지·화학 정책 이슈와 한국 석유화학 영향		
트럼프의 에너지·화학 정책	**파급 경로**	**한국 석유화학 영향**
석유(셰일, 해안) 개발·생산 규제 축소	미국 석유 생산 증가 및 OPEC 시장 경쟁 지속 유발 → 저유가 연장 가능성 증가	긍정적
석탄 광구 규제, 석탄 발전 축소 정책 완화	미국의 석탄 공급과 수요 모두 증가, 글로벌 석탄 교역 및 가격 영향 제한적	중립적
셰일가스(천연가스, 에탄) 개발·생산 규제 완화 / 에너지 인프라 투자 규제 완화 - 공급 효율성 증대	에탄 공급량 증가, 에탄의 저가 안정 공급 지속 → 미국 석유화학 원가경쟁력 우위 지속	부정적
석유화학 플랜트 승인 규제 완화	미국 셰일기반 석유화학 프로젝트 검토, 추진 증가 → 미국산 석유화학 제품 수출 증가	부정적

황규원 유안타증권 애널리스트는 "2017년 1월 트럼프 대통령 취임과 동시에 한·중·일과의 무역 적자를 축소시키려는 움직임이 노골화될 수 있다. 에폭시, 산화방지제, PET필름, 타이어코드, 석유 수지를 대상으로 반덤핑 관세를 부과할 가능성이 크다"라고 분석했다.

기업별로 보면 2017년 가장 주목해야 할 곳이 SKC다. 2016년 한 해 동안 석유화학업종 기업 중 가장 강도 높은 구조 조정을 단행했기 때문이다. 3년째 이어진 필름 부문 부진으로 전체 인력 1,600명 가운데 20% 정도 인력을 내보냈다.

계열사 중 SK텔레시스에 이어 태양광전지 잉곳ingot(강괴)을 생산하고 있는 SKC솔믹스도 적자 사업을 매각하는 등 206년 한 해 구조 조정 비용만 610억 원 정도 발생했다.

황규원 유안타증권 애널리스트는 "필름 부분에선 그 동안 부진했던 광학 및 포장재 필름을 줄이고 폴리우레탄 제품인 CMP패드 등 고부가 제품 비중을 확대하면서 10% 이익률을 회복할 것이고, SK그룹 내에서 위상이 높아졌다는 것도 긍정적 요인이다"라고 분석했다. 반면 태양광발전이 주력인 OCI는 불확실성이 커졌다. 이에 국내 주요 증권사들은 트럼프 당선 후 OCI 주가 전망을 낮추는 추세다.

2017년 태양광 발전 수요는 사상 처음으로 감소할 것으로 전문가들은 보고 있다. 미국과 중국의 태양광 발전 수요 감소로 60기가와트를 기록할 것으로 전망된다. 2017년 세계 폴리실리콘 총 수요 역시 33만 톤으로, 2016년 대비 5만 톤 감소할 것으로 보인다. 폴리실리콘 생산 규모가 연간 5만 2,000톤가량인 OCI는 폴리실리콘 가격이 kg당 1달러 하락하면 연간 영업이익이 600억 원 감소한다.

이충재 KTB투자증권 애널리스트는 "현재 상황에서는 트럼프의 에너지 정책 변화와 생산원가 개선을 기대할 수 있다. 특히 도쿠야마 말레이시아 인수에 따른 영업이익 개선 효과는 연 1,000억~1,500억 원으로 추정된다"라고 강조했다.

이에 KTB투자증권은 OCI의 목표 주가를 16만 원에서 10만 원으로 하향했다. 신현준 한화투자증권 애널리스트 역시 "석유화학 사업의 이익 개선에도 불구하고 베이직케미칼 및 에너지솔루션 부문 실적 개선 속도가 기대에 미치지 못하고 있다. 정부 예산이 충분치 못한 신흥국 중심의 태양광 수요 창출은 폴리실리콘 가격 상승에 부정적 영향을 줄 것이다"라고 분석했다.

PART

05

트럼프 효과
악재냐 호재냐
그것이 문제로다

트럼프 효과
신중하게 지켜봐야 한다

　트럼프 시대 개막에 따른 효과가 혼재돼 있거나 상대적으로 '무풍 지대'인 업종들이 있다. 디스플레이, 철강, 은행, 증권, 보험, 건설, 유틸리티, 식음료F&B, 유통이 대표적인 업종들이다. 트럼프 미국 대통령이 당선인 신분인 2016년까지는 커다란 움직임이 없지만 2017년 이후 대통령 트럼프가 펼칠 정책에 따라 투자자들의 유연한 대처가 요구되는 대목이다.

　디스플레이 업종은 트럼프 효과가 상쇄되는 대표적인 케이스다. 보호무역주의 강화에 따른 수출 감소 효과는 분명 부정적이다. 그러나 실제로 트럼프 시대의 개막으로 타격이 이뤄질지는 미지수다. 애플을 비롯한 미국 IT 기업들은 LG디스플레이 등이 생산한 제품에 대한 의존도가 높기 때문이다. 보호무역주의 장벽이 높아진다 하더라도 기술력의 차이 때문에 결국 국내 디스플레이 기업 제품을 쓸 수밖에 없다는 분석이다.

은행, 증권, 보험 등 금융업도 트럼프 효과가 중립적인 것으로 평가된다. 금융지주사 관계자는 "국내 금융사들의 해외 진출이 미미한 탓에 역으로 트럼프 후폭풍에 휘말릴 여지가 줄었다"라고 말했다.

트럼프 정부 출범 이후 미국 금리 인상 가속화 가능성은 금융 업종별 온도차가 극명한 분야다. 미국 금리 인상으로 인해 국내 시장금리 역시 상승할 경우, 은행업은 예금에 지불한 이자를 뺀 나머지 부분으로 금융기관의 수입이 되는 예대마진이 확대되고 보험업은 자산운용 수익률이 향상된다. 따라서 긍정적이라고 볼 수 있다. 채권 보유가 많은 증권업은 반대로 금리 상승에 따른 채권 가격 하락 손실로 부정적인 요인이다.

그러나 이러한 업종별 온도차 이면에는 상쇄되는 효과 역시 남아있다. 은행업의 경우 보호무역주의에 따른 수출 기업 경쟁력의 악화, 중장기 경기 여건의 악화 등이 부정적 요인이다. 보험업은 금리 상승 과정에서 금리 변동성이 커지는 데 따른 우려 요인이 남아있다. 보유 채권에서 평가 손실이 확대될 여지도 남아 있다. 증권업은 시장 변동성 확대에 따른 증권 거래량 증가, 미국발 주가 랠리 가능성 등이 금리 상승에 따른 부정적 요인을 완화시키는 요인으로 분석된다.

건설업 역시 효과는 엇갈린다. 먼저 눈에 두드러지는 점은 트럼프의 인프라 투자 공약이다. 재임 기간 내 1조 달러를 인프라에 투자하겠다는 트럼프의 발언으로 일단 건설 업종 주가는 환호를 하고 있다.

그러나 중장기적으로는 부정적 요인이 남아있다. 트럼프가 미국 원유 생산량을 늘릴 것이라고 공언한 만큼 국제 유가가 하락 압력에 직면해 있어 중동 지역 등 해외 건설 부문에 부정적 영향을 미칠 것으로 전망되기 때문이다.

전력 등 유틸리티 업종 역시 트럼프 효과가 중립적이라는 평가다. 트럼프의 정책이 화석 연료 사용을 늘리는 쪽으로 집중되어 있으나 현실적으로 일자리를 창출하고 있는 신재생에너지, 전기차 산업 등을 외면하기 어려울 것이라는 분석 때문이다.

F&B, 유통 부문은 대표 내수 업종인 탓에 트럼프발 리스크는 미비한 것으로 분석된다. 다만 미국 금리 인상 기조 강화에 따른 강달러, 이에 따른 원화 약세는 미국산 제품 가격의 상승으로 이어지기 때문에 부담스러운 요인으로 지목된다. F&B 업종의 경우 원재료 가격 상승에 따른 마진율 저하, 유통 업종의 경우 수입 제품 가격 상승에 따른 소비 여력 감소 등이 대표적인 위험 요인으로 분석된다.

디스플레이,
트럼프 바람에도 꿋꿋

　국내 디스플레이 업계는 트럼프발 보호무역주의 공포에서 벗어날 것으로 전망된다. 디스플레이 산업은 기술·자본 집약적이고 규모의 경제를 통한 대량생산이 필요해 진입 장벽이 높다는 특징이 있다. 경기 변동에 민감하며 패널 업체들의 설비 투자 확대 및 가동률 조정으로 언제나 수요와 공급 간 불균형이 반복된다.

　전 세계 디스플레이 시장은 백라이트 기반인 LCD와 자체 발광 다이오드인 OLED로 나뉜다. 양쪽 모두 국내 선두권 업체들이 뛰어난 경쟁력을 바탕으로 높은 시장 점유율을 나타내고 있다. 주요 디스플레이 생산업체들은 대부분 아시아권에 밀집해 있다. 국내 LG디스플레이와 삼성디스플레이, 대만의 AU옵트로닉스, 일본의 저팬 디스플레이와 샤프, 중국의 BOE 등이 꼽힌다. 이중 LG디스플레이는 TV,

PC모니터, 노트북, 태블릿 등 전체 디스플레이 시장의 30%를 차지하고 있다. 점유율은 2014년 27%에서 2015년 27.7%, 2016년 3분기 29.1%로 꾸준히 높아지고 있다. 삼성디스플레이의 2016년 3분기 점유율 23.6%를 더하면 국내 양대 디스플레이 업체가 전 세계 화면의 절반 이상을 만들어내고 있는 셈이다.

이미 전 세계 주요 TV, PC, 스마트폰, 태블릿 제조사들이 디스플레이 패널을 국내 업체들에 의존하고 있다. 더 큰 화면과 선명한 화질이 필요한 프리미엄 제품에 대한 수요가 늘어날수록 높은 기술력을 보유한 국내 업체들의 영향력이 확대될 전망이다. 국내 업체들을 대체할 수 있는 기업이 많지 않다는 것이 트럼프의 보호무역으로부터 자유로울 수 있는 이유다.

고정우 NH투자증권 연구원은 "디스플레이 산업에 대한 트럼프 정책의 영향은 중립적이라고 보는데, 이유는 미국 주요 IT 업체들의 국내 디스플레이 패널업체 의존도가 높기 때문이다. 여기에 국내 디스플레이 패널 업체들의 높은 경쟁력이 제조·연구·혁신 분야에 특화돼 있어 아직까지 많은 패를 쥐고 있는 것으로 보인다"라고 진단했다. 국내 업체들의 대미 수출에 심각한 불균형이 발생할 가능성은 낮다는 설명이다.

때문에 디스플레이 업종 투자는 트럼프 변수와 관계없이 LCD와 OLED의 변화, 수요 공급의 불균형에 따른 업체들의 실적 전망에 주목해야 할 것으로 보인다. 다만 패널 가격은 분기별로 변동되기 때문에 좀 더 중장기적인 투자를 위해서는 기술의 이동과 변화에 초점을 맞추는 것이 바람직하다.

현대증권이 개최한 '현대 디스플레이 포럼'에 따르면 2017년 디스플레이 분야는 네 가지 이슈에 집중해볼 수 있다. LCD 패널 가격이 공급 부족으로 여전히 양호한 추세를 이어나갈 전망이며, 스마트폰, 태블릿 등 중소형 디스플레이 시장은 갤럭시8, 아이폰8 등이 테두리 최소화를 통해 OLED 스크린의 대면적화를 주도할 것으로 보인다. 대형 디스플레이 부문은 삼성의 퀀텀닷 QLED와 LG OLED TV의 양강 경쟁 구도가 예상되고 마지막으로 화면이 접히는 플렉시블 폰 출시가 스마트폰 구조 변화의 새로운 시작이 될 것으로 보인다.

김동원 연구원은 "과거 10년간 OLED 분야가 수명·화질·소비전력 등 기능 중심으로 진화가 이뤄졌다면 앞으로 10년은 플렉시블Flexible을 통한 디자인 변화와 가상현실·스마트카 등 새로운 시장을 통한 적용분야 확대로 변화될 것이다. 장기 관점에서 경쟁 우위는 삼성디스플레이, LG디스플레이 등에 있다고 판단한다"라고 말했다.

최근 글로벌 세트업체들은 국내 업체에 2018~2019년까지 OLED 패널 주문 확정을 요구하고 있다. 품질과 양산능력 측면에서 중국과 일본의 기술 수준이 기대치를 크게 밑돌고 있어서다. 중소형주 가운데서는 코오롱인더, 한솔케미칼, AP시스템이 OLED 수혜주로 전망되고 있다.

철강,
수익성 악화는 불가피한 상황

  국내 철강업계는 트럼프 당선으로 큰 영향은 없겠지만 처한 상황이 그닥 호의적이지 않다. 2016년 11월 미국 대선과는 무관하게 이미 2016년 5월부터 8월까지 최종 확정된 열연·냉연·내부식성 강판에 대한 대규모 무역관세가 부과됐기 때문이다. 수익성 악화는 불가피한 상황이다.

  여기에 2016년 11월 7일 미국 상무부가 한국산 중후판에 대해 부과한 6.82%의 반덤핑 예비판정 역시 수출량 감소의 요인이다. 후판을 제외한 한국의 미국향 주력 수출 품목에 대한 관세 세율은 정해졌다. 미국의 인프라 투자 확대 방향 역시 미국을 제외한 타 지역 철강사가 단기에 수혜를 보긴 쉽지 않을 것으로 보인다.

  김윤상 하이투자증권 애널리스트는 "보호무역 기조는 물론이고 미국 철강사의 가동률 상승 여력도 충분하다. 미국 철강업황 호조에 따른 국제 가격 동반 상승 효과 정도를 기대할 수 있을 것이다"라고 분석했다.

한국 철강업계에 어려운 환경인 것은 분명하지만 트럼프 당선 효과를 확대 해석할 필요는 없다. 김윤상 애널리스트는 "불확실성이 높아졌지만 냉정할 필요가 있다. 미국의 동아시아산 철강재 무역 제재는 마무리 국면에 접어들었고, 미국이 추가 제재를 가할 품목도 별로 없기 때문이다"라고 밝혔다.

국내 1위이자 세계 4위 철강사인 포스코는 미국발 리스크만 거둬낸다면 2017년 상반기까지 선망은 밝다. 이미 2016년 3분기 영업이익 1조 343억 원을 기록하며 '어닝 서프라이즈'를 기록하기도 했다. 철강업황이 개선되고 있고 해외 철강 자회사 실적이 개선됐기 때문이다. 여기에 프리미엄 제품 비중이 상승해 영업이익률을 높인 것도 주효했다.

최문선 한국투자증권 애널리스트는 "2016년 3분기 탄소강 평균 판매 가격이 57만 원으로 전 분기 대비 2.2% 상승했고 4분기에도 이 같은 추세는 이어질 것이다. 가격 인상 추세는 2017년 1분기에도 계속될 것으로 보이기 때문에 이익이 빠르게 회복될 것이다"라고 분석했다. 한국투자증권은 최근 철강 가격 인상을 반영해 2017년 영업이익 전망을 3조 9,640억 원으로 내다봤다.

미국을 제외하고 국내 철강업계에 가장 큰 영향을 주는 대외 변수는 다름 아닌 중국이다. 2015년까지 포스코, 현대제철 등 국내 주요 철강사들이 맥을 못췄던 이유는 중국산 철강의 과잉 공급 때문이었다. 그러나 중국 철강사들 역시 과잉 유동성과 부채 리스크를 견디지 못하고 중국 정부 주도의 철강 산업 구조 조정이 진행돼왔다.

2016년엔 중국의 철강 감축 목표였던 4,500만 톤을 초과 달성해 최대 7,000만 톤까지 줄어들 것으로 보인다. 2017년까지 이런 추세는 이어져 최대 1억 톤 가량 감축이 예상된다.

철강 가격의 인상 추세로 2017년 상반기까지 포스코 등 국내 주요 철강사들의 영업이익이 개선될 것으로 보이지만 전반적인 상황은 어둡다. 건설 부문은 2016년 부진한 수주를 감안할 때 2017년 건설 투자가 정체될 가능성이 있다. 부동산 규제 움직임도 있다.

조선업에서도 2016년 선박 수주량이 감소해 수주 잔량이 감소한 상태다. 2017년 선박 인도량의 감소를 의미한다. 자동차 역시 2017년 하반기 수출이 둔화할 것으로 전망된다.

이런 부정적인 상황에서 현대제철 역시 포스코처럼 2017년 상반기까진 견뎌볼 만하다. 2016년 4분기 현대차 파업 종료와 봉형강류 성수기로 판매량 회복이 기대되기 때문이다.

박성봉 하나금융투자 애널리스트는 "현대차그룹에 공급되는 자동차 강판 가격의 인상 여부와 인상폭이 2017년 실적을 좌우할 것이다. 2017년 1분기엔 강판 가격 인상이 기대되기 때문에 영업이익은 2016년보다 8% 이상 늘어난 1조 5,886억 원에 달할 것이다"라고 분석했다.

결론적으로 2017년 국내 철강업계가 처한 상황은 부정적이지만 각자 특화된 전략으로 수익성은 개선될 것으로 예상된다. 하나금융투자는 국내 주요 철강사 5개사의 2017년 실적을 예상한 결과 매출액 87조 원, 영업이익 6조 8,000억 원으로 전년 대비 각각 7.7%, 14.4% 증가할 것으로 내다봤다. 다만 부정적인 대외 여건 때문에 풍전등화인 상황에 놓여있다는 점을 감안해 각 기업의 움직임을 주시하면서 투자할 필요가 있다.

항공,
보호무역 강화 분위기로 악재

———

　보호무역 강화 분위기는 운송 부문에선 달갑지 않은 상황이다. 미국이 보호무역주의를 강화하고 한미FTA 재협상이 현실화될 경우 운송 부문은 업종을 가리지 않고 영향을 받게 된다. 그나마 다행인 것은 항공업은 가장 피해를 덜 볼 것으로 보인다는 점이다.

　이는 항공 물동량 중 45%를 차지하고 있는 반도체 부품이 한미 FTA와는 상관이 없는 무관세 제품이기 때문이다. 미국 현지 업체들은 현재 한국 반도체 부품에 대한 의존도가 높다. 즉 무관세로 유지될 가능성이 높다는 것이고 수출 수요엔 큰 영향이 없을 것으로 전망된다.

　이지윤 대신증권 애널리스트는 "단 신선 식품과 기계류 완제품에 대한 관세 인상 시 전체적인 수요 감소는 불가피하다"라고 내다봤다.

세부적으로 분석해보면 기회와 리스크 모두 상존한다. 우선 유가는 호재다. 미국 연안 유전 탐사 확대, 셰일 오일 증가, 원유 수출 등으로 유가가 하향 안정화될 가능성이 크다. 이 경우 항공·운송업체들은 유류비를 절감할 수 있고 이는 낮은 항공권 가격으로 이어진다. 항공여객수 증가로 매출을 높일 수 있는 기회가 생기는 셈이다.

신민석 하나금융투자 애널리스트는 "저유가 지속으로 연료비 부담도 낮고 장거리 노선은 경쟁 강도가 낮아 긍정적이다. 2017년 영업이익은 여객 수요 증가로 전년 대비 6.7% 증가한 1조 7,169억 원을 기록할 것이다"라고 전망했다.

그러나 불확실성 증대로 달러 강세가 당분간 이어질 수 있다. 환율 변동에 따른 영업 외 단기 이익 변동성이 커질 수 있다는 것이다. 하준영 하이투자증권 애널리스트는 "원 달러 환율이 10원 상승할 경우 대한항공과 아시아나항공 외화 환산 손실은 각각 960억 원, 160억 원이 발생할 것이다"라고 분석했다.

대한항공이 공개한 2016년 3분기 경영 실적에 따르면 외화 부채는 14조 7,200억 원이다. 전체 부채 중 68%에 달한다. 외화 부채 중에서도 미화 부채는 잔액 비중이 62.5%에 해당하는 84억 달러나 된다.

노상원 동부증권 애널리스트는 "910%인 현재 부채 비율이 환율 변화만으로 2017년 1분기 중 960%까지 치솟을 수 있다"라고 우려했다.

환율 리스크를 배제하면 대한항공은 당분간 안정적인 이익을 낼 것으로 보인다. 하나금융투자는 대한항공의 영업이익이 2017년에는 1조 2,178억 원, 2018년에는 1조 2,662억 원을 기록할 것으로 내다봤다. 부채 비율 1,000%의 재무 리스크는 1조 원 수준의 영업이익으로 어느 정도 커버가 가능할 것으로 예상된다.

아시아나항공은 금호타이어의 인수 참여 여부가 관건이다. 과거 아시아나항공은 대우건설, 대한통운 등의 인수에 동원되면서 주가가 하락하는 모습을 보인 바 있기 때문이다.

강성진 KB투자증권 애널리스트는 "금호타이어의 매각 경과에 따라서 아시아나항공의 주가가 영향을 받을 수 있다. 아시아나항공의 목표 주가는 5,400원 수준이다"라고 분석했다.

아시아나항공의 운용 여객기는 2016년 71대에서 2017년 69대로 감소할 예정이다. 이에 따라 수익성은 올라갈 것으로 보인다.

주목할 점은 아시아나항공의 100% 자회사인 에어서울이다. 아시아나항공은 에어부산을 통해 저가항공사LCC를 운영하는 노하우를 갖췄다. 이 때문에 에어서울은 2017년 빠르게 자리를 잡으면서 모기업에 긍정적인 영향을 줄 것으로 보인다.

제주항공은 2017년에도 LCC 업계 1위 지위를 이어갈 것으로 보인다. 2017년 항공기 5대를 도입하면서 외형 성장이 지속될 것으로 보이기 때문이다.

하준영 하이투자증권 애널리스트는 "LCC 업체 중 가장 높은 항공기 일일 운항 시간을 보유할 정도로 항공기 운항을 효율적으로 해왔다. 항공기 도입이 매출 증가에 긍정적인 역할을 할 것이다"라고 분석했다. 다만 다른 LCC 업체들이 공격적으로 항공기를 도입하고, 신규 업체도 진입한다는 점은 리스크 요인이다.

은행,
주가에 날개를 달게 될까

2016년은 은행주가 날개를 단 해였다. 2016년 들어 은행 업종 주가는 1월 저점 대비 최고 40% 가까이 상승했다. 글로벌 금융 위기 직후인 2009년 이후 은행주가 이렇게 많이 올랐던 적은 없었다.

지난 11월 도널드 트럼프 미국 대통령의 당선도 은행주의 비상에 힘을 보탰다. 트럼프 대통령은 당선되자마자 금융 규제를 대대적으로 완화하겠다고 전격 선언했다. 월가의 글로벌 투자은행을 비롯해 전 세계적으로 은행주에 시선이 쏠렸다.

미국의 기준금리 인상이 임박하면서 그동안 저금리에 짓눌려있던 은행주 주가가 날개를 달게 될 것이란 기대감도 커지고 있다. 트럼프 시대를 맞아 미국의 금리 인상이 본격화되면 한국은행이 국내 기준금리를 내리기 어려워지고, 결과적으로 국내 은행의 순이자마진NIM

이 확대될 수 있기 때문이다.

하지만 트럼프 효과에도 불구하고 침체된 국내 경기는 은행주의 질주를 막는 걸림돌이다. 은행의 주 수입원인 가계 대출은 이미 과도하게 늘어난 상태다. 조선·해운 업종뿐 아니라 한계 기업들의 구조 조정이 지속되면서 은행들의 대손 충당금 부담이 커질 수 있다는 우려도 여전하다. 트럼프 대통령이 공약으로 내건 '미국 중심'의 보호무역주의가 국내 기업들의 수출 실적을 악화시키는 부메랑으로 돌아오면서 은행들의 수익성도 악화되는 최악의 시나리오도 예상할 수 있다.

그럼에도 불구하고 국내 은행주들은 현재 과도하게 저평가돼있다는 게 전문가들 평가다. 은행주의 평균 PBR은 0.5배 수준으로 장부가의 절반에도 못 미친다. 금리가 올라가는 사이클에서 경기 회복의 신호가 나타난다면 은행주 주가는 충분히 상승 탄력을 받을 수 있다.

증권가에서 최근 가장 각광받는 은행수는 단연 'KB금융'이다. 2016년 KB금융의 주가는 저점 대비 60% 가까이 상승했다. 가장 큰 자회사인 KB국민은행이 안정적인 대출 성장세를 유지하고 있는 데다 2015년에 진행한 대규모 명퇴 효과로 판관비가 감소해 2016년 시장 기대보다 높은 실적을 내고 있기 때문이다. 2016년 3분기 순이익이 1조 7,000억 원 수준으로 이미 2015년 연간 순이익 수준을 달성했다. 현대증권을 인수한 데 이어 앞으로 손해보험과 캐피탈사에 대한 지분까지 추가 취득한다면 기업 가치가 한 단계 업그레이드될 것이란 전망이다. 2017년에는 삼부토건 충당금 환입과 주택도시보증공사 매각 이익, 현대증권 지분 인수에 따른 염가매수차익 등 대규모 비경상 이익 요인들이 반영돼 실적을 올릴 것으로 예상된다.

2016년 민영화에 성공한 우리은행의 변신에 대한 기대감도 높다. 정부는 2016년 총 7개 과점주주에 우리은행 지분 29.7%를 파는 데 성공했다. 이제 예금보험공사가 보유한 남은 지분은 21.4%에 불과하다. 이번 과점주주 매각으로 정부는 우리은행 경영에 공식적으로 손을 떼겠다고 선언했다. 다양한 성격의 과점주주들이 협력해 금융회사를 경영하는 최초의 국내 은행이 되는 것이다. 과점주주 중심의 새로운 지배 구조가 우리은행의 기업 가치를 얼마나 올릴 수 있을지 관심이 쏠린다. 과점주주들이 고배당을 요구하면서 배당 매력도 커질 것으로 기대된다.

기업은행은 은행 업종의 대표적인 배당주다. 기업은행의 2016년 주가 상승세는 다른 은행 대비 미미한 편이지만 중소기업 중심의 안정적인 대출 성장세를 유지하고 있으며 4%에 달하는 높은 배당수익률을 자랑한다. 또 현재 보유하고 있는 KT&G 주식 950만 주를 매각했을 때 생길 추가 이익이 주주들의 기대감을 더욱 높이고 있다.

지방금융지주인 BNK금융지주와 DGB금융지주도 중장기적 관점에서 다크호스로 떠오르고 있다. 두 종목 모두 PBR이 0.4배 수준으로 극심하게 저평가돼있다는 공통점이 있다. 반면 자기자본이익률ROE은 8% 수준으로 은행 중에서 가장 높은 편이다. 2016년은 지역 부동산 경기의 침체와 조선·해운 구조 조정에 대한 부담 때문에 주가가 약세를 보였지만, 2017년부터는 이 같은 우려가 해소돼 주가도 상승 탄력을 받을 것으로 기대되고 있다.

증권,
두 가지 악재로 '지켜봐야' 한다

트럼프 시대 증권회사가 어떤 영향을 받을지는 아직 미지수다. 일단 시작은 좋지 않았다. 트럼프 당선 이후 금리가 가파르게 오르자 채권을 쌓아뒀던 증권사가 막대한 평가 손실을 본 것이다. 트럼프 당선 한 달 만에 많게는 수백억 원의 채권 손실을 봤다는 증권사가 나올 정도다.

이는 두 가지 악재가 겹쳤기 때문으로 해석되는데, 첫째는 트럼프 당선 자체가 이변이었다. 힐러리 클린턴이 무난하게 당선될 것으로 본 증권사들이 트럼프 당선에 대비해서 가격 변동의 위험을 선물·옵션 등으로 상쇄하는 현물 거래 활동인 헤지hedge를 별다르게 하지 않았기 때문에 속수무책으로 당한 측면이 크다.

다른 하나는 트럼프가 당선된 이후에 벌어진 이벤트가 예상과 달랐다는 점이다. 트럼프가 당선되면 금을 비롯한 안전 자산으로 자금이 도피할 것으로 내다본 트레이더가 많았다. 따라서 트럼프의 당선을 그나마 높게 점쳤던 트레이더는 미국 대선을 앞두고 안전 자산으로 분류되는 채권의 비중을 늘렸다. 하지만 이게 결국 독이 됐다. 돈이 안전 자산인 금이나 채권으로 가지 않고 오히려 증시로 쏠린 것이다. 게다가 금리가 가파르게 올라 채권 가격은 그만큼 떨어졌으니, 위험을 헤지한다고 행동한 것이 오히려 반대로 베팅한 셈이 되어 손실을 더 늘린 것이다.

그렇다면 중장기적으로 트럼프 당선이 증권주에는 어떤 영향을 받을까? 시나리오를 두 가지로 세워볼 수 있다. 일단 가장 큰 변수로 금리는 속도가 어느 정도일지는 모르겠지만 상향으로 방향을 잡았다는 점을 받아들여야 한다. 오랜 저금리 기조를 깨고 본격적인 금리 상승기에 접어들었다는 얘기다. 그렇다면 증권사는 예전처럼 채권을 운용해서 돈을 벌기는 힘들다. 따라서 증시가 어떻게 움직일지에 따라 수익의 상당 부분이 좌우될 것이다.

만약 지금처럼 미국 증시로 돈이 몰려 증시가 호황을 맞는다면 한국 증권사도 한번 해볼 만한 장이 열린다. 미국 증시가 위로 올라가면 한국 증시도 따라 올라가고, 코스피 2000의 박스권을 깨고 지수가 지속 상승하면 주식 매매가 비약적으로 늘며 증권사 수익에 플러스가 될 것이다.

하지만 반대 시나리오가 나올 수도 있다. 미국 증시는 상승하지만 코스피는 박스권을 맴돌거나, 혹은 미국 증시가 힘을 못 쓴 채 지지부진할 수도 있다. 이런 상황에서 금리만 오르면 증권사는 예전처럼 채권 운용으로 돈을 벌 수도 없고, 거래 대금은 말라가는 꼴이니 증권사 주가 역시 힘을 쓰지 못할 것이다.

따라서 증권사 주식에 투자하려면 규모가 큰 거대 증권사에 투자하는 게 그나마 위험을 줄이는 방법이 될 것이다. 미래에셋대우와 합병하는 미래에셋증권, NH투자증권, 한국투자증권을 자회사로 둔 한국금융지주가 대표적이다. 이들 증권사는 초대형 투자은행 기준인 자기 자본 4조 원을 넘긴 상태다.

금융위원회는 2016년 8월 한국판 골드만삭스를 만들겠다는 목적으로 '초대형 투자은행 육성 방안'을 발표했다. 자기 자본을 일정 수준 이상 확충하는 증권사에 어음 발행, 기업 환전 업무 등을 허용하는 내용이 골자다.

방안에 따르면 사기 사본 4조 원 이상인 증권사는 1년 이하 기업 어음을 발행해 M&A와 인프라 투자에 자금을 조달할 수 있다. 조달한 자금의 절반 이상을 기업 금융에 써야 하는 제약이 있지만 자기 자본의 200%까지 어음을 발행할 수 있고, 레버리지 규제도 완화되는 혜택이 담겨있다. 어음은 회사채보다 발행 절차가 훨씬 간편해 손쉽게 자금을 조달할 수 있지만 증권사에는 허용되지 않았다.

은행만 할 수 있었던 환전 업무도 할 수 있게 된다. 은행에 막대한 규모의 수수료를 지불할 필요 없이 해외에서 사업을 벌이는 기업에게 낮은 비용으로 외화를 지급할 수 있다. 성장 정체에 시달리는 증권사 입장에서 새로운 사업 기회를 발굴할 수 있는 새로운 길이 열리는 것이다. 규모가 작은 증권사 대비 돈을 벌 수 있는 길이 추가로 열려, 규모의 경제 이득을 누릴 수 있다는 얘기다.

　다만 이들 업무로 얼마나 돈을 벌 수 있을지 아직 미지수라 신중해야 한다는 지적도 팽팽하다. 따라서 증권 업종 주가를 보는 투자자의 관점은 '지켜보자'는 자세일 가능성이 높다고 전문가들은 지적한다.

보험,
금리 인상은 보험사들에 호재

　도널드 트럼프 대통령의 당선으로 미국의 금리 인상이 확실시되면서 보험주들에 대한 기대감이 높아지고 있다. 금리 인상은 보험사들에게 호재다.

　2016년 보험사들은 저금리에 따른 역마진으로 힘든 시기를 보냈다. 고객에게 주기로 약속한 이자보다 실제 운용수익률이 낮아지면서 손해가 발생한 것이다. 저금리는 보험사 모두에게 악재지만 특히 생명보험사에게 큰 부담으로 작용했다. 대형 생명보험사들은 과거 고금리의 금리고정형 상품을 많이 판매해온 데다 평균적인 보유 계약 만기 또한 손해보험사보다 길기 때문이다.

　하지만 트럼프발 금리 인상이 시작되면서 보험사들이 한숨을 돌리고 있다. 장기 국채의 금리가 높아지면서 보험사들의 투자수익률도 개선될 것으로 기대된다. 물론 2021년 새롭게 도입될 예정인 국제회계기준IFRS17은 부담이다. 이로 인해 보험사들의 부채가 증가하고 자본 확충 필요성이 커질 것으로 예상된다. 보험사별로 증자, 후순위채나 영구채 발행 방안을 검토하게 될 것이다. 배당은 줄어들 가능성이 높다. 그럼에도 불구하고 회계 제도 개선 방향이 확정되면 2017년부터 개별 회사별로 불확실성이 점진적으로 해소될 전망이다. 그리고 금리 인상에 따른 수익성이 강화되면 보험주도 상승 탄력을 받을 수 있을 것으로 기대된다.

오래된 저금리와 자본 규제는 보험업계의 구조 개편 불씨도 당기고 있다. 미래에셋생명은 변액보험 부문의 강자인 PCA생명을 인수하기도 했다. 중소형 보험사들의 M&A를 통해 보험업계가 새롭게 지속 가능한 성장의 기회를 도모할지도 시장의 관심사다.

생명보험사 중에 가장 주목받는 종목은 삼성생명이다. 삼성생명은 다른 대형 생명보험사보다 자산 건전성 기준인 지급여력비율RBC이 높은 편인 데다 삼성전자 주식 등 잠재적으로 현금화할 수 있는 자산이 많아 자본 확충에 유리하다. 또 삼성그룹 지배 구조 개편의 수혜도 기대되고 있다.

삼성생명은 삼성그룹의 주력 금융계열사로 향후 금융지주사 전환이 유력하게 전망되고 있다. 삼성자산운용, 삼성카드, 삼성증권 지분을 30% 이상 갖고 있어 삼성화재 지분만 추가로 확보하면 금융지주사로 변신할 수 있다. 이를 위해 현재 보유하고 있는 삼성전자 주식을 매각하면 그로 인한 차익도 어마어마할 것으로 기대된다.

2016년 생명보험사와 달리 손해보험사는 자동차보험료 인상에 힘입어 호실적을 보였다. 보험료는 늘어난 반면 사고는 줄면서 손해율이 개선됐다. 하지만 2017년에는 2016년보다 손해율 개선폭이 줄어들 것으로 보인다. 2017년 손해보험사 주가를 움직일 핵심 변수는 실손의료보험이다. 손해보험사들은 실손의료보험으로 인해 지급되는 보험금이 급증하면서 손해율 악화에 시달려왔다. 2017년에 당국이 실손의료보험 체계에 메스를 들이대면서, 과잉 진료가 줄어들고 보험료도 합리적인 수준으로 오른다면 추가적인 실적 상승을 기대할 수 있다.

손해보험사들 중 최선호주는 삼성화재이다. 삼성화재는 자동차보험 업계 1위로 온라인 채널 경쟁력을 활용해 수익성을 높이고 있다. 또 잠재적인 일회성 이익을 보유하고 있다. 을지로 본사 매각에 따른 이익 약 2,000억 원이 2017년 상반기에 반영될 예정이다. 또 삼성생명이 금융지주사로 전환하기 위해 삼성화재 지분을 추가로 매입하면 그만큼 현금이 유입될 수 있다.

동부화재도 효율적인 사업비 운용과 우량 담보 위주의 포트폴리오로 2위권 회사 중 가장 안정적인 이익 흐름을 보이고 있다.

하지만 트럼프발 효과에도 불구하고 국내 시장 금리가 하락한다면 보험주 주가에도 부담이 될 전망이다. 최근 시장금리가 상승세를 타고 있지만 2017년도 경기 전망은 어두운 편이다. 한국은행이 만일 경기 부양을 위해 기준금리 인하를 전격 결정한다면 시장금리가 약세로 돌아서 보험주 주가에도 충격을 줄 수 있다. 중장기적인 금리 방향성은 여전히 불확실하다.

유틸리티,
에너지 시장 개방의 수혜 입을까

　트럼프 당선으로 글로벌 신 기후 체제 공조가 다소 둔화될 가능성이 높아진 가운데 한국전력, 한국가스공사 등 유틸리티 관련 업종을 둘러싼 불확실성 역시 커질 것으로 예상되고 있다.

　트럼프의 공약에는 지구온난화 방지 목적의 파리기후협약 철회, 신재생에너지 투자 감축 등에 관한 내용이 담겨있다. 시장에서는 트럼프의 대선 공약이 현실적으로 이행되기는 어려울 것으로 예상하고 있지만 트럼프가 공약을 통해 파리기후협약 탈퇴 등을 언급한 이상 이에 대한 국제적 공조 노력은 다소 줄어들 가능성이 있다. 김상구 키움증권 연구원은 "파리기후협약 탈퇴에 4년 이상이 걸리는 등 국제 공조를 깨는 과정 자체가 길고 복잡하다. 미국 내에서는 3년 전부터 신재생에너지 투자가 본격적으로 이뤄지고 있는 만큼 트럼프 행정부가 정책 지원을 줄일 수는 있겠지만 파리기후협약 자체를 탈퇴하기는 쉽지 않아 보인다"라고 분석했다.

한편 트럼프의 당선과는 별개로 우리나라가 파리기후협약을 철회할 가능성은 높지 않은 가운데 우리나라에서는 에너지 정책을 둘러싸고 감축이 가능한 분야를 중심으로 실효성 있는 세부 정책이 나올 것으로 예상되고 있다. 나아가 "지속 가능한 에너지 생태계를 구축하자"라는 각국 정부의 목소리가 커지면서 우리나라에서는 정부 중심의 에너지 산업 구조가 민간 중심 구조로 빠르게 전환될 것으로 전망되고 있다. 특히 이 과정에서 에너지 시장이 개방될 것으로 예상되고 있는데 국내 유틸리티 업종을 둘러싼 기회와 위험이 동시에 공존할 전망이다. 김상구 연구원은 "전력 판매 시장이 개방되고 발전 자회사 지분 매각으로 정부의 역할은 감독 중심으로 전환될 것이다. 에너지 시장 개방으로 인해 정책의 투명성이 제고되고 수익 안정성 역시 개선될 것으로 기대되는 점은 유틸리티 업종에 긍정적인 요소이다"라고 밝혔다.

이 시점에서 트럼프 당선과 글로벌 에너지 산업 트랜드 변화 기류에 따른 국내 유틸리티 업종의 향방을 살펴볼 필요가 있다.

유틸리티 업종의 대표주자인 한국전력은 에너지 시장 개방의 수혜를 입을 것으로 예상되고 있다. 김상구 연구원은 "에너지 시장 개방은 신 기후 체제 대응과 포스트 화석연료 시대를 위해서도 불가피한 측면이 있다. 한국전력의 경우 발전 자회사 지분을 매각하고 전력판매 시장 개방을 추진하고 있어 질적 성장을 할 수 있는 기회가 될 수 있다"라고 분석했다.

가스공사의 경우 트럼프의 당선으로 불확실성이 한층 커졌다. 신지윤 KTB투자증권 연구원은 "트럼프의 신재생에너지 육성 반대 방침은 한국가스공사에 반갑지 않은 소식이다. 미국 석유 자원 개발 강화 정책이 현실화되면 글로벌 액화천연가스LNG 수급에 부정적일 것이다"라고 전망했다.

다만 글로벌 발전용 LNG 수요의 감소세가 마무리 단계에 접어들고 있는 데다 각국이 미세먼지 등 환경 이슈에 민감하게 대응하면서 발전용 LNG 수요가 커질 것으로 예상되는 점은 가스공사에 긍정적인 요소다. 윤희도 한국투자증권 연구원은 "2017년 7월경 발표될 제8차 전력수급기본계획에서 원전 및 석탄 화력 증설 계획이 축소되고 LNG 발전이 늘어나는 내용이 포함될 가능성이 높다. 가스공사가 설비 자산 투자 확충에 나설 수 있는 명분이 확보돼 보장 이익이 점차 늘어날 것이다"라고 전망했다.

한전KPS의 경우는 글로벌 환경 규제 강화 움직임이 호재로 작용할 전망이다. 환경 규제 강화로 석탄 화력 설비에 대한 보수 및 정비 시장이 한층 커질 수 있기 때문이다. 나아가 UAE 원전 설비 준공에 따라 해외 정비 사업 부문이 성장 추세에 놓여있어 2017년 실적 개선에도 힘을 보탤 것으로 예상되고 있다.

음식료 업종,
내수 중심으로 트럼프 영향 미미

    음식료 업종은 내수 중심이라는 특성상 타업종에 비해 트럼프 당선의 영향이 미미할 것으로 예상된다. 트럼프가 당선 전 공언한 대로 무역 수지 개선을 위해 달러 약세 정책을 시행할 경우 식품의 원재료인 곡물의 수입 가격이 낮아지기에 몇몇 식품제조업체들은 오히려 원가 인하의 반사 효과를 기대하고 있기도 하다. 또한 강달러 국면에 접어들더라도 음식료 업종 특성상 그 폭이 크지만 않다면 제품 가격에 전가가 가능하기에 실질적 타격은 거의 없을 전망이다.

음식료업 수출 비중은 1.5%에 불과…찻숟가락 속 태풍으로 그칠 것

    2016년 11월 10일 발간된 현대증권 리포트에 따르면 국내 음식료 업종 식품 시장의 총 규모는 제조업 80조 원에 외식업 80조 원을 더

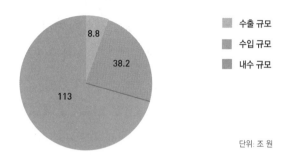

한국 식품 산업 규모

8.8
38.2
113

수출 규모
수입 규모
내수 규모

단위: 조 원

해 약 160조 원으로 추정된다. 국내 총 수출액 중에 식품 비중은 1.5%, 8조 8,000억 원에 불과하고 이중 대미 수출 액수는 9,000억 원 전후로 추정된다. 트럼프가 선거 전 공언한 대로 보호무역주의를 편다고 해도 그 피해 규모는 수십억 원~수백억 원에 그칠 수밖에 없다. 160조 원 규모의 식품시장 전체에 비하면 극히 미미한 수준이다.

그나마 식품 수입 규모는 38조 2,000억 원으로 수출에 비해 미국 정책 변경의 영향을 상대적으로 크게 받을 전망이다. 특히 미국으로부터 수입하는 품목이 소비재 또는 소비재를 구성하는 원자재라는 점을 고려하면 물가에 영향을 끼칠 수 있다.

'약달러'에 미소 지을 음식료업

트럼프는 그동안 미국의 무역수지 적자 개선을 위해 '환율 정상화'를 주장해왔다. 그는 선거운동 과정에서 중국, 한국, 대만, 일본, 독일

5개국이 자국 통화의 인위적 평가 절하를 통해 막대한 규모의 대미 무역 흑자를 올리고 있다고 비난했다. 또한 자신이 대통령으로 당선되면 이들 국가들을 환율 조작국으로 지정하고 무역 보복을 하여 인위적으로 올라간 달러 환율을 끌어올리겠다고 공언했다.

트럼프의 말이 옳고 그르고를 떠나 실제로 그 말대로 '약달러' 장세가 벌어진다면 국내 음식료시장에는 호재로 작용할 가능성이 높다. 수출 비중보다 수입 비중이 4배가량 크기 때문이다.

우선 수입산 식료품 가격이 달러 약세에 따라 하락하면서 서민 물가 안정에 공헌할 가능성이 높다. 또한 미국산 곡물을 가공해 식료품을 제조하는 업체들은 생산 단가가 하락한 덕에 추가적인 이윤을 확보할 수 있다. CJ제일제당과 대상 등이 대표적인 달러 약세의 수혜주로 꼽힌다.

'강달러'에도 피해는 미미할 전망

트럼프의 말과는 달리 그의 당선 이후 전 세계적으로 안전 자산인 달러 선호 붐이 불면서 달러화 가치는 크게 오르고 있다. KEB 하나은행 고시에 따르면 트럼프의 당선일인 2016년 11월 9일 원화로 1,154원이었던 달러 환율은 이후 급격하게 가치가 올라 14일에는 1,174원에 달했다. 불과 거래 5일 만에 1.73%나 달러의 가치가 수직 상승한 것이다. 이런 추세가 거듭된다면 국내 식료품업계에는 어떤 영향을 미칠까?

단기적으로는 당연히 원가 인상 요인으로 작용하기에 미국산 곡물을 수입해 가공하는 식품업체의 실적에는 악영향을 미칠 가능성이 크다. 그러나 식료품의 특징상 제품 가격에 전가가 가능하기에 그 영향은 제한적일 전망이다.

트럼프 정권이 한미FTA 재협상을 시도하더라도 이로 인한 충격파는 역시 미미할 것으로 보인다. 한미FTA의 결과로 이미 2016년부터 미국산 냉동육에 대한 관세가 폐지됐기에 재협상으로 근본적인 변화가 일어나기는 힘든 상황이다. 또한 FTA 발효 이후 축산품 중 미국산 비중은 1%에 불과한 만큼 추가 협상이 진행됐다고 해도 그 변동의 폭은 작을 수밖에 없다.

유통,
소비 심리 위축되면 장기적 악재

음식료 업종과 마찬가지로 유통업계도 내수 중심이라는 특성 상 트럼프 당선의 영향이 크지는 않을 것으로 예상된다. 트럼프의 보호무역 강화 조치가 직접 업체에 미치지는 못하기 때문이다. 그럼에도 불구하고 환율 변화에 민감한 업종인 만큼 트럼프의 환율 정책과 재정정책을 주시하는 모양새다.

또한 한치 앞도 내다볼 수 없는 미국의 경제 정책도 유통업계의 불안 요소로 꼽힌다. 만일 예상 외의 경제 정책이 등장하는 경우 변동성이 커지며 소비 심리가 위축될 수 있다. 무엇보다 '심리'가 큰 영향을 끼치는 유통업계 특징상 이는 장기적으로 악재로 작용할 것이다.

트럼프 당선 후 유통 분야 각 업종 세부 전망		
업종명	전망	이유
패션업계	악화	보호무역으로 국제 분업에 타격, 원가 상승
면세점/화장품	악화 예상	중-미 관계에 의한 정치적 리스크 상승
명품업계	악화 가능	달러 강세로 인한 가격 상승, 소비 심리 위축

명품업계는 환율에 실적 영향 받을 듯

명품업계는 달러의 방향성에 따라 실적에 영향을 받을 전망이다. 낱개 상품의 판매 가격이 높은 명품의 특성상 소비 수요량은 가격에 크게 좌우된다. 트럼프의 당선 이후 달러는 강세를 보였는데 이런 추세가 계속되는 경우 대부분 수입에 의존하는 명품, 특히 브룩스 브라더스, 티파니 등 미국계 명품 브랜드의 판매 가격은 더 올라갈 수밖에 없다. 가뜩이나 내수가 침체된 상황에서 이런 가격 인상은 장기적으로 명품업계의 수익성을 악화시킬 가능성이 크다.

단, 달러 강세의 후폭풍으로 인한 유로화 약세도 뚜렷한 만큼 루이비통LVMH 그룹과 같은 유럽계 명품 브랜드의 국내 판매 가격 추세는 아직 짐작하기 어렵다.

트럼프의 TPP 중단에 비명 지르는 패션업계

트럼프는 당선 후 2주도 지나지 않은 지난 11월 21일, 공약대로 TPP 폐기를 공식 발표했다. 이에 따라 조만간 NAFTA와 한미FTA 등 각종 무역 협정들도 재협상 또는 폐기의 기로에 놓이게 되리라는 전망이

나오고 있다. 이 경우 전 세계적으로 보호무역주의가 강화되며 국제 교역량 자체가 줄어들 확률이 높다.

전 세계적으로 패션업계는 보호무역주의로 피해를 입을 것으로 예상된다. 노동력이 생산 원가의 큰 부분을 차지하는 의류업 특성상 국제 분업에 생산량의 상당 부분을 기대고 있기 때문이다. 최근 들어 방글라데시, 베트남 등 인건비가 저렴한 동남아 지역으로 의류업체들이 생산 기지를 이전하고 있다. TPP가 무산되는 경우 이들 국가에서 생산되는 패션 제품의 가격 경쟁력은 상당 부분 상실될 전망이다.

미·중 관계에 따라 좌우될 면세점·화장품 매출

유통업계에서 면세업계 및 화장품 업계는 트럼프 당선 이후 미·중 관계의 영향을 직접 받게 될 것으로 보인다. 해당 업계에서 중국인 관광객, 이른바 '유커游客'들의 영향력은 절대적이다. 국내 면세점 매출에서 유커가 차지하는 비중은 절반 내외로 이는 외국인 매출의 80%에 달할 지경이다.

트럼프는 여러 차례 북한과 중국에 대해 경고성 강성 발언을 쏟아낸 바 있다. 만일 트럼프가 중국과 정치적 마찰 혹은 무역 마찰을 일으키면 자칫 중국과 한국 간의 긴장 관계가 조성될 수 있다. 아직 국가가 경제에 대한 통제권을 쥐고 있는 중국 정부는 보복성으로 한국 관광객 수를 줄이거나 한국 기업들에 대해 불이익을 줄 수도 있다.

앞서 고고도미사일방어체계THAAD 도입 직후 중국은 한국에 대해 사실상 경제 보복을 감행한 바 있다. 이후 국내 관광업계와 화장품 업계는 유커 방문이 급격히 줄어들면서 중국발 실적 악화를 우려하는 '차이나포비아China Phobia'증세를 보이고 있다. 이와 같은 악재가 또다시 벌어질 수 있는 상황이다.

혼란의 시기를
극복할
스마트한 투자법

트럼프 수혜
미국 중소형주를 공략하라

―――――

환헤지보다 환노출형이 유리, 거액 투자자라면 미국 상장 ETF 노려볼 만

트럼프 당선 이후 금리 상승으로 채권 값이 크게 떨어지면서 상대적으로 주식 자산에 대한 관심이 커지고 있다. 국내외 진문가들은 주식 가운데서는 미국 중소형주를 가장 유망한 투자 대상으로 꼽고 있다. 투자 방법으로는 한국과 미국 증권거래소에 상장된 상장지수펀드ETF와 상장지수증권ETN을 활용하면 연간 1% 미만의 낮은 수수료로 손쉽게 매매할 수 있다.

글로벌 투자정보업체인 인베스팅닷컴에 따르면 미국 대선 이후 약 보름 동안 미국 대표 중소형주 지수인 러셀2000Russell2000은 12.9% 상승했다. 같은 기간 대형주 지수인 S&P500이 3.4% 상승한 것과 비교하면 9.5%포인트나 많이 오른 것이다.

국내외 전문가들은 트럼프 시대에 미국 중소형주의 강세가 이어질

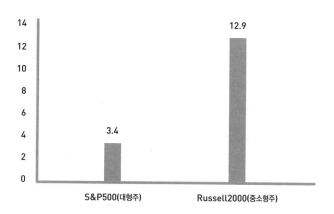

미국 주요 지수 등락률

14
12.9

12

10

8

6

4
3.4

2

0

S&P500(대형주)   Russell2000(중소형주)

단위: %   자료: 한국거래소, 뉴욕거래소   2016년 11월 8~25일 등락률

것으로 전망하고 있다. 300조 원의 큰돈을 굴리는 윤제성 뉴욕라이프 자산운용 최고투자책임자CIO는 "현재로선 미국 중소형주가 가장 유망한 투자 대상이다"라고 말했다. 트럼프 취임 이후 보호무역 장벽이 높아지면 애플을 비롯한 대형 수출 기업들이 타격을 입는 반면, 달러 강세 국면에서 미국 소비자들의 실질 구매력이 강화되기 때문에 내수 소비 기업 비중이 높은 중소형주에게는 유리하다는 게 이유다.

김재임 하나금융투자 연구원도 트럼프 당선 직후 발간한 〈미국 스몰캡small cap(중소형주) 투자 보고서〉에서 "보호무역주의는 해외 사업 비중이 적고 미국 국내 사업에 집중된 중소기업에게 더 유리하다"라면서 "미국 중소형주가 2017년에도 대형주 대비 좋은 수익률을 낼 것으로 기대한다"라고 지적했다.

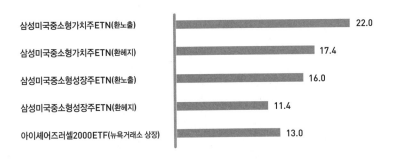

미국 중소형주 투자상품 등락률

삼성미국중소형가치주ETN(환노출)　22.0
삼성미국중소형가치주ETN(환헤지)　17.4
삼성미국중소형성장주ETN(환노출)　16.0
삼성미국중소형성장주ETN(환헤지)　11.4
아이셰어즈러셀2000ETF(뉴욕거래소 상장)　13.0

단위: %　자료: 한국거래소, 뉴욕거래소　2016년 11월 8~25일 등락률

　그렇다면 미국 중소형주에 투자하려면 어떻게 접근해야 할까? 전문가들은 상장된 ETF나 ETN 등 지수 추종 상품을 활용하는 것이 낮은 투자 비용으로 한 방에 분산 투자할 수 있다는 점에서 적합하다고 추천한다.

　해외 주식 직접투자의 경우 정보를 얻기가 쉽지 않다는 게 단점이다. 삼성증권에서는 미국 중소형주 간접투자상품으로 성장주와 가치주, 환헤지와 환노출 등 4가지 방식의 다양한 ETN을 상장시켜놓고 있다. 달러 추가 강세가 예상되기 때문에 환노출 상품을 선택하면 중소형주 상승분에 환차익까지 같이 노릴 수 있다. 실제로 환노출형 '삼성미국중소형가치주ETN'이 트럼프 당선 이후 보름 동안 22.0% 올라 17.4% 오른 환헤지형보다 4.6%포인트 수익률이 앞섰다. 투자 비용도 환노출형이 연 0.7%로 환헤지형보다 0.1%포인트 싸다.

미국 중소형주 내에서도 성장주보다는 가치주의 상승 폭이 더 크게 나타나고 있다. 중소형 성장주 지수를 추종하는 '삼성미국중소형성장주ETN'은 트럼프 당선 이후 보름 만에 16% 상승했다. 같은 기간 중소형 가치주 ETN보다는 6%포인트 덜 오른 것이다. 성장주는 최근 3년간 매출과 이익 증가율이 높은 기업이고, 가치주는 순자산이나 이익 대비 주가 비율이 저평가된 기업이란 점에서 차이가 있다. 삼성증권 관계자는 "보수적인 투자자라면 가치주, 공격 성향 투자자라면 성장주 스타일의 중소형주 투자상품을 선택하면 된다"라고 조언했다.

투자 규모가 커서 금융 소득 연 2,000만 원 이상에게 부과되는 금융소득종합과세가 가장 큰 고민인 거액의 자산가라면 뉴욕증권거래소에 상장된 중소형지수 ETF인 '아이셰어즈러셀2000IsharesRussell2000'이 유리할 수 있다. 해외 ETF는 해외 주식과 마찬가지로 연간 이익에서 250만 원까지 비과세 혜택이 주어지고, 초과 이익에 대해서도 양도소득세 22%를 분리 과세하기 때문이다. 국내 이자배당세 15.4%보다는 높은 세율이지만 금융소득종합과세에서는 빠질 수 있다는 점이 강점이다.

이쯤에서 ETF와 ETN의 차이가 궁금한 독자가 분명히 있을 것이다. ETF와 ETN은 둘 다 주식이나 원자재 등의 지수를 추종하는 구조의 상품으로 기초 지수의 등락에 따라 가격이 결정된다. 한국 증권거래소에 상장돼 주식처럼 장중에서 사고팔 수 있다는 점도 동일하다. 이런 이유 때문에 해외에선 ETN과 ETF를 묶어 '상장지수상품ETP'이라고 부르기도 한다.

ETN과 ETF의 비교		
구분	ETN(상장지수증권)	ETF(상장지수펀드)
발행사	증권사	자산운용사
상품 형태	파생상품	펀드
만기	있음	없음
최소 기초종목	5종목	10종목
수익 구조	약정된 기초지수 수익 제공	운용 실적에 따라 수익 다름

다만 ETF는 자산운용사들이 추종하는 지수에 포함된 일부 종목을 골라 운용하기 때문에 지수 수익률과 다소 차이가 생길 수 있다. 반면 ETN은 증권사가 만들고 직접 유동성공급자LP까지 맡아 지수와의 오차가 거의 없다는 게 특징이다. 또 ETF의 경우엔 자금을 무조건 외부 수탁 기관에 맡겨야 하기 때문에 자산운용사가 망해도 원금을 건질 수 있는 반면, ETN은 발행 증권사가 자기 계정으로 보유하거나 운영하는 형태이기 때문에 부도를 내면 큰 손실이 불가피하다는 점도 다르다.

한편 미국 중소형주와 관련해서 국내에 설정된 미국 중소형주 투자 공모펀드는 없다. 지난 2011년 하나UBS자산운용이 '하나UBS US스몰캡펀드'를 출시했었지만 설정액이 50억 원 미만이어서 이듬해 소규모 펀드 청산 대상이 됐다.

인플레이션 위험에도
안전한 투자 수단, 금

2017년 2분기부터 금 시세 장기 상승 사이클 전망

트럼프 당선 이후 미국을 비롯해 글로벌 주요 국가들의 채권 금리
는 단기간 급등했다. 미국 국채 10년물 금리는 대선 당일인 2016년
11월 8일 1.85%에서 열흘 뒤 2.30%로 0.45%포인트(45bp) 상승했다.
우리나라 국고채 3년물 금리도 같은 기간 1.42%에서 1.71%로 0.29%
포인트(29bp) 올랐다.

시장 금리가 상승한 것은 트럼프의 인프라 투자 확대 등 재정 확대
정책인 '트럼플레이션Trumpflation'이 예고됐기 때문이다. 트럼플레이션
은 '트럼프Trump'와 '인플레이션inflation'의 합성어다. 유동완 NH투자증
권 연구원은 "글로벌 금리가 동반 상승하는 상황은 트럼프 당선의 영
향이 절대적이다. 트럼프가 공약대로 감세와 재정 지출 확대를 동시
에 추진한다면 국채 발행이 늘어나고 시장 금리 상승 가능성은 커질

것이다"라고 전망했다.

인플레이션 국면에서 이와 같은 위험을 회피할 수 있는 가장 좋은 수단은 '금金'이다. 영국계 글로벌 투자은행인 HSBC의 귀금속 담당 연구원인 제임스 스틸James Steele은 미국 대선 직전 발간한 보고서에서 "미국 대선에서부터 어느 후보가 승리하든지 금값은 최소 8% 이상 상승할 것이다"라고 전망한 바 있다. 트럼프의 보호무역주의 정책으로 글로벌 무역 분쟁이 발생해 각국이 경쟁적인 통화 절하에 나선다면 금값에 호재일 것이란 이유였다. 다른 투자은행들도 엇비슷한 전망이었다.

다만 투자 전문가들의 전망과는 달리 트럼프 당선 이후 금값은 오히려 급락했다. 미국 대선 당일인 2016년 11월 8일 뉴욕상품거래소 COMEX에서 트로이온스당 1,273.40달러였던 국제 금값은 같은 달 25일엔 1,178.20달리로 7.5%니 하락했다. 달리 강세로 금값이 상대적으로 하락한 데다, 대선 이벤트를 계기로 금값 상승에 베팅한 투기성 자금 이탈이 원인으로 분석됐다.

하지만 전문가들은 금값 하락이 단기적일 가능성에 무게를 두고 있다. 미국 시장조사업체인 캐피탈이코노믹스Capital Economics의 애널리스트인 줄리안 제솝Julian Jessop은 "트럼프의 대규모 재정 정책으로 물가와 임금이 오르면 인플레이션 헤지 수단으로서 금에 대한 수요가 유지될 것이다"라고 말했다. 그 외에도 유럽발 정치적 불확실성이 금값 상승을 이끌 주요 요인으로 거론된다.

국내 전문가들도 시장 변동성이 확대될 경우 손실을 만회하거나

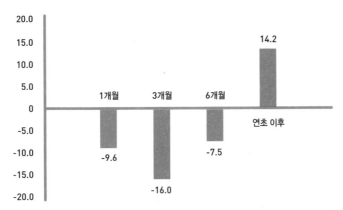

금 펀드 평균 수익률

단위: % 자료: 에프앤가이드 2016년 11월 말 기준

투자 수익을 거둘 수 있는 대표적인 상품으로 금을 꼽고 있다. 특히 2016년부터 시작된 금 가격 상승이 단기간이 아닌 향후 수년간 장기적 상승 랠리를 이어갈 것이란 전망이 높다. 김훈길 하나금융투자 연구원은 "수년에 걸친 가격 변동 사이클을 보이는 금 가격이 2016년을 기점으로 장기 상승 사이클에 진입한 것으로 판단된다. 금값이 2017년은 상저하고上低下高의 움직임을 보일 것이다"라고 전망했다. 그는 "2017년 2분기 이후 금리 상승 속도가 진정된다면 금값이 다시 반등할 가능성이 높다. 2017년 연말까지 금값이 완만하게 상승해 온스당 1,400달러까지 도달할 것이다"라고 덧붙였다.

최근 10년간 국제 금값 최고 기록은 지난 2011년 8월로 트로이온스당 1,800달러까지 상승한 바 있다. 당시 미국 신용등급 강등 쇼크로

금융 위기 이후 금 가격 변동 및 국면별 변수 영향

저금리 강화   금리 상승   달러 강세   변동성 확대

금융 위기 후
금리 인하,
양적완화 실시   버냉키 쇼크   금리 인상 후
주식시장 급락

단위: 달러   자료: Bloomberg, 하나금융투자

글로벌 주식시장이 20~30% 가량 일제히 폭락하는 등 시장 변동성이 커진 데다, 이를 계기로 제3차 양적완화Quantitative Easing까지 거론되면서 통화가치 하락 대비 안전자산으로 금에 대한 투자 수요가 몰린 탓이었다. 당시 일부 해외 투자은행에서는 금값이 몇 년 안에 2,500~5,000달러까지도 오를 수 있다는 장밋빛 전망을 내놓기도 했다.

투자자들은 금 선물에 가장 저렴하게 투자 가능한 금 ETF 투자를 추천하고 있다. 유동완 NH투자증권 연구원은 "금 투자는 KRX 금 시장이나 금 ETF를 활용하는 것이 가장 편리하다. 금 펀드의 경우 은에 분산 투자하거나 금 관련 기업의 주식에 투자하는 경우도 많기 때문에, 투자 전략에 대한 정확한 이해가 필요하다"라고 지적했다.

좀 더 공격적인 투자자라면 '은銀'에도 관심을 가져볼 만하다. 은값

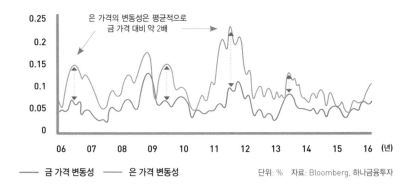

금·은의 월간 수익률 변동성 비교

은 가격의 변동성은 평균적으로
금 가격 대비 약 2배

—— 금 가격 변동성 　 —— 은 가격 변동성　　　　단위: %　자료: Bloomberg, 하나금융투자

은 귀금속 시세 상승 국면에서 금보다 더 많이 오르고 하락 국면에서
는 더 많이 내리는 경향이 있다. 한국 증권거래소에 은 선물을 추종하
는 ETF가 상장돼 있어 접근하기가 어렵지 않다. 다만 귀금속 가격은
변동성이 크기 때문에 여윳돈으로 자산의 일부만 투자하는 게 바람
직하다는 지적이다. 특히 안정성을 중시하는 투자자라면 귀금속 투
자에 있어 은보다는 금을 고르는 편이 더 좋을 것으로 보인다. 김훈길
하나금융투자 연구원은 "역사적으로 금과 은은 동일한 가격 방향성
을 갖지만 가격 변동성은 은이 금보다 2배가량 높다. 강한 변동성이
큰 리스크를 의미한다는 측면에서 투자 대상으로서는 금을 우선적으
로 고려할 필요가 있다"라고 말했다.

트럼프 시대에도 끄떡없는
방패 상품① 헤지펀드

대기업에 다니는 40대 초반 직장인 양 모 씨는 최근 점심시간을 이용해 평소 거래하던 증권사 프라이빗뱅커PB로부터 추천받은 헤지펀드에 1억 원을 투자했다. 상장 주식뿐만 아니라 공모주 등 다양한 자산과 전략을 활용해 분산 투자하는 방식으로, 펀드 운용사가 과거 투자 자문사 시절부터 연 5% 이상 안정적 성과를 꾸준히 내왔다는 설명에 믿음이 갔기 때문이었다. 양 씨는 "지금까지 일반 공모펀드나 주가연계증권ELS에 3,000만~5,000만 원 단위로 가입했었는데, 공모펀드는 수익률이 별로이고 ELS는 생각보다 위험이 큰 것 같아 헤지펀드로 눈길을 돌렸다"라고 말했다.

2016년 금융 투자상품 가운데 가장 큰 인기를 모은 것은 헤지펀드였다. 공모펀드 시장이 갈수록 위축되는 것과 달리 헤지펀드는 서울

강남의 거액 자산가는 물론 이제 중산층까지 속속 빨아들였기 때문이다. 1%대 저금리 시대를 맞아 헤지펀드가 시장 상황에 상관없이 연 5% 안팎 중위험·중수익을 노릴 수 있는 핵심 재테크 수단으로 자리 잡았다는 평가다.

특히 트럼프의 미국 대통령 당선으로 글로벌 시장 변동성이 커진 상황에서 헤지펀드의 투자 매력은 더욱 커질 것이라는 게 전문가들의 지적이다. 헤지펀드는 시장 하락이 예상될 때 공매도를 하거나, 금이나 채권 같은 안전자산으로 매우 빠르게 갈아타는 방식으로 위험을 최소화할 수 있다는 강점이 있다. 곽상준 신한금융투자 여의도본점영업부 PB팀장은 "헤지펀드의 장점은 수익을 좀 덜 먹더라도 덜 깨진다는 데 있다. 저금리 상황인 데다 트럼프의 당선으로 글로벌 투자 시장의 불확실성이 커진 만큼, 연 5% 수준의 중위험·중수익을 원하는 투자자라면 헤지펀드가 최고의 대안이 될 수 있다"라고 말했다.

2016년 10월 말 기준으로 국내 헤지펀드 설정 잔액은 6조 8,505억 원으로 1년 전의 3조 2,000억 원에 비해 2배 이상 커졌다. 2011년 12월 처음 도입된 한국형 헤지펀드가 1년 사이 이렇게 투자자들의 각광을 받는 것은 금융위원회가 2015년 10월 25일 헤지펀드 운용사 설립요건을 자본금 60억 원에서 20억 원으로 낮추고, 최저가입금액을 5억 원에서 1억 원으로 낮춘 것이 효과적이었다는 분석이다.

문턱이 낮아지면서 기존에 투자자문사로 명성을 날리던 실력자들이 시장에 뛰어들면서 헤지펀드의 상품성이 높아졌다. 2016년 한 해 동안 전문사모운용사로 신규 등록한 운용사는 약 70개로 이 가운데

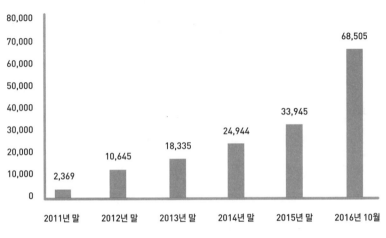

헤지펀드 설정액 증가 추이

- 80,000
- 70,000 → 68,505
- 60,000
- 50,000
- 40,000
- 33,945
- 30,000
- 24,944
- 20,000 → 18,335
- 10,645
- 10,000 → 2,369
- 0

2011년 말 | 2012년 말 | 2013년 말 | 2014년 말 | 2015년 말 | 2016년 10월

단위: 억 원   자료: 금융투자업계

40개 넘는 운용사가 헤지펀드를 출시했다. 이들의 헤지펀드 총 운용 자산은 2조 5,000억 원으로 전체 시장의 3분의 1 이상을 차지한다. 기존 헤지펀드가 주식 롱숏long-short 투자 위주였던 반면 신규 헤지펀드들은 일정 조건에 따라 채권을 발행한 회사의 주식으로 전환할 수 있는 권리가 부여된 채권인 전환사채CB와 발행회사의 주식을 매입할 수 있는 권리가 부여된 신주인수권부사채BW와 같은 메자닌Mezzanine, 공모주IPO, 비상장주식 등 다양한 투자 전략을 혼합한 게 특징이다.

최저 가입 한도가 기존 5억 원에서 1억 원 이상(레버리지 200% 이상인 경우에는 3억 원 이상)으로 낮아지면서 투자자 저변이 확대된 것도 헤지펀드의 인기 원인이다. 5년 넘게 지속되는 지루한 박스권 장세에서

헤지펀드 가입 금액별 투자자 비중

- 1억 원 이상~2억 원 미만
- 2억 원 이상~3억 원 미만
- 3억 원 이상~4억 원 미만
- 4억 원 이상~5억 원 미만
- 5억 원 이상

단위: % 자료: 미래에셋, NH, 현대증권 합계
2016년 1월~10월 말 기준

기관 투자자들은 공매도를 활용해 수익을 내는 반면, 공매도 접근이 쉽지 않은 개인 투자자들은 헤지펀드를 통한 간접투자에 흥미를 느끼는 것으로 풀이된다.

미래에셋증권, NH투자증권, 현대증권 등 헤지펀드를 판매하는 주요 3개 증권사의 2016년 헤지펀드 가입자 현황을 살펴보면 가입자 3명 중 1명은 가입 금액이 1억 원 규모인 것으로 나타났다. 3개 증권사를 통해 2016년 헤지펀드에 가입한 투자자는 총 1,195명인데, 이 가운데 1억 원 이상~2억 원 미만으로 투자한 가입자가 428명으로 전체의 36%를 차지했다. 2억 원 이상~3억 원 미만 가입자도 142명인 12%에 달했다. 헤지펀드 가입자의 절반가량이 3억 원 미만인 셈이다. 불과 1년 전까지만 해도 헤지펀드 최소 가입 한도가 5억 원 이상이었다는 점을 감안하면 눈에 띄는 변화다.

2017년부터는 최소 500만 원만 있으면 일반 소액 투자자들도 여러

운용사별 헤지펀드 설정액 및 수익률					
운용사	설정액	수익률	운용사	설정액	수익률
삼성자산운용	11,964	3.0	교보악사자산운용	2,149	0.8
미래에셋자산운용	6,207	2.9	DS자산운용	2,002	-5.3
타임폴리오자산운용	5,042	3.3	멀티에셋자산운용	1,817	-0.1
안다자산운용	4,582	3.7	유경PSG자산운용	1,691	4.9
브레인자산운용	2,861	-17.8	마이다스자산운용	1,612	0.1
NH투자증권	2,850	-1.0	피데스자산운용	1,125	13.2
흥국자산운용	2,743	2.3	머스트자산운용	1,103	1.3
쿼드자산운용	2,740	-1.5	신한자산운용	1,058	1.5
라임자산운용	2,374	2.9	플랫폼자산운용	1,053	0.1

단위: 억 원(설정액), %(수익률)　자료: 금융투자업계
합계 설정액: 1,000억 원 이상 운용사 대상　2016년 10월 말 기준

개의 사모 헤지펀드에 재간집 형태로 투자할 수 있는 길이 열린다. 원종준 라임자산운용 대표는 "여러 자산운용사별 헤지펀드 전략을 조합하면 투자 위험을 좀 더 분산하면서 상당히 매력적인 상품이 만들어질 수 있어 눈여겨볼 만할 것이다"라고 말했다.

다만 운용사별 중장기 성과와 전략 등은 꼼꼼히 따져봐야 한다. 한때 연간 20~30%가 넘는 수익률을 보이면서 시장의 관심을 한 몸에 받았던 일부 운용사들은 2015년부터 2년 연속 마이너스 성과를 내면서 투자자들이 급속히 빠져나가고 있다. 일각에서는 헤지펀드들이 난립하면서 전환사채나 신주인수권 부사채 가격이 비정상적으로 오른 만큼 메자닌 전략 비중이 큰 상품을 유의해야 한다는 지적도 나온

다. 최권욱 안다자산운용 회장은 "시장이 확대되는 건 바람직하지만, 2000년대 초반 벤처 버블 때처럼 돈이 몰린다는 소식에 너도나도 헤지펀드를 내놨다가 성과가 안 좋아지면 결과적으로 시장 전체가 신뢰를 잃을까 우려스럽다"라고 말했다.

트럼프 시대에도 끄떡없는
방패 상품 ② 지수형 ELS

트럼프 시대 투자자들이 비교적 안심하고 투자할 만한 또 하나의 상품은 'ELS'이다. ELS는 가입 시점으로부터 만기 3년 동안 기초자산인 코스피나 S&P500 등 주요국의 주가지수가 가입 시점 대비 50~60% 미만으로만 급락하지 않으면, 미리 약속한 연 5~6% 수익을 지급하는 상품이다. 코스피를 기준으로 2,000포인트에서 가입했을 때, 3년 안에 1,000포인트 밑으로만 내려가지 않으면 손실을 피하고 오히려 수익을 받을 수 있다.

ELS 분석 전문 기관인 두물머리의 송락현 부대표는 "ELS는 시장이 상승할 경우 가질 수 있는 수익이 제한적이긴 하지만, 예측할 수 없는 변수로 시장 변동성이 커질 것으로 예상될 때는 지수가 절반 밑으로만 내려가지 않으면 은행 이자 대비 3~4배 이익을 챙길 수 있는

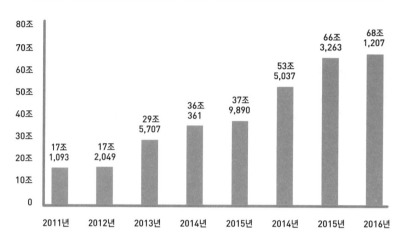

ELS 발행잔고 추이

- 2011년: 17조 1,093
- 2012년: 17조 2,049
- 2013년: 29조 5,707
- 2014년: 36조 361
- 2015년: 37조 9,890
- 2014년: 53조 5,037
- 2015년: 66조 3,263
- 2016년: 68조 1,207

단위: 억 원 자료: 한국예탁결제원

상품으로서, 트럼프 시대의 불확실성 국면에서 더욱 적합한 상품이다"라고 소개했다.

특히 2016년 중순 이후 브렉시트와 미국 대선, 미국 기준금리 인상 등 글로벌 대형 이벤트가 줄줄이 이어지고 있는 상황에서 손실 위험을 확 낮춘 이른바 '도마뱀형 ELS'가 투자자들 사이에서 인기를 끌고 있다. 도마뱀이란 이름은 '위험에 처했을 때 꼬리를 자르고 도망간다'는 의미에서 붙었다. ELS는 만기 3년 동안 주식시장 폭락에 따른 위험이 도사리고 있는데, 도마뱀형 ELS는 가입 1년 만에 조기 상환이 될 수 있는 가능성을 높였다. 기존 일반형 ELS에 비해 손실 확률이 절반 이상 낮다. 투자자 입장에서는 단기간에 수익을 챙기고 언제 올지

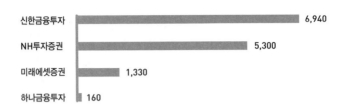

도마뱀형 ELS 증권사별 발행액

증권사	발행액
신한금융투자	6,940
NH투자증권	5,300
미래에셋증권	1,330
하나금융투자	160

단위: 억 원   자료: 각사 종합   2016년 4~11월 기준

모를 위험으로부터 피할 수 있는 셈이다.

신한금융투자, NH투자증권, 미래에셋증권, 하나금융투자 등 도마뱀형 ELS를 많이 판매한 주요 증권사 네 곳의 누적 발행액을 집계해보면, 2016년 4월부터 11월까지 총 1조 3,730억 원이 팔렸다. 도마뱀형 ELS는 2016년 4월 미래에셋증권이 처음 발행을 시작한 지 7개월 만에 1조 원 넘게 팔리면서 히트 상품 반열에 올랐다. 도마뱀형 ELS를 가장 많이 판매한 신한금융투자의 경우 2016년 11월 한 달 동안에만 1,000억 원 넘게 판매했다.

가입 기간이 지날수록 수익 상환 조건이 낮아지는 구조인 스텝다운형Step Down ELS는, 기초 자산인 주가지수가 만기 3년 동안 가입 시점보다 보통 80% 밑으로 떨어지지만 않으면 미리 약속한 연 5~6% 수준의 수익률을 지급한다. 도마뱀형 ELS는 기존 수익 조건에 가입 1년 후 지수가 가입 시점 대비 60% 수준 밑으로 떨어지지만 않으면 연 2.5~3%의 수익으로 조기 상환해준다는 조건이 추가로 붙는다. 투자자 입장에서는 1년 만에 약속된 수익의 절반이라도 비교적 안전하게 챙길 가능성이 높아진 것이다.

그렇다면 도마뱀형 ELS에 투자하면 손실 위험을 과연 얼마나 낮출 수 있을까? ELS 분석 전문업체 'ELS 리서치'는 도마뱀형 조건이 추가됐을 경우 ELS 손실 위험이 얼마나 줄어드는지 시뮬레이션을 해봤다. 그 결과 도마뱀형 ELS의 손실 확률이 일반형 ELS 대비 40% 수준으로 줄어든 것으로 나타났다.

시뮬레이션은 홍콩 항셍중국기업지수HSCEI 데이터가 있는 2003년 7월부터 2016년 10월까지 13년 4개월 동안 코스피200, S&P500, 닛케이225, 유로스톡스50, HSCEI, 항셍지수HSI 등 6개 주가지수를 기초자산으로 각각 발행된 ELS에 가입했다고 가정했다. 만기 3년 동안 6개월 단위 상환 조건인 '95-95-90-90-85-80%'의 스텝다운형 ELS와 같은 구조에 기간 1년, 원금 손실Knock-In 기준 60%인 도마뱀형 조건을 추가한 ELS를 비교했다. 일반형 ELS의 손실 확률은 7.3%인 반면, 도마뱀형 ELS는 2.8%였다. 도마뱀형의 손실 확률이 일반형의 40% 수준으로 절반 이상 위험을 줄인 셈이다.

김현준 ELS 리서치 객원연구원은 "과거 10년 이상의 기간 동안 주가지수의 움직임은 향후 ELS의 위험을 미리 가늠해볼 수 있다는 점에서 의미가 있다. 도마뱀형 ELS는 중저위험·중저수익을 추구하는 보수적인 투자자들에게 매우 적합한 상품이다"라고 지적했다. 눈높이만 낮춘다면 트럼프 시대 불안한 장세에서 ELS가 대안이 될 수 있다는 얘기다.

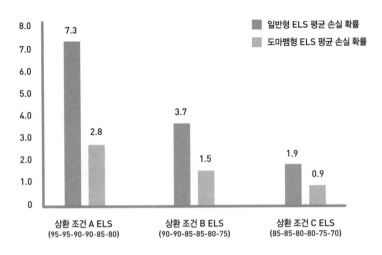

도마뱀형 ELS와 일반 ELS 손실 확률 비교

■ 일반형 ELS 평균 손실 확률
■ 도마뱀형 ELS 평균 손실 확률

상환 조건 A ELS
(95-95-90-90-85-80)
7.3 / 2.8

상환 조건 B ELS
(90-90-85-85-80-75)
3.7 / 1.5

상환 조건 C ELS
(85-85-80-80-75-70)
1.9 / 0.9

단위: % 자료: ELS리서치, HSCEI 등 6개 지수
2003~2016년 손실 확률 평균, 상환 조건은 6개월 단위 조기 상환 기준

다만 도마뱀형 ELS라고 하더라도 만기 3년 동안 수익 조건을 충족하지 못했을 경우 손실 발생 위험은 여전하다는 점은 유의해야 한다. 최영식 신한금융투자 장외파생상품OTC 담당 부장은 "도마뱀형 ELS는 조기 상환 옵션을 하나 더 가진 대신 만기 고정 이자 수익은 일반 ELS에 비해 조금 낮아질 수 있다. 만기까지 수익 조건을 충족하지 못했을 때 손실 발생 리스크는 피할 수 없다는 점은 분명히 인식하고 투자해야 한다"라고 말했다.

트럼프 시대에도 끄떡없는
방패 상품③ 배당주펀드

배당의 계절이 돌아왔다. 연말이 가까워지면서 고배당주에 대한 투자자들의 관심도 커지고 있다. 최근 하나금융투자가 지난 2010년부터 2015년까지 배당 상위 종목의 월별 성과를 분석한 결과에 따르면 9월부터 12월 중순까지의 고배당주 수익률이 코스피보다 평균 3%를 상회하는 것으로 나타났다.

특히 2016년은 상장사들이 비용 절감 효과 등으로 사상 최대의 영업이익을 기록할 전망이여서 배당금 역시 최고치에 달할 것으로 관측된다. 또한 주요 기업들이 주주 친화 정책으로 배당을 늘리려는 움직임도 분주하다. 삼성전자는 2016년 배당을 2015년 대비 30% 늘린 4조 원으로 확대하겠다고 발표하기도 했다.

김상호 미래에셋증권 연구원은 "2016년 당기순이익 컨센서스와 현금배당성향을 이용해 코스피의 현금배당수익률을 예상해보면, 2015년 1.61%보다 높은 1.64~1.98%가 예상된다"라고 말했다.

현재 시장에선 트럼프 리스크에도 흔들림 없는 알짜 상품으로 배당주펀드를 꼽고 있다. 배당주펀드의 경우 최근 3년 동안 20% 이상의 수익률을 올린 대표적인 효자 상품이다. 금융정보업체인 에프앤가이드에 따르면 2016년 11월 29일 집계 기준으로 배당주펀드에는 3,008억 원의 자금이 유입됐다. 같은 기간 대부분의 펀드들이 순유출을 기록한 것을 감안하면 연말 배당 효과를 누리려는 투자자금이 집중됐다는 분석이다.

문수현 NH투자증권 연구원은 "2016년은 국내 기업 이익이 사상 최고치를 경신할 것으로 전망되는 데다, 배당소득 증대세제 및 기업소득 환류세제 등 정부의 배당 확대 정책으로 인해 하반기에도 배당주펀드에 대한 관심이 높아질 것으로 예상된다. 특히 기준금리가 1.25%인 저금리 시대에 높은 배당수익률은 배당주펀드의 매력을 높이는 주된 요인으로 작용할 것이라 판단된다"라고 전했다.

우선 배당주펀드를 고를 땐 장기간 운용 성과를 살펴봐야 한다는 게 전문가들의 일관된 조언이다. 에프앤가이드에 따르면 2016년 11월 3일 집계 기준 현재 배당주펀드의 연초 이후 수익률은 –2.1%로 부진하지만, 장기 성과로는 현재 2년간 2.9%, 3년간 10.4%의 수익률을 기록 중이다. 5년 수익률은 무려 31.3%에 달한다. 또한 운용 포트폴리오에 실제 배당주가 편입돼있는지도 확인해야 한다.

문 연구원은 "최근 1년간의 배당주펀드 수익률을 살펴보면, 배당

	한화ARIRANG 고배당주ETF			베어링 고배당플러스			키움KOSEF 고배당ETF			미래에셋 배당프리미엄		
	비중	수익률	기여도	비중	수익률	기여도	비중	수익률	기여도	비중	수익률	기여도
금융	33.0	13.3	4.4	16.0	11.1	1.8	28.8	14.0	4.0	10.9	5.4	0.6
IT	-	0.0	-	22.0	31.1	6.9	4.1	4.2	0.2	17.8	42.0	7.5
자유 소비재	13.7	17.0	2.3	17.7	14.7	2.6	20.4	8.8	1.8	10.2	3.9	0.4
산업재	13.8	44.7	6.2	9.3	1.9	0.2	7.2	61.2	4.4	7.9	-4.8	-0.4
소재	10.0	21.9	2.2	13.8	16.7	2.3	15.3	13.2	2.0	8.6	18.8	1.6
필수 소비재	9.5	12.9	1.2	4.5	4.8	0.2	13.3	20.6	2.7	7.1	5.5	0.4
에너지	9.2	36.4	3.3	5.1	25.1	1.3	-	-	0.0	2.1	35.1	0.7
유틸리티	5.6	30.0	1.7	4.7	18.8	0.9	-	-	-	3.3	20.5	0.7
통신 서비스	4.7	-6.2	-0.3	4.2	-5.1	-0.2	7.5	6.4	-	3.6	1.7	0.1
건강관리	-	-	-	2.3	17.4	0.4	1.9	-2.1	-0.5	3.6	23.9	0.9
기타	-	-	-	-	-	0.0	-	-	0.0	26.3	-	2.8
오차	-	-	0.0	-	-	-1.4	-	-	-0.3	-	-	-1.4
실제 수익률	-	-	21.0	-	-	14.9	-	-	14.3	-	-	13.8

단위: %(비중, 수익률), %P(기여도) 자료: Bloomberg, NH투자증권 WM리서치부 2016년 9월 6일 기준
실제 수익률은 최근 1년 수익률이며, 오차는 실제 수익률과 기여도 합의 차이로 포트폴리오의 부정확성 및 트레이딩 등으로 발생

수익률이 높은 펀드가 더 양호했다. '한화ARIRANG 고배당주ETF' 와 '키움KOSEF고배당ETF'는 30% 내외의 높은 비중으로 편입한 금융 섹터와 편입 종목의 수익률이 우수했던 산업재 섹터의 수익률 기여도가 높았다. 반면, '베어링고배당플러스'와 '미래에셋배당프리미엄'은 앞의 두 펀드에서 비중이 크지 않았던 정보기술 섹터에 20% 내외의 비중을 투자하여 양호한 성과를 거두었다"라고 설명했다. 즉, 성

최근 1년 수익률 하위 배당주펀드 섹터별 수익률 기여도											
	트러스톤 장기고배당			동양 중소형고배당			마이다스 블루칩배당			미래에셋 고배당포커스		
	비중	수익률	기여도	비중	수익률	기여도	비중	수익률	기여도	비중	수익률	기여도
금융	18.2	3.1	0.6	4.5	-0.6	0.0	9.9	-8.8	-0.9	14.5	-1.6	-0.2
IT	5.7	-4.8	-0.3	10.0	-10.3	-1.0	19.4	26.8	5.2	18.0	24.0	4.3
자유 소비재	21.4	-5.8	-1.2	21.0	-12.1	-2.5	15.8	-13.3	-2.1	13.2	-10.6	-1.4
산업재	10.3	-18.0	-1.8	12.9	-14.8	-1.9	14.2	-16.9	-2.4	13.3	-29.1	-3.9
소재	11.4	-6.5	-0.7	15.0	1.1	0.2	5.4	1.1	0.1	6.8	1.9	0.1
필수 소비재	11.3	-22.6	-2.5	20.4	-12.2	-2.5	18.0	-6.6	-1.2	8.2	-9.9	-0.8
에너지	2.7	-7.0	-0.2	0.5	-22.7	-	0.8	65.8	0.5	0.7	-11.0	-0.1
유틸리티	-	-	-	-	-	-	4.2	29.1	1.2	5.8	13.6	0.8
통신 서비스	2.7	9.7	0.3	0.2	-12.0	-	1.9	-3.9	-0.1	6.6	-5.3	-0.3
건강관리	14.7	0.5	0.1	13.7	22.2	3.0	9.6	-0.2	0.0	10.6	20.5	2.2
오차	-	-	-0.4	-	-	-1.0	-	-	-2.2	-	-	-1.2
실제 수익률	-	-	-6.3	-	-	-5.8	-	-	-1.8	-	-	-0.6

단위: %(비중, 수익률), %P(기여도) 자료: Bloomberg, NH투자증권 WM리서치부 2016년 9월 6일 기준
실제 수익률은 최근 1년 수익률이며, 오차는 실제 수익률과 기여도 합의 차이로 포트폴리오의 부정확성 및 트레이딩 등으로 발생

과가 양호하게 나타난 배당주펀드 사이에서도 투자한 업종에 차이가 있는 것을 확인할 수 있는 대목이다.

이밖에도 수익률 하위 배당주펀드는 공통적으로 산업재, 자유 소비재, 필수 소비재 섹터의 수익률 기여도가 부정적이었다는 특징이 있다. 문 연구원은 "그러나 무엇보다 특징적인 것은 수익률 상위 펀드와는 다르게 상당수의 섹터 수익률이 마이너스였다는 점이다. 이와 같은 차이는 섹터보다는 사이즈 및 스타일의 요소로 인한 영향이었을

배당수익률 상위 펀드 리스트								
펀드명	유형	순자산	사이즈	스타일	배당 수익률	수익률		
						연초 이후	1년	3년
신영밸류 고배당	액티브주식배당	29,348	대형	혼합	2.18	1.76	10.16	27.27
미래에셋 배당프리미엄	주식혼합	5,862	대형	혼합	2.20	5.63	13.84	34.11
한국밸류 10년투자배당	액티브주식배당	2,482	중소형	혼합	2.40	1.18	3.41	-
신영고배당	액티브주식배당	1,542	멀티캡	혼합	2.19	2.42	8.95	27.45
베어링고배당	액티브주식배당	1,535	멀티캡	혼합	2.66	6.30	12.63	26.43
베어링 고배당플러스	액티브주식배당	1,467	멀티캡	혼합	2.66	7.24	14.85	-
신영 프라임배당	액티브주식배당	1,427	멀티캡	혼합	2.18	1.96	8.69	25.77
한화ARIRANG 고배당주	인덱스주식기타	1,157	대형	가치	3.46	14.08	21.02	12.72
삼성배당주장기	액티브주식배당	1,006	멀티캡	혼합	2.53	0.88	3.11	11.45
신영 프라임배당적립식	액티브주식배당	731	대형	혼합	2.28	1.60	8.99	19.18
교보악사파워 고배당저변동성	인덱스주식기타	393	대형	혼합	2.79	10.00	13.34	-
미래에셋TIGER 코스피고배당	인덱스주식기타	320	중소형	가치	3.91	3.27	9.36	-
동부마이티 코스피고배당	인덱스주식기타	254	중소형	가치	3.91	3.72	9.74	-
키움KOSEF 고배당	인덱스주식기타	157	중소형	가치	3.91	11.33	14.32	18.68

단위: 억 원(순자산), %(수익률),   자료: 에프앤가이드, NH투자증권 WM리서치부
2016년 9월 6일 기준   순자산순 정렬

가능성이 높다"라고 분석했다.

아울러 사이즈별로 2016년 9월 6일 집계 기준 에프앤가이드 배당주펀드의 최대 수익률을 살펴보면, 대형의 경우 21.02%로 최근 1년 수익률이 가장 높았으며, 멀티캡, 중소형, 소형이 각각 14.85%, 14.32%, 2.9%로 사이즈가 작을수록 수익률이 낮은 것으로 나타났다. 문 연구원은 "스타일의 경우에는 성과 차이가 더욱 크게 나타났는데, 가치형이 21.02%, 혼합형이 14.85%, 성장형이 −6.3%로 성장으로 갈수록 수익률이 떨어졌다. 즉, 성장성을 가미한 배당주펀드보다는 전통적인 의미의 배당주펀드가 지난 1년간 더 양호한 성과를 냈던 것을 다시 한번 확인할 수 있는 대목이다"라고 강조했다.

이와 함께 주식보다는 안정적이고 시중 금리보다는 높은 수익을 추구할 수 있는 '인컴펀드income fund'로의 투자도 주목할 만하다. 인컴펀드는 주식의 배당이나 채권 이자, 부동산 임대 수익 등 정기적인 현금 흐름이 발생하는 자산에 투자하는 자산배분펀드로, 금융시장의 상황에 따라 자산별 비중을 탄력적으로 조정함으로써 시중 금리에 알파 수익을 챙길 수 있는 대표적인 중위험·중수익 상품이다.

인컴펀드는 유형별로 배당 성향이 높은 국내외 기업들의 주식을 활용한 고배당(글로벌) 주식형, 높은 채권 이자 수익을 추구하는 고금리 채권형, 부동산 임대 수익이나 부동산 채권 등에 투자하는 부동산 투자형, 한쪽 자산에만 투자하지 않고 골고루 자산 배분하는 멀티 인컴형으로 나뉜다. 국내에선 주로 배당주, 채권, 부동산 등을 적절하게 혼합한 멀티 인컴형 펀드가 주를 이루고 있다.

배당주펀드 및 인컴펀드 수익률							
	설정액	3개월	6개월	연초 이후	2년	3년	5년
배당주펀드	1조 5,730	-2.6	-2.7	-2.1	2.9	10.4	31.3
인컴펀드	10조 1,223	-1.1	1.2	2.8	4.2	12.5	25.0

단위: 억 원(설정액), %(수익률)   자료: 에프앤가이드   2016년 11월 30일 집계 기준

특히 최근 들어 베이비붐 세대의 은퇴와 고령화 현상이 심화되면서 중장기 투자상품으로 인컴펀드 시장이 확대되고 있다는 분석이다. 정상규 신한금융투자 PWM태평로센터 PB팀장은 "아직까지 일반 주식형펀드 대비 대중적인 펀드는 아니지만, 개인연금이나 퇴직연금 포트폴리오에 장기 투자상품으로 인컴펀드를 편입하는 경우가 많아졌다"라고 전했다.

현재 인컴펀드의 수익률은 최근 한 달 간 −0.3%로 약세지만, 1년 3.2%, 2년 4.2% 등 기간이 길수록 높은 편이다. 최근 3년과 5년 수익률은 각각 12.5%와 25%에 육박한다. 정 팀장은 "2016년 들어서는 채권금리 상승세에 인컴펀드 수익률이 좋진 않지만, 오히려 오래 묵혀둘수록 성과가 좋다 보니 여웃돈을 장기 투자할 요량으로 고객들이 접근하고 있다"라고 말했다.

다만 인컴펀드의 경우 매달 일정 수익을 지급하는 상품도 있지만, 고정 수입을 순자산에 편입해 재투자하는 상품이 주류를 이루는 만큼 투자 시 주의해야한다. 이 때문에 가입 이전에 해당 상품이 월지급식인지 아닌지를 구분할 필요가 있다. 또한 인컴펀드는 일반 주식형

펀드보다는 안정성이 높지만, 투자한 주식이나 채권, 부동산의 가치
가 하락해 손실이 발생할 수 있다. 그중에서도 글로벌 인컴형의 경우
환율 리스크를 감안해야 하며, 멀티인컴형 펀드 역시 자산 배분 비율
등에 따라 수익률이 크게 달라질 수 있다는 점을 유념해야 한다.

'약달러, 친기업, 리플레이션'
미국 주식에 베팅하라

  트럼프의 당선을 계기로 자금의 물꼬가 채권시장에서 주식시장으로 방향을 트는 '대이동Great Rotation'에 대한 기대감이 짙어지고 있다. 전문가들은 트럼프 시대에는 채권보다는 주식이, 특히 미국 주식이 유망할 것으로 관측했다. 대규모 인프라 투자 등 재정 확대를 표방한 트럼프식 부양책에 물가가 상승하고 시장 금리 상승이 본격화한다면 채권보다 주식의 매력이 더 커질 수밖에 없다는 분석에 힘이 실린다.

  당초 증권가에선 트럼프 공화당 후보가 대통령에 당선되면 안전자산인 국고채 가격이 상승하고 위험자산인 주식 값이 하락할 것이란 전망이 나왔었다. 트럼프의 경제 정책이 워낙 급진적이고 예측하기 힘들어 금융시장의 불확실성이 커질 것이란 이유에서다. 하지만 결과는 정반대였다.

트럼프는 당선 수락 연설에서 인프라 투자를 통한 고용 창출, 경제 성장 확대, 전 세계 국가들과의 협력 지속 등을 재확인했다. 이에 따라 시장에선 트럼프의 경제 정책에 대한 우려가 완화되고 그 방향성을 가늠할 수 있게 됐다는 평가가 나왔고 금융시장의 불안도 빠르게 진정됐다.

증권가는 트럼프의 당선을 계기로 채권시장에서 주식시장으로 자금이 이동하는 대이동이 현실화될 가능성이 높아진 것으로 보고 있다. 브렉시트 및 중국 경기의 불확실성 등으로 안전자산 선호 현상이 지속된 데다, 각국 중앙은행이 양적완화를 위해 금융시장에서 채권을 직접 매입한 탓에 오를 만큼 올랐던 채권값이 최근 하락 반전했기 때문이다. 특히 미국의 경우 유가 반등에 따른 물가 상승과 각종 경제지표 개선으로 시장 금리가 오르면서 채권 가격이 급격히 떨어지고 있다. 여기에 트럼프의 경제 정책이 금리 상승 압력을 높여 추가 하락 가능성도 커진 상황이다.

트럼프의 경제 정책은 '약달러, 친기업, 리플레이션Reflation'이라는 3가지 키워드로 대표된다. 이 같은 정책적 방향이 주식시장에 우호적인 것은 의심할 여지가 없는 대목이다. 보호무역주의, 기업 감세, 재정 지출 확대, 인프라 투자 확대 등은 미국 기업들에게 보다 나은 경영 환경을 제공할 것으로 예상되며 이는 이익 증대와 부도율 저하 등으로 이어질 전망이다. 이에 따라 미국 기업 주식은 트럼프 시대 가장 큰 수혜가 기대되는 투자 자산으로 꼽는다.

전문가들은 개별 종목을 발굴하는 것이 어려운 개인 투자자들은 미

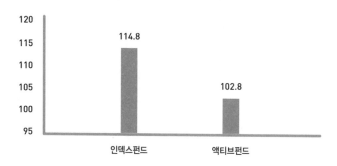

미국 인덱스·액티브펀드 수익률

114.8

102.8

인덱스펀드　　　　　액티브펀드

단위: %　자료: 에프앤가이드, NH투자증권　2016년 9월 27일까지 최근 5개년 기준

국 시장의 특정 지수를 쫓는 인덱스펀드로 접근하는 것이 더 안정적
이라고 조언한다. 전문가들이 추천하는 상품은 미국 인덱스펀드다.
인덱스펀드란 목표지수인 인덱스를 선정해 이 지수와 동일한 수익률
을 올릴 수 있도록 운용하는 펀드로, 주가지수에 영향력이 큰 종목들
위주로 펀드에 편입해 펀드 수익률이 주가지수를 따라가도록 하는
상품이다.

　문수현 NH투자증권 연구원은 "2016년 11월 현재 S&P500의 12개
월 선행 주가수익비율PER은 16배 수준으로 과거 10년 평균보다 크
게 높아졌다. 하지만 향후 인프라 투자, 재정 확대 등 경기 부양 정책
과 금융업을 중심으로 한 규제 완화 정책 등에 대한 기대감을 고려하
면 추가적인 상승세를 기대해볼 만하다. 미국 주식시장의 경우 정보
가 가격에 빠르게 반영되는 효율적인 시장이라는 점에서, 과거 전통

주요 미국 인덱스펀드 현황					
펀드명	설정일	운용사	지역 국가	책임 매니저	설정액
KB스타미국S&P500 인덱스펀드	2009년 6월 3일	KB	북미	임승관	151.67
미래에셋인덱스로 미국펀드	2016년 3월 18일	미래에셋	북미	김철민	28.25
삼성미국 인덱스펀드	2016년 3월 7일	삼성	북미	이진아	150.00

단위: 원   자료: 에프앤가이드   2016년 11월 30일 기준

적으로 인덱스펀드가 액티브펀드보다 더 높은 성과를 거두고 있다는 점에 주목해야 한다"라고 전했다.

실제로 에프앤가이드에 따르면 2016년 11월 30일 집계 기준 최근 5년간 인덱스펀드 수익률은 114.8%로 액티브펀드의 102.9%보다 11.9%포인트 높은 것으로 집계됐다. 현재 2016년 11월 24일 기준으로 ETF를 제외한 인덱스펀드 중에선 'KB스타미국S&P500인덱스펀드'가 연초 이후 7.3%로 가장 높은 수익률을 기록했다. 이어 2016년 3월에 설정된 '미래에셋인덱스로미국펀드', '삼성미국인덱스펀드' 등도 최근 6개월간 각각 수익률이 8.2%, 7.6%로 양호한 성과를 내고 있다. 문경섭 삼성자산운용 패시브전략 본부장은 "과거 경험상 인덱스펀드 수익률을 지속적으로 웃도는 액티브펀드는 드물었다"라고 말했다.

ETF나 ETN으로 투자할 경우에는 보다 적은 비용으로 투자가 가능하다. ETF나 ETN 상품은 환노출형과 헤지형이 각각 있어, 자신의 위

험 선호도에 따라 선택이 가능하다. 2016년 11월 9일 미국 대선 결과 이후로는 원·달러 환율 상승으로 인해 환노출형의 수익률이 환헤지형에 비해 10% 이상 좋은 것으로 나타나고 있어, 달러 강세 시기에는 환노출형이 더 성과가 좋다. 특히 ETF나 ETN을 이용하면 무엇보다 환전이라는 번거로운 절차 없이 미국 시장에 투자할 수 있고, 우리나라 증시 개장 시간에 맞춰 편리하게 거래가 가능한 것이 장점이다. 장중에 가격을 확정해 거래할 수 있고, 주식처럼 2영업일 후 대금이 결제되기 때문에 특히 변동성이 큰 상황에서는 환매 기간이 2주 가까이 걸리는 해외 펀드보다 운용 자산의 편입비중을 재조정하는 리밸런싱 Rebalancing에 유용하다. 해외 투자가 처음인 투자자도 손쉽게 투자하고 상품의 수익률을 확인할 수 있어 편리하다.

문경섭 삼성자산운용 패시브전략본부장은 "개인의 투자 성향과 목표 수익률에 따라 일반 액티브펀드 외에 지수 추종을 최우선 전략으로 적용하는 ETF도 자산배분 차원에서 접근해볼 만하다. 특히 인덱스펀드를 증시에 상장해 주식처럼 거래가 가능한 ETF는 일반 인덱스펀드와 비교해 판매 보수가 없는 등 수수료가 저렴하다는 장점이 있다"라고 말했다.

부동산 재벌 트럼프,
미국 리츠 매력도 상승

트럼프의 가장 유명한 수식어는 '부동산 재벌'이다. 그의 대통령 당선은 미국 부동산 시장에도 호재로 작용하고 있다. 소액으로 미국의 다양한 부동산에 투자할 수 있는 리츠REITs 상품을 주목해볼 만하다.

리츠는 오피스 빌딩, 주거용 부동산, 호텔 등에 투자해 배당 소득 및 자본 이익을 투자자에게 수익으로 돌려주는 부동산 투자신탁을 말한다. 미국을 비롯한 선진국의 주요 리츠는 대부분 상장돼있다.

리츠의 수익률은 해당 국가의 경제성장률에 비례해 움직인다. 트럼프의 정책과 미국의 최근 경제 지표들이 경제성장률의 상승으로 이어질 전망이어서 미국 리츠가 수혜를 입을 것이라는 분석에 힘이 실리고 있다. 최근 미국 부동산에 대한 관심이 커지면서 거래량이 점점 늘고 있는 점도 긍정적인 요소다.

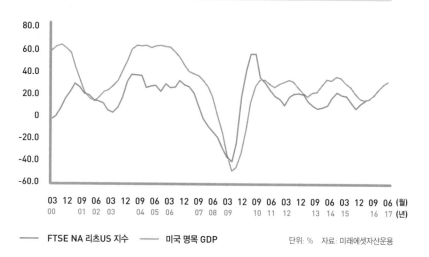

FTSE NA 리츠US 지수 ——— 미국 명목 GDP

단위: % 자료: 미래에셋자산운용

황영진 미래에셋자산운용 대체전략투자부문 멀티에셋리서치본부장은 "리츠의 주가지수는 미국의 경제성장률을 따라가는데, 미국의 고용 지표 등 경제 지표들이 개선되고 있는 데다 트럼프의 대규모 인프라 투자 등이 실현되면 미국의 경제성장률이 상승할 것으로 예상된다. 장기적으로 리츠가 수혜를 입을 전망이다"라고 말했다.

금리 인상 시기에 부동산 투자를 하는 것에 대해 반감을 갖는 투자자들이 있을 수 있다. 금리 인상 시기에는 상대적으로 부동산의 매력도가 떨어지는 것은 맞지만, 이는 단기적인 현상일 뿐이다. 전문가들은 미국의 경우 연방준비제도연준가 왜 기준금리를 올리는지를 살펴봐야 한다고 지적했다. 황영진 본부장은 "경제가 회복되고 있기 때문에 연준가 기준금리를 올리겠다는 것이다. 이는 장기적으로 부동산 시장에 호재가 될 수밖에 없다"라고 말했다. 실제로 연준가 고용 및 거시경제 호조를 바탕으로 기준금리를 인상했던 시기인 2004~2006년에 리츠의 주가지수는 금리와 플러스의 상관관계를 기록했다. 경제가 성장할 때는 높은 배당수익에 더해 추가적인 자본차익까지 노릴 수 있는 리츠 투자가 상당히 유리할 수 있다는 설명이다.

특히 전문가들은 최근 미국 리츠들의 경우 시장 금리 인상과 기준금리 인상 우려에 따라 주가가 많이 빠진 상태인 만큼 저가 매수 기회가 될 수 있다고 조언했다. 황영진 본부장은 "경험적으로 연준가 금리를 올리기 직전에 리츠 주가가 가장 많이 빠지고, 금리 인상 이후 다시 회복하는 패턴을 보였다. 12월 연준의 기준금리 인상이 기정사실화되고 있는 만큼 이때가 저가 매수할 수 있는 적기이다"라고 추천했다.

현재 미국의 인플레이션 흐름도 부동산 투자 매력도를 끌어올리는 요인으로 분석되고 있다. 금융자산의 가치가 하락하는 것을 우려해 위험 회피를 위해 실물 자산으로의 분산 투자가 늘어나기 때문이다. 황영진 본부장은 "인플레이션이 강할 때는 주식이나 채권과 같은 금융자산보다 원자재나 부동산 같은 실물 자산으로 헤지Hedge를 위한 자금들이 몰린다. 이는 부동산 가격에 긍정적인 영향이 될 수 있다"라고 말했다.

미국 리츠에는 부동산펀드나 ETF, ETN 등으로 투자할 수 있다. 부동산펀드로는 미래에셋자산운용의 '미래에셋미국리츠부동산자투자

미국 리츠 투자 펀드 현황			
펀드명	운용 규모	1년 수익률	3년 수익률
신한BNPP탑스글로벌리츠부동산1	446	9.08	36.44
하나UBS글로벌리츠부동산	434	0.44	27.22
한화글로벌프라임상업용부동산자	266	2.85	28.77
한화라살글로벌리츠부동산	247	-2.76	18.32

단위: 억 원(운용 규모), %(수익률)

신탁1호'가 있다. 이 펀드는 미래에셋자산운용이 국내 최초로 미국 리츠 투자를 목적으로 출시한 상품이다. 전체 자산의 50% 이상을 미국과 관련된 리츠 상품에 투자한다. 국내외에 상장된 미국 리츠 ETF 및 미국에 상장된 개별 리츠가 투자 대상이다.

ETF로도 접근이 가능하다. '미래에셋TIGER MSCI US리츠부동산 ETF'와 '한국투자KINDEX다우존스미국리츠부동산ETF'가 대표적이다. 미래에셋 ETF는 'MSCI US 리츠 지수'를, 한국투자 ETF는 '다우존스 미국 리츠 지수'를 벤치마크로 삼는다. 'MSCI US 리츠 지수'는 글로벌 최대 리츠 ETF인 '뱅가드리츠ETF'도 추종하는 지수로 미국 리츠만 100% 편입하고 구성 종목 수는 150여 개다. 반면 '다우존스 미국 리츠 지수'는 구성 종목이 100여 개로 미국 리츠뿐만 아니라 미국 부동산 관련 기업 주식도 5% 내외로 소량 편입한다. 2016년 11월 25일 기준으로 두 ETF의 최근 3년간 누적수익률은 29.4%와 21.2%에 달한다.

또한 미국을 비롯한 일본, 호주 등 선진국에 상장된 리츠에 투자할 수 있는 ETN도 있다. 미래에셋증권이 2016년 7월 출시한 '글로벌리츠 ETN'은 'S&P 글로벌 리츠 지수'를 추종한다. 이 지수는 글로벌 신용 평가사인 S&P가 산출하며 매 분기마다 종목을 리밸런싱한다. 현재 23개국의 리츠 398개의 종목을 편입하고 있다. 미국 65%, 일본 8.6%, 호주 7.3%, 영국 4.3%, 프랑스 3.7% 등의 비중이다. 신중호 이베스트투자증권 연구원은 "S&P 글로벌 리츠 지수에는 소비가 늘어날수록 수혜를 입을 수 있는 리츠 종목들이 대거 편입돼 있다. 지수 내 미국 리츠의 비중이 높아 미국 리츠 시장이 좋아질수록 수익률도 높아질 것이다"라고 말했다.

다만 전문가들은 리츠 투자의 경우 3~5년 정도의 중장기적 관점에서 접근해야 수익을 얻을 수 있다고 조언했다. 황영진 본부장은 "투자하고 있는 기초 자산인 부동산 수익뿐만 아니라, 시장 요인에 따른 가격 변동이 주식과 같이 영향을 받아 단기 변동성에 노출될 가능성이 높다. 최소 3년은 투자해야 변동성의 영향을 줄이고 안정적인 수익을 낼 수 있다"라고 말했다.

트럼프리스크 뛰어넘는
브라질 국채의 매력

'변화가 시작된 브라질, 지금이 채권투자 적기'

브라질 중앙은행이 최근 4년 만에 기준금리 인하를 단행한 이후 브라질 경제 역시 점진적인 회복세를 나타내자 이와 같은 분석이 힘을 얻고 있다. 특히 헤알화 가치가 꾸준히 오름세를 나타내고 있는 가운데, 브라질이 2017년에도 추가 금리인하에 나설 가능성이 높아졌다는 점도 긍정적 요인으로 작용하고 있다는 분석이다. 전문가들은 향후 2~3년간 브라질 기준금리가 내림세를 지속할 경우, 연 10% 이상의 높은 채권 이자에 채권 가격 상승에 따른 자본차익까지 노릴 수 있을 것으로 내다보고 있다.

신환종 NH투자증권 글로벌크레딧 팀장은 "브라질 기준금리가 2017년 말 11.5~12.5%, 2018년 10.5~11% 수준까지 하락할 것으로 예

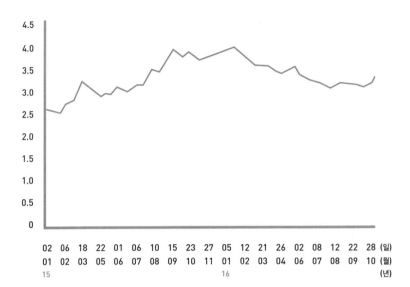

4.5
4.0
3.5
3.0
2.5
2.0
1.5
1.0
0.5
0

| 02 | 06 | 18 | 22 | 01 | 06 | 10 | 15 | 23 | 27 | 05 | 12 | 21 | 26 | 02 | 08 | 12 | 22 | 28 (일) |
| 01 | 02 | 03 | 05 | 06 | 07 | 08 | 09 | 10 | 11 | 01 | 02 | 03 | 04 | 06 | 07 | 08 | 09 | 10 (월) |

15   16   (년)

단위: 달러당 헤알   자료: 한국은행   2015년 01월 2일~2016년 11월 14일 기준

상된다. 헤알화 환율 변동성이 여전히 높다는 점을 감안하더라도 브라질 거시경제의 회복 추세, 계속되는 시장 친화적 정책 추진에 기준금리 하락세 등을 감안하면 오히려 금리 하락 국면 초기인 지금이 브라질 채권 투자에 나서야 할 시기이다"라고 말했다.

이와 함께 최근 브라질 리우데자네이루 주 정부가 사실상 파산했다는 소식이 전해진 것과 관련해선 "주정부 파산 위기가 이미 성장률 하락과 국가신용등급에 반영된 것으로 예고된 악재이다"라고 전문가들은 분석하고 있다. 신 팀장은 "리우를 비롯한 주요 주 정부가 파산

중남미 국가들의 수출에서 원자재 비중과 대미국 수출 비중									
수출 대비	원자재 수출 비중	원자재 종류					수출 국가별 대비		
		원유	철강	농업			미국	EU	중국
				총	식용	비식용			
아르헨티나	70.3	7.7	6.4	56.2	53.1	3.1	5.4	15.2	7.1
브라질	55.1	7.4	10.2	37.4	31.5	5.9	12.7	17.8	18.6
칠레	63.0	-	55.0	8.0	8.0	-	12.0	14.0	25.0
콜롬비아	79.0	52.0	17.0	10.0	7.0	3.0	29.0	16.0	10.0
에콰도르	86.0	57.7	3.8	24.5	-	-	45.2	14.6	1.7
멕시코	17.6	7.3	6.2	4.0	3.1	0.9	81.0	5.5	1.3
페루	70.0	11.0	53.0	6.0	6.0	-	19.0	16.0	17.0
우루과이	58.6	-	0.6	58.0	-	-	6.7	11.4	14.0
베네수엘라	98.0	96.1	1.8	0.1	-	-	48.0	5.0	12.7
라틴아메리카	53.0	18.8	13.6	20.6	6.6	0.5	30.8	13.9	12.5

단위: % 자료: World Bank, NH투자증권 리서치센터

상태에 이르면서 우려의 목소리가 높아지고 있지만, 지방 정부의 재정 악화로 인한 충격은 이미 성장률 하락과 일반 정부 부채에 반영돼 파장은 크지 않다"면서 "지방 정부는 앞으로 고통스럽지만 뼈를 깎는 구조 조정을 진행할 것이다"라고 내다봤다.

또한 시장에선 트럼프 당선 이후 브라질 경제에 미치는 파급력이 제한적일 것으로 전망했다. 브라질의 경우 대미 수출 비중이 12.7%로 81%인 멕시코 등과 비교해 낮은 수준인 데다가, 브라질의 달러 발행 국채 비중이 5% 미만이다 보니 트럼프 리스크에 흔들릴 가능성이

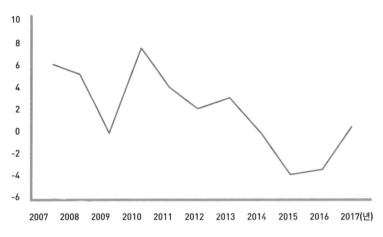

단위: % 자료: IMF, NH투자증권

적다는 얘기다.

현재 브라질 정부에 따르면 2016년 브라질의 1~10월 무역수지는 385억 2,700만 달러 흑자를 기록한 것으로 집계됐다. 이는 지난 1989년부터 공식 집계가 시작된 이래 최대치다. 종전 최대치는 2006년 1~10월의 381억 6,600만 달러였다. 무엇보다 2016년 브라질의 무역 흑자가 500억 달러로 역대 최고치를 기록할 것이라는 전망에 IMF는 브라질의 경제성장률이 2015년 −3.8%에서 2016년 −3.3%, 2017년엔 0.5%로 올라설 것으로 낙관했다.

IMF는 "브라질 경제가 2017년부터 사상 최악의 침체 국면을 끝내고 성장세를 회복할 것이다"라고 관측했다. 이로 인해 국내총생산GDP

규모도 세계 9위에서 8위로 올라설 것으로 내다봤다.

박승진 한국투자증권 연구원은 "현재 물가 레벨 변화와 정책 금리 수준을 고려했을 때, 2017년 말까지 3%포인트 이상의 금리 인하가 가능할 것이다. 시장 금리의 추가 하락 여력 역시 유효한 상황으로 판단된다"라고 전했다. 최근 브라질의 9월 물가 상승률은 전년 동월 대비 8.5%를 기록하며 연초 10.7% 대비 2.2%포인트 하락했다. 이와 함께 브라질 중앙은행은 최근 3분기 물가 보고서를 통해 2017년도 물가 상승률을 4.4%로, 2018년의 물가 상승률을 3.8%로 전망했다. 중앙은행 대비 보수적인 시장 전망치는 2017년 5.0%, 2018년 4.7% 수준에서 형성돼있다.

박 연구원은 "브라질의 물가 상승률은 2017년까지 꾸준히 하락할 것으로 예상된다. 따라서 인플레이션 압력 완화에 따른 금리 인하 기조도 이어질 것이다"라고 관측했다.

아직까지 헤알화의 환율 변동성은 여전히 높은 상황이지만 브라질 거시경제의 회복 추세와 계속되는 시장 친화적 정책 추진, 기준금리 하락 추세 등을 감안할 때 가급적 금리 하락 국면 초기인 지금이 브라질 채권 투자의 적기라는 게 전문가들의 중론이다.

신환종 팀장은 "현재 국내에서 판매되는 브라질 국채의 연간 이자율은 평균 12% 내외로, 여기에 기준금리 인하로 추가적인 채권 가격 상승을 감안하면 오히려 높은 환율 변동성 위험에도 투자 가치가 큰 상품"이라고 전했다. 다만 그는 "국채지만 환율 변동에 따른 손실 가능성을 최대한으로 줄이기 위해선 최소 3년 이상으로 투자 기간을 길게 봐야 한다"라고 강조했다.

한편, 최근 1년 새 평균 수익률이 60% 가량 급증한 브라질 주식형 펀드 투자는 가급적 자제해야 한다는 게 관련 전문가들의 중론이다. 미국의 기준금리 인상이 예고된 상황에서 브라질의 주요 수출품인 원자재 가격 변동성까지 크기 때문에 당분간 주식시장은 조정 장세를 이어갈 것으로 관측되기 때문이다. 실제 브라질 대표 주가지수인 보베스파지수의 경우 2016년 11월 30일 기준 연초보다 46% 단기 급등한 상태다.

문수헌 NH투자증권 연구원은 "향후 헤알화의 지나친 강세가 전개될 경우 환율 약세 개입 가능성이 있어 주의가 필요하다. 또한 정치와 경제 측면에서도 테메르 정부의 개혁에 대한 기대감이 높지만, 성공을 확신하기에 아직 이르고 실행하는 과정에 원안에서 후퇴할 가능성이 있다"라고 우려했다. 문 연구원은 또 "경기가 턴어라운드돼 최악에서 벗어나고 있지만, 아직 본격적으로 정상화되지 않았다는 점도 브라질펀드에 있어선 향후 투자에 신중을 기하게 하는 부분이다. 오히려 꾸준히 높은 이자를 주는 브라질 채권 직접투자가 유효하다"라고 전했다.

한편, 브라질 국채는 증권사 영업점을 통해 투자 가능하다. 증권사별로 500만~2,000만 원 정도를 최소 가입 금액으로 정해두고 있으며 환전 수수료와 판매 수수료를 추가로 부담해야 한다는 점을 유념해야 한다.

원자재 시장은 기회!
농산물-천연자원펀드

    트럼프 시대에 글로벌 투자 변동성이 확대되면서 보수적인 투자 자세를 요구하는 목소리가 강하다. 그럼에도 고위험·고수익을 추구하는 공격적인 투자자라면 원자재 강세 흐름에 발맞춘 농산물-천연자원펀드로의 투자도 유효하다는 진단이다. 특히 트럼프가 1조 달러 규모의 인프라 투자를 줄곧 강조해왔던 만큼 산업용 원자재인 구리 등 비철금속에 투자하는 천연자원펀드도 주요 투자 유망처로 급부상하고 있다. 다만 시장 전문가들은 이들 펀드들이 고위험 상품인 만큼 과도한 자산 투자 쏠림은 주의해야 한다고 당부했다.

    천연자원펀드의 경우 금을 비롯한 귀금속, 에너지 등 여러 원자재 섹터에 동시 투자하는 펀드다. 에프앤가이드에 따르면 2016년 11월 28일 집계 기준 천연자원펀드의 연초 이후 수익률은 19.5%로 높은

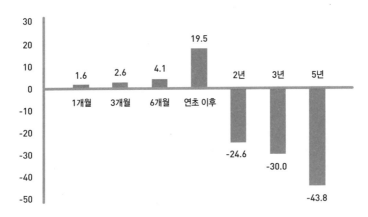

천연자원펀드 수익률

30
20   19.5
10   1.6   2.6   4.1   2년   3년   5년
0   1개월 3개월 6개월 연초 이후
-10
-20
-30   -24.6
-40   -30.0
-50   -43.8

단위: %   자료: 에프앤가이드   2016년 11월 28일 집계 기준

실적을 기록하고 있다. 최근 한 달 간 수익률도 1.6%로 대부분의 테마형 펀드들이 마이너스 수익률을 보이고 있는 것과 대조적이다. 이처럼 천연자원펀드의 수익률이 높은 성적을 거두고 있는 데에는 유가가 연초보다 두 배 가까이 반등하면서 전반적으로 천연자원 업종에 대한 투자 심리를 개선시켰기 때문이라는 분석이다. 올 초 20달러 중반까지 내려갔던 유가는 2016년 11월 현재 40~50달러 선까지 오른 상황이다.

조재영 NH투자증권 프리미어블루강남센터 PB부장은 "향후 트럼프의 인프라 투자 공약이 실현될 경우 철강, 니켈, 주석, 시멘트 등 건설 원자재에 대한 수요가 크게 증가할 것이다"라고 관측했다. 실제 이같은 분위기에 힘입어 원자재 펀드로의 자금 유입도 지속되고 있는 추세다. 원자재펀드와 천연자원펀드에는 최근 한 달 간 각각 394억 원, 173억 원의 자금이 신규 유입됐다. 특히 두 펀드의 설정액은 연초 정점을 찍은 이래 하락세를 보이다 트럼프 시대 개막과 함께 다시 늘어나는 모양새다. 2016년 11월 28일 집계 기준 현재 원자재펀드와 천연자원펀드의 설정액은 각각 1조 8,025억 원과 1조 3,351억 원이다.

조재영 PB부장은 "원자재나 천연자원에 대한 단기 투자를 원한다면 ETF와 같은 상품을 선택하는 것이 좋고, 중장기적으로 투자하길 원한다면 원자재나 천연가스를 개발하는 기업의 주식에 투자하는 펀드가 더 안정적이다"라고 말했다.

또 시장 전문가들은 원자재 가격 상승이 곧 펀드 수익률 상승으로 직결되지 않는다는 점을 명심해야 한다고 강조했다. 김탁규 IBK기업은행 PB팀장은 "원자재에 직접 투자하는 펀드의 경우 석탄이나 니켈 같은 현물을 사들이는 것이 아니라 선물에 투자하는 것이다. 선물 거래에는 시간 가치 등 다양한 리스크가 존재하기 때문에 선물 가격 상승으로 이어지지 않는다는 점을 인지해야 한다"라고 전했다.

이밖에도 고위험 상품인 만큼 운용사 선택에도 신중해야 한다. 원자재는 글로벌 변동성의 영향을 크게 받기 때문에 관련 전문 지식을 지닌 전문가들이 운용하는 펀드에 투자하는 것이 중요하다.

한편, 2016년 겨울은 라니냐가 출현할 가능성이 있기 때문에 글로벌 농산물 동향을 눈여겨봐야 한다는 진단이다. 박영빈 대신증권 포트폴리오 매니저는 "미국 국립해양대기국의 전망에 따르면 2016년 겨울 라니냐가 일어날 가능성이 70%로 높다. 라니냐의 영향력이 커

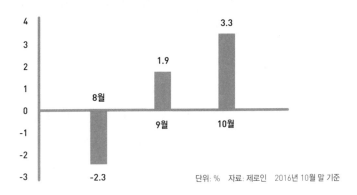

단위: %   자료: 제로인   2016년 10월 말 기준

지면 곡물 가격은 상승할 수밖에 없는데, 지금이 바로 옥수수나 콩 등 글로벌 농산물에 투자할 적기이다"라고 권고했다.

라니냐는 적도 동태평양 해역의 월평균 해수면 온도가 6개월 이상 지속적으로 평년보다 0.5도 이상 낮은 상태를 말한다. 보통 라니냐가 발생하면 대두, 옥수수, 소맥 등의 생산지가 집중된 남미 및 미국 지역이 가뭄 피해를 입게 돼 글로벌 곡물 가격 변동을 부추긴다. 실제로 최근 15년 동안 라니냐가 발생할 때마다 옥수수 가격이 평균 95% 올랐고, 2012년 라니냐가 발생한 이후 최근 2~3년 동안 옥수수, 밀, 콩 등의 생산량이 급증한 것으로 조사됐다.

박 매니저는 "특히 옥수수 가격이 2012년 고점 대비 58%나 급락했는데, 이는 농산물 가격이 충분히 빠질 대로 빠진 만큼 향후 오르는 모멘텀이 있을 경우 선제적 투자에 나서야 한다는 것을 의미한다"라고 강조했다.

　이밖에도 세계 인구의 증가 추세와 육류 소비량 증가, 세계 주요 경
작지 감소 등을 근거로 농산물의 수요 대비 공급이 크게 줄어들고 있
는 점도 투자 매력 요인으로 꼽힌다. 농산물 관련 대체투자상품으로
는 국내외 증시에 상장된 농산물 ETF가 있다. 해외 ETF 중에선 미
국 뉴욕증권거래소에 상장된 파워셰어스PowerShares DB 농산물 ETF인
DBA가 대표적이며, 이는 미국 농산물지수를 추종하는 글로벌 ETF
다. 이밖에도 국제 옥수수 가격을 추종하는 테크리움TECRIUM 옥수수
ETF인 CORN, 대두에 투자하는 테크리움 대두 ETF인 SOYB 등이
있다. 에프앤가이드에 따르면 2016년 11월 30일 집계 기준 농산물펀
드의 연초 이후 평균 수익률은 2.7%이다. 다만 농산물펀드의 경우 대
표적인 고위험 고수익 상품인 만큼 원금 손실에 유의해야 하며, 분산
투자처의 하나로 활용해야 한다는 게 전문가들의 조언이다.

트럼프 수혜주 ETF로
한 방에 분산 투자

제45대 미국 대통령 선거 다음 날인 2016년 11월 9일, 트럼프의 당선이라는 예상 밖의 결과에 글로벌 금융시장 변동성이 확대되자 증시 자금들은 대거 한 투자상품에 집중되는 모습을 보였다. 바로 ETF다. 이날 하루 동안 국내 ETF 시장 거래 대금은 무려 3조 6,532억 원으로 치솟았다. 2016년 일평균 거래 대금이 7,934억 원인 것을 감안하면 4.6배나 불어난 것이다. 특히 기존 최대치인 브렉시트 선거 결과 당일 거래 대금인 2조 9,329억 원보다도 1.2배가량 많은 규모다. 시장 관계자는 "충격의 미국 대선을 치르고 국내는 물론 미국 ETF 시장에도 평소의 배 이상의 자금이 몰렸다"라고 말했다.

ETF는 코스피200이나 코스피50과 같은 특정 지수에서 수익률을 얻을 수 있도록 설계된 지수 연동형 펀드다. 일반 인덱스펀드와 달리

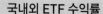

국내외 ETF 수익률

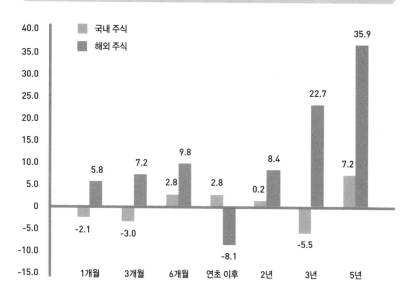

단위: % 자료: 에프앤가이드 2016년 11월 30일 집계 기준

한국 증권거래소에 상장돼 일반 주식처럼 자유롭게 사고팔 수 있다. 특히 ETF는 소액의 투자금으로도 분산 투자를 할 수 있고, 각 종목별로 분석을 하지 않아도 전체적인 주식시장과 산업의 전반적인 흐름만 파악해도 손쉽게 투자할 수 있다는 장점이 있다. 이 때문에 기관 투자자와 비교해 증권 투자 경험이 적은 개인 투자자에게 제격인 상품이다. 또한 환매수수료와 거래세가 없어 일반 펀드보다 비용이 저렴한 편이다. 단 ETF 거래 시 발생된 양도차익이 250만 원을 초과하면 22%의 양도소득세가 부과된다는 점에는 유념해야 한다.

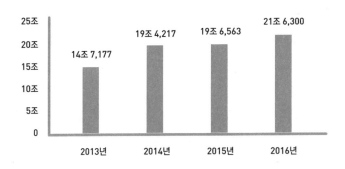

국내 ETF 순자산 추이

- 2013년: 14조 7,177
- 2014년: 19조 4,217
- 2015년: 19조 6,563
- 2016년: 21조 6,300

단위: 억 원 자료: 제로인 2016년 11월 9일 집계 기준

전문가들은 자산 배분 전략으로 ETF 투자가 필수라고 강조한다. 아직까지 일반인에게는 생소하지만 이미 국내 주식시장 거래량에선 ETF 자산가치가 약 15%를 차지할 정도로 비중이 높은 편이다. 올 들어 상장된 ETF만 70여 개로 역대 최대 규모다. 상장된 ETF의 순자산 총액은 21조 원을 넘어섰다.

단일순 한국거래소 ETF팀장은 "이미 세계적으로도 ETF는 헤지펀드를 추월할 만큼 주요 투자 트랜드로 자리 잡았다. 저금리 시대에 ETF는 선택이 아닌 필수이다"라고 말했다.

이에 따라 시장에선 트럼프의 당선으로 수혜를 받을 업종과 관련된 ETF에 투자할 것을 제시하고 있다. 이상선 현대증권 용산WMC 센터장은 "글로벌 경기 방향성이 미국을 중심으로 서서히 회복할 것으로 예상된다. 그 과정에서 수혜가 예상되는 미국 산업재나 금융주에 주

국내 ETF 상품 거래량 순위			
순위	상품명	거래량	최근 1개월간 일평균 거래량 대비
1	KODEX레버리지	9,237만 9,630	7,111만 8,563
2	KODEX인버스	7,347만 8,336	5,904만 2,915
3	KODEX200선물인버스2X	3,601만 8,301	2,257만 1,865
4	TIGER200선물인버스2X	2,673만 3,459	1,581만 357
5	KODEX200	1,926만 9,214	1,351만 4,322
6	KODEX코스닥150레버리지	1,363만 7,348	1,111만 7,809
7	TIGER200	655만 1,080	409만 4,058
8	TIGER코스닥150레버리지	616만 6,977	435만 9,032
9	KINDEX200	555만 558	3만 1,945
10	TIGER레버리지	457만 1,703	320만 3,420

단위: 건   자료: 에프앤가이드   2016년 11월 9일 기준

목해야 한다"라고 말했다.

특히 전문가들은 미국의 고용 안정과 민간 소비 증가로 경기 소비재 업종이 강세를 나타낼 것으로 관측하고, 미국 경기 소비재 기업 관련 ETF 투자가 유효하다고 강조했다. 이밖에도 인프라 ETF 역시 트럼프 공약의 대표 수혜 펀드로 주목받고 있다.

다만 실제 투자에 나설 경우 '인프라'라는 이름만 믿고 묻지마 투자에 나서는 것은 금물이라는 지적이다. 실제 글로벌 ETF 가운데 이름은 인프라 ETF지만 투자 종목들이 인프라 건설 기업이 아닌 관리 기업으로 구성된 경우가 적지 않기 때문이다.

김도현 삼성증권 연구원은 "트럼프 공화당 후보의 승리가 확정되

고 세계 ETF 시장에서 단연 부각된 테마는 인프라인 것만은 틀림없다. 그러나 일부 투자자들이 미국의 인프라 관련 ETF에 대해 오해하고 있는 부분이 많아, 포털 사이트 등에 소개된 인프라 관련 ETF 중 미국 대선 이후 제대로 주가가 상승한 ETF는 많지 않다"라고 전했다.

이어 "한국 투자자의 관점에서 인프라 관련주라고 한다면, 건설 엔지니어링 등 인프라 투자 관련 종목들을 떠올리지만 글로벌 ETF 시장 관점에선 오히려 인프라 관련주는 주로 국가 기간 시설을 관리하면서 안정적인 수입을 올리는 종목들이다"라고 설명했다.

이 때문에 글로벌 ETF를 매매할 경우엔 최소한 그 ETF의 기본적인 성격과 구조, 상위 10개 종목에 대해 반드시 알아보고 접근해야 한다.

미국 인프라 기업에 투자하는
글로벌 인프라펀드

트럼프의 핵심 공약은 뭐니 뭐니 해도 '1조 달러 규모의 인프라 투자'다. 트럼프는 대선 직전 1조 달러 규모의 인프라 투자 계획을 공개한 데 이어, 당선 수락 연설에서도 이를 다시 한 번 확인함으로써 공약 이행의 의지를 피력했다. 인프라 투자은행Investment Bank 설립 등 구체적인 방법론까지 제기되면서, 임기 초반에 본격적으로 인프라 투자 공약이 실행되리라는 기대감이 높아지고 있는 상황이다.

트럼프는 당선 수락 연설에서 "미국 도시의 내부를 정비하고 고속도로, 다리, 터널, 공항, 학교, 공항을 다시 짓겠다. 미국 인프라를 세계 최고 수준으로 만들 것이며 이 과정에서 일자리 수백만 개를 창출하겠다"라고 선언했다. 트럼프는 선거 과정에서 '고속도로의 아버지'로 불리는 드와이트 아이젠하워Dwight Eisenhower 전 대통령의 정신을 계

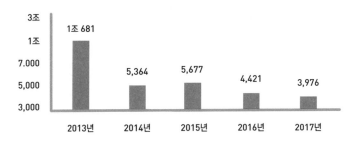

국내 인프라펀드 설정액

3조
1조 | 1조 681
7,000
5,000 | 5,364 | 5,677 | 4,421 | 3,976
3,000

2013년 2014년 2015년 2016년 2017년

단위: 억 원 자료: 에프앤가이드 2016년 11월 말 기준

승하겠다고 밝혀 대형 인프라 프로젝트를 예고한 바 있다. 공화당 소속이었던 아이젠하워 전 대통령은 1956년 재정 250억 달러를 투입해 미국 전역을 고속도로로 거미줄처럼 연결했다. 선거 기간 내내 트럼프가 강조했던 것은 바로 '일자리'였다. 자유무역협정FTA 재협상과 관세 인상을 통해 해외에 빼앗긴 일자리를 찾아오겠다는 것은 익히 알려진 공약이지만 대규모 인프라 투자 또한 일자리 창출을 위한 비장의 카드다. 1930년대 뉴딜 정책 당시 집중 건설됐던 미국의 인프라가 이미 노후화되면서 교체 주기를 맞고 있기 때문에, 인프라를 대대적으로 업그레이드해야 할 필요성에 대해서는 미국 내에서도 이견이 없다. 미국토목학회ASCE가 4년마다 실시하는 인프라 시설 평가에 따르면 2013년 미국 전체 인프라 등급은 A~F 중 D+를 기록했다. ASCE는 미국의 인프라 개·보수에 2020년까지 3조 6,000억 달러가 필요하다고 밝혔다.

이에 따라 국내 전문가들도 2017년의 투자 키워드로 해외 인프라 시장을 꼽고 있다. 조홍래 한국투자신탁운용 대표는 "인프라 투자를 강조한 트럼프가 미국 대통령이 된 만큼 인프라 분야에서 새로운 투자 기회가 있을 것이다. 미국 등 선진국 인프라 기반 시설 중 상당수가 지어진 지 50~100년이 됐다. 민간 자본을 끌어들이는 프로젝트 중 수익성이 담보되는 사업이 있는지 집중적으로 들여다보려 한다"라고 말했다.

트럼프발 '인프라 붐'을 타고 돈을 벌어보려는 개인 투자자들에게는 글로벌 인프라 기업에 투자하는 인프라펀드가 가장 좋은 수단이 될 수 있다. 인프라펀드는 도로와 항만, 철도, 공항, 전기·가스 등 각종 사회간접자본soc 관련 기업에 투자하는 상품이다.

전문가들은 인프라펀드의 안정적인 수익률과 높은 배당률은 위험을 싫어하고 정기적인 현금 수입을 원하는 투자자들에게 가장 매력적인 투자처라고 추천했다. 김용태 유안타증권 상품기획팀장은 "인프라 기업은 생활에 필수적인 서비스를 제공하는 만큼 꾸준한 현금흐름을 창출하기 때문에, 주식시장이 약세를 보일 때에도 수익 방어가 가능하다. 향후 미국 경기가 회복됨에 따라 인프라 기업들의 이익도 함께 증가해 추가 수익을 거둘 수 있다는 것도 장점이다"라고 말했다.

특히 글로벌 인프라 기업에 투자하는 국내 펀드들 중에서는 미국의 마스터합자회사MLP에 투자하는 일명 'MLP펀드'가 안정적인 수익률과 고배당률을 보이고 있어 눈여겨볼 만하다.

MLP 회사는 미국 석유화학회사인 엑손모빌Exxon Mobil 등 에너지 개발회사의 에너지를 소비자에게 전달하기 위한 중간 설비를 장기 대여해 주고 수수료를 받는 인프라 기업을 일컫는다. MLP 회사는 에너지 인프라 사업의 투자 활성화를 위해 미국 정부에서 법인세 면제 혜택을 받는다. MLP펀드는 이들 회사에 투자해 연 10% 이상 안정적인 수익을 내는 게 목표다.

2014년 초 반짝 주목을 받았던 MLP펀드는 유가 하락으로 수익률이 급락하자 시장의 외면을 받아오다 2016년 초부터 유가가 반등하면서 성과가 회복되기 시작했다. 최근에는 '트럼프 수혜 펀드'로 시장에서 가장 각광받는 상품이 됐다.

미국에서 MLP 회사들은 셰일가스와 원유 등 에너지를 정제 및 보관하고 운송할 수 있는 에너지 관련 인프라 시설들을 보유하고 있다. 이런 MLP 회사에 투자하는 펀드들은 장기적으로 고배당과 안정적인 수익률을 확보할 수 있다. 미국 MLP 회사들은 법인세를 면제받는 데다 에너지 개발업체들과 10년 이상의 장기 계약을 통해 시설물을 빌려주는 대가로 수수료를 받고 있어, 유가 하락 등 단기적인 시장 상황에 영향을 받지 않고 안정적인 수입 확보가 가능하다. 이에 더해 전문가들은 트럼프 정책의 효과로 미국 경기가 좋아지면서 향후 에너지 수송량이 더욱 증가하고, 셰일가스 시추 시설이 발달하면서 추가적인 신규 파이프라인 설치 수요도 함께 늘어날 것으로 분석하고 있다.

대표적인 MLP펀드들은 한화자산운용의 '한화에너지인프라MLP특별자산자투자회사', 한국투자신탁운용의 '한국투자미국MLP특별

미국 인프라펀드 현황						
펀드명	설정일	운용사	설정액	6개월	연초 이후	1년
한국투자미국MLP특별자산자투자신탁 (오일가스인프라-파생형)(A)	2014년 3월 3일	한국	558.80	7.23	18.59	6.60
한화에너지인프라MLP특별자산자투자회사 (인프라-재간접형) 종류A	2014년 1월 21일	한화	157.76	2.91	13.54	6.07
신한BNPP글로벌ETF증권자투자신탁 2(H)[주식-재간접형](종류A1)	2007년 6월 5일	신한 BNPP	10.64	4.54	12.60	9.96
한화분기배당형에너지인프라MLP 특별자산자투자회사(인프라-재간접형) 종류A	2014년 1월 21일	한화	21.65	1.72	11.37	3.22
하나UBS글로벌인프라증권자투자신탁 [주식]종류A	2007년 2월 27일	하나 UBS	249.44	1.99	8.60	6.89

단위: 억 원(설정액), %(기간) 자료: 에프앤가이드 2016년 11월 29일 기준

자산자투자신탁', 하나UBS자산운용의 '글로벌인프라증권자투자신탁' 등이 있다. 배당률은 2016년 11월 29일 기준으로 한화자산운용의 인프라펀드는 연 환산 6.07% 수준, 한국투자신탁운용은 6.60%, 하나UBS자산운용은 6.89%다. 모건스탠리캐피탈인터내셔널MSCI 지수에 편입된 종목들의 배당률인 2.7%보다 높은 수치다.

다만 에너지 분야에 특화한 인프라펀드들의 경우에는 해당 에너지 가격에 크게 영향을 받을 수 있다는 점을 주의해야 한다. 또한 인프라펀드에서 발생하는 배당수익은 이자소득세와 마찬가지로 과세 대상이라는 점도 알아야 한다.

미국 금리 인상기에는
뱅크론으로 대응해야

　트럼프의 당선으로 부각된 위험 회피 양상이 빠르게 진정되고 난 뒤 시장의 관심은 연준의 금리 인상 가능성으로 옮겨갔다. 일각에서는 연준가 12월 금리 인상 이후 2017년에 두세 차례 더 금리를 인상할 것이라는 전망도 내놓았다. 전문가들은 미국이 점진적인 금리 인상 기조에 들어섰다는 것을 명백한 사실로 받아들이고 있다. 그렇다면 금리 상승 시기에는 어떤 투자상품이 유망할까? 금리 상승기 수익을 얻을 수 있는 '뱅크론'을 통해 위기를 기회로 활용해보는 것은 어떨까?

　뱅크론은 S&P 기준으로 투자등급 BBB– 미만의 신용등급이 낮은 기업들이 자금을 조달하려 금융기관을 대상으로 발행한 변동금리부 선순위 담보대출채권을 말한다. 발행 기업의 자산이 담보로 제공되

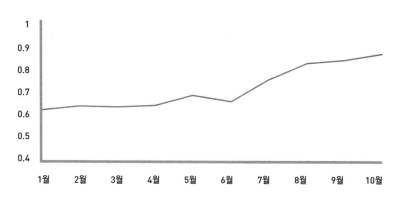

는 데다 다른 부채보다 우선적으로 상환되기 때문에 시니어론 또는 레버리지론으로 불리기도 한다. 뱅크론펀드는 이 뱅크론에 집중 투자해 수익을 내는 펀드다.

일반적인 채권은 발행 시 금리가 결정돼 만기까지 고정되는 반면, 뱅크론은 변동금리여서 금리가 수개월에 한 번씩 조정되는 게 특징이다. 뱅크론에 적용되는 금리는 대개 3개월물 리보3M Libor금리다. 다른 자산에 비해 변동성은 낮으면서도 금리 상승에 따른 수혜를 볼 수 있어 2013년 초 미국의 테이퍼링Tapering(양적완화 축소) 이슈가 등장한 뒤부터 주목받기 시작했다. 지금은 금리 상승기에 채권을 대체할 투자처로 부상해 인기를 끌고 있다.

뱅크론은 리보금리가 일정 수준에 도달하지 못하면 플로어Floor라

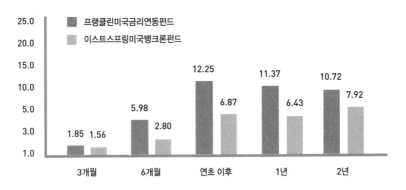

뱅크론펀드 수익률

■ 프랭클린미국금리연동펀드
■ 이스트스프링미국뱅크론펀드

	3개월	6개월	연초 이후	1년	2년
프랭클린미국금리연동펀드	1.85	5.98	12.25	11.37	10.72
이스트스프링미국뱅크론펀드	1.56	2.80	6.87	6.43	7.92

단위: %   자료: 에프앤가이드   2016년 11월 30일 기준

는 고정 이율을 적용하게 되는데, 이는 최소한의 이익을 보장하기 위한 금리 하단을 말한다. 즉 금리가 플로어 아래일 때는 변동금리 이자가 붙지 않지만, 플로어 위로 올라가면 가산금리를 더한 이자율이 결정된다. 최근에는 미국의 기준금리 인상 기대감에 리보금리가 상승하면서 플로어인 1% 근처에 도달했다. 향후 금리 인상이 실현돼 리보금리가 플로어를 넘어서면 뱅크론으로부터 본격적인 수익을 얻을 수 있다.

현재 국내에서 공모로 뱅크론펀드를 출시한 운용사는 이스트스프링자산운용과 프랭클린템플턴투자신탁운용 둘뿐이다. 대표 상품은 '프랭클린미국금리연동펀드'와 '이스트스프링미국뱅크론펀드'다.

예병용 이스트스프링자산운용 마케팅 상무는 "뱅크론은 미국의 기준금리 인상이나 인플레이션에 대한 기대감으로 채권금리 상승 기류가 포착되는 요즘, 포트폴리오를 재정비할 투자자에게 적합한 투자처가 될 수 있다. 2015년 투자 심리 악화로 미국 뱅크론 시장의 가장 큰 비중을 차지하고 있는 B~BB 등급의 뱅크론 가격이 하락했는데, 2017년 들어 회복 추세를 보이고 있어 향후 추가적인 자본 이익도 기대할 수 있다"라고 설명했다.

전문가들은 경기가 꺾일 때는 우량등급 채권에, 경기가 살아날 때는 비우량등급 채권에 투자해야 한다고 말한다. 채권금리는 보통 국채금리와 스프레드Spread(가산금리)로 구성되는데, 경기가 좋아지면 국채금리는 오르고 스프레드는 급격히 하락한다. 금리 하락으로 이자 수익이 줄어들더라도 부실 등급 채권의 가격이 많이 오르기 때문에 펀드 전체적으로는 성과가 좋아진다. 또 경기가 좋아지면 기업들의 부도율도 낮아져 상대적으로 뱅크론의 안정성은 커진다.

실제로 미국의 경제 지표들이 개선되고 있다. GDP는 완만한 확장세를 보이고 있으며 임금이 인상되면서 가계 지출이 늘어나고 있다. 소비자물가지수가 상승했고 실업보험 청구자 수는 감소했다. 경기가 좋아지고 있다는 신호다.

뱅크론은 성격상 하이일드high yield 채권과 자주 비교된다. 신용등급이 투자등급 이하인 기업이 발행하는 채권이라는 점에서 비슷하지만, 뱅크론이 하이일드 채권에 비해 지급 순위, 담보, 금리 상승 리스크 등의 측면에서 투자 매력도가 더 높다는 평가를 받고 있다.

물론 뱅크론펀드에도 투자 위험은 존재한다. 마경환 프랭클린템플턴투자신탁운용 리테일영업 총괄 상무는 이에 대해 "채권 투자에도 주식처럼 업사이드 리스크와 다운사이드 리스크가 있다. 업사이드 리스크가 금리 상승이라면 다운사이드 리스크는 채권 가격 하락 리스크다. 하지만 뱅크론은 하이일드 채권과는 다르다. 후순위가 아닌 선순위 채권이고, 담보가 설정돼 있다. 하이일드에 비해 여러 가지 안전장치가 많은 셈이다. 채권 가격의 하락으로 손해를 봤어도 장기로 투자하면 쿠폰 수익률이 손실을 보전해준다"라고 말했다.

뱅크론펀드들은 대체로 중위험·중수익 상품으로, 연 4~6% 정도의 수익률을 목표로 안정적인 자금 운용을 원하는 투자자들에게 적합하다. 단기적으로 접근하기보다는 2~3년 정도의 중기적인 관점으로 투자한다면 금리 상승기에 따른 수혜를 노려볼 수 있다.

채권 - 다가올 트럼플레이션에 대비하라

채권 금리에
주목해야 하는 이유

트럼프의 당선이 확정된 2016년 11월 9일. 누구도 예상치 못한 결과가 나오자 가장 극렬한 반응이 나온 곳은 바로 채권시장이었다. 이날 트럼프 당선 확정 직후 열린 채권시장에서 미국 국고채 10년물 금리는 1.86%에서 단숨에 0.2%포인트 올라 2.06%로 거래를 마쳤다. 2016년 1월 2% 아래로 떨어진 이후 단 한 번도 2% 위로 올라간 적 없던 10년물 금리가 하루 만에 2%를 돌파한 것이다.

대선 이후 상승을 거듭한 미국 채권 금리는 2주 만에 연중 최고점인 2.36%까지 치솟았다. 이렇게 짧은 기간에 금리가 0.5%포인트가 오른 것은 상당히 드문 일이다. 시장에서 트럼프의 당선을 얼마나 충격적으로 받아들였는지 알 수 있는 대목이다.

이는 미국 채권시장에만 국한된 현상이 아니었다. 우리나라를 비

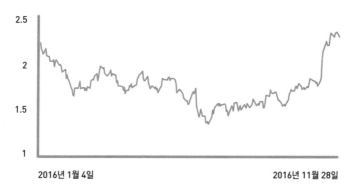

10년 만기 미국 국채금리 추이

2.5

2

1.5

1

2016년 1월 4일　　　　　　　　　　2016년 11월 28일

단위: %　자료: 국제금융센터

롯한 아시아와 유럽 주요국의 금리가 일제히 치솟았다. 1.4% 수준이었던 우리나라의 3년 만기 국고채 금리도 미국 금리를 따라 단숨에 1.8%까지 0.4%포인트 급등했다. 일본, 영국, 독일 등 선진국의 금리도 일제히 상승했다. 트럼프의 정책에 따라 투자자들이 신흥국 시장에서 자금을 빼면서 해당 국가의 통화 가치가 하락하는 등 전 세계적으로 엄청난 파급력을 과시했다.

　채권시장 전체를 100으로 봤을 때 5도 아니고 0.5가 움직인 게 뭐가 대수라고 이렇게 호들갑일까? 채권시장에서 일하는 전문가들은 퍼센트%가 아닌 베이시스포인트bp를 사용한다. 퍼센트가 100분의 1 단위를 표현할 때 사용하는 단위라면, bp는 1만 분의 1 단위를 표현할 때 쓴다. 통상 채권 금리는 하루에 0~5bp 단위로 움직이는 게 일반적이다. 미국 대선 당일 금리 상승 폭인 0.2%포인트, 즉 20bp는 평소의

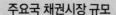

주요국 채권시장 규모

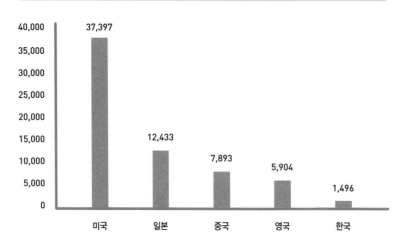

단위: 십억 달러   자료: 국제결제은행(BIS)   2016년 1분기 기준

4~7배에 해당하는 수치인 것이다.

채권시장이 이렇게 미세한 움직임까지 따지는 이유는 시장 규모가 천문학적이기 때문이다. 국제결제은행BIS에 따르면 2016년 1분기 말 기준 글로벌 채권시장 규모는 95조~100조 달러로 추산된다. 원화로 따지면 11경 원인데, 1경 원은 1,000조 원의 10배라고 이해하면 빠르다. 한국의 명목 국내총생산GDP이 연간 1,500조 원대를 조금 넘어서는 수준으로, 1경 원은 향후 경제성장률을 감안해도 6~7년간 한국이 벌어들이는 돈과 맞먹는다.

이 중에서 규모로 단연 1등인 미국의 채권시장 규모는 37조 달러(4경 3,300조 원) 수준이다. 만약 금리가 1bp 올랐을 때 채권 가격이

0.0001% 내린다고 가정하면, 단순 계산으로 미국 채권 가격은 눈 깜짝할 사이에 4조 3,300억 원이 증발해버리게 된다.

여기서 금리와 채권 가격의 상관관계에 대해 알아볼 필요가 있다. 금리와 채권 가격은 반대로 움직인다. 금리가 상승하면 채권 가격은 하락하고, 금리가 하락하면 채권 가격은 오른다. 금리는 채권 수익률인 동시에 만기까지 이자와 원금에 대한 미래 현금 흐름의 할인율과 같다. 따라서 할인율이 내리면(금리 하락) 채권의 현재 가치(가격)가 오르고, 할인율이 높아지면(금리 상승) 채권의 현재 가치는 낮아지는 원리다.

한국의 채권시장 규모 역시 1,800조 원에 육박할 정도로 거대하다. 한국 명목 GDP나 주식시장 시가총액보다도 크다. 채권은 전 세계 자본 시장의 거의 대부분을 차지한다. 이것이 우리가 채권시장과 금리의 움직임에 주목해야 하는 이유다.

트럼프 시대
금리는 왜 오르는가

———

트럼프 당선 이후 글로벌 금리의 급등을 두고 전문가들은 발작이라는 뜻의 '트럼프 탠트럼Trump Tantrum'이라는 표현을 사용했다. 그만큼 전 세계 채권시장은 모두의 예상을 뛰어넘는 수준의 과격한 반응을 보였다. 우리는 트럼프 당선에 대해 발작이라는 표현을 사용할 정도로 전 세계 자본시장이 반응한 이유를 따져봐야 한다.

트럼프의 핵심 공약 중 하나가 1조 달러(1,170조 원)라는 천문학적 규모의 인프라 투자다. 미국 전역에 고속도로, 다리, 터널, 공항 등 사회간접자본을 대대적으로 신설하고 정비하겠다는 것이다. 이는 곧 재정 확대 정책과 맞닿아있다. 미국 정부가 인프라 투자에 쏟아부을 막대한 투자금을 국채 발행을 통해 조달할 것이란 전망이 많아서다.

채권시장도 수요와 공급의 논리가 직관적으로 작용한다. 수요가 많으면 가격이 오르고 공급이 많으면 반대로 가격이 내린다. 미국 정부가 국채 발행을 확대하면 채권시장에 공급이 많아지고 이는 곧 가격 하락으로 이어진다. 앞서 설명했듯이 채권 가격과 금리는 반대로 움직인다. 채권 발행 확대로 공급이 많아지면 채권 가격이 떨어지고 이는 곧 금리 상승으로 이어진다.

수급적 요인으로 설명이 가능한 부분은 여기까지다. 더 근본적인 요인은 인플레이션(물가 상승)에 대한 기대다. 미국 대선이 임박하기 전까지 전 세계를 관통하는 가장 큰 이슈는 미국의 중앙은행인 연준의 연내 기준금리 인상 단행 여부였다. 사실 미국의 시중 금리는 트럼프 당선 한 달 전인 2016년 10월부터 오르기 시작했다. 재닛 옐런 연준 의장이 연말 기준금리 인상을 강력하게 시사하고 나선 시점이다.

미국은 2008년 리먼브라더스의 파산으로 촉발된 글로벌 금융 위기 이후 경기를 부양하기 위해, 양적완화 정책을 거듭하면서 기준금리를 0.25~0.5%까지 내려 사실상 제로 금리 정책을 펼쳐 왔다. 금융 위기로부터 8년이 흐른 지금 미국은 경기 회복 신호가 감지되자 비정상적으로 낮았던 기준금리를 서서히 정상화하기 위한 움직임을 보이고 있다.

많은 경제 전문가들은 미국이 2017년까지 두 차례 이상 금리 인상을 단행해 기준금리를 1.00~1.25% 수준까지 끌어올릴 것으로 전망한다. 이는 2016년 한국의 기준금리인 1.25%와 거의 같은 레벨이다.

연준와 같이 금융 당국이 금리 인상을 시사하게 되면 시장은 인플레이션에 대한 기대를 갖는다. 경제용어로 이를 '기대 인플레이션'이라고 한다. 쉽게 말해 경제 주체들이 미래에 물가가 지속적으로 상승할 것이라고 예상하는 것이다. 기대 인플레이션은 현재의 금리 수준에 영향을 미친다. 경기 확장 국면에서 미래에 대한 낙관적 시각을 갖게 되면 기업이 투자를 늘리는 등 경제 주체의 활동이 활발해지는 측면이 있다. 또한 노동자의 임금 상승률에도 영향을 미치기 때문에 소득 증대와 소비 확대 등의 긍정적인 영향도 기대할 수 있다.

이렇게 미국의 금리 인상 국면과 트럼프의 당선이 맞물려 시중 금리가 단숨에 크게 뛰었다. 시장에서는 이를 '트럼플레이션Trumplation'이라고 부르기도 한다. 트럼프의 정책으로 인한 물가 상승을 뜻하는 용어로 트럼프Trump와 인플레이션inflation의 합성어다. 트럼프의 경기부양책과 금리 인상 시점이 절묘하게 만나 급격한 금리 인상이 현실화될 수 있다는 우려가 나오는 대목이다.

예상보다
급격하게 오를 수도 있다

앞으로 5년간 1조 달러의 재정 확대 정책을 공언한 트럼프의 당선은 향후 경기 회복에 따른 물가 상승의 기대치를 기존보다 훨씬 높아지게 만들었다. 이는 연준가 금리 인상에 예상보다 더 속도를 낼 수 있다는 전망으로 이어져 글로벌 금리 상승이 급격하게 진행됐다.

트럼프는 연준 의장인 재닛 옐런에 대해 정치적인 이유로 금리 인상을 너무 늦추고 있다고 여러 차례 공개적으로 비판한 바 있다. 버락 오바마 미국 대통령과 힐러리 클린턴 민주당 대선 후보의 당선을 위해 고의적으로 금리를 낮게 유지하고 있다는 게 그의 주장이었다. 옐런 의장은 2017년까지 자신의 임기를 모두 마치고 물러나겠다는 입장을 밝혔기 때문에 트럼프가 본인의 뜻에 맞는 사람을 당장 연준 의장으로 앉힐 수는 없다. 그러나 현재 공석인 두 명의 연준 이사를 트럼프가 지명하고 옐런 의장의 임기에 맞춰 신임 의장을 임명하면 금리 인상 속도는 예상보다 훨씬 빨라질 수 있다.

현재로서는 트럼프 정권이 두 명의 연준 이사를 금리 인상 조치에 적극적인 인사들로 채울 가능성이 높고, 물가 상승 폭도 커질 확률이 높다. 이 같은 상황에 비춰보면 미국 기준금리의 인상 횟수가 늘고 가속도가 붙을 가능성을 염두에 둬야 한다. 실제로 골드만삭스나 JP모건 등 글로벌 투자은행들은 트럼프 당선 이후 2017년까지 미국의 금리 인상 횟수를 세 번으로 전망하기도 했다.

사실 미국의 금리 인상 속도에 대해서는 전문가들도 엇갈린 전망을 내놓고 있다. 미국의 금리 인상 속도가 많은 사람들의 우려만큼 빠르지 않다고 주장하는 전문가들은, 트럼프 정부의 적극적인 재정 확대 정책의 효과가 실제로 나타나려면 빨라야 2017년 말이나 돼야 할 것이라며 연준가 급격한 금리 인상을 단행할 수 있는 환경은 나타나지 않는다고 말한다.

미국 정부의 재정 확대 정책에도 한계가 있을 것이란 지적이다. 정부 부채가 급증하는 시점에서 재정에 대한 안정성을 고려한다면, 국채 발행 등 정부 부채 증가를 수반하는 대규모 재정 확대 정책은 어려울 수 있다는 것이다. 이 때문에 트럼프 당선 이후 나타난 금리 급등 움직임은 지속되기 어렵다는 게 이 같은 주장을 펼치는 전문가들의 요지다.

그러나 트럼프 당선을 비롯해 브렉시트와 같은 굵직한 정치적 이벤트를 예측하지 못했듯이, 앞으로 제3의 돌발 변수가 등장하지 말라는

법은 없다. 향후에도 예상하지 못한 정치·경제적 '블랙스완'에 대비해
긴장을 늦추지 말아야 할 필요가 있다.

한국도 미국 따라
금리가 오를까

    한국의 채권시장에서는 이미 미국의 금리 급등세에 연동해 움직이는 동조화 현상이 뚜렷하게 나타났다. 국내 시장에 영향을 주는 대내적 이슈가 없는 상황에서 트럼프 당선이라는 메가톤급 이슈가 터지자 미국 시장의 영향을 고스란히 받은 것이다. 국내의 경기 상황과 관계없이 금리가 치솟으면서, 채권 가격이 하락해 손해를 본 기관 투자가들이 손절 물량을 대규모로 내놓는 등 수급적 요인까지 겹치며 한국 채권 시장의 금리도 급격하게 상승했다.

    2017년 국내 채권시장은 전적으로 미국 채권시장에 따라 방향이 결정될 것으로 보인다. 미국이 경기가 회복돼 금리를 올리면 한국을 포함한 다른 나라들 역시 금리를 올릴 것인지, 국내 상황을 고려해 금리 동결이나 인하 등 다른 길을 택할 것인지 결정해야 한다. 전문가들

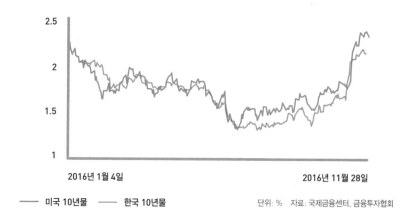

10년 만기 미국 국채금리 추이

2.5

2

1.5

1

2016년 1월 4일   2016년 11월 28일

—— 미국 10년물   —— 한국 10년물   단위: %   자료: 국제금융센터, 금융투자협회

의 말을 종합해보면 우리나라는 전자에 해당할 가능성이 높다.

2016년 하반기에 들어섰을 때만 해도 국내 증권사의 채권 애널리스트들은 2017년 한국은행이 금리를 한 차례 더 인하해 기준금리를 1%까지 낮출 것이라는 전망을 다수 내놨다. 그러나 트럼프 당선 이후 이 같은 전망들은 자취를 감추고, 2017년 금리 동결 이후 미국 금리 인상이 본격화되는 시점에 우리나라도 따라서 금리 인상을 단행할 것이라는 예상이 나오기 시작했다.

이 같은 시각에 대해 김일구 한화투자증권 연구원은 "미국의 금리 인상에 대응할 수 있는 최선의 선택은 없다. 한국 정책 당국은 국내 경제와 자본 유출이라는 두 가지 걱정거리 중 하나만 겨냥한 정책을 사용하기보다, 양쪽을 모두 감안해 조심스러운 행보를 보일 것이다"

라고 진단했다. 미국이 금리를 올려 한국과 미국의 금리가 역전되는 연말까지는 국내 경제를 감안해 기준금리를 동결하고, 금리가 역전되고 나면 자본 유출 추이를 지켜보면서 미국을 따라 기준금리 인상에 나설 가능성이 높다는 것이다.

금리를 인상하면 통화량이 줄어 침체된 국내 경제에 찬물을 끼얹는 꼴이 될 수밖에 없다. 하지만 미국 금리가 국내 금리보다 높아지면 미국에 대한 투자 메리트가 더 높아지면서 글로벌 투자자금이 한국에서 미국으로 이동하게 된다. 그렇기에 양쪽 측면을 모두 고려한 정책적 판단이 필요한 시점이다.

미국 금리의 인상은 이미 서민 경제에도 직접적인 영향을 미치고 있다. 최근 금리 상승의 영향을 받아 주택담보대출 상품의 금리가 5%를 넘어서는 등, 국내 경제의 아킬레스건인 가계부채가 직격탄을 맞으면서 서민들의 부담이 가중되는 동시에 경제 펀더멘털에도 타격이 작지 않은 상황이다.

이처럼 미국 금리의 인상을 시발점으로 국내 경제를 뿌리째 뒤흔들 수 있는 충격파가 전해질 수 있는 상황이지만, 그렇다고 미국과 정반대의 정책을 펼 수도 없는 형국이다. 저성장 저금리가 수년째 이어져 온 한국이지만 경제 상황의 급변을 항상 염두에 두고 대비해야 하는 이유가 여기에 있다.

2차 금리 급등 충격에
대비해야

　설마 했던 트럼프 미국 대통령 시대가 열렸고, 먼 얘기로만 보였던 미국 금리 인상 역시 현실로 다가왔다. 대내적으로는 저성장 저금리가 고착화되고, 해운·조선 등 전통적인 주력 산업들이 글로벌 경쟁력을 잃어 경제 전반적으로 활기가 사라졌다. 추가적인 금리 인하를 통해 경기 부양을 해야 한다는 목소리가 나오는 시점에서 대외 환경은 전혀 우호적이지 않다.

　미국의 현재 상황을 감안하면 한국은행의 추가 금리 인하는 물 건너갔다는 말에 힘이 실린다. 미국이 금리를 올리는데 국내 금리를 낮추는 역주행을 감행하기란 쉽지 않은 게 사실이기 때문이다. 금리 역전이 발생하면 당장 한국에 투자한 전 세계 투자자들이 돈을 빼 더 높은 이자를 주는 미국 시장에 투자하려 들 것이다.

현재는 트럼프 당선 이후 금리 급등세가 주춤하고 안정세를 찾은 모습이지만, 2차 금리 급등 충격이 발생할 가능성을 배제할 수 없다. 하이투자증권은 최근 보고서에서 트럼프 정책의 시행 강도에 따라 2차 충격 가능성이 열려 있다고 진단했다. 현재 금융시장이 다소 안정을 찾은 것은 트럼프가 공약대로 정책을 시행하지 못할 것이라는 예상이 반영된 결과라는 것이다.

일단 트럼프의 공약 이행 강도는 우려보다 약할 것으로 보인다. 서향미 하이투자증권 연구원은 "공화당이 상하원에서 모두 우세하지만 트럼프가 의회의 견제를 완전히 벗어나긴 어렵다. 트럼프의 공약처럼 정부 부채의 가파른 증가를 용인하지 않을 것이기 때문에 적정 수준에서 정부 지출이 진행될 수밖에 없다"라고 진단했다.

그럼에도 서 연구원은 트럼프 취임 후 적어도 100일 동안은 금리 상승의 위험이 상존한다고 지적한다. 트럼프 취임 후 글로벌 시장금리가 단숨에 급등한 후 진정 국면에 접어들었지만, 취임 후 100일간 공약 이행이 어떻게 진행될지에 따라 2차 충격이 올 수 있다는 것이다. 구체적으로는 지금보다 인플레이션의 압력이 강해지거나 수급 부담이 가중될 경우 추가적으로 30bp 이상 상승할 가능성도 있다는 분석이다.

2차 충격이 올 경우 한국도 이 영향을 고스란히 받아 금리가 동반 급등할 가능성이 크다. 한국은행의 통화 정책이 시장 참여자들에게 금리 인하 기대를 주지 않는 한 금리 하락 흐름으로 가기는 불가능하다. 이미 증권사의 애널리스트들은 2017년 한국의 통화 정책 기조를 금리 동결로 보는 쪽으로 시각이 변했다.

반면에 한국이 2017년에 금리 인하를 단행할 것이라는 전망을 고수하는 시각이 있다. LIG투자증권은 한국은행이 경기 상황을 고려해 2017년 4~5월 중 한 차례 금리를 내릴 것이라는 전망을 내놨다. 미국이 보호무역주의를 앞세우면 한국은 수출 의존국으로서 경기에 타격이 불가피하기 때문에 경기 하락 우려를 우선순위로 한 통화 정책이 필요하다는 분석이다.

김지만 LIG 투자증권 연구원은 "트럼프의 옐런 의장에 대한 비판 발언이 부각돼 저금리에 부정적인 것처럼 알려져 있지만 저금리의 필요성에 대해서도 공감하고 있다"라며 옐런 의장이 조기 퇴진 가능성을 일축한 만큼 통화 정책 기조가 흔들리지는 않을 것이라고 보고서에서 언급했다. 금리 인상 속도가 예상보다 빨라질 가능성이 낮아 한국이 한 차례 금리를 내릴 기회가 있다는 말로 해석된다.

물가연동채권
TIPS에 투자하라

트럼프가 공약으로 내세운 재정 정책 확대가 부각되면서 국채 발행 증가 가능성과 인플레이션에 대한 우려가 커지고 있다. 이는 시장 참가자들의 금리 상승에 대한 경계심을 자극하며 채권시장의 변동성이 확대되는 흐름으로 이어지고 있다.

이 가운데 인플레이션 가능성에 주목하고 물가연동채권TIPS에 관심을 갖는 투자자들이 늘고 있다. 아울러 미국이 소비 중심의 경기 회복세를 이어나가면서 물가 상승 국면에 진입했다는 점 또한 인플레이션에 주요한 영향을 미칠 것으로 보인다.

TIPS란 무엇인가

TIPS는 투자 원금에 물가상승률을 반영한 다음 그에 대한 이자를 지급하는 채권 상품이다. 이는 인플레이션이 일어나더라도 채권의 가치를 보전해준다는 점에서, 화폐 가치의 하락에 대처해 주식·토지·건물 등의 상품을 구입하는 인플레이션 헤지 상품 중 하나로 꼽힌다. 쉽게 말하면 TIPS는 물가가 상승한 만큼 추가적인 수익을 얻을 수 있는 채권이다. 향후 인플레이션이 예상되는 경우에는 일반 채권보다 TIPS에 투자하는 것이 더 많은 이자 소득을 기대할 수 있으며, 반대로 디플레이션이 예상되는 상황에서는 TIPS의 투자가치는 떨어진다.

TIPS는 어떤 구조로 이루어져 있을까? 소비자물가지수가 증가하는 만큼 물가연동계수가 증가하며, 물가연동계수가 증가한 만큼 TIPS의 액면 가치가 늘어난다. 물가연동계수는 채권 발행 당시엔 1로 설정된다. 예를 들어 만기 시점까지 10년 동안 물가가 총 20% 상승했다면 만기 시점의 물가연동계수는 1.2가 된다. 이에 따라 만기 시 채권의 액면 금액이 발행 시점의 1.2배로 늘어나는 것이다. 이와 같이 물가 상승률이 채권의 가치에 직접 영향을 주기 때문에 더 많은 이자 수익을 기대할 수 있다.

국내에서는 2011년 대한민국 정부가 보증하는 TIPS가 투자자들 사이에서 흥행을 일으킨 바 있다. 당시 소득세는 채권의 표면금리에 대해서만 부과됐는데, TIPS가 상대적으로 낮은 표면금리에 발행되는 점 때문에 절세 상품으로 부각됐다. 당시 연평균 물가 상승률 전망이 2~3%에 달했고, 물가 상승으로 인한 채권 가치 상승이 복리로 반영된다는 점 등을 고려하면 A등급 회사채보다 더 높은 금리를 기대할 수 있었다. 하지만 2015년부터는 물가 상승분에 의한 소득도 과세 대상에 포함되면서 인기가 떨어졌다.

미국 소비자물가지수 주요 구성 요소			
항목	비중	항목	비중
식품	13.73	서비스	59.78
가정 식품	7.96	주거	33.4
가정 외식품	5.77	의료 서비스	6.67
에너지	7.13	운송 서비스	5.83
에너지 원료	3.40	상품	19.35
에너지 서비스	3.73	자동차	6.20
서비스 및 상품	79.14	생활용품	3.20
총 지수	100.00	의류	3.18

단위: %   자료: 한국투자증권

TIPS는 왜 매력적일까

트럼프 시대에 유망 투자 상품으로 주목받는 TIPS에 대해서 더 자세히 살펴보자. TIPS의 물가연동계수는 식품과 에너지를 모두 포함한 물가지수인 도시 소비자물가지수CPI-U를 기준으로 산정된다. 식품 13.73%, 에너지 7.13%, 그 외 상품과 서비스 79.14% 비중으로 이뤄져있다. 단일 항목 가운데 가장 높은 비중을 차지하고 있는 것은 주거로, 자가 소유 비용 24.35%와 임대료 7.78% 등 총 33.40%의 비중을 차지하고 있다. 이 때문에 미국 주택시장의 상황이 물가 상승 전망에 가장 중요하다. 2016년 10월 미국 물가 상승률은 주택시장의 견조한 상승세에 힘입어 전년 동기 대비 1.6% 가량 상승했다.

» 주거(33.4%)

소비자 물가지수에서 가장 큰 비중을 차지하는 주택시장의 회복세는 2017년에도 지속될 것으로 보인다. 자가 소유 비용 24.35%와 임대료 7.78%를 포함한 주거 부문의 물가는 주택 가격 상승을 중심으로 꾸준히 오르고 있으며, 건축 허가와 착공 등 공급 관련 지표들도 안정적인 기조를 이어가고 있다. 금융 위기 당시 132%까지 증가했던 가계 부채는 100% 수준까지 떨어졌으며, 인구 구조상 주택 수요가 가장 높아지는 35세 이상 연령층이 꾸준히 증가하고 있다. 이러한 미국 인구 구조의 변화와 가계 부채 해소 등을 고려하면 주택시장이 견조한 흐름을 이어갈 가능성이 높다.

» 음식과 에너지를 제외한 상품(19.35%)

이 상품군에는 자동차 6.20%, 생활용품 3.20%, 그리고 의류 3.18% 등 대표적인 생활 소비 관련 품목들이 포함된다. 2016년 10월 물가 기준으로 자동차 −1.1%, 생활용품 −1.8%, 의류 0.7%의 증감을 기록하는 등 횡보세를 보였지만 대체로 안정적인 흐름이 유지되고 있다. 2017년 미국 경제의 소비 회복을 바탕으로 상기 항목들은 점진적인 상승 전환이 예상된다. 현재 미국의 임금 상승률은 꾸준히 회복세를 보이면서 전년 대비 2.8%까지 올랐다. 이에 따른 소득 증가와 주택 가격의 상승으로 인한 자산 효과 등이 맞물리면서 소비 회복 기조가 강해질 것으로 전망된다.

» 식품(13.73%)

식품과 관련한 물가 상승 압력은 곡물 가격 안정의 영향으로 하락하고 있다. 가정식품(7.96%)은 육류와 야채, 과일, 음료 등의 가격을 반영하는 데 재고 변화와 작황 등이 주요 요인으로 작용한다. 최근 옥수수와 대두, 소맥 등 주요 곡물들은 양호한 기상 여건 아래서 공급 우위의 시장 흐름을 나타내고 있다. 안정적인 재고율이 유지되고 있기 때문에 단기간 내 곡물 가격의 급등 가능성은 높지 않다. 하지만 기상 여건 악화 등 일부 불확실성 요인은 여전히 남아있다. 한편 가정 외식품(5.77%)은 외식 관련 항목을 반영하는데, 안정적으로 상승 기조를 그릴 전망이다.

» 의료 및 운송 서비스(12.5%)

의료 서비스(6.67%)는 병원 진료비와 의료보험을 중심으로 상승세를 지속하고 있다. 운송 서비스(5.83%) 역시 자동차보험의 영향으로 오르고 있다. 다만 의료 서비스의 경우에는 트럼프의 오바마케어 폐기 관련 변수가 존재한다. 2015년 이후 의료보험 항목의 물가가 오른데에는 오바마케어 시행 후 보험금 지급 부담이 증가하며 보험료가 크게 올랐던 것이 영향을 미쳤다. 앞으로 트럼프는 오바마케어 정책을 폐지하거나 축소할 것으로 예상되는데, 이로 인한 의료 서비스 물가의 향배는 지켜봐야 할 것이다.

» 에너지(7.13%)

유가를 비롯한 상품 가격의 안정과 함께 에너지 부문의 물가 상승 기여도가 지속적으로 회복세를 보이고 있다. 2015년 평균 -1.28% 포인트를 기록했던 에너지 항목의 물가 상승 기여도는 2017년 11월 0.01%포인트까지 회복됐다. 2017년에 유가가 지붕을 뚫을 정도까지 오를 가능성은 낮지만, 현 수준을 유지하기만 해도 연초까지 물가 상승 요인으로 작용할 것이다. 이와 함께 산유국의 감산 협의로 인해 2017년도 원유의 안정적인 공급이 기대된다. 이처럼 공급 조절과 실물 경기 회복으로 인해 에너지 가격이 안정을 찾고 물가 상승 압력이 확대되는 흐름이 이어질 것으로 보인다.

TIPS, 언제 투자해야 할까

TIPS 투자는 투자 방법과 시기를 신중하게 고민해야 한다. 만기 보유를 고려한 투자를 제외하고, TIPS 역시 금리 변동 시 일반 국채와 마찬가지로 시장금리에 따라 평가이익이나 손실이 발행할 수 있다. 미국 대선 이후 급격한 금리 변화로 인해 가격에 대한 부담도 높아진 상황이다.

국고채 금리와 TIPS 금리 차를 'BEI 스프레드'라고 부르는데, TIPS의 상대적인 가격 수준을 보여주는 지표다. BEI 스프레드가 높을 경우에는 TIPS가 비싸게 평가받고 있다고 여길 수 있고, 반대로 BEI 스프레드가 낮은 경우에는 저렴하게 평가받고 있는 것으로 볼 수 있다. 2016년 11월 17일 기준 BEI 스프레드는 5년물 176bp(1.76%), 10년물

190bp(1.90%)까지 확대되는 등 TIPS 가격이 크게 오름세다.

이 때문에 향후 물가 상승 전망에 따라 만기 보유 관점에서 투자를 하거나, BEI 스프레드가 축소되는 구간에서 단기적인 매입에 나서는 투자 전략을 고려할 필요가 있다. TIPS는 국내 증권사 채권 거래 사이트나 영업점 창구를 통해서 매입할 수 있으며, 펀드나 ETF에 간접 투자하는 방법도 열려 있다.

투기 등급에 주목하는
뱅크론펀드에 올라타라

    2016년 말 연준의 기준금리 인상 조치와 더불어 2017년에 미국 실물 경제가 상승 국면에 접어들 것으로 예상되면서 새롭게 주목받고 있는 상품이 있다. 바로 미국 뱅크론Bank Loan이다. 뱅크론은 투기 등급 기업의 대출 채권을 기초 자산으로 하지만, 일반적으로 담보를 보유하고 있어 하이일드 채권보다 회수율이 높다는 게 장점이다. 본격적으로 단기 금리 상승이 시작되면 향후에 추가적인 수익이 예상된다.

뱅크론이란 무엇인가

    뱅크론은 글로벌 신용평가사 S&P 기준 BBB– 미만으로 신용등급이 낮은 기업에게 금융기관이 제공하는 변동금리부 담보 대출로, 레버리지론leveraged loan 또는 시니어론senior loan이라고 불린다. 유사시에는

구분	뱅크론	하이일드 채권
금리	변동금리	고정금리
자금회수 순위	선순위	상대적 후순위
신용등급	BBB- 이하	BBB- 이하
부도율	3.65	5.03
회수율	68.80	41.40
비고	담보 대출, 안정성↑ LIBOR 금리 연동	상품가격 변화에 민감

뱅크론과 하이일드 채권 비교

단위: % 자료: 한국투자증권

주식이나 무담보 채권보다 우선하여 변제받을 수 있다는 게 가장 큰 특징이다.

우선 국제금융거래에서 기준이 되는 런던은행 간 금리인 리보금리와 최소보장금리인 리보플로어LIBOR Floor 가운데 높은 금리를 뱅크론의 기준금리로 결정한다. 여기서 리보플로어는 최소한의 이익을 보장하기 위한 금리 하한선이며, 리보금리가 리보플로어를 밑돌 때 적용하는 고정 이율을 뜻한다. 이렇게 결정된 기준금리에 대출 기업의 신용도나 담보에 따른 가산금리를 부과한다. 투자자 입장에서는 최저한의 금리인 리보플로어와 가산금리 등 이자 수익을 기대할 수 있다. 특히 금리 상승 국면에서는 리보금리가 리보플로어를 초과하면서 더 높은 이자 수익을 받을 수 있다.

미국 뱅크론의 대표 인덱스인 'S&P 레버리지론 인덱스' 중에 약 87%는 리보플로어가 있으며, 대략 0.75~1.25% 사이에 설정돼있다.

2016년 7월 말 이후 리보금리는 상승세를 타면서 리보플로어 저점을 돌파하기 시작했다. 2016년 11월 리보금리는 약 0.90% 수준이다. 전체 뱅크론의 약 64%가 리보플로어를 1.0% 이상으로 설정한 것을 감안하면, 금리 인상이 본격적으로 시작될 때 추가 수익을 기대할 수 있다.

이 때문에 뱅크론 상품의 가격 구조는 리보금리가 핵심이다. 일반적으로 리보금리와 미국 기준금리 간에는 시차와 금리차가 존재하는데, 금리 상승기에는 리보금리가 미국 기준금리보다 0.2~0.25%가량 선행하는 경향이 있다. 트럼프 당선 이후 시장금리가 상승하고 추가 금리 인상에 대한 기대감이 높아지면서 리보금리의 상승세는 2017년까지 이어질 전망이다.

하나금융투자에 따르면 2016년에는 금리 상승에 따른 추가 수익이 거의 없었음에도 불구하고 2016년 11월 뱅크론의 누적 투자수익률은 8.6%를 기록했다. 뱅크론 기업들의 평균 대출금리는 연 5% 수준으로, 순수하게 이자 수익만을 고려하더라도 향후에 최소 연 5%의 투자수익률을 기대할 수 있다. 더욱이 최근 신용등급 하향이 잇따르는 중에도 뱅크론의 평균 신용등급 수준은 향상되고 있다. 뱅크론이 투자하는 기업들의 펀더멘탈이 향상된 만큼 2017년 금리 상승 환경에서도 잘 적응할 가능성이 높다.

한편 뱅크론은 하이일드 채권과 달리 담보가 설정되고, 선순위에 놓여있다는 점 또한 매력적이다. 2000년 이후 뱅크론의 평균 부도율은 3.65%로 하이일드 채권의 부도율에 비해 상대적으로 낮은 편이다. 아울러 담보 설정 및 선순위 권리 행사에 따른 안정성 확보로 장기 평균 회수율은 68.80%에 달한다. 반면에 하이일드 채권은 평균 부도율 5.03%, 회수율 41.40% 수준으로 상대적으로 고위험 고수익 자산으로 분류된다.

뱅크론 투자, 어떻게 하면 될까

뱅크론에 투자하는 금융상품은 프랭클린템플턴의 '미국금리연동특별자산펀드'와 이스트스프링자산운용의 '미국뱅크론특별자산펀드'가 대표적이다. 이와 함께 미국에 상장된 뱅크론 ETF에 직접 투자하는 방법 또한 있다.

» 미국금리연동특별자산펀드

프랭클린템플턴투자신탁운용에서 출시한 '미국금리연동특별자산펀드'는 2016년 초부터 10%를 웃도는 수익률로 시장의 주목을 받고 있다. 안정적인 성과를 목표로 하는 채권형 펀드로서는 이례적으로 높은 수익률이기 때문이다. 업계에서는 신용등급이 낮은 기업에서 발행하는 고위험·고수익 채권인 정크본드junk bond가 CCC 등급의 비중이 높아 수익률이 뛰어오른 것으로 보고 있다.

2016년 11월 22일 한국펀드평가에 따르면 '미국금리연동특별자산펀드' 클래스 A는 연초 이후 11.66%의 수익률을 기록했다. 이는 경쟁 상품인 '미국뱅크론특별자산펀드'의 같은 기간 수익률 6.02%를 훨씬 웃도는 수준이다.

프랭클린템플턴에서는 하이일드 채권 등 다른 자산을 담지 않는 순수한 뱅크론펀드라는 점과, 유통시장이 아니라 발행시장에서 뱅크론을 직접 조달한다는 점 등을 높은 수익률의 배경으로 소개했다. 실제로 하이일드 채권 등 다른 채권 자산은 금리 민감도가 높아 금리가 상승하면 채권 가격이 하락해 수익률에 부정적인 영향을 미친다. 하지만 프랭클린템플턴은 금리 민감도가 낮은 뱅크론에 집중 투자함으로써 금리 상승과 관계없이 안정적인 수익을 낼 수 있다고 설명했다.

이 펀드를 운용하는 프랭클린템플턴은 뱅크론 발행시장에서 볼 때 가장 큰 수요처로 꼽힌다. 운용하는 뱅크론 자산이 무려 17조 원에 달하기 때문이다. 이를 통해 유통시장뿐만 아니라 발행시장에서 물량을 직접 조달함으로써 수익률을 제고하기도 한다. 아울러 프랭클린템플턴의 뱅크론펀드는 채권형이지만 액티브펀드처럼 운용하는 것 또한 주목할 만하다. 글로벌 신용평가사인 무디스와 S&P 등에서 발표한 신용등급을 참고하기도 하지만, 사내 애널리스트들이 뱅크론을 발행한 기업을 방문해 직접 실사를 진행하기도 한다.

» 미국뱅크론특별자산펀드

이스트스프링자산운용이 선보인 '미국뱅크론특별자산펀드'는 안정적인 채권 이자와 금리 상승 시 추가 수익을 기대할 수 있는 상품으로 꼽힌다. 특히 2017년도 미 기준금리의 인상과 더불어 강달러 현상이 심화되는 가운데 주목받고 있다. 시장에서는 트럼프 당선 이전부터 미 기준금리 인상을 기정사실화한 탓에 달러 강세는 이미 진행돼왔다.

2016년 11월 16일 기준 펀드 평가사인 KG제로인에 따르면 이 상품은 2014년 5월 설정 이후 수익률이 7.61%에 이른다. 최근 1년과 2년 수익률은 각각 4.70%, 6.29%다. 이 펀드의 투자 대상은 특별자산 85.09%, 단기대출 및 예금 10.76%, 채권 3.91% 등으로 이뤄졌다. 특히 환헤지 비율이 90%를 넘어 환율 변동 영향이 크지 않다.

미국뱅크론특별자산펀드는 원화 기준으로 투자한 뒤 달러로 환전하는 '환오픈형 펀드'와 직접 미국 달러화로 매수하는 '달러 기준가 펀드'의 두 가지 방법으로 투자가 가능하다. 먼저 환오픈형 펀드는 환차익이 과세 대상 수익에 합산되어, 달러가 추가 강세를 보일 경우에는 세금 부담이 상대적으로 높다. 반면에 달러가 약세로 돌아설 경우에는 환손실을 펀드 수익에서 차감해 상대적으로 세금 부담을 낮출 수 있다.

이 펀드는 현재 2016년 8월 기준 563개의 종목에 분산 투자하고 있는데, 버거킹, 델, 델몬트, 힐튼 등 대부분 B~BB 등급 기업이 발행한 뱅크론에 집중하고 있다. 운용은 이스트스프링자산운용의 미국 현지 계열 운용사이자 미국 뱅크론 운용에 정통한 PPM아메리카가 맡고 있다. PPM아메리카의 뱅크론 운용 규모는 2016년 6월 말 기준 17억 달러(약 1조 9,300억 원)에 달한다.

채권 인버스ETF
투자 전략

　일반적으로 금리 상승기에는 채권 가치가 하락해 평가 손실을 입는 경우가 많다. 하지만 채권 가치가 떨어질수록 수익을 내는 금융상품 또한 있다. 연내 미국의 금리 인상 가능성이 점차 높아지는 가운데 금리 인상에 베팅을 하는 투자법은 어떨까? 전문가들은 미 국채 인버스 ETF가 단기적인 투자 수단이 될 수 있다고 입을 모은다.

채권 인버스ETF란 무엇인가

　인버스ETF는 기초 자산이 되는 지수의 가격이 올라야 수익을 거두는 ETF와는 정반대로, 지수의 가격이 내려야 이익을 거둘 수 있는 상품이다. 이 가운데 채권 인버스ETF는 국채선물 매도를 통해 금리 상승에 따라 채권 가격이 하락할 경우 수익을 추구하는 금융상품이다.

쉽게 말하면, 미국 금리의 인상으로 인해 채권 가격의 하락이 예상되는 경우 국채 선물 매도 포지션에 미리 투자함으로써 가격 하락분만큼 수익을 창출하는 것이다. 공모 상품 가운데 국내 채권 인버스ETF는 '삼성KODEX10년국채선물인버스ETF'가 유일하다.

하지만 2017년도 국내 금리는 실물경제 악화에 대한 우려로 미국과 달리 하락세에 접어들 가능성이 열려있다. 2016년 11월 25일 미국 경제 매체인 〈비즈니스인사이더Business Insider〉에 따르면 골드만삭스는 〈2017년 전망 보고서〉를 통해 한국은행의 기준금리는 2017년 1.00%로 현행 1.25%에 비해 25bp 낮춰질 것이라고 분석했다. 아울러 한국의 2017년 경제성장률과 물가 상승률은 각각 2.4%, 2.0%가 될 것이라고 덧붙였다.

이 때문에 한국이 아닌 미국의 금리 상승에 베팅할 수 있는 투자상품에 주목해야 한다. 이러한 상품 중 하나인 미 국채 선물 인버스ETF는 소규모의 투자금으로도 쉽게 투자할 수 있다는 게 특징이다. 국내 증권사의 홈트레이딩시스템HTS를 통해 미국 주식을 사고팔 듯 투자할 수 있다.

가장 많이 거래되는 국채 선물 인버스ETF 상품은 'ProShares UltraShort 20+Year Treasury(TBT US)'다. TBT US는 바클레이즈Barclays 미국장기채권지수의 일일 가격 움직임과 반대 방향으로 2배 수익을 추구하는 마이너스 레버리지, 즉 인버스ETF다. 최근에는 1배 및 3배 인버스ETF 등을 선택할 수 있어 투자의 폭이 넓어졌다. TBF US는 1배 인버스ETF 상품이며, 3배 인버스인 TMV US도 함께 미국 증시

한미 국채 인버스ETF	
펀드명	수익구조
삼성KODEX10년국채선물인버스ETF	국채 10년물 선물 지수 역추종
ProShares Short 20+ Year Treasury	Bloomberg Barclays 미 국채 20년물 지수 역추종
ProSharesUltra Short 20+ Year Treasury	Bloomberg Barclays 미 국채 20년물 지수 일 수익률 2배 역추종
Direxion Daily 20- Year Treasury Bear 3X	ICE 미 국채 20년물 지수 일 수익률 3배 역추종

자료: NH투자증권

에 상장돼있다. 다만 인버스ETF의 보수율이 상대적으로 높다는 점은 부담 요인이다.

한편 채권 인버스ETF가 채권시장이 약세일 때만 수익이 나고 채권 선물의 가격 변동에 연동하다 보니 채권 본래의 이자 수익은 포기한 상품이냐는 오해를 할 수 있다. 그러나 국채 선물에 투자할 담보금을 만기 1년 미만의 국고채, 통화안정증권의 현물 채권으로 제출하기 때문에 여기서 나오는 정기 이자 수익 또한 고객의 몫으로 돌아간다. 이들 채권의 이자수익률을 고려하면 자본 수익을 얻지 못하더라도 최소한의 고정 수익을 기대할 수 있다.

채권 인버스ETF 투자 시 주의할 점은

개인 투자자들이 인버스ETF에 섣불리 투자했다가 낭패를 보는 일이 많은 이유는 인버스ETF에 대해서 다소 오해하고 있기 때문이다.

만약 10일간 기초자산지수가 0.8% 하락했을 때 인버스ETF의 수익률이 0.8%에 달했을 것으로 생각한다면 큰 착각이다. 어째서일까? 인버스ETF는 기초자산지수를 추종하기 위해 매일 기초 자산을 매수 및 매도하며 리밸런싱을 하는 구조이기 때문이다. 이 때문에 투자 기간이 하루가 넘는다면 기초자산지수 등락률과 인버스ETF의 실제 수익률은 완전히 다르게 나올 수 있다.

인버스ETF의 실제 수익률을 확인하려면 ETF가 기초자산지수를 추종하며 어떻게 가격이 변했는지 매일 기록을 살펴본 다음에 10일 치 수익률을 계산해야 한다. 그리고 특정 기간 동안 기초자산지수가 폭등과 폭락을 반복한 결과 원래 가격으로 돌아왔을 경우에도 인버스ETF의 수익률이 0%가 아닐 수도 있다. 이처럼 인버스ETF는 하루하루 가격 변동에 따른 불확실성이 높기 때문에, 수익률을 확인하면서 단기간에 매매하는 것이 가장 현명하다. 일부에서는 인버스ETF는 향후 손익을 예측하기 어렵기 때문에 그 자체로 투자하기보단 리스크 헤지 수단으로 활용하는 것이 더 나을 수 있다고 말한다.

다가올 트럼플레이션에
대비하라

트럼프 당선 이후 세계 경제의 화두는 디플레이션(물가 하락)에서 인플레이션(물가 상승)으로 단숨에 옮겨 갔다. 이제 시장에는 최근 2~3년간 지속된 디플레이션을 우려하던 목소리는 사라지고 금리가 너무 빨리 오르면 어쩌나 하는 걱정이 더 많다.

우리나라는 그동안 경제 위기 때마다 외국인 투자금이 썰물처럼 빠져나가며 변동성이 극에 달해 자본 시장이 어려움을 겪었다. 이제는 선진 시장의 문턱에서 진입을 시도하고 있는데 여전히 원화 자산은 상대적으로 덜 안전한 자산으로 분류되는 분위기가 감지된다.

트럼프 당선 이후 또 하나의 전환점은 통화 정책에서 재정 정책으로 정부 정책의 시각이 이동했다는 점이다. 금융 위기 이후 마이너스 금리라는 극단적인 통화 팽창 정책까지 이용해 경기를 부양해왔지만 너무 장기적인 저금리 기조에 부작용이 우려되고 있다. 트럼프는 공약으로 금리 인상 국면에서 미국을 다시 위대하게 만들기 위해 1조 달러의 인프라 투자를 내걸었다. 바로 재정 확대를 통한 경기 부양이다.

미국은 경기 회복을 바탕으로 한 금리 인상 국면에 진입했다. 2017년까지 최소 한 차례에서 많게는 세 차례 금리 인상을 단행할 것이라는 전망이 나온다. 글로벌 주요 통화국들은 미국과 차별화된 통화 정책을 펼칠 수 있다. 유로화를 사용하는 유럽과 엔화를 사용하는 일본은 2017년에도 통화 완화 정책을 지속할 것으로 보인다. 대외적 조건에 영향을 많이 받는 신흥국은 국가별 상황에 따라 다른 정책을 사용할 전망이다.

그렇다면 한국도 확장적 재정 정책을 활용할 수 있을까? 2017년 우리나라 예산은 처음으로 400조 원을 넘어서 '슈퍼 예산'이라는 말까지 나왔다. 여기에 정국 불안이 2017년까지 이어지게 될 상황을 고려하면 확장적 재정 정책은 쉽지 않아 보인다. 그러나 경기가 안 좋아지면 적극적인 재정 확대가 논의될 가능성도 존재한다.

개인 투자자들은 통상 금융상품에 투자할 때 국내 투자보다 해외 투자를 더 위험하다고 생각한다. 물론 브라질, 러시아 등의 국가는 한국보다 투자 위험이 더 높을 수 있다. 그러나 미국과 비교하면 어떨까? 원화 자산과 달러화 자산 중에서 더 안전한 자산이 달러화라는 것은 자명한 사실이다.

미국의 보호무역주의로 한국이 얼마나 타격을 받을지, 2017년 한국은행이 기준금리를 어느 방향으로 조절할지 한 치 앞도 내다보기 힘든 상황이다. 이럴 때일수록 달러화 상품에 자산을 배분하는 등 투자처를 분산해 위험을 최소화하는 노력이 필요해 보인다.

전문가들이
추천하는
투자상품

"장기 성과가 우수한
배당주펀드를 추천한다"

신한금융투자 여의도영업부 **곽상준 PB팀장**

"당분간 금리 상승 흐름이 이어질 것으로 보인다. 채권보다는 배당 성향이 높은 배당주나 변동성이 낮은 금 등 원자재 투자가 유망하다."

신한금융투자 여의도본점 영업부 곽상준 PB팀장은 "미국 대선의 여파로 향후 투자 지형 변화는 불가피하다"라면서 이 같은 투자 상품을 제안했다. 임 팀장은 "국내 정치가 안정세를 회복하면 국내 주식 시장은 큰 폭으로 오를 것이다. 향후 달러 약세가 예상되는 만큼 원자재 시장이 크게 개선될 전망이다"라고 전망했다. 부동산 투자에 대해서는 대출 여건에 보다 주의를 기울여야 한다고 조언했다.

01 트럼프 시대를 맞아 글로벌 경제가 재편되는 분위기다. 앞으로의 글로벌 경기 흐름을 어떻게 보는가?

트럼프 후보의 미국 대통령 당선으로 향후 투자 지형 변화는 불가피해 보인다. 1조 달러 규모의 인프라 투자가 예정돼 있어 그에 따른 재정 및 적자가 확대될 전망이다. 자금 조달을 위한 채권 발행이 예상되고 미국 기준금리가 급등할 것으로 예상되기 때문이다. 또 기준금리가 급격히 오르면 달러가 강세를 보여 신흥국 통화는 약세로 전환될 가능성이 높다. 이 같은 현상은 오는 12월 기준금리 인상 이전까지 이어지다 이후에는 완화되는 양상을 보일 것이다. 그때까지 외환 관련 위기관리에 중점을 둘 필요가 있다.

02 한국 경제는 어떻게 달라질 것으로 예상되는가?

트럼프 당선의 여파는 분명히 있다. 미국 우선주의에 따라 원화 강세 압박이 상당 부분 진행될 수 있어 이에 대비해야 한다. 대형 수출 기업들은 상대적으로 어려움을 겪겠지만, IT 관련 기업들은 상대적으로 우위를 점하고 있어 일정 수준에서 위기관리가 이뤄질 것으로 판단된다. 자동차 관련 기업들의 경우에는 통상 압박을 피할 묘수가 강구돼야 할 것으로 보인다. 다만 최근 '최순실 국정 농단 사태'로 인한 국정 마비 국면이 얼마나 빠르게 완결되느냐에 따라 상황은 달라질 수 있다. 통화 승수(통화량을 중앙은행이 공급하는 본원 통화로 나눈 수치)를 올리고 차세대 산업에 대해 정책적으로 지원한다면 새로운 성장 동력을 확보할 수 있기 때문이다.

03 재테크에 대한 관심도 높아지고 있다. 자산 포트폴리오를 어떻게 배분하는 게 유리한가?

당분간 금리가 상승 흐름을 보일 전망이어서 채권보다는 주식이나 원자재 시장이 유망할 것으로 예상된다. 채권 투자를 원한다면 선진국 국채는 매도하고 선진국의 하이일드와 신흥국의 국채 투자로 눈을 돌려야 한다. 반면 주식 시장의 주변 여건은 상당히 양호한 모습이다. 국내 정치가 안정세에 접어들면 주가가 상당 부분 상승할 것으로 기대한다.

04 주식 투자를 고민하는 투자자에게 추천할 만한 종목은 무엇인가?

배당 성향이 높은 주식을 골라 장기 투자할 것을 추천한다. 이러한 종목들은 상대적으로 변동성이 낮고 손실 위험도 크지 않다. 배당이 확보되기 때문에 저축 효과도 있다. 배당수익률이 높은 주식에 투자하는 것이 초보 투자자들에게는 가장 효과적인 투자 방법이다. 최근 국내에서 배당수익률이 높은 업종은 통신, 보험 등이 있다.

05 채권 투자를 고민하는 투자자에게 추천할 만한 종목은 무엇인가?

현 시장 상황을 고려하면 채권으로는 과거의 투자 효과를 기대하기 힘들다. 전체 투자 규모를 줄이는 것이 합리적인 판단이다. 그래도 투자를 하겠다면 선진국 국채의 비중은 줄이는 대신, 신흥국 국채와 선진국 하이일드에 투자하는 것이 유리하다.

06 펀드 투자를 고민하는 투자자에게 추천할 만한 상품은 무엇인가?

장기 성과가 우수한 배당주펀드를 권한다. 특히 과거 5년 동안 투자 수익률이 양호한 펀드를 골라 가입하길 추천한다. 주식 투자는 과거의 수익률이 미래를 보장하기 때문이다.

07 금, 달러, 원자재 등 그 외에 투자할 만한 금융상품이 있는가?

트럼프 미국 대통령 당선자가 미국 우선주의와 제조업 살리기에 나설 경우 달러는 약세로 전환될 것이다. 달러가 약세로 돌아서면 원자재 시장은 크게 개선될 수 있다. 그러나 원자재 시장은 기본적으로 변동성이 높다. 그렇기 때문에 일부 분야를 골라 투자를 진행해야 한다. 그런 면에서 인플레이션과 투자 위험이 높지 않은 금이 유망하다. 지금 당장보다는 2017년 이후에 투자 시점을 결정하길 권한다.

08 부동산 투자를 원하는 투자자들에게는 어떠한 전략이 유리한가?

부동산 투자에서 가장 중요한 것은 '정책', '세제', '대출' 이 3가지다. 정책과 세제는 기존과 비슷한 방향으로 흘러갈 것으로 보이나 대출 조건은 급변하고 있다. 현재 국내 경기에서 금리 인상은 쉽지 않아 보이나 최근 미국 금리의 상승은 더 이상 국내에 유리한 영향을 미치지는 않을 것이다. 국내 부동산의 강세와 관련해 대출 여건이 어느 때보다 중요해진 만큼 금리에 민감하게 대응해야 한다. 또 오는 2018년에는 공급이 증가할 것으로 보여 이에 대한 대응 역시 필요하다.

"해외 채권 투자를 고민한다면
미국 하이일드 채권을 추천한다"

현대증권 용산WMC **이상선 센터장**

"글로벌 경기는 미국을 중심으로 서서히 회복될 것이다. 그 과정에서 수혜가 예상되는 미국 산업재와 금융주에 주목해야 한다."

현대증권 용산WMC 이상선 센터장은 "미국은 탄탄한 개인 소비를 중심으로 완만한 성장세를 이어갈 것이다"라며 이 같은 투자 전략을 조언했다. 특히 연준의 2차 금리 인상이 예정돼 있는 데다 트럼프 후보의 당선 이후 실세금리(시장에서 자금의 수요와 공급에 따라 결정되는 시장 금리)가 빠르게 상승하고 있어 채권보다는 주식이 유망한 자산이라고 평가했다.

또 이 센터장은 "국내 기업들의 이익이 성장할 것으로 보여 성장주를 담은 펀드에 관심을 기울여야 한다. 인플레이션 환경으로 바뀌고 있어 자산 배분 차원에서 금 투자는 유용하다"라고 설명했다.

01 트럼프 시대를 맞아 글로벌 경제가 재편되는 분위기다. 앞으로의 글로벌 경기 흐름을 어떻게 보는가?

금융 위기 이후 자산 간 상관관계가 높아지는 바람에 포트폴리오 배분 전략을 세우는 데 어려움이 많아졌다. 모든 자산 가격이 한 방향으로 흘러가면 자산 배분 효과가 반감된 것이다. 그렇다면 트럼프 시대의 투자 전략은 어떻게 세워야 할까? 미국 경제가 정상화되기 시작했다는 점에 주목해야 한다. 미국 경제는 금리 인상에도 불구하고 사회간접자본 투자를 통해 계속 성장할 것으로 보인다. 이에 따라 미국을 중심으로 글로벌 경기가 서서히 회복되는 양상을 보일 것이다.

02 한국 경제는 어떻게 달라질 것으로 예상되는가?

트럼프 후보의 미국 대통령 당선 이후 미국과의 통상 마찰은 불가피할 것으로 보인다. 여기에 국내의 정치적 불확실성까지 높아진 상태다. 결과적으로 국내 대표 기업들은 미국의 보호무역주의 확대와 중국의 파상공세 등에 밀려 2017년에도 험난한 파고를 맞을 것으로 예상된다.

그럼에도 새로운 투자 기회는 분명히 있다. 여전히 대내외적인 불확실성이 높지만 국내 기업들의 이익은 꾸준히 늘고 있다. 통신, 금융 업종 등의 선방을 감안하면 연간 영업이익은 전년 대비 23% 증가한 151조 원에 달할 것으로 보인다. 신흥국 가운데 밸류에이션의 매력도 높은 상황이어서 하방은 견고할 것으로 예상된다.

03 재테크에 대한 관심도 높아지고 있다. 자산 포트폴리오를 어떻게 배분하는 게 유리한가?

연준의 두 번째 금리 인상이 예정돼 있을 뿐 아니라 트럼프 후보 당선 이후 실세금리는 빠르게 상승하고 있다. 금융 위기 이후 이어져온 채권 시대는 서서히 막을 내리고 있다. 주식의 밸류에이션 부담이 남아있어도 채권보다는 주식이 유망할 것으로 판단된다.

04 주식 투자를 고민하는 투자자에게 추천할 만한 종목은 무엇인가?

국가별로는 미국이 유리할 것으로 예상된다. 미국은 탄탄한 개인 소비를 중심으로 완만한 성장세를 지속하고 있다. 소득과 일자리도 안정적으로 증가하고 있다. 자산 가격의 상승도 소비 중심의 경제를 지지하는 요인이다. 미국의 부동산 가격은 완만한 상승세를 이어가면서 가계 자산의 증가로 이어지고 있다. 이에 따라 가계 재정의 건전성도 개선되고 있다. 여기에 트럼프 정부 출범 이후 수요 촉진 재정 정책이 반영되면 경기 개선에 대한 기대도 커질 것이다. 수혜가 예상되는 업종으로는 산업재를 꼽는다. 또 금융 규제 철폐와 예대마진 확대 등의 영향으로 금융주도 눈여겨볼 만하다.

05 채권 투자를 고민하는 투자자에게 추천할 만한 종목은 무엇인가?

해외 채권 투자를 고민한다면 미국 하이일드 채권을 추천한다. 트럼프 후보 당선 이후 채권 가격은 전반적으로 약세를 보이고 있다. 그럼에도 미국 우량 회사채는 경기 호전 등에 힘입어 투자자들이 관심을 계속 가질 것으로 예상된다.

06 펀드 투자를 고민하는 투자자에게 추천할 만한 상품은 무엇인가?

2016년까지는 일드yield 상품을 많이 추천했다. 하지만 돈의 가치가 오르는 디플레이션에서 돈의 가치가 떨어지는 인플레이션으로 환경이 바뀌고 있어 이전 투자 전략을 유지하기는 어렵다. 게다가 2017년에는 국내 기업들의 이익이 한층 성장할 것으로 기대되고 있다. 주가는 기업의 이익을 반영한다는 점에서 주식 시장에 기대를 가져볼 수 있다. 증시가 장기간 박스권을 형성해왔지만 이제는 성장형 펀드에 관심을 기울일 필요가 있다. 이에 따라 당사는 '한화코리아레전드펀드'를 추천 상품으로 제시했다.

07 금, 달러, 원자재 등 그 외에 투자할 만한 금융상품이 있는가?

인플레이션 환경에서는 금 투자가 유용하다. 인플레이션 헤징 수단으로 금의 가치가 부각될 수 있고, 양적완화 정책에 대한 중앙은행의 신뢰도 하락으로 금 수요가 높아졌기 때문이다. 아울러 중앙은행의 직매입이 확대됐고 투자 수요도 증가하고 있다. 결과적으로 금은 자산 배분 차원에서 중요도가 점차 커지고 있다.

08 부동산 투자를 원하는 투자자들에게는 어떠한 전략이 유리한가?

금리 상승기에 무리한 레버리지는 자칫 유동성의 위기를 초래할 수 있다. 지난 2~3년 사이 부동산 가격이 급등하면서 많은 투자자들이 관심을 가지고 있다. 하지만 부동산 투자는 투자 금액이 클 뿐 아니라 금리 상승 시에는 이자 부담이 늘어날 수 있다. 전체 자산 포트폴리오를 고려해 의사를 결정할 필요가 있다.

"핀테크 대출 시장에서 현금 흐름을 창출하는 투자에 주목하라"

하나금융투자 청담금융센터 **이승호 상무**

"자산 포트폴리오에 현금 창출이 꾸준한 자산을 선제적으로 편입하는 것이 유리하다."

하나금융투자 청담금융센터 이승호 상무는 "향후 2~3년간 현금 자산을 어떻게 활용하느냐가 자산 관리의 핵심이 될 것이다"라며 이 같은 투자 전략을 추천했다. 동시에 글로벌 금리가 완만한 회복세를 보이는 만큼 주식과 그로쓰캐피탈Growth Capotal(성장 단계 기업의 신수종 사업 투자) 등의 비중은 늘리고, 채권과 원자재 등의 비중은 줄이거나 유지할 것을 제안하기도 했다. 이 상무는 국내 유망주에 대해 "최근 IT 관련 종목들의 주가가 빠졌지만, 4차 산업이 메가트렌드라는 점을 감안하면 오히려 매수 기회일 수 있다. 실적 등을 보면 우려와 달리 펀더멘털은 개선되고 있다"라고 분석했다.

01 트럼프 시대를 맞아 글로벌 경제가 재편되는 분위기다. 앞으로의 글로벌 경기 흐름을 어떻게 보는가?

통화 정책의 한계를 보완하고 구조 조정의 다운사이드 리스크 downside risk(가격 하락 리스크)를 완충하기 위해 미국과 중국 모두 재정 정책의 확대가 불가피하다. 민간 부문의 자생력이 취약한 만큼 잠재적인 리스크는 남아있지만, 물가 상승에 따른 유럽중앙은행ECB의 양적 완화 축소 리스크나 중국 주택 시장에 대한 규제 강화 우려 등은 주기적으로 노출될 수 있다. 여기에 무역과 환율 등을 놓고 G2 간 마찰이나 선거를 앞둔 유럽의 정치적 불확실성 등도 복병이 될 수 있다.

하지만 재정 확대가 동반될 것이기 때문에 전반적인 글로벌 경기 흐름은 개선될 것이다. 다만 수요 측 확대가 더디게 진행될 것으로 보여 화폐환상(화폐 가치의 증감을 인식하지 못하는 현상)이 장기간 지속되기는 어렵다. 2017년 하반기에는 정부 주도의 견인력이 상대적으로 약화되면서 경제 성장은 평탄할 것으로 보인다.

02 한국 경제는 어떻게 달라질 것으로 예상되는가?

트럼프의 경제 정책은 공약 기준으로 보면 미국 경제의 회복에 초점이 맞춰져 있다. 미국 우선주의와 보호무역주의는 대미 수출 의존도가 높은 한국 경제에 부정적인 영향을 미칠 것이다. 특히 미국 제조업의 부활은 고부가가치 품목을 주로 수출하는 대만, 태국, 한국 등에는 직접적인 영향을 미칠 전망이다. 수출 의존도가 높은 국내 경제를 감안할 때 2017년 하반기 금리 인하에 대한 기대가 높아질 수 있다.

아울러 민간 부문의 성장 자생력이 약화되고 있고 기업의 실적 약화가 장기화되는 추세다. 구조 조정의 여파로 고용 및 내수가 함께 위축되고 있다. 이러한 시점에 수출이라는 큰 축이 타격을 받으면 경제 성장률에 대한 기대치를 낮춰야 할 가능성이 있다.

03 재테크에 대한 관심도 높아지고 있다. 자산 포트폴리오를 어떻게 배분하는 게 유리한가?

향후 2~3년간 현금 자산을 어떻게 활용하느냐가 자산 관리의 핵심이 될 것이다. 많은 국내 투자자들의 포트폴리오가 겉으로는 정상적으로 보이지만 사실상 특정 지역, 특정 자산, 특정 상품군 등으로 구성돼 있어 시장 변동성이 늘어나면 포트폴리오의 비효율성은 커질 수밖에 없다. 금융 투자는 다양한 관점을 기반으로 포트폴리오를 구성하는 일이 중요하다. 하지만 국내 투자자들은 밴드웨건 효과band wagon effect(유행에 따라 상품을 구입하는 소비 현상)의 형태가 많아 이에 대한 주의가 필요하다.

글로벌 금리의 완만한 회생이 이루어지고, 이로써 채권보다는 주식의 매력이 높아질 것으로 보인다. 주식과 그로쓰캐피탈 등의 비중을 늘리고 채권과 원자재 등의 비중은 축소하거나 유지할 것을 추천한다. 향후 현금 창출이 꾸준한 자산으로 투자자들이 몰릴 가능성이 높기 때문에 포트폴리오 내 대체 투자 영역에 이러한 형태의 자산을 선제적으로 편입하는 것이 유리하다.

또 지금처럼 정치적 불확실성과 경제 변수가 있는 상황에서는 한 시점에 포트폴리오를 구축하기보다는 충분한 시간을 가지면서 자산 구성에 대한 시각을 점검해야 한다. 현금 자산의 가치가 높아질 것이며 현금 보유자들은 투자 기회에 늘 대비해야 한다.

04 주식 투자를 고민하는 투자자에게 추천할 만한 종목은 무엇인가?

트럼프 후보 당선 직후 기술주의 급락이 있었다. 대표적으로 FANG(페이스북, 아마존, 넷플릭스, 구글)의 주가는 대선 이후 7% 이상 하락했다. 실리콘밸리 기업들이 선거 과정에서 트럼프와 각을 세우고 있었기 때문이다. 트럼프가 계획 중인 대규모 재정 정책이 제조업 등 전통 산업군에 집중될 가능성이 높아서, 과거 민주당 정권의 수혜자인 신산업군은 소외될 가능성이 높다는 게 시장의 판단이었다.

국내 증시도 이러한 여파로 일부 IT 기업의 매도세가 이어지고 있다. 하지만 4차 산업이라는 메가트렌드와 한미FTA와 관계없이 IT 제품은 무관세였다는 점을 감안하면 IT 관련 업종의 하락은 매수 기회일 수 있다. 특히 3분기에 실적이 개선된 기업 중 IT 장비업체의 개선이 두드러지게 나타났다. 시장 우려와 달리 펀더멘털은 개선되고 있다는 것이다. 반도체 업종 중심으로 비중을 늘려가는 게 유리할 것으로 전망된다.

05 채권 투자를 고민하는 투자자에게 추천할 만한 종목은 무엇인가?

지난 10년간의 시장 상황을 감안하면 최근 글로벌 펀드에서 채권으로의 자금 쏠림이 과도하다. 추가적인 금리 하락이 없다면 대규모

자금 이동이 발생할 가능성이 있다. 또 국채 금리의 상승 전환은 장기적 이슈와 관련된 것들이 많다. 채권왕으로 불리는 더블라인캐피털 DoubleLine Capital의 제프리 군드라흐Jeffrey Gundlach CEO는 "5년 내 미국의 10년 국채가 6%까지 오를 수 있다"라고 말하기도 했다. 이는 채권 투자자에게 부정적인 뉴스이면서 채권 투자가 현명한 전략이 아니라는 의미가 될 수 있다.

06 펀드 투자를 고민하는 투자자에게 추천할 만한 상품은 무엇인가?

당분간 시장 변동성이 예상된다. 현재 시점엔 인덱스를 벤치마크로 가져가는 펀드보다는 탄력적으로 현금 비중을 조절하는 펀드에 투자하는 것이 위험 대비 수익률 측면에서 유리하다. 대표적인 펀드로는 유경PSG자산운용의 '좋은생각펀드'를 추천한다.

07 금, 달러, 원자재 등 그 외에 투자할 만한 금융상품이 있는가?

원자재 자산의 방향성에 투자하는 전략은 개인 투자자들에게 적합하지 않다. 하지만 달러 자산에 투자해서 달러 현금 흐름이 발생하는 것처럼 꾸준한 현금 흐름이 발생하는 자산에는 투자해볼 만하다. 또 트럼프가 본인의 선거 자금 조달 방법의 일환으로 P2P 대출 플랫폼인 프로스퍼Prosper를 사용한 점을 감안하면 미국 핀테크 대출 시장에 대해선 전향적 입장을 보이는 것으로 추정된다. 핀테크와 관련된 투자나 핀테크 대출 시장에서 현금 흐름을 창출할 수 있는 투자를 눈여겨봐야 한다.

"미국의 고용 안정 및 소비 증가로
경기 소비재 업종의 강세 기대"

삼성증권 강남1권역 **박경희 상무**

"트럼프 시대가 시사하는 것은 '달러 강세, 채권 약세, 주식 중립'이
라고 할 수 있다."

삼성증권 강남1권역 박경희 상무는 이 같이 조언하며 "환율 변동성
확대와 시장금리 상승 등으로 미국과 달러에 주목해야 한다"라고 강조
했다. 유망 투자 상품으로는 미국 경기 소비재 기업인 ETF를 꼽았다.

국내 유망 주식으로는 삼성전자, SK하이닉스, 두산밥캣, POSCO
등을 언급했다. 반면 채권 투자에 대해서는 글로벌 금리가 상승기에
대비한 전략을 수립해야 한다고 강조했다. 원자재 등 대안 상품에 대
해 이 상무는 "장기 투자를 목적으로 한다면 사모형 상품을 포트폴리
오에 일부 편입하는 것을 권한다. 리츠와 같은 부동산 간접 투자는 부
정적인 영향을 받을 수 있다"라고 평가했다.

01 트럼프 시대를 맞아 글로벌 경제가 재편되는 분위기다. 앞으로의 글로벌
   경기 흐름을 어떻게 보는가?

트럼프의 공약은 긍정적인 면과 부정적인 면이 공존한다. 우선 인
프라 투자와 감세 등 대규모 재정 집행은 글로벌 경기 전반에 긍정적
인 영향을 줄 것이다. 지난 2011년 이후 시장을 지배해온 저성장, 저
금리, 디플레이션 우려에서 벗어날 수 있다. 미국은 재닛 옐런 연준
의장이 밝힌 것처럼 수요가 공급을 초과하는 고압 경제 진입을 바라
보고 있는 상황이었다. 여기에 재정 집행이 더해지면 경기는 예상보
다 빨리 확장될 수 있다. 유럽 경기도 미미하게나마 개선되고 있고,
중국 경제의 경착륙 우려도 진정되고 있어 미국 경기 회복은 글로벌
경제 전반을 회복시키는 촉매제가 될 수 있다.

다만 강력한 보호무역주의는 글로벌 경제에 매우 부정적인 영향을
줄 것이다. 미국이 무역 장벽을 높이면 전 세계적으로 무역 전쟁이 일
어날 수 있다. 관세 부과에 보복 관세로 대응하는 악순환이 펼쳐질 가
능성이 있다는 얘기다. 이렇게 되면 글로벌 경기는 물론이고 미국 경
기도 악화되는 결과를 낳게 될 것이다. 이 때문에 실제 보호무역 조치
는 앞서 언급했던 것보다 낮은 수준일 것으로 점쳐진다.

요약해보면 첫째, 주요 선진국의 정책 패러다임 변화가 가속될 것
이다. 둘째, 글로벌 경제 성장과 기대 인플레이션 상승으로 위험 자산
에 우호적인 환경이 될 수 있다. 셋째, 지역적으로는 미국 주식시장의
수혜가 클 것이며, 미국 내에서는 내수 중심 기업들이 선전할 것으로
예상된다.

02 한국 경제는 어떻게 달라질 것으로 예상되는가?

대외 의존도가 높은 한국 경제 특성상 글로벌 경기 회복은 긍정적이나, 보호무역의 강화는 부담 요인으로 작용할 것이다. 산업별로 보면 IT 업종의 경우 글로벌 수요 회복이 가시화되고 있어 2017년 국내 경제와 증시를 이끌 수 있어 보인다. 또 해운, 조선, 건설 등 자본재 산업의 구조 조정이 어느 정도 진행돼 이에 대한 부담도 많이 줄어든 상태다.

03 재테크에 대한 관심도 높아지고 있다. 자산 포트폴리오를 어떻게 배분하는 게 유리한가?

트럼프 정부가 시사하는 점은 달러 강세, 채권 약세, 주식 중립 등 크게 3가지다. 환율 변동성 확대 및 시장금리 상승으로 신흥국 시장의 변동성은 증가할 수 있다. 이에 따라 지역 측면에서는 미국이, 통화 측면에서는 달러가, 경기 측면에서는 인플레이션을 고려한 포트폴리오가 안전할 것으로 보인다.

04 주식 투자를 고민하는 투자자에게 추천할 만한 종목은 무엇인가?

미국 경기소비재기업 ETF를 추천한다. 미국의 고용 안정 및 민간 소비 증가로 경기 소비재 업종의 강세가 기대되기 때문이다. 이 ETF의 주요 구성 종목은 아마존닷컴, 월트디즈니, 컴캐스트Comcast, 맥도널드, 스타벅스, 나이키 등이다.

국내 주식에서는 삼성전자가 유망해 보인다. 낸드플래시와 OLED 관련 투자로 2017년 부품 부문의 성장과 지배 구조 개선 모멘텀이 예상된다. SK하이닉스도 올 3분기 낸드플래시 부문의 흑자 전환에 따른 실적 개선과 공급 제한 속에서 미세화 공정 안정화에 따른 디램 실적 개선이 기대된다. 또 최근 상장한 두산밥캣은 미국의 건설 경기에 직접적인 수혜를 입을 것으로 보이는 대형주로 견고한 성장 모멘텀과 대주주의 적극적인 주주 환원 정책이 점쳐진다. 포스코도 PBR이 0.5배로 배당수익률 3.1%가 예상되고 강점탄 가격 상승에 따른 판가 인상 가능성도 대두되고 있다.

05 채권 투자를 고민하는 투자자에게 추천할 만한 종목은 무엇인가?

마이너스 금리까지 가면서 장기적으로 진행된 금리 하락 구간이 마무리됐다. 경기 회복과 원자재 가격 상승 등으로 물가가 정상화되고 있어 글로벌 금리는 상승기에 들어설 것으로 예상된다. 따라서 채권 투자는 금리 상승기에 대비한 전략이 필수다. 우선 듀레이션 duration(투자 자금의 평균 회수 기간)을 짧게 가져가야 한다. 기대 인플레이션을 반영하는 국내외 물가연동국채와 경기 회복에 따른 하이일드 회사채, 금리 상승에 연동하는 금리연동채권 등이 유망하다.

06 펀드 투자를 고민하는 투자자에게 추천할 만한 상품은 무엇인가?

변동성에 대비한 상품을 추천한다. 안정형 상품인 '삼성글로벌리얼리턴펀드'와 수익 추구형 상품인 '레그메이슨미국중소형주펀드'가 대표적이다.

삼성글로벌리얼리턴펀드는 약 1,700조 원을 운용하는 BNY멜론운

용그룹의 재간접펀드다. 주식과 인프라, 회사채와 같은 수익추구자산과 국채, 지수 선물 등 안정자산 등에 분산 투자한다. 중장기적으로는 절대 수익을 추구하며 글로벌 증시 하락 구간에서는 안정적인 운용을 목표로 한다. 지난 5년간 변동성이 4~5%로 낮아 트럼프 정부 출범 후 변동성에 대비할 수 있는 상품이다.

레그메이슨미국중소형주펀드는 달러로 투자하는 역외펀드다. 트럼프 정부의 법인세 인하 정책이 현실화되면 이미 낮은 세율을 적용받는 주요 대형 기업보다 중소형 기업이 수혜를 받을 수 있다. 중소형주가 내수 기업 비중이 높고, 미국 성장률의 개선 및 달러 강세 등의 환경에서 상대적으로 더 큰 수혜를 받을 것으로 예상된다.

07 금, 달러, 원자재 등 그 외에 투자할 만한 금융상품이 있는가?

다양한 형태의 사모형 상품이 많다. 이 상품들 대부분은 기존의 상장된 기업이나 자산보다는 비상장 중심으로 유동성이 비교적 떨어지는 자산에 투자하는 경우가 많다. 이 때문에 일반 금융상품보다 기대수익률은 더 높다. 유동성 프리미엄이 붙기 때문이다. 장기 투자를 목적으로 한다면 매우 유용한 상품이다. 최근 해외에서는 이러한 상품에 대한 일반 법인이나 고액 자산가들의 수요가 늘고 있다. 국내에서는 이제 도입되기 시작했는데 장기 투자를 목적으로 한다면 일정 부분 포트폴리오에 편입하는 것을 권한다.

08 부동산 투자를 원하는 투자자들에게는 어떠한 전략이 유리한가?

리츠 같은 간접 부동산 투자는 금리가 오르는 시기에 부정적인 영향을 받을 수 있다. 부동산 가격 상승이라는 긍정적인 영향도 있지만, 부동산에서 발생하는 현금 흐름인 월세가 채권과 같은 성격을 가지고 있기 때문이다. 하지만 장기적으로 보면 부동산은 인플레이션에서 가장 확실한 혜택을 볼 수 있는 자산이어서 포트폴리오에 기본적으로 담아가는 것이 좋다. 부동산 펀드를 통해 간접 투자한다면 만기 시 자금 회수가 안전한지 검토가 필요하다. 특히 후순위 투자인 경우에는 재매각을 대비해 책임 임차 잔존 기간 및 임대율 등을 꼼꼼히 검토해야 한다.

"4차 산업혁명에서 기술적 주도권을
지닌 기업에 지속적으로 주목하라"

한국투자증권 영등포PB센터 **김재동 센터장**

"자산 포트폴리오 내 주식, 채권, 실물자산의 비중은 5:2:3이 가장 적합하다."

한국투자증권 영등포PB센터 김재동 센터장은 "미국 시장의 금리와 정책 변화 등으로 불확실성이 커 기존과는 다른 투자법이 필요하다"라며 이 같은 자산 배분 전략을 소개했다.

높아진 불확실성을 겪게 될 국내 주식 시장에 대해서는 "고배당주나 실적개선주, 저변동성주 등에 관심을 기울여야 한다. 4차 산업혁명을 이끄는 기업들도 눈여겨봐야 한다"라고 조언했다. 아울러 금 투자의 매력은 점차 높아질 것으로 내다봤으며 부동산은 펀드를 통해 간접 투자할 것을 권했다.

01 트럼프 시대를 맞아 글로벌 경제가 재편되는 분위기다. 앞으로의 글로벌
　　경기 흐름을 어떻게 보는가?

　트럼프 시대를 맞아 정책의 불확실성이 커졌다. 주요 공약의 이행
강도에 따라 지역, 국가, 산업, 자산군별로 희비가 많이 엇갈릴 것으
로 보인다. 보호무역의 강화로 대미 수출 비중이 높은 나라는 타격을
입을 가능성이 높다. 트럼프노믹스는 확장적 재정 정책을 기초로 하
기 때문에 중장기적으로 재정 수지가 확대될 수 있다. 또 인프라 투자
확대 정책은 인프라 관련 산업에는 긍정적인 영향을 미칠 것으로 예
상된다. 향후 미국 GDP 성장률은 2016년 1.6%에서 2017년 2.5%로
대폭 개선되며, 글로벌 GDP 역시 2016년 2.6%에서 2017년 2.9%로
상승할 전망이다.

02 한국 경제는 어떻게 달라질 것으로 예상되는가?

　한국 경제는 오래전부터 대외 의존도가 높은 상태였다. 미국이 보
호무역, 금리 인상, 재정 지출 확대 등의 조치를 지속적으로 추진할
경우 한국 경제는 수출 감소와 금리 상승에 따른 가계 부채 부담 확
대, 주력 업종에 대한 통상 압박, 외환 및 자본 시장의 불안 확대 등이
예상된다. 이에 따른 저성장 국면이 이어질 것으로 보인다.

　다만 트럼프 정부의 정책이 점증적으로 진행될 것으로 예상돼 지속
적인 관찰과 점검이 필요하다. 2017년 수출은 글로벌 경기 회복에 따
른 물량 증가와 수출 단가 안정화 등으로 소폭 증가할 것으로 점쳐진
다. 부동산 규제로 인해 건설 투자 부문의 성장은 둔화되겠지만 설비

투자와 민간 소비는 2016년보다 다소 호전될 것이다. 2017년 한국 경제의 성장률은 2% 초반을 예측해본다.

03 재테크에 대한 관심도 높아지고 있다. 자산 포트폴리오를 어떻게 배분하는 게 유리한가?

미국 시장의 금리와 정책의 변화 등으로 불확실성은 존재한다. 향후에는 기존의 운용 방식과는 다른 투자 전략이 필요하다. 공약 이행 여부와 정책의 변화를 지속적으로 점검하면서 판단할 부분이지만, 주요 자산을 포트폴리오에 편입할 때는 미국 금리의 인상에 따라 채권 비중을 줄이고 주식과 부동산, 인프라 등의 비중을 늘려야 한다고 판단된다. 자산군에 따른 배분 비율은 주식, 채권, 기타 실물자산을 5:2:3으로 나누는 게 적합하다. 지역별로는 국내와 해외를 4대 6으로 나눠 해외 비중을 확대하는 전략이 유리하다. 국내의 경우에는 배당주 투자와 지수 대응 ETF 전략이 필요하다. 채권 투자는 브라질 및 인도 국채, 펀드의 경우에는 뱅크론 투자가 유망하다. 기타 실물자산의 경우에는 부동산 펀드에 가입하거나 금에 투자하는 것도 방법이다.

04 주식 투자를 고민하는 투자자에게 추천할 만한 종목은 무엇인가?

향후 주식 시장은 미국 정책의 불확실성 등으로 변동성이 커질 것이다. 이에 대비해 고배당주나 실적개선주, 저변동성주에 대한 관심을 가져야 한다. 유망 업종으로는 4차 산업혁명에서 기술적 주도권을 지닌 기업에 지속적으로 주목할 필요가 있다. 또 해외 투자 시장이 유망할 것으로 예상되므로 인공지능AI, 클라우드, 플랫폼 서비스 등에서 경쟁력을 가진 알파벳, 아마존, 테슬라, 비야디 등이 유망한 종목으로 꼽힌다.

05 채권 투자를 고민하는 투자자에게 추천할 만한 종목은 무엇인가?

채권 투자는 해당 등급과 투자 기간에 따라 금리 차이가 있다. 최근 A등급 기준 1년물은 2.5%~2.8% 예상돼 은행 예금 금리보다는 훨씬 높게 운용할 수 있다. 또 장기채인 중소기업은행 신종자본증권의 경우는 AA등급에 금리는 3.1%대 정도 형성돼 있다. 매분기 이자를 받을 수 있어 안정성 및 수익성 부분에서 유망하다. 해외 채권의 경우 6%~10%대의 수익률을 기대할 수 있는 브라질과 인도 채권을 추천한다. 브라질 채권은 투자 기간이 약 8년 정도이고 표면금리가 10%여서 고액 자산가들이 포트폴리오 다변화 차원에서 투자하면 유용하다. 다만 환차손이 발생할 수 있어 충분한 상담이 필요하다.

06 펀드 투자를 고민하는 투자자에게 추천할 만한 상품은 무엇인가?

변동성이 큰 시장에서는 주식이나 채권 등 전통적인 투자 방식에서 벗어나 헤지펀드나 메자닌 등에 투자하는 포트폴리오를 구축해야 한다. 국내에서는 기업의 지속적인 배당 정책으로 고배당주 펀드와 종합 자산 마이스터 랩 등의 상품이 유망하다. 해외에서는 지난해 초 대비 밸류에이션이 낮고, 중국 선전深圳과 홍콩 증시를 교차 거래하는 선강퉁深港通의 시행을 앞둬 기대감이 높아진 중국 본토 펀드에 대한 투자가 필요하다. 채권 투자 시에는 향후 미국 금리 인상이 예상됨에 따라 미국 금리연동대출채권 펀드에 투자하면 좋은 성과를 기대할 수 있을 것으로 보인다.

07 금, 달러, 원자재 등 그 외에 투자할 만한 금융상품이 있는가?

향후 금 투자의 매력은 높아질 것이다. 트럼프 정부의 재정 지출 확대 정책과 석유수출기구OPEC 감산 합의로 인한 유가 상승세, 유럽발 정치적 불확실성 등이 물가 상승 압력을 높이고 있어 이에 대한 헤지 수단으로 부각될 가능성이 크기 때문이다. 달러는 변동성이 있을 때 박스권 하단에서 달러 선물 ETF를 통해 매매를 하면 좋을 성과가 있을 것으로 예상된다.

08 부동산 투자를 원하는 투자자들에게는 어떠한 전략이 유리한가?

정부의 '11.3 부동산 대책' 발표 이후 투자 심리가 많이 위축되고 있고, 향후 전망 또한 긍정적이지 않아 시세 차익을 목적으로 한 투자 전략은 바람직하지 않다. 저금리에 마땅한 투자처가 없어 상가나 오피스텔 투자에 관심이 많아졌으나, 향후 미국 금리의 상승이 이뤄지면 부동산 경기가 침체될 수 있다. 따라서 직접 투자보다는 부동산 펀드를 통한 간접 투자를 통해 안정적인 배당 수익을 추구하는 전략이 유리하다.

"국내보다는 유럽, 일본, 미국 등 선진국 투자 자산에 주목하라"

신영증권 명동PB센터 **임동욱 팀장**

"시장 변동성이 큰 주식 비중을 줄이는 대신 금, 달러 원자재, 부동산 등 대체 자산의 비중을 늘릴 필요가 있다."

신영증권 임동욱 명동PB센터 팀장은 "트럼프 시대를 맞아 한국 경제는 초반 정책적 이슈로 어려움이 예상되지만 장기적으로 큰 변화가 없을 전망이다"라며 이 같은 자산 포트폴리오 조정을 제안했다. 개별 주식 종목으로는 삼성전자를 꼽았다.

임 팀장은 채권 투자와 관련해서는 "미국 경기의 회복으로 미국의 금리 인상 가능성이 높아지고 있다. 시차를 두고 국내 금리 상승 및 물가 상승이 이어질 것으로 예상되는 만큼 물가연동국채인 물가채에 대한 매력도가 점차 높아질 전망이다"라고 말했다.

01 트럼프 시대를 맞아 글로벌 경제가 재편되는 분위기다. 앞으로의 글로벌 경기 흐름을 어떻게 보는가?

미국의 자국 우선 정책으로 인해 달러 강세로 인한 유럽과 일본의 경기 흐름은 긍정적으로 예상된다. 그 외에 브라질, 러시아, 인도, 중국, 인도네시아, 멕시코, 터키를 뜻하는 이머징emerging 국가들은 어려운 흐름을 이어갈 것 같다.

02 한국 경제는 어떻게 달라질 것으로 예상되는가?

초반에는 정책적인 이슈로 어려움을 겪을 가능성이 있지만 장기적으로 크게 달라질 것은 없을 것으로 판단된다. 원화 약세와 미국, 유럽, 일본 등 선진국의 경기 회복 시 수출 증가로 수혜를 볼 것으로 예상된다.

03 재테크에 대한 관심도 높아지고 있다. 자산 포트폴리오를 어떻게 배분하는 게 유리한가?

시장 변동성이 큰 주식 자산에 대한 비중은 줄이는 대신 메자닌, 부동산, 달러, 원자재 등 대체 투자 비중을 늘리는 것이 좋을 것으로 판단된다. 국내보다는 유럽, 일본, 미국 등 선진국에 투자하는 자산에 관심을 가질 필요가 있다.

04 주식 투자를 고민하는 투자자에게 추천할 만한 종목은 무엇인가?

삼성전자를 추천한다. 미국 전장전문기업 하만Harman의 인수로 반도체 스마트폰 부분에서 전장 사업 부분으로 핵심 사업이 확대될 가능성이 높고, 강한 시너지로 다른 사업 부분에서도 성장성을 보일 것으로 예상되기 때문이다.

05 채권 투자를 고민하는 투자자에게 추천할 만한 종목은 무엇인가?

국내 물가채를 꼽는다. 미국 경기의 회복으로 미국 금리의 인상 가능성이 높아지고 있어 시차를 두고 국내 금리의 상승 및 물가 상승으로 물가채에 대한 매력도가 점차 높아질 것으로 예상되기 때문이다.

06 펀드 투자를 고민하는 투자자에게 추천할 만한 상품은 무엇인가?

'신영밸류고배당주식형펀드'가 유망해 보인다. 트럼프 당선 이후 금리 인상이 급격히 이뤄지지는 않을 것으로 예상되며, 배당 매력도가 높은 주식에 대한 관심은 더 커질 것으로 판단된다.

07 금, 달러, 원자재 등 그 외에 투자할 만한 금융상품이 있는가?

미국 달러다. 트럼프 당선 이후 달러 강세 가능성이 높아질 것으로 보이며 미국 자국의 우선 이익 정책으로 미국으로 돈이 몰릴 가능성이 높기 때문이다. 또한 인프라 투자 등 건설 경기 집중으로 원자재 수요가 늘어날 것으로 판단돼 원자재 관련 상품 수익률도 좋을 것으로 예상된다.

08 부동산 투자를 원하는 투자자들에게는 어떠한 전략이 유리한가?

아파트 투자보다는 임차인이 확실한 건물에 대한 투자 비중을 늘리는 방법이 좋을 것이라 판단된다. 비용을 절감할 수 있는 펀드, 신탁을 활용한 부동산 간접 투자에 대한 관심을 높일 필요가 있다.

"바이오 관련 기업들
수혜 크게 입을 전망"

NH투자증권 프리미어블루 강남센터 **조재영 PB부장**

"트럼프 시대를 맞아 재테크 측면에서 선진국 시장에 대한 관심이 재차 부각될 전망이다."

NH투자증권 프리미어블루 강남센터 조재영 PB부장은 "당분간 신흥국의 주식, 채권, 통화 가치의 약세가 예상된다. 신흥국의 자산을 축소하는 대신 원자재 자산 비중을 확대하는 전략을 추천한다."라고 밝혔다.

추천 주식으로는 인프라, 바이오·헬스케어, 방위산업 관련 종목을 꼽았다. 또 거시경제의 안전성이 회복 추세를 보이고 있다며 브라질 국채 투자를 추천했다. 금, 달러, 원자재 외에 투자할 만한 금융상품으로는 '글로벌헬스케어펀드'를 추천했다.

01 트럼프 시대를 맞아 글로벌 경제가 재편되는 분위기다. 앞으로의 글로벌 경기 흐름을 어떻게 보는가?

실제 트럼프가 취임하고 실제로 정책의 변화가 있을 때까지는 글로벌 경기는 변동성이 줄어들지 않고 불안감이 지속될 것으로 예상된다. 물론 공약만큼 극단적인 정책을 펼치지는 않겠지만, 미국의 자국 우선 보호주의 정책이 실제로 진행된다면 상당한 심리적 위축 및 경기 위축이 예상되기 때문이다.

02 한국 경제는 어떻게 달라질 것으로 예상되는가?

한국 경제는 트럼프의 당선으로 보호무역주의, 금리 정상화 공약, 안보 등 다양한 분야에서 영향을 받을 것으로 전망된다. 사실 우리나라의 수출 중 미국에 대한 수출은 11% 정도로 상당히 비중이 낮아진 상태인 것은 사실이나, 반도체, 자동차, 전자제품 등 고부가가치 상품들의 비중이 높은 만큼 일정 부분 부정적인 영향을 끼칠 확률이 높다.

03 재테크에 대한 관심도 높아지고 있다. 자산 포트폴리오를 어떻게 배분하는 게 유리한가?

일단 신흥국 시장으로 돌아갈 뻔했던 관심들이 다시 선진국 시장으로 되돌아갈 것이다. 또한 신흥국 시장의 주식, 채권, 통화가치 등이 선진국들에 비해 약세로 돌아설 것으로 보인다. 신흥국 자산을 축소하는 대신 원자재의 자산 비중을 확대할 것을 추천한다.

04 주식 투자를 고민하는 투자자에게 추천할 만한 종목은 무엇인가?

트럼프의 공약을 바탕으로 예상해본다면 추천 분야는 크게 보면 3가지로 압축된다. 인프라 투자 관련 종목과 바이오·헬스케어 관련 주식들, 마지막으로 방위산업 관련 종목을 꼽을 수 있다. 이외에도 불확실성이 커진 시장에 대한 반대급부로 상당한 하방 경직성을 확보한 배당 주식들도 각광받을 가능성이 높다.

05 채권 투자를 고민하는 투자자에게 추천할 만한 종목은 무엇인가?

브라질 국채 투자를 추천한다. 트럼프의 당선으로 신흥국 자산 전반에 대한 우려가 높아진 것은 사실이나, 브라질의 경우 대미 수출의 비중이 12.7% 정도로 낮은 편이어서 멕시코와 같은 직접적인 충격은 제한적일 것으로 예상된다. 또한 3,700억 달러를 상회하는 외환보유고와 달러화 발행 국채의 비중이 5% 미만으로 신용 경색의 부담이 높지 않기 때문이다. 헤알화와 채권 가격의 단기적인 소폭 약세가 예상되지만, 거시경제의 안전성이 회복 추세를 보이고 있으며, 계속적인 시장 친화적인 정책의 추진 및 금리의 하락 추세를 감안하면 매력적인 투자 대안이 될 것이다.

06 펀드 투자를 고민하는 투자자에게 추천할 만한 상품은 무엇인가?

먼저 인프라펀드를 추천한다. 트럼프의 주요 공약인 인프라 투자를 감안하면 '하나UBS글로벌인프라펀드'와 같이 인프라 산업과 관련 있는 펀드와 수송, 저장 등 에너지 미드스트림Midstream 인프라에 투자하는 MLP 펀드도 에너지 인프라 규제의 완화 및 유가 상승 등의 수혜가 예상된다. 두 번째는 원자재펀드다. 트럼프의 당선으로 청정 에너지 및 에너지 효율 관련 산업의 성장 속도가 둔화 내지 정체될 것이고, 미국 석유 가스의 소비 비중이 예상보다 더 확대돼 수요 증가 효과가 커질 것으로 보여짐에 따라 장기적으로 유가 상승이 기대된다. '블랙록월드골드펀드' 및 '미래에셋로저스COMMODITY펀드'를 추천한다.

07 금, 달러, 원자재 등 그 외에 투자할 만한 금융상품이 있는가?

'글로벌헬스케어펀드'를 추천한다. 트럼프의 주요 정책에는 소비자들이 선택 범위를 넓힐 수 있도록 해외 제약업체에 대한 진입 장벽을 제거할 수 있는 규제 완화가 포함되어 있기 때문이다. 특히 바이오 관련 기업들은 제약회사들보다 더 높은 성장률을 보유 중이고 이례적 수준의 현금을 보유하고 있으며 M&A 기회가 존재함에 따라 수혜를 크게 입을 전망이다.

"미국 금리 인상이 원자재 강국
브라질에게도 훈풍 예상"

미래에셋대우 PB클래스부천 **이소영 센터장**

"트럼프 시대를 맞아 전체 자산을 국내 주식 40%, 해외 주식 30%, 이머징 채권과 국내 채권을 각각 20%와 10%씩 자사 배분하는 전략을 짤 것을 제안한다."

미래에셋대우 PB클래스부천 이소영 센터장은 "환율 전쟁이 더욱 심해질 것으로 예상하는 만큼 달러 자산 등 해외 투자에 대한 관심과 비중을 늘릴 시기라고 판단된다"라며 이같이 말했다.

이 센터장은 "국내 주식의 경우 펀드 투자일 경우 롱숏펀드(매수·매도 전략을 동시에 구사하는 펀드)를 일부 편입하고, 직접 투자일 경우 주식시장 회복 후 다시 하락에 대비한 인버스inverse ETF의 일부를 편입할 필요가 있다"라고 설명했다. 해외 투자 시 마이크로소프트처럼 혁신 및 차세대 성장 동력 기업 및 독보적인 경쟁력 1등 기업 위주로 살펴볼 필요가 있다고 조언했다. 이머징 채권은 브라질 국채 위주로, 국내 채권은 미국 금리 인상에 따른 시장금리 상승 시 매수 타이밍을 적절히 살펴야 한다고 덧붙였다.

01 트럼프 시대를 맞아 글로벌 경제가 재편되는 분위기다. 앞으로의 글로벌 경기 흐름을 어떻게 보는가?

트럼프 시대라고 특별히 달라지기보다는 자국을 보호하는 환율 전쟁이 더욱 심해질 것으로 예상된다. 인플레이션 및 금리 인상을 예상하고 있지만 이 또한 지나치면 탈이 나기 때문에 다시 '윈윈'하는 대안이 제시되지 않을까 생각된다.

02 한국 경제는 어떻게 달라질 것으로 예상되는가?

원화 가치의 하락으로 수출 기업들에게는 기회가 될 수 있다고 판단된다. 문제는 경쟁력인데 완제품 생산 업종은 중국 기업들의 거친 추격을 따돌려야 한다. 삼성전자의 전장 사업 확대처럼 완제품 경쟁이 아닌 다양한 매출처를 확보할 수 있는 필수 부품 업체를 M&A하는 접근 방식도 바람직해 보인다. 이 같은 방식이 다른 업종에도 이어지지 않을까 생각된다.

03 재테크에 대한 관심도 높아지고 있다. 자산 포트폴리오를 어떻게 배분하는 게 유리한가?

국내 주식 40%, 해외 주식 30%, 이머징 채권과 국내 채권을 각각

20%와 10%씩 자산 배분하는 게 바람직해 보인다. 국내 주식의 경우 펀드 투자일 때는 롱숏펀드를 일부 편입하고, 직접 투자일 경우 주식 시장 회복 후 다시 하락에 대비한 인버스ETF의 일부를 편입할 필요가 있다는 판단이다.

달러 자산 보유로 환율 상승을 대비한다는 차원에서 해외 주식의 비중도 어느 정도 갖고 가는 게 좋아 보인다. 혁신 및 차세대 성장 동력 기업 및 독보적인 경쟁력 1등 기업 위주로 살펴볼 필요가 있다. 이머징 채권은 브라질 국채 위주로, 국내 채권은 미국 금리 인상에 따른 시장금리 상승 시 매수 타이밍을 적절히 살펴야 한다.

04 주식 투자를 고민하는 투자자에게 추천할 만한 종목은 무엇인가?

마이크로소프트의 주식을 추천한다. 2016년 3분기 실적이 지난해 같은 기간보다 3% 성장한 223억 달러를 기록, 예상치를 훨씬 뛰어넘는 실적을 기록했다는 평가다. 실적 개선보다는 미래 가치에 대한 기대감이 큰 회사다. 클라우드 플랫폼 애저Azure의 매출이 전년 대비 2배 증가했고 AI 기반 음성 인식 기술에 대한 기대감이 크다.

05 채권 투자를 고민하는 투자자에게 추천할 만한 종목은 무엇인가?

브라질 국채를 추천한다. 표면금리 10%에 더해 비과세 효과, 정책 금리가 인하될 것이라는 기대감이 크기 때문이다. 미국 금리의 인상이 경기 회복의 신호라고 볼 때, 원자재 강국인 브라질에게도 긍정적인 훈풍이 기대된다.

06 펀드 투자를 고민하는 투자자에게 추천할 만한 상품은 무엇인가?

'미래에셋배당프리미엄펀드'가 유망해 보인다. 국내 주식 혼합형 펀드로 배당수익률에 더해 콜옵션 매도 프리미엄 수익을 받기 때문에 주식시장 하락 시 일시적인 평가 하락은 있지만 꾸준히 수익률이 증가하는 모습을 보여주는 상품이다.

"당분간 공격적 투자보다는
보수적 방식으로 접근하라"

우리은행 투체어스강남센터 **박승안 센터장**

　"통화 분산 즉 해외 자산에 대한 비중을 높여 급변하는 글로벌 정세에 따른 불확실성의 파도를 헤쳐 나가야 한다."

　우리은행 투체어스강남센터 박승안 센터장은 "지금까지 자산 포트폴리오 전략이 금융 자산 대 부동산 자산 비율 배분에서 시작됐다면, 이제는 국내 자산 대 해외 자산 비율 설정이 핵심이 될 것이다"라며 이같이 말했다. 그는 또 "급변하는 국내외 정세 속에 다시 찾아올지 모를 위기에 대비한 철저한 리스크 관리와 유동성 확보 전략이 필요하다"라고 강조했다.

01 트럼프 시대를 맞아 글로벌 경제가 재편되는 분위기다. 앞으로의 글로벌
    경기 흐름을 어떻게 보는가?

트럼프 당선과 브렉시트 등의 사례에서 보듯 당분간 국제 정세는 글로벌보다는 자국민의 이익을 우선하는 구도로 전개될 전망이다.

경제 부문에서도 기존의 세계화가 아닌 개별 국가 중심의 변화가 예상된다. 한국처럼 자체적인 경제 기반이 약해 선진국 경제에 의존하는 수출 주도형 국가들은 타격이 클 수밖에 없다. 또한 10년 전 미국발 금융 위기를 극복하기 위해 전 세계적으로 통화 팽창이 지속되어 왔는데 중국을 필두로 버블 붕괴의 우려도 대두된다.

글로벌 기업들도 이 같은 상황과 4차 산업혁명이란 큰 흐름에 제대로 대응하지 못한다면 위기에 직면할 수밖에 없다. 국가도 그렇지만 기업도 오너 및 CEO의 리더십이 더욱 중요하게 대두될 전망이다.

02 한국 경제는 어떻게 달라질 것으로 예상되는가?

정치적 및 지정학적 리스크가 경제 전반에 걸쳐 발목을 잡을 것으로 보인다. 그러나 위기는 기회인만큼 이 위기를 잘 극복하면 선진국 반열에 오를 계기를 마련할 수 있다. 이를 위해 남북 관계의 개선과 대기업 중심의 산업 구조 개편이 필요해 보인다. 또한 부가 일부 개인 및 지역에 집중되는 구조가 아닌 많은 사람들이 공유할 수 있는 경제적인 인프라의 구축이 필요하다.

03 재테크에 대한 관심도 높아지고 있다. 자산 포트폴리오를 어떻게 배분하는 게 유리한가?

통화 분산 즉 해외 자산에 대한 비중을 높일 필요가 있다. 그동안 자산 포트폴리오의 출발이 금융 자산과 부동산 자산 비율을 어떻게 배분하느냐가 출발점이었다면, 앞으로는 국내자산과 해외 자산의 비율을 어떻게 정하느냐가 핵심이 될 것이다. 그리고 또 다시 찾아올지 모를 위기에 대비해 철저한 리스크 관리와 함께 유동성을 확보해 좋은 투자 기회가 오면 놓치지 말아야 한다.

04 주식 투자를 고민하는 투자자에게 추천할 만한 종목은 무엇인가?

위에서 언급한 대로 전 세계적으로 글로벌보다는 개별 국가 중심의 경제 흐름이 전개될 것으로 예상되므로, 당분간 공격적인 투자보다는 보수적인 접근 방식을 추천한다. 전 세계에 경제 위기가 온다고 해도 기본적인 의식주 소비는 이뤄질 것이므로, 소비재 중심 기업에 대한 관심이 필요해 보인다. 국내외 소비 시장에서 선두권인 기업들을 추천한다.

05 채권 투자를 고민하는 투자자에게 추천할 만한 종목은 무엇인가?

미국이 금리 인상을 추진하고 있는 상황에서 현 시점에 채권에 직접 투자하는 것은 추천하지 않는다. 그래도 채권에 투자한다고 하면 개별 기업보다는 국채 중심의 안전한 투자를 추천한다. 투자 기간도 채권 만기까지 채권을 보유할 경우에 투자하기를 추천한다. 채권 투자 시 금리가 상승할 경우 시장 매매 가격이 하락해서 만기 전에 채권을 매매하는 경우는 손실을 볼 수도 있기 때문이다

06 펀드 투자를 고민하는 투자자에게 추천할 만한 상품은 무엇인가?

설정된 펀드가 많지는 않은데 벤처 기업 투자 펀드 또는 그동안 조정을 받은 우량 중소형 가치 펀드 투자를 추천한다.

국내외 금융 시장 환경이 변동성도 크고 우리나라의 경우는 삼성전자, 현대자동차 등 거대 글로벌 기업들의 가치가 지금보다 2~3배로 더 상승하기에는 제한적이다 보니 주가 지수 자체의 상승 여력에는 한계가 있다.

관건은 이런 종목들을 잘 투자하는 펀드를 찾는 것이 될 것 같다. 일시에 많은 자금을 한두 가지 펀드에 투자하기보다는 시간을 두고 여러 펀드에 분산 투자해서 투자 타이밍 및 펀드 분산 포트폴리오를 구성하는 게 바람직해 보인다.

07 금, 달러, 원자재 등 그 외에 투자할 만한 금융상품이 있는가?

원자재에는 잘 판단해서 투자해야 한다. 금, 달러 등 원자재 시세가 수요 및 공급에 의해 이루어지기보다는 투기 세력들로 인해 시세가 형성되기 때문에, 상대적으로 정보의 비대칭성이 크므로 일반인들은 신중하게 접근할 필요가 있다.

08 부동산 투자를 원하는 투자자들에게는 어떠한 전략이 유리한가?

출산율의 저하와 노령 인구의 증가로 부동산 투자는 당분간 자제할 것을 추천한다. 일부 지역으로의 부동산 집중화가 심화될 것으로 보인다. 싸다고 투자하기보다는 중심 상권과 부유층이 많이 사는 지역으로 투자 대상을 선별해 접근할 필요가 있다.

특별부록

트럼프의 말에
돈이 숨어있다

"중국을 환율 조작국으로 지정하겠다"

　도널드 트럼프는 대선 기간 내내 중국 때리기에 열을 올렸다. 트럼프는 중국에 대해 "대통령에 오르면 중국을 환율 조작국으로 지정하고, 중국산 제품에 대해 45%까지 고율의 관세를 부과할 것이다"라고 위협했다.

　그의 이런 발언은 아주 근거가 없는 것은 아니다. 2015년 미국과 중국 간의 무역 불균형은 역대 최대치였다. 미국의 대중국 무역적자는 3,657억 달러에 달한다. 2015년 중국은 미국에 4,819억 달러 상당의 재화를 수출했지만 수입액은 1,162억 달러에 불과했던 것이다.

　트럼프는 중국이 위안화의 가치를 인위적으로 떨어뜨리는 방식으로 무역에서 이득을 보고 있다는 불만을 제기한다. 위안화 가치를 떨어뜨리면 국제 시장에서 중국 상품의 가격이 싸지기 때문에 이를 바탕으로 한 가격 경쟁력을 빌미삼아 중국 산업이 이득을 보고 있다는 주장이다.

트럼프 당선 직후에 중국이 해명에 나선 것은 상황이 심각하다고 인지했기 때문이다. 중국 상무부 국제무역부의 장샹천張向晨 부대표는 2016년 11월 23일 워싱턴에서 열린 미·중 상무위원회 자리에서 열린 기자회견에서 "중국은 시장 지향적인 외환 시스템 개혁을 하고 있다. 중국을 환율 조작국으로 비난해서는 안 된다"라고 말했다. "학계와 정치권에서는 이미 중국이 환율 조작을 하지 않는다는 결론을 내렸다"라며 중국을 일방적으로 비난할 것을 철회해달라는 의사를 내비친 것이다.

물론 트럼프의 발언이 그대로 현실에서 벌어지기는 힘들다. 하지만 투자 관점에서 주목해야 할 점은 트럼프의 보호무역 기조가 한국 수출에 악영향을 미칠 수 있다는 것이다. 관세나 환율을 놓고 미국과 중국이 으르렁거리는 사이에 한국이 불이익을 볼 수 있다는 것이다. 불똥이 한국으로 튀어 한국산 자동차의 수출량이 감소하는 등 수출주에 악영향을 받을 수 있다는 분석이 나온다. 따라서 수출과 밀접한 경기 민감주에 대한 신중한 투자가 요구된다고 전문가들은 지적한다.

"오바마케어
대체할 수단 찾아야"

도널드 트럼프는 미국 의료보험 시스템 개혁 법안인 오바마케어의 폐기를 공약으로 내세웠다. 의약품 가격을 자유 시장 경쟁에 맡겨야 한다는 것이다. 트럼프가 차기 정권의 보건복지부 장관으로 오바마케어 반대론자인 톰 프라이스Tom Price 하원의원을 지명한 것은 이 같은 이유에서다.

공화당 소속으로 조지아 주 6선 의원인 프라이스는 정형외사 의사이기도 하며, 그동안 미국의학협회와 함께 의사들의 이익 옹호에 목소리를 냈던 강경파다. 그는 오바마케어가 의사와 환자의 의료 결정 능력을 제한한다며 강하게 비판한 것으로 유명하다. "보험료가 내려가지 않고 오르기만 했다. 많은 미국인들이 대통령이 약속한 의료 보장 혜택을 잃어버렸다"라고 맹비난을 해왔다.

트럼프가 밀어붙이는 약값 정책의 핵심은 가격 경쟁의 유발이다. 따라서 원래 약과 효능이 똑같지만 가격은 더 싼 복제약이 주목받을 것으로 보인다. 따라서 미국 시장 진출을 검토하고 있는 녹십자, 셀트리온, 에스티팜 등은 수혜를 볼 것으로 보인다.

녹십자는 면역 증강제인 아이비글로불린IVIG의 미국 허가와 수출을 추진하고 있다. 셀트리온은 류머티즘 및 관절염 치료제 레미케이드의 복제약인 램시마를 미국에 출시한다. 에스티팜은 C형 간염 치료제의 원료를 공급한다.

트럼프가 오바마케어 폐지를 현실에 옮길 가능성은 정황상 매우 높다. 오바마케어가 폐지되고 약값이 시장에 의해 매겨진다면 가격 인상이 예상된다. 따라서 국내 제약주나 바이오주에게는 긍정적으로 작용할 가능성이 높다. 하지만 이 같은 기대감만 믿고 묻지마 투자를 하기에는 위험이 따른다. 따라서 트럼프가 집권한 이후에 실제 수혜가 어디에 집중될지를 꼼꼼하게 살핀 뒤, 직접적인 영향을 받을 공산이 큰 종목에 돈을 묻는 것이 현명하다는 목소리가 높다.

"한국 등 동맹국
방위비 더 내라"

트럼프는 동맹국들이 적절한 방위비를 분담하지 않으면 더 이상 이들을 방어해주지 말아야한다고 선거 기간 내내 외쳤다.

"미국이 지켜주는 나라들은 반드시 방위비를 지불해야 한다. 만약 그렇지 않으면 이 나라들이 스스로를 방어하도록 준비해야만 한다"라는 것이 트럼프가 주장하는 논리다. 경제가 악화되고 있는 미국이 더 이상 세계의 경찰 노릇을 하며 전 세계의 분쟁에 개입할 수는 없다는 것이다. 트럼프는 또한 "동맹국들이 미국을 '용서하는 국가'로만 보고 협정을 존중하려는 의무감은 갖고 있지 않다. 동맹국들이 자기 역할을 다할 때 세계는 더 안전해질 것이다"라고 말하기도 했다.

트럼프는 2016년 9월 필라델피아 선거 유세 도중 "독일과 일본, 한국, 사우디아라비아에 미국이 제공하는 막대한 안보에 더 많은 대가를 지불하도록 요청할 것이다"라고 한국을 콕 집어 거론하기도 했다. 한국이 경제 수준에 비해 방위비를 제대로 분담하고 있지 않다는 주장이다. 미국은 주한미군의 주둔을 통해 별 이득도 보지 못하고 있다는 얘기도 했다. 그해 3월 트럼프는 〈뉴욕타임스〉와의 인터뷰를 통해 "한국과 일본 등의 국가들이 미국에 대한 방위비 부담을 획기적으로 늘리지 않는다면 미군을 철수할 것이다"라고 선언하기도 했다.

지금 한국이 주한미군 주둔 비용으로 내는 비용은 한해 1조 원을 살짝 밑도는 수준으로 추산된다. 트럼프의 공약에 의하면 한국은 매년 추가로 1조 원을 더 내야 한다는 분석이 나온다. 따라서 한국은 트럼프와의 추후 협상을 통해 일정 부분 방위비 분담을 더 하는 것은 피할 수 없을 것으로 보인다. 따라서 방산기업 주가에는 수혜가 예상된다.

실제 트럼프 당선 날 당시 코스닥 기업인 빅텍은 단숨에 상한가로 직행했다. 퍼스텍도 가격제한폭까지 뛰어올랐다. 한화테크윈, LIG넥스원도 4~5% 상승했다. 하지만 기대감만으로 오른 주가는 빠지기도 했다. 빅텍이 단기간 10%대 급락세를 보이는 등 조정에 들어간 것이다. 재협상을 통해 방산기업의 매출이 늘 것은 확실하지만, 향후 어떤 기업이 직접적인 수혜를 볼지는 꼼꼼히 따져봐야 한다는 것이다.

"법인세 대폭 내려
미국으로 기업 오게 하겠다"

　트럼프는 그동안 법인세를 대폭 낮추겠다는 공약을 해왔다. 미국의 법인세 최고세율은 명목 기준으로 현행 35%인데 이를 15%로 대폭 낮추겠다는 뜻을 밝혔다.

　사실 상당수의 국가들은 미국보다 법인세율이 낮다. 영국의 현 법인세는 20% 수준인데, 브렉시트 이후 15%까지 내리겠다는 뜻을 밝히기도 했다. 아일랜드의 법인세율은 12.5% 선이다. 북유럽 국가들도 법인세는 높지 않다. 스웨덴은 2013년에 법인세율을 26.3%에서 22%로 내렸다. 덴마크는 25%에서 23.5%로 낮췄다. 핀란드는 26%였던 법인세율을 2014년에는 20%까지 대폭 내렸다. 트럼프가 공약대로 법인세를 15% 선으로 내리면 웬만한 유럽 국가보다 세율이 더 떨어지게 된다. 레이건 정부, 부시 정부 등 공화당 정권이 밟아왔던 감세 정책을 충실히 계승하겠다는 노선이다.

트럼프는 여기서 한 단계 더 나아간다. 애플 등 해외에 공장을 가진 기업을 미국 안으로 끌여들여 미국 제조업의 부활을 꾀하겠다는 전략이다. 이를 위해 법인세 인하 카드를 내미는 것이다. 애플이 해외에 쌓아놓은 역외 자금은 2,000억 달러(약 230조 원)에 달한다. 이를 미국 안으로 들여오려면 35%의 법인세를 내야 하는데, 트럼프는 "미국 기업이 역외 자금을 가지고 올 때 내는 법인세를 35%에서 10%로 내려 적용하겠다"라는 뜻을 밝혔다. 애플이 이 카드를 받아들이면 미국 내에 공장을 세울 수 있다.

따라서 일각에서는 삼성전자나 LG전자, 현대자동차를 비롯한 국내 기업들이 트럼프 정부의 입맛을 사로잡기 위해 미국에 추가로 공장을 건설해야 한다는 지적이 나오고 있다. 관세 등 세금 측면에서 최대한의 혜택을 받기 위해서는 적어도 미국 시장을 노린 제품은 미국 안에서 생산해야 불이익을 받지 않을 수 있다는 것이다. 스마트폰, 가전제품 공장이 미국에 추가로 설립될 것인가의 여부를 투자자들이 관심 있게 지켜봐야 한다는 얘기다.

"1조 달러 규모
인프라 사업 하겠다"

트럼프는 1조 달러(약 1,170조 원)를 인프라에 투자하는 재정 확대 정책으로 미국의 경쟁력을 높이겠다고 말한다. 골드만삭스는 트럼프가 공약한 인프라 건설 계획의 가장 큰 수혜 원자재로 니켈을 꼽는다. 부식에 저항하는 성질이 뛰어나 갈수록 사용이 확대되고 있다는 이유다. 화석에너지의 부활을 주장하는 트럼프 덕에 석탄 발전 가동률이 늘어날 것으로 예상돼 유연탄 수요도 늘어날 것이란 전망이다. 트럼프가 공언한 1조 달러 투자 정책이 다 지켜지지는 못하더라도 상당한 수준의 금액이 투자될 것이란 예측이다.

그렇다면 여기에 수혜를 볼 수 있는 곳에 돈을 묻으면 된다. 국내 기업 중에서는 효성와 두산밥캣 등 중공업 관련 주식이 반사 이익을 볼 것으로 예측된다. 1조 달러 규모의 인프라스트럭처 사업을 내건 트럼프의 공약이 현실화되면, 효성의 초고압 변압기 판매가 늘어 이익이 증가할 수 있다는 예측이 나오는 것이다. 효성이 자체 기술로 개발한 초고압 변압기는 글로벌 시장에서 약 30%의 점유율을 보이고 있어, 인프라 사업이 확대될수록 자연스레 매출이 늘어나는 구조라는 설명이다.

가격이 오를 것으로 보이는 원자재에 승부를 걸어보는 것도 좋은 방법이다. 현지 시간으로 2016년 10월 28일 기준 런던금속거래소_{LME}의 구리 종가는 톤당 5,935달러 50센트 선에서 마감됐는데, 이는 미국 대통령 선거 직전인 8일의 5,044달러와 비교하면 17% 넘게 오른 것이다. 아연과 납도 같은 기간 20% 가까이 올랐다.

따라서 이들 원자재를 기초 자산으로 하는 펀드 등에 베팅하면 적잖은 수익을 낼 수 있다는 것이 전문가들 주장이다. 다만 금은 당분간 지켜봐야 할 가능성이 높다는 분석도 나온다. 금 가격은 달러를 기반으로 계산하기 때문에 달러가 오르면 금값은 손해를 보는 구조다. 그런데 트럼프 당선 이후 달러가 연일 오르는 행보를 보이고 있어 신중한 투자가 요구된다. 다만 장기적으로 금값이 바닥권이라는 측면에서 볼 때 지금이 사야 할 적기라고 주장하는 의견도 나온다.

트럼프가 짚어주는 똑똑한 투자법

초판 1쇄 2017년 1월 15일
초판 3쇄 2017년 1월 30일

지은이 매일경제 증권부
펴낸이 전호림
책임편집 이영인 이동원
마케팅 · 홍보 강동균 박태규 김혜원

펴낸곳 매경출판㈜
등 록 2003년 4월 24일(No. 2-3759)
주 소 (04557) 서울시 중구 충무로 2(필동1가) 매일경제 별관 2층 매경출판㈜
홈페이지 www.mkbook.co.kr **페이스북** facebook.com/maekyung1
전 화 02)2000-2612(기획편집) 02)2000-2636(마케팅) 02)2000-2606(구입 문의)
팩 스 02)2000-2609 **이메일** publish@mk.co.kr
인쇄 · 제본 ㈜M-print 031)8071-0961
ISBN 979-11-5542-604-3(03320)

미스 조

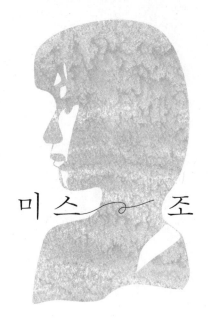

미스 조

홍명진 장편소설

삶창

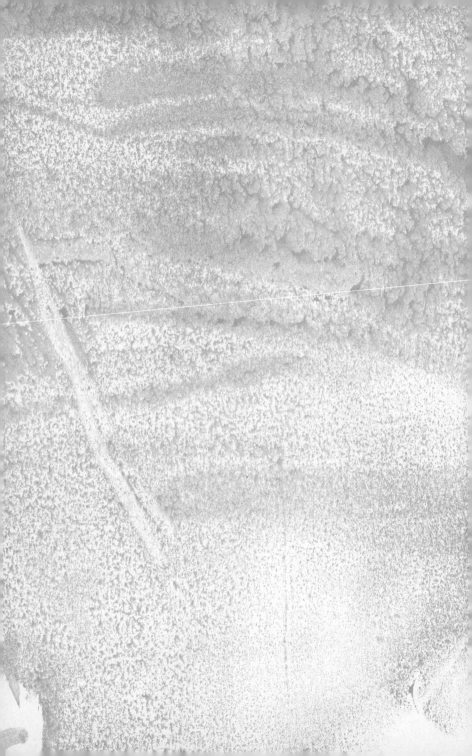

차
례

서울의 끝

그들이 내린 전철역의 출입구는 북광장과 남광장 두 곳뿐
이었다. 긴 계단 끝자락에 조그만 마당이 광장이었다. 인천 방
향으로 백여 미터쯤 떨어진 곳에 철길 건널목이 있었다. 그들
은 철길을 건너가야 했다. 북광장 쪽은 4차선 대로를 따라 도
로변에 늘어선 건물의 높이와 구조가 세련되고 밀도가 조밀한
반면 남광장 쪽은 정체되어 있었다. 양철지붕의 연탄공장 건
물이 대표적이었다.

엘피가스가 가정용으로 보급되기 전까지 도시 일대에 연료
를 공급했을 연탄공장은 쇠락의 기미가 역력했다. 한여름엔
거의 폐업 상태였던 연탄공장은 바람결이 달라지면 기계 소리

가 나기 시작했다. 이따금씩 석탄을 실은 무개화차가 정차하고, 완제품을 실어 나르는 트럭이 공장을 드나들었다. 연탄공장의 낮은 벽돌담이 끝나는 곳에서 초등학교 건물이 있는 곳까지 오목조목 골목 상권이 형성되어 있었다.

문경이 오 군을 만난 건 그들이 카타콤베라고 부르던 일터에서였다. 카타콤베에서 쫓겨나는 일만 없었다면 그날 밤 문경은 오 군을 따라나서지 않았을 것이다.

카타콤베는 지하로 내려가는 반원형 목조 계단을 한 바퀴는 돌아야 출입문이 보이는 생맥줏집이었다. 출입문을 열 때마다 지하 공간에 고여 있던 찌든 기름때 특유의 냄새가 코를 찔렀다. 금요일과 토요일 밤에 손님이 가장 많았다. 손님들이 몰려들기 시작하면 한 손엔 안주 쟁반을, 다른 손엔 맥주조끼를 들고 테이블과 테이블 사이를 빙글빙글 돌듯이 빠른 걸음으로 움직였다. 침침한 형광등 불빛에 담배 연기가 자욱한 홀은 레마르크의 소설 『개선문』의 카타콤베를 떠올리게 했다.

홀 담당은 넷이거나 다섯일 때도 있었는데 하루나 이틀 일하고 그만두는 경우도 있어서 바뀐 얼굴들이 첫 주급을 받을 때까지는 서로 이름조차 모르고 지나가는 경우도 많았다.

특이하게도 지배인은 여자나 남자나 모두 '군'이라 불렀다. 김씨가 둘일 때도 억양을 달리해 부르는 특이한 재주가 있었

다. 문경은 조 군으로 불렸다. 존대는 없었다. 조 군아, 오 군
아 불러대면서 '닦아라', '날라라', '오라 가라' 할 뿐이었다. 4주
차 주급을 받으면 문경도 그만둘 생각이었다. 오래 버틸 수 있
을 것 같지 않았다. 네가 그만두면 따라서 그만둘 테니 조금만
더 버티자고 말한 건 오 군이었다.

"같이 그만두면 둘이서 뭐 하게?"

카타콤베에선 이런 식의 농담은 누구와도 할 수 있었다. 출
입구 담벼락에 토해놓은 토사물을 닦을 때나 마감 정리를 할
때, 물건을 나를 때나 테이블을 닦다가도 가능한 농담들. 그만
두면 다시는 얼굴 볼 일 없는 사이에도 주고받을 수 있는 농담
따먹기를 하며 오 군과 석 달을 그곳에서 붙어 지냈다.

문경이 오 군을 따라나선 그날 지배인은 시비를 걸듯이 일
을 시켰다. 화요일이었고 가게엔 손님이 거의 없었다. 지배인
은 직원들이 잠시도 쉬는 꼴을 못 봤다. 손님이 없을 때 비어
있는 구석 자리에 잠깐 엉덩이만 걸치고 있어도 잔소리를 퍼
부었다. 문경은 지배인의 잔소리가 듣기 싫어 화장실에 들어
가 문을 잠갔다. 마침 배가 쌀쌀하게 아팠다. 아니나 다를까.
예정에도 없던 생리혈이 팬티에 묻어 있었다. 화장지로 생리
혈을 닦아내고 다시 밖으로 나왔을 때 지배인이 정신 상태들
이 썩었다고 소리쳤다. 문경은 지배인을 피해 김 군에게 생리

9

대를 빌려 다시 화장실로 들어갔다.

사달은 거기서 났다. 지배인이 화장실 문을 거칠게 두드렸다. 문경은 문 두드리는 소리에도 서둘지 않고 생리대를 착용하고, 비누칠을 해서 천천히 손을 씻었다. 화장실 문이 벌컥열린 건 그때였다.

"얼른 나와."

지배인이 소리쳤다. 문경이 젖은 손을 닦지도 못한 채 화장실에서 나오자 지배인이 비아냥거리듯이 말했다.

"나가. 쓰레기 같은 인간들은 필요 없으니 나가!"

그가 손가락으로 출입문을 가리켰다. 무슨 일 때문인지 평소보다 지배인의 말투는 더 뒤틀려 있었다. 왜 그러냐고 물었어도 문경은 그 이유를 설명하지 않았을 것이다.

고개만 숙이고 있는 문경의 손목을 잡아챈 건 오 군이었다. 그는 테이블을 닦던 행주를 집어 던지고 곧장 문경에게 다가와 문밖으로 끌고 나왔다. 흡사 영화에서나 봤음 직한 짓을 오 군이 한 것이다.

"염병하고 있네!"

지배인의 목소리가 들렸지만 속은 후련했다.

오 군을 따라 전철을 탈 때만 해도 문경은 그들에게 일어난 일이 어떤 일인지 생각하지 못했다.

그들이 내린 전철역은 한산했다. 전동차는 칸칸마다 만원이었는데 내리는 사람은 몇 되지 않았다. 개표기를 통과한 사람들이 흩어지자 역 구내는 이내 조용해졌다.

그들은 전철역 북광장의 포장마차에 들어가 술을 마셨다. 오 군은 소주와 어묵탕을 시키고, 문경은 잔치국수 한 그릇을 말아 달라고 했다. 사리를 지어 소쿠리에 쌓아놓은 소면을 보자 새삼스레 허기가 몰려왔다. 소면 사리를 뜨거운 멸치육수에 토렴한 뒤 육수를 붓고 송송 썬 쪽파와 달걀지단, 김가루를 고명으로 올리고 양념장을 끼얹은 국수 맛은 일품이었다.

"왜 화장실에서 안 나왔어?"

오 군이 갑자기 생각났다는 듯 물었다.

"그냥."

문경은 사실대로 말할 수 없어 얼버무렸다.

"잘했어."

오 군이 갑자기 낄낄거리며 웃기 시작했다. 옆에 앉은 손님들이 그들을 쳐다봤다. 낄낄거리는 오 군의 어깨가 심하게 흔들렸다. 문경이 그만 웃으라는 듯 째려보자 오 군이 사레가 들린 듯 캑캑거리며 말했다.

"나가라잖아. 그래서 나온 것뿐인데 지배인 새끼 뒤통수 제대로 한 방 먹은 기분일 거다."

지배인이 나가라고 소리친 게 한두 번이 아니었고, 오 군이나 문경에게만 그랬던 것도 아니었다.

*

그날 밤, 포장마차에서 나온 두 사람은 구름동을 향해 걷기 시작했다. 구름동으로 들어가는 버스는 진즉에 끊겼다고 오 군은 말했다.

"그런데 동네 이름이 진짜 하늘에 떠 있는 구름을 말하는 거야?"

오 군이 구름동이라고 말했을 때 잘못 들은 것 같아 문경이 물었다.

"내가 사는 곳이니까 내 마음대로 불러. 동네 이름 같은 건 별로 중요한 게 아니잖아?"

오 군이 농담하듯 대답했다.

그들이 철길 건널목 앞에 다다랐을 때 땡땡땡 새된 경고음이 울리고 차단기가 내려오기 시작했다. 그들은 차단기와 두세 걸음 떨어진 곳에서 멈춰 섰다. 굉음을 내며 전동차가 천천히 지나갔다. 문경은 고개를 쳐들고 승객들로 꽉 찬 객차를 바라보았다. 하지만 문경의 눈엔 그저 스쳐가는 홀로그램처럼 보였다. 객차 안의 승객들에게도 그들은 긴 어둠의 그림자에 불과했을지도 모른다.

전동차가 지나가고 몇 초 뒤에 차단기가 천천히 올라가기 시작했다. 오 군이 먼저 발을 떼면서 한 발 뒤처져 있던 문경을 돌아보았고, 둘은 나란히 철길 건널목을 건넜다.

양철 지붕 몇 동이 몰려 있는 연탄공장 앞을 지나자 문 닫힌 상가들이 이어졌다. 3, 4층 높이의 작은 건물들이 다닥다닥 붙어 있었다. 피아노 학원과 보습 학원, 태권도 학원 앞을 지났다. 보도블록이 끊기면서 초등학교 정문이 나타났다. 넓은 운동장 건너 학교 건물은 불빛 하나 없었다. 긴 학교 담장이 끝나자 갈림길이 시작되면서 인가와 어울린 불빛들이 멀어졌다.

갈림길 오른쪽은 마른 풀들로 뒤덮인 쓰레기 매립지였다. 쓰레기 매립이 금지된 지 오래였지만 밤공기에 이물질이 낀 듯, 시큼한 냄새가 날아왔다. 땅속 깊이 묻힌 쓰레기가 곰삭아 가는 냄새였다. 멀리 어두운 쓰레기 매립지 건너편에서 반짝거리는 불빛들은 검은 밤바다에 떠 있는 섬처럼 보였다. 가로등의 간격도 점차 벌어졌다. 폭 좁은 도로 한가운데 흐릿하게 그어진 노란 선이 완만한 곡선을 그리며 이어졌다.

오 군의 걸음새는 독특했다. 그의 발소리는 마치 앞발로 땅을 쳐 올리는 듯한 소리를 냈다. 걸음을 뗄 때마다 톡 볼가진 엉덩이가 유난스레 눈에 띄었고, 발뒤꿈치는 살짝살짝 땅에 붙었다 떨어졌다. 발가락에 힘을 주고 그러잖아도 기운 상체를 앞으로 약간 구부린 채 걷는 것이 그의 걸음새였다.

문경은 바지런히 오 군의 뒤를 따랐다. 도로 한쪽으로 펼쳐지는 숲은 가까이 다가들었다 멀어졌다 하며 갓길의 폭이 일정치 않았다. 앙상한 겨울 숲은 괴괴한 기운마저 감돌았다. 버스는 끊겼다 쳐도, 택시조차 지나다니지 않았다. 문경은 문득 눈앞에 있는 오 군이 과연 오 군이 맞을까, 터무니없는 생각까지 들었다.

갈수록 길의 기울기는 한층 심해졌다. 갓길도 거의 사라져 곧바로 산자락과 이어졌다. 그들은 도로의 한쪽 차선을 다 차지한 채 걸었다. 그때 크르릉 소리와 함께 쏘는 듯한 헤드라이트 불빛이 구부러진 길의 변곡점에서 그들의 얼굴을 핥으며 달려왔다. 갑작스런 빛줄기에 눈이 먼 듯 문경은 아무것도 볼 수 없었다. 마치 태양의 정점을 쳐다보다 홍채가 녹아버린 듯 찰나의 암흑이 덮쳐왔다. 그 순간 무시무시한 빛의 이면에서 팔이 길게 뻗어 나와 그녀를 끌어당겼다. 문경은 악센 힘에 의해 얕은 산비탈로 올라섰고, 가슴뼈가 벌렁거리는 오 군의 품에 안겼다.

그의 입에선 칼칼한 소주 냄새가 풍겼다. 길게 늘어진 헤드라이트 불빛이 시야에서 사라지자 매캐한 배기가스 냄새가 코끝을 스쳤다.

"덤프트럭이야."

상체를 풀며 오 군이 말했다. 아직 다 사라지지 않은 덤프트럭의 굉음에 그의 목소리가 묻혔다.

"뭐라고?"

"덤프트럭이라고!"

그가 소리쳤다.

"이 밤에 웬 덤프트럭이 지나가?"

"저 끝에 문 닫은 화학공장이 있어. 거기서 공사를 하나 보지 뭐. 거기가 구름동 끝이고, 그 너머 저수지가 서울의 서쪽 경계야."

오 군이 팔을 쭉 뻗어 길 끝을 가리켰다. 그의 손끝엔 캄캄한 어둠뿐 아무것도 보이지 않았다.

덤프트럭이 지나간 뒤 그들은 다시 이차선 도로의 한가운데를 점령한 채 나란히 걸었다. 문경은 오 군과 보폭을 맞추려고 숨을 헉헉거렸다. 숨을 내쉴 때마다 뿌옇게 입김이 퍼졌다. 귓불이 빨갛게 얼고, 외투 주머니에 넣은 손도 차가웠다. 운동화 속의 발가락도 시렸다. 가로질러 멘 가방끈이 목덜미에 차갑게 와 닿았다. 차각차각, 살얼음이라도 디디듯 일정한 리듬을 지닌 오 군의 발소리가 유난스레 크게 들렸다.

"천천히 가."

문경이 투덜거렸다. 그래도 그는 걸음을 늦추지 않았다. 어느새 그와 거리가 벌어지기 시작했다.

"여기가 서울의 끝이라고?"

문경이 목소리를 높여 물었다.

"어디든 끝은 있게 마련이지."

그가 진지하게 대답했다.

구부러진 길이 끝나자 드디어 모여 있는 마을의 불빛들이 다가왔다. 옴폭 팬 저지대에 들어앉은 낮은 불빛들이 손에 잡힐 듯 눈앞에 펼쳐졌다. 오 군이 길 한가운데 우뚝 멈춰 섰다. 그러곤 뒤를 돌아보며 소리쳤다.

"다 왔어. 여기가 구름동이야!"

문경은 그를 향해 다가갔다. 걸음을 디딜 때마다 마치 다른 행성의 어딘가를 딛고 있는 기분이었다.

그 시절, 문경은 행복따위 믿지 않았다. 어떤 신도 행복을 대가로 그녀를 무릎 꿇게 할 수는 없을 것이라고 생각했다. 그 확신은 어디서부터 시작되었는지 알 수 없지만, 시작부터 그녀의 자세는 불행의 포즈를 취하고 있었다는 것만은 확실하다. 어떤 식으로 펼쳐질지 알 수 없는 미래의 시간들 속에 오 군이 명명한 구름동이 있었다.

*

구름동은 고요했다. 귀를 기울이면 일정한 간격으로 돌아가는 공장의 기계 소리가 들렸지만 그마저도 단조로운 리듬을 타고 있어 고요의 일부분처럼 느껴졌다. 택시나 트럭, 노선버스마저도 구름동의 고요를 크게 뒤흔들지는 못했다.

구름동으로 들어오는 노선버스에는 화학공장이 종점으로 표기되어 있지만 공장은 3년 전에 폐쇄되었다. 한때 구름동으로 들어오는 버스는 화학공장 사람들로 만원이었다. 화학공장에서는 낮에도, 철야 작업을 하는 밤에도 네 개의 굴뚝에서 잿빛 연기를 동반한 불꽃이 치솟아 올랐다.

구름동에는 뭐든 하나씩만 존재했다. 노선버스도 하나, 슈퍼마켓, 세탁소, 약국, 전파사, 식당도 하나뿐이었다. 없는 게 더 많았지만 경쟁 상대가 없기에 하나뿐인 그것들은 그 나름의 고유한 존재 방식을 고수하고 있었다. 슈퍼마켓에서는 온갖 생필품과 채소, 생선 궤짝에 담긴 동태와 포장된 냉동육까지 팔았다. 중고 가전 수리를 전문으로 하는 전파사에서 철물점을 겸했고, 버스정류장 앞에 있는 약국에서 약사가 토큰을 파는 식이었다.

단 하나뿐인 가게들은 구름동사거리 찻길가에 몰려 있었는데, 외줄기인 간선도로를 사이에 두고 아랫동네와 윗동네로 이분되었다. 저지대인 아랫동네는 논밭들과 야산 밑까지 들어앉은 농가들이 모여 있는 반면 윗동네는 완만한 경사면을 따라 소규모의 공장들이 산재해 있었다. 구름동 버스정류장 근처 전봇대나 공장 건물 담벼락, 슈퍼마켓 출입문에도 공원 모집 광고들이 심심찮게 붙어 있었다. 오 군은 카타콤베를 그만둔 후 공장 지대의 막다른 골목 맨 끝에 있는 제일금형에 취직했다.

오 군이 세든 방은 전형적인 'ㅁ' 자 구조의 전통주택이었다. 안채엔 혼자인 주인 할머니와 훈이네가 대문을 함께 썼고, 찻길 쪽으로 나앉은 길가 방엔 어묵공장에 다니는 여자가 열 살짜리 딸과 단둘이 살았다.

안채 대문을 지나 훈이네 주방 바람벽을 끼고 모퉁이를 돌면 오 군의 방이 있었다.

훈이네 주방 창과 작은방 창문에 불빛이 묻어나기라도 하면 문경은 징검돌을 건너듯 땅바닥에 비친 불빛을 꾹꾹 눌러 밟아 디뎠다. 문경은 주방 창문에 비치는 주부의 실루엣, 희미하게 들리는 수돗물 소리, 식구들이 거실에 둘러앉아 텔레비전을 보며 나누는 말소리나 웃음소리 같은, 살 비비고 사는 식구들이 낼 법한 따뜻한 소리가 그리웠다.

훈이네는 네 식구였다. 작은아들인 경수보다 큰아들인 경훈의 이름이 불릴 때가 더 많았는데, 주인 할머니는 경훈의 아버지나 엄마를 부를 때도 훈아, 하고 불렀다.

훈은 골격이 큰 아버지를 닮아 발육이 빠르고 조숙해 보이는 반면 엄마를 닮은 수는 마르고 작은 키에 미숙한 몸을 하고 있었다. 연년생인 형제는 중학교 1학년과 초등학교 6학년이었다. 훈은 얼굴에 막 여드름이 솟기 시작했는데, 여드름 때문인지 얼굴이 붉어 보였다.

문을 닫기 직전까지 화학공장에 다녔다는 훈이 아버지는 한쪽이 짜부라진 눈매 때문인지 거칠고 강퍅해 보였다. 그는 프라이드왜건을 끌고 공사현장에 일을 다녔다. 바깥마당 화장실 옆에 세워진 프라이드왜건이 보이지 않으면 적어도 일을 나갔다는 뜻이다. 훈이 엄마는 그들에겐 관심이 없는 듯했다. 문경이 인사를 해도 받는 둥 마는 둥 무표정한 얼굴로 대했다. 길가 방 여자처럼 일을 다니는 것도 아니고 살림만 하는데도 얼굴을 보기는 쉽지 않았다.

마을의 중년 여자들 대부분이 어묵공장에서 일했다. 점심시간이면 어묵공장쪽에서 하얀 위생복 차림의 여자들이 구름동사거리로 몰려오는 것을 볼 수 있었다.

길가 방 여자는 키가 작달막하고 피부도 가무잡잡해서 하얀 위생복들 사이에서 더 눈에 띄었다. 여자는 볼 때마다 뭔가를 씹느라 양쪽 볼이 올록볼록 움직거렸고 탐색하듯 사람의 얼굴을 들이대고 보는 묘한 버릇이 있었다. 여자가 빤히 쳐다볼 때마다 문경은 등줄기가 따끔거렸는데, 여자의 눈에는 그들이 아직 머리에 피도 안 마른 풋내기들로 보였을 것이다.

오 군의 방은 짧게 사글세를 살다 떠나는 뜨내기들의 방이었던지라 주인 할머니에게도 늘 골칫거리였다. 이 방에 둥지를 틀었던 이들이 어디서 흘러와 어디로 가는지는 주인 할머니도 알지 못했다. 빈방을 묵히는 것보단 누구라도 들어와 살아주면 그만인 방, 오 군이나 문경은 주인 할머니에겐 이전의 세입자들과 하나 다를 것 없는 종자들이었다.

알루미늄 새시 문을 열면 곧바로 옴폭한 부엌이었다. 부엌은 조그마했다. 벽 한가운데 작은 찬장이 달려 있고, 싱크대가 없어서 설거지는 밖에 설치된 수도를 이용해야 했다. 방으로 올라가는 작은 마루 옆으로 연탄아궁이가 있었다. 길쭘한 방은 천장이 낮았고, 윗목 쪽으로 갈수록 폭이 좁았다. 바람벽에 붙은 기다란 들창을 열면 저지대에 들어앉은 안쪽 마을과 해발고도 150미터 산꼭대기에 설치된 송전탑이 한눈에 들어왔다.

문경이 그동안 떠돌았던 방들은 풍경은 고사하고 햇빛조차 잘 들지 않았다. 그나마 짐도 다 풀지 못한 채 한두 달씩 얹혀 살았다. 여러 방들을 떠돌 때도 두렵지는 않았다. 하지만 무엇을 하든 미흡했고, 꽉 차는 게 없었다. 때때로 어디에, 어떻게 몸을 부려놓아야 할지 막막하기만 했다.

일은 닥치는 대로 했다. 음식점 주방에서 접시를 닦거나 홀청소와 서빙을 했고, 연말에는 충무로에 있는 인쇄소에서 며칠씩 짧은 아르바이트를 하기도 했다. 하루에 수천 장의 연하장이나 달력을 포장하고 나면 손톱 밑이 아릿아릿해 잠을 이루지 못했다.

한여름에는 청바지에 반팔 티셔츠를 번갈아 받쳐 입고 샌들 하나로, 가을바람이 불면 긴팔 티셔츠나 남방셔츠에 카디건을 걸치고 샌들 대신 단화, 겨울에는 윗옷을 여러 벌 겹쳐 입고 단벌 외투로 지냈다. 일하는 틈틈이 단과학원을 기웃거리며 수학과 영어 수강증을 끊어 새벽반 수업을 듣기도 했지만 길게 가지는 못했다. 넌 왜 이 점수를 가지고도 원서조차 안 쓰니? 고3 때 담임선생이 했던 말이 문경의 발목을 붙잡고 있었다. 최선을 다해 살아갈 수 있는 방법은 얼마든지 있다는 걸 충고하던 담임선생의 말이 순간순간 스쳤지만 이 도시에서 살아남는 게 우선이었다. 이 도시에 붙어 있는 커다란 회전문을 통과

할 때마다 문경은 매번 갇히고, 유리벽에 머리를 부딪치는 꿈을 꾸면서도 살아내야 했다.

오 군은 제대 후 본가로 들어가지 않고 구름동에 방을 얻었다고 했다. 오 군이 그 얘기를 꺼낸 건 카타콤베 영업이 끝나고 처음으로 둘이 밤을 보낸 여관에서였다.

"집이 서울이라면서 왜 따로 나와 살아?"

문경은 오 군의 팔을 베고 누워 물었다.

"하루라도 빨리 독립하고 싶었거든."

오 군은 심드렁하게 대답했다.

창문을 열자 창틀에 박힌 구부러진 못에 걸려 겨우 한 뼘밖에 열리지 않았다. 문경은 촘촘하게 박힌 방범 창살 너머 캄캄한 어둠을 바라보았다. 그때만 하더라도 문경은 오 군을 진지하게 생각하지 않았다. 그의 몸을 만지고 탐닉하는 몰입의 순간에도 불행이 이끼처럼 파고들었고, 그들이 가진 것은 어쩌면 그 한순간뿐일지도 모른다고 생각했다. 문경은 알고 있었다. 삶이 어느 순간 끝나버릴 수도 있다는 것을.

*

오 군의 방엔 변변한 살림살이라곤 아무것도 없었다. 문경은 얹혀살던 친구의 자취방에서 짐을 가져온 뒤 철길 건너 재래시장을 오가며 살림살이를 하나씩 사다 날랐다. 비키니옷장과 접이식 사각 밥상, 칼도마, 밥그릇과 국그릇, 쌀 씻을 양재기와 냄비 두 개, 프라이팬과 채반, 포크와 수저 따위 들. 전기밥솥은 구름동 철물점에서 중고품을 구입했다.

생각지도 않게 방의 균형을 잡아준 건 주인집에서 얻은 좌식 책상이었다. 아무것도 모르는 젊은 것들이 대체 어떻게 사나, 하는 눈빛으로 셋방을 들여다보던 주인 할머니가 광에 가면 책상이 하나 있는데 가져다 쓸 테면 쓰라고 했다. 장성해서 분가한 할머니의 아들들이 물려가면서 썼다는 오동나무 책상은 몹시 무거웠다. 퇴근한 오 군과 힘을 합쳐 책상을 옮겼다.

책상 자리를 잡느라 두 사람은 티격태격 말씨름을 했다. 오군은 책상을 벽면 한쪽 구석으로 밀어붙이자고 했고, 문경은 벽 가운데에 책상을 놓고 양쪽 빈 공간에 플라스틱 수납장을 사서 물건을 올려놓자고 했다. 결국엔 책상이 가운데에 자리를 잡았다.

책상은 양쪽에 좁은 서랍이 두 칸씩, 가운데엔 넓적한 서랍이 하나 달려 있었다. 손때로 반들반들하게 모서리들이 닳고 상판엔 군데군데 칼로 찍은 듯한 곰보 자국이 나 있었다. 문경이 자잘한 꽃무늬가 프린트된 흰 면보를 사다 씌우자 방 안의 분위기까지 새로워졌다. 문경에겐 사물의 위치를 잡고, 분수에 맞게 필요한 것들을 사들이는 일이 그동안 떠돌았던 시간을 보상받는 것처럼 행복했다. 먼 훗날이 어떻게 펼쳐질지 알 수 없으나 그 시간만큼은 아무것도 부러울 게 없었다.

문경이 마지막으로 장만한 살림은 솥이었다. 오 군은 아침마다 냄비에 끓인 물을 찬물과 섞어가며 아껴 썼다.

커다란 양은솥을 하나 사야겠어.

왜 솥을 생각하지 못했을까? 기다란 들통이 좋을까, 솥이 좋을까?

솥을 사자, 솥을.

문경은 솥을 사야겠다고 생각하고부터 솥 생각만 가득했다. 날이 밝으면 솥공장에라도 달려갈 듯 마음이 들떠서 잠도 제대로 자지 못했다.

다음 날 문경은 시장으로 달려갔다. 그동안 소소한 살림을 장만하러 갔던 그릇 가게는 제법 컸다. 솥을 찾아 가게 안쪽으로 들어갔다. 들통은 들통들끼리, 냄비는 냄비들끼리, 뚝배기는 뚝배기들끼리 모여 있었다. 솥은 4층짜리 선반 2층에 나란히 쌓여 있었다. 솥들은 색깔이 같은 것끼리, 큰솥 안에 작은 솥이 서너 개씩 포개져 있었다. 부엌의 크기와 쓰임새를 생각해 신중하게 중솥을 하나 골랐다. 노란 양은솥이었다. 주인 남자가 노끈으로 솥을 묶고 손에 쥐기 좋도록 매듭을 지어 문경에게 건네주었다.

솥단지는 어떻게 들어도 편하지 않은 애매한 물건이었다. 이쪽저쪽 손을 바꿔 쥐어도 마찬가지였다. 문경은 구름동까지 걸어갈까 하다가 솥단지 때문에 버스를 타기로 했다. 정류장 토큰박스 옆에 놓인 무료 가판대에서 〈벼룩시장〉도 한 부 챙겼다. 문경이 솥을 안고 버스에 올라타자 몇몇 승객들이 힐끔거리며 쳐다봤다.

문경은 집으로 돌아오자마자 솥을 닦아 연탄아궁이 위에 올린 뒤 물을 가득 부었다. 물이 가득한 솥이 부엌을 차지하자 빈약한 살림살이가 단박에 빵빵하게 찬 것처럼 느껴졌다. 전기밥솥에 쌀을 씻어 안치고 꽁치통조림을 넣은 김치찌개를 끓여놓은 뒤에 오 군이 퇴근할 때까지 방바닥에 엎드려 〈벼룩시장〉을 훑었다.

한영통상
가족같이 일할 여직원 구함
나이: 25세 미만
학력: 고졸 이상, 용모단정한 사람
근무조건: 월 70만 원 보장, 깔끔한 외근직. 일요일 공휴일

휴무, 일일 8시간 근무 보장

　문경은 구인 광고를 꼼꼼히 훑었다. 반나절만 할 수 있는 식당 아르바이트부터 종일 할 수 있는 붙박이 일자리까지 조건이 만족스러운 것은 그리 많지 않았다. 그중에 문경의 눈길을 끈 게 한영통상이었다. 근무 조건 아래 적힌 연락처에 빨간 볼펜으로 동그라미를 치면서 생각했다. 첫 월급을 타면 단과학원에 등록해서 퇴근 후에 영어나 수학 공부를 계속해야겠다고. 구름동으로 들어와서 하루하루 시간만 까먹고 있는 것 같아 불안했다.

　"이제부터 일을 좀 해보려고."

　그날 밤늦게 돌아와 꽁치김치찌개에 밥을 비벼 먹는 오 군에게 말했다.

　"뭘 하려고?"

　"찾아봐야지."

　"공부하고 싶다며? 내가 돈 벌게."

　오 군이 호기롭게 말했다. 카타콤베에서 일할 때 가장 하고 싶은 게 뭐냐고 묻는 그에게 문경이 공부라고 했던 말을 그는 기억하고 있었다.

　"돈 벌어서 나 공부시켜주려고?"

26

문경이 농담하듯 물었다.

"하고 싶다면 해야지."

그의 대답이 진지해서 문경은 피식 김빠진 웃음을 흘렸다.

"부엌에서 뭐 달라진 거 못 봤어?"

"글쎄."

"솥 샀는데."

"잘했네."

그는 솥에는 관심이 없는 것 같았다. 문경은 〈벼룩시장〉에서 본 구인 광고에 대해 말하지 않았다. 부딪쳐봐야 했다. 아무것도 기대하지 않는 것이 실망을 이겨내는 유일한 처방이라는 것쯤은 이미 알고 있었다.

*

문경은 오 군이 잠든 뒤에도 쉽게 잠들지 못했다. 집을 떠나올 때를 생각하면 가슴이 두근거렸다.

집을 떠나는 일은 도둑질만큼이나 쉬웠다. 그녀가 한때 도둑질을 하고 다녔던 건 특별한 유혹이나 절박함이 있어서는 아니었다. 도둑질이 아니면 풀 수 없는 무엇인가가 그것에 몰두하게 했다. 아무도 그녀에게 신경 쓰지 않았다. 도둑질은 곧 그만두었지만 아무것도 달라지지 않았다.

　문경은 열네 살 그해 겨울, 어떻게 화장터로 가는 버스를 타
게 되었는지 기억나지 않는다. 십이월이었고, 눈이 쏟아질 듯
아침부터 날이 흐렸다. 꽤 긴 시간 차를 타고 달렸다. 옆자리
에 앉은 작은언니는 줄곧 창밖만 내다보았다. 고개를 돌릴 때
마다 차창에 희미하게 작은언니의 얼굴이 떠 있었다. 두 사람
은 아무 말도 나누지 않았고, 서로 눈도 마주치지 않았다.

　문경의 입술엔 커다란 수포가 잡혀 있었다. 혀로 입술을 핥
을 때마다 물컹하고 아릿한 것이 느껴졌다. 잠이 덜 깬 상태에
서 세수를 할 때 제법 크게 부풀었던 수포가 터졌는데도 옆에
붙은 깨알 같은 수포들이 몸집을 불려 크게 자리를 잡았다. 밤
새 이불을 뒤집어쓰고 잔 탓이라고 생각했다.

　화장터로 가기 전날 문경이 학교에서 돌아왔을 때 안방은
한차례 폭풍이라도 지나간 듯 난장판이었다. 반짇고리가 쏟아
져 있고 반닫이 문짝들은 죄다 열려 있었다. 문경은 자신이 알
지 못하는 무서운 일이 일어났음을 깨달았다. 술에 취한 아버
지가 던진 재떨이에 맞아 엄마의 입술이 찢겨졌던 일과는 다
른, 어린 그녀가 감당할 수 없을 만큼 크고 무서운 일. 슬픈 예
감은 빗나간 적이 없었다. 행복한 일들은 아무리 기대해도 일
어나지 않았지만 불행의 징조는 어김없이 현실로 나타났다.

하지만 문경은 아무것도 보지 못했다. 화장터 굴뚝에서 올라오는 짙은 연기가 축축한 대기 중에서 한참을 머물렀다 흩어졌다. 무겁고 칙칙한 검은 옷을 입은 사람들이 서로 모르는 사람들처럼 돌아다녔다. 엄마는 입술이 허옇게 부르튼 채 초점 없는 눈으로 어딘가를 바라보았고, 아버지는 보이지 않았다. 아무도 문경에게 눈길을 주지 않았고, 아무도 그녀가 어디에 있는지 신경 쓰지 않았다.

문경은 화장터 뒤란으로 돌아가 쪼그리고 앉았다. 벽돌담은 그을음으로 거멓고 아래에는 곰팡이 같은 이끼가 앉아 있었다. 고개를 쳐들자 15도쯤 뒤로 넘어간 벽돌담 위로 불쑥 솟아오른 굵고 뭉툭한 굴뚝이 보였다. 연기가 흩어지는 것을 무심히 쳐다보면서 문경은 오줌을 누었다. 노린내 같은 묘한 냄새 때문에 헛구역질이 났지만 오줌을 누자 울렁거리던 속이 조금은 가라앉았다.

오줌이 버석한 흙바닥에 스며들었다. 음산한 하늘 아래 낮은 단층의 벽돌 건물은 쓰레기 소각장처럼 보였다. 조그맣게 뚫린 화장로 유리벽 너머로 넘실거리던 거대한 불꽃 너울이 떠올랐다. 악마가 입을 가졌다면 저토록 큰 혓바닥을 가졌으리라. 그 악마가 오빠를 집어삼키고 있었다. 악마와 오빠가 한 몸이 되어 거대한 춤을 추고 있는 듯이 느껴졌다.

차를 타고 돌아오던 길에 문경은 먹은 것을 다 토했다. 커다란 스테인리스 들통에 음식을 들고 온 사람들은 누구였을까. 그들은 긴 국자로 들통 속을 휘저어 밥이 담긴 국그릇에 벌건 국물을 한 국자씩 올려주었다. 흐물흐물한 고사리와 숙주, 대파 건더기에서 누린내가 났다. 어른들은 화장터 공터 한쪽에 둘러앉아 서둘러 국밥을 먹고 자리에서 일어났다.

아무도 그녀의 가족들에게 위로의 말조차 건네지 않았고 그녀의 가족들 누구도 소리 내어 울지 않았다. 옆 화장로 앞에서 바닥에 주저앉아 꺼이꺼이 울던 사람들은 행복한 사람들이었다는 걸 그때는 몰랐다.

엄마는 화장터에서 돌아온 뒤 흰 천으로 이마를 질끈 묶고 드러누워 먹지도 잠을 자지도 않았다. 문경은 새벽에 기이한 울음소리에 잠이 깼다. 사람의 입에서 나올 수 있는 어떤 울음도 그런 소리를 낼 수는 없을 것이다. 문경은 그 이전에도 이후에도 그처럼 처참하게 우는 사람을 보지 못했다.

문경의 오빠 조기모는 살인자였다. 같이 보초를 서던 선임병을 사살한 후 총을 든 채로 초소 근처의 마을로 내려왔고, 비상이 걸린 부대의 수색이 시작되자 숨어 있던 농가에서 총으로 자살했다.

온 동네 사람들이 쉬쉬하면서도 다 알고 있는 소문이었다.

하지만 문경은 오빠가 왜 그런 일을 벌였는지, 그 동기가 무엇인지 알지 못했다. 그건 그녀의 부모도 마찬가지였다. 문경은 화장터에서 보았던 몇몇 군인들을 떠올렸다. 그들은 입을 꾹 다문 채 한곳에 부동자세로 서 있었다. 그들 중의 누군가가 엄마에게 다가와 말했다. 조 일병은 생래적으로 성격에 결함이 있는 군인이었고 그로 인해 원만한 군 생활을 해내지 못했다고. 조 일병은 선임들에게 자주 기합을 받거나 상관에게 불려 갔다고 했다. 사건이 일어나기 몇 달 전에는 근무지를 이탈해 탈영을 기도한 사실도 있었다고 했다. 그가 왜 선임들에게 자주 기합을 받고, 상관에게 불려 갔는지는 말해주지 않았다.

문경이 기억하는 오빠는 그런 사람이 아니었다. 말수가 적고 모험심이 부족하긴 했지만 섣부르지 않았다. 그는 동네 어른들이나 아이들이 바보라고 놀리는 춘기 아저씨도 똑같은 어른으로 대했다. 사람은 다 똑같아. 천하고 귀한 사람이 따로 있는 게 아니다. 문경은 오빠가 한 말을 똑똑히 기억하고 있었다.

문경이 오빠를 마지막으로 본 건 휴가를 나왔을 때였다. 집으로 들어서며 문경에게 장난스럽게 경례를 붙이던 모습, 마루에 걸터앉아 두 다리를 쭉 뻗고 군화의 끈을 신중하게 조여 매던 모습, 군모의 챙이 정확하게 이마 한가운데 오도록 눌러

쓰던 모습 들이 생생했다. 그녀는 오빠가 무사히 돌아온다는 걸 믿어 의심치 않았다. 하지만 그는 아주 감쪽같이, 거짓말처럼 사라져버렸다.

화장터에서 사라진 아버지는 그해 겨울 돌아오지 않았다. 결혼한 지 겨우 1년밖에 안 된 큰언니와 형부는 화장터에서 곧장 제집으로 돌아갔고, 부산에서 야간고등학교를 다니는 작은언니는 집에서 하룻밤을 더 묵고 돌아갔다. 문경은 여러 날 학교에 가지 않았다. 며칠 후면 겨울방학이었지만 학교 따윈 가고 싶지도 않았다.

집은 늘 어둡고 고요했다. 엄마가 안방에 웅크리고 누워 있어도 텅 빈 것 같았다. 엄마, 하고 불러도 꿈쩍도 하지 않았다. 황색 떡고무줄로 여러 번 감아서 두껍닫이 끝에 걸어놓은 트랜지스터라디오, 선반 위의 물건들까지 한눈에 보이는 차그마한 안방이 빙글빙글 회전했다. 어지러웠다. 문경의 몸에서 무언가가 빠져나가 버린 듯 허전했고 허공에 발을 딛는 듯 붕붕 떠다니는 느낌이었다. 똑바로 걷고 있는데도 몸이 자꾸만 한쪽으로 기울었다.

문경은 밤이면 슬그머니 집을 빠져나와 동네를 쏘다녔다.

도둑질은 쉬웠다.

버스터미널 뒷골목의 점방 몇몇 곳을 돌면 사탕 서너 개쯤은 쉽게 호주머니에 넣을 수 있었다. 초저녁잠이 많은 노인들은 점방을 지키다 말고 꾸벅꾸벅 졸았다.

빈손으로 들어가서 훔치지는 않았다. 껌 한 통을 고르면서 사탕을, 라면 한 봉지를 사면서 캐러멜을 슬쩍하는 식이었다. 죄의식은 없었다. 가슴이 떨리지도 않았다. 그따위 것은 죄도 아니었다. 들키기라도 하면 차라리 속이 시원할 것 같았다. 도둑년이라고 욕을 하고 뺨이라도 한 대 때려주기를 바랐다. 하지만 아무도 묻지 않았다. 네가 지금 무슨 짓을 하고 있는지 아느냐고, 왜 이런 짓을 하는지 말해보라고 아무도 캐묻지 않았다.

사탕의 단물을 빨며 어두운 밤길을 걸었다. 단것의 유혹이 그녀를 이끌었다. 슬픔과 고요, 두려움을 달래줄 것은 오로지 지독하게 다디단 맛뿐이었다.

거짓말.

문경은 믿을 수 없었다. 믿고 싶지 않았다. 악마의 짓이 아니고는 그런 일이 일어날 수 없었다. 그럼에도 죽음은 영원한 봉인이라는 걸 열네 살짜리도 알고 있었다.

　사람들은 타인의 불행을 깊이 생각하지 않았다. 내 몸으로 체화되지 않은 슬픔은 단지 구경거리일 뿐이거나 가십거리처럼 사람들의 입으로 옮겨 다녔다.

　문경이 할 수 있는 건 침묵의 자세를 유지하는 거였다.

　앞으로 나서지 말 것. 자기 존재를 드러내지 말 것.

　청소년기의 학창 시절, 문경에겐 오래간 친구가 거의 없었다. 혹시라도 문경의 가족사를 아는 친구와 엮이게 될까 봐 같은 초등학교 출신의 동창들과는 멀찍이 떨어져 있었다. 고등학생이 되었을 때는 중학교 동창들과 그랬다. 새로 사귄 친구들과는 가족 얘기를 거의 하지 않았다.

　일상은 누구에게나 연속성을 갖고 있었다. 문경의 가족에게만 시간이 다르게 적용되는 건 아니었다. 불행 속에서도 시간은 흘러갔다. 문경은 하루라도 빨리 어른이 되길 바랐다. 집을 떠나는 것만이 유일한 소망이었다. 할 수만 있다면 아무도 모르는 곳으로 가랑이가 찢어지도록 멀리 달아나서 다시는 돌아오고 싶지 않았다. 무엇을 하건 어디에 있든 행복질 수 없다는 건 이미 오래전에 알아버렸다. 우스운 얘기일지 모르겠지만 문경은 행복해지지 않을 자신이 있었다. 가능하다면 뿌리가 없는 것처럼, 뿌리가 없었던 것처럼 홀가분하게 살고 싶었다.

　구름동에 들어오기 전, 문경은 가끔씩 동대문이나 청계천 근처의 헌책방들을 돌아다니곤 했다. 꽉 끼듯이 좁은 통로에 무질서하게 쌓여 있는 책을 훑다 보면 이상하게도 마음이 평온했다.

　딱딱한 하드커버의 번역 이론서들, 세계명작 문학작품들이 노끈에 묶여 있는 책 무더기들 속에서 낯익은 책을 발견하기도 했다. 대학에 다니던 오빠가 휴학을 하고 입대했을 때 집으로 온 짐의 대부분이 책이었다. 자잘한 글씨의 세로쓰기로 된 책들이었고, 영문 원서들도 있었다. 오빠는 책의 속표지 하단에 책을 산 날짜와 서점, 자신의 이름을 적어놓는 꼼꼼한 성격이었다.

　문경은 책을 읽는 것보다 오빠가 적어놓은 메모를 찾아내는 것이 더 흥미로웠다. 오빠가 소장한 책들은 아직 어린 문경이 이해할 수 없는 문장들이 대부분이었다. 동양철학사니 서양철학사니 하는, 읽어도 내용을 이해할 수 없는 것들.

　— 벤치에 떨어지는 낙엽이 어지럽다. 캠퍼스 동편 플라타너스 아래서.

　속표지에 푸른색 만년필 글씨로 뚜렷하게 책을 읽던 장소의 풍경을 간략하게 묘사해놓기도 했다.

— 우리는 어디에서 와서 어디로 가는가.

어떤 페이지의 여백에 적힌 내용은 문경을 사로잡았다.

문경이 기억하는 오빠는 문학적인 감수성이 풍부했다. 세로획이 날카롭던 필체는 유려했다. 문경아, 하고 부르던 오빠의 목소리는 따뜻하고 달콤했다. 그는 문경이 막연하게 동경하는 세계, 아버지나 엄마가 줄 수 없는 새로운 세계로 데려갈 유일한 사람이기도 했다. 열심히 공부해. 이다음에 너를 데려가마. 오빠가 말했다. 그가 약속한 미래가 이곳이 아닌 다른 곳, 저기 어딘가에 숨어 있다는 믿음은 어린 소녀를 두근거리게 만들었다.

하지만 약속은 거짓말처럼 사라져버렸다. 남은 건 아무것도 없었다. 오빠의 물건들은 사진 한 장까지 남김없이 모두 태워버렸다. 문경은 점점 오빠를 잊어가고 있던 게 분명하다. 그렇지 않다면 헌책방에서 느낀 평온함은 왜곡되었거나 거짓이었을 테니까.

오 군의 곁에 누워 잠 못 이루는 밤마다 문경은 헌책방을 돌아다니던 기억마저 떨쳐버리려고 노력했다. 그곳과는 멀리 떨어진 곳으로 왔으니 다시는 갈 일도 없었다.

오 군을 만나지 않았다면 서울을 견디지 못했을지도 몰랐다. 아무리 닦아도 보이지 않는 거울처럼 세상은 온통 제 모습을 숨기고 있었다. 수많은 사람들 속에 섞여 있어도 아무도 그녀가 내민 손을 잡아줄 것 같지 않았다.

하지만 어디에 있든 무엇을 하든 문경은 항상 이 세계의 틈새에 간신히 끼여 있는 것처럼 느껴졌다. 구름동도 그녀가 끼여 있는 어떤 세계의 일부분일 뿐이었지만 가랑이가 찢어질 만큼 멀리 달아나고 싶었던 작은 소망 하나는 이룬 셈이었다. 그녀의 부모도 언니들도 구름동이 이 세상에 존재한다는 건 꿈에도 모를 테니까.

문경은 잠을 못 이루는 밤마다 오 군의 등을 깊이 껴안은 채 잠이 들었다. 그것만이 밤의 긴 등뼈를 밟고 건널 수 있다는 듯이. 문경은 어떻게든 이곳에 남아 살아가고 싶었다.

또 다른 세상

문경은 구름동 약국 앞 공중전화 부스에서 한영통상에 전화를 걸었다. 남자가 전화를 받았다. 나이를 가늠할 수 없는 묘한 목소리의 남자였다. 남자는 오늘 당장 면접을 보러 올 수 있겠느냐고 물었다.

"네."

문경은 흔쾌하게 대답했다.

"그래요. 꼭 만납시다. 점심시간 지나고, 보자… 3시까지 오면 편할 텐데요."

남자의 친절은 부담스러울 정도였다.

영등포 우체국 뒷골목에서 솔다방을 끼고 50미터.

대성세탁소 맞은편 건물 509호 한영통상.

문경은 남자와 통화를 하면서 위치를 받아 적었다. 동전을
한 번 더 넣어야 할 만큼 남자는 수다스러웠다. 문경이 혹시라
도 약속을 어길까 봐 걱정이 되는지 꼭 보자는 말을 마지막에
도 덧붙였다.

문경은 공중전화 부스에서 받아 적은 메모지를 꼭 쥐고 움
직였다. 메모 내용은 금방 외웠지만 영등포는 스쳐 지나기만
했지 한 번도 가보지 않은 곳이라 감이 잡히지 않았다.

구름동에서 버스를 타고 나와 전철로 갈아탔다. 영등포까
지는 전철로 그리 멀지 않은 거리였다. 신축한 지 몇 년 안 된
영등포역사는 크고 번들거렸다. 백화점으로 들어가는 회전문
을 통과해 많은 사람들이 드나들었다.

약속 시간보다 30분이나 일찍 영등포역에 도착한 문경은 느
릿느릿 움직였다. 대로를 건너 우체국 뒷골목으로 들어와 솔
다방을 끼고 좁은 골목길로 들어서며 주위를 샅샅이 살폈다.
대성세탁소 앞에 삼각주처럼 생긴 조그만 공터에는 전봇대 곁
에 쓰레기를 담은 비닐봉투가 수북하게 쌓여 있었다. 대성세
탁소 맞은편 건물. 남자가 말한 건물은 낡고 후줄근했다. 문경

은 손에 쥔 메모지를 다시 펼쳐보았다.

저 안으로 들어가야 하나, 말아야 하나.

문경은 코앞에 있는 5층짜리 건물을 바라보며 몇 초 동안 고민했다.

경비실이 갖춰진 번듯한 건물이 위압적으로 버티고 서 있는 걸 기대하지는 않았지만 초라한 건물을 보자 맥이 빠졌다. 그런데 뒤늦게야 한영통상이 무엇을 하는 곳인지 남자에게 물어보지 못했다는 생각이 들었다. 구인 광고에서 본 깔끔한 외근직이라는 건 대체 무엇인지.

문경은 호흡을 고르며 건물 안으로 들어섰다. 한 층씩 계단참을 돌 때마다 지린내가 심하게 났다. 복도 어딘가에 공용으로 사용하는 화장실이 있는 듯했다. 건물 내벽의 칠도 더럼이 타서 지저분했다.

5층까지 올라가는데 종아리가 뻐근했다. 계단을 중심으로 사무실은 양쪽으로 나뉘어 있었다. 복도 오른쪽 끝이 509호였다. 분명 한영통상이라고 했는데, 509호는 호수 외에 상호가 붙어 있지 않았다. 건물을 잘못 찾았나. 그럴 리 없었다. 메모지에 받아 적은 대로 여러 번 확인해가며 찾아왔다.

문경은 509호 출입문 앞에서 한 발 물러서서 다시 한번 숨을 골랐다. 그때 갑자기 출입문이 열렸다. 키가 크고 마른 여자가 문 앞에 서 있는 문경을 아래위로 훑어보더니 다짜고짜 물었다.

"면접 보러 왔어요?"

고무장갑을 낀 여자의 손에는 커피 잔과 세제가 담긴 플라스틱 볼이 들려 있었다.

"여기가 한영통상 맞나요?"

"네. 들어가세요."

여자는 기다리기라도 했다는 듯 말하곤 복도 왼쪽 끝으로 걸어갔다. 여자는 이목구비가 오목조목한 얼굴에 옷차림도 깔끔하고 세련되어 보였다. 문경은 여자의 뒷모습을 홀린 듯 바라보았다. 뭐랄까, 여자가 풍기는 이미지에 주눅이 들었다.

"이리 와서 앉아요."

책상 앞에 앉아 있던 남자가 일어나 문경을 맞았다. 전화통화를 했던 그 남자인 듯했다.

사무실 안으로 들어서며 문경은 방금 전 문 앞에서 만난 여자의 이미지와는 전혀 다른 사무실 분위기에 실망했다.

시멘트 바닥으로 된 공간 한가운데를 차지하고 있는 검은색 소파, 소파와 소파 사이에 놓인 응접테이블, 석유난로, 창문 쪽으로 놓인 두 개의 커다란 사무용 책상이 전부였다. 문 앞에 신문지로 덮어놓은 배달 음식 그릇도 보였다. 환기가 되지 않

41

아 음식 냄새와 석유난로의 기름 냄새까지 심하게 났다.

문경은 남자와 응접 소파에 마주 앉았다. 남자가 방금 전까지 앉아 있던 책상엔 책꽂이마다 노란색 표지의 두툼한 전화번호부가 여러 권 꽂혀 있는 것이 특이했다. 사무실 어디에도 상호를 알 수 있는 건 없었고, 무슨 일을 하는 곳인지 단서가 될 만한 것도 없었다.

남자는 오전에 전화를 받은 최 부장이라고 자신을 소개했다. 중년으로 보이는 최는 입은 옷이 헐렁해 보일 정도로 깡마른 체구였다. 광대뼈가 불거지고 볼이 홀쭉하게 꺼진 골상은 족제비를 닮았다. 눈가엔 잔주름이 많았다. 최는 입을 다물고 있어도 뭔가를 끊임없이 도모하고 염탐하는 듯한 묘한 분위기를 풍겼다.

최는 문경이 건넨 이력서를 훑어보고 몇 가지를 더 물었다. 서울엔 언제 올라왔는지, 이전에는 어떤 일을 했는지, 지금은 누구와 살고 있는지…. 이를테면 이력서에 적혀 있지 않은 사적인 질문이었다. 문경은 그의 궁금증이 해소될 정도로 적당히 둘러댔다. 곧이곧대로 이실직고할 필요는 없으니까. 누구와 살고 있느냐는 질문에는 잠시 망설였지만 고향 친구와 자취를 하고 있다고 말했다.

그때 문 앞에서 만났던 여자가 들어왔다.

"미스 백, 인사해. 여긴 조문경 씨야."

최의 말에 여자는 고개만 까딱해 보였다.

"여기 커피 한 잔 부탁해."

"네네. 부탁하지 않아도 준비하려고 했습니다."

빈정대는 말투였지만, 최는 상관하지 않는 듯했다. 미스 백은 출입문 오른쪽 벽면에 붙은 조그만 쪽문을 열고 안으로 들어갔다. 미처 발견하지 못했던 벽의 한쪽에 쪽문이 달려 있다는 걸 문경은 그때야 깨달았다. 잠시 후에 미스 백이 자그마한 쟁반을 들고 나왔다. 미스 백은 난로 위에 놓인 주전자에서 뜨거운 물을 부어 커피 잔을 탁자에 내려놓았다.

"에, 좀 있으면 저기 저 책상 주인이 들어올 건데. 보자, 얼추 들어올 시간이 됐어요. 강 부장이 와야 미스 조가 할 일을 자세하게 설명할 건데. 미스 백, 강 부장 들어올 때 됐지?"

"강 부장님이 언제 들어올 줄 알구요. 그러지 마시고 간단하게 부장님이 설명하세요. 뭘 그렇게 뜸 들여요? 면접이 한두 번도 아닌데."

미스 백이 새침하게 쏘았다. 그러곤 쌩하니 쪽문 안으로 퇴장했다.

"뭐 어렵게 생각할 거 없어요. 여긴 족보를 배달하는 일종의 배달대행업체예요. 광고에도 명기했지만 가족같이 함께 일할

43

우리 사람을 찾아요. 이력서를 보니까 우리 조건하고는 딱 맞아떨어지는데 미스 조는 어때요?"

최가 지긋한 눈으로 문경을 쳐다보았다.

문경은 어떻게 대답해야 할지 몰라 머뭇거렸다.

"자, 그럼 저쪽으로 건너가 봐요. 자세한 건 미스 백이 친절하게 설명해줄 거예요."

최가 떠넘기듯 눈짓으로 쪽문을 가리켰다. 일할 마음이 있으면 저 쪽문을 열고 미스 백에게로 가든지, 아니면 이 자리에서 일어나 돌아가든지 둘 중 하나를 선택하라는 의미의 눈빛 같았다. 그때 왜 그 자리에서 발딱 일어나 509호 문을 박차고 나오지 못했을까? 뭔가를 기대했다면 그게 무엇이었을까? 문경은 흡사 뭔가에 홀린 듯 천천히 일어나 쪽문 쪽으로 다가갔다.

*

문경은 심호흡을 한 뒤 쪽문을 열었다. 돌아보지 않아도 최라는 남자가 자신을 노려보듯 쳐다보고 있을 것만 같아 심장이 뛰었다. 출입문을 선택했다면 한영통상과의 인연은 거기서 끝났을지도 모른다.

최와 마주 앉았던 사무실의 3분의 1쯤 되는 공간이었다. 기

44

다란 테이블이 중앙을 차지하고 있어 여분 없이 빠듯한 공간은 단출했다. 커피 잔 등속을 올려놓은 조그만 찬장과 사물함이 보이고, 창턱에는 앙증맞은 선인장이 담긴 미니 화분들이 오종종 놓여 있었다. 창문에 코팅 처리가 되어 있어 햇빛이 들어오지 않았다. 그러고 보니 최와 마주 앉았던 사무실 창문도 맑은 유리가 아니었다.

"바쁘지 않으면 거기 앉아요."

미스 백이 문 앞에 멀뚱히 서 있는 문경에게 자신의 맞은편 자리를 턱짓으로 가리켰다. 똑 부러지는 말투였다. 문경은 의자를 빼고 자리에 앉았다. 미스 백 앞엔 책이 몇 권 놓여 있었다. 대학 입시 수험서였다. 문경이 아는 문제집도 보였다.

"그쪽 말고도 몇 사람이 면접 보러 왔었어요. 다들 며칠 못 버티고 그만두긴 했지만. 아마 여기서 1년 이상 버틴 사람은 나밖에 없을걸요. 한두 달이면 떨어져 나가니까. 내가 그쪽한테 솔직하게 까놓고 얘기하는 거예요. 여기가 뭐 하는 곳인지는 아까 최 부장님한테 들었죠?"

"그런데 족보 배달이라는 게 뭔지⋯."

문경은 말을 더듬었다.

"뭘 그렇게 어렵게 이해해요? 말 그대로 족보 배달대행업체라는데. 족보 몰라요?"

미스 백이 눈을 크게 뜨고 문경을 빤히 쳐다보며 물었다.

문경은 여전히 무슨 뜻인지 이해하지 못했다. 문경이 알고 있는 액면 그대로의 족보를 가리키는 것인지, 아니면 다른 의미로 말하는 것인지. 그런데 그걸 어떻게 배달한다는 것이며, 또 대행해주는 일이라니.

"우리처럼 족보 배달을 대행하는 사무실이 몇 군데 있어요. 나도 최 부장님한테 들은 얘긴데, 각 성씨마다 종친회라는 게 있잖아요. 말하자면 그런 곳에서 발행하는 족보를 가져다가 고객들한테 판매 겸 배달까지 해주는 거예요. 일반 물건 파는 것과는 다르긴 하죠. 근데 족보는 확실해요."

미스 백은 볼펜을 끼워놓은 책을 펼치며 말했다. 그러곤 책 위에 두 팔을 올려놓고 문경을 빤히 쳐다보았다.

"오늘은 거의 일이 끝난 거나 마찬가지예요. 벌써 오후 3시가 넘었잖아요. 가끔은 오늘처럼 허탕 치는 날도 있지만 내가 손해 보는 일도 아니고 공짜로 먹고 들어가는 거죠. 일단 내일 나와서 하루만 여기 있어 보면 금방 알게 돼요. 백문이 불여일견이라고 하잖아요. 다 자기 할 나름이에요."

"공짜로 먹고 들어간다는 건 무슨 뜻이에요?"

"광고에 냈잖아요. 월수입 70만 원 보장이라고. 원래는 성과급으로 배달 나가는 건수에 따라 받다가 지금은 월급으로

받거든요. 배달 안 나가도 우리는 손해 볼 거 없다는 말이에
요."

미스 백은 자신의 경험을 강조하며 월급으로 받는 게 훨씬
득이 된다는 조언까지 덧붙였다.

"아르바이트 안 해봤어요?"

미스 백이 얼떨떨한 표정을 짓고 있는 문경에게 물었다.

"해봤어요."

"그럼 알잖아요. 맥줏집이나 음식점에서 하루에 여덟 시간
씩 꼬박 30일을 채워서 시급을 받아도 여기서 받는 월급과는
비교도 되지 않잖아요. 나처럼 공부하면서 돈은 돈대로 벌 수
있는 곳은 여기보다 효율적인 데가 없어요. 그쪽도 시간도 벌
면서 쉽게 할 수 있는 일을 찾아온 거 같은데, 아니에요?"

문경은 아니라고 대답하지 못했다. 노력에 비해 돈도 벌지
못했고, 하고 싶은 일도 하지 못하고 있었다.

미스 백은 상고를 졸업하고 무역회사에서 경리로 일하다가
이곳에 와서야 대학 시험을 준비하고 있다고 했다. 외근이 떨
어지지 않으면 마음껏 사무실에 앉아 책을 볼 수 있고, 장거리
로 이동할 때도 영어 단어나 수학 공식, 국사 연대표를 외우는
데도 효율적이라고 했다.

"나라고 적응하기 쉬웠겠어요? 근데 일의 생리를 파악하고

나니까 할 만하겠단 생각이 들더라고요."

미스 백은 야무지게 입매를 오그리고는 미소를 지어 보였다.

"우리 한번 잘해봐요. 난 그쪽이 마음에 드는데. 내일 나올 거죠?"

미스 백이 손을 내밀어 악수를 청했다.

많아봐야 고작 한두 살 차이밖에 나지 않을 것 같은 미스 백의 눈빛은 당차고도 천연덕스러웠다. 거침없는 말투와 신념이 서린 듯 확신에 찬 표정까지. 문경은 미스 백이 부러웠다. 무엇이든 확실하게, 자신 있게 말할 수 있는 그녀의 자세가. 문경은 미스 백이 내민 손을 잡았다. 그녀의 손은 단단하고 차가웠다.

유난히 등이 시렸다. 솔다방 골목을 빠져나오면서 문경은 몇 번이나 뒤돌아보았다. 전철을 타고 돌아가는 길에도 영등포의 번화한 거리 뒤쪽에 숨어 있는 보잘것없는 그 낡은 건물이 자꾸만 눈앞에서 얼쩡거렸다. 그동안 아무 생각 없이 전철을 타고 스쳐 지났던 이전의 영등포가 아니었다. 전철에서 내려 구름동으로 들어가는 버스를 갈아타기 위해 버스정류장에 섰을 때도 아직 영등포 바닥을 헤매고 있는 기분이었다.

　문경이 면접 때 보지 못했던 강은 최와는 달리 부담스러울
정도로 덩치가 좋았다. 얼굴은 허여멀건데 눈썹이 검고 짙었
다. 그들은 편의상 부장이란 직함을 달고 있었지만, 한영통상
은 직함의 계통이 소용없는 곳이기도 했다.

　'족보'는 대백과사전에 버금가는 검은 양장본에 무게가 3킬
로그램에 달했다. 한영통상에서 취급하는 ○씨 성의 시조부
터 무수히 뻗어나간 계보가 일목요연하게 정리되어 그럴듯해
보였지만 자세히 살펴보면 조잡하기 그지없는 서책 나부랭이
에 불과했다. 최와 손을 잡고 뒷거래를 하는 공급책은 ○씨 종
친회에 관여하는 중요한 인물이란 것만 알 뿐, 미스 백도 그 이
상 아는 바가 없었다.

　애초에 한정판으로 찍어낸 족보는 인쇄소만 잡으면 수천 권
찍어내는 일은 말 그대로 누워서 식은 죽 먹기라고 했다. 실거
래선의 '보이지 않는 손'이 먹는 커미션이 얼마인지 알 수 없지
만 미스 백의 표현대로라면 밑씻개로는 더할 수 없는 재질의
이 책 한 권으로 최와 강이 컨택을 하면서 후리는 가격은 웬만
한 양복 한 벌 값과 맞먹었다.

　소득세는 물론 부가세도 붙지 않는 완전한 순수익, 말 그대

로 도둑 장사. 최와 강이 수익금을 어떻게 나눠 갖는지에 대해서는 미스 백이나 문경도 알 도리가 없었다. 그 모든 것은 철저히 비밀에 부쳐져 있었다. 족보를 빼돌리는 얍삽한 공급책은 뒷돈을 챙겨서 사리사욕을 채우겠지만, 뛰는 놈 위에 나는 놈 있다고 최와 강은 공급책이 짐작할 수 없는 묘안으로 가외의 돈까지 챙기고 있다고 미스 백이 귀띔했다.

최와 강이 사무실에 틀어박혀 하는 일이 일명 '컨텍'을 하는 거였다.

"컨텍이 뭐예요?"

문경이 아직 일이 돌아가는 물정을 몰랐을 때 어벙한 얼굴로 미스 백에게 물었다.

"고등학교 때 영어 안 배웠어? 컨텍이 뭐긴 뭐야, 접촉하는 거지."

미스 백은 어이없어하는 표정이었다.

최와 강의 책상 위에 쌓여 있는 노란 표지의 전화번호부는 무궁무진한 소스를 제공해주는 중요한 자료였다. 한글 내림차순으로 표기된 전화번호부의 ○씨 부분이 유독 부풀어 있었다.

컨텍은 기술이었다. 무작위로 추출한 전화번호와 통화가 연결되면 족히 30분을 넘기기도 하지만, 실패할 경우 1분도 소요되지 않았다. 말귀가 어두운 사람, 특히 여자가 전화를 받을 경우는 정중하게 전화를 잘못 걸었음을 사과하고 끊어버리면 그만이었다. 상대가 나이 지긋한 남자거나 갓 쓰고 도포 입던 시절의 예절을 신줏단지 모시듯 하는 노인네거나, 체면치레에 삶의 가치를 두고 있는 사람일수록 최와 강의 능수능란한 언변이 증폭되었다. 그 옛날 황금을 찾아 엘도라도로 떠난 광부들에게 튼튼한 가죽 신발과 곡괭이가 필요했다면, 신세계의 금광을 찾아 나선 이들에겐 오로지 세 치 혀가 필요할 뿐. 그들의 말에 귀를 기울이는 자들은 제대로 낚싯밥을 문 것이다. 컨텍의 기술이란 바로 낚싯밥을 제대로 던지는 것이라고 미스 백은 말했다.

최와 강이 컨텍을 하는 동안 미스 백과 문경은 반쪽 사무실 안에서 배달 신호가 떨어질 때까지 기다렸다. 사무적인 효율성을 위해 공간을 개조했는지는 알 수 없지만 방음이 형편없었다. 눈 가리고 아웅 하는 격이었지만 분리된 공간이 그나마 견디기 쉬웠다. 최나 강 역시 여직원들의 얼굴을 빤히 쳐다보면서 '그 짓'을 하기는 부담스러울 테니까.

웬만한 강심장이 아니고서는 쪽문 너머에서 들려오는 허황된 거짓말을 멀쩡한 정신으로 듣고 있을 수 없었다. 문경은 며칠 견디지 못하고 그만둬버린 사람들의 심정을 이해하고도 남았다. 제정신이라면 몇 푼의 돈을 좀 더 손쉽게 벌기 위해 자신이 발을 담그고 있는 곳이 얼마나 더럽고 추잡한 똥통 속인가를 알아챌 수 있었다. 마지막까지 견디다가 겨우 한 달 월급을 손에 쥔 그들은 이 더러운 공간을 나가는 순간 침을 뱉었을 것이다.

출근한 지 일주일도 지나지 않아 문경은 한영통상이 돌아가는 생리를 파악했다. 백문이 불여일견이라던 미스 백의 말이 의미심장하게 느껴졌다. 내밀한 속사정을 다 알 수는 없지만 어딘가가, 무언가가 잘못되어 있었다. 적어도 창문을 활짝 열어두고 할 수 있는 일은 아니었다.

최는 언술을 타고난 자였다.

되면 밀어붙이고 안 되면 말고!

최는 저돌적인 버전을 사용했다. 능청과 후리기로 패를 던지듯이 당신의 가문을 이제부터 읊어드릴 테니 자 어떡할 거요, 하는 식이었다. 최가 펼치는 심리 전술은 묘하게도 사람의 심금을 울리는 구석이 있었다.

대동강 물을 팔아먹은 봉이 김선달도 있듯이 우리가 하고 있는 이 일이야말로 누이 좋고 매부 좋고, 꿩 먹고 알 먹는 전도유망한 사업이라는 게 최가 직원들에게 주입시키는 이야기였다. 대저 인간이란 자기 뿌리를 알고 내력을 알아야 '짐승만도 못한 것'이란 소리를 면할 수 있고 일개 집안이 바로서야 나라가 바로서는 건 근본 이치라고 역설했다. 새겨들으라는 듯이 주절대는 최의 얄팍한 입가엔 하얗게 끓다가 가라앉은 침이 들러붙어 있곤 했다. 문경은 매번 눈을 감은 채 최의 목소리를 듣다가 눈을 뜨는 순간 한 인간의 몸에 깃든 두 마리 짐승을 보는 듯한 착각에 빠졌다.

"최 부장님은 우리가 똥오줌도 못 가리는 어린앤 줄 아시나 봐."

미스 백은 최 앞에서도 태연하게 이죽거렸다.

최에 비해 강은 좀 더 용의주도했다. 전문적인 사기꾼이나 협잡꾼, 야바위꾼들이 갖는 쾌활하고 통 큰 대담함을 가진 최와는 달리 결벽증에 가까운 캐릭터였다. 상대에 따라 대학에서 학생들을 가르치다 은퇴한 전직 교수를 사칭하기도 하고, 종친회의 장학사업을 위해 가산을 투척한 사업가로 변신하기도 했다. 하지만 그 밑바닥은 최보다 더없이 음험하고 간교했다.

*

문경은 출근한 지 사흘째 되던 날 처음으로 배달을 나갔다.

"그냥 전달만 해주고 오면 돼. 아무 일 없을 거야. 최 부장보다는 강 부장이 확실하게 해놓거든."

미스 백이 오른손 주먹을 쥐고는 자그만 목소리로 파이팅, 하고 외쳤다.

문경이 사무실을 나선 시간은 오전 11시가 조금 지나서였다. 문경의 손엔 족보가 담긴 종이 가방이 들려 있었다. 사무실을 나서는 순간 문경은 종친회에서 장학금을 받고 심부름을 하는 대학생으로 둔갑했다. 문경은 전철을 타고 수원으로 이동하는 동안 한순간도 차창에서 눈을 떼지 않았다.

수원역에서 오산 방향으로 가는 버스를 타고 계룡물산 앞에서 하차.

계룡물산 ○상민 과장.

문경은 주문을 외듯 쪽지에 적힌 내용을 되뇌었다. 누군가 문경의 한쪽 관자놀이에 총을 겨누고 있는 듯 긴장감은 갈수록 커졌지만, 눈앞은 몽롱했다. 목적지까지 가는 동안 미스 백의 파이팅 소리가 귓가에서 떠나지 않았다.

하지만 아무 일도 일어나지 않았다. 세상은 너무나 평온했고, 이해할 수 없는 질서 속에서 태연하게 흘러갔다.

문경이 영등포 사무실로 돌아왔을 때 미스 백은 자리에 없었다. 문경이 나가고 두 시간쯤 후에 미스 백도 배달을 갔다고 했다. 최와 강은 느긋하게 장기를 두고 있었다.

"그 과장이란 사람 반응은 어땠어?"

강이 장기를 든 손을 허공에 멈춘 채 무심하게 물었다.

"별말 없었어요."

"봉투는 잘 가져왔지?"

"네."

그제야 강은 고개를 들고 문경을 쳐다보았다.

문경은 강에게 봉투를 건넸다. 강이 봉투 속의 돈을 확인했다.

"오늘 수고했어. 미스 조는 퇴근해도 돼. 미스 백은 좀 늦을 것 같은데."

강은 다시 장기판으로 주의를 돌렸다. 문경이 가방을 챙겨 사무실을 나오는 등 뒤에서 최가 낄낄거리는 소리가 들렸다.

"장군, 요놈 잡아라."

문경은 천천히 계단을 밟아 내려왔다. 새삼스레 다리가 후들거렸다. 계룡물산 남자의 얼굴은 아무리 떠올리려 해도 기억나지 않았다. 족보를 받아 들던 손, 남색의 말끔한 유니폼 속에 받쳐 입은 흰 와이셔츠와 붉은색 계열의 넥타이, 유니폼

상의 왼쪽 가슴팍에 달린 이름표는 또렷한데 이목구비가 지워진 채 전혀 기억나지 않았다.

첫 고객을 만난 건 회사 정문에 있는 수위실에서였다. ○상민 과장님을 만나러 왔다고 하자 늙은 수위는 방명록을 쓰라고 했다.

"사무실 위치를 물으면 진짜 종친회 사무실을 알려줘. 실제로 전화해서 확인하는 사람은 거의 없으니까. 그리고 진짜 종친회 사무실이 있어."

순간 미스 백의 말이 떠올랐지만 종친회의 주소를 적을 때 번지수는 다르게 적었다. 미스 백이 속닥거리면서 가르쳐준 팁이었다. 방명록을 적는 문경을 물끄러미 쳐다보던 수위가 물었다.

"그 가방에 든 게 뭐요?"

"종친회 어르신 심부름을 왔습니다. 전해주라고 하셔서…."

수위는 자신이 전해줄 테니 놓고 가라고 했다.

"귀한 물건이라 제가 직접 과장님을 뵙고 전달해드려야 하는데요."

문경은 배운 대로 대답했다.

수위가 인터폰을 하고 10여 분쯤 후에 남자가 나타났다. 남자는 햇빛을 받으며 넓은 공장 마당을 가로질러 걸어왔다. 아무런 의심도 없이, 어떤 책무를 짊어진 다소 따분하고 피곤해 보이는 얼굴로 남자는 문경이 내민 종이가방을 받아들었다. 그러곤 족보를 꺼내 무심하게 겉표지를 한번 훑었을 뿐이었다. 남자가 미리 준비해온 봉투를 주머니에서 꺼냈다. 남자의 표정엔 곤혹스러운 빛이 짙게 배어 있었다. 남자의 이목구비가 뭉개져 보였다. 그 남자를 길거리 어디에선가 만난다면 알아보지 못할 거였다.

미스 백이 미리 당부했던 것들은 하나도 소용없었다. 남자는 문경에게 아무것도 묻지 않았다. 종친회의 '종' 자도 꺼내지 않았고, 대체 당신들은 어떻게 나를 알고 여기까지 찾아오게 되었는지 조금도 궁금해하지 않았다. 남자는 '허 참'이라는 짧은 한탄을 뱉은 뒤 골칫거리를 빨리 해결해버리고 싶다는 표정으로 종이가방을 들고 다시 공장마당을 가로질렀다.

문경은 일이 그렇게 간단하게 끝나버릴 줄 몰랐다. 뭔가가 눈앞에서 한번은 기우뚱 흔들려야 하지 않나? 문경이 알고 있는 세상이 이렇게 허술한 줄 몰랐다. 그녀가 발 딛고 있는 세상이 이렇듯 아무렇지도 않게 굳건할 줄도 몰랐다.

너는 뭘 기대했니?

퇴근길에 복잡한 영등포 지하상가를 빠져나오면서 문경은 몇 번이나 사람들과 어깨를 부딪쳤다. 모두들 멀쩡하게 잘만 빠져나가는 미로 같은 지하 통로에서.

*

오 군은 매일 두세 시간씩 잔업을 하고, 일감이 많은 날은 자정까지 야근을 하기도 했다. 그의 퇴근이 늦어지는 날 문경은 구름동사거리에 나와서 오 군을 기다렸다. 고요한 어둠 속에서 일정한 리듬을 타고 흐르는 기계 소리가 희미하게 들려왔다.

공장지대에서 두 팔을 흔들며 내려오는 오 군을 알아보기라도 하면 문경은 빠른 걸음으로 다가가서 오 군의 팔짱을 꼈다.

"왜 그래. 사람들이 봐."

"볼 테면 보라지 뭐."

문경은 오 군의 작업복에서 나는 옅은 기름 냄새를 맡으며 아무렇지도 않게 말했다. 골목엔 사람 하나 볼 수 없었다. 사거리의 가게들도 일찍 문을 닫았다. 밤늦은 시각까지 불을 밝히고 있는 건 슈퍼마켓 하나뿐이었다.

제일금형은 자동차 부품을 생산하는 하청 공장이었다. 구름동에 있는 대부분의 소규모 공장들이 그렇듯 사장까지 직원은 네 명뿐이었다. 사업주는 믿을 만한 공장장을 내세워 일을

58

맡기고 영업을 뛰거나 했다. 공장장 외에는 일이 년씩 짧게 붙어 있다가 떠나는 뜨내기들이 많았다. 기술이 없는 오 군이 제일금형에 일자리를 얻을 수 있었던 것도 당장 숙련공인 공장장의 보조공이 급해서였다.

제일금형은 작업환경도 열악했다. 편의시설이랄 것도 딸려 있지 않았다. 창고처럼 생긴 작업장 건물, 사무실로 쓰는 컨테이너박스, 두 건물과 좀 떨어진 곳에 방 두 칸짜리 숙소가 전부였다. 숙소라고 해봐야 농가의 헛간을 개조한 것으로 부엌도 없었다.

숙소는 공장장 곽 씨와 오 군보다 불과 석 달 먼저 직업소개소를 통해 들어온 이재규가 한 칸씩 사용하고 있었다. 안짱다리에 땅딸막한 공장장과 중키에 체격 좋은 이재규와 비쩍 마른 키다리 오 군은 부조합의 삼총사 같았다. 흰머리가 나기 시작한 공장장은 그렇다 쳐도 오 군보다 서너 살 많다는 이재규는 주름살이 많고 가무잡잡한 피부 때문인지 훨씬 나이 들어 보였다. 그들에 비하면 오 군은 어딘가 어설퍼 보이는 소년 같기도 했다.

문경은 한영통상에 출근하고 맞은 첫 일요일, 오 군과 산책을 나간 길에 공장을 구경시켜달라고 졸랐다. 오 군이 일하는 곳을 보고 싶었다. 공장장과 이재규는 외출했는지 공장 건물

59

은 텅 비어 있었다.

기계가 멈춘 공장 안은 바깥보다 훨씬 더한 냉기를 품고 있었다. 밖에서 볼 때와는 달리 공장 안은 넓었다. 오 군이 두꺼운 철제 출입문에 걸린 주먹만 한 자물쇠를 풀고 공장 문을 열었을 때 비릿한 쇠 냄새가 확 밀려 나왔다. 형광등을 켜자 높이 달린 창문으로 들어온 한낮의 햇빛에 먼지들이 반짝거리며 떠다녔다. 문경은 조심스레 사방을 두리번거리며 움직였다. 바닥에 쇳조각들이 여기저기 떨어져 있었다. 기계 사이로 들어간 오 군이 보이지 않았다.

"어디 있어?"

"여기."

문경은 오 군의 목소리가 울리는 쪽으로 걸음을 옮겼다. 그는 코끼리처럼 생긴 커다란 기계 앞에 서 있었다.

"이게 공장장이 만지는 성형 사출기야. 나도 배우고 있어. 이 기계가 말발굽 모양의 자동차 부품을 하루에도 수백 개씩 찍어내."

버저처럼 생긴 붉은색과 녹색 스위치, 기어변속기처럼 생긴 큰 손잡이와 작은 손잡이, 발판과 중간대와 원판을 넣는 곳, 성형된 물건이 나오는 곳이 달린 기계였다. 발놀림의 간격과 기계를 내리고 올리는 순발력, 일정한 속도를 조절하는 법에 대해 그가 설명했다.

"복잡한 것 같지만 단순하고 정확한 게 기계야. 기계가 움직이고 있을 때 내 손도 기계의 속도와 같이 가야 사고가 나지 않고 불량품을 막을 수 있어. 아차 하고 리듬을 놓치면 손목까지 절단날 수 있지. 사고는 순식간에 일어나."

문경이 몸을 움츠렸다.

"이 버튼을 누르면 윙, 하고 기계가 돌아가."

오 군이 기계의 녹색 버튼을 가리키며 말했다. 그의 오른손 엄지가 스위치에 거의 닿았을 때, 문경은 반사적으로 그의 손목을 탁 쳐냈다. 그의 왼손이 바로 기계의 벌어진 틈 사이로 들어가 있었다. 그가 과장된 소리로 낄낄거리며 웃었다.

"기계가 무섭지 않아?"

문경이 떨리는 목소리로 물었다.

"가끔은 기계가 나를 확 빨아들일 것 같은 때가 있지."

과장되었던 웃음소리와는 다른 공허한 목소리였다. 섹스를 하고 같이 밥을 먹고, 아무렇지도 않게 방귀를 뀌고, 아주 사소한 농담에도 낄낄거리며 웃던 오 군이 아니었다. 문경이 짐작할 수 없는, 전혀 알지 못하는 오 군을 보는 듯했다. 문경이 보이지 않는 곳의 오 군을 알 수 없듯, 그 역시 구름동 밖의 문경을 알지 못했다. 한영통상만 해도 그랬다.

오 군의 작업장을 구경하고 나올 때 오 군이 한영통상에 대
해 궁금증을 드러냈다.

"거긴 뭐 하는 곳이야?"

"조그만 무역회사."

그러자 뭘 파느냐고 물었다. 문경은 없는 거 빼고 있는 건
다 판다고 대답했다.

"영혼도 팔아."

문경이 농담 삼아 덧붙였다.

"인간은 누구나 자기 영혼을 팔아서 사는 거야."

문경의 농담을 오 군이 진지하게 받아들였다.

"한 달만 일하고 그만둬야 할 것 같아."

"한 달만 할 거면 뭐 하러 시작했어?"

"뭐든 해야 할 것 같아서."

"그런데?"

"오래 할 일은 아닌 것 같아."

오 군은 이해하지 못할 것이다. 그의 사고 영역에서는 도저
히 납득이 안 되는 종류의 일일 테니까. 오 군뿐만 아니라 누
구에게도 떳떳하게 말할 수 없는 일이었다.

문경은 오 군 앞에선 초라해지고 싶지 않았다. 어디까지나
스스로 감당하고 맺어야 할 일이었다. 무엇보다 그만두는 건

언제든 자신의 의지로 결정할 수 있다고 생각했다.

*

　공장장과 이재규가 오 군의 방을 방문한 건 어느 토요일이었다. 그날 문경은 오후에 배달을 나갔다 오느라 퇴근이 늦었다. 훈이네 창문 밑을 지나는데 방에서 시끌시끌한 소리가 들려왔다.

　"우리가 어떻게 사는지 궁금하대. 그래서 초대했어."

　오 군이 너스레를 떨었다. 방문 앞엔 손님들이 들고 온 두루마리 휴지 한 세트가 놓여 있었다.

　그들은 방바닥에 신문지를 깔아놓고 술을 마시고 있었다. 참치 통조림과 생두부, 주인 할머니가 준 김장김치는 통째 나와 있고, 소주와 막걸리 병들이 두서없이 펼쳐져 있었다. 오 군이 국물이 먹고 싶다고 해서 문경은 가방만 들여놓고 라면 세 개에 달걀을 넣고 고춧가루까지 풀어 얼큰하게 끓였다. 라면 냄비를 술판 한가운데 놓고 밥공기와 국그릇까지 그릇을 있는 대로 다 꺼내놓았다.

　"여자가 끓여서 그런가 라면 맛이 쥑이네. 그런데 제수씨는 나이가 어떻게 되나?"

그릇에 덜어낸 라면을 후루룩 한 입 먹고 난 이재규가 물었다.

"실례되게 뭘 그런 걸 묻고 그러나?"

공장장이 문경의 대답을 대신해주듯 말했다.

"묻지도 못합니까? 궁금하니까 묻는 거지."

이재규가 발끈했다.

"그냥 술이나 마셔요."

오 군이 이재규에게 웃으며 술을 권했다.

"아 참, 다들 나를 이상한 사람으로 만드네. 내가 뭐 실수한 거 있습니까?"

이재규가 문경을 빤히 쳐다보며 물었다.

"아뇨."

문경은 들릴 듯 말 듯 작은 소리로 말했다.

"아니라고 하잖아, 인마."

이재규의 말투는 시비라도 걸듯 처음부터 아슬아슬했다. 문경은 슬쩍 오 군의 눈치를 봤다. 그는 고개를 숙인 채 눅눅하게 우그러든 종이컵에 소주를 따랐다. 공장장도 난처한지 말없이 소주만 홀짝였다.

문경은 슬그머니 일어나 스웨터를 들고 밖으로 나왔다. 제수씨가 어쩌고저쩌고 말하는 이재규의 목소리가 들렸지만 무슨 말을 하는지는 알아들 수 없었다.

언제 봤다고 제수씨야?

문경은 이재규의 빈정대는 말투도, 실실거리는 웃음소리도 싫었다. 그가 한껏 목소리를 깔아 제수씨, 하고 부르는 소리는 더 싫었다.

토요일 밤의 구름동은 잡음 하나 없이 숨죽이고 있었다. 서울이지만 시골 풍경이 그대로 남아 있었다. 마을 안쪽 길은 공기도 사뭇 달랐다. 멀리서 개 짖는 소리가 들려오고, 이따금씩 풀숲에서 뭔가가 움직이는지 바스락거리는 소리도 들렸다. 불 꺼진 농가 앞을 지날 때는 발밑이 푹 꺼지는 듯 어두웠다. 훔친 사탕을 물고 밤거리를 헤매던 때가 떠올랐다. 아무도 자신을 알아봐주지 않고, 아무도 신경 써주지 않았던 시간 속에 버려져 있는 것 같았다. 하지만 문경은 더 이상 열네 살 소녀가 아니었다. 어깨가 으스스 떨렸다. 봄밤의 까슬까슬한 추위 때문만은 아니었다. 구름동에서 문경이 쉴 수 있는 곳은 오 군의 방밖엔 없었다.

문경이 집으로 돌아왔을 때 손님들은 가고 없었다. 오 군은 벽에 등을 기대고 비스듬하게 앉아 있었다.

"어딜 갔다 와?"

오 군이 나른한 목소리로 물었다.

문경은 묵묵히 라면 국물과 참치 기름이 밴 젖은 신문지를 걸레로 긁어모았다.

"내가 쫓아 보냈어. 잘했지?"

오 군이 장난스럽게 흐흐흐 웃었다.

"집에 사람들 데리고 오지 마."

"넌 가족이 뭐라고 생각하냐?"

웃음을 그친 오 군이 느닷없이 물었다.

"뭐긴 뭐야, 가족은 그냥 가족이지."

문경은 오 군이 실없는 농담을 하는 것 같아 걸레로 방바닥을 박박 문지르며 소리를 질렀다.

"딩동댕. 가족은 그냥 가족이지."

장난스러운 말투와는 달리 오 군의 표정은 진지했다.

"내가 고1 때 아버지가 동생을 데려왔어. 쪼끄만 남자애를."

문경은 걸레질을 멈추었다. 뜻밖의 얘기였다. 오 군의 아버지가 남대문시장에서 화장품 도매점을 한다는 얘기, 두 살 터울의 여동생이 있다는 얘기는 카타콤베에서 일힐 때 듣긴 했지만 내밀한 얘기는 한 적이 없었다. 시골에 부모님도 계시고 언니들도 있어. 고아가 아닌 건 분명하지만 나를 도울 수 있는 가족은 없어. 문경 역시 오 군에게 그 이상의 얘기를 한 적은 없었다.

"어렸을 적부터 아버진 밖에서 사는 사람인 줄 알았어. 집엔 무슨 특별한 일이 있어야만 왔으니까. 엄마가 아무 말도 안 해 줬기 때문에 아버지가 밖에다 딴살림을 차리고 있는 줄은 몰랐던 거지. 그걸 눈치채지 못할 만큼 어리기도 했고. 엄마가 속병이 나서 늘 이불을 뒤집어쓰고 누워 있어서 친구들을 집에 데려오는 건 꿈도 못 꿨지. 커서도 아무도 집에 데려온 적이 없었어. 말하자면 우리 집은 외부인 출입 금지 구역 같은 곳이었어."

오 군이 낄낄거렸다.

오 군은 어렸을 적부터 늘 소화불량과 두통에 시달리며 우울증을 앓는 어머니의 심기를 건드리지 않기 위해 조심했고, 조용하고 말수 없는 우울한 사춘기를 보냈다고 했다. 아버지가 어린 이복동생을 데리고 들어왔을 땐 그동안 집 안에 고여 있던 고요가 폭발하듯 터져버렸다고 했다.

"엄마가 칼을 들고 아버지한테 대들기까지 했어. 죽여버리겠다고."

오 군의 마음이 집에서 떠난 건 그때부터였다고 했다. 가출을 한 적도 있었다. 그렇다고 문제가 해결되는 건 아니었다. 오 군의 아버지는 여전히 밖으로 나돌았고 어머니는 신경안정제와 수면제 없이는 잠을 자지 못했다. 오 군은 부모님의 삶에 자신이 뭔가를 할 수 있다고 생각하지 않았다. 그건 그의 영역 밖의 일이라고 했다.

"남동생은 몇 살이야?"

"올해 중학교에 들어가. 그 녀석은 우리 식구 아무도 안 닮았어."

"남동생과는 잘 지내?"

문경이 걸레를 들고 일어서며 물었다.

"잘 지내고 말고 할 게 있어? 그 앤 죄가 없잖아."

오 군의 목소리엔 힘이 없었다.

문경은 수돗가에 앉아 설거지를 하고 걸레를 빨면서 오 군이 묻던 말을 떠올렸다.

가족이란 뭘까.

겉과 속이 다른 가족은 얼마든지 있었다. 함부로 '가족같이'라는 문구를 집어넣은 한영통상의 구인 광고 역시 터무니없다는 생각에 헛웃음이 나왔다.

그날 밤 문경은 잠든 오 군의 귓가에 속삭였다.

"가족이란 원죄 같은 거야."

개 같은 날들

최나 강은 이제까지 문경이 생각했던 삶의 방식을 완전히 뒤흔들어놓았다. 그들은 뻔뻔스럽게도 사악한 인간의 민낯을 그대로 드러내놓고 있었다.

사람이 살아가는 방식은 여러 가지다.

문경은 미스 백이 배달을 나가고 없을 때 이따위 낙서나 하면서 시간을 때웠다. 그러곤 볼펜을 쥔 손에 힘을 주고 노트가 찢어지도록 글자마다 까맣게 덧칠해서 문장을 지웠다.

이 일을 계속할 것인가, 그만둘 것인가.

그동안의 일을 덮고 조용히 사라지면 되지 않을까.

문경은 매번 같은 고민을 하면서도 출근했다.

두 눈으로 그들을 똑똑히 보고 싶었다.

과연 그런 마음뿐이었을까?

문경은 자신의 마음조차 의심스러웠다. 일확천금을 꿈꾼 적도 없고, 돈을 움켜쥐기 위해 돈, 돈 노래 부른 적도 없는데 돈은 필요했다. 살아가는 데 필요한 양식, 최소한의 옷, 잠잘 방, 사람이기 위해 필요한 가지가지 들은 모두 돈을 지불해야만 얻을 수 있는 것들이었다.

문경에게 영동포의 시간과 구름동의 시간은 천국과 지옥만큼이나 벌어져 있었다. 이쪽에서 저쪽으로 건너갈 때나, 저쪽에서 이쪽으로 건너올 때는 높은 벼랑 위에서 건너뛰는 것만 같았다. 완벽한 가면을 쓰고 분리된 두 개의 심장을 지니는 것. 어설픈 치기란 통하지 않는다는 걸 알면서도 매 순간 마음이 흔들렸다. 퇴근 때면 전철에서 내려 언제 도착할지 모르는 버스를 기다리는 것보다는 내처 걷는 게 편했다. 조금이라도 빨리 움직여야 한영통상에서 한 걸음이라도 더 멀어질 수 있을 것 같았다.

구름동으로 들어가는 철길 건널목에 차단기가 내려오면 문경은 오 군을 따라 처음 구름동으로 들어가던 밤길이 떠올랐다. 환하게 불 밝힌 객차 안의 손님들이 거대한 홀로그램처럼 떠가는 광경은 언제나 그렇듯 지나간 순간을 다시 겪는 듯한 묘한 착각을 일으켰다. 마치 이번 생이 둥근 레일을 따라 끝없이 제자리를 돌고 있는 듯, 아무리 힘껏 내달려도 결국엔 같은 자리로 돌아오게 되는 마법에 걸리기라도 한 것처럼 매번 그 순간에 갇혔다. 차단기가 올라가고 철길을 건너면 다시 걸음을 서둘렀다. 뒤를 돌아보고 싶지도 않았다. 앞만 보고 내처 걸었다. 구름동을 지나 서울의 경계를 넘어 어디인지 알 수 없는 곳으로 계속 걸어가고 싶었다.

하지만 밤이 지나면 어김없이 하루가 다시 시작되었다.

오 군은 아침 8시 20분에 집에서 나갔다. 그가 출근하고 나면 문경은 그제야 출근 준비를 서둘렀다. 한영통상은 10시나 되어야 영업을 개시했다. 최와 강이 출근하기 전에 사무실 문을 여는 건 문경과 미스 백의 몫이었다. 한 주간씩 미스 백과 출근 시간이 달랐다. 미스 백이 9시 30분까지 출근하는 날은 문경이 10시까지 출근하는 식이었다.

문경이 먼저 출근하는 날은 석유난로에 불부터 붙이고 이쪽저쪽 사무실을 깨끗하게 청소했다. 난방 시스템이 설치되어 있지 않은 사무실은 삼월인데도 썰렁했다. 물걸레가 지나간 책상에는 번들거리는 물기가 남았다. 코가 헐 정도로 독한 공용 화장실의 지린내도, 생리혈이 묻은 더러운 생리대나 휴지 조각이 뒹구는 화장실도 적응이 되었지만 아침마다 최나 강의 얼굴을 대하는 첫 순간만큼은 편해지지 않았다.

미스 백은 영업이 시작되면 최나 강이 컨텍하는 소리를 못
듣는 척하며 공부에 열중했다. 그녀는 출근하기 전 노량진에
있는 입시 학원에서 새벽반 수업을 듣는다고 했다. 문경이 미
스 백에게 그렇게 열심히 공부하는 이유가 뭐냐고 물었다.

"고졸과 대졸은 천지 차이야. 난 무시당하면서 살아봤거
든."

미스 백은 성공하기 위해선 꼭 대학에 가야 한다고 했다. 그
녀가 말하는 성공의 의미가 무엇인지는 모르겠지만 문경은 미
스 백처럼 삶이 분명한 거였으면 좋겠다고 생각했다. 미스 백
의 눈에 훤히 보이는 그것이 문경에게는 보이지 않았다.

"미스 조도 시간 낭비만 하지 말고 목표를 분명히 세워. 공
무원시험공부를 해도 되고, 야간대학이라도 갈 수 있으면 그
것도 다행이고. 공부할 거라고 했잖아."

문경은 미스 백의 충고에 의미 없이 고개를 끄덕였다. 미스
백의 흔들림 없는 신념이 한편으론 부러웠고, 한편으론 경멸
스러웠다. 문경은 첫 월급을 타면 단과학원에 등록해서 다시
공부를 시작해보리라고 생각했지만 엉뚱하게도 그 계획과도
점점 멀어지고 있었다. 무엇을 해도 만족스럽지 않았고, 무엇
을 해야 할지 목적마저 잃어버린 듯했다.

그즈음 문경은 쉬는 날이면 구름동에서 버스를 타고 나와 구립도서관을 드나들었다. 도서관 마당은 사람 하나 없이 고요한데 유리문을 열고 안으로 들어서면 숨소리뿐인 열기가 훅 끼쳐왔다. 지하 구내식당에도 1층 자료실이나 2, 3층 열람실에도 자기 자신에게 몰입해 있는 사람들로 꽉 차 있었다. 도서관의 일원이 될 수 있는 사람들, 문경은 그들이 부러웠다.

문경에게 도서관은 다른 곳보다 친숙한 공간이었다. 고등학교 때 학교 도서실 사서 담당 선생님을 도와주는 일을 했다. 점심시간과 방과 후, 토요일 오후를 도서실 잡무를 담당하며 약간의 학비를 지원받았다. 문경에게 그곳은 자신을 숨길 수 있는 유일한 공간이기도 했다. 세상과 유리된 듯했지만 외롭지 않았고, 말이나 생각이 들뜨지 않았다. 오빠의 죽음 이후 보이는 것만이 세계의 전부가 아니라는 걸 어렴풋이 깨달았던 그때부터 문경은 이 세계가 도저한 위악과 잔인한 욕망으로 가득 차 있다는 걸 알았다. 이 세상 어딘가에 있을지 모를 나만의 공간이 있다면 문경이 가장 안전하다고 생각한 곳이 도서관이기도 했다.

하지만 이제는 낯설고 불편하며 짐짓 발가벗겨진 느낌이 들게도 했다. 열람실 서가를 조용조용 발소리를 죽여가며 돌 때는 왠지 모르게 심장이 쿵쿵 뛰었다. 금지된 장소에 들어선 듯

속이 울렁거리고 눈앞이 흐려졌다. 책등에 박힌 제목들 하나하나가 마치 거대한 독수리의 눈처럼 살아 움직였다. 그 눈에 심장이 파먹히는 환영에 시달리기도 했다.

그녀의 머릿속에는 수만 가지로 조합된 문장들이 떠올랐다 사라졌다. 서울이라는 곳은 익명의 존재들이 살아가는 거대한 악과 허구가 조립된 허상의 공간이었다. 그 속에서 내가 누구인지를 되묻는 자각은, 유독 조용하고 엄숙한 분위기의 도서관에 들어서면 더 확연하게 와닿았다.

문경은 밝은 창가에 앉아 순정하게 독서에 몰입하는 시간을 언제나 내일로 미루었다. 기껏해야 사무실에 가져와서 읽는 책들은 시드니 샐던이나 애거사 크리스티의 미스터리 추리소설이었다. 감각적으로 퍼즐 조각이나 큐브의 숫자를 맞출 때처럼 깊은 생각 없이 재미를 좇는 독서. 무료한 시간을 때우는 데는 그만한 것이 없었다.

*

"내가 팁 하나 알려줄까?"

한영통상에 출근한 지 한 달이 가까웠을 때 미스 백은 큰 비밀이라도 알려줄 듯 말했다.

"나도 상처 받고 속상한 일도 많았어. 미스 조도 그렇지?"

팁을 준다더니 미스 백은 딴소리였다.

"어차피 세상은 공평하지 않아. 미스 조는 숙맥같이 순진한 척, 양심 있는 척하는데 그런다고 누가 알아줄 것도 아니고. 실속도 챙겨."

"무슨 얘길 하고 싶은 거예요?"

"말 안 해도 알아. 미스 조가 매일 출근해서 무슨 생각을 하는지."

미스 백은 마치 '네 속'을 다 꿰뚫어보고 있다는 듯 자신만만하게 말했다.

"내가 무슨 생각을 하는데요?"

"거야 뻔하지. 여길 언제쯤 때려치울까, 하는 생각?"

문경은 빤히 쳐다보는 미스 백의 눈길을 피했다.

"나도 그렇고 여기 발 들였던 사람들은 누구나 다 그런 생각을 하면서 일했을 거야."

"나한테 알려줄 팁이란 건 뭐예요?"

"미스 조도 가끔 금일봉 들어오는 거 있지?"

미스 백이 말하는 '금일봉'은 어디까지나 얼마가 들어 있는지 알 수 없는 돈이었다. 최나 강이 어떻게 금일봉이란 명목의 돈을 갈취하는지, 그건 미스 백도 알고 있었다. 그러니 그 눈

먼 돈의 귀퉁이를 조금 떼어먹는다고 해서 달라질 건 없었다. 어차피 서로서로 기생하는 관계니까. 하지만 문경은 감히 그걸 따로 떼어낼 생각은 하지 못했다. 그 맛을 알고 거기에 물들기 시작하면 영원히 한영통상에서 발을 뺄 수 없을 것 같았다. 그거야말로 최나 강과 한 치도 다를 바 없는 인간일 테니까.

"그거, 미스 조가 알아서 적당히 챙겨."

미스 백은 문경의 귓불에 입김이 닿을 듯 몸을 바싹 기울이고 목소리를 한껏 낮췄다.

자주 있는 일은 아니었지만, '대물'이 걸릴 때가 있었다. 책값은 일정 부분 공급책과 약속된 책정액이 있지만, 거기에 얹어 종친회를 사칭해 뜯어내는 금품, 일명 금일봉은 알토란 같은 수입이기도 했다. 최와 강이 컨택을 하는 소리만 들어도 미스 백은 감이 온다고 했다. 하지만 대물을 물었을 때는 그만큼의 위험 부담이 따랐다. 최는 유독 금일봉에 열을 올렸는데, 그건 더 쉽게 눈먼 돈을 먹겠다는 야심찬 욕심이었다. 최의 말놀음에 걸려든 이들은 대부분 부동산 졸부, 가진 재물에 비해 내세울 만한 것이 없어 감투 쓰기 좋아하는 허울뿐인 명망가들이었다.

문경도 금일봉을 받아온 적이 있었다.

76

온통 금장식 트로피와 감사장으로 사무실을 채워놓은 은퇴한 체육계 인사를 찾아갔을 때였다. 퇴역 장군처럼 권위의식이 잔뜩 밴 늙은이는 문경을 붙들고 앉아 자신이 이 나라를 위해 어떻게 젊음을 바치고 헌신했는지 일장 연설을 늘어놓았다. 문경은 무릎을 꼭 붙이고 앉아 노인네의 말에 네, 네, 고개를 주억거렸다. 일장 연설 끝에 노인은 이 나라를 위해 종친회에서 학생들을 육성하는 데 써달라며 두 개의 봉투를 내놓았다. 최가 컨택한 고객으로 최의 기대와는 달리 금일봉 봉투는 실망스러웠던 모양이었다. 잔뜩 기대를 하고 문경을 기다렸을 최는 눈에 띄게 아쉬움을 표하며 입맛을 쩝쩝 다셨다.

"정말 그 인간이 준 게 이것뿐이란 말이지?"

최가 눈을 세모꼴로 뜨고 추궁하듯 훑어볼 때 문경은 모멸감마저 느꼈었다.

"악어와 악어새 얘기 들어봤지?"

팁을 주겠다던 미스 백은 무슨 심산인지 알쏭달쏭한 말만 했다.

"서로 필요에 의해 공생하는 거야. 그러니까 미스 조도 정신 차리라고."

미스 백의 속닥임은 계속됐다.

금일봉이라는 명목으로 들어오는 돈의 일부를 뗄 때는 표나지 않게 감쪽같게 해야 한다. 금일봉은 얼마가 들어 있을지 알 수 없는 데다 그게 종친회로 들어갈 리는 만무한 돈인데 통째 갖다 바칠 수는 없다고 했다. 최가 즐겨 말하는 뛰는 놈 위에 나는 놈 있듯이, 미스 백도 양심껏 챙긴다고 했다.

"양심껏 얼마요?"

"그냥 밥값 정도지 뭐."

미스 백이 문경에게 붙였던 몸을 떼며 말했다.

과연 미스 백다운 생각이었다. 그녀는 문경이 함부로 얕볼 만한 상대가 아니었다. 미스 백이야말로 최나 강과 환상의 콤비를 이루는 악어와 악어새 같은 존재였다.

금일봉과는 상관없지만, 문경도 떡고물을 받아먹은 적은 있었다.

무역회사를 운영하는 중소기업 사장이 따로 봉투를 찔러준 적이 있었다. 영등포에서 먼 거리는 아니었지만 문경은 여전히 서울 지리가 낯설었다. 지하철 출구를 기준으로 찾아갈 수 있는 유명한 건물이 아니면 몇 번씩 길을 물어야 했다.

컨텍은 타이밍이 중요했다. 상대방을 한껏 흔들어놓은 마음이 어느새 식어버리거나 어쩌면 '가짜'가 아닐까, 하는 의구심이 일기 전에 속전속결로 해치우는 게 관건이었다. 쇠뿔도 단김에 빼야 하는 건 만고의 진리라고 최는 말했다. 어쨌든 오늘 해야 할 일을 내일로 미룬다는 건 다 잡은 고기를 놓치는 것과 같았다. 최와 강이 농담 삼아 툭툭 던지는 말들은 지능적이었다. 그들은 사무실에 앉아 미스 백과 문경이 밖에서 움직이는 동선까지 예측했다. 우리는 눈 감고도 천리를 보는 사람들이라고 말하는 최는 허튼수작을 부리거나 속일 생각은 말라는 듯 다분히 경고성이 담긴 농담을 지껄이곤 했다.

문경은 그날 지하철 출구를 잘못 나오는 바람에 엉뚱한 골목에서 시간을 허비했다. 고객이 자리를 비우면 낭패였다. 약속한 시간에 어떻게든 맞춰야 해서 초조했다. 어렵게 건물을 찾았고, 무사히 사장실로 안내를 받았다.

고객은 50대 중반의 대머리였다. 그는 족보에는 별다른 관심을 보이지 않았다. 책을 싼 보자기를 풀어 대충 책 표지만 훑은 다음 족보보다 문경의 얼굴을 더 열심히 훑었다. 책값을 쉽게 내놓을 생각이 없는 듯했다. 그는 어려운 걸음을 했는데 그냥 보낼 수 없다며 저녁을 대접하겠다고 했다. 문경은 사무실에서 기다릴 사람들을 생각했다. 하지만 책값을 받기 전에는 빠져나올 방법이 없었다.

대머리가 문경을 데리고 간 곳은 조명이 칙칙한 레스토랑이었다. 테이블마다 칸막이가 있는 홀은 꽤 넓었다. 문경은 비프 스테이크라는 걸 그때 처음 먹어보았다.

대머리는 홀의 가장 안쪽 테이블에 자리를 잡았다. 쭈뼛거리며 따라 들어갈 때까지만 하더라도 문경은 잔뜩 주눅이 들어 있었다. 호랑이 굴에 들어가도 정신만 차리면 산다. 그때 문경은 본능적으로 위기에 대처할 방법을 찾느라 잔뜩 움츠려 있었다. 그 상황도 두렵지는 않았다. 여차하면 책값이고 뭐고 뛰쳐나올 생각이었으니까. 만약에, 그런 일이 생긴다면 차라리 잘된 일이 아닐까. 하지만 본능은 스스로를 배반하고 있었다.

"어르신 전화를 받았을 때 당황한 건 사실이지만 좋은 일에 힘쓴다니 나도 기분이 좋네. 자네처럼 힘든 상황에서도 열심히 공부하느라 애쓰는 아가씨도 만나고 말이야. 그래, 자네는 올해 대학 몇 학년인가?"

"이제 2학년인데 이번 학기 휴학 중입니다."

허를 찌르듯이 대머리가 훅 치고 들어왔지만 문경은 잠깐 당황했을 뿐 준비했던 것처럼 대답이 나왔다. 대머리가 지긋한 눈으로 문경을 바라보며 고개를 끄덕였다.

"나는 맨손으로 회사를 이만큼 키웠네. 아직도 내가 못 한 게 있다면 대학 공부인데 말이야. 그래도 내 밑에 직원들은 다 대학 졸업자들이지. 허 참, 내가 별소리를 다하네. 어려운 형편에서도 공부에 정열을 쏟는 젊은이만 보면 내가 못 이룬 꿈이 생각나서 말이야."

대머리가 통통한 손으로 고기를 썰며 말했다.

문경은 눈앞의 이 상황이 연극처럼 느껴졌다. 감칠맛 나는 양송이 수프도 핏물이 살짝 배어나던 스테이크도 무대 위의 소품처럼 제맛을 느낄 수 없었다. 묵직하게 튀어나온 똥배 아래 번쩍거리던 혁대의 버클 장식, 역겨운 향수 냄새, 호출기 번호가 적혀 있는 명함을 쥐어줄 때 축축하게 땀에 젖어 있던 손. 그 손의 끈끈한 느낌은 지워지지 않았다.

"어르신들한텐 말하지 말고 용돈으로 써요. 내가 뒤를 봐줄 테니 힘들면 언제든 연락해요. 기다리리다."

엘리베이터 안에서 대머리는 문경에게 딱 붙어 떨어지지 않았다. 대머리의 숨소리와 음식 냄새가 밴 역겨운 날숨에 몸이 오그라들었다.

문경이 영등포 사무실로 돌아온 시간은 그만큼 늦어졌다. 최는 뭘 캐내려는 듯 의심을 풀지 않았지만 문경은 있는 그대로 얘기했다.

그다음 날 아침 시간에 최가 미스 조는 어제 접대를 받고 오시느라 늦었다며 빈정대자 미스 백이 누구에겐지 모르게 쏘아붙였다.

"미친놈들 많아. 나이깨나 처먹은 것들이."

그러곤 쪽문을 넘어와서는 문경의 귀에 대고 슬쩍 귓속말로 물었다.

"그 인간이 차비하라고 돈 줬지?"

*

문경은 구름동으로 돌아오면 영등포의 시간을 잊으려 노력
했다. 짐짓 아무렇지도 않은 척 마음을 추슬러야 했다.

오 군의 퇴근이 점점 늦어지고 있었다. 잔업이 끝난 후에는
숙소에 있는 이재규와 어울렸다. 일찍 들어오라고 잔소리를
하지만 그는 문경이 기다린다는 걸 종종 잊어버리는 듯했다.
얽매이기 싫어하고, 간섭받기 싫어하는 오 군의 입장에서 보
면 두 사람의 동거는 처음부터 모험이었는지도 모른다.

구름동의 밤은 영등포의 시간과는 달리 숨 막힐 듯 고요했
다. 낮에는 공장들이 밭은 숨을 내쉬다가 어두워지면 숨소리
도 없이 깊게 가라앉았다. 이따금 덤프트럭이 안채 대문 앞 도
로를 지나가는 소리가 들렸다. 크렁크렁 길바닥이 울리고 미
세하게 벽이 흔들리는 진동이 느껴졌다. 문경은 구름동에서
보내는 밤들이 무사하기를 빌며 가슴을 졸였다. 그래야만 영
등포에서의 시간을 최소한이라도 이겨낼 수 있을 테니까.

밤비가 부슬부슬 내리는 날이었다. 텔레비전도 없고 전화

82

기도 없는 방, 심지어 라디오조차 없는 방은 바깥세상과 단절된 듯 고요했다. 문경은 오 군을 기다리며 창밖의 소리에 귀를 기울였다. 들창 빗물받이로 빗물이 똑똑 떨어지는 소리가 들렸다. 훈이네서 뭔가가 부서지는 소리가 들리는가 싶었는데 그 사이로 벼락같은 고함 소리가 들려왔다.

처음은 아니었다. 벌써 몇 번이나 일어난 일이었다. 그때마다 문경은 가슴이 바르르 떨렸다. 미친 짐승처럼 날뛰는 훈이 아버지의 모습을 상상하는 건 어렵지 않았다. 문경을 대하는 눈빛도 늘 뭔가 못마땅한 빛이 역력했다. 문경이 대문 앞을 지나갈 때 피우고 있던 담배꽁초를 던지곤 까악 침을 뱉었다. 프라이드왜건이 바깥마당에 떡하니 버티고 있으면 왠지 모르게 긴장하게 되었다. 저 집 남자는 일도 나가지 않고 집구석에 처박혀 뭘 할까. 훈이 엄마는 왜 문밖출입을 안 하는 걸까? 분란을 피우는 소리가 날 때마다 문경은 가슴이 쿵쿵 뛰었다.

언젠가 문경은 늦은 퇴근길에 훈이 엄마 뒤를 따라 걸은 적이 있었다. 한영통상은 하루 여덟 시간 근무를 보장한다는 구인 광고와는 달리 일이 걸리면 그 일을 해내고 사무실로 돌아오는 시간이 퇴근 시간이었다.

그날 문경은 배달이 있어서 일산까지 갔다가 늦게야 영등포로 돌아왔다. 솔다방에서 기다리던 최에게 봉투를 건네고 곧장 퇴근했는데도 8시가 넘었다. 전철에서 내려 구름동으로 들어가는 버스를 타려고 정류장으로 가는 길에 막 눈앞에서 버스가 떠나는 걸 봤다. 배차 간격이 길어서 언제 다음 버스가 올지 알 수 없어 내쳐 걸었다.

구름동으로 접어드는 갈림길에서 앞서 걸어가는 한 여자가 보였다. 여자도 버스를 기다리는 것보다 걸어가는 게 빠르다고 생각했던 걸까. 문경이 보폭을 조금만 올리면 여자와 나란히 갈 수도, 앞지를 수도 있었지만 왠지 따라붙으면 여자가 불편해할 것 같았다.

여자는 오른팔에 핸드백을 걸고 두꺼운 재킷 주머니에 두 손을 찌른 채 걷고 있었다. 종아리까지 오는 뒤가 터진 검정색 니트 치마 차림이었는데, 가로등 불빛에 도톰한 회색 스타킹을 신은 종아리가 드러났다 감춰졌다 했다. 여자는 고개를 숙인 채 걷고 있었다. 따라오는 인기척을 느꼈을 텐데도 뒤 한 번 돌아보지 않았다. 여자는 무슨 생각인가에 골똘해 있지 않았을까.

여자가 구름동 슈퍼마켓 앞 환한 불빛 속으로 들어섰을 때야 훈이 엄마라는 걸 알았다. 집 앞에 당도한 그녀는 대문 앞에서 잠깐 멈춰 섰다. 프라이드왜건은 보이지 않았다. 훈이 아버지가 아직 집으로 돌아오지 않았다는 뜻이었다. 대문 근처에서 걸음을 늦춘 문경은 그녀가 먼저 집으로 들어갈 때까지 기다렸다. 작정하고 뒤를 밟아온 것도 아닌데 괜히 머쓱했다. 한참이나 대문 앞에 우두커니 서 있던 그녀는 뒤를 흘끔 돌아보더니 무언가를 결심한 듯 대문을 열고 안으로 들어갔다. 훈이 엄마에 대한 특기할 만한 일이라면 그것이 전부였다.

어느 순간 훈이네서 나던 소리가 잠잠해졌다. 들창 빗물받이로 톡, 톡 빗물이 떨어지는 소리 사이에 발소리가 들렸다. 오 군인가? 문경은 몸을 반쯤 일으켰다. 발소리가 이어졌다. 후다닥 지나가는 소리 같기도 하고, 한 발씩 눅여 딛는 것 같기도 한데 다시 빗물이 톡, 하고 떨어지는 소리가 들렸다. 기다려도 문 두드리는 소리는 나지 않았다. 바람에 실려 빗방울이 투덕거리는 소리를 잘못 들은 건가?

창문 쪽을 빠히 쳐다보고 있던 문경은 반사적으로 몸을 일으키며 밖을 향해 오 군을 불렀다. 아무런 대답도 들려오지 않았다. 부엌으로 나가 불을 켜고 출입문을 조심스럽게 열었다. 어둠이 확 몰려들었다. 새시 문은 무엇엔가 걸린 듯 완전히 뒤로 젖혀지지 않았다. 부엌문 앞에 있는 수돗가에는 담벼락 쪽에 바싹 붙여놓은 조그만 평상이 있었다. 평상 모서리에 부엌문이 부딪친 건가 싶어 한 발을 바깥으로 내밀었다.

그때 새소리처럼 가느다랗게 울음소리가 들렸다. 문경은

한 손으로 문고리를 잡은 채 출입문의 크기가 만들어낸 부챗살만큼의 공간으로 고개를 돌렸다. 부엌 불빛이 새어 나간 틈으로 비에 젖어 번들거리는 뭉글뭉글한 덩어리가, 뜨거운 숨을 가진 덩어리가 눈에 들어왔다. 그것이 무엇인지 알아챈 순간 놀란 문경은 손바닥으로 입을 막았다.

문경이 문을 여는 순간 벽 쪽으로 밀어붙인 수를 감싸는 훈의 몸이 온전히 느껴졌다. 삼각팬티만 걸친, 둥근 엉덩이의 윤곽이 완연한 어린 사내들의 몸. 서로의 몸을 파고들듯 몸을 웅크린 채 억눌린 소리를 내는 형제의 울음소리가 엷은 빗소리에 섞여들었다. 삼월이라지만 아직 추위도 완전히 가시지 않았고 게다가 비까지 내리고 있었다. 아이들은 수치심 때문에 움직이지도 못하고 있었다.

"안으로 들어와. 누나가 옷 줄게."

문경은 아이들을 향해 말했다. 흐느낌은 잦아들었지만 아이들은 대답이 없었다.

짐승이거나 악마일 것이다. 아이들의 옷을 벗겨 이 밤에 막다른 곳으로 내몬 인간은.

문경은 방으로 들어가지도 못한 채 부엌문 앞에 서서 기다렸다. 잠깐이었지만 문경은 어떻게 해야 할지 멍하니 정신을 놓고 서 있었다. 그때 낯익은 발소리가 들려왔다. 오 군이었다.

"아 씨발 새끼."

그의 입에서 누구에겐지 모를 욕설이 튀어나왔다.

"옷 줘. 옷!"

그가 낮게 소리쳤다. 집으로 돌아오던 오 군이 밖에 서 있는 훈이 형제를 본 것이다. 문경은 그제야 정신없이 방으로 들어가 수건과 오 군의 추리닝 바지와 헐렁한 티셔츠, 잠바 따위를 손에 집히는 대로 건넸다. 훈이 형제는 방으로 들어오려 하지 않았다. 문경은 아이들이 부엌으로 들어오자 방문을 닫고 안에서 기다렸다.

"쫓겨난 거냐?"

오 군이 아이들에게 묻는 소리가 들렸다.

아이들의 대답 소리는 들리지 않았다.

"아빠 술 마셨냐?"

"네."

울먹임 섞인 수의 목소리가 겨우 새어 나왔다.

"자주 이러냐?"

오 군의 목소리는 꺼칠했다.

"씨발, 인간도 아냐."

한참 만에 들려온 건 훈의 목소리였다.

그날 밤 훈과 수는 끝내 방으로 들어오지 않은 채 부엌에서 오 군과 있다가 돌아갔다. 술에 취한 훈이 아버지가 잠든 뒤에 집으로 들어간 건지 어쨌는지는 알 수 없었다. 오 군은 잠자리에 누워서 낮은 소리로 중얼거렸다.

"소리 안 나는 총이 있으면 쏴버렸을 거야."

*

문경이 훈이네 집 내막을 알게 된 건 며칠이 지난 일요일이었다.

안마당 대문께에 놓인 평상에서 주인 할머니와 길가 방 여자가 얘기를 나누고 있었다. 점심을 먹고 나서 한 빨래를 널고 들어가려는데 길가 방 여자가 문경을 불렀다. 외출했다 들어오는 길인지 여자는 잔꽃 무늬가 수놓인 스웨터에 청바지 차림이었고, 긴 생머리를 하나로 야무지게 묶은 여자아이는 분홍색 니트 원피스를 입고 있었다. 머리카락을 세게 당겨 올려 묶은 탓인지 눈초리가 위로 치켜 올라붙은 여자아이는 평상 아래 쪼그리고 앉아 꼬챙이로 흙바닥을 헤집고 있었다.

"새댁네가 훈이 애들 옷 챙겨줬다며?"

여자가 물었다.

"네."

훈이 형제가 그 일을 당한 다음 날 주인 할머니가 오 군의 옷들을 챙겨왔다. 아이들은 그날 집에 들어가지 못하고 주인 할머니네 문간방에서 잤다고 했다.

"소꿉장난하는 것처럼 철없이 사는 줄 알았더니 제법 사람 사는 도리도 알고 인정도 있어. 요즘 젊은이들이 어디 남 생각 하나."

할머니가 여자에게 들으란 듯이 말했다.

"어떻게 애비가 다 큰 자식들을 팬티 바람으로 내쫓는대. 인 두겁을 쓰고서."

여자는 마치 눈앞에서 인두겁을 쓴 괴물을 보고 있는 듯 핏 대를 세웠다.

훈이 엄마가 동네 여자들과 통 어울리지도 않았던 건 할머 니도 알다시피 남편한테 쥐어 살면서 걸핏하면 손찌검을 당해 서 그런 거고, 맞고 사는 여자는 척 보면 표가 난다고 여자는 말했다. 문경은 프라이드왜건이 서 있던 자리를 쳐다보았다.

"술이 화근이지. 썩을 놈의 인사. 술만 안 먹으면 옆에 있는 지 없는지도 모르는 사람인데 술만 들어가면 뭐에 씌운 것처 럼 변한다니까. 그래도 훈이 아버지가 화학공장 다닐 땐 제법 웃을 일도 있고 그랬는데… 쯧."

"아유, 할머니. 그런 말씀 마세요. 못된 버릇 개 주나요. 애초부터 그러니까 술이 들어가면 본성이 나타나는 거죠. 그리고 사내가 오죽 못났으면 마누라 집 나갔다고 애들한테 그런 짓을 해요."

여자가 몸을 부르르 떨며 말했다.

"그래도 자식새끼들 있는데 자꾸 집을 나가면 쓰나. 훈이 애비가 이러는 게 어디 하루 이틀인가. 여자가 자꾸 집 나가 버릇하면 못써. 자식들 바람막이는 에미가 해줘야 될 거 아니야."

할머니는 언짢은 기색을 감추지 않았다.

"애초에 아닌 건 아닌 거예요. 남자한테 손찌검당하면서 새들새들 곯아서 사는 여자들 봐요. 그게 어디 사는 건가. 나 같아도 벌써 열두 번은 가방 쌌겠네요. 자식들 교육상 맞고 사는 게 더 안 좋아요. 차라리 나가서 따로 사는 게 낫지. 요즘 세상에 여자가 어디 가서 밥 못 벌어먹고 살까 봐요."

여자는 발끈해서 할머니 말에 톡 쏘아댔다.

"우리 영감도 소싯적엔 술 먹고 애들 앞에서 숱하게 괴롭혔어. 그래도 참고 살았으니까 자식새끼들도 무사히 커서 사람 구실하고 살지."

여자의 기세에 눌려 할머니의 말끝이 약해지는데도 여자는 성난 기색을 감추지 않았다.

"저는요, 할머니. 술 먹고 행패 부리는 남자는 금덩어리를 안고 와도 싫어요. 술 처먹고 속 썩이는 남편 없으니 만고에 신간이 편해요."

"에구구, 말본새하고는. 어떻게 자식 가진 에미가 다 지 뜻대로만 하고 사나."

할머니는 쯧쯧 혀를 차면서 자리를 털고 일어났다. 여자는 땅바닥을 헤집고 있던 아이의 손목을 신경질적으로 쳐냈다. 아이가 볼 부은 얼굴로 왜, 하고 앙칼지게 소리쳤다.

"들어가서 손 씻어. 더럽게 안 하던 흙장난이야."

아이는 입을 삐쭉거리면서 손을 탈탈 털었다.

"새댁은 요새 어디 다니나 보던데?"

집 안으로 들어가는 딸의 꽁무니를 눈으로 좇던 여자가 문경에게 물었다.

"네."

"좀 따라와 봐. 안 그래도 내가 새댁 보면 줄 게 있었거든."

여자네 집은 오 군의 방보다 훨씬 넓고 깔끔하고 아기자기했다. 찻길에 면한 출입문을 열면 곧장 주방인데 입식 구조에 장판지가 깔려 있었다. 예쁘장한 식탁보를 씌워놓은 식탁 한가운데엔 보란 듯이 화병까지 놓여 있었다. 문경은 화병에 꽂힌 꽃이 조화인 걸 금세 알아봤다.

"일루 좀 와봐."

여자는 부엌 뒷문을 열더니 짤순이를 가리켰다.

"저게 내가 몇 년 쓴 건데 필요하면 가져다 써. 아직 멀쩡해. 식구가 달랑 둘이라 빨래가 많지 않아서 손빨래하고 물만 짰는데 겨울 빨래 하기 힘들어서 저번에 세탁기 들였거든."

짤순이 옆에는 덩치 큰 세탁기가 한자리를 차지하고 있었다.

"괜찮아요."

"괜찮긴 뭘. 아까도 보니까 널어놓은 빨래에서 물이 뚝뚝 떨어지던데. 짤순이가 얼마나 좋은데. 한번 휙 돌려서 물기만 좍 빠져도 방에다 널면 금방 말라. 중고 가게에 내놔도 되는데 내가 생각해서 주는 거니까 갖다 써."

여자는 짤순이를 주기 전에도 어묵공장에서 가져온 'B품' 어묵이나 소시지를 나눠주었다. 먹는 데는 아무 하자 없는 거라고 했다. 속 비닐 포장조차 되어 있지 않은 분홍빛 햄 덩어리, 귀퉁이가 떨어져 나간 어묵 덩어리 들은 책임자 몰래 밖으로 빼돌리는 것들이었다. 여자는 뭔가 들고 올 때마다 그들의 방을 슬쩍슬쩍 들여다보곤 했다.

길가 방 여자네 집에서 짤순이를 가져온 뒤부터는 문경은 빨래하는 일이 좀 수월했다. 대신 살림살이는 하나둘씩 늘어 갔다. 여자는 일요일이면 곱게 차려입고 딸을 데리고 교회에 갔다가 안마당 평상에 앉아 주인 할머니와 수다를 떨었다. 문경이 인사를 하고 지나갈 때면 새댁 뭐 해? 하고 목소리를 높여 물었다. 여자의 과도한 관심이 불편했지만 무시할 수는 없었다. 하지만 딱히 뭐라고 대답할 말이 떠오르지 않을 땐 눈인사만 하고 말았다.

안마당 빨랫줄엔 훈이 형제의 교복이 나란히 널려 있었다. 가끔씩 훈이 할머니가 와서 살림을 하고 간다고 했다. 훈이 형제가 팬티 바람으로 쫓겨난 뒤부터 문경은 훈이 아버지가 보이면 슬쩍 눈길을 피해버렸다. 그를 볼 때마다 소리 안 나는 총이 있다면 쏴버렸을 거라던 오 군의 말이 떠올랐다.

*

강의 집들이에 간 건 토요일 저녁이었다. 아파트를 분양받아 이사한 지 한 달쯤 됐다고 했다. 미스 백과 반반씩 부담한 돈으로 아파트 상가 슈퍼마켓에서 두루마리 화장지와 가루비누를 샀다.

"가서 입조심해야 돼."

93

슈퍼마켓에서 나오며 미스 백이 문경에게 속삭였다.

"사모님은 몰라요?"

"그걸 말이라고 해."

미스 백이 눈을 흘겼다.

"사모님은 어떤 사람이에요?"

"내가 어떻게 알아. 나도 처음 보는데."

"사모님이 무슨 일 하느냐고 물어보면 뭐라고 대답해요?"

"뭐라고 하긴. 한영통상은 오퍼상이잖아. 수입 물건 취급하는 데라고 면접 때 최 부장이 얘기 안 했어?"

문경은 들은 바 없는 얘기였다. 면접 날 문경이 쪽문 안쪽 공간으로 넘어갔을 때 미스 백조차 그런 얘긴 해주지 않았다.

"사모님은 우리가 사무실에서 전화받고, 경리 보는 줄 알아. 아마 자세한 얘긴 할 필요 없을 거야. 강 부장이 미리 연막을 쳐놨을 테니까. 그냥 물어보면 대충 둘러대면 돼."

미스 백은 이런 일은 식은 죽 먹기라는 듯 가볍게 말했다.

문경은 최나 강이 한 여자의 남편이고 아버지라는 사실을 한 번도 생각해보지 않았다. 그들은 당연하고 보편적인 삶에서 한 발짝 비껴나 있는 사람들이라고 미리 단정하고 있었다. 그렇다면 그들의 가족들도 무대 위의 가짜들처럼 꾸며진 것은 아닐까.

문경의 생각은 보기 좋게 빗나갔다. 강의 가족 구성원은 어디 하나 흠잡을 데 없이 완벽해 보였다. 앞치마를 차려입고 손님을 맞은 강의 부인은 정숙한 자태에 예쁘기까지 했다. 어린 두 딸이 나란히 서서 손님들에게 인사를 하며 방긋 미소를 지어 보였다. 거실에는 한 상 가득 음식이 차려져 있었다. 음식의 색감과 새집의 분위기까지 조화된 완벽한 상차림이었다.

최는 강과 마주 앉자마자 술잔부터 기울였다. 주방과 거실을 오가며 바쁘게 움직이던 강의 부인도 합석했다. 미스 백은 처음 서보는 그 무대에서도 능수능란했다. 스스럼없이 강의 부인과 농담을 주고받았다. 그녀는 아무런 의심도 나타내지 않았다. 미스 백 말대로 강이 연막을 잘 쳐놔서인지, 남편이 하고 있는 일에 대한 믿음 때문인지는 알 수 없었다. 그녀의 태도에선 예와 성의를 다해 남편의 부하직원을 대접하는 뿌듯함마저 느껴졌다.

강의 두 딸은 제 엄마 곁에 앉아 예의 바르고 조용하게 식사를 마치고는 자리에서 일어나 자기들 방으로 퇴장했다. 초등학교 4학년과 2학년이라는 두 아이는 엄마를 닮아 곱고 가늘었다. 부담스러운 강의 덩치와 컨택할 때의 모습만으로는 상상할 수 없던 분위기였다. 어른들의 식사가 끝나자 강은 뭔가를 이룩한 가장의 자부심이 가득한 얼굴로 방으로 들어간 두 딸을 불렀다.

강의 두 딸은 아버지의 부름에 다시 등장했다.

"뭘 할까요, 아빠?"

큰딸이 물었다.

"자, 우리 꼬마 요정들 재주를 한번 봐야지."

강이 흡족한 미소를 띠며 딸들을 바라보았다.

"그래, 너희들 피아노 잘 친다며? 어디 연주 한번 들어보자.
네 아빠가 자랑이 대단하시더라."

최의 말에 두 아이는 거실 한쪽에 놓인 피아노 앞에 나란히
앉았다.

피아노가 있는 벽면 위쪽엔 가족사진이 걸려 있었다. 등을
보이고 앉은 아이들이 연탄곡을 연주했다. 피아노 소리는 힘
차고 경쾌했다. 나란한 네 개의 발뒤꿈치. 발목에 꽃무늬 프릴
이 달린 하얀 양말을 신은 발이 박자에 맞춰 까딱까딱 일정하
게 움직였다. 피아노 연주가 끝나자 최는 유난을 떨며 박수를
쳤고 강과 그의 부인은 흡족한 얼굴로 딸들을 바라보았다.

작은딸이 피아노 앞에서 일어나자 큰딸의 독주가 시작되었
다. 어린 소녀는 〈소녀의 기도〉를 연주했다. 완숙한 솜씨는 아
니었지만 소녀는 정성을 다해 보란 듯이 연주했다. 소녀에겐
오늘의 연주가 어떤 식으로 기억될까. 먼 훗날 아버지의 과거

에 치명적인 흠이 있다는 걸 알게 되는 날이 올까.

소녀의 피아노 연주가 끝나자 문경은 자리에서 슬그머니 일어나서 화장실로 들어갔다. 물기 하나 없이 닦인 뽀송뽀송한 공간은 정갈했다. 눈부신 화이트 톤의 세면기, 반짝거리는 거울, 반듯하게 접힌 수건, 네 개의 크고 작은 칫솔과 도톰하고 말랑한 슬리퍼까지 짝을 맞춰 비치되어 있었다. 문경은 변기에 가랑이를 쩍 벌리고 앉아 오래 오줌을 누었다. 질질거리며 흘러나오는 오줌을 보며 변기에 침을 뱉었다.

집들이 파티를 마치고 영등포로 돌아왔을 때 최가 이차를 가자고 떼를 썼다. 최는 술을 꽤나 마신 상태였다. 문경은 미스 백 옆에 꼭 붙어 서서 그녀의 팔꿈치를 잡아당겼다.

"부장님, 그만 마시고 집에 들어가세요. 저도 내일 아침 일찍 해야 할 일이 있어서 들어가 봐야 해요."

최가 번들거리는 눈으로 미스 백을 보고 무슨 소리냐고 큰 소리를 쳤다.

"이차를 가야지, 가까운 포장마차에라도 가자고. 이봐 미스 조, 이차 갈 거지?"

최가 문경의 손목을 잡아끌었다. 문경이 당황해서 손목을 빼내려 하자 미스 백이 최의 손목을 탁 소리가 나게 쳐냈다.

"부장님, 오늘 많이 마신 거 아세요? 그만 들어가세요."

미스 백의 어투는 완강했다. 덕분에 문경은 최의 손아귀에서 벗어나 뒤로 물러섰다.

"많이 마시긴 뭘 많이 마셨다고 그래. 미스 백 요거 요거 사람을 아주 우습게 아네."

최가 취한 몸을 건들거리며 말했다.

"우습게 알긴요. 부장님도 집에서 기다리는 사람이 있는데 왜 그러세요?"

미스 백의 목소리가 한층 앙칼졌다. 그러곤 문경의 손을 잡고 획 돌아섰다. 문경이 몇 걸음 가다가 뒤를 돌아보니 최는 아직도 그 자리에 서서 몸을 건들거리고 있었다.

미스 백이 아니었다면 문경은 최의 강압에 끌려 이차를 갔을지도 모른다. 문경은 그녀에게 고맙다고 진심으로 말했다.

"아닌 건 아니라고 딱 부러지게 말해야지. 가만 보니까 미스 조 생각보다 무르네."

미스 백은 강의 집에서 소주와 맥주를 섞어 여러 잔 마셨는데 사람들로 북적이는 영등포 지하상가를 똑바른 걸음으로 걸어갔다. 문경은 맥주 서너 잔을 마셨을 뿐인데 다시 요의가 느껴져 화장실을 찾아 자꾸만 두리번거렸다.

"최 부장 저 인간 조심해야 돼. 호락호락하게 대했다간 큰코다치지. 마누라랑 이혼하고 중학생 딸내미랑 둘이 살다가 젊은 여자랑 동거한다고 그러더라."

미스 백은 앞만 보고 걸어가면서도 할 얘기는 다 했다.

"왜 이혼했대요?"

"그 속사정을 어떻게 알겠어. 돈 때문이거나 사랑 때문이거
나 둘 중에 하나겠지."

미스 백은 모르는 게 없었다. 문경은 더 이상 참을 수 없어
아예 걸음을 멈췄다.

"먼저 가세요. 화장실에 가야 해서."

"그래, 그럼 나 먼저 갈게."

미스 백은 기다리겠다는 빈말도 없이 손을 흔들었다. 문경
은 미스 백이 인파 사이로 섞여드는 걸 보고 화장실을 찾아 종
종걸음 쳤다.

지하철역 공중화장실은 한영통상 건물 화장실보다 깨끗했
다. 문경은 오줌을 누면서 깨끗한 강의 새 아파트 화장실이 떠
올라 참을 수가 없었다. 설령 가짜라 할지라도 강의 집처럼 완
벽한 가족을 만난 건 처음이었다.

따뜻하고 정갈한 음식과 귀엽고 어여쁜 두 딸들을 거느리고
살면서 마치 지킬 박사와 하이드처럼 산단 말이지? 악마가 가
진 두 얼굴처럼 자애로운 아버지와 멋진 남편, 먹잇감을 향해
거침없이 권모술수를 부리는 간악한 사기꾼으로. 아무 일도

없었다는 듯 집으로 돌아가 온 식구가 밝은 불빛 아래서 단란한 저녁 시간을 보낸단 말이지?

문경은 오줌을 누고 나와 손을 씻으면서 거울 속에 담긴 얼굴을 빤히 쳐다보았다. 물기와 얼룩으로 더럽이 탄 거울 속에서 번들거리는 자신의 얼굴이 낯설어 보였다.

욕할 거 없다, 욕할 거 없어. 너 역시 마찬가지 아니니? 최나강의 똥을 닦아주며 살고 있는 주제에 욕할 처지는 아니지.

"그래, 한 달만, 월급만 받으면 그만두는 거야."

다짐하듯 입 밖으로 소리를 내보아도 마음이 복잡하긴 마찬가지였다.

앞으로 며칠만 견디면 된다, 며칠만.

토요일 밤늦은 시간인데도 전동차는 만원이었다. 문경의 앞엔 그녀의 또래로 보이는 남녀가 허리를 꽉 붙인 채 서로를 마주 보고 서 있었다. 전동차가 구부러진 구간을 돌 때 남자가 여자의 상체를 끌어당겨 껴안았다. 사방에서 눈을 흘겨도 그들은 아랑곳하지 않았다.

문경은 이리저리 떠밀리면서도 악착같이 그들의 뒤쪽에서 버텼다. 시선을 둘 데가 없었다. 고개를 들자 천장에 매달린 손잡이가 그들의 머리 위에서 덜렁거렸다. 오 군을 따라 카타콤베에서 나오던 날도 전철은 만원이었다. 아마 이 구간이었을지도 몰랐다. 전동차가 구부러질 때 오 군이 몸으로 문경을 감싸듯 사방에서 압박하는 힘을 막아냈다.

만약에 구름동까지 오 군을 따라가지 않았다면 한영통상을 만나지 않았을지도 모른다.

만약에…, 오 군을 만나기 전으로 돌아간다면 문경은 여전히 이곳저곳 잠잘 곳을 찾아 떠돌고 있을까. 인생에서 만약이라는 가정은 없다고 어느 책에선가 읽은 기억이 났다.

만약에 오빠가 죽지 않았다면, 그런 일을 벌이지 않았다면 나는 지금 어디에서 어떻게 살아가고 있을까.

'만약에'라는 가정하에 열거할 수 있는 일들은 모두 지나갔거나 다시 오지 않을 일들이다. 다시 똑같은 상황이 온다면 다른 선택을 할 수 있었을까.

"홍, 될 대로 되라지."

문경은 구름동을 향해 어두운 길을 걸어가며 중얼거렸다.

*

문경은 출근한 지 40일 만에 첫 월급을 받았다. 현금 뭉치가 든 누런 봉투는 두툼했다. 지린내가 코를 찌르는 화장실 맨 안쪽 칸에 들어가 문고리를 걸고 봉투를 확인했다. 하루도 쉬지 않고 꼬박 한 달을 일해도 아르바이트로는 만질 수 없는 큰 액수였다.

"첫 월급 받은 기분이 어때?"

퇴근 준비를 하고 있던 미스 백이 물었다.

"이렇게 큰 목돈을 한꺼번에 쥐어보긴 처음이에요."

"나도 첫 월급 땐 그랬어. 돈이란 게 무섭지. 내일 출근할 거지?"

미스 백이 문경의 얼굴을 빤히 쳐다보며 물었다.

문경은 그렇다고도, 아니라고도 대답하지 않았다.

월급날 사무실 분위기는 묘했다. 월급봉투를 건네며 수고했어,라고 한마디 툭 던지는 최나 옆에서 빤히 지켜보는 강의 표정에서 정확한 감정을 읽어내기란 쉽지 않았다. 며칠 전 미스 백의 월급날 분위기도 그랬다. 뭐랄까. 보이지 않는 긴장감이 온몸으로 느껴졌다.

미스 백이 월급을 받은 그다음 날 아침은 문경이 사무실 문을 여는 차례였다. 문경은 여느 때와 다름없이 사무실 청소를 마치고 반쪽 사무실에서 서성였다. 불안하고 초조했다. 만약 미스 백이 출근하지 않는다면 어떻게 되는 거지? 미스 백이 출근할 때까지 가슴 졸였던 생각이 떠올랐다.

"내일 봐."

미스 백이 먼저 사무실을 나가며 말했다.

"내일 봐요."

문경은 웃으며 답했다. 결코 진심이라고 말할 수 없는 가식적인 웃음이었다. 어쩌면 미스 백도 알고 있지 않을까. 서로 얼굴을 맞대고 웃고 있을 때, 최나 강의 컨텍 소리에 귀를 막고 각자 자기 생각에 사로잡혀 있을 때도 어떤 식으로든 끝이 올 테고 그 끝은 아름답지 않으리라는 것을.

문경은 퇴근길에 구름동 슈퍼마켓에서 냉동 삼겹살, 상추와 마늘, 쌈장, 소주도 두 병 샀다. 신문지를 방바닥에 깔아놓고 오 군이 퇴근할 시간에 맞춰 야외용 버너에 고기를 구웠다. 밤 늦게 고기 굽는 냄새가 훈이네 집까지 갈까 봐 창문조차 열지 못했다.

"웬 고기? 오늘이 무슨 날이야?"

"월급 탔어."

"월급 탔으니 그만두는 거야?"

고기쌈을 싸며 오 군이 물었다.

"고민 중. 떠날 땐 신중해야 하니까."

문경은 오 군보다 소주를 더 많이 마셨다.

"세상살이 고단한 거 이제 안 애처럼 술이 달아?"

오 군이 마지막 잔을 부딪치며 웃었다.

한영통상이 어떤 곳인지 오 군이 궁금증을 드러냈다면 뭐라 대답했을까. 이 세상엔 그가 생각조차 해보지 않은 일이 있다는 걸 설명할 수가 없었다.

몸은 고달프지 않았다. 미스 백 말대로 하루 종일 매장을 뛰어다니며 손님 수발하는 것도 아니고, 유리창에 난 손자국을 닦는 것도 아니니까. 그래도 차라리 몸이 고달픈 게 낫겠다는 생각이 들 정도로 문경의 마음은 찌들었다. 하루에도 몇 번씩 가면을 쓰는 것. 말 그대로 양심을 파는 것. 무대 위에서 연기를 하듯 나는 내가 아니어야 했다. 무대 뒤에 그림자처럼 서 있어야 하는 진짜 나는 어디에 있지?

그런데 이 명백한 거짓놀음에는 눈에 보이지 않는 달콤한 유혹이 도사리고 있었다. 문경은 유혹에 끌려가는 자신을 외면했다. 눈을 감아버리면 되는 것이다. 세상의 더러운 것들은 더러운 것들끼리 흘러가게 둬버리는 것이다. 내가 이 더러운 세상을 구원할 수 없다는 자포자기. 그러니 나는 한껏 비루해지더라도 악랄하고 뒤틀린 욕망을 가진 자들을 지켜보겠다는 터무니없는 용기. 그것을 대가로 문경이 얻는 것은 제 주제로는 쉽게 만질 수 없는 묵직한 월급봉투였다. 문경에게 그것은 꼭 필요한 것이었고, 움켜쥐어야 할 것이었다. 한영통상에 발을 들인 그 순간 문경은 이미 그들의 유혹을 받아들일 준비를 하고 있었던 게 아닐까?

그만두겠다는 확고한 의지가 있었다면 망설임은 없었을 것이다. 고민을 시작하는 단계에서 문경은 이미 자신과 타협하고 있었다. 하루만 더, 일주일만 더, 첫 월급은 받아야지 했던 게 첫 월급을 받고 다음 날에도 다시 출근했다.

조금만 더 고생하면 두 번째 월급을 받을 수 있었다. 그동안 고생한 걸 생각하면 열흘 치를 버리고 나갈 수는 없었다. 최나강에게 그만둘 테니 그동안 일한 값을 정당하게 달라고 말할 용기도 없었다. 그들은 콧방귀를 뀔 게 분명했다. 이곳의 생리를 누구보다 잘 알기에 문경은 미스 백에게도 그런 생각 따윈 내비치지 않았다.

문경은 그동안 방문한 고객들의 이름과 방문 장소를 다이어리에 차곡차곡 적어놓았다. 그것으로 자신의 위선을 덮어보려 한 건 아니었다. 똑똑히 기억해두고 싶었다. 자신이 체험한 일들이 가상현실이 아니라 실재하는 거라는 걸.

동일한 성씨를 가진 문경의 고객들은 대개 나이 지긋한 남자들이었다. 문경을 대하는 그들의 태도는 의심 반인 자들과 누추한 곳까지 종친회에서 찾아왔다는 감개무량함을 온몸으로 드러내는 이들이었다. 그들은 하나같이 겉만 번지르르한 이 족보의 계보 속에서 자신의 아버지의 아버지, 그 아버지의 아버지를 찾아내려 했고, 자신의 존재가 계보에 똑바로 박혀 있는지 확인하려 했다.

세상엔 문경의 아버지 같은 아버지들만 있는 건 아니었다. 문경의 아버지야말로 예외적인 인생에 봉착한 가련한 영혼이었다. 한낱 농사꾼인 범부의 인생에 살인자라는 낙인을 가진 아들이 씌워놓은 굴레에 갇혀 그의 세상은 일찌감치 끝나버렸다.

한영통상에서 파는 족보를 사는 '아버지'들 중엔 발끝에서부터 머리끝까지 치장할 허세와 권위를 돈으로라도 메우려는 욕망으로 가득 찬 인간들도 있었다. 어쩌면 족보를 파는 인간이나 사는 인간이나 그 하수인 노릇을 하는 미스 백이나 문경과 같은 풋내기 초짜도 아는 인생을 그들이 모를 리는 없었다. 무엇으로든 허겁지겁 채워야 할 것이 인생이라는 것을.

집안 대대로 내려오는 가계 족보와는 달리 한영통상에서 취급하는 족보는 일종의 백과사전 같은 것으로 귀에 걸면 귀걸이, 코에 걸면 코걸이라는 게 딱 맞는 말이었다. 자고로 뼈대 있는 집안은 항렬자를 따라 이름을 올리는데 그 가지를 타고 가다 보면 위로 뻗으나 아래로 뻗으나 백발백중 무릎을 탁 칠 수밖에 없는 지점이 나온다고 최는 말했다.

그러나 적지 않은 금액을 내놓을 때는 만감이 서린 표정으로 눈에 띄게 손을 떠는 이들도 있었다. 갈등하는 고객들을 만날 때는 과감해져야 했다. 당신 앞에 놓인 이 '족보'는 단순한 물건이 아님을, 나는 일개 심부름꾼에 불과하지만 뒤에는 '일개'라 할 수 없는 큰 그림자가 버티고 있음을 문경은 고객들에게 주지시켜야 했다.

돌발 상황에 대처하는 순발력도 갖춰야 했다. 그 자리에서 종친회 어르신과 다시 한번 통화를 해야만 직성이 풀리는 고객들이 직접 전화를 걸겠다고 나서면 일이 커질지 몰랐다. 영등포 사무실의 전화번호를 남기지 않는 게 배달자의 철칙이었다. 최와 강이 컨텍을 하는 전화는 수신이 차단된 번호였다. 한영통상에서 외부에서 걸려오는 전화를 받을 수 있는 전화선은 하나뿐이었다. 고객이 보는 앞에서 문경이 직접 전화번호를 누르고 바꿔주는 선에서 상황을 마무리해야 했다. 종친회 연락처를 놓고 가면 차후에 방문해서 직접 인사를 하겠다는 경우도 있었다. 아, 이제 들통났구나, 끝이구나. 문경은 거의 공포에 가까운 감정을 느낄 정도로 뒷덜미가 쭈뼛 섰다. 하지만 찰거머리처럼 붙어서 떨어지지 않을까 봐 더러워서 족보 한 부 팔아주고 마는 게 이 바닥의 고객들이라고 미스 백은 말했다. 설마, 하고 질린 얼굴을 하고 있는 문경의 반응을 미스 백은 가볍게 받아넘겼다.

"아직까지 종친회 찾아와서 확인하고 간 고객은 없거든."

최나 강은 그렇게 호락호락한 인간들이 아니라고 미스 백은 거듭 말했다. 고객들이 설령 종친회를 찾아간다 하더라도, 공급책이 알아서 처리할 거라고 했다.

"정말 종친회 사무실이 있어요?"

"있다니까. 아무리 등처먹기로 바탕도 없이 그럴까 봐."

미스 백의 말을 믿을 수밖에 없었지만 찝찝한 기분까지 가시지는 않았다.

언제나 그렇듯 문경은 고객을 방문할 때의 긴장감과는 다르게 일이 끝나고 돌아서서 나올 때는 걸음이 불안하게 흔들리며 빨라졌다. 누군가 뒷덜미를 잡아챌 것 같은 이물감은 쉽게 떨어지지 않았다.

문경은 오 군이 퇴근하기를 기다리며 그날의 일을 다이어리에 기록했다. 쓸모없는 짓이란 생각이 들기도 했지만 하루를 마감하는 의식처럼 기록하는 일을 빠뜨리지 않았다. 오 군이 잠든 밤 책상 앞에 앉아 스탠드만 켜놓은 채 무슨 생각인가에 골똘해 있을 때도 있었다. 문경에게 밤과 낮은 연속성을 잃고 삶과 죽음처럼 전혀 다른 세상을 건너는 듯 느껴졌다. 그런데도 다음 날 아침이면 그녀는 또 고삐 잡힌 망아지처럼 구름동을 나섰다.

*

　사월이 되자 봄빛이 완연했다. 출근길 아침 바람은 부드러
웠고, 사람들의 옷차림도 한결 가벼웠다. 칙칙한 슬레이트를
인 철길 가의 낮은 건물들 사이에 불쑥 솟아오른 목련꽃이 유
난히 화려해 보였다.

　봄날이 무르익은 바깥세상과는 달리 한영통상 건물은 을씨
년스러운 겨울빛을 안은 채 영등포 뒷골목에 웅크리고 있었
다. 계절의 실감이 없는 곳. 이곳엔 영원히 봄이 오지 않을 것
같았다. 햇빛을 투과하지 못하는 창에 갇혀 형광등 불빛을 먹
고 사는 선인장들은 계절의 중심을 더듬듯 아주 조금씩 창 쪽
으로 기운 듯이 보였다.

　쪽문 너머 컨택하는 소리가 유난히 또렷하게 들릴 때가 있
었다. 문경은 그 소리에 욕지기가 치밀 때면 눈을 꾹 감았다.
최의 쪼글쪼글한 양쪽 입가에 침이 고이는 더러운 모습이 떠
올랐다. 강은 떡메로 차진 재료를 내려칠 때처럼 말이 착착 감
겼다.

　저들의 입에서 나오는 소리는 말이 아니라 오글거리는 벌레
다. 독이 묻은 낚싯바늘이다. 저 밑밥을 물면 그물망에서 쉽게

빠져나갈 수 없을 것이다. 흡혈귀. 복면강도. 저주. 인간쓰레기….

문경은 연습장 한 귀퉁이에 낙서를 하고 새카맣게 덧칠해 글자들을 지웠다. 오늘은 또 어디로 가게 될까. 니들은 대체 뭐 하는 놈들이야? 누군가 쳐들어와서 한 번쯤은 509호를 발칵 뒤집어놔야 옳지 않은가?

"뭐 해?"

수학 문제를 풀던 미스 백이 문경을 쳐다보며 물었다.

문경은 낙서하던 손길을 멈추고 노트를 덮었다.

"벌써 2시네. 오늘 같은 날은 이대로 쭉 있다가 들어갔으면 좋겠다. 공치는 날의 재미라는 게 있잖아. 봄이라 그런가 공부도 안 되고 괜히 심란하네."

미스 백은 두 팔을 위로 높이 쳐들고 원 없이 기지개를 켰다.

"공부가 잘 안 돼요?"

"안 돼도 해야지. 근데 가만 보면 미스 조는 매번 어디다 그렇게 정신을 빼놓고 있어?"

미스 백은 정말 궁금하다는 표정으로 물었다.

"잘 모르겠어요."

"뭘?"

"그냥 모든 게 다."

"내가 충고 하나 해줄까? 내가 여기에 왜 있나 그 생각 하고 있겠지. 나도 그런 생각은 수천 번도 더 해봤어. 근데 미스 조, 그거 고민해봤자 답 안 나와. 우리가 왜 사느냐고 백날 물어봤자 답이 없는 것처럼. 그러니까 쓸데없는 생각 하지 말고 야무지게 맘먹고 공부해. 미스 조 공부하고 싶다고 안 그랬어? 그럼 그거 하나만 똑바로 보고 가야지."

미스 백다운 충고였다.

하지만 문경은 그녀의 말에 한마디도 반박할 수 없었다. 더구나 그녀를 비난할 자격조차 없었다. 다만 견딜 수 없는 상황을 견디는 자신이 혐오스러웠다.

"미스 조, 말 안 해도 무슨 생각하는지 알아. 하지만 섣불리 판단하지 마. 최 부장이나 강 부장, 그렇게 허술한 사람들 아냐. 겪어봐서 알잖아."

미스 백이 낮은 소리로 말했다.

그날 문경이 사무실을 나선 건 오후 3시쯤이었다. 감금된 곳에서 빠져나오는 기분이었다. 하지만 사무실 근처 대로변의 버스정류장으로 향하는 발걸음은 가볍지 않았다. 문경은 이 거리의 사람들과는 서로 다른 시간과 계절을 살고 있었다. 상점의 쇼윈도에 비친 문경의 모습은 아직 겨울옷 차림이었다.

III

토큰 박스에 앉아 있던 판매원이 쇼윈도를 힐끔거리는 문경을 무료한 시선으로 쳐다보았다. 어깨에 멘 숄더백 속엔 배달해야 할 족보 한 부가 들어 있었다. 그것만으로도 문경의 어깨는 축 처졌다.

영등포에서 목적지로 바로 가는 버스가 없어서 철산동에서 마을버스로 갈아타야 했다. 강은 장담했다. 가기만 하면 군말 없을 양반이라고, 종친회 어른이라는 한마디에 아주 코가 쑥 빠졌다고 했다. 강은 자신의 감이 한 치 오차도 없음을 장담한다는 듯 무릎을 탁 치기까지 했다. 오랜만에 컨텍이 유쾌했던 모양이었다.

버스를 갈아타고 마을버스에서 내린 문경은 '농원 가는 길'이라는 이정표를 따라 걸었다. 길 양편으로는 대단위의 아파트 공사가 한창이었다. 거푸집을 매단 채 10층 이상 철근 골조가 올라간 구조물들은 마치 잿더미로 파괴된 도시를 재건하는 것처럼 비현실적으로 보였다.

탕탕, 탕탕.

공사 현장에서 들려오는 둔탁한 망치 소리가 나른한 봄 공기를 흔들었다. 먼지가 뿌옇게 날리는 공사 현장을 벗어나자 좁은 일차선 포장도로가 끝나는 지점에서 양쪽으로 화훼 비닐하우스들이 이어졌다.

양지, 시크릿, 다나원, 그린 플라워, 비밀의 정원….

화원 간판을 훑어가며 천천히 걸음을 옮기던 문경은 화분을 들고나오는 남자에게 금화농원이 어디쯤에 있는지 물었다.

"조금만 더 올라가요. 저 위쪽에 두 동짜리가 붙어 있을 거예요."

남자가 턱짓으로 위쪽을 가리켰다.

금화농원은 화훼단지 맨 끝에 있었다. 남자의 말대로 비닐하우스 두 동이 맞붙어 있었다. 문경은 앞쪽에 있는 비닐하우스의 벌어진 문 가까이로 다가가 안을 들여다보았다. 화원이라기보다는 살림살이와 온갖 잡동사니들로 어수선했다. 아무렇게나 던져놓은 깨진 화분 무더기도 보였다. 출입구 오른쪽엔 자그맣게 응접세트가 갖춰져 있고 녹색 냉장고와 싱크대가 설치된 간단한 부엌살림도 보였다.

"뭘 찾으시오?"

문경은 깜짝 놀라 뒤를 돌아보았다. 문경의 예감이 맞다면, 남자는 금화농원 주인, 강이 접촉한 바로 그 고객일 것이다.

"종친회에서 심부름을 왔습니다."

데면데면하던 남자의 표정이 확 달라졌다.

"아이구, 난 또 누구시라고. 들어와요, 들어와."

남자가 앞질러 비닐하우스 안으로 들어갔다.

II3

"누추합니다. 누추해요."

남자는 소파의 먼지를 손바닥으로 닦아내며 문경에게 자리를 권했다. 작업복 차림이긴 했지만 무스를 발라 기를 세운 머리 모양새며 앞 단추 두 개가 풀린 남방셔츠에 붉은 스카프를 두른 차림새가 예사롭지 않았다. 문경은 족보를 테이블 위에 꺼내놓았다.

"이게 바로 어르신이 말한 그 족봅니까. 이렇게 귀한 걸⋯."

하지만 탁자 위의 물건을 일별한 남자의 관심은 족보가 아닌 다른 데 있는 것 같았다.

"전화로 말씀하시기로는 어르신이 장교로 예편해서 여러 가지 일을 하신다고 하던데 언제 한번 그분을 뵀으면 해요. 이게 내 명함인데."

남자가 문경에게 명함을 건넸다. 금화농원이란 금박 글자 아래 적힌 남자의 프로필은 얼핏 훑은 것만 해도 대여섯 가지나 되었다. ○○자유협회 이사, ○○지역발전협회 전 사무장, 친목회 회장 따위 자질구레한 직함들이 적혀 있었다. 나대기 좋아하고 감투라면 물불 안 가리고 덥석 뒤집어쓰는 족속들. 문경은 이제 그런 것쯤은 금방 읽어낼 줄 알았다.

"네, 잘 전해드리겠습니다."

남자가 크음 헛기침을 하며 테이블 위로 어깨를 수그렸다.

"내가 여기서 화원이나 하고 있지만 이건 생계 수단이고, 그러니까 이 사회 안녕과 인간다운 삶을 위해 여러 가지 사회적인 활동을 하고 있어요. 내가 귀신도 때려잡는다는 해병대 출신인데 애국이 뭐냐, 애국은 다른 게 아니에요…."

남자는 말이 많았다. 허위와 가식에 찬 말들이 소음처럼 문경의 귀를 어지럽혔다. 강의 말에 솔깃해서 낚였다면 두 사람이 전기처럼 통하는 뭔가가 있었을 것이다. 하지만 문경은 남자의 말을 끝까지 경청해야 했다. 문경에게 떨어진 특명은 오직 돈 봉투를 받아내는 일. 그리고 무사히 영등포로 돌아가는 일. 남자가 어떤 생을 살아왔고, 어떤 열망을 가졌는지는 알바 아니었다. 이 땅과 조국을 위해 애국하는 길 따위는 손톱만큼도 궁금하지 않았다.

"내가 사설이 길었어요. 내 말은 가서 어르신들께 말씀 좀 잘 드려달라는 겁니다. 그리고 조만간 시간 내서 한번 방문하겠다는 얘기도 꼭 좀 전해줬으면 좋겠고. 에, 잠시만 기다려봐요."

남자가 테이블 위에 놓인 전화기를 들며 말했다.

남자의 말대로 이런 일은 왕왕 있었다. 허세 부리는 인간들한테 쫄 거 없다고 미스 백이 말했었다. 하지만 이런 부류의 남자라면 일이 성사되어서 무사히 돈 봉투를 받고 물러난다고 해도 뒤가 께름칙했다.

"여기 종친회에서 손님이 찾아왔어. 내가 아까 부탁한 거 있지? 그것 좀 가져와요."

남자가 송수화기를 내려놓으며 문경에게 슬쩍 미소를 지었다. 남자의 손에서 봉투를 건네받기 전에는 일이 끝난 게 아니었다. 그제야 남자는 족보를 건성으로 슬쩍 넘겨보며 말했다.

"어르신이 그러시더구만. 이 책의 진가는 값을 매길 수 없는 것이라고. 그런데 내 사정이 지금 그렇게 녹록지가 않아요. 이 말도 꼭 좀 전해주었으면 해요. 마음 같아서는 후원금도 듬뿍 내고 싶지만…."

여자가 들이닥친 건 그때였다. 작업복 차림에 머릿수건을 쓴 여자가 불쑥 들어오더니 냅다 소리부터 질렀다.

"족보! 꼴같잖은 소리 하고 앉았네."

문경은 엉거주춤 일어서서 여자에게 고개를 숙여 인사했다.

"아, 됐고. 아가씨가 종친횐가 뭔가에서 나온 사람이야? 이게 그 물건이야?"

여자가 테이블 위에 놓인 족보를 두 손으로 번쩍 들어 문경의 눈앞에 대고 흔들었다.

"하, 이 사람 참. 사람 체면 구겨지게 이게 무슨 짓이야."

"체면? 체면 같은 소리 하고 앉았네. 이제 하다 하다 못해 종친회가 뭐 어쩌고 어째? 옜다 돈. 내가 당신 체면 살려주자고 사는 사람인 줄 알아? 집까지 다 말아먹고 비닐하우스에서 겨우 사는 주제에 체면 좋아하네. 체면은 얼어 죽을 놈의 체면이야."

남편에게 퍼부어대던 여자는 돌연 문경을 향해 소리를 질렀다.

"이봐요, 아가씨. 말라비틀어진 종친회 어르신인가 뭔가 전화 연결해요. 어디서 사람을 우습게 보고 생돈을 뜯어내려고 그래. 족보! 나는 이 인간 꼬라지만 봐도 열통 터져 죽겠는데 죽은 조상이, 이깟 종이 쪼가리가 밥 먹여줘?"

여자가 손에 들고 있던 족보를 문밖으로 휙 내던졌다. 책은 비닐하우스 앞 얕은 웅덩이를 가까스로 피해 철퍼덕 소리를 내며 떨어졌다. 문경은 뛰어나가 족보를 주워들었다. 다리가 후들거렸다. 앉아서도 천리를 본다던 강의 천리안은 보기 좋게 빗나가고 똥줄이 빠져라 줄행랑을 쳐야 할 판이었다.

"나가, 나가라고 이 인간아! 나가서 족보를 끌어안고 다니든 베고 자든 맘대로 해. 난 그놈의 족본지 뭔지에 땡전 한 푼 쓸 생각 없으니까."

여자의 악다구니가 들려왔다.

문경은 문밖으로 나와 턱을 쳐들고 혀만 차대는 남자에게 목례를 하고 돌아섰다. 처음 몇 걸음은 겨우 마음을 누르고 걸었지만 자신도 모르게 걸음이 빨라졌다. 빨리 그곳을 벗어나야겠다는 생각밖엔 없었다. 멀쩡한 밥에 코 빠뜨리고 공친 날은 처음이었다. 차라리 속이 후련했다.

*

　"확실한 거죠?"
　짜장면을 먹으면서 미스 백이 최에게 물었다.
　"가기만 해. 틀림없다니까."
　"저번에 미스 조가 농원에선가 당한 거 잊었어요? 강 부장님이 거기도 가기만 하면 틀림없는 자리라고 했는데….."
　미스 백이 농담조로 이야기를 이어가다 입을 다물었다.
　미스 백은 점심을 먹고 족보 두 부를 들고 구리시로 출발했다.
　최는 짜장면 곱빼기를 먹어 치우고는 미스 백이 사무실을 나서자마자 윗도리를 챙겨 여유롭게 사무실을 나섰다. 운 좋게도 오전에, 그것도 컨택 한 건에 두 부를 팔았으니 보나 마나 솔다방 마담에게 눈도장을 찍으러 가는 길일 것이다. 커피 한

잔 시켜놓고 푹신한 소파에서 오수까지 즐기다가 미스 백이 돌아올 즈음이면 어슬렁거리며 들어오겠지.

강은 일이 잘 안 풀리는 모양이었다.

문경은 귀를 막은 채 책을 읽다가 창을 열었다. 비가 부슬부슬 내리고 있었다. 미스 백은 하필 비 오는 날 이렇게 먼 데 걸렸다며 투덜거렸지만, 큰비는 아니었다.

골목길에 우산이 둥둥 떠가는 게 보였다. 늘 지나다니는 골목이지만 처음인 듯 낯설게 보이는 간판들. 문경은 아래를 내려다볼 때마다 가슴이 두근거렸다. 저 길 위에서 스쳐 갔던 사람들은 모두 어디로 스며들었을까. 정면으로 보이는 대성세탁소에서 연통 밖으로 스팀 열기가 스멀스멀 기어 나와 봄비에 녹았다. 대머리 남자는 일손을 멈추고 밖으로 나와 처마 밑에서 담배를 피워 물었다. 평화롭다면 평화로울 풍경들은 그녀와는 아무 상관도 없는 듯했다. 대머리 남자가 담배꽁초를 빗물 젖은 길바닥으로 휙 던지며 하늘을 힐끔 쳐다보았다. 문경은 지레 놀란 자라처럼 고개를 안으로 거둬들이고 조심스럽게 창문을 닫았다.

오후가 무료해질 즈음이었다. 별일이 없다면 미스 백도 한 시간쯤 후면 사무실로 돌아올 것이다. 미스 백이 움직이는 거리와 이동 시간을 짐작하는 건 천리안을 갖지 않더라도 감으로 때려잡을 수 있었다. 어떤 눈먼 고기가 낚싯밥을 물었는지는 알 바 아니었고 미스 백의 무사 귀환을 바랄 뿐이었다.

문경은 책상에 엎드려 깜빡 졸다 깼다. 오후 5시가 가까워지고 있었다. 강은 오늘 공친 날이구나. 오늘은 아무 일 없이 구름동으로 돌아갈 수 있겠구나, 생각했다.

이즈음 잔업이 없는 날이면 오 군은 자주 공장 사람들을 방으로 끌고 왔다. 모이면 어김없이 술판을 벌였다. 문경은 구름동으로 돌아가면 단화를 벗고, 옷도 훌훌 벗어 던지고 러닝에 팬티 바람으로 아무렇게나 드러누워 있고 싶은데 그럴 수가 없었다. 그들이 방을 차지하고 있으면 부엌에서 화장을 지우고 세숫대야에 미지근한 물을 받아 수돗가 평상에 앉아 발을 담그고 쉬었다. 발만 담갔을 뿐인데 물살을 타고 어디론가 흘러가고 있는 듯했다. 물의 감각은 고마웠다. 세숫대야 속의 그 자그마한 물이 위안이 되었다. 오늘 같은 날 일찍 퇴근할 수 있다면 느긋하게 혼자만의 시간을 갖고 싶었다.

문경은 아직도 비가 내리고 있는지 창문을 열어보았다. 대성세탁소에선 여전히 스팀 연기가 봄비 속에서 하얗게 피어오르고 있었다. 대머리 남자는 오후 내내 다림질만 하고 있었다. 뿌연 김이 세탁소 유리창에 서렸다. 건물 앞 공터로 경찰차가 들어선 건 문경이 창문을 닫으려던 때였다. 경찰차가 공터에 멈춰 서자 다림질을 하던 대머리 남자가 문을 열고 밖으로 나왔다. 경찰차에서 녹두색 잠바와 밤색 잠바가 내렸다. 그들은 곧장 한영통상 건물 입구로 들어섰다.

문경은 등짝이 오싹했다. 무슨 일인가가 일어났다는 본능적인 감각이었다.

"부장님!"

문경은 쪽문을 왈칵 열고 저쪽으로 건너갔다. 의자 깊숙이 몸을 묻고 두 다리를 책상 위에 얹어놓은 채 졸던 강이 눈을 번쩍 떴다. 짜증스러운 표정이 역력했지만 그도 뭔가 미심쩍은 기운을 느꼈는지, 왜? 하고 몸을 벌떡 일으켰다.

"창문 좀 열어보세요."

강은 자리에서 뒤돌아 창문을 열고 잠시 정지된 상태로 멍하니 서 있었다.

"경찰차에서 두 사람이 내렸어요. 지금 이 건물로 들어오고 있을 거예요."

문경은 출입문 쪽으로 급히 다가가 출입문을 조금 열었다. 그때 정말로 쿵쾅거리며 계단을 뛰어 올라오는 발소리가 들려왔다. 강도 예상치 못한 발소리에 놀란 표정이었다. 복도 어디선가 쾅 하고 출입문이 벽에 부딪치는 거친 소리가 울렸다. 강이 본능적으로 출입문 쪽으로 달려와 문을 닫고 잠금장치를 눌렀다.

"노크해도 없는 척해."

문경은 숨죽인 채 출입문 앞에 붙박인 듯 서 있었다. 잠시 후 강은 의자에 털썩 주저앉았다. 도둑이 제 발 저린 격이라고 할까. 강의 표정이 창백했다.

하지만 한참이 지나도 문을 두드리는 사람은 없었다. 한영통상의 문을 두드리는 사람들이란 기껏해야 단골 중국집 배달원이나 백반집 배달 아줌마가 고작이었다.

한영통상은 이 건물의 어떤 사람들과도 소통이 없었다. 간혹 공용 화장실에서 부딪치는 낯익은 얼굴들이 있긴 하지만 그들이 어느 사무실에서 일하는 사람들인지는 알 길이 없었다. 복도에 나란히 서 있는 사무실들의 문은 함부로 열린 채 속을 드러낸 적이 없었고 그들 모두는 은밀한 무언가를 품고 있는 듯했다.

문경은 쪽문으로 건너와 열린 창문으로 밖에서 벌어지는 광경을 지켜보았다. 수갑을 찬 여자가 가죽 잠바들의 손에 등이 떠밀려 건물 밖으로 나오는 게 보였다. 여자는 긴 머리채를 말의 갈퀴처럼 흔들며 상체에 힘을 주었다. 그새 골목에는 꽤 많은 구경꾼들이 모여 있었다. 경찰차 앞에서 얼마쯤 버티던 여자는 가죽 잠바들의 완력에 의해 차 안으로 구겨지듯 들어갔다.

수갑 찬 여자는 문경이 가끔 화장실에서 마주쳤던 502호 여자가 분명했다. 예사로워 보이지 않던 인상의 중년 여자였다. 키메라처럼 눈 화장이 짙은 여자를 문경이 모를 리 없었다. 째지듯 큰 눈에 인조 속눈썹까지 붙여서인지 눈매가 날카로웠다. 윤기가 흐르는 긴 생머리를 틀어 올린 헤어스타일에선 어떤 위엄마저 느껴졌다.

문경은 언젠가 502호 여자가 화장실 거울 앞에서 침을 뱉는 걸 보았다. 굽이 꽤 높은 구두를 신은 여자는 어깨를 살짝 구부린 채 세면대에서 손을 씻고 나서는 천천히 손수건으로 손을 닦았다. 그러곤 뒤에 사람이 있는 것도 아랑곳없이 거칠게 세면대에 침을 콱 뱉고는 수돗물도 내리지 않은 채 가버렸다.

뭐 저딴 인간이 다 있어!

문경은 목젖까지 올라온 말을 삼키며 수돗물로 희멀건 가래침을 씻어냈다. 그 세면대에서 양치를 하고, 커피 잔을 씻었다.

경찰차가 떠나는 것을 강도 보고 있었던 모양이었다. 강이 한결 안정된 목소리로 문경을 불렀다.

"오늘은 나 먼저 퇴근할 거니까 미스 조는 미스 백이 오면 같이 퇴근해."

"최 부장님은요?"

"솔다방에서 미스 백 기다리고 있다니까 들어오면 그리로 가라고 해."

최도 솔다방에서 밖의 소동을 보고 있었다는 얘기였다. 문경은 강이 나간 후 복도로 나가보았다.

502호 출입문이 열려 있었다. 출입문 정면으로 커다란 오크목 장식장이 보였다. 독수리와 작은 새 종류의 박제들이 진열되어 있었다. 날아갈 듯 날개를 활짝 펼치고 횃대 위에 앉아 있는 독수리가 위압적인 눈으로 사무실 공간을 노려보고 있었다. 뿔을 깎아 만든 작은 동물 모양의 장식물들도 보였다. 수갑을 차고 경찰차에 실려 가던 여자가 이 사무실의 주인이라면 여자의 취향치곤 독특하다 싶었다. 카펫이 깔린 바닥에는 큼지막한 운동화와 구두 발자국이 함부로 찍혀 있고, 종이 뭉치들도 아무렇게나 널려 있었다. 무엇을 하는 곳인지 도무지 짐작할 수 없는 묘한 풍경이었다.

문경은 아무것도 손에 잡히지 않았다. 어느새 비는 그쳤고 거리의 간판 불빛들이 말갛게 도드라지고 있었다. 문경은 창문 앞에 바싹 붙어 서서 미스 백을 기다렸다. 그녀에게 해줄 말이 많았다. 아니 궁금한 게 많았다. 우리도 언젠가는 저들처럼 오지게 당하는 건 아닐까? 하지만 어쩌면 끝내 입 밖에 내서는 안 될 말일지도 몰랐다.

"조용히 사라져야 한다. 조용히."

문경은 창밖을 보며 중얼거렸다.

한 달만이라고 단서를 붙인 시간이 어느새 두 달이 가까워지고 있었다. 이곳에서의 시간은 흘러가는 게 아니라 고여 있었다. 고인 채 처참하게, 더러운 냄새를 풍기며 썩어가고 있었다. 두려웠다. 이곳을 떠날 타이밍을 놓쳐버린 것이. 하지만 또렷이 느끼고 있었다. 어떤 식으로든 이곳을 떠나야 한다는 것을.

미스 백이 도착한 것은 밖이 완전히 어두워졌을 때였다.

"솔다방에서 최 부장님이 기다리고 있다고 그리로 오래요."

"근데 미스 조는 오늘 배달 안 나갔어?"

"강 부장님, 오늘 공쳤어요."

"근데 왜 아직 퇴근 안 했어?"

"일이 좀 있었거든요."

한영통상에서 일어난 일은 아니지만 문경은 그렇게 말했다.

"무슨 일?"

"들어오면서 502호 문 열린 거 못 봤어요?"

"아니, 닫혀 있던데. 문이 왜 열려 있어?"

미스 백은 아무 의심도 없이 반문했다. 그게 무슨 문제라도 되느냐는 듯이.

문경은 502호 여자가 수갑을 차고 경찰차에 태워지는 걸 두 눈으로 똑똑히 보았다는 것과 기묘하게 느껴지기까지 했던 502호의 사무실 풍경을 얘기했다.

"내 그럴 줄 알았어. 결국 터질 게 터졌네 뭐."

미스 백은 아무렇지도 않게 말했다.

"502호를 알고 있었어요?"

"여러 가지 소문이 있었어. 도박판을 주선하는 브로커들이 들락거린다는 소문도 있었고, 중국에서 밀매한 정력제니 다이어트약이니 하는 걸 거래한다는 말도 있고. 아무튼 떠도는 소문이 거짓말은 아니었던 거네. 혹시 그게 마약일지 어떻게 알아? 미스 조도 502호 여자가 하고 다니는 거 봐서 알잖아. 보통이 아니라는 거. 유명한 조직 폭력배가 그 여자 뒤를 봐준다는 말도 있어."

미스 백은 그 모든 말들을 아무 일도 아니라는 듯 종알거렸다.

"그건 그렇고, 나 오늘 정말 개고생했거든. 저번에 미스 조가 당해봐서 알잖아. 옆에 훼방꾼이 있으면 완전 허탕인 거. 요샌 대체 일이 왜 이런지 몰라."

126

"받긴 받은 거예요?"

"받았지. 저번에 미스 조처럼 하마터면 쫓겨날 뻔했지만. 근데 내가 누구야. 이래 봬도 이 바닥에선 베테랑인데."

문경은 말없이 미스 백을 따라나섰다. 미스 백에게 잘했다고 말해주고 싶은 마음은 손톱만큼도 없었다. 그녀의 노하우는 대체 어떤 건지도 궁금하지 않았다. 다만 저렇듯 태연할 수 있는 미스 백의 머릿속은, 심장은 대체 무엇으로 만들어졌는지 궁금했다.

"우리 사무실은 아무 일도 없었던 거지?"

사무실 문을 잠글 때 미스 백이 이제야 생각났다는 듯 물었다.

"네."

"그럼 됐지 뭐. 아무튼 개 같은 하루였어."

미스 백의 목소리가 복도에 울렸다.

구름동의 밤

오 군을 따라 구름동으로 들어올 때만 해도 문경은 이 손바닥만 한 동네를 좋아했다. 그녀의 몸에 맞는 옷처럼 과하지 않고, 밀어내지도 않을 것 같았다. 있는 그대로, 가진 그대로 받아주는 구름동이 그래서 만만했다.

구름동사거리에서는 동네의 흐름이 한눈에 보였다. 점심시간이면 한산했던 사거리의 풍경이 부산스러워졌다. 어묵공장 여자들이 사거리를 지나 집으로 가고, 공장 마크가 찍힌 푸른색 작업복 차림의 남자들이 동료들과 어울려 언덕길을 내려왔다.

노동자들은 동네에 하나뿐인 식당에서 밥을 대놓고 먹었

다. 식권을 내면 보름이나 한 달 뒤에 공장에서 식비를 정산해 주는 식이었다. 안채와 바깥채로 나누어진 식당은 가정집을 개조한 한옥이었다. 식당의 이름은 '식당'이었다. 찻길 쪽으로 달아낸 두 쪽짜리 유리문에 한 글자씩 붉은색으로 '식당'이라고 적혀 있었다.

장정들이 우르르 한꺼번에 몰려드는 점심시간이 식당에서 가장 바쁜 시간이었다. 퉁퉁하게 살찌고 얼굴이 넙데데한 중년의 두 여자가 식당을 운영했다. 미리 밑반찬을 깔아놓은 식탁에 전두리가 두껍고 넓은 양은 볼에 두부를 큼직하게 썰어 넣은 청국장이나 김치찌개를 한 상에 하나씩 올려놓으면 작업복 색깔이 같은 사람들끼리 둘러앉아 서둘러 밥을 먹었다. 그들의 식사 시간은 고작해야 10여 분을 넘지 않았다. 안채와 바깥채 사이에 마련된 평상에 앉아 빈자리가 나길 기다리던 사람들은 급한 대로 평상에서 상을 받기도 했다.

밥을 먹고 우르르 몰려나온 남자들은 이쑤시개를 문 채 느릿느릿 공장 쪽으로 올라갔다. 오 군도 그들과 어울려 식당 밥을 먹었다. 문경이 한영통상에 일을 나가기 전에는 식당에서 밥을 먹고 잠시 집에 들렀다 가곤 했다. 간혹 점심시간에 맞춰 오 군을 마중하러 사거리 슈퍼마켓 평상에 나와 있는 문경을 보고 작업복 사내들이 짓궂게 휘파람을 불어대기도 했다. 하지만 언제부턴가 문경은 오 군이 사는 낮 시간을 모르고, 그는 문경이 사는 낮 시간을 몰랐다.

문경은 일요일엔 아무것도 하고 싶지 않고, 아무 데도 가고 싶지 않았다. 해가 늘어질 때까지 방에서 뒹굴다가 바깥 공기를 쐬러 나올 때의 상큼한 기분도 좋았다.

그날도 여느 일요일과 같았다. 방에서 뒹굴며 게으름을 피우는 오 군에게 함께 목욕탕에 가자고 엉덩짝을 때리자 뻐꾹, 하고 이상한 소리로 반응했다.

"웬 새소리?"

"뻐꾹."

"왜 또 장난이야. 뻐꾸기 철도 아닌데. 어서 일어나세요, 목욕 가자."

그래도 그는 딸꾹질처럼 자꾸만 뻐꾹뻐꾹, 소리를 내며 낄낄댔다.

오 군은 가끔 뜬금없는 의성어를 반복적으로 뇌까리며 장난을 걸었다. 어떨 땐 장난이 지나쳐 문경이 소리를 지르기도 하지만 한번 짓궂은 장난이 시작되면 멈출 줄을 몰랐다. 하지만 그날 오 군의 뻐꾹 소리는 앞으로 일어날 일에 대한 전조였는 지도 모른다.

문경은 결국 혼자서 전철역 근처에 있는 대중목욕탕엘 갔다. 뜨거운 탕에 들어가 때를 불릴 때 자신도 모르게 자꾸만 뻐꾹 소리가 입안에서 맴돌았다. 냉탕에 들어가 거친 물줄기 아래에 등을 들이밀고 물살을 맞으면서 뻐꾹, 뻐꾹, 오 군이 내던 소리를 흉내 내보았지만 하나도 우습지 않았다. 쏟아지는 물줄기에 뻐꾹 소리가 딸꾹질로 이어졌다.

문경이 목욕 바구니를 든 채 시장에 들렀다 집에 돌아와 보니 오 군은 집에 없었다. 슬리퍼를 끌고 나간 걸 보니 보나 마나 제일금형에 간 듯했다. 문경은 수돗가에 앉아 철 수세미에 세제를 잔뜩 묻혀 연탄 그을음이 오른 솥을 닦았다.

"누가 보면 큰살림하는 줄 알겠네. 야무지기도 해라."

길가 방 여자가 뒷짐을 진 채 다가왔다. 뒷짐 진 여자의 손에는 누룽지가 들려 있었다. 여자는 평상에 걸터앉아 오도독 오도독 누룽지를 씹으며 문경을 물끄러미 쳐다보았다. 여자의 눈에는 그들이 사는 게 별난 모양이었다. 어느 일요일엔 슬그머니 수돗가 앞으로 와서 문경이 빨래하는 모양을 재미난 듯 지켜보며 짤순이는 잘 되느냐고 물었다. 언젠가는 오 군이 여자네 집으로 불려가 고장 난 변기 레버를 고쳐주고 왔다. 여자는 어묵과 소시지를 들고 와서 역시 남자 손은 다르다며 부엌 문 밖에서 한참이나 수다를 떨고 갔다. 문경은 여자가 불편하고 신경이 쓰이는데 오 군은 전혀 그렇지 않은 듯했다. 여자네 집에 변기를 고쳐주고 와서, "아줌마가 날 좋아하는 것 같은데?" 농담을 하기도 했다.

"오늘 같은 일요일엔 신랑이랑 재미있는 데 놀러나 가지. 소풍 가기 딱 좋은 봄날인데."

여자의 입에서 신랑이니 새댁이니 하는 말이 나올 때마다 그녀의 표정엔 짓궂은 장난기가 번졌다. 문경은 수돗물을 틀어 그을음 때가 새까맣게 나오는 세제 거품을 헹궈내며 못 들은 척해버렸다.

"기분 안 좋은 일이 있나 보네. 뭐 속상한 일 있어?"

"아뇨. 그런 일 없는데요."

문경은 수도꼭지를 꽉 비틀어 잠그며 대답했다.

"근데, 새댁."

여자의 입에선 오도독 소리 대신 슙, 침을 모아 삼키는 소리가 났다.

"안 들어온 거 같지?"

"누가요?"

"훈이 엄마 말이야."

"글쎄요."

"이번엔 길어지네. 정말 아주 나갔나."

여자의 뉘앙스가 묘했다. 한 달이 지나도록 아직 돌아오지 않는 훈이 엄마를 정말로 걱정하는 게 아니라면 남의 불행을 즐기려는 악취미로 보였다.

문경은 설거지한 그릇들을 들고 일어섰다.

"에구구, 나도 가서 저녁밥이나 해 먹어야겠네."

여자도 입맛을 다시며 평상에서 일어났다. 여자는 마치 염탐이라도 나온 사람처럼 실없이 주변을 힐끔거리다 슬렁슬렁 모퉁이를 돌아 나갔다.

여자의 말대로 소풍이나 갔으면 딱 좋을 봄날이었다.

*

그날 문경은 밤 산책 삼아 구름동을 한 바퀴 돌았다.

봄밤의 공기 속에는 푸근한 흙냄새가 섞여 있었다. 농가들이 있는 마을 안쪽 길로 천천히 걸었다. 마루에 달아놓은 형광등 불빛에 텃밭머리에 심어놓은 작물이 파랗게 싹을 내밀고 있는 게 보였다. 어느 집 앞을 지날 때는 개가 짖기 시작했는데, 그다음 집에서도 화답하듯 개가 짖어대서 쫓기듯 구름동 사거리로 다시 돌아왔다.

제일금형으로 올라갈 땐 오 군을 불러서 같이 와야지 하는 생각이었다. 공장지대의 좁은 골목길은 마을 안쪽 길과는 어둠이 다르게 느껴졌다. 불 꺼진 채 양쪽으로 모여 있는 건물들은 하나같이 사람의 온기가 느껴지지 않았다. 무거운 철문은 굳게 닫혀 있고 담장도 없는 마당에 트럭 한 대만 덩그러니 서 있는 곳도 있었다. 개 짖는 소리조차 들리지 않았다.

제일금형은 숙소에만 불이 환하게 켜져 있었다. 문경은 마당 안으로 조심스럽게 들어가 불 켜진 방 앞에 섰다. 마루 아래 좁은 댓돌에 오 군의 슬리퍼가 보였다. 뭐라고 열을 올려 말하는 이재규의 목소리에 화답하듯 낄낄거리는 오 군의 웃음소리도 들려왔다. 댓돌 앞까지 바짝 다가섰던 문경은 그냥 돌아섰다.

알아서 들어오겠지.

집으로 돌아온 문경은 혼자 뒤늦은 저녁을 먹었다. 방구석에 밥상을 밀어놓고 방바닥에 엎드려 책을 읽다가 까무룩 잠이 들었다.

잠결에도 문경은 오 군을 기다렸다. 언제 오려나. 왜 아직 오지 않나. 아직도 술을 마시고 있나? 머릿속 생각들이 꿈에서도 이어졌다.

화드득 놀라 잠이 깬 문경은 옥죄듯이 밤이 깊어진 걸 알았다. 그는 아직 돌아오지 않았다. 화가 치솟았다. 돌아와도 문을 열어주지 않으리라. 문경은 부엌으로 나가 새시 문의 고리를 딸깍 잠가버렸다. 한번 매운맛을 봐야 정신을 차릴 것이다.

그날 밤 자정쯤에 공장장이 찾아왔을 때야 문경은 뭔가 일이 일어났음을 직감했다.

"아무래도 제수씨가 와서 데리고 가야겠어요. 어지간히 취했습니다. 가만두면 더 큰일이 생길까 싶어서."

서둘러 걸으면서 공장장이 말했다.

공장장은 외출했다가 10시쯤 숙소에 도착했다고 했다. 쉬고 싶었으나 이재규가 술자리에 합석하자고 권유해 할 수 없이 술자리에 앉아 있었는데 아무것도 아닌 것에 시비가 붙어 말싸움이 시작됐다고 했다. 제수씨가 달래서 데려가는 게 좋겠다고 공장장이 말했다.

"별일이 있는 건 아니겠죠?"

문경은 공장장의 뒤를 따라가며 불안한 목소리로 물었다.

"뭐 투닥투닥 시비가 오가는데 사내들이 술을 마시다 보면 왕왕 그러기도 합니다."

말끝이 곱지 않은 이재규와 감정이 엉기면 언젠가 한번은 크게 부딪치겠구나 문경은 조마조마했었다.

숙소는 난장판이었다. 깨진 소주병이 방바닥에 널려 있고 전구가 박살 난 스탠드가 뒹굴고 있었다. 벽에 기댄 채 거친 숨을 몰아쉬고 있는 오 군의 한쪽 뺨에 피가 흘렀다. 늘어신 티셔츠의 목 부분이 검붉게 젖어 있었다.

"그새 일을 쳤구만."

공장장이 서둘러 방 안으로 들어서며 혀를 찼다.

"어이, 제수씨 왔네. 이제 그만 일어서."

공장장의 손을 쳐내며 오 군이 몸을 벌떡 일으켰다. 그는 몸을 제대로 가누지 못할 만큼 취해 있었다.

"야 쓰발 놈아. 너같이 좆같은 놈은 내가 모가지를 확 뒤틀어버리는 수가 있어. 이 바닥에 발도 못 붙이게 하는 수가 있어!"

이재규가 소리쳤다.

"어디 한번 해봐. 순 양아치 같은 새끼가 어디서 깝치고 있어."

"주둥이 닥쳐 새꺄."

이재규가 벽을 짚고 엉덩짝을 들고 일어서려다 그대로 주저앉았다. 이재규도 형편없이 취해 있었다.

"이 또라이 새꺄. 내가 너 같은 걸 믿고 형이라고."

오 군이 이재규를 돌아보며 소리쳤다. 양팔을 길게 뻗어 문설주를 짚고 있는 그의 몸이 그네처럼 흔들렸다.

"좆같은 새끼야 썩 꺼져. 주둥아리까지 쑤셔버리기 전에."

취중이었지만 맥락을 알 수 없는 그들의 말엔 격렬한 분노가 가시처럼 박혀 있었다.

"염병할 새끼. 내가 가만있을 줄 알고?"

"뭐?"

이재규가 다시 버르적거리며 일어서서 부서진 스탠드를 집어 들었다. 공장장이 이재규의 손에 들린 스탠드를 빼앗아 마당으로 내던지곤 이재규의 허리를 붙잡아 앉혔다.

오 군의 발 하나가 허공에 떠서 막 문턱을 넘으려던 순간이었다. 그의 몸이 마루 쪽으로 처박히듯 고꾸라졌다. 이재규를 붙잡고 있던 공장장도 이재규도 그 순간 놀라 움직이지 못했다. 오 군은 엎어진 채 꿈틀거림조차 없었다.

놀란 문경이 소리를 지르며 다가갔을 때야 오 군은 기듯이 문지방을 짚고 상체를 일으켰다. 그의 한쪽 귓불 밑으로는 피가 계속 흐르고 있었다. 손바닥으로 흘러내리는 피를 훔치며 그가 씩 웃었다. 가슴이 서늘해지는 웃음이었다. 상대의 마음을 찌르는 대신 스스로에게 가하는 조소. 자기 자신을 향해 자해의 칼날을 겨눌 때 보이는 마지막 웃음처럼 느껴지는 아픈 조소. 문경이 언젠가도 본 적이 있는 냉소적인 웃음이었다.

오 군은 마루에 걸터앉은 채 한동안 등을 구부리고 있었다. 그러더니 어깨가 들먹거리기 시작했고 울음소리가 들렸다. 공장장이 다가가 오 군의 어깨에 손을 올려놓았다.

"아이, 씨발."

오 군은 공장장의 손을 거칠게 뿌리치며 욕설을 내뱉었다. 그러고는 마치 아무 일도 아니라는 듯 공장 마당을 비틀거리며 걸어 나갔다. 문경이 부축하려 하자 그 손마저 뿌리쳤다.

이재규가 내리친 스탠드의 갓에서 삐져나온 철심이 오 군의 왼쪽 귓불 아래를 긋고 지나간 것 같다고 공장장이 말했다. 지키고 섰다가 말렸어야 했는데 잘못이었다고 자책하는 공장장에게 문경은 아무 말도 못했다.

"집에 가서 피 닦아주고 연고라도 있으면 발라줘요."

공장장이 걱정스러운 얼굴로 말했다.

문경은 집에 돌아와 피에 젖은 오 군의 티셔츠를 벗겨냈다. 그사이 상처가 또 벌어져 피가 흘렀다. 수건을 들고 그의 무릎 앞에 다잡고 앉아 피를 닦아냈다.

상처는 생각보다 깊었다. 핏물을 닦아내자 중지 한 마디 길이로 깊게 팬 상처가 보였다. 발갛게 벌어진 상처에서 또다시 피가 솟았다. 싫다고 우기는 그를 달래 택시를 타고 전철역 근처의 병원 응급실로 갈 때까지 한 시간이나 허비했다.

　새벽의 응급실은 끔찍하고 소란스러웠다. 복통 환자가 소리를 지르며 뒹굴고, 술을 먹고 주먹다짐을 했는지 두 명의 남자가 피투성이가 된 채 소리를 지르며 난동을 부렸다. 의사와 간호사들은 짜증스러워했고, 불친절했다.

　오 군은 마취도 하지 않은 채 다섯 바늘을 꿰맸다. 상처를 꿰매는 동안 그는 몇 번 푸드덕 몸을 떨긴 했지만 신음 소리 한 번 내지 않았다. 문경은 처치를 받고 나온 그와 병원 휴게실에 한동안 아무 말 없이 앉아 있었다. 술이 깨가는 그의 얼굴은 백지장처럼 창백했고, 눈동자는 깊고 차가웠다.

　"구름동으로 돌아가고 싶니?"

　침묵을 밀어내며 그가 물었다.

　입속에 말이 고이지 않아 문경은 대답할 수 없었다.

　"네가 원한다면 가고 싶은 대로 가."

　그는 늘 그런 식이었다. 자기 상처를 내보이는 대신 원하지도 않는 말을 내뱉었다. 간절히 원하는 걸 부정적으로 말하는 건 그가 선택의 기로에 놓였을 때 대처하는 방식이었다. 하지만 지금은 뭔가를 선택해야 할 시간이 아니었다. 그녀야말로 오 군에게 되묻고 싶었다.

"자기야말로 어디로 가고 싶은데?"

그는 대답하지 않았다.

그들은 병원을 나와 철길 건널목을 지나 구름동을 향해 걸었다. 연탄공장 앞의 검은 길을 지나는 동안 길 위엔 온전히 두 사람뿐이었다. 문경은 문 닫힌 피아노 학원 처마 밑에 쪼그려 앉고 말았다. 더 이상 걸을 수가 없었다.

"왜 나한테 그딴 식으로 말했어?"

무릎에 턱을 괸 채 그에게 물었다.

"…."

"대답해. 왜 그딴 식으로 묻는 거냐고?"

문경은 참지 못하고 소리쳤다.

"나는 늘 어딘가로 가고 싶은데 어디로 가야 할지도 모르겠고, 어떻게 살아야 할지도 모르겠어. 네가 무슨 생각을 하며 사는지, 뭘 원하는지 물어보고 싶은데 내가 짐이 될 것 같아 그랬어."

오 군이 문경의 머리를 헝클어뜨리며 말했다. 문경은 그의 손을 뿌리쳤다.

"집에 가자."

그가 일어서서 문경의 팔을 잡아당겼다.

그들은 다시 묵묵히 어두운 새벽길을 걷기 시작했다. 택시한 대가 멈춰 설 듯하더니 그냥 지나갔다.

우리는 지금 어디로 가야 하는 걸까요?

문경은 아무나 붙들고 물어보고 싶었다. 그들이 사는 시절들과 아직 오지 않은 미래와 잃어버린 것들과 기억해야 할 것들에 대해서. 정작 그들이 알아야 할 것들은 두 사람만 모르고 세상 사람들은 다 알고 있을 것 같았다.

오 군은 집에 돌아오자마자 그대로 이부자리에 쓰러졌다. 꿰맨 상처에 붙여놓은 거즈에 엷게 핏물이 배어 있었다. 찢긴 상처는 시간이 지나면 아물 것이다. 두려운 건 눈에 보이지 않는 상처였다.

"자?"

"…"

"이재규랑 왜 그런 거야?"

"생각이 안 나."

그가 잠긴 목소리로 대답했다.

"피하지도 않았단 말이야?"

"순식간이었어. 뭔가가 내 머리를 치고 지나갔던 게. 그동안 나를 묶고 있던 압박감이 풀리는 것처럼 차라리 홀가분했다."

그가 벽 쪽으로 돌아누우며 말했다.

문경은 더 이상 아무것도 묻지 않았다. 맞아서 피를 흘렸는

데도 그는 홀가분하다고 했다. 이해할 수 없는 말인데 그 기분
은 알 것 같았다.

　오 군은 곧 고른 숨을 내쉬며 잠이 들었다. 살집 없는 빈약
한 등이 힘겹게 무언가를 견디고 있는 듯 느껴졌다. 문경은 그
의 등을 가만히 쓸었다. 그는 움직이지 않았다. 문경은 그를
이해하고 싶었다. 더욱 깊이 알고 싶기도 했다. 오 군과 처음
여관에 들어갔을 때 문경의 몸이 반응한 순정은 그랬다. 상처
를 가진 몸은 어느 순간에는 자석처럼 서로를 끌어당긴다는
것을, 다른 건 몰라도 몸은 순수하게 알고 있었다. 사랑을 가
지려는 모든 인간이 처음부터 마지막까지, 오직 둘만이 꿈꾸
는 욕망이기도 했다.

　그를 만지고 있는 문경의 손이 떨렸다. 문경은 두려웠다. 뭔
가가 일어나고 있는 건 알겠는데 실체가 없어 손으로 잡을 수
없다는 것. 자신의 손에 느껴지는 그의 부피감이 이 순간이 지
나면 거짓말처럼 사라져버릴 것만 같았다. 문경은 날이 밝도
록 잠들지 못하고 뒤척였다.

　다음 날 문경은 출근하지 못했다. 날이 밝아올 무렵 잠깐 눈
만 붙인 것 같은데 눈을 떠보니 오전 10시가 지나 있었다. 오
군은 깊은 잠에 빠져 있었다. 문경은 피할 수만 있다면 출근은
어떻게든 피하고 싶었다.

한영통상으로 전화를 걸었을 때 문경은 목이 잠겨 말조차 제
대로 나오지 않았다. 몸이 떨릴 정도로 기력이 없었다. 전화를
받은 최는 몸살감기라는 문경의 말에 짜증 섞인 목소리로 내일
은 꼭 출근하라고 했다. 문경은 공중전화 부스에서 나와 제일
금형으로 올라갔다.

기계 소리가 들려왔다. 문경이 컨테이너 사무실 쪽으로 다
가가는데 마침 공장장이 플라스틱 상자를 들고 작업장에서 나
왔다.

"안 그래도 왜 출근을 안 하나 하던 참인데. 못 일어났어요?"

"새벽에 응급실에 가서 꿰맸어요. 피가 멈추지 않아서."

"허, 참."

"아저씨가 사장님께 잘 말씀해주세요."

"알았어요. 오늘은 푹 쉬고 내일은 꼭 출근해야 한다고 일러
요. 내 입장도 난처해지니까."

"네."

문경은 혹시나 이재규와 부딪치게 될까 봐 얼른 공장을 벗
어났다. 보고 싶지 않았다. 입장을 바꿔 이재규가 상처를 입었
다면 그는 오 군을 가만두지 않았을 것이다. 이재규는 어떤 식
으로든 오 군에게 책임을 물었을 것이다.

하지만 오 군은 이재규와 있었던 일을 떠올리고 싶지 않은

눈치였다. 그는 결코 누구에게도 주먹을 휘두를 수 없는 나약한 인간이었다. 그의 분노는 자기 안으로 스며들어 언제나 그렇듯 우스꽝스럽게 자신을 비하하는 쪽으로 몰아갔다. 그렇게 한 번씩 미치고 나면 날갯죽지가 부러진 새처럼 고요하게 가라앉았다.

문경은 낯선 곳에 둥둥 떠 있는 것 같았다. 공장지대에서 내려와 구름동사거리에 섰을 때, 구름동이 가상의 장소 같다는 느낌마저 들었다. 잘못 번역된 문장으로 가득한 책의 페이지를 넘기는 기분. 누군가 바로잡아주면 좋겠지만 그 누구도 바로잡을 수 없는, 이미 지나버린 시간 속에 서 있는 듯했다.

*

결국 오 군은 공장을 그만두었다.

오 군은 다음 날 문경이 출근 준비를 할 때까지 이불 속에 있었다. 출근은 안 할 거냐고 묻자 그만둘 생각이라고 했다.

그날 밤, 공장장이 찾아왔다. 공장장은 대신 일할 사람을 구할 때까지라도 나오라고 했지만 오 군은 완강했다.

"마음먹었을 때 그만두는 게 나아요."

"그래도 그렇지. 뒤끝을 남기고 그만두면 쓰나."

공장장이 은근히 오 군을 달랬지만 그는 생각을 바꾸지 않았다. 문밖에서 얘기를 나누던 공장장이 돌아가고 나서 문경은 오 군에게 정말 그만둘 거냐고 물었다.

"안 그래도 그만둘 생각이었어."

오 군은 추호의 미련도 없다는 듯 잘라 말했다. 한번 안 한다고 말하면 그것으로 끝이었다. 그는 자신이 뱉은 말은 되돌리지 않았다.

"그럼 이제부터 뭘 할 건데?"

"찾아봐야지."

오 군은 홀가분한 목소리로 말했다.

꿰맨 상처는 부기가 가라앉으면서 색이 변하고, 실밥이 검게 삭아갔다. 공장을 그만둔 뒤로 오 군은 칩거 상태였다. 구름동은 뛰어봐야 빤한 동네였다. 그는 제일금형 사람들과 부딪치고 싶어 하지 않았다.

훈이 형제가 그들의 방을 드나들기 시작한 것도 그즈음이었다. 오 군은 훈이 형제에게 호의적이었다. 훈은 학년이 바뀌면서 신체적으로 수와 더 현격한 차이를 보였다. 기질적으로도 훈은 남성적인 면이 돋보였다. 무뚝뚝한 훈과는 달리 아직 어린 티를 다 벗지 못한 수는 곧잘 웃음을 띤 채 문경에게 누나라고 부르며 살갑게 다가왔다. 며칠에 한 번씩 훈의 할머니가 와서 살림을 해주고 갔지만 형제에게선 세심한 돌봄을 받지 못하는 티가 났다. 아이들은 여전히 아버지의 폭언과 폭력에 종종 쫓겨났지만, 그 누구도 관여할 수 없다는 점에서 고립되어 있었다.

오 군이 훈이 형제에게 애틋한 마음을 갖는 건 이해하지만 문경은 아이들을 방으로 불러들이는 건 마뜩지 않았다. 그 애들과 어울리면서 오 군도 그 또래 아이처럼 굴었다.

어느 날인가 문경이 퇴근했더니 훈이 형제는 아직도 그들의 방에서 오 군과 놀고 있었다. 문경이 들어서자 훈이 방바닥에 엎드려 보고 있던 만화책을 챙겨 자리에서 일어났다. 훈의 키가 낮은 천장에 닿을 듯 홀쩍 커 보였다.

"더 놀다 가도 돼!"

오 군이 문경은 쳐다보지도 않은 채 아이들에게 말했다. 그러자 훈이 수의 팔목을 거칠게 잡아끌더니 인사도 없이 방을 나가버렸다. 방바닥엔 과자 봉지가 아무렇게나 뒹굴고 생라면 부스러기, 라면 수프가 찌걱찌걱 밟혔다.

"방은 꼴이 이게 뭐고, 애들은 왜 자꾸 불러들이는 거야? 애들이랑 노니까 재밌어?"

"재밌어, 저 꼬맹이들. 말도 통하고."

그제야 그는 문경을 쳐다보며 낄낄댔다.

"뭐가 그렇게 재밌는데?"

문경은 정말로 궁금해서 물었다.

"왜 또 시비야?"

"서랍에 넣어둔 돈, 어디다 쓰는 거야? 애들이랑 군것질하느라 쓰는 거야?"

그의 얼굴에서 웃음기가 가셨다.

"생활비 쓰려고 서랍에 넣어둔 돈 말이야."

"아니, 난 안 만졌어."

책상 가운데 서랍에 넣어둔 봉투 속의 지폐가 언제부턴가 맞지 않았다.

"돈이 자꾸 없어져."

"없어져?"

"안 맞아. 돈 쓸 땐 말없이 함부로 건드리지 마."

"내가 왜 네 돈을 건드려?"

그가 기분 나쁘다는 듯 말했다.

"그러니까 물어보는 거잖아. 이번이 처음이 아니야."

"그래서?"

그가 미간을 찌푸린 채 말끝을 올렸다.

"애들이 방으로 와서 노는 건 좋은데…."

"좋은데?"

"왜 자꾸 말꼬리를 잡고 그래. 내 말은….""

"에이 씨, 말 돌리지 마. 걔들이 네 돈을 훔쳐가기라도 한단 말이야?"

그가 들고 있던 만화책으로 방바닥을 탁 내리치면서 일어섰다.

"내 말은….""

"됐어."

그의 얼굴은 금세 벌겋게 달아올랐다.

"되긴 뭐가 돼? 맨날 이런 식이야."

"됐다니까."

그는 벽에 걸린 겉옷을 챙겨 들고 방문을 박차고 나갔다. 부엌 새시 문이 거칠게 떨리는 소리가 나고 창문 밑을 지나가는 발소리가 들렸다. 그 짧은 순간의 소란이 가라앉자 정전기처럼 찌르르한 무언가가 문경의 온몸을 훑고 지나갔다.

미쳐버릴 것 같은 건 그가 아니라 문경이었다. 왜 나는 소리 지르고, 내 감정대로 방문을 박차고 나가지 못하나. 왜 나는, 왜 나는 하고 싶은 말을 하면 안 되는데? 그에게 하지 못한 말들이 목젖까지 차올랐다. 느닷없이 찾아온 정적이 가시처럼 따가웠다.

그날 밤, 오 군은 돌아오지 않았다.

문경은 기다리지 않을 작정이었다. 그가 나간 후 문경은 벽에 등을 기댄 채 꼿꼿이 앉아 있다가 그대로 쓰러지듯 누웠다. 눈은 저절로 감겼는데 머릿속은 잠들지 않고 깨어 있는 듯했다.

어딘가로 걸어가고 있는 오 군의 뒷모습이 보였다. 문경은 그의 뒤를 따라 걸었다. 언젠가 오 군과 산책 삼아 가본 저수지로 가는 길이었다. 화학공장을 지나 버스 종점이 있는 공터를 가로질렀다. 버스 종점은 텅 비어 있었다. 몇 대씩 주차되어 있기 마련인 낚시꾼들의 차량도 보이지 않았다. 간이매점이 장난감 상자처럼 공터 한쪽에 덩그러니 서 있었다.

서울의 한쪽 끝인 구름동과 C시를 가르는 야산 자락까지 물이 꽉 찬 저수지 수면은 허공과 구분되지 않았다. 저수지 한쪽에 장구 모양으로 허리가 잘록하게 들어간 나무다리가 놓여 있었다. 바람결에 나무다리가 흔들렸다.

가로등 불빛에 드러난 저수지의 물은 탁한 녹색이었다. 손으로 휘저으면 끈기가 맺혀 올라올 것 같았다. 먼 곳에 누군가 던져두고 간 것인지 붉은빛을 띤 야광찌가 물결에 의해 솟았다 가라앉기를 반복했다.

"여기선 뭐가 잡혀?"

문경이 물었다.

"거북이나 악어 같은 거."

"붕어나 잉어 같은 게 아니고?"

"그런 거는 다 잡아먹히고 없겠지."

"남자들은 낚시 맛을 알면 마누라까지 버린다는 말이 있대. 근데 참 이상한 건 젊은 남자가 낚시에, 그러니까 우리 나이 또래의 남자가 낚시에 미쳤다는 얘기는 못 들어본 것 같아."

그의 진지함을 비웃듯 문경이 가볍게 종알거렸다.

"왠지 알아? 그건 인생이 낚시보다 낫다는 믿음에서 아직 벗어나지 못했기 때문이지. 아직 시작도 제대로 못 한 인생들이니까. 거지 같은 꿈이라도 꿀 수 있는 나이니까."

오 군의 목소리는 여전히 진지하게 들렸다.

그들은 흙을 파서 계단처럼 만들어놓은 길을 따라 물가로 내려갔다. 몇 개의 부교가 저수지 한가운데 떠 있는 낚시 자리와 연결되어 있었다. 나무판자로 엮은 부교는 바람에 이리저리 흔들리며 물결을 만들었다. 그들은 물가에 바투 다가가서 나란히 쪼그리고 앉아 물속을 들여다보았다. 수면에 두 사람의 얼굴이 어리비쳤다. 오 군이 손으로 수면을 휘젓자 파문이

일면서 갑자기 툭 떨어져 나간 그의 얼굴이 둥둥 떠내려가기 시작했다. 문경은 놀라서 그의 얼굴을 잡으려 애쓰며 소리쳤다.

"장난치지 마. 왜 이런 무서운 장난을 해?"

"이건 가짜일 뿐이야."

그가 웃으며 말했다.

가짜라도 있어야 진짜를 찾을 수 있을 것 같다는 생각에 문경은 떠내려가는 그의 얼굴을 잡아보려 안간힘으로 수면을 향해 몸을 기울였다. 그때 어디선가 새된 사이렌 소리가 들려왔다. 소리가 점점 가까워지자 저수지 수면에 파란이 일며 문경의 머리카락이 하늘로 불불 날려갈 듯 일어섰다. 어느새 사라졌는지 오 군은 온데간데없었다.

문경이 잠에서 깼을 때 꿈을 긋고 지나간 소방차의 사이렌 소리가 칼날처럼 선명하게 기억났다. 꿈속의 정황들은 잠들기 전에 떠올렸던 저수지 풍경과 뒤엉켜 꿈을 꾼 건지 아닌지 흐릿했다.

오 군은 돌아오지 않았다. 문경은 이부자리에 앉아 멍하니 창문을 바라보았다. 밖은 이미 환하게 날이 밝아 있었다. 서둘러 씻고 빈집의 문을 잠그고 집을 나섰다.

꿈속에서 들었던 사이렌 소리가 진짜였다는 걸 문경은 버스를 타고서야 알았다. 그날 새벽 화학공장에 화재가 있었다. 운전석 주변이 시끌시끌했다. 회색 모자를 쓴 할아버지가 기사에게 간밤의 사건에 대해 물었다. 새벽에 버스를 몰았을 테니 잘 알지 않느냐고 말이다.

"뭐 별일 아니랍니다. 불량배들이 공장에 몰래 들어가서 술을 처먹고 놀다가 불을 낸 모양인데, 굴뚝 기둥 하나에 시커멓게 그을음이 오를 정도로 타긴 했지만 바로 불길을 잡았답니다."

"없애버리려면 빨리 치우던지. 한꺼번에 싹 밀어버려야지 방치해놓으니까 이런 뒤숭숭한 일이 일어나는 거야. 이놈의 것 아주 꼴사나워 못 보겠다니까."

그동안 농사도 못 짓게 알맹이만 쏙 빼먹고 동네를 병신으로 만들어놨으면 제대로 정상화를 시켜줘야 하지 않느냐, 그린벨트 풀어서 금방 재개발해주겠다고 하더니 사람 애간장 태우는 것도 아니고 이놈의 동네는 언제까지 이러고 탕탕 세월만 잡아먹고 있나, 버스 안은 화학공장 이야기로 술렁거렸다.

"서울에 이런 촌구석이 있는 거 아마 서울 사람 9할은 모를 거야."

핏대를 세우던 회색 모자 노인이 헛기침을 하며 말했다.

문경은 버스가 구름동의 구부러진 길을 돌 때 불현듯이 뒤

창으로 희미하게 사라지는 화학공장의 굴뚝을 바라보았다. 그
것은 한 덩어리의 괴이한 물체에 불과했다. 외줄기의 길은 곧
시야에서 지워지고 버스는 구름동 갈림길을 향해 내달렸다.
술렁거리는 말들 속에서 문경은 외로웠다. 지옥에서 돌아오면
구름동은 감쪽같이 사라지고 없을 것만 같았다.

*

"이젠 멈춰야 해."

출근 때마다 문경은 중얼거렸다. 불안했다. 예측 못 할 상황
이란 언제 어디에 도사리고 있을지 알 수 없었다. 이런 일이야
말로 맨땅에 헤딩하는 일이라고 미스 백은 말했다. 재수 없으
면 대가리가 깨져 골로 가는 거라고 미스 백은 불량기 가득한
소녀처럼 입술을 잘근잘근 씹으며 웃었다.

이젠 문경도 웬만한 상황에 임기응변이 가능할 만큼 도가
트이고 능청스러워지긴 했지만 그래도 배달을 나갈 때는 긴장
을 놓을 수 없었다. 미스 백과는 아침에 한두 시간 얼굴을 보
고 못 볼 때도 있었다. 장거리 배달이 잦아진 탓이었다. 서울
이 걸리는 날은 호사였다. 컨텍하는 반경을 넓혀 경기도 외곽
까지 공략에 들어갔고 최는 부쩍 그쪽에 재미를 붙인 모양이

었다.

"아무래도 서울 인간들은 영악해. 재고 따지고 의심이 많아. 이 짓도 슬슬 안 먹히기 시작해."

최는 진짜 갑부 소리 들을 만한 땅 부자들은 도시 외곽에 포진해 있다며 회심의 미소까지 지어 보였다.

"느긋하게 전원을 즐기면서 사는 노인네들은 자식들하고 떨어져 있겠다, 그러니 훼방꾼도 옆에 없을 테고. 내 꿈은 말이야…."

최는 모닝커피 타임에 거들먹거리면서 말이 많았다.

"왜요. 부장님도 갑부가 되고 싶으세요? 전국으로 이 사업을 확대해서 지점도 세우시게요?"

미스 백이 농담하듯 최의 말을 잘랐다.

"미스 백, 기대하라고. 내가 지점을 세우려면 아무래도 유능하고 천부적인 재능을 가진 미스 백 같은 조력자가 있어야만 가능하지. 안 그래?"

최가 간족이며 미스 백을 띄우자 그녀는 눈을 흘겼다.

"왜 그러서요. 저도 순수한 영혼이랍니다."

"순수 좋아하시네. 야, 미스 백. 나는 세상에서 미스 백이 제일 무서워."

최가 낄낄거리자 미스·백은 골을 부리며 쪽문으로 퇴장했

154

다.

"재수 없어, 씨발. 나잇값도 못 하는 주제에."

문경이 반쪽 사무실로 건너오자 얼굴이 발갛게 달아오른 미스 백이 낮게 내뱉었다.

미스 백은 허리를 꼿꼿하게 세우고 앉아 도도한 자세로 책을 폈다. 문경은 처음 미스 백과 단둘이 마주 앉았던 때가 떠올랐다.

"언니."

미스 백이 잠깐 눈을 들었다가 다시 책으로 시선을 돌렸다.

"언제까지 할 생각이에요?"

"글쎄. 미스 조는 언제까지 할 수 있을 것 같은데?"

"모르겠어요. 하지만⋯."

"하지만 뭐?"

미스 백이 신경질적인 반응을 보였다.

"⋯."

"과유불급이란 말 알잖아. 감정도 마찬가지야. 자기 관리를 할 줄 알아야 진짜 베테랑이지. 아무데나 질질 흘리고 다니는 거 나는 딱 질색이거든. 나는 내가 알아서 할 거야."

미스 백은 더 이상 말 붙이지 마라는 듯 수학 문제를 풀기 시작했다. 문경은 갈수록 미스 백을 알 수가 없었다. 어떨 땐 정말로 미스 백이 이 일을 즐기고 있으며 이 일에 천부적인 재능을 갖고 있는 것처럼 여겨질 때도 있었다. 속을 다 보이고도 미적거리고만 있는 문경은 바보였다. 바보 등신에다 세상물정 모르는 미련퉁이. 하지만 문경이 의지할 수 있는 사람은 미스 백뿐이었다. 어쨌거나 한 배를 탄 운명이니까.

그날 문경은 강과 사무실을 나섰다. 둘이 한 조가 되어 배달을 나가는 건 처음이었다. 뭔가가 잘 안 풀린 건지, 풀려도 제대로 풀린 건지 짐작할 수 없었다. 강의 손에는 족보 세 부를 싼 보자기가 들려 있었다. 영등포에서 T시까지는 시외버스로 1시간 반이나 소요되었고 그곳에 도착해서도 목적지까지 꽤 시간이 걸렸다. 만약 문경이 혼자서 배달을 나섰더라면 분명 허탕을 쳤을지도 몰랐다.

두 사람은 T시 외곽의 허허벌판에서 길을 잃었다. 이정표를 따라갔는데 막다른 길이었다. 길은 끝났고, 줄곧 표적 삼아 걸었던 시멘트 다리는 끊어져 있었다. 철책으로 막힌 곳에는 사유지에 함부로 침입하지 말라는 경고문과 접근 금지 팻말이 붙어 있었다. 아지랑이가 번들거리는 시야 저 건너편에 신기루처럼 알루미늄 지붕이 번쩍거리는 게 보였다.

"저기가 맞는데…."

강은 이마의 땀을 닦으며 중얼거렸다.

두 사람은 지름길이라 생각하고 농로를 따라 들어간 길을 한참이나 되돌아 나왔다. 양복 상의를 벗어 팔뚝에 걸친 채 걸어가는 강의 와이셔츠는 땀에 흠뻑 젖어 있었다. 사월인데도 날씨가 더웠다. 농로 한쪽으로는 개천이 흘렀다. 천변에는 마른 덤불을 뚫고 풀들이 올라오고 있었다. 논둑길로 들어서는 경운기를 만나지 않았더라면 거기서 포기했을지도 몰랐다. 강은 급히 경운기 쪽으로 달려가 다른 길로 꺾어지려는 경운기를 세웠다. 문경은 길바닥에 내려놓은 족보를 지키고 서서 강이 쪽지를 펴든 채 길을 묻는 모습을 멀리서 지켜보았다.

"처음부터 잘못 접근했어."

다시 길을 잡으며 강이 말했다. 애초에 길의 초입에서 만난 두 갈래 길 중 버린 길이 목적지로 가는 길이었다.

그들은 약속한 시간보다 30분이나 늦게 목적지에 도착했다. 건물 마당엔 거대한 사일로들이 위압적으로 서 있었다. 그 안에서도 길을 잃고 헤매다 다행히 경비원을 만나 강의 고객 앞으로 안내받았다. 벽돌 건물의 자그마한 사무실이었다.

강의 고객은 눈썹과 머리가 백발이었으나 골격은 건재하고 눈매가 매서웠다.

"어디 한번 봅시다."

노인은 담배를 피워 물면서 소파에 다리를 꼬고 앉은 채 턱짓으로 명령하듯 말했다. 강이 응접 테이블 위에 올려놓은 보자기를 풀었다. 강의 태도가 몹시 조심스러웠다. 문경은 그림자처럼 강의 체구에 반쯤 묻힌 채 조용히 앉아 있었다. 비서인 듯싶은 여자가 차를 두 잔 가져와 테이블에 놓았다. 강과 문경은 차를 마시면서 노인의 말이 떨어지길 기다렸다.

"내 평생에 이런 전화도 처음이고, 족보 따위는 생각지도 않고 살아온 사람이야."

노인이 크악, 가래를 게워 입안에 굴린 다음 삼켰다. 그러곤 담배를 한 모금 빨고 난 뒤 다시 말을 이었다.

"나는 겨우 한글이나 깨우친 무식쟁이지만 부끄럽지 않아. 부지런히, 열심히 살았다 그 말이다. 족보 이따우 물건이 어떻게 생겼는지 관심도 없이 살았다는 말이오. 맨주먹으로 시작해서 지금도 현장에서 뼈 빠지게 뒹굴고 있지만도, 내가 없으믄 안 되는 국책 사업도 있고."

노인은 담배를 비벼 끄면서 가래침을 재떨이에 칵 소리가 나게 뱉었다.

"장학 사업을 한다 하니 내가 저기 저 여학생을 믿고 받는 거요. 내 주머니에서 그냥 나가는 건 없다. 뭣에 써야 할 물건인지는 모르겠지만, 나도 사람 노릇은 하고 싶어서 세 부씩이나 가져오라 캤는데. 보자, 저걸 어데다 써야 좋을꼬… 한번 설명해보시오."

"네."

무릎을 꼭 붙인 채 강은 더없이 공손한 자세로 대답했다. 그러곤 약간 뜸을 들인 뒤에 의심의 눈초리를 거두지 않는 노인에게 족보의 가치와 필요성에 대해 늘어놓았다.

"마, 됐다. 그런 세설은 내 귀엔 안 들어오고, 아무튼 놀랍긴 놀랍다. 이런 데 처박혀 있는 나까지 찾아올 생각을 한 걸 보믄."

노인은 꼿꼿한 눈으로 강을 훑고는 잠시 생각에 잠기더니 자리에서 일어나며 말했다.

"놓고 가. 내가 경리과에 준비해둔 게 있으니 잠깐만 기다리면 될 끼고. 이제 더 이상은 나 같은 사람 찾아 댕기지 마라."

노인이 나간 뒤에 차를 내왔던 여자가 강에게 공손하게 두 손으로 봉투를 건넸다.

그들은 들어갈 때와는 달리 그 건물을 정신없이 빠져나왔다. 등에서는 진땀이 흘렀다. 한마디도 하지 않고 강의 옆에 그림자처럼 앉아 있기만 했는데도 문경은 온몸의 진이 다 빠져나간 것 같았다. 강은 연신 손수건으로 목덜미의 땀을 닦아내며 숨을 헉헉거렸다. 노인과 대면했던 그 건물과 완전히 멀어질 때까지 아무 말 없이 앞만 보고 걸었다.

강은 사무실에서 컨텍을 할 때와는 완전히 다른 모습이었다. 더없이 초라하고 비굴해 보이기까지 했다. 시외버스터미널에 도착했을 때야 강은 한숨 돌리는 듯했다. 땅거미가 깔리는 저녁 시간이었다.

버스표를 끊어놓고 터미널 옆 다방으로 들어갔다. 버스가 출발하려면 40분은 기다려야 했다. 강은 사이다를 시켜 단숨에 들이켰다. 문경은 사이다를 한 모금 삼키고 투명한 컵 속에서 자글자글 이는 기포를 멍하니 바라보았다. 이상하게도 뭔가에 처참하게 당하고 내동댕이쳐진 기분이었다. 입안에 물고 있던 사이다를 넘길 때 뭐라 말할 수 없는 역겨움이 명치를 뚫고 아래로 내려갔다.

강은 주머니에 구겨 넣었던 봉투를 꺼내 입바람을 후 불어넣었다. 그는 눈을 가늘게 뜨고 봉투 속의 돈을 가늠했다.

"괜찮을까요?"

문경이 그렇게 물은 건, 그러니까 그곳을 빠져나와 다방으로 들어올 때까지 입속에 물고 있던 말이었다. 눈썹과 머리가 온통 흰 노인의 매서운 눈매와 에사롭지 않은 말투가 떠올랐다. 노인이 해코지를 하자고 작정하고 덤빈다면 일은 걷잡을 수 없이 커질 수도 있었다. 강이 고개를 들어 문경을 빤히 쳐다보았다. 강의 눈빛엔 문경이 읽어내기 힘든 묘한 감정이 서려 있었다.

"미스 조는 어떻게 생각해?"

무슨 뜻인지 애매한 물음이었다.

"저는 그냥…."

"왜. 두렵나? 미스 조가 무슨 말을 하고 싶어 하는지 알아.
나는 말이야, 미스 조. 내가 할 수 있는 일에는 최선을 다하자
는 주의야. 그깟 노인네가 무슨 속셈을 갖고 있는지 그딴 것에
휘둘리지 않아. 법대로 해보라고 해. 법대로 한다고 해도 나올
게 없어요. 이게 불법이면 내가 이 일을 몇 년씩이나 했겠어?"

강의 이맛살이 일그러졌다.

문경이 진심을 기대하고 던졌던 물음에 대한 답은 아니었
다. 아니, 결국은 진심으로 묻고 싶었던 말은 꺼내지도 못한
셈이었다. 정말 그렇게 생각하느냐고 따져 묻지도 못했다. 문
경과 강 사이엔 보이지 않는 거대한 벽이 존재하고 있었고, 그
벽은 사무실 공간을 둘로 쪼개놓은 것만큼이나 묘한 것이었
다.

"자, 쓸데없는 생각 말고 어서 마시고 일어서자고."

강은 손에 들고 있던 봉투를 호주머니에 쑤셔 넣었다.

미스 백 말대로 과유불급. 함부로 감정의 도를 넘지 말 것.
문경은 미스 백이 말한 그 말의 의미를 그제야 알 것 같았다.

161

오 군이 돌아왔다.

오 군을 기다리는 일은 문경에겐 자기 자신을 견디는 일이
었다. 그를 상대로 수많은 시나리오를 상상해보았다. 그는 본
가에 있을까? 그럴 가능성은 충분했다. 오 군의 본가가 있는
화곡동은 버스를 갈아타야 하긴 하지만 한 시간 남짓이면 충
분히 갈 수 있는 거리였다. 오 군에게 화곡동 집은 언제든, 아
무 때나 드나들 수 있는 곳이니까.

오락실이나 만화방에서 컵라면으로 끼니를 때우며 게임에
빠져 있거나 만화책에 코를 박고 낄낄대고 있을 수도 있었다.
책임져야 할 자신의 인생 따위 가볍게 시궁창에 던져버리고.
어떻게 생각하든 편하지 않았다. 하지만 문경은 그를 찾아 나
설 생각은 하지 않았다. 돌아오는 것도 돌아오지 않는 것도 그
의 마음이었다.

만약 그가 돌아오지 않는다면… 나는 어떡하지?

망상과도 같은 생각으로 문경은 괴로운 밤들을 보냈다.

사흘째 되던 날 밤에 돌아온 오 군은 집을 나갈 때와는 전혀
다른 가벼운 등산복 차림이었다. 녹색 배낭을 방안에 들여놓

고 방문턱에 걸터앉아 등산화의 끈을 풀었다. 마치 아무 일도 없었다는 듯 천연덕스러운 행동이었다. 그는 등을 보인 채로 연락하고 싶었는데 방법이 없었다고 했다.

"갑자기 그렇게 됐어. 처음부터 산에 갈 생각이었다면 너한 테 얘기하고 갔겠지. 미안해."

오 군이 미안하다고 했지만 문경은 대꾸하지 않았다. 방으로 들어온 오 군은 손님처럼 방 안에 우두커니 서 있었다. 그러곤 천천히 옷을 갈아입고 문경의 곁으로 와서 앉았다. 오 군이 문경의 손을 잡고 원숭이 같은 표정을 지으며 짓궂게 웃었다. 문경은 거칠게 손을 빼냈다.

"이런 식으로 넘어갈 거라곤 생각하지 마. 기다리는 사람은 얼마나 애가 말랐는 줄 알아?"

"한 번만 용서해주라. 다신 말없이 안 나갈게."

오 군이 새끼손가락을 내밀어 약속하겠다고 했지만 문경은 그의 말을 믿지 않았다. 다시 또 이런 일이 생긴다면 손가락을 걸어 약속한 게 무슨 의미가 있을까.

오 군은 서울역에서 무궁화호 기차표를 끊을 때까지만 하더라도 구례까지 갈 생각은 없었다고 했다. 구례까지 가는 기차표를 끊은 것도 매표소 창구 앞에서 결정한 것이었다. 구례 쪽은 한 번도 가보지 못한 곳이라고 했다. 아는 사람도 없을뿐더러 만날 사람도 없었다. 섬진강 변을 따라 구례 일대를 걷다가 지리산 자락으로 들어가는 곳까지 갔다고 했다. 지리산국립공원과는 한참이나 떨어진 곳에 농가들이 몇 채 모여 있는 작은 마을이었다. 산으로 접어드는 길목에 '천은사 가는 길'이라는 팻말이 보여서 임도를 따라 오르기 시작했다. 산줄기를 따라 걷다 보면 산등성 너머 천은사로 내려갈 수 있을 줄 알았다고 했다.

"등산까지 할 생각은 없었지. 산 넘어가서 하룻밤 묵고 올라올 생각이었어."

오 군의 목소리는 어느새 차분해지고 있었다.

산길에서 어느 순간 해가 저물어가는 것이 느껴졌는데 문득 정신을 차리고 보니 길의 종적을 알 수 없는 숲이 펼쳐졌다고 했다. 약간 해가 저물어갈 무렵이었는데 1킬로미터 전방에 쉼터가 있다는 팻말을 뒤로 한 게 30여 분쯤 전이었다. 그는 그 자리에 서서 생각했다. 앞으로 전진할 것인가, 돌아설 것인가. 돌아서기엔 너무 깊이 들어와 버렸다는 생각에 선뜻 결정하기가 어려웠다. 산등성이 하나만 넘으면 곧바로 하산하는 길이 보일 것 같았다. 하지만 날이 어두워지고 있었다. 봄빛이 완연했지만 밤낮의 기온차가 심했고, 그의 배낭엔 랜턴도 추위를 피할 여분의 옷도 없었다. 소나무 가지 사이로 언뜻 지는 해가 보였는데, 건너편 능선 사이로 수은이 엉긴 것처럼 몽글몽글한 뭔가가 펼쳐졌다. 호수 같기도 하고 아주 거대한 거울이 빛을 되쏘는 것 같기도 했다.

그는 반짝거림이 진해지는 방향을 따라 계속 걸었다고 했다. 눈앞에서 그를 유혹하는 그 빛의 정체가 뭔지 보고 싶었다. 그는 숲을 헤치며 앞으로 나아갔다. 곧 길이 나타나고 몽글거리며 반짝이던 것이 눈앞에 펼쳐질 줄 알았는데 느닷없이 눈앞이 푹 꺼지면서 꽉 찬 어둠 속으로 들어섰다. 그의 눈을 현혹하던 반짝임이 지는 해의 꼬리였다는 것을 깨달은 순간 그는 다시 멈춰 섰다. 더 이상 전진할 수 있는 길은 없었다. 하지만 그 판단에 이르기까지 멈춰 서 있었던 50초, 혹은 60여 초나 될까 한 그 순간의 두려움은 영원처럼 길었다고 했다.

"기다리는 거 뻔히 알면서. 내가 그동안 무슨 생각을 했는지 알아?"

문경은 이불을 뒤집어쓰며 말했다.

"미안해."

그는 미안하다는 말만 되풀이했다. 그를 향해 있던 원망이 아무런 소용이 없다는 무력감에 문경은 온몸의 힘이 빠져나가는 것 같았다.

그가 천천히 다시 말했다.

"다시 돌아가야 한다는 결정을 한 뒤 뒤돌아서 뛰기 시작했어. 3시간가량 올라간 길을 미친 듯이 뛰어 채 1시간도 안 돼 산 밑으로 내려왔지. 사람이 아닌 짐승의 힘으로, 인간이 아닌 맹수의 힘으로 뒤 한 번 돌아보지 않고 뛰었어. 무릎이 닳아 없어지는 것 같았어. 내 몸이 갈려 가루처럼 바수어지는 것 같았거든. 땀이 비 오듯 했고 심장이 벌떡거리며 몸 밖으로 튀어나올 것 같았어. 한 발을 디딜 때마다 반사적으로 몸뚱이가 튀어 올랐어. 그때 나는 내가 아니었던 거야. 본능만 남은 짐승…."

오 군의 목소리가 점점 멀리서 들려오는 듯 긴장감이 풀렸다. 문경은 나른한 잠에 취해 있었다. 그가 없는 동안 잠을 자면서도 깨어 있는 것처럼 신경이 날카롭게 벼려져 있었다. 꿈과 현실이 뒤얽혀 밖의 움직임이나 소리가 꿈속으로 들어왔고, 꿈속의 일이 생시처럼 선명했다. 피곤한 몸을 끌고 출근은 해야 했고, 출근해서는 불안감이 증폭되어서 한시도 편안하지 않았다. 퇴근 무렵부터는 손이 떨리기 시작했다. 버스를 타고 구름동사거리에서 내릴 때는 걸음이 휘청거릴 정도로 온몸이 떨렸다. 불 꺼진 창을 확인히기가 두려웠다. 훈이네 부엌 창이 있는 모퉁이를 돌 때는 질끈 눈을 감았다 뜨곤 했다. 한 걸음 한 걸음이 허방을 딛는 듯 두려웠다.

"문경아."

오 군이 부르는 소리가 들렸지만 대답할 수가 없었다. 그의 목소리는 아득한 데서 들려오는 것처럼 자꾸만 멀어져갔다.

"길을 잃었다고 생각한 그 순간… 나는 비겁했어. 내 앞에 다가오는 어둠을 마주할 용기가 없었던 거지. 그때 흘끔 돌아본 등 뒤의 어둠에 비겁할 정도로 빨리 굴복해버린 거야. 앞이나 뒤나 보이지 않는 건 마찬가지였는데…."

그가 문경의 곁에 누워 등을 깊게 껴안았다. 그 느낌이 묵직했다. 그의 몸에선 쇳내 같은 냄새가 났다. 익숙하면서도 낯선 냄새였다. 문경은 그가 돌아왔다는 사실을 조용히 받아들이며 깊은 잠 속으로 빠져들었다.

집을 나갔다 돌아온 뒤 오 군이 무슨 생각을 하면서 시간을 보내는지 문경은 알 수 없었다. 구름동을 벗어나면 그들은 서로 알고 있는 공통분모가 거의 없었다. 그들은 구름동 안에서만 실재하는 것 같았다. 늘 먼저 도착해 있는 불행처럼 문경은 이상한 예감에 사로잡혔지만 그게 무엇인지 감이 잡히지 않았다. 둘 사이를 가로막고 있는 본질적인 이질감이 무엇 때문에 생겨나는지 알 수 없었다.

그날 이후 오 군은 전보다 더 자기 안으로 깊이 칩거해 들어갔다. 아무런 책임도, 의무도, 미래도 갖지 않겠다는 무심함으로 비로소 그는 평온해 보였다. 훈이 형제도 더 이상 그들의 방을 드나들지 않았다.

　문경은 아침마다 잠든 그를 두고 출근했다. 월세를 내는 날은 생각보다 빨리 돌아왔다. 오 군의 방이었지만 이제는 둘이 책임져야 하는 그들의 방이었다. 하루는 감당할 수 없을 만큼 길고 힘든데 한 달은 축지법을 쓰는 호랑이처럼 빠르게 다가왔다.

*

　'사람이 사는 방식은 여러 가지다.'

　문경은 낙서를 하다 지웠다. 비겁한 자기합리화에 변명일 뿐이었다. 더 솔직히 말하면 자기 최면 같은 것이었다.

　잠잘 곳을 얻기 위해 찾아다닌 지인들의 방, 잡다한 아르바이트를 하며 짧게 만났다 헤어진 이름도 기억나지 않는 사람들의 얼굴이 떠올랐다. 그때는 아직 앳된 얼굴로 곧 나타날 무언가에 대한 설렘과 기대로 짐짓 들떠 있기도 했다. 쉽게 잡히지 않지만 베일을 쓰고 있는 시간의 문을 스스로 열고 싶은 욕망, 아직 가보지 못한 길에 대한 호기심, 원하는 것에 닿기엔 한 끗이 부족하고 어설펐지만 이토록 어둡고 무겁지만은 않았다. 스무 살의 시작은 그래서 두렵지 않았었다.

하지만 한영통상에 발을 들이고 그들의 방식에 길들여지면서 문경은 모든 게 의심스러웠다. 사람이 사는 방식은 여러 가지겠지만 자신이 원한 방식은 아니었다. 그것만은 분명했다. 그런데도 삶은 하루하루 계속되었다.

문경은 자주 영등포 지하상가에서 길을 잃고 헤매는 꿈을 꾸었다. 마치 미궁 속에 빠진 듯 더 깊고 어두운 곳으로 말려들다 잠에서 깨어나곤 했다. 꿈인 줄 알면서도 그 꿈에서 헤어나지 못하는 것처럼 퇴근길이면 구름동으로 돌아가는 길이 아득했다.

강과 T시에 다녀온 뒤에도 문경은 하루 한 번씩은 꼬박꼬박 배달을 나갔다. 헛걸음을 하고 돌아오는 날도 있고 문전박대를 당해 쫓겨나기도 했다. 오전 10시에 모닝커피 타임을 갖는 것도 여전했다. 최와 강에겐 비록 인스턴트커피지만 뜨겁게 데운 커피 잔에 그럴싸하게 받침까지 갖춰서 커피를 냈다. 특별한 이야기를 하는 건 아니었다. 최는 후루룩 소리를 내며 첫 모금을 마시고 나서 오늘 하루도 잘해보자는 썰을 풀어놓았다. 아침부터 걸쭉한 농담으로 입을 푸는 것도 어찌 보면 일의 연장이었다.

최는 입만 열었다 하면 되지도 않는 허세가 작렬했지만 강은 컨텍을 할 때와는 달리 거의 말이 없었다. 미스 백한테 들은 얘기에 의하면 강은 조그만 슈퍼마켓이라도 하면서 평범하게 사는 게 꿈이라고 했다.

"가끔 회식 자리에 가면 강 부장이 그랬어, 최 부장 없을 때. 미스 조도 그때 집들이에 가서 봤잖아. 강 부장이 집에서는 멀쩡한 남편이고 아빠라는 거. 난 이해가 되는데?"

미스 조는 이해 안 돼?라고 묻듯이 말끝을 올렸다.

문경은 이해해주고 싶었다, 강의 꿈을. 비루먹은 개 같은 사람이라도 누구에게나 꿈꿀 자유는 있으니까. 강도 최도 미스 백이나 문경 역시 겉은 아무 표도 나지 않는 똑같은 사람이니까.

문경은 미스 백을 무표정한 얼굴로 바라보았다.

'그렇게 이해해버리고 나면 좀 편하니? 나도 그러고 싶어. 열심히 꿈꾸고, 열심히 컨텍하면서 무사하게 잘 살아가보자구요.'

미스 백에게 확신에 찬 표정을 보이며 그렇게 응대할 수 있으면 좋겠지만 문경은 아무런 내색도 하지 않았다. 강의 꿈이 슈퍼마켓 주인이든 과일 가게 주인이든 그건 중요한 게 아니지 않나? 미스 백도 알 것이다. 그들 모두 미로에 빠져 헤매고 있다는 것을, 공범자라는 걸 말이다.

"내가 비밀 하나 알려줄까?"

모닝커피 타임이 끝나고 반쪽 사무실로 건너왔을 때 미스 백이 속삭였다.

"최 부장, 전에 무슨 일 했었는지 알아?"

미스 백 눈빛이 한층 더 은밀해졌다.

쪽문 저쪽에서 컨텍하는 소리가 들려왔다. 흘러내린 머리칼 속으로 양손을 넣어 슬그머니 귀를 막으려던 문경은 귀에서 손을 뗐다.

"피라미드 알지? 다단계판매 말이야. 최 부장이 한때 그걸로 돈 좀 만졌대. 을지로 어딘가에 사무실까지 얻어놓고. 근데…."

미스 백은 갑자기 말을 뚝 끊고 이 얘기를 들려줄까, 말까 망설이는 표정이었다.

문경도 피라미드에 관해 알고 있었다. 일명 다단계판매라고 하는 조직적 불법 상거래. 실물은 없고 사람과 사람이 연결되면서 돈이 돈을 엮고 사람이 곧 돈이 되는 환상의 계단. 다단계판매가 새로운 사회문제로 떠오르고 있었다. 텔레비전 뉴스나 신문지상에도 심심찮게 등장했다. 마치 신흥 사이비종교를 방불케 하는 집단적인 교육장에서 열광하는 사람들. 수십만 원을 호가하는 자석 요와 자석 팔찌는 단돈 몇 푼의 값어치밖에 없는 가짜였다. 그건 단지 미끼일 뿐, 가장 중요한 건 물건이 아니라 사람을 파는 판매 계보였다. 한 일간지의 〈세상만평〉이라는 가십 칼럼에서 조부에서 손자까지 포도 넝쿨처럼 뻗어나간 가계도를 그려놓고 '폐가 망신'이라고 적어놓은 우스꽝스러운 풍자만화를 본 적도 있었다. 다단계에 발을 들여놓은 식구가 하나 있으면 형제자매와 부모, 사돈의 팔촌까지 엮여 집안이 거덜 난다는 내용이었다. 그때 문경은 한영통상 같은 곳에 자신이 몸담게 될 줄은 몰랐다.

"다단계로 다 돈을 벌 수는 없잖아. 누군가 한 사람이 독식을 해서 돈을 벌면 그 나머지는 다 망하거나 죽는 거지."

미스 백은 손가락 사이에 끼운 샤프펜슬을 빙글빙글 돌리며 말했다. 그 표정에 비애나 두려움 따위는 읽히지 않았다.

아무튼 최가 이혼한 뒤에 열두 살 어린 여자와 동거하면서 재기를 꿈꾸고 있다고 미스 백은 덧붙였다. 다시 한몫 잡아보려는 최의 꿈은 불온해 보였다. '족보' 역시 최가 해왔던 다단계판매보다 더 나을 것 없는 사기 행각의 일종이었다.

문경은 피로했다. 미스 백의 얘기를 듣는 것도, 듣고 말없이 삼키고 있는 이 순간, 이 공산의 공기도 비거웠다.

"그런데 내가 말하고 싶은 비밀은 말이야…"

미스 백의 목소리가 다시 은밀하게 가라앉았다.

"최 부장은 지금 잔뜩 몸을 사리고 있는 거야. 이번에 걸리면 정말 끝장 아닐까?"

무슨 의미냐는 뜻으로 문경은 미스 백을 빤히 쳐다보았다.

"사기죄로 빵살이를 하고 나왔다는 거지. 지금 같이 살고 있는 여자가 그때 옥바라지했던 여자래."

미스 백이 문경에게 알려주고 싶었던 '비밀'이란 바로 그거였다.

미스 백은 이런 얘기를 어디서 들은 걸까? 미스 백 혼자서 소설을 쓰는 것도 아닐 테고.

문경은 자리에서 일어나 창문을 활짝 열어젖혔다. 멀리 빌딩들과 복잡하게 얽힌 전선들 너머로 뿌옇게 흐린 하늘이 보였다. 영등포의 하늘을 처음 보는 기분이었다. 언제나 불투명한 유리창, 그 안에 스스로를 가둬둔 채 고작 이렇게 뿌연 하늘조차 마음대로 쳐다보지 못하고 보냈다니. 누가 가둔 것도 아닌데, 누가 함부로 그녀에게 창문 곁에 다가서지 못하게 한 것도 아닌데.

문경은 얼마 전 502호 여자가 잡혀가던 일을 떠올렸다. 이 건물 5층에 있는 사무실들 중엔 502호처럼 문경이 상상조차할 수 없는 일들을 꾸미고 있는 곳이 또 있을지도 몰랐다. 그건 아무도 모를 일이었다. 최나 강이, 자신들이 하는 일을 아무도 모를 거라고 생각하는 것처럼.

*

　문경이 그만두고 싶다고 말할 때마다 오 군은 1초의 망설임
도 없이 그만두라고 했다. 그럼 앞으로 우린 어떻게 사느냐고
물으면 아무 말도 하지 않았다. 그건 그의 진심이 담긴 침묵이
었다. 그는 적어도 장담할 수 없는 미래에 대해 낙관적으로 말
하지 않았다.

　문경은 그새 두 번의 월급을 받았다. 그리고 벌써 열흘을 더
출근했다. 두 달째 월급을 받고 그만두지 못한 건 깔린 열흘
치 때문이었다.

　이번 달만 월급을 곱게 손에 쥐면….

　문경은 번번이 자신과의 약속을 어기고 있었다.

　일을 계속해야 할 핑계는 수만 가지도 더 되는 것 같았지만
딱 한 가지만 생각하면 핑계는 다 쓰레기일 뿐이었다.

　월세와 생활비를 충당하는 건 문경의 몫이 되었다. 생활은
생활비가 말해주었다. 그것은 속일 수도 없이 빤하게 닥치는
거였다. 움직이면 움직이는 만큼 돈이 들었다. 벌어들이는 돈
보다 나가는 돈이 크면 그만큼의 빚이 쌓이는 것이다. 오 군은

174

그 단순한 논리를 애써 모르는 척하는 것처럼 보였다.

전기요금과 수도요금 때문에 문경이 주인 할머니에게 낯을 붉힌 일도 그랬다. 할머니가 종이 쪼가리에 계산해서 들고 온 수도요금과 전기요금이 생각보다 많았다.

"할머니, 우리가 이렇게 많이 썼다고요?"

"내가 허투루 계산했을까 봐. 몇 번이나 전자계산기를 두드려본 거야. 아니 길가 방도 그리고 새댁도 그리고 쓴 걸 썼다고 하는데 웬 군소리들이 그리 많은지 원."

재래식 주택의 구조상 가구마다 전기계량기가 개별로 설치되어 있지 않았다. 수도요금도 마찬가지였다. 할머니는 수도요금이든 전기요금이든 사람 머릿수대로 계산했다. 많이 쓰든 적게 쓰든 머릿수만큼의 돈을 물어야 하는 것이다. 훈이네는 네 사람인데, 훈이 엄마가 없어서 세 사람 몫으로 정확히 계산했다는 할머니 말에 문경이 뭐라고 대꾸할 말이 없었다. 할머니는 젊은 사람 셈법이 노인네보다 흐리다며 역정까지 냈다. 문경은 할머니의 셈법이 어이없어 실소가 터져 나오려는 걸 참았다. 문경은 지갑을 털어서 전기요금과 수도요금을 계산하고 방으로 들어오면서 누구에게랄 것도 없이 투덜거렸다.

"세상에 그런 셈법이 어딨어? 우린 텔레비전도 없고 전기제품이라곤 달랑 전기밥솥 하나뿐이잖아. 그럼 한 집에 여섯, 일곱 명이 살면 반 이상은 몽땅 그 집에서 내야겠네."

"뭘 갖고 그러는데?"

오 군이 관심을 보였다기보다는 문경이 혼잣말로 중얼거리는 게 신경에 거슬려 묻는 소리였다.

"글쎄, 할머니가 이번 달에도 전기요금이랑 수도요금을⋯."

"걱정하지 마. 나도 일할 거니까. 면접 보고 왔어."

집에서 틀어박혀 잠만 자는 줄 알았는데, 그도 뭔가를 궁리하고 있었다는 건 중요한 변화였다.

"무슨 일인데?"

문경이 다짜고짜 물었다.

"창고 경비."

"써준대?"

"내일 연락주기로 했는데 기다려봐야지."

그는 면접을 봐놓고 연락이 올 때까지 말하지 않을 작정이었다고 했다. 채용이 안 될 수도 있으니까.

"잘됐으면 좋겠다."

문경이 침을 꼴깍 삼키며 말했다.

"기대는 하지 마."

"자신 없어?"

"그게 자신감 가지고 되는 일이야? 칼자루 쥔 쪽 마음이지."

"잘될 거야."

문경은 그렇게 믿고 싶었다. 잘될 거라고.

그의 왼쪽 귓불 아래 꿰맨 상처는 가느다란 흔적을 남기고 잘 아물었다. 열어둔 창문으로 부드러운 봄바람이 들어왔다. 봄이 무르익어서 밤공기가 향긋했다.

"어떻게 하다가 우리가 여기까지 왔을까?"

문경이 중얼거리듯 말했다.

"무슨 소리야?"

"그냥 모든 게 다. 우리가 만난 것도 그렇고. 가끔은 지금 내가 여기에 있다는 게 믿기지 않을 때가 있거든."

"그건 나도 마찬가지다. 이런 곳이 있는 줄은 나도 여기 와서야 처음 알았지."

"여긴 어떻게 알게 됐는데?"

"어디든 끝으로 가고 싶었거든."

오 군은 대수롭지 않게 얘기했다.

"근데 뻐꾸기 소리는 뭐야?"

"무슨 뻐꾸기?"

"저번에 목욕탕에 같이 가자고 했을 때 뻐국, 뻐꾹 하면서 장난쳤잖아."

"아무것도 아냐."

아무것도 아니라면서 오 군은 턱을 처들고 열어둔 들창을 바라보았다.

"뻐꾸기 소리 들릴까 봐? 아직 멀었어."

"군대 있을 때 말이야. 야간 행군 하면서 뻐꾸기 소리를 처음 들었어. 그다음부턴 뻐꾸기 소리가 계속 들렸어. 내무반에서 보초 설 때도 들렸고. 칠흑 같은 밤에 사위가 멎은 듯 고요한데 '뻐꾹' 소리가 들리면 정신이 확 들곤 했지. 그땐 여자 친구도 없어서 마음 둘 데도 없었지. 엄마나 아버지는 한 번도 면회를 안 왔어."

"면회를 안 오셨다고?"

"아버진 기대도 하지 않았고 와도 반갑지도 않았겠지만 엄만 내가 못 오게 했지."

"왜?"

"오라고 하면 아버지랑 동행하지도 않을 테고 혼자서 버스를 타고 멀리까지 와야 하는데 그때가 엄마 상태가 여러모로 안 좋을 때였으니까."

"아무도 찾아오는 사람이 없어서 뻐꾸기 신호를 보냈던 거야?"

문경은 농담하듯 물었다.

"구조 요청을 보내듯이."

"답이 왔어?"

"왔지. 메아리처럼. 내가 뻐꾸기가 한번 돼보는 거였어. 내가 뻐꾹 하면 뻐꾸기도 뻐꾹, 뻐꾹, 답을 해줬으니까."

오 군은 웃으면서 뻐꾹, 뻐꾹 소리를 그치지 않았지만 문경은 웃음이 나오지 않았다. 어느 순간 오 군이 뻐꾹 소리를 그치자 방 안은 조용해졌다.

오 군은 연락을 받은 다음 날부터 출근을 시작했다.

*

오 군의 출근길은 멀었다. 구름동에서 두 시간이 넘는 거리였다. 전철을 한 번 갈아탄 다음, 버스로 30여 분은 가야 한다고 했다.

그는 경비 보조로 야간업무 담당이었다. 거대한 창고 건물 세 동이 고속도로 변의 벌판 같은 곳에 나란히 서 있다고 했다. 근처엔 인가나 가게도 없고 오로지 물류 운반 차량들만 뿌연 먼지를 일으키며 드나든다고 했다. 밤낮 창고 안팎을 세심하게 순찰하고 청소도 해야 하는 게 보조의 일이었다. 무엇보다 힘든 건 졸음이라고 했다. 낮에 잠을 자고 나가도 새벽이 다가올 때면 찐득찐득하게 잠이 들러붙었다. 새벽 3시가 지나면서부터는 한두 시간쯤 눈 붙일 시간이 있긴 있었다. 무엇보다 고역인 건 바로 그 시간이라고 했다.

"막 잠이 들었다 싶으면 깨야 하는 거야. 생으로 눈꺼풀을 뜯는 거나 마찬가지라니까. 비상벨은 또 어떻고."

"비상벨은 뭐야?"

"말 그대로 비상벨이지. 누가 접근 금지 구역으로 침입하면 울리는 벨. 산짐승 짓일 때가 대부분이지만. 비상벨이 울리면 그게 소리지만 귀로 오는 게 아니라 피부에 직접 닿는 주삿바늘 같은 느낌이야. 그걸 가지고 장난을 치는 인간이 있어."

"누가 장난을 쳐?"

"주임이. 아무튼 그 양반이 들어가서 쉬었다 나오라고 해놓고선 불시에 한 번씩 비상벨을 눌러서 똥개 훈련을 시키곤 하지. 그럴 땐 살의가 생겨."

그런 얘길 들을 때면 문경은 불안감이 가시지 않았다. 제일 금형에서 그랬던 것처럼 참지 못하고 또 뛰쳐나올까 봐. 만약 이번에도 그런 일이 생긴다면 그가 어디론가 휘발되거나 영영 사라져버릴 것만 같았다. 그것이 어떤 형태로 올지 알 수는 없지만 문경은 자신의 예감이 틀리길 바랐다.

오 군은 오후에 출근해서 그다음 날 오전에 퇴근했다. 잿빛 작업복 왼쪽 가슴에 회사 이름이 박음질되어 있었다. 그의 작업복 빨래를 할 때마다 길가 방 여자가 준 짤순이를 유용하게 썼다. 여자의 말대로 짤순이는 고장도 나지 않고 잘 돌아갔다. 짤순이가 덜컹거리며 세차게 돌 땐 닭털 뽑는 통돌이 기계를 보고 있는 것처럼 어느 순간 짜르르 소름이 돋았지만 물기가 쫙 빠진 빨랫감을 탁탁 털어 널 때는 개운했다.

오 군이 출근하고부터 그들의 방은 밤과 낮이 고요해졌다. 더 이상 그들의 방을 찾아오는 손님도 없었다.

훈은 문경을 볼 때마다 모른 척하고 지나쳤다. 여드름이 도드라진 얼굴은 더욱 붉어 보이고 눈빛은 어른스럽게 깊어진 듯했다. 문경은 훈이 지나갈 때 일으키는 바람 속에서 훈의 체취를 강하게 느꼈다. 풋내기 소년의 느낌과는 다른, 하지만 여전히 어설프기 그지없는 사내의 냄새였다. 단추를 풀어헤친 남방셔츠 속에 받쳐 입은 흰색 면 티셔츠의 늘어난 목 부분이 누렇게 때에 절어 있었다.

어느 날 저녁 문경은 화장실을 다녀오다가 프라이드왜건을 유심히 쳐다보았다. 차 뒷바퀴 두 개는 거름더미 근처 무른 곳에 반쯤 묻혀 있었다. 화장실에 들어갈 땐 경황이 없어 자세히 보지 못했지만 볼일을 보고 나왔을 땐 뭔가 이상한 느낌이 들었다. 어두웠지만 빈 차가 아니라는 생각이 든 건 운전석에 사람이 앉아 있는 것 같아서였다.

주인집 대문간에 달린 처마의 전깃불이 차가 있는 곳까지 희미하게 비추고 있었다. 문경은 천천히 운전석 쪽으로 다가가 고개를 숙여 안을 들여다보았다. 누군가 쳐다보는 낌새를 느꼈는지 등받이에 늘어져 있던 남자가 후닥닥 몸을 일으켰고, 동시에 놀란 눈이 마주쳤다. 흠칫 몸을 떨던 훈이 문경을 빤히 쳐다보다 다시 좀 전과 같은 자세로 돌아갔다.

문경은 운전석 차창을 똑똑 두드렸다. 운전석 열쇠 구멍에 꽂힌 키가 덜렁거리는 게 보였다. 시동은 걸리지 않은 채였다. 훈의 아버지는 술에 취해 잠들었을 것이다. 고개를 빳빳이 쳐든 훈이 문경을 노려보았다. 분명하진 않았지만 느낌만으로도 그 아이의 눈에 서린 적의를 읽을 수 있었다. 차 문이 왈칵 열린 건 문경이 다시 노크하는 동작을 취하려던 찰나였다. 문경은 반사적으로 한 발 뒤로 물러섰다.

"아, 씨발. 왜?"

훈은 대뜸 반말로 욕설을 지껄였다.

"너, 왜 거기 앉아 있어?"

훈이 부릅뜬 눈으로 문경을 빤히 쳐다보았다.

"위험해. 넌 운전하면 안 돼."

녀석이 픽 소리를 내며 웃었다.

"상관 마요."

훈이 문을 닫으려 할 때 문경이 문짝을 잡았다.

"나와."

문경은 단호하게 말했다.

훈이 씨발,이라고 낮게 중얼거리며 열쇠 구멍에 꽂혀 있는 키를 뺐다. 훈은 터져버릴 듯한 자신을 제어하듯 잔뜩 억눌린 표정으로 운전석에서 내렸고 거친 동작으로 차 문을 닫으며 낮게 지껄였다.

"좆도 모르면서."

문경의 어깨를 치고 지나가는 훈의 어깻죽지에 잔뜩 날이 서 있었다.

오 군과 밤낮을 교차하면서 보내는 날들 속엔 문경이 혼자 감당하기 버거운 날도 있었다. 이상하게도 혼자가 아니라 둘이라서 버거움도 배가 되는 것 같았다.

오 군은 일주일에 한 번, 평일 하루를 쉬었다. 야간 경비직들은 공휴일과 상관없이 비번이 정해졌다. 문경이 출근하고 없는 사이에 그가 퇴근을 하고 그가 출근하고 없는 사이에 문경이 퇴근했다. 그의 비번이 아니면 서로 얼굴조차 볼 수 없었다.

문경은 그에게 하고 싶은 말을 문장으로 길게 썼다가 번번이 찢어버리곤 했다. 그를 기다리는 밤마다 무수한 말들이 떠올랐지만 밤이 지나고 나면 밤새 머릿속을 점령했던 그 많은 말들이 다 부질없이 느껴졌다.

김치찌개는 데워서 먹어야 맛있음. 밥 꼭 챙겨 먹고 출근하기.
양말 몇 켤레 샀음. 새것으로 신고 출근해.
부엌 새시 문에 경첩이 고장 나서 여닫을 때마다 찌걱거리는 소리가 나.

기껏 생활에 필요한 말들을 쪽지에 적어두는 게 고작이었다.
오 군은 한 번도 쪽지에 답을 남긴 적이 없었다. 답을 바라고 남긴 쪽지는 아니었지만 김치찌개를 데워 먹은 흔적으로 확인했고, 새 양말을 챙겨 신고 나간 걸 보면 알 수 있었다. 덜컹거리던 새시 문이 부드럽게 여닫힐 때는 수고했다고 그의 어깨를 두드리듯 문틀을 가볍게 톡톡 두드리며 웃었다.
하지만 서로가 교감하는 부분은 어딘가 조금씩 부족했다. 쪽지에 적지 못한 말들이 문경의 내면에 쌓여갔다. 창문을 열어두고 잠들어도 좋을 만큼 하루가 다르게 기온이 올라갔다. 더 이상 연탄을 때지 않았고, 양은솥에 물을 끓이지도 않았다.

밤은 점점 더 짧아져갔지만 그와의 거리는 더 멀어진 듯했다.

파국

　막연했던 예감이 어느 날 느닷없이 얼굴을 드러낼 때가 있
다. 언젠간 오고 말 것을 알았지만 문경은 그것이 목전에 다가
왔을 때 강한 어퍼컷을 한 대 맞은 것처럼 얼얼했다.

　미스 백, 그녀가 문경을 한발 앞질러간 것은 능수능란한 삶
의 자세뿐만이 아니었다. 문경이 숨을 죽인 채 노리고 있던 기
회마저 가로채갔다. 예감의 둑이 터졌을 때, 문경은 아무것도
하지 못했다. 문경은 무력했고, 비겁했고, 초라하기 그지없는
얼굴로 아무렇지도 않은 척 그 자리를 견뎌야 했다. 역시 문경
은 미스 백을 따라잡을 수 없었다. 미스 백에게 그것이 살길이
었다면 문경에게도 그것은 유일한 살길이었기 때문이다.

미스 백의 월급날이었다. 미스 백도 열흘 치나 월급을 깔아 두고 받았다. 깔린 돈은 그만둘 때, 마지막 월급과 함께 계산해준다는 게 최의 방침이었다.

미스 백의 월급날엔 오랜만에 회식을 하기로 되어 있었다. 최는 평소와 달리 기분이 좋아 보였다. 컨텍이 순조로운 모양이었다. 거들먹거리는 최의 말이 리드미컬하게 고공 행진 중이었다. 최는 장학 사업이니 종친회회관 건립이니 하는 명목으로 가욋돈을 뜯어내는 데 혈안이 되어 있었다. 미스 백에게 최의 사기전과 이력을 듣고 난 다음부터 문경은 최의 목소리만 들어도 소름이 돋았다.

"하여튼 최 부장은 구려. 욕심만 많아지고. 저렇게 꼬리가 길면 밟힐 수가 있는데 갈수록 더한 거 같애. 지 버릇 개 못 준다는 말이 맞아."

컨텍하는 소리를 듣고 있던 미스 백이 콧잔등을 찡그리며 말했다. 잠시 후에 최가 미스 백을 부르자 그녀는 하품을 길게 하며 말했다.

"월급날은 그냥 좀 지나가면 안 되나."

미스 백은 싫은 내색을 감추지 않으면서도 냉큼 쪽문을 열고 저쪽으로 건너갔다.

문경은 미스 백이 나가고 한 시간쯤 후에 배달을 나갔다. 고객을 만나 순조롭게 일이 진행될 경우 이동 거리를 포함해도 네 시간이면 충분한 거리였다. 미스 백은 문경보다 가까운 거리로 나갔기에 문경이 돌아올 즈음이면 미스 백은 벌써 사무실에 도착해 있을 거라 생각했다.

하지만 문경이 사무실에 돌아왔는데도 미스 백에게선 아무 소식이 없었다. 최는 초조함인지 기대인지 모를 얼굴로 살짝 상기되어 있었다. 미스 백을 내보낼 때 최는 적어도 짭짤한 '덤'을 기대하고 있었을 것이다. 최는 자신의 육감을 믿었다. 최와 강은 최근 들어 뜸하던 장기를 두고 있었다. 문경은 외부 전화가 거의 걸려올 일이 없는 사무실의 전화기를 멍하니 바라보았다.

"이봐 미스 조, 퇴근 준비하고 기다려."

최가 장기 돌을 손가락에 끼운 채 힐끔 쳐다보며 말했다.

문경은 반쪽의 공간으로 건너와 책을 펼쳤다. 구름동 구립 도서관에서 대출해온 소설책이었다. 문장이 눈에 들어오지 않았다. 책장은 마치 거울의 뒷면처럼 어둡고 아무것도 쓰여 있지 않은 것처럼 느껴졌다.

문경의 의식은 쪽문 니머에 집중되어 있었다. 사무실 전체가 진공 상태에 잠겨 있는 것처럼 숨 막힐 듯 고요했다. 최와 강은 장기를 계속 두는 것 같지도 않았다. 문경이 배달을 나가 있고 미스 백이 사무실을 지키고 있었다면 미스 백은 흔들림 없이 자기 일에 몰두하고 있었을 것이다. 모처럼 주어진 시간을 느긋하게 즐기면서.

문경은 뭔가가 터지기 일보 직전의 긴장감이 익숙하면서도 매번 처음 겪는 일처럼 낯설고 초조했다. 매 순간이 러시안룰렛 게임처럼 누군가 한 사람이 죽거나 다치지 않으면 끝나지 않을 게임을 하고 있는 것 같았다. 격발의 순간 어느 구멍에서 총알이 튀어나올지는 아무도 알 수 없었다. 무사히 끝나는 하루, 무사히 하루가 마감되어도 그것만이 다가 아니라는 걸 누구보다 문경이 처절하게 느끼고 있었다.

*

그날 미스 백이 돌아온 건 예상보다 두 시간이나 더 지나서였다.

출입문이 열리고 미스 백이 들어와 최에게 봉투를 건네고 하는 일련의 동작들이 행해질 만큼의 시간이 지나갔다. 오늘 하루도 이렇게 마감되는구나. 문경은 그제야 안도의 숨을 내쉬었다.

쪽문이 열리고 미스 백이 들어왔다. 그녀는 자리에 털썩 주저앉아 숨을 골랐다. 그녀에게도 오늘 하루는 긴장된 숨을 고르는 일로 끝나는 것이다. 쪽문 저쪽에서 전화 통화를 하는 최의 목소리가 들려왔다. 전화벨이 울리는 소리를 듣지 못했는데, 그렇다면 최가 어딘가에 전화를 걸었다는 얘기였다. 최의 목소리는 컨택을 할 때와는 달리 명확하게 들리지는 않았다. 가방끈을 만지작거리는 미스 백은 어딘지 모르게 불안해 보였다.

"무슨 일 있었어요?"

문경은 붕어처럼 입을 뻥끗거리며 작은 소리로 물었다.

미스 백은 아무 말이 없었다. 분위기가 묘했다.

"미스 백!"

최가 열에 치받쳐 부르는 소리가 들렸다. 미스 백은 꼼짝도 하지 않았다.

"뭐야, 미스 백!"

잠시 후 최가 발로 쪽문을 걸어차며 소리쳤다.

미스 백이 천천히 자리에서 일어났다.

"뭐가요?"

미스 백의 눈빛이 흔들렸다.

일의 대충은 이랬다. 최가 감을 잡기로는 분명 금일봉 봉투가 있을 거라고 기대했다. 틀림없이 고객에게 약속받은 것이기도 했다. 하지만 미스 백은 책값 외에 금일봉 봉투를 내놓지 않았다. 통째로 꿀꺽 삼킨 것이다. 미스 백이 문경에게 알려준 적 있는 바로 그 팁, 언젠가 문경도 맛보았던 봉투 말이다. 다만 그런 일이 자주 있는 일이 아니라는 것인데, 실제로 미스 백이 계속 그런 방법을 취해오고 있었다는 걸 몰랐을 뿐이었다. 미스 백은 '작업'이 끝난 고객에게는 강이나 최가 절대로 다시 전화하지 않는다는 점을 너무나 잘 알고 있었다. 그건 최나 강이 작업하는 방식의 중요한 매뉴얼이었다.

미스 백이 돌아온 뒤 최는 위험을 무릅쓰고 과감하게도 고객에게 전화를 걸었다. 금일봉을 내놓은 어르신의 뜻을 받들어서 유용하게 사용하겠다는 감사 인사를 전했다. 미스 백이 가방끈을 만지작거리며 숨을 고르고 있을 때 최는 고객에게 온갖 치레를 해가며 미스 백을 몰아붙일 확인 사살을 하고 있었다. 고객은 얼마 안 되는 돈이지만, 종친회 발전을 위해 써달라고 했다. 미스 백은 곧 자신에게 닥쳐올 순간을 알고 있었고 마음의 준비를 하고 있었다.

"저는 제가 취할 만큼만 가졌어요. 그 인간 말만 뻔지르르하게 했지 정말 몇 푼 안 넣었어요."

미스 백은 당당했다.

최가 입귀를 비틀어 올리며 헛웃음을 지었다.

"그걸 지금 말이라고 해?"

"부장님은 몰라요. 제가 밖에 나가서 어떤 일을 당하는지. 얼마나 이상한 인간들이 많은지. 생각 안 나세요? 지난달 오후에 일산에 갔다가 밤늦게 돌아온 날, 그날 그 인간이 다방 구석에 두 시간이나 앉혀놓고 이상한 짓거리를 하느라 보내주지 않아서 늦었던 거라고요. 이번에도 마찬가지예요. 뭐가 잘못됐어요?"

미스 백은 격하게 끓어오르는 감정을 누르는지 얼굴이 창백했다.

"그래도 이건 규칙 위반이야. 그 돈을 받아낸 건 나고 미스 백은 그냥 심부름꾼에 불과하다고. 월급 주잖아. 위험부담까지 생각해서 충분히 주잖아. 공장에서 한 달 내 뺑이치면서 험한 일 해도 여기서 받는 것만큼 못 벌어! 그동안 얼마나 해먹었어? 내가 모를 줄 알고 그랬겠지. 감히 누굴 속여먹으려고."

소리를 질러대는 최의 입가에 하얗게 거품이 끓었다.

"그 대신 부장님도 금일봉으로 들어온 돈 모두 가지잖아요. 열흘 치씩 월급 깔아두고 나간 사람들, 깔린 월급 받으러 온 적 있어요? 그것도 부장님이 다 먹잖아요!"

최가 미스 백의 뺨을 갈겼다.

미스 백은 맞은 뺨을 만지며 눈을 부릅뜨고 최를 쏘아보았다.

"이게 다 뭐 하는 짓이야!"

강이 달려와 최의 양팔을 잡아끌었다.

"제가 잘못했으니까 오늘은 맞아줘요. 하지만 다시는 저한테 이러지 마세요."

미스 백은 최를 향해 또박또박 말했다.

강이 최를 몰고 나갔다. 쪽문이 닫히자 정적이 들이찼다. 그 자세 그대로 미스 백은 흔들림 없이 서 있었다. 그녀의 뺨 위로 눈물이 흘러내렸다.

미스 백을 잃는 건 그들로선 너무나 큰 손실이었다. 최도 미스 백에게 손찌검을 하고 난 순간 머릿속에서 뭔가를 저울질했을 것이다. 최는 결코 손해 보는 계산은 하지 않을 테니까.

그날 미스 백은 월급을 받지 못한 채 퇴근했다. 예정되었던 회식도 무산되었다.

그다음 날 미스 백은 마치 아무 일도 없었던 것처럼 출근했다.

"월급은 받아야 하잖아."

모닝커피 타임을 갖고 반쪽 사무실로 건너왔을 때 미스 백이 말했다.

최도 강도 심기가 편해 보이지는 않았다.

미스 백은 배달을 나가지 않았다. 최의 컨텍 작업이 걸린 게 없었기 때문이다. 문경이 오후에 배달을 나갔다 돌아왔을 때 미스 백은 사무실에 있었다.

"월급은 받았어요?"

"응."

"이제 어떡할 건데요?"

"얘기 다 끝냈어."

문경이 배달을 나간 사이에 미스 백과 최 사이에 이야기가 오간 듯했다. 미스 백은 새 사람을 구할 때까지만 일하기로 했다고 했다. 순순히 최가 받아들였냐고 묻자 그녀는 웃으며 말했다.

"어쩔 거야. 내가 그만두겠다는데."

그러곤 되물었다.

"미스 조는 어쩔 거야?"

문경은 연기처럼 사라질 생각이었다. 조금만 더 참으면 월급날이었다. 깔린 돈에 미련을 버리면 간단했다. 아무런 흔적도 남기지 않고 조용히, 조용히 사라질 것이다. 하지만 미스 백에게 진심을 말할 수는 없었다. 문경은 그녀처럼 그들에게 맞설 자신이 없었다.

"정말 그만둘 거예요?"

문경이 대답 대신 물었다.

"때가 되면 그만둬야지. 그건 자기 자신이 더 잘 알잖아? 배달을 나간 상태로 감쪽같이 사라질까 생각해본 적도 있어. 하지만 그건 너무 비겁해 보여. 억울하기도 하고. 난 뒤처리는 완벽하게 하고 나갈 거야. 깔린 월급도 꼭 받아낼 거고."

미스 백이 꼿꼿한 눈으로 문경을 쳐다보며 말했다.

'네가 무슨 생각을 하는지 나는 이미 다 알고 있어.'

문경의 머릿속을 들여다보고 있는 듯한 눈빛이었다. 문경은 그녀의 시선을 피했다.

"아무튼 끝까지 잘해보자."

미스 백이 말했다.

*

미스 백이 월급을 받은 이틀 뒤에 취소되었던 회식이 잡혔다.

미스 백에게 손찌검을 한 후 최는 뭔가를 만회하고 싶어 했다. 일테면 흐트러진 분위기를 잡으려는 것처럼 보였다고 할까. 오랜만에 허심탄회하게 서로를 믿고 격려하는 의미에서 단단하게 한번 뭉쳐보자고 했다.

미스 백도 기분은 나빠 보이지 않았다.

미스 백은 그날 짬을 내어 오랜만에 창턱에 놓인 미니 화분들을 손봤다. 처음 네 개였던 것이 하나가 더 들어와서 다섯 개였다. 지난달 월급을 받고 미스 백이 새로 들여온 화분은 자그마한 오지항아리에 개불처럼 생긴 선인장이 거꾸로 처박힌 듯 꽂혀 있었다. 문경이 이름이 뭐냐고 묻자 지하상가를 지나오다가 눈에 띄어서 샀다고 했다.

"주인이 알려줬는데 까먹어버렸어. 처음 들어보는 이름이었거든."

미스 백이 웃으며 말했다.

"선인장 키우는 거 좋아하나 봐요."

"아니. 집에서도 키워본 적 없어."

"그런데 왜 키워요?"

"여기에도 정붙일 만한 게 있어야 할 것 같아서. 미스 조는 선인장 싫어해?"

"아뇨."

문경은 싫어하지도 않지만 좋아하지도 않았다.

"선인장 종류는 잘 죽지 않는대. 그래서 키워."

미스 백은 여전히 웃음 띤 얼굴로 말했다.

다른 날과 다른 게 있었다면 선인장에 관한 대화 정도였다.

미스 백에겐 선인장을 키우는 데 잘 죽지 않는다는 게 전제조건이 될 수도 있었다. 그럼에도 적당한 빛과 온도, 수분은 식물에겐 최소한의 필요조건이었다. 문경은 그날 처음으로 선인장 화분에 담긴 흙을 손으로 만져보았다.

미스 백은 점심을 먹고 다른 날과 다름없이 배달을 나가기 전까지 수학 문제를 풀었다. 그녀의 학습 방법은 집요하리만큼 답답했다. 예제를 닳도록 봐서 문제 풀이 과정까지 다 암기한 다음에야 다음 장으로 넘어갔다. 그녀가 줄곧 보고 있던 책은 물에 젖었다 마른 것처럼 부풀어 있었다. 미스 백은 책갈피가 들뜨고 손때까지 묻은 수험서들은 다 본 다음에는 집에 가져다놓고 새 책을 가져왔다.

회식은 영등포 일대에서 꽤 유명한 나이트클럽으로 정해졌다.

미스 백은 오랜만에 제대로 좀 놀아보자고 분위기를 잡기까지 했다. 미스 백이 최에게 뺨을 맞은 이후 문경은 그녀의 얼굴만 보면 오뚝이가 떠올랐다. 양 볼에 발그레하게 붉은 분을 물들여놓은 앙증맞은 오뚝이. 좌우로 흔들어도 어김없이 제자리로 돌아와 무게중심을 잡는 오뚝이처럼 전보다 더 꼿꼿하게 중심을 잡고 서 있는 미스 백을 보고 있으면 아슬아슬한 기분마저 들었다.

나이트클럽은 이른 시간인데도 붐볐다. 네 사람은 홀 중앙의 넓은 테이블을 하나 차지하고 앉았다. 조용필처럼 얼굴이 동글납작하게 생긴 조용팔이라는 이름표를 단 웨이터가 기본 세트 메뉴인 마른안주와 맥주를 테이블로 가져왔다. 1부 무대가 막 시작되고 있었다.

개다리춤의 일인자라는 개그맨이 사회를 보았다. 백바지에 백구두, 목깃에 프릴 장식이 요란한 드레스셔츠에 붉은 나비넥타이를 맨 말상의 개그맨 입에서 쏟아져 나오는 말은 9할이 질탕한 우스갯소리였다. 그는 말장난으로 홀에 앉은 손님들을 쥐락펴락 마음대로 갖고 놀았다. 색소폰 연주가 뒤를 받치고 강렬한 드럼과 사이키 조명이 분위기를 압도했다. 욕망을 부르는 말들과 연주와 무희의 에로틱한 몸짓들은 문경이 한 번도 경험해본 적이 없는 세상이었다.

최가 테이블 위에 있는 둥근 수저통 모양의 테이블 램프를 흔들어 조용팔을 불렀다. 조용팔이 냉큼 달려와 허리를 조아렸다. 최는 호기롭게 추가로 양주와 과일 안주를 주문했다.

최가 양주를 한 잔씩 따른 후 잔을 높이 들고 건배를 외쳤다.

"부장님, 오늘 취해도 되죠?"

미스 백이 소리쳐 물었다.

"취하자고 마시는 건데 취해야지."

양주는 뜨겁고 독했다. 목젖을 옥죄는 술을 겨우 삼킨 후 문경은 얌전하게 양주잔을 엎어놓았다.

"햐, 미스 조, 술 좀 마셔본 것처럼 구네. 잔을 다 꺾을 줄 알고. 그런 건 또 어디서 배웠어?"

최가 어이없다는 듯 빈정거렸다.

"쟤요, 내숭 구단이라니까요. 순진해 보이죠, 그죠? 제가 옆에서 쭉 지켜봤는데 잘 키워보세요. 다방면에 재주 있다니까요."

미스 백이 깔깔거리며 웃었다.

최가 미스 백의 양주잔에 다시 술을 따랐다. 그녀는 잔을 이마까지 들어 보인 후 보란 듯이 쫙 들이켜곤 과장된 동작으로 잔을 탈탈 털었다.

미스 백은 물 만난 고기 같았다. 블루스 타임에는 강과 호흡을 맞춰 춤을 추고 나선 빠른 템포의 음악이 나오자 격렬하게 몸을 흔들어대며 스테이지에 올라온 낯선 손님들 사이를 파고들었다. 미스 백은 이번 기회를 놓치면 다시는 놀 기회를 잡지 못할 사람처럼 온몸이 땀에 흠뻑 젖도록 춤을 추어댔다. 귀청이 떨어져 나갈 정도의 센 음악과 번쩍거리며 돌아가는 미러볼이 미스 백의 얼굴을 붉게 물들였다.

문경은 미스 백의 손에 이끌려 무대로 올라갔다.

"미스 조, 내 이름이 뭔지 아니?"

춤을 추던 미스 백이 뜬금없이 소리쳐 물었다. 시끄러운 음악 소리에 그녀의 목청이 찢어질 듯 들렸다.

"미순이야. 되게 촌스럽지?"

미스 백이 깔깔거리며 웃었다.

그날 문경이 본 미스 백은 전혀 다른 사람 같았다. 미스 백의 이름이 미순이라는 것도 처음 알았다. 서로에게 미스 백과 미스 조 그 이상도 이하도 아닌 관계였으니까.

나이트클럽에서 나온 미스 백이 건물 모퉁이에 쪼그리고 앉아 토할 듯이 캑캑거렸다. 문경이 다가가 그녀의 등을 두드리자 괜찮다며 손을 쳐냈다. 문경이 보기에 미스 백은 많이 취해 있었지만 몸을 가누지 못할 정도는 아니었다. 문경은 양주 한 잔을 마셨을 뿐인데 그때까지도 입에서 독한 술 냄새가 올라왔다.

"미스 백, 괜찮아? 집에 갈 수 있겠어?"

만만찮게 취한 강도 몸을 건들거리며 미스 백을 일으켜 세웠다.

"문제없다니까요. 혼자서도 갈 수 있어요. 부장님이나 알아서 가시라고요."

미스 백은 강의 손도 뿌리치며 큰소리를 쳤다. 그러곤 최에게 다가가 느닷없이 허리를 굽혀 인사했다.

"앞으로 더 잘하겠습니다."

최가 낄낄거리며 웃자 미스 백도 따라서 웃었다.

미스 백은 택시를 잡기 위해 위태롭게 밤의 도로에 내려섰다. 그러곤 지나가는 택시를 향해 손을 흔들었다. 잠시 후 택시가 미스 백 앞에 서자 그녀 먼저 택시에 올라탔다.

"저 먼저 갈게요. 안녕히들 가세요."

미스 백은 차창 밖으로 손을 내밀어 과장된 동작으로 흔들며 소리쳤다.

택시가 남은 사람들을 두고 멀어져갔다. 문경도 미스 백을 향해 과장된 동작으로 손을 크게 흔들었다. 분위기 탓이었는지 모르겠지만 이전엔 한 번도 느껴본 적 없는 진심어린 우정의 몸짓이었다. 그날 밤의 인사가 사실상 미스 백과는 마지막 인사였다.

*

그다음 날 미스 백은 점심도 먹지 않고 배달을 나갔다. 점심시간 직전에 컨텍이 이뤄졌기 때문이었다. 그것도 두 군데가 동시에. 최대한 시간을 안배해야 했다. 문경은 사무실에서 대기 상태였다. 일이 잘되는 날엔 연이어 컨텍이 걸릴 수도 있었다.

"먼저 갔다 올게."

미스 백은 평소처럼 사무실을 나갔다. 창신동에 들렀다가 회기역 쪽으로 이동한다고 했다. 늦어도 오후 5시면 사무실에 돌아올 수 있는 코스였다. 그날 문경에게는 배달이 떨어지지 않았다. 강의 컨텍이 불발이었다. 문경은 겨우 하루, 사형 집행을 유예받은 기분이었다. 미스 백이 배달을 나간 날 일이 떨어지지 않을 경우 문경이 다음 날 첫 배달 당번이었다.

언제나 그렇듯 문경은 일이 없는 상태에서 퇴근 시간이 가까워올 무렵이면 긴장감이 풀어지는 동시에 체한 듯 속이 묵직해졌다. 오늘 하루가 무사히 지나간 대가가 다음 날 톡톡히 돌아올 것을 알기 때문이었다.

"요새 미스 백, 군기가 빠졌어. 시간 지나면 초조하게 기다리는 거 알면서 말이야. 제멋대로야."

최가 시계를 쳐다보며 신경질을 부렸다.

이상한 얘긴지 모르겠지만, 문경은 미스 백이 다시는 나타나지 않으리란 걸 예감했다. 만약 미스 백이 나타난다면 그녀는 '뭔가'에서 실패한 것이 될지도 모른다. 불길한 예감이 빗나가길 바라면서 문경은 죄나 강처럼 미스 백을 간절히 기다렸다.

하지만 악어새는 더 이상 그들에게로 날아오지 않았다. 벽시계의 초침 가는 소리가 점점 크게 들렸다. 문경은 반쪽 사무실에서 꼼짝 않고 앉아 있었다. 퇴근할 수도 없는 상황이었다.

"이봐, 미스 조."

죄는 뭔가 집히는 게 있는지 황급히 책상 서랍에 보관해둔 미스 백의 이력서와 신분증 사본을 꺼내 책상 위에 올려놓았다.

"미스 백한테서 뭐 들은 얘기 없어?"

"없는데요."

"정말 아무 얘기도 못 들었단 말이지?"

"네."

죄의 얼굴이 벌겋게 달아 있었다. 그는 거칠게 전화기의 숫자판을 눌러댔다.

"여보세요. 백미순 씨 있으면 좀 바꿔주세요."

전화를 받은 쪽에서는 죄에게 누구냐고 묻는 듯했다.

"영등포 사무실이라고 하면 알 겁니다. 미스 백 좀 바꿔주세요."

죄가 신경질적으로 말했다. 그러곤 잠시 상대방이 하는 말을 듣더니 자리에서 벌떡 일어났다.

"여보세요. 여보세요."

최는 송수화기를 다른 손으로 바꿔 쥐며 소리를 질렀다.

최가 뭐라고 묻기도 전에 상대방은 전화를 끊어버린 듯했다. 최는 송수화기를 내동댕이치듯 내려놓으며 내뱉었다.

"씨발, 그런 사람 없대. 튀었어!"

미스 백이 제출한 이력서에 적힌 전화번호는 잘못된 것이라고 했다. 미스 백이 의도적으로 전화번호를 틀리게 적었거나 전화번호가 바뀌었거나.

최는 미스 백이 이렇게 감쪽같이 사라지리라는 생각을 하지 못했던 것일까. 미스 백의 전화번호가 거짓이란 걸 안 순간부터 최는 과도하게 미쳐 날뛰었다. 최는 미스 백의 사물함을 열어젖히고는 안에 든 물건들을 마구잡이로 바닥에 집어 던졌다. 닳은 칫솔, 겨우내 신고 있던 보풀이 핀 보온 덧신, 뜨개실 숨이 죽은 겨울 장갑, 낱장이 부풀어 오른 영어 문제집 따위가 함부로 바닥에 팽개쳐졌다. 단서가 될 만한 건 없었다. 미스 백은 꼬투리가 잡히지 않을 만큼 깨끗이, 그리고 자신의 책무를 다하고 떠났다. 미리 각본을 짜놓고 철저하게 준비해온 것처럼.

다음 날 사무실 문을 따면서 문경은 미스 백이 말했던 것처럼 '완벽하게' 그녀가 사라졌다는 걸 받아들였다.

사무실 분위기는 침울했다. 최도 강도 컨택하는 소리가 들리지 않았다. 문경은 쪽문 저쪽의 동태에 바싹 귀를 기울이고 있었다. 그녀는 돌아오지 않아야 한다. 돌아오면 끝이다. 문경은 미스 백 생각만으로도 머리가 터질 것 같았다. 볼펜 똥이 거멓게 묻어나도록 낙서를 하고 있는데 최가 쪽문을 벌컥 열어젖혔다.

"미스 조, 일어나."

최는 도저히 견딜 수 없겠다는 표정이었다.

최는 무슨 생각에선지 문경을 앞세우고 사무실 앞에서 택시를 잡았다. 최가 손해 본 건 없었다. 미스 백이 들고 나간 족보 두 부 값은 미스 백의 깔린 월급이라고 생각하고 퉁치면 될 것이다. 최가 이토록 흥분하는 건 또다시 배신을 당했다는 분함 때문일 것이다.

"네깟 게 감히 배신을 때려. 씨발 내가 그동안 얼마나 잘해줬는데."

택시 안에서도 그는 좀처럼 분을 삭이지 못해 툭툭 내뱉었다.

"정말 낌새를 못 챘다는 말이지? 아무 말도 들은 게 없단 말이지?"

205

최는 사무실에서도 확인한 얘기를 몇 번이나 되물었다.

"네."

문경은 같은 대답만 반복했다. '네'라고 대답할 때마다 최는 의심이 가득한 눈초리로 문경을 살폈다. 그러곤 차창 밖을 향해 낮게 욕설을 중얼거렸다.

미스 백의 주소지 근처에서 택시를 내린 최는 미스 백의 이력서를 손에 들고 골목으로 들어섰다. 하나하나 번지수를 짚어가던 최는 마침내 이력서에 적혀 있는 미스 백의 집을 찾아냈다. 파란 철대문은 잠겨 있었다. 단층짜리 슬래브 집이었는데 초인종을 눌러도, 대문을 흔들어도 반응이 없었다.

"아, 여기가 맞는데…."

파란 대문 앞에서 물러난 최는 탐문에 나선 수사관처럼 골목의 쌀집과 세탁소, 슈퍼마켓, 과일 가게를 상대로 미스 백의 인상착의를 설명했다. 사람들은 마치 최를 수사관 대하듯 했다.

미스 백을 알고 있다고 대답한 사람은 골목 끝에 있는 구멍가게 주인이었다. 두꺼비 같은 인상의 눈이 큰 여자는 파란 대문집 지하방에 세 들어 살던 백 씨네 딸인 것 같다고 했다.

"누군데 백 씨네를 찾아요?"

"영등포서에서 나왔어요. 백미순 씨한테 뭐 좀 물어볼 게 있어서 그럽니다."

최는 능청스럽게 거짓말을 했다.

"뭔 일인지는 모르겠지만 안 봐도 뻔하네. 외상값 떼먹고 도
망가는 인간들이 그것만 해먹었을까."

말의 물꼬를 텄는지 구멍가게 여자는 최에게 상한 속을 드
러냈다.

여자의 말에 의하면 미스 백의 아버지는 골목에서 노가 난
술주정뱅이에, 미스 백의 오빠 역시 골목 사람들이 다 아는 날
건달이라고 했다. 뭘 하고 다니는지 일은 하지 않고 두 부자가
미스 백의 피를 빨아먹고 사는 것 같은데, 백 씨네 집에서 부자
간에 싸움이 벌어졌다 하면 골목이 떠들썩했다. 심심하다 싶
으면 한 번씩 애비가 피투성이가 되거나 살림살이가 부서졌고
그러고 나면 한동안 잠잠해진다고 했다.

"백 씨네 딸내미도 그래. 살랑살랑 인사는 잘하지. 외상값
쌓일 때마다 준다 준다 말만 하고 내 눈을 피해 다니더니 글쎄
어느 날 감쪽같이 이사를 가버릴 줄 누가 알았나. 하여튼 돼먹
지 못한 인간들."

"언제 이사 갔습니까?"

최가 물었다.

"꽤 오래 그 집에서 살았는데 이사 간 건 한 달쯤 됐나? 그

생각하니까 또 속이 끓네. 외상값이라는 게 어디 그 애비가 먹은 술값만 있나. 그 집 날건달이 집어간 것하며 딸내미가 내일 준다, 모레 준다 하고선 가져간 부식도 만만치가 않은데. 벼룩의 간을 내 먹지."

여자는 그런 좀도둑은 어디 가도 잡기는 힘들 거라고 혀를 찼다.

"작정하고 튀면 어떻게 잡아. 사람이나 죽였으면 모를까."

돌아서는 최의 등에다 대고 여자가 분이 가시지 않은 목소리로 지껄였다.

*

문경은 미스 백이 떠나기 전에 먼저 떠날 생각이었다. 하지만 언제나 그렇듯 미스 백이 한발 빨랐다. 문경은 미스 백에게 뒤통수를 제대로 한 방 맞은 기분이었다.

문경은 언제든 제자리로 돌아갈 수 있다고 생각했는데 너무 멀리까지 와버렸다. 잠시만 함께 있자고 한 오 군의 방에 이렇게 오래 머문 것도, 한 달만이라고 작정했던 한영통상에 백 일 가까이나 붙어 있는 것도. 치명적인 단점을 비밀로 갖는다는 것, 어쩌면 그것이 문경이 오 군에게 갖는 원죄였다.

오 군이 비번인 날, 문경은 평소보다 일찍 퇴근했다. 운이 좋았다. 최와 강의 컨텍이 불발로 끝났고, 최는 미스 백의 빈자리에 사람을 채워야 한다며 구인 광고를 준비했다.

문경은 전철에서 내려 근처 시장에서 장을 봤다. 생닭 한 마리를 사고 통마늘과 황기도 샀다. 해보진 않았지만 닭백숙을 만들어볼 작정이었다. 닭집 여자에게 닭백숙 끓이는 법을 묻자 문경을 힐끔 쳐다보면서 흐물흐물하게 웃었다.

"새댁인가 아가씬가? 젊은 사람이 백숙을 끓인다고 하니 용해 보이네."

여자의 말에 문경은 잇몸을 보이며 웃었다.

"내가 똥꼬며 기름 덩어리까지 깨끗하게 손질해줄 테니까 가서 흐르는 물에 깨끗이 씻기만 해. 별거 없어. 닭하고 마늘, 황기 두어 뿌리 넣고 푹푹 삶으면 돼. 넉넉한 솥에다 물 좀 많이 붓고, 찹쌀 있으면 한 주먹 불려서 넣고 푹 끓이면 닭죽까지 맛있게 먹을 수 있어 좋지."

여자는 제풀에 신이 나서 닭죽 끓이는 법까지 보탰다.

문경은 집에 돌아오자마자 닭백숙 끓일 생각에 마음이 바빠졌다. 오랜만에 오 군과 함께 보내는 저녁이었다.

문경은 닭집 여자가 알려준 대로 양은솥에 닭과 황기, 통마늘을 넣고 물을 넉넉히 부어 가스레인지에 푹푹 끓였다. 닭이 뭉근하게 익는 냄새에 시장기가 돌았다. 흐물흐물한 살은 담백하고 참쌀 대신 씻어 넣은 쌀이 퍼져서 걸쭉하게 죽까지 만들어졌다. 닭백숙은 생각보다 잘 끓여졌다.

오 군과 작은 밥상에 마주 앉았다. 살림살이 중에서 닭 한 마리를 다 담을 수 있는 그릇은 쌀 씻는 양재기밖에 없었다. 양재기에 닭을 담고 죽은 국그릇에 하나씩 펐다. 종지에 담아낸 꽃소금에 닭살을 찍어 먹었다. 양손으로 닭을 뜯으면서 오 군은 초등학생 때 어머니와 단둘이 꽤 먼 곳에 있는 유원지에서 닭백숙을 먹었던 일이 생각난다고 했다. 유원지로 들어가는 입구가 오골계 요리를 하는 음식점들로 유명했는데 닭백숙을 먹으러 간 건 아니었다고 했다.

"그럼 왜 거기까지 갔는데?"

"모르겠어. 기억이 안나. 엄마와 돌아다니다가 내가 배가 고프다고 하니까 닭백숙집에 데려간 거지. 그땐 어려서 백숙 맛도 모를 때였는데 그때 먹었던 닭백숙이 제일 맛있었어."

"이건 어때?"

그는 대답 없이 죽 그릇에 고개를 빠뜨린 채 먹기만 했다.

"맛없어?"

"맛있어."

"그런데 왜 맛없는 표정이야?"

"생각해보니까 유원지에서 닭백숙을 먹었던 게 엄마와 둘이 간 마지막 여행이었어."

상에는 두 사람이 발라 먹은 닭 뼈들이 소복하게 쌓였다. 문경은 그에게 닭백숙에 관한 추억이 있는 줄 몰랐다. 그가 닭백숙을 좋아하는지 싫어하는지도 몰랐다. 새댁인지 아가씬지가 닭백숙 끓이려는 걸 대견하게 보아주던 닭집 여자의 말에 용기를 얻어 열심히 끓였을 뿐이다.

죽을 다 먹고 난 뒤 오 군이 부뚜막으로 상을 내주며 말했다.

"앞으로는 꼬박꼬박 집에 못 들어올지도 몰라."

"왜?"

"생각할 시간이 필요해."

그는 출퇴근 거리도 멀뿐더러 숙직실도 있을 만하다고 했다.

문경은 열심히 끓인 닭백숙에 닭죽까지 배부르게 잘 먹고 나서 그에게 그런 말을 듣게 될 줄은 몰랐다. 그가 처음으로 외박을 했던 사흘 동안 그를 기다리지 말자, 이를 악물고 견뎠던 때보다 더 허탈했다. 문경은 설거지를 끝낸 그릇들을 평상에 올려놓고 밖으로 나왔다.

문경은 화학공장이 있는 쪽으로 걷기 시작했다. 드문드문한 가로등이 여러 개의 달처럼 보였다. 시야가 구부러지고 울렁거리며 흔들렸다. 그 끝은 구름동의 막다른 곳인 저수지였다. 탁한 수면 아래 잠겨 흩어지던 꿈속의 그의 얼굴이 되살아났다. 목에서 떨어져 나간 가짜 얼굴이라도 잡으려고 물속으로 손을 뻗었을 때 느꼈던 두려움, 아니 간절한 마음이 되살아났다.

문경은 천천히 걸으면서 그가 한 말의 의미를 생각했다. 혼자 있고 싶다는 말이었다. 머릿속에서 돌이 부딪치는 소리가 들렸다. 처음부터 오 군은 누군가를 책임질 수 있는 사람이 아니었다. 그는 자기 자신을 지키는 것조차 힘겨워했다. 문제가 생기면 견디기 버거워 스스로 폭발해버리곤 했다. 이재규에게 가격을 당했을 때도 그는 차라리 자기가 당하고 마는 게 편하다고 말했었다. 늘 안으로 곪고 있으면서도 그게 상처인 줄은 자신이 망가진 다음에야 아는 사람. 어쩌면 그는 알고 있으면서도 스스로를 괴롭히는 것일지도 몰랐다. 그래서 그는 말했을 것이다. 생각할 시간이 필요하다고. 그러니 너는 너의 삶을 생각해봐야 되지 않느냐고 말이다.

문경은 불이 환하게 켜진 어묵공장 앞에서 걸음을 멈췄다. 어묵공장의 은빛 철문이 활짝 열려 있었다. 흰 위생복에 장화까지 갖춰 신은 작업복 차림의 여자들이 바쁘게 움직이고 있었다. 시멘트 바닥에 흥건하게 고인 물이 불빛에 반짝였다. 문경은 고무호스를 들고 작업장 구석구석 물을 뿌리고 있는 여자들을 무심히 쳐다보았다. 세찬 물줄기가 바닥에 있는 찌꺼기들을 쓸어냈다. 그중 한 여자가 고무호스의 물을 잠그고 돌아서며 출입구 쪽을 쳐다보았다. 길가 방 여자였다.

"이봐, 새댁."

길가 방 여자가 쩌렁쩌렁하게 울리는 목소리로 문경을 불렀다.

"뭐야, 이 밤에. 설마 나를 마중 나왔을 리는 없고."

여자는 뱅글거리며 웃었다.

"산책 나온 길인데 문이 열려 있어서⋯."

"그래? 마침 잘됐네. 나 이거 잠깐이면 정리하는데 같이 가자."

"네."

여자는 서둘러 고무호스를 둘둘 말아 벽에 걸고는 공장 안에 남은 사람들과 인사하고 밖으로 나왔다.

"달빛 좋지?"

여자는 하늘을 올려다보며 말했다.

달빛이 밝은 밤이었다. 문경은 괜히 미안했다. 여자가 가끔씩 누런 종이봉투에 담아 가져다주곤 하는 어묵과 소시지는 오 군이 야간 경비 일을 나가면서부터 상한 채 방치되기 일쑤였다. 먹지도 않고 어묵과 소시지를 버린 걸 알면 여자는 어떤 표정일까.

"신랑은 어쩌고? 요새 통 안 보이던데 어디 다니나 봐?"

"멀리 다녀요. 야간 근무라 낮엔 자고…."

"그것도 젊으니 할 수 있는 일이다. 나는 이제 야간 근무는 힘들어서 못 해먹겠어. 어묵공장도 때려치우려고. 지긋지긋해. 다음 달엔 이사도 가야 하고."

"이사 가세요?"

"전철역 근처에 새로 지은 조그만 빌라를 샀어. 거지반은 융자지 뭐."

"축하드려요."

"축하는 뭐, 반은 빚인데. 신랑은 속 안 썩이지?"

"…."

"한창 부러울 때다. 나는 언제 그 시간이 지나갔나 몰라."

고요한 달빛 아래 여자의 장화 발소리만 뿌걱뿌걱 울렸다. 두 사람은 대문 앞에서 헤어졌다.

문경은 구름동으로 올 때 무엇을 위해 그에게로 가는지 따져볼 시간조차 없었다. 당장 눈앞의 일을 해결하기도 벅찰 만큼 여유가 없었으니까. 길가 방 여자가 부러워하는 시간은 어쩌면 문경에겐 아직 오지 않은 먼 미래의 시간인지도 모른다.

문경이 방으로 돌아왔을 때 오 군은 아무것도 모른 채 잠들어 있었다. 문경은 우두커니 서서 잠든 그를 내려다보았다. 그는 자기 자신에게 집중한 자세로 잠들어 있었다. 등 돌린 채 꼿꼿하게 잠든 그의 모습이 이제껏 문경이 본 가장 이기적인 자세로 느껴졌다. 그 밤 두 사람은 서로에게서 가장 먼 곳에 있었다.

*

미스 백이 빠져나간 자리는 의외로 컸다. 최와 강과 찰떡궁합으로 동고동락했던 미스 백은 이제 없다. 그녀는 신중했고, 지혜로웠고, 마무리까지 절묘했다.

최의 실수는 미스 백을 대신할 인물을 만들지 못한 것이다. 미스 김, 미스 리, 미스 박들을 수없이 겪었겠지만, 미스 백한테까지 당할 줄은 몰랐을 것이다. 뛰는 놈 위에 나는 놈이 있다고 최가 입버릇처럼 지껄였듯이 그들 위에서 미스 백이 커다란 날개를 퍼덕거리며 날고 있었다는 건 뒤통수를 맞고서야 깨달았을 것이다. 그들이 미스 백에게 가르쳐준 게 바로 이 삶의 방식이란 것도.

미스 백이 없어도 한영통상의 모닝커피 타임은 변함이 없었지만 분위기는 전과 달랐다. 최의 실없는 농담은 급격히 줄었고, 동작과 입이 무거운 강의 표정도 어둡기는 마찬가지였다.

새로운 사람을 찾는 게 급선무였다. 문경이 혼자서 뛰는 건 무리였다. 희한하게도 미스 백이 사라진 후 불발되는 컨텍이 많았다. 겨우 하루 한 건 걸리면 운수 좋은 날이라 할 수 있을 정도였다.

최는 〈벼룩시장〉에 '가족같이 일할 사람 구함'이라는 구인 광고를 냈다. 문경을 유혹했던 문구에서 토씨 하나 틀리지 않은 그 광고 문안 그대로였다. 문경은 저 문구에서 가능성을 보았고, 아주 작은 희망을 품었더랬다. 다 개 같은 소리였다.

구인 광고를 낸 날 최는 문경을 데리고 영등포에서 노량진 학원가 일대까지 구인 광고지를 부착하고 다녔다. 반나절을 꼬박 거리에서 보냈다. 대로변의 눈에 띄는 옹벽, 육교의 난간, 학원가 일대에 광고지가 나붙은 틈새를 비집고 붙였다. 인쇄소에서 제작한 광고 용지는 제법 그럴싸해 보였다. 학원가 골목을 돌 때 최의 눈빛은 심상치 않았다. 학원 건물 안으로 들어가는 수강생들을 유심히 훑었다. 최의 눈에 띌 만한 곳에 나타날 미스 백이 아니었다. 미스 백은 이 바닥에 나타나지 않을 것이다. 사라지기로 작정했을 땐 슈퍼마켓이나 하면서 살고 싶다던 강보다 더 완벽하게 계획했을 테니까.

"미스 조도 무슨 시험 준비한다고 하지 않았나?"

공깃밥을 만 육개장을 훌훌 넘기던 최가 물었다. 학원 골목
의 분식점은 좁기도 했지만 마침 저녁 시간이라 붐볐다. 테이
블이 좁아 마주 앉은 두 사람의 이마가 닿을 듯했다.

"네."

"잘돼가나?"

"…."

최가 궁금한 건 미스 백일 것이다. 최는 미스 백이 왜 자기
를 배신하고 감쪽같이 튀었는지 그걸 알고 싶어 미치고 팔짝
뛰고 싶은 심정일 것이다. 정말 몰라서 그러는 걸까? '정말 몰
라서 그래요?'라는 말이 목구멍까지 올라왔지만 문경은 만둣
국 속에 풀어진 만두만 애꿎게 휘저었다.

"미스 백이 있을 땐 말이야."

최가 입을 닦으며 말했다.

"일당백을 했지. 야무지고 당찬 면이 있었어. 근데 너무 믿
었어. 내 사람이다 생각하고 믿은 게 잘못이야. 역시 머리 검
은 짐승은 믿을 게 못 돼."

최가 천천히 고개를 저었다.

"미스 조는 다르겠지? 그래서 내가 믿어. 이제 내가 믿을 사

람은 미스 조밖에 없어. 내가 왜 이런 말을 하는지 알 거야."

최가 한숨을 내쉬며 말했다.

'나도 미스 백처럼 멋지게 한 방, 세차게 뺨따귀를 한 방 날리고 무대에서 사라질 거야.'

문경은 만두를 씹으면서 입에 문 말을 삼켰다.

미스 백의 빈자리는 고스란히 문경이 떠안아야 할지도 몰랐다. 이제 그들은 문경을 믿지 않을 것이다. 미스 백을 교훈 삼아 어느 날 갑자기 그녀도 사라질 수 있다는 걸 깨달았을 테니까. 그러니 문경은 미스 백보다 더 차분하게, 아무런 예감도 주지 않고 숨죽이고 기다려야 했다. 칼자루는 문경이 아니라 그들의 손에 쥐어져 있으니까.

면접을 보러 오는 사람들은 꽤 있었다. 최와 강은 가면을 쓴 얼굴로 근엄한 척 소파에 앉아 면접관 노릇을 했다. 면접생들은 한영통상에 큰 기대를 품은 이들이었다. 이력서 한 장으로도 부족해 두 장씩 이어 붙여 쓰고, 자기소개서와 자격증 따위를 들고 온 사람도 있었다. 최나 강이 찾는 사람은 '미스 백' 같은 일꾼이었다.

한 사람씩 면접을 보고 갈 때마다 최는 이맛살을 구기며 쯧쯧 혀를 찼다.

"이거야 원, 월급쟁이보다 당장 쓸 만한 아르바이트생 하나

구하기도 어렵군!"

최대한 그들에겐 위험부담이 없는 인물을 물색하는 일이 그만큼 쉽지 않다는 얘기다. 하지만 말과는 달리 최의 얼굴엔 이상야릇한 자만심이 떠올랐다.

'자 봐라, 미스 백 네까짓 것을 훨씬 능가하는 사람들이 찾아오잖아.'

흥분하면 붉게 홍조가 떠오르는 최의 얼굴에 번지는 미소의 의미를 누가 모를 줄 알고.

스물두 살의 여자는 직장생활 경험이 없었다. 뭐든 할 각오가 되어 있다고 면접에서 말한 여자는 한영통상에서 어떤 일을 하게 되는지 듣고 난 뒤에는 아무 말 없이 사무실을 나갔다. 스물한 살의 여자는 붕어가 입을 끔뻑거리듯이 눈을 끔벅거리며 사무실을 한참 둘러본 뒤 고개를 푹 숙인 채 가방끈만 만지작거리며 최와 눈을 맞추지 못했다. 스물네 살의 여자는 밤에 텔렉스 학원을 다니며 교환원으로 취직하기 위해 준비하고 있다고 했다.

가방끈만 만지작거리던 스물한 살의 여자는 내일 출근하겠다고 말해놓고 그다음 날 출근하지 않았다. 텔렉스 학원에 다닌다는 여자는 생각해보겠다며 애매한 표정으로 나가더니 다음 날 출근 시간에 맞춰 나타났다. 그녀가 미스 김이었다.

"이런 거였어요?"

미스 김은 한나절 컨텍하는 소리를 듣고 나서 픽, 웃으며 말했다.

"내 친구 중에 전화방에서 아르바이트하는 애가 있는데 여기가 거기보다 더 골 때리는 데네."

자신의 경험을 친구의 이야기인 척하는지는 알 수 없지만 미스 백과는 또 다른 대담함이 엿보이는 부류였다. 미스 김은 종일 잡지책을 뒤적이거나 줄칼로 긴 손톱을 다듬거나 화장을 고치면서 지루한 시간을 보냈다. 화장실 세면대가 깨진 틈으로 물이 샌다고 투덜거렸고, 지린내 때문에 두통이 가시지 않는다고 호소했다.

미스 백이 그랬던 것처럼 문경도 미스 김에게 가르쳐줘야할 팁이 있었지만 그럴 필요까지는 없었다. 미스 김은 분위기를 금방 파악했고 자신의 할 일이 어디까지인지를 분명하게 최에게 물었었다.

"재밌는 세상인 거 맞죠?"

미스 김이 빙긋 웃으며 문경에게 물었다.

"생각하기 나름이니까요."

"사회생활은 그 바닥 짬밥으로 세는 거니까 내가 함부로 말을 놓을 순 없겠지만 그렇다고 뭐 존대할 입장들도 아니잖아요. 나보다 나이도 어린 것 같은데."

서로 잘 지내보자고 먼저 말한 것도 미스 김이었다.

미스 김이 첫 배달을 나간 날 최는 짜장면을 먹으면서 빙글거렸다.

"물건은 물건인 것 같은데 얼마나 버틸지 모르지. 미스 조가 잘 좀 도와줘. 난 미스 조만 믿는다."

"알아서 잘할 것 같은데요."

문경이 할 수 있는 대답은 그것뿐이었다.

오후에 사무실로 돌아온 미스 김은 자신이 첫 배달을 무사히 마친 기념 파티 같은 건 없느냐고 깔깔거렸다. 꽤 흥미진진한 경험이었다고 했다.

"세상엔 셀 수도 없이 많은 직업이 있지만 이런 일은 정말 처음이야. 들어본 적도 없는 일이거든. 우리 할아버지도 족보라면 끔뻑 죽는 구식인데 현장에 가보니까 우리 할아버지보다 더 고리타분한 사람이더라. 배울 만큼 배운 사람들이 말이야. 근데 솔직히 말해 정말 구리긴 구리다. 생짜로 사기를 치는 건 아닌데, 그래도 남 등쳐먹는 거라니."

미스 김은 종잡을 수 없는 캐릭터였다. 당장 내일 미스 김이 출근할지 말지는 그다음 날이 되어봐야 알았다. 사무실 열쇠는 문경의 손에 있었다. 미스 백과 한 주씩 번갈아가며 벌었던 깨알 같은 아침의 여유는 사라지고 없었다. 최는 당분간 책임지고 문경에게 열쇠를 가지고 다니도록 했고, 최대한 미스 김 비위를 맞추려고 애썼다. 9시 30분까지 출근해 사무실 청소를 하고 모닝커피를 준비하는 것도 문경의 몫이었다. 미스 김이 한영통상에 마음을 붙일 수만 있다면 뭐든 못 할 게 없었다. 누군가 대신할 사람이 있어야 안전하게 문경이 빠져나갈 구멍을 만들 수 있을 테니까.

월급날이 하루하루 다가오자 문경은 목이 졸리는 기분이었다. 출근길에 전철역 역사에 비치된 무가지를 챙겨오는 것도 잊지 않았다. 미스 김이 배달을 나가고 나면 문경은 신문지가 뚫어질 듯 훑었다.

가짜 족보. 사기. 양심. 협잡. 강탈. 인간쓰레기….

문경은 마치 숨은 그림을 찾듯 단어를 찾아내느라 눈자위가 뻐근하게 아려왔다. 낙서라도 해야 초조한 시간을 달랠 수 있었다.

문경의 다이어리엔 그동안 한영통상에서 만났던 '고객'들의 방문 기록이 빼곡하게 적혀 있었다. 단순한 방문 일지를 넘어 문경이 한영통상에서 하루를 살아가는 기록이기도 했다. 자신의 손으로 한 자 한 자 기록해나간 일지를 볼 때마다 문경은 두려웠다. 그녀가 속한 세상은 결코 쉽게 뚫리지 않는 거대한 암벽들로 이루어져 있었다. 어쩌면 세상은 온통 이 따위의 거짓과 위선으로 굴러가고 있는지도 몰랐다.

*

오 군은 점점 구름동과 멀어지고 있었다.

숙직실에는 간이용 침대와 모포, 일회용 가스레인지와 냄비 등속의 기본적인 살림살이, 씻고 빨래를 할 수 있는 세면장이 딸려 있다고 했다. 비번인 날 그는 당분간 숙직실에서 지내겠다며 아예 가방을 챙겼다.

"옷이랑 몇 가지 필요한 거 챙겨 갈게. 거기서 지내보려고."

"왜 그래야 하는데?"

문경이 따지듯이 물었다.

"나한테 생각할 시간을 좀 달라고 했잖아. 내가 네 옆에서 도움이 되는 건 아무것도 없잖아. 넌 언제까지 이러고 살 수 있을 것 같은데?"

문경은 대답하지 못했다. 그건 누구의 잘못도 아니었다. 함께였지만 정작 함께할 수 있는 일은 없었다. 어쩌면 약속한 적 없는 미래가 너무 일찍 도착해버린 것인지도 몰랐다. 시작이 그랬던 것처럼.

오 군은 은둔자처럼 그곳에서 머물고 있을 것이다. 자정이 지나면 고속도로를 달리는 거대한 트럭들의 소음이 창고 건물을 흔들 것이다. 숙직실에서 쪽잠을 자고 일어나 새벽이 오기 전 어둠 속을 돌 때마다 세상과 격리된 듯한 그 순전한 어둠에 압도당한다고 그는 토로했었다. 그 어둠 속에서 어딘가로 홀연히 사라지는 그의 환영이 눈앞에 떠오를 때면 문경은 한기가 일었다. 그는 처음부터 구름동에 안주할 생각이 없었다.

오 군이 없는 토요일 오후와 일요일은 길디길었다. 해는 점점 길어지고 날도 점점 더워졌다. 어느 일요일 저녁의 길어진 해를 따라 문경은 저수지에 다녀왔다. 언젠가의 꿈속에서처럼 저수지의 풍경은 비현실적으로 보였다. 버스 종점 공터에 남아 있는 낚시 가게도 문을 닫은 지 오래였다. 이제 낚시꾼들도 저수지를 찾아오지 않았다. 물 위에 뜬 채 썩어가는 부교, 산 그림자가 잠긴 수면 위로 페트병과 스티로폼 따위의 쓰레기들만 둥둥 떠다녔다.

문경은 저수지에서 돌아오는 길에 화학공장 앞에서 멈춰 섰다. 일요일에는 폐기물을 실어 나르는 덤프트럭도 운행을 멈췄다. 폐허처럼 변한 화학공장 마당엔 풀들이 가득했다. 깨진 담장, 뜯겨 나간 철문이 있던 자리엔 붉은 녹물이 남아 있었다.

문경은 마당 안으로 발을 들여놓았다. 철근 골조가 드러난 공장 건물 세 개 동 모두 벽체까지 허물어졌고 내부 시설물들도 철거된 상태였다. 문경은 고개를 쳐들고 텅 빈 건물들 사이로 드러난 굴뚝을 바라보았다. 굴뚝 기둥 하나에 시커멓게 그을음이 오른 게 보였다. 얼마 전 불에 탄 흔적이었다.

시간을 거슬러 순간이동이라도 한 듯 문경은 오빠를 화장했던 화장터에 마주 선 듯했다. 기울어진 담장 아래 앉아 오줌을 누며 올려다본 하늘이 떠올랐다. 대낮인데도 햇빛 한 줌 없던 우중충한 하늘, 그 하늘을 배경으로 회색빛 뭉게구름처럼 피어오르던 연기. 검은 옷을 입은 사람들의 우울한 얼굴들. 선득한 풍경을 마주하고 돌아서는 문경의 발걸음이 흔들렸다.

그날 밤 문경이 불을 끄고 잠자리에 누웠을 때 요란하게 뭔가가 부서지는 소리가 들렸다. 문경은 꼼짝하지 않았다. 훈이네 집에서 무슨 일인가 벌어지고 있구나. 조용히 눈을 감은 채 생각했다. "그래, 부숴라, 다 때려 부숴." 소리 없는 총이 있다면 쏴버리고 싶다고 뇌까리던 오 군처럼 문경은 나지막한 소리로 중얼거렸다. 문경의 머릿속에서 탕, 하고 총소리가 튕겨 나갔다.

"이봐, 새댁, 새댁 안에 있어?"

새시 문을 요란스럽게 두드리며 부르는 소리가 들렸다.

문경이 부엌 불을 켜고 문을 열자 길가 방 여자가 어깨를 옹송그린 채 문 앞에 서 있었다.

"무슨 일이에요?"

"신랑 없어?"

여자가 다짜고짜 물었다.

"출근하고 없는데요."

"하필 이런 때 집 안에 쓸 만한 남자 하나 없어. 누구라도 나와서 훈이 아버지를 좀 말려야 할 텐데."

여자가 투덜거렸다.

문경은 여자를 따라 나갔다. 안채로 돌아가는 길에 깨진 유리 조각이 찌걱찌걱 밟혔다. 부엌이 훤히 들여다보이는 훈이네 집은 한바탕 회오리가 지나간 듯했다. 훈이 아버지 손에는 빨랫방망이가 들려 있었다. 주인 할머니가 빨랫방망이를 휘두르는 훈이 아버지의 허리춤을 붙들고 늘어졌다. 훈이 아버지는 몸을 뒤틀며 소리를 질렀다.

"이놈의 집구석 박살을 낼 거야, 내가. 이놈의 새끼가 집엘 안 들어와?"

할머니는 훈이 아버지에게 질질 끌려다녔다. 이때 들이닥친 전파사 남자가 훈이 아버지를 붙잡지 않았다면 무슨 사달이 벌어졌을지도 몰랐다.

훈이 아버지는 전파사 남자에게 마지못한 듯 끌려 나갔다. 밤늦은 소란에 뒤늦게 구경 나온 동네 사람들도 혀를 차며 하나둘 흩어졌다. 소란이 지나간 마당은 고요하게 가라앉았다. 수는 안집 마루 아래에 쭈그리고 앉아 불 탄 집을 바라보듯 자기네 집을 바라보았다. 수의 어깨가 불안하게 흔들렸다.

"형은 어디 있는지 몰라?"

길가 방 여자가 추궁하듯 수에게 물었다.

"몰라요."

수가 기어드는 목소리로 대답했다.

"살다 살다 별일을 다 당해. 내가 죽을 뻔했다니까."

할머니는 아직도 훈이 아버지의 난동에 화가 가라앉지 않는지 거칠게 숨을 몰아쉬었다.

"집에 안 들어온 지 얼마나 됐어?"

여자가 수에게 물었다.

"3일요."

"가출한 거 맞네. 아들 핑계로 술 처먹고 또 저 난리를 피웠네. 애비가 저러니 자식인들 붙어 있겠냐구."

여자가 혀를 찼다.

훈이 형제도, 프라이드왜건도 눈에 띄거나 띄지 않을 때도 문경은 자기와는 상관없이 제 질서대로 돌아가고 있는 줄 알았다. 수는 슬그머니 자리를 피하더니 대문 밖으로 나갔다.

　"에구구, 자식이 집을 나갔으면 찾아올 생각을 해야지 왜 멀쩡한 집을 때려 부수고 지랄이여, 지랄이."

　할머니가 중얼거리며 마당에 널브러진 살림살이들을 치우기 시작했다. 문경은 안집 마당에 세워진 빗자루와 쓰레받기를 들고 그들의 방으로 들어가는 길목에 깨진 유리 조각들을 치웠다.

　오 군이었다면 수를 방으로 데려왔을 것이다. 훈과 수가 팬티 바람으로 쫓겨났던 날 그는 폭발했다. 그는 그 아이들에게서 무엇을 보았을까? 어쩌면 오 군은 아버지가 데려왔다는 이복동생을 떠올렸을지도 모르겠다. 훈과 수가 오 군을 형이라 부르며 따랐던 건 그 아이들의 마음이 갈 곳이 없었기 때문일 것이다. 문경은 마지막으로 본 훈의 모습을 떠올렸다. 프라이드왜건에 앉아 있던 훈이. 그 아이의 눈에 가득했던 적의와 억눌린 듯한 표정을.

　훈은 떠났다. 자기 손으로 아버지와의 고리를 끊고 싶었을 것이다. 누구보다 훈은 자기 삶에 내재한 불안과 결핍을 앓고 있었을 테니까. 어린 형제들이 세상을 좀 더 알게 될 나이가 되면 그들의 기억 속엔 오 군도 문경도 존재조차 기억되지 않을지도 몰랐다. 구름동에 잠시 살다간 뜨내기들에 불과한 그

228

들은 훈이 형제에겐 얇은 종잇장 같은 존재에 불과할지도 몰랐다.

문경은 유리 조각을 쓰레기통에 버리고 돌아오다가 대문간의 모서리 공간에 숨듯이 몸을 오그리고 서 있는 수를 보았다. 훈과는 달리 성장이 더뎌 아직 애티가 고스란히 남아 있을 뿐이라고 생각했는데 수도 어느새 반항적인 훈이 보여줬던 일면을 갖춰가고 있었다. 문경은 구부러진 수의 그림자를 밟고 섰다.

"집에 못 들어가니?"

수는 대답하지 않았다.

"형은 어디에 있는지 몰라?"

수가 고개를 흔들었다.

"아저씬 집에 없어. 밤에 일하거든."

수는 발부리로 담벼락을 툭툭 찼다. 수의 발길질에 그림자가 조금씩 흔들렸다.

"뭐 필요한 거 있으면 나한테 말해. 내가 도와줄게."

툭

툭

툭

수는 발길질을 멈추지 않았다.

삶은 아무도 대신해줄 수 없다는 걸 수도 알고 있을 것이다. 열네 살에 삶의 비밀 속에 숨어 있던 죽음이 그녀 앞에 툭 튀어나왔을 때처럼. 삶이 가진 상상조차 할 수 없는 여러 개의 얼굴을 훈이 형제는 이미 보았을지도 모르겠다. 수의 반복적인 발길질이 문경에게 말하고 있었다. 당신이 어떻게 내 삶을 도와줄 수 있겠느냐고.

*

작은 오지항아리에 담긴 선인장의 볼품없는 꽃들은 가장자리가 말라비틀어지고 있었다. 잘 죽지 않는다는 장점 때문에 선인장을 키우던 미스 백의 말이 떠올랐다. 선인장의 생명력이 질기다는 건 마지막이라 생각되는 최악의 조건을 받아들이고 순응한 결과가 아닐까. 그에 합당한 방식대로.

문경은 초조했다. 월급날이 그냥 지나갔다. 최는 월급을 볼모로 문경을 붙들어놓고자 하는 심산이 분명했다. 서로 말은 하지 않았지만 그들은 문경이 떠날 걸 알고, 문경은 자신이 마음먹은 대로 끝낼 수 없다는 걸 알고 있었다.

"미안해. 미스 조, 며칠만 좀 기다려. 금방 돈 만들 테니까."

최는 공급책에게 밀린 대금을 한꺼번에 지불하느라 여유가 없다고 했다. 이제 보름 남짓만 일하면 또 한 달치 월급이 나올 텐데 연거푸 목돈 쥐는 맛도 괜찮을 거라고, 저축해둔 셈 치라는 흰소리를 늘어놓았다.

문경은 독처럼 온몸을 점령한 저주의 말들에 기대어 간신이 늘어진 시간을 견뎠다.

'나한테 이러면 안 돼. 줄 건 빨리 줘야지. 하루도 더 붙어 있고 싶지 않아, 개새끼들아.'

그들이 컨텍을 할 때, 볼펜심이 휘어질 정도로 힘을 주어 파낸 문장들에 가위표를 그으며 문경은 머릿속에 쌓이는 분노를 간신히 눌렀다.

"뭐 해?"

미스 김이 문경을 빤히 쳐다보고 있었다.

문경은 낙서를 하고 있던 〈벼룩시장〉을 슬쩍 덮어 한쪽으로 밀어놓으며 미스 김을 향해 흐릿하게 웃었다.

"어제 말인데…."

미스 김이 의자를 문경의 옆으로 끌어다 붙였다.

"어제 뭐요?"

미스 김은 어제 오후에 강이 컨텍한 배달을 나갔고, 문경은 점심 무렵에 최의 고객에게 배달을 나갔다 들어와서 다른 날보다 일찍 퇴근했다.

"재밌는 일 있었는데 얘기해도 될라나?"

미스 김이 묘한 표정으로 말꼬리를 늘였다.

"…."

"봉투 받았어."

미스 김이 문경의 귓불에 입술을 붙이듯 갖다 대며 속삭였다.

"금일봉?"

미스 김은 치켜세운 검지를 살랑살랑 흔들었다.

"침쟁이 영감이 차비하라고 주던데? 맥 짚어준답시고 내 손목을 잡는데 손이 어찌나 차던지 귀신인 줄 알았다니까. 근육도 없이 쪼그라들어서 덜덜거리는 손으로 어떻게 침을 놓는지 몰라. 딱 보니까 무허가야. 어제 하루 일당 벌이는 충분히 나왔어. 그냥 날 어째보려고 수작질을 하는 게 감이 딱 잡혔지. 또 오래. 어디 아픈 데 있으면 공짜로 해주겠다고. 근데 궁금한 게 있는데."

문경은 생기 넘치는 미스 김의 얼굴을 신기한 듯 바라보았다.

"미스 조는 금일봉 봉투 받으면 고대로 갖다 바쳐?"

문경은 미스 백이 악어와 악어새가 어떻게 공생하는가 예를 들어가면서 금일봉에 관한 요령을 알려주던 때를 떠올렸다.

적응력이 빠른 미스 김은 벌써 '그 맛'을 본 모양이었다. 미스 김에겐 문경이 따로 해줄 충고가 없었다.

"아주 없는 건 아니겠지, 자주 생기는 일도 아니겠지만. 근데 재밌잖아. 이런 일 하면서 곧이곧대로 월급만 받아먹고 떨어진다는 것도 웃기지 않아?"

미스 김이 빙글빙글 웃으며 말했다. 그러고 보면 문경은 미스 백에게서 자신의 모습을 본 것인지도 몰랐다. 같은 운명의, 불안한 공기 속을 떠도는 슬픈 족속들.

그날부터 문경은 사무실에 놓고 쓰던 소지품들을 하나씩 정리하기 시작했다. 버리고 가도 상관없는 쓰레기들, 아니 이곳에다 버리고 가야 할 것들은 이곳에다 놓아두고 흔적이 될 만한 것들은 챙겨야 했다. 미스 백이 그랬던 것처럼. 하지만 굳이 그럴 필요도 없는 것들뿐이었다. 하다못해 미스 백처럼 화분을 키운 적도 없으니까. 할 수만 있다면 한영통상에 묻어 있는 자신의 지문까지 깨끗이 지우고 싶었다.

마침내 문경이 기다리던 월급이 나왔다. 석 달을 꼬박 채우고 열흘 치의 월급이 깔린 데서 다시 닷새나 연장된 시점이었다.

"고생 많았어. 월급 받았다고 딴생각하는 건 아니지?"

농담기가 묻어 있긴 했지만 최의 눈빛은 냉랭했다. 묘하게

233

속이 뒤틀렸지만 문경은 선선하게 웃으며 말했다.

"그럼요. 얼마 안 있으면 또 월급날인데."

문경은 봉투를 받아들자마자 화장실로 가서 액수를 확인했다. 틀림없는 금액이었다.

문방구에서 파는 누런 봉투를 한 뭉치 사다가 책상 서랍에 처박아두고 아무런 격식도, 그러니까 이름 한 자 표기하지 않은 민봉투에 담긴 걸 월급이라고 해야 하나. 오 군이 제일금형에서 받았던 월급봉투에는 근무시간과 본봉, 잔업수당, 몇 푼 안 되는 형식적인 거지만 복리 후생비까지 조목조목 지급 항목들이 기록되어 있었다. 그가 제일금형에서 땀 흘려 일한 돈이 진짜라면 문경이 받은 월급봉투는 가짜였다. 이제껏 시간당으로 꼬박꼬박 계산해서 받았던 아르바이트 수당과는 비교할 수 없는 액수지만 뿌듯함은 일 점도 없는 부끄러운 돈이었다. 그 부끄러움이 문경을 비참하게 했다.

문경은 사무실로 돌아와 세면도구를 사물함에 정리해 넣었다. 의자에 깔린 낡은 방석을 가지런하게 놓고, 산 지 얼마 안 된 실내용 슬리퍼도 가지런히 테이블 밑에 모아두었다. 모든 건 제자리에, 내일 출근하면 다시 손에 닿고 눈에 보이게 어제처럼 해놓았다.

문경은 오랜만에 미스 김과 나란히 퇴근했다. 미스 김은 텔

렉스 학원 수업이 없는 날 자신의 환영식 겸 한잔하자고 했고
문경은 그러자고 약속했다. 미스 김을 자극하고 싶지 않았다.
미스 김이 어떤 낌새도 채지 못하게, 자연스럽게, 미스 백보다
더 자연스럽게.

"내일 봐."

영등포 지하상가로 들어섰을 때 미스 김이 먼저 손을 흔들
며 돌아섰다. 문경은 사람들 사이에 섞여 사라지는 미스 김의
뒷모습을 오랫동안 바라보았다.

퇴근 무렵 지하상가의 번잡함엔 격렬함마저 느껴졌다. 솜
털이 보송보송한 폴라 티셔츠에 큼지막한 조개 장식이 주렁주
렁 달린 목걸이를 두 겹으로 두른 중년 여자가 문경을 향해 손
을 들까불었다.

"언니, 일루 들어와서 구경해. 잘해줄게."

젊으나 늙으나 상인들은 지나가는 모든 여자를 언니라 불렀
다. 문경은 눈을 새파랗게 뜨고 마네킹 앞에 서서 유혹의 손짓
을 보내는 그 여자를 꼿꼿이 쳐다봤다. 다신 이 통로로 지나다
닐 일은 없을 거야. 다시는 영등포 땅은 밟지도 않을 거야. 문
경은 그 여자에게도 말하고 싶었다.

"언니, 일루 들어와서 구경하고 가."

하지만 여자의 시선은 이내 다른 사람에게로 옮겨갔다. 여

자는 문경을 몰랐지만 문경은 그 여자를 안다. 여자가 한 손을 얹고 서 있는 저 마네킹의 옷차림이 하루에 몇 번씩 바뀐다는 것도. 물건을 고르다 돌아선 손님을 향해 맵게 입아귀를 말며 작은 소리로 된통 욕바가지를 퍼붓는 거짓 친절을. 하지만 저 여자와는 아무 상관도 없는 관계였다. 시간이 지나면 자연스럽게 서로의 기억에서 지워질 것들. 서로가 서로에게 스쳐가는 엑스트라들일 뿐.

문경은 주머니 속에서 만지작거리고 있던 한영통상 열쇠를 꽉 쥐었다. 지하상가를 빠져나와 전철역으로 가는 통로의 하수구 덮개 구멍 사이로 열쇠를 흘려 넣었다.

이젠 안녕이다, 영원히.

쇠붙이 떨어지는 소리와 함께 열쇠는 수챗구멍 속으로 사라졌다. 아무런 미련도 남지 않았다. 안녕이라는 말조차 사치스러웠다. 말 그대로 영원히 기억하고 싶지 않았다. 아무도 문경의 행동을 눈여겨보는 사람은 없었다.

세상에 없는 시간

문경의 손에서 한 세계가 사라졌다. 그녀는 빈손을 바라보았다. 이제껏 손아귀에 꽉 쥐고 있던 열쇠 하나가 사라졌을 뿐인데 심장의 두근거림이 가라앉지 않았다.

이 많은 사람들 중에서 나 하나쯤은 사라져도 아무도 모를 것이다.

문경은 전철역으로 올라가며 생각했다.

수많은 사람들이 교차하는 영등포에서 문경은 혼자였고, 복잡한 전동차 안에서도 혼자였다. 아무도 그녀를 알아보거나 신경 쓰지 않았다. 하지만 가슴 졸였던 무대에서 내려서서도 여전히 혼란스러웠다.

문경은 처음부터 이 도시에 익명으로 존재했을 뿐이다. 아무도 그녀에게 네가 지금 여기서 무얼 하는지 묻지 않았다. 네가 지금 무엇을 하고 있는지 물어본다면 문경은 후련하게 대답해줄 준비가 되어 있었다. 뺨이라도 한 대 친다면 맞아줄 준비가 되어 있었다. 적어도 이런 방식으로는 살아갈 수 없다는 건 알았다.

카타콤베에선 비인격적인 대우를 받으면서 일했지만 혼자가 아니었다. 함께 옳지 않은 것에 항의할 수 있었고, 아웃되더라도 당당했다. 다른 뭔가가 있을지도 모른다는 기대와 설렘이 있어 두렵지 않았다. 여기가 서울의 끝이야, 하고 오 군이 숨찬 목소리로 말할 때만 하더라도 끝이 아니라 새로운 세계의 시작이었다. 문경에겐 모든 게 어딘가를 향해 출발하기 위한 무대였으니까.

문경이 구름동으로 들어가는 철길 차단기 앞에 도착했을 때 거대한 전동차가 긴 꼬리를 그리며 지나갔다. 땡땡거리는 경고음과 함께 전동차 바퀴가 굴러가는 일정한 리듬이 멀어진 뒤 차단기가 올라가고 멈춰 섰던 버스와 오토바이, 자전거가 차례로 지나갔다.

문경은 닳은 침목을 한 칸씩 디디며 천천히 건널목을 건넜다. 오 군과 함께 걷던 길은 이제 혼자였다. 지난 겨울밤과는 어둠의 밀도도, 바람결도 달랐다. 거리엔 가로등 불빛이 환했다. 아직 잠들기 전, 술렁거리는 밤의 움직임도 살아 있었다.

문경은 연탄공장 철문 앞에서 걸음을 멈추고 담벼락에 붙여놓은 공고문을 읽었다.

"금년 6월 30일부로 연탄공장 영업을 중단합니다. 이용에 착오 없으시기 바랍니다."

표면이 거친 나무판자에 페인트 붓으로 쓴 붉은색 문장은 붙여놓은 지 얼마 안 된 듯 선명했다.

문경은 연탄공장 앞을 지나오며 잊고 있던 연탄을 생각했다. 지난겨울엔 주인 할머니네 광에 남아 있던 묵은 연탄을 값을 치르고 사용했다. 이전에 오 군의 방에 살던 사람들이 월세 대신 놓고 간 것이라고 했다. 구름동엔 오 군의 방처럼 연탄아궁이를 가진 집들이 제법 많았다. 마을 안쪽 농가들 담벼락에 연탄재가 수북이 쌓여 있기도 하고 밭두둑을 다지는 데 사용하기도 했다. 광에 남은 연탄을 다시 쓰게 될 날이 올까?

문경은 초등학교 교문을 지날 때까지 불 켜진 상가 건물들을 두리번거렸다. 처음 가는 길이 아닌데도 새삼스럽게 눈에 띄는 간판도 보였다. 그새 새로 들어온 가게일지도 몰랐다. 오 군과 병원 응급실에 다녀오던 날 밤에 쭈그리고 앉아 있던 피아노 교습소 옆에 '보보족발'도 못 보던 가게였다.

빤한 골목인데 족발집은 꽤 넓었다. 무엇보다 문경은 보보 족발이 들어오기 전에 있던 가게가 생각나지 않았다. 짜잔, 하고 숨어 있던 가게가 나타나지 않고서야 머릿속이 이렇게 깜깜할 수가 없었다. 넓적한 가슴에 번들거리는 비닐 앞치마를 두른 남자와 눈이 마주쳤다. 남자는 가게 유리문 앞에 놓인 소쿠리에 족발을 쌓고 있었다. 문경은 남자의 시선을 피하지 않은 채 빳빳이 처다보다 걸음을 옮겼다.

구름동으로 들어가는 갈림길에서 종점에서 나오는 버스를 만났다. 문경은 버스의 전조등 불빛이 눈을 쏠 때까지 갓길로 비켜서지 않았다. 환하게 불 밝힌 버스 안의 운전기사 모습이 또렷하게 보였다.

빠―앙.

버스의 경적 소리를 듣고서야 문경은 겨우 갓길로 비켜섰다. 운전기사가 욕을 퍼붓는지 입 모양이 심하게 일그러졌다.

버스가 지나간 뒤에도 문경은 그 자리에 서서 눈앞에서 버스가 사라질 때까지 뒤꽁무니를 처다보았다. 텅 빈 차 안에서 천장에 매달린 손잡이가 일제히 한 방향으로 흔들렸다. 문경의 볼 위로 미지근한 것이 흘러내렸다.

문경은 한 발, 한 발 천천히 걸음을 옮기기 시작했다. 발을 디딜수록 구름동은 점점 멀어지는 것 같았다.

그날 밤 문경은 잠을 이루지 못했다. 환하게 불을 켠 채 달려오던 버스에서 본 운전기사의 모습이 떠올랐고 최의 얼굴이 겹쳐졌다.

'죽으려고 환장했어?'

버스 기사는 분명 그렇게 말하고 있었다.

불과 몇 시간만 지나면 최가 부르짖듯이 소리칠 것이다.

'이게 죽으려고 환장했나.'

특별한 일이 없는 한 문경이 사라졌다는 걸 가장 먼저 알게 될 사람은 최일 것이다. 강과 미스 김은 늘 한 템포씩 출근이 늦었다. 문경이 출근해서 사무실 정리를 마치고 멍하게 공상에 빠져 있을 때 벌컥 문을 열고 들어온 건 항상 최였으니까.

촉이 빠른 최는 출입문 손잡이가 돌아가지 않는 그 순간 뒤통수가 뻐근하게 당길 것이다. 최가 지니고 다니는 비상 열쇠로 문을 열며 함부로 욕설을 내뱉을 것이다.

'아, 좆같이 이건 또 뭐야?'

모닝커피 타임까지 이를 악물고 참은 최는 마침내 분통을 터뜨릴 것이다.

'또 튄 거 아냐? 세상에 믿을 인간이 없어, 믿을 인간이.'

입은 비뚤어졌어도 말은 바로 해야지. 해먹은 게 있어야 튀는 거지.

문경은 그동안 일한 대가조차 정당하게 다 받지 못했다. 더러워서, 아니 발목 잡힐 게 두려워서 입이 써도 뱉지 못했다. 그동안 문경이 숨죽여 떨었던 두려움과 모멸에 가까운 자괴감에 대한 보상은 청구할 데가 없다. 그러니 입을 닫고 조용히 사라지는 거다.

미스 김은 코가 헐 정도로 지린내가 심한 공용 화장실에서 커피 잔을 씻으면서 어이가 없다는 듯 헛웃음을 칠 것이다. 생각할수록 묘한 배신감에 기가 막힌 그녀는 거울 속 자신의 얼굴을 빤히 들여다보며 생각이란 걸 하게 될 것이다. 공들여 칠한 마스카라가 찐득하게 묻어나는 속눈썹을 깜빡거리며 위기감을 감지했을지도 모르겠지만 그건 알 바 아니다.

'무슨 사정이 있겠지. 조금 더 기다려보자고.'

강은 신중한 표정으로 최를 달래지만 그 역시 속으로는 이를 갈지도 모른다. T시에 강과 함께 배달을 나갔던 날 강이 문경에게 보여준 진심은 세상에서 가장 무너뜨리기 힘든 한 인간의 얼굴이었다. 그 벽을 뚫고 안으로 들어간다는 건 더 이상 불가능해 보였다. 강이 빠져 있는 지독한 자가당착 속엔 타협의 여지가 없었다.

강의 대책 없이 무능한 발언에 최는 마침내 폭발할 것이다. 최는 책상 서랍에서 서류철을 꺼내며 미스 백한테 당한 바가 있는데도 한 번도 미스 조가 사는 곳으로 전화를 걸어보지 않은 걸 후회하며 쾅, 책상을 내리칠 것이다.

어쩌면 곧바로 전화를 걸지도 모른다. 주인 할머니는 자다가 뭔 봉창 두드리는 소리를 하느냐고 응대할 것이다. 길가 방여자가 입에 발린 소리로 새댁이라고 불렀듯 할머니도 문경을 새댁이라 불러왔다. 방은 오 군의 이름으로 계약했으므로 할머니는 새댁의 이름을 들어본 적도 불러본 적도 없다. 길가 방여자 역시 마찬가지다. 그녀들은 새댁 이름이 무언지 알 필요도 없었으므로.

전화번호는 부득이하게 주인집 전화번호를 적었지만 주소지는 구름동이 아니다. 구름동이라니. 신분증에 전입신고가 된 문경의 주소는 유령 주소나 마찬가지다. 얹혀살았던 친구의 방으로 주소지를 옮겨놓은 후 여러 군데를 전전하는 동안 사실상 연락을 끊고 지냈다. 주소를 놓아두고 있는 것만으로도 그 친구에겐 큰 신세를 지고 있는 셈이었다. 어디든 자신을 붙들어둘 끈 하나쯤은 멀쩡한 게 있어야 하니까.

설령 최나 강이 신분증에 기록된 주소지의 집을 찾아가더라도 건질 건 없다. 친구는 되레 물을 것이다. 미스 조가 어디에 있는지 궁금하다고. 문경의 주변을 샅샅이 털어봐도 더 이상 나올 게 없다. 미스 백이 이사한 후 자신의 새 주소와 전화번호를 감쪽같이 허공에 날려버린 것처럼. 세상에 죄 지은 사람이 숨을 곳은 없다지만 죄인들끼리 쫓고 쫓기는 관계에서는 가능한 일일지도 모른다.

설마 본적지로 찾아가진 않겠지?

찾아가도 문경을 만날 수는 없을 것이다. 문경의 부모는 딸이 사는 곳은 알지 못한다. 그들은 자식들의 사지가 멀쩡하고 목소리만 들을 수 있는 것만으로도 감사해한다. 우리 애가 뭣을 했다고요? 어머니는 목을 간질이는 기침을 뱉어가며 몇 번이나 되물을 것이다. 전화를 걸어 엄마, 아무 걱정 마요, 하고 말하면 뭣을 말라고? 되묻기를 몇 번. 엄마와의 전화통화는 번번이 가는귀가 먹은 엄마에게 소리를 지르는 것으로 끝나곤 했다. 문경의 부모와 대면한 최나 강은 그들의 노쇠한 눈빛에 담긴 텅 빈 공허를 대하곤 혀를 찰지도 모른다.

간혹 연락을 하고 지내던 친구들과도 연락을 끊었다. 문경은 친구들에게도 유령인 채로 남아 있다. 그러므로 문경은 구름동 밖에서는 실재하지 않는다. 이런 일이 있을 줄 미리 안 건 아니지만 결과적으로 지금 문경은 그 어디에도 없는 것이

244

다.

강과 최가 어떤 식으로 나타날지는 문경도 알 수 없다.

'독한 년, 독사 같은 년. 이년은 미스 백보다 더한 년이야. 빌어먹을.'

최는 얇은 입술을 잘근잘근 씹어댈 것이다. 족제비처럼 생긴 그의 골상이 우스꽝스러운 표정으로 일그러지는 게 선명하게 떠오른다.

아무려나. 당신들 인생이니 그것 또한 내 알 바 아니다.

그들이 구름동으로 찾아올 확률은 얼마나 될까?

문경이 한 방 멋지게 먹이고 감쪽같이, 새털구름처럼 가볍게 사라지리라 생각했던 결말은 그러나 상상만큼 유쾌하지 않았다.

*

한영통상을 그만둔 후 문경은 사흘 내내 방 안에 처박혀 잠만 잤다. 배고프면 라면을 끓여먹거나 식빵으로 때웠다. 머릿속에 들끓는 수만 가지 생각들이 잠이 들면 꿈속까지 따라왔다. 잠을 자면서도 문경은 생각을 멈출 수가 없었다. 수많은 생각들이 끊임없이 들끓어 올랐다. 밤이 낮과 같고, 낮이 밤과

같은 날들이었다. 이불 속에 고치처럼 몸을 말고 누워 오 군의
비번 날이 되기만을 기다렸다.

하지만 오 군은 오지 않았다. 한두 번쯤은 봐줄 수 있었다.
생각할 게 많다니까. 생각할 시간을 달라니까 기다려보기로
했다. 오 군의 생각이 어떤 식으로 결론이 날지는 알 수 없었
지만 시간을 주고 싶었다.

사흘 내내 두문불출했던 문경은 해 질 무렵이면 전철역까지
천천히 걸어갔다 돌아오곤 했다. 같은 길을 걸어도 구름동으
로 들어올 때와 나갈 때의 느낌은 달랐다. 모든 것이 평안하다
면 구름동에 갇혀 살아도 상관없을 것만 같다는 생각이 들기
도 했다. 한평생 자식들을 낳아 길렀던 곳에서 한 발짝도 벗어
나지 못한 그녀의 부모처럼 된다고 해도 말이다. 세상 어떤 지
옥도 마음먹기에 따라 다른 것이라면 그녀의 부모에겐 어쩌면
그곳은 영원한 안식처인지도 모른다.

문경은 하릴없이 전철역 구내에서 서성이며 전동차가 닿을
때마다 모였다 흩어지는 사람들을 살폈다. 오 군이 저 많은 사
람들 속에서 불쑥 튀어나올지도 모르지 않는가. 그런 우연은
일어나지 않겠지만 세상엔 일어나지 못할 일이란 없다. 세상
의 모든 불행과 마찬가지로 세상의 모든 행운 중에 하나쯤은
문경 자신의 것이기도 할 테니까.

하지만 문경은 그런 생각마저 사치라는 것을 깨달았다. 오 군인 듯 보이는 누군가가 플랫폼에서 계단을 따라 올라오는 걸 보고 흠칫 놀라기도 했지만 이내 오 군이 아니란 걸 알아차렸다.

오 군이 일하는 회사로 찾아가지 않는 한 우연히 그를 만날 수 있는 길은 없었다. 문경은 전철역에서 서성이다가 오 군과 가끔 들르곤 했던 포장마차에 들어갔다. 그와 매식할 일이 있을 때마다 찾던 곳이었다. 그마저도 오래된 일이긴 했다. 문경은 올 때마다 잔치국수를 먹었다. 토렴한 면에 고명을 얹고 뜨거운 멸치 육수에 말아낸 국수는 담백하면서도 감칠맛이 있었다. 가끔은 곰장어에 국수 한 그릇을 오 군과 나눠 먹으면서 소주를 마시기도 했지만 혼자서 포장마차에 들어가기는 처음이었다.

포장마차는 거의 빈자리가 없었다. 문경은 한쪽 끝에 비어 있는 자리에 앉아 소주에 어묵 안주를 시켰다. 술을 마시던 손님들이 문경을 힐끔거렸다. 여자 혼자 와서 대담하게 소주를 시키다니. 남자들의 눈빛이 그랬다. 주인 여자가 무심한 듯 숟가락을 담근 어묵탕 그릇을 문경 앞에 놓아주었다.

문경은 옆자리의 시선은 아랑곳없이 소주병을 따서 잔에 술을 따르고 첫잔을 들이켰다. 비어 있던 속에 술이 들어가자 쓰라렸다. 주인 여자는 유리관처럼 생긴 진열대의 뚜껑을 열고 집게로 구불거리는 곱창을 꺼내 석쇠에 올렸다. 세 번째 잔을 들이켜고 난 문경이 주인 여자를 빤히 쳐다보다 물었다.

"아줌마, 저 아시죠?"

옆으로 비스듬히 서서 연탄불 위에 석쇠를 대놓고 있던 여자가 문경을 힐끔 쳐다보았다.

"저랑 여기 같이 오던 남자요, 그 사람 혹시 여기 안 왔어요?"

여자가 다시 문경을 빤히 쳐다보았다. 몸이 조금씩 빙글빙글 돌기 시작하는 느낌이었지만 정신은 말짱했다. 소주를 마시지 않았다면 여자에게 감히 말 붙일 용기를 내지 못했을 것이다.

"매일 오는 붙박이 손님이라면 모를까 오다가다 들어오는 손님을 어떻게 다 일일이 기억해요."

여자가 무심한 듯 내뱉고는 몸을 돌렸다. 곱창 익는 냄새에 연기까지 피어올랐다.

문경은 어묵탕을 다 먹지도 못하고 자리에서 일어났다. 플라스틱 의자가 뒤로 넘어가는 바람에 허리를 깊게 숙여 의자를 바로 놓았다. 잠시 숨을 고른 문경은 돈을 건네고, 잔돈을 거슬러 받고 고개를 꾸벅 숙여 인사하고 포장마차를 나왔다.

밤공기가 미지근했다. 몇 걸음 걷지 않았는데도 이마에 땀
이 맺혔다. 철길 건널목에서는 용케도 차단 신호등에 걸리지
않고 이내 건넜다. 문경이 건널목을 건너고 나자 땡땡거리며
차단기 내려오는 소리가 들려왔다. 연탄공장 앞을 지난 문경
은 불 꺼진 보보족발과 피아노 교습소 사이의 처마에 쪼그리
고 앉았다. 온몸이 나른했다.

"구름동으로 돌아가고 싶니?"

찢어진 상처를 꿰매고 병원 응급실에서 돌아오던 날 새벽에
오 군이 물었었다.

"네가 원한다면 가고 싶은 대로 가."

그때 문경은 제대로 된 대답을 하지 못하고 왜 그런 말을 하
느냐고 오 군에게 소리쳤다. 그땐 정말이지 어떻게 해야 할지
몰랐다. 하지만 문경은 이미 알고 있었다. 보이지 않는 미래야
말로 그 끝이 분명하다는 것을.

구름동사거리까지 온 문경은 결심이나 한 듯이 공중전화 부
스 앞에서 멈춰 섰다. 오 군이 일하는 곳의 전화번호를 누르는
일은 생각처럼 쉽지 않았다.

그는 아직도 그곳에서 일하고 있을까?

전화를 걸고 싶은 순간마다 번번이 그 생각이 먼저 들었다.
오 군이 거기 없다는 것을 확인하게 될까 봐 두려웠다. 그는

자신의 머릿속 길을 따라 움직이니까. 그의 머릿속에는 문경이 도저히 알 수 없는, 그만이 아는 또 다른 구름동 같은 은둔처가 있을지도 몰랐다. 그의 가족도, 세상 누구도 알 수 없는 곳. 문경은 그 예감을 확인하는 게 두려웠다.

문경은 망설임 끝에 공중전화 부스로 들어갔다. 송수화기를 든 손이 떨렸다. 딸깍딸깍, 동전 먹히는 소리가 크게 들렸다. 한 번도 걸어보지 않았지만 머릿속에 입력된 전화번호는 익숙했다. 발신음이 뚜우뚜우 긴 정적을 끌며 흘러갔다. 전화벨 소리가 닿는 곳에 그가 있을까? 거대한 문이 닫힌 창고 안에서 전화벨 울리는 소리가 환청처럼 들리는 듯했다. 송수화기를 막 내려놓으려던 순간이었다.

"여보세요, 운성입니다."

오 군의 목소리는 아니었다.

문경은 당황해 무슨 말을 해야 할지 몰라 망설였다.

"누구세요. 왜 전화를 걸고 말을 안 해?"

나이 든 목소리의 남자가 짜증을 부렸다. 전화가 끊길 것만 같아 문경은 다급하게 여보세요, 하고 남자를 불렀다. 오 군을 찾는다고 하자 문경이 말을 다 끝내기도 전에 오 군은 며칠 전에 일을 그만뒀다고 했다.

"왜 그만뒀어요?"

"그만둔 이유야 낸들 어떻게 알아요. 사정이 있으니까 그만 뒀겠지."

남자는 귀찮은 듯 성마른 목소리였다.

예감은 그래서 두려웠다. 이미 일어나버린 일을 두고 혼자 가슴을 졸이며 기다렸던 사실을 뒤늦게야 알게 되는 일. 그는 떠나고 없었다.

문경은 뚜뚜뚜, 하는 기계음을 들으며 멍 하니 서 있다가 누군가가 공중전화 부스 유리문을 탁탁 치는 소리에 정신을 차렸다.

"빨리 나와요. 기다리는 거 안 보여요?"

작업복 차림의 남자가 공중전화 부스 유리문에 바짝 붙어서서 소리를 질렀다.

문경이 부스에서 나오자 남자가 손에 든 동전을 짤랑거리며 부스 안으로 들어섰다. 송수화기를 든 남자는 부스 앞에 꼼짝 않고 서 있는 문경을 빤히 쳐다보았다. 저리 비키라는 눈빛이었다. 문경은 겨우 걸음을 옮겼다.

*

그들은 찾아오지 않았다.

구름동은 낯선 사람들이 눈에 잘 띄는 곳이었다. 최나 강을 닮은 사람조차 보이지 않았다. 집 밖으로 나올 때마다 문경의 신경은 날카롭게 곤두섰지만 점차 경계심도 사라졌다.

햇빛이 쟁쟁한 한낮의 구름동사거리엔 여름 냄새가 물씬 풍겼다. 긴팔 작업복의 팔뚝을 둘둘 말아 올린 사내들이 공장지대에서 쏟아져 나왔다. 그들은 갓길을 따라 구름동에 하나뿐인 식당을 향해 걸어갔다. 멀리서 하늘을 떠받치듯 서 있던 화학공장의 네 개의 굴뚝 중 그새 세 개가 사라지고 마지막 남은 하나가 홀로 우뚝했다.

제일 먼저 사라진 굴뚝은 불에 탄 굴뚝이었다. 매일 밤 폐기물을 실어 나르는 덤프트럭이 구름동을 다시 드나들기 시작했다. 덤프트럭이 사거리를 지날 때면 지축이 흔들리듯 문경이 누운 자리가 흔들렸다. 그것이 꿈속의 일인지 생시의 일인지 구분되지 않을 때도 있었다. 덤프트럭이 작업을 하고 난 다음 날이면 구름동사거리 전파사 앞에 내놓은 평상에 앉은 노인네들이 하나같이 입을 모았다.

"어이 속 시원타."

그들은 화학공장이 처음 들어설 때 누구보다 환영했다. 이제 우리 동네도 부자 동네가 되는구나. 환영의 박수를 보내고, 자식들을 화학공장으로 보냈다. 화학공장 굴뚝의 연기를 보고 바람의 방향을 가늠하던 이들이었다. 애초에 돈이 안 되는 농사는 집어치우고 그린벨트로 묶인 땅이 택지로 개발돼 큰돈이 될 것을 기대했을 것이다. 하지만 그린벨트는 풀릴 기미가 없었고 화학공장은 마을에 어떤 이익도 가져다주지 않았다. 고립된 요새 속에 잘못 들어앉은 성처럼 화학공장은 점차 쇠퇴해갔다.

이제 남은 굴뚝마저 철거되면 화학공장은 흔적도 없이 사라지는 거였다. 깊은 밤의 고요한 달빛 아래서 유일하게 남은 하나의 굴뚝은 오래된 유적지의 지표처럼 보였다.

문경은 한낮의 구름동을 어슬렁거렸다. 작업복 차림의 사내들 사이에서 공장장 곽 씨의 모습도 보였다. 문경은 그의 눈에 띌세라 얼른 고개를 돌리곤 했다. 이재규의 모습은 한 번도 보이지 않았다. 이재규가 아직까지 제일금형에 남아 있으리라는 보장은 없었다. 한때 오 군과 어울리며 한솥밥을 먹었던 사람들, 그들 역시 문경에겐 스쳐 지나가는 사람들에 불과했다.

문경은 노인들이 앉았다 떠난 전파사 평상에 앉아 들고 나는 노선버스에 탄 사람들을 멍하니 바라보았다. 어묵공장 쪽에서 길가 방 여자가 걸어오는 게 보였다. 점심을 먹으러 오는 길인지 여자는 위생복 차림이었다. 여자가 문경의 옆에 걸터앉았다.

"자주 보네. 하루 종일 여기 나와 있는 거야?"

"…"

"집에 가서 혼자 밥 먹을 생각하니까 입맛이 달아나네."

문경도 입맛이 없었다. 입맛이 없어도 한 끼는 먹었다. 종일 굶다가 밤이 깊어지고 더 이상의 기다림이 소용없다는 걸 깨닫는 순간 폭풍 같은 허기가 밀려왔다. 미친 듯 폭식을 하고 나면 배가 부른데도 묘하게 허무했다.

"신랑은 통 안 보이네. 아예 안 들어오는 거지?"

문경은 대답하기 싫었다.

여자는 문경이 일을 그만둔 것도, 오 군이 보이지 않는 것도 궁금해했다.

'당신한테 말할 의무가 없잖아. 당신이 그 사람을 여기로 데려올 수도 없잖아? 당신이 뭘 해줄 수 있는데? 아무것도 해줄 수 없으면 궁금해하지도 마!'

문경은 속마음을 숨기고 여자를 향해 빙긋 웃어 보였다.

"에고고, 사람 일은 알 수가 없어. 그러니까 남자랑 사는 거 그거 쉽게 생각하지 마. 자식이 있는 것도 아니고 혼인신고한 문서가 있는 것도 아니고. 그런 것도 없이 남자가 무슨 책임감이 있겠어. 나라면 벌써…."

여자가 갑자기 입을 다물었다. 문경은 끝내 여자에게 물어

보지 않았다. 왜 남편이 없느냐고. 이혼했거나 사별했거나, 아니면 여자가 도망을 나왔거나. 문경은 제멋대로 상상하기로 해버렸다. 그건 내 알 바 아니니까.

"슬슬 이삿짐도 싸야 하는데 걱정이네."

자리에서 일어난 여자가 엉덩이를 탈탈 털며 중얼거렸다.

장화를 신은 여자가 걸음을 뗄 때마다 장화 속에서 꽈리 터지는 듯한 소리가 났다. 문경은 여자가 찻길에 면한 출입문을 따고 집 안으로 들어가는 모습을 물끄러미 쳐다보았다. 문경은 여자가 부러웠다. 지긋지긋하다던 어묵공장도 그만둘 테고, 딸과 함께 넓고 깨끗한 새집에서 새로운 삶을 시작하겠지.

"나도 저 나이쯤 되면 걱정 아닌 걱정을 하며 살게 될까."

문경은 구름동으로 들어오는 버스가 요란한 소리를 내며 멈춰 서는 것을 무심한 눈으로 바라보며 중얼거렸다. 털털거리며 멈춰 선 버스에서 사람들이 내렸다. 최나 강 같아 보이는 사내도 없고, 오 군 같아 보이는 젊은 남자도 없었다.

"식인종이 사는 오지에 헬리콥터 한 대가 불시착했어. 식인종들에게 비행기는 뭐로 보였게?"

언젠가 오 군이 시시하다 못해 웃기지도 않는 농담을 했다. 무슨 생각을 하고 있는지 혼자서 킥킥댔다. 문경도 따라서 킥킥대기만 했다. 너무나 빤한 대답이 떠올라서 싱거웠고 싱거운 난센스를 던져놓고 재미있어하는 게 어이없어 웃었다.

"속이 다 보이는 저 버스 안에 든 사람들은?"

오 군이 만약 저 버스를 타고 나타난다면 뼛조각 하나 남기지 않고 아작아작 씹어 삼킬 테다.

"아유, 그런데 어째. 버스가 텅 비었잖아. 한 사람도 안 남았잖아? 빈 깡통이네."

문경은 오 군이 옆에 있기라도 한 듯 소리 내어 말하며 웃음이 터졌다. 느닷없이 터진 웃음은 걷잡을 수 없었다. 문경은 입을 가리고 웃다가 손등으로 눈초리에 비어져 나온 눈물을 훔쳤다.

문경은 해 질 무렵 버스를 타고 나와 밤늦게까지 이리저리 쏘다녔다. 오락실에서 게임도 하고, 분식점에서 김밥도 먹고, 커피숍에서 커피를 마셨다. 전철역 근처의 철시한 시장통 골목을 이 끝에서 저 끝까지 왔다 갔다 하며 아무것도 보이지 않는 가게 유리창에 얼굴을 붙이고 안을 들여다보기도 했다. 통로 양쪽으로 마주 보고 있는 간판들을 소리 내어 읽으면서 정신 나간 사람처럼 중얼거렸다. 구름동으로 돌아갈 일이 아득했다. 아무도 없는 빈집이라는 걸 알면서도 불 꺼진 캄캄한 창문을 마주하게 될까 봐 두려웠다.

구름동으로 들어가는 갈림길에서 저만치 앞서서 가로등을

벗어나는 기다란 그림자가 보였다. 문경은 그림자 사람을 놓치기라도 할 듯 늘어지는 걸음을 다잡았다. 오월의 하현달은 점점 희미해져가고 있었다. 가느다란 달빛을 끌고 가는 저 그림자가 오 군이었으면 좋겠다고 생각했다.

'왜 나한텐 한마디 말도 안 하고 사라졌어? 어디를 가는지, 언제 돌아오는지 말이라도 하고 가지.'

그에게 묻고 싶었다. 너와 갈 수 없는 길이라면 나는 어디로 가야 하는지.

그림자 사람은 사라졌다 희미하게 나타나고 기울듯 한쪽으로 접혔다가 다시 기다랗게 늘어났다. 배낭이라도 짊어진 것처럼 불룩하게 솟은 등이 눈에 띄었다. 사람의 형상인데 키 큰 나무 그림자 같기도 했다. 눈앞에서 돌연 사라졌다 다시 나타난 그림자 사람은 몸을 앞으로 숙이고 발뒤꿈치를 들고 걷는 것처럼 보이기도 했다.

구름동 종점으로 들어가는 노선버스가 등 뒤에서 빛을 쏘며 달려오고 있었다. 문경을 스쳐 지나간 버스는 구부러진 길을 돌며 미등이 잠깐 사라졌다 다시 나타났다. 불빛에 노출된 사람의 형체를 보았던가? 버스가 완전히 문경의 시야에서 사라지자 그림자 사람도 더 이상 보이지 않았다. 구름동으로 이어진 외길엔 달빛마저 사라지고 없었다.

*

하루가 다르게 기온이 오르기 시작했다.

예년에 비해 일주일이나 빨리 장마전선이 형성될 거라는 예보가 있었다. 장마가 시작되기 전 길가 방 여자는 이사를 갔고, 하나 남은 화학공장 굴뚝은 어느 날 아침 일어나 보니 감쪽같이 사라지고 없었다. 노선버스는 꾸준히 종점으로 드나들었지만 오 군은 돌아오지 않았다. 문경은 밤마다 창밖에서 나는 발소리에 귀를 기울였다. 바람에 창틀이 조금만 움직여도 자리에서 벌떡 일어나 창문 곁에서 숨을 죽였다.

훈은 끝내 돌아오지 않았다. 수마저 가버렸다.

"지 에미한테 갔어. 훈이 애비는 이젠 낙동강 오리알 신세 됐지 뭐."

수가 보이지 않는다고 문경이 물었더니 주인 할머니가 쯧쯧 혀를 차며 말했다.

훈이 형제가 없는 훈이네 집에선 아무 소리도 들려오지 않았다. 훈이 아버지의 프라이드왜건은 며칠씩 화장실 옆에 처박혀 있기도 하고 며칠씩 보이지 않기도 했다.

방 세놓음

보증금 200만 원/ 월세 10만 원

큰 방 1, 작은방 1, 거실 겸 부엌, 넓은 베란다, 기름보일러

즉시 입주 가능

　주인집 대문, 버스정류장 표지판, 슈퍼마켓 벽에도 길가 방
여자네가 살던 방을 세놓는다는 종이가 붙었다. 주인 할머니
가 부탁해서 문경이 써준 것이긴 하지만 매직펜으로 굵직하게
적힌 그 글자들은 낯선 글씨체로 보였다.

　장마가 시작되자 천지에 빗소리뿐이었다. 낮엔 약해지다가
도 밤이면 빗소리는 더욱 심해졌다. 마치 어둠이 비를 몰고 오
기라도 하듯이.

　장맛비는 폭우와 소강상태를 반복하며 보름이나 계속되었
다. 어느 날 밤 비가 억세게 퍼붓고 난 뒤 공장지대에서 흘러
내린 물이 도로를 잠식했다. 주인집 안마당도 물에 잠겼다. 문
경은 아침에 일어나 부엌에 물이 차 있는 걸 보고 깜짝 놀랐
다. 빈 연탄아궁이에도 물이 홍건하게 고여 있었다. 바가지로
부엌에 고인 물을 퍼내느라 애를 먹었다.

　구름동사거리를 중심으로 윗동네인 공장지대는 멀쩡한데
아랫동네는 그야말로 물바다가 되어버렸다. 뿌연 흙탕물에 길

과 집과 논밭의 경계가 지워지고 물이 출렁거렸다. 누구네 집에선가 흘러나온 살림살이가 둥둥 떠다니고, 동네 한가운데서 닭이 파닥거리며 안간힘으로 날갯짓을 하다가 물결에 떠내려가기도 했다.

"세상에 난리도 이런 난리가 없네. 내 평생에 이런 물난리는 처음일세."

주인 할머니는 마루에 쪼그리고 앉아 물이 출렁거리는 마당을 내려다보며 중얼거렸다.

길었던 장마가 끝나고 흐렸던 하늘이 극도로 맑게 빛나기 시작했다. 마을에 범람했던 물이 빠지면서 물에 잠겼던 것들도 속속 제 모습을 드러냈다. 문경은 수돗가 블록 담벼락에 이불을 내다 널었다. 습기를 먹어 눅눅하게 무거워진 이불이 동네 담벼락마다 널려 있었다.

전파사에서 틀어놓은 텔레비전에서 지리산국립공원 일대에 산사태가 나서 등산로가 막히고 계곡물에 휩쓸린 등산객들이 실종되었다는 뉴스가 보도되고 있었다. 전파사 주인은 물에 잠겼던 집기들을 문밖에 내다 놓고 난감한 얼굴로 흙탕물을 뒤집어쓴 것들을 들여다보고 있었다. 문경은 계곡을 타고 내려오는 거센 물줄기를 보며 언젠가 오 군이 얘기했던 지리산을 떠올렸다. 사람이 아닌 짐승의 힘으로 달려 내려왔다던 어둠 속의 지리산 자락을.

오 군에게서 편지가 온 건 장맛비가 그친 그 무렵이었다. 편지는 문경의 눈에 띄기 훨씬 전부터 우체통에 꽂혀 있었는지도 몰랐다. 각종 고지서와 우편물들 틈에서 눅눅해진 편지를 발견한 건 우연이었다. 문경의 이름으로 온 유일한 우편물이었다. 발신자 정보는 없고 흐릿하게 번진 우체국 소인뿐이었다. 오 군이 보낸 편지라는 걸 봉투를 뜯고서야 알았다.

편지의 내용은 문경의 예상을 크게 빗나가지 않았다.

'미안하다.'

잘 있냐는 인사도 없이 불쑥 미안하다는 말로 편지는 시작되었다.

치악산에서 며칠을 보내고 돌아가려 했는데, 움막에서 함께 지낼 수 있는 산지기를 만나서 조금 더 있어 보겠다는 내용이 짧게 적혀 있었다. 감상적인 소회 따위 배제된 내용이었다. 언제쯤 돌아온다는 말도, 기다리라는 말도 없었다. 미안하다는 말이 편지의 중간에, 마지막에 한 번 더 적혀 있었다. 문경은 답신을 할 수 없는 편지를 어떻게 받아들여야 할지 난감했다.

오 군과 함께 살았던 짐은 생각보다 많았다. 숟가락 하나, 슬리퍼 한 짝, 세숫대야 하나, 심지어 걸레 하나라도 늘어나는 게 살림살이였다. 하지만 의외로 오 군의 물건은 많지 않았다.

둘이서 함께 사용했던 것들을 쪼갤 수는 없었다. 정작 오 군의 물건들만은 버려져도 상관없는 것들뿐이었다.

저놈의 솥을 어디다 치울까?

연탄보일러 위에 올려둔 솥단지를 볼 때마다 솥, 솥, 노래를 부르며 시장통 그릇 가게로 달려가던 때가 엊그제 같았다. 문경은 들고 나갈 수 있는 자신만의 물건을 챙기면 방을 빼는 일은 간단할 줄 알았는데, 사정은 그렇지 않았다.

문경은 자신이 들고 갈 것만 남기고 살림을 줄이고 또 줄였다. 버려도 상관없는 것들은 최대한 버렸다. 장맛비에 잠겨 사용할 수 없게 된 짤순이는 고물을 주우러 다니는 할아버지에게 넘겼다. 겉보기엔 멀쩡해도 전기를 꽂아도 돌아가지 않았다. 양은솥 속에 부엌 살림살이들을 차곡차곡 쌓았다. 비키니 옷장과 책상은 그대로 두고 최대한 내용물을 비웠다. 마침내 책상 위에 아무것도 없이 텅 비었을 때 주인 할머니에게 방 열쇠를 맡겼다.

"아니, 짐을 다 빼야지. 열쇠만 맡기면 나더러 어떡하라고."

할머니는 난감한 얼굴로 열쇠를 받지 않으려고 했다.

"저만 나가는 거예요. 보증금이 다 닳기 전에 그 사람이 돌아올 거예요. 돌아온다고 했어요."

문경은 약속되지 않은 말을 남길 수밖에 없었다. 그가 돌아오지 않는다면 보증금이 다 닳아 없어질 때쯤엔 할머니가 남은 짐들을 치울 것이다.

오 군이 없는 구름동은 문경에겐 아무런 의미도 없었다. 오 군은 돌아오지 않을지도 몰랐다. 그는 언제든 화곡동 집으로 돌아갈 수 있을 테니까. 문경이 그를 기다려야 할 이유는 수백 가지도 댈 수 있지만, 구름동을 떠나야 할 이유도 수백 가지는 넘었다. 문경의 삶은 다시 시작되어야 했다.

*

장마가 끝나고 본격적인 여름 더위가 시작되기 전에 문경은 구름동을 떠났다. 밤에 나가는 버스는 텅 비어 있었다. 문경이 구름동을 떠나는 것은 아무도 보지 못했다. 구름동에 들어오는 것을 오 군밖엔 몰랐던 것처럼.

구름동을 떠나던 날 문경은 오 군에게 편지를 썼다가 지우기를 반복했다. 몇 장의 파지를 내고 겨우 쓴 쪽지를 책상 서랍에 넣어두었다.

기다리지 못해서 미안해,라고 첫 문장을 적을 때 오 군이 보낸 편지에 적혀 있던 '미안해'의 의미를 알 것 같았다. 오 군도 막막했을까. 미안하다는 말이 상대방에게 하는 말이 아니라 자기 자신에게 건네는 말은 아니었을까. 오 군이 주소 불명지에서 보낸 편지를 뜯었을 때의 막막한 심정으로 문경도 미안해라는 말밖에 아무것도 남길 수 없었다.

몇 달만 신세를 지기로 한 박 언니의 집은 서울 북쪽 경계에 있었다. 서울에서 첫 아르바이트를 할 때 만난 박 언니는 카타콤베에서 일할 때도 잠깐씩 신세를 진 적이 있었다. 오랜만에 연락을 한 문경에게 박 언니는 웃으며 말했다.

"살아 있었나 보네?"

"죄송해요, 아쉬울 때만 전화해서."

문경은 진심으로 미안했다. 다행히 박 언니는 캐묻지 않고 문경을 받아주었다.

문경은 최소한의 생활비를 벌 수 있는 아르바이트를 제외하면 대부분의 시간을 박 언니의 집 근처 독서실에 틀어박혀 보냈다. 손님이 가장 많이 드는 점심시간에 집중적으로 일손이 필요한 국밥집에서 네 시간 아르바이트를 하면서 한 끼를 해결하고 일이 끝나면 독서실로 돌아왔다. 저녁밥은 빵으로 때우고 밤새워 공부하다가 지칠 때 박 언니의 방으로 들어가 잠만 자고 나왔다.

어느새 대학입시가 코앞으로 닥쳐오고 있었다. 독서실 책상에 고개를 처박고 앉아 있다 보면 등을 꼿꼿이 편 채 흐트러짐 없는 자세를 유지하고 있던 단단한 미스 백의 모습이 떠올랐다. 대학 졸업장이 없어서 차별을 받아봤다고 단호하게 말하던 그녀의 표정이, 흔들림 없이 견지하고 있는 그녀의 자세가 부러웠었다.

문경은 갈피를 잡을 수 없었다. 때가 늦었다는 낙담이 들다가도 이대로 끝낼 수는 없다는 갈등이 교차했다. 하지만 어떤 식으로든 불안정한 생활을 잡으려면 안정된 직장을 가져야 했고, 그러자면 책을 손에서 버릴 수가 없었다. 한적한 소도시의 면 출장소나 관공서에서 단순한 민원 업무를 보면서 살아가는 삶도 괜찮았다. 이리저리 떠돌지 않는 삶을 살 수만 있다면 말이다.

미스 백은 올해 학력고사를 치르겠지. 소리 소문 없이 사라져서 옮겨간 새 삶의 터전에서 미스 백은 어떤 자세로 살고 있을까.

미스 백이 사라지고 보름 남짓 함께 일했던 미스 김은 얼굴도 희미했다. 어디선가 미스 김을 만나더라도 알아보지 못할지도 몰랐다. 미스 김이 보여준 몇 가지 특징적인 면들은 한영통상에서만 알아볼 수 있는 이미지일 수도 있었다. 그것만으로는 미스 김을 다 설명할 수는 없을 테니까.

사람이 살아가는 방식은 여러 가지겠지만 수억 년 전부터 인류가 진화해온 것처럼 한영통상이 어느 날 갑자기 생겨난 변종은 아닐 것이다. 최나 강 같은 인간들은 제 몸을 바꾸면서 어떤 방식으로든 살아남겠지. 이 세상에서 자기 자신을 불필요하다고 생각하는 사람은 아무도 없을 테니까.

문경은 구름동에서 짐을 쌀 때 한영통상에서 방문한 고객들의 정보를 기록해둔 다이어리를 연탄아궁이에서 태워버렸다. 다 소용없는 물건이었다. 그것으로는 아무것도 할 수 없다는 걸 깨달았다. 적어도 그녀 자신이 함께 망가질 자신이 없다면 말이다. 노트는 사라져도 기억은 사라지지 않을 것이다. 아직 어렸지만 죽음이 삶보다 강렬할 수도 있다는 걸 깨달았을 때처럼, 삶이 언제 어디서 뒤통수를 칠지 알 수 없었다.

독서실에서 밤을 새고 박 언니의 방으로 돌아가는 새벽녘이면 문경의 머릿속은 연탄아궁이 속의 불을 바라보듯 멍해졌다. 새벽녘의 깊은 어둠은 밤의 입구 같아서 다시금 같은 하루로 돌아가는 듯 느껴질 때도 있었다. 그런 날이면 처음 오 군과 구름동으로 들어가던 날이 떠올랐다. 처음 밟아보는 낯선 길에서 맞닥뜨린 깊은 겨울밤의 고요, 앞발로 땅을 차듯이 걷던 오 군의 발소리, 느닷없이 길모퉁이에서 달려오던 덤프트럭의 굉음과 찌를 듯한 불빛…. 낯선 행성에 발을 딛는 듯한 아득함이 되살아나면 그 시간이 되풀이되고 있는 것만 같아

몸이 떨렸다.

오 군은 산에서 돌아왔을까. 구름동 방에 남겨두고 온 쪽지는 읽었을까?

흐르는 시간을 멈출 수 있다면 다시 그곳으로 가볼 수도 있겠지만 굳이 확인하고 싶지는 않았다.

오 군의 왼쪽 귓불 아래 꿰맨 상처는 세월이 지나면 흐릿해질 것이다. 그 상처의 기억이 그를 어디까지 데려갈지는 알 수 없었다. 문경이 사랑했던, 사랑한다고 믿었던 시간들은 뒤이어 올 시간들에 의해 서서히 탈색되고 거짓말처럼 지워지기도 할 것이다. 그녀가 변해가는 만큼 왜곡되기도 할 테니까.

구름동은 이제 문경의 기억 속에만 남아 있을 뿐이었다.

문경이 오 군과 구름동에 살았다는 증거는 그 어디에도 없었다. 흔한 사진 한 장조차 없었다. 둘이 나란히 사진을 찍은 적도, 서로의 사진을 찍어준 적도 없었다. 구름동은 그들이 구름동에 있을 때만 존재했던 세계였다. 분명한 건 그것뿐이었다.

작가의 말

이태호라는 가수가 부른 〈미스 고〉가 한동안 인기를 끈 적이 있다. 그때는 이름을 부르지 않고 (특히나 여자들의 경우) 성에다 '미스'만 붙이는 지칭이 대세였다. 성별과 결혼 여부까지 드러내는 그 방식을 나는 좋게 생각하지 않았다.

그 시절, 내가 만난 사람 중에 미스 조가 있었다. 조와 돈을 보태 서울 중심에서 아주 먼 변두리에 작은 방 하나를 얻었다. 처음으로 내 돈으로 월세를 지불하며 살아본 방이다. 겨우 생활비를 조달할 수 있을 정도의 아르바이트도 오래가지 못하고 이리저리 일자리를 옮겨 다닐 때였다. 조도 나와 같은 신세였다. 우리는 같은 일터에서 처음 만나 고작 보름 남짓을 같이 일했을 뿐이지만 오래전부터 알고 지내온 것처럼 단박에 모든 걸 공유했다.

고달픈 날들에 반짝, 빛이 들어오는 것만 같은 시절이었다. 각자 일을 찾아 새로운 아르바이트를 시작했지만 일을 마치고 우리의 방으로 돌아오면 그날 겪었던 일을 얘기하느라 새벽까지 잠을 자지 않을 때도 있었다. 나는 조가 하는 일이 범상치 않다는 것에 흥분했다. 처음엔 코끼리에게 비스킷을 던져주듯 맛만 빼주는 이야기만으로도 호기심에 안달이 났다. 조가 얘기하는 맥락은 백과사전이나 고전문학 전집을 팔러 다니는 것처럼 들렸다. 충분히, 너무나도 그렇게 들리는 얘기들이 일종의 각색을 거친 이야기라는 건 차후의 고백을 통해 알게 되었는데, "그것이 어때서?"라는 반응을 보이는 내게 조는 괜히 가슴 졸였다는 듯 얼굴을 붉혔다. "정말 이 일이 아무것도 아니라는 말이야?" 조가 물었다. "세상엔 그보다 더한 일도 있겠지. 하지만 그만하는 게 좋겠어." 나는 조용한 목소리로 충고했다. 조는 한 달 만에 그 일을 그만두었다.

지나간 시간이 구체적인 모양을 가진 것처럼 느껴질 때가 있다. 손을 대면 형체가 잡히고 질감이 느껴지고, 소리도 내는 그런 물건처럼. 조를 떠올리면 그 형체는 점점 구체적으로 살아나지만 조의 얼굴이나 이름은 지워진 지 오래다.

조는 숱하게 만났다 헤어진 시절 인연 중 한 사람이다. 부피도 그다지 크지 않고 같이 살았던 시간은 딱 석 달밖에 되지 않았지만 그건 중요한 게 아니었다. 조는 잊을 만하면 한 번씩 내 머릿속에서 딸그락딸그락 소리를 내며 굴러다녔다. 잠잘 거처를 찾아다니던 시절에 조만 만난 게 아닌데, 유독 조만이 시간이 갈수록 더 시끄러운 소리를 내는 것 같았다.

어느 때부턴가 조를 복원하는 작업을 해봐야겠다고 생각하면서 시간이 흘렀다. 조가 내 귓가에 대고 밤마다 속삭였던, 끝내 울음을 터트리며 고백했던 이야기들이 삭지 않은 채 하나의 씨앗이 되어 자라고 있었다.

이 소설을 쓰면서 여러 번 손을 놓았었다. 제대로 된 글이 될까 망설이는 동안 조의 행방을 이리저리 찾아보았다. 조는 그 어디에서도 모습을 보이지 않았다. 페이스북 같은 에스앤에스(SNS) 계정도 보이지 않았다. 한 사람만 알면 열 사람과 연결되고, 열 사람과 연결되면 백 사람과 연결되고, 마침내 떠오르고 만다는 이 세계 어디에서도 말이다.

그러고 보니 내가 알고 있는 조는 조 딱 한 사람뿐이었다. 나는 조의 가족이나 친구를 만난 적도 없고 조 역시 나에 관한 한 그러했다. 시간이 갈수록 정말 조라는 인물이 실재했던가

하는 의문이 들 정도로 혼란스럽기까지 했다.

　다시 조를 복원해내는 일에 열중할 수 있었던 건 더 이상은 조를 찾을 수 없다는 결정을 내린 후였다. 어쩌면 내가 알고 있는 조는 조가 아닐 수도 있다는 것을, 조의 신분증을 본 일도 없고, 조가 본래 성인지도 알 수 없는 일이라는 것을 뒤늦게 깨달았다는 말이다. 그때야 비로소 나는 조에게서 자유로워질 수 있었다. 다시 돌아갈 수 없는 그 시절, 내가 만났던 수많은 '미스 조'들에게 이 글을 바친다. 부디 안녕하기를 기원하며!

2021년 3월

홍명진

미스 조

초판 1쇄 발행 2021년 4월 29일

지은이 홍명진
펴낸이 황규관

펴낸곳 (주)삶창
출판등록 2010년 11월 30일 제2010-000168호
주소 04149 서울시 마포구 대흥로 84-6, 302호
전화 02-848-3097
팩스 02-848-3094
전자우편 samchang06@samchang.or.kr

종이 대현지류
인쇄제책 스크린그래픽

ⓒ 홍명진, 2021
ISBN 978-89-6655-134-7 03810

＊이 도서는 2019년 아르코문학창작기금 지원사업에 선정되어 발간된 작품입니다.

실전상담 해석을 위한

레드썬의

타로가 답이다

Taro

실전상담 해석을 위한

레드썬의

타로가 답이다

권우진 지음

타로를 처음 접하는
왕초보들에게

타로를 처음 접하다 보면, 어떻게 카드 몇 장 뽑았을 뿐인데 나에 대해 맞추는 것일까? 궁금증이 생길 것이다. 또한 타로를 잘 다루고 내 상황에 맞는 설명을 하는 마스터를 보며 놀라운 생각이 들기도 한다. 저자 역시 처음 그러한 호기심에 타로를 시작했고 벌써 10년이라는 세월이 흘렀다.

 타로 강의를 하다 보면, 어떨 때는 상담경력이 꽤 되었는데도 타로가 어렵다며 기초를 다시 배우겠다고 오는 수강생들이 종종 있다. 그분들의 공통점은 타로의 기본은 잘 모르는 체, 너무 어렵게만 접근하려는 성향이 있는 것을 알게 되었다. 결론부터 말하자면 이 책은 정말 기본기에 충실한 책이라 할 수 있다. 누구나가 최대한 쉽게 배울 수 있도록 쓰려고 노력했고, 그것이 타로를 먼저 시작한 사람으로서 마땅히 해야 할 일이라 생각한다.

타로 책을 보다 보면 어떤 책은 수비학은 어떻고, 점성학적으로는 어떻고, 카발라는 어떻고, 장황한 설명을 늘어놓은 책들이 많다. 아니 대부분의 책이 그러하다. 하지만 아무리 장식이 화려해도 기본이 되어있지 않으면 결국은 다시 원점으로 돌아가 다시 시작해야만 한다.

타로의 사전적 의미는 78장의 그림으로 이루어진 점을 치는 도구라고 되어 있다. 여기서 우리는 78장의 그림이라는 말에 주목할 필요가 있다. 결국 가장 중요한 것은 그림의 해석을 올바르게 하는 것이다. 맹목적인 키워드를 위한 끼워 맞추기식 이미지 해석이 아닌, 올바른 이미지의 분석을 통한 이해가 중요하다. 이 책은 그 점에 중점을 두고 집필했다. 어떤 사람들은 이미지 해석은 초보자나 하는 것이라며 직관이니 뭐니 이상한 해석을 늘어놓는다. 그 사람들이 마치 무엇이라도 되는 듯 장황하게 이야기하지만, 실제론 제대로 이미지 분석조차 못하는 사람들이 허다하다. 이 책에서는 점성학적 의미와 수비학적 의미를 두루 써 놓았지만, 그중에서도 역시 가장 중요한 것은 기초를 튼튼하게 다질 수 있는 올바로 된 이미지의 해석일 것이다. 그런 능력을 길러야지만 어떤 타로를 보더라도 또한 어떤 질문에 답을 구하더라도 큰 어려움 없이 정확한 접근을 할 수 있을 것이다.

그리고 무엇보다 중요한 한 가지는 타로란 것이 이 카드는 '이것이다'라고 단정 지을 수 없는 영역에 있다는 것이다. 처음 타로를 공부할 당시 상징성과 키워드를 외우기 위해 많은 시간을 투자했고 공부를 했지만, 막상 해석을 해보니 단순한 키워드의 나열을 말했을 뿐 질문에 맞는 답을 찾기란 어려웠다. 나중에 알게 된 사실이지만(사실 이 부분을 진작 알았어야 했는데 그리 하지 못한 내가 바보스럽게 느껴지기도 했다), 타로는 맹목적으로 외우고 답하는 이성적인 학문이 아니라 필(feel)에 의한 감성적인 학문이었다. 물론 그 감성적이라는 것이 카드에 대한 이해가 없는 상태에서의 무작위적인 찍기가 아닌 카드를 충분히 이해한 상태에서의 자유로운 해석을 말하는 것이다.

길을 가다 화장을 진하게 한 그러나 촌스러운 모자를 쓰고 딱 달라붙는 옷을 입은 여성이 지나갈 때 어떤 이는 섹시하다고 할 수도 있고, 어떤 이는 시골스럽다고 할 수도 있고, 어떤 이는 자유분방하다고 할 수도 있다. 그 물음에 정답은 없다. 그것은 각자가 느끼는 것이 정답이라고 생각한다. 타로도 마찬가지다. 많은 상징성과 키워드들, 그것은 단지 해석을 하는데 도움을 주는 것이지, 그 이상도 이하도 아니었다. 결국은 상징성과 키워드는 길을 제시해 주지만, 그 질문의 정답은 내가 느끼는 그것이었다.

여기서 한 가지 놀라운 타로의 비밀을 알려주자면 타로는 실제 스프레드를 하는 사람을 기준으로 나오게 되어 있다는 것이다. 평소 상담을 하는 타로마스터가 그 카드에 대해 '어떤 생각을 가지고 있는지'에 따라 마스터별로 다르게 나오게 되어 있다. 가르치는 선생마다 해석이 다를 수 있고 관련 서적마다 그 내용이 상이할 수 있다. 누가 맞고 누가 틀린 문제가 아니라 공부를 하면서 가장 타당하다고 생각되는 자신만의 해석을 할 수 있다면, 그것이 당신의 타로에 있어서 가장 정확한 해답이 될 수 있다. 그렇기에 훌륭한 타로 마스터가 되기 위해서는 왜 이런 키워드가 생성되고 해석을 이렇게 할까에 대한 의문을 가지고 이해가 될 때까지 끊임없이 관찰해야 할 것이다.

또한 타로마스터를 꿈꾸는 많은 분에게 꼭 하고 싶은 말이 있다. 처음 상담을 했을 때의 일이다. 내가 하는 말에 내담자가 '맞는다' '딱 맞는다'라고 말한다면 나는 내가 대단한 예언가라도 되는 것처럼 희열을 느끼며 더더욱 무언가를 맞추기에만 혈안이 되어 있었다. 마치 그러하면 내가 용한 점쟁이라도 되는 줄 알았고, 그래야만 인정받는 줄 알았다. 그러나 맞는다는 말은 들을지언정 내담자에게 그 이상의 상담은 할 수 없었다.

타로샵을 운영한 지 3개월쯤 지났을 때였다. 20대 초반의 예쁘장한 대학생이 나를 찾아왔다. 타로를 펼치고 이야기를 나누던 중 그녀는 얼마 전 아버지가 사고로 돌아가시고 어머니도 암 투병 중이셔서 학업을 중단해야 할 위기에 처해있는 상황이었던 것을 알 수 있었다. 이야기를 듣는 내내 너무나 가슴이 아팠고 상담 도중 그녀도 눈물을 흘리고 나도 눈가가 촉촉해 있었다. 그렇지만 그렇다고 해서 내가 그녀에게 어떤 명확한 해답을 해줄 수는 없었다.

그녀가 마지막에 뽑은 17번 the star를 보며 나는 그녀에게 지금은 힘이 들지만 꿈을 포기하지 않고 열심히 노력하다 보면 좋은 날이 반드시 올 거라며 용기를 북돋아 주는데 지나지 않았다. 그러나 그녀는 상담 중에 스스로에게 자신감을 가지기 시작했고, '할 수 있다'는 신념에 가득 찬 눈빛으로 미소를 지우며 고맙다는 말을 전하며 상담을 마치게 되었다. 그때 느낀 것은 타로란 것이 이런 거구나. 내가 내담자에게 일방적으로 해답을 알려주고 강요하는 것이 아니라 내담자 스스로 본인의 내면 깊은 곳의 진리를 찾아내고 스스로 해답을 찾아가는 것이구나. 내담자는 그런 과정에서 힐링(healing)을 하며 위안을 삼고, 나는 그것을 끌어내기 위한 노력을 해야 한다는 것이었다.

이 책을 보는 모든 타로를 공부하는 분들에게 나는 이 한마디는 꼭 해주고 싶었다. 타로는 단순한 점을 보는 도구가 아니다. 이것은 어쩌면 미래에 대한 설렘이자 바램으로써, 우리 내면에 감추어져 있는 진실의 문을 스스로 열게 만들고 스스로 해답을 찾게 만드는 점 그 이상의 것이다.

타로에서 가장 힘든 점은 좋은 결과가 나왔을 때가 아니라 안 좋은 결과 최악의 결과가 나왔을 때, 그 사실을 거짓이 아니라 진실을 전하면서도 마음에 상처를 주지 않고 용기를 줄 수 있는 상담을 해야 한다는 것이다. 10년의 세월이 지났지만, 이 글을 쓰는 나도 아직 그 부분에 대해선 아직도 노력 중이며, 연구 중이라고 말할 수 있다. 좋은 타로상담가란 정확한 답변만을 하는 기계적인 점술가가 아닌, 마음으로 상대를 대할 줄 아는(그렇지만 정확한 해석은 반드시 필요하다), 그런 감성 충만한 술사가 아닐까?

타로란 ?

인간은 누구에게나 초능력적인 무한한 잠재능력이 있다. 하지만 불행하게도 인간은 그 능력을 느끼지 못하며 사용하는 방법조차 알지 못한다. 타로는 그러한 인간의 초능력적인 능력을 깨우치고 발휘할 수 있게 하는 자전거 페달과도 같은 것이다.

타로란 그림으로 이루어진 78장의 카드로써 점을 치는 도구, 심리치료의 도구, 자아실현의 도구, 상담의 도구 등 우리가 세상을 살아가는데 올바른 길을 갈 수 있도록 방향을 잡아주는 도구로써의 역할이 가장 크다고 볼 수 있다.

타로카드는 신성시되기도 하며, 남을 봐주면 죄를 짓는 거라는 학설이나 이론도 있다. 타로라는 도구 자체가 비밀의 문을 여는 열쇠로 표현되기에 잘못된 도구의 사용은 사용자나 피사용자를 잘못된 길로 인도할 수 있다. 그렇기에 타로를 사용하는 데 있어 항상 내담자를 이롭게 한다는 진실한 마음으로 사용하기를 바란다.

TAROT라는 문자 그 자체가 바퀴 상으로 배열되면 ROTA(바퀴) 또는 TORA(율법)의 아나그램으로서 읽을 수 있으며, 영원히 회전해서 세계에 변화를 가져오는 불가시의 〈운명의 바퀴(세계륜)〉의 상징으로 한다.

Contents ·······◦◦◦

수트카드

Contents ┅┅○○○○

타로의 역사

타로가 정확히 언제 어디에서 시작되었는지 아직까진 추상적인 이론만 있을 뿐이지, 그 이론을 뒷받침할 수 있는 확실한 근거는 없다. 하지만 어디에서 타로가 시작되었건 그 시작은 단순한 게임의 용도로 사용되었다가 점술용 도구로 발전된 것으로 보인다. 타로카드를 보면 교황, 마법사, 황제와 같은 카드들이 있는데, 그런 카드들로 보았을 때 중세에 만들어졌다는 것을 추론할 수 있다.

타로의 기원설 중에서는 이집트 기원설, 중국 기원설, 집시 기원설, 인도 기원설 등이 있는데, 그 어느 것도 증명할 수 있는 것은 없다. 타로의 내용 속에는 고대 이집트나 카발라, 혹은 다른 원시 신화들의 상징들이 녹아 있다는 것으로 보아 어느 하나의 기원설보다는 다양한 관점에서 바라보아야 할 것이다.

현존하는 덱(deck) 중 가장 오래된 것은 1450년 비스콘티(Visconti)가문의 밀란 공작(Duke of Milan)의 요청으로 이탈리아의 예술가인 보니파시오 벰보

(Bonifacio Bembo)가 한장 한장을 일일이 손으로 그린 비스콘티 타로 'Visconti Deck'이다.

1784년에 에테일라(Etteilla)라는 이름으로 잘 알려진 점술사, '쟝 밥티스트 알리에테(Jean-Baptist Alliete)'라는 프랑스인이 자신의 이름을 거꾸로 한 에테일라(Etteilla)라는 가명으로 게벨린의 주장에 자신의 이집트 신비주의를 가미하여 에테일라 타로를 만들게 된다.

에테일라 타로에서는 처음으로 역카드의 개념이 등장하는데 78장의 카드가 지니는 의미를 좀 더 넓게 해석할 수 있도록, 카드가 뒤집혀서 나올 때는 그 의미가 반대로 되거나 에너지가 약해진다는 이론을 주장하였다. 이러한 역방향 카드의 개념은 오늘날에도 많이 받아들여 지고 있으며 많은 마스터들이 사용하고 있다. 그러나 역방향 카드는 이론적 근거는 빈약하기 때문에 '크로울리'같은 경우는 타로의 이미지를 통한 느낌이 역카드 이론으로 왜곡되는 것을 원하지 않는다는 이유로 아예 처음부터 역카드를 사용하지 말 것을 해설서에 적어두기도 했다. 이 책의 저자 또한 역방향을 사용하지 않는다.

가톨릭인 프랑스의 '알퐁스 루이 콩스탕(Alphonse Louis Constant)'은 자신의 이름을 히브리어로 바꾸어 '엘리파스 레비(Eliphas Livi)'라는 필명으로 1855년 레비의 『초월 마법 교의』라는 저서를 통하여 최초로 타로와 카발라를 연결한다. 레비는 타로와 카발라 (Kabbalah-히브루의 신비주의 체계)의 상호관계를 밝혀냈다고 하지만, 이를 입증할 만한 구체적인 근거는 제시하지 못했다. 그럼에도 불구하고, 타로의 상징성이 모든 분야를 섭렵한다는 이론이 대두되기 시작되었고, 이후부터 많은 신비주의 단체들이 타로를 신성시하며 모든 신비주의의 의미를 밝히는 중요한 지식의 집합체라고 생각하기 시작했다. 하지만 이러한 연구는 유대 전통 카발라 쪽에서는 부정하며 무시하고 있다.

1888년 영국 런던에서 창설된 '황금새벽회'의 등장으로 타로의 연구의 중심지는 유럽대륙에서 영국으로 옮겨진다. 그로 인해 20세기 타로의 르네상스 시대를 맞이하게 된다. 황금새벽회는 오늘날의 타로에 있어서 가장 큰 영향을 끼쳤다고 할 수 있다. 실질적으로 '웨이트 타로'나 '토트 타로' 등을 통하여 타로의 정통적

유니버셜 웨이트 타로카드

인 이미지를 완성했고, 타로와 카발라, 그리고 점성학을 연관해서 발전시켰다.

1909년에 'Arthhur Edward Waite'가 구상하고 '파멜라(Pamela Coleman Smith)'가 그린 '라이더 웨이트 타로'가 발행되면서 황금새벽회의 타로들은 세상에 그 모습을 드러내게 되었다.

'웨이트 타로'는 최초로 마이너 카드들까지 메이져 카드들처럼 이미지를 통하여 상징화한 타로라는데 중요한 의미가 있다. 이후의 발행된 타로들은 대부분 웨이트의 상징체계에 따라서 비슷한 이미지들로 이루어져 있음을 알 수 있는데, 그것으로 웨이트 타로가 대부분의 타로에 지대한 영향을 미쳤다고 할 수 있다. 그 이전의 타로들은 마이너 카드가 이미지가 아닌 원소의 나열형식으로 되어 있다.

이렇듯 타로는 시대의 변천과 더불어 많은 발전을 해왔다. 그리고 이 책에서 배우게 될 '유니버셜 웨이트(Universal Waite)' 타로는 라이더 웨이트 타로에 '메리 핸슨 로버츠(Mary Hanson Roberts)'가 아름답게 채색한 타로로서 전 세계에서 가장 많은 타로마스터들이 사용하고 있는 타로이기 때문에 타로를 배우는데 있어 가장 기초적인 타로라 할 수 있다.

어떤 사람들은 유니버셜 웨이트 타로를 초보자용이라며 우습게 생각하는 사람들이 있다. 그러나 기초가 튼튼하지 못한 건물은 완성되지 못하거나 금방 무너져 내리듯이 처음에 다른 덱을 배웠다가 어려움을 겪고서야 다시 유니버셜 웨이트를 공부하는 분들을 본 적이 있다. 무엇이든지 기초가 튼튼해야 하듯이, 유니버셜 웨이트 타로덱은 현대 타로에 있어서 중요한 기둥과 같다. 기초가 튼튼하다면 그 후에는 아무리 어렵고 힘든 덱이라도 쉽게 이해할 수 있을 것이다.

어쩌면 지금 우리가 알고 있는 타로에 대한 모든 것이 그저 빙산의 일각일지도 모른다. 하지만 중요한 것은 타로에 있어서 사람들이 주장하는 어떻게 시작되었고, 어떤 것이 중요하다는 이론이 아닌, 타로를 바라보는 본인의 시각과 어떻게 사용되는지가 아닌가 생각된다.

어차피 중요한 것은 인간에게 '타로'라는, 고대의 지혜와 비밀을 담고 있을지도 모르는 도구가 어떤 방법으로 사용되는지 이고, 그것은 결국, 사람마다 다를 것이다.

내담자를 사랑하는 진정한 마음이 있다면 또는 타로를 통해 알고 싶은 간절한 마음이 있다면, 본인 자신을 믿고 본인만의 해법으로 타로를 보는 것이 최고의 방법이라 생각된다.

타로의 기본 용어

■ 덱
타로카드는 총 78장으로 구성이 되어 있다. 이렇게 78장의 카드를 한 묶음으로 가리키는 용어를 덱(deck)이라고 한다.

◎ 아르카나(arcana)
라틴어에서 유래가 된 '비밀'이라는 뜻을 가진 'arcanum'의 복수형. '숨겨진 지식과 미스터리'라는 의미이다. 아르카나는 메이저 아르카나와 마이너 아르카나로 나뉘어 풀이가 달라진다.

■ 메이져 아르카나(major arcana)
78장 중 총 22장의 카드. 0~21까지 번호가 매겨져 있고 각기 이름이 다르게 구성되어 있다. 타로풀이를 할 때 인생에 있어서 중요한 사건들을 주로 나타내주는 카드이다.

◎ 마이너 아르카나(minor arcana)
4가지 수트(지팡이/컵/칼/동전)로 이루어져 있다. 각각 번호가 매겨져 있는 10장의 카드와 계급을 나타내는 4장의 코트 카드(왕/왕비/기사/소년)으로 구성되어 있다. 마이너 아르카나의 총 카드는 56장이다. 작은 사건들을 주로 나타내지만 강렬한 답을 주기도 한다.

마이너 아르카나를 구성하는 카드 중에 수트 카드(suit card)는 나무(wand), 컵(cup), 칼(sword), 별(pentacle) 4가지 종류로 이루어져 있으며, 각 수트마다 1부터 10까지 10장의 카드가 있다.

마이너 아르카나를 구성하는 또 다른 카드 코트 카드(court card)는 4종류의 수트마다 왕,

왕비, 기사, 소년 총 4가지 종류로 구성이 되어 있고, 카드는 총 16장으로 구성되어 있다.

■ 셔플
셔플은 카드를 섞는 동작을 의미한다.

◎ 커트
커트는 카드를 나누는 동작을 의미한다. 스프레드를 하기 위한 예비동작으로 보면 된다.

■ 스프레드
타로카드를 펼쳐서 점을 치는 행위 주로 카드를 뽑는 과정까지를 스프레드라고 한다.
질문에 따라서 3장 배열, 켈틱크로스, 비교배열법 등 다양한 방법으로 배열한다.

◎ 타로 리딩(tarot reading)
스프레드를 통해 나온 카드를 읽거나 해석하는 것. 주로 리더가 입을 떼기 전 카드의
의미해석을 '리딩'이라고 한다. 상황이나 사람에 따라선 입을 떼서 말하는 것 까지를 말
하기도 한다.

■ 타로 리더(tarot reader)
스프레드를 통해 나온 카드를 리딩해 주거나 통변해주는 사람을 말한다.

◎ **내담자**(內談者) **혹은 시커**(seeker)

내담자는 비밀로 해주길 바라며 찾아온 사람, 즉 비밀스러운 대화(속내를 털어놓음)를 바라며 리더를 찾아온 대상을 말하고, '시커'란 구도자(求道者)를 말한다. 답을 구하거나 길을 찾기 위해 리더를 찾은 방문자를 말한다.

■ **통변**(通辯)

타로 리더가 타로카드 리딩을 통해 읽거나 해석한 내용을 내담자의 상황이나 조건에 맞추어 판별하여 말하는 것을 말한다.

◎ **키워드**(key word)

키워드는 각 타로카드에 담겨있는 이미지나 상징을 의사전달이 가능한 핵심어(의미어)로 정리한 단어를 키워드라고 한다.

■ **직관리딩**(直觀 / intuition reading)

타로 리더가 타로카드의 키워드 해석의 통변이 아니라 전반적인 느낌이나 보이는 그대로를 리딩하는 것을 말한다.

◎ **연계리딩**(連繫 / 聯繫 reading)

연계리딩이란 타로 리더가 직관을 사용해 상황을 연결하여 맺는 과정을 말한다. 이것을 스토리 텔링(story telling)이라고도 하는데, 리더가 말에 기승전결을 담아 얘기하듯이 말하는 리딩을 말한다. 타로 리더가 사용할 경우 내담자와의 친밀감이나 리더 스스로 확신이 있는 리딩이 가능해진다. 상당히 고급 리딩법에 속하며 이 리딩법이 가능해지면 초보 단계를 지나 중급의 단계로 들어섰다고 보아도 무방하니 자신감을 가져도 좋다.

타로카드 공부 방법

1. 타로카드와 친해져라

　타로카드를 배우는 데 있어서 가장 중요한 것은 타로카드와 친해지는 것이다. 늘 가까이 두고 자주 꺼내보며 손에 익숙해 져야 한다. 처음 타로카드를 공부할 당시 나는 늘 타로카드를 가지고 다니며, 버스에서 남녀가 같이 타면 저 사람들의 연애운은 어떨까? 홀로 탄 중년 남성을 보며 저 사람의 금전운은 어떨까? 티비를 보며 두 주인공은 앞으로 어떻게 될까? 등등 늘 해석을 해보려고 노력했었다. 처음이라 해석이 쉽지는 않았지만, 늘 해보려고 노력하던 것이 훗날 많은 공부가 되었던 기억이 있다.

2. 타로카드를 배우고 싶다는 태도가 중요하다

우리는 살면서 하고 싶은 것과 하고 싶지 않은 것이 있다. 그동안 경험에서 알 수 있겠지만 하고 싶지 않은 것은 아무리 해보았자 시간 낭비일 뿐이다. 그저 남들이 하니까 배우러 왔다면, 그냥 조용히 책을 덮고 가기를 추천한다. 이런 분들은 몇 개월 해보았자 절대로 타로를 할 수 없다. 타로카드 운세점을 배우고 싶다는 욕망이 생겨야 배울 수가 있다. 이것은 타로카드를 배우는 데 있어 아주 중요하다. 이것이 얼마나 간절하냐에 따라 프로로 갈 수도 있고 애용가가 될 수도 있다.

3. 타로카드에 대한 기초지식이 있어야 한다

타로카드의 기본적인 지식이 없다면 그 사람은 타로마스터로서의 자질이 부족하다고 할 수 있다. 기본적인 타로카드에 대한 용어나 구성을 알아야 하고 타로카드에 대한 사용법 즉 질문법이나 배열법 등을 숙지해야 한다. 또한 질문을 받는 법과 질문에 맞는 배열을 하는 것도 중요하다고 할 수 있다. 질문에 따라 또는 처한 상황에 따라 같은 카드라도 완전하게 다른 방향으로 해석될 수 있다.

4. 균형 잡힌 시각을 가져라

타로카드를 보며 이 카드는 좋은 카드이고 이 카드는 부정적인 카드라고 단정 짓는 순간, 더 이상의 발전은 없다. 타로카드의 모든 아르카나는 상황에 따라 긍정적인 의미와 부정적인 의미를 동시에 품고 있다. 아무리 부정적으로 보이는 카드라 하더라도 분명히 긍정의 의미가 숨겨져 있다. 타로 리더에겐 이러한 긍정의 의미를 풀어내는 것이 가장 중요한 임무라고도 할 수 있다. 그러기 위해서는 어느 한쪽으로 치우치지 않는 균형 잡힌 시각이 꼭 필요하다고 볼 수 있다.

5. 타로카드가 즐거워야 하고 많은 경험을 쌓아야 한다

가장 중요한 것은 타로카드가 즐거워야 한다는 것이다. 상담할 때 이상하게 상담하기 싫은 날이 있다. 이런 날은 상담을 해보았자 카드도 이상하게 나오고 해석도 잘 안 되는 경우가 많다. 그렇게 해보았자 내담자로부터 아니라는 원망만 듣게 될지도 모른다. 그런 날은 잠시 쉬었다가 하는 것이 바람직하다. 그리고 처음부터 잘할 수는 없으니 많은 임상실험을 통하여 경험을 쌓는 것이다. 이것은 선생이나 책에서 배울 수 없는 것이다. 많은 상담을 하다 보면 어느 순간 본인만의 해석법이 생기고, 본인만의 해답을 찾기 시작해 나갈 것이다. 그렇게 된다면 어느 순간 훌륭한 타로마스터가 되어 있을 것이다.

Major Arcana

메이저 아르카나

메이져 아르카나는 '큰 흐름'이라는 뜻을 가진다. 단순한 하나의 의미보다는 커다란 의미를 품고 있다. '모던 타로' 이전에는 1번부터 22번까지 번호가 부여되었으나, 모던 타로로 오면서 22번 the fool 카드가 0번으로 배치되었다. 메이져 카드는 인생에서 여러 가지 우여곡절을 겪으며 성장해 나가는 스토리를 담고 있다.

THE FOOL

the fool 카드는 웨이트 이전의 마르세유 타로 같은 클래식 타로에서는 22번에 배치되어 있었다. 그러나 웨이트 타로를 기점으로 0번으로 배치되기 시작되었다. 이것은 이 카드가 시작이자 끝이고 끝이자 시작이라고 할 수 있다. 어쩌면 아웅다웅 사는 우리네 모습이 바보와 같다고 할 수 있고, 빈손으로 왔다가 빈손으로 가듯이 모두 부질없다는 것이기도 하다. 아무것도 없는 그래서 모든 것을 다 받아들일 수 있는 순수함의 카드이기도 하다.

　바보로 일컬어지는 젊은이가 주위에 아랑곳하지 않고 저 멀리 먼 하늘을 바라보고 있다.

　거친 파도와 절벽은 주위환경이 좋지 않다는 것이다. 이것은 질문자의 현재 상황이 좋지 않다는 것이다. 그렇지만 저 높은 하늘을 바라본다는 것은 그의 이상과 꿈이 높다는 것을 말해주고 있다. 즉 이 카드가 나왔다는 것은 현재 좋지 않은 상황 속에 있지만, 본인은 그것을 잘 알지 못하며 높은 이상을 추구하고 있다는 것이다.

　가벼운 발걸음에 화려한 옷을 입은 젊은이가 위험해 보이는 절벽의 끝부분에서 잠시 멈추고 있다.

　가벼운 발걸음은 그가 즐거운 마음으로 움직이고 있다는 것이고, 화려한 옷은 그가 어느 곳에도 구속받지 않는 자유로운 영혼임을 의미한다. 무엇이 옳고 그르다는 편견 없이 본인이 마음 가는 대로 행하는 것이다. 어떻게 보면 그가 무모하고 매우 어리석은 사람처럼 보일 수 있지만, 한편으로는 그가 모든 것을 초월해서 행복한 사람일 수 있다. 바보가 아니었다면 '에디슨'같은 천재 발명가도 나오지 않았을 것이고, '김수환 추기경' 같은 분도 나오지 않았을 것이다. 누구의 눈치도 보지 않고 어떠한 환경도 구애받지 않고 진정 내가 하고 싶은 것을 한다는 것, 그것이야말로 세상의 주인공이 되는 방법이 될 수 있다.

하지만 그가 이상만 클 뿐 눈앞에 있는 절벽은 보지 못하고 있다.

이것은 그가 어리석은 사람이란 걸 의미하기도 하고, 앞으로 어려움을 겪을 수 있으니 조심하라는 경고의 메시지로 받아들일 수도 있다. 비록 그가 멈추어 있긴 하지만 열광적인 걸음의 행위는 여전히 나타나고 있다. 상담에서 이 카드가 나왔다면 자칫 잘못하면 절벽에 떨어질 수 있다는 경고의 메시지일 수 있다. 절벽에 떨어지지 않기 위해서는 마음만 앞설 것이 아니라 돌다리도 두들겨 본다는 심정으로 현실에 맞는 상황판단이 필요하다.

개는 그에게 절벽 앞의 위험을 알리려는 듯 뛰어오르고 있다.

그는 절벽이 있든 없든 파도가 치든 말든 아무런 두려움도 없는 듯한 표정으로 지성(知性) 그리고 기대하는 꿈으로 가득 차 있다. 기대감에 부풀어 눈앞에 절벽은 보지 못하고 있다. 그에게는 절벽을 알려줄 조언자가 필요하다. 개는 인간에게 있어 친구라고 할 수 있다. 이것은 진정 나를 생각하는 사람들의 조언을 들을 필요가 있다는 것을 말해주고 있다.

한손에는 장미를 들고 있으며 다른 손에는 작은 보따리가 달려 있는 지팡이를 들고 있다.

지팡이와 장미는 마음과 열정을 나타내며 작은 보따리는 지금 이 사람이 가지고 있는 조건을 말해 준다. 꼭 쓸 만큼만 가지고 있는 듯하다. 그는 오로지 이것과 자유를 향한 갈망만을 가지고 여행하는 4차원의 사람과도 같다.

뒤에서 빛나는, 1/4만 보이는 하얀 태양은 그의 가는 길을 비추어 주고 있다.

태양이 1/4만 비춘다는 것은 이 사람의 미래에 더 비추어줄 태양이 남아있다는 것이다. 그것은 더 많은 축복을 말해주기도 하지만, 이 사람의 축복이 여기서 끝날 수도 있다는 것이다. 앞에는 낭떠러지, 뒤에는 태양이 떠 있다는 것은 지금 이 사람이 어떤 선택을 하느냐에 따라서 미래가 희망으로 가득 채워질 수도 또는 어려움으로 곤경에 처할 수도 있음을 의미한다.

키워드

시작, 첫걸음, 출발, 입학, 취직, 결혼, 임신, 탄생, 창업, 개업, 스스로의 결단, 만남, 발명, 창조, 창조적 능력, 자유, 모험, 순수함, 소박함, 어리석음, 경솔함, 우연, 사치, 미성숙, 불완전함.

상징성 ◇◇◇

바보 : 자유, 여행, 시작, 변화 자유로운 영혼의 소유자

하얀태양 : 신의 은총, 행운, 성공, 태양

하얀장미 : 순수, 순결, '로젠 크로이츠(장미십자단 창설자)'의 여행

● 장미십자단 : 17세기에서 18세기에 걸쳐 유럽 전역에서 활동했던 비밀단체. 프리메이

슨, 일루미나티와 함께 기독교의 3대 비밀 결사 중 하나

노란배경 : 미래에 대한 희망이나 기대감

개 : 도와주는 사람, 친구, 동반자

화려한 옷 : 자유로운 영혼, 예술적인 기질

월계수 잎 모자 : 성공, 행운

장화 : 자유, 여행의 시작

절벽 : 미지의 세계, 부정적 상황, 위험한 상황

명칭의 의미 THE FOOL

1. 바보, 분별없는[어리석은] 사람, 얼간이, 멍청이

2. (옛 왕후 · 귀족에게 고용된) 어릿광대

3. 바보 취급당하는 사람, 놀림감

4. 열광하는 사람, [···에] 사족을 못 쓰는 사람 ; 명인(名人), 천재적인 솜씨를
   가진 사람

이 사전적인 해석들은 실제로 타로에서 이 카드의 해석으로도 이상하지 않다고 할 수 있다.

과연 이 카드는 바보인가? 바보가 아닌가? 생각해 볼 필요가 있다. 역사적으로 볼 때 fool은 중세의 어릿광대, 음유시인을 가리켰다고 한다. 그들은 무한한 익살

을 가진 억누를 수 없는 유머 정신을 가진 사람들, 그들은 스스로가 행복해지는 것이 임무라고 여겼으며 타인들을 또한 그렇게 만들기 위해 노력했다. 그들의 임무는 고위 성직자나 왕과 조신들을 비난할 수 있는 진실을 말하는 것과 인간성 해방의 어떤 도움을 주는 것이었다고 한다. 그러나 일반적인 상식에서 살펴본다면 fool은 정신적으로 어리숙하여 자신의 상황을 모르며 맹목적으로 움직이는 어리석은 존재라는 것이다.

그렇다면 여러분은 이 카드의 그림이 어떤 식으로 보이는가?

바보인가? 바보가 아닌가? 그 해답은 카드를 살펴보며 스스로 찾는 것이 현명할 것이다.

수비학적 의미 0

수비학적으로 0은 무(無)를 뜻한다. 정해진 것은 아무것도 없다. 비어 있지만 채울 것이 남아있다. 숫자 0은 양면성을 가진다. 다른 숫자들은 존재하는 물체들을 나타내기 위해 사용되지만 0은 그럴 수가 없다. 또한 다른 수들은 나누어 가질 수가 있지만 0은 그럴 수가 없다. 그리고 줄자에 새겨진 것 또는 카운트를 세는 것 같이 무엇을 시작하는 단위로 사용되기도 한다. 또한 0은 음의 수도 양의 수도 아니고, 좋은 것도 안 좋은 것도 아닌, 중간의 수이다.

점성학적 의미

천왕성(Uranus)에 해당한다. 시기로는 1.20~2.19일에 해당한다. 그리스 신화에서 우라노스(Uranus)는 번개의 신이다. 번개의 신처럼 천왕성의 의미는 갑작스러운 변화, 평범하지 않은 사람과 사건, 독립, 독창성, 천재, 전기와 전자를 의미한다.

하늘의 신 우라노스는 아내인 땅의 신 가이아와 섹스 중 아들 크라노스에 의해 거세를 당하는데, 그로 인해 혼돈과 혼란이 따르기도 한다. 천왕성은 1781년 '프레드릭 윌리엄 허쉘(Frederick William Herschel)'에 의해 발견되었는데, 인간이 맨눈이 아닌 망원경을 이용하여 최초로 발견한 행성이다. 그래서 변화를 나타내며 새로운 시작의 의미도 품고 있다. 천왕성은 물병자리의 수호성인데, 물병자리에 해당하는 사람도 이와 비슷한 성향이 나오며 무엇에 깊이 빠지거나 열광하는 사람들이 많다. 링컨과 에디슨의 태양궁이 물병자리였다고 한다.

천왕성, 우라노스 에너지가 긍정적일 때는 독창성과 창의력, 경험을 통해 체험하려 하고 자기와 타인의 자유를 존중하고 감정에 휘말리지 않시만, 우라노스 에너지가 부정적으로 표출될 때는 고집불통, 산만하며, 무언가에 대한 집착 또는 대책 없는 변화의 추구를 나타내기도 한다.

일반적인 해석

일반적으로는 삶에 대한 열정과 무언가를 시작하려는 마음에서 해석된다. 사람들이 보기에 바보라고 생각할 수 있는 사람이 실은 천재일 수 있고, 천재의 눈에는 일반적인 사람들이 바보일 수 있다.

이 카드의 미래는 정해지지 않았다. 다소 무모해 보일지라도 자신감을 가지고 새로운 세계에 도전하라는 메시지를 전하고 있지만, 그것이 무모한 도전일 수 있다는 냉혹한 결과 앞에 한편으로는 주위를 잘 돌아보라는 메시지도 함께 전해주고 있다.

카드의 배열이 좋을 때는 긍정적인 시작과 변화, 창조, 희망, 설렘, 낭만, 순수함 등으로 해석되겠지만, 부정적일 때는 위험, 무모함, 불안, 경고, 경솔함, 어리석음, 바람둥이 등으로 해석될 수 있다.

0번 카드의 연애

연애에 있어서 이 카드는 긍정의 카드가 될 수도 있고 부정의 카드가 될 수도 있다. 긍정적일 경우 사랑하고 싶은 순수한 영혼을 나타낸다. 눈높이가 높다. 자유롭고 낙천적인 사랑, 순수한 사랑의 시작을 나타낸다. 그러나 부정적일 때는 무책임한 사랑, 또는 바람둥이를 나타내기도 한다. 끝이 날 수도 있다. 구속받는 것을 싫어한다. 두 사람의 사랑이 위험한 사랑일 수 있다. 지금의 위기를 극복해 나간다면 축복받는 사랑이 될 수 있다.

재회와 관련한 질문이라면 재회가 되지 않는 모습이다. 나에게서 떠나가는 모습이다.

0번 카드의 금전

지금 현재의 금전 상태는 배낭의 크기만큼만 가지고 있다고 볼 수 있다. 딱 필요한 만큼만 가지고 있다. 현재보다는 가능성의 카드라고 볼 수 있다.

주로 금전적인 경제 활동을 시작하려고 할 때 등장한다. 금전적인 경제 활동의 준비가 부족하다고 할 수 있다. 보다 현실적인 파악이 되어야 하고, 주변 사람들의 의견을 귀담아들을 필요가 있다. 이 상황을 극복해 나간다면 커다란 성과를 이룰 수도 있다.

돈 욕심이 없는 사람일 수 있다. 돈 관리를 하지 못하고 낭비할 수 있다.

0번 카드의 합격

새로운 시작이 될 수도 있고 준비가 부족한 모습이기도 하는 카드로써 합격의 가능성은 반반의 카드이다. 이 카드가 결과로 나왔다면 '컬러 타로' 같은 보조카드로 판단하거나 한 장의 카드를 더 뽑아 판단하는 것도 좋은 방법이다.

0번 카드의 계약

계약이 성사될 수도 있지만, 미래로 보았을 때 좋은 계약은 아닐 수 있다.

잘못된 계약으로 함정에 빠질 수 있다. 신중하게 검토하고 진행해야 한다.

0번 카드의 조언

눈높이를 낮추고 현실을 직시헤야 한다.

무엇을 하고 싶다면 미리 계획을 세워라.

주변 사람들의 말을 귀담아들어야 한다.

며칠 여행을 통하여 혼자만의 생각할 시간을 갖는 것도 좋다.

0번 카드의 건강

건강에 부주의한 사람이다. 어느 날 갑자기 건강에 문제가 생길 수 있다.

사고사를 조심해야 한다.

0번 카드의 진로

일반적인 직장 생활은 힘들다.

사무실보다는 외근직이 좋다.

자유분방하고 화려한 끼를 발휘할 수 있는 일이 좋다.

프리랜서, 예술가, 자영업, 여행업, 항해사, 무역업 등

THE MAGICIAN

인간은 누구에게나 the Magician(마법사)처럼 무한한 잠재능력이 있다. 그 능력을 얼마만큼 발휘할 수 있느냐는 노력 여하에 따라 달라질 수 있다. 자만 하고 노력하지 않는다면 결코 그 능력을 제대로 사용할 수 없을 것이다. 한발 한발 걷다 보면, 원하는 결과를 얻을 수 있을 것이다. 하지만 요행만을 바란다 면 자신이 만들어놓은 늪에 빠지게 될 것이다.

✦ 그림 이해하기

세련되고 핸섬한 용모를 지니고 마법사의 복장을 하고서 빛나는 눈으로 자신감에 가득 차 있는 젊은이가 있다.

이 사람은 매우 준수한 외모를 지니고 매력적이며, 말솜씨도 좋고 대중을 사로잡는 능력이 있음을 의미한다. 매사에 자신감이 넘치는 사람이다. 타고난 재능은 있지만 아직은 열정만 넘칠 뿐 내 것으로 만들지는 못했다.

그의 머리 위에는 숫자 8의 모양을 한 기호가 가로로 뉘어져 있다.

이 기호는 뫼비우스의 띠 또는 '렘니스케이트'라고 할 수 있는데, 영원히 끊임없이 반복되는 것으로써 무한한 가능성의 표시로 창의력과 지식이 무한하다는 의미이다.

그의 허리에는 뱀의 띠가 메어져 있는데, 그 뱀은 자신의 꼬리를 삼키고 있다.

이 뱀을 우로보로스라고 하는데, 우리의 깊숙한 무의식의 세계, 굉장한 에너지를 상징한다. 또한 뱀은 주기적으로 허물을 벗는 모습 때문에 불사, 부활, 윤회를 의미한다. 또 뱀은 교활한 동물로써 사악한 지혜를 나타내기도 한다. 나아가 자신의 꼬리를 물고 있다는 것은 자신의 꾀에 자신이 빠질 수도 있다는 의미를 품고 있다.

마법사의 오른손에는 하늘을 향해 들어 올려진 지팡이가 있으며 왼손은 땅을 가리키고 있다.

이 지팡이는 메이저 카드의 맨 마지막인 21번 카드에서도 나오는데, 시작과 마지막에 나오는 것으로 보아 상당히 중요한 의미가 있음을 알 수 있다. 이 마법사는 그 지팡이를 능수능란하게 다룰 수 있는 능력이 있다. 이것은 마치 빨대 같은 것인데, 하늘에 있는 신의 은총과 영광을 끌어당겨 지상의 것들에게 유도하는 것으로써 하늘과 땅을 운명처럼 연결해 주는 것이다. 점성술 격언에 "as above, so below"(하늘에서 그러하듯이 땅에서도 그러하리라)라는 말이 있는데, 이 마법사가 하는 것은 이미 정해진 하늘의 뜻과도 같은 것이다.

마법사 앞의 테이블 위에는 네 개의 슈트(완즈, 컵, 펜타클, 소드)**들의 상징이 놓여 있다.**

이것은 삶을 지탱하는 생명의 요소들이며, 과거 연금술사들이 세상을 완성 시키는데 필요한 네 가지 원소라고 했던 것들이다. 이처럼 이 마법사는 세상을 살아감에 있어 필요한 요건들을 모두 갖추고 있다고 할 수 있다. 이 상징들은 마법사가 갖추고 있는 능력들이다. 하지만 테이블이 반만 드러나 있다. 테이블은 우리가 살아가는 세상을 나타내는데, 성공할 가능성이 존재할 뿐 아직 이룬 것은 아니라는 것이다.

그의 주변에는 백합과 장미꽃이 피어 있다.

하얀 백합은 순수함을 나타내지만, 뒤엉켜 있는 것은 순수함이 결여된 것이기도 하다. 장미꽃이 뒤죽박죽 엉켜 있다. 장미는 열정과 정열을 나타내는데, 정리가 되지는 않은 것 같다. 그리고 장미에는 가시가 있다. 이 마법사가 하려는 것에 가시가 있을 수 있으니 급하게 서두르지 말고 하나씩 하나씩 해 나가라는 의미이다. 마법사는 모든 것에 대한 잠재능력이 있지만, 아직 실현되지 않은 것으로 좀 더 다듬고 노력하고 현실적으로 만들 필요가 있다는 것이다.

키워드

창조, 창의력, 아이디어, 능력, 성공, 정열, 완벽함, 결심, 자신감, 자만심, 사기꾼, 능수능란

✳ 상징성 ◇◇

뫼비우스의 띠 : 무한대, 영원, 독일의 수학자 A.F.뫼비우스가 처음으로 제시하였기 때문에 '뫼비우스의 띠'라고 일컫는다. 안쪽과 바깥쪽의 구분이 없다는 특성이 있다.

렘니스케이트(Lemniscate) : 인피니티 또는 기하학에서 '렘니스케이트(Lemniscate)'라고 부르는 "무한" 심볼은 매우 심오한 오컬트/뉴에이지 의미를 함축하고 있는 심볼이다. 이 심볼은 영원, 완성, 합일, 순환, 회귀, 환생, 음양, 이원성, 평형, 그리고 가장 중요하게도 뉴에이지 신성과 그 기본 구성요소인 기(氣)와

에너지를 상징하는 데 사용된다.

우로보로스 : 지혜, 지식, 영원성 자신의 꼬리를 자신이 물고 있다. 이것은 반복적인 순환을 의미하기도 하고, 자신의 꾀에 자신이 넘어갈 수도 있다는 것을 의미한다.

하늘의 손 : 천국의 은혜, 천상의 은총

땅의 손 : 대지의 은혜

붉은 장미 : 욕망, 열정

장미 덩굴 : 생각이 뒤엉킴

흰 백합 : 순수, 순결

붉은 가운 : 열정, 정열

사각 테이블 : 세상

네 가지 슈트 : 세상을 살아갈 때 필요한 것들

높이 든 지팡이 : 정신적, 창조적인 힘

배경의 노란색 : 마법사가 앞으로 무엇이든 할 수 있다는 희망의 색이기도 하지만 배신, 배반을 나타내기도 한다.

◇◇

명칭의 의미 THE MAGICIAN

'magician'은 영어로 마술사를 의미하는데, 이는 고대 페르시아어로 '성직자들'을 뜻하는 마기(magi : 단수형은 마구스)와 그것과 어원이 같은 '마그딤'에서 유래했다. 마그딤은 칼데아어로 '지혜와 철학'을 뜻한다. 일부 사회에서 마술사는 재앙을 막아주는 인물로 여겨지고, 일부 사회에서는 재앙을 불러오는 인물로 여겨졌다.

타로에서 이 마법사는 많은 재능을 가진 사람으로 표현되지만, 어떤 경우에는 사기꾼으로 나타날 때도 있다.

수비학적 의미 1

수 1은 모든 숫자의 어머니라 할 수 있다. 0이 영혼의 시작을 나타내는 수였다면, 1은 창조적인 시작을 나타낸다. 1, 그 자체로 의지를 가진 주체적 존재라 할 수 있다.

수 1은 신의 창조의 시작이고, 숫자 10의 1은 경험을 통한 인간의 삶의 시작이다. 그래서 1번 카드 뒤에는 신과 인간의 법인 토라(Tora)를 들고 있는 여사제가 등장하고, 10번 카드 뒤에는 인간의 법인 11번 정의 카드가 등장하는 것이다.

수 1이 지닌 축복은 활력과 불꽃 같은 독립성뿐만 아니라 확신과 창조성, 생명 에너지라고 할 수 있다. 때로는 힘에 부치는 순간에도 남을 속이며 얻으려는 것보다는 용기를 가지고 결정해 나갈 수 있는 자신에 대한 믿음을 배울 필요가 있다.

점성학적 의미

수성(水星, Mercury)에 해당한다. 시기로는 5.21~6.21 / 8.23~9.23일에 해당한다. 머큐리(Mercury)는 로마 신화의 상업과 교역의 신인 메르쿠리우스(Mercurius)의 영어 이름이다. 그리스 신화에서는 헤르메스(Hermes)라고 한다. 헤르메스(Hermes)는 신들의 전령사였고, 상업의 신이라 일컬어졌다. 그로 인해 수성은 의사소통과 논리 그리고 재능을 지배하며, 주변을 인지하고 추론해 나가는 대처능력이 발달해 있다. 수성의 핵심적 본질은 '관계를 형성하는 것'이라 할 수 있다.

의식적 자아인 태양과 무의식적 자아인 달 모두에게서 정보를 받기 때문에 두 개의 전혀 다른 성질을 통합하여 이해하고 정확하게 균형을 잡을 수 있는 능력을 갖추게 되었다. 이로 인해 수성은 음과 양의 균형을 상징하고 유일하게 중립적인 행성으로 존재한다.

수성은 좋게 발달하면 영리하고 정확한 상황판단 능력과 재치, 스스로 혼자서도 잘하는 능력을 지니고 어느 곳에서도 잘 대처하며 뛰어난 언변의 소유자로서 박학다식하지만 잘못 발달하면 잔꾀가 많고, 가볍고 경솔하고, 똑똑하다고 잘난 척하거나 거짓말쟁이 또는 사기꾼, 수다쟁이가 될 수 있고 판단력 부족에 실속이 없다.

자칫 건방져 보이고 오만해 보일 수도 있지만, 긍정적으로 창조적 리더쉽을 가지고 스스로가 마법사와 같은 능력을 발휘할 수 있다. 재치있고 대처능력이 좋아 어디서든 인정받을 수 있다. 타고난 자질과 능력이 있으며, 시작할 수 있는 모든 조건을 갖추고 있다.

모든 신의 축복은 당신을 향하고 있으며 당신 또한 무한한 능력을 지니고 있다. 그러나 정확한 목표설정이 없다거나 너무 자만한다면 당신 속의 창조적 에너지의 잘못된 사용으로 실패할 수도 있다. 당신 속의 창조적 에너지의 주체의식을 일깨워주어야 한다.

자, 이제 준비가 되었다면 두려워하지 말고 시작하라.

1번 카드의 연애

마법사 카드는 사랑에서 많은 가능성을 가지고 사랑이 시작되었을 때 나온다.

두 사람의 미래는 지금보다 더 나은 미래가 될 것이다. 두 사람의 만남은 하늘이 정해 준 운명적인 만남이라고 할 수 있다. 그는 연애를 리드하며 인물도 좋고 능력도 좋은 사람이며 재치 있는 사람이다.

하늘로부터 인정받은 사람이지만 부정적일 때는 속임수가 있는 거짓 사랑일 수 있으니 주의해야 한다. 잔머리를 많이 굴리니 무조건 믿지는 말아야 한다.

모든 것에 자기 마음대로 하려고 하는 이기심이 있을 수 있다.

1번 카드의 금전

금전에 이 카드가 나왔다면 경제 활동을 위한 새로운 사업이 시작되었음을 의미한다.

금전적인 능력에 있어 좋은 조건을 두루두루 갖추고 있다. 하고자 하는 사업 아이템이 자신과 잘 어울린다. 이 사업은 지금은 가능성을 품고 이제 막 시작하는 단계이지만, 성실하게 노력해 나간다면 앞으로의 가능성은 무궁무진하다. 마법사가 그렇듯 무에서 유를 만들어 낼 수 있는 능력자다. 하지만 노력보다 잔꾀를 통해 이루려 한다면 아무것도 가질 수 없다.

1번 카드의 합격

합격 가능성이 높고, 본인도 합격할 거라는 자신감에 차 있다. 너무 자만하지만 않는다면 어렵지 않게 합격할 것이다.

1번 카드의 계약

언변 능력이 좋아 상대방의 마음을 사로잡고 원하던 계약이 성사될 것이다. 본인이 계약과 관련한 주도권을 가지고 있고 돌발 상황에서도 대처를 잘한다. 이 계약은 본인에게 좋은 기회가 될 것이다.

1번 카드의 조언

너무 자만하지 마라. 말보다 행동이 앞서야 한다. 본인을 믿고 자신감을 가지고 행동하라.

1번 카드의 건강

건강에 자신만만하다. 하지만 건강은 자만하는 것이 아니다. 지금은 건강한 듯 보이나 병이 생겨날 수도 있으니 신경 써야 한다.

두통이나 머리 또는 어깨 관련 질환을 조심해야 한다.

왕자병이나 공주병 증세가 있을 수도 있다.

1번 카드의 진로

상업적인 능력이 좋아 무역이나 사업 쪽으로 나가는 것이 좋다.

남 밑에서는 답답함을 느끼니 자신이 주체가 되어 할 수 있는 일을 해야 한다.

언변 능력이 좋아 말과 관련된 직업도 좋다.

무역업, 자영업, 프리랜서, 강사, 교수, 마술사 등

2

THE HIGH PRIESTESS

무엇이 선이고 무엇이 악인가? 고대 신들의 율법에선 정의가 중요한 것은 아니었다. 이 카드를 보면 어릴 때, 어머니가 흥얼거리던 가수 이미자 선생님의「동백아가씨」노래가 생각난다. 그림 속 여사제는 무엇을 위해 인내하며 희생하고 있는 것일까? 하지만 인내하며 희생하는 것만이 미덕은 아닐 것이다. 기다릴 때와 포기할 때를 알아야 한다.

하얀색에 파란색 옷을 걸친 한 여인이 B자가 쓰여 있는 검은색 기둥과 J자가 쓰여 있는 하얀색 기둥 사이에 앉아 있다.

하얀색은 여사제의 순수함을 파란색은 정신적인 에너지가 지배하고 있음을 나타낸다. 검은색과 흰색기둥은 J(야킨)와 B(보아즈)라고 하는데, 보아즈(boaz)는 부정적 삶의 태도, 육체적, 어둠, 거짓, 야킨(jachin)은 긍정적 삶의 태도, 빛, 진실, 이성, 이중성을 나타내고, 이 둘 사이에서 갈등하는 모습이다. 이 카드는 실전에서 보통 다른 사람들에게 쉽게 이야기할 수 없는 내적 갈등을 겪고 있을 때 등장한다.

이 여인은 고위 여사제라 칭하며, 고위 여사제는 여성이 정신적으로 오를 수 있는 가장 높고도 신성한 단계라 할 수 있다.

그러나 여성이면서도 여성의 순리대로 살 수 없으며, 그녀 또한 인간이기에 높은 무의식의 경지에 이르렀지만, 자신의 욕망이나 본능에는 따를 수 없기에 인내하고 희생한다.

J와 B의 두 기둥은 이런 그녀의 모습을 뒷받침하고 있다. 이 여성의 정신적인 능력은 상상 이상이다. 그래서 어떤 부분에 있어서, 특히 상담사 같은 영역에서는 그 능력이 최고 경지에 이룰 수 있다.

그녀의 발부분에는 초승달 모양의 달이 있다.

타로에서 초승달은 여성성을 상징한다. 또한 이 카드의 해결을 제시하는 상징이라 할 수 있는데, 초승달은 시간이 지나면 둥근달이 되는 것처럼 이는 참고 인내하다 보면 원하는 결과에 도달할 수 있음을 의미한다.

그녀는 뿔 모양의 왕관(그 중앙 부분에 둥근 공 모양의 것이 있는)을 쓰고 있으며, 가슴 부분에는 커다란 태양의 십자가가 있다.

왕관에서 왼쪽과 오른쪽의 달은 상현달과 하현달을 나타내는데, 상현달과 하현달은 시작과 마무리, 젊음과 늙음, 처녀와 노인처럼 삶의 양면성을 나타내며, 이 사제의 감정의 변화를 의미한다. 앞서 말한 B와 J의 기둥처럼 이중성을 의미하는 가운데 둥근달은 두 가지 속성을 모두 품고 있는 것으로써 이 사제가 가지고 있는 이중성을 나타낸다. 가슴의 십자가는 이 사제의 신성함을 의미한다.

그녀 손에 들고 있는 두루마리에는 토라(tora)라는 글이 새겨져 있다.

토라는 고대 신들의 율법이다. 이 토라가 망토에 의해서 부분적으로 가려져 있는데 이것은 언제나 신들의 율법을 지키는 것이 아닌 '어떤 것에 있어서는 율법대로가 아닌 비밀이 있을 수 있다'는 것을 나타내기 위함이다.

그녀의 뒤에는 종려나무와 석류나무로 수 놓인 '신전의 베일'이 있다.

석류는 지하세계의 여왕인 페르세포네의 상징이다. 석류는 보통 다산이나 비옥함을 상징하는데, 고위 여사제 카드에 석류 그림이 그려져 있다는 것은 생각해 볼 필요가 있다. 이로 인해 많은 사람들이 아 카드를 두고 임신이 되느냐 안 되느냐에 대한 고민을 하는데, 이 카드는 임신을 원하지 않을 때에는 임신이 될 수 있으니 조심해야 하고, 임신을 원할 때에는 힘들게 천신만고의 노력 끝에 임신이 될 것이라는 뜻이다. 석류가 아직 열매를 맺지 않았다. 열매를 맺기 위해서는 많은 인내와 기다림이 필요하다. 한편으로는 그의 욕망이 껍질 속에 가려져 있다고 할 수 있다.

이 고위 여사제 뒤에는 넓은 바다가 보인다.

물은 타로에서 무의식의 세계에서 정신적으로 추구하는 이상을 나타내는데, 뒤에 있다는 것은 여성이 드러내지 않고 은밀하게 추구하는 이상일 수 있다. 한편으로는 은밀한 교회이며 영적인 신부와 달 그리고 숭고한 어머니 자신이라고 해석하기도 한다.

키워드

여성적, 신비함, 정신적, 편안함, 평화로움, 기다림, 지식, 지혜, 이해심, 평등, 자비, 사랑, 통찰, 직관, 비밀, 인내, 희생

상징성 ◇◇

여사제 : 이집트 신화의 태모 신인 이시스(Isis)

이시스 : 이시스(영어: Isis/Aset, 고대 그리스어: Ἶσις)는 고대 이집트 신화에 나오는 여신으로 이집트의 9주신 중의 한 명. 이시스는 다른 신들의 능력을 능가하는 위대한 마법사였으며, 여신 네프티스 · 네이트 등과 함께 죽은 자를 보호하는 신이었다. 애도자로서 죽은 자와 관계된 의식에서 주신 역할을 했고, 마법사로서 병자들을 치유하고, 죽은 자들을 소생시켰으며, 어머니로서 생명의 원천이었다.

십자가 : 신성함, 그리스도

토라 : 고대 신들의 율법, 종교적 계율, 자연의 지혜와 법칙, 숨겨진 진실

두 개의 기둥 : 야킨과 보아즈로서 선과 악처럼 대립 되는 것

보아즈(boaz) : 부정적 삶의 태도, 육체적, 어둠, 거짓

야킨(jachin) : 긍정적 삶의 태도, 빛, 진실, 이성

초승달 : 여성성과 순결함, 신성함. 그리고 새로운 시작과 뻗어 나가는 힘

파란 베일 : 무의식 왕국으로 들어가는 입구로 직관력, 지혜, 지성, 무의식

물 : 무의식

석류 : 다산, 비옥함

왕관 : 상현달과 하현달 보름달을 상징하며 여성성과 감정의 변화

◇◇

명칭의 의미 THE HIGH PRIESTESS

1. 제사장

2. 교조적인 존재의 여성

이 카드를 명칭으로만 해석한다면 '여성의 특징을 가진 사제', '여자 신관(神官신-인간 사이를 이어주는)'이라고 할 수 있다. 그런데 카톨릭에 여성 사제는 존재하는가? 이 문제는 지금 현실에서도 이슈를 만들 정도로 낯설고 특이한 존재이고, 타로 안에서도 신비스럽게 표현되고 있다고 할 수 있다. 최초의 타로에선 여자 교황 '만프레다 수녀(sister manfreda)'로 표현했다. 그녀는 남장을 하고 교황으로 추대되었지만, 여자인 것이 발각되어 교황청에 의해 화형을 당했다. 그녀가 죽은 후에 많은 추종자들이 그녀가 성령의 화신이며 언젠가 다시 돌아와 새 시대를 열 것이라 믿었다.

현대 모던 타로에서는 이는 고대 이집트 신화의 태모 신인 이시스(Isis)로 표현한다. 이시스 여신은 풍요의 신으로 알려져 있는데, 처녀인 몸으로 태양신인 호루스를 낳아 길렀으며, 신성하고 헌신적인 어머니이자 강력하고 매몰찬 신으로 지배권을 행사 하는 등 양면성을 가지고 있었다.

수비학적 의미 2

1이 두 개가 모여 2가 되기도 하고, 1이 분리되어 2가 될 수도 있다. 1이 두 개가 모인다면 서로 화합이 될 수도 있고, 서로 대립 될 수도 있다. 타로 카드에서 대부분의 2와 관련된 카드들은 화합보다는 대립을 나타낸다. 2는 긴장 갈등의 근원이면서 새로운 시작의 수라고도 한다. 한때 2라는 숫자는 이원성과 양면성이라는 성질로 인해 통일체에 대한 거부로 여겨졌기 때문에 악의 기원으로 여겨졌다. 이러한 부정적인 의미에도 불구하고 기독교 사제들에게 축복을 내리는데 두 손가락을 사용한다. 긍정적으로 2는 균형과 분배를 나타내며 우정과 사랑의 수이기도 하다. 2는 음의 수로서 조용히 인내하길 좋아하고, 예의 바르고, 섬세하며, 타인을 지지하는 특성이 있다.

점성학적 의미

2번 카드는 점성학적으로 달(moon)에 해당한다. 시기로는 6.21~7.22일에 해당한다. 달은 태양과 더불어 가장 중요한 두 개의 행성이라 해도 지나치지 않을 것이다. 태양이 전형적인 남성성과 양적인 에너지를 나타낸다면 달은 여성성과 음의 에너지를 나타낸다. 달은 태양을 보완하는 역할을 하는데, 태양은 동기를 부여하고 달은 그것을 수용하는 것이다.

달은 이성적이고 논리적이기보다는 자신의 직감을 믿고 한 발 뒤로 물러서서 때를 기다릴 것을 말한다. 달은 '기억'을 나타내며 그리움의 상징성을 지니고 있다. 바램과 두려움, 습관, 기대들이 달에 의해 모습을 드러내게 된다.

달은 행성 중 가장 빨리 움직이고 그 모양도 초승달, 상현달, 보름달, 하현달에서 다시 초승달 순으로 모양이 자꾸 바뀌는 성질로 인해 감정의 변화, 이동, 여행, 변화와도 연관이 있다. 이러한 달이 잘 발달하면 감성과 양육, 보호, 모성애 등 긍정적인 성향을 많이 공유하여 다른 존재를 부드럽게 수용하는 태도로 모든 것을 포용하며 침착한 태도와 부드러움으로 명예를 얻고 사람들에게 존경을 받게 되지만, 잘못 발달하게 되면 빠르고 자주 바뀌는 달의 모습처럼 변덕스럽고 변하기 쉬우며, 감정의 폭이 커서 우울증도 올 수 있고, 삶의 의욕을 잃고 불만족과 게으름에 생활을 어렵게 만든다.

카드의 해석

이 카드는 여성성을 대표하는 카드 중 하나이다. 상황에 따라 지금 당장 움직이기보다는 참고 기다리거나, 반대로 빨리 포기할 것을 나타낸다. 그리고 이 카드는 직관력이 뛰어나거나 조언을 잘 해 줄 수 있음을 의미한다.

무의식 속에서 깨달음을 얻을 수 있는 상황을 나타내 그 밖에는 미스테리하고 비밀스러운 상황을 직면하게 된다는 의미이다. 결정함에 앞서 이 카드를 뽑았다면 생각을 깊게 하되, 직관적으로 결단을 내리라는 의미를 담고 있다고 할 수 있다.

이 카드는 결국 자신의 무의식을 믿고 참고 기다리면, 그것이 타로의 신성한 힘에 다다르게 해 줄 것이라는 뜻이 있다.

2번 카드의 사랑

이 카드는 사랑에서 지고지순한 사랑. 사랑으로 인해 마음고생을 하고 있으며 내적인 갈등을 겪고 있다. 인내와 희생, 짝사랑 등을 의미한다.

2번 카드의 금전

지금은 금전으로 인해 마음고생을 하고 있다. 손해를 볼 가능성이 있고 본인이 생각한 것보다 좋지 않다는 것을 의미한다. 예를 들어 '매매운'을 보았을 때 이 카드가 나왔다면 본인이 생각한 금액으로는 거래가 될 수 없고, 적당한 가격으로 조절을 해야지만 거래가 성사될 수 있다.

2번 카드의 합격

지금 상태로는 합격이 힘들다. 하지만 지금까지 한 것보다 더 노력한다면 합격할 수 있으니 더 분발하고 준비해야 한다. 지금 준비하고 있는 것이 본인의 적성과 맞는 것인지 고민해 보아야 한다. 타로상담 같은 영적인 분야의 공부를 하고 있을 때 자주 나오며, 그쪽 관련해서는 타고난 자질이 있으므로 노력하면 좋은 상담가가 될 수 있다.

2번 카드의 계약

지금 생각하고 있는 조건으로는 계약이 힘들다. 금액조정 같은 손해를 감수해야만 거래가 성사될 수 있다. 지금은 좋은 매물이나 거래를 원하는 사람이 없으니 기다려야 한다. 조금 더 기다리면 좋은 조건의 거래자가 나타날 수 있다.

2번 카드의 조언

상현달이 시간이 지나면 보름달이 되는 것처럼 지금은 참고 기다릴 때이다. 도덕적으로 문제가 없도록 해야 한다. 집중력을 가지고 사소한 감정에 휘둘리지 말고 정진해야 한다. 때로는 상황에 따라 과감히 포기할 줄도 알아야 한다.

2번 카드의 건강

육체적인 건강보다는 마음의 병(우울증이나 공황장애 같은 정신적인 병)이다. 지금 앓고 있는 병이 있다면 기다리면 차츰 나아질 것이다(우울증이나 공황장애 같은 정신적인 병).

2번 카드의 진로

영적인 능력이 누구보다 뛰어나므로 정신적인 분야의 일이 적합하다. 활동적인 일보다는 정적인 일이 어울린다.

정신과 의사, 신부, 수녀, 목사 같은 종교 관련업, 심리나 타로상담가, 철학자

THE EMPRESS

인간의 욕망과 욕구 즐거움과 행복 그리고 사랑에 관한 카드이다. 돈이 많다고 매력이 넘친다고 행복한 삶이 될까? 진정한 행복은 많은 것을 가지고도 더 가지기 위해 사는 탐욕적인 사람이 아니라 적당히 가졌어도 만족할 줄 아는 사람이 가지는 것이다. 편안한 모습으로 앉아 있는 저 여인의 편안함은 마음에서 오는 것이 아닐까......?

온화하고 아름답고 품위 있고, 당당한 인물이 편안한 자세로 쿠션이 기대어 앉아 있다.

이 모습은 그녀가 능력이 있는 여성으로서 정신적으로도 물질적으로도 안정되어 있고 편안한 상태임을 의미한다.

편안한 안락의자에 덮인 천과 쿠션은 붉은색이다.

이것은 그녀가 무엇에서든 당당하다는 것이며, 그녀의 열정과 뜨거운 사랑 그녀의 카리스마적인 의미를 말한다.

그녀의 머리 위에 쓰고 있는 왕관에는 12개의 별이 빛나고 있다.

12개의 별은 12달과 12개의 별자리, 즉, 우주의 질서 정연한 순환과 법칙을 의미한다. 그리고 그 별 모양을 자세히 살펴보면 위로 향한 삼각형과 아래로 향한 삼각형을 합한 '다윗 별'이라 불리는 육각형별이다. 육각형별은 음과 양의 조화가 완전히 이루어지고 순리대로 진행되고 있음을 의미한다.

여왕은 황금색의 지팡이(홀)를 들고 있고, 달의 눈물이라 일컬어지는 진주 목걸이를 하고 있다.

지팡이는 그녀가 권력과 권위가 있음을 의미한다. 그리고 진주 목걸이는 그녀의 여성성과 모성애, 임신과 출산, 인내심과 지혜, 자식에 대한 순수하고도 지극한 헌신을 의미한다.

그녀는 금방이라도 터질 듯한 잘 익은 석류 그림이 화려하게 그려진 옷을 입고 있다.

강한 여성성과 비옥함, 다산을 의미한다. 임신과도 연관이 있을 수 있으며, 사랑이 활짝 만개함을 의미한다. 2번 카드에서는 석류가 껍질 속에 있었는데, 3번 카드에서 만개했다는 것은 그녀의 사랑이 결실을 이루었다는 것이다.

여왕의 왕좌 아래에는 하트모양의 방패가 놓여 있고, 여성과 금성(비너스)을 의미하는 문양이 새겨져 있다.

하트는 사랑의 결실을 나타내고, 금성 기호는 미의 여신 아프로디테를 나타내며, 여성의 아름다움, 주목받는 매력 등을 나타낸다. 이것이 방패에 그려져 있다는 것은 자신을 아무에게나 허락하지 않으며, 자신을 지키는 힘과 평화를 의미한다.

그녀의 뒤편에는 푸르른 숲과 나무들이 있고, 그 사이로 폭포수가 힘차게 흐르고 있다.

타로카드에서 녹색은 안전함, 편안함, 안식, 생명과 연관이 있다고 할 수 있다. 폭포수는 생명력을 나타내며, 그녀의 일들이 계획대로 잘 진행되고 있음을 나타낸다.

여성의 성적 에너지는 또한 성장과 풍요에 깊이 연관되어 있다. 물이 있어야 생명이 있듯이 다른 이를 돌보고 성장할 수 있도록 돕는 힘과 인자한 보살핌, 성장할 수 있도록 동기부여를 시켜주는 능력이 넘쳐흐른다. 물의 흐름은 생명의 흐름이며, 감정의 흐름이다. 여왕의 주위에는 황금빛의 잘 익은 밀밭이 있다. 그녀의 풍요로운 상황을 알 수 있다.

이 카드가 꼭 여성만을 나타내는 것은 아니다. 남성의 내면에 있는 여성성과 생산적인 풍요함 또한 연관되어 있다. 여성과 남성을 떠나 삶에 대한 열정적 자세와 감각적 측면 그리고 부와 권위를 나타낸다.

키워드

권력, 힘, 능력자, 평안함, 물질적, 풍요로움, 풍족함, 충분함, 부유한, 생산성, 결실, 다산, 여성성, 어머니, 화려함,

✸ 상징성 ◇◇◇

홀 : 권위, 힘, 권력

월계관 : 성공, 결실, 성과

밀밭 : 풍요로움, 비옥함

석류 : 강한 여성성과 비옥함, 다산

흐르는 폭포 : 생명력, 남성적인 힘

왕관의 육각형 별 : 마법의 힘, 솔로몬의 지혜의 방패, 헥사그램, 음과 양의 조화가 완전히 이루어짐을 의미

12개의 별 : 12개의 별은 12달과 12개의 별자리, 즉 우주의 질서 정연한 순환과 법칙을 의미

비너스 : 여성스러움

하트 : 매력적인 사랑

진주 목걸이 : 결혼한 여성의 임신과 출산, 인내심과 지혜, 자식에 대한 순수하고도 지극한 헌신을 의미

붉은색 : 정열과 애정 또는 여성성, 생산성

녹색 : 안진함, 평화, 안식을 의미

명칭의 의미 The Empress

1. 여왕

2. 여제

3. 황후

풍요와 번영에 대한 권능, 자식에 대한 지극한 사랑. 이 카드는 대지의 여신인 '데메테르'를 떠올리게 한다.

그리스 신화 이야기

데메테르는 풍요의 여신으로서 풀과 나무, 과일과 곡물을 주관하는 여신이다. 그로 인해서 딸 페르세포네와 함께 농민들에게는 숭배의 대상이었다. 데메테르는 올림포스 12신 중 하나였지만, 그의 맡은 역할로 인해 올림포스에 거주하지 않고 시칠리아 섬에 거주했다고 한다.

그녀의 성격은 꽤 변덕스러웠는데, 기분이 좋으면 풍년이 들었고 나쁘면 흉작이 들었기 때문에 농민들에게 있어서 데메테르의 기분은 생사가 걸린 중요한 문제였다. 데메테르는 다른 신들과 떨어져 혼자 시칠리아 섬에 살았기 때문에 외로움을 많이 느꼈는데, 어느 날 시칠리아에 동생 제우스가 찾아왔다.

〈데메테르 여신〉

데메테르는 동생 제우스의 구애를 받아 결혼하고 페르세포네라는 아름다운 딸을 낳았다. 데메테르는 외동딸 페르세포네와 관련된 이야기로 널리 알려져 있다. 데메테르는 하나뿐인 외동딸인 페르세포네를 너무나 사랑했다. 너무나도 아름다웠던 시칠리아 섬은 꽃의 여신인 페르세포네로 인하여 더욱 아름다운 섬이 되었다. 하지만 데메테르는 전 세계의 농작물을 관리하는 중요한 역할을 맡고 있었기 때문에 언제나 시칠리아 섬에만 머물러 있을 수가 없었다. 잠시 섬을 비우게 된 데메테르는 님프들에게 페르세포네를 잘 보살펴달라고 부탁했다. 그런데 그 사이, 큰 사건이 일어나고 말았다.

어느 날 페르세포네는 평소 때처럼 님프들과 함께 꽃바구니를 들고 들판으로 나갔다. 그녀는 섬 곳곳에 피어 있는 진기한 꽃을 찾아다녔다. 그녀는 샘 근처에 이제까지 보지 못한 꽃이 피어 있는 것을 발견했다. 그것은 1백 개의 꽃송이를 가진 노란색 수선화였다. 너무나 기뻐 탄성을 지르며 달려가는 순간 땅이 갈라지며 마차가 솟아올랐다. 검은 말이 이끄는 마차에는 저승의 신 하데스가 타고 있었다.

하데스는 페르세포네가 어렸을 때부터 눈독을 들이고 있었는데, 페르세포네가 어른이 되면 아내로 맞이하고 싶었다. 하지만 그녀의 어머니 데메테르는 하데스를 마음에 들지 않아 해서 페르세포네를 납치한 다음 데메테르를 설득해보기로 계략을 꾸민 것이다. 그는 순식간에 페르세포네를 납치하여 다시 땅 속으로 들어가 버리고 말았다.

그리스에서 딸이 다급하게 외치는 소리를 들은 데메테르는 급히 시칠리아로 돌아왔지만, 사랑하는 딸 페르세포네는 시칠리아 어디에도 없었다. 데메테르는 딸을 찾아 지상 곳곳을 찾아다녔지만, 그 어디에서도 딸의 모습을 찾을 수가 없었다. 딸을 잃은 데메테르는 실망감에 땅의 여신이라는 자신의 역할을 거부하고, 그리스 전역을 불모의 땅으로 만들기 위해 무서운 저주를 내렸다. 그래서 대지에서는 싹이 돋아나지 않게 되었고, 열매는 익기도 전에 떨어졌으며, 포도나무는 말라 죽어갔다.

결국 신들은 하데스가 페르세포네를 데려갔으며, 제우스도 그것을 묵인했다고 알려주었다. 사건의 심각성을 깨달은 제우스는 몇 차례나 데메테르를 설득했지만 아무 효과가 없었다. 데메테르는 자신의 딸을 돌려줄 때까지 저주는 계속될 것이라고 말했다. 하는 수 없이 제우스는 하데스에게 페르세포네를 돌려보내라고 명령했다.

하데스는 어쩔 수 없이 최고 신인 제우스의 명령에 따라 페르세포네를 돌려보낼 수밖에 없었다. 잔꾀에 능한 신의 전령사인 헤르메스(1번 마법사 타로의 신)는 화를 내는 하데스에게 한가지 계략을 알려준다. 그것은 저승의 음식을 입에 넣은 자는 그 주인의 소유가 된다는 규칙이 있었는데, 페르세포네에게 저승의 음식을 주라고 한다.

페르세포네는 돌아오는 길에 배고픔을 달래기 위해 하데스가 준 네 개(일설에는 여섯 개)의 석류 열매를 받아먹었다고 한다. 그리하여 페르세포네는 자신이 먹었던 석류의 개월 수(4개월)만큼 저승에서 하데스와 함께 살아야만 했다. 데메테르도 저승에서 혼자 외롭게 살아가는 하데스의 처지를 이해하고 그 조건만큼은 받아들였다.

이런 사건이 있기 전까지만 해도 세상은 1년 내내 따뜻하고 언제나 꽃이 피었으며, 과일과 곡물은 계속 열매를 맺었기에 풍요로운 세상이었다고 한다. 하지만 그 사건 이후 데메테르는 페르세포네가 지상에 있는 12개월 중 8개월 동안은 풍요의 신으로서 자신의 역할을 충실하게 수행했지만, 딸이 지하세계에 내려가 있는 나머지 4개월 동안에는 아무 일도 하지 않았다. 그래서 겨울이 생겨났고 이 기간에는 식물이 성장을 멈추고, 때로는 땅 위로 데메테르의 흰 눈물이 내려 대지를 뒤덮었다. 그로 인해 농민들은 페르세포네가 저승에서 돌아오는 봄을 손꼽아 기다렸다가 다시 농사일을 시작했다.

수비학적 의미 3

3은 세 개의 점이 만나 최초의 면을 형성하여 1차 완성을 의미한다. 이것은 세 개의 꼭지점이 만나 최초의 면을 형성하는 생산성을 나타내고, 위로 향한 높은 이상을 나타낸다. 3은 다수, 창조력, 성장, 이원성을 극복한 전진운동, 표현, 통합을 뜻한다.

고대 신화 속에서 여신들은 대체로 3명이 한 조로 나오며, 인간의 세 가지 속성(형체, 기운, 정신)을 나타내기도 한다. 또한 사람의 눈이 인식할 수 있는 3차원의 세상도 의미한다. 이런 까닭에 마법의 주문 등은 모두 3번씩 읊조리는 경우가 많다. 점술을 위해 주사위를 던졌을 때도 세 번 연속으로 같은 수가 나오는 것을 길조로 여겼다. 대부분의 문화권에서 3은 행운의 숫자이며, 시작과 중간과 끝을 의미하는 수로 사용되었다. 또한 같은 꿈을 세 번 꾸면 그 꿈은 현실이 된다는 믿음도 있다. 우리나라에서도 가위바위보를 할 때 삼세판이라는 것처럼 3번 되어야 완성된다는 습관이 남아 있다.

점성학적 의미

금성(Venus)에 해당한다. 시기로는 4.21~5.21 / 9.23~10.23일에 해당한다. 해가 뜨기 전이나 해가 질 무렵 유난히 반짝이는 별을 샛별이라고 하는데, 금성을 일컫는 말이다. 금성은 달을 제외하고 밤하늘에서 가장 밝고 아름답게 빛나는 별이다.

그래서 금성은 여성의 행성이고 세상의 사랑과 모든 욕구, 욕망을 다스리며, 그런 것을 통해서 기쁨, 환희, 즐거움과 행복을 얻기도 한다. 또 애정과 매력, 친화력이 있고 만남, 연애, 우정, 결혼 등 모든 종류의 결합을 주도하고, 비너스에서 알 수 있듯이 여성적인 매력이나 미적인 감각 등도 다스린다.

지구 안쪽 궤도에서 움직이는 금성은 타인을 끌어당기는 힘, 매력이 있다. 또 금성은 점액질(phlegmatie)로 되어 있어 사람들에게 상냥하고 부드럽고 온화하여 양육, 보육을 상징하기도 한다. 그러나 이런 금성이 잘못 발달하게 된다면 신뢰가 없거나 평판이 좋지 않게 되며, 불법적인 잠자리를 갈망하게 되어 성적으로 문란해지고 방탕해지게 되며, 허영심에 게으르고, 낭비 또한 심해지게 된다.

깊은 내적인 지혜와 무의식의 통찰력을 나타내었던 2번 고위 여사제와 달리 3번 여황제 카드는 물질적인 욕망과 욕구, 뜨거운 애정, 아름다움, 풍요로움, 비옥함 등을 나타낸다. 이 카드는 임신과도 밀접한 관계가 있으며 평안함을 주기도 한다.

때로는 단점으로 자녀에 대한 지나친 집착이나 과도한 몰입 등을 들기도 하고, 현대의 해석에서는 어머니를 대표하며, 낭비나 허영심, 사치성에 대하여 말하기도 한다.

3번 카드의 사랑

사랑스럽고 여성스러우며 이해심 많고 관능적이기까지 한 그녀는 배우자로서 좋은 여성이다. 풍요로운 사랑과 정신적으로도 사랑받는 모습이다. 여성적인 매력이 있는 사람이고, 남성이라면 부드러움을 지니고 있다. 연상의 상대와 만나는 경우일 수 있다. 은근 소유욕과 질투심이 있을 수 있다. 결혼을 할 수 있으며, 원한다면 임신도 할 수 있다.

3번 카드의 금전

금전과 관련해서는 78장의 카드 중 최고라 할 수 있다. 단점으로는 사치심이 있을 수 있으며, 허영심을 버리고 나누어 줄 수 있는 지혜도 필요해 보인다. 베풀면 그만큼의 보상이 주어질 것이다.

3번 카드의 합격

편안한 마음으로 즐기면서 준비하거나 너무 방심하지 않는다면 합격 할 수 있다. 어머니가 무척 신경을 써주고 있으며 관리를 받고 있다. 때로는 그것이 지나쳐 스트레스를 받을 수도 있다.

3번 카드의 계약

원하는 좋은 조건에서 계약이 이루어질 수 있다. 계약에 도움을 주는 사람이 있을 수 있고 주도권을 쥐고 있다.

3번 카드의 조언

즐기면서 할 필요가 있다. 베풀수록 나에게 더 큰 이득이 돌아오니 베풀 줄 아는 지혜가 필요하다. 허영심이나 사치성을 줄여야 한다.

3번 카드의 건강

지금은 건강하나 다소 게으를 수가 있어 그로 인한 문제가 생길 수 있으니 관리를 꾸준히 해야 한다. 산부인과 질환, 비만이나 당뇨.

3번 카드의 진로

타고난 사업가 기질이 있다.

부동산, 숙박업, 농업, 산부인과 관련 업

THE EMPEROR

어느 분야에서건 황제가 된다는 것은 결코 쉬운 일은 아니다. 그 과정에서 많은 사람들은 좌절하고 포기하게 된다. 황제가 된다 하더라도 그 자리를 지키는 것 또한 힘이 든다. 아무리 힘들어도 내색하지 않으며 묵묵히 황소처럼 전진한다. 그 모든 것은 결국 자신과의 싸움이며, 스스로 극복해 나가야 한다.

 황제의 머리 위에는 권위와 왕권을 상징하는 왕관이 보석으로 화려하게 장식되어 있다.

 이는 그에게 강력한 카리스마가 있으며, 명예와 권력이 따를 수 있다는 것이다.

 연륜의 세월이 상당한 듯 가슴까지 늘어뜨린 흰 수염을 하고 있다.

 흰 수염은 그가 노련하고 경험이 풍부하며 자신의 힘으로 이 자리까지 오기까지 수많은 도전과 투쟁의 젊은 날을 보냈을 의미한다. 또 한편으로는 늙고 노쇠한 몸으로 황제의 자리를 지키는 것이 버거워 보이기도 한다.

 그는 한 손에는 황금의 "앙크 십자가"를 굳게 쥐고 있으며, 황제의 왼손 위에는 둥근 구 모양의 "보주(Orb)"가 있다.

 앙크십자가는 '영원한 생명'으로 번역되는 이집트 상형문자로써, 고대 이집트의 그림들에서 신이나 파라오가 손에 쥐고 있는 모습을 볼 수 있다. 앙크십자가는 지평선 위의 태양으로 지구와 태양의 접촉을 상징하며, 하늘과 땅의 신비를 여는 열쇠라는 의미로 이것을 들고 있는 것은 태양의 힘을 받은 자로서 매우 신성하고 또한 힘과 권위가 있음을 나타낸다. 그러나 정상적인 보주 위에는 십자가가 놓인 반면, 4번 타로카드 속 황제의 손에 들려진 보주 위에는 십자가가 없다. 이는 지금의 권력이 아직 신에게는 인정받지 못했다는 것이다.

황제는 권위와 지배의 굳건함을 내세우듯 암석(대리석)으로 만들어진 왕좌 위에 앉아 있으며, 그는 불안한 듯 곁눈질로 주위를 경계하고 있다. 그리고 다리가 드러나 있다.

이는 아직 그의 자리가 온전하지 않으며 불안하다는 것을 의미한다. 왼쪽 다리가 드러나 있다는 것은 그가 이성적이기보다는 감정적인 면이 있다는 것이다.

모서리는 숫양의 머리로 조각되어 있다.

숫양은 어떤 절벽도 뛰어넘어버리는 강한 체력과 힘, 과감한 승부욕과 도전정신 그리고 주변을 돌아보지 않고 목표가 생기면 곧장 뿔로 들이박아 버리는 특성 때문에 공격성과 독선적인 성격을 의미한다.

황제는 붉은 망토와 겉옷 아래에 갑옷을 입고 있다.

붉은색이 상당히 진하다. 이는 황제의 이기적이고 또는 다혈질적인 모습을 의미하며, 단단한 갑옷은 자신의 내면을 드러내지 않고 빈틈이 없다는 것을 의미한다.

황제의 뒤편에는 황폐한 돌산이 보인다.

이 부분이 황제 카드를 해석할 때 가장 유의해야 할 점이기도 한데, 삭막하고 황량한 돌산은 황제의 삶 속에 감정이라고는 없었던 피폐했던 삶을 나타내고, 황제가 되기 위해 겪어왔던 험난한 과정을 의미한다. 이 황제는 왕위를 편안하게 물려받은 황제가 아닌 스스로 노력해서 황제에 오른 사람이다.

이 황제의 모습은 마치 오로지 가족들을 위해 힘들게 살아오셨던 우리네 아버지를 닮은 듯 보인다. 주의할 점은 이 카드는 남자에게만 국한된 카드가 아니라는 것이다. 3번 여황제 카드가 남성의 내면에 내재한 여성성을 의미하듯이 황제 카드는 여성의 내면에 존재하는 남성성을 의미하기도 한다. 요즘 시대에는 남자 여자가 따로 없다.

키워드

권력, 힘, 권위, 지배력, 리더쉽, 관직, 명예, 명성, 실력자, 능력자, 육체적, 물질적, 현실적, 당당함, 불안함, 고생

✸ 상징성 ◇◇

앙크 십자가 : 하늘로부터 인정받은 힘과 권력

홀 : 신의 권력. 그러나 4번 황제카드에서는 인정받지 못하는 권력

루비, 다이아몬드 : 왕의 신분, 태양

돌로 된 왕좌 : 지금 자리가 편안하지 않음

숫양 : 독단적, 강인함, 지배력 강한 체력과 힘, 독선적인 성격

하얀 수염 : 연륜, 경험

바위산 : 힘든 과정

붉은 갑옷 : 강인함, 야망, 카리스마

짙은 붉은색 : 이기적인 성향, 지나친 정열

곁눈질 : 불안함

◇◇

명칭의 의미 THE EMPEROR

1. 황제

2. 천황

3. 왕

로마에서 전쟁에서 승리한 장군을 그의 군대나 원로원에서 'Imperator' 라고 지칭했는데, 그후 로마시대는 물론 유럽의 여러 동지자에게 'Emperor'라는 칭호를 적용하였다. 이 카드에서는 황제, 아버지, 사장, 강한 남자 등으로 생각해 볼 수 있다.

숫자 4

4는 완전성, 전체성, 완성, 연대, 대지, 질서, 합리성, 측정, 상대성, 정의를 상징한다. 4각형 기둥이 가장 안정적인 것처럼 숫자 '4'는 정사각 평면 같은 완전함을 의미한다. 4원소, 4방위, 4계절 등 자연의 이치를 나타내며, 완전함을 의미하고 이집트와 바빌로니아에서도 완전함을 의미하는 수였다.

점성학적 의미

양자리(Aries)에 해당한다. 시기로는 3.20~4.20일에 해당한다. 양을 순종적인 동물이라 생각할 수 있지만, 실상은 그렇지 않다.

불의 특성을 가진 화성의 지배를 받는 양자리는 낮의 별이며, 생명력이 넘치는 봄의 시작을 알리는 활동적인 궁이며, 적극적이고 투쟁적이라 할 수 있다.

일단 들이대고 보는 스타일이다. 겁 없고 열정이 넘치며 도전정신이 강하지만 독단적이고 무모하기도 하다. 승부욕이 강하고 다혈질이기도 하다. 상대방과 조화를 이루기보다는 이기적인 면이 많아서 사람들의 기피 대상이 될 수도 있다. 진취적이며 창조성이나 경쟁력이 필요한 곳에서 두각을 나타내며, 항상 목표가 무엇인지 어디로 향해가고 있는지 확인할 필요성이 있다.

카드의 해석

이 카드의 황제는 자연스럽게 부모의 왕위를 물려받은 왕은 아니다. 돌산을 깎아 야망 하나로 인내하고 버텨왔기에 황제가 될 수 있었다. 다소 고지식하고 답답해 보일 수 있지만, 그래서 자신의 속내를 다 드러내지도 않는다. 그런 강인함이 그를 이 자리까지 이끌고 왔을 것이다. 그는 꼭 우리네 아버지와 같다.

자신의 이익보다는 항상 가족을 위해 참고 희생하며 살아온 다소 완고한 그런 아버지일 수 있다. 그는 개척정신이 강하고 남성적이며 현실에 충실하다는 것을 알 수 있다. 주저하기보다는 선두에 앞장 서는 스타일이다. 그러나 이기적인 성격이 있으니, 다른 사람과 조화를 이룰 필요가 있어 보인다.

그는 어디서든 리더쉽과 원기가 왕성하고 강렬하다. 지금 힘들지라도 성공할 수 있는 미래가 기다리고 있으니, 조금만 더 노력하면 되겠다.

4번 카드의 사랑

이 카드는 두 사람이 사랑하는 것에 있어서 여러 가지 어려운 상황임을 의미한다. 주로 환경적인 어려움을 나타내고는 한다. 대단히 이기적이고 보수적인 사람일 수 있다. 고지식한 면이 있고 의심이 많다. 일에는 능력이 있는 모습이지만, 사랑에는 서투른 사람이다. 어떤 경우에는 부모님이 두 사람의 사랑을 반대할 때 이 카드가 나오기도 한다.

4번 카드의 금전

지금은 어렵게 진행되고 있다는 것을 나타낸다. 그러나 참다 보면 황제에 오르듯이 좋은 날이 올 것이다. 현재 자리에 나왔다면 지금 힘들게 진행하고 있다는 것이고, 미래 자리에 나온다면 힘들게 고생하여 황제에 자리에 오른다는 것이므로 경제적인 성과를 이룰 수도 있다. 이처럼 어느 자리에 배열되느냐에 따라 해석이 달라질 수 있다.

4번 카드의 합격

준비하는 과정이 상당히 힘들었을 것이다. 그러나 그런 어려움을 이겨내고 묵묵히 하면, 좋은 결과를 기대할 수 있다. 합격 가능성이 크다.

4번 카드의 계약

융통성이 부족하여 계약이 성사되기까지 험난하다. 그러나 많은 어려움 속에서도 계약이 이루어질 수 있다.

4번 카드의 조언

모든 것을 내가 다 해야 한다는 생각을 버려야 한다. 나와 함께 하는 혹은 상대방을 신뢰할 필요가 있다. 감정보다는 이성적으로 판단해야 한다. 힘들어도 끝까지 노력하다 보면 좋은 결과가 있을 수 있다.

4번 카드의 건강

건강관리가 소홀 할 수 있다. 고혈압, 심장질환, 혈관질환, 의처증이나 의부증

4번 카드의 진로

강한 카리스마와 리더쉽이 강하다. 타고난 사업가 기질이 있다.

정치인, CEO, 사업가, 공무원 등

5

THE HIEROPHANT

무엇이 맞고 무엇이 틀린 것인가? 옳고 그른 것이 아닌 서로 다르다는 것을 인정해야 한다. 생각이 다를 뿐이지 그것이 틀린 것은 아니다. 다름을 인정하고 포용할 때 내면의 고요함은 찾아올 것이다. 어떤 문제에 봉착했을 때 나보다 더 지식이 있는 전문가에게 상담을 받는 것도 좋은 길이다.

온화한 표정이지만 전반적인 느낌은 카리스마와 리더쉽이 넘쳐 흐르는, 교황으로 보이는 사람이 앉아 있다.

앞서 4번 황제카드가 물질적이고 현실적인 권력자였다면, 5번 교황카드는 정신적, 영적인 부분에서의 강력한 힘을 가진 지도자임을 의미한다. 그는 그의 추종자들에게 존경받고 신뢰받는 영적인 지도자이다.

영적인 능력을 지녔다는 것에서 2번 고위 여사제와 연결될 수도 있지만, 고위 여사제는 비밀스럽게 참고 기다리며 겉으로 드러나지 않는 지혜를 가졌다면, 이 교황은 자신의 추종자들에게 교육 또는 종교의식이나 교리를 전파한다는 점이 차이가 난다고 할 수 있다.

이 카드는 실전 상담에서 교육이나 학문과 관련된 상황에서 많이 나오며, 어떠한 문제에서 더 경력이 풍부한 전문가에게 조언받을 것을 권유한다.

교황의 앞에는 머리가 벗겨진 두 명의 사제가 있다. 회색 바탕에 붉은색 장미와 파란색 바탕에 흰색의 백합이 그려진 의복을 입고 있다.

현대에서도 스트레스를 받으면 대머리가 된다는 말이 있다. 그 말처럼 이 카드는 스트레스를 받을 때 많이 나온다. 이 문제는 어느 누가 맞고 틀린 것이 아니라 서로 간의 성향이나 성격 차이에서 오는 문제들이다.

파란색과 붉은색, 붉은색과 흰색은 서로 대비된다고 할 수 있다. 교황은 그 중심에서 어느 한쪽으로도 치우치지 않으며, 어느 쪽에서건 믿음직한 조언자이며,

그 둘의 중재자이고 교육자다. 그러나 이런 교황조차도 전통적이고 관례적이며 형식적인 것에 중점을 두고, 보수적인 신념에 고리타분하고 이론으로만 무장된 채 새로운 것을 받아들이는 유연함이 부족해 자신만의 생각에 갇힌 우물 안 개구리가 될 수도 있다. 늘 끊임없이 배우고 익히며 부족한 것은 채우고 불필요한 것은 과감하게 버릴 줄 아는 지혜도 필요할 것 같다.

교황의 뒤에 두 개의 회색 기둥이 있다.

이 기둥의 회색은 2번 카드의 검은색과 흰 기둥을 섞으면 나오는 색이다. 회색은 중재, 조정, 균형의 색으로써 빛과 어둠, 선과 악, 남성과 여성 등 서로 다른 존재나 이념, 사상을 중재하여 좋은 관계를 만들어 줄 필요가 있다는 것이다.

교황은 삼단으로 이루어진 '삼중관'을 쓰고 있다.

이는 교황이 물질적 · 지적 · 영적인 세 차원의 권위가 있음을 나타낸다.

교황의 오른손은 세 손가락을 펼치고 있다.

이것은 성부 · 성자 · 성령의 삼위일체를 의미한다.

다른 한 손에는 삼단십자가를 들고 있다.

이것은 교회의 상징이며, 지상 · 천국 · 교회를 이어주는 역할을 하고 있다는 것을 의미한다.

교황은 푸른 예복 위에 붉은색 예복을 입고 있다.

교황의 푸른 예복은 그가 가진 책임감을, 붉은 예복은 그의 강한 권위를 의미한다. 또 행동은 붉은색처럼 열정적으로 마음은 파란색처럼 침착할 것을 말하고 있다.

그의 가슴에는 Y자의 흰 띠가 있다.

이것은 팔리움(Pallium)이라 불리는 양털 띠인데, 이는 명예와 자치권, 그리고 구원을 상징하는 것이다.

교황은 체스 무늬가 그려져 있는 양탄자 위에 흰색의 깨끗한 신발을 신고 있다.

체스는 세상을 나타내며 이는 교황이 세상 위에 더러움 없이 깨끗하고 순수하다는 것을 의미한다. 한편으로는 순수한 마음으로 세상을 받아들여야 한다고 할 수 있다.

그리고 그 앞에는 두 개의 황금열쇠가 겹쳐져 있다.

열쇠는 문제를 해결할 수 있는 지혜나 지식 등을 상징하며, 교차한 두 개의 열쇠는 초대 교황인 성 베드로의 천국의 열쇠를 의미하기도 한다.

이 카드는 보통 내면의 갈등과 상대방과 의견의 차이나 성격 차이가 날 때 많이 나오는데, 그럴 때 내 주장만 펼치기보다는 서로 조화를 이루어야 한다는 것을 크로스 된 열쇠를 통하여 말해주고 있다.

믿음, 정신적 조언, 정신적 권력, 이해심, 심사숙고, 전통적, 도덕적, 깊은 학식, 공부, 연구, 지혜, 규칙, 결혼, 윤리

상징성

교황의 삼단 십자가 : 3위 일체, 하늘의 뜻을 받드는 사람

홀 : 교황의 권위, 윤리적인

삼중관 : 교황의 권위

열쇠 : 비밀의 열쇠

기둥 : 전통을 따름

들어 올린 손 : 축복

발아래 두 사람 : 지혜와 이해, A와 B

명칭의 의미 THE HIEROPHANT

1. 사제

2. 비밀 교리의 해설자

3. 주창자

고대 그리스 '엘레우시스시'에 살던 씨족들 가운데 선출된 신비 의식을 거행하던 사람으로서, 이 직에 선출되면 예전에 사용하던 이름은 바다에 던져버리고, '히에로판테스'라고만 불렸다고 한다.

숫자 5

1부터 9까지의 수비학에서 5는 중간의 수로써 운명, 유동, 변화, 지혜를 의미한다. 타로카드에서 숫자 5는 대개 부정적 이미지이다. 안정적이고 견고했던 숫자 4에 새로운 1이 추가 됨으로써 안정이 흐트러진다고 할 수 있다. 그로 인해 갈등이나 상실감 등을 유발하고, 조금씩 잃게 된다. 그렇지만 숫자 5는 수비학에서 중간인 숫자로, 터닝포인트라고 할 수 있다. 새롭게 변하는, 변해야 하는 그래서 변화, 유동, 운명이라 할 수 있다.

점성학적 의미

황소자리(Taurus)에 해당한다. 시기로는 4.20~5.21일에 해당한다. 황소자리는 '금우궁'이라고도 하는데, 황소에서 느낄 수 있듯이 가장 완고하고 고집이 센 별이라고 할 수 있다.

이 사람들은 오래된 것을 좋아하고 보유하는 습성이 있고, 기본적으로 변화를 싫어한다. 생각과 동작이 느리지만 한번 움직이기 시작하면 굉장한 집중력과 추진력을 발휘하기도 한다.

풍요롭고 안정된 것을 좋아하며 전체적인 가치에 중요성을 둔다. 이들은 침착하고 진중한 성품이며, 농사나 원예 같은 자연과 관련된 모든 일에 친화성을 가지기도 한다. 결혼하면 좋은 반려자가 되지만, 소유욕이 강하고 질투심으로 고통을 겪을 수도 있다. 쉽게 화를 내지 않지만, 한번 화가 나면 폭발적이며 오랫동안 용서하지 못한다.

카드의 해석

이 카드는 살면서 겪을 수 있는 내적 갈등이나 무엇인가 답을 구할 때 나오는데, 이 카드는 경험 많고 신뢰가 가는 사람으로부터 문제의 해결과 삶의 방향을 제시받을 수 있다고 말하고 있다. 또한, 스스로가 그런 존재가 될 수 있으며, 나아가서는 그런 존재가 되도록 노력해야 한다.

요즘은 지극히 개인적이고 이기적인 사회에 살고 있다. 나만 잘되면 된다는 생각과 이기적인 마음들로 인해 누구를 쉽게 신뢰할 수도 믿을 수도 없다. 그렇지만 그것은 스스로가 그렇게 만들고 있을 뿐 주위를 돌아보면 나보다 더 경험이 많고 많은 지혜를 가지고 있는 사람들이 많다. 혼자 고민하지 말고 그들을 찾아가 보는 것이 도움이 될 것이다.

이 카드는 종교적인 성향이 강한 카드지만, 단순히 종교적인 범주를 벗어나 우리의 전반적인 삶과 문화 전통적인 가치를 알려주고 있다.

5번 카드의 사랑

이 카드는 내담자의 상황에 따라서 해석의 차이가 크게 달라지는 카드다. 카드를 해석하기 전에 내담자의 현재 상황을 파악할 필요가 있다. 솔로라면 학교나 학원 같은 교육과 연관된 곳에서 애인을 만날 수가 있다. 누군가의 중재로 소개를 받을 수도 있지만, 그 사람과는 성향이나 환경 등이 달라 잘 맞지 않는다. 결혼을 주제로 서로 의견이 맞지 않을 때 나올 수 있다. 서로간 배려와 이해심이 필요하다.

5번 카드의 금전

금전보다는 명예의 카드라 할 수 있다. 금전으로 본다면 큰 이익을 얻기보다는 금전으로 인하여 고민을 하고 있다는 것을 의미한다. 거래할 때 상대방과 의견 차이를 보인다. 고민을 해결하기 위해서는 그 문제에 경험이 있는 사람에게 조언을 구하는 것이 좋다. 미래를 위해 현재를 준비하고 있을 때 나올 수 있다.

5번 카드의 합격

지금 상태로는 합격이 쉽지 않다. 준비하고 있는 것이 본인의 적성과 잘 맞지 않을 수 있다. 좋은 결과를 위해서는 그 분야의 경험 많은 스승에게 지도를 받는 것이 도움이 될 것이다. 학생이라면 유능한 강사가 있는 학원에 다니는 것도 좋다.

5번 카드의 계약

융통성이 부족하여 계약이 성사되기까지 험난하다. 상대방과 의견이 잘 맞지 않는다. 타협할 필요가 있다.

5번 카드의 조언

내 고집을 버리고 상대방의 의견을 귀담아 들을 필요가 있다. 나보다 더 경험 많은 사람 혹은 전문가에게 도움을 받을 필요가 있다.

5번 카드의 건강

건강 문제로 스트레스를 받고 있다. 지금 앓고 있는 병이 치료가 더디다면 전문 의를 찾아가 보아야 한다. 두통이나 머리 관련, 탈모 등

5번 카드의 진로

남을 가르치고 설득시키는데 소질이 있다. 어느 한 분야에서 최고의 자리에 오를 수 있다.

교육자, 교수, 상담사, 종교인 등

6

THE LOVERS

태초에 아담과 이브가 선악과 열매를 먹지 않았다면 인간은 지금 어떻게 되었을까? 남의 것을 탐하지 마라. 내가 바라는 그것은 허상일 뿐이다. 살면서 겪게 되는 많은 유혹, 우리는 그것들을 견뎌내야 한다. 욕심을 버리고 내가 가질 수 있는 것을 가지려 할 때 사랑도 만족감도 찾아올 것이다.

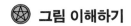

태초의 아담과 이브처럼 벌거벗은 두 연인을 감싸듯 두 날개를 펼치고 있는 천사가 있다.

이 천사는 유대교, 기독교, 이슬람교에서 존재한다고 믿고 있는 사랑의 대천사 라파엘이다. 여성의 눈이 이 천사를 바라보고 있다. 이상이 높다는 것을 의미한다.

구름 위의 라파엘은 보라색 옷을 입고 있다.

보라색은 인간이 볼 수 있는 가장 영적 수준이 높은 색깔로써 고귀함, 신비로움을 의미한다. 찬란하게 빛나고 있는 태양과 함께 라파엘은 두 손으로 연인에게 축복을 내려주고 있다. 그를 받치고 있는 구름도 고차원적인 존재임을 의미한다.

라파엘은 두 눈을 감고 있다.

감고 있는 두 눈은 겉으로 드러나는 것으로 차별하지 않는 것으로써 사랑의 축복은 누구에게나 평등하다는 것을 알려주는 듯하다. 다른 의미로는 두 남녀의 사랑에 이 사랑이 통상적으로 인정받는 사랑이든 아니든 관여하지 않겠다는 의미로도 볼 수 있다.

남자는 진심을 담은 눈빛으로 여자에게 시선을 보내고 있다. 그러나 여자의 시선은 남자가 아닌 더 높은 곳의 존엄한 존재인 하늘 위의 천사를 향하고 있다.

이것은 현실적인 사랑과 이상적인 사랑 사이에서 아직은 불완전한 결합임을 의미한다. 서로 원하는 듯 강한 힘으로 연결된 듯 보이지만, 서로 생각하는 관점과 갈등이 있을 수 있으며, 이것은 대화와 소통으로 해결해야 할 것 같다.

연인카드는 말 그대로 연인의 감정, 이성 간의 교제를 상징한다. 그러나 인간관계에 있어서 서로 다름을 인정하고 서로를 이해하고 조화를 이룸으로써 더더욱 발전적인 관계로 나아갈 수 있음을 의미하기도 한다.

두 연인은 벌거벗고 있다.

벌거벗은 육체는 이들의 사랑이 물질적인 것이 아니라 정신적인 것임을 의미하며, 본능적이라는 것을 의미하기도 한다.

남자의 뒤에는 12개의 불꽃이 달린 나무가 있다.

이는 생명의 나무라고도 한다. 그러나 정열이 시나지면 그 의미가 퇴색해지듯 검은색의 가지가 위태로워 보인다.

여자의 뒤편에는 탐스러운 복숭아가 달려있고, 그 나무를 뱀이 무언가 속삭이듯 그녀의 귓가로 다가가고 있다.

이것은 달콤한 유혹과도 같으며, 이 여자를 유혹하는 남자 또는 일들이 많다는 것을 말하기도 한다. 그러나 그 유혹에 넘어간다면 그 대가를 치러야 하는 것이 세상의 이치다.

그러나 이브는 그것을 알지 못하며 금방이라도 복숭아 열매를 따 먹을 듯하다. 그래서 이 카드는 중요한 결정의 시기라는 것을 알려주기도 한다. 지금은 복숭아

가 달콤해 보이지만, 조심해야 할 것 같다. 연인 뒤에 벌거벗은 민둥산은 인간욕
망의 표현이며, 그렇지만 가진 게 없음을 의미한다.

키워드

사랑, 자비, 화합, 결혼, 약혼, 대인관계, 동업자, 매력, 정신적 사랑, 갈등, 삼
각관계, 만남, 변심

상징성 ◇◇

복숭아 : 이성에게 인기가 많다

천사 : 대천사 라파엘, 사랑, 귀인

후광 : 신성함, 후견인

아담 : 남성, 현실,

이브 : 여성, 감수성, 영혼

발가벗은 모습 : 순수, 정신적

뱀 : 비밀, 유혹

불 나무 : 열정

태양 : 영원, 계몽

보라색 : 신비로움, 고귀함

◇◇◇

명칭의 의미 THE LOVERS

1. (보통 육체 관계가 있는) 애인

2. (lovers) (서로) 사랑하는 남녀

3. 애호가

4. (익숙함과 서투름을 표현하는 형용사를 수반하여) 섹스의 테크닉이 …
   한 사람

5. 연인(남녀에 다 씀)

숫자 6

6은 평형, 조화를 상징한다. 또한 6은 사랑, 건강, 아름다움, 기회, 행운을 의미한다. 우주 어머니(Cosmic Mother)의 수라고도 불리는 숫자 6은 '작시완성'을 나타내는 수로써 스스로 생활을 통제하고 상기시키는 수이기도 하다. 또한 새로운 수준으로 의식적 자각이 향상되는 '터닝포인트(turning point)'의 수이기도 하다.

다윗의 별(헥사그램), 사랑 등을 나타내며 완전수이기도 하다. 헥사그램은 악을 몰아내는 부적으로 솔로몬의 인장이라고도 불린다. 하나님의 세상 창조에도 6일이 걸렸다. 헥사그램은 악을 몰아내는 부적으로 솔로몬의 인장 혹은 다윗의 별이라 불린다.

점성학적 의미

쌍둥이자리(Gemini)에 해당한다. 시기로는 5.21~6.21일에 해당한다. 모든 공기 원소의 행성이 그렇듯이 변성이 강한 공기 원소에 속하는 쌍둥이자리는 끊임없이 변화하며 새로운 것을 추구한다. 이것은 한편으로 호기심이 강하여 정보를 모으고 새로운 것에 흥미를 느끼지만, 끝까지 하지 못하고 중간에 멈추는 용두사미(龍頭蛇尾)라 할 수 있다. 신경계통이 잘 발달하여 민첩하게 반응하고 손재주가 있다.

식사를 즐기기보다는 간단히 빨리 먹어치우며, 명랑하고 유머러스하고, 어떤 장소에서든 사람들과 쉽게 어울리는 친화적인 성향이지만, 깊은 관계를 만드는 경우는 많지 않다.

이 별자리는 가벼움이며, 상황에 따른 유동적인 변화는 좋지만, 집중력이 필요하다.

이 카드는 덱에 따라 그림에 차이가 많은 카드라 해석 시에 주위가 필요하다. 이 카드는 보편적으로 삶의 모습의 하나로써 '인간의 사랑'을 테마로 자연스럽게 이해하면 좋을 것이다. 그러나 세상에 존재하는 사랑은 가지각색이다. 때로는 미성숙한 사랑에서 오는 삼각관계나 내적인 것과 외적인 것에서의 갈등 또는 신성한 사랑과 그렇지 않은 사랑에서의 갈등 그리고 현실에 어울리지 않는 높은 기대치를 나타내기도 한다.

모든 타로가 그렇듯이 이 카드 또한 좋거나 그렇지 않거나 일 수 있다. 연인카드라고 반드시 사랑하는 연인을 나타내는 것만은 아니고, 사랑할 때 겪게 되는 아픔이나 갈등 또한 내포하고 있다고 할 수 있다. 꼭 연인이 아니더라도 인간관계의 문제를 이야기할 때 자주 등장하기도 한다.

6번 카드의 사랑

애정운에 연인카드가 나왔으니 솔로에게는 만남의 기회를, 연인에게는 깊은 사랑의 감정과 함께 육체적 친밀감을 가져다 주는 카드이다. 만약 짝사랑 중이라면 천사의 비호 아래 좋은 찬스가 있을 수도 있다. 부정적 상황에서는 상대방이 눈이 높다는 것 또는 삼각관계를 나타낼 수도 있다.

6번 카드의 금전

나체의 모습과 주변 환경으로 보아 현재 크게 부유하지는 못하다. 내가 생각하는 것과 현재 상황이 차이가 난다는 것을 말해 준다. 그러나 사업적인 면으로 본다면 좋은 동업자를 만날 수 있는 카드이기도 하다.

6번 카드의 합격

일반적인 자격증 시험 같은 것은 합격의 가능성이 있다. 하지만 대학시험처럼 등급이 있는 시험이라면 내가 생각하는 곳은 힘들고 눈높이를 낮출 필요가 있어 보인다.

6번 카드의 계약

내가 생각하는 조건과 상대방이 생각하는 조건에 차이가 있다. 자신이 원하는 조건으로는 계약이 힘드니 원활한 계약을 위해서는 상대방과의 협의가 필요하다. 계약과정에서 도와주는 귀인이 있을 수 있다.

6번 카드의 조언

눈높이를 낮출 필요가 있다. 현실을 직시할 필요가 있다. 연애운에서는 주위를 돌아보면 나에게 관심 있는 사람이 있으니 잘 살펴보라.

6번 카드의 건강

본인은 건강하다고 느끼지만, 지금부터라도 건강관리에 신경 쓸 필요가 있다.

산이나 들에 갈 일이 있다면 뱀이나 벌에 물릴 수 있으니 주의가 필요하다. 기타 목 디스크, 피부병, 성병 등

6번 카드의 진로

사람과 사람을 이어주는 인간관계에 관련한 일이 좋은 듯하다. 일에 대한 야망이 있다. 귀인의 도움을 받을 수 있다. 작게 시작하지만 큰 결과를 가져올 수 있다.

중개인, 무역업, 예술가, 커플 매니저, 과일 농장 등

7

THE CHARIOT

효녀 가수로 알려진 '현숙'의 노래 중에 '할까 말까 할 때는 해라'라는 가사가 있다. 이 노랫말처럼 지금 망설이고 있다면 실행에 옮겨라. 하지만 그러기 위해서는 팽이가 채찍질해야 돌아가듯이, 실행에 옮기기 위한 동기부여가 필요하다. 왜 그것을 해야 하는지 먼저 생각해야 한다.

　위풍당당한 표정의 자신감이 넘쳐 보이는 한 청년이 있다. 뒤로는 그의 성인지, 높고 아름다운 성이 있다.

　성의 모습으로 보아 그는 부유하고 좋은 환경에서 자란 것을 알 수 있고, 주변의 상황이 좋다는 것을 의미한다. 성안에 있었더라면 그는 평온하고 안락한 삶을 살 수 있었겠지만, 그는 조금 더 넓은 세상을 향해 나아가려고 한다.

　전차 위의 청년은 머리 위에 월계관을 쓰고 있다.

　월계관은 승리와 하늘로부터 인정받음을 의미한다.

　왕관 위의 별로 보아 그는 확실한 목표가 있는 듯하다.

　고대로부터 별은 변화하지 않는 법칙, 영원불멸, 희망의 상징이었고, 지혜와 영적 길잡이의 상징이다. 전 세계의 신화 중에서 별은 항상 중요한 역할을 해왔다. 세 가지의 별이 있는데, 오각형별은 보편적인 인간을 상징하고 "베들레헴의 별"이라고 불린다. 이 모양은 인성(人性)을 표현하며, 예수님의 성육신(Incarnation)을 표현한 것이다. 그리하여 기독교에서는 신의 가호와 인도, 보호를 의미하기도 한다.

　육각형 별은 일명 다윗의 별(다윗 왕의 방패), 또는 헥사그램(솔로몬의 인장)이라고 하는데, 이는 모든 악한 기운을 몰아내는 힘을 의미하고 완전한 균형을 상징한다.

　팔각형 별은 기독교에서 재생, 세례, 갱생을 의미하고, 대부분의 세례반(盤) 또한 8각형이다. 예수님께서 탄생한 지 8일 되는 날, 할례를 받으신 것을 기념하는 별이기도 하다. 이는 우주의 에너지와 힘, 물질적인 성공을 의미하기도 한다.

그는 단단한 갑옷을 입고 있으며 어깨에는 초승달 견장을 하고 있다.

그가 입고 있는 옷은 단호하고 내적인 강인함을 의미한다. 그의 가슴에 그려져 있는 사각형은 단단함과 완벽함을 의미한다.

그의 어깨 위의 초승달은 여성적인 섬세함을 나타내며 갑옷과 대비하여 이중성을 나타내기도 한다. 달 위에는 각기 다른 두 얼굴이 있는데, 이는 선과 악, 음과 양 등 상반되는 상황을 의미한다.

그 아래에는 흑과 백의 스핑크스가 있다.

스핑크스 역시 흑백의 상반된 이미지로써 역시 음과 양, 선과 악을 의미한다. 스핑크스는 몸은 사자와 같은 힘, 얼굴은 인간의 지혜를 의미하며, 예로부터 왕의 권력을 상징한다.

같은 곳을 보고 있으나 몸은 다른 곳의 방향을 향해 있고, 이는 역시 음과 양, 선과 악, 긍정과 부정, 정신과 육체 등 서로 대립하는 모습이지만, 이 둘을 잘 조율하고 통제해야 똑바로 앞으로 나아갈 수 있다. 지금 멈춰 있는 것은 어쩌면 지금 이 둘을 조율하고 있다는 것을 의미한다.

그 아래에는 팽이 모양이 그려져 있고, 그 위로 날개 달린 원이 그려져 달려 있다.

팽이처럼 보이는 것은 '링가'와 '요니'라고 하는데, 탱탱하고 꼿꼿이 곧추선 링가를 여성의 성기를 상징하는 '요니(yoni)'가 받치고 있다. 여기서 요니는 시바의 본부인인 '샥티' 여신의 상징이라고 한다. 이렇게 링가와 요니, 즉 음과 양의 결합을 통해서만 완벽하게 사랑의 힘이 이루어질 수 있다는 것이다.

음양의 원리는 영원히 분리할 수 없고, 둘이 결합을 해야만 모든 존재의 완전성을 표현한다는 것을 힌두교도들에게 일깨워주고 있는 것이라고 한다. 만물의 존재 근원이 이곳에 있다는 것이다.

모던타로에서는 그냥 팽이로도 보는데, 팽이는 채찍질해야만 쓰러지지 않고 돌아가듯이 이 사람이 전진하기 위해서는 동기부여가 필요하다는 것을 의미한다.

전차에 그려진 날개 달린 원은 이집트의 태양신 '라'를 연상케 한다. 하늘의 지배자인 라는 어디든 날아갈 수 있는 적극성이 있으며, 이집트의 왕들은 자신을 라의 후손이라 여겨왔다.

키워드

행동, 추진, 적극성, 진취적, 돌진, 노력, 행동, 승리, 성공, 여행, 해외, 이동, 부유한 환경, 능력자, 리더

 상징성 ◇◇

전차 : 활동, 여행, 힘

5각형 별 : 인간의 본질적인 모습

6각형 별 : 음양의 조화

팔각형 별 : 우주의 에너지와 힘, 물질적인 성공

스핑크스 : 음과 양, 이중성, 자비, 순수, 잔혹, 보복

원반 위 날개 : 평화

갑옷 : 강인함, 단호함

팽이 : 동기부여

명칭의 의미 THE CHARIOT

1. (고대의 전투나 경주용) 마차[전차]

2. 〈역사〉 고대 이집트, 그리스, 로마 등지에서 쓰던 두 바퀴 전차. 두 마
   리의 말이 끌고 한 사람이 타는 것으로, 사냥할 때에도 썼다.

파에톤과 태양전차 : '눈부신' & '빛나는'을 뜻하는 파에톤은 태양의 왕 헬
리오스와 바다의 님프 클리메네 사이에서 태어난 아들이다. 파에톤은 제우
스신의 아들인 '에파포스'가 족보를 자랑하자 자신도 신의 아들이라고 얘기
를 하지만, 이를 증명하지 못하고 조롱을 당한다. 이에 분개한 파에톤은 '크
리메네'에게 찾아가 내가 신의 아들임을 증명하라고 얘기를 하고, 아버지

헬리오스가 있는 성으로 찾아간다.

파에톤은 아버지 헬리오스에게 자신이 아들임을 증명해 달라고 하고, 헬리오스는 원하는 소원이 있다면 무엇이든 들어준다고 했다. 파에톤은 아버지에게 태양마차를 몰아보고 싶다고 말했다. 그 위험성을 알고 있는 헬리오스는 파에톤이 마차를 몰기 직전까지 안된다고 설득했지만, 파에톤은 설득되지 않고 마차를 몰았다.

그러나 태양마차는 인간이 몰기에는 적합하지 않았다. 궤도를 이탈해서 별자리들을 위협했으며, 산과 들, 마을과 강물을 불바다로 만들었고, 샘이 마르고 사막이 생겨났다. 에피오피아 사람들의 피부가 새까맣게 된 것도 이때부터였다고 한다.

이에 대지의 여신이 강력하게 항의를 하자 제우스도 손을 써야 했고, 제우스는 천궁 꼭대기로 올라가 파에톤의 마차에 벼락을 던졌다.

숫자 7

숫자 7은 지혜의 수이며 순환, 비밀. 심사숙고. 내성적. 내면화. 고독을 나타낸다. 또한 한국 사람들은 7을 좋아하는데, 행운의 수로 럭키 7이라고도 한다.

숫자 7의 대표적인 것으로는 1주일, 태양계의 7대 행성(태양, 달, 수성, 금성, 화성, 목성, 토성), 인체의 7개의 문(두 눈, 두 귀, 두 콧구멍, 입), 7개의 차크라, 세계의 7대 불가사의(이집트의 피라미드, 바빌로니아의 정원, 에페스의 디아나 사원, 피사의 주피터 사원, 아르테니스의 무덤, 알렉산드리아의 등대, 로드의 거인), 무지개색의 빨주노초파남보, 음악의 7음계인 '도레미파솔라시'를 들 수 있다.

점성학적 의미

게자리(Cancer)에 해당한다. 시기로는 6.21~7.22일에 해당한다. 언뜻 보기에는 모성, 가족, 가정적인 삶을 나타내는 게자리는 강하고 힘이 있어 보이는 전차 카드에 어울리지 않아 보인다. 그렇지만 일반적으로 게자리 성향의 사람은 모험심이 강하다. 그들의 모험은 충동적인 모험이 아닌 자신이 가진 것을 지키기 위한 실용적인 목적을 지니고 있다. 게자리는 임기응변과 수완이 뛰어나다. 또한 전차 카드의 공격적인 모습처럼 게도 자신의 나약한 모습을 방어하기 위해서 딱딱한 껍질을 가지고 있으며, 옆으로 재빠르게 움직이다가 위험을 감지하는 순간 가차 없이 날카로운 집게발을 사용하는 공격성도 있다. 그리고 게는 애정을 가진 따뜻하고 친절한 양육자이기도 하지만, 예민한 성격에 자신을 지나치게 보호하려 하고, 소유욕이 강한 사람들이다.

카드의 해석

두 마리 스핑크스는 색상이 각각 다르다. 흑과 백이라고 하는 대립각을 두었고, 서로가 바라보는 방향이 다르기에 전차의 질주는 무조건 빠르고 순조롭다고 보기는 어렵다. 스핑크스는 나의 내면의 문제일 수도 있고, 나와 함께하는 동료일 수도 있다.

스핑크스가 인간에게 문제를 내어, 맞춘 자만이 길을 갈 수 있다는 신화처럼 해답을 찾은 자만이 앞으로 나아갈 수 있다. 그 해답은 나의 내면에 관한 것으로 왜 그 길을 가야 하는지에 대한 원초적인 질문이다. 전차는 아름다우면서 돌진적이며 힘이 있고, 주체적인 리더의 모습을 많이 나타낸다. 하지만 멈추어져 있다는 것은 그가 그런 능력에도 불구하고 선뜻 결정하지 못하고, 해야 하나 말아야 하나 망설이고 있기 때문이다. 이 사람의 미래를 결정하는 것은 자신에게 달려있고, 내면의 갈등을 해소해야 비로소 앞으로 잘 나아갈 수 있다.

또한 주위 사람들과 같이 호흡해야 한다는 것을 말하고 있다. 전차가 빠르게 달리고 원하는 방향으로 가기 위해서는 그 전차를 이끄는 두 마리 스핑크스의 협조가 있어야 한다는 것이다. 따라서 아랫사람에 대한 통제나 관리를 잘해야 하며, 주변 사람들이 화합하여 협조할 수 있도록 유도해 내는 것이 중요하다고 할 수 있다. 전차라는 특성답게 이동과도 많은 연관이 있는 카드이다.

7번 카드의 사랑

이 카드 역시 선택의 카드라 할 수 있다. 이성을 계속 만나야 하나? 말아야 하나?, 소개팅에 나가야 하나? 말아야 하나? 하는 것처럼 이 카드는 주로 할까 말까의 카드이기도 하다.

또한 이 카드는 사랑에 앞서 마음의 여유가 없거나 이성에 그다지 관심이 없는 경우가 많다. 주변에 이성은 많으나 연애에 그리 연연하지 않고, 다른 곳에 특히 돈이나 명예를 쌓는 일에 관심이 있다. 그런 그 사람과 연애를 시작할 때에는 일과 사랑에 확실하게 분배를 두는 그의 특성에 맞추어 이해하고 기다려줄 줄 알아야 한다. 하지만 이런 사람이 한번 불이 붙으면 뜨겁게 불타오르는 적극적인 애정 공세를 퍼부을 수도 있다.

7번 카드의 금전

주변 환경이 나쁘지 않다. 배경도 좋고 능력도 있다. 현재 금전과 관련된 고민을 한다고 보이는데, 이 카드라면 하라는 의미이다. 그리하면 금전적으로 더 큰 이득을 볼 수 있다. 충분한 능력이 있으니 자신을 믿고 실행하면 좋을 듯하다.

7번 카드의 합격

해야겠다는 결심만 한다면 원하는 결과를 얻을 수 있다. 하지만 지금은 망설이고 있다. 왜 합격을 해야 하는지 합격을 해서 무엇을 하려고 하는지에 대한 고민이 필요하다. 합격의 여부는 반반이다. 컬러타로 같은 보조카드를 활용하거나 한 장의 카드를 더 뽑아 보는 것이 좋다.

7번 카드의 계약

상대방과 조건에 차이가 있다. 서로 조율이 필요하다. 계약하고자 하는 마음이 강하다면 충분히 가능한 계약이다.

7번 카드의 조언

동기부여가 필요하다. 왜 하려고 하는지에 대한 해답을 찾을 필요가 있다. 자신감을 가지고 하라. 누구보다 잘 할 수 있는 사람이다.

7번 카드의 건강

건강관리에 소홀하다. 관리할 필요가 있다. 운전하거나 여행을 간다면 교통사고를 조심해야 한다. 하반신에 관련하여 문제가 생길 수 있다. 교통사고, 여행 중 사고, 과로사 등

7번 카드의 진로

리더쉽이 탁월하고 활동성이 좋아 경찰이나 군인 같은 강한 직업군에 어울린다. 운전과 관련된 직업도 좋다.

경찰, 군인, 공무원, 운수업, 파일럿, 승마, 관리자 등

8

STRENGTH

예전 이연걸 주연의 '태극권'이란 영화를 본 적이 있다. 부드러움은 강한 것을 이긴다는 내용처럼 내면에서 우러나오는 힘은 그 어떤 물리적인 힘보다 강하다. 그림 속 사자는 우리가 살면서 겪게 되는 금전 문제, 애정 문제, 건강 문제 등 수많은 어려움이다. 내면 안의 진정한 힘을 깨닫는다면 그 어떤 어려움도 이겨낼 수 있을 것이다.

✪ 그림 이해하기

8번 카드 속 여인의 표정은 무척이나 온화하고 부드러우며 차분하다. 상당히 사나워 보이는 사자를 마치 순한 양을 다루듯이 내려다보며 사자의 입을 가만히 다물게 하고 있다. 그녀는 사자를 길들이기 위해 채찍이나 올가미도 없이 맨손으로 부드럽게 어루만지고 있다.

여인은 사자를 힘이 아닌 내적인 힘으로 길들이고 있고 사자 스스로 여인을 따르도록 유도했다고 할 수 있다. 이는 어떠한 강한 상대라도 상대의 마음을 주의 깊게 살피고 부드러움과 포용력으로 다가간다면 큰 힘을 발휘할 수 있다는 것을 의미한다. 사자 역시 꼬리를 숨긴 채 여인을 올려다보며 복종하고 있다. 그러나 그 과정까지는 내면에서 우러나오는 자신감과 용기, 정신적인 힘이 필요하다.

여인의 머리 위의 뫼비우스의 띠가 그려져 있다.
뫼비우스의 띠는 무한한 가능성을 나타내는데, 그녀의 용기와 내면의 힘이 영원하다는 것을 의미한다.

그녀는 하얀 옷을 입고 있다.
이것은 그녀가 순수하고 깨끗하다는 것을 의미한다.

머리와 허리의 꽃과 덩굴은 그녀의 성공을 의미한다.
이 카드에서 사자는 사람이 될 수도 있고 상황이 될 수도 있고 세상을 살면서 여러 가지 어려움(질병, 금전 문제, 직장 문제, 배우자, 고민거리 등)으로 해석 할 수 있다. 그리고 그 어려움은 반드시 외부의 위험들만 있는 것이 아니고 우리 내면에서 숨 쉬고 있는 욕망, 무의식 속에서 감추어져 있는 본연의 어떤 것, 부정적인 우리들의 모든 부분을 상징한다고 할 수 있다. 우리는 살면서 항상 어떤 문제에 봉착하게 되고 갈등하고 있다.

이 어려움을 힘으로만 제압하려 든다면 우리는 더 큰 어려움에 빠져 들 수 있다. 그래서 우리는 우리 본연의 마음을 더 솔직하게 들여다보고 두려워하기보다는 용기와 자신감을 가지고 하나씩 하나씩 내면 깊은 곳에서 변화될 수 있도록 힘써야 한다.

키워드

부드러움, 복종, 응집력, 용기, 자신감, 극복, 도전, 인내력, 정신력, 무한한 힘

❋ 상징성 ◇◇

사자 : 힘, 열정, 어려운 상황

허리띠 : 내적인 힘의 강력함, 화합

화관 : 삶의 성공, 결실

하얀 옷 : 순수, 무소유

◇◇

명칭의 의미 STRENGTH

1. 힘

2. 강함

3. 강점

4. 능력

5. 체력

유니버셜 웨이트 타로에서 Strength는 물리적인 힘이 아닌 내면의 힘을 의미한다. 강한 것을 이겨내는 부드러운 힘. 그것은 어쩌면 이 세상 그 어떤 강한 것보다도 더 강한 것일지도 모른다. 또한 극단적인 선택이 아닌 공존하는 힘이라 할 수 있다.

숫자 8

숫자 8은 조직력, 지배력, 성공, 권력을 상징하고 있는 수이다. 숫자 8은 2 + 2 + 2 + 2 또는 4 + 4로 구성이 되어 균등하게 잘 나누어지는데, 이는 하나하나 착실하게 진행해야 한다는 의미가 있다. 그리고 2와 4의 구성인데, 2는 고위 여사제에서 알 수 있듯이 정신적인 숫자이다. 4는 '물질 세상'을 나타낸다. 정신적인 힘으로 물질적인 세상을 다스린다고 할 수 있다.

숫자 8은 여성적인 숫자라 할 수 있다. 여성의 풍만한 가슴과 엉덩이 그리고 잘록한 허리를 형상화한 숫자다. 또한 지구와 연결된 달을 상징한다고 할 수 있다. 그것은 지구에 달이 큰 영향을 미치고 있음을 나타낸다. 달은 여성을 상징하기도 한다.

점성학적 의미

사자자리(Leo)(7/23~8/22)에 해당한다. 사자자리는 게자리 다음에 위치한다. 게자리는 사랑받지 못하는 것을 두려워 하는데, 게자리의 이런 두려움에서 사자자리가 생겨나기 때문에 사자자리는 나른 사람들로부터 인정받는 특별한 존재가 되려고 하는 속성이 있다. 불 원소답게 솔직하고 직선적인 성향으로 거침없이 자신을 표현하고 목표를 향해 나아가기 때문에 다른 사람들의 주목을 받게 되는 것은 당연한지도 모른다. 때로는 이러한 자기 표현에 약간의 과장을 하기도 한다. 또한 언제나 현재를 살아간다.

사자자리는 관대하고 너그럽다는 평을 받지만, 이는 사람들이 알아줄 때 발휘되는 기질이기도 해서 절대적이라고는 볼 수 없다. 타인의 시선을 의식하면서도 어린아이와 같은 순수함을 지녔고 칭찬이나 아부에 약하다. 좋든 싫든 자신의 감정이 고스란히 얼굴에 나타나곤 한다.

카드의 해석

진정한 힘은 물질을 통제할 수 있는 물질적인 힘이 아니라 사자로 표현된 물질 세상의 유혹과 고난, 억압과 압박, 모든 힘든 요소들을 마음속에서 이겨내고 스스로 다룰 수 있을 때 생겨나는 것이다. 그때 생겨난 힘과 용기의 근원적 요인은 무한대의 능력을 발휘한다.

이 카드가 나왔다면 과거나 현재는 별로지만 점점 나아지고 있다는 것을 의미한다. 점점 견고해지고 안전해 지고 있으며, 곧 당신의 능력을 발휘하게 될 것이다. 자신의 욕구를 잘 조절할 필요가 있다, 욕심이 과하면 일이 잘못될 수 있다.

당신은 상대를 진정시킬 줄 알고 내면에서 우러나오는 확신, 용기, 힘, 결단, 도전적 태도를 지니고 있기도 하다. 무엇이든 부딪쳐라. 당신은 충분히 해낼 수 있는 능력을 갖추고 있다. 정신적이고 영적인 힘으로 본능을 이겨내고 있으며, 이는 당신의 숙명과도 같은 것이다.

지금 일이 잘 풀리고 있다 해도 늘 경계하고 조심할 필요가 있어 보인다.

8번 카드의 사랑

애정운에 힘 카드가 나왔다면 사랑에 어려운 상황을 마주하고 있을 가능성이 크다. 그 어려움은 남자친구가 또는 여자친구가 될 수도 있고, 직장문제, 돈 문제, 건강 문제 등 여러 가지가 있을 수 있다. 그렇지만 당신은 충분히 그 어려움을 극복할만한 능력을 지녔다. 이 시기만 지난다면 좋은 미래가 펼쳐질 것이다.

때로는 내 일방적인 방식이 아닌 상대를 이해할 필요가 있어 보이기도 한다.

8번 카드의 금전

지금 현재 금전적으로 어려운 일에 처해 있을 것이다. 그러나 자신을 믿고 소비를 줄일 수만 있다면 돈을 벌기까지 오랜 시간이 걸리지는 않을 것이다. 돈을 벌기 위해서는 머리를 써야 하고, 인내의 시간이 필요하다. 받을 돈이 있다면 곧 받게 될 것이다.

8번 카드의 합격

시험을 준비하는 과정이 힘이 들었을 것이다. 하지만 그러나 하는 강한 의지가 있었기에 어려움을 이겨내고 합격할 가능성이 크다.

8번 카드의 계약

계약하는 과정은 힘이 들지만, 결과적으로는 계약에 성공할 것이다.

8번 카드의 조언

어떤 어려움이 닥치더라도 이겨내고자 하는 강한 의지가 필요하다. 충분히 이겨낼 수 있는 능력이 있다. 포기하지 않고 노력하다 보면 좋은 결과가 있을 것이다.

8번 카드의 건강

현재 건강상태가 좋지 않다. 그러나 긍정적인 마인드를 가진다면 충분히 호전

될 수 있고 건강해질 수 있다. 두통, 치아, 디스크, 턱관절 등

8번 카드의 진로

누군가를 가르치고 트레이닝 하는 일에 재능이 있다. 사람뿐만이 아니라 동물을 조련하는 능력도 있다.

선생님, 의사, 유아 교사, 간호사, 미용사, 조련사, 사육사, 트레이너 등

9

THE HERMIT

지금 외롭다고 일이 잘 풀리지 않는다고 남을 탓 할 필요는 없다. 모든 것은 나로 인해 시작되었다는 것을 시간이 지나면 깨닫게 될 것이다. 결국 이 세상은 자신과의 싸움이다. 아무도 내 삶을 대신 살아주지는 않는다. 나 자신과의 싸움에서 이기려면 도전정신과 용기가 필요하다. 무소의 뿔처럼 혼자서 가라.

온통 회색으로 몸을 김싼 은둔자를 감싸주는 배경은 사갑고 어두운 밤의 색이나.

그동안 화려하고 강렬했던 이미지들과는 조금 다른 칙칙하고 어두운 느낌이다. 회색은 짙은 안개나 먹구름과 같은 색이다. 이 사람이 가는 길이 순탄하지 않다는 것을 말해주고 있다. 학회지나 학위논문을 '회색문헌'이라 하는데, 이처럼 회색은 모든 이론을 대표하는 색으로써 학문과 관련해서는 최고의 경지에 올라간다는 것을 말하기도 한다.

회색은 검은색과 흰색의 중간색으로 상반되는 것들의 조화와 균형을 의미하기도 하는데, 은둔자는 이전까지의 살아온 세상과는 다른 더 큰 세상으로의 여행을 떠나기 위해 홀로 외로이 전진하고 있다.

높은 흰 산꼭대기로 보이는 곳에 길게 늘어뜨린 수염을 한 노인이 홀로 서 있다.

길게 늘어뜨린 수염은 그가 산전수전 다 겪은 인생의 경험이 풍부하고 연륜이 묻어나는 사람임을 말한다. 어떠한 분야에서는 그가 다른 사람이 범접할 수 없는 능력자일 수도 있다. 그런 노인이 어두운 밤에 설산을 홀로 걸어가는 모습이 상상된다. 얼마나 힘들고 외로운 시간을 이겨내고 정상까지 올라갔을까? 이 카드는 이처럼 즐거운 모습이 아닌 힘든 과정의 모습을 이야기한다. 높은 흰 산꼭대기로 보이는 곳에 서 있는데, 깨달음의 본질은 얻어가는 것이 아니라 비우는 것이라는 의미처럼 어떠한 결과물을 얻기 위해서는 힘들고 고된 이런 과정들이 있겠지만, 흰 눈처럼 깨끗한 마음으로 수행의 끝에 다다랐을 때야 비로소 얻을 수 있을 것이다. 원하는 세상의 법과 규율, 세속적인 관습에 얽매이지 않고, 직접 자신의 몸으로 경험하고 홀로 탐구하며 답을 찾아가야 한다.

은둔자는 한 손에는 자신의 키 만큼 큰 지팡이를 짚고 있고, 다른 한 손에는 다윗의 별(다윗 왕의 방패)이라 불리는 육각형별이 들어있는 등불을 지니고 있다.

지팡이는 내적인 힘을 가진 현자로서 지혜의 힘과 믿음의 상징이며, 다른 이들을 인도할 수 있는 능력이 있다는 의미하기도 하지만, 타로에서 지팡이는 열정 또는 마음으로써 그가 험난한 길을 오르기 위해서는 강한 마음이 필요하다는 것이기도 하다. 다른 사람의 도움이 필요한 것이 아니라 본인 스스로 이겨내고 해답을 찾아야 한다.

오른손에 들고 있는 등불 안에는 다윗의 별(다윗 왕의 방패)이라 불리는 육각형별이 들어있는데, 악을 물리치고 선을 불러오는 지혜의 상징으로 그가 올바른 길을 갈 수 있도록 그리고 그가 드러나진 않지만, 묵묵히 세상을 비추어주고 있음을 의미한다. 또는 그가 등불처럼 따뜻한 빛을 발할 때 그는 그 어떤 어려움도 이겨낼 수 있다는 것이다.

 키워드

심사숙고, 탐구, 연구, 공부, 침묵, 내적인 수양, 자기 통제, 조언자, 상담자, 멘토, 교육, 카운슬러

지팡이 : 내적인 힘을 가진 현자

등불 : 지혜

눈 덮힌 산 : 험난한 현실

회색 옷 : 지식, 힘든 상황

수염 : 연륜, 경험

회색 : 답답한 마음, 현실을 받아들임

◇◇

명칭의 의미 THE HERMIT

1. (주로 초기 크리스트교 시대의 종교적) 은둔자; (일반적으로) 은둔자, 세
   속을 버린 사람.

2. [동물] 독거성(獨居性) 동물.

3. 허미트 : 건포도 · 밤 · 향료가 든 당밀 쿠키.

카드에서는 운둔자(hermit)보다는 어태인민트(attainment:달성, 도달)를
나타낸다. 그 뜻은 간단하게는 '뭔가를 이루기, 성취하기'라고 번역될 수
있지만, 자세하게는 '달성이 곤란한 목표를 노력해서 성취하기, 목적이나
소원을 끊임없이 노력으로써 달성하기'의 뜻이다.

그림 속의 노인은 세속을 버린 사람이 아닌 인간으로서의 최고의 단계

에 도달함을 의미한다. 타로카드 속에서 한 인물이 화면을 가득 채우는 경우는 이것 외에는 없다. 이것은 중요한 것은 무엇보다도 자기 자신에게 있다는 것이다.

숫자 9

9는 완성, 성취, 달성, 전체를 의미하며 천계와 천사의 숫자다. 9는 수비학에서 제일 마지막의 수로서 완성된 수를 의미한다. 3이 완성을 나타내는데, 완성체인 3이 다시 3을 실현함으로써 통합적인 완성을 의미한다. 그러나 완성이지 성취를 나타내지는 않는다. 러시아의 신비주의자 구르지예프(Gurdjieff)는 인간은 '소우주'라고 했다. 지구의 5대양 6대륙과 사람의 5장 6보와 상통하듯, 바다는 '모든 것을 받아들인다'하여 '바다'라고 하였다.

바다는 '우주'를 상징하고 지구의 72%(7+2=9), 바다의 1분간 평균 파도횟수는 '18회'(1+8=9)라고 하며, 인간과 우주는 하나인 바, 인간의 평균 호흡수는 1분에 "18회"(1+8=9), 맥박수는 '72회'(7+2=9) 등 9는 신비함을 지닌 숫자이다.

점성학적 의미

처녀자리(Virgo)(8/23~9/23)에 해당한다. 은둔자카드는 처녀자리의 성격을 대표한다. 왜 처녀일까 의아함을 갖는 분들이 있을 텐데, 여기서 말하는 처녀자리란 육체적인 처녀를 말하는 것이 아니라 영적인 처녀, 즉 거룩함과 순수함을 나타낸다. '처녀'라는 것은 의무감이 아닌 온전함과 진실함을 위한 스스로의 선택이며,

깨달음의 최종단계는 채우는 것이 아닌 비우는 것이다. 신을 섬기는 사원의 처녀들은 완벽한 삶의 본보기가 되기 위해 책임감을 느끼고 다른 사람들을 위해 봉사하는 삶을 살았다고 한다.

처녀자리는 합리적이고 실용적이며, 비판적이고 분석적이다. 높은 기준을 가지고 완벽을 추구하는 경우가 많은데, 너무 완벽함과 철저함을 추구한다면 다른 사람과 마찰을 일으킬 수 있다. 또한 그들은 누군가에게 현실적인 도움을 주고 싶어 하는 봉사 지향적인 정신의 소유자이기도 하다.

카드의 해석

이 카드가 나왔다면 외롭고 고독한 시기인 것이다. 본인의 모습을 내면의 거울을 통해 바라볼 필요가 있다. 지금 외롭고 고독한 시기에 있으며, 지금 진정 내게 필요한 것이 무엇인가 생각해볼 필요가 있다. 나를 둘러싸고 있는 인간 관계 또는 돈 문제 등 현실적인 문제들을 하나 하나 살펴볼 필요가 있다. 그렇게 하면 뜻밖의 도움으로 문제를 해결할 수도 있다. 저절로 해결되는 것은 절대 아니고, 본인이 문제를 해결하기 위해 본인의 문제를 파악하고 그것을 고치기 위해 노력했을 때 해결되는 것이다. 지금은 무엇을 시작하기에는 좋지 않다. 그것이 사랑이든 일이든 사업이든, 좀 더 노력하고 준비할 필요가 있다.

지금 현재 문제 중 가장 중요한 것부터 우선 순위를 정하여 하나하나 해결해 나가는 지혜가 필요하다. 그리고 이 카드가 나온 사람들은 세상을 다소 부정적으로 볼 수 있는데, 긍정적인 마인드가 필요하다.

9번 카드의 사랑

애정운에 이 카드가 나왔다면 마음을 비우는 것이 좋겠다. 이미지에서 알 수 있듯이 혼자 있는 카드고 고독해지는 카드이다. '애인을 만날 수 있을까요?' 같은 질문에서 이 카드가 나온다면 홀로 외로이 서 있는 노인처럼 만나지 못할 가능성이 크고, 지금은 연애가 아닌 다른 것을 해야 할 때라고 답할 수 있다. 학생은 공부해야 하고, 직장인이라면 편안한 마음으로 연애할 수 있도록 나를 따뜻한 사람으로 바꾸어야 할 것이다. 지금과 같은 상황에서는 누구도 쉽게 다가오지 못할 것 같다. 지금 만나는 사람이 있다면 출장을 가던가 잠시 떨어져 있는 시간이 생길 수 있다. 만난다 해도 화합되지 못하고 외로운 상황이라 할 수 있다. 어쩌면 지금은 당분간 떨어져 있는 것이 도움이 될지도 모른다.

9번 카드의 금전

금전 상황이 좋지 못하지만 자기 쓸 돈은 있다. 채무 문제가 있다면 도망자 신세가 될 수도 있으니 미리미리 조심할 필요가 있다. 지금은 돈을 벌기보다는 미래를 위해 공부나 투자를 해야 하는 시기다. 돈보다는 명예를 원하는 사람일 수 있고, 돈을 벌기 위해 관련된 공부를 하는 상황일 수 있다.

9번 카드의 합격

아직은 합격하기 힘들다. 지금은 시험에 집중할 때이다. 시험을 제대로 준비하고 있는지, 자기 자신을 돌아볼 필요가 있다.

9번 카드의 계약

내가 원하는 조건으로는 계약이 성사되기 어렵다. 현실을 직시하고 조건을 생각해 볼 필요가 있다.

9번 카드의 조언

지금의 과정은 자기 자신과의 싸움이다. 누구를 탓할 필요도 없고, 누구에게 의지할 필요도 없다. 지금의 상황과 문제점을 자기 자신의 내면의 거울을 통하여 들여다 볼 필요가 있다. 집중해서 앞으로 나아갈 때 원하는 결과를 얻을 수 있다.

9번 카드의 건강

건강을 관리하기 힘든 상황이다. 육체적인 건강보다는 마음의 병이다. 지금 건강이 안 좋다면 병의 회복을 위해 잠시 도시가 아닌 시골이나 한적한 곳으로 가 있는 것도 좋은 방법이다. 나이가 있는 내담자라면 노인성 질환을 조심해야 한다.

9번 카드의 진로

어느 분야에서건 최고가 되는 과정은 힘들겠지만, 자신을 믿고 정진해 나간다면 관련 분야의 정상에 설 수 있다. 다른 사람에게 구속받지 않는 전문 직종이 어울린다. 학문과 연관된 직업도 좋다.

전문 직종, 박사, 교수, 철학자, 연구원, 탐험가, 상담사, 조명 회사 등

10

WHEEL of FORTURE

돌고 도는 운명의 수레바퀴에서 나는 지금 어디로 향하고 있는 걸까? 지금 변하지 않는다면 매일 반복될 뿐이다. 어제 걸었던 길을 오늘도 내일도 똑같이 걷고 있을 뿐이다. 지금이 내 운명을 바꿀 중요한 기회이다. 스핑크스의 칼은 나를 어디로 인도할지 모른다. 내 삶에 창조성을 가지고 변화할 때 내 미래는 달라질 것이다.

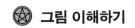 **그림 이해하기**

마치 세상을 표현하듯 지구본을 연상시키는 수레바퀴가 있다.

수레바퀴는 지구처럼 세상을 나타낼 수도 있고, 해외와도 연관이 있을 수 있으며, 수레바퀴처럼 돌고 도는 순환을 의미하기도 하고, 도장처럼 문서와 연관이 있을 수 있다.

수레바퀴 안에는 알파벳과 히브리어가 새겨져 있다.

이 수레바퀴 안의 알파벳을 조합해보면 TARO : 타로, ROTA : 바퀴(라틴어), ORAT : 말하다(라틴어), ATOR : 아토르(이집트 생명의 여신), TORA : 유대교의 율법(자연의 법칙, 비밀의 법률) 등으로 읽을 수 있다. 또 이 4개의 글자 사이에 히브리어도 쓰여 있는데, 이는 '요드, 헤, 바브, 헤(Yod, Heh, Vav, Heh)'라는 글자이다. 이는 하나님의 이름으로 '야훼(YHVH 혹은 Yaheh)'라고 한다.

바퀴 안쪽에 세모와 원 물결무늬의 기호가 있다.

바퀴의 안쪽은 88개의 바큇살이 모여 바퀴의 중심을 이루고 있는데, 그 화살이 행운과 불운 어디든지 향할 수 있다. 북쪽의 문양은 연금술에서 수은을 상징하며, 동쪽에 있는 것은 유황을, 남쪽에 있는 것은 물을, 서쪽에 있는 것은 '소금'을 상징한다.

이 4가지는 연금술에서 세상을 살아갈 때 없어서는 안 될 필수 요소들로 마이너카드에 등장하는 4원소다.

수레바퀴 위에는 스핑크스가 있다.

스핑크스는 사람의 삶을 주제로 한 수수께끼(아침엔 세 발, 점심엔 두 발, 저녁엔 세 발로 걷는 것은?)로 유명한데, 고대 이집트에서는 지혜로운 안내자, 수호자를 의미했으며, 칼을 들고 있는 스핑크스는 더욱 엄격하고 결단력이 있음을 의미한 다. 이는 인생을 살아갈 때 지금 어떤 결단을 내리고 행동하느냐에 따라서 행운과 불행으로 나누어질 수 있다는 것이다.

수레바퀴 왼쪽에는 황금 뱀이 있다.

황금 뱀은 악(惡)의 두 가지 신화적 화신(Tifon 과 Set)으로 형이자 왕인 오시리 스를 죽이고 전권동치에 관여하지만, 형수인 이시스의 저항으로 몰락한다. 어두 운 힘을 상징하며 사악한 지혜, 인간의 탐욕 등을 의미한다. 머리가 아래로 향하 고 있어 현실에서는 게으른 사람을 의미하기도 하며, 잘못된 선택으로 인한 인생 의 하락기를 나타낼 수 있다.

수레바퀴 아래쪽에는 아누비스가 있다.

아누비스는 이집트 신으로 자칼의 모습이며 죽은 자를 미라의 형태로 만들어 오시리스에게 안전하게 인도하는 역할을 담당했던 존재로 운명의 상승기를 나 타낸다.

수레바퀴의 주위에는 커다란 보라색 구름이 있다.

구름은 생각이나 사고를 보라색은 신성함을 나타내는데, 보라색 구름은 신성한 지혜를 의미하며 깊게 심사숙고해야 함을 나타낸다.

카드의 각 모서리에는 네 가시의 황금 형상들이 있다.

4개의 생물이 책을 읽고 있는데, 4개의 생물은 마이너카드에서 등장하는 완즈, 컵, 펜타클, 소드 네 가지 원소를 의미한다.

사람의 형상은 4원소 중 소드로 공기에 해당하며 물병자리로 사고력, 결단력 등을 나타낸다. 황소의 형상은 4원소 중 펜타클로로 흙에 해당하고, 황소자리로 의지력과 경제력 등을 의미한다. 사자의 형상은 4원소 중 완즈로 불에 해당하며, 사자자리로 추진력, 열정 등 강력한 힘을 의미한다. 독수리의 형상은 4원소 중 컵으로서 물에 해당하며 전갈자리로 직관력과 정신력 등을 의미한다.

네 가지 형상 모두 황금색이며 날개를 가지고 있고 책을 들고 있다.

책을 들고 있다는 것은 아직 이들이 완성체가 아니며 스스로 지식을 채워가고 있는 모습으로써 과거를 기록하고 미래를 설계해 간다고 할 수 있다.

 키워드

반복, 운명, 윤회, 순환, 운명적인 만남, 첫눈에 반함, 유연한 기회, 변화의 필요

✵ 상징성

칼 : 결단력

스핑크스 : 신비주의(수수께끼)

독수리(전갈자리) : 직관력과 통찰력

사람(물병자리) : 사고력, 결단력

사자(사자자리) : 추진력, 실천력

황소(황소자리) : 의지력

바퀴 : 운명의 회전

아누비스 : 죽음의 신, 부활

검 : 냉철한 판단

뱀 : 티폰, 어둠, 지혜

구름 : 성스러움

명칭의 의미 WHEEL of FORTUNE

1. 운명의 수레바퀴

2. 영고성쇠(세월이 흐름에 따라 변전(變轉)하는 번영과 쇠락)

3. Fortune은 영어단어 행운이라는 뜻에서 가져온 것이며, 그리스 신화
   에 나오는 운명의 여신 포르투나(fortuna)에서 따온 것이기도 하다.

숫자 10

1+ 0 = 1. 1은 무에서 유를 만들어낸 창조의 수였다면, 10은 9의 완성을 마치고 새로운 시작을 의미한다. 9에서 일차적 완성을 이루었고, 한 단계 더 발전한다고 볼 수도 있다. 개인적 특성의 1과 무한대의 0의 만남으로 무한한 가능성을 나타낼 수도 있으며, 한편으로는 0의 허무한 것 즉 다시 제자리로 돌아가는 부질없는 시작을 의미할 수도 있다.

점성학적 의미

목성(Jupiter), 시기로는 12/21~1/20에 해당한다. 목성은 태양계에서 가장 크고, 성공, 성장, 안정을 의미하는 평화와 풍요의 행성이다. 끊임없이 돌고 도는 수레바퀴는 시간과 공간을 통해 일정한 주기로 반복 순환하는 우리의 운명을 나타낸다. 그것은 우리의 존재를 인식하고, 모든 사람의 삶에 기회가 있음을 알게 한다.

올라갈 때가 있으면 내려갈 때가 있는 법이다. 목성과 운명 카드 모두 인생에서의 행운과 기회, 반전, 번영과 성공을 의미한다. 목성은 토성과 화성 사이를 운행하면서 균형을 맞추고 중재하는 역할을 한다.

목성은 인내심이 강하고 확장 지향적인 행성으로 지식과 지혜를 통해 통찰력을 얻어간다. 긍정적으로는 삶의 깊은 원리를 잘 이해하는 사람으로 성장할 것이며, 교육을 잘 받을 것이고, 여행을 통해 자신의 지혜와 지식을 넓혀가며 행운이 함께하는 풍요로운 삶을 살 수 있을 것이지만, 부정적으로는 호색 방탕할 수 있으며, 탐욕, 낭비벽으로 힘들어질 수 있다.

이 카드는 운명적인 일에 처해있거나 기회가 온다고 할 수 있다. 시계는 당신을 향해 돌고 있으니 자신을 믿고 기다려라. 그러나 부정적으로는 늘 새로운 반복만 되풀이하고 있으니 벗어날 필요가 있다. 지금 현재 자신의 상황을 냉정하게 살펴보고 앞으로 더 나은 삶이 되도록 변할 필요가 있어 보인다. 봄, 여름, 가을, 겨울 그리고 봄이 오듯이 내 의지가 아닌 불가항력으로 인해 직장을 잃을 수도, 사랑하는 사람과 헤어질 수도 있다. 이는 우주의 거스를 수 없는 법칙과 같다고 할 수 있다.

그러나 이 카드는 긍정적으로 나올 때가 많은 카드이다. 시험에 합격 운을 본다거나 계약 운을 본다거나 어떤 결과를 원하는 카드에 이 카드가 나왔다면 이루어지는 것으로 볼 수 있다.

10번 카드의 사랑

10번 카드는 내담자의 상황이나 주변 카드의 구성에 따라 해석이 달라질 수 있으므로 주의해야 한다. 배용준 · 최지우가 열연했던 「겨울연가」 드라마에서 등장했던 운명의 수레바퀴 카드는 드라마에서처럼 운명적인 만남을 예언할 수 있다. 그러나 주변 카드가 안 좋다면 좋지 않은 상황이 반복되는 악순환을 의미하기도 한다.

지금 현재 이 카드가 나왔다면 지금 이 순간이 중요하다. 지금 운명의 시간이 돌고 있고, 지금 어떻게 하느냐에 따라서 미래는 달라진다. 미래가 안 좋다면 지금까지의 방법으로는 안 된다. 새로운 변화가 필요한 시점이다. 주변 카드가 좋다면 결혼을 할 수도 있고, 행운이 있을 것이다.

10번 카드의 금전

뜻밖의 행운이 있을 수 있다. 지금 금전적으로 매우 중요한 시기이다. 무언가를 시작해도 좋을 것 같다. 상상하고 있는 것이 있다면 실행하라. 그리하면 좋은 결과가 있을 것이다. 지금 현재의 재정상태라면 그리 나쁘지는 않지만, 벌면 쓰고 벌면 쓰고 똑같은 톱니바퀴의 순환처럼 늘 그대로다. 그렇다면 톱니바퀴가 다르게 돌도록 변화를 주어야 한다.

10번 카드의 합격

합격할 가능성이 있다. 상황에 따라서는 반복적인 순환을 나타내기에 재시험이라면 똑같은 이유로 떨어질 가능성이 있다. 그때는 과감하게 공부하는 방식을 바꾸어야 한다.

10번 카드의 계약

계약은 성사될 것이다. 도장을 꾹 찍는 일만 남았다.

10번 카드의 조언

지금이 중요한 운명의 시간으로서 인생을 바꿀 절묘한 타이밍이다. 매일 반복되는 부정적인 상황이라면 지금 이대로 하면 똑같은 실수만 반복할 뿐이다. 과감하게 변화를 주어야 한다.

10번 카드의 건강

과거의 병이 재발 될 가능성이 있다. 지금 건강관리를 하지 않는다면 문제가 생길 수 있다. 관리가 필요하다. 혈관 질환, 순환기 장애, 간

10번 카드의 진로

운명학과 연관된 직업 또는 학문이나 연구 쪽의 진로가 좋다. 해외와 연관된 일도 괜찮다.

천문가, 예언가, 역학자, 해외, 무역, 학자, 연구원 등

11

JUSTICE

정의란 무엇인가? 법은 누구에게나 공평해야 한다. 균형 잡히지 않은 정의는 정의가 아니다. 칼을 들었다면 냉정해져야 한다. 쓸데없는 정에 얽매여 '시간이 해결하겠지'라는 안일한 생각은 당신을 더욱 비참하게 만들 뿐이다. 지금의 삶이 버겁고 힘들게 느껴진다면 과감하게 칼을 꺼내 들 필요가 있다. 칼을 들었으면 무라도 썰라는 말처럼 과감해져라.

왕좌에 난호한 표정으로 여성인지 남성인지 중성직인 외모의 사림이 딘호힌 표정으로 정면을 바라보고 있다. 그는 머리에 파란색 보석이 박힌 왕관을 쓰고 있다.

그의 머리에 쓰고 있는 왕관은 그가 강력한 권위와 힘을 지녔다는 것을, 왕관 가운데에 박혀있는 파란색 보석은 그가 냉철하고 합리적이며 냉정한 사람임을 의미다.

그는 녹색 망토를 두르고 붉은 옷을 입고 있다.

붉은 옷은 그가 열정과 카리스마가 있음을 의미한다. 즉 냉철하게 판단하고 힘 있게 해결하라는 의미이다. 어깨에 두른 녹색의 망토는 어느 쪽으로도 치우치지 않은 중간의 입장에서 바라보고 있음을 의미한다. 또 붉은색은 다툼이나 분쟁을 의미하는데, 녹색은 타협을 의미하기도 한다. 분쟁하기 전, 타협할 필요가 있다고도 해석할 수 있다.

망토 가운데에 있는 사각형 안에 원 모양이 있는 장식물이 있다.

사각형은 우리가 살아가는 세상을 의미하며, 자수정은 성실과 평화 그리고 권력을 상징한다. 즉 이것은 사회의 안녕과 질서를 유지할 수 있는 근원적인 힘과 제어할 수 있는 능력이 있음을 의미한다. 한편으로는 네모는 지구로서 땅의 성질을 가진 음이고, 원은 우주로서 하늘을 의미하는 양으로 볼 수 있는데, 두 개가 합쳐진 것은 음양의 조화를 나타낸다. 음과 양은 나와 너로 볼 수 있으며, 두 사람의 조화 즉 타협을 의미하기도 한다.

옷 아래로 오른발이 한발 나와 있다.

이것은 생각하는 일은 즉시 실천에 옮길 수 있는 현실적이라는 의미와 오른발
은 좌뇌의 영향을 받는데, 좌뇌는 이성을 관장하는 뇌로써 그는 늘 이성적인 판단
이 앞선다는 것을 의미한다.

그는 한 손에는 양면이 날카로운 칼을 다른 손에는 천칭 저울을 들고 있다.

그가 들고 있는 검은 냉정하고 이성적인 판단을 의미하고, 잘못 검을 휘두르
면 자신이 다칠 수도 있기에 잘 사용해야 하며, 다른 손에 들고 있는 천칭 저울
은 어느 한쪽으로도 치우치지 않고, 객관적 기준으로 공정하고 공평하게 판단함
을 의미한다.

뒤에는 두 개의 회색 기둥과 노랑 벽면 앞으로 보라색 베일이 걸쳐져 있다.

두 개의 회색 기둥은 5번 교황 카드에서도 등장했었는데, 어느 쪽 한쪽으로 치
우치지 않고 중립, 균형, 조화, 중재의 의미가 있다고 할 수 있다.

보라색은 인간에게 보이는 가장 영적 기운이 큰 색깔로써 신비한 색이고, 노란
색은 보라색의 보색으로서 현실적인 색인데, 이 카드는 영적인 능력과 신비한 힘,
그리고 현실적인 부분까지도 조율하고 있음을 의미한다. 그러나 보라색은 불안정
과 불안함을 나타내는 색이기도 하여 그의 내면 깊숙한 곳에 이런 불안함이 있다
는 것이기도 하다.

공정하고 공평하다는 것은 조화와는 다른 의미이다. 먼저 조화를 이루기 위해 노력해야겠지만, 조화를 이루지 못한다면 공정하고 공평하게 나누어야 할 것이나. 잘한 사람에게는 그에 맞는 보상이 주어지고 잘못을 한 사람은 그만큼 대가를 치루는, 본인이 한 만큼 딱 그만큼 보상받는 그래서 누구에게나 똑같이 모든 사람이 같은 원칙과 방법으로 대우받는 것, 그런 상당히 냉정하고 냉철한 의미라 할 수 있다.

키워드

공평, 균형, 평정, 재판, 심판, 정의, 공정, 정직한, 완벽한, 빈틈없는

상징성

여자 : 정의의 여신 디케, 유스티티아

사법부의 상징으로 잘 알려진 "정의의 여신"은 그리스 신화 속에 등장하는 "정의의 여신 디케(Dike)"를 칭하는 것인데, 로마 시대에 이르러서는 유스티티아(Justitia)로 불리게 된다. 오늘날 영어에서 "정의"를 뜻하는 "저스티스(Justice)"는 바로 이 유스티티아(Justitia)에서 유래한 것이라고 한다. 이 정의의 여신은 실제 인물이 아니라 이집트 그리스·로마 시대를 거쳐 오면서 "정의"라는 관념이 인

격화된 것이다. "정의의 여신"이 왼손에 들고 있는 "천칭 저울"은 누구나 법 앞에 서는 공정하다는 것을 나타내며, 오른손에 들고 있는 "칼"은 법의 준엄성을 의미한다, 눈이 천으로 가려져 있는 것은 모든 사람을 신분이나 지위 여하를 막론하고 공명정대하게 심판한다는 뜻을 품고 있다.

저울 : 공명정대

칼 : 정의

회색 기둥 : 프리메이슨의 상징, 숨겨진 능력

오른발 : 현실적

브로치 : 4원소의 조화

프리메이슨 : 18세기 초 영국에 창설된 박애주의 비밀단체

명칭의 의미 JUSTICE

1. 정의

2. 사법

3. 공정

4. 재판

5. 판사

사람이 지켜야 할 올바른 도리이다. 인간의 행위나 제도의 시시비비(是是非非)의 판단기준이다. 한자의 '정(正)'은 '정(征)'의 원자로 정복지에서

공물을 징수하는 행위('정(政)')의 정당화를 의미하였으나, 점차 변하여 똑바른 것, 올바른 것 일반을 가리키게 되었다. '의(義)'는 양을 잡아 신에게 희생물로 받치는 행위를 나타내고, 신의(信義)에 따르는 행동을 의미하였다. 따라서 고대 중국에서의 '정의'는 정치적 정당성과 종교적 관행의 존중이 합쳐져 만들어진 숙어로 '인간으로서 준수해야 할 도리'라는 윤리적 의미도 갖게 되었다. 한편 고대 그리스에서 정의에 해당하는 말은 '신이 정한 율법을 가리키는 것'을 원의(原義)로 하는 '디케(dike)'이다. '정의'라는 추상명사의 용례는 기원전 8세기의 시인 헤시오도스로 거슬러 올라갈 수 있다.

정의의 절대성에 대한 신앙을 주장한 헤시오도스(H siodos)지만, 시대가 바뀌어 타국과의 교류나 사회변동이 활발해지자 자국의 정의를 절대시할 수 없게 되어 정의의 상대성을 주장하는 논자들(소피스트)이 등장하게 되었다. 그들과의 논쟁을 통하여 '정의란 무엇인가'라는 탐구를 본격적으로 시작한 인물이 플라톤(Platon)이다. 그가 주장한 '국가의 정의'란 지배자, 군인, 일반 시민이 '각각의 업무'에 힘쓰고, 거기에 지혜와 용기와 절제가 실현된 조화로운 상태를 말하는 것이다. 이어서 아리스토텔레스(Aristoteles)는 한편으로 플라톤을 계승하여 '정의는 국가 아래에서의 인간들의 유대이다'라고 설명하면서도 '법에 따르는 것'을 의미하는 광의의 정의와 '평등 또는 균등'을 핵심으로 하는 협의의 정의가 있다는 것을 주장하였다.

[**네이버 지식백과**] 정의 [justice, 正義, Gerechtigkeit] (21세기 정치학대사전, 정치학대사전편찬위원회)

수비학적 의미

숫자 11은 1+1=2 즉 숫자 2번으로 적용된다. 2는 1+1 나와 너 두 개의 자아가 만나는 수이다. 두 개의 자아가 만나 관계를 형성하여 화합이나 갈등을 일으킬 수 있다. 이 두 개의 자아의 관계를 유지하기 위해 규칙을 만들게 되는 것이다. 숫자 11은 중국의 도(道)의 사상에는 5와 6의 합체로 하늘과 땅의 결합을 나타내는 수로 혁신의 수라고 한다. 구성학(九星學)에서 5는 황토성(黃土星)으로 흙에 속하고, 6은 백금성(白金星), 6건천(乾天)이며, 5는 땅을 의미하며, 6은 하늘을 의미한다. 이는 하늘은 스스로 돕는 자를 돕는다는 의미로 생각해 볼 수 있으며, 고생 끝에 낙이 오니 굳건하고 정직하게 오래 참고 기다리고 노력하라는 숫자라 할 수 있다.

점성학적 의미

천칭자리(Libra), 시기로는 9/23~10/21에 해당한다. 균형과 정의를 상징하는 저울을 들고 있는 타로의 정의 카드는 천칭자리를 나타낸다. 천칭자리는 충돌 상황에서 문제를 해결하는 능력이 뛰어나지만, 때로는 양쪽을 다 생각하는 바람에 결정을 못 내리고 우유부단할 수도 있다. 천칭자리는 친절하고 사교적이며 매력이 넘친다. 또한 아름다움에 대한 감각을 가지고 예술을 추구한다. 천칭자리는 소통을 중요시하며, 관심 있는 분야의 대화를 즐긴다. 이들은 1:1 관계를 통해 정체에 대한 답을 얻는데, 실은 이러한 관계 내의 '조화'와 '균형'을 찾아내는 과정을 통해 그렇게 한다고 하는 것이 맞을 것 같다. 다시 말해 상대의 상황이나 처지를 먼저 파악하고 자신의 행동 방향을 정하는 타입이라고 말할 수 있겠다.

'조화'와 '균형'을 중요하게 여기는 천칭자리들은 '중재자'나 '외교가'의 자질이 탁월하여 대립세력간 타협점을 찾아낼 수 있다. 그러나 '조화'와 '균형'을 지나치게 중요하게 여긴다면, 때로는 다른 사람들에게 '끌려가는' 상황이 될 수도 있으니, 전체적인 조화를 먼저 생각해야 할 것이나.

카드의 해석

이 카드가 나왔다면 법적인 문제나 소송, 다툼이 있을 수 있다. 미리 대비할 필요가 있어 보인다. 결과는 잘못이 있다면 그에 합당한 손해를 볼 것이고, 잘못한 것이 없다면 이길 수 있다. 문제가 있었다면 정리정돈이 되어가는 모습이다. 어떤 문제가 생겼다면 너무 섣불리 판단하지 말고 심사숙고하여 냉정하게 판단할 필요가 있어 보인다. 감정적으로 생각하기보다는 현실적으로 대처해야 한다. 합격이나 시험 운에서는 본인이 노력한 만큼 대가가 주어지는 카드이다. 상당히 정직한 사람이고 올바른 사람이지만, 전로?? 너무 계산적이고 인간미가 부족해 보일 수 있다.

11번 카드의 사랑

이 카드가 나왔다면 다툼 분쟁이 있거나 헤어질 위기에 처해 있는 것으로 보인다. 이해력은 좋으나 너무 딱딱하다, 감정의 표현이 필요해 보인다. 바늘로 찔러도 피 한방울 안 날듯이 냉정하다. 너무 계산적인 만남이다, 서로 상대를 이해하고 배려해주는 마음이 필요하다. 적당한 거리감을 두는 것도 도움이 될 수 있다. 친구로서는 좋지만, 연인으로 발전되기에는 어려움이 따른다.

11번 카드의 금전

금전 문제와 관련하여 소송이나 다툼이 생길 수 있고, 뜻밖의 일로 금전이 나갈 일이 생길 수 있다. 소송은 어느 쪽에도 치우치지 않고 공평하게 판결이 난다. 노력한 만큼 대가를 받을 수 있다.

11번 카드의 합격

노력을 많이 했다면 합격할 것이고 그렇지 않다면 떨어질 것이다. 지금 준비하고 있는 시험에 대하여 나와 적성에 맞는지, 내가 원하는 것인지, 이성적으로 냉정하게 생각해 볼 필요가 있다.

11번 카드의 계약

계약 내용을 꼼꼼히 따져보아야 한다. 잘못된 계약으로 문제가 생길 요지가 있으니, 주의해야 한다. 계약 조건이 달라 성사되기 어렵지만, 상대방의 의견을 잘 수렴하면 성사될 수도 있다.

11번 카드의 조언

감정보다는 이성적으로 냉정하게 판단할 필요가 있다. 과감한 결단이 필요한 시기다. 대충하면 문제가 생길 가능성이 있으니, 꼼꼼히 살펴보는 자세가 필요하다.

11번 카드의 건강

건강관리가 필요하다. 지금 관리하지 않으면 수술을 하게 될 수도 있다. 스트레스성 질환, 어깨, 팔 등

11번 카드의 진로

냉철함이 필요한 직업이나 계산하고 따지는 직종이 어울린다.

법조인, 군인, 경찰, 세무사, 회계사, 의사 등

12

THE HANGED MAN

행동할 때와 기다릴 때를 구별할 줄 알아야 한다. 지금은 기다릴 때이다. 움직이려 하면 할수록 그물 속에 갇힐 뿐이다. 기다리다 보면 기회가 올 것이다. 하지만 기다림 속에서도 머리는 깨어있어야 한다. 미래에 대하여 준비하고 계획을 세워야 한다. 억지로 만들어 낸 기회가 아닌 자연스럽게 다가올 것이다. 같은 상황이라도 어떻게 생각하느냐에 따라 달라 보인다. 힘들어도 긍정적인 마인드 속에서 희망의 미래는 다가올 것이다.

✪ 그림 이해하기

T자형의 나무에 매달린 남자가 있다.

T자형의 나무는 카발라의 생명의 나무를 나타내기도 하고, 지금 두 개의 갈림길에 서 있다는 것을 의미하기도 한다. 이 나무는 죽은 나무가 아니라 나뭇잎이 푸릇푸릇 달려있다. 이것은 절망 가운데서도 희망이 있으며, 얼마의 시간이 흐르면 고통의 시간이 지나고 새로운 희망이 생겨남을 의미한다.

빨간색 바지를 입은 매달린 남자는 한쪽 다리를 구부리고 있다.

이는 마지막 메이저 카드인 21번 카드에서 춤추고 있는 사람의 다리 모양과 같다. 12번 카드를 바꿔보면 21번이 된다. 불교의 만자와도 같은 이 다리 모양은 이 고난의 시기는 삶의 과정에서 반드시 필요하며, 이런 시기를 극복해야만 삶을 완성할 수 있다는 것을 의미한다. 지금 당장은 알아챌 수 없지만, 이 고통스러운 과정을 통해 삶의 교훈과 힘을 얻고 다음 단계로 성장할 수 있는 발판을 마련할 수 있다는 것이다.

매달린 남자는 지금까지와는 다르게 세상을 바라보고 있다. 이는 지금까지와는 다르게 유연한 사고를 지니게 되면, 놓치고 있던 진실이나 신선한 아이디어, 또는 문제의 해결책을 얻을 수 있다는 것이다.

또한 빨간색 바지를 입고 있는데 빨간색은 행동하는 것에 대한 경고의 메시지로 볼 수 있으며, 지금은 참고 기다려야 하는 시기이지 설불리 행동하면 문제가 생길 수 있음을 나타내고 있다.

매달린 남자의 머리에는 노란색의 후광이 빛나고 있다.

노란색은 지혜의 색이고 미래에 대한 희망의 색이다. 이는 다르게 생각을 하면 지혜를 얻을 수 있고, 시간이 지나면 미래가 좋다는 것을 의미한다. 매달려 있기에 지금은 힘이 들 수도 있다. 그렇지만 그가 웃고 있는 것은 지금이 아닌 미래에 대한 기대와 희망이 있기 때문이다.

그의 붉은색 허리띠는 지금의 상황이 극히 제한적이고 한정적이라는 것이고, 뒤로 한 손은 지금 무언가를 위해 희생하거나 숨기기 위해 혹은 말 못할 고민거리로 꼼짝 못하는 상황이라는 의미이다.

키워드

정지, 침체, 시련, 사서 고생하는, 어쩔 수 없는, 때를 기다리는, 창조적 생각, 과도기, 다른 생각, 강한 자아인식, 더 큰 세상을 바라봄, 현실적 정체상황 지속, 이러지도 저러지도 못함, 와신상담, 자신을 희생함

 상징성 ◇◇◇

T 십자가 : 생명의 나무(카발라의 세피로드), 세피로드는 유대 신비교의 카발라 (Cabala/cabbala/cabbalah/Kabbalah 등 여러형태로 표기되는 유대 신지학 또는 신비주의 또는 밀교 주법을 행하는 전통을 말함)에서 사용되던 문양

매달린 남자 : 미래를 위한 과도기

후광 : 자유로움, 희망

허리띠 : 제한적

명칭의 의미 THE HANGED MAN

1. 교수형에 처해진 남자

이 카드에서 매달린 남자는 그리스 신화 프로메테우스를 떠올리게 한다. 프로메테우스는 '선견지명을 가진 자'라는 뜻으로 티탄족 출신이다. 티탄들과 제우스가 세계의 지배권을 놓고 싸울 때 그는 제우스가 이길 것을 예견하고 꾀를 부려 제우스 편에 가담했다. 그 선택으로 인해 그는 싸움이 끝나고도 올림포스의 신들 곁에 머무를 수 있었다. 제우스는 인간이 불을 사용하지 못하게 하였는데, 프로메테우스가 태양의 신 '헬리오스'의 마차에서 불을 훔쳐 인간에게 가져다 주었다. 이 사실을 알게 된 제우스는 분노했고, 프로메테우스를 '카우카오스' 산의 가장 높은 봉우리에 단단한 쇠사슬로 묶어 놓고 독수리를 보내어 그의 간을 파먹게 했다. 간이 다시 재생되면 또다시 독수리가 파먹는 형벌이 계속되었지만, 프로메테우스는 끝까지 저항하며 굴복하지 않았다. 카드에 그려진 끔찍한 형벌을 받으면서도 평온한 모습이다. 지금은 고통스럽고 힘들지만, 미래에는 희망의 불씨가 생겨날 것을 예견하고 있는 듯하다.

숫자 12

12번 = 1+2=3번과 연관이 있다. 숫자 3은 최초의 완성 수이며, 최초의 창조물을 발생시킨 숫자라고 할 수 있다. 그 경험을 통해서 그것이 완전한 끝이 아닌 그 이상을 위한 정체 혹은 그 이상의 실현을 위해 잠시 정체된 상황이다. 물질적 풍요는 완벽하지 않은 일차적 좌절을 경험했으며, 그것이 전부가 아니라는 사실을 깨닫고 있는 상황인 것이다. 2보 전진을 위한 1보 후퇴처럼 이것을 깨닫고 앞으로 더 나아가기 위한 깊은 생각에 잠긴 것이다. 또한 12는 12달을 나타내는데, 12월이 지나가면 새로운 해가 오고 봄이 다시 오듯이 고생이 끝나고 새로운 기회가 주어진다고 할 수 있다.

점성학적 의미

해왕성(Neptune), 시기로는 2/19~3/20에 해당한다. 매달린 남자는 영적, 정신적 깨달음의 행성인 해왕성을 나타낸다. 매달린 남자의 의식은 현실의 경계와 장벽을 허물고 우주와 연결되려는 해왕성처럼 실체를 초월한다. 그것은 꿈, 환상의 행성일 뿐만 아니라 물리적인 문제의 한계에서 벗어나려고 한다. 해왕성은 영감, 환상, 상상, 그리고 꿈과 이상과 관련이 있다.

해왕성은 명상, 기도, 수면과 꿈 등 정신적인 것들을 통해서 탈출을 시도한다. 해왕성의 상황이 좋지 않은 사람 중에 현실에 대한 돌파구로 약이나 술에 의존하는 경우를 볼 수 있다고 한다. 해왕성과의 건전한 교감은 음악이나 춤, 사진, 영화, 심리, 철학 등의 재능을 부여해 준다.

지금은 어려운 상황에 놓였다. 지금 이 문제에 대해서는 본인도 잘 알고 있다. 지금 무리해서 일을 해결하려 하기보다는 때를 기다리다 보면 해결이 될 것이다. 주변의 카드들이 좋지 않다면 지금까지의 방법이 아닌 다른 방법을 생각해 보는 것이 좋을 것이다.

현재보다 더 나은 미래를 위해 지금은 깨달음과 지혜가 필요하다. 그 깨달음을 얻어야만 더 나은 미래를 만들 수 있다. 시험을 앞두고 있다면 지금 커트라인에 대롱대롱 매달려 있는 모습이니, 좀 더 노력할 필요가 있어 보인다.

12번 카드의 사랑

솔로라면 아직은 연애를 할 상황이 아니다. 때를 기다려라. 짝사랑하는 사람이 있다면 시간이 흐르면 좋은 시간이 올 것이다. 사랑하는 사람이 있다면 지금 어려운 상황에 빠져있을 것이다. 그러나 두 사람이 서로를 위해 희생할 수 있는 마음만 있다면 좋아질 것이다. 기다리다 보면 서로 원하는 만남을 이룰 수 있을 것이다.

12번 카드의 금전

금전 상황이 지금은 좋지 않다. 이 고비를 넘어서면 좋은 상황이 펼쳐질 것이다. 받을 돈이 있다면 지금 당장은 아니지만 받게 될 것이다.

12번 카드의 합격

아직은 때가 아닌 듯하다. 추가 합격하거나 다음 시험을 준비해야 한다. 다음 시험에는 합격할 수 있다. 아직 시험준비 기간이 남아 있다면, 공부의 방법을 바꾸면 합격의 가능성이 있다.

12번 카드의 계약

계약을 위해서는 인내심이 필요하다. 지금 당장은 힘들지만, 기다리다 보면 좋은 조건에 계약할 수 있다.

12번 카드의 조언

지금 무리해서 한다면 안 좋은 결과를 초래할 수 있으니, 기다리는 지혜가 필요하다. 지금보다는 미래를 생각해야 한다. 생각을 바꾸어 다른 관점에서 고민해 볼 필요가 있다.

12번 카드의 건강

지금은 쉬어야 할 때다. 무리하면 건강에 무리가 올 수 있다. 지금 건강이 좋지 않다면 차차 좋아질 것이다. 낙상 조심, 혈액순환, 원기부족

12번 카드의 진로

머리가 좋으니 머리 쓰는 직업이나 창의력을 발휘 할 수 있는 직종이 좋다.

창작, 기획, 작곡, 만화가, 특허, 요가나 무용수 등

13

DEATH

갈 때와 포기할 때를 알아야 한다. 지금은 포기할 때이다. 그동안 노력해온 것들을 포기한다는 것은 결코 쉬운 선택은 아닐 것이다. 하지만 이것은 끝이 아닌 새로운 시작이다. 이제는 새로운 태양을 맞이해야 한다. 이것은 더 나은 미래를 맞이하기 위한 과정일 뿐이다. 버려야만 더 좋고 아름다운 것들을 담을 수 있다.

검은색 갑옷을 입고 해골 얼굴을 한 죽음의 기사가 있다.

검은색은 죽음, 종말, 침묵, 어둠을 의미한다. 해골의 얼굴로 인간들을 바라보며 불가항력의 힘으로 위압감을 준다. 이제 곧 끝을 내야 한다는 것을 알려주고 있다.

죽음의 기사가 타고 있는 흰말은 눈빛이 사악하고 해골 무늬가 그려진 고삐로 매어 놓여 있다.

이는 순수함을 빼앗겼고 본인의 의지로는 어찌할 수 없다는 것을 의미한다. 하늘에서 오는 소나기를 막을 수는 없다. 지금의 변화를 받아들여야 하고, 오히려 변화의 중심으로 들어가야 한다.

이 죽음의 기사는 검은 바탕에 흰 장미꽃이 그려져 있는 깃발을 들고 있다.

이 깃발에 새겨진 그림은 시간의 신 크로노스를 상징한다. 크로노스는 제우스의 아버지이기도 한데, 시간과 농경을 다스리는 신이다. 시간은 그 누구도 피해갈 수 없으며 죽으면 땅으로 돌아가는 것이다. 죽음의 기사가 크로노스 깃발을 들고 왔다는 것은 주어진 시간이 다 되었고, 이는 피해갈 수 없는 숙명과도 같은 것이다. 이는 죽음의 고통이 지나가면 부활할 수 있다는 것을 의미한다.

백마의 발굽 아래에는 노인이 쓰러져 있고 그 옆에는 교황이 있다.

쓰러진 노인 옆의 왕관으로 보아 그는 왕으로 보여진다. 아무리 막강한 힘과 권력을 가졌더라도 죽음을 피해 갈 수는 없었다. 그 옆의 교황은 차분하고 경건한 모습으로 두 손을 모으고 있다. 이는 물질의 지배자인 황제는 죽음 앞에서 굴복되지만, 정신의 지배자인 교황의 고귀한 정신은 죽음 앞에서도 굴복되지 않는다는 것을 의미한다. 비록 지금의 모습은 어쩔 수 없이 포기해야 하지만, 다시 일어설 수 있다는 정신력이 필요하다. 그래야만 지금의 실패를 거울삼아 좋은 미래를 맞이할 수 있다.

정신을 잃은 듯 한 여인과 꼬마 아이가 있다.

포기한 듯 기절해 있는 여인은 그동안 자신을 속박했던 것으로부터 자신을 내려 놓은 것이며, 거스를 수 없는 운명을 받아들인다는 것이다. 죽음이 무엇인지 어떤 의미인지 모르는 아이는 죽음의 기사에게 꽃다발을 주고 있는데, 왕은 죽었지만 어린이는 자랄 것이고, 삶의 희망을 노래하며 나음의 왕이 될 수 있다는 것이다.

뒤로는 강이 흐르고 있고 절벽 위에는 두 개의 회색 탑이 있으며, 그 사이로 태양이 떠오르고 있다.

흐르는 강은 인생이라는 삶은 흐르고 변한다는 것이며, 절벽 위에 두 개의 회색 탑은 미래로 가는 통로이다. 그 사이로 떠오르는 태양은 새로운 세상이 오고 있음을 의미한다. 오래된 기타가 하나 있다. 오래되다 보니 줄이 낡고 끊어졌다. 줄이 낡고 끊어지는 것을 어찌할 수는 없다. 방법은 두 가지다. 하나는 이 기타를 버리는 것이고, 하나는 튼튼하고 새로운 줄로 바꿔서 새롭게 재탄생 시키는 것이다. 가만히 생각해 보면 지금의 변화가 너무 힘이 들겠지만, 그것이 끝을 의미하는 것만은 아닐 거다. 어차피 시간은 흐를 것이며, 새로운 미래는 다가올 것이다.

키워드

죽음, 종결, 결말, 파괴, 파멸, 극단적인 변화, 전환점, 새로운 시작, 이별, 이혼

상징성 ◇◇◇

백골 : 죽음, 끝

검은 갑옷 : 죽음의 사자의 권위

깃발 : 고통 뒤에 부활

백마 : 자연, 순수

시체 : 죽음, 부활을 기다림

어린아이 : 아무것도 모름, 새로운 왕

떠오르는 태양 : 새로운 시작

두 개의 탑 : 갈림길 ,변화의 통로

강 : 삶, 인생

◇◇

명칭의 의미 DEATH

① 죽음 ② 사망 ③ 사형 ④ 살인

서산대사(西山大師)라 불리우는 휴정(休靜)은 『선가귀감』에서 죽음에 대해 말하기를 "사람이 죽는다는 것은 무(無)로 되는 것이 아니다. 매미가 허물을 벗듯이 훨훨 벗어 던지고 새로운 옷으로 갈아입는 것이다. 낡은 허물을 벗는 것이 죽음이며, 새로운 옷으로 갈아입는 것이 윤회(輪廻)다. 새로운 옷이 무슨 빛깔이 되고 어떤 모습이 될지는 이승의 업(業)에 따라 결정이 된다.

그렇기에 죽음은 무가 아닌 동시에 두려워할 일도 슬퍼할 일도 아니다. 도리어 웃으며 새 옷으로 갈아입을 수 있는 것이 아닌가? 다만, 이승에서 살아 움직이며 맺은 인연이 있고, 주고받은 정이 있기에 아쉬운 느낌이 들 수는 있다. 이것이 다름 아닌 망집(妄執)이다.

사대가 내가 아니고 오온이 다 공인 바에야 어찌 망집에 사로잡혀야 하는가! 매섭게 끊어 버려야 한다. 그렇지 못하면 삼세(三世)의 인과에서 벗어나지 못한다. 웃으며 훨훨 낡은 허물을 벗어 버려야 한다"고 하였다.

숫자 13

13번 = 1 + 3 = 4번과 연관이 있다. 4번 카드에서 끊임없이 노력하여 이루어내면 황제가 되는 것이고, 중도에 포기하면 죽음에 이를 수 있다는 것을 의미한다. 또는 깨끗하게 포기하고 새롭게 시작할 의미가 있다고도 할 수 있다. 서양에서 숫자 13에 대한 공포는 여전히 현대 사회에 가장 큰 영향력이 있는 미신 중의 하나다. 13이라는 숫자가 불길하게 여겨진 이유로는 기독교에서 그 유래를 찾는다.

어느 날 예수는 자신이 붙잡혀 죽임을 당할 것을 미리 알고, 열두 명의 제자들을 초대해 마지막 식사를 했다. 예수까지 모두 열세 명이 함께 식사했다. 그 자리에 예수를 팔아넘긴 유다가 맨 마지막인 열세 번째로 들어왔고 유다는 식사 도중에 슬그머니 일어나 병사들에게 예수가 있는 곳을 알려 주고 돈을 받았다.

병사들에게 잡혀간 예수는 다음 날인 13일의 금요일에 십자가에 못 박혀 죽음을 맞이하였다. 그 후 서양 사람들은 13일의 금요일을 불길하게 생각한다.

서양의 고층 빌딩 가운데 80% 이상은 13층이 없다. 또한 많은 병원에는 13호실이 없으며, 프랑스와 이탈리아에서는 주소에도 13번지가 아주 드물다고 한다. 그리고 공항에도 가끔은 13번 게이트가 없고, 비행기 좌석에도 13번 열이 없다고 한다. '13일의 금요일'에는 매번 약 9억 달러의 손실이 생기는데, 이는 사람들이 이 재수 없는 날에 비행기를 타거나 금융거래를 피하기 때문이다.

점성학적 의미

전갈자리(Scorpio), 시기로는 10/23~11/22에 해당한다. 전갈자리는 죽음, 재탄생, 변형과 관련되며 욕망(식욕, 성욕)의 별이다. 어떤 분야에 관심을 가지면 깊이 있게 파고드는 타입이다. '전문가'나 '달인'의 경지에 이를 때까지 노력을 멈추지 않는 타입으로, 인생을 진지하게 생각한다고 한다.

대체로 일과 자신을 동일시하는 경향이 있어서, 그 일의 성공 여부가 매우 중요한 사람들이기도 하다. 목표에 도달하기 위해 가혹할 정도로 자신을 채찍질하며, 자신이 실패했다고 느낄 때는 자멸의 길을 택할 만큼 극단적이기도 하다.

보수적인 인상이 강하고, 대의 혹은 사랑하는 사람을 위해 자신을 희생하고 헌신한다.

전갈자리 사람들은 감추어진 비밀에 관심이 많아서 어둠을 두려워하지 않으며, 솔직하고 개방적이다. 그리고 세상 사람들이 자신을 어떻게 생각하든지 별로 관심이 없다.

전갈자리는 고통스러운 상황을 잘 견뎌내고, 자신이 원하는 것을 끈질기게 추구하는 능력이 있다. 그러나 불운한 상황을 극복해낼 수 있는 그 힘을 자기 연민으로 낭비할 때도 있다.

카드의 해석

지금 상황이 좋지 않다. 살다 보면 내 의지와 상관없이 포기해야 할 일들이 생긴다. 지금까지 간신히 마지막 끄나풀을 잡고 버텨왔지만, 곧 끝이 날 것이다. 지금 일 또는 사랑이 끝이 난다고 해서 인생이 끝이 나는 것이 아니다. 오히려 전화위복이 되어 지금의 상황을 더 성장할 수 있는 원동력이 될 수 있으며, 길게 보았을 때 다행일 수도 있다. 힘든 것이라면 미련 가지지 말고 버려라. 버리면 비로소 많은 것이 보이게 될 것이다. 지금의 상황 지금의 현재 모습을 냉정하게 살펴보고 아니다 싶으면 뒤돌아보지 말고 포기해라. 급격한 변화가 나타날 것이다. 변화에 대비하라.

13번 카드의 사랑

사귀는 중이라면 곧 끝이 날 수 있다. 지금의 그 사람과는 애초부터 어울리지 않는 사람이었다. 끝나는 것이 본인에게는 먼 미래로 보았을 때 전화위복이 되어 더 좋은 사람을 만날 수 있고, 진정한 사랑을 만나게 될 것이다. 끝이 나는 과정까지 무척이나 괴롭고 힘이 든다.

카드 배열이 앞 카드는 나쁘고 이 카드 뒤에 배열된 카드가 좋다면 힘든 상황이 해결되고 좋아진다고 할 수도 있다. 짝사랑하는 사람이 있다면 포기하는 것이 좋을 것이다. 어차피 이루어지기 힘든 사랑이다. 그러나 머지않아 행복하게 해줄 새로운 사람을 만나게 될 것이니 슬퍼할 필요는 없다.

13번 카드의 금전

돈 쓸 일이 생길 수 있다. 미리 대비하는 것이 좋겠다. 그동안 수입을 가져주었던 일이 끝날 수 있다. 금전과 관련해서 큰 변화가 있을 것이다. 지금 상황이 좋지 않다면 미련 없이 가감하게 새로운 일을 하는 것이 좋겠다.

13번 카드의 합격

이번 시험은 합격하기 힘들다. 지금 준비하는 시험이 본인과 잘 안 맞을 가능성이 있다. 본인 적성과 잘 안 맞을 수도 있으니 내가 하고 싶은 것 말고 잘하는 것을 찾아볼 필요도 있다.

13번 카드의 계약

지금은 계약이 힘들다. 다른 조건으로 새로운 계약을 준비할 필요가 있다.

13번 카드의 조언

지금은 포기해야 할 때다. 시간을 지체하면 할수록 본인에게는 손해일 뿐이다. 맺고 끊고를 확실하게 해야 한다. 다시 할 수 있다는 정신력이 필요하다.

13번 카드의 건강

건강이 안 좋아질 수 있다. 의심되는 증상이 있다면 빨리 치료해야 한다. 장거리 운전이나 여행을 조심해야 한다. 교통사고, 사고사, 뇌졸중, 심장마비, 암 등

13번 카드의 진로

가능성 없는 것에 매달리고 있다면 빨리 포기하는 것이 좋다. 활인업(사람을 죽이고 살리는 일)이 어울린다.

의사, 간호사, 군인, 경찰, 소방관, 법조인, 상담업 등

14

TEMPERANCE

절제와 조화는 구별되어야 한다. 절제를 통하여 조화를 이루어 가는 것이다. 절제엔 기술이 필요하다. 무조건적 양보가 아닌 딱 필요한 만큼만 덜어내는 것이다. 스스로 자제하고 이를 통해서 이룬 것만이 최고의 선물이 될 것이다. '급할수록 돌아가라'는 말처럼 항상 현실을 직시하고, 나갈 때와 물러설 때를 구분하는 지혜가 필요하다.

강력한 붉은색의 날개를 넓게 펼치고 있는 천사가 있다.

이 천사는 대천사 미카엘이다. 미카엘은 하나님 백성의 수호천사이며, 하나님과 인간 사이의 중재자다. 미카엘은 병이나 상처를 치유하는 천사로서 공경받았다. 그러다가 세월이 흐르면서 악의 세력에 맞서 하느님의 군대를 이끄는 지휘관으로 모습이 바뀌게 되었다. 천상의 군대를 지휘하여 루시퍼와 그의 추종세력을 지옥으로 떨어뜨렸다.

태양의 천사 미카엘은 조용히 눈을 감고 무엇인가에 집중하고 있다.

눈을 감고 있다는 것은 보이는 것이 다가 아니니, 지금 당장 눈앞에 있는 것 지금 당장 이익이 되는 것을 보기보다는 내면의 목소리를 들으라는 의미라고 할 수 있다.

미카엘의 머리에는 후광이 빛추고 있으며, 이마에 있는 황금빛 원안에 붉은 점이 있다.

후광이 비친다는 것은 그가 신성하고 초월적인 존재라는 것이고, 황금빛 원은 우주를 나타내며, 원안의 붉은 점은 태양의 상징이며 힘의 근원이다. 근원적인 문제에 집중할 필요가 있다.

미카엘의 가슴에는 사각형과 삼각형이 겹쳐진 그림이 있다.

정신적인 이상을 의미하는 삼각형과 물리적인 세계를 나타내는 4각형이 융합하여 완벽해졌음을 의미한다. '음양합일'이 이루어지는 것이며, 사각형은 우리가 살아가는 세상을, 삼각형은 이상의 세계를 나타내는데, 내면으로부터 이상과 현실의 조화를 이루어야 한다는 것이다.

한 발은 물속에 한발은 땅 위를 내딛는 모습이다.

타로에서 물은 무의식의 세계, 육지는 현실 세계를 나타낸다. 무의식의 세계와 의식의 세계를 연결, 이상적인 것과 현실적인 것의 균형, 정신적인 것과 물질적인 것의 조화를 나타낸다.

대천사 미카엘은 순수함의 흰옷을 입고 두 개의 컵에 담긴 물을 섞고 있다.

여기서 중요하게 보아야 할 것은 컵의 각도다. 현실에서는 있을 수 없는 각도로 서로 흐르며 컵과 컵을 연결해 주고 있다. 이는 맹목적으로 욕구를 참고 자제하고 인내하는 절제가 아니라 유연하고 융통성 있게 절제하라는 의미이다.

사람과 사람 사이에서도 일방적인 나만의 방식이 아닌 서로를 이해하며 적정한 선을 찾아 물이 순환하듯 소통이 필요하다고 말한다. 내가 가진 것을 내어주면 상대편도 양보해 줄 것이며, 포기하면 다른 것을 얻을 것이다. 고인 물은 썩듯이 항상 유동성을 가지고 서로를 이해하고 수용한다면 갈등도 해소되고 상처를 치유하며 더 멋진 미래를 만들어 갈 것이다.

미카엘은 붉은색 날개를 달고 있다.

우리는 어떠한 일이 술술 잘 풀릴 때 날개를 달았다고 한다. 이처럼 이 사람은 절제를 통한 소화와 균형을 이루고 그 길을 나아가고자 할 때 그것을 실천할 수 있는 아주 정열적이고 열정적인 날개를 달고 있나고 할 수 있다. 하지만 날개의 색이 너무 진한 붉은 색이다. 열정이 지나치면 날개가 빛을 잃을 수도 있다.

저 멀리 태양처럼 빛나는 왕관이 있다.

이는 욕심을 버리고 정신적인 깨달음을 얻는다면 성공할 수 있음을 의미한다. 왕관으로 가는 길이 곧게 뻗어 있다. 그곳으로 가는 길이 그리 어렵지 않다는 것이다. 죽음 카드 뒤에 이 카드가 온 것은 고통 뒤에도 지혜를 가지고 본인의 위치에서 삶의 유동성을 가지고 적응해 간다면 다시 일어설 수 있고 성공할 수 있다는 것이다.

대천사 곁에는 붓꽃이 폈다.

붓꽃의 영어 이름은 아이리스, 이리스(IRIS)인데 이는 그리스 로마 신화에서 무지개의 여신인 이리스 신을 상징한다. 이리스는 무지개를 타고 내려와 신의 메시지를 전달하는 전령사이며, 신들 사이의 대립을 중재하는 중재자 역할을 했다. 그리스 로마 신화에서 이리스는 제우스가 인간 세상을 홍수로 징벌할 때 은하수에서 항아리로 물을 날라 주었던 여신이다. 또한 무지개는 약속과 관계 회복을 의미하는 큰 역할을 했다고 한다. 무지개는 노아의 대홍수 이후 하나님이 다시는 물로써 세상을 심판하지 않겠다고 약속의 징표로 무지개를 띄었다고 한다.

키워드

중용, 절제, 조화, 화합, 소통, 절충, 통합, 연합, 동업, 수용, 포용, 평행, 겸손, 인내

상징성 ◇◇

붓꽃 : 내적인 인내, 약속과 관계를 회복

천사 : 대천사 미카엘, 신의 심부름꾼

이마의 원 : 일의 근원

컵 : 감성

사각형 안의 삼각형 : 완벽, 자기절제

◇◇

명칭의 의미 TEMPERANCE

1. (도덕적 · 종교적 신념에 따른) 금주(禁酒)

2. 절제, 자제

지나친 욕구나 욕망 정욕을 이성에 맞추어 억제하는 것을 절제, 절덕(節德)이라 한다. 윤리학자들이 말하는 네 가지 덕행(가장 중요한 네 가지 덕.

지혜를 뜻하는 지덕(智德), 용기를 뜻하는 용덕(勇德), 의리를 뜻하는 의덕(義德), 절제를 뜻하는 절덕(節德)) 중에서 가장 기본이 되는 덕행이다. 다른 세 덕행이 이 절제의 덕행에 달려있다. 이것은 절제할 줄 모르면 다른 덕행을 닦을 수 없다는 말로써 고대 그리스 철학자들, 특히 플라톤과 스토아학파 철학자들이 그 실천을 강조했다. 이는 서양 철학사에서 중요시하는 "중용"이라 할 수 있다.

숫자 14

14 = 1 + 4 = 5번과 연관이 있다. 숫자 '5'는 2와 3의 구조(2 + 3)로 되어 있다. 음양의 조화이며 인간적 결합을 의미한다.

점성학적 의미

사수자리(agittarius), 시기로는 11/22~12/21에 해당한다. 사수자리는 사회구조와 사람과의 관계 더 나아가서는 우주와 인간의 관계를 이해하고자 하는 최초의 별자리다.

사수자리의 반인반마, 켄타우로스는 사람과 짐승의 조화를 나타낸다. 사수자리는 활을 겨누고 달리는 켄타우로스처럼, 새로운 목표를 향해 열정을 가지고 독립적으로 자유롭게 달려나간다.

사수자리는 새로운 사람을 만나는 것을 좋아하고, 새로운 생각과 개념을 잘 받아들이기도 하며, 아이디어가 풍부하다.

사수자리는 조금은 엉뚱한 탐험가로서 철학적이고 낙천적이며, 이상과 모험을 꿈꾸며 어디든지 달려나갈 준비가 되어 있다.

사수자리는 가을의 마지막에 해당하는데, 다음으로의 쉬운 전화를 위해 변화에 대한 유연성과 적응력을 가진다. 그러나 사수자리는 시작은 잘하나 마무리가 약한 타입이기도 하다. 왜냐하면 이들의 관심은 빠르게 다른 것으로 옮겨가기 때문에 어떤 하나의 결과를 볼 때까지 몰두하는 것이 어렵기 때문이다.

카드의 해석

현재 상황은 나쁘지 않다. 자동차가 달리다가 기름이 떨어져 주유하는 것처럼, 개구리도 웅크렸다 뛰는 것처럼, 무조건적 전진이 아닌 후퇴도 멋진 전략이 될 수 있다.

본인이 원하는 것을 위하여 잘 절제하고 인내하고 있으며, 하나씩 이루어 가는 중이다. 지금처럼 너무 큰 욕심만 부리지 않고 계속 노력해 간다면 당신의 미래는 보장되어 있다. 시험은 합격할 것이고, 당신의 꿈은 서서히 다가오고 있다. 당신은 지금 너무 잘하고 있고, 지금의 상황을 즐기는 듯하다.

주변의 카드들이 좋지 않다면 지금은 절제와 균형이 필요할 때라는 것을 말해주고 있다. 더 나아가서는 절충과 타협이 필요하다는 의미이기도 하다. 우유부단함 대신 결단력이 필요해 보이기도 한다.

14번 카드의 사랑

솔로라면 사랑과 우정 사이라 할 수 있다. 대를 위해 본인의 감정을 참는 것이다. 미래에 이 카드가 나왔다면 눈높이만 조금 낮춘다면 좋은 사람을 만나게 될 것이다.

커플이라면 두 사람의 관계는 아주 좋다. 서로를 이해하고 있으며, 서로 조화를 잘 이루고 있다. 곧 좋은 일이 있을 것이며, 머지않아 결혼도 할 수 있을 것이다. 서로의 상황을 잘 조절하고 있으며, 참된 사랑이라 할 수 있다.

14번 카드의 금전

현재의 금전운이 좋다. 지출을 잘 조절해서 큰 무리 없이 흐름이 좋다. 거래처와도 일이 잘 진행되고 있으며, 너무 큰 욕심만 부리지 않는다면 곧 행운이 있을 것이다. 원하던 것이 이루어지고 있다. 받을 돈이 있다면 곧 받게 될 것이고, 매매는 곧 이루어질 것이다.

14번 카드의 합격

두 가지의 경우이다. 하나는 원하는 결과를 얻기 위해 잘 참고 견디며 노력하고 있는 것으로 합격의 가능성이 크다. 다른 하나는 대학시험 같은 경우 지금의 상황으로는 힘들고 원하는 학교의 레벨을 조금 낮출 필요가 있다는 것이다. 그러나 이 경우 원하는 학교에 못 간다는 것이 아니라 더 노력해야 한다는 것이다. 당장 즐거움보다 지금은 오로지 시험에 집중한다면 가능성은 열려 있다.

14번 카드의 계약

원활한 계약을 위해서는 절제가 필요하다. 최고의 결과는 아니지만, 조금만 양보한다면 계약이 성사될 수 있다.

14번 카드의 조언

더 나은 결과를 위해 지금은 양보하고 참아야 할 때이다. 절제를 통해 상대방과의 조화를 이룰 필요가 있다.

14번 카드의 건강

건강관리를 잘하고 있지만 방심해선 안 된다. 물 조심, 혈액순화, 수족냉증 등

14번 카드의 진로

머리가 좋고 융통성이 있다. 너무 급하게 서두르지 말고 천천히 인내하며 노력하다 보면 성공할 수 있다.

중개업, 무역, 유통업, 화원, 심리치료사, 수산업, 바리스타 등

15

THE DEVIL

누가 악마이고 누가 인간일까? 악마가 인간이고 인간이 곧 악마이다. 처음부터 악마는 없었다. 인간의 집착과 욕망이 그를 악마로 만들었을 뿐이다. 집착과 욕망은 당신을 더욱 가난하고 황폐화할 뿐이다. 한 번의 잘못된 선택으로 깊은 수렁에 빠질 수 있다. 집착과 욕망에서 벗어나야 한다. 그것은 당신의 의지에 달려 있다.

✪ 그림 이해하기

머리에 거꾸로 된 별의 기호와 염소뿔을 한 악마가 있다.

정상적인 별은 인간을 나타내고 거꾸로 된 별은 악마(루 시퍼의 상징)를 나타낸다. 이 카드는 그리스 신화에서 목축 의 신으로 불려진 "판"을 나타내는데 머리와 몸통은 인간 이지만, 다리는 염소의 모습을 지니고 있다.

Pan

판은 술의 신인 디오니소스와도 가까운 동료였다. 악마 카드는 때때로 알코올 및 약물 남용을 상징한다. "판"은 난폭한 성격으로 갑작스 러운 공포감을 일으키기도 했다. 판의 모습을 한 악마는 에로틱한 즐거움, 방탕한 행동, 제어할 수 없는 욕망을 상징하게 되었다.

고집이 몹시 강하여 자기가 가고 싶지 않으면 절대 움직이지 않기 때문에 키우 는 사람에겐 짜증이 치솟는 경우가 많다. 성경에서도 예수를 따르는 사람들은 어 린 양에 비교되었고, 예수를 따르지 않는 사람들은 염소에 비유되었다. 여기서 유 래한 것이 중세 시대에 사탄은 주로 염소 머리를 가진 형상으로 그려졌다. 재미있 는 것은 가까운 친척인 양은 대체로 선량하게 묘사된다는 것이다

염소 뿔을 달고 있으며 악마에게 배꼽이 있다.

염소 뿔은 욕망과 힘 그리고 권력을 의미한다. 원래 악마는 배꼽이 없지만, 배 꼽이 있다는 것은 인격화된 악마를 상징한다. 인간에게 스며들어 악마적 본성을 조정하는 것은 바로 인간 자신이라는 의미다.

쇠사슬에 묶여 있는 인간이 있다.

인간에게는 오히려 뿔이 달려 있다. 유니버셜 웨이트 타로카드의 도안자인 아서 에드워드 웨이트는 그의 저서를 통해 악마를 'he'라고 부르고 있다. 이것은 악마는 결국 인간이라는 것이다.

박쥐의 날개를 달고 왼손에는 횃불을 오른손은 위로 들고 좁은 기둥 위에 앉아 있다.

박쥐는 밤에 활동하는 동물로써 어둡고 검은 것을 의미한다. 왼손의 횃불이 상당히 큰데 이는 커다란 욕망을 나타낸다. 맹세하듯이 든 손의 손가락이 좀 이상하다. 그리고 손바닥에는 x가 그려져 있다. 이는 거짓 맹세를 의미한다. 또한 악마의 메시지 '내가 신이다'가 담겨있다.

기둥에는 고리가 있고 고리에 쇠사슬로 묶인 두 남녀 머리에는 뿔이 달려 있으며, 꼬리에는 불과 꽃이 각각 달려있다.

머리 위에 뿔은 이들이 악마의 유혹에 넘어갔다는 것을 의미한다. 불꽃은 정욕을 의미하고 포도는 탐욕을 의미한다. 꼬리에 있다는 것은 인간의 이성보다는 숨어 있는 동물적인 욕구가 더 강하게 작용한다는 상징이기도 하다.

남녀가 느슨한 쇠사슬에 묶여 있는 것은 이들이 마음만 먹으면 이 속박으로부터 벗어 날 수 있지만, 악마의 유혹은 너무나 치명적이기에 그것에 사로잡혀 벗어나지 못하고 있다.

키워드

상징성

악마 : 유혹 ,폭력적 광적

벌거벗은 남녀 : 순수, 순결

쇠사슬 : 구속, 속박

역오각형 : 사탄

역 횃불 : 신에게 거역함

포도 꼬리 : 신성함의 그릇된 사용

불꽃 꼬리 : 열정의 그릇된 사용

명칭의 의미 DEVIL

① 악마 ② 데블 ③ 어려운 ④ 도대체

Devil은 대개 사악한 마귀들의 우두머리를 가리키며, 세계 여러 종교에서 다양한 형태로 나타난다. 서양의 유일신교에서 악마는 유일신의 자리를 빼앗으려는 타락한 천사로 간주하며, 유대교와 그 이후의 그리스도교에서는 '사탄'이라 부른다.

　그리스도교 신학에서 악마는 인간을 유혹하여 생명과 구원의 길을 거부하고, 죽음과 파멸의 길을 받아들이게 하는 것이다. 이슬람교에서도 악마 이름인 '이블리스'가 자주 언급되는데. 천사로서 착한 일과 나쁜 일을 모두 할 수 있는 영적인 피조물로 묘사된다. 이블리스가 저지른 교만과 불복종 문제는 수니파 전승에서 특히 중요시된다. 악마는 커다란 악의 힘으로써 종교적·세속적 문학과 예술에 많이 등장했다.

숫자 15

　15번은 숫자 '6'과 관련이 있다(15= 1 + 5 = 6). 수비학적으로 숫자 6의 의미는 수평적인 제휴와 연합의 수다. 6번 카드가 순수한 아담과 이브의 모습이었다면, 15번 카드는 불질과 육체적 쾌락에 빠져 순수함을 잃은 모습이라 할 수 있다.

점성학적 의미

　염소자리(Capricorn), 시기로는 12/21~1/20에 해당한다. 성실하고 책임감이 강한 염소자리 사람들은 막중한 의무감과 성공에 대한 야심이 대단하다. 목표를 이루기 위해서 쉬지 않고 끊임없이 일만 하면서 정작 자신의 욕구는 무시하는 경향이 있다. 따라서 때로는 염소자리 사람들에게 악마 카드의 쾌락과 나태함이 필요하기도 하다.

염소자리 성향이 강한 사람들은 조직과 사회에서 최고의 자리에 오르기 위해서 수단과 방법을 가리지 않으므로 부정적인 유혹에 이끌릴 수도 있다. 염소자리에게 '사랑'이란 어쩌면 '의무'와 같은 것일 수 있다. 사람들에게 쉽게 마음을 열지 못하고, 대인관계 역시 '가슴'보다는 '머리'를 사용하기 때문에 자신의 기준에 미치지 못하는 사람들에게는 매우 차가운 모습을 보이기도 할 것이다. 독립적이고 자주적이며 어떤 끈끈한 유대감을 만들어 가는 것을 싫어하기 때문인데, 일단 한 번 마음을 연 상대에 대해서는 변함없는 의리를 지키는 것이 염소자리들의 특징이다.

카드의 해석

이 카드는 본능에 충실한 카드다. 이성은 말리고 있지만, 욕망의 길로 빠져들고 있다. 아닌 줄 알면서도 행하게 되고, 점점 깊게 빠져들고 있다. 집착에서 빠져나올 필요가 있다. 지금 무언가에 구속되어 있다. 이 구속에서 벗어나야만 원하는 것을 이룰 수 있다. 본인이 강한 의지를 가지면 헤어 나올 수 있다.

상대가 폭력적일 수 있다. 나쁜 남자 스타일을 만날 수 있다. 밤길을 조심할 필요가 있다. 남자의 유혹, 돈의 유혹에 현혹되지 말아야 한다.

혹자는 계약이나 취업 같은 것은 묶이게 되기 때문에 된다고 긍정적으로 해석하기도 한다. 그러나 달콤한 유혹에 넘어가면 안 된다. 그곳은 다단계 같은 정상적인 곳이 아닌 당신에게 좋지 못한 곳일 가능성이 크다. 잘못된 선택으로 고생할 수도 있으니, 하고자 하는 것에 대해 좀 더 면밀하게 분석하고 할 필요가 있어 보인다.

15번 카드의 사랑

정상적인 사랑이라기보다는 비정상적인 사랑에 가깝다. 정신적인 사랑이 결핍된 물질과 쾌락에 의한 사랑일 수 있다. 남들에게 떳떳하지 못하는 사랑일 수 있다. 또는 불륜의 사랑을 나타내기도 한다. 집착이 심하고 상대를 구속하려 한다.

나쁜 남자 스타일이고 다소 폭력적일 수도 있다. 상대를 무시하고 자기 멋대로다. 본능적인 사랑으로 육체적 관계를 묻는다면 뜨거운 사랑을 나타낸다. 싱글이 연애운에서 이 카드가 나왔다면 누군가 유혹이 올 수 있는데, 그 사람은 만나지 않는 것이 좋다. 천사의 탈을 쓴 악마일 수 있다.

15번 카드의 금전

사채나 빌린 돈으로 인하여 고생할 수 있다. 벌금이나 과태료를 내게 될 수도 있다. 내 맘대로 사용할 수 없는 부동산 같은 묶인 돈이 있을 수 있다. 지금은 욕심낼 때가 아니다. 투자나 투기 관련하여 누군가의 제의가 있을 수 있는데, 조심해야 한다. 잘못된 선택으로 오랜 기간 고생할 수 있다.

15번 카드의 합격

시험을 준비하는 상황이 좋지 못하다. 스트레스를 너무 많이 받고 있다. 꼭 합격해야 한다는 강박에서 벗어날 필요가 있다. 준비하고 있는 시험이 본인과 잘 맞는 것인지 생각해 볼 필요가 있다.

15번 카드의 계약

계약 조건을 잘 따져볼 필요가 있다. 지금의 계약은 장기적으로 볼 때 좋지 않은 결과를 초래할 수 있다.

15번 카드의 조언

집착과 욕망에서 벗어나야 한다. 세상에 공짜는 없다. 달콤한 유혹에 넘어가지 말아라.

15번 카드의 건강

건강 문제로 고생할 수 있다. 술이나 담배 등 몸에 해로운 것은 삼가야 한다. 정서불안, 오랜 지병, 술이나 담배로 인한 질병, 약물중독, 성병 등

15번 카드의 진로

내가 원하는 직업이 아닌 부모님이나 다른 사람들에 의해 강요될 수 있다. 그러나 강한 의지로 본인이 원하는 진로를 선택해야 행복해질 수 있다. 야망이 크고 무엇을 하든 최선을 다하기에 어디서나 성공할 수 있다. 다만 지나친 욕망은 방해가 될 수 있으니, 꼭 성공해야 한다는 집착에서 벗어나야 한다.

강인한 직업군에 어울린다.

경찰, 군인, 법조인, 금융업, 자영업, 밤에 하는일, 복권 사업, 전당포, 오락실, 숙박업, 성인용품 등

16

THE TOWER

고난 속에서도 희망을 잃지 않는 자는 행복의 주인공이 되고, 고난에 좌절하여 희망을 품지 못하는 자는 불행의 주인공이 된다는 말이 있다. 살다 보면 나의 의지와는 상관없이 힘든 순간이 찾아오기 마련이다. 인생이란 수많은 드라마의 연속이다. 지금은 끝이 날망정 이것이 인생의 끝은 아니다. 하늘에서 오는 소나기를 막을 수는 없지만, 우산을 미리 준비할 수는 있듯이 다가올 새로운 드라마를 위해 희망을 준비해야 한다.

구약성서에 등장하는 바벨탑의 붕괴에 착안되어진 그림이라 할 수 있다.

높은 탑 위에서 두 사람이 떨어지고 있다. 탑은 하늘에 닿기 위해 인간의 욕망으로 쌓아 올린 바벨탑을 의미한다. 바벨탑은 인간이 자신의 이름을 드높이고 신과 동등한 위치에 오르고자 쌓아 올린 욕망의 탑이다.

본래 탑의 역할은 적들로부터 자신을 보호하거나 무언가를 관찰하는 역할을 하는 것이며, 인간의 생활 속에 존재하는 것이다. 그러나 이 타워는 인간이 다다르기 힘든 절벽 꼭대기에 건설되어 인간으로서 가질 수 없는 것에 욕심을 부리는 모습이라 할 수 있다.

탑에서 떨어지는 이유는 벼락을 맞았기 때문이다.

이는 신처럼 하늘에 닿으려 했던 인간의 오만함에 대한 벌이라고 할 수 있다. 번개는 인간의 힘으로 어쩔 수 없는 외부적인 상황을 나타낸다. 떨어지는 금빛 왕관은 인간의 권력과 명예를 나타내는데, 왕권의 상실 즉 신이 인간의 그릇된 야망에 대한 노여움으로 이는 그동안 쌓아 올린 권력과 명예를 한순간에 잃을 수 있다는 것을 의미한다.

신은 인간에게 물질문명은 어느 정도 허락했지만, 너무 큰 욕심을 부리는 것은 용납하지 않았다. 물질문명 자체를 거부했다면 14번 카드가 절제가 아니라 금지 카드가 되어 끝이 났을지도 모른다. 하지만 절제카드가 온건 어느 정도는 허락하지만, 15번 카드처럼 무분별하게 너무 큰 욕심을 부리면 16번 카드처럼 큰 화를

179

입을 수 있다는 것을 말해주고 있다.

　타워에서는 불꽃이 떨어지고 있다.

　떨어지는 불꽃의 수는 타로카드의 메이저 카드 수와 같은 22개다. 또한 10 행성과 12 별자리를 나타낸다. 22개의 메이저 카드는 세상을 살아가며 겪게 되는 모든 일을 의미하는데, 이것이 떨어지는 것은 지금까지 쌓아 올린 모든 것과 앞으로의 가능성을 모두 잃을 수도 있다는 의미이다.

　하늘에는 회색 먹구름이 있다.

　타로에서 구름은 생각을 나타내는데 투명하지 않은 또는 옳지 않은 생각으로 문제가 생길 수 있다는 것이고, 먹구름이 낀다는 것은 좋지 않은 일이 생길 징조이기도 하다.

 키워드

무너짐, 붕괴, 위기, 파국, 파멸, 변화, 손해, 재앙, 처벌, 사건, 사고, 이별, 단절, 불명예

✴ 상징성

탑 : 바벨탑, 1등, 인간의 욕망, 저주, 권력, 지금까지의 업적

번개 : 외부상황, 신의 형벌

불 : 파괴

떨어지는 왕관 : 권위상실

먹구름 : 앞을 알 수 없는 상황

명칭의 의미 THE TOWER

① 탑 ② 타워 ③ 고층 빌딩 ④ 뛰어나다

바벨탑 이야기 : 바벨은 히브리어로 "혼돈"이라고 한다. 카인이 아벨을 살해한 후 사람들이 지상에 넘쳐나면서 악의와 악행도 계속 퍼져간다. 이것을 청산한 것이 대홍수였다. 하나님의 말씀을 믿고 방주를 만들어 그 속으로 피한 노아 가족만이 대홍수 속에서 살아났다.

대홍수 후에 노아의 세 아들 셈, 함, 야벳의 자손은 점점 늘어나 중동지역에 흩어져 각기 나라를 만들고 살아갔다. 또한 농업과 상업이 번창했으며, 도시와 문명이 발전했다. 이때 사람들은 하나의 언어를 사용했다. 문명이 발전하면서 사람들의 신앙은 선조 노아의 올바른 신앙으로부터 멀어졌다. 그리하여 세대를 거듭할수록 그들의 신앙심은 점점 약해졌다. 이렇게 되자 사람들은 자신들의 재능과 능력을 과신한 나머지 자신들이 신보다 위대하다고 생각하고 신을 멸시하였다.

권력자들은 자기들의 힘이 얼마나 강한가를 세상에 자랑하고 싶었다. 그리고 하나님의 간섭을 받고 싶지도 않았다. 만약 하나님이 노아의 대홍수 같은 벌을 주더라도 살 수 있도록 대비하기로 했다. 그리고 하나님이 계신 하늘 꼭대기까지 올라가서 하나님과 대등하게 살기를 원했다. 그래서 크고 높은 도시를 세우기로 했다. 우선 도시 건축을 위해서는 수많은 노예를 동원해야 했다. 어디서 어떻게 그 많은 노예를 데려왔는지는 모르지만, 아마도 힘센 권력자들이 힘이 없는 사람들을 잡아다가 노동을 시켰을 것으로 본다. 특히 벽돌을 많이 만들기 위해서 많은 사람이 필요했다. 그래서 여자들에게는 될 수 있는 대로 많은 아이를 낳을 것을 명령했다. 그러니 어지들이 아이를 낳는다고 휴가를 주는 법도 없었다. 물론 아이들을 돌보는 기구도 없었다. 그러나 벽돌은 계속 만들어야 하므로 여자들은 아이들을 안거나 업고 벽돌을 만들었을 것이다. 마치 중노동 수용소에서 죄인들을 다루듯이 요소요소에는 채찍을 든 감시원들이 서서 쉴 새 없이 일을 시켰다.

그렇게 이 도시는 대단히 크고 높게 지어졌다. 지상에서 꼭대기까지 올라가는데 보통 일년이 넘게 걸렸다고 한다. 사람들은 벽돌을 등에 지고 높은 곳으로 올라가야 했다. 그러다가 실수로 떨어져 다치거나 죽기도 했다. 그러나 그들은 벽돌을 지고 올라가던 사람이 떨어지는 것을 보고는 별로 놀라거나 슬퍼하지도 않았다. 도리어 지고 가던 벽돌이 떨어져 부서지는 것을 보고 아까워하고 대단히 슬퍼했다고 한다. 사람의 생명보다 벽돌을 더 소중하게 생각하는 사람들이었다. 하나님은 이것을 보고 더이상 참을 수가 없었다. 지상에 내려오셔서 건축하는 것을 중지시키고, 벌을 주셨다. 언어를 혼잡하게 하고 사방으로 흩어져 살게 하셨다. 그 결과 사람들의 언어가 달라지고 서로 다른 민족으로 나뉘었다.

(창세기 11장 1~9절)

숫자 16

16 = 1+6 = 7번과 연관이 있다고 할 수 있다. 숫자 '7'의 의미는 3+4의 이차적 조합이고, 그 자체로 미성숙을 의미한다. 7번 카드에서 자신감을 얻은 인간은 자신의 한계성을 모른 체 너무 큰 욕망을 품었나 보다.

점성학적 의미

화성(Mars), 시기로는 3/20~4/20에 해당한다. Mars는 로마의 전쟁 신이며, 화성은 공격적 본성을 나타낸다. 화성을 통해 그 사람이 원하는 것을 얻는 방식이지만, 자신의 주장을 펼치는 방법, 그리고 위기의 순간에 자신을 방어하는 방법 등을 짐작할 수 있다.

공격성과 자기 방어의 화성은 힘의 상징이다. 용기, 열정, 투쟁, 의지, 자기주장을 나타내는 전사다. 화성은 원하는 것을 얻고자 할 때 정직해야 할 필요를 느끼지 않는다. 그렇기 때문에 다소 교활하거나 기만적인 모습을 보일 수도 있다. 일단 마음먹은 것은 결과를 생각하지 않고 돌진하여 단숨에 해치워 버리는 타입이기 때문에 경솔한 행동을 하기도 하고, 일이 자기 뜻대로 되지 않을 때 소동이나 분쟁을 일으키기도 하는데, 이는 화성의 충동적인 본성을 잘 드러내는 경우가 될 것이다.

카드의 해석

어쩔 수 없는 변화를 나타내는 타로카드 중 가장 안 좋은 카드라 할 수 있다. 큰 변화가 예상된다. 이 변화는 결코 좋은 변화는 아니다. 하던 일 또는 사랑이 나의 의지와는 상관없이 뜻하지 않은 일로 중단될 수 있다. 소나기를 대비해 우산을 준비하는 것처럼 최악의 상황을 미리 준비하고 손실이 없도록 대비할 필요가 있다. 어쩌면 이것은 절망이 아니라 그동안 나를 옭아매었던 욕망이라는 속박으로부터 자유로워짐을 의미할 수도 있다. 욕심을 버리고 차근차근 나아가라. 눈높이를 조금 낮출 필요가 있어 보인다.

16번 카드의 사랑

두 사람의 사랑이 곧 끝날 수 있다. 애초부터 이루어질 수 없는 사랑이었거나 너무 욕심을 부린 탓에 예상치 못한 상황이 펼쳐질 수 있다. 뜻밖의 일로 헤어져 있을 수 있다. 출장을 갈 수도 있고, 병원에 입원할 수도 있다. 또는 갑작스러운 다툼으로 헤어질 수도 있다. 솔로라면 애인을 만나기에 준비가 부족하다. 눈높이를 낮출 필요가 있다.

16번 카드의 금전

예상치 못했던 일로 인하여 금전적으로 큰 손실이 예상된다. 미리 준비할 필요가 있어 보인다. 잘 되던 사업이 어려움을 겪을 수도 있다. 잘 다니던 직장을 그만둘 일이 생길 수도 있다.

16번 카드의 합격

이번 시험은 마음을 비우는 것이 좋다. 내가 하기에 버거운 시험은 아니었는지 생각해 볼 필요가 있다.

16번 카드의 계약

계약이 성사되기 힘이 든다. 잘 진행이 되다가도 갑자기 뜻하지 않은 일로 중단된다. 상대방과 대화 자체가 잘 통하지 않는다.

16번 카드의 조언

너무 큰 욕심은 버려라. 지금의 상황을 받아들이고 다음을 준비하라.

16번 카드의 건강

갑작스럽게 건강에 문제가 생길 수 있다. 사고사를 조심해야 한다. 추락, 사고, 화상, 전기사고, 골절 등

16번 카드의 진로

처음부터 성공하는 사람은 없다. 야망은 크게 가지되, 한발 한발 성실하게 노력하다 보면 최고의 자리에 오르게 될 것이다.

건설, 토목, 통신, 방송, 전기, 전자, 인터넷, 다이빙 선수, 놀이 공원, 보험, 특전사, 파산관리자 등

17

THE STAR

꿈이 없는 사람은 살아있어도 죽은 사람이다. 꿈이 있는 사람은 언제나 아름답다. 꿈이 있기에 행복하고 생기가 넘친다. 비록 지금 꾸고 있는 꿈이 한낮 개꿈일지라도 꿈이 있기에 행복할 수 있다. 그러나 꿈이 있다면 지금 바라고 희망하는 일이 있다면 그 꿈과 희망을 위해 나의 창조적인 에너지를 제대로 사용하고 있는지 살펴볼 필요가 있다. 헛된 바램으로 막연하게 에너지를 낭비하고 있다면 그것은 꿈이 아니라 망상일 뿐이다.

한 여인이 니체로 있디.

벌거벗은 나체의 여성은 순수한 마음으로 환경이 그리 좋지는 않지만, 자신이 하고자 하는 것에 자신의 모든 것을 쏟아부으며 최선을 다하고 있다는 것을 의미한다. 지금은 가진 것도 없고 오로지 마음 하나만으로 나아갈 뿐이다. 한편으로는 아직 준비가 덜 되어 있다고 볼 수도 있다.

그녀는 양손의 붉은 단지에서 한 곳은 물을 물웅덩이에 한 곳은 물을 땅 위에 각각 붓고 있다.

물은 무의식의 세계이며 이상의 세계이고, 땅은 의식의 세계이며 현실의 세계를 표현한다. 땅에 붓고 있는 항아리보다 물에 붓고 있는 항아리에 온 시선이 가 있으며 정성을 다하고 있다. 현실보다는 미래를 위해 많이 노력하고 있다는 것이다.

그녀는 감수성이 풍부하고 순수하며 낭만적이다. 욕망의 노예가 아닌 자신의 지혜, 열정과 노력을 통해 희망의 꿈이 현실로 이루어지는 것이다. 하지만 아직은 시작 단계일 뿐이고, 그 꿈을 이루기 위해서는 큰 노력과 인내가 필요하다.

그녀의 뒤쪽으로는 커다란 노란색 8각형 별과 7개의 흰색의 8각형 별이 빛나고 있다.

노란색 8각형 별은 북극성이고, 흰색 별들은 북두칠성이다. 북극성은 예전 나침반이 없던 시절 인간들에게 갈 길을 안내하던 별인데, 이 카드에서 이 별은 이루고자 하는 최종 목적지로서 꿈을 의미한다. 꿈은 저절로 이루어지지 않는다. 자신의 꿈과 비전은 인고의 시간을 통해 본인 노력으로 이루어진다는 점을 잊지 말아야 한다.

별의 모양은 8각형 별이다.

별의 노란색은 미래에 대한 희망과 기대감의 색깔이다. 불교에서는 8이 최고의 경지에 다가가기 위한 숫자라고 하는데, 불교사상에 의하면 부처의 세계는 동그라미로써, 깨달은 자는 머리 뒤에 원이 생긴다고 한다. 불교에서는 사람의 생각을 사각형으로 여기고 꾸준히 수행하면 팔각을 거쳐 원이 된다고 가르치고 있다. 팔각은 수행이 완성단계에 접어들은 동시에 완성을 뜻한다. 서양에서는 8각형 별을 매우 안정적인 완성의 의미로 상징된다.

그녀 뒤 나무 한 그루에 한 마리의 새가 앉아 있다.

뻐꾸기가 예로부터 기쁜 소식이 올 것이라는 상징성을 지니고 있는데, 이 카드 역시 좋은 소식이 들려올 거라는 암시, 또는 희망하던 사랑이 찾아온다는 것을 나타낸다. 또 다른 의미로는 이 사람의 열정을 응원하는 사람들을 의미하기도 한다.

키워드

희망, 사랑, 멋진 상대, 희망, 기대감, 바램, 행복, 인기, 창의력, 노력, 행운, 행복, 새로운 시작

상징성 ◇◇

새 : 소식, 응원하는 사람

별 : 희망, 꿈, 스타

북두칠성 : 삶의 지표, 나아갈 길

벌거벗은 여인 : 자유로운, 진실된

◇◇

명칭의 의미 THE STAR

① 스타 ② 별 ③ 주연 ④ 항성

태초에 대장장이의 신 헤파이스토스는 제우스의 명령으로 판도라라는 여자 인간을 만들었다.

제우스는 판도라에게 탄생을 축하하는 의미로 상자를 주면서 절대 열어 보지 말라는 경고를 하였다. 판도라는 신 프로메테우스의 동생과 결혼하고 행복하게 살았지만, 어느 날 호기심을 참지 못하고 결국 상자를 열고 만다.

그 상자 안에는 온갖 욕심, 질투, 시기, 각종 질병 등이 담겨있었으며, 이 것들은 판도라가 상자를 여는 순간 빠져 나와 세상 곳곳으로 퍼졌다. 평화 로웠던 세상은 금세 험악해지고 말았다. 판도라는 깜짝 놀라 급하게 상자 를 닫았으나 상자 안의 나쁜 것들은 이미 전부 빠져나온 뒤였다. 그러나 그 안에 있었던 희망은 빠져나가지 않아서, 사람들은 상자에서 빠져나온 악들이 자신을 괴롭혀도 희망만은 절대 잃지 않게 되었다고 한다.

그 희망이 하늘로 올라가 별이 되었다고 한다.

숫자 17

17 = 1 + 7 = 8번과 연관이 있다고 할 수 있다. 숫자 '8'의 의미는 기독교 영지주의에서 부활한 신을 상징하는 숫자다. 성경에서 17은 완전한 수들로 이루어진 숫자라고 여겨진다. 17은 10+7인데, 7은 하늘을 의미하는 3과 땅을 의미하는 4를 합친 숫자이고, 10은 부족함이 없는 만수(滿數)를 뜻한다.

점성학적 의미

물병자리(Aquarius), 시기로는 1/20~2/19에 해당한다. 타로 별 카드는 미래 지향적인 사고로 이상을 추구하는 물병자리다. 불병자리는 더 밝은 내일을 꿈꾸는 혁명가이자, 창의적이고 독특한 개척자다. 자유를 사랑하는 물병자리는 날카롭고 예리할 정도로 냉소적이며, 까다롭고 고집스럽다. 독창적이고 독립적인 그들이긴 하지만, 때로는 다른 사람의 어려움을 헤아릴 줄도 알고 순진한 면도 가지고 있다. 이들은 인류 전체에 대한 사랑을 가지고 있지만, 개인적인 관계는 별로 좋아하지 않기 때문에 냉정해 보일 수 있다.

대부분의 물병자리는 미래에 초점을 맞추고 앞서 나간다. 물병자리들은 늘 새로운 생각과 아이디어에 관심을 가지며, 개인의 자유와 평등을 중요하게 생각한다. 그래서 타고난 혁명가는 아니지만, 개인의 자유와 평등을 억압하는 구조에 저항하며 정의를 지키고자 하는 개혁가의 모습을 보이기도 한다.

대의를 위해 움직이지만, 휩쓸리지 않는 사람들이기 때문에 아랫사람으로 있기에 적합하지 않은 우리 삶에 있어서 정신적인 리더라 할 수 있다.

카드의 해석

비전과 목표를 가지고 끊임없이 노력하는 카드다. 하지만 현실에 맞는지, 실현가능성은 있는지 잘 따져보아야 한다. 노력하다 보면 귀인의 도움을 받을 수도 있고, 좋은 결실이 열리게 될 것이다. 주변카드나 보조카드(컬러카드)에 따라서 이루어질 수도 있고, 헛고생만 하는 카드가 될 수 있다. 이루어지지 못할 사항이라면 빨리 포기하는 것이 나을 수도 있다.

타로만 보았을 때 이 카드는 긍정적인 이미지가 많은 카드다. 우물의 맑은 물을 퍼 올려서 세상 사람들에게 마시게 하는 후덕한 사람으로 볼 수도 있다. 널리 세상을 반짝반짝 빛나게 하고 길잡이가 된다.

17번 카드의 사랑

솔로인데 이 카드가 나왔다면 짝사랑하는 사람이 있을 가능성이 크다. 누군가 바라보는 사람이 있고, 그 사람을 얻기 위해 노력하는 카드이다. 만나는 상대가 있다면 서로 물질적으로는 풍부하지 않지만, 정신적으로는 잘 교류가 되는 사랑으로, 지금은 힘들게 만날 수 있지만, 앞으로는 좋은 미래가 펼쳐질 것이다. 감성적이고 스킨십을 즐긴다. 결혼이나 임신처럼 희망하는 것이 있다.

17번 카드의 금전

금전적으로 기대하는 것이 있고, 그것을 위해 노력 중이다. 지금은 큰돈을 만지지는 못한다. 그러나 미래에는 노력한 만큼 결과를 얻을 수도 있다. 귀인의 도움을 받을 수 있다. 주변 카드가 부정적일 경우에는 헛고생만 하는 카드이므로 현실적으로 판단할 필요가 있어 보인다.

17번 카드의 합격

이 카드는 결과에 있어서 합격과 불합격의 중간에 있는 카드이다. 꿈과 희망으로 노력하는데, 이루어지면 합격인거고 이루어지지 않는다면 헛고생만 한 카드이다. 이 카드는 꿈과 희망을 품고 노력했다는 것을 알려주는 카드이지, 합격 여부를 알려주지는 않는다. 그러나 대부분의 타로술사들은 합격의 의미로 간주하기에 저자는 이 카드가 나왔다면 한 장의 카드를 더 뽑아 보는 것을 추천한다.

17번 카드의 계약

계약도 합격과 마찬가지로 반반의 카드이다. 알 수 있는 것은 그 계약을 위해 큰 노력을 해왔다는 것이다. 정확한 예측을 위해서는 컬러타로 같은 보조카드를 활용하거나 한 장의 카드를 더 뽑아 보는 것이 좋다.

17번 카드의 조언

항상 꿈과 희망을 간직하고 어려움이 있더라도 쉽게 좌절하지 말고 끝까지 최선을 다해라. 이룰 수 없는 것이라면 미련 없이 포기하라.

17번 카드의 건강

현재 건강관리를 잘하는 편이며 건강에는 큰 이상은 없는 듯하다. 건강관리에 소홀해지면 언제든지 문제가 생길 수 있다. 무릎관절, 피부병, 아토피, 생식기 질환

17번 카드의 진로

환경적인 요건은 별로 좋지 않지만 꿈을 가지고 노력하다 보면 좋은 결실이 있을 것이다. 자기 자신에게 솔직한 사람이고 누구보다 성실한 사람이다. 감성적이며 지혜로운 사람으로서 창조적인 일에 어울린다.

연예인, 점성술, 천문학자, 예술가, 디자이너, 바리스타 등

18

THE MOON

살다 보면 말 못 할 고민이 있는 순간이 있다. 괜찮다 괜찮다 애써 괜찮은 척하지만, 마음속은 썩어 문드러지고 있다. 우리네 어머니가 그랬다. 남편 때문에 자식들 때문에 힘들고 아파도 아무렇지 않은 듯이 늘 그렇게 맹목적인 사랑으로 포장하고 있다. 이 카드는 가족 간의 갈등 불화와 관련하여 자주 등장한다. 막연한 불안함과 두려움으로 가득 차 있을 때 걱정만 하지 말고 현실적으로 해결할 수 있는 것부터 하나씩 해나가야 한다.

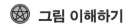

하늘 위로 여러 개의 모습을 보이는 달이 훤하게 떠 있다.

달 뒤로는 태양이 있고 달에는 근심에 찬 표정을 하는 여인이 그려져 있다. 달은 모든 문화권에서 여성과 어머니를 상징한다. 달의 변하는 주기가 여성의 월경 주기와 같기 때문이기도 하고, 태양은 양으로 남성, 달은 음으로 여성을 나타낸다고 인식한다.

달은 어둠 속에 뜨기에 감추어진 비밀을, 태양은 밝은 낮에 뜨기에 진실을 나타낸다. 달 뒤에 태양이 있는 것은 진실이 겉으로 드러나지 않은 감추어진 비밀이 있다고 해석할 수 있다. 달에 그려진 근심하는 여성의 얼굴이 지금의 상황을 말해준다. 즉 남들에게 쉽게 말할 수 없는 문제로 지금 근심, 걱정을 하고 있다고 할 수 있다.

달 아래에는 15개 불꽃이 있다.

15개의 불꽃은 15일을 상징하고, 15일은 초승달이 보름달이 되고, 보름달이 그믐달로 변하는 각각의 날수를 나타낸다. 신성문자 요오드의 모습을 하고 있고, 달의 변화와 여성성을 의미한다.

밑에는 늑대와 개가 달을 바라보며 짖고 있다.

개는 의식, 늑대는 무의식을 상징한다. 야성의 늑대가 인간에게 길들여진 존재가 개다. 본성을 다 드러내지 못하고 감추고 있는 모습이다. 이는 이중성을 의미하며, 짓고 있는 것은 시끄러운 일이 있다는 것을 의미하며, 내면의 갈등을 의미하기도 한다.

늑대 옆으로 호수와 그 앞으로 오솔길이 나 있다.

길이 상당히 험난하게 묘사되어 있다. 밤에 이런 험난한 길을 간다고 하면 얼마나 힘이 들까? 이것은 이 사람의 문제가 쉽게 해결할 수 없는 힘들고 어렵다는 것이다. 지금 혼자서 이런 길을 가는 심정이다.

달 밑에 큰 석조 빌딩이 두 개가 서 있다.

회색은 짙은 안개나 먹구름의 색이다. 앞이 잘 보이지 않기에 답답하고 갑갑하다. 이러지도 저러지도 못하는 상황 내면의 이중성을 의미한다. 13번 죽음에서도 두 개의 탑이 있다. 13번은 죽음을 통해 새로운 세상으로 나아갈 길을 묘사하고 있고, 18번 세상의 마지막 관문을 통과해야 19번 태양카드로 나아갈 수 있다.

호수에서 오솔길로 올라가는 곳에 한 마리의 가재가 있다.

물에서 육지로 다가가고 있는 가재는 물은 상상, 육지는 현실적인 세계로써 걱정만 하지 말고 현실적으로 판단하라는 것이고, 문제의 해결책이 주변 가까이 있다는 것을 의미한다. 또한 가재는 겉으로는 강한척하지만, 속으로는 여린 마음을 의미한다.

키워드

불안, 불안정, 이중적, 거짓, 배신, 속임수, 숨겨진, 양다리, 삼각관계, 두려운, 생각이 흐트러진, 근심, 걱정, 변덕, 예기치 못한 적의 출현, 시끄럽고 혼란스러움

 상징성 ◇◇◇

가재(전갈자리) : 이중성. 문제의 해결방법

달 : 여성성, 어머니, 그리움

개 : 성실함, 충성스런

늑대 : 길들여지지 않은, 야성적인

탑 : 답답한 상황

통로 길 : 험난함

◇◇◇

명칭의 의미 THE MOON

① 달 ② 위성

옛날에 달과 태양은 부부였다. 그래서 함께 있었다. 그런데 별이 시기한

199

나머지 태양에게 달은 원래 사악하다고 했다. 태양이 믿지 않자 사악한 증거로 그 동그란 얼굴이 날카롭게 변할 거라고 했다. 날이 갈수록 달의 얼굴은 보름달에서 초승달로 변했고, 이에 화가 난 태양은 달을 멀리 쫓아 버렸다. 그래서 밤과 낮이 생긴 것이고 그 후로 달은 어둠 속에서 매일 운다고 한다. 나중에 달을 쫓은 것을 후회하고 달이 사악하지 않다는 것을 뒤늦게 안 태양은 별을 멀리 아주 멀리 쫓아 버렸다. 그래서 별이 먼 곳에 쫓겨나서 작게 보이는 것이다.

숫자 18

18 - 1 + 8 - 9번과 연관이 있다고 할 수 있다. 숫자 '9'의 의미는 통합적인 완성을 의미한다. 9는 인간의 숫자 중에 가장 큰 숫자다. 이 단계를 넘어서야 한 단계 도약할 수 있다. 밝은 세상으로 가기 위한 마지막 과정이다.

점성학적 의미

물고기자리(Pisces), 시기로는 2/19~3/20에 해당한다. 18번 달 카드가 나타내는 물고기자리는 신비스러움으로 가득 차 있다. 물은 무의식의 세계를 나타낸다. 종교에 관심이 많고, 신비 분야를 이해하는 능력을 타고났다. 물고기는 물리적인 현실을 상징하는 흙으로 이루어진 땅이 아니라, 직관의 상징인 영적이고 정신적인 물속에서의 삶을 보여준다.

그들은 현실적인 삶보다는 모험, 창작, 예술의 영적인 차원의 삶을 가치 있게 여기는 몽상가이다. 그래서 그들 대부분이 욕심을 가지고 세상에서 무엇을 이루고자 하는 마음이 거의 없다. 물고기자리는 감성이 풍부하고 동정심이 많으며 헌신적이다. 자기 자신은 제대로 돌보지 않으면서 곤경에 처한 사람들을 돕는데 몰두하거나, 다른 사람의 부탁을 거절하지 못해서 정작 자신의 일을 처리하는데 어려움을 겪기도 한다.

물고기자리들은 상냥하고 친절하며 붙임성이 있어 사람들과 잘 어울리며, 주변에 사람들이 있는 것을 좋아한다고 한다. 이들은 술을 마신 후에도 '숙취'에 시달리는 일이 거의 없어서, 자칫 술을 현실도피의 수단으로 삼지 않도록 경계해야 한다.

가치관이나 종교관이 뚜렷하지 않은 물고기자리들은 자신이 진정 무엇을 원하는지 모르는 채 눈앞의 이익을 탐닉하며 '투덜이'가 되어 매사 투덜거리고 불평하는 소지가 다분하다고 한다. 다소 몽상적이며 의지가 약하여 타인의 유혹에 쉽게 흔들리기도 하므로, 늘 이성의 끈을 놓아서는 안 될 것이다.

카드의 해석

전체적으로 18번 달 카드가 나왔다면 지금의 현실이 힘들 수 있고 걱정이 있다. 그 걱정은 다른 이들에게 쉽게 이야기할 수 없는 문제다. 포기하지 않고 끝까지 노력하면 좋은 결과가 있을 수도 있지만, 해결되기까지 시간이 오래 걸리고 무척 힘이 든다.

지금의 상황이 불안하고 두렵다. 어떻게 해야 할지 모르는 상태다. 이럴수록 자신감을 가지고 확실한 목표를 설정하여 행동해야 한다. 막연한 걱정보다는 현실적으로 할 수 있는 것부터 하나씩 해결할 필요가 있다. 상대가 사기꾼일 수도 있으니 경계할 필요가 있다. 현실적으로 힘든 일이라면 포기하는 것이 나을 수도 있다. 가정적인 문제가 발생했을 가능성이 있다.

18번 카드의 사랑

달밤에 달을 보며 누군가를 그리워하는 여인이 떠오른다. 이 카드가 나왔다면 누군가를 그리워하고 있다. 솔로인 사람은 짝사랑하는 사람이나 예전에 만났던 사람을 그리워하고 있으며, 커플이 있는 사람은 지금 그 사람과 떨어져 있을 가능성이 있다. 지금 두 사람의 관계는 좋지 못하다. 불안하고 힘들다. 부부라면 부부싸움을 했을 듯하다. 가족으로 인한 고민이나 숨겨놓은 애인 또는 자식이 있을 수 있다.

18번 카드의 금전

지금의 금전 상황은 좋지 못하다. 불안하고 힘들게 느껴진다. 앞으로도 쉽게 해결이 되지 않는다. 돈을 벌고 싶어도 어떻게 해야 할지 갑갑하다. 가족문제, 자녀문제로 돈 지출이 생길 수도 있다. 불안해 하기보다는 자신 있게 금전 활동을 한다면 뜻밖의 좋은 결과가 있을 수도 있다. 사기를 당할 수도 있으니 조심해야 한다.

18번 카드의 합격

지금으로서는 합격 가능성이 없다. 공부에 집중할 수 없는 상황이다. 스스로도 자신감이 부족하고 걱정만 된다. 합격하고는 싶은데 어떻게 준비해야 할지를 모른다. 합격을 위해서는 먼저 긍정적인 마인드가 필요해 보이고, 기초부터 하나씩 하나씩 공부해야 한다.

18번 카드의 계약

계약이 성사되기 어렵다. 거래 상대와 의견이 맞지 않는다. 사기를 당할 수도 있으니 계약사항을 꼼꼼히 살펴볼 필요가 있다.

18번 카드의 조언

걱정만 하지 말고 할 수 있는 것부터 하나씩 해나가야 한다. 불안함 두려움보다는 긍정적인 마인드가 필요하다. 혼자 고민하지 말고 누군가의 도움을 받는 것이 좋다.

18번 카드의 건강

스트레스는 만병의 질환이다. 지금 스트레스를 많이 받고 있다. 가족 중에 건강에 문제가 있는 사람이 있을 수 있다. 장거리 여행이나 밤길을 조심해야 한다. 여성질환, 부인과질환, 불안장애, 우울증, 여행 중 사고

18번 카드의 진로

어머니와 같은 마음을 가지고 있어 다른 이들을 보살피고 케어하는 일에 재능이 있다. 영적인 능력이 우수하고 다른 사람들이 고민도 잘 들어준다. 어떤 진로

를 갈지 막막하기만 하다. 환경이 좋지는 않지만, 미래는 자기 자신과의 싸움이다. 성공하기까지는 험난한 과정이 필요하지만, 충분히 잘할 수 있다. 이제부터라도 진로에 대해 준비해 나가야 한다.

심리상담사, 정신과 전문의, 가족 문제 연구소, 간호사, 종교철학, 요양보호사, 사회복지사 등

19

THE SUN

행복해지고 싶으면 어린아이가 되어라. 아이가 행복한 건 욕심과 욕망이 아닌 순수함이 있기 때문이다. 행복은 멀리 있는 것이 아니라 가장 가까운 곳에 있다. 하지만 우리는 행복을 멀리서만 찾으려 한다. 태양이 환하게 비추고 꽃들이 웃고 있는 지금이 인생의 가장 행복한 순간이다. 지금 이 순간을 즐겨라.

하늘 한 가운데 큰 태양이 떠서 밝은 빛을 세상을 향해 골고루 비추어 주고 있다.

0번 카드에서는 태양의 4/1만 6번 카드에서는 2/1만 비추던 태양은 드디어 완전체를 드러냈다. 19번 달 카드에서처럼 길고 긴 어둠의 터널을 뚫고 나왔을 때 진정한 완성이 이루어짐을 의미한다. 또한 이 태양은 모든 생명의 근원으로 모든 생물에게 빛을 공평하게 나누어 주어 생명의 에너지를 주는 것이다. 태양은 우리를 따뜻하게 해주며 가려진 진실을 드러나게 하고 우리를 보호해 준다.

태양은 열정적이고 희망적이며 역동적이고 진취적이고 즐거운 기분을 만들어 준다. 태양 빛은 세상을 밝혀주고 직설적이라 말을 잘하여 나를 잘 표현할 줄도 안다. 여러 사람 사이에서도 빛이 나는 사람이다. 순발력이 탁월하고 연애에 있어 자유주의자임을 나타낸다. 동기부여를 잘 해주고 밝은 미래를 생각하며 도전해야 한다.

한 아이가 머리엔 붉은 깃을 단 해바라기 화관을 쓰고, 한손에는 커다란 붉은색 깃발을 들고 벌거벗고 있다.

어린아이는 순수하고 무한한 잠재력을 지니고 있다는 것이고, 커다란 붉은색 깃발은 열정과 정열이 대단하며 자신감도 넘치고, 해바라기 화관은 그의 성공을 의미한다.

그러나 아이가 감당하기에 너무 큰 깃발이 위험해 보이기도 한다. 큰 깃발이 어린아이 손을 상하게 할 수 있듯이 상처받을 수 있음을 나타내기도 한다. 이는 너무 자만하거나 이기적으로 행동하지 말 것을 경고하는 것이기도 하다.

아이는 다리가 없는 백마 위에 안장도 없이 앉아 있다.

백마는 솔직하고 순수함을 나타내며 때로는 아무런 의미 없는 행동이 될 수도 있음을 의미한다. 다리가 없는 것은 마음만 앞서는 것이 아니라 행동할 필요가 있다는 것을 의미하고, 안장 없이 앉아 있다는 것은 아직 준비가 완전치 않으며, 너무 자만하면 말에서 떨어지듯이 실패할 수도 있음을 알려준다.

어린아이 뒤의 담벼락엔 해바라기들이 피어 있다.

담벼락은 보호받고 있음을 의미하며 넘어야 할 장애물이기도 하다. 해바라기는 밝고 긍정적인 기운이 있음을 강조해 준다. 그리고 과시욕, 오만함, 겉치례를 경계하라고 말해주고 있다. 자신만을 위해 움직이는 이기심을 버리고 남을 배려하고, 일에 있어 심사숙고하여 창의력을 발휘하면 큰일을 성취할 수 있다.

 키워드

사랑, 성공, 만족하는, 축복받는, 활기찬, 건강한, 열성적인, 충만함, 성과, 결실, 지나친 열정, 자신감, 자만심

✪ 그림 이해하기

빨강 : 열정과 정열

담 : 안전, 장애물

말 : 진취적이고 역동적이며 이동성이 강함

태양 : 신의 가호, 부, 명예, 권위

해바라기 : 낙천적이고 밝은 태양의 에너지를 더 강조함

◇◇

명칭의 의미 THE SUN

① 태양 ② 해 ③ 햇볕

태양(太陽)은 해와 sun과 같은 의미로써 아침에 동쪽 산에서 '태아가 순산하듯이 솟아나는 발광체'를 의미하는 것이다. 따뜻함을 주는 태양은 대부분의 문화권에서 에너지, 힘, 열정, 젊음, 남성성을 나타내고 부와 명예 최고의 권위나 성공을 나타낸다. 태양이 없으면 식물이 자랄 수 없듯이 성공을 위해서는 태양의 은총이 있어야 한다.

숫자 19

19번은 (19 = 1 + 9 = 10 = 1 + 0 = 1) 결국 숫자 '1'로 귀결이 된다. 숫자 '1'

의 의미는 시작을 의미한다. 그래서 창조의 시작인 1번 마법사와 경험에 입각한 시작을 상징하는 10번 운명의 수레바퀴카드가 있었다.

태양카드가 의미하는 '19'의 1은 마지막 시작이자 끝을 상징하고 있다고 할 수 있다. 인간의 삶은 끝과 시작의 반복이라고 할 수 있다. 힘들었다가도 좋아지고 좋아졌다가도 힘들어지고, 이것은 마치 0번 카드에서 우로보로스의 띠와 10번에서의 수레바퀴 19번 카드에서 태양을 나타낸다고 할 수 있다.

점성학적 의미

태양, 시기로는 7/22~8/23에 해당한다. 태양은 동물의 왕, 사자자리 주인답게 왕, 황제, 우두머리, 위엄, 당당한, 존엄, 권위, 지위와 힘을 상징하여 기본적으로 명예욕, 성취욕이 있다. 태양은 '태양계'의 심장이자 빛, 에너지, 우주에 존재하는 모든 생명의 근원이다. 태양은 계절의 변화를 만들며, 생명을 주는 에너지의 원천이다

태양이 잘 발달하면 탁월한 우두머리로 리더쉽이 있어 자신감이 있고, 자신을 잘 드러내고 잘 표현하며, 신중하고 권위 있는 지도자가 된다. 자아 정체성을 나타내며, 자신감과 자부심, 의지, 용기를 보여준다. 그것은 생명력, 활기. 에너지이자 의식과 깨달음이다. 이러한 태양이 잘못 발달한다면, 독재자가 될 수 있으며, 자기과시, 욕심, 오만, 거만하며, 통찰력과 판단력이 좁고, 침착하지 못하여 말에는 위엄이 없고 과장된다. 그리스 신화에서 태양의 신은 아폴론이며, 그는 음악, 치유, 진리, 예언의 신이다.

아이는 웃고 꽃은 활짝 피어 있으며 햇볕이 따스하게 비추고 있다. 타로카드 중에 가장 긍정적인 에너지를 뿜어내는 카드라 할 수 있다. 태양은 완성과 성취를 나타내기에 어떤 상황 어떤 결과 어떤 운이라도 긍정적이다.

어려운 상황을 이겨내고 이룬 성취이기에 만족감이 더 크게 느껴진다. 다만 문제카드 또는 주변의 카드들이 극히 부정적이라면 카드의 해석은 달라질 수도 있다. 그러나 이 카드가 나온다면 당신이 할 수 있는 최고의 찬사를 해주는 것도 나빠 보이지 않는다. 당신은 사랑받기 위해 태어난 사람이다.

19번 카드의 사랑

19번 카드가 나왔다면 아주 좋은 상황이라 할 수 있다. 붉은 태양 아래 서로 열정을 가지고 만난다고 할 수 있다. 아이처럼 순수한 사랑이다. 서로 너무나 행복한 모습이며 미래에 대한 기대감에 가득 차 있다. 지금의 사랑을 만끽하고 즐길 필요가 있다. 짝사랑하는 사람이 있다면 잘 될 것이니 걱정할 필요가 없다. 임신과 관련하여 아주 건강한 아이를 출산할 수도 있다. 신의 은총과 함께 있다.

19번 카드의 금전

금전상황도 좋다. 지금 현재도 좋아 보이지만 앞으로 더 좋은 일이 있을 수 있다. 너무 큰 욕심만 부리지 않는다면 금전의 어려움은 없을 것이다.

금전과 관련하여 좋은 일이 있을 것이다. 사업을 하는 사람들에게서 주로 등장하는데, 사업의 성공을 의미한다. 하지만 지나친 자신감은 주의해야 한다. 돈을 잘 쓰지만, 돈을 쓰면서도 과시하는 성향이 있어 욕먹을 수 있다.

19번 카드의 합격

합격의 가능성이 크다. 지금처럼만 한다면 좋은 결과가 예상된다.

19번 카드의 계약

원하는 조건으로 계약이 이루어진다. 빨리 계약을 추진할 필요가 있다.

19번 카드의 조언

긍정적인 마인드는 좋지만, 자만심은 피해야 한다. 생각만 하지 말고 행동으로 옮길 필요가 있나. 너무 큰 목표보다 감당할 수 있는 만큼만 욕심내야 한다.

19 카드의 건강

지금 건강상태에 크게 문제는 없지만, 건강은 자신하는 게 아니듯이 심장 관련 질환이나 사고사는 항상 조심해야 한다. 심장질환, 안전사고, 열사병

19번 카드의 진로

자립심이 강하고 성취욕이나 야망이 크기 때문에 남의 밑에서 일하는 건 어렵게 느껴진다. 독립적으로 할 수 있는 분야나 자기 사업이 어울린다.

자영업, 전문직, 아동 육아 관련업, 프리랜서, 꽃집 등

20

JUDGEMENT

이 카드의 이름은 심판이다. 심판은 구원이나 부활과는 구별되어야 한다. 구원이란 기독교에서 죄와 그 죄의 결과로부터 영혼이 구원받는 것을 의미한다. 심판이란 무조건적 구원이 아닌 잘잘못을 가리고 구원받을 행동을 한 사람만이 부활할 수 있는 자격이 주어지는 것이다. 당신은 구원받을 자격이 있는가?

✪ 그림 이해하기

자주색의 날개를 펼친 천사가 구름 위에 있다.

천사는 대천사 가브리엘을 나타낸다. 가브리엘은 잘 알려진 천사로 미카엘과 함께 4대 천사 중의 하나로 유대교와 기독교 그리고 이슬람교에서 상당히 중요한 위치를 차지하는 천사다. 따라서 별명도 많아 '수태를 알린 천사', '자비의 천사', '복수의 천사', '죽음의 천사', '묵시의 천사', '진리의 천사', '에덴동산의 통치자' 등 다양하게 불리기도 한다.

구름은 타로카드에서 생각을 나타내고 장애물을 나타내기도 한다. 구름 위에 천사가 있다는 것은 내가 생각했던 것 또는 장애물로 인해 막혀있던 것이 천사로 인해 구원받게 되는 것을 의미한다.

머리칼 색과 나팔이 노란색이라는 것은 지혜의 색이고 미래가 희망적이라는 메시지다. 자줏빛의 날개는 순수한 열정을, 옥색의 옷은 액운을 막아주고 행운을 가져와 준다는 것을 나타낸다.

천사의 아래 물위의 관속에서 벌거벗은 사람들이 일어나 나팔소리를 아주 환영하고 있다.

이것은 부활과 구원 그리고 신뢰를 나타내는 것이고, 이것과 관련하여 머리로 재지 말고 그냥 믿으라는 것을 의미한다. 관속에 있었다는 것은 오랫동안 일이 정체되어 있었다는 것이고, 죽었다, 끝났다고 생각했던 것, 포기했던 일이다. 그러나 오랜 시간 인내하는 시간을 겪고 그 결과 이룰 수 없을 것만 같았던 이상의 높은

215

꿈은 이루어지고 결국 자유를 얻게 된다. 여러 사람이 함께 있다는 것은 단체성과 집단성이 강하다는 것이고, 개인적인 면에서 끝나지 않고 함께 하는 공공성이 있을 수도 있다. 그래서 무언가를 하려고 한다면 여러 사람과 같이 공유하는 것이 좋다. 비현실적인 면을 극복하고 하늘의 구원이 언제 올지 모르므로 기다리는 시간이 필요하다. 그러면 큰 일을 성공할 것이다.

천사의 나팔에는 십자가의 깃발이 달려있다.

나팔은 소식을 전하는 도구로써 기쁜 소식이라는 것으로 볼 수 있고, 성경에서 나팔은 구원의 나팔로 영생과 부활이다. 십자가 또한 구원의 의미로 볼 수 있다.

키워드

부활, 변화, 발전, 기쁜 소식, 성취, 보상, 승진, 합격, 당선, 승소, 새로운 시작, 긍정적인 변화, 다시 만남

✺ 상징성 ◇◇

천사 : 희생, 전파, 심판관, 죽음과 부활의 대천사 가브리엘

나팔 : 소식과 뉴스, 깜짝 놀랄만 한 일이 될 수도 있다.

십자가 : 병원, 종교 생활

구름 : 성스러움

눈 덮힌 산 : 잠재의식

사람들 : 구원받음

◇◇◇

명칭의 의미 JUDGMENT

1. 판단

2. 판결

3. 판단력

4. 의견

5. (a judgment)(비꼼) (천)벌

어떤 것을 긍정하거나 부정하는 마음의 행위이다. 어떤 일이나 상황, 문제 따위를 자세히 조사하여 잘잘못을 밝힘. 카드에서는 재탄생이나 재창조의 의미가 있다.

숫자 20

20 = 2 + 0 = 2 결국 2번 카드와 연관이 있다. 여사제는 신과 인간의 관계 그리고 신과 인간 사이에 내려진 법(토라-TORA)을 상징하고, 11번 정의카드는 인간세상의 출현 이후 인간과 인간의 관계를 규정하는 속세의 법을 상징한다. 즉 20

번 심판카드의 참여 기준은 바로 이러한 법을 어떻게 따랐느냐의 문제가 된다는 뜻이다. 신의 법인 토라(TORA)와 인간의 법 사이에서 어떤 삶을 살았느냐가 바로 20번 심판의 기준이 될 수 있다. 2번 카드에서는 신의 율법을, 11번 카드에서는 인간의 법을, 20번 카드에서는 판결의 결과를 받아들이는 모습으로 볼 수 있다.

점성학적 의미

명왕성(Pluto), 시기로는 10/23~11/22에 해당한다. 명왕성에 중간은 없다고 할 수 있다. 오로지 흑과 백의 에너지며 명왕성의 에너지를 긍정적으로 사용하느냐 부정적으로 사용하느냐 문제다. 에너지를 긍정적으로 사용하면 불굴의 의지, 자제력, 집중력, 생존력, 타인을 치료하는 힘, 타인에게 힘을 부여하는 능력, 깊은 이해, 고통과 슬픔을 이겨내고 더 나은 나로 재탄생하는 힘으로 사용할 수 있고, 만일 부정적으로 사용한다면 사기, 왜곡, 집착, 파괴, 무자비, 폭력, 힘만을 추구, 타인을 제어하려는 쪽으로 사용할 수도 있다. 부정적으로 드러날 때 할 수 있는 것은 그것을 인정하고 순응하는 것뿐이다.

명왕성은 우주에서 가장 파괴적인 힘이라 할 수 있는 조건 없는 사랑의 힘을 가진 유일한 행성이다. 조건 없는 사랑이 파괴적인 힘이라는 게 좀 이상할 수 있지만, 어머니의 사랑은 무엇보다도 강하고 위대하듯이 참된 사랑은 조건이 없는 사랑이며, 너무나 강력해서 나아가는 길에서 만나는 모든 현실이 아닌 모든 것을 능히 파괴해 버리는 힘이 있다.

피할 수 없는 변화를 나타내는 명왕성은 죽음, 재생과 부활, 용서, 해방을 의미한다. 명왕성은 변화에 대한 강한 의지력을 가지고 불굴의 노력을 아끼지 않는다.

심판카드의 기다리던 소식은 아마도 이러한 노력이 결실을 이룬 덕일 것이다. 심판카드는 분별력 있는 의사결정을 통해 기존의 삶에서 더 나은 방향으로 에너지를 사용하여 새로운 변화를 시도하라고 얘기한다.

카드의 해석

그 동안 노력을 해왔다면 마치 죽은 자가 다시 살아나 영생의 기쁨을 얻는 것처럼 좋은 결과를 얻을 수도 있다. 인생을 살면서 세 번의 기회가 주어진다고 이 카드가 말하는 것이 세 번째 기회일 수도 있다. 다시 깨어난다는 의미, 다시 산다는 의미, 이런 부분들로 인해서 헤어졌다가 다시 만나기도 하는 카드이며, 사업상 힘들었던 시기를 극복하고 다시 기회를 부여받을 때 출현하기도 한다. 다만 저절로 이루어지는 것이 아니라 노력을 해야지만 결과가 따르는 것이다.

곧 큰 변화가 있을 것이다. 좋은 쪽의 변화일 가능성이 크지만, 혹시라도 안 좋은 방향으로의 변화라면 부정보다는 변화를 순순히 받아들여야 한다. 이 카드는 재탄생, 재창조의 의미가 강한 카드이므로, 그러한 방향으로 해석이 많이 된다.

20번 카드의 사랑

이 카드는 연애운에서 재회할 때 자주 등장한다. 예전에 사귀었던 사람으로부터 연락이 올 수 있다. 커플이라면 그 동안 두 사람을 방해하는 요소가 있었다면 곧 해결되고 좋은 만남이 이루어질 것이다. 서로를 믿는 강한 신념으로 어려운 상황을 함께 헤쳐 나간다. 헤어졌던 연인과 다시 만날 수 있다. 짝사랑했던 사람과 이루어질 수 있다. 기다리던 사람으로부터 좋은 소식이 올 것이다. 고백하면 좋은 대답을 들을 수 있다. 결혼할 수도 있다.

20 카드의 금전

금전과 관련하여 좋은 일이 있다. 오랫동안 못 받았던 돈이 있었다면 받게 될 것이다. 금전 활동과 관련하여 큰 변화가 예상되는데, 좋은 변화이니 변화에 따르는 것이 좋다. 그 동안 잘 진행이 되지 않던 장사가 잘된다거나 금전 활동과 관련하여 포기했던 일이 부활한다. 예전에 다녔던 곳으로부터 연락이 올 수 있다. 오랫동안 잊고 있었던 비상금을 찾을 수도 있다.

20번 카드의 합격

일차보다는 추가 합격할 가능성이 있다. 전에 떨어졌던 경험이 있을 수 있다. 본인은 떨어졌다고 포기할 수 있지만 합격할 수 있다.

20번 카드의 계약

처음부터 순탄하게 계약이 진행되기보다는 계약 파기까지 갔다가 다시 진행될 수 있다. 한번 계약이 불발되었던 사람과 계약이 진행될 수 있다.

20번 카드의 조언

끝날 때까지 끝난 게 아니다. 끝까지 포기하지 말고 최선을 다해라.

20 카드의 건강

예전에 앓았던 병이 재발할 수 있으니 조심할 필요가 있다. 지금 병을 앓고 있다면 곧 회복될 것이다. 입, 귀, 어깨, 피부병

20번 카드의 진로

진로와 관련하여 한 번의 고비가 찾아오지만, 포기하지 않고 노력한다면 성공할 수 있다. 다른 사람들에게 소식을 알려주거나 사람을 상대로 한 활인업 쪽이 좋다.

아나운서, 방송, 신문, 판사, 요양원, 사회복지사, 의사, 간호사, 장례산업, 약사 등

21

THE WORLD

흔들리지 않고 피는 꽃은 없다. 살다 보면 수도 없이 많은 어려움에 봉착하게 되고, 때로는 포기하고 싶기도 하고, 유혹도 견뎌내야 한다. 그렇게 묵묵히 흔들림 없이 황소처럼 가다 보면 언젠가는 내가 꿈꾸던 세상에 도달할 수 있을 것이다. 하지만 그곳이 끝은 아니다. 거기서 멈추는 순간 그곳은 더 이상의 의미는 사라진다.

양손에 지휘봉 같은 섯을 든 나체의 여인이 보라색 천을 두르고 멋지게 춤을 추 듯이 서 있다.

양손의 봉은 1번 카드에서 등장했었는데, 1번에서 시작하여 비로소 21번에 와 서 완성에 이루었다는 것을 의미한다. 이것은 그 동안의 과정에서 나타났듯이 모 든 고난과 역경을 이겨내고 지금의 모습에 이루었다고 할 수 있다.

이 여인을 많은 타로 전문가들은 포르투나에 비유한다. 포르투나(Fortuna)는 로마 신화에 전하는 운명의 여신으로 운명의 수레바퀴를 맡아 사람들의 운명을 결정한다고 한다. 그리스 신화에서는 티케(Tyche)에 해당한다.

메이저 카드의 마지막인 이 카드는 그동안의 과정을 겪어온 깃처럼 장시간 동 안 자신의 욕심을 버리고 열심히 연구하고 노력해서 완성, 성공의 세계에 이르렀 음을 의미한다. 세계(world)라는 단어가 의미하듯이 해외로 나가면 아주 좋은 의 미가 있는 카드다. 외국 물품을 다루거나 외국에 나가면 행운이 있다. 프라이드가 강하고, 현재 자신이 하는 일에서 최고가 될 수 있다.

한 발로 서서 한발은 구부리고 있다.

12번 카드에서의 발 모양과 같다. 12번 카드에서의 고난을 견뎌내고 지금에 이 루었다고 할 수 있다.

네 귀퉁이에 구름 속의 사람, 독수리, 소, 사자의 얼굴이 나타나 있다.

천사 = 공기, 독수리 = 물, 소 = 흙, 사자 = 불의 4원소를 나타낸다. 이것은 추진력과 리더쉽, 현실성, 감정, 아이디어, 학업을 의미하는 것으로, 4가지 원소의 일들에 대해서 정통하여 다재다능하며 잠재력과 재능이 뛰어나 성공 가능성이 큼을 나타낸다. 10번 카드에서 책을 들고 있었지만, 이제 모든 배움의 과정을 마치고 완성체를 들어냈다. 그래서 본인이 원하는 일을 완벽하게 해내는 능력이 생겼음을 의미한다.

연둣빛 월계수로 만들어진 원이 있고, 위와 아래에는 매듭이 지어 있다.

연둣빛 월계수로 만들어진 원은 안정적이며 성공이 끊임없이 계속 이어질 수 있음을 나타낸다. 테두리 안에 있다는 것은 자신의 테두리를 벗어나야 더 크게 성장할 수 있다는 것을 말해주고 있다. 즉 완성하고 성공했으면 안주하지 말고 업그레이드시켜 다시 시작해야 더 크게 성공할 수 있다는 뜻이다. 매듭은 1번 마법사 카드와 8번 힘 카드에서 등장했던 무한한 가능성의 뫼비우스 띠의 모양인데, 무한한 가능성이 실현되어 완성을 이루었다는 것이다.

키워드

완성, 완벽, 성공, 결과, 만족, 결혼, 행복, 행운, 번영, 달성, 해외, 해피엔딩, 목적지

인간 : 물병자리 – 공기 – 지성과 이성

독수리 : 전갈자리 –물 – 느낌과 본능

황소 : 황소자리 – 흙 – 감각과 실용성.

사자 : 사자자리 – 불 – 직관과 영감

지팡이 : 마법의 힘

타원형 월계수 : 삶의 순환, 우주의 순환, 완성

명칭의 의미 THE WORLD

① 세계 ② 세상 ③ 월드

영어 낱말 월드(world)는 사람이라는 뜻의 wer와 나이란 뜻의 eld가 하나가 되어 "사람의 나이"라는 뜻에서 비롯한 것이다. 철학적인 관점에서 세계는 실재를 이루는 모든 것을 가리키는 우주를 이야기한다. 신학적인 관점에서 세계, 곧 세상은 정신적이거나 거룩한 것과 대비되는 세속적인 범위나 물질을 가리킨다. 타로카드에서 월드카드의 의미는 지금의 상황에서는 모든 것을 이루었으니, 다음 세상으로의 진출을 이야기한다.

숫자 21

21 = 2 + 1 = 3 결국 3번 카드와 연관이 있다. 3은 최초의 완성 수였고, 물질적인 풍요를 나타내었다. 또 다른 3인 12번 카드는 내면의 진정한 자아를 찾기 위한 깨달음의 필요성을 의미했다. 그리고 그 깨달음을 얻은 자만이 21번 성공할 수 있다고 볼 수 있다.

21은 3이 7번 이루어진 것이다. 7은 재생의 숫자다. 모든 완성이 끝이 나고 다시 시작됨을 나타낸다.

점성학적 의미

토성(Saturn), 시기로는 12/21 1/20에 해당한다. 토성은 '카르마의 별'이다. 카르마는 너무나 공정해서 정확하게 그 사람이 짊어져야 할 것은 반드시 있다. 삶에 있어서 피해버린 있을 수 없다. 그 누구도 나를 대신하여 살아주지 않는다. 세상을 살면서 겪게 되는 모든 일련의 일들은 모두 내가 감당해야 한다.

토성의 가르침은 때로 너무나 혹독해서 오랜 시간이 걸릴 수도 있다. 토성은 서로 다른 것들을 구분하고, 정해진 틀을 만들고, 한계를 규정한다. 그러나 그러한 것들로 인해서 활동에 제한이 생기기도 한다. 따라서 토성은 제한, 고난, 인내를 의미하기도 한다.

토성이 자리한 영역은 확실한 토대를 쌓고 안정을 이루어야 한다는 무거운 책임감이 따른다. 토성의 경계와 한계는 우리의 능력을 한정 짓는 것이 아니다. 여러 관계 속에서 자기 자신을 잃지 않고 상대방을 도울 수 있는 확실한 정체성을 갖게 한다. 또한 인생에 있어 크고 작은 시련과 고난은 일어나게 마련이며, 사람은 그러한 시행착오를 통해 성장하고 자신의 삶을 풍요롭게 만들 수 있는 값진 지혜를 배우게 될 것이다.

카드의 해석

이 카드는 그 동안 추진했던 일들의 완성을 나타낸다. 그 동안 토라에서 시작된 율법에 어긋나지 않으며, 세상을 살면서 필요한 부분들을 잘 견디고 배우며 성공에 이루었다고 할 수 있다. 주위에 신경 쓸 필요는 없다. 남들이 뭐라고 하건 내가 하고 싶은 대로 실행할 필요가 있다. 하다 보면 그 동안 드러나지 않았던 것들을 발견할 수 있다.

그 중에는 좋지 않은 일들이 있을 수도 있다. 그러나 이 카드는 선택받은 자들의 카드다. 지금 궁금해 하는 부분에 있어서 곧 완성될 수 있고, 완성을 위한 좋은 조건들을 갖추고 있다. 시험을 앞둔 사람은 합격 운이 있으며, 사랑을 하는 사람은 결혼에 이르고, 아기가 필요한 부부는 임신하게 될 것이며, 사업은 번창할 것이다. 다만 주변의 카드가 안 좋을 때에는 자신만의 틀 안에 갇혀 있으니 틀을 깰 필요가 있다.

21번 카드의 사랑

그 동안의 두 사람의 사랑은 결실을 이루게 될 것이다. 두 사람은 그 동안 사귀면서 많은 어려움과 힘든 일들을 이겨냈고, 결국 많은 사람의 축복 속에 결혼할 수도 있고, 임신을 할 수도 있다. 솔로라면 사랑하는 사람을 만나게 될 것이다. 사람이 많은 장소에 나가라. 또는 해외와 연관되어 사랑이 이루어질 수 있다. 21번 카드의 사랑은 포용력이 있고 이성적이며 지혜롭다. 성숙한 사랑으로 상대를 이해하고 완성도 높은 사랑으로 연결된다.

21번 카드의 금전

금전 상황이 좋다. 그 동안 노력한 것에 대한 보상을 받게 될 것이다. 추진해온 프로젝트는 좋은 결실을 이룰 것이며, 취업을 원하는 사람은 취업에 성공할 수 있다. 돈 벌 기회가 있다. 해외로 나가는 것도 좋다.

21번 카드의 합격

그 동안 준비하며 많은 고생을 했고, 지금처럼만 한다면 합격할 수 있다. 합격을 통해 새로운 세계로 갈 수 있다.

21번 카드의 계약

추진하던 계약이 드디어 성사된다. 내가 원하던 조건에 성사될 수 있다.

21번 카드의 조언

끝까지 마무리를 잘해야 한다. 지금은 우물 안 개구리일 뿐이다 더 넓게 생각하고 끊임없이 도전하라.

21번 카드의 건강

지금은 건강에 큰 문제는 없으나 꾸준히 관리 할 필요가 있다. 병을 앓고 있었다면 합병증을 조심해야 한다. 집안에만 있어 답답함을 느낄 수 있다. 잔병치레, 합병증, 다리, 폐쇄 공포증

21번 카드의 진로

다방면에 걸쳐 능력 있고 예술가적 소질도 있다. 글로벌 기업이나 사업이 좋다. 해외관련 사업, 무역, 유학, 외국어, 외국계 회사, 여행, 항공, 강사, 무용가 등

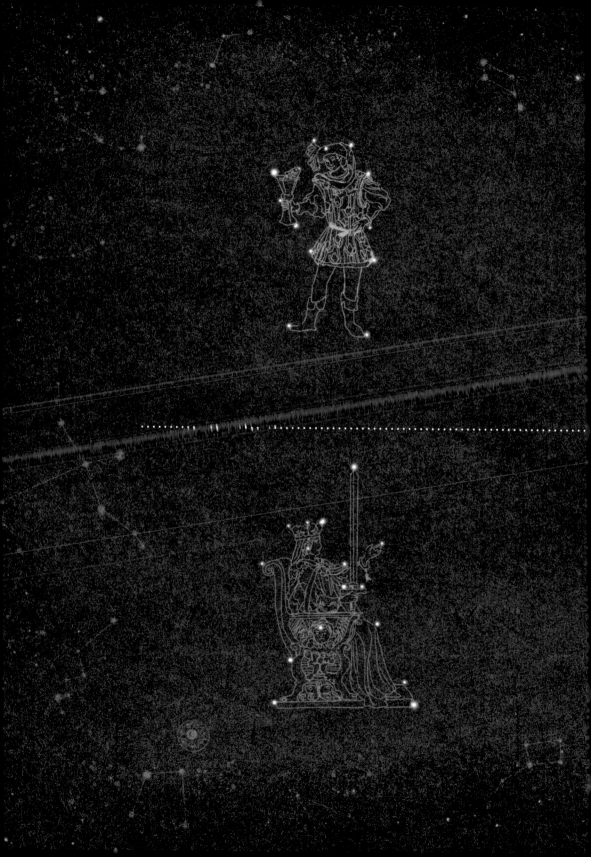

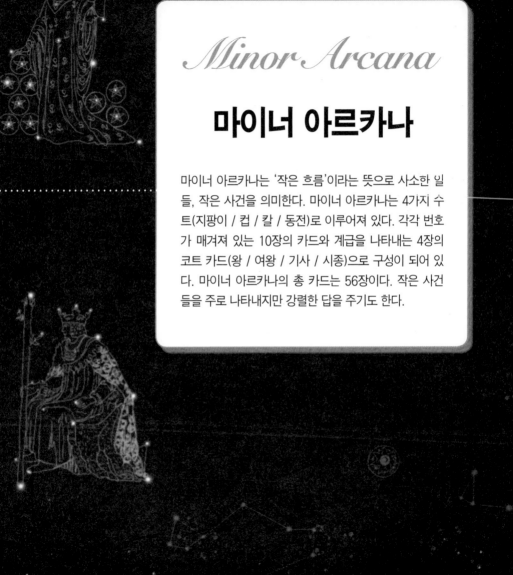

Minor Arcana

마이너 아르카나

마이너 아르카나는 '작은 흐름'이라는 뜻으로 사소한 일들, 작은 사건을 의미한다. 마이너 아르카나는 4가지 수트(지팡이 / 컵 / 칼 / 동전)로 이루어져 있다. 각각 번호가 매겨져 있는 10장의 카드와 계급을 나타내는 4장의 코트 카드(왕 / 여왕 / 기사 / 시종)으로 구성이 되어 있다. 마이너 아르카나의 총 카드는 56장이다. 작은 사건들을 주로 나타내지만 강렬한 답을 주기도 한다.

코트(궁정)카드

Court Card

마이너 카드 중에서 궁정사회에서의 계급을 왕, 여왕, 기사, 시종으로 나누고, 이 네 계급층을 다시 네가지 원소 완드, 컵, 소드, 펜타클의 성향으로 나누어 총 16장으로 구성되어 있다.

타로를 공부하는 많은 사람들이 해석을 하는데 있어서 가장 힘들어 하는 카드들인데, 코트카드는 상황적인 해석보다는 인물에 대한 카드다. 어떠한 상황에서 질문자의 성향이나 행동 양식을 나타내는 카드들이다. 인물을 분석하는 방법에는 인물적인 해석, 원소적인 해석, 이미지적인 해석으로 구분할 수 있다. 코트카드는 성격 분석을 할 때 유용하게 사용할 수 있다.

필자 같은 경우에는 메인으로 사용하는 78장의 덱과 더불어 16장의 코트카드를 따로 분류하여 성격 분석용으로 활용하기도 한다.

각 인물별 특징

분류	왕	여왕	기사	시종
성향	권위적 보수적 리더십	활동적 수용적 리더십	융통성 파급력 과감함	순진함 신중함 미숙함
계급 유형	CEO, 사장,대표, 각 기관의 장, 아버지	부사장, 감독관, 관리자, 부기관장, 어머니	대리급,실무자, 청년	신입사원, 인턴, 수습생, 알바 소녀
특징	남성적이며 힘을 추구하기 때문에 가장 강력한 원소적 기질을 보이고, 보수적이며 안정을 추구한다. 이기적인 기질이 있어 문제가 발생할 수 있다.	여성적인 면이 존재하여 왕보다 조금 더 수용적인 성격을 지닌다. 원소적 기질이 강하며 상당한 리더십과 포용력을 가지고 있다.	움직임과 변화가 많으며 과감한 면이 있다. 원소를 어느 정도는 잘 다루기는 하지만 서투른면도 있고, 행동력과 추진력이 있다.	시작을 의미하며 해당 원소의 기질을 가지고 있으나 아직 미숙하기 때문에 원소를 능숙히 다루지는 못한다. 순수하며 변덕이 있다.

232

4원소의 특징

분류	완드	펜타클	스드	컵
원소	불	흙	공기	물
성질	뜨겁고 건조함	차갑고 건조함	뜨겁고 축축함	차갑고 축축함
성격 유형	열정	현실	사고	감정
대체 단어	열정,의지,생산,창조, 욕망, 욕구 등 행동으로 옮겨지는 것	물질,현실, 돈, 금전적,안정적 등 본인의 안위를 위한 것	생각,사고,계산,분별, 갈등 등 이해타산적인 것	정서, 사랑, 우정, 감정, 감성, 연민 등 마음이 움직이는 것
기질적 특성	남성적	여성적	남성적	여성적
	정신적	불질적	물질적	정신적
	모험적	계산적	논리적	관용적
	강렬함	여유로움	날카로움	부드러움
	도전	안정	원칙	이해
	행동	편안함	생각	감성
특성	에너지가 밝고 열정적이며 자신감이 넘치고, 개방적이며 진취적이다. 자신을 잘 표현한다. 단점으로는 참을성이 부족하며 너무 솔직하고 직선적이어서 타인에게 상처를 줄 수도 있다.	현실적이며 물질적이다. 안정감이 있으며 인내심과 자제력이 강하다. 조심성, 지속성, 계획성, 믿음직스러움이 있고, 보수적인 면도 있다. 단점으로는 게으르고 재미가 없으며 구두쇠일 수 있다.	현실적이며 생각이 깊다. 하는 일에 대해서도 합리적인 추론을 내리려 한다. 이들은 이성적이며 원리원칙을 중요시한다. 단점으로는 너무 냉정하고 차갑다. 자기만의 착각에 빠질 수 있다.	감성과 영적인 능력이 우수하다. 이들은 직관적이며, 동정심이 많아 정서적으로 관련을 맺고자 하는 욕구가 있다. 자기 감성에 충실하며 정이 많다. 단점으로는 너무 감정적이며 우유부단할 수 있다.

KING of WANDS

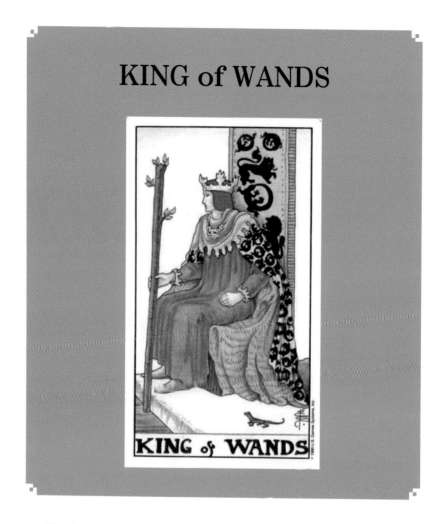

기본 의미　성취지향적, 자신감, 단호함, 권력, 명예, 의지와 신념, 고집이 강한, 성공한, 성실한, 일편단심, 고집불통, 신뢰감 있는

계급의 성향　KING

왕은 자신의 분야에서 최고의 자리에 올라있는 사람으로서 CEO, 사장, 대표,

각 기관의 장, 아버지에 해당된다.

해당 원소의 특성이 가장 강한 사람이다.

리더십, 카리스마가 있고, 단점으로는 이기적인 면이 있다.

권위적이고 보수적인 성향이 있으며, 자존심이 강하고 고집도 세다.

나이가 많거나 많지 않더라도 많은 사람처럼 행동하려고 한다.

원소적 성향 WANDS

WANDS카드는 한마디로 칼 같은 사람을 연상하면 된다.

에너지가 밝고 열정적이며 자신감이 넘친다. 매사에 개방적이며 진취적이다.

솔직하며 자신을 잘 표현한다. 자존심이 강하며 인정받기를 원한다.

야망도 크고 스케일도 크다. 단점으로는 참을성이 부족하며 너무 솔직하고 직선적이어서 타인에게 상처를 줄 수도 있다.

이미지적 성향

왕이 옆으로 돌아앉아서 다른 곳을 보고 있다. 이것은 이 왕이 남의 말을 잘 듣지 않는 사람이란 걸 말해준다. 왕의 뒤에 사자그림은 이 사람이 사자자리와 같은 성향의 대담하고 당당하며 보스기질을 지녔다는 것을 의미한다.

사자 옆의 도마뱀은 우로보로스와 같은데 영원성 또는 완성된 것을 의미한다.

이 사람이 완성된 지혜를 가지고 있고 높은 위치에 있지만, 지팡이가 땅에 내려져 있다. 지팡이는 이 왕의 마음으로서 열정을 나타내며, 땅에 내려져 있다는 것은 시작할 때의 마음으로써 그 마음이 변하지 않는 것을 나타낸다.

왕 옆의 도마뱀은 위기를 느끼게 되면 자신의 꼬리를 자르는 위험을 무릅쓰고라도 도망을 간다. 도마뱀은 지금 내 곁에 있는 사람들이 위기가 닥치면 언제든지 도망갈수 있는 사람들이니 100% 믿지말라는 경고를 나타내기도 하고, 지금 어려운 환경에 처해 있다면 도마뱀이 자신의 꼬리를 자르고 도망가듯이 어느 정도 손해를 보더라도 그만둘 것을 의미한다.

초록색 머플러는 그가 젊고 활기 있는 영혼이라는 것을 의미합니다. 녹색은 안정적인 성장을 나타내며, 돌 위에 녹색 신을 신고 있다는 것은 이제 안정적인 기반을 갖추기 시작했다고 할 수 있다. 목에 있는 녹색 옷은 음과 양이 결합된 조화의 색으로써 목은 말을 의미하므로 다른 이의 말을 듣고 조화를 이룰 필요가 있다고 할 수 있다. 이미지 산에서의 모습은 믿음이 가는 사람이고 화끈하고 추진력 있고 남자다운 사람이고 쉽게 마음이 변하지 않는 사람이다. 기 네긴도 너치고 까신 나고 넘신나.

처음에 가지고 있었던 마음을 아직까지도 가지고 있으며, 한 눈을 팔지 않는다. 그러나 고집불통으로 서로 간에 커뮤니케이션에 있어서 어려움이 있을 수 있다.

QUEEN of WANDS

기본 의미 강력한 열정, 적극적, 성공한, 성실한, 의지가 강한, 고집이 쌔다, 신뢰가 가는, 믿음직한, 야망이 큰, 믿는 도끼에 발등 찍힌다.

계급의 성향 QUEEN

여왕은 왕을 보좌하는 역할 또는 왕을 대신하는 인물로서 부사장, 감독관, 관리

자. 부기관장, 어머니등에 해당된다. 왕처럼 해당원소의 성향이 강하게 나타낸다. 여성적인 면이 존재하며 왕에 비해서 수용적인 모습이 있다. 리더십과 포용력이 있으며, 모성애적인 성향도 있다. 나이가 약간 많은 사람이거나 그렇게 행동하려는 사람이다.

원소적 성향 WANDS

WANDS카드는 한마디로 칼같은 사람을 연상하면 된다. 에너지가 밝고 열정적이며 자신감이 넘친다. 매사에 개방적이며 진취적이다. 솔직하며 자신을 잘 표현한다. 자존심이 강하며 인정받길 원한다. 야망도 크고 스케일도 크다.

단점으로는 참을성이 부족하며 너무 솔직하고 직선적이어서 타인에게 상처를 줄 수도 있다. 때에 따라 다혈질적인 성향이 나오기도 한다.

이미지적 성향

완즈의 왕과 가장 비슷한 면이 있지만 중요한 차이점은 앉아있는 방향이나. 다른 방향을 보고 있는 왕은 다른 사람 말은 듣지 않겠다는 것이었다면, 여왕은 정면으로 앉아 좀 더 수용적인 모습이다. 이 여왕은 다른 사람의 이야기를 들어보고 결정하겠다는 것이다. 여왕카드들 중에서도 가장 정면을 향하고 있다.

다리를 벌리고 있는 것도 무엇이든 내 욕망을 위해서라면 받아들일 준비가 되어있다는 것이다. 여왕 뒤의 사자는 백수의 왕으로서 힘과 권력을 나타낸다. 또한 태양의 지배를 받는 별자리로 태양을 상징하기도 한다. 태양은 유일무이한 존재로써 부와 명예, 성공 등을 나타낸다.

한손에는 지팡이를 한손에는 해바라기 꽃을 들고 있다. 지팡이가 기울어져 있는 것은 마음이 변할 수 있다는 것이다. 해바라기는 태양을 나타내므로 부와 명예, 성공을 위해시라면 마음이 변할 수 있는 것이다.

여왕은 사각의 단단한 돌 위에 자리 잡고 있는데, 이 사각형의 돌은 이미 완성되어진 세상을 의미하며, 그 위에 앉아 있다는 것은 이미 기반이 다져져 있다는 것이다. 발은 왼발만 나와 있는데, 왼발은 오른쪽 뇌에 해당하며 오른쪽 뇌는 감성의 뇌이다. 이 여왕은 이성적이라기보다는 감성적인 에너지가 강하다는 것이다.

고양이는 그를 경계하고 지켜주는 것처럼 보이는데, 개는 배신하지 않지만 고양이는 배신을 할 수 있는 동물로서 때에 따라서 믿는 사람으로부터 배신을 당하게 될지도 모른다는 것을 의미한다. 고양이는 중세 시대에 악마와 마녀 그리고 죽음의 상징이자 저승과 관련된 상징으로 쓰였으며, 이는 신비한 이 여성의 마력을 또는 여성의 이중성을 의미한다.

회색의 망토와 막대기를 쥔 손에서도 이 사람의 이중성을 의미하기도 한다. 또한 이 카드는 곁눈질을 하고 있으며, 이로 인해 의처증이나 의부증 같은 의심을 하며 집착을 할때 나오기도 한다.

이미지 상의 모습으로 보아 출세욕과 욕망이 강한 사람이며, 내 야망을 위해서라면 무엇이든 할 준비가 되어있고, 받아들일 분비가 되어 있다.

자신의 성공을 위해 끊임없이 노력하며 열정과 정열도 넘친다. 리더십도 강하며 카리스마도 있고 당당하다. 능력이 좋은 사람이며 남성 편력이 심한 사람에게서 나오기도 하고, 상대를 믿지 못하는 상황에서 나오기도 하며, 조건에 의해 마음이 흔들릴 수 있다.

KNIGHT of WANDS

기본 의미 모험적인, 개척정신, 도전적인, 행동대장, 성급함, 신중하지 못함, 열정에 고취됨. 욱하는 기질이 있는, 결단력이 있는.

계급의 성향 KNIGHT

기사는 왕성한 활동력을 기반으로 하는 대리급, 실무자, 청년층에 해당된다고

할 수 있다. 움직임과 변화가 많으며 과감하다.

　원소를 어느 정도 잘 다루는 편이고 행동력과 추진력이 있지만 서투른 면도 있다. 융통성도 있으며 과감하고 파급력도 있디.

　나이가 비슷한 연배의 사람이거나 나이차이가 있더라도 친구 같은 사람이다.

원소적 성향 WANDS

　WANDS카드는 한마디로 칼같은 사람을 연상하면 된다.

　에너지가 밝고 열정적이며 자신감이 넘친다. 매사에 개방적이며 진취적이다. 솔직하며 자신을 잘 표현한다. 자존심이 강하며 인정받기를 원한다. 야망도 크고 스케일도 크다.

　단점으로는 참을성이 부족하며 너무 솔직하고 직선적이어서 타인에세 상치를 줄 수도 있다.

이미지적 성향

　이 카드는 열정적인 마음이 행동으로 옮겨지고 있음을 의미한다.

　기사카드에는 말들이 등장하는데, 말의 이미지를 잘 살펴볼 필요가 있다.

　Knight Of Wands카드에서는 말이 매우 급하게 나아가려 하는데, 이 모습은 아직 모든 준비가 완벽하게 되지 않았음에도 너무 지나치게 열정이 넘쳐서 급하게 시작된다는 것을 의미한다. 급발진 하는 모습으로 갑자기 마음이 움직이는 상황이라 할 수 있다. 어느 날 누구를 보았는데 첫눈에 반하여 사랑에 빠지는 모습이다. 연애뿐만이 아니라 대부분의 상황에서 오래 전부터 준비했던 것이 아닌 어느 순간 갑자기 마음이 불타오르는 것이다.

　말의 색은 황토색인데, 황토색은 순간순간 대처가 잘되는 변화무쌍한 색으로써 이 기사의 융통성과 적응력을 나타낸다. 그는 씩씩하고 믿음직스러우며 자신의 이상을 향해 젊은 열기로 가득 차 있다.

　이 카드는 자신이 옳다는 신념으로 자신의 마음을 중심으로 행동하려고 하기에 실수를 할 수도 있고, 문제가 파생될 수 있고, 쉽게 뜨거워진 마음이 쉽게 식을 수도 있기 때문에 꾸준히 해 나갈 수 있는 인내력이 필요하다.

　이 카드는 대체로 긍정적인 카드 중에 하나이며, 열심이 한다거나 본인이 원해서 하는 것이기 때문에 맡은 바 임무를 충실이 수행한다고 볼 수 있다.

　연애운에서는 막 사랑이 시퍼띠이 붙이 붙었을 때 이 카드가 나올 수 있다.

　에너지와 활력으로 가득한 사람을 가리키며 매우 열정적이고 강력하다는 것을 의미한다. 또 나는 사방이 무엇인지 경험하게 될 수도 있으며, 새롭고 흥미로운 경험을 할 수도 있다. 그렇지만 지팡이가 짧은 것으로 보아 그 열정이 금방 식을 수 있을 수도 있으니, 너무 큰 기대는 안하는 것이 좋을지도 모른다.

　오래 만나던 사람에게서 이 카드가 나왔다면 그 동안 몰랐던 새로운 모습을 발견하게 되었다는 것을 의미한다.

　말 앞쪽에 세 개의 산봉우리는 이 기사가 나아가는 길에 넘어야 할 방애물을 나타낸다.

PAGE of WANDS

기본 의미 새로운 시작, 호기심이 많은, 아직 어설픈, 젊은 사람, 연하 , 열정적인 , 아이디어가 좋은, 이제 막 일을 시작한, 메신저 혹은 정보전달자

계급의 성향 PAGE

시종(PAGE)은 아직은 미성숙한 사람으로서 신입사원, 인턴, 알바, 소년소녀에

비유할 수 있다. 해당원소의 기질을 가지고 있으나 아직까지 잘 다루지는 못한다. 순수하고 순진하며 감정의 기복이 심할 수 있다. 호기심이 많으며 나이가 어린 사람이거나 어린 사람처럼 행동하는 사람이다.

원소적 성향 WANDS

WANDS카드는 한마디로 칼같은 사람을 연상하면 된다.

에너지가 밝고 열정적이며 자신감이 넘친다. 매사에 개방적이며 진취적이다. 솔직하며 자신을 잘 표현한다. 자존심이 강하며 인정받길 원한다. 야망도 크고 스케일도 크다.

단점으로는 참을성이 부족하며 너무 솔직하고 직선직이이시 타인에게 상처를 줄 수도 있다.

이미지적 성향

열정의 WANDS와 미성숙한 시종의 만나서 이루어진 카드이다.

열정과 의욕이 넘치고 순수하고 순진한 사람이지만, 아직은 어설픈 사람임을 나타낸다.

어린 소년의 모습이다. 일단 어린 사람이거나 무언가를 처음 시작하는 사람을 나타낸다. 꼭 나이가 어린 사람만을 나타내는 것은 아니고, 행동하는 것이나 하고자 하는 것에 대하여 어리게 보일 수 있다는 것을 의미하니, 이 점에 유의해서 해석할 필요가 있다. 생각을 하고 바로 실천에 옮길 수는 있지만, 아직 어려서 철이 없고 변덕스럽다고 할 수 있다. 그러나 눈이 위로 향해 있는 것으로 보아 이 소년은 대단한 야망을 품고 있으며 풍부한 열정을 품고 있다.

이 카드는 보통 공부, 여행 또는 새로운 사업 등 무언가를 시작 하려고 할 때 나오며, 연애에 있어서도 막 사랑이 시작 되었을 때 나오며, 애인에게 열정적으로 사랑하고 관심을 가져주는 카드이다.

창의적인 생각을 하는데 있어 능력이 있으며, 과정은 힘들지만 뜻을 같이 하는 사람이 있다. 그가 붙잡고 있는 막대기는 앞으로 그가 호기심을 충족시킬 모든 행위를 나타낼 수 있으며, 뒤쪽에 산은 넘어야 할 산이 3개가 있다는 것으로 여행의 길이 쉽지만은 않다는 것을 나타내며, 나무에 달려있는 5개의 잎사귀는 뜻을 같이 하는 사람이 있음을 의미한다.

모자에 달려있는 깃털은 앞으로 나아가야 할 방향성을 나타내며 노란색 외투와 신발은 앞으로 미래가 희망적이라는 것을 의미한다.

날개 달린 모자와 신발은 전령의 신, 상업의 신 헤르메스의 상징성이다. 헤르메스는 머리가 좋고 언변술도 좋으며 뛰어난 지략가이기도 하다. 이 소년은 아직은 자신의 능력을 다 발휘하지는 못하지만, 갖추어진 재능이 좋기에 잘 활용만 한다면 앞으로의 미래는 긍정적이라 할 수 있다.

KING of PENTACLES

기본 의미 신뢰할수 있는, 꾸준함, 현실적인, 성장, 부유한, 성공적 사업가, 안정적인, 고집쟁이, 조직의 리더, 재력가, 비즈니스의 성공

계급의 성향 KING

왕은 자신의 분야에서 최고의 자리에 올라있는 사람으로서 CEO, 사장, 대표,

각 기관의 장, 아버지에 해당된다. 해당 원소의 특성이 가장 강한 사람이다. 리더십, 카리스마가 있으며, 단점으로는 이기적인 면이 있다. 권위적이고 보수적인 성향이 있으며, 사존심이 강하고 고집도 세다. 나이가 많거나 많지 않더라도 많은 사람처럼 행동하려고 한다.

원소적 성향 PENTACLES

Pentacles카드는 한마디로 정리하면 돈의 사람이다. 물질적이며 현실적인 성향이 강하다. 안정적이며 모험이나 투기를 하지 않는다. 어떤 상황에서는 우선순위는 경제적인 선택이다. 편안한 삶을 살아가기를 원한다.

연애를 하더라도 상대방의 능력을 보는 습성이 있다. 대인관계가 원만하여 사람들과 잘 어울린다. 매사 신중하지만 한번 시작하면 쉽게 포기하지 않고 묵묵히 해나간다.

이미지적 성향

돈의 왕이니 돈 욕심이 많고 돈을 제일 잘 다루는 사람이다. 또한 보스 기질이 있고 물질과 안정을 중요하게 생각하며 변화를 싫어하고 융통성이 다소 부족할 수 있다.

이 카드의 가장 큰 핵심은 왼발로 사자동상을 밟고 있는 것이다. 사자는 야망이나 욕망을 나타내는데, 이것은 무엇을 하는데 있어 돈 때문에 야망이나 욕망을 억누르고 있다는 의미이다.

뒤에 보이는 성은 이 사람의 환경이 좋다는 것을 이야기하고, 들고 있는 홀과 펜타클은 부와 권위를 상징하며, 그 펜타클을 바라보는 눈은 이 왕이 많은 것을 가지고 있지만, 아직도 이것에 대한 집착이 상당하며 탐욕스럽고 욕망이 강한 남성으로서 소유욕과 지배욕이 강하다는 것을 의미한다.

이 사람은 황소자리의 성향과 비슷하다. 끈기 있고 단단하며 인내심이 강하고 현실이나 물질에 대한 감각이나 욕망이 강한 사람이다. 또한 황소기질이 있다고 할 수 있다.

금전운이나 사업운 등과 같은 현실적인 질문에서는 긍정의 의미로 많이 쓰인다. 애정운에서는 돈이 아까워 연애를 망설이는 사람들에게서 많이 나온다. 돈을 애인이라 생각하고 경제력이 있는 상대를 원하는 사람에게서 많이 나타나며, 사랑보다 돈을 원할 때 이 카드가 나오곤 한다. 직장에서의 성공이나 돈을 버는 것이 연애보다 더 중요하게 자리 잡고 있다는 것을 말해준다. 사업에 있어서도 혹시 모를 손해에 대한 생각에 투자가 망설이지만, 막상 시작하면 잘할 수 있는 사람이다.

포도송이는 풍요로움과 다산을 의미하는데, 겉으로 드러나는 모습은 풍요로워 보이지만 마음은 가난한 구두쇠일 수 있다.

QUEEN of PENTACLES

기본 의미 신중함 , 편안함, 꼼꼼하고 확실함, 실용적, 현실적 능력, 물질적, 현실적, 돈에 대한 집착, 가정주부, 여유있는, 성공한

계급의 성향 QUEEN

여왕은 왕을 보좌하는 역할 또는 왕을 대신하는 인물로서 부사장, 감독관, 관리

자, 부기관장, 어머니 등에 해당된다.

왕처럼 해당원소의 성향이 강하게 나타난다. 여성적인 면이 존재하며 왕에 비해서 수용적인 모습이 있다. 리더십과 포용력이 있으며, 모성애적인 성향도 있다. 나이가 약간 많은 사람이거나 그렇게 행동하려는 사람이다.

원소적 성향 PENTACLES

Pentacles카드는 한마디로 정리하면 돈의 사람이다. 물질적이며 현실적인 성향이 강하다. 안정적이며 모험이나 투기를 하지 않는다. 어떤 상황에서는 우선순위는 경제적인 선택이다. 편안한 삶을 살아가기를 원한다.

연애를 하더라도 상대방의 능력을 보는 습성이 있다. 대인관계가 원만하여 사람들과 잘 어울린다.

매사에 신중하지만 한번 시작하면 쉽게 포기하지 않고 묵묵히 해 나간다.

이미지적 성향

펜타클을 안고 있는 모습이 가정의 안정됨과 편안함을 이끄는 어머니와 같다고   할 수 있다. 그렇지만 이 여왕의 표정은 근심걱정으로 가득 차 있다.

주변의 풀숲이 울창하지는 않다. 주어진 환경이 그리 좋지는 않은 것 같다. 그렇지만 어떠한 조건에서도 잘 관리를 하는 사람이다.

주변 진한 노란색이 현실적인 어려움을 말해주지만, 한편으로는 미래에는 좋아질 수 있다는 의미이기도 하다.

그녀 발밑에는 다산의 상징인 토끼가 뛰어다니고 있는데, 이것은 그녀의 아이들이 뛰어노는 모습을 연상할 수 있으며, 펜타클을 소중하게 안고 바라보는 모습은 이 여왕이 돈을 버는 것보다 관리하는 것에 더 소중함을 느끼는 듯하다. 이런 모습에서 이 여인은 커리어우먼적인 느낌보다는 가정에서 아이들을 키우며 남편이 벌어온 돈을 잘 저축하고 관리하는 내조의 여왕 혹은 현모양처의 모습이라고 할 수 있다.

이 카드는 염소자리와 그 뜻을 같이 하는데, 염소자리는 가부장적이며 감정을 잘 억제하고 조직이나 현실을 중요하게 생각하는 별자리이다. 자신이 선택한 현실과 가정 또는 조직을 위해 자잘한 감정은 접어두고 인내와 끈기로 그 현실을 지키려 노력하는 모습이라 할 수 있다.

애정운에서 이 카드는 매우 현실적인 사람이며, 모성애나 임신과 관련해서도 많이 나온다.

이 카드 역시 연애보다 돈을 소중히 생각할 때 나오는 카드이기도 하며, 좋은 남자 만나서 결혼하고 안정적으로 살고 싶은 사람이기도 하다.

KNIGHT of PENTACLES

기본 의미 성실한, 차분한, 신중한, 꼼꼼하게 따지는, 때를 기다릴 줄 아는, 우유부단한, 신뢰할 수 있는, 안정적, 시작하려 하는, 믿음

계급의 성향 KNIGHT

기사는 왕성한 활동력을 기반으로 하는 대리급, 실무자, 청년층에 해당된다고

할 수 있다. 움직임과 변화가 많으며 과감하다.

원소를 어느 정도 잘 다루는 편이고, 행동력과 추진력이 있지만 서투른 면도 있다. 융통성도 있으며 과감하고 피급력도 있다.

나이가 비슷한 연배의 사람이거나 나이 차이가 있더라도 친구 같은 사람이다.

원소적 성향 PENTACLES

Pentacles카드는 한마디로 정리하면 돈의 사람이다. 물질적이며 현실적인 성향이 강하다. 안정적이며 모험이나 투기를 하지 않는다. 어떤 상황에서는 우선순위는 경제적인 선택이다.

편안한 삶을 살아가기를 원한다.

연애를 하더라도 상대방의 능력을 보는 습성이 있다. 대인관계가 원만하여 사람들과 잘 어울린다.

이미지적 성향

매사에 신중하지만 한번 시작하면 쉽게 포기하지 않고 묵묵히 해 나간다.

이 카드는 현실주의적인 펜타클과 행동력의 기사의 만남이다.

이 기사의 말은 검은색이며 멈추어 있다. 이 기사가 진중하고 신중하며 매사에 심사숙고 하는 타입으로써 안정감을 최우선으로 하고 있다는 것이다.

기사가 자신이 가진 돈으로 앞으로의 사업에 대한 계획을 꼼꼼히 따져보며, 황무지의 땅에서 새로운 사업을 하기 위해 땅을 개간하고 준비하는 모습이다.

이 카드가 나왔다면 준비가 어느 정도 된 듯하니 시작해도 좋을 듯하다.

일이든 사랑이든 무엇이든 실행해 가는 데는 여러 어려움이 따르지만, 그것을 두려워한다면 아무것도 이룰 수 없을 것이다.

또한 이 카드는 펜터클의 기사는 매우 현실적인 카드로, 평범하고 일상적인 부분에 충실하라는 의미도 담고 있다.

작은 것에 정성을 기울이면 큰 것을 이룰 수 있는 법이기도 하다.

애정운에서 이 카드는 안정적인 만남을 의미한다. 큰 어려움 없이 편안하게 만날 수 있는 카드이기도 하다. 또 둘 중에 누군가가 새로운 사업이나 직장에 들어갔을 가능성이 있고, 그런 이유로 그 쪽에 더 신경을 쓰는 모습이기도 하다.

또한 이 사람은 외모보다는 경제적인 상황을 더 고려해서 만나는 사람이다.

싱글이라면 지금은 연애를 하기보다는 돈을 벌어야 할 때이다.

PAGE of PENTACLES

기본 의미 친절함, 조심스런, 경청하다, 차분하다, 신중하다, 돈의 소중
함을 깨닫다, 사업적 잠재력이 있는, 작은 이익, 작게 시작함, 아르바이트

계급의 성향 PAGE

시종(PAGE)은 아직은 미성숙한 사람으로서 신입사원, 인턴, 알바, 소년소녀에

비유할 수 있다. 해당원소의 기질을 가지고 있으나 아직까지 잘 다루지는 못한다. 순수하고 순진하며 감정의 기복이 심할 수 있다.

호기심이 많으며 나이가 어린 사람이거나 어린 사람처럼 행동하는 사람이다.

원소적 성향 PENTACLES

Pentacles카드는 한마디로 정리하면 돈의 사람이다. 물질적이며 현실적인 성향이 강하다.

안정적이며 모험이나 투기를 하지 않는다. 어떤 상황에서는 우선 순위는 경제적인 선택이다. 편안한 삶을 살아가기를 원한다.

연애를 하더라도 상대방의 능력을 보는 습성이 있다. 대인관계가 원만하여 사람들과 잘 어울린다.

이미지적 성향

이 카드는 물질을 나타내는 펜타클과 미성숙된 소년의 만남이다. 다른 원소들보다 땅의 모습이 아름답게 묘사되어 있다. 이 모습은 펜타클 카드들의 특징인데, 펜타클은 흙으로 상징되며 현실성을 의미한다.

눈높이의 펜타클을 올려보고 있는데, 이는 그가 물질적 가치를 중요하게 생각하며, 물질적인 가치를 최우선으로 생각한다는 것이다.

이 카드는 미래의 대한 계획을 차근차근 실현해 가는 인물인데, 현실적으로 준비가 되었을 때 비로소 행동으로 옮기는 특성이 있다. 옷과 주변의 초록색으로 나타내어진 것은 초록색은 봄의 상징이라 할 수 있는데, 봄에 새싹이 자라서 견디기 힘든 여름을 지나 꽃과 열매를 피워 수확을 하듯이 무엇인가 시작되며 안정을 찾을 수 있음을 의미한다. 그러나 초록색은 안정적인 시작일 뿐이지 꽃과 열매가 아직 열리지 않은 것으로 결과를 나타내는 것은 아니다. 주변의 노란색이 미래는 밝을 수 있다는 것이기도 하다.

펜타클 카드들은 대부분 지나치게 자신의 이익만을 추구하는 사람으로서 다소 답답하고 재미가 없을 수도 있다.

애운에 이 카드가 나왔다면 연애를 하더라도 돈을 중요하게 생각하고 있으며, 애정보다 돈에 관심이 더 많다는 것을 나타낸다.

긍정적으로는 이제 막 사랑을 시작했으며, 앞으로 안정적으로 만날 수 있음을 의미한다.

KING of SWORDS

기본 의미 신경이 예민한, 고집이 센 사람, 단호함, 생각이 많은, 통찰력, 독단적, 엄격한 사람, 현명함, 위험한, 리더쉽이 강한, 자존심이 강한, 논리적인, 치밀한

계급의 성향 KING

왕은 자신의 분야에서 최고의 자리에 올라있는 사람으로서 CEO, 사장, 대표,

각 기관의 장, 아버지에 해당된다. 해당 원소의 특성이 가장 강한 사람이다.

리더십, 카리스마가 있으며, 단점으로는 이기적인 면이 있다. 권위적이고 보수적인 성향이 있으며, 자존심이 강하고 고집도 세다.

나이가 많거나 많지 않더라도 많은 사람처럼 행동하려고 한다.

원소적 성향 SWORDS

SWORDS카드는 한마디로 칼 같은 사람이라 생각하면 된다.

매사에 생각이 많은 타입으로 좋게 발전되면 신중한 사람이 되고, 부정적으로 발전되면 쉽게 생각하고 쉽게 판단하는 사람이 된다.

냉철하고 맺고 끊음이 확실하다. 예민한 타입에 원리원칙 주의자이며, 이해타산적이다. 차갑게 보이지만 잘생긴 외모의 사람들이 많다. 계산적이며 손해보는 행동은 하지 않는다.

이미지적 성향

카드 속의 왕이 한 손에 검을 쥐고 옥좌에 앉아 있는 모습은 카리스마가 넘쳐 보인다.

소드는 생각을 나타낸다. 생각할 일이 생겼다는 것은 고민거리가 생겼다고 볼 수 있기 때문에 소드카드는 대부분 부정적으로 나타난다.

이 카드는 냉정하고 냉철한 사람이지만, 칼이 똑바로 선 것이 아니라 비스듬히 세워져 있는 것은 그가 아직 자신의 생각에 확신이 서지 않았다는 것이고, 한편으로는 그가 정확한 판단이 아닌 그의 맘대로 칼을 휘두를 수 있다는 것을 의미한다.

팔걸이가 없으며, 이는 언제든지 칼을 사용할 수 있다는 것을 의미한다.

저 멀리 보이는 새는 공기의 특성으로 생각을 나타내며, 새가 2마리인 것은 아직 왕의 지성이 하나로 통합되지 않았다는 것을 나타낸다.

코트카드의 소드 카드에는 모두 구름이 나온다. 구름 역시 생각을 나타내며, 구름이 두 부분으로 나뉘어져 있다는 것 또한 생각이 둘이라는 것이다. 또 모양을 갖추고 있지 않아 변화가 심하다. 이것은 지금의 생각과 판단으로 인하여 상황이 변할 수 있음을 의미한다.

또한 나비는 알 → 애벌레 → 번데기 → 나비로 변화하는데, 나비그림이 머리 위에 있다는 것은 아직 생각이 변할 수 있는 가능성이 있다는 것을 의미한다.

정면을 주시하고 있다. 이것은 상대방의 이야기를 들어보고 판단하겠다는 것이다.

푸른 옷은 이 사람이 강력한 의지를 가지고 있으며, 냉철하며 자립심 그리고 책임감과 의지가 강하다는 것이다.

어떤 상황에서 이 카드가 나왔다면 지금 깊은 고민을 하고 있고, 아직 확실한 결정을 하지 못했다는 것이다.

QUEEN of SWORDS

기본 의미 전문적인 여성, 커리어 우먼, 지적이고 자신감이 넘침, 신경이
예민함, 날카로운 생각, 판단력, 결단력이 있는, 논리적인, 의심많은, 냉정한

계급의 성향 QUEEN

여왕은 왕을 보좌하는 역할 또는 왕을 대신하는 인물로서 부사장, 감독관, 관리

자, 부기관장, 어머니 등에 해당된다.

왕처럼 해당원소의 성향이 강하게 나타난다. 여성적인 면이 존재하며 왕에 비해서 수용적인 모습이 있다. 리더십과 포용력이 있으며 모성애적인 성향도 있다.

나이가 약간 많은 사람이거나 그렇게 행동하려는 사람이다.

원소적 성향 SWORDS

SWORDS카드는 한마디로 칼 같은 사람이라 생각하면 된다.

매사에 생각이 많은 타입으로 좋게 발전되면 신중한 사람이 되고, 부정적으로 발전되면 쉽게 생각하고 쉽게 판단하는 사람이 된다. 냉철하고 맺고 끊음이 확실하다. 예민한 타입에 원리원칙 주의자이며 이해타산적이다.

차갑게 보이지만 잘생긴 외모의 사람들이 많다. 계산적이며 손해보는 행동은 하지 않는다.

이미지적 성향

소드는 이성을 상징하며, 바람을 가르는 칼처럼 결단력을 의미한다.

소드 카드는 여왕의 소드가 똑바로 서있는 것으로 보아 왕 카드보다 여왕의 카드가 더 단호하고 강력해 보인다.

사람들과의 관계에 있어서 갈등을 나타내거나 목적을 성취하기 위한 투쟁을 의미하기도 한다. 또는 옳고 그름을 가릴 수 있는 냉철한 판단력과 지혜를 의미하기도 한다.

옆으로 돌아앉아 있는 모습이 다른 사람의 이야기는 듣지 않겠다는 것이다.

왕관의 나비는 이 사람이 추구하는 것이 완전한 것이라는 것이고, 아기천사 이미지는 이 여자가 지켜야 하는 것을 나타내며, 자신이 이룩한 것을 지키기 위해 아주 단호한 생각을 가지고 있나는 것이다.

저 멀리 새가 한 마리이다. 앞서 KING of SWORDS에서는 새가 두 마리 였다. 새가 두 마리는 생각이 둘로 나뉘어져 있다는 것이었고, 한 마리라는 것은 생각이 하나로 통일되어 있다는 것이다. 이는 이 사람은 자신만의 확고한 생각을 가지고 있고, 이미 결정을 내린 상태라는 것이다.

구름이 하늘 아래에 하나로 모여 있는 것은 이 사람이 변할 수 있는 상황들조차 컨트롤하고 지배할 수 있다는 것을 의미한다.

한 손은 검에 한 손은 앞으로 향하고 있는데, 자신과 뜻을 같이 하는 사람들만이 같이 할 수 있다는 것을 의미한다.

손목의 팔찌가 나와 생각을 같이 한다면 선물을 주겠다는 의미로 볼 수 있다. 하지만 그렇지 않다면 칼로 과감하게 잘라버리겠다는 의미이다.

왼쪽 한쪽 발만 나와 있다는 것은 감성적인 사람이 아닌 이성적인 사람이고, 자신을 위협하는 것이 있다면 언제든지 싸울 비가 되어 있다는 것이다.

이 카드는 홀로 아이를 키워야 하는 이혼녀나 과부와 연관되어 나오는 경우도 많다. 그러나 이 사람은 결코 나약하지 않다. 웬만한 남자들보다 강력하고 냉철하며, 자신이 소중하다고 생각하는 것을 뺏으려 하는 사람들에게는 그 누구보다 잔인한 사람이 될 수 있다.

이 카드는 냉정하게 판단할 문제가 있을 때 이 카드가 나온다. 이미 이 사람은 그 문제에 대해 확고한 결론을 내린 상태이다.

KNIGHT of SWORDS

KNIGHT of SWORDS .

기본 의미 패기 넘치는, 성미가 급한, 용맹무쌍한, 야망이 있는, 매우 민 첩하고 빠른, 조급한, 시작은 있어도 끝이 없는, 경솔함, 충동적

계급의 성향 KNIGHT

기사는 왕성한 활동력을 기반으로 하는 대리급, 실무자, 청년층에 해당된다고

할 수 있다.

움직임과 변화가 많으며 과감하다.

원소를 어느 정도 잘 다루는 편이고, 행동력과 추진력이 있지만 서투른 면도 있다. 융통성도 있으며, 과감하고 파급력도 있다.

나이가 비슷한 연배의 사람이거나 나이,차이가 있더라도 친구 같은 사람이다.

원소적 성향 SWORDS

SWORDS카드는 한마디로 칼 같은 사람이라 생각하면 된다.

매사에 생각이 많은 타입으로 좋게 발전되면 신중한 사람이 되고, 부정적으로 발전되면 쉽게 생각하고 쉽게 판단하는 사람이 된다.

냉철하고 맺고 끊음이 확실하다. 예민한 타입에 원리원칙주의자이며, 이해타산적이다. 차갑게 보이지만. 잘생긴 외모의 사람들이 많다.

계산적이며 손해보는 행동은 하지 않는다.

이미지적 성향

이 카드는 이성적인 사고를 나타내는 검과 행동력의 기사의 만남이다. 다른 기사 카드들에 비해 말이 상당히 빠르게 달리고 있다.

이 카드는 성미가 급하고 행동지향적인 사람을 나타낸다. 검은 행동이 아니라 사고와 생각이기 때문에 급하게 하고 싶은 마음이라고 할 수 있다. 이렇게 전속력으로 달려가는 것은 그가 대담하며 다소 경솔하다는 것을 의미한다.

말이 앞 모습은 있지만 뒤가 없고, 칼이 중간에 잘려 있다는 것은 시작은 있지만 끝이 없다는 의미로, 마음은 매우 빠르게 움직이지만 지속적인 관계를 이어나가지 못하며, 한 곳에 머물기가 어려운 기질이라는 것을 의미한다.

성급하고 참을성이 부족하여 좌절도 쉽게 하고, 포기도 쉽게 할 수 있다.

마스크를 내리지 않은 투구나 검을 든 손에 장갑을 끼고 있지 않다는 것은 아직 준비가 덜 된 상황에서 시작하려 한다는 것을 의미하고, 사소한 것에서 실수를 할 수 있다는 것을 의미한다. 그러므로 이 카드가 등장했다면 한번 더 심사숙고 하고 철저한 계획을 세울 필요가 있다는 것이다.

저 멀리 새가 보이는데 질서 정연하게 움직이는 것이 아니라 제각기 다르게 움직이는 것은, 기사의 생각이 통일되지 않은 뒤죽박죽 얽혀있다는 것을 의미한다.

자신의 가치를 지켜야 할 상황에 처했을 때 주로 이 카드가 나오며, 사람 사이의 갈등이라면 감정이 아닌 이성적으로 해결해야 할 것이다.

이 카드가 등장했다는 것은 지금 급히 서리해야 할 일이 있다는 것을 알려주고 있으며, 조급한 마음에 성급하게 행동하려 한다는 것이다. 또한 어떠한 일이 빨리 진행된다는 것을 의미하기도 한다.

연애 운이라면 깊은 관계로 빨리 발전하고 싶은 것이다.

PAGE of SWORDS

PAGE of SWORDS.

기본 의미 어리숙한, 생각이 갈팡질팡 하는, 민첩한, 준비 부족, 경계심,
날카로움, 생각이 많은, 신경이 예민한, 젊은 지성

계급의 성향 PAGE

시종(PAGE)은 아직은 미성숙한 사람으로서 신입사원, 인턴, 알바, 소년소녀에

267

비유할 수 있다.

해당원소의 기질을 가지고 있으나 아직까지 잘 다루지는 못한다.

순수하고 순진하며 감정의 기복이 심할 수 있다.

호기심이 많으며, 나이가 어린 사람이거나 어린 사람처럼 행동하는 사람이다.

원소적 성향 SWORDS

SWORDS카드는 한마디로 칼 같은 사람이라 생각하면 된다. 매사에 생각이 많은 타입으로 좋게 발전되면 신중한 사람이 되고, 부정적으로 발전되면 쉽게 생각하고 쉽게 판단하는 사람이 된다.

냉철하고 맺고 끊음이 확실하다. 예민한 타입에 원리원칙주의자이며, 이해타산적이다. 차갑게 보이지만, 잘생긴 외모의 사람들이 많다.

계산적이며 손해보는 행동은 하지 않는다.

이미지적 성향

이 키드는 생각을 나타내는 칼과 미성숙 된 소년의 만남이다.

다른 카드들과 달리 자신의 원소인 칼을 쳐다보지 않고 있다. 아직 칼의 사용법을 잘 모르는 듯하다.

다른 방향을 보고 있다는 것은 자신의 지식에 대한 믿음이 부족하다는 것을 의미하며, 눈이 높은 곳을 응시하는 것은 이상이 높다는 것을 의미한다.

칼이 다른 카드들에 비해 짧게 잘려 있다. 짧은 만큼 생각도 짧다는 것이다. 저 멀리 새가 많다는 것은 앞으로 가야할 길이 멀다는 것을 의미하며, 아직 이 소년의 생각이 정립되지 않았다는 것을 의미한다.

아직 완성되지 않은 지식으로 인해 생각이 안정적이지 않고 왔다갔다 변덕을 부린다고 할 수 있다.

그의 모습이 조금 위험에 보인다. 자칫 잘못 했다가는 칼에 다칠 수도 있다. 서 있는 곳도 평평한 곳이 아닌 굴곡진 땅 위에 있어 넘어 질수도 있다.

지금 이 소년의 생각이 위험할 수 있다는 것이기도 하다. 또 한편으로는 지금의 상황이 좋지 않다는 것을 의미한다. 그의 간소한 옷차림과 바람에 날리는 머리카락은 민첩함과 날렵함을 의미한다. 이것은 이 사람의 유연함과 유동성을 나타내며, 약삭빠른 모습이 될 수도 있다.

이 사람은 경계심이 많은 사람이며, 윗사람의 눈치를 보며 간에 붙었다 쓸개에 붙었다 하는 모습 같기도 하나.

이 카드가 등장했다면 지금의 상황에 대하여 어떻게 해야 하는지 갈피를 잡지 못하고 갈팡질팡하고 있으며, 자신만의 착각에 빠져 있다는 것이다.

확인되지 않은 일로 이생각 저생각 하다보니 오해를 할 수도 있고, 고민만 하다가 시기를 놓칠 수도 있다.

서두르지 말고 편안한 마음으로 생각을 정리해야 할 듯하다.

KING of CUPS

KING of CUPS.

기본 의미 감성의 통제, 자신만의 감정, 이기적인, 부조화, 성공한, 창의
적인, 책임감이 있는, 평화적인, 감성적인

계급의 성향 KING

왕은 자신의 분야에서 최고의 자리에 올라있는 사람으로서 CEO, 사장, 대표,

각 기관의 장, 아버지에 해당된다. 해당 원소의 특성이 가장 강한 사람이다.

리더십, 카리스마가 있으며, 단점으로는 이기적인 면이 있다.

권위적이고 보수적인 성향이 있으며, 자존심이 강하고 고집도 세다.

나이가 많거나 많지 않더라도 많은 사람처럼 행동하려고 한다.

원소적 성향 CUPS

Cups카드의 성향은 한 마디로 물 같은 사람이라 할 수 있다.

물은 타로에서 현실이 아닌 이상의 세계 감성의 세계이다.

이성보다는 감성적으로 발달된 사람이다.

관용적이며 부드러운 사람이다.

성도 많고 이해심도 많으며, 김수성이 풍부하다.

자신의 감정에 솔직하고, 때에 따라 감정의 기복이 있다.

포용력이 있지만, 우유부단한 면도 있다.

이미지적 성향

이 카드는 감성적인 컵과 강력한 왕의 만남이다.

이 카드는 물의 속성과 매우 깊은 관련이 있다.

컵의 왕은, 카리스마와 깊은 감성 그리고 창의력을 겸비한 사람이다.

물 한가운데 홀로 있다.

물은 현실이 아닌 이상의 세계로 자신의 감정에 빠져있는 모습이다.

물이 출렁이고 있다. 이것은 주변 환경은 좋지 않다는 것이다.

그렇지만 이 왕의 표정은 도도해 보인다. 그런 환경에 별로 신경을 쓰지 않는 타입이거나 현실적인 판단을 잘 못하는 사람일수도 있다.

본인은 괜찮을 것이라는 착각에 빠져있다고 볼 수도 있다.

물고기 목걸이를 하고 있다. 물고기자리라고 할 수 있는데, 물고기자리는 타고난 로맨티스트로 굴러가는 돌을 보고도 자기들만의 느낌을 창조할 수 있는 사람으로서 자기만의 세계가 확실하다. 이들은 취향에 있어 자신만의 분명한 세계가 있다.

현실세계와 동떨어진 사람으로 고집도 세고, 자기 세계가 강하기 때문에 소통이 힘들 수 있고, 원하는 이상의 세계를 현실로 이루는 것에는 힘든 부분이 있다. 그러나 사람들과 다른 관점에서 사물을 바라볼 수 있고, 창의성이 풍부하기 때문에 관련 분야에서 성공할 수 있는 능력이 있다.

감정과 정서를 다스리는 능력이 최고인 사람이니 몸이 의미하는 예감 분야에서 성공한 사람이나 감정과 정서가 풍부하게 발달한 사람을 의미하기도 한다.

좋고 싫음이 얼굴에 고스란히 나타나는 사람으로 솔직한 면이 있다.

이 키드기 나왔다면 현실에 상관없이 긍정적으로 생각하고 있으며, 될 것이라 믿지만 현실적으로 판단할 필요가 있어 보인다.

묘한 매력이 있는 사람으로, 창의적으로 만남을 리드할 수도 있다.

QUEEN of CUPS

기본 의미 교양 있는,자신의 감정에 취해 있는, 스스로 만족하는,따뜻한 마음,정직한 여인, 애정 있는, 지혜로운, 창조력, 상상력

계급의 성향 QUEEN

여왕은 왕을 보좌하는 역할 또는 왕을 대신하는 인물로서 부사장, 감독관, 관리

자, 부기관장, 어머니 등에 해당된다.

왕처럼 해당원소의 성향이 강하게 나타난다.

여성적인 면이 존재하며 왕에 비해서 수용적인 모습이 있다.

리더십과 포용력이 있으며, 모성애적인 성향도 있다.

나이가 약간 많은 사람이거나 그렇게 행동하려는 사람이다.

원소적 성향 CUPS

Cups카드의 성향은 한 마디로 물 같은 사람이라 할 수 있다.

물은 타로에서 현실이 아닌 이상의 세계 감성의 세계이다.

이성보다는 감성적으로 발달된 사람이다.

관용적이며 부드러운 사람이다.

정도 많고 이해심도 많으며, 감수성이 풍부하다

자신의 감정에 솔직하고, 때에 따라 감정의 기복이 있다.

포용력이 있지만, 우유부단한 면도 있다.

이미지적 성향

감성적이며 감수성의 여왕이라고 할 수 있다.

깊은 모성애로 자신을 사랑하는 사람들을 보살피고 헌신하는 모습이라고 할 수 있으며, 현모양처라 할 수도 있다.

컵이 닫혀 있는데, 이는 이 여왕이 자신의 감정을 드러내지 않으며 보호한다는 의미로, 소중하게 생각하고 있다는 것이다.

또 한편으로는 사랑하는 사람들을 위해 자신의 감정은 살짝 희생하는 모습이기도 하다. 화려한 컵은 그녀가 이러한 화려한 재능을 지녔음을 의미한다.

한편으로 그녀는 묘한 매력을 지난 사람이라고 할 수 있다. 그러나 표정이 그리 밝아 보이지는 않는다. 지금의 상황이 좋지는 않다는 것이다.

물과 육지의 경계선상에 서 있다. 그녀가 자신의 꿈과 재능을 이 세상에서 구체적으로 실현하고 있다는 것을 의미한다. 그러나 발 아래로 자갈들이 있다. 그녀의 환경이 고르지 못하다는 것으로, 그녀가 소중하게 생각하는 이상을 현실로 이루는 데는 다소 어려움이 있을 수 있다. 그러나 컵의 왕보다는 현실적인 면이 강하기 때문에 더 나은 환경이라 할 수 있다.

점성학으로는 게자리를 나타내며, 게자리는 달의 지배를 받으며 가장 여성스럽고 음하며 수용적이다. 이런 게자리는 컵 퀸의 모습과 너무도 닮아 있다.

이 카드가 등장했다면 자칫 예민하거나 비밀스럽게 보이고, 그녀가 소중하게 생각하는 것을 자신의 가슴에 묻고 있으며, 현실적으로 이루기에 쉽지는 않다는 것이다. 하지만 컵의 왕에 비해서는 현실 위에 있기에 그 이상을 이룰 가능성이 있다.

그 이상을 이루기 위해서는 혼자서 고민하기보다는 내 생각을 다른 사람들과 공유하고 도움을 받아 보는 것도 좋아 보인다.

KNIGHT of CUPS

기본 의미 도착, 초대, 새로운 기회, 제안, 청혼, 정보 전달, 로맨틱한 프로포즈, 점점 좋아진다, 정보를 전달하는, 부드러운, 기회가 오는

계급의 성향 KNIGHT

기사는 왕성한 활동력을 기반으로 하는 대리급, 실무자, 청년층에 해당된다고

할 수 있다. 움직임과 변화가 많으며 과감하다.

원소를 어느 정도 잘 다루는 편이고, 행동력과 추진력이 있지만 서투른 면도 있다. 융통성도 있으며, 과감하고 파급력도 있다.

나이가 비슷한 연배의 사람이거나 나이 차이가 있더라도 친구 같은 사람이다.

원소적 성향 CUPS

Cups카드의 성향은 한 마디로 물 같은 사람이라 할 수 있다.

물은 타로에서 현실이 아닌 이상의 세계, 감성의 세계이다. 이성보다는 감성적으로 발달된 사람이다.

관용적이며 부드러운 사람이다.

정도 많고 이해심도 많으며, 감수성이 풍부하다.

자신의 감정에 솔직하고, 때에 따라 감정의 기복이 있다.

포용력이 있지만, 우유부단한 면도 있다.

이미지적 성향

이 카드는 감성적인 컵과 행동력의 기사의 만남이다.

깃털이 달린 모자와 신발은 전령의 신 헤르메스를 상징한다.

이것은 청혼, 도전, 접근, 기회, 제안, 소식, 정보를 전달하거나 거래의 제의를 의미한다. 흰 말을 타고 정중하게 컵을 들고 가는 모습은 상대에게 무언가를 제안하거나 협상, 타협을 통해 상대를 설득하려는 의도를 짐작할 수 있게 한다.

마음을 다해 제안을 하는 것이며, 상대도 만족할거라는 기대감에 차 있다.

말이 발밑을 보며 한발 한발 걷고 있는데, 이처럼 신중하게 행동하는 것을 나타 낸다.

또한 애정이든 사업이든 한 번에 좋아지는 것이 아니라 말이 한발 한발 움직이 듯이 서서히 좋아지고 있다는 의미이기도 하다.

이 사람은 매우 로맨틱한 사람으로서 인물도 좋아 보인다.

만화 속에 등장하는 백마 탄 왕자를 연상시킨다고 할 수 있다.

말을 탄 모습이 편안해 보이기도 하고 당당해 보이기도 한다.

점성학으로는 휘장에 있는 물고기로 보아 물고기자리임을 알 수 있다.

물고기자리는 감수성과 영감이 뛰어나며 정서적인 교류와 교감을 잘 하는데, 카드의 모습과 일치한다.

조용히 산책을 즐기는 낭만적인 사람처럼 보이기도 한다.

이 카드가 등장했다면 기다리던 소식이 오는 것이다. 그리고 신중하게 일을 처 리하고 있음을 나타낸다.

연애운에서는 백마 탄 왕자가 꽃을 들고 가는 모습처럼 보이는데, 연애운에서 주로 프로포즈를 받거나 누군가가 로맨틱하게 다가올 수 있음을 의미한다.

두 사람은 만나면 만날수록 점점 더 좋아지는 관계이기도 하다.

PAGE of CUPS

기본 의미 새로운 시작, 미성숙 된, 감성이 여린, 하나에 집착하는, 예술적 감각이 있는, 영감이 뛰어난, 관심 있음, 상상력과 창의력

계급의 성향 PAGE

시종(PAGE)은 아직은 미성숙한 사람으로서 신입사원, 인턴, 알바, 소년소녀에

비유할 수 있다.

해당원소의 기질을 가지고 있으나 아직까지 잘 다루지는 못한다.

순수하고 순진하며, 감정의 기복이 심할 수 있다.

호기심이 많으며, 나이가 어린 사람이거나 어린 사람처럼 행동하는 사람이다.

원소적 성향 CUPS

Cups카드의 성향은 한 마디로 물 같은 사람이라 할 수 있다.

물은 타로에서 현실이 아닌 이상의 세계, 감성의 세계이다.

이성보다는 감성적으로 발달된 사람이다.

관용적이며 부드러운 사람이다.

정도 많고 이해심도 많으며, 감수성이 풍부하다.

자신의 감정에 솔직하고, 때에 따라 감정의 기복이 있다.

포용력이 있지만, 우유부단한 면도 있다.

이미지적 성향

이 카드는 감성적인 컵과 미성숙 된 소년의 만남이다.

한 손으로 물고기가 담긴 컵을 잡고서 바라보고 있다.

컵은 이 소년의 내면에 잠재되어 있는 감성을 나타내고, 컵 속의 물고기는 물의
상징성을 가지며, 무의식 속의 본질적인 자아를 나타낸다. 이것은 즉 이 소년은
이해타산적이고 계산적이거나 하지 않으며, 순수한 본질적인 내면으로부터 관심
있어 한다는 것이다.

다시 말해서 스스로가 진정으로 무엇을 하고 싶은지, 진정으로 무엇을 원하는지 깨달았다고 할 수 있다.

자심의 감성적인 느낌을 소중히 생각하는 사람이며, 무언가 하나에 빠지면 다른 것은 쳐다 보지 못하고 집착하는 성향이 있을 수 있다.

물고기를 호기심에 가득 찬 눈빛으로 바라보고 있다.

자신의 내면에 존재하는 이런 감정을 즐기며, 미래에 어떻게 될지 궁금해 하고 있다. 그러나 뒤쪽의 물이 출렁이는 모습으로 보아서는 이 친구가 원하는 무의식 속의 그것이 결코 쉽게 얻을 수 없다는 것을 의미한다.

하고 싶은 관심은 있지만, 적극적으로 행동으로 옮기지는 못한다.

그의 모자나 옷차림은 그의 예술적인 감성을 나타내며, 푸른색은 물과 연관이 있는데, 이는 무의식 세계의 지배를 받고 있음을 나타낸다. 또한 자유로운 영혼을 지녔다고 할 수 있다.

팔다리는 분홍색의 옷을 입고 있다. 이 사람이 로맨틱한 사람이기도 하고, 또는 아직 보호가 필요한 사람이라는 것을 의미한다.

이 카드가 등장했다면 자신의 내면에 예전부터 하고 싶은 무엇이 있다는 것이고, 연애운에서는 짝사랑을 할 때 자주 등장한다.

어떠한 경우에는 준비가 안 된 상태에서 임신이 될 수도 있으니, 주의할 필요도 있어 보인다.

Suit Card

수트카드

수트카드는 마이너 카드 중 네가지 원소인 '완즈, 컵, 소드, 펜타클'을 각 원소별로 ACE 카드부터 10번 카드까지 총 40장으로 구성되어 있다.

어떤 이들은 메이저 카드만을 중요하게 생각하고 수트카드는 중요하지 않다고 하는데, 절대 그렇지 않다.

수트카드는 메이저 카드보다 단순하지만, 오히려 명확한 답변을 알려주기 때문에 예측하는 데 있어서 반드시 제대로 숙지하고 활용할 필요가 있다.

수트카드를 공부하는 데 있어 필요한 것 역시 키워드를 외우는 것이 아니라 이미지를 이해하는데 중점을 두어야 한다.

ACE of WANDS

:eye: **키워드   시작하려는 강한 마음, 창조력, 출발**

손이 Wands를 감싸 잡고 있고, Wands에는 새싹이 자라나고 있다.

Wands는 마음을 나타낸다. Wands에 자라나는 새싹은 긴긴 겨울을 이겨내고 솟아나오는 새싹처럼 강인한 에너지를 나타낸다. 이것은 열정, 정열, 뜨거운 마음이라 할 수 있다.

손을 옆으로 잡고 있는 것은 강한 의지를 나타낸다. 엄지가 위로 향한 것은 지금의 이 마음을 존중하며 소중하게 생각한다는 것이다.

그 아래에는 저 멀리 성도 세워져 있고 나무도 자라고 있다. 이 손에 쥔 Wands를 가지고 성도 세우고 나무도 무럭무럭 자라게 만들겠다는 의지가 담겨 있다.

이 Wands를 어떻게 운용하는지에 따라 충분히 가능성이 있다.

그러나 쉽게 뜨거워지는 만큼 쉽게 식을 수도 있기 때문에 이 Wands를 어떻게 키워나갈지에 대해서는 충분히 고민하고 계획을 잘 세워야 한다.

카드의 해석

강한 마음으로 무엇(일, 연애, 사업 등등)을 시작하려고 한다.

하고자 하는 의욕이 강하고 에너지가 넘친다.

결과를 나타내는 자리에 나왔다면 새로운 일, 기운이 시작되는 것이니, YES라고 할 수 있다.

TWO of WANDS

👁 **키워드 갈등, 양면성, 야망, 일에 대한 관심**

성위에 서 있는 남자가 있다.

양 옆으로 Wands가 세워져 있고, 한 남자가 한 손은 Wands를, 한 손에는 지구본을 들고 저 멀리 앞을 내다보고 있다.

지구본을 들고 저 멀리 내다본다는 것은 이 남자의 야망을 나타낸다.

저 넓은 세상으로 진출하고 싶은 야망을 나타낸다.

지금 이 남자에게는 무엇보다는 일에 대한 야망이 중요한 것 같다.

이 남자의 야망은 크지만, 서둘러 나가려 하지 않는다.

어떻게 나가야 하는지에 대하여 충분히 고민하고 있는 듯하다.

앞쪽의 하얀색 배경은 이 사람이 나아가고자 하는 세계가 하얀 도화지처럼 아직 아무 그림도 그려지지 않은 세상으로써 어떻게 그림을 완성할지는 이 남자의 노력에 달려 있다.

이 남자가 입고 있는 주황색의 옷은 욕망, 야망, 자신감 등을 나타낸다.

카드의 해석

일에 대한 야망이 크고 그쪽에 신경을 쓰고 있다.

사업 확장이나 새로운 사업을 구상하고 있다. 이 사람의 관심은 오로지 일에 있다.

연애운 같은 경우에는 나를 바라보지 않고 돌아서 있기 때문에 나보다는 일에 더 관심이 있다고 할 수 있다. 일이나 사랑이냐 고민하고 있다.

THREE of WANDS

👁 **키워드 큰 야망, 세 가지 갈등, 확립된 힘, 교역**

한 남자가 들판 위에 올라서 있다.

세 개의 Wands가 세워져 있고, 이 남자가 하나의 Wands를 잡고 있다.

남자는 저 멀리 세상을 바라보고 있다.

Wands 2번 카드에서 성 위에서 바라만 보던 남자가 들판으로 나왔다는 것은 2번에서 품고 있던 야망이 어느 정도 실현되었다는 것이다. 그러나 남자가 서 있는 땅이 울퉁불퉁 한 것으로 보아서는 아직 확실하게 자리 잡았다고는 할 수 없다.

앞에는 노란색 바다가 하늘은 노란색 하늘입니다. 노란색은 풍요의 상징이기도 하고, 미래에 대한 희망과 기대감의 컬러로써 2번에서의 하얀 도화지가 노란색으로 밝게 칠해져 가고 있다는 것이다.

그러나 이 남자는 여기서 멈출 생각이 없다. 더 커다란 야망을 품고 더 넓은 세상으로 진출하고 싶어한다.

남자의 주황색 옷은 야망을, 체크무늬 띠는 세상을, 녹색의 망토는 성장을 의미한다.

❈ 카드의 해석 ❈

야망 또는 눈높이가 높다. 일이 어느 정도 진척되고 있다.

하는 일을 더 성장 시키고 싶다.

다른 마음들은 잠시 접어두고 지금은 나의 성장에 집중하고 있다.

연애운에서 이 카드가 나왔다면 지금은 연애에 대한 마음보다는 일에 관심이 많다.

눈높이가 높아 웬만한 사람에게는 만족할 줄 모른다.

FOUR of WANDS

🔮 **키워드** 행복, 축복, 결혼, 좋은 결과, 풍요로움

네 개의 Wands가 세워져 있고, 그 위에는 화환이 걸려 있다.

그 뒤로 두 남녀가 만세를 부르듯이 손을 들고 있고, 그 뒤로는 커다란 성이 세

워져 있다.

네 개의 Wands는 완성을 나타낸다.

Wands 위에 화환은 축하의 의미를 담고 있다.

경사로운 일이나 축하 받을 일이 있는 것 같다.

두 남녀가 결혼을 하고, 멋진 집으로 이사를 가는 것처럼 보이기도 한다.

봄, 여름, 가을, 겨울의 한 사이클이 지난 것처럼 첫 단계의 완성을 의미한다.

여기서 만족하지 말고 다음 단계를 준비하고 실천해 나가면 좋을 듯하다.

주변의 노란색 배경이 이 남녀의 미래가 밝다는 것을 알려주는 듯하다.

❖ 카드의 해석 ❖

결혼이나 입학된 큐오ㄷ위 이세지면 ㅁ사스긴 실비 있나.

그동안 추진했던 일이 좋게 마무리된다.

연애운에서는 결혼을 암시하기도 한다.

가화만사성의 카드로 화목한 가정을 의미하고, 직장에서의 인간관계도 좋다.

FIVE of WANDS

키워드 다툼, 분열, 경쟁, 마음의 갈등,

들판에서 다섯 명의 사람들이 각자 Wands를 잡고 다투는 듯하다.

현실에서의 다툼 경쟁이 될 수도 있고, Wands는 마음을 나타내기에 마음 속의

갈등을 나타내기도 한다.

이 사람들은 모두 똑같은 조건으로 똑같은 선상에 서 있다.

울퉁불퉁한 바닥은 척박한 환경을 나타내고, 파란색 배경은 이겨내고자 하는 의지를 나타낸다.

그러나 여느 아이들이 놀이터에서 노는 것처럼 큰 싸움은 아닌 듯하다.

산다는 것 자체가 무한경쟁의 연속이다.

실제 겪고 있는 당사자에게는 힘든 시간이겠지만, 동일 선상에 서 있기 때문에 노력 여하에 따라 충분히 이겨낼 수 있다.

❖ 카드의 해석 ❖

다툼이나 분쟁에 있다.

동일한 선상에서 경쟁하고 있다.

마음의 갈등을 하고 있다.

이겨내고자 하는 의지가 있고 책임감도 있다.

노력만 한다면 경쟁에서 충분히 이길 수 있다.

연애운에서는 남녀간의 자존심 싸움을 나타내기도 한다.

SIX of WANDS

🔮 **키워드** 승리자, 개선장군, 경쟁에서 이김, 좋은 결과, 이기려는 마음, 의기양양

전장에 나가 싸움에서 승리하고, 사람들의 환호를 받으며 돌아오는 개선장군의 모습을 나타낸다.

Wands 5번 카드의 동일 선상에서의 경쟁에서 이긴 듯하다.

경쟁에서 승리를 하였으니 보상을 받게 된다.

들고 있는 Wands에 화관이 걸려 있다.

화관은 명예나 지위를 나타내는데, 다른 사람의 희생으로 인해 이 승리를 거두었다. 다른 표현으로는 나는 명예를 얻었지만, 나로 인해 다른 누군가는 지위나 명예를 잃었다.

들고 있는 Wands의 화관에는 뱀이 묶여 있다.

나로 인해 희생당한 사람들은 언제든지 나를 물 수 있기에 방심해선 안된다.

또 나를 위해 희생한 사람들을 무시하고 배신한다면, 그 사람들 또한 언제든지 나를 물어버릴 수 있다.

말을 녹색의 천이 감싸고 있고, 발이 보이지 않는다.

녹색은 안정적인 성장을 나타내고, 발은 역동성을 나타낸다. 여기서 안주하지 말고 더요, 디 쩐쩐해야 힌나는 미미이니.

🔷 카드의 해석 🔷

경쟁에서 이겨 원하는 결과를 얻게 되었음을 나타낸다.

나의 승리를 위해 희생한 사람들이 있다.

여기가 끝이 아니라 새로운 시작이다. 더욱 노력해 나가야 한다.

합격, 이사, 취직 등, 모든 질문에 이 카드가 결과카드라면 좋다.

연애운에서는 자존심 싸움을 나타내기도 한다.

SEVEN of WANDS

👁 **키워드** 유리한 조건에서의 경쟁, 지키려는 마음, 수성, 해결할 문제, 방
어, 이기려는 마음

다른 사람들보다 높은 위치에서 싸우고 있다.

경쟁이나 다툼을 나타내지만, 다른 사람들보다 유리한 조건이다.

5번 Wands카드의 경쟁에서 6번 Wands카드에서 승리했지만, 이제는 그 자리를 지켜야 한다.

아래에는 6개의 Wands가 있다. 아직 해결할 문제들이 많이 남아 있다는 것이다.

파란색의 배경은 정신적인 결의로써 내가 원하는 것을 얻기 위한 강한 의지와 책임감을 나타낸다.

또한 그런 의지로 하게 된다면 물 흐르듯이 자연스럽게 이루어질 수 있다는 것이기도 하다.

녹색의 옷을 입고 있고 발아래의 땅도 녹색이다. 녹색은 음과 양이 결합된 조화를 나타내고, 봄의 새싹처럼 안정적인 시작을 의미한다. 다른 사람들과 싸움보다는 대화를 할 필요가 있고, 새싹이 자라 꽃을 피우고 열매를 맺을 수 있도록 잘 키워나가야 할 것이다.

◆━━━━━━━▶ ❈ **카드의 해석** ❈ ◀━━━━━━━

경쟁에서 다른 사람들보다 유리한 조건을 가지고 있다.

좋은 조건이기 때문에 이겨낼 가능성이 높다.

원하는 것을 온전히 얻기 위해서는 아직 해결할 문제들이 남아 있다.

대립보다는 대화를 통해 해결하는 것이 좋다.

조금 좋아졌다고 자만하지 말고 끝까지 최선을 다해야 한다.

연애운에서는 자존심 싸움을 나타내기도 한다.

EIGHT of WANDS

👁 **키워드 결과가 나타난다. 완성된다. 마무리**

8개의 Wands가 땅을 향하고 있다.

이제 곧 땅에 닿으면 자리를 잡고 새싹들이 자라날 수 있다.

Wands의 길이가 다른 것은 일의 진행 속도가 차이가 남을 의미한다.

일이 상당히 빠르게 진행되고 있다.

그 동안 노력했던 일에 대한 마무리를 하게 된다.

인물이 그려져 있지 않고 Wands만이 그려져 있다.

이제 결과가 나오기까지는 내 의지와는 상관없는 듯하다.

Wands가 땅에 닿으면 새싹이 자라나듯이, 여기서 안주하지 말고 노력해서 더 크게 성장시켜 나가야 한다.

저 멀리 작은 집이 보인다. 이 Wands가 잘 자라서 수확을 하게 되면 집에 가서 편히 쉴 수 있다.

❖ 카드의 해석 ❖

일이 바쁘게 진행되고 추진하던 프로젝트가 곧 결과가 나온다.

모든 일들이 바삐 움직이는 상황으로, 펼쳐진 다른 카드들에게 긍정적인 작용을 한다.

취업을 원하는 사람은 취업을, 매매를 원하는 사람은 매매를, 합격을 원하는 사람은 합격을, 임신을 원하던 사람에게는 임신을 하게 된다.

이번 결과에 안주하지 말고 더 노력한다면, 더 풍성한 결과를 가져올 수 있다.

NINE of WANDS

👁 **키워드 심신이 지쳐 있음, 포기하지 않음, 인내, 내 것을 지킨다**

머리에 상처를 입고 붕대를 한 남성이 자신의 땅을 지키기 위해 포기하지 않고 끝까지 방어하는 모습이다.

머리의 붕대로 보아 얻은 것보다 잃은 것이 많았던, 상처뿐인 싸움이었던 것으로 보인다.

　탁한 주황색의 옷은 욕심이나 욕망을 나타낸다.

　무엇을 위해 만신창이가 되면서까지 지켜야 했을까 혹시 불필요한 싸움은 아니였는지 중요하다고 생각하고, 반드시 지켜야 한다고 생각했던 것이 내 작은 자존심을 위한 것은 아니었는지 생각해 볼 필요가 있다.

　인내심을 가지고 지키고 있지만, 더 이상 지킬 힘이 없어 보인다.

　지금 지켜려고 하는 것이 미래에 도움이 되는 것이라면 끝까지 포기하지 말아야 하겠지만, 정말 힘이 든다면, 미래가 보이지 않는다면, 포기하는 것도 좋은 방법일 수 있다.

━━━━━━━━━ ⚜ 리드미 해석 ⚜ ━━━━━━━━━

심신이 너무 지쳐 있고, 오로지 내 의지하나로 버티고 있다.

힘들고 지쳐있지만, 포기할 마음은 없어 보인다.

얼마나 더 지켜야 하는지 두렵기도 하다.

더 지킨다고 해서 미래가 좋아진다는 보장은 없기 때문에, 정말 힘이 든다면 빨리 포기 하는 것이 나을 수도 있다.

TEN of WANDS

🔮 **키워드** 업무과다, 내가 다 해야 한다는 생각, 끝까지 포기하지 않는 인내력, 고생 후에 낙이 온다

한 남자가 10개나 되는 Wands를 들고 걸어 가고 있다.

오로지 혼자서 이 많은 Wands를 들고 가야 한다.

그에게는 주위에 도움을 청할 사람도 보이지 않으며, 현재 자신이 처한 상황이 어떤지 뒤돌아볼 여유조차 없어 보인다.

저 멀리 집이 보인다.

이 Wands들을 저 집까지만 가지고 간다면 이제 편히 쉴 수 있다.

조금만 더 간다면 지금껏 고생했던 것에 대한 보상을 받을 수 있다.

이제 이 고생의 끝이 그리 멀리 남아 있지 않은 듯하다.

땅이 비옥함을 나타내는 황토색이다.

Wands 9번과 10번의 가장 큰 차이점은 저 멀리 집이 있는 것과 없는 것이다.

그것은 미래와 종착점이 있고 없고의 차이로 생각해 볼 수 있다.

🎴 카드이 해서 🎴

모든 것을 혼자 짊어지고 있다. 내가 다 해야 한다는 생각은 버려야 한다.

이제 조금만 더 고생하면 그 동안의 노력에 대한 보상을 받을 수 있고 쉴 수 있다.

합격, 매매, 승진 등 결과를 나타내는 미래 자리에 이 카드가 나왔다면, 그 동안 많은 고생을 해왔고 지금도 힘들게 노력하고 있지만, 곧 좋은 결과가 기다린다는 것이다.

연애운에서 이 카드가 나왔다면 지금은 연애에 신경 쓸 여유가 없을 정도로 바쁘고 지쳐있는 상태이지만, 이제 곧 안정을 찾게 되고 좋은 일이 있을 것이다.

ACE of PENTACLES

👁 **키워드 일의 시작, 사업의 시작, 자리 잡음, 목돈, 경제적인 안정**

Pentacles은 4원 소중에 땅의 속성을 지니고 있다.

Pentacles은 물질적, 현실적, 경제적인 특성이 있다.

손을 모으고 돈을 위로 향해 받치고 있는 것은 소중하게 생각하고 있다는 것이다.

에이스 카드는 원소 카드들 중에 가장 원소의 성향이 강한 카드이다.

손목의 구름은 생각을 나타낸다. 생각했던 일이 현실로 이루어지고 있다는 것이다.

저 멀리 화환 모양의 문이 있다.

화환은 성공을 나타낸다. 지금 시작하는 것이나 투자하는 것이 성공할 수 있다는 것이다.

풀밭에는 꽃이 피고 있다. 꽃은 결실을 나타낸다.

✦ 카드의 해석 ✦

새로운 사업이나 일을 시작한다.

목돈이 들어오거나 나갈 일이 생길 수 있다.

무엇보다 돈을 소중하게 생각하는 현실적인 사람이다.

무리하지만 않는다면 좋은 결과를 기대할 수 있다.

지금껏 해오던 일에 대한 만족할 만한 보상을 받게 되는 시점이 다가왔다.

TWO of PENTACLES

😼 **키워드** **마음의 갈등, 불안한 상태, 저울질, 투잡, 불안한 금전상태, 위태**
위태한 상황

남자가 위태로운 모습으로 두 개의 Pentacles을 가지고 저글링을 하고 있다.

저 멀리 배가 큰 파도에 위태로워 보인다. 지금의 상황이 좋지 않다.

물은 무의식을 상징한다. 지금 상상하는 것은 쉽게 가질 수 없는 것이다.

붉은색의 바지가 더 이상 행동한다면 위험할 수 있다는 붉은색의 신호등처럼 보인다.

두 개의 Pentacles을 다 가지려 한다면 위태로울 수 있다.

두 개의 Pentacles을 엮고 있는 뫼비우스의 띠가 지금처럼 두 개를 다 가지려 한다면 영원히 위태로울 수 있다는 것을 의미한다.

주황색의 긴 모자가 이 남자의 욕심이 크다는 것을 의미한다.

뫼비우스의 띠가 녹색이다. 녹색은 음과 양이 결합된 조화를 나타내는 컬러로써 두 개의 Pentacles을 하나로 만들라는 의미이기도 하다.

두 개를 다 가지려 하지 말고 하나만 가지는 것이 좋아 보인다.

그러면 지금의 상황이 끝이 날 수 있다.

⬥ **카드의 해석** ⬥

마음의 갈등을 하고 있다.

두 개의 상황이나 사람을 놓고 저울질 하고 있다.

지금 현재의 상황이 안정적이지 않다.

투잡을 한다면 하나에 집중하는 것이 지금의 위태로운 상황을 끝낼 수 있는 방법이다.

THREE of PENTACLES

👁 **키워드** **미완성, 협력, 동업, 조율, 진행중**

한 기술자가 하던 일을 잠시 멈추고 성직자 그리고 설계자와 이야기를 나누고 있다.

위에는 완성 되지 않은 Pentacles 세 개가 있다.

한참을 작업 중이지만 아직 완성이 되지는 않았다.

좀 더 나은 작업의 완성을 위해 두 사람의 이야기를 경청하고 있다.

기술자 독단적으로 하기보다는 주위 사람들과 이야기를 하고, 의견을 조율해가며 일하는 모습이다.

협동의 중요성을 알려주는 카드이다. 혼자서도 충분히 완성을 할 수 있겠지만, 더 나은 결과를 위하여 주위 사람들의 의견을 듣는 것이다.

이제 조금만 더 노력하면 당신이 원하는 결과를 얻어 낼 수 있다.

기술자의 인디고색 옷은 인내와 희생을 나타낸다.

성직자의 회색 옷은 성실함을, 설계자의 황토색 옷은 안정감과 편안함을 의미한다. 서두르지 말고 성실하게 안정적으로 마무리 할 것을 이야기하고 있다.

지금 내가 진행하고 있는 것이 최초의 생각했던 것처럼 올바르게 진행이 되고 있는지, 문제는 없는지 꼼꼼하게 살펴보고, 마지막 퍼즐을 맞추어야 할 것이다.

◀━━━━━ ❈ **카드의 해석** ❈ ━━━━━▶

열심히 노력하고 있지만, 아직 완성이 되지는 않았다.

이제 조금만 더 노력하면 원하는 결과를 얻을 수 있다.

좋은 결과를 위해서는 주위 사람들의 조언을 받는 것이 좋다.

동업이나 함께 하는 일은 괜찮다.

연애운에서 이 카드가 나왔다면 누군가의 소개로 만나게 될 수 있다.

FOUR of PENTACLES

👁 **키워드 이기적인 마음, 욕심쟁이, 구두쇠, 내 것은 잘 지킨다.**

한 남자가 두 손으로 Pentacles을 둥글게 쥐어 잡고, 두 발로 각각 Pentacles을 각각 밟고 있으며, 머리에도 Pentacles을 이고 있다.

얼굴의 표정은 어두워 보이고, 앉아 있는 의자는 팔걸이도 없이 돌로 되어 있다.

309

뒤로는 성이 잘 어우러져 있다.

주황색 옷은 욕심을, 보라색 망토는 불안함을 나타낸다.

금전적으로는 풍요로워 보이지만, 너무 지키기에 급급한 나머지 불안한 마음이다.

가진 것은 있어도 마음은 가난한 사람이다.

돈에 손발이 묶여있는 모습이라고도 할 수 있다.

돈 때문에 무엇을 할 수가 없다.

이 남자의 관심은 오로지 돈에만 관심이 있는 듯하다.

돈을 잘 지키는 것도 좋지만, 미래에 때한 투자를 하는 것도 필요해 보인다.

❖ 카드의 해석 ❖

자기 것을 지키려고 하는 마음이 강하다.

자린고비로 내 것은 잘 지킬 수 있다.

이기적인 마음이 강해 절대로 손해 보려 하지 않는다.

금전적인 손실이 예상되어 불안해하고 있다.

연애운에서라면 상대방에 대한 배려가 부족하다.

애인보다 돈이 좋은 사람으로서 돈이 애인이다.

FIVE of PENTACLES

🔅 **키워드 춥고 배고프다, 외롭다, 고독하다, 소외, 물질적인 문제, 가난한 연인**

눈이 오는 날 허름한 옷을 입은 두 남녀가 걸어가고 있다.

앞의 여자는 신발도 신지 않고 땅만 보며 걷고 있다.

무언가 크게 실패하고 신발을 챙긴 여유도 없이 나온 듯하다.

뒤에 있는 남자는 다리에 붕대를 감고 목발을 이용해 걷고 있다. 하던 일이 잘 안되어 만신창이가 되었다. 춥고 배고프고 걷는 것조차 힘겨워 보인다.

눈길에 눈 오는 배경은 지금의 상황이 좋지 못하고, 계속 진행하는 것은 힘들다는 것이다.

옆으로는 교회로 보이는 건물과 Pentacles이 그려진 창이 있다. 교회 안은 따뜻하고 노래 소리도 들리는 듯하다. 자존심이 조금 상하더라도 계속 걷는 것보다 교회에 가서 도움을 청하는 것이 좋아 보인다. 교회는 멀리 있지 않다. 주위를 돌아보면 나를 따뜻하게 안아줄 사람들이 있다.

고난 속의 기회는 멀리 있지 않다.

자신의 일과 우선시 되던 것들에 대해 돌이켜 보아야 할 때이다.

특히 인간관계에 대한 검토가 필요하다.

❖ 카드의 해석 ❖

지금의 상황이 좋지 못하다.

이대로 더 이상 진행하는 것은 불가능해 보이므로 변화가 필요하다.

자존심은 버리고 주위를 돌아보면 생각지도 않은 곳에서 기회가 올 수 있다.

좋지 않은 연애로 인해 상처를 받았고, 지금은 연애를 하기에 좋지 않은 상황이다. 지금은 일단 쉬면서 몸이나 상황을 회복하는 것이 필요하다.

SIX of PENTACLES

키워드 공정한 결과, 주고 받음, 베푼 만큼 받음, 노력한 만큼의 결과

한 남자가 한 손에는 천칭저울을 들고, 한 손으로는 동전을 나누어 주고 있다.

남자는 주황색 옷을 입고 있다.

주황색은 즐거움의 색으로써 이 남자가 즐거운 마음으로 나누어 주고 있다는 것이다.

지금의 당신이 성공하거나 행복하다면 그것들을 혼자서 즐길 것이 아니라 주위에 힘든 사람과 함께 나눈다면 더 행복해 질 것이다.

도움을 받고 있는 두 명의 남자는, 한 사람은 황토색 옷을, 한 사람은 푸른색 옷을 입고 있다. 황토색은 물질적이고, 푸른색은 정신적인 컬러로써 물질적인 보상과 정신적인 보상을 고르게 받고 있는 것이다.

내가 하는 만큼 결과가 돌아온다는 것이다.

"give and take"라는 말처럼 사랑을 받고 싶다면 먼저 사랑을 해야 하고, 도움을 받고 싶다면 먼저 베풀 수 있는 마음이 필요하다.

❖ 카드의 해석 ❖

내가 하는 노력한 만큼 결과가 돌아온다.

공평한 관계로써 좋은 인간관계를 나타낸다.

항상 나를 도와준 사람들을 기억하고 베풀어야 한다.

물질적인 보상과 정신적인 보상이 주어진다.

사랑하는 만큼 사랑을 받게 된다.

SEVEN of PENTACLES

🔮 **키워드** 갈등, 스스로의 자문, 선택, 사업 확장, 불만족스런 결과, 아쉬움

　한 농부가 지금가지 지어왔던 농작물과 새로운 농작물 사이에서 갈등을 하고 있다. 지금까지 해왔던 방식으로 해야 하나 새로운 방법으로 해야 하나 고민하고 있다.

지팡이에 두 팔을 기대어 바라보고 있다.

농부의 표정이 어둡다. 지금까지 해왔던 농사가 크게 만족스럽지는 않은 것 같다.

지팡이에는 새싹이 없다. 처음 시작했던 뜨거운 열정이 식어 있다고 할 수 있다.

농작물이 녹색으로 풍성한 듯 보이지만, 과일이 열려있지 않다. 그 동안 노력해 온 것에 비해 결과가 작다고 할 수 있다.

주황색의 옷도 현실적인 문제로 인한 고민을 의미한다.

◈ **카드의 해석** ◈

지금까지 해오던 것과 새로운 것 사이에서 갈등하고 있다.

지금까지 해왔던 일이나 사업이 만족스럽지 못하고, 그로 인해 새로운 것을 해야 하나 고민하고 있다.

사업 확장이나 업종의 변경 등을 고민하고 있다.

열정이 식어 있다. 처음 시작했을 때의 뜨거운 열정이 필요해 보인다.

지금까지 만났던 사람을 계속 만나야 하나 새로운 사람을 만나야 하나 고민하고 있다.

EIGHT of PENTACLES

:eye: **키워드 성실함, 노력, 장인 기질, 꾸준함, 점점 발전함**

한 기술자가 나무 의자에 앉아서 망치로 Pentacles을 하나씩 만들어 쌓고 있
다. 의자에 앉아서 작업을 한다는 것은 서두르지 않고 성실하게 해 나간다는 것이
며, 붉은색 바지는 열정을, 푸른색 속옷은 하고자 하는 정신력과 의지를, 고동색

조끼는 포기하지 않는 인내와 성실함을 나타낸다.

하나씩 하나씩 노력한 만큼 결과물이 나오고 있으며, 저 멀리 있는 집은 이 사람의 노력으로 미래에 가지게 될 수 있는 풍요로움을 의미한다.

지금까지 해오던 것처럼 확신을 가지고 꾸준히 노력한다면 머지않아 원하는 결과를 얻어 낼 수 있다.

성실함으로 만들어 낸 결과물은 그 어떤 것보다 뜻 깊고 값진 것이다.

◆━━━━━━━━ ※ **카드의 해석** ※ ━━━━━━━━◆

한 난계 한 단계 착순하게 발전하고 있다.

편안한 상태로 책임감 있게 처리해 나가고 있다.

노력한 만큼 보상이 주어지고 있다.

지금까지 해오던 것처럼 앞으로도 해 나간다면 좋은 결과가 기대된다.

지금은 변화보다 하던 일에 충실할 때이다.

NINE of PENTACLES

👁 **키워드 자아도취, 혼자만의 만족, 물질적 풍요, 혼자서도 잘해요**

포도송이와 Pentacles이 주렁주렁 달려 있는 것은 풍요로움을 나타낸다.

한 여인이 주황색 모자와 속옷, 금성의 기호가 그려져 있는 금색의 옷을 입고

있다. 주황색은 즐거움과 만족감을 나타내고, 금성은 미(美)의 상징으로써 자기

자신에 대해 만족하고 지금의 상황을 즐기고 있으며, 스스로를 너무나도 사랑하는 사람이다.

한 손에는 앵무새가 앉아 있고, 이 여인과 이야기를 하는 것 같다.

앵무새와 이야기 하는 것은 자기 자신과의 대화를 나타낸다.

자신만의 세상에서 자아도취에 빠져 지금의 상황을 즐기는 듯하다.

8번 Pentacles카드에서의 노력이 완성을 이루고 결과에 만족하며 즐기고 있다.

노란색 배경이 미래가 희망과 기대감으로 밝게 다가올 것을 알려준다.

◈ 카드의 해석 ◈

다른 사람들은 신경 쓰지 않고 스스로 만족해하고 있다.

스스로를 사랑하고 자랑스러워 하고 있다.

혼자 있는 것을 즐기고, 혼자 있기를 좋아한다.

연애운이라면 애인이 없어도 만족하고 있기 때문에 다른 사람을 만나려 하지 않는다.

현재 연애 중이라면 혼자 있는 시간이 많지만, 스스로는 괜찮다고 생각한다.

TEN of PENTACLES

👁️ **키워드 다른 가족, 노인과 젊음, 빈부의 격차, 부러움**

허름한 옷을 입은 노인이 있고, 저 앞에는 고급스런 복장을 한 젊은 남녀의 사
람들이 있다. 대부분의 타로 관련 책들에서 이 사람들을 한 가족으로 해석하고,
풍요로움과 가족의 번영으로 해석하지만, 내 생각은 다르다.

일단 다른 가족으로 구분하는 이유는 입고 있는 옷이 너무나도 확연하게 차이가 나고, 노인과 젊은 부부들이 서로 어울려 있지 않다. 문 밖에 위치한 집도 여기와는 다른 환경으로 볼 수 있다. 노인이 젊은 가족들을 부러워하고 있는 모습이다.

나도 저런 때가 있었는데, 다시 돌아가고 싶은 마음, 부유하고 싶은 마음, 가족에 대한 그리움 등 노인이 젊은 가족들을 부러워하고 있는 모습이다.

실제로 많은 상담을 해 본 결과, 이 카드는 긍정적인 상황보다 부정적인 다른 사람들을 부러워하는 상황에서 많이 나오는 것을 알 수 있다.

노인의 여러 가지 색으로 구성된 허름한 옷이 여러 가지 생각으로 복잡한 마음을 나타낸다.

─────◆───── ✤ **카드의 해석** ✤ ─────◆─────

다른 사람들을 부러워하고 있다.

다른 사람처럼 성공하고 싶고, 다른 사람처럼 행복하고 싶어한다.

머릿속이 복잡하고 생각이 많다.

연애운이라면 다른 연인들처럼 사랑하고 싶은 마음이다.

애인이 있는 경우라면 지금 관계가 좋지 못하고, 다정한 연인이 되고 싶어한다.

ACE of SWORDS

👁 **키워드** 결정의 순간, 근심 걱정, 자존심의 상처, 신경 쓰이는 일, 결단력

구름 속에서 나온 손이 Swords을 강하게 잡고 있다. 구름은 생각을 나타내고 주먹을 쥐듯이 강하게 잡고 있는 손은 굳은 마음을 나타낸다.

Swords이 위를 향해 똑바로 서있는 것은 신경이 바짝 서 있다는 의미로 볼 수 있으며, 지금 그 Swords로 무언가를 잘라야 한다는 것이다.

Swords은 생각을 의미하니, 단호하게 결정할 일이 있다는 것이다.

Swords은 왕관을 관통하고 있다.

왕관은 이 사람이 지금까지 이루어 놓은 직위나 위치, 명예 또는 자존심을 나타낸다. 자존심이나 명예에 상처를 입을 일이 생겼고, 그로 인해 심각한 고민에 빠져있다.

Swords 아래에는 민둥산과 얼음산이 있다.

왕관의 나뭇잎이 땅에 떨어진다해도 자라날 수 없다.

지금 이 순간을 피해 갈 수는 없다.

자존심과 현실적인 것 중에 어떤 것이든 결정을 해야 한다.

⚜ 카드의 해석 ⚜

이 카드가 나왔다는 것은 선택의 기로에 서 있다는 것이다.

신경 쓰이는 일이 있고, 자존심에 상처를 받는 일이 있다.

현실적인 것과 자존심 모두를 지킬 수는 없다.

자존심을 지키려 하지 말고 내려놓아야 현실적으로 좋은 선택이 될 수 있다.

TWO of SWORDS

🔹 **키워드 선택의 순간, 갈림길, 눈앞이 깜깜함, 두려움, 갈등**

눈을 가린 한 여인이 돌 의자에 앉아 양손을 교차하여 Swords를 들고 있다.

뒤에는 바다가 있으며, 하늘에는 그믐달이 떠 있다.

그믐달은 이제 시간이 다 되었다는 것으로, 그 동안의 일을 마무리해야 한다는 것이다.

Swords을 가슴에서 교차하여 들고 있는 것은 마음만은 지키고 싶은 것이다.

Swords을 양쪽으로 들고 있는 것으로 보아 선택의 기로에 서 있다. 이렇게 해야 하나 저렇게 해야 하나 고민하고 있지만, 눈을 가리고 있기 때문에 제대로 된 상황판단을 할 수 없고 결정하기도 힘이 든다. 이러지도 저러지도 못하고 두려워하고 있다. 그러나 이대로 있을 수는 없다.

더 이상 시간을 지체하는 것은 스스로를 힘들게 할 뿐이다.

이제는 현실을 직시하고 선택을 해야만 한다.

카드의 해석

이 카드가 나왔다는 것은 지금 선택의 갈림길에 서 있다는 것이다.

지금 상황판단을 제대로 못하고 있으며, 두려워하고 있다.

이러지도 저러지도 못하고 눈앞이 깜깜하기만 하다.

더 이상 시간을 지체하는 것은 스스로를 힘들게 하기 때문에 이제는 선택을 해야만 한다.

THREE of SWORDS

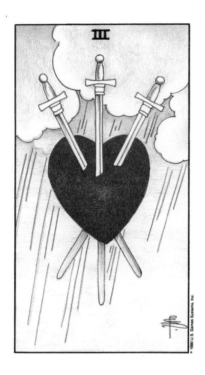

👁 **키워드 마음의 상처, 심장에 꽂힌 칼, 고통, 상실, 이별, 실망**

　하늘에는 구름이 가득 차 있고, 비도 매우 많이 오고 있다. 비는 눈물로 비유할
수 있다. 지금의 슬픈 상황을 말해주고 있다.

　붉은 색의 하트에 Swords가 잔인하게 세 자루 꽂혀 있다.

327

마음에 커다란 실망과 상처를 크게 받았다.

심장에 꽂힌 Swords는 너무나 깊이 박혀 쉽게 사라지지 않겠지만, 후회해도 다시 되돌릴 수는 없다.

하늘에서 내리는 비는 결국은 그치게 되어 있다.

이제는 훌훌 털어 버리고 일어서야 한다.

◈ 카드의 해석 ◈

기대했던 것으로부터 실망하고 상처를 받았다.

온통 머릿속이 그 생각뿐이고 후회만 된다.

슬픈 일은 잊어버리고 긍정적인 생각을 할 필요가 있다.

기대가 크면 실망도 크듯이 마음을 비우는 것이 좋다.

FOUR of SWORDS

👁 **키워드** 지쳐 있음, 회복, 쉬고 있음, 휴식기, 힐링이 필요한 시기

금색의 한 남성이 침대위에 누워 있다. 이 남자의 위로는 Swords 세 자루가 아래로 향하고 있고, 아래로는 금색의 Swords 한 자루가 옆으로 누워 있다. 그 동안 너무 많은 힘든 일들로 인해 지쳐 있다.

몸도 마음도 회복해야 한다.

아래로 향하고 있는 세 자루의 Swords는 앞의 Swords 3번 카드의 심장에 꽂혀있던 세 자루의 칼이다.

상처받은 일에 대하여 생각하면 할수록 칼은 나를 향하고 힘들게 할 뿐이다.

아래의 금색 칼처럼 이제는 생각을 내려놓아야 한다.

금색은 시간이 지날수록 좋아질 수 있고 회복된다는 의미이다.

❈ 카드의 해석 ❈

그 동안 진행해 오던 것이 중단 되었다.

이 카드는 질문과 상관없이 건강문제를 조심해야 한다.

더 이상 신경써 보하야 본인만 힘들어 신다.

지금은 마음을 내려놓고 쉬어야 한다.

연애운이라면 상대방으로 인해 상처나 실망감을 느꼈고, 많이 지쳐있는 상태이다.

미래 카드라면 서로 생각할 시간이 필요해 보인다.

FIVE of SWORDS

👁 **키워드** 비열한 승리, 승리 또는 패배, 승리했지만 아쉬움이 있는

커다란 남자가 Swords 세 자루를 들고 있고, 아래로는 Swords 두 자루가 떨어져 있다. Swords를 빼앗긴 듯한 두 남자가 뒤돌아서서 힘없는 모습으로 바다를 향해 가고 있다.

Swords를 손에 쥔 남자의 표정이 비열해 보인다.

정당한 방법이 아닌 강압에 의한 방법으로 칼을 빼앗았다.

Swords는 생각을 나타내고 Swords를 빼앗겼다는 것은 어쩔 수 없이 생각을 내려놓고 가능 상황을 의미한다. 지금의 모습은 힘이 들어 보이지만, 오히려 미래로 보았을 때 다행일 수도 있다.

카드에서 인물이 두 명 이상 등장한다면 당신은 그 중에서 누구라도 될 수 있다. 앞에 Swords를 빼앗은 거인일 수도, 뒤에 Swords를 빼앗긴 남자일 수도 있다. 또는 얻었지만 잃기도 하는 두 모습의 조합된 상황일 수도 있다.

✦ 카드의 해석 ✦

얻는 것이 있지만 잃는 것도 있어 아쉬움이 남는다.

믿었던 상대에게 이용만 당하고 허탈함이 크다.

나를 힘들게 했던 생각으로부터 벗어난다.

지금은 힘이 들겠지만 그 동안 나를 힘들게 했던 마음의 상처로부터 회복한다.

연애운이라면 서로 생각의 차이로 다툼이 있었고 헤어질 수도 있다.

상대로 인해 마음의 상처를 받았고, 이제는 돌아서려 한다.

SIX of SWORDS

키워드 환경의 변화, 생각의 변화, 이동, 현실도피, 여행, 더 나은 곳으로의 이동

가족으로 보이는 사람들이 작은 배를 타고 떠나고 있다. 즐거움보다는 처량해 보이는 뒷모습이 보인다.

넘실거리는 파도만이 그들의 상처를 말없이 치유해 주는 듯하다.

배 옆에 파도는 거세지만, 저 배가 향하는 저 멀리 파도는 잔잔해 보인다.

이것은 지금은 좋지 않은 상황으로 어쩔 수 없이 떠나지만, 오히려 더 좋은 상황으로 갈 수 있는 것이다.

남녀의 옷은 황토색이다. 황토색은 순간 순간 대처가 잘 되는 컬러로써 이 가족들은 어디를 가든 잘 적응해 나갈 수 있다.

배 앞쪽에는 Swords 6자루가 꽂혀 있다.

생각의 변화를 의미하고, 새로운 방향성을 제시하고 있다.

카드의 해석

좋지 않은 상황으로 환경의 변화 혹은 생각의 변화가 있다.

과거의 안 좋은 상황에 대한 집착에서 벗어난다.

지금은 어쩔 수 없이 떠나지만, 앞으로 점점 괜찮아 질 것이다.

여행을 하며 생각할 시간을 가져보는 것도 좋다.

SEVEN of SWORDS

👁 **키워드** 도둑질, 잔머리, 맞서기를 포기한, 수단과 방법을 가리지 않음

    한 남자가 간사한 웃음을 지으며 Swords 5자루를 들고 고양이발로 살금살금 걸어오고 있다.

    뒤에는 Swords 2자루가 땅에 꽂혀 있고, 뒤 쪽에는 상대방의 진영이 있다.

이 남자는 적진에서 무기를 훔쳐오는 모습이다.

정상적인 방법으로는 힘들다고 느꼈는지 술수를 부리는 모습이다.

땅에 꽂혀 있는 Swords 2자루까지 들고 오다가는 적에게 걸릴지도 모른다.

그러나 손으로 Swords를 쥔 모습이 위험해 보이기도 한다.

위험한 방법이기는 하지만 지금 이 남자에게는 이 방법이 최선일 수 있다.

살다보면 무수히도 많은 장애물이 있다.

상황에 따라 정면승부를 해야 할 때도 있고, 우회해야 할 때가 있다.

지금은 정면승부보다는 우회해야 할 때이다.

✦ 카드의 해석 ✦

수난과 방법을 가나서 있고 원하는 결과를 얻고 싶어 한다.

원하는 것을 다 가지려 한다면 다칠 수도 있으니, 일부는 포기하는 것이 좋다.

내 생각을 상대에게 들키고 싶지 않다.

사기를 당할 수도 있으니 조심해야 한다.

연애운에서라면 계산적인 만남일 수 있다.

EIGHT of SWORDS

👁 **키워드** 이러지도 저러지도 못함, 불안함, 두려움, 따돌림, 제한된 상황

한 여인이 땅은 울퉁불퉁하고 주위는 Swords로 둘러싸인 곳에 두 눈과 양손이 묶여 있다. 눈이 가려져 앞을 볼 수 없고, 팔이 묶여 있어 중심 잡기도 힘들고, 땅도 울퉁불퉁하여 자칫 잘못하면 넘어질 수 있고, 주위에 Swords들에 베일 수도 있다.

Swords들은 위험한 주변 환경이 될 수 있고, 주위 사람들이 될 수도 있다.

이 위기의 상황에서 스스로 벗어나려 한다면 더 위험에 빠질 수 있다.

또 Swords는 자신의 생각이 될 수도 있다.

스스로 많은 생각들로 자신을 가두어 놓고 있다.

생각을 하면 할수록 점점 더 미궁 속으로 빠질 뿐이다.

나를 둘러싸고 있는 불안함과 두려움으로부터 벗어날 필요가 있다.

힘들 때는 잠시 쉬어갈 수 있는 지혜도 필요해 보인다. 조금은 더디고 조금은 느리더라도 조급함을 버리고 참고 인내할 줄 알아야 한다.

저 멀리 언덕 위에 집이 보인다.

집으로 가는 길이 힘들어 보이지만, 천천히 가다보면 충분히 갈 수 있다.

✠ 키드의 해석 ✠

이러지도 저러지도 못하는 어려움에 처해 있다.

직장이나 학교에서 왕따를 당할 수도 있다.

주위를 둘러 보아도 내 편은 없는 것 같고, 불안함과 두려움 뿐이다.

지금의 상황을 벗어나려 애쓰지 말고, 참고 인내하며 기다려야 한다.

NINE of SWORDS

👁 **키워드 불면증, 심각한 고민, 우울함, 슬픔, 극심한 스트레스**

침대 위에 한 여인이 머리를 감싸고 앉아 있다.

보라색 벽면에 기다란 Swords가 손잡이가 서로 엉켜 옆으로 뉘어져 있다.

어두운 보라색은 음과 양의 컬러들이 모여 불안정하게 섞여 있는 모습이다.

또 보라색은 과거로부터 점점 커져왔다는 것이기도 하다.

지금 이 사람을 힘들게 하는 많은 고민들이 과거로부터 점점 커져왔고, 서로 물고 물리듯 엉켜있다는 것이다. 그로 인해 밤에 잠을 이루지 못할 정도로 지금 극심한 스트레스에 시달리고 있다.

많은 고민들이 머리 속에서 떠나질 않는다.

고민은 고민을 낳고 점점 더 나를 힘들게 할 뿐이다.

지금 고민한다고 쉽게 해결될 일이 아니다. 밤에는 잠을 자야 한다.

잠을 자야 다음 날 맑은 정신으로 떠오르는 태양을 맞이할 수 있다.

━━━━━ ❈ **카드의 해석** ❈ ━━━━━

많은 고민들로 인해 잠을 이룰 수 없는 새벽이다.

복잡한 고민들이 서로 엉켜 머릿속을 떠나지 않는다.

이 문제들은 이미 오래 전부터 시작된 것이었다.

이대로 끝이 나는 것은 아닐까 불안하고 두려운 마음이다.

생각을 정리하고 하나씩 하나씩 해결해 나갈 필요가 있다.

TEN of SWORDS

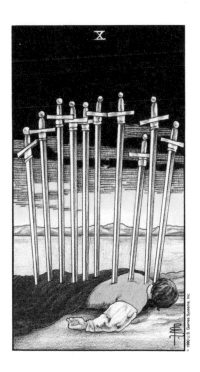

👁 **키워드 끝, 죽음, 포기, 실패, 새드 엔딩, 고통의 끝**

등 뒤로 Swords 10자루가 꽂혀 쓰러져 있는 남자가 있다.

옆으로는 강이 있고, 저 멀리 얼음의 땅 위로 노란색 하늘, 그 위로는 검은색 하늘이 펼쳐져 있다.

등 뒤로 Swords가 꽂힌 것은 이 남자가 예상치 못했던 곳에서 공격을 받은 것이고, Swords가 1자루에서 2자루, … 이렇게 10자루가 꽂힐 때까지 버티고 버텨왔지만, 더 이상 버틸 수는 없었다.

끝이 나는 순간까지 너무나도 고통스러웠던 것이다.

옆에 있는 강은 요단강이 될 수도 있고 무의식의 새로운 통로가 될 수도 있다.

저 멀리 얼음 땅 위의 노란색 하늘은 해가 떠오르기 전일 수도 있고, 해가 지는 저녁 노을일 수도 있다. 생각하기에 따라서 이것이 끝일 수도 있고, 새로운 시작점이 될 수도 있다는 것이다.

검은색 하늘 또한 어둠속의 밤을 나타내기도 하지만, 밤은 아침이 되면 태양이 뜨듯이 지금의 상황은 끝이 아니라 잠시 쉬어갈 뿐이다.

♜ 가드의 해석 ♜

추진하던 것이 고통 속에 끝이 난다. 끝까지 버텨보려 했지만 어쩔 도리가 없었다. 포기할 것은 빨리 포기하고 다음을 준비 하는 것이 나을 수 있다.

이 카드는 질문과 상관없이 건강의 문제(디스크나 뼈)를 나타내기도 한다.

연애운이라면 그 동안의 만남이 무척이나 힘들었고, 이별을 할 수 있다.

솔로라면 그 동안 사랑의 상처가 너무 많은 듯하고, 아직 회복이 되지 않았다.

ACE of CUPS

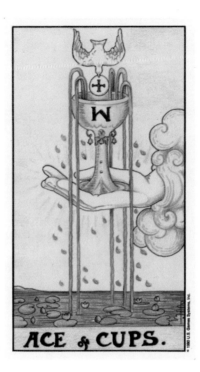

👁 **키워드** 새로운 감정, 감정이 넘침, 기쁨, 노력으로 맺은 결실

Cups 카드는 물의 원소로써 감정을 상징하고, 컵은 사랑과 정서 등 감정과 관계된 모든 것들을 담는다. 부정적인 때는 눈물을 담을 수도 있다.

물은 무의식을 나타낸다. 구름에서 나온 손이 멋지게 만들어진 커다란 Cups을 위로 향하게 받쳐 들고 있다. 손을 위로 받쳐 들고 있다는 것은 컵이 상징하는 감정을 소중하게 생각하고 있는 것이다.

Cups에는 M자가 거꾸로 되어 있다. M은 성경의 마태복음을 상징하며, 떨어지고 있는 26개의 물방울은 마태복음 26장을 의미한다. Cups에서 흐르고 있는 5개의 물줄기는 4개의 원소(화, 토, 금, 수)가 모여 하나의 생명체를 부활시킨 오행(목, 화, 토, 금, 수)을 나타낸다.

평화를 상징하는 비둘기는 기독교에서 성령을 상징하고, 비둘기가 물고 있는 십자가가 그려져 있는 것은 밀떡으로써 예수의 살을 의미한다. 이것은 부활을 의미하는 것이다.

아래로는 커다란 호수 위에 연꽃이 피어있다. 연꽃은 진흙 속에 피지만, 진흙이 물들지 않는 꽃으로써 노력의 결실과 정화를 의미하고, 저녁에는 오므라들었다가 아침이면 다시 피어나는 특성을 반영하여 부활을 의미하기도 한다.

◆━━━◆ ❖ 카드의 해석 ❖ ◆━━━◆

새로운 시작을 의미하며, 과거의 상처가 있었다면 치유되고 다시 시작된다는 것이다. 마음이 갈망하는 것에 대하여 행운이 찾아온다.

문제가 있었던 사람과 화해하고 불화가 치유되어 새로운 관계로 발전된다.

연애운이라면 그 동안의 상처로부터 치유되고 새로운 사랑의 시작을 의미하며, 행복한 만남을 가지게 된다.

TWO of CUPS

© 1990 U.S. Games Systems, Inc.

👁 **키워드** 연인, 감정의 교류, 조화, 소통, 지식의 교류

화환을 쓴 두 남녀가 서로 Cups을 맞대고 있다.

컵은 감정을 나타내니 이 모습은 감정의 교류를 나타내는 것이다.

메이저 카드의 the loves 카드보다도 더 연인 같은 모습으로 사랑의 맹세를 의

미한다.

두 남과여 가운데의 날개 달린 사자와 두 마리 뱀에 휘감긴 막대기의 형상은 케리케이온이라는 그리스 신화의 전령인 헤르메스의 상징이다.

이것은 정보나 지식의 교류를 의미한다.

두 사람이 동등한 입장으로 보여진다.

같은 관심사에 정보를 공유하거나 동업을 하는 상황이라 할 수 있다.

저 뒤로는 초록색 언덕 위로 집이 한 채 있다.

초록색은 음과 양이 결합된 컬러로써 조화를 나타내고, 새싹과 같은 색으로써 두 사람이 노력으로 꽃과 열매를 맺을 수 있도록 해야 한다.

그러한 노력이 결실을 맺으면 언덕 위 집에서 편하게 쉴 수 있다.

━━━━━━━━━ ♜ 키드의 해석 ♜ ━━━━━━━━━

결합을 의미하며, 관계의 시작을 나타낸다.

인간관계를 나타내는 카드로써 두 사람이 뜻을 함께 할 수 있다.

동업이나 거래처와의 관계가 좋아진다.

연애운에서는 사랑의 서약을 의미한다.

서로 마음과 대화가 잘 통하는 관계로 조화로운 사이이다.

THREE of CUPS

🔮 **키워드** 우정의 카드, 좋은 인간관계, 축하, 성취, 술자리, 기쁨

여성 세 명이서 축배의 Cups을 들고 있습니다. 좋은 일이 생긴 듯하다.

진심으로 축하해 줄 수 있는 사람들로부터 진정 축하를 받는 모습이다.

주황색 옷을 입은 여인은 즐거움을, 흰색 옷을 입은 여인은 순수함을, 노란색 옷을 입은 여인은 풍요로움을 의미한다.

두 여인은 화관을 쓰고 있다. 화관은 축복, 성공의 의미를 담고 있다.

주황색의 여인은 한발을 까치발을 하고 있다. 상대를 위해 희생하고 배려한다고 할 수 있다.

주변에는 호박, 포도 등 넝쿨과일들이 있다.

넝쿨과일들은 사람들과의 깊은 유대관계를 의미한다.

🔷 **카드의 해석** 🔷

금전, 애정, 합격 등 원하던 곳에서 좋은 일이 생긴다,

사람들과의 관계가 원만하고 협업도 잘 이루어진다.

원하는 것이 술술 일 풀리고 숨기리드 많이 하다

연애운이라면 과거의 상처들은 치유되고 즐거움만 가득하다.

솔로라면 친구나 친구를 통해서 연인을 만날 수 있다.

반대로 친구가 애인보다 더 좋아 애인을 만날 마음이 없다.

FOUR of CUPS

키워드 무관심의 카드, 기존 것에만 관심, 새로운 제안, 권태로운 시각

한 남자가 팔짱을 끼고 나무 아래에 앉아 있다.

팔짱을 끼고 있다는 것은 자기 앞에 울타리를 쳐서 타인이 자기 영역으로 들어오지 못하도록 하는 것으로 거절이나 방어를 의미한다.

그의 표정은 시무룩해 보이며, 열정이나 의욕이 전혀 보이질 않는다.

구름 속에서 내민 컵은 쳐다보지 않고, 바닥에 세워져 있는 세 개의 Cups을 바라보고 있다.

세워져 있는 Cups을 보느라 내민 Cups을 못보고 있다.

어쩌면 내민 컵을 보았지만 세워져 있는 Cups을 바라보느라 못 본 척 하는지도 모른다.

내밀고 있는 컵은 그 동안 알아채지 못한 기회이거나 새로운 기회를 나타낸다.

그러나 눈 앞에 보이는 것에 대한 집착으로 인해 우물 안 개구리가 되어 있다.

그렇지만 시무룩한 표정으로 보아 지금 집착하는 그것이 결코 만족스럽지 않다.

내 주위를 돌아보면 그 동안 알지 못했던 행운을 발견할 수 있다.

소중한 것은 결코 멀리 있는 것이 아니다.

✵ 카드의 해석 ✵

질문한 것에 대해 별로 관심이 없다.

눈 앞에 것만 보느라 좋은 기회를 놓치고 있다.

주위를 돌아보면 그 동안 알지 못했던 좋은 기회가 생길 수 있다.

연애운에서는 내가 좋아하는 사람이 내가 아닌 다른 사람 또는 다른 것에 관심을 가지고 있다.

나를 좋아하는 사람은 맘에 안 들고, 나는 다른 사람을 좋아한다.

FIVE of CUPS

👁 **키워드** 지나간 것에 대한 아쉬움, 미련, 후회, 과거에 대한 집착

한 남성이 검은 망토를 두르고 쓰러진 세 개의 Cups을 바라보고 있다.

뒤에는 Cups 두 개가 세워져 있다.

쓰러져 있는 Cups에 담겨져 있던 물은 이미 땅 속으로 스며들어 사라졌다.

쓰러져 있는 Cups은 지나간 과거를 의미한다.

그가 쓰러져 있는 Cups을 바라보며 검은색 망토를 입고 있다는 것은, 그의 몸과 마음이 과거에 머물러 있다는 것이다.

과거에 대한 집착이나 미련으로 인해 뒤에 있는 두 개의 Cups을 바라보지 못하고 있다. 이미 떠나간 사람은 다시 돌아오지 않으며, 실패한 일들은 다시 되돌릴 수 없다.

세상은 변함없이 그대로인데, 나만 힘들어 하고 있다.

이제는 뒤를 돌아보고 현재 가지고 있는 두 개의 Cups에 집중해야 한다.

자칫 잘못 하다간 두 개의 Cups마저 쓰러져 버릴 수도 있다.

과거는 과거 속에 묻어두고 미래를 향해 나아가야 한다.

✦ 카드의 해석 ✦

과거에 대한 집착과 미련을 나타낸다.

끝났지만 아직까지 미련을 버리지 못하고 있다.

긍정적인 생각보다는 부정적인 생각으로 인해 우울하다.

주위를 돌아보면 더 좋은 기회가 생길 수 있다.

연애운이라면 과거에 만났던 사람에 대한 미련이 남아 있다.

과거에 대한 집착이 사라져야만 새로운 사람을 만날 수 있다.

SIX of CUPS

👁️ **키워드** 동심, 초심, 과거에 대한 회상, 동창생, 어린 시절, 순수한 감정

도시적인 느낌보다는 시골의 향수가 묻어나는 마을에서 어린 아이 둘이 있다.

조금 키가 큰 아이가 작은 아이에게 백합꽃이 담긴 Cups을 주고 있다.

앞으로는 백합꽃이 담긴 Cups 4개가 세워져 있고, 뒤로는 방패 문양이 그려진 기둥 위로 백합꽃이 담긴 Cups 하나가 세워져 있다.

그 뒤로는 시골의 집이 보이고, 한 남자가 창을 들고 집을 향해 가고 있다.

어린 아이는 순수하던 어린 시절의 향수를 의미한다.

과거에 인연이 있었던 사람과 다시 만나게 될 수 있다.

그 시절 좋은 기억을 소중하게 간직하며 살고 있다.

꼭 어린 시절이 아니더라도 순수한 마음으로 처음 만났을 때의 대한 회상이기도 하다.

방패 문양이 있는 기둥과 집으로 향하고 있는 창을 들고 있는 남자는 자신의 좋았던 추억을 지키고 싶어 하는 마음의 문지기라 할 수 있다.

좋은 추억이기는 하지만 과거의 회상으로 인해 현재를 제대로 직시하지 못할 수 있다.

━━━━━◆━━━━━ ※ **카드의 해석** ※ ━━━━━◆━━━━━

과거에 인연 있었던 사람에게서 연락이 온다.

순수한 마음으로 도와주는 사람이 나타난다.

현재보다는 과거에 집착하는 성향이 있을 수 있다.

연애운이라면 어린 시절 인연과 만나 사랑에 빠질 수 있다.

처음 만났던 때로 돌아가고 싶은 마음이다.

SEVEN of CUPS

👁 **키워드 상상의 카드, 망상의 카드, 꿈, 자기만의 착각, 호기심**

검은색의 사람이 구름 속에 Cups들을 바라보고 있다.

각각의 Cups에는 다양한 것들이 담겨 있다.

사람의 얼굴은 인생의 동반자를, 빛이 나는 하얀색 천은 진정한 자아를, 노란색

뱀은 지혜와 통찰력을, 성체는 능력과 지위를, 보석은 부와 풍요를, 월계관은 명예를, 동물은 나쁜 생각을 나타낸다.

파란색 바탕에 구름은 현실이 아닌 무의식 속에서의 생각을 나타낸다. 앞에 있는 남자는 사람보다는 검은 그림자처럼 보여진다.

아직 실체가 없는 상상속의 인물이라 할 수 있다.

그는 노력은 하지 않으면서 가지고 싶은 것이 많은 것 같다.

허황된 꿈보다는 현실 가능한 것을 찾아 할 필요가 있다.

혼돈스럽고 여러 가지 유혹이 자신을 어지럽게 하더라도 기준을 잃지 말고 진정 자아 속에서 원하는 것을 찾아 노력해야 한다.

❖ 카드의 해석 ❖

호기심이 많고 하고 싶은 것이 많다. 지금 상상하는 것이 허황된 꿈은 아닌지 생각해 볼 필요가 있다. 무엇을 선택해야 할지 어쩔 줄 모르며, 환상과 같은 실체 없는 일을 생각하고 있다.

주위카드를 보고 상상하는 것이 이루어 질수 있는 긴지 생각해 볼 필요가 있다. 쓸데 없는 유혹에 현혹되지 말고 정신을 차려야 한다.

연애운이라면 연애에 대한 상상만 할 뿐 누구를 만나려 노력하지 않는다.

말만 그럴싸하고 실천력이 없는 사람일 수 있다.

EIGHT of CUPS

:::eye::: **키워드** 환경적인 변화, 감정의 변화, 이동, 야반도주, 미련을 버림

8개의 컵이 두 줄로 쌓여 있다. 아래에는 5개의 Cups이, 위로는 세 개의 컵이 쌓여 있다.

5번 카드는 아쉬움의 카드였고, 3번 카드는 축배의 카드였다.

이쉬움과 좋았던 기억들을 모두 두고 떠나가는 것이다.

위에 세 개의 Cups 사이로 한 칸이 비워 있는데 일이 차곡차곡 계획대로 진행되지 않았고, 마음에 구멍이 난 것 같은 심정이다.

그믐달과 보름달이 겹쳐 있고, 달의 표정이 슬퍼 보인다. 슬프지만 이제 떠나야 하는 것을 의미한다.

한 남자가 험난한 길을 떠나가고 있다. 이 남자가 앞으로 가야하는 길은 어둡고 힘든 여정이 될 것이다.

그러나 그가 입고 있는 오렌지색 옷이 더 나은 행복을 위해 지금은 어쩔 수 없이 떠나가지만, 아직 열정이 남아 있고 미래에 대한 자심감이 남아 있다는 것이다.

❖ 카드의 해석 ❖

어쩔 수 없이 가야 하는 환경적인 변화나 이동을 의미한다.

부서 이동이나 이사, 이직 등이 있을 수 있다.

그 동안 쌓아 왔던 아쉬움이나 미련을 내려놓고 떠나간다.

연애운이라면 군대를 가는 상황처럼 어쩔 수 없이 떨어져 있어야 한다.

과거에 대한 미련은 버리고 새로운 시작을 위해 마음의 변화가 생긴다.

NINE of CUPS

👁 **키워드** 만족의 카드, 흡족함, 여유, 좋은 결과, 자신만만

한 남자가 팔짱을 끼고 등받이도 팔걸이도 없는 의자에 앉아 있다.

물질적인 것에는 크게 개의치 않는 모습이다.

입 꼬리가 올라가 있는 것이 지금의 상황이 만족스러운 듯하다.

그는 매우 의기양양해 보이고 자신 만만해 보인다.

뒤로는 파란 천으로 가려진 선반 위에 컵 9개가 일렬로 세워져 있다.

파란색은 무의식의 컬러이다.

컵도 정신적인 원소로써 지금의 만족이 물질적인 것보다는 정신적은 부분에서 오는 만족감이다.

9는 인간이 가질 수 있는 최고의 숫자로써 9개의 컵은 최고의 만족감을 나타낸다.

결과의 크기와 상관없이 스스로 만족한다는 것이 행복하기만 하다.

노란색의 바닥과 배경은 현실적으로 안정되어 있고, 이 사람의 미래가 밝다는 것을 나타낸다.

🜛 기도의 해설 🜍

물질적으로 정신적으로 안정되어 있다.

결과의 크기에 상관없이 지금의 상황에 대하여 만족하고 있다.

바라던 일이 계획대로 잘 진행되어 행복해 한다.

자신감이 넘치며 여유로운 상태이다.

연애운이라면 편안하고 안정적인 만남으로 지금의 상황이 만족스럽고 행복하다.

원하던 사람과 인연이 이어진다.

TEN of CUPS

🔮 **키워드 행복한 가정, 가족, 결혼, 가화만사성, 밝은 미래, 신의 약속**

부부와 아이들이 즐거워하고 있다.

행복한 가족의 모습으로서 가족과 관련하여 주로 등장하는 카드이다.

모두가 즐거워 할 만한 좋은 일이 있었나 보다.

저 멀리 무지개위로 컵 10개가 배치되어 있다.

무지개는 하나님이 인간을 노아의 방주로 심판한 뒤, 다시는 인간을 심판하지 않겠다고 띄우신 약속의 증표로써 미래에 대한 신의 약속이다.

앞으로 이 가족들에게는 행복한 일들이 생길 것 같다.

무지개 아래로는 언덕 위에 작은 집이 있다. 크게 부유하다기보다는 소박해 보이지만, 이 가족에게 물질적인 부는 그리 중요하지 않다.

소중한 사람들과 함께 할 수 있다는 것 그 자체만으로도 행복해 보인다.

❖ 카드의 해석 ❖

원하던 일이 잘 이루어지고 그 동안 노력에 대한 보상을 받는다.

한 동안 소원했던 가족이나 친구 지장사람들과 관계가 좋아진다.

모든 것이 안정되고 편안해 진다.

연애운이라면 결혼과 관련하여 자주 등장한다.

양가 가족들이 두 사람의 만남을 모두 좋아한다.

부부라면 임신을 할 수도 있다.

★☆★ 타로점 보는법 ★☆★

타로점을 보기 위해서는 타로리더와 질문자가 직접 대면하여 보는 것을 원칙으로 한다.

그러나 부득이한 상황으로 대면하지 못할 경우 전화로 상담을 하거나 다른 사람이 질문자 대신 상담을 할 수도 있다.

질문은 알고 싶은 상황에 대하여 구체적으로 해야 하고, 1개월 안에 애인을 만날 수 있을까요? 처럼 기간을 정하고 보아야 한다.

짧게는 하루에서 길게는 6개월까지 보는 것이 좋으며, 너무 길게 기간을 정하는 것은 정확도가 떨어지기 때문에 가급적이면 3개월 이내로 하는 것이 좋다.

1. 애인을 만날 수 있을까요? 상대방의 나에 대한 속마음이 어떤가요? 앞으로 잘 만날 수 있을까요? 처럼 질문을 구체적으로 받는다.

2. 어떤 배열법으로 할 것인지 정한다.

3. 타로카드는 뒤집어서 골고루 잘 섞이도록 한다.

4. 타로카드를 시계방향으로 또는 반대방향으로 원을 그리듯이 펼친다.

5. 질문자가 타로 뽑는 것에 집중해서 카드를 뽑도록 한다.

   (오른손잡이는 왼손으로, 왼손잡이는 오른손으로 뽑는 것이 좋다.)

6. 배열법에 맞게 카드를 배열한다.

7. 상황에 맞게 나온 카드를 해석한다.

8. 상대에게 상처가 되는 말은 삼가야 하며, 진심을 담아 상담한다.

Spread

스프레드

배열법 등으로 부르는데, 타로카드를 뽑아 실제로 응
용하는 것을 말한다. 다양한 스프레드는 유니버셜 웨
이트 타로의 자랑이다.
하나의 카드를 뽑는 것부터 많은 카드를 뽑는 것까지
각양각색의 배열법이 있다. 각각의 장단점이 있기 때문
에 특정한 배열법이 좋다고 할 수는 없다.

타로 스프레드

배열법 등으로 부르는데, 타로카드를 뽑아 실제로 응용하는 것을 말한다.
다양한 스프레드는 유니버셜 웨이트 타로의 자랑이다.
하나의 카드를 뽑는 것부터 많은 카드를 뽑는 것까지 각양각색의 배열법이 있다.
각각의 장단점이 있기에 특정한 배열법이 좋다고 할 수는 없다.

처음에는 단순한 배열법이 좋다.
yes or no의 단순한 답을 구하는 것은 한 장의 카드로 보는 것이 쉽고 좋으나 구체적인 상황과 문제점까지 알기 위해서는 기본적으로 세장의 카드를 보는 것이 좋다. 처음부터 너무 복잡한 배열법을 신뢰하면 해석하기 이렵기 때문에 해석에 실패할 수 있고, 타로에 대한 흥미를 잃을 수도 있다.
세장의 카드로 어느 정도 익숙해지면 점차 카드 수를 늘려가며 익혀나가는 것이 좋다.
합격이 될까요? 같은 질문이라면 먼저 합격이 될지 안 될지를 결정하고, 그 결과에 맞게 앞의 카드들과 연계해서 해석을 한다.

쓰리카드 배열법

쓰리카드 배열법은 타로 상담시에 가장 흔하게 사용하는 배열법이다.

기본적으로 yes 또는 no의 결과를 묻는 질문에 또는 앞으로 펼쳐질 상황에 대하여 알 수 있다. 먼저 본인이 사용하는 덱을 펼친 후 세 장을 뽑고 그 다음 컬러 타로를 펼쳐서 세장을 뽑는다. 과거 현재 미래로 볼 수도 있고, 현재 진행사항 결과로 볼 수도 있고, 상황에 맞게 순서를 정하여 보면 된다.

1   과거 상황 / 현재 상황 / 어제 / 아침
2   현재 상황 / 진행사항 / 오늘 / 점심
3   미래 상황 / 결과 / 내일 / 저녁

비교 배열법

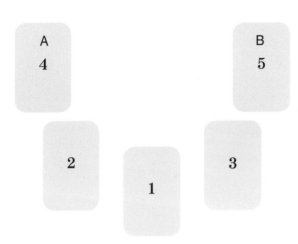

　비교 배열법은 A와 B 또는 A, B, C의 상황에 대하여 어떤 선택이 더 좋은가를 알아보기 위하여 보는 방법이다. 여기서 주의할 점은 A와 B가 내담자가 선택을 할 수 있어야 한다.

　예를 들어 합격을 할 수 있을까요? 없을까요? 라고 질문한다면 그것은 내담자가 선택할 수 있는 사항이 아니기 때문에 올바르지 않은 배열법이다. 비교 배열법은 A와 B 중 어디로 지원할까요? 처럼 선택할 수 있는 질문이어야 한다.

1 현재 상태　　2 A 진행사항　　3 B 진행사항　　4 A의 결과　　5 B의 결과

금전 배열법

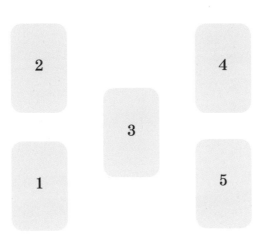

　돈을 나타내는 Money의 M을 표현한 금전 배열법이다. 순서에 맞게 카드를 배열하고 상황에 맞는 해석을 하면 된다. 금전 배열법의 기간은 보통은 6개월 길게는 1년을 보는데, 3개월도 상관없다. 기간이 너무 짧을 때에는 쓰리카드 배열법이 더 좋을 수도 있고, 한 주 한 주 네 장을 뽑아 주간별로 보는 방법도 있다.

1 현재 재정 상태 　　　2 고정적인 수입 　　　3 돈벌기회, 횡재수
4 마스터 조언 　　　　5 최종결과

매직 배열법

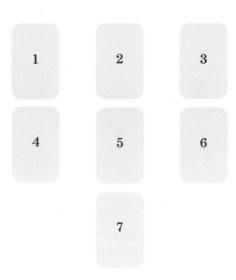

    남녀의 연애운 또는 어머니와 딸 등 사람과 사람 사이의 문제를 보는데 좋은 스프레드이다. 순서대로 카드를 뽑고 위치에 맞게 해석을 하면 된다.

    남녀의 운을 볼 경우 4번을 남자, 5번을 여자로 하고, 같은 동성의 관계운을 볼 때는 4번을 상대방, 5번을 내담자 마음으로 보면 된다.

1 과거 상황   2 현재 상황   3 미래 상황   4 상대방 속마음
5 내담자 속마음   6 마스터 조언   7 결과

켈틱크로스 배열법

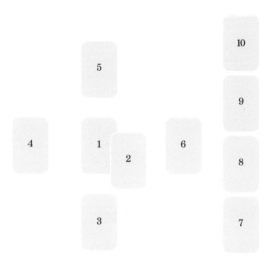

　전 세계적으로 타로마스터들 사이에서 가장 유명한 배열법 중 하나인 켈틱크로스 배열법이다. 켈틱크로스는 아일랜드 지방의 가운데 부분이 둥근 십자가를 말하는데, 아일랜드 지방에서 처음 사용했다고 하여 켈틱크로스라는 이름이 붙었다. 간단하게 6장으로 6번까지만 하는 미니 켈틱 방법이 있고, 10번까지 하는 켈틱크로스 방법이 있다. 카드의 배열은 반드시 순서대로 해야 하지만, 해석을 할 때는 순서가 아니더라도 가장 눈에 들어오는 부분부터 하면 좀 편하게 통변 할 수 있다.

1　현재 상황　　2　장애 요인　　3　무의식　　　　4　과거 상황
5　현재에서 미래로 가는 관점　　6　가까운 미래　　7　현재의 속마음
8　주의에서 보는 시각　　　　　9　바람이나 두려움　10　먼 미래

레드썬 궁합 배열법

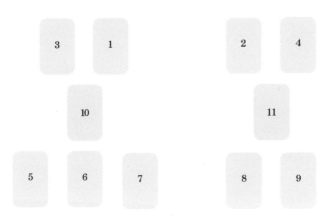

이 배열법은 궁합을 보기 위한 배열법이다. 중심을 기준으로 왼쪽(1, 3, 5, 6, 7, 10)은 남자가 뽑고, 오른쪽(2, 4, 8, 9, 11)은 여자가 뽑는다. 순서대로 남자가 1번을 뽑고 여자가 2번을, 다시 남자가 3번을 이런 식으로 순서에 맞게 뽑으면 된다. 5, 6, 7번은 상황에 맞게 과거, 현재, 미래로 볼 수도 있고 속궁합, 겉궁합, 종합 궁합으로 볼 수도 있는데, 중요한 것은 내담자의 나이나 상황을 고려하여 배열을 하기 전에 질문을 받으면서 어떤 식으로 볼 건지 결정을 해야 한다. 컬러타로는 11장을 같이 사용하는 덱은 1. 11번을 코트카드에서 뽑으면 성격을 분석하는 데 용이하다.

1 남자 속마음	2 여자 속마음	3 남자가 여자에게 바라는 점
4 여자가 남자에게 바라는 점	5 과거 상황(속궁합)	6 현재 상황(겉궁합)
7 미래 상황(종합 궁합)	8 마스터 조언	9 최종 결과
10 남자 성격	11 여자 성격	

레드썬 전생운 배열법(전생운, 평생운)

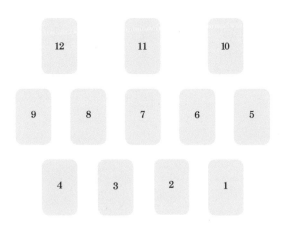

이 배열법은 전생운을 보기 위한 방법이다. 컬러타로는 12장을 순서내로 뽑으면 되고 유니나 기타 같이 사용하는 1, 2, 3, 4번은 코트카드로, 5, 6, 7, 8, 9, 1, 11, 12번은 메이저 카드로만 뽑는 것이 좋다.

꼭 전생운만 볼 수 있는 것은 아니고, 현세의 평생운도 볼 수 있다.

1 나의 성격	2 부모님 성격 나와의 관게	3 배우자 성격 나와의 관계
4 자녀 성격 나와의 관계	5 나의 직업	6 내가 추구하던 것
7 나는 행복했는가	8 주위 사람들이 보는 나	9 현재 애인의 과거관계
10 어떻게 죽었는가	11 현생에서 해야할 일	12 다음 환생

레드썬 플라워 배열법

　신년운세, 1년 운을 보는데 탁월한 배열법이다. 1번부터 5번까지 명리를 할 수 있는 분은 명리의 육친에 맞게 하면 된다. 명리를 모르는 분은 1번은 나 자신, 2번은 사회성, 자녀운, 3번은 금전문제, 4번은 직장, 배우자, 5번은 문서, 매매, 공부, 인복으로 해석하면 된다. 원래는 남녀에 따라 구분이 달라지지만, 타로에서는 달리할 필요 없이 남녀 모두 같은 방식으로 하는 것이 좋다. 다만 예를 들어 4번 같은 경우 나온 카드가 직장 문제인지 배우자 문제인지 카드에 따라 구별할 필요가 있다. 해석을 하다 보면 자연스럽게 구별할 수 있으니, 겁 먹을 필요없이 편안하게 하면 된다.

1 비겁　　2 식상　　3 재성　　4 관성　　5 인성
6 봄　　7 여름　　8 가을　　9 겨울　　10 가장 조심할 사항
11 마스터 조언　　　12 최종 결과

Soul Number

생년월일로 알아보는

나의 소울 넘버

생년월일로 알아보는 나의 소울 넘버

타로 카드를 공부하다 보면 생일 수라는 것을 자연스레 접하게 될 것이다. 실제로 생일 수는 해외에서 nomerology라 하여 많은 연구를 하고 있다. 우리나라에서도 쉽게 배우고 사용할 수 있다 보니, 많은 분들이 상담에 적용하며 활용하고 있다.

생일 수에는 크게 두 부류로 나눌 수 있다.
1~9까지의 숫자를 대입하는 수비학적 개념의 소울 넘버와 0~21라는 숫자를 대입하는 카발라즘과 별자리 그리고 타로카드와 연계해 해석하는 생일타로가 있다.
0-21의 숫자를 적용하는 생일타로는 이 책에 소개되어 있는 메이저 카드 0번부터 21번까지의 점성학적 의미와 이미지적 해석을 참고하여 활용하면 된다.

🔺 생일타로 구하는 법

예) 1995년 2월 15일생

$$1995 + 2 + 15 = 2012$$

생년월일을 이처럼 더하고 나온 숫자를 하나씩 다시 더한다.

$$2 + 0 + 1 + 2 = 5$$

그러면 이처럼 생일타로는 5가 되는 것이다.

* 만약 다 더한 값이 22라면 생일타로는 0으로 적용하고, 23이 넘는다면 0부터

21까지 만들어야 하기에 다시 **두 숫자**를 더한나.
그러면 2 + 3 = 5가 되는 것이다.

◑ 소울 넘버 구하는 법

이 책에서는 1~9까지의 숫자를 활용하는 소울 넘버를 소개한다.

1997년 3월 12일 생이라면

1 + 9 + 9 + 7 + 3 + 1 + 2 = 32

이처럼 생년월일을 하나씩 더한다.

32 = 3 + 2 = 5

이처럼 다시 더하면 5가 소울 넘버가 된다.

* 만약 더한 값이 1~9 사이라면 그 숫자가 소울 넘버가 되는 것이고, 10이 넘는다면 다시 두 수를 더한다.
10은 10 = 1 + 0 = 1 이, 생일 수 11은 1 + 1 = 2가 소울 넘버가 되는 것이다.
즉 더한 값이 1~9까지 한 자리 숫자가 나올 때까지 더하는 것이다.

소울 넘버 NO. 1

성향

타고난 리더, 독립심, 총명함, 창조적인 성향, 뜨거운 열정과 야망,

뛰어난 화술, 상업적 능력

단점

자만심, 이기적인 성격, 꾸준하지 못함

소울 넘버 1의 사람들은 세상에 유일무이한 존재로써 타고난 리더자의 성향이 있다. 개인주의적 성향이 강하지만 독립심과 성취욕이 강하며 항상 남들보다 앞서가려고 한다. 그로 인해 때로는 갈등유발자이기도 하지만, 창조적인 성향과 총명하고 뛰어난 두되로 정상에 오르게 된다.

뜨거운 열정과 큰 야망은 그들에게서 빼 놓을 수 없으며, 어느 곳에서든 그곳에서 중심이 되려고 한다.

또한 이들은 창조적인 사람들로서 일상적이며 틀에 박힌 일을 두려워하며, 혁신적이고 창의적인 기술을 통하여 미래를 만들어 갈 수 있는 마인드와 능력을 갖고 있다.

또한 화술이나 수단능력이 좋아 사업적으로 커다란 능력을 발휘할 수 있으며, 성공할 수 있다.

단점으로는 자만심에 빠질 수 있으며, 무책임해 지거나 자기 중심적인 것이 방해가 될 수 있다. 또한 이것저것 벌리기만 하고 마무리가 안 되이 이도저도 아닌 삶을 살아갈 수 있으니, 한 방향으로의 꾸준함도 필요해 보인다.

재물운이나 기타 운은 기본적으로 가지고 있으며, 자기꾀에 자기가 빠지는 일만 하지 않는다면 안정적으로 살아 갈수 있다.

이들에게 좋은 컬러는 주황색, 노란색, 골드색, 적갈색이다.

이들의 연애방식은 사랑을 리드하며 사랑하는 사람을 향해서는 뜨거운 열정으로 물불 안 가리고 사랑할 수 있지만, 금방 싫증을 느끼기도 한다.

이들은 소울 넘버 1, 4, 7과 잘 어울리고, 소울 넘버 8인 사람들과는 맞지 않는다.

이들에게 어울리는 직업으로는 뛰어난 상업적 능력을 발휘할 수 있는 사업가나 최고경영자, 연구원, 개발자, 탐험가, 창조, 기획분야, 군, 경찰 등이 있다.

소울 넘버 NO. 2

성향

직관적인 능력, 인내력, 내성적, 감성적, 낭만적, 모성애, 영적인 우수함, 지혜, 친절함, 훌륭한 언변가

단점

쉽게 상처받음, 자신감 부족, 우유부단함

영적으로 우수한 이 사람들은 지혜롭고 직관적인 능력이 뛰어나다. 이들은 변화를 가지기보다는 늘 참고 인내하는 것에 익숙해져 있다.

속마음을 쉽게 드러내지 않는 다소 내성적인 이들은 싸움을 싫어하는 평화주의자들이며 다른 이들에게 피해주기를 원치 않는다.

감성적, 낭만적, 타인에 대한 이해력과 의존성에 의해서 부드러우며, 매우 여성적인 성향과 어머니의 따뜻한 모성애까지 품고 있다.

그들은 매우 상상력이 풍부하고 직관적이며, 외교적이고 훌륭한 언변가이지만, 쓸데없는 말은 하지 않고 필요할 때만 말을 한다.

당신은 당신 자신을 이해하고 재치와 친절한 행동으로 당신의 인기를 높이게

될 것이고, 거의 모든 사람이 당신을 좋아하게 된다. 협력, 예의, 배려 등 당신은 훌륭한 조력자가 될 수 있는 능력을 갖고 있으며, 돈 보다는 이상을 꿈꾸는 당신에게서 많은 이들은 당신의 아이디어에 대해서 신뢰를 보일 것이다.

단점으로는 쉽게 상처받는 것이며, 자신에 대한 불확실성으로 매우 민감하거나 신경질적일 수 있다. 또한 매듭을 짓지 못하는 우유부단함이 당신을 그릇되게 할 수 있다. 아니다 싶으면 가감하게 버리는 결단력이 필요해 보인다.

소울 넘버 2에 해당되는 많은 사람들이 변화를 통하여 성공하였다.

타고난 재물운은 조금 부족하지만, 이들의 타고난 장점을 이용하여 큰 돈을 벌 수도 있다.

이들에게 좋은 컬러는 흰색이다.

소울 넘버 2인 사람들의 연애방식은 매우 사려 깊으며 상대에게 무엇도 강요하지 않는다. 또한 상대방의 긍정적인 면을 보려고 애쓰며 낭만적이기도 하다. 그러나 너무 간섭하려 하는 성향이 나타 날수도 있다.

이들에게는 소울 넘버 1, 2, 7, 9인 사람들이 좋고 4, 5와는 어려움이 따른다.

이들은 직업적으로 훌륭한 교사나 사회복지사, 철학자, 어드바이저, 종교인, 상담사, 정신과의사, 예술가 등이 어울린다.

소울 넘버 NO. 3

성향

높은 이상, 생산성, 원만한 대인관계, 낙천적, 친절함, 역동적, 사교적, 긍정적 사고, 욕심쟁이

단점

사치성, 지나친 간섭

섬과 짐과 침이 만나 ~~감사정을 따다는 이 숫자~~에 사람들은 높은 이상과 생산성을 나타낸다.

대인관계가 좋고 의사소통 능력이 뛰어난 사람들이다.

이들에게는 치명적인 매력이 있으며, 연예인 중에서도 이 넘버를 가진 사람들이 많다. 삶을 즐길 줄 아는 이 사람들은 낙천적이며, 친절하며 역동적이기도 하다.

이들은 친절하고 사랑스러우며 사교적이다. 또한 사람들은 늘 긍정적인 마인드로 좋은 이야기를 하는 당신을 좋아한다.

이들은 물질적인 욕심도 많고 그것을 만들어 내는 것에도 뛰어난 능력이 있다. 또한 이들은 즐거운 마음으로 자신이 가진 것을 나누어 주기도 한다.

만약 이 넘버의 사람이 베풀지 않는 성향이라면 자신이 더 잘되기 위해서는 베풀어야만 할 것이다.

이 사람들에게는 살아가면서 반드시 친구가 필요하다. 늘 끊임없이 진정한 친구가 될 수 있는 능력을 키워야 한다. 이러한 사교적인 능력을 통해서 당신은 성공을 달성할 수 있다. 당신의 이러한 능력이 증가될수록 당신에게는 더 많은 기회가 생겨날 것이다.

이들의 단점으로는 사치적인 면과 사소한 일에도 지나치게 자신의 힘을 낭비하는 것이다. 그리고 지나친 간섭으로 쉽게 말다툼을 할 수도 있다.

이들은 행운을 가지고 태어났으며, 금전운은 좋은 편이며, 부자가 될 확률이 많다.

이들에게 좋은 컬러는 노란색이다.

이들의 연애는 재미있고, 활력이 넘치며 늘 교감하기를 원한다.

사랑에 빠지면 뜨거운 연애를 하며, 재미있는 연인이 되기 위해 노력한다.

이들에게 소울 넘버 4와 8인 상대는 좋지 않다.

이들에게 어울리는 직업으로는 사업가나 부동산, 아티스트, 뮤지션, 엔터테이너, 육아 관련 직업이다.

소울 넘버 NO. 4

옥시 씨님 내 번째끼 4이냐 하시는 분들은 자신의 정체성에 의심을 가져보아야
할 것 같다.

이 솔넘버 4인 사람들은 의심이 많기 때문에 지금 당장 내 앞에 있는 것만 인정
하는 현실주의자들로서 사실 이런 운세나 역학을 믿지를 않는다.

남의 말을 듣기보다는 자신의 경험을 더 중요시 한다.

현실적이며 솔직한 것을 최선으로 여기는 이들은 늘 계획하고 설계하며 진행
해 나가려 한다. 원하는 것을 얻기 위해서는 모든 것을 걸고 투쟁하고 싸우는 것
을 보여준다.

또한 이 사람들의 성격은 매우 대담하고 솔직하다. 또한 아주 적극적이고, 강력

하며, 역동적이면서도 예측불가하고, 실용적이며 온유하고 열정적이다.

어떠한 어려움이 닥쳐도 쉽게 포기하는 법이 없으며, 강력한 지도자적 소질을 갖추고 있다. 그들은 매우 믿을 만한 사람들이지만, 실상 이 사람들은 의심을 많이 한다.

이 사람들의 단점으로는 매우 이기적인 성향이 될 수 있고, 매우 지배적으로 보일 수 있으며, 의견이 너무 딱딱하고, 고집스럽고, 독단적일 수 있으며, 애교가 부족하다.

이들의 운세는 자수성가의 수라고 할 수 있으며, 엄청난 부를 누릴 수도 있다.

이들에게 좋은 컬러는 파란색, 회색, 카키색이다.

이들의 연애는 꾸준하게 신뢰할 수 있는 사람으로서 연애를 하며 겪게 되는 어떠한 어려움도 극복해 나가려 한다. 그러나 자기 중심적인 사랑방식에 상대를 힘들게 할 수도 있다.

이들에게는 소울 넘버 1, 4, 6인 상대가 좋다.

이들의 직업으로는 공무원이나 의사, 사업가, 군인, 경찰, 정치가, 건설업 등이 있다.

소울 넘버 NO. 5

성향

영적인 우수함, 우호적, 창의적, 융통성, 부수적인 성향, 완벽주의자,

지적이고 다재다능, 황소 같은 묵직함

단점

우유부단함, 강한 고집, 판단력 부족

소울 넘버 5의 사람분은 영식인 우격이 좋은 사람들로서 처성적으로 우호적이고, 창의적이며 융통성이 있고 적응을 잘한다.

보수적인 사람들로서 전통과 예의를 중시하며 완벽주의자 성향이 있다.

의사결정을 하기까지 다소 시간이 걸리지만, 한 번 결정을 하게 되면 묵직하게 헤쳐 나가려고 한다.

이들은 대인관계가 좋은 편으로써 중재자의 역할도 잘한다.

지적이며 혁신적이면서도 온화하며, 지위가 높은 사상가이다.

이들은 스스로 다재다능하고 훌륭한 성격을 갖고 있다고 믿는다.

이들은 삶에 있어 인생 성장의 방향이 변화, 자유 그리고 진취적인 생각과 행동

의 선구자가 되고 싶어 한다.

이 사람들은 무엇을 하든 영리하고 분석적이며, 매우 빠른 사상가가 될 수 있는 능력이 있다.

단점으로는 불안해하고 초조해하는 습성으로 인해 우유부단한 면이 있을 수 있으며, 판단력이 부족할 수 있다.

또한 그들은 고집이 매우 강하며, 주변의 친구와 사람들을 지배하기를 원한다.

이들의 운세는 다소 변화가 있는데, 이들은 적당한 명예와 금전운을 가지고 있다.

이들에게 좋은 컬러로는 초록색, 청록색, 밝은 브라운, 그레이색이다.

이들의 연애는 연애가 서투른 편이긴 하지만, 적응력과 호기심이 있고 친절해서 일반적으로 이성에게 매력적이다. 그러나 행복한 사랑을 위해서는 다양한 변화와 다양성이 필요하다.

연애 상대는 소울 넘버 1, 3, 5, 9인 사람들이다.

이들의 어울리는 직업으로는 교수나 선생님, 중개인, 상담사, 종교인, 학자, 세일즈맨 등이 있다.

소울 넘버 NO. 6

성향

인간관계 중시, 팔방미인, 명랑함, 유머 감각, 민첩함, 의리파, 예술적 재능, 부끄럼 많음, 책임감, 진리와 정의

단점

게으름, 지나치게 감정적, 생각이 많음

소울 넘버 6의 사람들은 진리와 정의가 삶의 목표인 사람들이다. 책임감이 아주 강하며, 약간 보수적이기도 하다. 가정, 가족, 친구들을 중요시 하며, 너무 책임감이 강해 의무에 매달리는 경향이 있다.

6의 사람들은 팔방미인이라 할 수 있다. 그러나 누군가 떠밀면 그때서야 잘하지만 스스로 나서서 하지는 않는다.

이 사람들은 명랑하며 위트 있고 언제나 인간관계를 중요시 하며 살아가며, 주위사람들을 의식한다.

매우 민첩한 편이며, 식사를 즐기기보다는 간단히 빨리 먹는 타입이다.

언제나 새로운 것에 호기심을 가지고 있지만, 쉽게 질려버리는 타입이기도 하다.

6의 사람들은 의리파이다, 또 겉으로는 활발한 듯 보이지만 부끄러움을 많이 타는 타입이기도 하다. 일이든 사람이든 선택장애가 있을 수 있다. 또 6의 사람들은 예술적 재능과 감정, 미학, 모든 아름다운 것에도 재능이 있다.

이 사람들의 단점으로는 때때로 게으르며 에너지가 부족해 보인다. 또한 그들은 너무 감정적이고 소유욕이 강하다. 그들은 따지기 좋아하고 생각이 너무 많으며, 쉽게 어떠한 것에 중독되기도 한다.

이들의 운은 나이가 들수록 점점 더 좋아지며, 40세 이후에 대부분의 꿈과 욕망이 실현된다. 재물운도 자신이 쓸 만큼은 지니게 된다.

이들에게 좋은 컬러로는 흰색, 밝은 파란색, 분홍색, 노란색이다.

이들의 연애는 온화하고, 목소리가 부드럽고, 지능적으로 연민을 불러 일으켜서 쉽게 이성을 매료시킨다. 그들은 본성적으로 다정하지만 다소 우유부단함으로 인해 삼각관계에 빠질 수도 있다.

이들에게는 소울 넘버 1, 3, 6인 사람들이 좋다.

이들의 직업으로는 예술, 가구, 장식, 조경, 주택건설, 종교적 열정, 또는 과학 분야를 다루는 의학, 복지, 교육 등이 있다.

소울 넘버 NO. 7

성향

완벽주의자, 탐구자, 민첩함, 정확한 판단력, 정이 많음, 강한 모험심, 실용적, 대처능력 좋음, 리더자, 의리파,

단점

급한 성격, 자기중심적 사고

소울 넘버 7의 사람들은 완벽주의자들이며, 탐구하거나 관찰하는 것을 좋아하는 사람이다. 또한 매우 빠르고 민첩하며 정확한 판단력이 있다.

겉으로는 강하고 무심한 듯해도 정이 많은 편이며, 외로움을 많이 탄다.

모험심이 강한 편이며, 자신이 가진 것을 지키기 위해 실용적인 삶을 살아간다.

임기응변과 수완이 뛰어나 상업적인 능력과 사람을 리드하는 능력이 뛰어나다. 자신이나 가족 또는 사랑하는 사람들이 위험에 처하면 주저 없이 물불 안 가리고 달려드는 행동파이기도 하다. 또한 의리 있는 사람들이며, 소유욕이 상당히 강하고 예민한 성격을 지니고 있다.

자기주장이 상당히 강하며 때로는 남들에게 잘 해주고도 욕을 먹는 타입이기

도 하다.

가족을 잘 돌보며 따뜻한 마음을 지니고 있다.

단점으로는 급한 성격과 지나치게 자기중심적인 성향이 있다. 또한 자신이 가진 능력의 에너지를 잘 활용하지 못한다.

이들의 운은 타고난 면이 많이 있어 기본적인 운과 재물운이 좋다. 또한 자신이 가진 것을 잘 지키는 사람들이기도 하다.

이들에게 좋은 컬러로는 밝은 녹색, 밝은 파란색, 흰색이다.

이들의 연애는 정이 많지만, 정작 사랑하는 사람에게는 무심한 편이다. 가끔 연락이 안 되기도 하고, 떨어져 지낼 수도 있다. 물질적인 면보다는 정신적인 교감에 더 집중한다.

이들에게는 소울 넘버 1과 7인 사람들이 좋다.

이들에게 어울리는 직업으로는 경찰, 군인, 공무원, 파일럿, 트레이너, 관리자, 사업가이다.

소울 넘버 NO. 8

성향

    야심가, 타고난 사업가, 조직력, 직선적인 성향, 거침없는 자기표현, 현재를 중시, 순수함, 과대하고 너그러움

단점

    직선적인 말과 행동, 조바심

    소울 넘버 8인 사람들은 야심가이다 조직하고 지휘하길 즐긴다.

    타고난 사업가로 다수의 CEO가 소울 넘버 8에 속해 있다. 이들은 자신과 환경을 잘 다루는 조직력을 가지고 있다.

    이들은 사랑받지 못하는 것을 두려워하며, 늘 사람들에게 인정받으려고 노력한다. 직선적인 성향이고 거침없이 자기 자신을 표현한다. 말에 힘이 있어 차갑게 느껴 질 수도 있고, 본의 아니게 남에게 상처를 줄 수도 있다. 본인은 손해를 안 보려고 하지만, 의외로 손해를 보는 일이 있다.

    약간의 과장과 허풍이 있을 수 있으며, 언제나 현재를 살고 있는 사람들이다.

    관대하고 너그럽다는 말을 듣지만, 이는 사람들에게 인정받고 있을 때의 이야

기이다.

타인의 시선을 의식하면서도 어린아이와 같은 순수함을 지녔고, 칭찬이나 아부에 약한 면도 있다. 또한 거짓말을 못하는 사람들로서 자신의 감정이 고스란히 얼굴에 나타난다.

이들의 단점으로는 야망이 지나쳐 본인 뜻대로 진도가 나지 않을 때, 조바심을 낼 수 있으며, 거침없는 말과 행동이 부메랑이 되어 돌아올 수 있다.

이들은 운은 돈과 상업적인 일에 좋은 판단력을 가지고 있으며, 금융과 물질적인 보상을 받을 수 있다. 또한 프로젝트 계획을 수립하고, 시작하고, 완료하는 훌륭한 관리자로서 성공으로 갈 수 있다.

이들에게 좋은 컬러로는 검은색, 감청색, 회색, 퍼플색이다.

이들의 연애는 사랑하는 사람을 위해 책임과 헌신을 다한다. 일에 몰두할 때는 연애에 소홀해지지만, 사랑하는 사람을 보호하고 안정감을 가져다 준다. 사랑을 하며 어려운 일이 닥쳐도 쉽게 포기하지 않으며, 자신의 사랑을 지켜낸다.

이들은 소울 넘버 1, 2, 4, 5, 7 사람들에게 끌리지만 1, 3, 5, 6인 사람들이 좋다.

이들의 직업으로는 기업가, 사업가, 출판, 은행원, 의사, 간호사, 뷰티산업, 육아 관련, 관리직 등이다.

소울 넘버 NO. 9

성향

   기억력 좋음, 천재성, 4차원, 아이디어 풍부, 강한 봉사정신, 비판적, 분석적, 완벽함 추구, 지적인 호기심, 관대함, 인간적 매력

단점

   게으름, 지나친 걱정,

소울 넘버 9의 사람들은 시이며이 좋고 천재성이 있다. 다른 사람들과 다른 독창적인 생각과 아이디어가 있다. 지혜의 모험가이기도 하다.

   이들은 영적으로 매우 발달되어 있으며, 매우 합리적인 성품이다. 또한 비판적이며 분석적이기도 하다.

   소울 넘버 9의 사람들은 누군가에게 도움을 주고 싶어하는 봉사 지향적인 정신의 소유자이기도 하다.

   높은 기준을 가지고 완벽을 추구하는 성향이 있으며, 그런 면으로 인해 다른 사람들과 마찰을 일으킬 수도 있다.

   지적인 호구심이 강하여 책읽기를 좋아하며, 늘 무언가를 끊임없이 연구하고

인간관계를 결정하는

커뮤니케이션
불변의 법칙

인간 관계를 결정하는
커뮤니케이션 불변의 법칙

2010년 10월 11일 인쇄
2010년 10월 15일 발행

지은이 강정원
디자인 강희연
펴낸이 임종관
펴낸곳 미래북
신고번호 제302-2003-000326호
주 소 서울특별시 용산구 효창동 5-421호
전 화 02-738-1227
팩 스 02-738-1228
이메일 miraebook@hotmail.com

ISBN 978-89-92289-32-0   03320

＊ 책값은 뒤표지에 있습니다.
＊ 저자와 협의하여 인지는 생략합니다.

인간관계를 결정하는

커뮤니케이션
불변의 법칙

강정원 지음

미래북
miraebook

성공은 인간 관계에 따라 좌우되고,
인간 관계는 커뮤니케이션에 의해서 결정된다

인간은 혼자서 살 수 없다. 탄생이 두 사람에 의해서 이루어졌듯이 태생적으로 서로 '관계'를 유지하도록 만들어진 것이다. 또 어려서는 부모와 자식의 관계가 이루어지고, 자라서는 친구, 사제 관계가 형성된다. 결혼을 하면 부부 관계가 맺어지고, 직장에서는 동료, 또는 상사와 부하의 관계가 만들어진다. 그러니까 태어나서 죽을 때까지 끝없이 관계가 만들어지고, 그 관계 속에서 성공과 실패, 발전과 퇴보를 반복하며 살아간다.

그 과정에서 원만하고 좋은 관계를 이루어 나가면 평안과 행복을 누리게 되지만, 그렇지 못할 때에는 많은 갈등 속에서 고민과 고통의 나날을 보내게 된다.

인간에게는 본능적으로 다른 사람들로부터 존경과 흠모를 받고

자 하는 욕망이 있다. 이 욕망 때문에 어떤 고난도 인내하면서 땀을 흘리며 노력하게 된다.

그런데 이런 욕망을 채우고 성공하기 위해서는 무엇보다도 인간 관계에서 성공하지 못하면 어떤 목표도 이룰 수 없다는 데에 심각성이 있다. 설령 부모로부터 많은 재산과 지위를 물려받은 사람이라 할지라도 인간 관계에 성공하지 못하여 사업에 실패하거나 인생 자체를 망가뜨리는 예를 주위에서 얼마든지 볼 수 있다.

이때 절대적으로 요구되는 것이 원활한 커뮤니케이션이다.

커뮤니케이션의 능력이 부족하면 자신의 의사를 제대로 전달하지 못하는 것은 물론 상대를 설득하는 데에 실패하여 소기의 목적을 이루지 못하게 된다. 따라서 인간 관계의 성공에 가장 중요한 것은 커뮤니케이션이다.

본서는 인생에서 성공하고 행복해지는 데 절대적 핵심 요소인 커뮤니케이션에 대해서 논술했다.

부디 많은 독자들이 이 책을 읽고 인간 관계의 중요성을 깨달아 커뮤니케이션의 능력을 키워서 맡은 분야에서, 종사하는 일터에서, 그리고 인생에서 성공하기를 바라는 마음 간절하다.

2010년 10월

필자

CONTENTS

Part 3

좋은 인간 관계를 만드는 비결

Part 8
효과적인 커뮤니케이션의 전제 조건

Part 9
효과적인 커뮤니케이션의 원리

Part 1

성공적인 인간 관계의 전주곡, 커뮤니케이션

01 인간 관계의 의미

삶에서 가장 중요한 것은 원만한 인간 관계를 맺는 것이다

인간은 다른 사람과 함께 '더불어 행복하게 살고자' 어떤 관계를 형성한다. 그래서 관계가 바르게 형성되면 밝은 세상이 열리고, 이상적인 공동체가 만들어지게 된다.

훌륭한 인간 관계는 사람을 살린다. 그러므로 단순히 위로를 나누는 것보다 격려를 주고받는 것이 바람직하다.

동정과 공감은 엄연히 다르다. 동정은 상대를 은근히 얕보는 뜻이 포함되어 있지만, 공감은 대등한 입장에서 서로 격려하는 것이다.

당신을 진심으로 격려할 수 있는 사람은 당신을 이해하는 사람이다. 물론 마음이 따뜻한 사람이 아니면 당신을 격려할 수 없다. 그

런 사람이 주위에 있다면 당신은 행복한 사람이다.

사람은 '삶'에서 나온 말이며, 삶은 '사름'에서 나온 말이다.

사람은 뭔가 '사르는' 존재이다. 이상을 사르고, 뜻을 사르고, 소망을 사른다. 그리고 그것이 사람을 살아 있게 만들고, 힘을 갖게 한다. 문제는 무엇을 어떻게 사르느냐에 따라 삶의 모습이 달라진다.

우리는 흔히 '살림을 잘해야 한다.'고 말한다. 그 말은 '삶을 바로 사는 것'을 의미한다. 서양의 '경제'란 말과 같은 의미이다.

살림살이를 잘하기 위해서는 삶의 길이 무엇인가를 알고, 그에 맞추어 실천해 가야 한다.

삶에서 가장 중요한 것은 인간 관계를 바로 세워 나가는 것이다. 그것은 삶의 목적을 실현하는 중요한 도구이자 자신의 행복을 이웃과 나누며 더불어 살아가는 행위이다.

02 기쁨을 함께 나누는 공존의 마당, 인간 관계

좋은 인간 관계에는 반드시 기쁨이 있다

　우리가 기쁨을 함께 나누는 공존의 법칙을 제대로 실행한다면 인간 관계는 물론이고 조직도 저절로 굴러간다. 그리고 자기 자신의 내면, 즉 이성과 감정이 일치하여 조화를 이루게 된다. 이처럼 조화는 무엇보다도 가장 소중하다.

　동료나 연인, 또는 친구 사이에도 '나도 기쁘고, 너도 기쁘다.'라는 법칙이 뿌리를 내리고 있으면 특별한 탈없이 관계가 원만하게 이루어진다. 따라서 누가 직장 동료가 될지, 혹은 누구와 결혼하게 될지 고민할 경우에는 이 같은 관계가 성립되어 있느냐, 아니냐에 중점을 두고 생각하면 분명히 잘될 것이다. 왜냐하면 기쁨을 만드는 인간 관계가 이루어지기 때문이다.

기쁨은 의욕과 활력의 근원이며, 희망의 원점이다.

희망만 있다면 살아갈 수 있는 존재가 바로 사람이다. 그리고 그 기쁨을 다른 사람들과 나누려고 하는 것이 인간의 보편적인 성향이다.

신기하게도 기쁨은 나누면 그 크기가 무한대로 팽창되어 나누는 사람 모두가 더욱 즐거워진다.

좋은 인간 관계는 반드시 기쁨이 퍼져 나가는 관계이다. 기쁨이 퍼져나갈 때 행복의 원(圓)이 커져 당신도, 주위 사람들도 행복해질 수 있다.

03 성공과 행복의 열쇠, 인간 관계

인생에서 인간 관계는 어떤 것보다 중요하다

누구나 가장 중요한 두 가지를 바라고, 그것을 얻기 위해 노력한다. 바로 성공과 행복이다.

그것은 만인이 시대에 관계없이 바라고 꿈꾸는 이상이다. 누군들 성공하고 싶지 않은 사람이 있으며, 행복을 바라지 않는 사람이 있겠는가?

의사든 사업가든, 세일즈맨이든 샐러리맨이든, 또 남자든 여자든 성공과 행복을 얻기 위해서는 인간 관계에서 성공하지 않으면 안 된다.

그런데 가족, 이성, 친구, 직장에서 상사와 동료 등은 인간 관계의 한 부분이다.

이때 공통분모는 나와 관계를 유지하고 있는 사람들이다.

많은 학자들의 과학적, 심리학적 연구 결과, 이상적인 대인 관계의 방법만 습득한다면 직업에서의 성공률은 85퍼센트이고, 개인의 행복은 99퍼센트가 약속된다는 사실이 증명되었다.

일찍이 미국의 카네기 공과대학에서도 이와 관련하여 1만 명을 대상으로 조사한 바 있다.

그 결과, 기술적 숙련은 성공 요인의 15퍼센트에 지나지 않는데 비해, 개성적 요인, 즉 뛰어난 대인 관계의 능력은 85퍼센트를 넘는다는 결론을 얻었다.

하버드 대학 직업 지도부의 조사에서도 비슷한 결론을 내렸다.

이 조사에 의하면 해고당한 수천 명의 남녀 중에서 대인 관계의 서투름이 원인이 된 사람의 수가 기술상의 실패가 원인이 된 사람의 2배라는 사실이 밝혀졌다.

지금 세계는 점점 좁아지고, 우리들의 경제생활 또한 복잡화, 전문화되어감에 따라 타인은 점점 더 중요한 존재가 되고 있다. 바라든 바라지 않든 간에 타인들에 의해 둘러싸여가고 있는 것이다. 따라서 타인을 계산에 넣지 않고서는 성공이나 행복을 바랄 수 없다.

남보다 성공한 자가 반드시 남보다 머리가 좋고, 더 뛰어난 직업 기술을 가졌다고는 말할 수 없다.

조직에서 가장 비싸게 팔리는 사람이 가장 현명하거나 미인이지는 않다. 또 행복을 누리고 있는 부부라고 해서 반드시 남성적 매력이 넘치거나 미스 코리아 같은 미녀의 결합은 아니다.

어떤 분야에서나 성공한 사람은 인간 관계에 성공한 사람이다. 바꾸어 말하면 인간 관계에서 성공하지 못하면 무슨 일을 하건 성공할 수 없다는 말이 된다.

인간 관계에서 성공하기 위한 중요한 요인의 하나는 커뮤니케이션의 능력이다.

커뮤니케이션이 통하지 않으면 상호간에 의사 전달이 되지 않으며, 자신의 진심을 상대에게 알려 줄 수 없다. 따라서 인간 관계의 중요한 핵심의 하나가 커뮤니케이션이다.

인간은 태어나면서부터 커뮤니케이션을 한다. 태어나자마자 "으앙!" 하는 울음으로 자신의 의사를 표시한다. 그리고 유아기에는 배고프거나 못마땅한 일이 있으면 울음으로 자신의 의사를 나타낸다. 좀더 크면 잘 알아듣지 못하는 옹알이와 함께 손짓 발짓으로 의사를 표현한다. 좀더 성장하면 말로 표현한다.

초등학교, 중학교, 그리고 대학을 졸업하면서 점차 커뮤니케이션의 능력이 발전된다. 성인이 되면 커뮤니케이션의 능력이 최고조에 이른다. 그리고 사회생활을 하면서 분야에 따라 커뮤니케이션의 중요도가 조금씩 차이가 나지만, 그 능력은 절대로 요구되고, 이 능력의 차이에 따라 직장에서의 운명이 바뀐다.

커뮤니케이션이 중요한 이유

그러면 커뮤니케이션이 왜 그토록 중요할까?

인간은 혼자서 살아갈 수 없는 '사회적 존재'이므로 대인 관계를 원활히 유지하려면 어떤 형태로든 커뮤니케이션을 해야 한다. 마치 먹고살기 위해 식량을 필요로 하는 것처럼, 자신을 둘러싼 환경과의 관계를 유지하기 위한 수단으로 커뮤니케이션이 필요한 것이다. 커뮤니케이션 의사가 전혀 없을 때에는 얼굴을 찡그리거나 상대방의 시선을 피하는 식의 커뮤니케이션이라도 하는 것이 정상이다.

어떤 형태로든 커뮤니케이션을 하지 않으면 사신의 의사를 알릴 수 없다. 그만큼 커뮤니케이션은 일상생활에서 지배적인 부분을 차지한다. 우정을 쌓는 것이나 인간 관계를 만드는 것, 그리고 세상 돌아가는 모습을 파악하는 것도 커뮤니케이션 없이는 불가능하다.

커뮤니케이션은 목적을 이루기 위해 필요하다

인간 관계를 유지하는 이유는 상황에 따라서, 혹은 상대에 따라서 달라질 수 있다.

우리는 이기적이거나 이타적인 이유, 감성적이거나 관념적인 이유, 때로는 지극히 물질적인 이유로 다른 사람과 교류하며 문제들을 해결하려 애쓰는데, 이때 커뮤니케이션이 필요하다.

커뮤니케이션의 종류는 매우 다양하다. 간략하게 말하면 소집단에서의 토의와 회의, 신문을 읽거나 TV를 시청하는 것, 이메일이나 채팅으로 낯선 상대방과 대화하는 것, 전화로 업무를 처리하는 것, 외국을 여행하다가 길을 묻는 것, 사랑하는 사람과 밀어를 속삭이는 것 등 커뮤니케이션은 다양한 상황에서 여러 가지 목적을 위해 이루어진다.

커뮤니케이션은 여러 가지 변수에 따라 달라지는 바, 이는 커뮤니케이션의 특성이기도 하다.

그러면서도 다른 한편으로는 이러한 상황에 따라 설명할 수 있는 '대원칙'이 있다. 즉 인간이 행하는 모든 종류의 커뮤니케이션은 다른 생물체와 구별되어 '인간 커뮤니케이션'이라는 범주 내에서 이루어지는 것이다.

o5 인간 관계는 커뮤니케이션을 배우는 과정이다

모르는 것이 있으면 아랫사람에게도 배워야 한다

앞장에서 말했지만, 인간은 성숙되면서 커뮤니케이션 능력도 함께 발전한다. 그러나 인간이 인간의 능력에는 한계가 있는 법이다. 따라서 신(神)이 아닌 다음에야 세상사를 모두 아는 것은 불가능하다. 그런데도 많은 사람이 자신이 언제나 옳다는 식으로 자신의 잣대만으로 세상을 판단하는 우를 범한다. 특히 새로운 지식은 배우지 않으면 모르는 것이 당연한데도 배우려는 노력은 기울이지 않고 그저 기존의 지식만으로 판단하려 든다.

박사학위를 가진 사람이라 해도 자신의 분야에서 전문가라는 뜻이지 세상의 모든 것을 다 안다는 의미는 아니다. 따라서 모르는 것이 있다면 누구에게든 물어보는 것이 흠이 될 수 없다. 하지만 우리나라 사람들은 권위적인 '체면문화'에 젖어 이런 자세가 부족하다. 모르는 것을 모른다고 솔직하게 인정하는 것을 부끄럽게 생각한다. 상대방이 무식하다고 생각할까 봐 두려워하기 때문이다.

아는 척하면 상대의 도움을 구할 기회를 잃는다

물론 모르는 것을 아는 척하고 넘어갈 수도 있지만, 그로 인해 잃는 것이 너무 많다. 아는 척하면 더 배울 기회를 놓치게 되고, 스스로 솔직하지 못한데 대해 자책감을 느끼게 되며, 상대와 친해질 수 있는 기회도 잃게 된다.

이렇게 말하는 필자도 젊었을 때에는 알지 못하는 것을 모른다고 인정하는 자세를 보이지 못했다. 서 푼 자존심 때문이었다.

처음에는 얼떨결에 모른다는 것을 인정하지 못했다. 그런 시행착오를 겪은 후, 이제는 모르는 것을 모른다고 솔직하게 인정하는 용기가 생겼다. '모르는 것이 있다' 는 것은 당연한 일이다. 한번 그렇지 않은 듯 행동하고나면 그 뒤에는 악순환이 이어진다.

모르는 것이 있으면 솔직히 인정하고 배움을 구하라. 모르는 것이 있으면 아랫사람에게도 묻는 것이 커뮤니케이션을 위한 효과적인 자세다.

우리가 사는 지금의 시대는 비록 대통령의 말이라고 해도 그것
이 바르지 못하면 엄청난 논쟁을 일으킨다. 또 어떤 기업이 잘못을
저지르면 사회단체나 네티즌들이 그 기업의 제품에 대해서 불매운
동을 벌이기도 한다.

우리는 정부뿐만 아니라 많은 기업들이 적절치 못한 커뮤니케
이션으로 갈등과 물의를 일으키는 경우를 자주 접하게 된다.

개인 차원에서도 마찬가지다. '말 한마디가 천 냥 빚을 갚는다.'
거나 '어 다르고 아 다르다.'의 속담은 커뮤니케이션의 중요성을 강
조한 고전적인 표현들이다.

커뮤니케이션은 전략적이고 효율적으로 활용할 수 있는 일종의

법칙이다. 즉 커뮤니케이션 능력은 인간 관계를 총체적으로 아우르는 윤활유이자 전략적 수단인 것이다.

성공한 사람들의 핵심 경쟁력이 된 커뮤니케이션의 능력

커뮤니케이션 능력은 전문성, 실력, 운, 정치력, 리더십 등의 고지를 넘어 성공한 사람들의 핵심 경쟁력이기도 하다.

그렇다면 훌륭한 커뮤니케이터란 어떤 사람일까?

첫째, 선의와 진심, 즉 진정성을 상대방에게 훌륭하게 전달할 수 있는 사람이다.

두 번째는, 상대를 제대로 이해하고, 자신의 표현방식이 상황에 미칠 역학관계를 가늠할 수 있는 사람이다.

세 번째는, 자신이 의도한 메시지를 정확히 그리고 효과적으로 전달할 수 있는 화술을 갖춘 사람이다. 거기에 유머와 여유까지 갖춘다면 금상첨화일 것이다. 이렇게 커뮤니케이션 능력은 종합예술에 비유할 수 있을 정도로 복합적인 능력이다.

그렇다면 커뮤니케이션 능력을 좌우하는 핵심 요소는 무엇인가?

가장 중요한 것은 실력이다. 경험이 뒷받침된 실력이야말로 커뮤니케이션의 재료인 콘텐츠이다. 따라서 실력이 없으면 콘텐츠가 빈약해지는 건 당연하고, 훌륭한 커뮤니케이터가 될 수 없다.

인간 관계
형성의
12가지
기본 원칙

01 만남의 원칙

자주 만날수록 우정도 깊어진다

우리는 수많은 사람을 만나고 헤어지는 과정 속에서 살아가고 있다. 그 중에는 일생동안 잊지 못할 만남이 있을 것이고, 이와 반대로 영원히 잊고 싶은 만남도 있을 것이다.

인간 관계의 시작은 만남에서부터 시작된다. 우연이든 의식적으로 만들어진 것이든, 만남은 인간 관계의 시작이자 출발이다.

웬만해서는 바뀌지 않는 첫인상

첫인상이 중요하다는 말을 자주 듣는다. 물론 시간이 흐르면서 첫인상이 달라지는 경우도 있지만, 대개는 첫인상이 그대로 유지된다. 이것을 잘 아는 사람은 첫인상을 좋게 보이려고 노력한다.

인간 관계에서 성공하는 사람들은 보통 첫인상이 좋다. 이는 과학적으로도 증명되고 있다.

연구 결과에 따르면 첫인상이 형성되는 시간은 약 4초 정도라고 한다. 이러한 사실은 첫인상이 형성되는 근거를 알고, 자신의 약점을 보완하면 첫인상을 좋게 할 수 있다는 얘기가 된다.

첫인상을 결정하는 것은 첫눈에 들어오는 생김새나 복장, 표정, 말투 등 극히 제한적인 정보다. 문제는 한번 형성된 첫인상은 여간해서 바꾸기 어렵다는 데 있다.

첫인상이 쉽게 바뀌지 않는 이유는 초기 정보가 후기 정보보다 훨씬 중요하게 작용하기 때문이다. 이를 두고 심리학에서는 '초두효과(Primary Effect)'라고 한다.

예를 들어 '첫인상이 좋은 사람이 머리도 좋다'라는 말을 들으면, 우리는 첫인상이 좋은 사람을 현명한 사람이라고 판단한다. 그러나 '첫인상이 나쁜 사람이 머리가 좋다'는 말을 들으면, 첫인상이 좋은 사람을 교활한 사람으로 판단한다. 이처럼 처음의 정보가 나중에 들려오는 정보처리의 기초가 되고, 전반적인 맥락을 좌우하는 것을 심리학에서 '맥락효과(Context Effect)'라고 한다.

초두효과와 맥락효과에 의해 한번 형성된 첫인상은 웬만해서는 바뀌지 않는다. 따라서 처음으로 누군가를 만날 때는 첫인상의 중요성을 알고, 그것을 좋게 만들려는 노력을 해야 한다.

좋은 인상을 갖기 위한 조건

아주대학교 심리학과 이민규 교수는 『끌리는 사람은 1%가 다르다』라는 자신의 저서에서 좋은 인상을 유지하려면 다음의 세 가지를 유념하라고 조언한다.

- 첫인상은 사진처럼 한번 박히면 바꾸기가 어렵다는 점을 명심해야 한다. 따라서 평소에 좋은 첫인상을 남기기 위한 노력을 기울여야 한다. 옷매무새나 표정, 어투 등 스스로를 점검한 다음 단점을 보완하고 장점을 강화하려는 노력이 필요한 것이다.

- 좋은 행동을 하기보다는 나쁜 행동을 하지 않으려고 애써야 한다. 나쁜 행동이 상대에게 주는 첫인상의 강도가 좋은 행동보다는 훨씬 크기 때문이다. 인간의 심리에서 부정적인 정보가 긍정적인 정보보다 인상 형성에 더 강력하게 작용한다.

- 한번 나쁜 인상을 주었다면 그 몇 배의 좋은 행동을 보여 주어야 한다. 잘못된 첫인상을 개선하려면 지속적으로 좋은 행동을 보여 주어 나쁜 인상을 없애야 한다.

인상이 좋은 사람은 그렇지 않은 사람보다 성공할 확률이 훨씬 높다. 성공한 사람이라서 인상이 좋은 것이 아니라, 성공하기 전에 인상을 좋게 하려는 노력을 기울였기 때문에 성공한 것이다.

인상은 밝게 가꾸면 가꿀수록 더욱 좋아진다. 따라서 성공하고 싶다면 지금부터라도 인상을 개선하려는 노력을 기울일 필요가 있다.' 그냥 생긴 대로 살지'라고 말하는 것은 성공을 포기하는 것과 같다.

외모도 중요한 커뮤니케이션 요소

간혹 '남이 어떻게 보든 무슨 상관이니? 나만 편하면 되지.'라고 말하는 사람들을 볼 수 있다. 물론 다른 사람을 신경 쓰지 않고 살아가도 되는 사람이라면 상관 없을지도 모른다. 이는 자신을 어떻게 보느냐에 따라 자신의 커뮤니케이션이 효과적일 수도 있고, 그 반대일 수도 있다는 의미다.

외모는 중요하지만 바꿀 수 없는 천부적인 요소다. 그러나 옷차림이나 행동거지는 어떻게 하느냐에 따라 느낌이 전혀 달라질 수 있는 변동요소이므로 노력이 필요하다. 인상을 좋게 바꿀 수 있다면 그것은 노력할 만한 충분한 가치가 있는 것이다.

상대방을 처음 만나 평가할 때 무엇보다 중요한 것은 그 사람의 외모와 복장이다. '옷이 날개'라는 말처럼 복장만 바꿔도 그 사람의 이미지나 분위기는 많이 달라진다. 심지어 옷에 따라 행동까지도 바뀌는 경우가 있다. 자신도 모르게 복장에 맞게 행동하는 것이다. 예를 들어 정장을 입으면 은연중에 점잖게 행동하려는 경향을 보인다. 따라서 누군가를 설득하려면 그 상황에 맞는 복장을 갖춰 입는 것이 좋다.

심리학자 비크맨은 권위적인 복장만으로도 사람을 순한 양처럼 만들 수 있다는 것을 실험으로 보여 주었다. 그의 실험은 아주 단순하다.

'길을 건너는 행인에게 길에 떨어진 휴지를 주우라고 두 사람이 지시한다. 지시하는 사람 중 한 명은 평상복을 입었고, 다른 한 명은 경찰복을 입었다. 그런데 평상복을 입은 사람이 지시를 하면 사람들은 그 지시를 따르기는커녕 미친 사람 취급을 했지만, 경찰복을 입은 사람의 지시에는 의외로 많은 사람이 순순히 따랐다.'

이처럼 권위를 상징하는 복장에 따라 사람들의 반응이 달라지는 것을 심리학에서 '권위의 효과'라고 한다. 바로 이러한 효과 때문에 고대의 왕들이 화려하면서도 위엄이 있는 복장을 갖춰 입었던 것이다. 그러나 자신에게 어울리지 않는 화려한 복장이나 지나치게 사치스러운 옷은 오히려 위화감을 조성하여 득보다 실이 많을 수도 있다는 것을 염두에 두어야 한다.

처음 대면할 때, 최초의 15초에 신경 써라

스칸디나비아항공 회장 얀 칼슨은 적자를 면치 못하는 자기의 회사를 흑자 경영으로 돌려 놓은 경영의 귀재이다.

그는 회장으로 취임한 첫날, 직원들을 모아 놓고 제일 먼저 이렇게 말했다.

"여러분, 우리 회사가 적자에서 흑자로 돌아서느냐, 아니면 이대로 파산하느냐는 여러분에게 달려 있습니다. 저는 여러분에게 한 가지만 부탁하겠습니다. 고객과 처음 만날 때 더도 말고 덜도 말고 15초만 신경을 쓰라는 것입니다.

고객은 서비스 종사자들과 처음 대면했을 때 제대로 서비스를 하는지 그렇지 못한지를 첫눈에 판단합니다. 따라서 처음 15초 동안 특별히 신경을 써서 고객을 대하면 그 고객은 서비스가 좋다고 판단하고 매력을 느끼게 될 것입니다."

고객과 처음 대하는 15초는 진실의 순간이다. 만약 어떤 고객을 15분이나 바라본다면 그 고객은 오히려 이상하게 생각할 것이다. 고객에게 좋은 인상을 심어주는 데는 짧은 순간이 효과적이다. 단 그 짧은 순간이 '처음'이어야 한다.

얀 칼슨은 이 진실의 15초 순간에 고객을 사로잡아야 고객들이 계속해서 스칸디나비아항공을 이용할 것이라고 역설했다.

종업원들이 그의 말대로 하자 그 효과는 엄청났고, 결국 스칸디나비아항공은 흑자로 돌아섰던 것이다.

진실의 순간은 비단 스칸디나비아항공회사에만 적용되는 것은 아니다. 모든 서비스업에서 도입할 수 있고, 성공하기 위해서는 도입해야만 한다.

진실의 순간이 꼭 15초 이어야만 하는 것은 아니다. 고객과 처음 접하는 1~3초만이라도 미소를 지어 보아라. 미소를 짓기 어렵다면 상양한 목소리로 "어서 오십시요!"라고 말해 보라. 당신도 그 효과를 체험하게 될 것이다.

우연을 가장하고라도 자주 만나라

평범했던 사람이 어떤 한 사람을 만나 삶이 극적으로 변한 예는 우리 수위에서 얼마든지 볼 수 있다.

그런데 처음 만남이 그대로 끝나지 않고 새로운 인간 관계 형성의 출발점이 되기 위해서는 상대로 하여금 당신에게 호감을 느끼게 해야 한다. 그러기 위해서는 먼저 상대를 반가워하는 태도로 만나야 한다.

반갑게 만나면 좋은 인상을 주게 되고, 무관심한 태도를 보이거나 무시하는 표정을 보이면 좋은 만남이 되지 못한다.

상대와 깊은 인간 관계를 형성하고자 한다면 자주 만나라. 어떤 이유에서든 상대를 자주 만나면 그 사람에 대한 애정과 우정이 깊어지게 마련이다.

함께 여행이나 캠핑을 가서 밤새도록 대화를 나누거나 식사를 하게 되면 자연히 속마음을 드러내게 된다. 그런 과정에서 서로에게 끌리게 되고, 오래 계속하다 보면 인간 관계는 더욱 깊어진다.

상대와 친밀한 관계를 맺기를 원한다면 우연을 가장하고서라도 자주 만나라.

여기서 주의할 것은 두 사람 간의 관계가 깊어졌다고 해도 어느 정도의 거리는 두어야 한다는 점이다. '사랑할수록 거리를 두라.'는 말이 있듯이 가까워질수록 일정한 거리를 두는 것이 필요하다.

지속적인 만남의 효과

사람을 자주 만나다 보면 처음의 서먹함이 사라지고 친해지면서 결국 정이 들게 된다. 그렇게 밉던 시어머니도 돌아가시고 나면 보고싶어지는 법이다. 자주 접함으로서 정이 들었기 때문이다.

처음에는 어색하기만 하던 회사의 로고도 자주 보면 익숙해지고 기억에 남게 된다. 물론 나쁜 기억으로 남게 되는 경우도 있지만, 대부분은 오랫동안 보는 사이 익숙해져 정이 든다. 이런 현상을 '단순노출 효과(Mere Exposure Effect)' 혹은 '에펠탑 효과(Eiffel Tower Effect)'라고 한다. 에펠탑이 처음 세워질 무렵에는 대부분의 프랑스 국민이 반대를 했지만, 시간이 흐르면서 에펠탑이 파리의 명소가 된 것에 비유한 것이다.

처음에 프랑스 국민은 역사적인 도시에 흉물스러운 철탑이 우뚝 솟아 있는 것을 보기 싫어했다. 그러나 눈만 뜨면 보이는 에펠탑에 서서히 정이 들면서 마침내 애정을 갖게 된 것이다.

선거 때면 정당에서 방송에 많이 노출된 사람을 영입하려는 것도 이러한 노출효과의 덕을 보기 위해서이다.

이것은 개개인의 인간 관계에서도 마찬가지다. 사람은 가깝게 있을수록 친해지는 것이다. 속담에 '이웃사촌이 먼 친척보다 낫다'는 말이 있듯, 자주 보고 대하는 사람이 커뮤니케이션 효과를 보기 때문에 더 가까워진다.

가까이 있는 사람이 더 친해지는 것을 '근접성의 효과(Proximity Effect)'라고 한다. 따라서 가까이 하고 싶은 사람이 있다면 자주 눈에 띄는 것이 좋다. 직장에서 CEO 주변에 있는 사람이 멀리 떨어져 있는 사람보다 승진할 확률이 높은 것과 마찬가지다.

어쩔 수 없이 멀리 떨어져 있어야 하는 상황이라면 의도적으로 자주 커뮤니케이션을 하는 것이 유리하다. 편지를 쓰거나 전화를 해도 좋고, 직접 찾아가는 것도 바람직하다. 이것은 고객과의 관계에도 적용된다. 공략하고 싶은 고객이 있다면 그 고객 앞에 자주 나타나는 것이 유리하다. 소위 '눈도장을 찍는다.'는 것은 바로 노출효과를 높이는 과정이다.

노출효과를 높이는 가장 좋은 방법은 직접 대면하는 것이지만,

그럴 상황이 아니라면 다른 커뮤니케이션 방법을 동원해서라도 높여야 한다.

사람과의 관계를 형성할 때, 반드시 기억해야 할 점은 아쉬울 때만 찾지 말고 지속적인 만남을 유지해야 한다는 것이다. 꾸준히 관계를 이어가려는 노력이 필요하다는 얘기다. 평소에는 전화 한 통안 하다가 어려울 때에만 아쉬운 소리를 하려고 연락하는 사람을 누가 좋아하겠는가. 고객이든 친지든 평소에 꾸준히 접촉하는 것이 좋다.

지속적으로 관계를 유지하고자 하면 자주 편지를 쓰고, 먼저 전화를 하라. 자주 커뮤니케이션을 하면 친해지게 마련이다. 노출효과를 극대화하는 것이다.

o2 접촉의 원칙

상대와 함께할 수 있는 공간을 넓혀라

당신이 상대와 보다 건전한 인간 관계를 확대하려고 한다면 서로의 관심이 공통되고 대화의 주제가 될 수 있는 접촉점에 시간과 노력을 투자하는 것이 중요하다. 접촉점을 잘못 전하거나 당신의 의견을 상대에게 일방적으로 강요한다면 원만한 커뮤니케이션이 이루어지지 않는다.

만일 상대가 당신의 윗분이거나 고객일 때에는 그의 취미나 기호를 알아서 그것을 공부하고 연구한 후에 그와의 커뮤니케이션을 시도한다면 그와의 관계가 쉽게 이루어질 것이다. 커뮤니케이션 과정에 상호간에 공통분모가 있으면 대화가 부드럽게 풀리기 때문이다.

'점심효과'를 통한 대인 관계 발전

'점심효과'란 점심을 함께 먹으면 더 친해진다는 의미다. 다시 말해 식사를 함께하는 기회를 많이 가질수록 더 친해질 수 있다. 혼자 밥을 먹는 사람은 그만큼 다른 사람과의 커뮤니케이션 기회를 상실해 인간 관계를 맺는 데 뒤진다. 그래서 '부자가 되려면 부자들과 식사를 하라.'는 책도 나와 있다.

사람이 음식을 먹을 때는 마음이 여유롭고 너그러워진다. 즉 마음이 열리는 것이다. 따라서 밥을 함께 먹는 자리는 마음을 터놓고 대화할 수 있는 기회가 된다. 먹거나 마시면서 이야기를 하면 그냥 앉아서 대화하는 것보다 훨씬 더 가까워질 수 있다. 이는 상대방에 대한 호감이 늘어나기 때문이다.

필자 역시 매주 점심, 저녁 약속을 미리 정한다. 함께 식사하면서 원하는 정보와 지식들을 습득하고, 그 분야의 이야기들을 듣는 것이다.

동서고금을 막론하고 먹고 마시고 춤추는 자리에서 화해가 더 잘 이루어지는 이유는 뭔가를 받으면 그만큼 베풀어야 한다는 '상호상의 심리'가 작용하기 때문이다.

그러나 매일 식사를 함께 한다는 것은 어려운 일이다. 그러므로 약속은 미리 잡아 놓도록 하고, 약속이 없는 날은 일부러라도 주변 사람과 함께 식사를 하는 습관을 기르는 것도 좋다. 다만 주말만큼은 철저하게 가족과 함께해야 한다.

식사자리를 최대한 활용하라

식사를 하는 시간은 사람들에게 편안함과 친근감을 느끼게 하는 소중한 순간이다. '밥 한끼 같이 합시다.'라는 말에는 단순히 밥을 함께 먹자는 것이 아니라 친교의 시간을 갖자는 의미가 담겨 있다. 사람은 누구나 식사를 하는 자리에서 동질감을 더욱 강하게 느낄 수 있기 때문이다.

만약 바쁘다면 아침식사 시간을 활용하는 것도 한 방법이다. 아침식사 시간에 사람을 만나면 상쾌한 기분으로 마음을 나눌 수 있기 때문에 비즈니스맨에게 특히 유용하다. 바쁜 일과 중에 일부러 시간을 내시 않아도 되고, 마음이 평온한 상태이기 때문에 의사 소통이 원활하게 이루어지게 되는 것이다.

누구와도 편안하게 활용할 수 있는 시간이기는 하지만, 시간이 제한되어 있기 때문에 집중적으로 사업 이야기를 하기엔 충분하지 못할 수도 있다. 그래도 가능한 한 식사자리를 활용하는 것은 좋은 방법이다.

'혼자 밥 먹지 말라.'는 말은 다른 사람과 식사를 하는 습관이 비즈니스를 떠나 정보 교환과 인간 관계를 지속하는 데 필요하다는 의미에서 나온 말이다.

저녁식사 자리도 좋다. 하루를 끝낸 상태이기 때문에 여유롭고 편안하게 술 한잔을 곁들이면서 깊은 대화를 나눌 수도 있다. '열 번 전화하는 것보다 한번 보는 것이 낫고, 열 번 만나는 것보다 한번 식사하는 것이 낫고, 열 번 식사하는 것보다 한 번 술자리를 갖는 것이 낫다.'라는 말이 있다. 술 한잔을 나누는 자리는 인간 관계를 한 단계 업그레이드 할 수 있는 기회가 된다. 다만 술자리에서 실수하는 사람이 종종 있는데 그것은 오히려 만나지 않는 것만 못한 결과를 낳게 되므로 주의해야 한다. 술자리는 즐기되 술로 인한 실수는 하지 않도록 자신을 관리하는 자세가 필요하다.

식사시간을 잘 활용하는 것은 보다 능률적인 자기 관리이며, 철저한 자기 관리를 통해 인간 관계를 확실하게 다지는 것은 당신의 몫이다.

o3 매력의 원칙

끌리는 매력에 따라 인간 관계가 달라진다

매력은 상대방과 관계를 맺고 싶어하는 마음을 일으키는 원동력이 된다. 즉 매력을 느끼는 순간부터 관계가 시작되는 것이다. 매력은 그 사람에 대한 감정을 호감으로 바꾸게 만드는 요소가 된다. 매력을 느끼면 상대를 좋아하고 그와 가까이 하고 싶어진다.

매력에는 다음과 같은 것이 있다.

- 신체적 매력: 사람들은 신체적으로 매력적인 사람을 좋아한다. 특히 오늘날 젊은이들 사이에서는 몸짱으로 통한다. 몸짱에 대한 매력은 여성들에게 두드러진다.

- 사회적 매력: 사회적으로 인기 있는 사람, 즉 연예인이나 운동선수, 유명 작가가 인기를 끄는 것은 이 때문이다.

- 과업적 매력: 일을 처리하는 방식이나 그가 이루어 낸 성취가 마음에 들어 매력을 느끼는 것을 말한다. 이런 매력을 가진 사람을 젊은이들은 '얼짱'이라고도 한다. 직장에서는 맡은 일을 실수 없이 잘 처리해 내는 사람을 말하기도 한다.

당신의 매력은 어디에 있는가?

누구에게나 끌리는 대상이 되라

자신이 다른 사람에게 좋게 알려지는 것을 싫어하는 사람은 없다. 또한 이름이 널리 알려진 사람과 함께 하는 것을 싫어하는 사람도 없다. 그렇다면 사람들은 왜 강하고 예쁘고 매력적이고 널리 알려진 사람을 좋아하는 것일까? 그것은 그런 사람 가까이에 있으면 얻는 것이 많기 때문이다.

미인이나 잘 생긴 사람은 보고만 있어도 기분이 좋다. 강한 사람과 친하면 무언가를 얻게 된다. 사람들이 보상을 제공할 수 있는 대상에게 호감을 느끼는 것을 심리학에서 '단순보상의 효과'라고 한다.

일반적으로 잘난 사람과 함께 있으면 자신의 주가도 덩달아 올라간다고 생각하는 경향이 강하다. 그래서 그런지 유명 인사와 함께 사진을 찍으려고 하는 사람이 많다. 그 사람과 함께 찍은 사진을 걸어 놓고 있는 것 자체만으로도 그의 영향을 받는 것 같은 느낌이

들고, 다른 사람에게 과시할 수 있는 계기가 되기 때문이다. 이처럼 매력적이고 힘 있는 사람과 함께 있는 사람의 사회적 지위나 가치를 높게 평가하는 것을 '방사효과'라고 한다.

남성이 신체적으로 매력적인 여성을 선택하는 것이나 여성이 유능한 남성을 선택하는 이유는 그것을 통해 단순보상뿐 아니라 자신의 지위를 과시하거나 주가를 끌어올릴 수 있다고 생각하기 때문이다. 따라서 우리는 다른 사람에게 끌리는 대상의 사람이 되고자 노력할 필요가 있다. 외모가 출중해야만 타인의 주목을 받을 수 있는 것이 아니다. 다른 사람을 끄는 데에는 경쟁력 있는 경우가 많으므로 무엇보다 경쟁력을 높이기 위해 노력해야 한다.

사람들이 성공한 사람, 힘 있는 사람, 인기 있는 사람과 함께 어울리고 싶어하는 또 다른 이유는 '근묵자흑(近墨者黑)'이나 '유유상종(類類相從)'의 개념을 의식하기 때문이다. 어떤 한 사람을 평가할 때, 그가 누구와 관계가 있고 또한 어울리는가는 중요한 판단척도가 되는 것이다.

성공한 사람, 힘 있는 사람, 인기인과 관계가 있다는 것을 통해 자신의 이미지를 높이는 것을 '반사된 영광 누리기'라고 한다.

누구에게나 끌리는 사람이 되려는 노력은 그만큼 그 사람을 키워 주는 효과가 있다. 반대로 남들이 거리를 두고자 하는 사람이 되면 이미 실패의 길로 들어서고 있다고 할 수 있다. 따라서 주변에 자신과 가까워지려고 하는 사람이 많은지 아니면 거리를 두고자 하는 사람이 많은지를 살펴보고, 가까워지려고 하는 사람이 많아지도록 스스로 노력을 기울여야 한다. 미래는 자신의 노력에 의해 바뀌는 것이다.

자신만의 매력을 만들어라

세일즈맨이거나 비즈니스맨이라면 고객에게 자신만의 매력을 보일 때, 목적을 달성하기가 쉽다.

고객은 아이와 같다. 때문에 당신의 관심과 애정을 느끼고 싶어 하고, 더 나아가 당신을 독점하고 싶어한다.

자신과 이야기할 때에는 당신이 완전히 몰입해 주길 바란다. 당신의 시선이 자신을 벗어나 다른 곳으로 향하는 순간, 고객은 배신당한 연인처럼 지독한 모멸감을 느끼게 된다. 그래서 매몰차게 등을 돌리고 떠나가는 뒷모습을 보일 것이다.

이처럼 관심과 애정을 갈구하는 어린아이 같은 고객을 붙잡는 방법으로는 무엇이 있을까? 그것은 오직 하나뿐이다. 오직 고객만을 바라보고, 고객만을 위한다는 것을 보여 주는 것이다.

그리고 고객을 변화시키기 위해서는 우선 당신부터 달라져야 한다. 상대의 매력을 찾는 것도 중요하지만 우선 당신의 매력을 만들어야 한다.

이제 두 가지 질문을 당신 자신에게 던져 보자.

❶ '나는 고객의 시선을 잡아끌 만한 매력적인 상대인가?'

당신의 말을 듣지 않는 고객은 그만큼 당신에게 매력을 못 느낀다는 반증이다. 고객의 태도에 짜증을 내기 전에 우선 당신 자신을 돌아보는 것이 중요하다.

당신이 상대방에게 매력적인 상대로 보일 만하다면, 즉 고객의 문제에 관심을 기울일 준비가 되어 있다면, 이제 시선을 외부로 돌려 두 번째 질문을 던져 보자.

❷ 고객과의 대화를 방해하는 무엇이 있는가?

시끄러운 휴대폰 소리, 잡음, 불편한 의자, 너무 덥거나 추운 실내 등의 환경들이 대화의 몰입을 방해하지 않는지 돌아보고 대화의 장애물을 미리미리 제거해야 한다. 고객은 대화에 열중할 수 있는 분위기를 원한다. 주위가 산만하면 고객은 절대 속마음을 털어놓지 않는다.

"허심탄회하게 한번 말해봅시다."

이런 말이 나오는 자리치고 허심탄회한 대화를 들은 적이 없다. 그만큼 자연스럽게 집중할 수 있는 분위기가 필요하다.

04 유사성의 원칙

서로 유사한 점을 발견하면 빨리 가까워진다

상대방을 처음 만났을 때, 자신과 유사한 점을 발견하면 빨리 친해질 수 있다. 같은 고향, 같은 학교, 같은 지역 등 동질감을 느낄 수 있는 요소가 있으면 그렇지 않은 사람보다 빨리 가까워질 수 있는데 그 이유는 심리적으로 서로 비슷한 점을 지닌 사람에게 호감을 느끼기 때문이다. 이를 '유사성의 원칙'이라고 한다. 단적인 예로 미국 신혼부부의 99퍼센트 이상이 같은 인종과 결혼했으며, 94퍼센트가 같은 종교를 가지고 있는 것으로 조사되었다.

비슷한 사람끼리 잘 모이게 된다는 '유유상종'이나 같은 병을 앓는 사람이 서로를 잘 이해한다는 '동병상련(同病相憐)'은 '유사성의 원리'와 밀접한 관련이 있다.

아주대 이민규 교수에 따르면 여기에는 네 가지 이유가 있다고 한다.

첫째, 누군가가 자신과 비슷한 행동을 한다는 것은 자신이 '옳다'는 증거가 되기 때문이다.

둘째, 비슷한 태도나 취향을 지닌 사람은 서로의 행동을 보다 쉽게 예측할 수 있고, 예측 가능한 사람과 함께 있을 때 스트레스를 덜 받기 때문이다.

셋째, 자신과 비슷한 사람을 싫어하는 것은 곧 자신을 싫어하는 것이 되므로 자신과 비슷한 사람을 좋아하게 된다.

넷째, 사람은 자신과 공통점이 없는 사람에 대해서는 반감을 느끼는 경향이 있다. 심리학에서는 이를 두고 '반감가설'이라고 한다.

이러한 유사성의 원리를 이해하고 활용하면 커뮤니케이션에서 유리한 위치에 설 수 있다. 어쨌든 누군가와 좋은 관계를 유지하려면 공통 분모를 찾아 내는 것이 필요하다.

그런데 애써서 상대방과 자신의 다른 점을 찾아 내려는 사람이 있다. 그 사람과 멀어지겠다고 작정하지 않았다면 그런 자세는 곤란하다.

유사성의 원리

역사적으로 커뮤니케이션을 통해 많은 친구를 사귄 것으로 유명한 사람 중 하나가 미국의 루스벨트 대통령이다. 그를 만난 사람은 누구나 예외 없이 그로부터 존중받았다는 느낌과 함께 박학다식한 사람이라는 느낌을 받았다고 한다. 루스벨트 대통령이 이런 평가를 받게 된 이면에는 그의 끊임없는 노력이 있었기 때문이다.

그는 누군가와 만날 약속이 있으면 사전에 그가 어떤 사람인지, 직업과 취향은 어떤지 파악하여 대화를 나눌 수 있는 정보를 확보했다. 그는 상대방의 마음을 사로잡으려면 먼저 공통분모부터 찾아야 한다는 것을 알았던 것이다. 많은 사람이 골프를 좋아하고 그것이 사람 사귀기에 적당한 취미라고 평가받는 이유는 넓은 자연에 나가 함께 걸으며 서로의 공통분모에 대한 이야기를 나눌 수 있기 때문이다. 한마디로 말해 '유사성의 원리'가 잘 적용되는 것이다. 동호회 활동을 하는 사람들끼리 쉽게 친해지는 것도 마찬가지 이치다.

따라서 상대방을 만나 대화를 나누고, 효과적인 커뮤니케이션이 이루어지도록 하려면 다음의 세 가지를 지키는 것이 좋다.

첫째, 사전에 상대방에 대한 정보를 최대한 확보한다.

둘째, 대화 중에 취미, 고향, 출신학교 등 상대방과의 공통점을 찾기 위해 노력한다.

셋째, 공통점이 없다면 그때부터라도 공통점을 만들도록 한다. 이것도 창조행위의 하나다.

끊임없이 이런 노력을 기울인다면 훌륭한 커뮤니케이터가 될 수 있을 것이다.

o5 호감의 원칙

커뮤니케이션을 통해 호감을 느끼도록 하라

누구를 처음 만났을 때 호감을 갖게 되면 인간 관계가 이루어진다. 만약 당신이나 상대가 서로에 대해서 호감을 느끼지 못하면 인간 관계가 이루어지지 않는다. 따라서 상대와 인간 관계를 이루기 원한다면 호감을 갖도록 해야 한다.

호감에는 만나는 순간 인상이나 태도에서 생기는 호감과 서로 커뮤니케이션을 통해서 만들어지는 호감, 그리고 일반적인 인간 관계에서 일어나는 호감을 들 수 있다.

처음 만났을 때 호감을 얻기 위해서는 시각적으로 외모와 복장이 단정해야 한다.

2004년 미국의 민주당전당대회는 민주당 대통령 후보 오바마가 예비선거에 출마를 선언한 후 처음으로 많은 군중 앞에 모습을 드러내는 기회였다. 때문에 이 집회에서 지금까지 오바마에 대한 국민들의 비호감을 바꿀 수 있느냐 그렇지 못하느냐가 남은 예비선거에 막대한 영향을 주는 결정적 계기가 되었다. 그래서 그를 지지하는 사람들은 물론 많은 미국인들은 관심을 가지고 TV를 통해서 지켜보고 있었다.

오바마 자신은 누구보다도 그런 사실에 대해서 충분히 알고 있었다. 그래서 자신의 연설 차례가 돌아오자 공식 석상에서만 입는 검은 셔츠에 넥타이를 맨 정장 차림으로, 만면에 밝은 웃음과 자신 있는 표정을 짓고, 한 손을 높이 치켜들고 좌우를 돌아다보면서 단상에 올라섰다.

그 순간 운집해 있던 수많은 민주당 당원들은 "와!"하는 환호성과 함께 일제히 일어서서 "오바마! 오바마!"를 연호하기 시작했다. 그 순간 오바마에 대한 선입견과 편견이 사라지고, 비호감이 호감으로 바뀌었다. 그리하여 오바마는 마침내 예비선거에서 힐러리를 누르고 대통령 후보에 오름으로서 미국은 물론 세계를 깜짝 놀라게 했다.

오바마는 비호감을 호감으로 바꾸기 위해 친근감을 주는 밝은 웃음과 자신감이 넘치는 표정, 깔끔한 복장과 세련된 매너, 국민을 사랑하는 진심을 가지고 첫무대를 장식했던 것이다.

상대를 칭찬해 주면 호감을 느낀다

두 번째로 커뮤니케이션의 과정에서 호감을 얻기 위해서는 즐거움이나 유익한 정보를 제공해주는 것이다.

또한 상대로부터 자신의 존재감을 느끼거나 자부심을 느끼게 해주는 것도 중요하다. 그 방법 중의 하나가 상대를 칭찬해 주는 것이다. 칭찬을 들으면 기분이 으쓱해지는 것은 자신의 존재감과 자부심을 느끼게 되기 때문이다.

호감을 갖도록 하는 또 하나의 방법은 상대가 안도감을 느끼게 하는 것이다. 처음 만난 사람에게 경계심이나 불안감을 느끼게 되면 호감을 가질 수 없다.

상대가 긴장이나 불안을 느끼게 하지 않기 위해서는 당신이 먼저 편안한 자세와 진솔한 마음을 가져야 한다.

안도감이 생기면 커뮤니케이션이 자연히 이루어진다. 따라서 처음 만난 사람과 커뮤니케이션을 할 때에는 상대가 편안함을 느끼도록 적극적으로 노력해야 한다. 상대방이 부담을 가질 만한 주제는 피하고, 적절한 순간에 질문을 하여 당신이 상대에게 호감을 가지고 있다는 것을 느끼게 하고 경청하면서 간혹 맞장구를 쳐주어 상대의 기분이 업그레이드 되도록 하면 좋다.

좋은 이미지를 만드는 방법

처음 만났음에도 자신의 부끄러운 점을 서슴치 않고 말하는 사람이 있다. 또 직장에서도 자신의 단점이나 민망한 경험을 아무렇지 않게 털어 놓는 사람이 있다.

그러나 웬만하면 상대방에게 당신의 단점을 너무 쉽게 말하지 마라. 상대가 물어볼 경우엔 솔직하게 인정하는 것이 매력이 될 수도 있지만, 묻기도 전에 자신의 자질구레한 실패담이나 창피스런 일들을 이야기하는 것은 피해야 한다.

커뮤니케이션은 고해성사가 아니다. 그리고 상대는 신부도 아니다. 당신의 치부를 경망스럽게 노출시킴으로서 당당한 파트너가 될 기회를 잃게 될지도 모른다. 솔직한 것이 편안한 인상을 줄 수는 있지만, 때로는 탈이 되기도 한다. 그리고 다루기가 쉬운 사람으로 보일 수도 있다.

당신이 하는 말에 따라 당신의 이미지가 결정된다. 사람들은 누구나 자신감 있고 긍정적인 사람과 만나는 것을 즐긴다. 그런 사람에게 친밀감을 느낀다.

예를 들어 고객에게 애들이 다 커서 경제적으로 힘드니 보험 계약 하나만 해 달라고 통사정을 한다면 고객이 마지못해 계약을 해 줄 수는 있지만 보험 자체에 매력을 느끼지 못하는 것과 마찬가지다. 그런 계약들은 결코 오래가지 못한다.

"성공하려면 성공한 사람처럼 행동하라."는 격언을 가슴 깊이 명심하라. 상대방에게 좋은 이미지를 심어 주기 위해서는 당신의 좋은 말과 장점을 드러내야 한다.

반면 자신의 장점도 지나치게 뽐내면 상대방에게 이기적인 사람으로 보일 수 있다. 너무 뽐내지 말고 겸손하면서도 당당하게 자신을 표현할 줄 알아야 한다.

루소의 말처럼 스스로 자신을 자랑하는 것도, 폄하하는 것도 좋지 않다. 스스로에 대한 평가를 삼가하라!

o6 공감의 원칙

상대의 입장에서 생각하라

상호간의 공감이 어느 정도 이루어졌는가에 따라 인간 관계의 깊이와 넓이가 형성된다. 공감을 빨리 느끼면 인간 관계는 신속하게 이루어지지만, 늦게 느끼게 되면 느리게 형성된다. 공감을 느끼는 방법은 여러 가지가 있으나 먼저 상대의 입장에서 생각하고 말하는 것이 중요하다.

기업에서 고객에게 보내는 메시지를 보면 대부분이 "우리 회사의 금년 목표는 이 방면에 최고가 되겠습니다."하는 식이다. 이것은 회사의 자화자찬에 지나지 않는다. 이런 메시지에 소비자들은 공감을 느끼지는 못할 것이다. 기업이 소비자들로 하여금 그 기업에 관심을 가져야 할 정당한 이유를 제시했을 때, 소비자들은 비로소 그 기업에 관심을 갖게 된다.

공감을 얻게 하려면

상대로 하여금 공감을 느끼게 하는 방법으로는 상대의 코드에 맞추어 커뮤니케이션을 하는 것이다.

상대방과 공통된 관심사를 찾는 노력을 통해 코드를 맞춰라. 상대의 마음을 사로잡기 위해서는 "저 사람은 나와 통하는 게 있어."라는 느낌을 주는 게 중요하다. 동질감만큼 상대의 닫힌 마음을 여는 수단이 또 있을까? 그러나 말이 쉽지 동질감을 상대방에게 주는 것은 대단히 어려운 일이다. 우리가 만나는 사람은 저마다의 개성을 지니고 있기 때문이다. 아침에 만났던 사람이 트로트 뽕짝을 좋아했다면, 저녁에 만난 사람은 차이코프스키, 라흐마니노프를 즐길지 모른다. 그만큼 개인 간의 관심사는 격차가 크다.

세일즈맨들이 현장에서 가장 크게 느끼는 고충이 바로 이점이다. 수많은 사람을 상대해야 하는 세일즈맨들은 매번 새로운 레퍼토리와 분위기로 사람들을 만나야 한다. 어떨 때는 너무나 다양하게 변하는 자신의 모습에 '나'라는 정체성이 혼란스럽기까지 할 정도라고 한다. 그리고 그 탓에 자신의 직업에 대한 회의를 느낄 때도 있다고 한다.

그러나 "거짓된 가면을 쓰고 상대를 대하는 것은 아닐까?" 하는 부정적인 생각은 과감하게 버려라! 이를테면 축구에서 한 선수가 어느 포지션을 맡아도 충분히 소화할 수 있는 능력을 가져야 하는 것과 같은 논리인 것이다. 박지성 선수는 스트라이커부터 수비수까지 모든 포지션을 소화할 수 있는 능력을 지녔다. 즉 어느 위치에 갔다 놓아도 자신의 능력을 십분 발휘할 수 있는 것이다.

이렇게 되기 위해서는 무엇보다 다양한 삶의 방식을 이해하고 관심을 가지는 자세가 필요하다. 그리고 그에 따른 많은 노력과 경험은 필수이다. 서울 한복판에서 만난 넥타이맨에게 요즘 농사가 어떻고 작황이 어떤지 이야기할 수는 없다. 또 시골 들판에서 만난 농부에게 코스닥이 어떻고, 다우존스 지수가 어떤지 말하는 것도 격에 맞지 않다.

생각의 폭을 넓혀라. 상황에 맞고 자리에 어울리는 대화를 하는 것은 속 없고 뱀 없는 짓이란 생각을 버려라. 그것은 상대방을 위한 당신의 마음가짐일 뿐이다. 긍정적으로 생각해야 한다. 상대를 만나면 당신의 관심사보다는 상대가 어떤 것에 관심을 가지는지에 주목하라.

07 이해의 원칙

제대로 알면 이해가 된다

상대방에 대해서 안다는 것은 상대방에 대한 지식을 가지고 있다는 것을 말하며, 이 지식이 그 사람과의 인간 관계에서 매우 중요한 매력으로 작용한다. 즉 상대의 성격, 행동 특성, 가족 관계를 비롯하여 여러 상황을 알아가면서 그를 더 이해한다는 것을 의미한다.

상대에 대한 조그마한 지식이 그에 대한 이해로 발전하고, 그 이해가 사랑으로 발전하기도 한다. 그러므로 상대에 대해서 더 많이 알고, 더 많이 이해하도록 하라. 이것이 인간 관계를 친밀하게 하는 첩경이다.

인간 관계에서 좋고 나쁨의 조건은 서로가 상대를 잘 이해하고 있는지 어떤지에 달려 있다. 이 말은 상대방을 이해하는 것은 "저 사람은 이렇다 저렇다."하고 껍데기만을 이해하는 것이 아니다. 상대방의 생각과 행동에 공감할 수 있어야 한다. 상대의 기분에 대해서 상대와 같이 느껴야 하는 것이다.

하지만 상대가 한탄하면 당신도 한탄하고, 상대가 웃으면 당신도 따라 웃어야 한다는 것은 아니다. 어디까지나 상대방의 감정을 이해한다는 말이지, 감정에 휘말려들어 함께 허우적대라는 뜻이 아니다.

이런 의미에서 따뜻한 마음씨와 냉정한 마음씨의 양면성을 동시에 지니고 있어야 할 필요가 있다.

사람은 본래부터 타인에게 강요를 당하거나 명령받는 것을 싫어한다. 이것은 본성적으로 자유를 좋아하기 때문이다. 그러므로 누구나 자발적으로 생각하고 스스로 행동하려는 특성이 있다. 거기에 인간은 다른 사람으로부터 칭찬받기를 원하는 마음도 가지고 있다.

이렇듯 사람마다 다른 인간성으로 본질을 바르게 파악하고, 상대방의 입장에 서서 생각하며, 행동여하에 따라서 인간 관계가 맺어지는 것이다.

그 밖에도 사람의 마음을 이해하면 여러 모로 좋은 점이 있고, 처음 만나는 사람도 좋은 이미지를 가질 수 있다.

08 상대성의 원칙

당신이 상대방을 좋아하면 상대방도 당신을 좋아한다

인간 관계는 상대성이 강하다. 당신이 상대를 좋아하면 상대방도 당신을 좋아하게 된다. 사람은 대체로 자기를 좋아하는 사람에게 편안함을 느끼고 가까워지고자 하는 마음이 생긴다. 자신이 다른 사람으로부터 사랑을 받고 있다고 느끼면 기분이 좋아지는 것이다.

상대방에게 특별한 매력을 느끼지 못하는 사람도 단지 그가 자기를 좋아한다는 이유만으로 그를 좋아할 수 있는 가능성은 얼마든지 있다.

당신이 누구에게 선물을 하면 그 사람은 당신을 생각하게 된다. 물론 선물 자체가 중요하다기보다는 자신이 당신으로부터 관심의 대상이 되고 있다는 사실에 대해서 좋아하는 것이다. 그 때 선물은 사랑을 표현하는 수단이 되는 것이다. 그러므로 생각을 마음속에 품고 있지만 말고 적극적으로 상대방에게 나타낼 필요가 있다.

상대에게 이익을 주는 만큼 되돌려 받는다

인간은 누구나 자기가 가장 중요한 존재라고 생각한다.

그리고 보다 더 중요한 인물이 되게 하기 위해서 노력하고 정진한다. 이러한 자기의 욕구가 충분히 만족되었을 때 가장 큰 기쁨을 느낀다. 자기가 살기 위해서는 스스로 죽을 수는 없다.

우리는 그리스도가 아니기에 타인 때문에 십자가에 못 박힐 수는 없으며, 또 그렇게 하려고 생각하지도 않는다.

그렇다고 자기가 살기 위해서 남을 죽일 수는 없다. 인간이란 더불어 살아가는 것이기 때문이다.

지금 우리가 당면하고 있는 가장 결정적인 공해는 개인이든 기업이든 '자기만 잘살면 된다, 자기 기업만 돈을 잘 벌면 된다.'는 사고방식이다. 그러나 그렇게 되면 결국은 자기도 살아남을 수가 없다. 누워서 침을 뱉는 자는 곧바로 그 침을 자기의 얼굴에 맞게 된다. 따라서 남도 살고, 자기는 잘 살아보겠다는 생각이 바탕이 될 때, 비로소 인간 관계의 의미를 깨닫게 되는 것이다.

자기도 살고 남도 살리는 방법으로 먼저 정확히 인식해 두어야 할 원칙이 있다. 바로 '이익을 주는 자는 받을 것이오, 빼앗는 자는 빼앗긴다.'는 사실이다.

가령 지금 100만 원의 급료를 받는 사원이 자기가 받는 급료가 너무 적다고 생각하고 50만 원어치만 일하고 50만 원어치는 농땡이 쳐 버린다고 하자. 이 경우, 그 사원은 100만 원을 받으면서 50만 원어치밖에 일하지 않았으므로 나머지 50만 원은 회사의 돈을 빼앗을 것이 된다.

남의 돈을 빼앗는 자는 반드시 빼앗긴다는 원칙에 따라 그 사원은 머지않아 도태당할 것이다. 만약 그 반대의 경우라면 그의 월급은 당연히 올라가게 될 것이다.

09 개방성의 원칙

마음을 열어라. 그러면 커뮤니케이션이 원활하게
이루어질 것이다

서로 마음을 닫고 있으면 원활한 인간 관계는 단절되게 된다.

인간 관계에서 필수적인 요소는 열린 태도이다. 마음을 열면 대화의 숨통이 트이고, 깊이 있는 관계를 맺을 수 있다.

우리는 일반적으로 자신을 숨기지 않고 잘 드러내는 사람을 좋아한다. 즉 자기를 드러내고 개방하는 사람에게 친근감을 느끼게 되어 가까이 하려고 하는 것이다. 자기 노출을 많이 하게 되면 상대방은 알게 된 만큼 친밀감을 느끼게 된다.

여기서의 자기 노출, 즉 개방은 적절하고 상황에 맞아야 한다. 무조건적으로 자기를 많이 드러낸다고 해서 개방적인 것은 아니다. 상황에 맞는 적절함이 있어야 한다.

상대의 마음을 여는 조건

사람의 마음을 열기 위해서는 반드시 알아야 할 몇 가지 사항이 있다. 그중에서 가장 중요한 몇 가지를 들어 보자.

첫째, 상대의 마음을 열려면 먼저 당신의 마음부터 열어야 한다.

둘째, 상대의 마음을 감동시켜야 한다.

성경 말씀에도 "두드려라, 그러면 열릴 것이다."라고 하였다. 상대의 마음의 문을 열기 위해서는 상대가 당신에게 감동을 하게 해야 한다.

셋째, 상대의 마음에 맞는 열쇠를 찾아야 한다. 마음의 문을 여는 열쇠는 저마다 다 다르다.

따라서 모든 사람에게 통하는 만능의 키는 결코 없다. 저마다에 맞는 키를 찾아야 한다.

10 신뢰감의 원칙

신의는 반드시 지켜라

《칭찬은 고래도 춤추게 한다》의 저자 켄 블랜차드(Ken Blanchard) 박사는 "21세기 기업환경에서 진정한 경쟁력은 오직 CEO와 직원들 간의 신뢰관계"라고 지적하고 "경쟁 기업이 절대로 모방하거나 뺏어갈 수 없는 것이 CEO와 직원들간에 신뢰이다. 그리고 그것이 있으면 품질·가격·마케팅·물류에서 아무도 추격할 수 없을 것"이라고 말했다.

그는 신뢰감이 기업에서나 인생에서 성공하는 가장 중한 요소라고 본 것이다.

그러면 신뢰감이란 무엇이며, 어떻게 생기는 것일까?

신뢰감은 인간 관계를 형성하고 발전시키는 마지막 단계이다.

두 사람이 만나서 신뢰감이 형성되면 지속적인 연결 고리가 형성된다.

신뢰감이 형성되는 데에는 여러 가지 요인이 있는데 첫 번째는 약속을 지키는 일이다. 약속을 지키지 않는 사람에게는 신뢰감이 절대로 생기지 않는다.

신의는 지도자들만의 필수 조건으로, 일반인들은 각별하게 거론할 만한 것은 아니라고 생각하기 쉽다.

일상적인 상거래에서도 성립되는 것이므로 지극히 당연한 것이라고 믿기 때문이다. 그래서 문서가 교환되거나 법률로 정해져 있는 약속은 지켜지지만, 그 외의 경우에는 무시되는 경우도 많다.

경제 사회에서는 계약을 준수하는 것 못지 않게 따로 계약하지 않은 일에 대해서도 신의를 지켜야 한다.

계약상 약속을 위반할 경우에는 그에 합당한 대가가 따른다. 지급 기일에 결제를 하지 못하면 그 대가로 부도가 나서 도산을 하게 된다.

흔히 단순한 약속은 위반을 하더라도 그 대가를 치르지 않는 것이 대부분이다. 그러나 그리되면 불신을 받거나 신뢰할 수 없는 사람이라고 비난을 받게 된다. 신용을 중요시하는 리더라면 단순한 약속도 결코 외면하지 않을 것이다.

어느 큰 전기 기기 메이커가 자금 조달을 위하여 도시에 있는 은행은 물론이고 지방은행까지도 거래를 확대하여 차입을 했다. 얼마 후 금융 상태가 좋아지고 자본이 증가되자 거래 은행의 차입금은 변제했으나 지방 은행에 대해서는 다시 신세를 질 일이 없으리라 생각하고 일방적으로 거래를 중지해 버렸다.

그리고 얼마 지나지 않아 그 회사가 회사채를 발행했다. 그런데 회사채의 대부분은 은행이 인수하게 되어 있었다. 따라서 회사채가 다 팔리지 않고 남게 되면 신용이 떨어짐은 물론 어음 발행도 곤란하게 되는 것이다.

그러나 이미 한번 거래를 중지당한 경험이 있는 지방 은행이 그 회사채를 사주지 않는 것은 당연했다.

금융 시장에서는 한 달에도 몇 개의 회사가 채권을 발행하기 때문에 빨리 팔릴수록 신용이 높아지게 된다. 그 회사의 회사채는 마지막까지 다 팔리지 못하여 결국 큰 어려움을 겪게 되었다.

그 즈음 이 회사의 라이벌 회사가 주식을 발행했다. 하지만 발행가가 발표된 후 대금 불입 기일이 오기 전에 악재가 나와 주가가 전체적으로 대폭 내렸기 때문에 발행가를 하향 조절했다. 이로서 손해가 날 것은 분명했다. 또한 상당 부분이 팔리지 않고 남을 것으로 생각되었다.

하지만 결과는 응모 초과였다. 많은 거래 은행들이 다투어 응모했기 때문이었다. 이 회사는 차입금 변제 후에도 기존 은행과 예금 거래를 계속했기 때문이었다. 이 회사는 방대한 차입금을 완제한

후 관리직 전원에게 다음과 같이 말했다.

"당사는 오랫동안의 부채 경영에서 벗어나 완전히 차입금이 없는 회사가 되었다. 그래서 지금까지 도와 준 은행을 잊지 않기 위해서라도 은행과의 관계를 더욱 긴밀히 하고 싶다. 여유 자금이 생긴다면 종래에 대출을 해 준 은행에 예금을 계속하려고 한다. 당사는 창립 이래 방대한 차입금에 대한 이자를 지불해 왔지만 이제부터는 예금 이자를 받을 수 있도록 예금을 늘릴 것이다."

은행도 비즈니스이고, 차입금 이자를 지불해 왔으니 거기에 은혜를 갚는 것이 무슨 필요가 있냐고 말할지도 모른다. 또는 그간 은행에 많은 도움을 주었으니 그것만으로도 편의를 봐 주었다고 생각할지도 모른다. 그러나 은혜를 주었다는 것조차 잊고 있는 사람에게 은혜를 갚는 것이 진정한 감사이고 신의가 아닐까?

일시적인 타산에서 은행을 따돌리는 회사에게는 은행도 의리를 지키지 않는다. 인정도 베풀지 않는다. 단지 장삿속으로만 연결되어 있어 다른 것은 기대할 수 없는 회사로 보게 된다. 하지만 반대로 배려를 해 주면 반드시 보상을 받게 되는 것이다."

11 친화력의 원칙

함께 있으면 편안하고 즐거운 사람이 되라

모 일간지에서 791개의 우리나라 주요 기업 인사담당자를 상대로 '자기 세대와 비교하여 G세대(1988년 올림픽 이후에 태어난 세대)의 단점으로 무엇이 있는가?'하는 설문조사를 했다. 그 결과 많은 사람들은 친화력의 부족을 들었다.

또 많은 신입 사원들도 조직생활에서 가장 필요한 덕목 중의 하나로 친화력을 들었다.

친화력이란 무엇인가?

한마디로 다른 사람들과 친밀하게 지내고, 어떤 어려운 일에도 타협하는 것을 말한다.

친화력이 있는 사람은 상대에게 친밀감을 주어 관심을 갖게 한다. 또 칭찬을 아끼지 않아 많은 사람들이 좋아하고 따르게 된다.

그러면 친화력이 있는 사람이 되기 위해서는 어떻게 해야 할까?

첫째, 상대방을 지지, 인정해주고 관심을 표현하는 커뮤니케이션을 강화시켜야 한다.

둘째, 다른 사람들에게 물질이나 호의적인 도움을 주어야 한다.

셋째, 여행 등 특정한 경험을 함께 하면서 친밀감을 높인다.

마지막으로 자신의 약점이나 습관을 숨기려 하지 말고 오픈해서 사람들로 하여금 친밀감을 갖게 해야 한다.

12 욕구충족의 원칙

상대방이 원하는 바를 들어 준다

상대방이 원하는 것을 기꺼이 해 줄 때 상대방은 그것을 사랑이라고 받아들인다.

그리고 상대를 위해 계획을 세우고, 자발적으로 실천할 때 인간관계는 더욱 친밀하게 된다.

상대가 당신에게 기대감을 갖도록 하기 위해서는 먼저 상대가 무엇을 바라는지 그 욕구를 파악해야 한다. 그래야 가슴속 깊이 품고 있는 갈망을 채워줄 수 있다.

인간에게는 다음과 같은 여러 가지 갈망이 있다.

사람들에게 주목받고 싶다는 바람, 사람들이 좋게 생각해 주기를 바라는 욕구, 인정받기를 바라는 마음 등이 그것이다.

따라서 부하와 상사, 동료에게 관심을 가져야 하며, 당신의 부인이 새로 해 입은 드레스에 대해서도 주목해야 한다.

이것은 그렇게 어려운 일이 아니다. 그러나 이것만큼 상대방의 마음을 사로잡는 비결은 없다.

비즈니스 대화에서 고객의 절실한 필요에 귀를 기울이지 않는다면 절대 성공할 수 없다. 즉 고객이 원하는 바를 들으려고 하지 않고 그저 자신의 물건을 파는 일에만 집착하다가는 절대 목적을 달성할 수 없는 것이다.

고객은 전문가가 아니다. 따라서 고객이 알지 못하는 것을 지적해 주고, 일깨워 준다면 고객도 웃으면서 "아, 그러네요, 그럼 그것으로 주세요." 라고 말할 것이다.

이것이 고객과의 진정한 커뮤니케이션 기술이고, 그야말로 고객 만족 서비스이나.

일본에서 경영의 신으로 불리는 마쓰시다 고노스께는, "장사란 고객의 불편한 점을 해소해 주는 대가로 돈을 받는 일"이라고 말했다.

하지만 대부분의 사람들은 고객의 꼭 필요한 욕구에는 전혀 관심을 기울이지 않고 자신의 상품만을 팔려고 강요한다. 가끔 이런 강요가 통하는 기막힌 경우가 있기는 하다. 그리고 자신의 성공담을 엮어 책을 내기도 한다. 그러나 그것은 일시적인 일이고, 따라서 얼마 가지 못해 물거품이 되고말 것이다.

상대방의 욕구를 충족시키려면 상대방에게 정신적이거나 물질적인 것, 어떤 형태의 것이든 간에 이익이 되게 해주어야 한다. 인간의 욕구는 이익을 추구하는 욕심에서 출발하기 때문에 그러한 심리를 충족시켜 주어야 마음이 움직이게 되는 것이다.

또 자신의 지위나 장점을 내세워 상대방이 위축되게 하지 말고 상대방의 관심사를 화제로 올려 흥미를 유발하는 것이 좋다. 누구나 자기에게 관심을 보여주면 호감을 느끼기 마련이다. 그렇게해서 마음이 편안하게 누그러져 있을 때 부드럽게 설득하면 소기의 목적을 이룰 수 있다.

과도한 욕구는 인생을 망칠 수도 있지만 그렇다고 해서 욕구나 욕망이 없으면 생명이 없는 마네킹과 같게 된다.

Part3

좋은
인간관계를
만드는
비결

01 심은 대로 거두게 된다

대화는 낚시와 같다

최근 모 통계업체에서 조사한 바에 의하면 대기업 신입사원 8명 가운데 1명꼴로 입사 1년 만에 사표를 내던졌고, 일부 기업의 경우 60% 정도가 입사 3년 만에 회사를 떠난 것으로 나타났다. 물론 그들이 회사를 떠난 데에는 여러 가지 이유가 있겠으나, 그 중에서 인간 관계 때문에 빚어지는 일도 무시할 수가 없다. 따라서 직장생활의 성공 단초를 인간 관계라고 해도 과언이 아니다.

상사들 중에 유난히 칭찬에 인색한 사람이 있다. 또 "그런데, 하지만,"이라는 꼬리를 다는 사람들도 있다.

상대를 절대로 평가절하하지 말고, 상대의 단점 대신 장점을, 약한 것보다 강한 것을, 제한적인 것보다는 다양한 것에 초점을 맞추어라.

그리고 남의 한 가지 잘못을 비난하기에 앞서 자신에게는 열 가지 잘못이 있음을 기억하라.

당신이 상대에게 화를 내는 이유는 상대의 가치관, 이상, 신념이 당신과 다르기 때문일 경우가 많다. 따라서 상대를 존중하는 자세가 필요하다. 그러기 위해서는 먼저 당신 스스로가 상대의 긍정적인 면들을 많이 찾아내어야 한다.

당신을 힘들게 하는 사람이 있다면 그에게 한 번 더 관심을 가져보라. 그러면 그 사람의 보이지 않는 장점이 눈에 띌 것이다. 물론 단점도 같이. 그러나 장점에 집중하고, 칭찬하라. 쉽지 않은 일이지만 시도해 보라.

사람들은 상대로부터 인정을 받았을 때 상대를 진중하게 보기 시작한다.

상대와 대화하는 것은 낚시와 같다. 당신이 어떤 미끼를 준비하느냐에 따라 당신에게 돌아오는 성과물도 달라진다.

미국의 유명한 심리학자 윌리엄 제임스는 이렇게 말했다.

"사람은 감정에 따라 행동하는 것 같지만 실은 감정과 행동은 같이 간다."

상대를 칭찬할 때에 진실성 없이 칭찬하는 것은 금물이다. 입에 발린 칭찬은 금세 드러나게 마련이다. 또 표현도 사람마다 달리 해야 한다. 하늘에서 황금종이 울리는 것처럼 황홀하도록 칭찬해보라.

o2 기쁨을 주는 사람이 되라

기쁨을 가져다주는 사람은 천성이 밝고 낙천적인 사람이다

아무리 많은 세월이 흐른다 해도 인간 그 자체는 조금도 변하지 않는다. 그러나 생각이나 가치관은 변할 수 있다.

옛날이나 지금이나 이 세상의 모든 사람은 행복을 바라면서 살고 있다. 이 점에 관한 한 몇 천년이 지나더라도 결코 변하지 않을 것이다. 다만 무엇을 행복이라고 하느냐 하는 정의는 시대에 따라 달라질 수 있다. 이 점을 분명하게 인식하지 못하면 인간 관계의 바탕은 흐려지고 만다. 서로 상대방이 자기에게 기쁨을 가져다줄 것이라고 기대하기 때문이다.

기쁨을 주는 일 가운데 미소, 즉 웃는 얼굴은 사람들에게 편안함을 준다. 그러나 항상 찡그리고 있는 사람은 불안과 긴장을 준다.

모든 인간 관계에는 항상 '동류 반응의 원칙'이 작용한다. 당신의 태도에 따라 상대방도 똑같은 행동을 하는 것이다. 당신이 침울하면 상대방도 침울해지고, 당신이 명랑하면 상대방도 명랑해진다.

A씨와 B씨를 예로 들어 즐거운 분위기를 조성하는 사람과 자기가 내세우는 감정의 분위기에 휘말려 제멋대로인 사람과의 차이를 비교해 보자.

A씨는 다른 사람에게 무엇인가를 바랄 때에는 자기가 먼저 여유와 우정, 진심 등의 분위기를 조성하는 데 반해 B씨는 제멋대로 행동하기 때문에 이러한 분위기를 조성하지 못한다.

A씨는 자기의 계획이 상대방에게 필요하다는 인상을 주고 싶을 때에는 그것이 받아들여져야 할 이유를 열심히 설명하는 데 반해 B씨는 그러한 자료를 제시하지 않는다.

A씨는 처음 만나는 사람에게는 자기가 먼저 머리를 숙이고 맞이하는 데 반해 B씨는 상대방이 말을 걸어오기를 기다린다.

A씨는 상대방의 신뢰를 얻고 싶을 때는 결연한 태도로 자신을 가지고 행동하는 데 반해 B씨는 상대방이 자기를 신뢰하여 주었으면 하고 바랄 뿐이다.

"나는 언제나 태양이 좋다. 밝고, 크고, 따뜻하기 때문이다."

어떤 철인의 말이다.

03 모두 함께 승자 되는 상황을 만들어라

'나'보다 '우리'가 강조되는 인간 관계를 만들어라

데일리 카네기, 로버트 슐러 등 성공에 관한 연구자들에 의하면 성공의 85%가 인간 관계에 달려 있다고 한다. 다른 사람과 원만한 인간 관계를 만들어 가느냐 그렇지 못하느냐의 여부는 성공과 행복을 좌우하는 요소가 된다.

이런 요소는 시공을 초월한다. 우리가 알지 못하는 역사의 저편에서도 사람들은 긴밀한 인간 관계를 유지하면서 살아왔고, 행복을 엮어 왔다.

아주 먼 야만의 시대나 지금이나 인생의 성공과 행복을 좌우하는 열쇠로서의 인간 관계의 본질은 변하지 않는다. 문제는 '다른 사람과의 인간 관계를 어떻게 관리해야 하는가?' 라는 것이다.

모든 조직의 구성원은 인간이다. 어떤 사람은 관리자로, 어떤 사람은 작업자로, 어떤 사람은 사장으로, 어떤 사람은 사원으로 조직에 기여한다. 이렇게 다양한 역할을 맡은 사람들이 서로 함께 모여 협동적으로 일하면서 목표를 성취해 나가는 것이 조직이다.

그러나 조직의 구성원들이 추구해야 할 목표를 잊은 채 자신의 에너지와 시간을 충분히 투자하지 못한다면, 그래서 서로 갈등 관계에 빠진다면 좋은 성과나 목표를 이룰 수가 없다. 그러므로 관련된 사람들이 행복한 생활을 영위하도록 해야 하며, 생활 자체가 윤택해지도록 좋은 관계를 만들어가야 한다.

인간 관계의 목표는 조직이나 공동체의 목표를 달성하면서 개인의 욕구를 만족시키는 상황을 만드는 것이다.

누구는 승자가 되고, 누구는 패자가 되는 것은 건전한 인간 관계가 아니다. 따라서 모두가 승자가 되는 상황을 만들어야 한다. 상사와 부하와의 관계, 노사 관계 등 어떤 관계에서도 '나'보다 '우리'가 강조되는 인간 관계가 만들어져야 한다.

그러기 위해서는 다음과 같이 '나'를 낮추고 바꾸는 노력을 해야 한다.

'나'를 바꾸기 위한 5가지 노력

첫째, 남들이 좋아하는 '나'가 되자.

'나'는 '우리'의 한 구성원이다. 따라서 '우리'가 좋아하는 모습과 싫어하는 모습이 무엇인지 알아서 최소한 싫어하는 사람은 되지 않아야 한다.

둘째, 나의 모습을 바꾸자.

자기 분석을 통해 바꾸어야 할 모습과 지금의 모습을 비교해서 차이가 있다면 자신의 행동과 태도를 조정해야 된다.

셋째, 성과 없이 익숙한 것들과 결별해야 한다.

나에게 익숙한 것들이 지금의 나를 만든 것이다. 익숙한 것을 계속 유지한다면 새로운 나를 창조할 수 없다.

넷째, 성공한 사람을 벤치마킹하라.

세상에는 좋은 인간 관계를 만들어 성공한 사람들이 많다. 주변에서 그런 사람을 찾아서 대화를 나누거나 그의 저서를 읽는 등의 방법으로 그를 본받으라.

다섯째, 자신의 현재 모습을 정확히 알아야 한다.

자신의 현재 모습과 느낌, 태도, 행도 등 자신을 알기 위한 노력이 필요하다.

자신의 모습을 바로 알았으면 이제 바꿀 시간이다. 자신을 바꾸는 일을 즉시 실천하여 정진, 또 정진하라. 그러면 누구와도 좋은 인간 관계를 만들 수 있을 것이다.

04 싱싱한 감정을 드러내라

자신의 감정을 활짝 펴고 얘기하라

높은 사람 앞에만 서면 작아지는 사람들이 있다. 동료와 후배들, 바로 위 선배들과는 좋은 관계를 유지하지만 고참 부장이나 임원 앞에서는 주눅이 들어 할 말을 다 못하는 안타까운 경우를 종종 본다. 그의 자신감은 대체 어디로 사라지는 것일까? 특히 상사의 지시가 부당해도 일단 동의해 놓고는 머리를 싸매고서 모든 짐을 혼자 짊어지는 것이다. 권위적인 대상에게 저항하는 것이 용납되지 않아 복종이라는 행동으로 나타나는 것이다. 그런 자신의 모습에 안타까워하며 저항을 시도해 보지만, 결정적인 순간에 다시 제자리로 돌아오고 만다.

마치 장아찌를 만들 때 뜨거운 물을 부어 쪼글쪼글해진 오이처럼 감정도 그렇게 쪼그라드는 것일까?

감정을 표출하라! 필요 이상의 책임감이 당신을 억누르고 있다. 혹시 승진을 위해 자신의 감정을 쭈그러뜨리고 있지는 않은가?

그럴 때는 과도한 책임감에서 벗어나 자신의 감정을 털어놓아라. 그러나 직접적인 과도한 표현보다는 문제 해결을 위해 기꺼이 협조할 준비가 되어 있음은 알리되, 자신의 애로사항과 어려움을 솔직하게 말하라.

처음에 감정을 표현하고 나면 불안해질 수도 있다. 그러나 열린 마음으로 자신의 감정을 활짝 펴고 얘기하다 보면 더욱 발전적이고 정직한 대화가 가능해진다.

인간 관계 가운데 특히 상대와의 공감은 가장 중요한 요소다. 즉 공감은 문제를 이해하고 있음을 서로 알 수 있는 요소이자 능력이다. 중진 관리사의 공감은 홍보 역할과 완충 장치의 역할을 동시에 수행한다. 다시 말해 공감은 상대의 상황과 감정에 동조하는 것에 그치지 않고, 그것을 이겨내는 역량을 배양해 주는 것이다.

인간 관계에서는 정답이 없다. 따라서 서로의 감정을 알아주는 노력이 필요하다.

05 완전한 인간은 어디에도 없다는 것을 인정하라

완전한 인간은 존재하지 않는다

인간 관계를 개선하려면 간단한 것이기는 하지만 다음과 같은 근본적인 사실에 주목해야 한다. 즉 모든 점에 좋은 사람이나 모든 점에 나쁜 사람도 있을 수 없다는 것, 다시 말해서 완전한 인간이란 어디에도 존재하지 않는다는 사실이다.

누구나 현재의 모습을 있는 그대로 보인다면 아무리 위대한 사람에게서라도 나쁜 점을 발견하게 될 것이다.

이와 반대로 자기의 생각을 올바르게 제어한다면, 그리하여 그 모습을 올바르게 볼 수 있게 된다면, 흔히 나쁘다는 평가를 듣고 있는 사람에게서도 좋고 존경할 만한 특질을 얼마든지 찾아 낼 수 있을 것이다.

아마도 미국 역사상 링컨만큼 많은 욕을 먹고, 미움을 사고, 배반을 당한 사람은 없을 것이다. 그러나 하든의 저 유명한 기록을 보자.

"링컨은 결코 자신이 좋아하고 싫어하는 기준에 따라 사람을 판단하지 않았다. 어떤 일을 수행해야 할 경우 그는 자기의 정적도 그것을 할 수 있다는 것을 알고 있었다. 어떤 사람이 자기에게 악의를 품어 못마땅하다 할지라도 꼭 필요한 일에 적합한 인물이라면 그를 즉시 기용했다. 나는 그가 정적이라든가 반감을 가지고 있다는 이유로 인사 이동을 한 적은 한 번도 없었다고 본다."

링컨은 자신이 임명했던 많은 사람들 —마클레런, 시워드, 스탠튼, 채에스 등에 의해 탄핵되고, 모욕당했다. 그래도 그는 이렇게 술회하고 있다.

"인간은 이미 한 일로 해서 칭찬받을 수는 없다. 그렇다고 남이 한 일, 하지 않는 일에 대해 비난해서는 안된다. 왜냐하면 우리들 인간은 조건과 환경, 교육과 습관 등 과거로부터 현재에 걸쳐 인성(人性)을 형성하는 인자의 소산에 불과한 것이기 때문이다."

올바른 인간 관계를 위한 조건

올바른 인간 관계를 이루기 위해서는 다음의 세 가지를 가슴 깊이 간직해야 한다.

첫째, 어떠한 인간일지라도 완전할 수는 없다는 사실.

인간에게 결점이 있는 것은 당연한 일이며, 오히려 그것이 인간적인 것이다.

둘째, 다른 사람이 나와 다르게 생각하고 행동할 수 있는 권리가 있다는 사실.

그들의 습관이나 기호가 당신과 다르다고 해서 그 사람을 미워해서는 안 된다.

셋째, 지나친 개혁자가 되려 하지 말 것.

이것은 곧 어느 정도까지는 타인으로 하여금 하고 싶은 바를 하게 하라는 뜻이다.

왜냐하면 인간은 자기의 의견을 가질 권리는 있지만, 그것은 어디까지나 자기만의 것이기 때문이다.

o6 호기심과 감동을 잃지 말아라

커뮤니케이션에 능숙한 사람은 감동에 대해서
민감하고 정직하다

누구나 어릴 적에는 호기심과 감동을 가지고 있다. 그래서 조금만 이상한 것이 있으면 "왜 그렇지?" 하고 질문을 한다. 그러나 점차 자라면서 호기심도 잃어가고 그에 따라 질문도 멈춘다. 알고 싶은 마음이 시들해지고, 매일 그날이 그날 같은 느낌으로 경직되면서 궁금증 따위는 이미 없어진 지 오래다.

호기심이란 새로운 것, 또는 미지의 것에 대해 느끼는 흥미이다. 이것은 가슴을 설레게 만드는 요인이 된다. 호기심이 없어지면 의문을 갖는 마음이 쇠퇴하고 마음과 몸의 기능도 둔해진다. 당연히 고정된 시각으로 세상을 바라볼 수밖에 없다. 그리하여 편견과 고정 관념의 포로가 되어 보수적인 사고 방식을 갖게 된다.

호기심이 있는 사람은 탐구심도 갖게 된다. 그래서 예상치 못한 새로운 만남을 선물하기도 한다. 그것은 누군가와의 만남일 수도 있고, 자기 자신 속에 숨어 있는 미지의 감정과의 만남일 수도 있다.

커뮤니케이션에 능숙한 사람은 호기심을 소중히 여긴다. 호기심으로 인해 시야가 넓어지기 때문이다.

감동은 체험이다. 그 체험을 통해 시야가 넓어진다.

아침 출근길에서 본 광고에서도, 점심시간의 사소한 잡담에서도, 라디오를 통해 흘러 나오는 음악에서도, 그리고 오랜만에 만난 친구와의 대화 속에서도 감동을 발견해 낸다.

커뮤니케이션에 능숙한 사람은 감동에 대해 민감하고 정직하다. 평소에 전혀 관심이 없는 상사가 다른 사람에게 친절을 베푸는 광경을 목격하면 그는 완전히 감동한다.

'저런 점도 있었구나.' '저런 말도 할 줄 아는구나.'하고 그에 대한 호기심을 불태운다. 그의 마음이 한층 더 성숙해지는 순간이다.

07 뒤에서 남을 흉보지 말라

인간 관계에서 성공한 사람은 뒤에서
남의 가치를 인정할 줄 안다

어떤 집단이나 조직이든지 "그 사람은 훨씬 더 좋은 대우를 받을 만한 충분한 가치가 있다."고, 입에 침이 마르도록 칭찬받는 사람이 있다.

그와 관계가 있는 모든 사람은 그를 가슴속 깊은 곳에서 우러나오는 감동으로 맞는다.

그런 사람은 인간 관계의 전문가라고 할 수 있다. 그들은 뒤에서 남을 욕하는 것이 얼마나 무서운 결과를 가져오며, 거꾸로 그 사람이 없는 곳에서 칭찬한다는 것이 얼마나 사람들의 마음을 사로잡는가를 잘 알고 있는 것이다.

인간은 누구나 타인에 대한 비판을 즐긴다. 자기는 다른 사람에게서 비판받는 것을 좋아하지 않지만 남을 비판하는 것은 본능적으로 좋아한다.

특히 직장인은 상사에 대한 험담을 안주삼아 대포잔을 기울인다. 이러한 행위가 자기의 불만과 컴플렉스를 달래는 데 도움이 될지 모른다.

미운 상사에 대한 욕을 실컷 퍼붓고 나면 얼마나 속이 후련해지겠는가! 마치 무더운 여름 날, 먼 길을 걷다가 마시는 한 컵의 사이다 맛일 것이다.

그러나 그늘에서 하는 험담은 언젠가는 반드시 본인의 귀에 들어가는 법이다.

통이 큰 상사라면 자기의 부하 시절을 생각하고 너그러이 웃어넘길 수도 있으리라. 그러나 꽁한 성격의 상사라면 두고두고 그 사람이 나아가는 출세의 길에 틀림없이 함정을 파 놓을 것이다.

인간 관계에서 성공하는 사람은 그 사람의 뒤에서 참된 가치를 인정한다. 그렇게 함으로써 소중한 동료를 얻게 되는 것이다.

o8 잘못한 것이 있으면 쿨하게 사과하라

한번 더 생각해 보고, 자신이 잘못했으면 지체 말고 사과하라

살다보면 본의 아니게 다툴 일이 생기기도 한다. 또한 아무리 친한 사람일지라도 의견의 차이나 혹은 그릇된 판단으로 불편한 관계가 되는 경우도 있다.

이때, 가장 먼저 해야 할 일은 사과다. '미안합니다', '죄송하게 되었습니다', '제 생각이 잘못된 것 같습니다' 의 말 한마디가 소원했던 두 사람의 관계를 복원시킬 수 있는 좋은 치료제가 된다.

우리 속담에 '비 온 뒤에 땅이 굳는다'는 말이 있다. 이 말은 서로의 관계가 소원해졌을 때 잘 해결하고 나면 그 관계가 훨씬 더 단단해질 수 있다는 것을 의미한다.

사실 싸움의 발단은 아주 사소한 일이 대부분이다. 그런데 서로

화를 참지 못해 작은 불씨를 크게 키우고 마는 것이다.

여기에는 쓸데없는 자존심도 한몫 거든다.

자존심은 부릴 때 부려야 한다. 한번만 더 생각해 보고 자신이 잘못했다고 생각한다면 그 자리에서 사과하라. 실수는 누구나 할 수 있다. 중요한 것은 실수나 잘못을 인정하고 관계를 복원하는 일이다.

잘못을 저지르고도 사과하지 않는 사람은 자기 반성 의사가 없는 것이다. 교만하고 자기 중심적인 사람은 사과하고는 거리가 먼 경우가 많다. 또한 사과할 줄 모르는 사람은 주로 남의 탓을 하는 데에만 열중하고, 열등감이 심하다. 자신에 대해서 당당하지 못한 것이다.

실제로 많은 사람들이 잘못한 줄 알면서도 사과하지 않는다. 사과를 하면 잃는 것이 더 많다고 생각하기 때문이다. 그러나 실제는 그 반대다. 먼저 사과하면 자신에게 이득이 되는 것이다. 진심을 담은 사과는 자신의 상처뿐 아니라 상대방의 상처도 동시에 치유해주기 때문이다.

진실한 사과를 하려면 먼저 자기 반성을 한 다음, 상대의 고통을 인정하고 다시는 같은 일이 없을 것이라는 약속을 해야 한다. 만약 변명을 늘어놓으며 합리화하려 한다면 문제를 더 크게 만들 수도 있다.

먼저 사과하라! 설명이나 변명은 나중에 해도 늦지 않다.

언젠가 필자가 운전을 하다가 앞의 차를 가볍게 들이받은 적이 있다. 그때 나는 재빨리 차 밖으로 나와서 상대방이 화를 내기도 전에 이렇게 말했다.

"제가 깜빡 잘못해서 차를 받았네요. 다치신 데는 없습니까? 이 사고는 전적으로 제 잘못입니다."

정중하게 사과한 다음 명함을 내밀자, 서슬 퍼렇던 상대방은 마음을 가라앉히며 자기도 명함을 내밀었다. 이후 우리는 원만하게 사고 처리를 했고, 지금까지도 서로 연락을 하며 지내고 있다. 사고가 친구를 만들어 준 것이다.

다나카 다쓰미는 자신의 저서 《사과의 기술(The Art of Apology)》에서 용서받지 못할 사과를 다음과 같이 분류하고 있다.

1) 변명과 반론이 섞인 사과.

2) 거짓과 은폐가 포함된 사과.

3) 얼버무리는 사과.

4) 진실을 표현하는 태도가 아닌 사과.

5) 때늦은 사과.

사과를 할 때, 가장 중요시 해야 하는 것은 역시 진심이다.

09 타인의 협조를 구하는 방법

항상 감사하는 마음을 나타내고,
자기가 먼저 인정 받으려고 하지 말라

타인의 갈망을 제대로 만족시켜 주는 사람은 매우 드물지만, 이 것을 할 수 있는 사람만이 비로소 타인의 마음을 움직일 수 있다. 그 러한 사람이 죽으면 장의사까지도 마음으로부터 슬퍼할 것이다.

그러면 어떻게 하면 타인의 협력을 얻는 것이 가능한가를 순서 에 따라 설명하기로 한다.

첫째, 항상 감사하는 마음을 나타낼 것

아무리 사소한 것일지라도 그들이 당신을 위해 해 준 일에 대해 당신이 마음 속으로부터 감사하고 있다는 사실을 그 사람들에게 알 리는 것이다. 결코 당연한 일이라는 듯한 태도를 보여서는 안 된다.

둘째, 자기 혼자만 인정받으려고 하지 말 것

영광을 혼자서 독차지하는 대신 이를 투자하라.

어느 세일즈 컨벤션(sales convention)에서 일어났던 일이다.

여러 가지의 의식이 끝난 다음, 그 회사의 판매담당 상무가 그해에 최고의 성적을 올린 두 사람의 지부장에게 상장을 주고, 그러한 성적을 올리게 된 경위를 출석자 전원 앞에서 15분간씩 이야기하도록 했다.

처음의 지부장이 나서서 자신이 어떻게 해서 그러한 성적을 올리게 되었는가를 설명하기 시작했다.

그는 자기의 능력과 노력만이 매출의 증가를 가져온 것이라는 인상을 주기 위해 '나는 종래의 방법을 개선해서……'라는 식으로 표현했다.

그의 이야기가 계속됨에 따라 그의 부하인 세일즈맨들의 얼굴에는 분노의 빛이 역력히 드러났다. 그들은 지부장이 자신들의 공로는 철저히 가리고 오로지 지부장 자신의 공적만 나열하는 데 화가 났던 것이다. 그러나 다음 지부장의 방식은 전혀 달랐다.

그는 먼저 지부의 성공은 모든 동료 세일즈맨의 열렬한 노력에 힘 입었음을 설명한 다음, 한 사람 한 사람을 일어서게 하고, 그 노력에 대해 마음 속에서 우러나오는 감사를 나타냈다.

이 두 사람의 차이를 생각해 보라.

첫 번째의 경우는 성과를 자기 혼자서 독차지하려 했지만, 그렇게 함으로써 그는 부하들의 분노를 샀다. 부하 세일즈맨들의 사기를 완전히 죽여 버린 것이다.

두 번째 경우는 성공하게 된 공적을 모두 부하들에게 돌렸다. 이 사람은 칭찬도 돈과 같이, 투자해야 한다는 심리학의 법칙을 알고 있었던 것이다.

셋째, 상대방의 자발적 협력을 유도할 것

타인의 협력을 얻기 위해 사술을 쓰는 것이 효과적이라고 생각하는 사람이 있다. 그러나 이러한 방법은 상대방의 분노를 살 뿐이며, 결코 성실한 인간이 취할 태도가 아니다. 상대를 마음으로부터 감동시켜야 상대도 마음으로부터 협조를 하게 된다.

Part 4

인간 관계의
기본자세

01 상대를 인정하고 존중하라

상대의 협조를 받고자 한다면 그를 인정하고 존중하라

사람은 누구나 타인으로부터 자기 존재, 자기 위치를 인정받고 싶어하는 강한 욕구를 가지고 있다. 이때 중요한 것은 상대를 존중하고 인정해줄 때 상대도 당신을 인정하고 존중해주는 역학 관계가 향상된다는 사실이다.

당신의 주위에서 존중받고 있는 사람들이 어떻게 행동하고 있는가를 잘 관찰해보라. 그들은 한결같이 남을 존중하고 인정하고 있을 것이다.

어느 회사 사장이 다른 기업의 회장을 방문하였다. 그런데 그 회장의 비서가 그의 이름을 물어본 후 회장실에 다녀오더니 5분만 기다리라고 하였다. 그런데 5분이 지나자 조금 전에 했던 말을 번복하여 다음에 만나자고 한다고 말했다.

그 사장은 엄청난 모욕을 느끼고, 울분을 토할 수밖에 없었다. 5분이 긴 시간이어서가 아니라 번복의 의미 때문에 울분을 느낀 것이다.

그 5분 안에는 '나는 당신을 만나는 5분이 가치가 있다고 생각하지 않는다. 그러므로 당신에게 5분이라는 시간도 내 주기 싫다.'는 의미가 들어 있었던 것이다.

인간은 누구나 타인으로부터 중요한 존재임을 인정받고 싶어한다. 그런 인정을 받지 못했을 때 분노하는 것은 당연하다.

당신이 상대방과 좋은 관계를 유지하고자 한다면 상대를 인정하고 존중하라.

02 상대방에게 관심을 가져라

사람의 마음을 잡는 길은 그가 가장 아끼는 일에 관해
얘기하는 것이다

인간 관계에서 성공하기 위해서는 상대에게 진심에서 우러나오는 관심을 가져야 한다. 만일 당신이 상대방을 친구로 삼고 싶다면 당신 자신을 버리고 상대를 위해 무엇인가를 해 주어야 한다. 이런 일에는 시간과 노력, 희생, 그리고 배려하는 마음이 필요하다.

세계적인 석학 아들러는 "동료에게 관심이 없는 사람은 자기도 인생의 어려움을 당하고 다른 사람에게도 해를 끼치는 사람이다. 인간의 모든 실패가 바로 여기에서 나온다."고 했다.

다른 사람에게 관심을 갖지 않는 사람은 다른 사람들로부터 관심을 받지 못하고, 따라서 그 사람의 인생은 쓸쓸해진다. 아울러 다른 사람에게 커다란 괴로움을 끼치거나 유쾌하지 못하게 만든다.

커뮤니케이션을 할 때에는 상대방의 관심사에 초점을 맞추고 그것을 화제로 삼아야 한다.

사람의 마음을 사로잡는 지름길의 관심사, 즉 그 사람이 가장 아끼고 있는 일에 대하여 얘기하는 것이다. 이것은 두 사람 모두에게 이익을 준다. 각기 다른 관심사에 대해서 알게 될 뿐만 아니라 각자의 삶을 다채롭게 해 준다.

커뮤니케이션에 있어서 듣는 사람의 관심사에 대해서 이야기하는 것은 이야기를 잘하고 못하고를 떠나서 그것만으로도 상대방의 마음을 사로잡을 수 있다. 아무리 좋은 말을 해도 듣는 사람에게 관심이 없는 이야기는 효력이 없다.

당신에게 호의를 갖고 있는 사람이 어떤 일을 하고 있는지를 생각해 보라. 또 아무런 관심이 없는 사람이 당신에게 어떤 태도로 임하고 있는지도 생각해 보라.

상대에게 관심을 보이는 방법에는 여러 가지가 있으나 말 하나하나가 상대에 대하여 관심이 차 있다면 그 효과는 직접적으로 나타나 상대의 마음을 사로잡을 수 있다.

인간 관계에서 성공을 결정하는 열쇠는 상대로부터 호감을 얻는 일인데, 그 첫단계로서 상대에게 어떤 방법으로나 따뜻한 관심을 보이는 것이다.

03 자신에게 충실하라

자신의 모습을 있는 그대로 인정받는 사람이 타인도 이해하고
진실을 받아들일 수 있다

사적이든 공적이든 사람들과 좋은 인간 관계를 만들려면 먼저
자신에게 충실해야 한다. 즉 상대에게 있는 그대로의 나를 보여 주
어야 하는 것이다.

어떤 사람은 마음에도 없는 말을 천연덕스럽게 내뱉는다. 이런
사람들은 마음속에 있는 생각과 밖으로 드러내는 말이 다르다. 이
것은 자신의 본심은 숨기고 겉으로만 부드러운 목소리로 호감을 얻
으려는 얄팍한 술수이다. 이와 같은 가식은 형식적이고 겉치레에
불과하기 때문에 결코 상대에게 호감을 주지 못한다. 그저 겉으로
만 훌륭하게 처신해서 상대로부터 존경을 받으려는 욕심에서 비롯
되는 어리석은 행동이다. 중요한 것은 상대에 따라서 마음을 바꾸

지 않는 것이 며, 그것이 자기를 솔직하게 인정하는 길이다.

아무리 있는 그대로의 자기를 인정하려고 해도 말처럼 그렇게 간단하게 되는 것은 아니다. 왜냐하면 대부분의 사람들은 평소 의식적으로나 무의식적으로 자신의 본모습을 있는 그대로 드러내 보이면 손해를 본다는 생각을 하기 때문이다.

어쨌든 자신의 본심을 꾸밈없이 드러냄으로써 상대의 공감을 얻어내는 것이 커뮤니케이션의 정도이다.

자신의 모습을 있는 그대로 인정받는 사람만이 타인도 이해하고 진실을 받아들일 수가 있다. 또 내가 먼저 마음을 열면 상대도 편안한 마음으로 자신의 생각을 털어놓을 것이다.

o4 상대의 모든 것을 수용하라

상대의 말을 무조건 인정하고 받아들이는 태도가 수용이다

수용이라는 것은 상대를 받아들인다는 말이다.

사람들은 상대를 받아들일 때 조건을 다는 경우가 많다. 말하자면 상대방의 생각이나 행동을 수정하는 것이다. 그리고 그것이 받아들여지지 않으면 거부해버린다.

여기서 말하는 수용은 그러한 평가적인 태도를 버리고 상대를 무조건 인정하고 받아들이는 태도다.

그렇다고 인간 관계의 좋고 나쁨에 관계 없이 무조건 받아들여야 한다는 것은 아니다. 여기에도 자존심 문제가 따르는 것이다.

이 세상에서 제일 귀중한 존재는 자기 자신이다. 그래서 누구나 항상 자신을 주장하게 되고, 자존심을 지키려고 애쓴다. 만에 하나

라도 이 자존심을 손상시킨다든지 손상될 가능성이 있을 때는 즉각적으로 자기 방어의 수단을 강구하게 된다.

그러므로 인간 관계를 원만히 맺으려면 상대방의 자존심을 자기의 욕심보다 더 소중하게 존중해주어야 한다.

상대를 수용하는 방법의 하나는 상대의 가치를 인정하는 것이다.

인간은 누구나 주위 사람들로부터 인정받기를 원한다. 자신의 진정한 가치를 알아 주기를 바라는 것이다. 그래서 마음으로부터 인정받고, 예찬을 받고 싶어한다. 따라서 상대의 가치를 인정해 주는 것이 상대를 수용하는 것이다. 서로의 가치를 똑바로 인정하는 것은 올바른 인간 관계를 위해서 반드시 해야 할 일이다.

올바른 인간 관계의 성립은 상대의 가치와 자신의 가치를 서로 인정하는 데서 성립된다.

o5 선입관에 좌우되지 마라

선입관이란 상대에 대해서 특정한 이미지를 각인하는 일이다

선입관은 그 사람에 대한 이미지에 의해 형성된다.

어느 심리학자가 재미있는 실험을 했다. 그는 수업에 들어가기 전에 한 선생님을 학생들에게 소개했다.

"이 선생님은 대단히 온화한 분이다."

그런데 다른 반에 가서는 다른 식으로 소개했다.

"이 선생님은 차갑고 냉정한 분이다."

수업이 끝난 뒤에 학생들로부터 그 선생님에 대한 인상을 물어보았다. 그 결과, 소개말에 따라서 상당히 어긋나는 생각을 갖고 있더라는 것이다. '온화한 선생님'이라고 소개한 반의 학생들은 '동정심이 있다, 딱딱하게 굴지 않는다, 격의가 없다, 유머가 있다'라고

평가를 하는 데 반해서, '냉정한 선생님'이라고 소개된 반의 학생들은 '자기 중심적이다, 성미가 급하다, 형식적이다, 유머가 없다' 등의 평가를 하고 있었다.

선생님이 특별한 변화를 보이지 않았는데도 학생들은 상반되는 선입관에 따라 평가를 다르게 했던 것이다.

이와같이 사람을 평가할 때 선입관에 의하여 사실보다도 월등한 평가를 받는 경우가 있는데, 이것을 '관대화 경향'이라고 한다. 속된 말로 '곰보도 보조개로 보인다.'라는 말과 같다.

또 반대로 터무니없이 나쁘게 평가하는 경향도 있다. 이것은 '악평가 경향', 즉 '미운 중놈은 가사까지도 밉다.'라는 심리 상태를 말한다.

한 심리학지가 관대화 경향과 악평가 경향의 문제에 대하여 흥미로운 실험을 했다. 그는 약 40명의 초등학교 4학년생들 중에서 오랜 시간의 관찰 끝에 10명을 선출했다. 그 10명 중의 5명은 급우들로부터 호감을 사고 있고, 나머지 5명은 따돌림 당하는 아이들이었다.

그는 이 10명의 어린이들 중, '좋다'의 5명과 '싫다'의 5명씩을 나누어 교대로 교단에 세웠다. 그리고 왼손을 들고 집게손가락을 꼬부리고 오른쪽 눈을 감으라고하는 등, 열 가지의 간단한 동작을 시켰다. 다른 30명의 아동들에게는 교단에서 하는 아이들의 동작이 틀리면 지적하라고 일렀다. 그리고 그때마다 1회에 1점씩을 감점하는 방법으로 심사를 시켰다.

　결과는 어떻게 되었을까?

　이 심리학자는 사전에 호감을 사고 있는 어린이 5명에게는 두 번에 한 번은 일부러 틀리도록 지시를 해 두었다. 물론 어린이들은 시키는 대로 잘 해냈다.

　그런데 심사를 하는 어린이들은 호감을 사고 있는 아이들에겐 틀린 것을 보고도 지적하지 않았고, 싫다는 평을 받고 있는 아이들에겐 틀리지 않았는데도 틀렸다고 지적하여 감점을 주었다. 놀랍게도 그 감점율은 전체의 약 40%까지 치우쳐 나타났다. 이것은 관대화와 악평화의 심리적인 영향이 구체적인 행동평가에도 결부된다는 예이다.

　이런 경향은 평가자가 미숙한 어린이라서 생기는 현상이라고만 할 수 없다. 심리학자는 선생님의 선입관에 대해서도 실험했는데 결과는 어린이들에 대한 실험과 별 차이가 없었다.

　교사가 호감을 가지고 있는 어린이에게는 틀린 답이라도 무의식 중에 그냥 넘어가는 수가 있고, 그와 반대로 싫어하는 어린이에 대한 채점에서는 틀리지 않은 문제까지도 틀렸다고 채점하는 경우가 있었다는 것이다.

　우리가 선입관을 갖게 되는 것은 그 대상이 하나의 특정한 이미지로 우리 기억 속에 각인되어 있기 때문이다. 어떤 사람에 대해 이성적으로 판단하기 전에 불쾌한 생각이 먼저드는 것도 이 때문이다.

06 끝이 좋아야 모든 것이 좋다

처음부터 끝까지 늘 올바른 자세를 보여 주어야 한다

세상의 모든 일은 끝이 있게 마련이다. 시작이 있으면 끝이 있는 것은 당연하다. 그런데 시작은 잘해 놓고 끝처리를 못하는 삶이 의외로 많다. 첫인상은 좋은데 뒤끝이 좋지 않아 욕을 먹는 사람도 많이 있다.

좋은 인간 관계를 유지하려면 시작도 좋아야 하지만 뒷마무리를 잘해야 한다. 한번 사람을 사귀면 끝까지 함께 간다는 자세로 대해야 하는 것이다. 아침 저녁으로 마음이 바뀌고, 상황에 따라 자세가 바뀌면 사람들은 신뢰를 거둬들이고 하나 둘 떠나가게 된다.

사람들은 흔히 첫인상은 강조하면서 끝인상은 소홀히 한다. 그러나 첫인상은 좋았는데 뒤끝이 안 좋으면 처음부터 인상이 안 좋았던 사람보다 더 나쁜 점수를 받는다. 그 이유는 본래의 기대치를 배반했기 때문이다.

어떤 사람에 대한 평가가 그 사람의 최근 정보에 의해 좌우되는 것을 심리학에서 '최신효과'라고 한다. 첫인상은 이미 지나간 것이기 때문에 바꿀 수 없지만, 끝인상은 언제든 바꿀 수 있다.

사람의 인상이 대인 관계에 얼마나 중요한지를 안다면, 처음부터 끝까지 늘 올바른 자세를 보여야 한다. 사람에 대한 인상이나 평가가 좋아야 다른 사람을 사귀는 데 많은 도움이 된다. 상대방이 이미 자신을 긍정적으로 보고 있기 때문이다.

마케팅의 일반 법칙에 따르면 '불만족한 한 명의 고객은 10여 명에게 그 불만을 퍼뜨리지만, 만족한 고객은 3명 정도에게만 말한다.'고 한다. 즉 부정적인 인상을 주면 그만큼 많은 사람에게 입소문이 나게 된다는 얘기다. 이것을 '입소문 효과'라고 한다.

자신에 대한 입소문, 즉 구전효과를 높이려면 첫인상과 더불어 끝인상을 좋게 하기 위해 자기 관리를 잘해야 한다. 자기 관리를 철저히 하는 사람은 이러한 이유로 성공하는 것이다.

07 상대방의 잘못을 추궁하지 마라

남의 마음을 바꾸는 일은 쉽지 않다

남의 결점이나 잘못을 지적하거나 공격하는 것은 상대방이 '그 래, 내가 잘못했다. 미안하다.'고 솔직하게 자기의 잘못을 인정해 주 리라고 기대하는 데 있다.

자기의 잘못을 솔직히 인정하는 사람이 있다면 그는 성인이다.

도대체 무엇 때문에 상대방의 잘못을 노골적으로 지적하는가? 상대방의 인정을 받아내기 위해서? 당치도 않다. 상대방은 자기의 능력, 긍지, 자존심에 상처를 입고, 마음의 문을 조개껍질처럼 닫아 버릴 것이다.

남의 잘못을 지적하기 전에 먼저 자기가 정말로 올바른가를 확 인해야 한다. 그런 다음, 그래도 역시 자기가 옳다는 판단이 선다 하더라도 '그럼 자네에게 그 까닭을 설명하지…….' 하는 식으로 이야기를 꺼내서는 안 된다.

이것은 '나는 너보다 잘난 사람이니까 너의 마음을 바꿔 보겠다.'는 말과 같다. 그야말로 도전적인 것이다.

이러한 태도는 상대방에게 반항심을 갖게 해서 전투 대세를 갖추게 한다. 남의 마음을 바꾸도록 만든다는 것은 아무리 부드러운 분위기 속에서도 어려운 일이다.

무엇 때문에 일을 어렵게 만드는가? 결국 스스로 손발을 묶는 것과 마찬가지가 아닌가!

또 한가지 잊어서 안 될 점은 상대가 마음 속으로 자기의 잘못을 인정하면서도 이에 대한 변명을 늘어놓을 때의 대처방법이다.

변명에는 거짓말이 섞여 있는 법. 그러나 변명을 듣고 화를 내서는 안 된다.

"아, 그런가!" 하고 잠자코 들어주다 보면 거짓말에 감추어진 진상은 저절로 밝혀진다. 상대방은 그 자리에서는 거듭 떠들어 댈지 모른다. 그러나 그에게도 양심은 있지 않겠는가. 상대는 마음 속으로는 스스로의 잘못을 인정하면서도 자기 체면 때문에 변명을 늘어놓는 것이다. 잠자코 들어 준다면, '그 사람은 이해하더군!' 하고 다른 사람에게도 말하게 되고, 이쪽에 대해 감사와 호의를 갖게 될 것이다. 잘못을 인정하는 이상 결코 추궁하지 말라. 항상 한 쪽에 상대방이 도망갈 수 있는 통로를 터놓는 것이 인간의 정이다.

o8 미소를 잃지 마라

항상 웃는 얼굴을 하고 있는 사람은 누구나 다 좋아한다

"같은 조건이라면 피고가 여자일 때가 남자일 때보다 무죄가 되는 확률이 30퍼센트 더 많다. 같은 여자라도 미인일 때에는 그 확률은 60퍼센트로 껑충 뛰게 된다."

배심원 제도를 연구하고 있는 미국의 어떤 형법학자의 말이다.

배심원들이 너무 인간적이기 때문일까? 지극히 존엄해야 할 법정에서까지 인간적인 감정이 작용하는 것인가?

'웃는 얼굴에 침 못 뱉는다'는 속담이 있다. 웃는 얼굴이야말로 백만의 원군과도 같은 것이다. 항상 웃는 얼굴을 하고 있는 사람은 누구나가 다 좋아한다. 그러나 억지 웃음은 다르다. 거기에는 비굴함이 깃들어 있기 때문이다. 상대방의 경멸을 자초할 뿐이다.

따스한 미소, 밝은 얼굴이야말로 상대방의 마음을 어루만져 주고, 사람을 끌어당기는 마력을 지니고 있는 것이다.

항상 미소가 끊이지 않는 사람의 인격은 어떤 것일까?

첫째, 사람들에게 호감을 갖는 성격.

둘째, 겸허한 마음가짐.

셋째, 솔직하고 선량한 기질.

넷째, 사람들에 대하여 갖는 따스한 마음.

따라서 이와 반대되는 사람들에게서는 미소나 명랑한 얼굴을 기대할 수 없다.

무엇보다도 곤란한 것은 악의를 숨기고 있는 성격, 즉 나쁜 마음이다. 오만한 자세, 사람을 우습게 보는 태도 등은 모두가 여기에서 생겨나는 것이다. 사람을 좋아하고, 그릇이 큰 사람늘은 언세나 따스한 미소를 잃지 않고 명랑하고 밝은 목소리로 말한다.

항상 발광원인 듯한 사람은 모든 인간 관계가 반드시 잘 되어간다. 그런 사람은 언제나 앞에 말한 네 가지의 장점을 갖추고 있다. 그 장점이 방사(放射)되어 상대방의 마음을 밝고 따스하게 해주는 것이다. 빛을 가리는 어두움은 없다. 어두움은 빛을 이기지 못하기 때문이다.

빛을 발하는 사람은 어떠한 순간에도 미소로서 상대방을 감싼다.

미소는, '나는 당신에게 호의를 가지고 있습니다,' 라는 표시임을 잊지 말아야 한다.

09 인간 관계를 망가뜨리는 요인들

상대의 눈에 맞는 안경을 끼고 상대를 바라볼 필요가 있다

인간 관계를 망치는 요인들로는 다음과 같은 것들이 있다.

첫째, 외모로 사람을 평가하는 것이다.

사람이란 외모에 끌리지 않을 수 없다. 그러나 외모가 그 사람의 모든 것이라고 생각하면 그것은 큰 잘못이다. 성서에도 사람을 외모로 판단하지 말라는 말이 있다. 사람을 외모만을 보고 판단해서는 안 된다.

둘째, 이분법적 사고이다.

이분법적 사고는 '적이 아니면 동지'라는 식의 고정 관념이다. "남의 잘못은 쌀 속의 돌처럼 골라내면서 자신의 잘못은 노름꾼이 화투짝을 감추는 것처럼 한다."는 말이 있다.

이분법에 빠지면 남의 눈 속에 있는 티는 잘 보고, 힐난하면서도 자기 눈 속에 들보가 있음을 깨닫지 못한다.

21세기는 다양성을 존중하는 칼라 시대이다. 자신에게도 단점이 있다는 것을 인식하면서, 상대를 더욱 이해하고 존중하는 자세가 필요하다.

셋째, 부정적 사고이다.

무슨 일을 할 때 그 일의 결과가 나쁠 것이라고 미리 결론 짓고 아예 일을 착수하지 않으려는 사람이 있다. 매사를 부정적으로 보기 때문이다.

컵에 물이 절반만 들어 있는 것을 두 사람이 보았다. 한 사람은 "물이 반밖에 남아 있지 않네."라고 말하고, 다른 한 사람은 "아직도 물이 반이나 남아 있네." 라고 말하였다. 앞의 사람은 내사를 부정적으로 보는 사람이다. 이런 사람은 말도 부정적으로만 한다.

사람이나 일을 긍정적으로 바라보느냐, 부정적으로 바라보느냐에 따라 삶의 태도가 달라진다. 스스로 자신을 문제 있는 사람이라고 생각하는 사람은 호감이 가지 않을 뿐더러 10년은 더 늙어 보인다.

마지막으로 자신의 안경으로 남을 보는 것이다.

우리는 흔히 남에게 지시하는 듯이 말하는 경우가 많다.

"내가 너라면 …하겠다."

이런 식의 말은 "내 안경을 네가 껴라."는 것과 같다. 상대에게 말할 때는 상대의 눈에 맞는 안경을 쓰고, 상대를 보며 말하는 것이 좋다. 자신의 안경 도수로는 상대를 올바로 볼 수 없기 때문이다.

커뮤니케이션의 기술이 향상되면 어떤 좋은 점이 있을까?

- 사업 능력이 크게 향상되고, 그에 따라 성공 가능성도 커진다.
- 오해가 줄어든다. 그 결과 목표를 달성할 수 있는 기회가 늘어나고 상대방과 조화를 이룰 수 있게 된다.
- 세상사를 더욱 폭 넓게 이해하게 되고, 따라서 새로운 사업 아이디어를 접할 수 있는 기회가 늘어난다.
- 안정감과 친밀감이 증가하고 적대감이 줄어든다.
- 일에 대한 자신감과 성공 가능성에 대한 믿음이 커진다.
- 인간관계가 향상되어 삶의 질도 높아진다.

Part 5

인간 관계의
문제점과
그 해결책

01 문제점은 무엇인가?

문제를 인격을 수양하는 과정이라고 생각하라

인생의 행복은 인간 관계에서 시작된나.

사람은 가족이나 주변 사람과의 관계가 좋을 때 비로소 행복을 느끼게 된다. 아무리 돈, 명예, 권력을 많이 가지고 있어도 인간 관계에서 갈등이나 문제가 있으면 행복하기 어렵다. 그러므로 무엇보다 인간 관계에서 문제가 없어야 한다.

그러나 문제가 없는 삶은 어디에도 존재하지 않는다. 인생을 살다 보면 여러 종류의 문제에 부딪치게 되는데 그런 문제들을 슬기롭게 해결하는 것이 인간 관계를 좋게 맺는 기술이요, 능력이다.

그러면 인간 관계에서의 문제는 무엇인지 구체적으로 살펴보자.

첫째, 필수 불가결한 촉매제다. 문제가 없으면 변화가 없고 성장하기도 어렵다. 그러므로 관계에서의 문제를 스트레스로 생각하지 말고 변화를 위한 촉진제로 생각하라.

둘째, 다른 사람들을 자신이 원하는 방향으로 움직이게 만드는 게임이다. 다른 사람들을 변화시키려면 설득력, 협상력이 중요하며 리더십도 요구된다.

셋째, 수양이다. 즉 문제를 해결하는 데에는 감정조절 능력이 절대적으로 필요하다.

상대방의 생각, 감정, 상황에 공감할 수 있어야 한다. 또 나의 생각, 감정, 상황을 긍정적, 객관적인 표현으로 전달할 수 있어야 한다. 그러자면 분노, 원망 복수심 등의 감정 조절이 필요하다. 감정을 억제하지 못하고 부정적, 공격적인 말과 행동을 하면 갈등이 발생된다. 그러므로 화를 참고 마음을 다스리는 수양을 해야 한다.

미국 보스턴 대학에서 이루어진 '40년 조사'라는 실험이 있다.

7세 어린이 450명을 40년 동안 조사했다. 그 결과 성공과 출세에 가장 중요한 요소가 세 가지로 밝혀졌는데 첫째, 다른 사람과 어울리는 능력, 둘째 좌절을 극복하는 태도, 셋째, 감정조절 능력이었다.

감정을 잘 조절할 수 있는 사람이 문제를 예방, 해결할 수 있고, 적이나 원수가 없으며, 사업에서 성공할 가능성이 높다.

문제가 생기면 긍정적으로 생각하라. 그리고 변화와 성장을 위한 과정, 리더십과 설득력을 키우는 게임으로 생각하라. 피할 수 없다면 즐겨라. 그것이 현명한 대응법이고, 지혜다.

o2 문제는 왜 생기는가?

원인을 무엇으로 보느냐에 따라서 해결 방법도 달라진다

인간 관계에서 문제가 발생하는 원인은 크게 일곱 가지 유형으로 나눠진다. 그 각각의 원인이 독립적으로 영향을 주기도 하지만 대부분은 복합적으로 작용하여 문제를 일으킨다. 그중에서도 가장 본질적인 원인이 무엇인지 알아야 문제를 현명하게 해결할 수 있다.

첫째, 거부감이다.

거부감은 반감과 같은 감정으로 다른 사람을 처음 만났을 때 특별한 원인이나 이유 없이 생기는 적대적 감정이다.

한 학자에 의하면 사람이 최초로 다른 사람을 대면할 때 느끼는 감정은 호의 46%, 무관심 22%, 거부감 32%라고 한다.

상대가 거부감을 느끼지 않게 하려면 최대한 호감 가는 첫인상을 줄 수 있도록 자신의 말이나 행동을 주의해야 한다.

둘째, 가치관의 차이다.

어떤 사물이나 사실에 대하여 의견의 차이나 가치관이 다르면 관계에서 문제가 발생한다. 사람 중심의 가치와 물질 중심의 가치, 조직 중심의 가치와 개인 중심의 가치, 회사 중심의 가치와 고객 중심의 가치는 서로 충돌하여 문제를 일으킬 수 있다. 결혼관, 직업관, 인생관 등 사람마다 각기 다양한 가치관을 가지고 있으며 이러한 가치관의 차이가 갈등의 요인이 되는 것이다.

셋째, 기호나 취미의 차이다.

가치관에는 차이가 없으나 선호하는 기호, 취향 등의 차이에서 문제가 발생된다. TV를 보려고 하는데 어떤 프로를 볼 것인지 선택하는 과정에서 문제가 빚어진다. 또 휴가 때 산과 바다 중에서 어디로 여행을 갈 것인지를 놓고도 갈등이 발생된다. 영업목표 달성을 위한 실행 방법을 놓고 문제가 생긴다. 업무방식을 둘러싸고 문제가 노출된다. 이처럼 서로의 기호나 취향이 다르면 문제가 발생된다.

넷째, 이해 관계의 대립이다.

이해 관계가 대립될 때 갈등이 생긴다. 임금 인상이나 보너스 지급을 둘러싼 노사 분규, 재산 상속을 둘러싼 형제 간의 분쟁, 업무 분장이나 승진 문제로 인한 직원 간의 이해관계가 대립으로 문제가 발생하는 것이다.

다섯째, 감정의 대립이다.

감정적인 문제로 인해 문제가 발생하기도 하고, 다른 원인으로 발생한 문제가 감정적인 대립으로 전개되기도 한다. 상대방의 말과 행동에 상처를 받아 분노, 수치심, 질투심, 원망, 복수심 등의 적대적 감정이 생기면 문제가 발생하고, 바로 해결하지 않으면 심화되기도 한다.

여섯째, 상황의 대립이다.

상황 자체에서도 문제가 생긴다. 노사 분규에서 발생하는 문제는 노사의 이해 관계, 처우 등의 원인으로 일어나는 불가피한 상황적 문제이다.

시어머니와 며느리 사이에 문제가 생기면 남자들은 아들과 남편의 역할 차이에서 상황적 갈등을 겪는다.

상인과 고객 사이에는 가격에 따른 갈등이 손재한다.

일곱째, 오해에서 발생하는 갈등이다.

두 사람 사이에 오해가 있으면 당연히 문제가 발생한다. 팀 내 미팅에서 아무런 의견도 제시하지 않으면 상사는 자신의 의견에 반대하는 것으로 오해하여 문제가 생길 수도 있다. 임금 교섭에서 회사의 경영 실적을 둘러싸고 노사간에 오해가 생기면 문제가 생긴다.

이처럼 여러 가지 원인에 의해 문제가 발생할 수 있다. 따라서 문제를 해결하려면 원인 분석이 가장 중요하다.

원인이 무엇이냐에 따라 해결 방법이 전혀 달라진다. 따라서 원인을 찾아보고 해결책을 마련하도록 하라.

03 문제에 대처하는 방법

세상에서 가장 어려운 것이 인간 관계에서 일어나는 문제이다

　　인간 관계에서 문제가 생기면 사람마다 대처하는 방법이 다르다. 동일한 문제에 대해서도 사람이 누구냐에 따라 대처하는 방법이 전혀 달라지는 것이다. 크게는 바꿀 것인가, 안 바꿀 것인가로 나눌 수 있지만 조금 더 세분화하면 수용, 회피, 협상, 대결, 단절, 조정의 여섯 가지 유형으로 나뉜다. 따라서 인간 관계에서 문제가 생기면 아래와 같은 6단계 갈등 해결 시스템으로 가동하는 것이 현명하다.

　　첫째, 수용이다.

　　여기서 수용은 당신이 상대방에게 양보하는 것을 의미한다.

　　'남존여비'를 우스갯말로 풀이해서 '남자가 존재하려면 여자의

비위를 맞춰야 한다.'는 뜻이 된다고 한다. 부부싸움에서는 지는 것이 이기는 것이다라고 하는 것처럼, 자신이 상대방의 말, 행동, 입장, 상황을 이해하고 받아들이는 것이 수용이다.

인간 관계에서 수용을 잘 하려면 다른 사람을 '꼽게' 보지 않고 '곱게' 보는 마음, 겸손한 마음, 이해하고 배려하는 마음이 중요하다. 그리고 마음 그릇의 크기가 커야 다른 사람을 수용할 수 있다.

둘째, 회피이다.

'회피'다. 회피는 연기, 보류, 그리고 잠시 묻어 두는 것이다. 즉 싸움이 일어날 수 있는 민감한 사항을 건드리지 않고 덮어 두는 것이 곧 회피다. 또 직장에서 문제가 되고 있는 상사나 동료를 피하는 것도 한 방법이다. 지금 바로 해결하기 어려울 때는 시간을 두고 해결하는 것도 한 방법이 되는 것이다.

셋째, 협상이다.

수용이나 회피가 불가능할 때 세 번째 방법은 협상이다. 문제의 원인을 분석해 보고 타협을 통해 절충하는 것이다. 이를 위해서는 상대방의 생각, 감정, 상황을 잘 헤아리고, 상대방이 바라는 목표가 무엇인지 파악할 수 있어야 한다.

동시에 당신의 생각, 감정, 상황, 목표 등을 상대방에게 명확하게 인식시키고, 오해가 발생되지 않도록 해야 한다. 상대방과 대화할 때는 부정적, 공격적 표현을 써서는 안 되며, 긍정적이고 객관적으로 커뮤니케이션해야 한다. 협상력에 따라 결과가 달라지므로 협상력을 높이는 이론과 기법을 학습하는 것이 바람직하다.

넷째, 대결이다.

수용, 회피, 협상으로 문제를 해결할 수 없다면 결국 대결이 불가피한데, 이 과정에서는 설득력이 중요한 무기가 된다. 당신이 원하는 대로 상대방을 설득하려면 문제의 원인과 현재 상황, 장래의 추이 등에 대해서 탁월한 식견을 제시할 수 있어야 한다.

다섯째, 제3자에 의한 조정이다.

대결의 방법을 통해서도 문제가 해결되지 않을 경우 쌍방 모두가 신뢰할 수 있는 제3자에게 해결을 의뢰하는 것이다. 이 때 조정자에게 주어진 권한에 따라 강제 조정, 임의 조정으로 나눌 수 있다. 강제 조정은 조정자의 결정을 무조건 수용하는 것이며, 임의 조정은 권고 사항으로 받아들이는 것이다.

여섯째, 단절이다.

모든 방법이 불가능할 경우 마지막 방법은 '단절'이다. 단절은 관계를 끊는 것이다. 친구나 연인 사이라면 결별을 하고, 직장 내의 문제라면 퇴직을 하고, 부부 관계 문제가 심각해지면 이혼을 하는 것이다. 이를 최선의 방법이라고 할 수는 없지만 최악의 상황을 막는 방법은 될 수 있다.

일곱째, 부연 설명이다.

오해의 소지가 있다 싶은 경우에는 꼭 부연 설명을 해야 한다. 자신이 판단하기에 조금이라도 미진한 감이 있으면 꼭 동티가 나게 마련이다.

"에이, 그 정도쯤이야 알아서 이해하겠지."하며 미뤄서는 안 된다. 또한 너무 지나치게 반복 설명하는 것도 오히려 부작용을 일으킬 수 있다. "내가 그것도 이해 못한다고 생각하나? 왜 계속해서 같은 말을 반복하는 거야?"라고 쏘아부치며 자신을 무시한다고 오해할 수도 있다.

세상에서 가장 어려운 것이 인간 관계에서 발생하는 문제의 해결이다. 문제가 생기면 대부분의 사람들은 '대결'을 통해 해결하려 든다. 감정적으로 대립하고, 책임과 잘못을 상대방의 탓으로 돌리며, 상대방을 자신의 뜻에 맞게 바꾸려고 한다. 그러나 대결은 최선책이 아니라 문제 해결의 네 번째 차선책일 뿐이다.

문제를 해결하려면 상대방을 바꾸기보다는 먼저 당신 자신을 바꾸고, 시간을 두고 대처하고, 대화를 통해 절충하고, 논리적으로 설득하고, 3자에게 중재를 부탁하고, 최후의 방법으로 단절을 선택하면 된다.

04 문제에 영향을 주는 요소

문제를 해결하는 결정적인 요소는 힘, 관계, 목표, 신념 등이다

문제가 발생하면 대처하는 방법에는 수용, 회피, 협상, 대결, 조정, 단절의 6가지 유형이 있다고 설명하였다. 그런데 동일한 문제에 대해서도 사람마다 각기 다른 대처 방법을 선택하는데 그 이유는 무엇일까? 이번에는 그 요소들을 알아 보기로 한다.

첫째, 힘이다.

문제의 당사자 간에 존재하는 힘의 크기는 대처 방법을 결정하는 데 근본적인 영향을 미친다. 힘의 크기가 크면 대결할 가능성이 높고, 같으면 협상할 가능성이 높다. 반대로 힘의 크기가 작으면 수용하거나 회피할 가능성이 높다. 동료 간의 문제는 대결하기 쉬우나 상사와의 갈등은 수용하거나 회피하는 경우가 대부분이다. 나이

가 어린 자녀는 쉽게 수용하지만, 나이가 든 자녀는 부모의 말을 고분고분 따르지 않는다.

힘에는 물리적인 힘, 경제적인 힘, 사회적인 힘, 법률적인 힘, 정보력, 전문 지식 등 여러 가지 종류의 힘이 존재한다.

무조건 이기기로만 한다면 용인 에버랜드로 놀러 가자고 떼쓰는 아이에게 회초리를 들이 대면 멈출 수도 있다.

둘째, 관계이다.

당사자 간의 친밀도에 따라 대처 방법이 달라진다. 상호간에 충분한 이해와 신뢰가 형성되어 있는 경우에는 수용, 회피, 협상의 가능성이 높아진다. 그러나 반감이나 불신감이 두텁게 형성되어 있으면 대결, 단절의 가능성이 높아진다.

"미운 놈 떡 하나 더 준다."는 속담이 있다.

문제가 있는 상대방에게 더 잘해줌으로써 관계를 가깝게 하여 문제의 요소를 줄이는 방법이다.

셋째, 목표이다.

추구하는 목표의 중요도에 따라 대처 유형이 달라진다. 반드시 달성해야 될 목표인 경우에는 대결의 가능성이 높으며, 꼭 그렇지만은 아닌 경우에는 협상, 수용의 가능성이 높아진다.

부모가 반대하는 연인과의 결혼이 목표인 경우 문제는 대결이나 단절로 전개되기 쉽다. 그러나 단순히 이성 친구인 경우에는 수용이나 회피, 협상으로 전개될 가능성이 높다.

대처 유형을 바꾸려면 목표를 변경시키거나 축소시키면 된다.

넷째, 동기이다.

문제의 당사자들이 어떤 동기를 가지고 있는지에 따라 대처 유형이 달라진다. 상호간의 동기가 많을수록 협상, 수용의 가능성이 높아지고, 동기가 적을수록 대결, 단절의 가능성이 높아진다.

최근 들어 우리 사회의 이혼율이 높아지고 있다. 여러 가지 이유가 있겠지만 동기의 문제가 큰 비중을 차지한다.

예전에는 여성들에게 경제적 자립 능력이 없어 남성에게 의존해야만 생활이 가능하였다. 때문에 그 시절에는 미우나 고우나 참고 살았던 대표적인 동기가 바로 경제적 동기였다. 그러나 지금은 여성들의 사회 진출이 매우 활발해졌다. 때문에 경제적 동기를 고려치 않아도 되는 여성들이 많아진 것이다. 그 결과 이혼이라는 유형을 선택하는 사람들이 늘어났다.

다섯째, 신념이다.

두 사람이 어떤 신념을 가지고 있느냐에 따라 문제를 처리하는 유형이 달라진다. 관계에 대한 신념, 갈등의 원인, 목표, 해결 방법, 기타 가치관에 따라 대처 유형이 달라지는 것이다.

부모와 자식간에 문제가 생겼을 경우, 또 남편과 아내 사이에 문제가 생겼을 경우 어떤 신념을 가지고 있느냐에 따라 그 대처 유형을 다르게 해야 한다.

05 문제를 해결하는 법

모든 문제를 도식적으로는 해결할 수 없다

문제가 발생하면 다음과 같은 단계를 거쳐 해결힐 수 있다. 비관적으로 생각하거나 스트레스라고 생각하지 말고, 그릇의 크기를 키우는 훈련이라고 생각하며 실천해 보자.

첫째, 원인을 철저히 분석하라

문제의 원인은 생각 외로 복잡하다. 표면적으로 드러나는 원인이 전부일 수도 있지만 때로는 겉으로는 알 수 없는 요인이 중요한 본질적 원인일 수 있다.

국회에서 특정 법률의 통과를 둘러싸고 문제가 발생했다면 가치관의 대립일 수도 있고, 이면에 숨겨진 이해 관계가 대립되는 갈등일 수도 있다. 어쩌면 법안 심의 과정에서 생긴 감정적인 문제 때문에 대립하는 것일 수도 있고, 사소한 오해에서 빚어진 갈등일 수도 있다. 따라서 문제의 본질이 무엇인지 파악하는 것도 중요하다.

둘째, 공감을 형성하라

대부분의 단순 문제는 공감 형성만 잘 이루어져도 효과적으로 완화되고, 해결된다. 그러나 이것은 말처럼 쉽지 않다. 문제는 나 혼자만 공감해서는 안된다는 사실이다.

공감 형성은 어디까지나 상호적으로 동시에 이루어져야 한다. 즉 상호간에 자신의 생각, 감정, 상황을 잘 이해하고 있다는 사실을 공감해야 한다. 상대방의 말을 경청하고 적절한 말과 몸동작으로 반응을 보여야 한다.

셋째, 자기 자신에 대해서 솔직히 공개하라

상대방에게 당신의 생각, 감정, 상황을 사실 그대로 알려야 한다. 그래서 다시 한번 공감이 형성되고, 당신에 대한 이해가 높아지면 오해도 없어진다.

자기 공개는 적극적이고 긍정적인 표현으로 이루어져야 한다.

넷째, 대안을 마련하라

대화와 토론을 통해 서로의 생각, 감정, 상황을 공유하였으면 여섯 가지 유형 중에서 대처 방법을 검토하고 두 사람이 만족할 수 있는 합의점을 작성해 보라. 협상의 여지를 가지고 대안을 작성하며 현실적인 목표를 구체적으로 계량화하는 것이다. 그런 다음에는 유사한 갈등이 재발되지 않도록 상벌 규정을 포함하는 것이 바람직하다.

다섯째, 절충점을 찾아라

이는 모든 문제 해결에서 가장 중요한 과정이다. 협상에 따라 대처 방법이나 해결 수준이 전적으로 달라진다. 이때 협상은 'Win & Win'의 마음으로 진행하여야 한다.

마지막으로 합의안 작성이다

합의안은 구두로 이루어질 수 있으나 가능한 한 문서로 만드는 것이 바람직하다. 보안이나 비밀을 유지하지 않아도 되는 사항은 공개를 통하여 권위와 구속력을 높이는 것도 좋은 방법이다.

모든 문제를 도식적으로 해결할 필요는 없고 또 그렇게 한다고 해서 모두 해결되지도 않는다. 그러므로 일정한 갈등 해결 시스템을 운영하는 것이 바람직하다. 그리고 상황에 맞춰 탄력적으로 융통성 있게 대처하면 된다.

문제가 발생하면 원인분석, 공감형성, 자기공개, 대안마련, 협상과 절충, 합의점 도출의 여섯 가지 단계를 잘 활용하여 슬기롭게 문제를 해결해 보자.

o6 문제를 예방하는 커뮤니케이션 방법

유머를 활용하는 것도 문제 해결에 도움이 된다

문제는 여러 가지 원인에 의해 생기지만 직접적으로는 부정적인 대화 표현을 통해 겉으로 표출된다. 이러한 문제를 예방하려면 올바른 대화법을 익혀야 한다. 문제를 예방하는 커뮤니케이션의 방법에 대하여 알아 보자.

1) 명령형을 부탁하는 식으로 하라

다른 사람에게 지시할 일이 있으면 명령형으로 말하지 말고, 부탁하는 식으로 말하라.

예) ■ 미스 김, 여기에 있는 서류 복사해 와. → 미스 김, 여기 있는 서류 복사해 다 줄 수 있을까?

■ 미스 최, 커피 한 잔 뽑아 와. → 미스 박, 커피 한 잔 부탁해!

2) 거절할 때에도 동의하는 화법으로 하라

다른 사람에게 부탁, 거절할 때는 대화 앞부분에 완충 작용을 해주는 단어를 사용한다.

예) ■ 미안합니다만 5분만 기다려 주실 수 있을까요?

■ 감사합니다. 그런데 지금은 제가 시간을 내기 어려우니, 다음에 함께 식사

하시죠.

■ 저도 그 부분은 동의합니다만 이런 조사 결과도 있더군요.

■ 제가 보기에는 A안의 가능성이 높다고 생각됩니다.

3) 샌드위치 화법 사용

다른 사람을 비판하거나, 부탁을 거절할 때는 샌드위치 화법을 사용하여 긍정 – 부정 – 긍정의 순으로 말한다.

예) ■ 박 팀장은 정말 프레젠테이션 능력이 뛰어나(긍정). 그런데 발표 중에 가끔

천장을 쳐다보는 버릇이 있는데, 그 습관은 고치는 것이 좋겠어.(부정). 그것

만 고치면 최고로 완벽하겠어(긍정).

4) '나 중심'의 메시지 화법을 사용한다

이 화법은 상대방에게 책임과 잘못을 돌리지 않고 내가 느끼는 감정만 솔직하게 전달하는 표현법이다. 일반적으로 사람들은 '당신

중심' 화법을 많이 사용하는데 이 화법은 상대방에게 공격적인 느낌을 주어 상대방이 우호적이 아닌 적대적 자세를 갖게 되므로 '나 중심의' 메시지 화법을 사용하는 것이 바람직하다.

예) ■ 미스 김, 근무 시간에 어디 갔다 오는 거야? ('당신 중심' 메시지 화법)

■ 미스 김, 바쁜 일이 있어서 일을 시키려고 했는데……. 집에 무슨 일이 있는 거야? ('나 중심' 메시지 화법)

5) 부정적인 커뮤니케이션 사용 안 하기

부정적 커뮤니케이션은 다른 사람에게 공격적이고 반항적인 느낌을 전달하는 표현법이다. 대화를 할 때는 긍정적인 커뮤니케이션을 사용하는 것이 좋다.

예) ■ 비난 : 너는 너무 이기적이야.

■ 책임 전가 : 이 프로젝트가 실패한 것은 전적으로 부장님 책임입니다.

■ 인격적 모욕 : 과장이 돼 가지고 이 정도밖에 보고서를 못 만드나? 월급이 아깝다.

Part 6

조직에서
성공하는
인간 관계의
조건

01 기업 세계에서의 인간 관계

철저한 이해 관계를 목적으로 이루진 관계이다

기업 세계에서의 인간 관계는 철저히 이해타산을 목적으로 하는 관계다. 즉 부소신식인 이메기 기기가 아니 삼호 주고 받음, 협력과 경쟁, 생산적 결과 등의 가치를 지향하는 것이다. 견제와 균형은 권력에 의해 조절된다. 특히 조직간의 인간 관계는 권력의 메커니즘을 생생히 반영한다.

아무리 개인 존중의 문화를 가진 선진기업일지라도 결국 힘 있는 자는 약자 위에 군림하고, 약자는 힘 있는 자에게 잘 보이고 싶어 하기 마련이다. 조직에서의 나의 생존과 안녕에 가장 큰 영향력을 가진 사람은 이른바 보고 체계나 업무 평가자로 정해진 상사이기 때문이다. 국내 기업이든 외국 기업이든, 또 서양인들이나 우리나라 사람들이나 마찬가지다. 때로 이것은 리더십이나 로열티 같은 다른 말로 포장되기도 한다.

특히 주목할 것은 글로벌 기업들의 관계를 다루는 방식과 태도다. 기업은 내부적으로 수많은 개인과 개인 간의 관계로 얽혀 있고, 외부적으로는 소비자, 주주, 지역 사회, 정부, 동종 업계, 언론 등등의 다양한 대상과 관계를 맺고 있다.

선진 기업은 이렇게 수많은 대상과의 관계를 유지 또는 발전시킬 목적으로 커뮤니케이션할 때 어떤 전략으로 메시지를 전달할 것인가에 많은 고민과 투자를 한다.

또 노골적인 비난이나 편견은 가급적 드러내지 않고 정중하고 세련된 표현을 사용하려고 노력한다.

얼마 전에 몸담고 있던 한 글로벌 기업에서 목격한 사장 환송식이 떠오른다. 당시 사장은 기업 내의 권력 싸움에 밀려 물러나는 상황이었는데, 그 사실은 내부적으로 공공연한 비밀이었다.

드디어 우아하고 화려하게 꾸며진 환송 리셉션장.

떠나는 사장은 그간 자신의 주요 업적을 강조하며 회사의 앞날을 축복했고, 그 사장의 퇴장을 주도한 경쟁자는 그의 업적과 기여를 치하하며 덕담을 했다. 적어도 곁에서 보기에 그곳은 모두가 흐뭇하고 행복한 자리였다.

그날 나는 진실과 공식적 메시지 사이의 행간에 들어 있는 가식에 대해 경악을 금치 못했다. 비즈니스 세계에서 어느 정도 가식은 진심보다 더 중요할 수 있다는 것을 확인할 수 있었다.

비즈니스라는 명목으로 최소한의 예의도 저버리는 살벌한 인간 관계가 난무하는 현실에서 동료라는 이름으로 사랑하는 사람들끼리 얼마나 생채기를 내기 쉬운가를 생각해 본다. 가식도 진심이 될 수 있다는 묘한 등식을 인정해야 할까?

진심과 애정이 소통되는 사회는 원만한 인간관계가 이루어질 때 이루어진다.

o2 세 종류의 방문을 잘하라

성공한 사람들은 입의 방문, 손의 방문, 발의 방문을 잘한다

카네기멜론대학에서 공대 졸업생들 가운데 성공한 사람들을 대상으로 그 비결을 조사했더니 전문 지식, 기술, 능력이 15%를 차지하고, 나머지 85%는 인간 관계가 좌우한다는 사실이 밝혀졌다. 그리고 그들은 인간 관계에서 입의 방문, 손의 방문, 발의 방문을 잘한다는 것으로 알려졌다.

그 구체적인 내용은 다음과 같았다.

첫째, 입의 방문이란 따뜻한 마음을 입으로 전하는 것이다. 그 대표적인 것이 칭찬이다. 칭찬은 할수록 상대를 편안하게 하고, 듣는 이의 마음을 부드럽게 해 준다. 친절한 말 한마디가 사랑을 심어 주고 용기를 갖게 한다.

둘째, 손의 방문이란 마음을 전하기 위해서 사랑의 손을 펴는 것이다. 대표적인 것이 따뜻한 손을 내밀어 악수를 하는 것이며, 편지를 쓰거나 메일을 보내는 것도 이에 속한다.

셋째, 발의 방문이란 사람들에게 더욱 가까이 접근하기 위해 움직이는 것을 말한다. 대표적인 것이 고객 방문이다. 즉 영업사원들이 고객의 사무실이나 자택을 자주 방문하면 상대도 마음을 열게 되어 마침내 성공을 거두게 되는 것이다.

칭찬은 할수록 관계가 밀접해지고 메일을 자주 보낼수록 감동을 주며, 자주 찾아갈수록 친근해진다.

인간 관계가 원만치 못하면 직장에서나 가정에서 갈등과 불만을 겪게 되고, 그로 인해 많은 문제가 생긴다.

사람들이 일으키는 문제의 대부분은 인간 관계의 부적응과 자기 문제에 대해 현실적으로 인식하지 못하기 때문이다. 따라서 더욱더 복잡해져 가는 사이버 시대에 원활한 인간 관계는 더욱 더 필요해져 가고 있다.

03 애정은 에너지의 원천이다

누구나 가지고 있는 우월감을 자극하라

　대부분의 상사는 좀체로 부하를 칭찬해 주지 않는다. 칭찬해 줄 만한 점이 있어야 칭찬해 주지 않겠느냐고 그들은 반문하리라. 그러나 자기를 기준으로해서 부하를 보기 때문에 칭찬할 만한 점이 없는 것이다.

　어떤 사람에게나 단점이 있듯이, 장점 또한 반드시 있는 법이다. 따라서 인간 관계에서 성공하기 위해서는 이 점을 알아야 한다.

　먼저 장점을 칭찬해 주어라. 본인조차 미처 깨닫지 못한 장점을 덤불 속을 뒤지듯 찾아내어 말해 주어라.

　"자네에게는 이러이러한 장점이 있지 않나?"

　"이 점이 자네의 장점이었군! 내가 미처 몰랐어."

누구에게나 우월감이 있고, 우월하고 싶다는 마음이 건강하게 작용할 경우, 본인의 성장에 굉장한 플러스를 가져온다. 누구나 가지고 있는 이 우월감을 자극해 주어라. 그러면 부하는 인정받았다는 기분에서 놀랄 만큼 강력한 에너지를 발휘하게 된다. 부하에 대한 이러한 애정이야말로 참된 인간 관계의 바탕을 이루는 것이다.

영국의 수상이었던 디즈레일리는 35세까지 독신으로 있다가 어느 돈 많은 미망인과 결혼한다. 그녀는 남편보다 무려 15세나 위였으며, 머리는 벌써 희끗희끗해져 있었다. 그녀는 젊지도 않았고, 미인도 아니었으며, 그렇다고 머리가 좋은 것도 아니었다. 문학이나 역사에 차원 높은 지식도 없었다. 오히려 남이 들으면 웃음이 터져 나올 어이없는 소리도 태연히 말하였고, 희랍 시대와 로마 시대가 어느 쪽이 먼저인지도 모를 정도였다. 그렇다고 복상이나 가구, 실내 장식의 취미가 고상한 것도 아니었다. 그러나 결혼 생활에서 가장 중요한 것, 남편 조종술을 터득하고 있었다. 즉 남편에게 대항해 보겠다는 따위의 생각은 추호도 하지 않았다.

정적과의 토론이나 혹은 자녀들의 문제로 지쳐있는 디즈레일리에게 그녀의 어리석은 이야기는 더할 나위없는 위안이었고, 편안함이었다.

그녀는 30년간 싫증도 내지 않고 남편에 대해서 칭찬으로 일관했다. 그 결과 디즈레일리는 기회만 있으면 아내야말로 자기 목숨보다도 더 귀중한 존재라고 말하게 되었다.

04 상사와 부하와의 커뮤니케이션, 코칭

자신의 잠재적 능력을 개발하라

A항공사의 박 팀장은 샌프란시스코로 출국하는 자신의 고객 최 상무가 제 시간에 도착하지 않자 휴대폰으로 전화를 했으나 어쩐 일인지 통화가 되지 않았다. 그래서 공항의 구내 방송을 부탁한 후 대기실에 들어서는 순간 그 곳에서 기다리고 있던 그를 만났다.

박 팀장은 비행기의 이륙 시간이 임박하였음을 알려주고 최 상 무의 짐을 나눠 들고 게이트로 뛰기 시작했다. 100m 달리기를 하듯 이 하여 간신히 비행기에 오르는 최 상무를 향해 "좋은 여행되십시 오."하고 인사를 하자, 최 상무는 손을 흔들며 "정말 감사합니다. 이 비행기를 곡 타야 했습니다. 덕분에 중요한 비즈니스를 놓치지 않 게 되었습니다."하고 인사를 하였다.

그 광경을 바라보고 있던 여행사의 김 과장이 박 팀장에게 "자네, 고객을 위한 마음이 정말 대단하구먼. 참 잘했어!" 하고 칭찬을 하였다.

박 팀장으로서는 당연히 해야 할 일을 했는데 고객으로부터 감사의 인사와 더불어 상사로부터 칭찬을 들으니 더욱 잘 해야겠다는 생각과 자신감이 생겼다.

상사의 부하에 대한 코칭은 잘못된 부분을 고치게 하는 것도 좋지만 그보다 개인이 가지고 있는 잠재적 역량을 발휘하게 하는 것이 목적이 되어야 한다.

상사는 부하와의 커뮤니케이션 코칭에서, 훈계나 지도하는 말보다는 스스로 자신의 잠재적 능력을 개발하여 발휘하도록 하는 말을 많이 하여야 한다.

05 상대의 상태를 살펴라

커뮤니케이션을 하기 전에 상대방의 상태를 살피는
습관을 가져라

커뮤니케이션은 상대가 당신이 하는 이야기를 들어 주어야 비로소 성립된다. 그러므로 상사에게 보고할 때나 부하에게 지시를 할 때, 상대방이 당신의 말을 듣게 만들어야 한다.

당신이 보낸 메일을 상대가 반드시 읽었다고 믿는 것은 잘못된 생각이다. 답장이 없으면 보지 않았을 수도 있는 것이다.

한창 복사한 종이를 세느라 바쁜 동료에게 갑자기 무엇을 물으면 그는 복사한 종이를 세던 일을 중단하든지, 아니면 당신의 말을 듣지 못 하든지 둘 중의 하나밖에 할 수 없게 된다. 그가 당신의 말을 들을 수 있는 상태인지 확인하는 일은 1초이면 충분하다.

또 예산 삭감 문제로 이사와 한참 열을 올리고 있는 상사에게

"지금 결재를 받고자 하는데 괜찮으시겠습니까?"하고 물으면 그 상사는 뭐라고 대답하겠는가? 이 때 상사가 "안 괜찮아!"하고 소리를 질렀다면 당신은 상사가 괜히 화를 낸다고 투덜거릴 것이다.

지금 괜찮은지 안 괜찮은지는 당신이 눈으로 확인하면 된다.

그런 작은 노력도 없이 자신의 주문을 들어 주지 않는다고 상대를 원망한다면 당신은 커뮤니케이션의 달인이 될 수 없다. 대화를 하기 전에 상대방의 상태를 살피는 습관을 들이는 것이 커뮤니케이션에 능숙한 사람이 되는 첫걸음이다.

그러면 어떤 방법이 좋을까?

"좋은 아침입니다."하고 먼저 말을 건넨다. 그리고 잠시 틈을 둔다. 그러면 상대도 "좋은 아침!" 하고 답례를 하면서 그 다음에 나올 말을 기다리게 된다. 그때 당신이 하고 싶은 말을 하면 되는 것이나.

이야기를 늗는 상내가 말이나 행동으로 바응을 나타내면서 대화에 동참해야 커뮤니케이션이 성립되는 것이다.

o6 최소한 3가지 기본 원칙은 지켜라

커뮤니케이션은 야구식으로 하는 것이 원칙이다

커뮤니케이션은 '던지고 받는 야구식'으로 해야 한다. 즉 상대방이 던진 공을 글로브로 받아서, 다시 그 공을 상대의 거리와 위치를 잘 겨냥해서 던져야 한다. 다시 말하면 상대의 말을 잘 듣고, 그가 원하는 대답을 돌려 주어야 한다. 이것이 커뮤니케이션의 가장 기본적인 원칙이다.

그런데 많은 사람들은 야구식이 아닌 '탁구식'으로 대화를 한다. 즉 상대의 공을 받아서 생각하지도 않고 곧바로 넘겨 준다. 해야 할 말과 해서는 안 되는 말을 구분하지도 않고, 상대가 원하는 것이 무엇인지 깊이 파악하지도 않고 즉시 넘겨 주는 것이다. 이런 식의 화법은 성급한 판단으로 인하여 오해를 사기 쉽다.

대화를 잘하기 위해서는 여러 가지 원칙이 있으나 그 중에 반드시 지켜야 할 세 가지 중요한 기본 원칙이 있다.

첫째, 언어 선택에 주의해야 한다.

말에 따라서 여러 가지 감정이 생긴다. 웃고, 울며, 말로 사랑도 하고 죽음을 당하기도 한다.

이와 같이 언어에는 우리 생활에 커다란 영향을 미치는 힘이 있다. 따라서 말을 할 때에는 세심한 주의를 하여 언어선택에 실수가 없어야 한다.

깊은 생각 없이 함부로 내뱉는 말은 당신의 인격을 깎고, 인생을 망치게도 한다.

특히 직장에서는 무슨 말을 피해야 할지 당신 스스로 잘 알고 있을 것이다. 부정, 거절, 비꼬는 말, 즉 상대와의 단절을 초래하는 말은 사용하지 않는 섯이 좋다.

첫째, 직장에서 사용해서는 안 되는 말의 예는 다음과 같다.

- 가망 없다. 고집. 낙오자. 못해먹겠다.
- 배신. 부당하다. 실패. 위기. 집어치우고 싶다. 피곤하다. 할 수 없다.

둘째, 상대가 편안한 마음을 갖는 말을 써라.

상대가 당신의 말을 듣고 편안함을 느끼도록 하기 위해서는 상대가 알아듣기 쉽고 받아들이기 편해야 한다. 그러기 위해서는 이해하기 쉬운 말이나 문구를 사용해야 한다. 교양 있고 능력 있는 직장인은 어떠한 어려운 이야기라도 누구든지 이해할 수 있게 말을 하고, 내용도 조리 있게 전달한다.

셋째, 좋은 느낌의 말을 사용하라.

느낌이 좋은 말이란 동일한 의미를 가지고 있으면서 사람의 감성을 자극하는 듣기 좋은 말을 뜻한다.

예를 들어서 어떤 문제가 닥쳤을 때 어떻게 말하느냐에 따라 듣는 사람의 기분은 달라질 것이다.

"나는 그것을 해결할 수 없는 문제라고 생각한다." 는 말과,

"나는 그것을 이러저러하면 해결할 수 있는 문제라고 생각한다."는 말과는 상당한 느낌의 차이가 들 것이다.

다른 생물과 달리 인간의 커뮤니케이션은 독특한 특성을 지니고 있다. 그러한 독특함이 인간을 가장 인간답게 만들어 주고, 그로 인해 발전의 역사를 거듭해 올 수 있었던 것이다.

5천 년 전의 박쥐나 개는 지금과 환경 및 상호 작용 방식에서 변한 것이 거의 없다. 하지만 인간은 그렇지 않다. 끊임없이 연구하여 삶의 질을 업그레이드 시켜 왔다.

인간의 커뮤니케이션에는 다음과 같은 특징이 있다.

첫째, 커뮤니케이션에서 상징적 표현을 하는 것은 인간 고유의 능력이다. 인간은 약속에 의한 부호의 집합인 언어와 문자를 사용해 커뮤니케이션을 한다. 지구상에 존재하는 온갖 언어에는 그 사용 인구의 많고 적음에 상관 없이 나름대로의 체계와 법칙이 존재한다.

둘째, 인간의 커뮤니케이션은 영구성과 이동성이 있다. 상징적 표현을 하는 덕분에 메시지는 시간이나 공간의 제약을 극복하고, 기록으로 남기도 하고, 다음 세대로 전수되기도 한다.

동물 역시 커뮤니케이션을 하기는 하지만 거기에는 시간과 공간이 제한되어 있다. 동물은 단순히 생존을 위해 필요한 정보 능력만을 타고나지만, 인간은 언어든 문자든 대부분 후천적 학습에 의해 얻는다. 또 시간과 공간의 제약을 넘어 많은 사람과 그 의미를 나눌 수 있는 사회성을 가지고 있다.

셋째, 우리가 주위의 사람, 사건, 사물에 의미를 부여하고, 이를 해석하는 것은 주관적이다. 예를 들어 겨울에 내리는 '눈'은 보는 사람의 관점에 따라 다른 의미로 해석되기도 한다. 연인에게는 눈 쌓인 길을 걸어 보고 싶은 충동을 느끼게 하는 낭만으로 해석되지만, 먼 길을 가야 하는 나그네에게는 성가신 근심거리가 된다. 따라서 커뮤니케이션에는 항상 오류의 소지가 있고, 그를 해석하는 데에 장애를 안고 있다. 때문에 상이한 의미 부여와 해석의 다양성 속에서도 항상 타협을 추구하게 된다.

커뮤니케이션은 의미 공유와 타협의 과정이고, 타협의 방식을 익히는 것은 언어 학습과 사회화의 과정이다. 이러한 타협 의미 부여의 주관성에도 불구하고 원활하게 커뮤니케이션이 이루어진다.

넷째, 인간에게는 자기 자신과 커뮤니케이션을 할 수 있는 능력이 있다. 그래서 자신의 감정, 경험, 지식을 쌓아 더 나은 커뮤니케이션을 지표로 삼는다. 즉 자기 반성적이다. 이는 인간만이 지닌 특성이다.

다섯째, 커뮤니케이션은 인간에게 주어진 피할 수 없는 숙명 같은 일이다. 인간은 어느 한순간도 커뮤니케이션을 하지 않고는 사회생활을 할 수 없다. 커뮤니케이션을 할 의사가 없다는 것조차 커뮤니케이션 없이는 전달되지 못한다.

인간을 가장 인간답게 만드는 것이 바로 커뮤니케이션이다. 커뮤니케이션에 관한 한 다른 어떤 존재와도 비교할 수 없는 커다란 특권을 누리는 것이다. 그를 통해 축적되고 전승된 지식과 문화를 향유하며, 시시각각 발전한다. 바로 여기에 인간의 존엄성이 있다. 따라서 우리가 얼마나 커뮤니케이션에 대해 올바르게 이해하고 생활에 적용하느냐에 따라 인생이 달라질 수 있다. 그렇기 때문에 '인생은 커뮤니케이션이고, 그것은 비즈니스도 마찬가지'라는 말이 설득력을 얻는 것이다.

08 상대방 중심으로 생각하라

직장에는 시기와 질투가 소용돌이치고 있다

인간은 누구나 문제를 자기 중심으로 본다. 그리고 자기에게 유리하고 편리하도록 생각한다. 이것이 인간의 본성이다.

우매한 자는 즐거운 일이 있으면 큰 소리로 떠들어 대지만, 지혜 있는 자는 은근하게 즐긴다. 왜냐하면 인간의 심리는 미묘한 것이어서 남이 행복을 느끼면 질투심이 발동되기 때문이다.

많은 사람들이 타인의 곤경이나 불행을 동정한다. 그러나 행복과 즐거움에는 표면상으로는 기뻐해 주는 것처럼 보이지만 마음 속 깊은 곳에서는 그를 질투하고, 그 것이 자기의 것이기를 바란다.

'기쁨을 나눈다.'는 것은 특별한 경우가 아니면 사실상 불가능하다. 더욱이 현대와 같은 실력주의 사회에서는 상대방의 승리는 곧 나의 패배를 의미하는 것이므로 기쁨을 떠들어 대는 것은 역효과밖에 생기지 않는다. 즉 질투의 표적이 되는 것이다.

이를테면 승급을 했을 경우, 가만히 있으면 될 것을 즐거운 나머지 친구에게 이야기했다고 하자, 이것은 바로 친구의 라이벌 의식에 불을 붙이는 것이다.

"잠자코 있어 달라."고 부탁하더라도 어느 사이엔가 주위에 싹 퍼져, '왜 그 사람만 진급을 하는가?' '배후에 무엇인가 있는 것임에 틀림이 없다.' 하는 식으로 질투와 시기가 혼합된 비방을 뒤집어 쓰게 될 뿐이다.

이러한 감정의 표적이 되면 아무리 인간 관계를 원만히 하려고 노력하더라도 엎질러진 물과 같은 상태가 되어 버리기 쉽다. 그래서 그 이후에는 남보다 빨리 승진하는 것이 힘들게 될지도 모른다. 사람을 밀어 올려 주기는 어려운 일이지만, 오르려는 것을 훼방하기란 쉬운 일이기 때문이다.

직장은 겉으로는 평온해 보인다. 그러나 시기심과 질투심이 항상 소용돌이치고 있다는 사실을 잊어서는 안 된다.

괜스레 불을 붙여 그러한 감정의 소용돌이에 휘말리게 되는 것은 얼마나 어리석은 일인가.

09 미래지향적인 인물의 5가지 조건

인간의 성격은 노력을 통해서 변할 수 있다

미국의 유명한 산업 심리학자는 경영자가 간부 사원을 채용할 때에 요구되는 품성으로 다음과 같은 다섯 가지를 들고 있다.

첫째, 적극적일 것

자진해서 문제에 맞서 나가는 의욕과 투지가 있어야 한다. 또 번잡을 두려워하지 않으며, 노력을 아끼지 않는 적극성이 있어야 한다.

이 적극성이야 말로 행동력의 기본이다. 따라서 어떠한 분야에 종사하든 간에 무엇인가를 이룩하려는 자에게는 반드시 갖추어야 할 절대적 조건이다.

둘째, 강한 의지가 있을 것

일에 대해 전력을 경주할 수 있는 힘이며, 장애를 극복해가는 능력이 있어야 한다. 그리고 마찰이나 갈등에 굴하지 않는 용기도 있어야 한다.

셋째, 끈기가 있을 것

일단 결단을 내린 일은 몰고늘어지는 의지가 강해야 한다.

다른 사람들이 포기하더라도 이에 굽히지 않는 집념과 장애가 오더라도 물러나지 않는 끈질김이 있어야 하는 것이다.

넷째, 원숙미가 있을 것

어떤 노여움과 슬픔도 나타내지 않고 묵묵히 극복해 가는 감정의 밸런스가 잡혀 있어야 한다. 즉 자제심이 강하고, 어떤 변화가 있더라도 마음이 쉽게 움직이지 않아야 한다.

다섯째, 협조적일 것

적응성이 풍부하고, 커뮤니케이션에 능하며, 부하니 동료외도 잘 융화될 수 있어야 한다.

이상의 다섯 가지다.

그러나 이러한 성격은 생래적인 경우가 많다.

후천적인 노력에 의해서 어느 정도까지는 배양될 수 있지만 개성, 기질, 성격은 소년기 이전에 형성되는 것이다.

따라서 끈질김이 희박한 사람에게 갑자기 끈기를 요구하더라도 제대로 되기 어렵다. 또한 의지력이 약한 사람에게 강한 기력을 요구하더라도 금방 몸에 배일 수도 없다.

그러나 인간의 성격이 전혀 변하지 않는 것은 아니다.

여러 가지 경험을 쌓아감에 따라 조금씩은 변한다. 특히 책을 읽고, 선배들의 이야기를 듣고, 스스로 노력함에 따라서는 생각보다 많은 변화도 가능하다.

10년 전에는 전혀 적극성이 없던 사람도 지금은 적극적으로 자기 일을 밀고 나가는 케이스는 얼마든지 볼 수 있다. 더구나 극심한 역경 속에서 피를 토하는 것 같은 고생을 이겨낸 사람은 더더욱 많이 변한다.

Part 7

커뮤니케이션의 의미를 제대로 알고 익히기

01 커뮤니케이션의 의미

메시지를 전달하는 과정이 커뮤니케이션이다

커뮤니케이션의 의미는 자신의 의사를 주고, 상대의 의사를 받는 것, 즉 의사 소통을 말한다.

업무에서 사용되는 커뮤니케이션의 종류에는 전화하기, 읽기, 쓰기, 듣기, 대화하기 등이고, 일상의 모든 활동에 대부분 이용되고 있다. 그러니까 한마디로 개인이나 조직에서 메시지를 전달하는 과정이라고 정의를 내릴 수 있다. 이때의 메시지는 생각이나 감정 또는 정보 등을 말한다. 다른 사람에게 자신의 감정이나 태도, 생각 등의 전달을 뜻하는 것이다.

커뮤니케이션의 종류는 언어적인 것과 비언어적인 것이 있다. 언어적인 커뮤니케이션은 말(言語)으로 전달하는 것을 말하고, 비언어적인 커뮤니케이션은 문자, 몸짓, 표정 등 언어 이외의 수단을 사용하여 메시지를 전달하는 것이다.

이제 언어적 커뮤니케이션의 효과적인 방법에 대해서 알아보고, 어떻게 하면 언어적인 커뮤니케이션을 잘 할 수 있는지, 훌륭한 커뮤니케이터가 될 수 있는지에 대해서 구체적으로 알아보도록 한다.

02 구두 커뮤니케이션의 효과적인 방법 6가지

상대방의 지속적인 관심을 끌기 위해서는
다양한 방법을 사용해야 한다

구두 커뮤니케이션으로는 대화, 전화통화, 회의, 프레젠테이션 등이 있다. 구두 커뮤니케이션은 직접 마주보고 말하는 것이기 때문에 비교적 그 소통이 원활하다. 그러나 역시 정확하게 말하는 것이 중요하다.

자신의 생각을 효과적으로 전달하기 위해서는 다음과 같은 사항에 유의해야 한다.

1) 말하기 전에 내용을 잘 생각하라

당신이 정확히 설명하지 못하면서 상대방이 이해해 주기를 바라는 것은 어리석은 일이다. 말하기 전에 충분히 요점을 요약하여 그것을 보고 말하라.

2) 상대방의 입장에서 전달하라

당신의 입장에서 전달하기보다 상대방의 수준을 고려하여 어려운 용어를 피하고 이해하기 쉬운 말로 천천히 이야기하라. 또한 난해하거나 애매한 말은 피하고 명확하고 일상적인 표현을 사용하라.

3) 명료하고 순서에 맞게 전달하라

평소에 메시지 순서를 정하여 육하원칙에 맞추어서 정확하게 전달하는 습관을 길러라.

4) 상대방의 반응을 확인하면서 이야기하라

당신의 메시지를 상대방이 정확히 받아들이고 있는지를 중간에 확인하면서 이야기하라. 상대방의 관심을 이끌어내기도 하면서, 서로 통하는 커뮤니케이션을 해야만 관심이 오랫동안 지속될 수 있다.

5) 상대방의 표정을 보면서 이야기하라

사람은 누구나 상대방으로부터 자신이 중요한 사람으로 인정받기를 원한다. 그러므로 친근감을 가지고 마음으로부터 관심을 나타내는 태도가 필요하다. 상대방의 표정을 바라보면서 이야기를 할 때 상대는, 그런 감정을 느끼게 된다.

⑥ 표정, 목소리의 톤, 몸짓 등 다양한 커뮤니케이션의 수단을 이용하라

표정과 목소리에도 그 사람의 마음과 인격이 들어 있다.

무표정한 얼굴과 단조로운 목소리로 이야기를 하면 상대방의 관심은 금방 다른 곳으로 쏠리게 된다. 따라서 상대방의 지속적인 관심을 끌기 위하여 다양한 커뮤니케이션의 기법을 사용해야 한다.

03 경청을 잘하는 것도 커뮤니케이션의 능력이다

경청은 최대한의 관심을 기울여 열심히 듣는 것을 말한다

경청한다는 것은 단순히 듣는다는 차원이 아니라 최대한의 관심을 기울여 열심히 듣는다는 것을 의미한다. 필요하면 메모를 하면서 들음으로써 상대방에게 경청하고 있다는 무언의 메시지를 보내게 되고, 자신도 집중해서 들을 수 있다. 따라서 경청을 잘하는 것도 커뮤니케이션의 능력이다.

데이비스는 그의 저서에서 경청을 위한 십계명을 다음과같이 설명하고 있다.

1계명

우선 말하는 것을 자제한다. 내가 말을 하다보면 다른 사람의 말

을 제대로 들을 수가 없다. 평소에 자신이 일반적으로 주로 말하는 편인지 아니면 듣는 편인지 생각해보고, 자신이 주로 말하는 편이면 의식적으로 말하기를 줄여보자.

2계명

말하는 사람이 편안하게 듣고, 충분히 느낄 수 있도록 도와 준다. 급히 재촉하거나 권위적인 태도, 위협적인 어조는 상대방으로 하여금 말하기를 멈추게 한다.

3계명

말하는 사람에게 내가 듣기를 원한다는 것을 보여 준다. 즉 피드백을 제공한다.

'그렇지', '그럼', '맞아요' 등과 같이 상대방과 생각을 함께 한다는 피드백을 제공하는 것이다. 또 시선을 맞추며 고개를 끄덕끄덕하거나 미소를 보내 주면 이야기하는 사람은 더 신이 나서 이야기하기 마련이다. 물론 부정적인 피드백이나 충고를 줄 수도 있다.

이해가 안 되는 부분이 있으면 질문을 하거나 설명하고, 자신이 정확하게 이해했는지의 여부를 물어 본다. 특히 업무상의 모든 커뮤니케이션에서는 확인이 필수적이다.

4계명

방해 요소를 제거한다. 집중을 해서 듣기에 방해가 되는 요소가 있으면 이를 먼저 제거하여야 한다. 열려진 창밖에서 들려 오는 소음이나 햇빛과 같이 외부 환경적인 방해 요소가 있을 수도 있고, 마음속에 있는 다른 생각이나 걱정이 경청하는 것을 방해할 수도 있다.

5계명

상대방의 감정을 이입하면서 듣는다. 상대방의 입장에서 상대방의 감정 상태에 함께 빠져 듣게 되면 상대방을 자신의 편으로 만들 수 있다. 특히 상대방이 기쁘거나 슬플 때, 혹은 초조하거나 화가 날 때에는 더 효과적이다.

6계명

인내심을 가진다. 상대방이 말을 더듬거나 빨리 결론에 도달하지 못하더라도 충분한 여유를 준다. 상대방의 말 중간에 가로채거나, 말을 마치기 전에 먼저 결론을 내리는 태도은 바람직하지 않다.

7계명

자신의 기분을 가라앉힌다. 화가 나 있거나 흥분해 있는 상태에서는 상대방의 말을 제대로 듣기도 전에 자의적으로 해석하여 상대가 전하려하는 뜻을 제대로 이해하지 못할 수 있다.

8계명

상대방의 발언이나 입장에 대하여 논쟁이나 비판을 하지 않는다.

만일 그리되면 상대방은 자기 방어적인 태도를 취하거나 화를 내게 될지도 모른다.

9계명

질문을 한다. 그럼으로써 말하는 사람에게 내가 그 내용에 관심이 있다는 것을 표현해 주고, 더 자세한 내용을 듣기 원한다는 뜻을 전한다.

10계명

말하기를 멈춘다. 즉 첫번째 계명과 같이 마지막 계명도 말하기를 멈추는 것이니, 이는 내가 말하는 동안은 결코 들을 수 없기 때문이다. 신은 인간에게 두 개의 귀와 한 개의 입을 허락하였다. 이는 말하기보다 듣기를 많이 하라는 뜻이기도 하다.

04 커뮤니케이션의 좋은 무기, 쓰기와 읽기

정보를 효과적으로 습득하기 위한 읽기를 위해서는
훈련이 필요하다

1) 쓰기

육하원칙에 의하여 정확하고 간결하게 작성하는 것이 필요하다.
쓰기를 통한 커뮤니케이션은 기록으로 남는 것이기에 더욱 주의를
요한다. 간단한 업무 메모, 이메일 또는 공문서에 이르기까지 정확
하게 서술되어 있는지 항상 검토(proofreading)를 하도록 한다.

1999년 6월에 전투기제작회사로 유명한 록히드마틴 사는 계약
서의 잘못 찍혀진 콤마 하나 때문에 7천만 달러의 손해를 입은 적이
있다. 이러한 사례는 정확하게 문서를 작성하는 것이 얼마나 중요
한가를 일깨워 준다.

모든 서류의 작성은 정확하게해야 할 뿐 아니라, 2~3번 검토를

하여 오자나 탈자가 없는지 확인하여야 한다. 요즘에는 틀린 글자나 맞춤법을 자동적으로 고쳐 주는 자동 철자고치기 기능이 일반화되어 있으나 이 기능을 완전히 믿을 수는 없다. 숫자가 틀릴 때는 발견이 되지 않을 뿐 아니라, 음은 맞으나 훈이 잘못 쓰인 한자, 혹은 영어 단어 등은 검색해 내지 못한다. 예를 들면 영어 단어의 it's와 its, their와 there 등은 문장 중에 잘못 써지면 컴퓨터의 자동 철자고치기 기능에서 찾아내지 못한다.

2) 읽기

한글을 읽을 수 있으면 읽기 능력을 갖췄다고 생각하기 쉬우나 정보를 효과적으로 습득하기 위한 읽기 능력을 갖추기 위해서는 별도의 훈련이 필요하다.

1단계에서는 개괄적으로 속독을 하여 요점을 파악한다. 이때 형광펜 등으로 밑줄을 긋거나 간단한 표시를 하는 것도 필요한 정보를 신속하게 얻는 데 도움이 된다.

2단계에서는 파악된 요점을 중심으로 일반적 속도로 전체를 읽는다. 이 과정을 통해서 전체 내용을 체계적으로 습득하게 된다.

마지막으로 더 자세한 정보를 취득하고자 할 때는 필요한 정보를 기록하면서 정독한다.

05 비언어적 형태의 커뮤니케이션

상대방과 나와의 거리에 따라서 커뮤니케이션이 달라진다

비언어적 커뮤니케이션을 연구하는 학문으로는 공간행동학, 환경심리학 등이 있다.

공간행동학은 사람들의 사회적 상호 작용을 규제하기 위해 주위의 공간을 어떻게 확보하여 사용하고 설계하는지를 알아보는 학문이다. 이는 다른 말로 '근접학'이라고도 한다.

환경심리학은 물리적 환경과 인간의 행동과 복지, 상호의 관계에 초점을 맞춰 소음, 과밀, 건축 설계, 지역 사회의 구조 등을 연구하는 심리학의 한 분야이다.

거리와 시공간(時空間)

사람은 자신의 주위에 적정한 공간을 유지하기 위하여 노력하고, 타인이 그 공간 안에 들어왔을 때는 자신의 영역이 침해당했다고 느끼고 불쾌하게 생각하게 된다. 우리나라와 같이 좁은 공간에서 사는 사람들은 거리나 공공 장소에서 타인과 몸이 부딪히거나 발이 밟히는 등의 행동에 대해서는 별다른 반응을 보이지 않는다. 그러나 미국과 같은 서구에서는 타인의 앞을 지나려는 것만으로도 'Excuse me!'하고 양해를 구한다. 지하철 안에서 주위 사람들과 적절한 거리를 유지하기 위해서 노력하는 것도 자신의 공간을 침해받지 않으려는 무의식적인 노력이라고 볼 수 있다.

외국 사람들이 한국인에 대하여 하는 이야기 중, 한국 사람들은 개인적으로 만나면 매우 정이 많고 친절하나, 길거리에서 부딪힐 때는 미안하다는 말도 없이 지나간다고 한다. 복잡한 거리에서 일일이 피해 가기는 힘들지만 될 수 있으면 상대방의 영역을 침범하지 않는 배려가 필요하다.

친밀한 거리

45cm 정도의 거리로서 가까운 연인, 가족 사이에 형성되는 거리이다. 그러나 가족 이외의 사람이 이 거리 안으로 들어오게 되면 매우 불쾌감을 느끼게 된다. 누구나 만원 버스나 지하철, 엘리베이터 등에서 타인들과 얼굴을 가까이서 마주 대하거나 몸이 부딪힐

때 불쾌감을 느낀 경험이 있을 것이다.

개인적 거리

가까운 친구 사이에 형성되는 거리로 46~120cm 정도이며, 마주 보고 대화를 할 수 있는 거리이다. 앞에서와 마찬가지로 모르는 타인이 이 거리 안으로 들어오면 불쾌감을 느끼게 되므로 카페나 식당에서 합석을 하여야 하는 경우가 생기면 가볍게 양해를 구하는 것이 좋다.

사회적 거리

사무실에서 업무를 수행하면서, 혹은 제3자와 대화하면서 유지하는 거리로서 120~360cm 정도의 거리이다.

대중적 거리

전혀 모르는 타인들과의 거리, 혹은 많은 사람들 앞에서 연설할 때의 거리로서 360cm 이상의 거리이다. 대중적 거리에서는 누군가와 대화하거나 설득하는 것은 거의 불가능하다.

o6 커뮤니케이션의 주요한 메커니즘, 시공간

만나는 사람의 지위가 높을수록
그 사람을 기다리는 시간은 길어진다

조직에서 비언어적 커뮤니케이션의 중요한 메커니즘 중의 하나는 시간을 이용하는 것이다. 높은 직위의 사람들은 자신을 만나기 원하는 다른 사람들을 오래 기다리게 함으로써 자신이 더 중요하다는 것을 묵시적으로 표현하기도 한다. 일반적으로 만나자고 하는 사람의 직위가 높을수록 그 사람을 만나기 위해 기다려야 하는 시간이 길어지는 경향이 있다. 그러나 이것은 반드시 시정되어야 할 잘못된 태도이다.

또 공간이나 가구의 크기에 따른 비언어적인 커뮤니케이션 효과도 있다.

낯선 사무실에 가서 누가 가장 윗사람인가를 알아 볼 수 있는 빠른 방법은 누가 가장 많은 공간을 차지하고, 큰 책상을 가지고 있는가를 보면 알 수 있다. 물론 조직 문화가 바뀌면서 미국 인텔(Intel)사의 사장은 여느 사무원과 마찬가지의 공간에서 일하고 있기도 하지만, 우리나라 대기업이나 관공서는 아직까지 크게 달라진 것이 없다.

외모와 표정

❶ 옷차림

상대방의 옷차림에서도 중요한 메시지를 전달 받는다. 옷차림은 커뮤니케이션의 수단으로 매우 중요하다. 회사원은 회사원다운 옷차림이 있고, 예술가는 예술가대로의 옷차림이 있다.

때와 장소에 맞는 옷차림을 함으로써 타인들에게 자신의 이미지를 긍정적으로 투영할 수 있다. 취업 면접 시 자신의 전문성을 전달하고 싶다면 어떤 옷차림으로 면접에 임해야 할 것인가를 생각해야 한다. 그 분야에 종사하는 유능한 전문직업인들이 어떠한 옷차림을 하는가를 잘 관찰하는 것도 도움이 된다.

❷ 표정

얼굴 표정은 때에 따라서 말보다 훨씬 더 정확하게 자신의 감정을 전달한다. 그 중에서도 눈의 표정은 더욱 중요한데, 예전에는 우리나라에서 상대방, 특히 윗사람의 눈을 마주 보는 것은 공손하지 못한 것으로 여겼다. 그러나 요즘에는 오히려 자연스레 눈을 맞추는 것이 더 강한 자신감을 의미하기도 한다.

처음 만난 사람 앞에서 시선을 여기저기로 옮긴다거나 뚫어지게 쳐다보는 것은 상대방을 불안하게 하거나 자신에 대한 신뢰를 떨어뜨리게 된다. 관심 어린 표정이나 미소와 함께 상대방의 말을 경청하고 진지한 태도로 이야기하는 것이 중요하다.

❸ 몸짓

몸짓은 직접적인 접촉과 신체적인 언어, 즉 제스쳐(gesture)를 들 수 있다. 몸짓은 너무 과도하거나 경망스럽지 않게 하는 것이 중요하다. 또 특별히 강조할 필요가 있을 때 사용하면 상대의 관심을 끌게 되어 오래 기억하게 해주는 데 도움이 된다.

접촉

접촉은 가장 강력한 형태의 비언어적 커뮤니케이션 중의 하나로 악수나 포옹 등을 들 수 있다. 특히 악수할 때의 손의 느낌, 흔드는 정도 등에 따라 무언의 메시지를 전달하게 된다.

서양에서는 접촉을 통한 커뮤니케이션이 다양하게 발달되어 있는 반면 동양에서는 소극적인 편이다.

악수는 가장 보편적인 인사 방법으로, 손에 살짝 힘을 주되 지나치게 흔들거나 꽉 쥐지 않고, 두세 번 가볍게 흔들면서 인삿말을 건넨다. 문화권에 따라서는 포옹하거나 가벼운 키스를 하기도 하므로, 당황하지 않고 그 문화권의 인사법에 따르도록 한다.

태도

손, 머리, 어깨 등 신체의 움직임, 그리고 앉은 태도 등을 통해서 전달하는 내용을 알 수 있다. 앉아 있을 때 허리를 굽힌 상태, 고개를 젖힌 모습, 팔짱을 낀 모습 등을 통해서 상대방의 호감의 정도나 기분 등을 함께 파악할 수 있다.

07 악수도 중요한 커뮤니케이션이다

악수는 상대의 눈을 보고 하되,
너무 세게 잡거나 약하게 잡으면 안 된다

　악수는 원래 앵글로색슨 계 민족이 손에 무기가 없다는 것을 보여 주기 위해 손을 내밀어 보이는 것으로부터 유래되었다. 그런데 오늘날에는 세계적인 인사법으로 자리 잡고 있다. 일종의 커뮤니케이션인 셈이다.

　악수에도 일정한 규칙과 예절이 있다.

　동성간에는 손윗사람이 손아랫사람에게, 선배가 후배에게, 기혼자가 미혼자에게 먼저 손을 내밀어 악수를 청한다. 여성은 본래 남성과 악수를 하지 않았지만 요즘은 함께 하는 것이 일반적이다. 그러나 여기에는 예의가 따른다. 여성 쪽에서 먼저 손을 내밀었을 때는 남성은 악수를 해도 된다. 하지만 원칙적으로 남성 쪽에서 먼저 손을 내밀지는 않는다. 물론 나이 드신 윗분이 청하는 경우에는 예외일 수 있다.

또 왼손은 보통 불결한 손이라고 생각하므로 반드시 오른손으로 악수해야 한다. 여성은 장갑을 낀 채 해도 괜찮지만 남성은 장갑을 벗는 것이 예의다.

악수는 상대의 눈을 보면서 하되, 너무 세게 쥐거나 약하게 잡으면 안 된다. 또 손끝으로만 해도 안 된다. 지나치게 세게 잡으면 힘을 과시하는 듯한 느낌을 주게 되어 상대방이 위축될 수 있고, 너무 힘을 주지 않으면 하기 싫은 것을 억지로 하는 것으로 오해 받을 수 있다.

소개받은 사람과는 바른 자세로 서서 상대방의 눈을 부드럽게 마주 보며 하는 것이 좋다. 상대방의 눈을 보는 것은 아주 소중한 커뮤니케이션 방법이므로 반드시 지켜야 한다. 이때 눈빛을 위축되거나 흔들리지 말고 명확한 태도로 하는 것이 좋다.

악수할 때 지나치게 허리를 굽히는 것은 삼가는 것이 좋으며, 가벼운 목례 정도가 무방하다. 지나치게 허리를 구부리는 것은 비굴하게 보이기 때문이고, 너무 꼿꼿이 서서 하는 것은 거만한 모습으로 비춰질 가능성이 높기 때문이다.

상대방이 손을 세게 쥐었을 때는 이쪽에서도 어느 정도 힘을 주어 반응을 보이는 것이 좋다. 반응 자체가 커뮤니케이션이기 때문이다. 손에 땀이 났거나 더러운 경우에는 양해를 구하고 악수를 피하는 것이 좋다.

손을 너무 오랫동안 잡은 채 말을 해서는 안 되며, 인사만 끝나면 곧 손을 놓는 것이 예의이다. 예식용 장갑은 벗지 않아도 되지만 작업용이나 방한용 장갑은 벗어야 한다.

악수는 처음 만났을 때는 상호 존중과 예의의 표시지만, 다시 만나거나 자주 볼 때는 친근감을 표시하는 커뮤니케이션이기 때문에 때와 장소에 따라 적절한 예의를 지키는 것이 좋다.

사소하게 다뤄질 수도 있지만 결코 사소하지 않은 악수에 늘 신경 쓰면서 기본적인 예의를 지키는 것이 이상적인 커뮤니케이션 방법이다.

08 전화 커뮤니케이션 예절

전화는 참으로 매력적인 커뮤니케이션의 수단이다

우리가 가장 많이 사용하는 커뮤니케이션 수단이 바로 전화다. 특히 요즘처럼 대다수의 사람들이 휴대전화를 들고 다니는 시대에는 더욱 그렇다. 더 나아가 전화를 잘 활용하면 인간 관계의 질을 크게 향상시킬 수도 있다. 물론 여기에는 전제 조건이 따른다. 그것은 전화를 활용하는 기본 자세와 의미를 잘 숙지하고 사용해야 한다는 것이다.

전화는 잘만 활용하면 커다란 효과를 얻을 수 있는 반면, 상대방의 얼굴이 보이지 않기 때문에 잘못하면 오해를 불러일으킬 소지도 있다. 따라서 전화 예절을 잘 숙지하여 실천하는 것이 중요하다.

찾는 사람이 없을 때 자신이 누구인지 밝히지도 않고 툭 끊어 버리는 사람, 전화를 받을 때 퉁명스럽게 받는 사람, 자신의 할 말만 잔뜩 늘어 놓고 끊는 사람 등, 전화 예절을 지키지 않는 사람은 부지기수다. 더욱이 너도나도 휴대전화를 사용하다보니 문제는 곳곳에서 터져 나온다.

전화는 이제 우리 생활의 일부분이다. 그럼에도 불구하고 전화 예절의 중요성은 별로 인식하지 못하는 것 같다. 상대방의 얼굴은 보이지 않고 목소리만으로 연결되기 때문에 많은 사람이 전화 응대에 무책임한 태도를 보이는 것이다.

전화는 항상 공손히 받아야 하며, 통화 내용은 메모하는 것이 좋다. 또한 전화를 걸어온 사람이 윗사람이거나 상사일 때는 상대방이 끊고 난 후에 수화기를 내려놓아야 한다.

전화를 걸 때는 먼저 자기 이름과 소속을 밝히는 것이 기본 예절이다. 그리고 용건이 끝나면 인삿말을 하고, 전화를 건 쪽에서 먼저 수화기를 내려놓는다. 그러나 상대방이 윗사람이거나 여성일 경우에는 상대방이 수화기를 놓은 후에 전화를 끊는 것이 예의다. 통화 도중에 전화가 끊어지는 경우에는 전화를 건 쪽에서 다시 거는 것이 옳다. 만약 잘못 걸었을 경우에는 반드시 사과를 한 후에 전화를 끊는다.

전화벨이 울리면 가능한 빨리 받고, 회사 이름과 소속 부서, 자신의 이름을 말한다. 전화를 걸어온 상대방이 누구인가를 알고 나면 곧바로 인사를 한다. 만약 다른 사람을 찾으면 친절하게 바꿔 준다. 만약 상대방이 찾는 사람이 부재중일 때는 전해주어야 할 메시지가 있는지 확인하여 정확하게 전달해 준다. 아무리 바쁘더라도, 또 잘못 걸려온 전화라고 해도 친절하게 받는 예절은 지켜야 한다.

전화를 통한 커뮤니케이션은 상대방과의 친근감을 높이고, 거래에 관계없이 신속하게 의사를 전할 수 있다는 장점이 있다. 그 장점을 최대한 살리려면 항상 밝은 어조로 대화하는 것이 좋다. 설사 얼굴이 보이지 않을지라도 이쪽의 감정이 목소리를 타고 상태편에게 전달되기 때문이다.

하루에 5통 이상 누구에겐가 전화를 해 보라. 그것이 쌓이면 인간 관계의 폭이 그만큼 넓어질 것이다.

전화를 받을 때의 요령

첫째, 전화는 반드시 2번째 벨과 3번째 벨이 울릴 때 받는다.

이것은 반드시 지켜야 할 규칙으로, 5번째 울려도 받지 않으면 자신에게 관심이 없다고 생각하는 게 사람의 심리다.

전화를 다시 하겠다고 약속을 했으면 반드시 그 시간 안에 해야 한다. 그렇지 않으면 상대방은 신경이 쓰여서 다른 일을 하지 못하게 되고 시간을 낭비하게 된다.

또한 전화로는 7초 안에 승부를 내야 한다.

오바마 선거운동원들은 첫마디에 "반드시 우리는 할 수 있습니다. 오바마 선거운동원 ○○ 입니다."하고 인사를 했다.

세일즈맨은 특히 더 신경을 써서 밝은 목소리로 통화를 해야 한다. 목소리를 밝게 하기 위해서는 실제로 마주앉아서 대화를 나누는 것처럼미소를 지으면서 말하면 된다.

또한 전화를 걸 때에는 무작정 걸 것이 아니라 프레젠테이션을 준비하듯 할 말을 준비해서 말하는 것이 좋다. 왜 전화를 하는지, 용건은 무엇인지, 상대가 어떤 질문을 해 올 것인지를 생각하고 전화를 하는 것이 실수를 하지 않게 해준다.

정감 있는 목소리로

사람의 목소리에는 그 사람의 진심, 나아가 인생이 담겨 있다. 그러니 정감 있는 목소리로 말하는 것이 좋다.

메시지를 전달하는 요소는 목소리가 38%를 차지하며, 표정이 35%, 태도가 20%, 내용은 겨우 7%밖에 되지 못한다. 전화상에서의 중요도는 음성이 82%를 차지하지만 말의 내용은 18% 밖에 띠지 못한다. 이것은 화려한 언어보다 따뜻한 음성이 더 마음을 파고든다는 의미이다.

말하고 하는 내용은 쉽게 바꿀 수 있지만 음성에는 감정이 고스란히 배어들어 있다. 결국 음성이 따뜻하려면 진심으로 상대방을 좋아해야 된다. 상대방을 좋아하지 않으면, 정감 있는 목소리가 나오지 않는 것이다.

　내용에 못지 않게 음성에 신경을 써라. 바탕이 고와야 그 위에 장식을 해도 멋지게 보이는 것처럼, 음성은 대화의 밑그림이며 기본이다. 가장 따뜻하고 진실한 목소리를 내기 위한 최고의 방법은 상대를 진심으로 존경하는 것이라는 점을 명심하라.

09 인터넷을 적극 활용하라

전세계를 향해 말할 수 있는 공간이다

오늘날 커뮤니케이션의 수단으로 새로 등장한 것이 인터넷이다.

우리나라는 1994년 6월 한국통신이 최초로 인터넷 상용 서비스를 개시해 불과 10년 만에 전 국민의 반 정도가 접속 서비스를 받을 만큼 일반화되었다. 따라서 이제 우리는 인터넷만으로도 얼마든지 세일즈할 수 있게 되었다.

인터넷의 장점은 상대편이 회의 중인지, 또는 전화 받을 기분이 아닌지를 파악하지 못하고 불쑥 전화를 걸어 관계를 악화시킬 위험 부담이 전혀 없다는 것이다. 언제든지 시간 날 때 의견을 적어 두면 상대편도 언제든지 시간 날 때 그 의견에 대한 답을 보낼 수 있다는 점에서 세일즈를 편하게 할 수 있게 해 준다.

또한 인터넷은 내가 원하는 만큼의 정보를 가상 공간에 올려 놓으면 언제든지 그 정보를 필요로 하는 사람이 보고 추가 정보를 요청할 수 있기 때문에, 그만큼 편리하다.

물론 인터넷을 제대로 활용하려면 고객의 질문에 신속하게 답글을 달아주는 등 잡다한 일거리가 많다. 그러나 일일이 발로 뛰며 고객을 만나 그가 내 상품을 원하는지 원하지 않는지 파악하는 일에 비하면 훨씬 쉬운 일이다. 또 인터넷은 말 그대로 전 세계를 향해 하고 싶은 말을 할 수 있는 공간이기 때문에 말하고 싶은 내용을 실컷 할 수 있고, 정보가 필요한 사람도 충분히 물어 볼 수 있다.

그가 어디에 살 건, 무엇을 하는 사람이 건 상관없다. 더 많은 사람들이 내 의견에 귀를 기울이도록 하려면 단지 내가 취급하는 상품 정보뿐만 아니라 사람들이 얻고 싶어 하는 정보를 예상해서 더 올려 놓으면 된다. 내용이 좋으면 고객들이 제 발로 찾아온다.

인터넷에 올리는 정보 때문에 고민할 필요는 없다. 자신이 은행원 출신이라면 은행 이용 방법을 콘텐츠로 만들면 된다. 사람들은 의외로 은행 이용 방법을 정확하게 모르기 때문에 많은 고객을 모을 수 있을 것이다. CEO 출신이라면 회사의 위기에 대처하는 방법 등을 콘텐츠로 만들 수 있다.

이처럼 인터넷은 자기만의 경험과 노하우가 남들에게는 유익하고 재미있는 정보가 될 수 있어, 조금만 부지런하면 얼마든지 유용하게 사용할 수 있다. 요즘에는 간단한 아이디어를 개인 블로그에 올려 시장에 내놓고 성공한 사람들도 많다.

10 효과적인 커뮤니케이션의 열두 가지 비결

보다 많은 친구를 만들고,
보다 나은 커뮤니케이션을 위한 방법

　　미국의 유명한 심리학자 데니스 웨이틀리는 보다 많은 친구를 만들고, 보다 나은 커뮤니케이션을 위한 열두 가지 비결을 아래와 같이 소개하고 있다.

　　1. 자신을 먼저 소개한다. 직접 만나든 전화로든, 상대방보다 먼저 자신의 이름을 말한다.

　　2. 먼저 손을 내밀어 악수한다. 악수할 때에는 상대방으로 하여금 신뢰가 가도록 손에 표정을 담고 적극적인 악수를 한다.

3. 처음 만나는 사람의 이름을 기억하고 대화 중에 그 사람의 이름을 불러 준다. 만약 이름을 제대로 알아듣지 못하였다면 그에 대해서 사과하고, 다시 한번 이야기해 줄 것을 요청한다.

4. 대화를 나눌 때는 상대방의 눈에 시선을 맞추면서 상대방에게 관심이 있음을 전한다. 시선을 서로 맞추게 되면 대화 내용에 대한 신뢰도를 높일 수 있다.

5. 상대방으로 하여금 당신과 대화를 나누는 것이 즐겁게 느껴지도록 만든다. 그 사람의 관심사에 대해 질문을 던지고 화제를 끌어냄으로써 상대방이 나와의 대화를 즐겁게 할 수 있도록 도와 준다.

6. 적극적으로 이야기한다. 적극적인 모습과 태도는 다른 사람들에게도 전염이 된다. 자신이 가진 일이나 여러 관심사에 대하여 즐거움을 함께 할 수 있을 것이다. 그러나 사람들에게 불만을 토로하거나 부정적인 태도를 나타내 보이는 것은 바람직하지 않다. 문제 해결에 직접적으로 도움이 되지 않는 이상, 자신의 문제나 환경에 대하여 불평을 하는 것은 사람들로 하여금 피하게 만든다.

7. 다른 사람이 내게 말한 내용에 대하여 비밀을 지킨다. 물론 나누어도 무방한 내용이 있겠으나 들은 내용을 제3자가 어떻게 받

아들일지에 대한 고려 없이 말을 옮기는 것은 좋지 않다. 특히 다른 사람이 내게 속마음을 털어 놓았을 때는 꼭 비밀을 지켜야만 그 사람과의 관계를 유지할 수 있다.

8. 자기 중심적인 태도보다 봉사하는 자세를 취한다. 사람들은 자신의 관심이나 문제에 대해 관심을 표해주는 사람에게 호감을 가지게 된다. 스스로의 문제에 사로잡혀 다른 사람에게 관심을 기울일 여유가 없는 사람은 친구를 만들기 힘들다.

9. 대화할 때 시계를 쳐다본다든지 주위를 두리번거리지 말고 상대방에게 관심을 둔다. 상대방의 문제와 일이 나에게도 이 순간 매우 중요한 사항이라는 메시지를 보낸다.

10. 모임과 약속에 늦지 않도록 한다. 약속에 늦게 나타나면 상대방에게 '당신은 그다지 중요한 사람이 아니다' 라는 메시지를 주는 것이 된다. 높고 귀한 사람을 만날 때는 늦지 않기 위해 일찍 가서 기다리는 것이 일반적이다. 만약 교통 체증이나 피치 못할 사정이 생겼을 때는 미리 전화를 해서 늦는 이유와 도착예정 시간을 알리는 것이 예의이다.

11. 다른 사람과 대화할 때 상대방의 메시지를 충분히 이해하였

는지 확인한다. 직장 생활에서 골칫거리는 메시지를 잘못 이해하고 오해하는 데서 비롯된다고 한다. 상대방이 한 말을 자신이 이해한 바대로인지 확인함으로써 상호간에 실수를 사전에 예방할 수 있다.

12. 다른 사람의 요구에 개방적이고도 민감하게 반응하기 위하여 신속하게 감정이입을 한다. 또 나와 다른 견해에 대해서도 인정하며 상대방의 입장에서 생각하고 이해하고자 노력한다.

Part 8

효과적인 커뮤니케이션의 전제 조건

01 선택을 좌우하는 것은 감성이다

상대를 변화시키고자 한다면 먼저 자신의 감정을 조절하라

사람들은 스스로를 이성적인 사람이라고 생각한다. 그러나 곰곰이 되놀아 보면 이성적인 면보다 감성적으로 흐를 때가 더 많음을 깨닫게 된다.

예를 들어 이성적으로는 흡연이 건강에 해롭다는 것을 알고 있지만, 감성적으로는 스트레스에 좋다고 판단하여 그것을 끊지 못하는 것이다. 결과적으로 감성이 이성을 이긴 것이다. 물론 그보다 더 큰 문제는 중독성 때문이기도 하지만.

이와 같은 것은 사소한 예에 불과하지만 결국 인간은 이성적으로 판단하는 것 같지만 감성적으로 판단하고 행동하는 경우가 더 많다. 따라서 상대방에게 협력을 구하거나 설득시킬 때에는 이성에

호소하는 것보다 감성에 호소하는 것이 더욱 효과적이다.

인간은 제한적인 범위 내에서 이성적인 동물이다. 모든 정보를 각자 감성이나 감정에 의해서 전달하는 경우가 많으므로 커뮤니케이션에 앞서 "나는 그 사람에게 어떤 영향을 주는 사람인가?"를 생각해 볼 필요가 있다. 상대방에게 영향은 물론 호감을 줄 수 없다면 아무리 이성적이고 합리적인 자료를 제시해도 상대방은 잘 받아들이지 않는다.

우리 속담에 '마누라가 예쁘면 처갓집 쇠말뚝도 예쁘다.'는 속담이 있다. 이 말은 어떤 사람에 대한 감정이 좋으면 그와 관계된 모든 것에 호감을 갖게 된다는 뜻이다.

따라서 상대방이 당신을 믿고 따르지 않으면 아무리 말을 잘할지라도 참다운 커뮤니케이션이 이루어지지 않는다. 따라서 당신은 상대가 당신에게 좋은 감정을 느끼도록 노력해야 한다. 누군가를 변화시켜 당신의 사람이 되제 하고자 원한다면 무엇보다도 당신의 감성을 조절하라. 상대가 당신을 좋아하게 되면 그때 커뮤니케이션이 제대로 이루어질 것이다.

감각적인 언어를 사용하자

대화의 묘미는 자신의 감각을 상대에게 호소해 전달하는 데에 있다. 따라서 감각적인 언어를 적절히 구사할 줄 아는 사람이 대화에 성공할 수 있다.

감각적인 언어란 지적인 호소보다는 감성을 자극하는 말이다. 다정한 연인 관계 사이에서는 말 한마디에도 사랑스러운 감정이 담겨 있는 것은 당연하다.

그런데 "야, 우리 아무 데라도 놀러가자." 하고 말한다면 어떤 상대라도 가고 싶은 충동이 일어나지 않을 것이다.

"첫눈이 내리니 우리를 축복해 주는 것 같네. 우리, 눈을 맞으면서 교외에 나가 볼까?" 하고 말한다면, 상대는 쉽게 당신의 기분에 빠져들게 될 것이다.

감각이란 누구에게나 있는 것이다. 그리고 인간은 원래 단단한 것보다는 부드러운 것, 차가운 것보다는 따뜻한 것, 무미건조한 것보다는 정감을 자극하는 감각적인 언어를 좋아한다.

지적인 것보다는 감성이 앞서는 것이 인간의 속성이므로, 상대와 친밀한 관계가 되기 위해서는 감각적인 언어를 사용하는 것이 효과적이다.

02 긍정적인 마음을 전염시키는 사람이 되라

긍정적인 정서가 주는 것 중에 대표적인 것이 웃음이다

　사람의 감정은 전염병처럼 전염된다. 예를 들어서 항상 잘 웃고 기분이 좋은 사람 옆에 가면 왠지 자신도 기분이 좋아지고 웃음이 나온다. 그러나 아무런 이유도 없이 항상 찡그린 얼굴을 하고 있고, 무엇인가 불만에 차 있는 사람 옆에 가면 자신의 기분도 덩달아서 나빠진다. 심리적으로 불안한 사람 옆에 있으면 자신도 불안해지고, 긍정적인 생각을 하는 사람 옆에 가면 덩달아 기분이 편안해지는 현상을 심리학에서는 '감정 전이현상'이라고 한다.

　긍정적인 감정과 정서를 주는 것 중에 가장 대표적이 것이 '웃음'이다.

　웃음은 세계 공통어이다. 물론 나라마다 울음소리는 모두 다르다. 동물들의 울음에 대한 의음(擬音)도 모두 다르다. 그런데 신기하게도 웃음소리만은 다같이 '하하!'다. 말하자면 웃음은 국적과 인종을 떠나 사람과 사람의 사이를 연결시키는 공통어이다.

웃는다는 것은 '인간다움'을 상징하는 심볼이다.

원숭이도 웃음과 비슷한 표정은 하지만 인간처럼 여러 가지로 웃을 수 있는 동물은 없다.

웃음에는 여러 가지 종류가 있다. 미소, 고소, 대소, 폭소 등.

세상이 어둡고, 생활이 침울해지면 사람들은 일부러 돈을 지불하면서 웃으러 간다. 희극이 성행하는 것은 그 때문이다.

그러나 억지로 웃기려는 저속한 동작에는 감동을 느낄 수가 없다. 채플린 정도의 연기라야 진짜 웃음을 웃을 수 있다.

유머가 있고 웃음이 있는 직장은 틀림없이 잘 된다. 회합 같은 경우에도 웃음소리가 날 정도가 되면 커뮤니케이션이 제대로 된다는 증거다. 가끔 농담이 나오면 분위기는 더 무르익는다.

농담 중에 진실이 내포되어 있는 경우가 많다. 실제로 정식으로 말하기 어려운 것도 농담의 옷을 입혀 말하면 공감대가 훨씬 넓어진다.

또한 웃음이 있는 그룹에는 아이디어가 찾아온다. 아무것도 아닌 것 같은 발언 속에 희한한 힌트나 아이디어가 숨어 있는 경우가 많기 때문이다.

03 자기 자신을 진정으로 사랑하자

인간의 마음 속에는 긍정적인 자아와
부정적인 자아가 공존한다

이 세상에서 가장 존중받아야 하는 귀한 존재는 바로 '자기 자신'이다. 그런데 이렇게 귀한 자신의 존재를 진실로 사랑하고 존중하는 사람은 이외로 많지 않다. 오히려 비하시키는 사람이 많다.

자기 자신을 비하시키는 사람들은 거의가 자신에 대해서 늘 불만을 느끼며, 부정적이다. 그 이유는 자신이 남과같이 잘 생기지 못해서, 능력이 남보다 뒤떨어져서, 돈이 없어서 등이다. 이는 자신의 장점은 보지 못하고 단점만 보기 때문이다.

자신을 비하하는 사람은 다른 사람으로부터 존경을 받지 못한다. 자신이 스스로를 존중하지 않는데 누가 존중해주고 사랑하겠는가? 따라서 자기 자신을 사랑하지 않는 사람은 인기가 없는 법이다.

그런 사람은 주위에서도 좋아하지 않는다. 특별히 관심을 기울여야 하기 때문에 힘들고, 그로부터 부정적인 생각만 전염되며, 때문에 커뮤니케이션이 제대로 이루어지지 않는다.

세상에는 생활환경이 어려울지라도 긍정적인 생각으로 밝게 살아가는 사람들이 많다. 그들의 공통점은 진정으로 자기 자신을 사랑한다는 점이다. 그들과 대화를 하노라면 어느새에 자신도 모르게 긍정적이고 낙관적인 생각이 옮겨져 지금까지 가졌던 자신에 대한 불만이나 부정적인 생각이 사라지게 된다. 따라서 그들과의 커뮤니케이션이 즐거워진다.

인간 관계에서 성공하여 다른 사람들과 좋은 관계를 갖기 원한다면 먼저 자신을 사랑해야 한다.

그러기 위해서는 자신의 장점이 무엇인지 찾아 보고, 그것을 칭찬해 보라. "나는 능력이 있구나.", "나는 마음이 넓은 사람이구나." 하고 칭찬을 하게 되면, 자신도 모르게 자신이 사랑스러워진다.

인간에게는 두 종류의 자아가 있다. 즉 자신을 긍정하려는 자아와 부정하려는 자아가 그것이다.

성공하는 사람들은 긍정적인 자아가 부정적인 자아를 이긴 사람들이다. 부정적인 자아와의 싸움에서 이겨야 다른 사람들과의 관계에서도 긍정적으로 대하고 인생을 성공적으로 살아가게 된다.

04 인간은 똑같은 존재가 없다는 것을 인정하라

사고 방식이 다르다는 것을 인정하지 않으면
인간 관계에 문제가 일어나게 된다

이 지구 상에 약 65억의 인구가 살고 있으나 완전하게 똑같은 사람은 한 사람도 없다. 겉으로 보기에는 같아보이는 쌍둥이까지도 엄밀하게 살펴보면 생긴 모양에서부터 성격, 기질 어느 하나도 완벽하게 같지는 않다. 따라서 사고 방식이나 생각이 같을 리가 없다.

그런데 많은 사람들은 자신의 생각이나 사고방식이 상대방과 같기를 바란다. 바로 여기에서 갈등이 일어난다.

'사고 방식이 다르다'는 것을 인정하지 않는 것은 인간 관계에서 문제가 될 수 있는 부정적인 요인이다.

사람은 동일한 사물이나 사건을 보면서도 다르게 생각할 수 있다. 성장해온 환경, 타고난 성격, 후천적으로 익히고 얻은 지식과 가치관이 다르기 때문이다. 따라서 같은 것을 보았지만 다르게 생각할 수 있는 것이 인간이다. 그런데 이렇게 당연한 것을 무시하고 자기와 같은 생각과 같은 행동을 하기를 바란다.

인간 관계에서 성공하기 위해서는 상대방과 공감대를 형성해야 한다. 그런데 이 공감대는 상대방이 나에게 도움을 줄 수 있는 사람이라는 인식에서부터 시작된다.

'역지사지(易地思之)라는 말이 있다. 이 말은 공자가 한 말로, 상대의 입장에서서 생각한다는 뜻이다. 상대의 입장에서 보면 분명 다르게 보일 것이다.

노사 간의 문제도 회사 입장에서는 경제적으로 어려운 여건 때문에 임금 인상은 어려울 것이고, 그러나 노동자 측에서 물가상승에 비해 현재의 봉급으로는 도저히 생활하기가 힘들다는 생각을 하게 될 것이다. 바로 이때 역지사지 정신이 필요하다.

요즘 이혼율이 급격히 증가하는 추세를 보이고 있다. 여러 가지 이유가 있겠으나 서로 간의 커뮤니케이션의 단절이 주요 원인이라고 생각한다. 서로 대화가 이루어지지 않을 때 최후의 극단적인 방법을 택하게 된다.

상대방의 생각이 당신 생각과 다를 뿐이지 틀린 것은 아니라는 것을 알아야 한다. 이런 사실을 인정하고 상대를 포용하려고 노력할 때 인간 관계는 더욱 좋아질 것이다.

군더기 말을 쓰지 않는 방법

- 잠시 멈춰 생각한 다음에 말한다.
- 단문을 사용한다.
- 군더기 표현을 유발하는 요인 즉 주제를 잘 모르는 경우, 소심, 습관 등을 제거한다.
- 연습만이 가장 좋은 해결책이다.

Part 9

효과적인 커뮤니케이션의 원리

커뮤니케이션을 할 때에는 상대가 알아들을 수 있는 쉬운 말로
해야 한다.

상대가 당신의 메시지를 제대로 이해할 때 커뮤니케이션도 잘
된다. 복잡하고 추상적인 말을 하면 제대로 전달되지 않는다. 따라
서 복잡한 사안일수록 단순하게 설명해야 한다.

복잡한 문제는 복잡하게 설명하게 된다. 그러나 쉽게 풀어서 설
명하지 않으면 상대가 무슨 말을 하는지, 그 핵심을 이해하지 못할
경우가 있다.

쉬운 내용을 설명하는 것은 누구나 할 수 있다. 그러나 어려운
내용을 쉽게 설명하는 것은 누구나 하지 못한다. 그 내용이 추상적

이거나 복잡한 문제일 때에는 더욱 어렵다.

지난 미국 대통령 선거에서 국민의 마음을 사로잡은 오바마의 설득의 특징은 누구나 이해할 수 있는 쉬운 말을 정확하게 했다는 데에 있다.

그는 '과거와 미래'라는 두 가지 대립되는 주제를 누구나 이해할 수 있게 똑똑한 발음으로 정확하게 말했다.

"우리들은 반드시 할 수 있다. 기필코 미국을, 그리고 미래를 움켜쥘 수 있다."

이 말은 미국 국민이라면 누구나 쉽게 이해할 수 있는 말이었다.

어떤 여학생은 오바마의 연설을 듣고 이렇게 말했다.

"오바마는 나에게 일어서서 싸울 수 있는 힘을 부여해 주었다."

누구나 이해할 수 있는 쉽고 단순한 표현이 미국 국민들을 사로잡았던 것이다.

귀에 쏙 들어오는 말로 해야 한다

귀에 쏙 들어오는 메시지는 누구나 좋아하게 된다. 그러려면 일단 단순하고 쉬워야 한다. 아무리 미사여구를 사용하고, 웅장하고 거창한 말도 귀에 쉽게 들어오지 않으면 이해할 수 없으며, 커뮤니케이션이 이루어지지 않는다.

메시지를 전달할 때 숫자를 넣으면 복잡해진다. 예를 들어서 일본의 식민지 시절에 일본 앞잡이 노릇을 하여 땅을 치부한 친일파들이 소유한 땅이 몇만 평이라고 숫자를 대어 설명해 봐야 복잡하게만 들린다. 그러나 '친일파의 땅의 크기가 여의도 면적의 몇 배'라고 하면 누구나 빨리 이해하게 된다.

메시지가 단순해야 귀에 쏙 들어오고, 설득력이 있다. 복잡한 전문 용어는 귀에 잘 들어오지 않으며, 이해도 제대로 되지 않는다. 왜냐하면 사람들은 살기가 너무 바빠서 신경 쓸 일이 많아 복잡한 이야기에 귀를 기울이지 않는다. 그러므로 단순한 메시지가 귀에 쏙 들어 온다.

비즈니스에서 중요한 요소가 된 단순화

2009년, 삼성의 휴대폰이 세계 휴대폰 시장을 석권했다. 그러면 삼성의 휴대폰이 가지고 있는 경쟁력의 핵심은 무엇일까? 기능의 단순화였다. 즉 복잡한 기능을 원터치로 쉽게 조정할 수 있도록 만든 데에 있었다.

그런데 현대에는 매일같이 새로운 기능의 제품이 쏟아져 나온다. 하나의 기기에 여러 가지 기능이 덧붙여져 소비자들은 뭐가 뭔지도 모른다. 고객들은 이렇게 다양한 기능보다는 제대로 된 한 가지 기능을 더 좋아한다.

광고나 마케팅에서 단순화가 설득력이 있어서 고객의 마음을 사로잡는다는 정설은 이미 오래 전의 이야기다. 많은 것을 의미하되 단순하게 표현해야 한다. 광고에서 설명이 구구하고, 제품 기능이 복잡할수록 소비자들은 외면한다. 머리가 아프기 때문이다. 마케팅 메시지도 제품의 핵심 컨셉만 단순하게 나타내어야 소비자들의 눈과 귀를 사로잡을 수 있다.

군더더기 없는 말로 표현하라

말 한마디로 많은 논란을 잠재우기도 하고, 매를 벌기도 한다. 그래서 '말 한마디로 천냥 빚을 갚는다'는 속담이 생겨난 것이다. 논란을 잠재우는 말은 거의가 군더더기가 없다.

노무현 전 대통령이 대통령 후보 시절 그의 장인이 좌익 활동을 한 것으로 인해서 많은 논란이 있었다. TV 토론에서 상대 진영이 그에 대해서 집요하게 물고 늘어지자 그는 이렇게 답변했다.

"그렇다고 마누라를 버리란 말입니까?"

이 한마디는 그의 장인의 좌익 활동 진위 여부를 떠나서 그러한 문제를 제기하는 것이 부질없음을 통렬하게 반박한 것이다. 그는 한마디의 말로 거북한 논란을 잠재워 버렸던 것이다.

메시지는 어려운 말이나 전문 용어를 사용하면 제대로 전달되지 않는다. 어려운 내용의 이야기일수록, 전문적인 이야기일수록 쉽고 간단하게 전해야 쉽게 이해되고, 소통이 된다.

이해하기 쉬운 말로 표현하는 것이 대화의 예의

세계적으로 명문인 학교를 나온다든지, 조금 좋은 환경에서 자랐다는 사람들 중에는 어려운 용어나 문자로 이야기하는 것을 자랑으로 여기는 사람이 있다. 그러지 않으면 무식하다고 생각하는 것일까?

말이라는 것은 상대가 알아듣기 쉽고 받아들이기 편해야 한다. 그러기 위해서는 듣는 사람이 이해할 수 있는 문구를 쓰는 것이 중요하다. 정말 유식하고 교양이 있는 사람은 어떠한 어려운 이야기라도 누구든지 이해할 수 있는 말로 설명하는 사람이다.

그럼에도 불구하고 세상에는 그러한 기본적인 진리를 깨닫지 못하는 사람이 많다.

예를 들어 한 학생이, "나는 인피어리어리티 콤플렉스가 잠재의식에 있기 때문에 자아 욕구를 충족시킬 자신을 상실하고 말았습니다."라고 했다 하자.

이 말은 상대방이 이해하지 못하기에 앞서 아니꼬운 인상을 받기 쉽다. 쉽게 해도 될 말을 비비 꼬아서 말할 필요는 없는 것이다.

이 경우, "나는 열등감이 강해서 어떤 일을 하는 데 자신이 없어." 정도로 말하면 얼마나 듣기 편한가.

언어는 상대방이 이해하기 쉽게 눈높이를 맞추어라. 그것이 대화의 예의이다.

o2 열정적으로 말하라

열정적으로 말하면 상대방도 그에 감동되어
열정적으로 반응한다

훌륭한 리더는 어떤 어려운 상황에서도 미래를 긍정적으로 바라보며, 긍정적으로 말한다. 또한 미래의 비전을 보여 주고 함께 만들어갈 수 있다는 긍정적인 메시지를 전한다.

경영에서도 마찬가지다 .긍정적인 사고 방식을 가진 CEO에게는 시련은 있어도 실패는 없다. 그런 리더에게는 다른 사람들이 범접하기 어려운 분위기를 풍긴다.

말단 사원도 마찬가지다.

모 그룹의 기획실에 있는 한 사원이 사장실에 결재를 받으러 왔다.

"사장님, 광고비를 너무 많이 써서 죄송합니다. 지난 달에도 손해를 보고, 이 달에도 적자가 났지만 그렇다고 광고를 하지 않을 수 없어 계속 진행하려고 합니다."

이런 상황에서 사장은 무슨 생각을 할까?

'광고를 하지 말라고 하면 날 보고 무식하다고 할 것이고, 사인을 해주자니 바른 판단인지 자신이 생기지 않는데……' 라는 생각을 하게 될 것이다.

반대로 이렇게 말을 하면 두말없이 사인해 줄 것이다.

"사장님, 비록 아직은 마이너스지만 소비자 반응이 점점 좋아지고 있습니다. 그러니 이번 광고만 내면 확실히 좋아질 것입니다. 이브랜드는 광고를 많이 할수록 인식이 바뀔 제품이니까요. 이것은 제 생각입니다만."

결재를 받으려고 기안서 한 장을 제출할 때에도 이렇게 긍정적인 생각으로 말하는 것과 부정적인 생각부터 하고 지레 겁을 먹는 태도가 사장의 마음가짐에 큰 영향을 미치게 된다.

사원들이 가장 중요하게 생각하는 것은 현재가 아니라 미래다. 따라서 지금은 봉급이 부족하더라도 희망이 보이는 회사에서 자신의 비전을 키우려고 한다. 그러나 인정을 받지 못하면 '다른 회사에 나가면 월급을 더 많이 받을 수 있는데, 바보같이 이런 회사에 근무해야 하는가?'라는 자괴감을 갖게 되어 일에 열성적으로 매달리지 않게 됨은 물론이고, 좌절감을 느낀다. 이런 경우 능력 있는 CEO는 이렇게 말하며 희망을 심어 준다.

"지금 봉급은 자네 능력에 비하면 많이 적지만 자네가 실력을 갖추면 봉급은 자연히 그만큼 올라가게 되어 있네." 그러니 희망을 갖고 열심히 노력하게!

직원들의 능력은 그 차이가 미미하다. 다만 그들에게 어떤 동기를 부여해 주는가에 따라 결과가 달라진다. 능력 있는 상사는 비전을 제시해 주면서 조금만 더 노력하면 그 비전을 실현할 수 있다고 힘을 실어 준다.

어려운 난관에 봉착하여 의기소침해 있는 직원들에게도 마찬가지다. 난관에 봉착하게 되면 의욕이 감퇴되고 쓸데없이 불평이 늘며, 사람 자체를 싫어하게 된다. 이런 사람에게 용기와 격려를 해주면 그는 확실히 새롭게 되려는 노력을 보일 것이다.

이것은 비단 직원에게만 해당되는 것이 아니라 고객들에게도 적용된다.

대기업에 부품을 납품하는 조그마한 기업으로 시작해서 지금은 천 명 이상을 거느리는 중견 기업의 사장이 있다. 그의 성공 비결은 거창한 데에 있지 않았다. 납품하러 갔을 때 사장이 품질에 대해서 어떤 의견을 제시하면 그는 결정적인 문제가 있지 않는 한 고개를 끄덕이며 선선히 긍정해 주었다. 꼬치꼬치 결점을 지적하는 사람은 대개 심리적으로 불안한 상태라는 것을 염두에 두고, 고객들의 개인적인 문제에 대해서도 조언을 아끼지 않았다.

이런 노력 덕분에 그와 관계를 맺은 고객들은 모두 그에게 친구

이상의 친밀감을 느끼고, 허심탄회하게 말할 수 있는 사이가 되었고, 그에 따라 그의 사업은 날로 번창하게 되었던 것이다.

자신의 위치가 불안하거나 주위 사람들로부터 미움을 받고 있는 사람에게 신념을 되찾게 해 주는 말 한마디는 그를 다시 새로운 사람으로 변화시킨다.

리더가 앞장서서 열정을 보여 주면 직원들도 그 열정에 동화되어 열정을 가지고 일을 하게 된다. 그 열정을 일에서뿐만 아니라 노는 자리에서도 발휘하면 직원들은 더욱 열광한다.

열정은 전염되는 것이다. 정치인이 연설을 할 때에도 자신이 이야기하는 내용에 열정을 가질 때 청중들은 그 열정에 빠져들어 지지가가 되는 것이다.

03 일체감을 느낄 때 커뮤니케이션이 잘 이루어진다

사람을 다룰 때 동료 의식을 강조하면 실패하는 경우는 드물다

　미국의 대통령 오바마는 연설할 때마다 '나'라는 말보다 '우리'라는 말을 강조한다. '우리'라는 말은 상대와 '내'가 일치된 느낌을 갖게 한다.

　"우리는 반드시 긍정과 평등을 이룰 수 있다, 우리는 반드시 번영할 수 있다, 우리는 반드시 미국을 고치는 일을 할 수 있다."

　오바마 화술의 특징은 항상 '우리'라는 말을 강조함으로써 일체감을 불어넣는 것이다.

　"우리들은 하나의 국민, 우리들은 하나의 국가, 그러니 함께 미국 역사의 다음 장을 열지 않으시겠습니까? 해안에서 해안으로, 바다로부터 빛나는 바다로, 놀라움을 건너 3개의 언어와 함께 우리들

은 반드시 할 수 있습니다."

커뮤니케이션이란 본질적으로 '대화하는 상대와 당신과'의 의사 교환이다. 즉 '나'와 '너' 사이의 갈라놓은 간격을 메우기 위해서 하는 행위이다. 그러므로 효과적인 커뮤니케이션을 하기 위한 가장 기본적인 단계는 '너'와 '나'를 '우리'로 바꾸는 것이다. 커뮤니케이션을 하는 상대와 당신이 '우리'가 될 때, 커뮤니케이션은 그 어느 때보다도 원만하게 이루어진다.

오바마의 메시지는 변화였지만 승리의 비결은 '우리'였다. 그의 선거 구호는 '우리'가 믿을 수 있는 변화(Change, We can believe in.)였다. '우리'라는 말은 대단한 위력을 발휘했다.

인간은 사회적 관계를 갖고 살아가기 때문에 가족이라고 칭한다. 실제로 같은 집단 내에서 함께 동고동락을 하다가 보니, 친형제처럼 가까워져서 가족 같은 분위기가 형성된 조직이나 회사가 많다.

그러나 각계 각층의 사람들이 모여 있는 공동체에서 하나같이 같은 생각과 같은 행동으로 일치, 화합할 수는 없다.

사회구조상 사람들은 어떤 특성으로 묶이고 분리되어 생활하게 마련이다. 이렇게 공동으로 묶인 집단끼리 통하고 서로 생각을 공유하게 되는 것이다.

조직이나 기업에 있어서 우두머리가 되는 사람이 상대를 설득할 때에는 동일한 계통, 동일한 성격을 가지고 있다는 동류 의식을 강조하면 효과가 높다. CEO가 자기를 이해해 주고 신뢰하는 정도가 높으면 우선 친밀도가 높아져서 신뢰를 하게 된다.

사람을 다루는 데 있어서 동류 의식을 강조해서 실패한 경우는 거의 없다. 비록 동일한 집단에 있지 않을지라도 동류 의식을 심어 주는 것이 설득에 성공하는 길이다. 이 방법은 기업주나 CEO가 기업 관리를 효과적으로 하는 데에도 절대적으로 효과가 있다.

대기업에서는 구성원 하나하나를 기업주와 같은 운명체로 흡수하기가 어렵다. 그러나 작은 인원을 이끌고 있는 팀장이나 부장은 가능할 것이다.

물론 소기업에서는 가능하다. 직원 한 사람 한 사람에게 자신과 입장이 같다는 것을 강조함으로써 직원의 능력을 극대화시켜 기업의 발전을 도모할 수 있을 것이다.

소규모이긴 하지만 무역업을 하는 현명한 씨는 동류 의식을 효과적으로 이용할 줄 아는 기업인이다. 그리하여 동일 계통의 무역업종에서는 그 회사를 현 사단이라고 부른다.

그는 아침 회의 때마다 예외 없이 3분 동안 훈화를 한다. 그리고 직원들에게 자신이 직접 회사의 현황을 브리핑한다. 회사의 발전 전망과 예상 궤적을 한눈에 볼 수 있도록 일목요연하게 차트를 만들어서 설명한다. 그렇게 함으로써 직원 모두가 공동체 의식을 갖고 회사 발전을 위해 열심히 노력하게 하는 것이다.

04 시각화의 원칙

사람들은 눈에 보이는 것은 믿는다

먼저 자신이 성공하는 모습부터 시각화하는 것이 중요하다.

"세일즈맨들도 시각화를 잘하면 성공할 수 있다."

미국의 금융전문 저술가인 제니퍼 센더의 말이다. 예를 들어서 까다로운 고객도 그와의 계약이 성사되는 장면을 시각화하면 반드시 계약이 이루어진다는 것이다.

시각화는 실패에 대한 두려움을 없애 주고 미래지향적인 사고 방식을 갖게 해준다. 때문에 실패를 거듭 경험해야 하는 세일즈맨들에게 미래에 대해서 두려워하지 않고 자신감과 용기를 갖게 해 줄 것이다.

세일즈를 잘하려면 자기 자신을 과거로부터 분리시켜야 한다.

세일즈는 아무나 할 수 있지만, 아무나 성공할 수는 없다. 그러나 과거를 털어내고 미래에 대한 기대로 넘치면 성공확률은 높아진다.

시각화의 한 방법은 자신에 대한 좋은 이미지를 만드는 것이다.

정치가가 자신이 어떤 인물인지, 그 이미지를 한마디로 요약시키는 일은 쉽지 않을 것이다.

거듭 인용하지만 지난 미국 대통령 선거 민주당 경선에서 오바마는 자신의 이미지를 '미래'로 각인시키고, 힐러리에게는 '과거'라는 상표를 붙이도록 전략을 세웠다. 그 결과 유권자들은 오바마에게는 '미래'라는 희망적인 이미지를 갖게 되었고, 힐러리에 대해서는 '과거의 인물'을 대표하는 인물로 생각하게 되었다.

힐러리는 계속 풍부한 경험을 어필하면서 '미국을 다시 만들자!'는 슬로건으로 대응하였다. 이에 오바마는 통합을 기치로 내세우면서, 이렇게 호소했다.

"흑인, 백인, 히스패닉계, 아시아계, 동성애자, 이성애자, 북부, 남부, 동부, 서부, 부자, 가난한 자, 젊은이, 고령자 모두의 소리를 모아 워싱턴을 지배하려는 특수 권익자에 대항하자."

또 "우리들의 시대가 왔다. 그리고 우리들의 힘은 진지하다. 변화가 미국에서 일고 있다."고 역설하면서 소외층의 지지를 호소했다. 그는 자신이야말로 다르다는 것을 심어 주기 위해서 계속해서 "이제부터는 다르다. 왜냐하면 이번 대통령 선거는 다르기 때문이다.”고 강조했다. 변화의 이미지를 각인시키는 데에 온 힘을 기울였던 것이다.

　또한 과거의 경험을 강조하는 힐러리에 대해서 ‘변화’와 ‘새로운 리더십’을 내세웠다. 선거 홍보에서는 정책에서 근본적인 차이가 없을 경우 이미지 전략이 승부를 좌우한다.

　오바마는 이미지에서 승리하여 승리하였고, 그를 연장시켜 대통령 선거에서도 승리하게 된 것이다.

　이미지는 특히 선거에서 막대한 영향력을 발휘한다.

　이미지전략은 “저 사람에게 그 직위를 맡기면 잘 될 거야.” 하는 믿음을 갖게 만드는 것이다.

05 유머의 원칙

유머는 커뮤니케이션의 2%부족한 부분을 채워 준다

"나에게 있어 최대의 학교는 유머였다."

세계 최고의 물리학자 아인슈타인이 한 말이다.

유머는 독설이나 비웃음과는 크게 다르다. 그것은 칼라일의 말과 같이 어떤 부조리를 보고서 곁에서 웃는 것이 아니라 함께 웃는 해학이다. 그러므로 자기가 자기를 웃길 만한 마음의 여유가 있는 사람이 아니면 유머를 즐길 수 없다.

영어로 유머(humour)란 말에는 액체라는 뜻이 있다.

옛날에는 사람의 몸 안에 네 가지 액체가 있다고 생각했다. 그 액체 때문에 사람은 화를 내거나 우울해진다고 여겼던 것이다. 즉 유머가 있는 사람에게는 그 액체들을 관찰할 만한 마음의 여유가 있었기 때문이 유머를 즐길 수 있는 거라고 생각했다. 유머는 마음의 여유가 있을 때 나오는 것이 사실이다.

요즈음 사회에서는 유머를 잘 하는 사람이 인기다. 방송은 물론 어느 모임에서나 좌중을 웃게 만드는 사람이 단연 최고다. 방송의 MC만 보더라도 잘 생긴 미인이나 미남이 인기가 있는 것이 아니라 유머가 풍부하고 재치가 넘친 사람이 인기가 있고, 팬들의 사랑을 받아 장수한다.

얼마 전 삼성경제연구소에서 회사원들을 상대로 "유머가 기업 조직문화에 도움이 되는가?"라는 설문조사를 실시한 결과 무려 88%의 CEO가 긍정적인 답변을 보냈다고 한다.

뿐만 아니라 존경받는 CEO의 요건 중의 하나로 유머 감각이 부각되고 있다. 유머로 직원들에게 활기를 불어넣어 매출을 신장시키는 소위 '펀경영'도 많은 기업들로부터 호응을 얻고 있다.

이 시대의 코드는 재치와 유머다. 따라서 위트 있는 사람이 환영을 받는다. 뛰어난 유머 감각이 출세에 큰 무기가 되는 것이다.

유머의 밑바탕에는 세상과 사람을 보는 따뜻한 마음과 상대를 몰아붙이지 않는 여유와 아량이 있다. 또 긴장되고 부정적인 상황이나 위기를 자연스럽게 넘기게 하는 힘이 있다. 그래서 유머가 중요한 경쟁력이 되는 것이다. 그런데 유머를 사용할 때는 타이밍과 장소를 잘 선택할 줄 아는 지혜가 필요하다.

06 간결성의 원칙

한 줄로 된 짧은 메시지가
강한 인상을 각인시키는 데에 효과적이다

커뮤니케이션에서 대중과 소통하기 위해서는 메시지가 단순하고 간결해야 한다. 대중은 복잡한 메시지를 좋아하지 않는다. 몇십 가지나 되는 일에 관심을 가질 만한 시간적인 여유도 없고, 마음의 여유도 없다. 따라서 전하는 메시지가 길수록 대중의 관심 밖으로 밀려나기 마련이다.

노태우 대통령은 '보통사람', 김대중 대통령은 '준비된 대통령', 이명박 대통령은 '경제 대통령'이라는 틀을 선정했기 때문에 어떠한 공격에도 밀리지 않을 수 있었다. 특히 이명박 대통령은 이번 선거에서 자신을 '경제 능력'이라는 틀로 규정했기 때문에 여러 가지 도덕성의 문제에도 휘둘리지 않을 수 있었다.

이것은 커뮤니케이션을 효과적으로 전달하기 위한 중요한 법칙의 하나이다.

커뮤니케이션에 있어서 화제에서 벗어나지 않고 핵심을 찌르는 말은 짧을수록 강한 인상을 준다. 장황한 말보다는 짧고 직접적인 표현이 호소력이 있는 것이다. 특히 직장에서 상사들은 핵심을 짧게 정리하는 것을 원한다.

오늘날 생활의 속도가 점차 빨라지면서 말의 속도도 중요해졌다. 따라서 현대인들은 너저분하고 긴 얘기보다 간단명료한 대답을 좋아한다.

한 신문사에서 최고의 인기를 누리고 있는 한 여배우의 사진이 필요해서 베테랑 기자에게 촬영해 오라고 지시했다. 그 기자는 그녀의 집 앞에서 기다리기를 여러 번 거듭했으나 실패했다. 그래서 할 수 없이 신입 기자에게 그 일을 부탁했다. 물론 그 일이 쉬운 일이 아니라는 말도 잊지 않았다. 그런데 그 신입기자는 채 한 시간도 되지 않아 그녀의 사진을 찍어가지고 돌아왔다.

깜짝 놀란 베테랑 기자가 어떤 방법으로 촬영했는가를 물었다.

"무슨 좋은 묘책이라도 있었나?"

"아뇨, 그냥 부탁했을 뿐인데요."

"아니, 그냥 부탁했을 뿐이라니?"

베테랑 기자는 놀라지 않을 수 없었다.

신입 기자는 소재한 그녀의 집에 찾아가 초인종을 누른 후, 그녀가 나오자 아무 거리낌 없이, "신문에 쓸 당신의 사진이 필요해서 찾아왔습니다."라고 말했더니 그 배우는 미소를 지으면서 선선히 응하더라는 것이다.

이처럼 짧고 핵심적인 말은 상대에게 강한 인상을 준다.

우리의 일상의 커뮤니케이션은 거의가 설명형이다. 한 가지를 말하는 데 여러 개의 수식어가 나열된다. 게다가 상대의 이해를 돕는다는 이유로 자꾸 말을 늘인다.

상대의 마음에 강한 인상을 주는 말은 단순히 목소리가 좋고 말솜씨가 우아해서가 아니다. 짧으면서도 핵심이 들어 있으면 된다. 따라서 당신도 상대에게 강한 인상을 남기기 원한다면 짧으면서도 핵심을 찌르는 말을 하도록 훈련을 하라.

프레젠테이션에서나 회의에서 자기 주장을 강력히 부각시키기 위해서는 절제심을 발휘해야 한다. 많은 이야기를 늘어놓는 충동을 억제해야 한다. 언어를 절제하지 못하는 사람은 자신을 어필시키지 못한다. 중요한 메시지일수록 길게 늘어놓으면 핵심이 흐려진다.

비즈니스에 있어서도 간결하게 핵심만 이야기해야 설득력이 있다. 전달하고 싶은 것을 길게 늘어 놓다가는 무엇 하나 제대로 전달할 수 없다는 것을 명심하라.

Part 10

커뮤니케이션 할 때의 올바른 자세

01 예의를 지킨다

예의를 갖추어 자신의 의견을 자연스럽게 전달할 줄
아는 사람이 인간 관계에서 성공한다

우리는 만나는 사람에게 "안녕하세요.", "고맙습니다.", "오래간
만입니다.", "반갑습니다." 라고 인사를 한다. 의식하고 있든 못하
고 있든 인사는 중요한 자기 표현의 하나이다.

소리를 내지 않고 눈이나 몸짓으로 하는 경우도 있다. 그것이 상
황에 따라서는 더 효과적일 때도 있다.

인사의 역할을 제대로 이해하고, 거기다가 예의를 보태어 자신
의 생각이나 입장을 자연스럽게 표현할 줄 아는 사람이 인간 관계
에서 성공한다. 예의를 갖추는 것은 좋은 사람처럼 보이기 위해서
가 아니라 현대인이 갖춰야 할 교양이다.

복장은 단정히, 태도는 바르게, 말은 분명하게 하는 것이 커뮤

니케이션을 하는 사람의 기본이다. 단순한 인사치레로 상대에게 어필하는 것은 한계가 있다. 그런 경우의 예의는 스트레스가 되기 때문이다.

커뮤니케이션에 능숙한 사람은 상대가 자신의 인사에 반응을 보이지 않아도 전혀 기죽지 않는다. 무시해도 태연하다. 그럴 수 있는 것은 상대에게 문제가 있는 것이지, 자신에게 있는 것이 아니기 때문이다. 자신은 매너를 지키며 상쾌하게 하루를 보내면 그만이다.

회사에 출근해서 "안녕하세요?"라고 말하는 것은 상대에게 경의를 표하는 의미가 있다. 그렇다고 반드시 상대의 동조가 필요한 것은 아니다.

성공하는 사람은 예의를 크게 활용한다. 고마운 사람에게는 "감사합니다."라고 말하고, 고맙지만 거리를 두고 싶은 사람에게는 "제가 너무 신세를 졌습니다."라고 깍듯이 말한다. 그 말에는 상대와 자신과의 사이에 선을 긋는 효과가 있다.

그렇게 말해도 상대방은 냉정한 사람이기보다 예의를 아는 사람이라는 인상을 받는다. 또 돈을 지불하는 경우에는 반드시 봉투에 넣어서 건넨다. 봉투가 없을 때에는 종이에라도 싸서 준다. 격식을 차리는 것이 아니라 예의를 지키는 것이다. 상대가 '저 사람은 예의를 아는구나.'하고 느낀다면 당신의 커뮤니케이션은 성공한 것이다.

o2 분명한 어조로 말한다

분명한 어조는 강한 인상을 준다

커뮤니케이션 중에 "나도 그렇게 생각하고 있다."는 말은 누구든지 곧바로 나오지만, "저는 그렇게 생각하지 않는다."는 말은 쉽게 나오지 않는다. 그렇게 말하면 상대를 무시하는 인상을 주는 것이 아닐까, 그래서 반감을 사지 않을까 마음이 쓰이기 때문이다.

그렇지만 성공하는 사람은 당당하게 자신의 의견을 말한다. 그들은 발언의 중요성을 알고 있기 때문이다. 발언이란 자신의 의견을 말하는 것이지 상대의 의견에 대해 찬성이나 반대를 뜻하는 것은 아니다.

따라서 "나는 그렇게 생가하지 않는다."고 말해도 상대를 무시하는 것은 아니다. 의견이 다를 뿐이다. 이러한 발언의 의미를 이해하고, 그 이해한 것을 행하는 사람의 바탕에는 자신에 대한 믿음이 있다.

성공하는 사람은 늘 분명한 어조로 말한다. 비록 상사라 할지라도 "팀장님, 새로운 기획 건으로 드릴 말씀이 있는데, 시간을 좀 내주시겠습니까?" 하고 분명한 태도로 접근한다.

친구에게는 "요즘 서로 대화가 부족하다고 생각해. 그러니 오늘은 좀더 마음을 열고 얘기해 보면 어떨까?" 하고 제안한다.

인간 관계에서 성공하는 사람의 특징은 어떤 상황에서든 적당히 분위기에 맞추는 애매한 말은 하지 않는 데 있다. 분명한 말투로 인해 그가 개성 있게 보이는 것은 주위 사람들이 그처럼 분명한 태도를 나타내지 않았기 때문이다.

전통적인 사고 방식으로는 이처럼 분명한 말투의 사람은 겸손하지 않다고 해서 환영받지 못한다. 그러나 전 세계가 무대인 오늘날에는 그런 고리타분한 생각으로는 성공하지 못한다.

자신의 뜻을 분명한 어조로 말하는 사람은 사람에 대한 신뢰를 바탕으로 깔고 있기에 가능하다.

성공하는 사람은 커뮤니케이션을 할 때 솔직하게 말한다. 베일에 가린 듯 이야기하지 않고, 뜸을 들이지도 않는다. 상대에 대한 믿음을 바탕으로, 있는 그대로의 감정을 나타낸다. 당연히 책임감도 강하다. 그런 깔끔한 태도가 타인의 신뢰를 끌어내고 성공을 가까이로 당긴다.

o3 쓸데없는 말을 하지 않는다

쓸데없는 말을 하지 않는다는 것은
자신과 상대를 믿는다는 뜻이다

핵심을 벗어난 쓸데없는 말은 본심을 숨기려 하거나 자신을 사실과 다르게 개방적이고 활달하게 보이고 싶어서 과대 포장하는 행위다.

장소와 상황에 상관없이 "뭐 좋은 일이 있어야 말이지.", "평범한 게 제일이야." 등과 같은 쓸데없는 말을 내뱉는 습관이 되면 나중에는 무의식 중에 상대방에게 상처를 주는 말까지 서슴지 않고 하게 된다.

이런 상투적이고 쓸데없는 말은 언어 생활에서 위험한 카드가 된다. 무심코 내뱉은 말이 자신의 이미지를 엉망으로 만들고 신뢰 관계를 무너뜨리는 결과를 가져올 수 있는 것이다.

인간 관계에서 성공하는 사람은 이런 쓸데없는 말을 하지 않는다. 이런 사람은 대부분 자신의 실체를 숨기는 사람이다. 그래서 웬지 모르게 가까이 하기에는 멀게만 느껴지는 사람이다.

특별히 의도적으로 베일에 싸인 듯 행동하는 것이 아니라고 할지라도 확 트인 말투로 이야기 하지 않기 때문에 미스터리하게 보인다.

쓸데없는 말을 하지 않는다는 것은 그만큼 자신과 상대를 믿는다는 뜻이고, 또 의지가 강하지 않으면 그런 태도를 취할 수 없다.

인간 관계에서 성공하는 사람은 고품격의 우아함과 세련된 매너로 커뮤니케이션을 형성해 간다.

04 재치가 있다

재치는 상대나 상황에 얽매이지 않아야
제대로 발휘할 수 있다

재치란 무엇인가? 모든 일에 재빠르게 움직이고, 보다 나은 생각으로 독특한 대응과 대처할 수 있는 능력을 말한다.

재치 있는 말은 상대의 안색을 살피면서 하는 것이 아니다. 상대나 상황에 얽매이지 않는, 자주성과 유연한 마음이 있어야 제대로 발휘할 수 있다.

재치는 기지라고도 말할 수 있다. 그때그때 상황에 따라서 재빨리 발휘되는 지혜이다. 때로는 사람의 의표를 찌르는 날카로운 비수와 같을 수도 있다.

사람들은 몸을 건강하게 유지하기 위해서 음식과 운동에 신경을 쓴다. 미네랄워터를 마시고, 단백질과 칼슘 등의 영양소를 엄격하게 체크하여 섭취하며, 스포츠 센터에도 다닌다.

그러나 아무리 그렇게 애써도 마음이 유연하지 않으면 행복해질 수 없다. 경직된 마음은 따분한 생활을 만들기 때문이다.

재치 있는 대응과 그에 다른 활기찬 생활은 유연한 사고와 자주성이 만들어준다. 자신의 감정과 감각, 내면을 통합하여 외부의 상황에 얽매이지 않는 자유로운 상태가 될 때 진정한 재치가 발휘되게 된다.

재치 있는 사람은 어떤 문제가 생겼을 때 그 능력을 발휘한다. 상대의 허점을 공격하지 않고, 비록 상대가 변명을 할지라도 끝까지 잘 듣고 이해하려고 노력한다. 마치 엉킨 실타래를 풀어가는 듯한 자세를 보인다. 그의 태도가 상대의 감정을 움직여 고분고분하게 만들어 마침내 원활한 커뮤니케이션이 이루어지게 되는 것이다.

현대와 같은 복잡한 사회에서는 재기 발랄한 재치와 보통을 뛰어넘는 포용력을 갖추지 않으면 유능한 사람으로 인정 받지 못한다.

재치 있는 사람들이 많을수록 보다 깊은 대화를 나눌 수 있다.

o5 남 헐뜯기를 좋아하지 않는다

남을 헐뜯는 것은 열등감이 많기 때문이다

어떤 조직에서나 다른 사람의 결점을 아주 잘 찾아 내어서 날카롭게 지적하기를 좋아하는 사람들은 한두 사람씩 있기 마련이다.

"그는 대화해 보니까 속은 깊은 것 같은데, 첫인상이 안 좋아."

"저 사람은 겉 보기에는 명랑하고 밝아 보이지만 자란 과정에 뭔가 문제가 있었던 것 같아."

그건 사람의 말투에는 항상 "~지만"이라는 앞의 말을 뒤집는 단어가 꼬리처럼 따라붙는다. 처음에는 칭찬하지만 끝에 가서는 헐뜯는 것이다.

"저 사람 인상은 좋은데 성격은 거칠어." 하는 식이다.

이런 사람은 항상 상대의 결점을 찾아내는 것이 습관처럼 되어 있다. 그런 습관은 열등감에서 생긴 것이다.

그러나 커뮤니케이션을 잘하는 사람은 남을 헐뜯지 않는다. 상대의 장점을 발견하지 못하면 사이가 멀어지고, 인간 관계에서 실패하기 마련이기 때문이다.

인간 관계에서 성공한 사람들은 남의 결점을 찾는 것이 아니라 장점을 적극적으로 찾아내기 때문에 우정이 돈독하거나 사랑을 키우는 일이 가능해진다.

처음 만난 사람에게서도 그의 결점보다 장점을 얘기해 줌으로써 자신에 대한 이미지를 크게 각인시켜 관계를 지속해간다.

남의 장점을 찾는 사람은 자신을 지키려고 연연하지 않고, 남의 장점을 받아들이는 데에 적극성을 보인다.

06 말의 사용 방법에 주의한다

당신이 쓰는 말은 당신의 인격을 나타낸다

말은 커뮤니케이션에서 가장 중요한 역할을 한다. 그러나 말에 따라서 여러 가지 감정이 생길 수노 있나. 사람들은 그 말에 따라서 웃거나 울기도 하고, 또 사랑도 하고, 죽음도 당한다.

이와같이 언어는 우리 생활을 지배하는 커다란 힘을 가지고 있다. 이 세상에서 말이 없어지는 상황을 상상할 수 있을까? 일일이 예를 들어 열거할 것까진 없지만 개인의 성공, 국가의 발전, 학문의 발전 등 모든 일이 언어 없이는 이루어질 수 없다.

이처럼 중요한 말임에도 불구하고 그 가치에 문제 의식을 가진 사람이 의외로 적은 것은 왜일까?

당신 역시 말을 도구로 삼아서 친구들과 의견을 나눌 수 있다.

가족들이나 아이들과 즐거운 시간을 보낼 수 있는 것도 언어의 혜택 때문이다. 또 가지고 싶은 것을 사는 데도 말이 필요하고, 이웃 사람들과 사이좋게 지내는 데에도 언어가 중재 역할을 한다.

언어를 바로 쓸 수만 있으면 바라는 일들에 힘들지 않게 접근할 수 있다. 물질적인 부분뿐만 아니라 애정이란 것도 언어라고 하는 도구를 제대로 씀으로써 획득할 수 있는 게 아닌가.

대화를 할 때에는 어떤 말을, 어떻게 사용할 것인가를 충분히 생각해야 한다.

말은 곧 그 사람의 인격을 나타낸다. 커뮤니케이션에 능숙한 사람은 언어의 선택과 말하는 태도에 특별히 주의를 기울여야 한다.

어느 날 커피숍에서 친구를 기다리고 있을 때의 일이었다. 옆자리에 앉은 젊은 여자 두 사람이 커피를 마시면서 하는 이야기를 우연히 듣게 되었는데, 나는 크게 놀랄 수밖에 없었다.

"정말 싫어졌어?"

"그 자식, 바보 같은 소리만 하잖아. 정말 저질이야. 이제 그만 둘래!"

"그렇지만 조금은 멋쟁이던데……."

"그래도 이제 나와는 아무 관계 없어."

대충 이런 대화였다.

이런 사람에 대해서 사람들은 어떤 생각을 하겠는가? 결코 좋은 감정을 갖지 않을 것은 분명하다.

그럼 어떤 말에 주의를 하면 되는가? 상대가 매우 걱정을 하고 있는 순간에도 자기는 아무렇지도 않은 듯 태연하게 말하고 있는 것도 이상한 일이다.

사람은 운명이나 태어난 환경, 부모의 사회적 지위, 또는 직업 등으로 구분해 평가받을 수 있다.

태어날 때부터 신체에 결함을 가지고 있는 사람도 있다. 이런 사람들은 자신의 탓이 아니라 어쩔 수 없는 운명인 것이다. 그러므로 사려 깊은 사람은 그런 일은 화제로 삼지 않는다.

그러나 무분별한 사람들 중에는 이런 것에만 신경 쓰는 사람도 있다. 이들은 타인의 핸디캡을 화제삼는 것을 즐거움으로 여긴다.

인기 연예인 중에서도 언어를 가리지 않고 쓰는 사람들이 있다. 당장의 인기가 자신의 결점을 가려 줄 수는 있겠지만 이런 인기는 금방 식어버릴 게 뻔하다. 하물며 일반인의 입장에서는 더욱 조심해야 할 부분이다.

커뮤니케이션에 능숙한 사람은 이런 무례한 언어를 절대로 사용하지 않는다. 같은 말이라도 억양에 따라서 받아들이는 느낌이 달라질 수 있다.

커뮤니케이션에 능숙한 사람은 상대가 좋게 받아들일 수 있는 말을 사용한다.

08 대화에서는 말의 강도를 다르게 한다

상대방의 말버릇과 습관 속에 담긴 뜻을
정확하게 파악해야 한다

상대방의 말투에서 그 사람의 화법을 판단하라. 사람에 따라 의사를 적극적이고 명확하게 표현하는 이가 있는 반면, 애매한 표현을 즐겨 사용하는 이들도 많다. 따라서 자의적으로 판단하는 것은 금물이고, 늘 정확하게 확인해야 한다. 또 사람마다 말의 강도가 다르다는 것을 명심해야 한다.

한국 사회에서 "다음에 식사라도 한번 같이 합시다."라고 말하는 것은 단지 "안녕히 가십시오."라는 인사에 지나지 않는다. 거의 모두가 이 말이 진정성을 띠고 있다고 믿지 않는다. 그러나 만약 이 말을 외국인에게 했다면 어떻게 됐을까? 외국인은 대뜸 "언제 어디서 만날까요?"라고 물으며 다이어리를 꺼내 메모할 준비를 해서 당신을 난처하게 할 게 틀림없다.

시쳇말로 우리나라 말은 끝까지 들어 봐야 그 뜻을 안다고 하지 않는가! 그만큼 직접적인 화법을 구사하는 경우가 많지 않다는 것을 반증하는 것이다.

상대방이 한 말의 행간까지 자세히 읽어야 하고, 뒤집어 엎고, 메치고, 반대로 따져 봐야 비로소 그 본뜻을 파악할 수 있다. 물론 화자의 성격에 따라 직접, 또는 간접 화법을 쓰는 것은 다르다.

만약 상대방이 애매모호한 표현을 할 때는 그냥 넘어가서는 안 된다. 실례를 무릅쓰고서라도 되물어 보는 것이 좋다. 실례라는 생각에 그냥 넘어갔다가는 커다란 무례가 될 수도 있다.

왠만해서는 내 업무에 비판을 안 하던 상사가 "김 팀장, 분발 좀 하지!"라고 지나가는 소리로 툭 던졌을 때. 무심히 들어서는 결코 안 된다. 이를 간과하면 커다란 화를 자초하게 된다.

나와 관계가 원만한 이가 내 문제점을 충고했다는 것은 이미 문제가 정도를 넘어서 곪을 대로 곪아 터질 지경이라는 뜻이다. 나를 탐탁지 않게 여기거나, 이미 돌이킬 수 없는 강을 건넌 것이라고 봐도 무방하다. 분발 정도가 아니다. 떨어진 신뢰도를 만회하기 위해 눈에 불을 켜고 뛰어야 할 때인 것이다.

좀처럼 불평이 없던 단골 고객이 "요즘 바쁜가 보죠? 연락이 없는 걸 보니……."라고 말했다면 나와의 관계를 끊고 다른 이에게 가려고 이미 신발끈을 동여맨 상태라는 것을 알아야 한다.

평소 칭찬에 인색한 사람이 던진 '예쁘네!'라는 말과 습관적 칭찬에 익숙한 사람이 던진 '예쁘네!'라는 말을 똑같은 의미라고 받아들여서는 안 된다. 늘 칭찬을 입에 달고 사는 사람이 '좋네요!'라고 말했다고 해서 안심해서는 안 된다. 또 한번 생각해 보겠다는 말이 어떤 사람에게는 수락한다는 뜻이지만, 어떤 사람에게는 거절하는 뜻이기도 하다.

이처럼 사람마다 대화의 스타일은 천차만별이다. 따라서 상대방의 말버릇과 습관을 파악해 말 속에 담긴 정확한 의도를 파악해야 실수가 없다.

오늘의 내가 있게 도와주신 분들께 감사를

직장에 매여 있고 돌볼 일이 많은 불혹의 나이, 다시 학문을 시작할 수 있음에 먼저 내 자신에게 감사와 격려를 보낸다.

내가 학문을 시작할 때나 지금이나 나는 늘 세 가지 질문에 대해 적극적인 자세와 열린 마음을 가지려고 노력하고 있다.

첫째, 세계에서 일어나고 있는 변화를 내 자신의 문제로 받아들이고 있는가?

둘째, 이것을 받아들이기 위해 얼마나 노력하고 있는가?

셋째, 변화가 가져올 기회를 위해 미래를 얼마나 준비하고 무엇을 실천하고 있는가? 이다.

미약하나마 이 책이 완성되고 내가 지금의 여기까지 올 수 있었던 것은 제자 사랑이 가득하신 네 분 스승님의 덕분이기에 그분들께 깊이 머리 숙여 감사를 드린다.

이한검 교수님은 학부 시절부터 인생을 살아가는 정도와 학자로서의 본을 보여주신 분이시고, 이종훈 교수님은 나의 석.박사 지도 교수님으로써 학문을 연구하는 올바른 자세와 지칠 줄 모르는 열정을 가르쳐 주셨다.

또한 김정규 교수님과 이일균 교수님은 정년퇴임을 하시고 강단을 떠나셨어도 왕성한 활동을 하시면서 부족한 제자에게 늘 아낌없는 사랑과 격려와 용기를 주시며 나의 가장 든든한 버팀목이 되어주고 계신다.

이분들의 사랑과 가르침이 없었다면 내가 어떻게 이런 기쁨의 시간을 누릴 수 있었겠는가?

또 언제나 사랑과 용기의 메시지를 주시는 나의 패, (주)창조의 선준호 회장님과 직원분들, 창조의 CMO이신 여러 선. 후배님들께도 감사를 드리며, 함께 학문을 연구한 학교의 선.후배님들, 늦은 나이에 학문을 시작할 때 격려와 용기를 주신 분들께도 감사를 드리며, 학문을 시작할 수 있도록 도와주신 많은 분들의 기대와 격려를 잊지 않고 최선을 다해 보답할 것이다.

또, 내 인생의 최대 고객이자 희망인 우리 명인 학우 여러분들께 깊이 감사를 드리며, 부족한 학식이지만 여러분들을 위해서 내 모든 열정과 사랑을 배풀 것이다.

마지막으로 늦은 나이에도 직장생활 하면서 공부하는 데 부족함이 없도록 언제나 함께 해준 우리 가족에게, 살아 계셨으면 너무나 기뻐해 주셨을 부모님께도 감사를 드린다.

　　긴 세월을 포기하지 않고 이런 작은 결실을 맺을 수 있었던 것은 내가 세상에서 가장 사랑하고 존경하는 친구, 나를 대신해줄 수 있는 친구, 지금은 미국 캘리포니아에서 병원을 경영하고 있는 김광섭, 김효남 부부에게 고마움을 전하며, 부족하고 모자람이 많은 글을 책으로 출간할 수 있도록 기회를 주신 미래북 임종관 대표님과 관계자 분들께 감사를 드린다.

2010년 10월

강정원

생애의
발견

생애의 발견

한국인은 어떻게 살아가는가

제1판 제1쇄   2018년 7월 17일
제1판 제5쇄   2023년 4월 26일

지은이   김찬호
펴낸이   이광호
주간   이근혜
편집   박지현 김가영
펴낸곳   ㈜문학과지성사
등록번호 제1993-000098호
주소   04034 서울 마포구 잔다리로7길 18 (서교동 377-20)
전화   02) 338-7224
팩스   02) 323-4180(편집)   02) 338-7221(영업)
전자우편 moonji@moonji.com
홈페이지 www.moonji.com

ISBN 978-89-320-3055-5 03300

이 도서의 국립중앙도서관 출판예정도서목록(CIP)은 서지정보유통지원시스템 홈페이지
(http://seoji.nl.go.kr)와 국가자료공동목록시스템(http://www.nl.go.kr/kolisnet)에서
이용하실 수 있습니다.(CIP제어번호: CIP2018021382)

생애의
발견

한국인은 어떻게
살아가는가

김찬호 지음

문학과지성사

우리 인생에 삶이 없다

삶을 더 좋은 것으로 만들 수는 없다. 삶은 그 자체로 이미 좋은 것이기 때문이다.

—톨스토이

'워라밸work and life balance'이라는 말이 유행하고 있다. 일과 삶의 균형이 깨져 있는 사람들이 많다는 반증이다. 일(청소년들의 경우, 공부)에 너무 많은 시간과 에너지를 투입하면서 삶의 다른 영역들이 황폐해졌다. 만성적 수면 부족, 피로사회, 과로 자살 등이 사회적 쟁점으로 떠오르는 가운데, 지속 가능하지 않은 생활양식을 탈바꿈하려는 시도들이 다양하게 모색되고 있다. 공적인 차원에서도 여러 가지 움직임이 있어왔는데 '저녁이 있는 삶'이라는 슬로건이 정치 공약으로 등장한 바 있고, 최근에는 노동시간을 축소하는 정책이 시행되고 있다. 그러나 시간의 확보는 필요조건일 뿐이다. 여가가 휴식과 소비로만 채워진다면, 생활이 윤택해지기 어렵다.

밥 무어헤드Bob Moorehead가 쓴 「우리 시대의 역설The Paradox of Our Age」에는 이런 구절이 나온다. "우리는 생활비를 버는 법은 배웠지만, 어떻게 살 것인가는 배우지 못했다. 우리의 수명은 늘었지만, 시간 속에 생기를 불어넣지는 못하고 있다." 원문으로 읽어보면 더욱 흥미롭게 다가온다. "We've learned how to make a living, but not a life. We've added years to life but not life to years." 여기서 'life'라는 단어가 상반된 뜻으로 쓰이고 있다. 두번째 문장의 'years to life'에서 'life'는 그냥 생물학적인 생존이라고 할 수 있다.

그에 비해 'life to years'와 첫번째 문장의 'but not a life'에서 'life'는 가슴 뿌듯하게 차오르는 살아 있음의 느낌이라고 해야 할 것이다. 한국어에서 '삶'이란 후자에 가까운 개념인 듯하다. 지금 우리의 불행은 바로 그러한 경험을 누리지 못하는, '삶의 부재'가 아닐까. 목숨이 붙어 있고 분주한 나날을 보내지만 살아 있다는 실감이 나지 않는다. 시간에 쫓기기만 할 뿐 그 흐름flow에 가슴으로 온전히 몰입하지 못한다. 거대한 체제에 의해 관리되는 생활 속에서 그리고 불가해한 탐욕과 두려움에 끌려다니면서 모든 '순간'에서 소외되어버린다.

삶은 단순한 생존이 아니다. 물리적인 시간과 생리적인 연명을 넘어 의미를 빚어내는 것이 삶이다. 그리고 그 속에서 시간을 창조한다. 인간은 역사를 만드는 동물이다. 역사는 단순한 사실의 축적이 아니다. 과거와 현재와 미래를 유기적으로 잇는 서사敍事가 역사다. 역사는 거대한 집단뿐 아니라 개인의 차원에서도 생성된다. 시간의 연속성 속에서 자신을 발견할 때, 우리는 비로소 '살아 있음'을 확인한다. 경험을 이야기로 빚어내고 그 의미가 타인에게 공명될 때, 인생은 '살맛'이 난다. 그것이 가능하려면, 삶을 관조할 수 있는 여백이 필요하다. 그 바탕 화면에 떠오르는 삶의 흔적들을 건져 올려 자아의 빛깔로 아로새길 수 있는 언어가 있어야 한다. '일과 삶의 균형'은 궁극적으로 그러한 경지로 나아가야 하지 않을까.

이 책은 그러한 성찰과 소통을 위해 씌었다. 유년기부터 노년기에 이르는 인생 여정을 따라가면서 거기에서 만나게 되는 정황들을 반추하려 한다. 지나온 세월을 재해석하고 미지의 경험을 상상하면서 인생 항로의 얼개와 좌표를 잡아보는 것이다. 하지만 발달심리학에서 방대하게 연구해온 생애 주기 이론이나, 사회학에서 종종 내놓는 세대론과는 궤도를 달리한다. 이 책에서는 한국인들이 지금 살아가는 사회적 지평 속에서 삶을 조망하며 각 세대별로 그 스펙트럼을 비춰본다.

지금 한국인들이 통과하는 라이프 코스는 비슷한 경로의 반복이 아니다. 다시 말해, 윗세대가 겪은 경험을 아랫세대가 따라가지 않는 것이다. 이러한 사정은 근대 이후 어느 사회에서나 마찬가지겠지만, 지금처럼 패러다임이 근본적으로 바뀌고 있는 상황에서 그 단절은 더욱 두드러진다. 그리고 글로벌 격변의 충격이 부실한 사회와 경제에 의해 증폭되는 한국에서, 생애는 더욱 예측 불가능한 블랙박스가 되어간다.

지금 모든 세대는 생애의 매 단계마다 윗세대가 경험하지 않았던 도전들에 직면하고 있다. 산업의 성격, 인구구조, 정치 지형, 행정 시스템, 지역사회, 소비 감수성, 미디어 환경 등 모든 것이 급변하는 가운데, 계속 새로운 상황에 대처하거나 적응해야 한다. '할아버지의 과거＝손주의 미래'라는 등식이 성립했던 시대에, 아이들은 어른을 통해 자신의 미래를 볼 수 있었다. 그때 노인은 연륜만으로도 권위를 가질 수 있었다. 그러나 이제 연장자들의 경험은 오히려 걸림돌이 되기 쉬운 세상이다. 어떤 모습의 어른으로 성숙할 것인가. 행복하게 늙어가는 방법은 무엇인가. 이러한 질문에 대한 답을 찾는 데 준거準據가 될 귀감이 없이, 저마다 암중모색하며 고군분투하고 있다.

'삶이 비극인 것은 우리가 너무 일찍 늙고 너무 늦게 철이 든다는 점'이라고 피에르 신부Abbé Pierre는 말했다. 남녀노소의 생애 스펙트럼을 펼쳐 보이고 있는 이 책을 통해 독자들이 다른 세대나 성性의 경험 세계를 간접적으로나마 체험하고, 그로써 자신의 실존을 비춰볼 수 있기를 기대한다. 그러한 공감과 이입을 통해 여러 간극을 가로질러 공통의 문화가 형성될 수 있지 않을까. 뭇 기억들이 허망하게 증발되고 타인들의 경험이 무의미하게 폐기되어버리는 세상에서, 자기를 해석하고 타자를 이해할 수 있는 언어가 절실하다. 서로의 삶을 가치 있게 격상시켜주는 이야기들로 우리는 풍요로워질 수 있다.

"최소한 지금은 살아 있고 싶어." 다큐멘터리 「부에나비스타 소셜 클럽」(빔 벤더스 감독)에서 생을 달관한 듯한 표정과 노래로 관객을 사로잡았던 재즈 보컬리스트 이브라임 페레르의 이 독백은 우리 모두의 소망이다. 만성적인 두려움과 공허감에서 풀려나 자아에 대해 너그러워지고 싶다. 그렇게 되기 위해서는 삶을 보다 폭넓고 심오하게 꿰뚫는 시야가 필요하다. 자기 안에 깃들어 있는 수많은 삶들을 발견해야 한다.

누구나 현재 안에 생애의 모든 단계를 함축하고 있다. 어른들은 어린아이의 놀이충동이나 유치한 심성을 종종 드러낸다. 노인이 되어서도 사춘기의 설렘이나 질풍노도에 휩싸인다. 그런가 하면, 젊은이라 할지라도 어느 날 문득 인생의 내리막길 또는 종말에 다다른 듯한 상황에 부딪힌다. 모든 세대의 현존은 앞 세대의 발자취이거나 다음 세대의 가능성이다. 지금 이 순간에 수많은 사람들의 일생을 경험하거나 상상할 수 있다면, 그만큼 존재의 부피는 커질 것이다. 다른 삶에 대한 관심을 통해 자기 삶을 새롭게 해석하면서, 향후 생애 경로를 폭넓게 구상할 수 있다. 이 책이 그러한 탐색에 소박한 가이드가 되었으면 한다.

2009년 '인물과사상사'에서 출간된 이 책을 개정판으로 다시 펴낸다. 변화에 가속도가 붙는 세상에서 10년은 엄청난 세월이다. 그래서 적지 않은 부분을 수정하거나 삭제해야 했다. 통계를 업데이트하고 시의성이 떨어지는 사례들을 교체했다. 그리고 10년 전에는 별로 문제가 없었지만, 지금은 민감하게 받아들여질 만한 표현들을 손질해야 했다. 하지만 전체적인 얼개는 거의 그대로 유지되고 있다. 우리 삶이 흘러가는 추세와 그것을 둘러싼 맥락은 크게 달라지지 않은 듯하다. 이번 작업을 하면서, 한국 사회의 장기적이고 거시적인 변화가 일상에 어떻게 접맥되는지를 다시 한 번 공부할 수 있었다.

개정판을 출간해주신 문학과지성사에 감사드린다. 원고를 꼼꼼히 읽으면서 수정하고 보완할 부분을 추려주시고, 글들을 섬세하게 다듬어주신 박지현 씨와 김가영 씨에게 고마움을 전한다.

차례

2부 남과 여

3부 양육과 노화

1부

성장과
자립

유년, 마음껏 뒹굴고 싶다

다시 우량아 선발 대회를?

오늘날 아이들의 세계는 텔레비전과 비디오 게임으로 특징지을 수 있다. 아이들은 거의 모든 유년 시절을 인간에게 매우 중요한 네 가지 요소들이 결핍된 상태에서 보낸다. 그 네 가지 요소는 물, 불, 공기, 흙이다. 자동차 배기가스만을 호흡하는 아이들에게는 공기가 부족하다. 정수된 물만을 마시기 때문에 물이 부족하고, 아스팔트 위만 걷기 때문에 흙이 부족하다. 또한 불이 부족하다. 가스레인지의 불꽃만을 들여다보기 때문이다.

—장 피에르 카르티에·라셀 카르티에, 『농부 철학자 피에르 라비』에서[1]

'우량아 선발 대회'라는 것이 있었다. 1950년대에 시작되어 1960~70년대에 인기를 누렸는데, 당시 한국 최대의 분유회사가 주최한 행사였다. 생후 1년 남짓 되는 아기들을 대상으로 발육 상태와 건강미 같은 것을 평가했다. 몸무게를 재고 물건 잡기와 뒤집기 등 몇 가지 동작을 검사하는 그 이벤트에서 토실토실한 아기들이 엄마 품에 안겨 심사받는 모습이 텔레비전에 중계되기도 했다. 당시 많은 엄마들에게 통통한 아이의 모습은 선망의 대상이었다. 아직 보릿고개를 넘어야 했고, 그래서 아이든 어른이든 살찐 체구가 곧 부유함의 상징이던 시절이었다. 그런데 먹고사는 형편이 나아지면서 언제부터인가 거의 모든 아이들이 우량아가 되어갔다. 자연히 선발 대회도 없어졌다.

그런데 지금 아이들의 몸은 과연 우량한가. 2014년 국민건강영양조사에 따르면, 우리나라 성인 세 명 중 한 명이 비만에다 6세부터 18세 사이 소아·청소년의 비만 유병률은 11.5퍼센트에 이른다. 1998년 6.6퍼센트에서 약 20년 사이에 두 배 가까이 늘어난 셈이다. 이러한 비만의 증가는 신체 활동량과 밀접한 연관이 있다고 분석된다. 한국청소년정책연구원은 2011년 발표한 자료에서 "서울시 저소득층 아동의 체육 활동 참여도와 관심은 낮았"으며, "신체 활동이 낮은 이유로 체육 시설·프로그램·지도자 부족과 부모의 경제적 제약으로 자녀들의 교육, 여가, 체육 활동에 신경 쓰지 못한 결과"라고 밝혔다.

비만 이외에도 아토피, 지방간, 척추 옆굽음증, 난청, 근시, 게임 중독, 신체 내 중금속 과다 등이 늘어나는 것으로 보고되고 있다. 끼니 걱정을 해결하는 동안, 우리는 건강 문제를 방치해왔다. 그러는 사이에 온갖 화학물질로 뒤범벅이 된 먹을거리들이 식단을 채우고, 공부에 시달리느라 비좁은 생활공간에 갇히게 된 아이들의 몸에 기이한 사태들이 벌어지고 있다. 잘 자라던 아이가 어느 날 갑자기 몹쓸 병에 걸려 집안의 큰 우환이 되는 이야기를 자주 듣는다. 게다가 가정이 해체되어 기본적인 돌봄도 받지 못하며 자라나는 아이들의 건강 상태는 훨씬 심각하다.* '잘살아보세'를 외치면서 허리띠 졸라매고 이 풍요로운 언덕에 이르렀건만, 호의호식에 취한 사이에 엉뚱한 급소가 찔려 다시금 '생존' 전선에 빨간불이 켜지고 있다.

이제 우량아 선발 대회를 다시 부활시켜야 하지 않을까. 그리고 그 대상을 유아만이 아니라 청소년으로까지 확대해야 할 듯하다. 아이들은 운동을 게을리할 뿐 아니라 건강관리 자체에 소홀하다. 자기 몸을 다스리는 것이 만사의 근본이거늘, 아이들은 신체에 대해 거의 배우지 못한다. 사실 어른들부터가 건강관리를 소홀히 하다가, 병이 나면 약부터 찾고 의사에게만 의존할 정도로 자기 몸에 대해 무지하다. 이런 풍토에서는 아이들도 먹을거리를 조절하거나 좋은 습관을 만들어 자연스러운 활력과 기운을 유지하는 방법을 깨우치지 못한 채 성장한다. 건강을 위협하는 환경에 대해서도 제대로 아는 바가 없다. 아이와 부모 들이 가장 선호하는 학과가 의과대학인데, 정작 생활 속에서 꼭 필요한 의학 지식은 거의 백지상태다. 의사를 꿈꾼다면 의학에 대해 호기심을 갖고 자기 몸부터 살피는 것이 마땅할 텐데 말이다. 아이들이 지극히 초보적인 의학 상식이나 기본적인 응급처치조차 제대로 체득하지 못하는 까닭은, 그 학문이 정식 교과목으로 편성되지 않아 대학 입시에서 평가하지 않기 때문일 것이다. 현행 공교육 시스템 속에서 교육에 대한

* 2008년 사회복지단체 '기아대책'과 서울대 사회복지학과가 공동으로 진행한 '학교 중심 지원 아동의 결식 수준에 관한 집단 간 비교연구'에 따르면, 초등학생 가운데 무려 30퍼센트가 하루에 두 끼 이하의 식사를 하고 있는 것으로 나타났다. 먹을 것을 살 돈이 없어서 걱정하는 아이들이 20퍼센트였다.

의사들의 발언권은 학교 내에서 보건교사의 목소리만큼이나
미약한 듯하다.

놀이가 사라진 유년

일본에서도 아이들의 몸에 걱정스러운 일들이 생기고 있
다. 아토피 등 이른바 문명 질환을 한국보다 먼저 앓기 시작한
일본의 상황은 여러 면에서 우리의 미래를 예시豫示해준다. 최
근 일본 병원의 응급실에는 얼굴에 타박상을 입고 오는 아이
들이 몇 년째 계속 늘어나고 있다고 한다. 아이들의 수가 적
어지고 활동량도 예전보다 줄어들었는데, 얼굴을 다쳐 병원에
오는 환자는 오히려 많아진 것이다. 원인을 분석해보니, 놀거
나 뛰다가 넘어졌을 때 재빨리 손을 짚지 못해서라고 한다. 그
나이에 갖춰져 있어야 할 반사운동신경이 제대로 작동하지 못
한 것이다.

전문가들이 역학조사를 실시해본 결과, 초등학생들의 신
체 조절 능력이 한 해가 다르게 퇴화되고 있음이 밝혀졌다. 달
리기를 하는데 땅에 그어진 선을 똑바로 따라가지 못하고 삐뚤
빼뚤 뛴다든지, 제자리에 서서 멀리뛰기를 할 때도 발로 착지
하면서 서지 못하고 엉덩방아를 찧거나 심지어 무릎부터 땅에
닿는다. 공을 하늘 높이 수직으로 던졌다가 그대로 받는 것도
잘 못하는 아이가 많다. 손과 팔을 제대로 제어하지 못해 공을
엉뚱한 곳으로 던진다거나, 약간 비스듬히 던졌을 경우에도 시

각 정보처리 능력이 모자라서 낙하지점으로 미리 뛰어가 받지 못한다. 마치 언어 습득에 결정적 시기critical period가 있는 것처럼, 그러한 운동신경 회로들 역시 적절한 때를 놓쳐버리면 형성되기가 어렵다고 한다.

일본의 아이들이 왜 이렇게 되었을까. 1990년대 이후 경제 상황의 악화로 실업자가 증가하면서 흉악 범죄도 늘어났는데, 특히 초등학생을 노리는 유괴나 살해가 많아졌다. 때문에 부모들은 자녀의 외출을 극도로 제한해왔다. 그 결과 5세에서 10세 정도 사이에 집중적으로 형성되는 기본적인 반사작용 운동신경이 미숙한 채로 성장한다. 이대로 방치하면, 나중에 노인이 되었을 때 경미한 사고에도 크게 다칠 수 있다. 강 건너 불구경이 아니다. 한국 아이들도 실외 활동이 현저하게 줄어들고 있다. 방과 후에 승합차를 타고 학원을 전전하거나, 그나마 노는 시간마저 인터넷 게임에만 몰두하는 아이들이 점점 많아진다. 그런 생활 구조 속에서는 기본적인 신체 발육이 제대로 이뤄지기 어렵다.

예전에는 농촌뿐 아니라 도시에서도 놀이 공간이 허락되었다. 어른들이 놀이터라는 이름으로 따로 마련해준 곳은 많지 않았다. 그러나 오히려 놀이 공간은 풍부했다. 웬만한 곳은 아이들에게 열려 있어서 자유롭게 드나들 수 있었고, 지금의 아파트 주차장보다 훨씬 안전했다. 골목길, 공터, 담벼락, 장독대, 전봇대 등은 매우 훌륭한 유희 공간이었고, 아이들이 놀기에 적합해 보이지 않는 야적장, 비탈길, 계단, 사다리, 나뭇가지 등이 놀이터로 변환되었다. 집 안에서도 창고, 뒤뜰, 다락, 지하실 등에 비밀 기지를 구축하는가 하면, 문짝이나 리어카도 놀이 기구로 과감하게 용도 변경을 했다. 조금이라도 빈틈이 보이면 아이들은 그것을 자기들만의 자유 공간으로 창조해냈다.

어른들이 어린 시절 즐기던 놀이들이 지금 아이들에게는 낯설다. 술래잡기, 집잡기, 말뚝박기, 다방구, 자치기, 오징어놀이, 공기, 고무줄놀이, 비사치기, 딱지치기, 구슬놀이, 팽이, 눈썰매, 굴렁쇠, 제기차기, 땅따먹기, 사방치기, 오자미, 쥐불놀이, 바람개비, 짬뽕…… 그런 놀이를 통해 아이들의 골격과 근육이 균형 있게 발달하고 기본적인 운동신경이 형성되었다. 넘어지고 다치고 깨지면서, 무엇을 어떻게 조심해야 하는지를 자연스럽게 터득할 수 있었다.

놀이는 창의성의 원천이다. 구글의 사무실이 화제가 되는 것은 일과 놀이의 경계를 허물어뜨린 디자인 때문이다. 문화적 부가가치를 창출하는 세계적 기업들은 놀이하는 마음으로 생산적 에너지를 이끌어내려 한다. 이제 잘 노는 것도 중요한 능력이다. 그 능력은 어릴 때 주로 배양된다. 체계적인 학습이나 유희 프로그램이 아니라 무정형의 신체 활동을 통해 자연스럽게 체득되는 것이다. 아이들은 놀이를 통해 감성, 지능, 사물에 대한 이해력, 대인 관계와 소통의 기술, 신체 조절 기능 등을 발달시킨다. 그리고 그것을 매개로 문화는 전승되고 재생된다. 하지만 우리는 도시 재개발, 뉴타운, 주거 환경 개선 등의 미명하에 그 성장과 학습의 소중한 공간을 마구잡이로 철거하고 있다. 문화의 시대에 상상력이 경쟁력이라고 외치면서도, 그것을 이루는 데 요긴한 창조성의 원천을 파괴하고 있는 것이다.

대규모 고층 아파트 단지에서 아이들은 갇혀 지낼 수밖에 없다. 똑같이 반복되는 직선과 네모 상자 속에서 저마다 고유하게 타고난 기질은 억눌리고, 획일적인 소비 충동과 경쟁심만 천편일률로 복제되어간다. 집 안에서는 층간 소음 때문에 발뒤꿈치를 들고 다녀야 하고, 집 바깥에 나가면 곧바로 주차장과 도로에 포위된다. 아이들은 강아지조차 자유롭게 배회할 수 없는 마을에서 살아가고 있다. 아니, 마을 자체가 증발되어 버렸다. "다 같이 돌자 동네 한 바퀴"라는 동요처럼 지역 전체를 놀이터로 삼던 시절은 아득한 향수로 묻히고 있다. "동네 꼬마 녀석들 추운 줄도 모르고 언덕 위에 모여서 할아버지께서 만들어주신 연을 날리고 있"[2]는 풍경은 판타지 같은 이야기가 되었다. 친구네 집 앞에서 "철수야 놀~자"라고 부르는 소리는 더 이상 들리지 않는다. 꼬마들의 함성 대신 기계음의 아이 목소리가 들린다. 휴대전화의 착신음으로 흘러나오는 "전화 왔어요~"

아동과 청소년의 몸과 마음에 일어나는 기이한 사태들은

문명의 재난이다. 인간이 지금처럼 삶의 뿌리에서 이탈한 적은 없었다. 아이들은 언제나 자연을 벗 삼아 자라났고 마을을 통해 세상을 배웠다. 하늘과 맞닿은 산자락을 바라보면서 우주의 신비를 감지했고, 이웃집 언니 오빠들과 어울리면서 인간에 대한 예의를 체득했다. 지금의 기성세대까지도 어린 시절은 그런 경험들로 아로새겨져 있다. 다채로운 풍경의 추억은 성장의 든든한 바탕이다. 스스럼없이 내미는 손길과 보살핌으로 애옥살이의 남루함을 메우던 기억은 인생의 크고 작은 어려움들을 넘어서는 데 크나큰 힘이 된다.

어른들은 현재의 자기가 어떻게 형성되었는지 돌아볼 일이다. 매서운 겨울바람에도 아랑곳하지 않고 들판과 골목을 누비던 유년기가 없었다면, 지금의 삶이 얼마나 삭막했을까? 그러한 시공간을 경험하지 못하면서 자라나는 지금의 아이들은 어른이 되었을 때 어떤 추억을 먹고 살아갈까? 「나뭇잎 배」 같은 동요를 들으면서 아무런 이미지가 떠오르지 않아도 괜찮은 걸까? 꽃등에, 산그늘, 봉우리, 마실, 물안개, 북두칠성, 달무리, 아지랑이, 아침 이슬, 땅거미, 고드름, 처마 밑, 종달새, 올챙이, 오두막집, 과수원, 산기슭, 오솔길, 솔 내음, 시냇물, 풀피리…… 이런 낱말들을 낯설어하는 아이들이 소프트파워 시대의 '문화 경쟁력'을 갖출 수 있을까?

어른의 질서, 아이의 무질서

'그때가 좋았지' 하는 노스텔지어만으로는 상황을 바꿀 수 없다. 도시 문명과 조화를 이룰 수 있는 대안적 놀이 공간을 다양하게 창안해야 한다. 연세대학교 건축공학과 민선주 교수는 2005년 서울시 대안교육센터의 네트워크 학교들과 함께 '사랑·나눔 건축 봉사 프로젝트'를 진행한 바 있다. 지역사회 친화적인 건축 디자인은 어떤 모습이어야 하는가를 토론하고, 실제 현장을 토대로 구체적인 대안을 만들어가는 수업이었다. 그 가운데 하자작업장학교가 담당했던 과제는 '어린이 마을 만들기―문화가 있는 놀이터'였다. 거기에서는 놀이터의 기본 개념을 단순한 놀이 공간이 아니라, 아이들이 사회생활을 직접 체험하고 배우기 시작하는 마을이라고 설정하여 골목과의 연계성에 천착했다. 그리고 놀이터 모래의 위생을 관리하는 일에 주민들이 역할을 분담하는 시스템도 제안했다.

그 프로젝트에서는 아이들에게 필요한 신체 운동을 범주화했다. 이동 운동(신체의 위치 변화), 안정 운동(신체의 균형 잡기), 조작 운동(물체를 다루는 기능), 신체지각 운동(신체의 형태와 위치 등을 지각), 공간지각 운동(공간과 신체의 위치에 대한 인식), 협응 운동(감각과 신체, 신체와 신체의 협응)이 그것이다. 또한 이러한 운동들이 골고루 이뤄질 수 있는 공간 배치와 시설들을 고안했다. 그리고 아이들이 즐거워하는 놀이 시설의 유형을 몇 가지 영역으로 나누고, 거기에 연관되는 행동

발달 상황을 분석했다. 그 유형이란 '밀 수 있는, 움직일 수 있는' '풀쩍풀쩍 뛰어오르는' '경사가 있는' '기어 올라가는' '포근한' '투명한' 등이다. 이에 따라 아이들에게 필요한 신체 동작과 아이들이 선호하는 공간의 특징을 엮어서 몇 가지 패턴의 시설 덩어리들을 제시했다. 통로 덩어리, 공간 이동 덩어리, 미끄러지는 덩어리, 앉는 덩어리, 앉아서 균형을 잡아주는 덩어리, 구멍 뚫린 덩어리, 오브제 덩어리 등이 그것이다.

놀이 공간을 전부 인공적으로 만들어낼 필요는 없다. 자연 공간은 이미 그러한 요소들을 풍부하게 함유하고 있기 때문이다. 다행히 한국의 도시에는 야산이나 숲이 많다. 그것을 충분하게 활용하여 몇 가지 시설을 추가하고 안전 문제 등을 보완하면, 큰 비용을 들이지 않고도 훌륭한 놀이터를 만들 수 있다. 숲속의 놀이터를 다채롭게 만들어낸 시도들은 외국에 많이 있다. 예를 들어 독일에는 '숲 유치원'이 있는데, 건물이나 시설이 따로 없이 모든 수업과 놀이를 하루 종일 숲속에서 시행한다. 비가 오면 비를 맞고 추운 날씨도 그대로 견디면서 숲의 모든 자원을 활용하여 배우고 논다.

도시 속의 자연을 살리면서 이색적인 놀이터를 만든 일본의 사례도 있다. 일본 도쿄의 세타가야구에 있는 하네기羽根木 공원이 그 좋은 예다. 그 공원의 한구석에는 "자기 책임으로 자유롭게 논다"라고 쓰인 커다란 안내판이 세워져 있다. 이것은 1975년부터 지역 주민들이 요구해온 '모험 놀이터adventure playground'가 실현되었을 때 세워진 안내판이다(모험 놀이터는 제2차 세계대전 이후 유럽에서 처음 생겨났다). 이 놀이터는 구청, 지역 주민, 학생 자원봉사자들에 의해 운영되는데, 도시에서 아이들이 접하기 어려운 불, 흙, 물과 관계된 놀이를 자유롭게 할 수 있는 공간으로 만들었다. 공원에는 타잔 밧줄, 도르래 차 밧줄, 닭장이나 토끼우리, 나무 위의 집, 비밀 기지가 될 수 있는 커다란 나무통도 있다. 이 공원에서 아이들은 오두막 짓기나 목공, 죽세공 등을 손수 체험해볼 수 있다. 진흙놀이와 물놀이도 가능하며 상설 아궁이에서 언제라도 불장난을 할 수 있다. 이 모든 프로그램은 아이들의 안전을 관리하는 '플레이 리더'와 함께 이루어진다.[3]

그러한 공간을 도시 개발과 조화시키는 디자인이 다양하게 요구된다. 리처드 루브는 『자연에서 멀어진 아이들』이라는 책에서, 허름하게 버려진 공터를 아이들의 놀이 공간으로 만드는 일의 중요성을 역설하고 있다. 그는 뉴어버니즘new urbanism과 지속 가능한 도시운동이 교통안전을 위한 보행자 중심에는 관심을 기울이면서, 아이들의 자연 접근성에 대해서는 소홀하다고 비판한다. 그는 자연지구를 무조건 보존한다고 해서 아이들이 자연과 가까워지는 것은 아니라고 말한다. 그 대신 개발 과정에서 생겨나는 공터들을 작은 야생 지대로 두면서 아이들을 위한 공간으로 보호할 수 있다고 주장한다. 루브는 교육자, 환경단체, 조경건축가, 개발업자들과 연합해 그러한 시도를 하고 있는 데이비드 소벨을 높이 평가했다.

소벨은 이런 작은 부지를 놀 만한 빈터로 만들어 개구리와 거북이가 있는 연못을 두고 산딸기류를 심어 열매도 따게 하고 썰매를 탈 언덕도 두고 숨바꼭질을 하거나 땅을 파고 놀 덤불이나 경사 지대를 두면 좋을 거라고 말한다. 비현실적이라고 생각하는가? 점점 더 많은 도시 계획자와 교육자들이 훌륭한 놀이 공간을 만들어가고 있다. 맨해튼의 센트럴파크에는 아이들이 바위를 타고 화강암 꼭대기까지 올라가 미끄럼을 타고 내려올 수 있는 놀이 공간이 있다. 캘리포니아 서니베일에도 습지대 바로 옆에 놀이 공간이 있어 아이들은 물고기 화석을 캐내곤 한다.[4]

야외 공간에서 놀면 신체뿐만 아니라 아이의 정신 그리고 부모와의 관계도 좋아진다. 왜 그럴까. 지금 거주 형태의 대부분을 차지하는 아파트는 실외 공간이 절대적으로 부족하다. 실내에서 아이들이 놀면 이것저것 어지르게 되어 있고, 그만큼 어른의 일거리는 많아진다. 아이들이 뛰어다니고 소리 지르는 동안, 어른들은 정신이 사나워지고 아랫집에 폐를 끼칠까 봐 신경이 곤두선다. 말하자면 아이들의 무질서와 어른들의 질서가 충돌하는 것이다. 그러나 야외 공간에서는 그 둘 사이에 모순이 없다. 질서와 무질서 사이의 경계가 사라진다. 그래서 숲에서 아이들이 돌이나 나뭇가지를 가지고 놀 때 "어지르지 말라"거나, 집으로 돌아갈 때 "원래 있던 자리에 갖다 놓아야지"

라고 성화할 필요가 없다. 놀이 행동이 환경을 별로 어지럽히지 않는 자연 공간은 자유로운 에너지를 발산할 수 있는 해방구다. 그러한 밸브가 열리게 되면 과잉행동증후군이나 우울증 같은 증상도 감소할 것이다.

이러한 흐름 속에서, 최근 놀이터의 주인공인 지역 주민과 아이들이 직접 참여해 만드는 놀이터가 등장했다. 기존의 낡고 천편일률적인 시설 중심 놀이터가 아닌, 어린이들의 욕구에 적합한 놀이터 만들기다. 그 대표적인 사례가 놀이기구 없는 놀이터, 자연 그대로의 놀이터 개념으로 만든 '순천 기적의 놀이터 엉뚱발뚱'이다. 총괄 디자이너인 놀이 전문가 편해문 씨와 순천시, 지역 주민과 아이들이 3년 동안 고민한 끝에 2016년에 조성되었다.

이곳에는 놀이터 하면 떠오르는 철제 놀이기구가 전혀 없다. 산의 지형을 그대로 살린 20미터의 미끄럼틀, 잔디로 만든 미끄럼틀과 조약돌 깔린 개울가 등이 보인다. 출렁다리 같은 시설이 없다면, 마치 시골집 뒷동산을 옮겨놓은 모습이다. 가파른 비탈과 완충재 없는 바닥이 위험해 보이기도 하지만, 통제할 수 있는 위험에 맞닥뜨리는 것이 오히려 아이들의 성장에 도움이 된다는 철학이 거기에 깔려 있다.

신체의 격을 높여주는 스포츠

아이들의 신체 활동을 체계적으로 발달시켜주는 것은 체육이나 스포츠다. 1994년까지는 '체력장'이라는 것이 있어서 체육을 소홀히 할 수 없었다. 멀리뛰기, 턱걸이나 오래 매달리기, 100미터 달리기와 오래달리기, 윗몸 일으키기 등 여러 종목에 걸쳐 체력을 측정했다. 대입 학력고사의 340점 가운데 20점이나 비중을 차지했기에 필사적으로 뛰었다. 무리하게 오래달리기를 하던 수험생이 사망한 일도 있었다. 만일 지금 다시 체력장을 부활시킨다면, 그런 사고가 더 빈발할지 모른다. 예전보다 입시 경쟁이 훨씬 치열해졌기 때문이다. 그리고 그 시험에 대비해 태교에서 이유식, 특별 요리법, 수면 시스템, 건강 진단, 근육 강화제, 맞춤형 운동 프로그램 등 온갖 '교육' 상품이 등장할 것이다.

지금 아이들은 오로지 두뇌의 성능을 높이기 위한 훈련에 전력투구하느라 정작 뛰어놀 시간이 없다. 학교 운동장과 동네 놀이터는 텅 비어 있을 때가 많다. 반면에 체육 특기자로 대학에 진학해 운동선수로 진로를 결정한 아이들은 공부는 접어두고 오로지 운동에만 매달린다. 당장 전국대회에서 어떤 성적을 거두느냐에 따라 대입의 성패가 갈리기 때문이다. 성적이 부진하면 학부모들은 감독이나 코치에게 압력을 넣는다. 2003년 천안의 초등학교 축구팀이 합숙 훈련을 하다가 숙소인 컨테이너에 불이 나 아이들이 사망한 일이 있었는데, 그런 맹

훈련을 강행한 것도 성적 지상주의의 압박 때문이었다.

그렇게 집중적으로 몸을 단련하면 단기간에 좋은 기량을 체득할 수 있다. 국제 대회에서도 뛰어난 성적을 올린다. 하지만 기초 체력을 충분하게 다지지 못한 상태로 혹사당하기 때문에 선수 생명이 대체로 짧다. 유소년 선수들의 연습 시간을 비교해보면 외국은 하루 두 시간 정도인 데 반해, 한국은 대체로 여섯 시간을 넘는다. 몸에 무리가 따를 수밖에 없다. 게다가 다른 공부는 포기하니 한 인간으로서 살아가는 데 필요한 기초적인 지식과 교양은 물론, 운동선수로서 창조적인 플레이를 펼치는 데 필요한 두뇌도 균형 있게 발달하지 못한다. 반면에 운동선수를 지망하지 않는 아이들은 두뇌 플레이에 몰두하느라, 기나긴 인생을 살아가는 데 필요한 체력은 물론이요 당장 공부에 필요한 기초 체력도 다지지 못한다.

2018년 서울대 의과대학 건강사회정책연구실의 조사에 따르면, 한국 고등학교의 70퍼센트 이상이 주당 권장 시간인 150분을 채우지 못하고 있다. 체육 수업을 교과로 편성하더라도 자습이나 다른 과목의 보충 수업으로 대체되는 경우가 많은 것으로 드러났다. 그러한 과목 편제와 학사 운영을 학부모들이 원한다. 아이들은 하루 종일 교실 안에 갇혀 공부하는 기계로 전락한다.

그러나 공부를 위해 몸을 억류하는 것은 매우 어리석은 처사다. 치매를 예방하는 가장 확실한 방법이 운동이듯, 신체를 움직이는 것은 두뇌 활동을 촉진하는 방법이다. 뇌도 신체의 일부이기 때문에 피와 산소의 원활한 공급이 필수적이다. 특히 한창 두뇌가 발달하는 아동기와 청소년기에 체육은 인지능력과 단기 기억력을 향상시킨다. 단순한 체력 훈련도 도움이 되지만, 스포츠 경기를 하게 되면 지능이 한결 복합적으로 발달된다. 정보처리 능력, 사물과 공간의 지각 능력, 전략적 사고, 신체 제어 기능, 팀워크(협동 정신)…… 많은 나라에서 엘리트의 필수 요건으로 스포츠 능력을 꼽는 이유도, 스포츠가 바로 그러한 자질과 역량을 키워주기 때문이다.

청소년기에 체득한 스포츠의 즐거움은 평생 이어진다는 점에서 매우 중요하다. 그런데 청소년들이 스포츠를 즐길 수 있기 위해서는 먼저 뛰고 싶은 환경이 조성되어야 한다. 선진국의 시도들은 많은 시사점을 던져준다. 미국의 어느 학교에서는 정확한 측정을 통해 학생별 맞춤형 지도를 실시하고 있다. 학생들이 가슴에는 심박수 측정계를, 손목에는 심박수 모니터를 달고 뛰면, 그 정보가 교사의 컴퓨터에 실시간으로 전달되고 그 정보를 바탕으로 지도를 하는 것이다. 이렇게 하면, 학생들도 저마다 계량화된 목표를 정해 도전하고자 하는 의욕을 가질 수 있다. 샌프란시스코의 어느 학교에서는 가상현실 모니터 앞에서 사이클 경주를 하는데, 언덕길이나 다른 선수와의 경쟁 상황 등이 페달과 핸들로도 전달되어 실제로 경주하는 것과 같은 운동 효과를 얻을 수 있다. 그 외에도 'DDR'

이나 '위wii' 같은 게임기도 수업에 채택된다. 이렇듯 과학과 오락을 결합한 디지털 기술로 놀이충동을 적절하게 자극하면, 한결 즐거운 체육 수업이 가능할 것이다.[5]

　일본의 고교 야구팀은 약 4,000개인 데 비해 한국은 약 70 여 개에 지나지 않는다. 이렇게 저변이 취약한데도 WBC 대회 나 올림픽에서 한국이 일본과 맞수가 된다고 우리는 자랑스러 워한다. 그러나 최고 선수들로 구성된 국가대표 팀끼리 단기 간에 치르는 경기의 승패는 국력을 반영하지 못한다. 일반 국 민들의 체력은 전혀 다른 차원의 문제이기 때문이다. 인구 차 이를 감안한다 해도, 평소에 야구를 즐기는 청소년들의 숫자 는 일본이 한국보다 약 30배 정도 많다. 야구뿐만이 아니다. 일본의 중·고등학교에는 스포츠를 배우고 즐기는 동아리가 다 양하게 활성화되어 있다.

　「난타」와 '비보이'는 코리아의 브랜드 파워를 높이는 대표 적인 히트 상품이다. 2002년 월드컵 대회 거리 응원을 통해 드 러났듯이, 한국 젊은이들의 몸속에는 엄청난 에너지가 태엽처 럼 감겨 있다. 그러한 신체의 끼는 생활 속에서 발현하고 승화 해갈 수 있다. 체육은 신체의 단련만이 아니라 몸을 통한 자아 의 발견과 교류를 매개하는 활동이어야 한다. 체벌과 규율의 통제가 아니라, 표현과 소통의 문화로 나아갈 수 있는 몸의 길 을 스포츠가 열어주어야 한다. 그렇게 해서 격이 높아진 신체 는 곧 자존감의 토대가 된다.

씩씩함이 자라나는 터전

'산촌 유학'이라는 것이 있다. 다양한 공간 체험의 가치를 새삼 깨달은 부모들이 자연 속에서 어린 시절을 보내도록 자녀들을 시골 학교로 유학시키는 것을 이른다. 현행법상 전학을 하지 않고 6개월에서 1년 정도의 기간 동안 시골 학교와 체험 교류를 할 수 있게 되어 있는데, 김용택 시인의 '섬진강 참 좋은 학교 프로젝트'를 시작으로 몇몇 지역에서 잇달아 프로그램이 마련되었다. 아이들은 방과 후 시간을 대부분 자연 속에서 보낸다. 동굴이나 계곡을 뛰어다니고 요리도 하며 요가와 명상도 한다. 봄에는 산나물을 뜯어 먹고 가을에는 감자를 구워 먹는다. 다양한 공간을 탐험하고 여러 동식물을 직접 접하는 과정에서 주의력과 관찰력이 늘어났다고 평가된다. 텔레비전이나 인터넷 게임에 빠져 지내던 아이들이 미디어와 결별하고, 과잉 행동이나 자폐 증세를 보이던 아이들도 행동이 달라진다.

폐교 위기에 처한 학교들이 그러한 연계 프로그램을 열어 간다면 농촌에 활력을 불러일으킬 수 있을 것이다. 그와 병행하여 도시 안에서 마을과 자연을 복원하는 것 또한 시급하다. 지금 전국에 걸쳐 자행되는 마구잡이 개발은 중지되어야 한다. 뉴타운이라고 하면 거주 환경을 개선하는 것이어야지, 단독주택을 없애고 아파트를 짓는 것이어선 안 된다. 오밀조밀

집들이 어우러진 동네와 골목을 싹쓸이하고 판에 박힌 모양의 병영화된 고층 빌딩으로 채우는 것은 생명의 토대를 허무는 일이다. 그 갑갑함과 무료함을 벗어나기 위해 여유 있는 어른들은 등산에 나서고 골프장으로 떠나지만, 그 시간에 아이들은 학원과 인터넷에 갇혀 있거나 도시를 배회한다.

지금 문명은 중대한 전환기를 맞고 있다. 한편으로 스토리텔링의 문화산업이, 다른 한편으로 지구 생태계의 위기가 우리 삶의 리모델링을 촉구하고 있다. 지금 대량 생산되는 콘크리트 구조물에서는 창의성과 평화로운 품성이 서식할 수 없다. 우리가 선망해 마지않는 선진국 그 어디에서도 이처럼 황막한 거주 환경에 주민들을 집단 수용하지 않는다. 아파트를 짓더라도 그 안에 하늘의 기운이 스며들고 땅의 숨결이 배어 나올 수 있도록 디자인할 수 있다. 고층 빌딩을 세우더라도 소박한 동네와 공존하는 도시를 설계할 수 있다. 새것과 옛것, 큰 것과 작은 것, 넓은 것과 좁은 것, 높은 것과 낮은 것이 균형과 조화를 이룰 때 씩씩함은 자라난다. 아이들은 거기에서 활짝 숨 쉴 수 있다.

날마다 나아가는 아이가 있었네
그가 눈으로 본 첫 사물, 그는 그것이 되었네
그리고 사물은 아이의 일부가 되었네
그날, 그날의 얼마 동안

또는 여러 해 동안 또는 길게 뻗어가는 세월의 주기 동안

이른 라일락은 이 아이의 일부가 되었네

그리고 풀, 희고 붉은 나팔꽃, 희고 붉은 클로버 꽃, 딱새들의 노래

3개월 된 양¥과 연한 핑크빛의 새끼 돼지, 그리고 망아지와 송아지

헛간 앞마당의 재잘거리는 병아리들 또는 연못가의 진흙.

그리고 그 밑에서 호기심 가득 유영하는 물고기와 아름답고 진기한 물

그리고 우아하고 평평한 수초水草들, 그 모두 그 아이의 일부가 되었

네……

―월트 휘트먼, 「나아가는 아이가 있었네There Was a Child Went Forth」에서

휘트먼의 시는 아이들이 뭇 사물들로 나아가면서 원대한 세계로 고양되는 모습을 묘사하고 있다. 인간은 우주와의 촘촘한 삼투작용 속에서 강인한 육신과 부드러운 심성을 빚어낸다. 지금 아이들에게 절실한 것은 만물과 교감하면서 가슴이 약동하는 경험이다. 자기보다 더 큰 무엇으로 뻗어 나가면서 타자와 어우러지는 경이로움이다. 불확실한 세상, 위험 사회를 살아가는 데 필요한 마음의 힘이 거기에서 움튼다. 아이들에게 흙과 바람을 돌려주자. 그 속에서 튼실하게 자라나는 몸뚱이를 두들겨주자.

사춘기, 길 찾기의 어려움과 즐거움

남남으로 단절되어가는 세대

이제 십대의 뇌가 여전히 진행 중인 거대한 건설 프로젝트라는 사실이 분명해지고 있다. 연결고리 수백만 개가 이어지고 또 제거된다. 신경화학물질이 십대의 머리를 씻어 내리면, 새로운 색깔, 새로운 모습, 인생의 새로운 기회가 생긴다. 십대의 뇌는 가공되지 않은 원석이며, 안팎의 영향에 취약하다. 그들의 뇌는 여전히 미래를 만들어가고 있는 중이다.

―바버라 스트로치, 『십대들의 뇌에서는 무슨 일이 벌어지고 있나?』에서 [1]

인간이 다른 동물과 다른 점은 자신의 됨됨이를 스스로 만들어간다는 것이다. 사람은 저절로 사람이 되지 않는다. 그래서 뭔가 심각한 결함이 있는 사람에게 "인간이 되어라" "너 언제 사람 될래?"라고 비아냥거린다. 다른 동물은 어떤가. 집에서 기르는 강아지에게 "너 언제 개 될래?"라고 묻지 않는다. 강아지는 시간이 지나면 자연스럽게 개가 되기 때문이다. 그런데 사람은 다르다. "그분 정말로 인간다워" "너 참 인간적이야'라는 칭찬을 듣기란 얼마나 어려운가. 사람의 성품은 유전자 프로그램만으로 결정되는 것이 아니다. 어떤 환경에서 자라나느냐 그리고 누구와 함께 살아가느냐에 따라 성품이 빚어진다. 특히 연령이 낮을수록 부모와의 관계는 절대적이다.

어느 초등학교 도덕 시험에 나온 문제라고 한다. "부모님은 왜 우리를 사랑하실까요?" 어떤 아이가 이렇게 답했다. "그러게 말입니다." 우스갯소리지만, 현실을 빗댄 것 같다. 실제로 아이가 초등학교 고학년이 되면서 관계가 소원해졌다고 호소하는 부모들이 많다. 어떤 아이의 휴대전화에는 엄마 번호를 '안 받아'라고 등록해놓은 경우도 있다고 한다. 엄마에게 전화가 올 때마다 전화기 화면에 그 글자가 뜨는 것이다. 어쩌면 부모들은 자녀에게 거추장스러운 존재, 수신 거부의 대상이 되어가고 있는 듯하다.

부모-자녀 관계만이 아니다. 아이들과 어른들의 관계 자체가 단절되어 있다. 그 고충을 부모보다 더욱 절실하게 체감하는 이들이 교사들이다. 부모와 달리 교사들은 일과의 대부분을 아이들과 함께 보내야 하고 어떤 식으로든 소통을 해야 한다. 부모들은 집에서 아이가 방문을 걸어 잠그고 처박혀 있을 때 그냥 무시해버릴 수도 있지만, 교사의 경우 아이들이 수업 시간에 엎드려 자고 있으면 무력감에 빠질 수밖에 없다. 자신의 무능함 때문이든 교육제도의 결함 또는 과도한 사교육 탓이든 자기 수업이 송두리째 외면당하는 것은 굴욕적인 일이다.

사회심리학에 '의미 있는 타인significant other'이라는 개념이 있다. 한 개인의 자기평가에 강한 영향을 끼치는 사람을 이르는 말로, 사회화 과정에서 매우 중요한 존재다. 그냥 스쳐 지나가거나 무심하게 바라보는 대상이 아니라, 지속적인 상호작용을 통해 자아의 성장을 도모할 수 있는 상대를 말한다. 그가 살아가는 모습이 자기 인생에 어떤 식으로든 영향을 주고, 그의 과거와 현재에서 자신의 미래를 탐색할 수 있다면 의미 있는 타인이라고 할 수 있다. 그런데 지금 많은 부모와 교사들이 아이들에게 그러한 존재가 되지 못하는 듯 보인다. 아무런 의미가 없고 관심도 생기지 않는 사람, 함께 생활하고 있지만 최소한의 접촉만 하고 가급적 소통은 피하고 싶은 남남이 되어가는 것이다. 이러한 단절 속에서 아이들은 다부지게 성장하기 어렵다.

청소년들만이 아니다. 언제부터인가 대학에서도 상담소를 찾는 학생들이 부쩍 많아졌다. 단순히 건수가 늘어난 것만이 아니다. 죽고 싶다는 대학생들이 적지 않다는 이야기를 어느 대학 상담사에게 들었다. 청소년기에 자존감을 충분히 키우지 못한 채 오로지 공부에만 매달리다가, 대학에 들어와 본격적인 진로 탐색에 들어서면서 자신이 무척 보잘것없다고 느끼기 때문이라고 한다. 공부 이외의 경험이 희박하고 타인으로부터 살아갈 힘을 얻었다거나 자신이 사회적으로 쓸모 있는 사람이라는 것을 확인해본 적이 없는 것이다.

그 어느 시대보다 불확실하고 위험한 세상을 살아갈 아이들은 자기 나름의 삶의 양식과 인생의 항로를 암중모색하고 있다. 그를 위해서 많은 것이 필요하다. 현실의 흐름을 폭넓게 조망하는 시야, 자기 잠재력을 냉철하게 발견하는 통찰, 생애의 시나리오에 대한 풍부한 상상력, 좋은 삶에 대한 믿음과 열망, 실패의 위험을 무릅쓰고 도전하며 창조할 수 있는 용기…… 여기에서 기성세대는 어떤 존재인가. 아이들은 험준한 길 찾기의 과정에서 어른들을 의미 있는 타인으로 만날 수 있는가.

자폐적인 응집의 기제들

질풍노도 시기라는 사춘기에 대해서는 그동안 많은 연구가 이뤄져 왔다. 지금까지 가장 많이 주목한 부분은 호르몬의 분비였다. 남녀의 2차 성징性徵이 두드러지고, 그에 따라 복잡한 심리 변화를 겪는 현상을 생리적인 차원에서 규명하는 것이다. 두뇌의 영역에서 일어나는 변화도 활발하게 연구된 바 있다. 뇌 가운데 특히 관심을 끄는 것이 '전두엽'이라는 부분이다. 머리의 가장 앞쪽, 그러니까 눈과 이마 바로 뒤에 자리하고 있는 전두엽은 전체 뇌에서 무려 30퍼센트를 차지한다. 다른 동물에 비하면 유난히 큰 비중이다. 전두엽은 두뇌의 작동을 총지휘하는 사령탑 역할을 맡고 있는데, 그것이 제대로 기능할 때 인간은 비로소 인간다워진다고 할 수 있다.

바로 그 전두엽이 확장되면서 그 안에 회로가 형성되는 시기가 사춘기다. 그 시기에 감정 조절이 어려운 것도 아직 회로가 제대로 완성되지 않았기 때문이다. 자아 정체성과 삶의 방향 그리고 행동 원리 등이 확립되는 것도 바로 이 무렵의 전두엽 형성과 직결되어 있다. 전두엽에 어떤 프로그램이 깔리느냐에 따라 성품과 삶이 달라진다. 근대 이전의 사회에서는 그 프로그램을 설계하는 것이 별로 어렵지 않았다. 가족과 지역사회가 공통의 규범을 탄탄하게 입력시켜주었기 때문이다. '할아버지의 과거=아이들의 미래'라는 등식이 성립될 만큼 사회변동이 완만한 상황에서, 인생의 좌표와 진로를 가늠하는 작업은 어른들의 세계에 편입되면서 자연스럽게 이뤄졌다. 또한 그 과정에는 성인식이라는 통과의례가 있어서, 생애 경로의 이정표를 확인하고 각 개인이 사회적으로 어떤 위치에 있는지를 명시하며 그 의미를 공유할 수 있었다.

근대 이후 사회가 급속하게 변모하면서 인간의 생애 경로는 불안정해졌다. 다만 산업화가 수월하게 진행되어 경제가 급속도로 발전하던 단계에서는 삶의 목표를 새롭고도 분명하게 설정할 수 있었다. 열심히 공부하여 좋은 대학에 가면 훌륭한 배우자와 좋은 직장을 얻을 수 있다는 꿈이 실현 가능했기 때문이다. 따라서 고도성장이 지속되고 사회의 제반 영역들이 확장됨에 따라 삶의 기회가 끊임없이 늘어나던 단계에서는, 청소년들에게 미래를 위해 성실하게 학업에 몰두하라고 동기

부여하기가 쉬웠다.

그런데 지금, 상황은 크게 달라졌다. 변화가 훨씬 숨 가쁘게 전개될뿐더러 그 방향도 혼란스럽다. 미래로 나아가는 이행 모델은 점점 예측 불가능한 미로가 되어간다. 어제의 경험으로 오늘을 살아가기 힘들고, 오늘의 준비가 내일 쓸모 있을지 알 수 없다. 미래의 세상이 자신에게 넉넉한 자리를 내어주지 않을 것임을 직감할수록, 청소년들은 불안을 잊게 해주는 활동이나 경험에 몰입하고 싶어진다. 상품 소비나 정보 검색 그리고 인터넷 게임 등이 그것인데, 이를 통해 젊은이들은 서로 유대를 다지고 배타적인 문화를 공유하는 듯하다.

젊은이들의 유대를 강화하는 또 다른 장치들이 있다. ○○데이, 백일주, 신입생 환영회 등 각종 기념일과 의례가 그것으로, 일종의 성인식 같은 것이다. 생일 파티를 치르면서 케이크를 온몸에 던진다거나, 졸업식 때 밀가루를 뿌리고 교복을 찢는 행위 등을 통해 자기들만의 의례를 즐긴다. 그러한 의례를 통해 청소년들은 결속을 다지면서 그들 나름의 편안한 사회적 공간을 확보할 수 있다. 그런데 거기에서 형성되는 사회는 어떤 성격을 띠는가? 신화학자 조지프 캠벨은 『신화의 힘』이라는 대담집에서 오늘날 청소년들 사이에 행해지는 의례들이 전체 사회와의 접점을 지니지 못하고 있음을 지적한다. 도시에서 자라는 아이들이 어디에서 신화의 존재를 만날 것이냐는 질문에 대해 그는 이렇게 대답한다.

스스로 만듭니다. 뉴욕이라는 도시가 온통 낙서〔graffiti〕투성이인 것도 그 때문이지요. 이렇게 낙서하는 아이들에게는 나름의 불문율이 있고 나름의 입문 의례가 있으며 나름의 도덕률이 있어요. 아이들 나름으로는 최선을 다해 신화를 체현하는 것이지요. 하지만 이들은 위험합니다. 그 까닭은 이들의 법이 도시의 법이 아니기 때문이지요. 이들은 나름의 입문 의례를 치르지만, 이들이 입문하는 곳은 우리 사회가 아니지요.[2]

　　팬클럽에서 폭력 집단에 이르기까지 일부 청소년들은 자기들만의 세계를 이루어, 거기에 들어가는 통과의례를 만들고 내부에서 지켜야 할 규칙을 정한다. 태어나고 자라난 환경에서 벗어나 스스로 독자적이고 자율적인 공동체를 만들어가는 것은 유쾌한 도전이다. 그것을 통해 자아를 굳건히 다지고 사회적인 유대를 심화할 수 있다. 그런데 캠벨의 견해에 따르면, 많은 경우 그들은 자기들만의 고립된 세계에 입문하는 것이지, 사회 일반으로 나아가는 것이 아니다. 내부의 응집력이 강해질수록 오히려 사회로부터 격리되고, 더 나아가 반사회적인 행태를 보이기도 한다.

　　뚜렷한 동아리 형식을 취하지 않는다 해도 청소년들의 생활 세계는 자폐적인 모습을 띠는 경우가 많다. 그것은 언어에서 단적으로 드러난다. 요즘 청소년들끼리 나누는 대화에는 욕설이 너무 많이 섞여 있다. KBS「일요스페셜」제작팀에서 초등학생 200명을 대상으로 설문 조사를 실시한 결과, 욕을 하는 학생이 97퍼센트이며 뜻도 모르고 사용한다는 학생은 72퍼센트에 달했다. 욕하지 않는 것이 오히려 비정상적이라는 결과가 나온 것이다. 그리고 어떤 학생 네 명이 나누는 평범한 대화를 촬영해 분석해보니, 약 45분 동안 15가지의 욕이 나왔고 욕을 한 횟수는 248번이나 됐다.[3] 원래 욕이란 상대방 또는 어떤 상황에 대한 적대감을 표출하는 언어인데, 아이들은 꼭 그런 마음이 아니어도 입에 욕을 달고 사는 것이다. 욕을 섞어서 쓰면 왠지 멋있어 보이고, 공부를 잘하고 성실한 아이들까지도 욕을 내뱉지 않으면 다른 친구들과 어울리기 어렵다고 한다. 욕이 일종의 은어처럼 관계의 접착제 역할을 하는 셈이다.

청소년기는 기존의 규범으로부터 다소 일탈하면서 처세술을 터득하고 친구 또한 발견하는 시기다. 욕은 그러한 일탈 욕구를 충족시키면서 답답한 현실에서 벗어나는 통로가 될 수 있다. 그러나 문제는 그 정도가 지나쳐서 욕을 섞지 않으면 말을 제대로 하지 못한다는 점이다. 열악한 언어 습관은 생각과 정서를 조잡하게 격하시킨다. 대학생들 가운데도 그러한 언어 세계에서 벗어나지 못한 경우가 많다. 사실 대학생 때까지는 또래끼리만 어울려도 살아가는 데 큰 지장이 없다. 경쟁도 협동도 모두 비슷한 연배들과 하게 된다. 그러나 대학을 졸업하고 사회에 첫발을 내딛는 순간, 상황이 달라진다. 그동안 거의 의식하지 않고 지내던 연장자들과 함께 일을 하기도 하고 때로는 경쟁도 해야 한다. 그들의 생각을 정확하게 이해하는 한편, 때로는 그들을 상대로 설득도 해야 한다.

그런데 언어가 빈궁하다. 또래끼리 편안하게 욕이나 은어를 섞어가며 내뱉던 말투로는 어른들과 대화할 수 없다. 젊은이들은 존대어로 자신의 생각이나 상황을 격조 있게 설명하는 언어에 서툴다. 윗사람의 의중을 파악하고 때론 비위도 맞추어야 하는데 말문이 열리지 않는다. 그렇지 않아도 너무나 권위적인 한국의 풍토에서, 상대적으로 자유로운 대중문화에만 익숙해 있던 젊은이들이 경직된 조직 문화나 공식적인 관계에 적응하기는 만만치 않을 것이다. 그래서 엉뚱한 실례를 범하거나, 정반대로 비굴하게 허리를 굽힌다. 이도 저도 불편해서 소통을 슬슬 피하기도 한다. 그 어느 경우든 자신의 입지는 좁아질 수밖에 없다. 예절을 갖추면서도 당당한 모습으로 어른을 대하는 방법을 배우지 못했기 때문이다.

마을에서 자란다는 것

10대들이 비어卑語의 세계에 갇혀 지내게 되는 한 가지 결정적인 요인이 있다. 오로지 또래들끼리만 소통한다는 것이다. 10대들의 휴대전화에 등록되어 있는 번호를 보자. 가족이나 친지 그리고 (과외) 교사 이외에 다른 어른들의 이름이 저장돼 있는 경우는 거의 없다. 어른은커녕 아래위로 서너 살 정도 차이가 나는 사람도 별로 없고, 대부분 동갑내기들로만 꽉 차 있다. 휴대전화는 인간관계의 지형을 정밀하게 반영하는 미디어다. 실제로 이제 어느 장소에서든 청소년들이 부모 이외의 어른들과 대화하는 모습을 찾아보기가 어렵다. 그들끼리만 어울린다. 그것도 나이 차가 나지 않는 또래들만 만난다. 그래서 요즘 그들의 대화에서는 형이나 언니 같은 호칭을 거의 들을 수 없다.

예전에는 대가족에 형제자매가 많았을 뿐 아니라, 가족을 넘어 마을에서 여러 연령대의 아이들을 자연스럽게 사귀었다. 형, 오빠, 언니, 누나로 부르거나 자신이 그렇게 불리는 관계의 폭이 대단히 넓었다. 그리고 동네 어른들과도 늘 인사를 주고받고 이야기를 나누었다. 그러한 생활환경에서 입에 욕을 달고 산다는 것은 상상하기 어려웠다.

단지 욕설의 문제만이 아니다. 아이들의 성장 자체가 폭넓은 인간관계 속에서 이뤄졌다는 점이 중요하다. 예전에는 농촌은 물론 도시에서도 웬만한 동네에는 정자나무 밑이나 골목 한구석에 평상이 놓여 있었다. 그곳에서 동네 사람들은 아무 때나 앉아 쉬거나 부담 없이 담소를 나누었다.* 그렇게 터놓고 지내다 보면, 어린아이들을 보살피는 손길과 눈길이 가족을 넘어 자연스럽게 품앗이 되었다. 일하느라 바쁜 엄마가 평상 위에 아이와 기저귀를 놓아두면, 동네 사람들이 돌아가면서 아이를 보듬어주고 기저귀를 갈아주기도 했다.

어릴 때부터 형성된 다양한 면식 관계는 자라나면서 지속

---

* 당시의 생활상을 채집한 다큐멘터리 사진들에 그런 공간에서 맺어지는 이웃 관계의 모습이 잘 담겨 있는데, 골목 풍경을 집중적으로 촬영한 김기찬 작가의 작품들이 대표적이다.

적으로 유지되었다. 이렇게 견주어보자. 30~40년 전, 아이들은 평소에 몇 명 정도의 어른들을 알고 지냈을까. 만일 당신이 그런 시절에 성장했다면, 당시를 회고하면서 쉽게 헤아려볼 수 있을 것이다. 당신의 이름을 불러주고 얼굴을 마주치면 인사를 나누던 어른이 몇 명쯤 있었는가. 그리고 당신이 지금 아이를 키우고 있다면, 그 아이가 동네에서 알고 지내는 어른은 몇 명쯤 되는가. 예전에는 열 명 이상의 어른을 알고 지내는 것이 보통이었지만, 요즘에는 가족 이외에 아무도 알지 못하는 경우도 매우 많다.

마을에서 이웃들은 단지 얼굴만 알고 지내는 것이 아니라, 서로의 일상과 생애사를 통째로 꿰고 있었다. 집안의 사정도 속속들이 알고 있었다. 예를 들어 아이를 출산하면 문 앞에 금줄을 치는 관습**을 통해 마을 사람들은 그 집에 아이가 탄생했음을 알 수 있었다. 그와 비슷하게, 어느 집이 상喪을 당하면 문 앞에 조등弔燈이 걸리고 장례는 마을의 일이 되었다. 예전에는 이렇듯 생로병사가 모두 일상적인 생활공간에서 경험되었고, 각자 생애의 우여곡절이 대개 알려지고 공유되었다. 집안에 심신의 장애를 가진 식구가 있어도 이를 감추지 않았다. 아니, 감추는 것이 불가능했다고 해야 할 것이다. 아이들에게 마을은 인생을 배우는 커다란 배움터였다.

하지만 예전의 마을로 돌아갈 수는 없다. 마을이 누구에게나 그리고 모든 면에서 좋았던 것도 아니다. 개개인의 내밀

** 새끼줄에 숯과 고추(남아 탄생의 경우에만 추가)를 엮어 매단 것으로, 병마와 악귀를 물리치려는 일종의 주술 행위였다.

한 공간이 허락되지 않았기에 뜬금없는 소문으로 괴롭게 지낸 사람이 적지 않았다. 빨래터는 아낙네들의 교류 공간이되, 온갖 '악플'이 생겨나는 곳이기도 했다. 마을을 떠나지 않는 한, 그 굴레에서 벗어나기도 어려웠다. 마을 자체의 폐쇄성에 숨이 막히기도 했다. 대도시에서 사람들은 그런 답답함을 벗어나 다채로운 경험을 누릴 수 있게 되었다. 그리고 익명성과 프라이버시가 보장된 거주 환경에서 행동의 자유를 만끽할 수 있게 되었다.

그러나 물질적 편의와 심신의 안락을 위주로 생활 세계가 재편되면서 너무 많은 것을 잃어버렸음을 여러 계기들을 통해 새삼 확인하게 된다. 자녀 양육의 어려움은 그 단적인 예다. 예전보다 경제적으로 훨씬 윤택해지고 학력도 높은 부모들이 제 자식 하나에 쩔쩔맨다. 소통과 관계 맺기에 실패하면서 짜증과 불안에 시달리고 자괴감에 빠진다. 그것은 부모 자신의 무능함 탓도 있지만, 지역사회의 부재라는 맥락도 중요하게 결부시켜 진단해야 할 문제다. 한편으로 학업에 대한 압박이 점점 가중되고, 다른 한편으로는 미디어와 상품의 자극들이 넘쳐나는 가운데, 핵가족의 비좁은 관계 속에서 아이들이 온전하게 자라나기는 매우 어렵다. 적절한 규모의 사회적 관계를 통해 체득되거나 훈육되어야 할 인격 형성의 몫이 개별 가정의 부담으로 전가되기 때문이다.

우리는 예전의 마을을 참고로 인간 성장의 적절한 조건을 구상해볼 수 있다. 이웃 관계가 공동육아의 힘으로 작동하면서 아이들을 돌보았고, 그 아이들이 가족을 넘어 여러 연령대의 사람들과 지속적인 교분을 맺을 수 있었던 사회, 그 원리를 새로운 맥락에서 탐색해야 한다. 가족 안에 갇힌 폐쇄적인 부모-자녀 관계가 아니라, 마을 안에서 어른들과 아이들이 폭넓게 관계를 맺고 서로의 삶에 관여하는 마당은 다양한 형태로 재현될 수 있다.

어른들 앞에 데뷔하는 아이들

서울 마포구의 성미산 마을은 공동육아를 모태로, 생협에서 대안학교에 이르기까지 다양한 방식으로 마을 만들기를 해왔다. 마을에서는 매년 6월에 동네 축제를 벌이는데, 모든 무대를 주민들 스스로 꾸린다. 연극, 밴드 및 풍물 공연, 택견 시범, 요리 코너, 사진 전시 등에 들어가는 콘텐츠를 채우는 것은 관련 활동을 펼쳐온 동아리들의 몫이다. 그런 활동들은 모든 주민에게 열려 있고, 아이들도 많이 참여한다. 축제 프로그램을 함께 준비한 동네 아저씨가 때론 아버지보다 더 친밀하게 느껴질 수 있다. 집 안에서 손 하나 까딱하지 않아 구박만 받던 아이가 장터에 내놓을 요리를 장만하면서 이웃 아줌마에게 알뜰한 아이라고 칭찬을 듣는다.

축제 때만이 아니다. 2009년 문을 연 마을극장에서는 평상시에도 다채로운 공연과 모임이 열린다. 그중에는 청소년들이 꾸미는 무대도 있다. 아이들은 고상한 클래식 연주에서부터 격렬한 비보이 댄스에 이르기까지 저마다의 '끼'를 분출할 수 있는 프로그램들을 선보인다. 만 20세가 되는 청소년들은 주민들 앞에서 성인식도 치른다. 자기가 살아온 날들을 돌아보며 앞으로 어떤 어른으로 성장해갈 것인지 다짐을 하고, 이웃 어른들에게 덕담과 격려를 받는 자리다. 그러한 의례를 통해 아이들은 공동체의 관심과 환대 속에서 자아를 새롭게 발견하고, 스스로의 삶을 존귀하게 여길 수 있도록 지지를 얻는다.

축제를 통해 아이들이 마을에 등장하는 사례는 또 있다. 담장 허물기 사업의 진원지이자 마을 만들기의 소중한 표본인 대구 삼덕동에서는 동네 주민들이 어우러지는 축제가 종종 열린다. 그것을 준비하고 진행하면서 동네 어른들과 아이들은 널리 사귀게 된다. 그 가운데 꾸러기 미술대회라는 것이 있는데, 그 이벤트에 곁들여 동네 태권도장 꼬마들의 시범 공연과 신문지를 이용한 이미지 패션쇼가 열린다. 초등학생들은 많은 사람들 앞에서 신체의 기량과 아름다움을 자랑스럽게 펼친다. 이렇듯 사람들 앞에서 자신의 모습을 뽐낸 아이들이 동네에서 불량한 짓을 하고 돌아다니기는 쉽지 않을 것이다. 성미산 마을이나 삼덕동에서 아이들이 평소 알고 지내는 사람들의 범위는 다른 동네에 비해 훨씬 넓다. 이러한 관계망은 사회적 안전망인 동시에 도덕적인 규범의 바탕이 되어준다.

관계를 촉진하는 문화 기획은 어느 마을에서나 가능하다.

아파트 단지에서도 주차장이나 공원에 가설무대를 만들어 아이들을 데뷔시킬 수 있으며 주민자치센터도 언제든 열려 있다. 청소년회관이나 문화의집도 활용할 수 있다. '인적 자원'도 찾아보면 많다. 웬만한 동네에는 예술을 전공하는 청소년들이 있다. 훌륭한 연주자가 되어 화려한 무대에 서는 것을 꿈꾸며 열심히 기량을 연마하고 있다면, 청중들 앞에서 연주하는 것을 먼 훗날의 일로만 기약할 필요는 없다. 지금 당장 동네에서 판을 벌일 수 있다. 세련된 연주가 아니어도 좋다. 음악을 듣고 싶은데 멀리 연주회장까지 갈 여유가 없는 사람들이 찾아와 조촐하게 즐길 수 있을 정도면 된다. 그런 기회를 통해 아이들은 자신의 기량을 보다 객관적으로 검증받을 수 있을 뿐 아니라, 예술의 기쁨을 나누며 자긍심을 가질 수 있다.

청소년들이 세대를 넘어 사회를 만나는 접점이 동네에 국한될 필요는 없다. 사람들이 많이 모이는 장소에서도 멋진 볼거리를 선사할 수 있다. 예를 들어 휴가철만 되면 해수욕장에서 사람들의 눈살을 찌푸리게 하는 청소년들의 다양한 행태가 취재·보도되는데, 그런 고발과 탄식만으로는 세태가 달라지기 어렵다. 뭔가 새로운 문화의 물줄기가 흘러야 한다. 만일 피서지에서 청소년들의 다채로운 공연과 전시가 열린다면 분위기는 반전될 수 있다. 연극, 마임, 댄스, 연주, 시 낭송, 패션쇼, 공간 디자인 등 여러 장르에 걸친 재능을 무대에서 선보일 기회가 주어진다면, 준비하는 과정 자체로도 훌륭한 페스티벌이 될 것이다.

축제나 공연을 통해 창출하고 나누는 공적인 행복감은 인간을 드높은 경지로 고양시켜준다. 청소년기에 그러한 문화 생산의 주체로 나서보는 것은 성숙의 촉매제가 되고, 그를 통해 맺어지는 다양한 인간관계는 인격의 충실한 형성을 돕는다. 특히 어른들에게 인정과 지지를 얻음으로써 든든하고도 균형 있는 존재감을 확보할 수 있다. 자신의 생애를 사회적인 관계와 세대 간 연속성 속에 자리매김하면서 마음의 뿌리를 내릴 수 있다.

아이들의 마음을 빚는 어른의 예지

하루는 우리 반이 좀 일찍 끝나서 나는 혼자 집 앞에 앉아 있었다. 그런데 그때 마침 깨엿장수가 골목길을 지나고 있었다. 그 아저씨는 가위만 쩔렁이며 내 앞을 지나더니 다시 돌아와 내게 깨엿 두 개를 내밀었다. 순간 그 아저씨와 내 눈이 마주쳤다. 아저씨는 아무 말도 하지 않고 아주 잠깐 미소를 지어 보이며 말했다. "괜찮아."

무엇이 괜찮다는 것인지는 몰랐다. 돈 없이 깨엿을 공짜로 받아도 괜찮다는 것인지, 아니면 목발을 짚고 살아도 괜찮다는 것인지…… 하지만 그건 중요하지 않다. 중요한 건 내가 그날 마음을 정했다는 것이다. 이 세상은 그런대로 살 만한 곳이라고. 좋은 사람들이 있고, 선의와 사랑이 있고, '괜찮아'라는 말처럼 용서와 너그러움이 있는 곳이라고 믿기 시작했다는 것이다.

고故 장영희 교수가 회상하는 어린 시절의 한 장면에는 많은 메시지가 담겨 있다. 한 번도 본 적 없는 어느 엿장수 아저씨의 한마디가 앞으로 살아가는 데 든든한 버팀목이 되어주었다. 이후로 다시 만나지 못했지만, 그 어른은 장 교수의 인생에서 가장 중요한 사람 중 한 명이 된 것이다. 지금 청소년들에게 가장 필요한 것은 바로 그러한 덕담이다. 때론 한심하기 짝이 없는 모습으로 좌충우돌하더라도 '괜찮아'라고 인정해주는 격려다. 감시와 평가가 아니라, 애정과 갈채가 힘든 난관을 이겨낼 수 있는 힘이 된다. 그 속에서 치르는 고난은 오히려 더욱 강인하게 마음을 단련시켜준다. 자기 삶에 의미와 꿈이 있을 때, 사람은 살아가며 부딪치는 어려움을 기꺼이 극복할 수 있다. 그런 응원은 여러 관계 속에서 가능하고, 말없이도 주고받을 수 있다.

특히 학교에서 교사와 학생들이 새로운 관계로 전환하기 위해서는 상상력이 필요하다. 사회복지사 조성심 씨는 자신의 경험을 들려주었다. 그는 서울시 교육청의 시범 사업으로 지역사회의 자원을 활용하여 학교 문화를 가꾸는 프로젝트를 여러 특성화고에서 오랫동안 꾸려왔다. 학생들은 대부분 열악한 가정환경에 처한 데다 학업 의욕도 미래의 꿈도 없고, 그래서 중도 탈락률도 높았다. 이러한 상황에서 조씨는 아이들이 스스로 뭔가를 만들어보는 경험을 하게끔 유도했다. 학교 안에 버려진 공간을 카페로 만들어 쉼터로 용도 변경했고, 지역사회 자원을 활용하여 거기에 DDR을 설치했다. 시설들은 모두 학생들이 스스로 관리하도록 했다.

이따금 크고 작은 이벤트도 벌였다. 교사들의 어린 시절 사진들을 수집해서 전시한 다음, 과연 어떤 선생님의 옛 모습인지를 알아맞히는 퀴즈를 낸다거나, 가장 멋진 사진을 선정하여 포토제닉상을 주었다. 학생들은 매우 엄해 다가가기 힘들었던 학생주임 교사의 학창 시절 사진을 보며 친근감을 느끼게 되었다고 한다. 또한 스승의 날이 있는 주간에는 학생과 교사가 함께 보물찾기 놀이를 하거나, 학급별로 전체 학생들이 제각각 '안마해드리기' '구두 닦아 드리기' 등 다양한 서비스 쿠폰을 발급해 담임교사에게 선물함으로써 큰 호응을 얻었다. 그러한 과정에서 학교 안에 공동체 분위기가 형성되고 학생들의 중도 탈락률도 현저히 줄어들었다고 한다.

학교 교육과 입시의 틀에 갇혀 자기 세계를 어떻게 만들어가야 할지 막막해하는 아이들에게 다양한 경험의 장을 열어주어야 한다. 기회를 차단당한 채 학력만 높이는 젊은이들은 현실 앞에서 무능할 수밖에 없다. 사회적인 성취를 이룬 어른들이 자신의 시간과 재능과 관심을 10대들에게 조금만 할애해도 변화의 물꼬를 틀 수 있다. 경제학자 우석훈은 영화의 위기를 언급하는 글에서 감독들에게 10대들을 위한 사회적 역할을 촉구하고 있다.

중·고등학교에 영화 동아리를 만들고, 여기에 감독이나 영화인이 가끔씩 가서 멘토 역할을 하고, 지역의 영화 토론회 같은 데에도 폭넓게 참여하면 안 되나? 그 정도는 소일거리로 조금씩 해볼 수 있는 봉사 아닌가? 한국은 지금 '돈독'이 올라 사회적으로 영화의 파토스pathos가 죽어간다. 사교육에 지친 한국의 10대와 대화하고, 그들에게 예술적 영혼을 불어넣어 주는 일은, 사회과학자는 못 하고 강호동이나 유재석이 할 수 있는 것도 아니다. 영화인이 할 수 있는 사회적 기여는 바로 10대에게 영화 파토스를 만들어주는 것과 같은 일이다.

—우석훈, 「한국 문화의 꽃, 영화가 위기다」에서[5]

　　지금 청소년들은 미지의 땅을 찾아 떠나는 막막한 여정을 준비하고 있다. 초보 운전자, 아니 아직 면허도 따지 못한 운전자가 길도 제대로 나 있지 않은 험난한 산야 코스를 지도도 나침반도 없이 고속으로 달려야 하는 상황이라고 할까. 그들이 장차 어떤 세상을 살아갈지 아무도 정확한 밑그림을 보여줄 수 없다. 워낙 숨 가쁘게 변화하고 엄청나게 많은 변수들이 범지구적으로 얽혀 돌아가기 때문이다. 이런 상황에서 기성세대의 경험은 별로 도움이 되지 못한다. 아니, 어른들이 과거의 경험에 비춰 젊은이들의 진로를 예견하고 방향을 결정하는 것이 오히려 일을 그르칠 수도 있다.

그러나 가이드를 해주지 못한다 해도, 인생의 길을 찾는 즐거움과 어려움에 어른들이 동참하여 지원해주는 것만으로 크나큰 힘이 된다. 특히 부모가 제구실을 하지 못하는 위기 청소년들의 경우, 또 다른 어른들이 보내는 눈길과 손길이 든든한 버팀목이 되어줄 수 있다. 청소년들에게 '의미 있는 타인'이라고는 몇몇 또래 친구와 연예인밖에 남아 있지 않은 시대에, 마음을 나누고 함께 삶을 만들어가는 파트너로서의 어른을 만나는 것은 크나큰 축복이다. 고달픈 암중모색과 시행착오의 과정을 누군가가 진심으로 응원해줄 때, 아이들은 살아갈 힘을 스스로 충전할 수 있다. 아무도 가지 않은 길을 용기 있게 나설 수 있다.

날개를 단 기쁨의 힘이 한번
그대를 유년의 어두운 심연 위로 건네주자,
이제 그대의 삶 너머로 거대한
상상조차 해보지 않은 다리의 아치가 섰다.
―라이너 마리아 릴케

공부, 지성이 자라나는 뿌듯함

높은 점수, 낮은 자신감

30년 넘게 하버드 대에서 가르치면서 많은 한국 학생을 접해왔다. 한국 유학생들은 대체로 우수하지만 타인의 비판에 대처하는 능력이 부족하다. 훌륭한 인재로 거듭나기 위해서는 비판으로부터 무엇인가를 배워야 하는데 한국 학생들은 일단 부정적인 피드백을 받으면 심리적으로 위축돼서 아예 학습 의욕을 잃는 경우를 자주 봤다. 비판을 생산적으로 받아들일 수 있는 '존중의 마음'이 부족하기 때문이다.

ㅡ하워드 가드너[1]

무더운 여름날, 어느 인터넷 게시판에 질문 하나가 올라왔다. "날씨도 덥고 공부에 집중도 안 돼서 그런데요. 머리도 식힐 겸 잠깐 독서 삼매경에 빠져볼까 합니다. 뭐 좀 스릴 있고 미스터리한 소설 같은 것 없을까요?" 이에 대해 네티즌들이 많은 책을 댓글로 올렸는데, 그 가운데는 이런 답도 있었다. "나는 『수학의 정석』이 가장 미스터리했어요."

수학은 가장 어려운 과목 가운데 하나로 꼽힌다. 그러나 한국 학생들의 수학 실력은 뛰어나다. 경제개발협력기구OECD가 발표한 2006 국제학업성취도평가PISA에 따르면, 한국이 평가 대상 57개국 가운데 수학에서 3등을 차지했다. 그런데 그것이 한국 학생들의 우수한 실력을 반영하는 것인가에 대해 문제가 제기된 바 있다. 한국직업능력개발원 채창균·유한구 박사는 2006 PISA 자료를 토대로 조사 대상 국가의 수학 평균 점수를 주당 학습 시간으로 나눠 비교한 결과, 한국 학생들의 실제 실력은 3등이 아니라 48등이라고 분석했다.* 한국 학생들의 학습 효율이 그만큼 떨어진다는 말이다.[2]

그러니까 한국 청소년들이 달성한 수학에서의 국제 우위는, 다른 나라 아이들이 예술이나 스포츠 활동을 즐기고 자원봉사 등을 병행하면서 공부하는 동안, 오로지 공부에만 매달려서 얻은 결과인 셈이다. 그나마 그렇게 전력을 투여하는 공부가 문제풀이 위주라는 것도 늘 지적되는 문제다. 근본원리에 대한 이해를 소홀히 하면서 반복 연습과 요령 터득에만 몰두하기 때문에 사고력이 별로 신장되지 않는다. 그 결함은 대학 진학 이후 보다 깊은 공부를 하는 단계에서 드러난다.

무엇보다 큰 폐해는 자신감의 손상이다. 외국의 경우 그 정도 점수라면 수학을 잘하는 편으로 여겨지고 본인도 긍지를 가질 텐데, 한국 학생들은 조금만 점수가 안 나와도 열등감에 사로잡히기 일쑤다. 어느 학생의 다음과 같은 말에서 그러한

---

* 한국 학생들의 주당 수학 학습 시간은 7.14시간으로 시간당 점수는 99점인데, 순위가 같거나 높은 대만, 홍콩, 핀란드는 각각 138점과 151점, 139점이었다.

사정을 짐작할 수 있다. "저는요, 영어는 잘하거든요. 학원에서 시험 보면 항상 100점 맞아요. 근데 수학은 꼭 한 개나 두 개 틀려요. 정말 속이 상해요. 뛰어내리려고 했는데 엄마가 불쌍하다는 생각이 들더라고요. 또 (뛰어내리는 게) 무섭기도 했고요."[3] 외국인들이 들으면 납득되지 않는, 그야말로 '미스터리한' 상황이다.

수학만이 아니다. 웬만큼 뛰어나지 않고서는 공부를 잘한다는 말을 들을 수 없다. 조금만 평이하게 출제를 하면 한 문제만 틀려도 내신 등급이 떨어질 정도로, 많은 학교에서 상위권 학생들의 시험 대비는 완벽에 가깝다. 모든 과목에 걸쳐 워낙 치열하게 점수 경쟁을 하다 보니, 100점 맞는 것을 당연하게 생각하는 학생이나 부모 들이 적지 않은 듯하다. 이런 이야기도 있다. 어느 초등학생이 흥분하여 소리를 지르면서 집으로 들어왔다. "엄마, 나 수학 100점 맞았어!" 엄마의 대답은 냉정하고도 간단했다. "국어는?" 그렇듯 상향 평준화가 진행되는 한편, 여러 사정으로 인해 한 번 놓쳐버린 학업을 도저히 쫓아가지 못해 일찍이 '배움으로부터 도주하는 아이들'[4]이 줄을 잇고 있다.

다중지능 이론 등을 내놓으며 학습 이론 분야에서 세계적인 권위자로 인정받는 하워드 가드너 교수는, 앞서 인용한 어느 인터뷰에서 한국 학생들이 비판에 대응하는 데 미숙하다고 지적했다. 한국에서 공부해 하버드 대학에 갈 정도로 우수한 학생들일수록 정답과 모범에 대한 강박이 클 것으로 짐작된다. 이른바 '평가 불안'에 늘 시달리고, 그 결과 실패에 대한 유연성이 크게 떨어지게 된다. 그렇게 나약한 심성으로는 '하버드 대학의 공부 벌레들'과 겨루기는 어려울 것이다.*

가드너 교수는 비판을 생산적으로 받아들일 수 있는 '존중의 마음'을 역설한다. 자신의 생각이나 성취에 대한 비판이 꼬투리를 잡거나 깎아내리기 위한 것이 아니라고 여기는 풍토가 되어야 한다. 설령 그런 의도로 말했다고 해도 나의 향상을 위한 지적과 격려로 받아들일 수 있는 여유가 필요하다. 상대방에 대한 믿음과 함께, 자기에 대한 존중이 요구되는 것이다. 그런 마음은 어떻게 자라날 수 있는가. 삶을 단단하게 다지면서 지성을 신장시키는 공부는 무엇인가.

물고기 잡는 방법보다 더 중요한 것

2006년 사법연수원에서 한 연수생이 초인적인 두뇌와 체력을 요구하는 과정을 견디다 못해 자살하기에 이르렀다. 그는 서울대학교 출신으로 고등학교 때 전국 1등을 차지했던 적도 있다고 한다. 장례식장에서 동기생들이 그를 추모하는 글에 이런 문장이 있었다. "우리 의식 속에 진정 중요한 것과 중요하지 않은 것이 뒤바뀌어 있는 것은 아닌지 돌아보고, 이에 대해 말

---

* 실제로 1985~2007년 하버드와 예일 등 미국의 14개 명문대에 입학한 한인 학생들 가운데 44퍼센트가 중도에 탈락한 것으로 밝혀졌다. 이는 유대인의 네 배이고, 중국인이나 인도인의 두 배에 달한다(김승기, 「한인 명문대생 연구」, 컬럼비아 대 사범대 박사학위 논문, 2008). 연구를 진행한 김승기 박사에 따르면, 봉사나 특별활동을 제쳐두고 오로지 입시 위주로만 공부를 한 결과, 창의적이고 비판적인 사고에 취약하다는 것이 한국 학생들의 주요 탈락 원인으로 분석된다. 오로지 명문대에 집착한 나머지, 자신의 적성을 충분히 고려하지 않은 탓도 지적된다.

하기 시작해야 한다."[5]

혼히 고기를 잡아주지 말고 잡는 법을 가르치라고 말한다. 그런데 그것과 함께 생각해야 할 중요한 문제가 있다. 어떤 고기를 얼마만큼 잡을 것인지 신중하게 결정해야 한다. 그렇지 않으면 자기 체력을 생각하지 않고 무리하다가 과로로 쓰러질 수 있고, 너무 많이 잡아 올린 고기의 무게를 감당하지 못해 그물이 찢어지거나 배가 침몰할 수도 있다. 또는 너무 촘촘한 그물망으로 어린 새끼들까지 싹쓸이할 경우 씨가 마를 수도 있다. 어쩌면 우리 교육은 그런 마구잡이 어획과 비슷한 지경이 아닐까.

궁극적이고 근본적인 질문을 해야 할 때다. 나는 어떤 고기를, 왜 잡는가? 내가 먹기 위해서인가? 기르기 위해서인가? 팔기 위해서인가? 아니면 조상 대대로 해온 일이고, 아버지가 잡으라고 하니까? 다른 사람들이 모두 잡으러 다니니까? 고기잡이가 왠지 멋있어 보여서? 고기잡이 말고 내가 더 잘할 수 있는 일은 없는가? 만일 내가 먹기 위해서 잡는 것이라면 내게 적절한 양은 얼마만큼인가? 그리고 내가 잡으려는 고기는 내 입맛에 맞는가? 내가 먹지 않고 내다 팔기 위해서 잡는다면, 그렇게 번 돈을 어디에 쓸 것인가? 평범한 어부에게 이런 질문은 자명하거나 사치스러운 것이지만, 고기잡이를 교육에 비유할 경우에는 짚어보아야 할 문제들이다.

'중요한 것과 중요하지 않은 것이 뒤바뀌어 있는 것은 아닌지 돌아보고……' 오로지 판검사만을 향해 전력투구하다가 쓰러져버린 동료의 주검 앞에서, 사법연수생들이 스스로에게 던진 이 질문은 경색된 삶의 의식을 일깨우는 화두로 다가온다. 새벽부터 밤까지 '묻지 마' 공부에 매진하고 있는 청소년들에게 특히 절실한 물음이다. 자아 정체성을 건설해가는 사춘기에 내가 진정으로 중요하게 생각하는 것이 무엇인지 따져보지 않으면, 방향감각을 잃고 '나' 아닌 것들의 힘에 휩쓸리게 된다. 미국의 일류 대학에 진학한 한국 젊은이들의 중도 탈락률이 가장 높은 것, 수많은 엘리트들이 몇몇 직종으로 대거 몰리는 것도 바로 그러한 자기 형성의 과정을 생략한 데서 비롯된다.

인생의 승부를 어디에 걸 것인가. 그 탐색은 자기와의 진중한 대면 속에서 이뤄지지만, 가중되는 입시 경쟁은 그러한 성찰의 시공간을 허락하지 않는다. 시험으로 평가되는 점수는 올라가지만, 장기적으로 자신의 지성을 연마해가는 학력學力은 오히려 떨어진다. 경쟁은 점점 치열해지는데 한국 인재들의 국제 경쟁력은 좀처럼 향상되지 않는다. 경쟁이 경쟁력으로 이어지지 못하는 까닭은 무엇인가. 어떤 과제에 순전한 마음으로 몰입하지 않은 채, 당장 눈앞에 닥친 점수 따기에만 몰두하기 때문이다. 평가가 교육의 목표가 되고, 학습 내용이 출제 가능성에 종속된다. 여기서 업그레이드되는 것은 실력이 아니라 단기 승부를 위한 '순간 에너지'다.

경쟁 만능주의가 낳는 또 한 가지 중대한 폐해는 협동의 기풍ethos을 꺾는다는 점이다. 협동은 더 이상 도덕적인 명령이 아니다. 전자업계를 제패했던 일본의 소니사가 쇠락한 원인으로 부서들 사이에 불필요한 경쟁을 붙인 것이 지목된다. 정보를 공유하면서 힘을 모아도 될까 말까 한데, 같은 회사 안에서 칸막이를 쳐놓고 실적 다툼만 한 것이다. 이제 팀워크, 네트워크, 집단 지성, 시너지 등 개인과 개인 또는 집단과 집단 사이의 협동이 기업 경쟁력의 요체로 강조되고 있다. PISA에서도 '협동학습'을 중요한 항목으로 다루고 있는데, 한국 청소년의 협동학습 능력은 OECD 국가들 가운데 최하위다. 즉, "나는 그룹 내 다른 학생들이 잘할 수 있도록 돕는 것을 좋아한다" "나는 그룹 내 다른 학생들과 함께 공부할 때 가장 많이 배운다" 등의 질문에 "그렇다"라고 답하는 아이들이 가장 적었다.

인간의 학습은 협동 속에서 효과적이고도 유쾌하게 이뤄진다. 전통 사회에서 학습은 그런 모습을 띠고 있었다. 그와 관련한 흥미로운 일화가 하나 있다. 미국의 어느 학교에 인디언 아이들이 전학을 왔다. 시험을 치르는 날, 다른 아이들은 필기도구를 꺼내고 옆의 친구가 답안지를 보지 못하도록 책상 가운데에 책가방으로 담을 쌓았다. 그런데 인디언 아이들은 책상을 돌려 둥그렇게 모여 앉았다. 왜 시험 칠 준비를 하지 않느냐고 교사가 화를 내자, 인디언 아이들이 이렇게 말했다. "선생님, 저희들은 예전부터 어려운 문제가 있을 때마다 서로서로 도와가며 해결해야 한다고 배웠어요."[6]

경쟁과 협동은 모순 관계가 아니다. 협동 없는 경쟁은 경쟁력의 저하를 가져온다. 친구를 오로지 경쟁자로만 여기는 상황에서는 배움의 힘이 자라날 수 없다. 도쿄 대학의 사토 마나부 교수가 주창하여 일본 내에서 널리 반향을 불러일으킨 '배움의 공동체'는 학생들끼리 서로에게 배우는 방식으로 수업을 이끄는데, 그 결과 학교의 학력이 크게 신장되었다.[7] 획일적인 시험으로 학력을 측정하고, 그 점수를 공개함으로써 학교들 사이에 경쟁을 부추기면 학력이 올라갈 것이라는 통념은 영국이나 미국에서도 깨지고 있다. 배움의 즐거움이 없는 경쟁은 교육을 시험 준비로 대체하고 학습 동기를 쇠퇴시킬 뿐이다.

실물 감각을 키워라

신경과학자들은 청소년기 동안 수상돌기와 시냅스가 과도하게 많이 생산된다는 것을 발견하였다. 청소년기 말의 뇌에는 1,000억 개의 뉴런과 1,000억 개의 지지세포가 존재한다. 1,000억 개의 뉴런들은 서로 1,000조에 달하는 연결을 만들어내는데, 이 숫자는 전 세계의 인터넷 연결 수보다 더 많은 수이다. 학문적으로 볼 때 청소년기는 잠재성을 일깨울 최고의 시기이다. 청소년기에는 단기 기억력이 30퍼센트 이상 신장하고, 이에 따라 지능, 추리력, 문제 해결력 등이 향상된다. [……] 이러한 청소년기의 성장은 형식적인 학업에 매진해야 함을 의미하는가? 아마 그렇지 않을 것이다. 그러나 적어도 이 결정적 시기에 독서, 작문, 수학, 음악, 운동

등에 많은 시간을 보내면 보낼수록 보다 우수한 뇌로 발달해나갈 것이다.
―S. 페인스타인, 『부모가 알아야 할 청소년기의 뇌 이야기』에서[8]

　　아일랜드의 청소년들은 중학교를 졸업하면 고등학교에 진학하는 대신, 1년 동안 '전환 학년translation year'이라는 시기를 거친다. 1년 동안 그들은 학업 부담에서 벗어나 다양한 문화 체험과 사회 활동을 하게 된다. 관심 있는 직업의 현장을 찾아가, 실제로 거기에서 무슨 일을 수행하는지를 관찰하고 경험한다. 그를 통해 자기 능력과 적성을 알아가면서 구체적인 진로의 방향을 잡아갈 수 있다. 다른 유럽 국가들도 고등학교를 졸업하고 대학에 진학하기 전에 비슷한 단계를 밟게 하는데, 아예 '갭 이어gap year'라는 이름으로 제도화되어 있다. 청소년들은 그 기간 동안 학비 마련을 위한 아르바이트, 봉사 활동, 공공 서비스 경력 쌓기 등을 한다. 러시아에서 배 만들기, 아프리카 아이들에게 글 가르치기, 남극에서 펭귄 돌보기 등이 그 내용이다.
　　학교 교육 시스템과 현실 세계 사이의 괴리가 심각하게 지적되고 있다. 젊은이들은 엄청난 공부를 하고 치열한 경쟁을 뚫고 사회에 진출하지만, 실무 능력이 모자란다고 한숨짓는 기업인들이 많다. 전문적인 지식이나 기능만의 문제가 아니다. 사회적 관계를 맺고 생활을 경영하는 기본기를 제대로 갖추지 못하고 있다는 지적이 많이 나온다. 많은 이들이 아무런 준비 없이 직장인이 되고 결혼을 하고 부모가 된다. 지금 젊은이들에게 필요한 것은 사회적 경험이다. 현실에 부딪치고 그것을 새롭게 만들어가면서 자기를 알아가는 기회다. 그 과정에서 기성세대와 의미 있는 관계를 다양하게 맺을 수 있다.

근대 이전의 사회에서는 부모를 포함해 다양한 어른들이 한 인간의 성장에 관여했다. 수렵 채집 사회에서 사냥 기술을 전수하는 관계는 가족의 테두리를 넘어서 있었고, 농경 사회에서 아이들은 마을 어른들 틈에 끼어 일을 도우며 자연스레 농사일을 배워나갔다. 특정한 재능을 연마하고자 할 때는 그 분야에서 오랜 노하우를 쌓아온 장인匠人과 도제 관계를 맺고 숙련공이 되어갔다. 조선 시대 보부상들의 경우, 아이가 10대 초반에 부모를 떠나 보부상 집단에 끼어 전국을 순회하고 돌아오면 성인 대접을 받을 수 있었다고 한다. 말하자면 인턴십 프로그램을 이수한 것인데, 그 과정에서 여러 어른들과 깊이 사귀게 되고 그 소중한 경험들을 흡수할 수 있었던 것이다.

그런 면에서 보자면, 현대사회가 오히려 특이한 셈이다. 살아가는 데 필요한 지식을 학교라는 제도 속에서 추상적인 지식의 형태로 흡수할 뿐, 살아 있는 경험과 인격적 만남을 통해 실질적인 삶의 기술을 배우는 기회는 거의 없기 때문이다. 대량생산 시스템으로 급속한 경제성장을 추구하는 동안에는 그것이 별로 문제 되지 않았다. 그런데 이제는 상황이 달라졌다. 관계 맺기와 소통이 점점 중요시되는 세상인데, 한편으로 최소한의 보살핌도 받지 못한 채 방치되는 청소년들이 급증하고 있다. 그 모든 경우에 절실한 것은, 사람과 사람이 직접 관계를 맺고 소통하면서 스스로의 존재를 빚어가는 삶의 마당이다.

실용주의가 강조되는 시대다. 실용이란 무엇인가. 실사구시實事求是는 청소년의 성장과 교육에 어떻게 적용되어야 하는가. 실용영어 구사 능력을 신장하는 것이 최우선인가. 그렇지 않다. 현실 세계를 구체적으로 경험하면서 실물 감각을 키우는 것이 훨씬 중요하다. 그를 통해 학습 동기와 삶의 방향을 이끌어낼 수 있다. 사회를 실감할 수 있는 시뮬레이션의 장, 그 세계를 안내해줄 수 있는 어른들이 청소년들 곁에 있어야 한다. 아이들이 기성세대의 삶을 보면서 그리고 그들의 말을 들으면서 자기 미래를 즐겁게 상상할 수 있어야 한다.

전환 학년을 마련하여 다양한 활동 영역을 체험할 수 있도록 하는 것은, 그러한 학습의 계기를 현대적 맥락에서 재생시키는 시도로 볼 수 있다. 한국에서도 대안학교나 청소년 기관 등이 아이들을 어른의 직업 세계에 초대하여 배움의 동기를 이끌어내려는 시도들이 다양하게 이뤄져 왔다. 학업을 중단한 저소득층 청소년들을 위한 도시형 대안학교인 서울 '꿈틀학교'의 사례도 그 한 가지다. 꿈틀학교에서는 진로 지도를 중심으로 교과가 운영된다. 그 일환으로 직업 특강과 직업 체험이 있는데, 일주일에 한 번씩 현장에 나가 전문가들을 만나는 형식으로 진행된다. 아이들은 간단한 체험도 하고 인터뷰도 하는 이 수업을 매우 좋아한다고 한다. 그 이유에 대해 김선옥 상임이사는 이렇게 설명한다.

일주일에 한 번씩 현장에 가서 전문가들을 만나는 건데요. 만나서 간단한 체험과 인터뷰도 하는데 아이들이 굉장히 좋아해요. 왜냐하면 현장에 나가면 우선 유명한 사람들, 멋있는 사람들, 좋은 사람들을 많이 만나거든요. 갔다 오면 누구누구가 너무 잘생겼어요,라고 많이 하는데 그럴 수밖에 없죠. 그 사람들은 그 분야의 전문가이기 때문에 얘기를 해도 멋있는 말을 하고 힘이 있잖아요. 아이들이 듣고 나면 멋있다고 느껴지니까 그런 사람이 되고 싶다고 그래요. 이런 과정을 통해서 모델링을 하는 것 같아요. 이 아이들한테 사회적 모델링 자체가 굉장히 빈약한데 이런 과정을 통해서 건강하고 좋은 사람들을 많이 만나는 거죠. 그리고 그 사람들하고 관계를 갖게 되는 것 자체가 아이들한테 커다란 의미가 있고 새롭게 시작할 수 있는 내적인 동력을 주는 것 같아요. 사실 직업 특강이나 체험 활동이 처음에는 정보 같은 것에 신경을 많이 쓰지만, 그것 이상으로 삶을 살아가는 자세나 태도나 가치관을 배우는 것이 더 큰 것 같아요. 희연이라는 아이는 연극배우가 되고 싶어 해요. 그래서 「지하철 1호선」 배우도 만나고 챈스라는 연극단도 가서 만나고 하다가 지금은 극단 '사다리'에서 인턴을 하고 있거든요. 챈스라는 극단에 갔을 때 배우가 여섯 명이 나왔어요. 그런데 그중에 1년차 배우가 있었고 10년차 배우가 있었는데, 무대에 서면 어떤 생각을 하느냐고 질문을 했어요. 그러니까 이 배우가 "나는 항상 관객에게 따뜻한 밥을 대접한단 생각으로 한다" 이런 말을 했어요.

얘는 그거에 필을 받은 거예요. 선생님들이 그런 이야기를 하면 아이들은 선생님이니까 저렇게 말하지 생각하는데, 새롭고 다양한 사람들이 여러 가지 언어와 색깔을 갖고 그런 이야기를 해주니까 아이들이 가랑비에 옷 젖듯이 변하게 되는 거죠.

—정병호·김찬호 외, 『교육개혁은 왜 매번 실패하는가』에서 [9]

이제 학교만이 아니라 사회 자체가 청소년들의 성장 공간이 되어야 한다. 그것은 다른 말로 해서 학교의 개념 자체가 달라지는 것을 의미한다. 지금까지 교육의 과업을 학교가 모두 떠맡았던 시대에서, 이제는 시민사회의 여러 주체들이 나서서 책임을 나누는 시대로 넘어가고 있다. 세대, 삶의 영역, 전문 분야, 공간 등의 경계를 가로질러 배움의 인연을 맺으며 서로 가르치고 배우는 '학습사회'로 나아가는 것이다. 학교 교육에 의해 제약을 받고 입시 경쟁에 저당 잡힌 청소년들의 성장이 사회 구성원으로서의 자기 준비라는 맥락에서 리모델링되어야 한다. 그래서 청소년기의 학습이 시간적으로는 대학 입시라는 목표 이상으로 확대되고, 공간적으로는 학교라는 제도적 울타리를 넘어 시민사회로 나아가는 것이다. [10]

확신이 없어도 괜찮아

젊은이가 학교를 나와서 제 몫을 하는 성인으로 자라나기까지의 과정에서 가장 중요한 것은 비단 공부에서뿐 아니라 인생 전반에서 호기심과 흥미를 잃지 않는 것이다. 이것은 결코 만만한 일이 아니다. 지금 학교는 학생을 그와 정반대의 길로 이끌고 있다. 호기심을 죽이고 냉소와 무관심으로 몰고 간다. 자기가 하는 일이 시간 낭비라는 생각만은 절대로 갖지 말게 해야 한다. 청소년에게 가장 필요한 것은 추구할 만한 매력을 가진 목표와 거기에 도달할 수 있는 실력이다.

—미하이 칙센트미하이·바버라 슈나이더, 『어른이 된다는 것은』에서[11]

오래전에 보았던 네 컷짜리 신문 만화 한 편이 생각난다. 아버지가 고등학생 아들에게 묻는다. "너 뭐 하러 과외 하니?" 아들은 대답한다. "좋은 대학 가려고요." 아버지는 다시 묻는다. "좋은 대학 가서 뭐 하려고?" 아들이 다시 답한다. "과외 하려고요."

어린 시절에는 누구나 반짝이는 눈으로 주변 세계를 탐구하고 어른들에게 질문한다. 그런데 자라면서 환경에 익숙해지고 일정한 생각의 틀이 자리 잡게 되면 그러한 지성의 에너지가 서서히 쇠퇴한다. 특히 학교에 입학하고 학년이 올라감에 따라 여러 가지 지식이 딱딱한 형식으로 주입될수록 안으로부터 솟구쳐 오르는 호기심이 줄어든다. 공부가 대입의 수단으로 전락하고 대학 공부마저 취업 준비로 획일화되는 상황에서 지성은 거의 실종되어버린다. 도구화된 공부는 열정을 수반하기 어렵다. 삶과 무관하게 보이는 지식을 강요받으면서 학업에 대한 냉소주의가 싹튼다.

진정한 앎은 어떻게 일어나는가. 관심사를 따라 생각하고 관찰하고 독서하면 자기 나름의 지성을 일궈갈 수 있다. 그 실마리는 우연히 생겨나기도 한다. 예를 들어, 미국 우주과학연구소에서 천왕성 등 외행성을 연구하는 어느 천문학자는 어릴 때 부모와 여행을 많이 다녔는데 차멀미가 심했다고 한다. 그래서 주의를 다른 곳으로 돌리려고 밤이면 차창 밖을 내다보다가 별자리가 보이기 시작했고, 별자리를 공부하면서 차멀미를 잊을 수 있었다. 그런 습관이 직업으로 이어진 것이다. 이렇듯 어릴 때의 우연한 경험을 통해 자신의 적성을 깨닫고 그 길로 일관해 큰 업적을 이룬 사람들이 종종 있다.

그러나 그런 행운을 얻는 사람은 많지 않다. 어린 시절 하고 싶은 일을 찾아 흐트러짐 없이 매진하여 성공한 사례들은 청소년들의 용기를 북돋을 수도 있지만, 자칫 주눅 들게 할 수도 있다. 누구는 초등학교 때 이미 갈 길을 정했는데, 고등학생이나 된 나는 아직도 갈피를 못 잡고 있다니, 이게 뭐람? 대학생이나 20~30대의 성인들 가운데서도 정말로 자신이 무엇을 잘할 수 있는지를 확신하는 사람은 많지 않다. 오지 여행가이자 국제 구호 전문가로 일하고 있는 한비야 씨는 어느 칼럼에서 청소년들 가운데 인생의 목표를 정한 이가 10퍼센트도 되지 않을 것이고 그것이 당연한 것이라면서, 자신도 지금의 일을 하기까지 전혀 예기치 않았던 우여곡절들이 많았음을 회고한다. 그리고 "가슴 뛰는 일을 하라"라는 말에 당혹해할 청소년들에게 다음과 같이 위로의 말을 건넨다.

그러니 여러분도 지금 목표가 뚜렷하지 않다고 너무 걱정하지 말기를 바란다. 무엇보다도 그 방향으로 첫걸음을 떼었느냐가 중요하다. 완벽한 지도가 있어야 길을 떠날 수 있는 건 아니다. 서울부터 부산까지 가는 방법은 수십 가지다. 비행기나 KTX를 타고 갈 수도 있고 국도로 가는 승용차처럼 돌아가는 방법도 있다. 질러가든 돌아가든 여러분의 인생 표지판에 신의주가 아니라 부산이라는 최종 목적지가 늘 보이기만 하면 되는 거다. 방금 본 이정표에 대전이라고 써 있어도 괜찮다. 목포라고 써 있어도 놀라지 마시길. 여러분은 잘 가고 있는 거다. 적어도 남행선상에 있는 거니까.[12]

지금처럼 급변하는 세상에서 평생 동안 몸담을 직업을 찾는 일은 점점 어려워진다. 인생의 목표는 직업으로 수렴되지 않는다. 꿈이 무엇이냐고 물으면 의사, 변호사, 언론인, 공무원, 교사 등 직업을 말하는 젊은이들이 많다. 그러나 의사나 공무원이 되는 것 자체가 꿈이라면 궁색한 인생이라고 하지 않을 수 없다. 그 직업을 얻고 나면 더 이상 추구할 꿈이 없어지기 때문이다. 한국의 많은 대학생들이 혼란과 방황에 빠져드는 것도 마찬가지다. 대학 입학을 목표로 삼고 열심히 공부할 때는 차라리 행복했다고 한다. 그런데 막상 대학에 들어와 보니, 앞으로 나아갈 길이 보이지 않아 힘들다. 그래서 일단 취직을 겨냥해 공부를 시작한다.

그렇다면 꿈은 무엇이어야 하는가? 그것은 궁극적으로 이루고 싶은 그 무엇이다. 예를 들어 공무원이 되고자 할 때, 장차 공무원으로서 지역사회와 시민 생활을 어떻게 디자인하고 싶은지, 그를 위해 어떤 정책을 실현하고 싶은지에 관한 비전이 그것이다. 똑같은 의사라 해도 오로지 돈벌이에만 혈안이 된 의사와, 환자들의 마음을 살피면서 삶의 질에 관심을 쏟는 의사는 전혀 다른 세상을 살고 있다고 할 수 있다. 그러므로 인생 목표는 삶 전체를 통해 이루고자 하는 어떤 가치여야 한다. 그 가치를 제대로 세우기 위해 '진정 중요한 것과 중요하지 않은 것'을 분간하는 기준을 정해야 하는 것이다. 이는 청소년기에 하는 적성검사 못지않게 중요하다. 그 푯대를 확인했다면, 전공이나 직업에 대한 확신이 다소 불투명해도 크게 상관이 없다. 그 꿈을 실현하는 길은 여러 갈래로 나 있기 때문이다. 궁극적인 목표가 분명한 사람은 얼핏 눈에 잘 띄지 않는 비좁은 샛길을 찾아내고, 없는 길도 뚫을 것이기 때문이다. 그 과정에서 부딪히는 난관에 좌절하지 않고 실패를 무릅쓰고 계속 전진하는 힘도 바로 그러한 열정에서 솟아오른다. 따라서 삶에 대한 의지를 자각할 수 있는 조건을 어떻게 마련하는가가 앞으로 매우 중요한 과제로 대두된다.

평가와 경쟁을 넘어

"공부가 가장 쉬웠어요." 막노동꾼 출신으로 서울대에 수석 합격하여 화제를 모았던 젊은이가 쓴 책의 제목이다. 많은 학생들을 기죽이고 짜증 나게 하는 말이 아닐 수 없다. 그러나 보기에 따라서는 맞는 말일 수도 있다. 동생의 학비와 생활비를 벌기 위해 막노동을 했던 그의 경험에 비춰보면, 자신의 고된 인생에서 그나마 공부가 가장 쉬웠을지 모른다.

그런데 그렇게 불우한 성장기를 지나온 사람이 아니더라도 공부는 쉬운 것이라고 말할 사람들이 꽤 있을 것 같다. 회사원이나 자영업자에게 물어보라. 공부가 돈벌이보다 어렵냐고. 정치인들에게 물어보라. 선거에서 득표하는 것이나 계파 간의 갈등을 조정하는 일이 공부보다 쉽냐고. 자식 키우기는 어떤가? 부모님 모시기는? 이런 식으로 세상의 여러 가지 일들을 나열해놓고 공부보다 쉬운 것을 찾아보라. 많지 않을 것이다. 공부가 쉽다면, 혼자서만 잘하면 되기 때문이다. 살아가면서 혼자서만 잘하면 되는 일은 별로 없다. 나는 최선을 다하는데 상대방이 엇박자를 놓고 상황이 뒷받침되지 않아서 일을 그르친다.

물론, 그래도 공부가 어렵다고 말하고 싶은 마음이 있으리라. 그러나 엄밀히 말해 공부가 아니라 시험이 어려운 것이다. 높은 등수를 차지하고 상위권 대학에 들어가는 경쟁이 버거운 것이다. 공부 그 자체는 재미있는 두뇌 및 신체 활동으로서, 자신의 능력과 속도에 따라 배워가면 수월하다. 그런데 모든 공부가 점수 따기로 환원되다 보니, 그 본질을 망각하고 편차치에 집착한다. 앞서 인용한 하워드 가드너 교수의 말처럼 한국 학생들이 '부정적인 피드백을 받으면 심리적으로 위축돼서 아예 학습 의욕을 잃는' 것도, 공부 본래의 즐거움을 잃고 평가에 신경을 곤두세우기 때문이다.

교육에는 반드시 평가가 뒤따른다. 그런데 평가는 모든 것을 다 반영하지 못한다. 점수는 부분적인 지표에 불과하다. 학습 결과나 지적 능력을 모두 측정하지 못한다. 예를 들어, 국어 점수가 언어의 소양을 정확하게 증명하는 것은 아니다. 어느 시인이 자기 작품이 지문으로 출제된 시험문제들을 모아서 풀어보았더니 60점밖에 받지 못했다고 한다. 시를 쓴 본인도 헷갈리는 작품의 의미나 구조를 집어내라고 청소년들에게 요구한다. 문제풀이 위주 교육의 맹점이 거기에 있다. 일정한 교과 내용에서 중요한 사항들을 묻는 문제를 무한정으로 만들어 낼 수는 없다. 객관식 문제는 더욱 쉽게 고갈된다. 기출문제와 예상 문제를 모두 피해서 새로운 문제를 내다 보면, 점점 '문제를 위한 문제'를 내게 된다. 그렇듯 부분적인 것을 일정한 잣대로 평가하고, 그 결과를 비교하여 등수를 매긴다. 그 상대적인 우열을 절대화하는 데서 교육이 변질된다.

경쟁도 필요하고, 평가도 중요하다. 그러나 평가를 잘 받는 것, 경쟁에서 이기는 것 자체가 공부의 최종 목표가 될 때 배움은 고역이 된다. 학년이 올라갈수록 불안해진다. 대입이라는 한판 승부로 인생의 등급이 결정된다고 생각하기 때문이다. 강점을 찾아내 키워주는 '교육' 대신, 약점을 체크해 서열을 매기고 탈락시키는 '평가' 시스템이 절대 권력으로 자리 잡고 있는 상황에서, 제 나름대로 인생의 빛깔을 만들어가기는 무척 어렵다. 시험은 인생의 긴 여정에서 통과하는 수많은 경험 가운데 하나일 뿐이다. 다양한 평가가 작동하는 사회가 바람직하다.

어떻게 하면 특정한 평가에 휘둘리지 않고 그것을 상대화할 수 있을까. 자기 삶의 절대 가치를 찾아야 한다. 외적인 성취로 환원될 수 없는 내적인 성장을 도모해야 한다. 보다 큰 나를 향해 나아가면서 스스로를 대견스러워할 때, 지성과 감성과 영성은 꽃을 피운다. 소통이 접속으로 대체되고 학습이 검색으로 착각되는 환경, 특권에 대한 강박이 교육열로 폭발하는 시대에, 배움의 본연을 회복하는 힘은 지성 그 자체의 희열에서 우러나와야 한다. 평가되는 것과 평가되지 못하는 것, 드러난 실력과 아직 드러나지 않은 잠재력, 타인과의 경쟁과 나 자신과의 싸움, 지금 이대로 괜찮다는 긍정과 끊임없이 깨부수어야 한다는 부정, 자부심과 겸허함, 확신과 의심, 경쟁과 협동…… 이런 간극 사이의 균형을 유지하면서 나를 견지해야 한다.

공부는 세상의 발견이고 삶의 연습이다. 삶 속에 지성의 뿌리를 내리면서, 오롯한 마음을 향해 내면을 닦는 수행修行이다. 아울러 다양한 사람들과 호흡을 맞추면서 잠재력을 두드리는 것이 학문의 보람이다. 배움의 인연(학연) 속에서 새로운 자기를 만날 수 있다. 자신의 인생을 살아간다고 확신할 때, 세상을 변화시키거나 만들어간다고 느낄 때, 인간은 성장한다. 앎에 대한 의지는 삶에 대한 경외감에서 솟아오른다.

배움이란 당신이 이미 알고 있는 것을 발견하는 일이다. 삶이란 당신이 알고 있는 그것을 증명하는 일이다. 그리고 가르침이란 당신과 마찬가지로 다른 사람에게도 그들이 이미 알고 있는 것을 일깨우는 일이다. 우리 모두는 배우며, 살며, 가르치고 있다.

―리처드 바크

20대, 동지를 만나고 일거리를 만들고

청년은 잉여 인간인가

청년은 근대다. 고정된 모든 것이 연기처럼 흩어져버리는 미친 시간의 소
용돌이가 근대라면, 흩어져가는 균열의 경계선에서 소용돌이를 만들어내
는 장본인이 바로 '청년'이기 때문이다. 새로움을 자기화하는 모더니티의
본래적 속성을 체현하고 있기에, '청년'은 미래를 선취할 수 있는 가능성
이 열리는 시기마다 부정과 창조의 선봉에 놓이는 이름일 수 있는 것이다.
물론 미래는 규정할 수 없는 가능성의 세계이며 청년이 미래를 자기화하
는 방식 또한 단일하지 않다. 때문에 청년은 통합될 수 없는 상호 모순적
인 규정들의 복합체이며 끊임없이 변화하는 '형성적 주체'인 것이다.
—소영현, 『문학청년의 탄생』에서[1]

　　근대사회에 접어들어 청년들이 기성세대에게 도전하는 장
면은 역사의 여러 페이지를 장식한다. 1960년대 유럽의 68혁명
이나 미국의 히피운동을 주도한 것은 모두 20대였다. 한국에
서도 6·3한일수교반대, 4·19혁명, 5·18광주항쟁, 6·10민주화

운동 등 일련의 정치적 격변 당시 그 중심에는 대학생들이 있었다. 기성세대의 부조리와 사회적 불의 앞에서 '청춘의 끓는 피'는 분연히 떨쳐 일어나 항거했고, 그 육중한 스크럼이 물결을 이뤄 역사를 바꾸었다. 그렇기에 진보의 주역이었음을 자부하는 이들은 그 발자취를 회고하며, 『젊음이여 오래 거기 남아 있거라』*라고 청춘을 한껏 예찬할 수 있는 것이리라.

그런데 지금은 어떤가. 청년은 모름지기 하늘과 땅을 가득 채우고도 남을 만한 호연지기浩然之氣를 지녀야 한다고 하는데, 오늘 청년들은 제 앞가림하기에도 빠듯하다. 당장 눈앞의 취직에 전력투구하느라 인생을 어떻게 꾸려갈지에 대해 긴 안목으로 구상하지 못한다. 지금 한국의 젊은이들은 변화를 주도하고 미래를 개척하기는커녕, '청년 백수' '신용 불량자' 등의 이름으로 오히려 사회의 짐이 되어버렸다. 이제 '청춘'은 예찬이 아니라 동정의 대상에 가깝고, '젊음'은 특권이 아니라 저주처럼 여겨지기도 한다.

유례없는 취업난 속에서 대학생들은 끊임없이 뭔가를 해야 한다는 강박에 쫓긴다. 학점 관리, 영어 실력 증진, 다양한 경험과 경력의 축적, 각종 자격증 취득, 성형과 다이어트, 아르바이트 또는 재테크…… '20대에 해야 할 일들 ○○가지'식의 온갖 지침들이 쏟아지고, 몸매 다듬기에서 처세술에 이르기까지 다종 다기한 매뉴얼이 제시된다. 졸업 후 곧바로 취직하지 못하면, 시간이 지날수록 점점 어려운 국면으로 들어가

---

* 황지우 시인의 동생 황광우 씨가 1980년대 격변기에 민주화 투쟁에 참여한 경험을 정리한 책이다.

기에 잠시도 방심하지 못한다. 고학력에 빵빵한 '스펙'을 갖춘 이들도 '취직 빙하기'를 피하기 어렵다. 학력이나 자격이 변변 치 않은 청년들은 더욱 암담하다.

청년들은 기성세대 실업자와 달리 가족을 부양해야 하는 부담이 없고, 직장이 없다 해도 다양한 아르바이트를 비교적 쉽게 구할 수 있다는 점에서 윗세대의 실직자보다 사정이 좀 낫다고도 할 수 있다. 그러나 사회에 첫걸음을 내딛는 것조차 허용되지 않는 상황은 고통이다. 세상 그 누구도 자신을 필요 로 하지 않는 '잉여 인간,' 어디에서도 존재감을 가질 수 없는 '노바디'로서 자신을 발견하는 것은 몹시 비참한 일이다. 그것 은 개인의 문제에만 머물지 않는다. 청년 실업자의 급증은 당 장 발등에 떨어진 불이면서, 장기적으로 사회 자체의 재생산 을 위협하는 재난이다.

삶의 보람은 무엇인가. 사람의 쓸모와 가치는 어디에 있 는가. 한 세대가 다음 세대를 키우며 그 존재를 사회적으로 올 곧게 세워주는 책임은 누구에게 있는가. 날림 공사로 부실해 진 사회, 물신숭배에 휘둘려온 역사의 후예들이 현실의 질곡 을 딛고 미래로 나아갈 수 있는 징검다리는 없는가. 청년들의 하염없는 방황, 그 젊은 날의 음울한 초상을 마주하면서 한국 사회는 스스로에게 질문하고 있다.

백수의 일상은 난감하다

"아, 뭐…… 대학생은 아니고요. 졸업은 했는데요. 직업이요? 직업이라기보다는 아버지 사업을 도와드리고 있어요."

"아이, 오빠 엄청 부잔가 봐. 서울에 살고 아버지가 사장님이면 부자잖아."

―영화 「낮술」에서

아침에 눈을 떠도 할 일이 떠오르지 않고 갈 곳도 없는 처지는 난감하다. 하루하루 버티는 일조차 버거운 것이 대다수 백수들의 처지다. 경제적인 어려움이 무엇보다 크겠지만, 그에 못지않게 곤혹스러운 것은 사회적인 단절과 고립감이다. 이세상 누구도 자신을 필요로 하지 않는다는 참담함이다. 백수들이 모이는 사이버 공간에 이런 글이 올라온 적이 있다. "욕심이 많은 것도 아니다. 맹목적으로 실현 불가능한 것을 꿈꾸는 것도 아니다. 그런데 왜 세상은 나에게 죽어라, 죽어라 하는가? 대체, 왜……? 그저 누군가가 내 곁에 있어 주기만 해도 이다지 힘들진 않을 것을…… 돈에 울고, 얄팍한 인간관계에 또 한 번 우는구나." 부모들이 IMF 위기를 맞아 직장에서 쫓겨나는 상황을 충격적으로 목격한 '트라우마 세대.' 이들의 패배주의와 자학이 이대로 계속 깊어지면, 우리 사회에 두고두고 엄청난 짐이 될 수 있다.

청년 백수의 전형적인 모습을 그려보자. 나이는 20~30대이고 미혼이다. 부모에게 얹혀살거나 독립했다 해도 경제적으로 의존하면서 얼마큼 얼굴이 두꺼워졌다. 눈치가 아주 빨라 가족의 감정 변화에 나름대로 적응하는 방식을 익혔다. 행동 반경은 매우 제한되어 있어 너저분한 방에 죽치면서 인터넷이나 텔레비전으로 소일하고, 외출은 라면이나 담배를 사러 편의점에 가는 정도가 고작이다. 그래서 웹툰에서부터 광고와 홈쇼핑에 이르기까지 대중문화의 흐름은 꽤 해박하게 꿰고 있다. 당연히 생활 리듬도 매우 불규칙하다. 그러한 라이프스타일은 백수들끼리의 잦은 교신 속에서 자연스럽게 정당화되고 정착될 수도 있다. 외모는 운동복 차림에 부스스한 머리 모양을 하고 있지만, 잦은 면접 때문에 종종 깔끔하고 단정한 차림으로 탈바꿈한다.

이런 백수에게 요구되는 자질은 무엇인가. 스케줄 없이 지루하게 반복되는 일상을 무심하게 견뎌야 하고, 찾아오는 사람도 안부 전화도 없는 시간을 묵묵히 통과해야 하며, 그것이 싫어서 집을 나서도 별달리 갈 곳이 없는 막막함에 익숙해져야 한다. 수백 번 이력서를 넣고 수십 번 면접을 보고 나서도 그러려니 하면서 때를 기다리는 무던함과 인내심이 필요하다. 그 지난한 과정을 참아내지 못하는 백수들 가운데에는 심한 대인 기피 증세와 우울증에 시달리면서 두문불출하는 이들도 적지 않다.

백수들에게 타인과 사회는 실로 무서운 존재다. 특히 가족과 친지의 시선은 늘 부담스럽다. 그래서 명절이 두려운 이들이 많다. 아예 부모님을 찾아뵙지 않기도 한다. 어엿한 직장인의 명함을 갖지 못한 처지가 부끄러워 객지에 머물고, 심한 경우 차비조차 없어서 귀성을 포기하는 이들도 있다. 그렇게 가족과 왕래가 없는 채로 몇 년을 지내다 보면, 명절인지조차 알지 못할 정도로 세상과 단절되어버리는 경우도 있다. 어느 영화감독은 자신의 백수 시절을 이렇게 회고하고 있다.

아직 씻지도 못한 몰골로, 내 몰골보다 더 정신없는 자취방을 빠져나와, 대충 빈속을 채우러 밖으로 나간다. 10년 넘게 자취 생활을 하다 보니 밥을 혼자 먹는 데 매우 익숙해졌고, 식사는 삶의 즐거움이라기보다 너무 자주 찾아오는 번거로움일 뿐이다. 〔······〕 서울에서 자취하던 백수 시절, 일정한 직장이 없었던 나는 평일과 휴일의 차이를 느끼지 못했다. 밤에 깨어 있고, 해가 뜨면 잠이 드니 날짜 개념도 별로 없었다. 때론 명절 연휴인 줄도 모르고 밖에 나갔다가 나중에야 식당 문이 한결같이 닫힌 이유를 깨달은 적도 있다. 명절 음식은커녕 변변한 식사조차 하지 못하는 명절이란 평일만 못할 뿐이었다.
—장훈, 「얼지 마! 죽지 마! 부활할 거야!」에서[2]

　　물론 백수에도 여러 유형의 스펙트럼이 존재할 것이다. 강한 뚝심으로 철저하게 자기를 관리하고, 아르바이트로 최소한의 앞가림은 하면서 취업 정보를 꼼꼼하게 챙기고, 자격증 하나라도 더 따기 위해 도서관에서 공부에 몰두하는 이들이 있다. 그런가 하면, 몇 년에 걸친 좌절과 가난 또는 카드 빚에 넌더리가 나 이제 거의 자포자기 상태에서 무기력하게 폐인(閑人 또는 廢人)이 되어가는 이들도 많다. 또한 백수 가운데는 스스로 백수라고 거리낌 없이 자처하거나 체념하는 이들이 있는가 하면, 곧 백수 신세를 면할 수 있으리라 믿으면서 그렇게 불리는 것조차 불쾌하게 생각하는 이들도 있다. 무엇이 그러한 편차들을 만들어내는가. 거기에는 개인의 타고난 심성, 가정환경, 학력, 나이 또는 백수 경력 등 여러 변수들이 복합적으로 작용할 것이다.

백수의 처지를 좌우하는 변수 가운데 무엇보다도 결정적인 요인은 가정환경, 더 정확하게 말해 부모의 경제적 형편일 것이다. 백수로서 가장 참담한 신세는 신용 불량까지 겹치는 경우다. 사회에 발을 내딛기도 전에 금융 전과자로 낙인찍혀 신용 기반부터 허물어진 삶이란 얼마나 공포스러운가. 20대 신용 불량자들이 큰 빚을 지는 이유로는 주제넘은 과소비도 있겠지만, 실상 부모들의 생계가 막혀 생활비나 병원비 때문에 빚을 지게 된 사례들이 의외로 많다. 절망스럽게도 이러한 상황이 개선될 전망이 불투명한 경우가 허다하다. 빈곤의 대물림을 피하기 어려운 것이다.

정반대로 아직 부모가 건재해서 비빌 언덕이 되어주는 경우, 사정은 완전히 달라진다. 20대 중반을 훌쩍 넘긴 나이에도 여전히 부모에게 얹혀사는 젊은이들이 늘어나면서, '캥거루족'이나 '파라사이트 싱글' 같은 신조어가 나오기도 했다. 이런 유형의 청년 실업이 늘어남에 따라, 사회학계에서는 '포스트 청년기post-adolescence'라는 단계를 생애 경로에 새롭게 설정했다. 포스트 청년기란, 생활(소비) 수준은 어른인데 수입 수준은 반半어른으로 반半의존·반半독립 상태를 말한다. 선진국은 물론 한국에서도 그러한 청년기의 범위가 점점 연장되어, 이제 30대에까지 진입하고 있다. 인생의 중대한 선택을 미루거나 하지 못하는 모라토리엄 상태가 장기간 지속되는 것이다. 세계 최고 수준의 대학 진학률을 기록하고 있는 한국에서 대학생들이 이런저런 이유로 졸업을 늦추는 것, 뚜렷한 학문적 목적 없이 대학원에 진학하는 젊은이들이 늘어나는 것은 사회인이 되는 행로에서 일어나는 엄청난 병목 현상을 단적으로 보여준다. 또한 최근 한국의 출산율이 크게 떨어져 세계 최저 수준에 이른 것도 사실은 결혼 자체가 줄어들었기 때문이고, 그 배경으로는 사회경제적으로 '어른'이 되지 못한 젊은이들이 엄청난 규모로 존재하는 현실을 들 수 있다.

시민으로 자라날 수 있도록

소비의 주체만이 아니라 생산의 주체로 청년들이 당당하게 설 수 있는 길은 어디에 있는가. '젊음'이 욕망의 대상으로 소진되는 것이 아니라, 사회문화적 창조성의 원천으로 재생되는 힘은 어떻게 형성될 수 있는가. 당장 효험을 볼 수 있는 비방秘方은 없다. 오랫동안 축적되어온 모순이 곪고 곪아 뒤늦게 한꺼번에 터지는 것이기 때문이다. 하지만 그렇다고 해서 마냥 지켜보고 있을 수만은 없다. 청년 실업자들은 나이가 들수록 운신의 폭이 그만큼 줄어든다. 그리고 그것이 방치되면서 규모가 불어나면, 역사의 불행스러운 짐이 될 것이다. 정부와 기업이 다양한 방책으로 그들의 사회적인 착지를 도와야 하는 이유가 여기에 있다.

근본적이고 거시적인 차원에서 볼 때, 백수들의 인생에 활로를 열기 위해서는 두 가지가 달라져야 한다. 먼저 사회 진출의 경로가 보다 완만해져야 한다. 즉 지금처럼 몇백 대 일의 가파른 경쟁을 뚫고 겨우 말단직 하나를 얻는 것이 아니라, 다양한 완충지대가 있어서 사회 진출의 변속장치 역할을 해주는 것이다. 예를 들어 지역사회에는 다양한 일거리들이 기다리고 있다. 노인 복지와 육아, 자원 재활용, 안전한 생활공간의 확보, 쾌적한 삶의 디자인 등에 관련된 과제들이 그것이다. 물론 이 영역에서 시장 메커니즘을 통해 당장 일정 규모의 고용이 창출되기는 어려울 수 있다. 이것은 우선 지방정부 차원의 몫이다. 당장 서비스 시장으로 형성되지 않지만, 사회적으로 필요한 일거리들을 발굴해 장기적인 일자리로 정착시켜가야 한다.

중요한 것은 그러한 일거리와 일자리를 긴 안목으로 설계해야 한다는 점이다. 청년 실업의 대책으로 시행되는 인턴 제

도가 젊은이들에게 호응을 얻지 못하는 것도 임시변통으로 급
조된 일자리이기 때문이다. 예를 들어 은행의 인턴으로 들어
갔지만 종일 고객에 대한 인사, 사은품 배달, 공과금 납부 안
내처럼 단순 업무만 하는 경우가 대부분이다. 한 달 동안 별다
른 일도 없이 우두커니 서 있다 보니 '꿔다놓은 보릿자루' 같
아 눈물이 났다는 젊은이도 있다. 그러한 땜질식의 대응이 아
니라 젊은이들이 정말로 필요한 일거리를 수행함으로써, 그를
통해 일의 의미와 즐거움을 체험하는 쪽으로 방향을 전환해야
한다. 그러려면 시행하는 쪽과 참여자 모두 그 의미를 정확하
게 공유하면서 학습을 도모해야 한다. 자신이 지니고 있거나
개발하고자 하는 직업적 능력이 현실에 어떻게 기여하는지를
구체적으로 확인하고, 일을 수행하는 데 필요한 사회적 지능
과 소통 능력을 배양해야 하는 것이다. 아직 미개척의 영역에
서 그러한 활동이 축적되면, 사회적 가치가 생성되고 그것이
새로운 시장과 고용의 창출로 이어지리라고 기대해볼 수 있
다. 최근 다양한 형태로 실험되는 사회적 기업은 그러한 지향
을 깔고 있다.

　　일본의 경우, 인턴십을 통해 젊은이들의 도전 의욕을 북
돋으면서 그 에너지를 사회 혁신으로 이어가기 위한 방편으로
ETICEntrepreneurial Training for Innovative Communities라는
NPO Non-Profit Organization(민간 비영리 단체)가 1993년에 설
립되어, 지금까지 꾸준하게 프로그램을 운영해오고 있다. 대학

생들을 대상으로 하는 이 프로그램에서, 인턴십을 제공하는 기관은 '사회에 새로운 가치를 제안하는 벤처 기업이나 NPO'로 제한된다. 프로그램에 참여하는 인턴사원들은 직속 상사인 경영자로부터 비즈니스 전체의 흐름을 보는 안목, 리더십이나 경영 노하우 등에 대해 배울 수 있다. 인턴은 단순한 수습이 아니라 정사원과 마찬가지로 일정 부분 책임을 지고 일을 해나가게 된다. 인턴이 지니고 있는 가능성과 잠재력을 그만큼 믿기에 가능한 일이지만, 맡겨진 업무를 제대로 수행할 수 있도록 전속 코디네이터가 1대 1로 따라붙어 코칭과 상담을 해주기에 결정적인 실수를 저지르지는 않는다. 그리고 인턴들의 능력을 업그레이드하기 위해 정기적으로 외부 강사를 초빙해 세미나도 개최한다.

ETIC가 시행하는 인턴십 프로그램에서 무엇보다 돋보이는 특징은, 인턴들 사이의 횡적·종적 연계를 도모한다는 점이다. 여러 기업이나 기관에서 활동하는 동기생들이 한자리에 모이는 자리를 마련하여, 그룹별로 나눈 뒤 '목표 설정과 과제 해결'에 관한 워크숍이나 강연회를 연다. 인턴사원들은 이 교류의 장을 통해 새로운 동료를 만나고 공통의 관심사를 중심으로 네트워크를 맺을 수 있다. 그리고 앞서 인턴을 경험하고 직장 생활을 하고 있는 인턴십 선배들과 인연을 맺는 기회도 제공한다. 이렇듯 기업가 정신과 가치 창조력을 지니고 있는 리더들을 지원하면서, 그들 사이에 혁신적인 커뮤니티가 만들어지게끔 유도하는 것은 젊은이들이 사회에 입문하고 활약할 수 있는 '사회자본'을 조성하는 것이라고 할 수 있다.[3]

이러한 시도들이 시사하는 바는 무엇인가? 젊은이들이 사회로 진출하는 과정을 그 개개인의 성장이라는 관점에서 디자인한다는 점이다. 그런 발상으로 좀더 섬세하게 기획해야 할 일들이 많다. 인턴십 프로그램만이 아니다. 예를 들어 청소년과 대학생이 봉사 활동 점수를 따기 위해 여러 기관으로 파견되는데, 아직도 무의미한 일을 시키는 경우가 대부분이다. 시간 낭비의 문제만이 아니다. 자신의 쓸모가 그런 수준으로밖에 인정되지 않는 상황에서는 자괴감에 빠져들 수밖에 없다. 대충대충 무늬만 만들면서 '눈 가리고 아웅' 하는 세상에 대해 냉소주의가 자라난다. 자원봉사란 대가 없이 타인에게 도움을 주고 공공선에 자신이 기여하고 있음을 확인하면서 보람을 얻는 행위다. 그것은 젊은이들이 사회를 발견하고 공적인 자아를 각성하는 중요한 계기가 된다. 말하자면, 어른으로 성장해가는 과정에서 치르는 학습이요 훈련이다. 따라서 그 내용을 실속 있게 기획하고 정밀하게 운영해야 한다.

20대 청년들이 종사하는 공익 근무도 그런 관점에서 조명할 필요가 있다. 성장 과정에서 처음 제대로 수행해보는 사회적인 역할임에도 젊은이들은 자부심을 갖지 못한다. 군 복무 대체로 근무하는 이들의 조직이라서 그런지, 군대식의 위계서열이 엄격하다. 함께 일하는 공무원들이 그들을 비인격적으로 대한다는 이야기도 종종 들려온다. 그래서 공익 근무 요원들은 말단보다도 더 아래에 위치한 열외의 직급으로 자리매김된다. 자신의 일이 재미있을 리가 만무하다. 아직도 도처에 강하게 남아 있는 관료적 권위주의와 경직된 문화의 관성이 젊은이들의 성장에 걸림돌이 되는 것이다.

공익 근무는 청년이 되어가는 과정에서, 말 그대로 공공적 존재로 자기를 발견하는 소중한 경험이다. '공익'에 봉사하는 일을 통해 자존감을 얻고, 그 에너지로 미래를 설계할 수 있는 경로가 다양하게 열려야 한다. 사회의 주역으로 그리고 공공 영역의 책임자로서 승인받으며 삶의 근거를 세울 수 있어야 한다. 시장 이윤을 창출하는 피고용자로서만이 아니라, 공동사회의 실제적인 부가가치를 창출하는 시민으로서 자아를 만날 수 있어야 한다.

이런 역할은 어떨까

젊은이들의 사회적 경험을 북돋는 방안은 다양하게 구상될 수 있다. 미디어의 예를 보자. 텔레비전 방송사마다 토론 프로그램이 있는데, 거기에 등장하는 청년들의 역할은 대부분 방청 아르바이트로 나와 자리를 채워주는 수동적인 일에 그친다. 그 가운데 몇몇은 각본에 따라 질문을 던지는 등 토론에 잠깐 참여하기도 하지만, 대체로 아무런 역할이 없다. 생각해보면, 그들은 고등교육을 받고 있는 예비 지식인들로서 자기의 전공 분야도 있다. 그 전문성을 살리는 방향으로 프로그램을 기획하고 운영하면 어떨까?

이런 방안이 있을 수 있다. 토론의 주제가 정해지면, 관련 전공자나 그 주제에 관심이 있는 학부생과 대학원생을 모아 준비 팀을 꾸린다. 자료도 조사하고 주요한 쟁점들을 추리면서 전체적인 토론의 윤곽을 피디나 작가와 함께 정한다. 그리고 실제 방송에도 적극적으로 참여함으로써 생생한 토론의 장을 만들어가는 것이다. 역할을 좀더 확대할 수도 있다. 토론 중에 즉석에서 시청자들의 의견을 듣는 코너가 있는데, 그들에게 의견들을 접수하는 역할을 맡기는 것이다. 지금의 프로그램들을 보면, 실제로 방송에 소개되는 시청자 의견은 극히 일부에 지나지 않는다. 나머지 의견들은 많은 경우 휴지통으로 들어가 버린다. 적지 않은 비용을 들여 마련한 토론의 장에 시청자들이 일부러 시간을 내어 지켜보고 자기 생각을 보태주었는데, 그 소중한 내용을 그냥 폐기 처분해버리는 것은 대단한 손실이다.

시청자의 의견을 접수하는 일은 결코 단순노동이 아니다. 그 주제에 관련한 식견이 있어야만, 상대방이 말하려는 바의 핵심을 짚어 정리할 수 있다. 따라서 대학생들이 그 역할을 맡아 인터넷 게시판이나 전화를 통해 시청자의 의견을 접수하고 그들과 대화를 나눈다면 훨씬 효과적이리라. 토론이 끝난 뒤에 다 함께 모여, 각자 접수한 의견을 모으고 추리고 분석할 수도 있다. 거기에 대학생들 자신의 생각도 곁들이면 더욱 좋을 것이다. 그 결과를 시청자 게시판이나 다음 프로그램에 자막으로 발표한다면, 그 토론은 한결 풍성한 결실을 거두는 셈이 된다. 무엇보다도 그러한 과정에서 대학생들이 단순히 시간을 때우기보다, 적극적인 주체로서 부가가치를 창출하는 경험을 한다는 것이 중요하다. 자신의 능력을 알차게 발휘하면서 사회와 접점을 만들어갈 수 있는 것이다.

물론 방송 현실을 놓고 볼 때 이것이 실현되는 데는 많은 장애가 있을 것이다. 지금처럼 허겁지겁 프로그램이 제작되는 시스템 속에서 긴 호흡으로 방송을 기획하고 준비할 수 있을까? 그것은 갈수록 얄팍해진다는 비판을 받고 있는 방송이 체질 개선에 나설 것인가의 문제다. 또한 예산이 문제 될 수도 있다. 그러나 드라마 한 편 찍는 데 쏟아붓는 거금에서 지극히 일부만 아끼면 얼마든지 가능하다. 예산은 그렇다 치고, 과연 그 정도의 일을 해낼 젊은이들이 얼마나 있겠는가 하고 의문이 들 수도 있다. 찾아내야 한다. 분명히 있다. 진지한 사고와 의미 있는 활동을 추구하는 젊은이들은 의외로 많다. 다만 기성세대와 사회체제가 그들을 열린 마음으로 품어주지 않기에 들러리 노릇밖에 하지 못하고 있거나, 그것이 싫어서 하염없이 시험공부에 매달릴 뿐이다. 중요한 것은 방송 관계자들이 원대한 안목으로 그리고 최소한의 애정을 가지고 우리 사회와 젊은 세대를 바라볼 수 있는가이다.

삶의 고비용 구조를 조정해야

청년 실업자들의 불행을 줄이기 위해 필요한 또 한 가지 요건은 삶의 고비용 구조를 개선하는 것이다. 우선 부동산 가격이 문제다. 젊은이들이 사회적으로 자립하는 데 너무 많은 돈이 든다. 부동산뿐만이 아니다. 기본적인 생활에 들어가는 비용이 너무 많다. 모든 가치가 돈으로만 환원되는 사회에서 인간의 능력은 점점 상품이 되어간다. 직장이 있는지 없는지, 수입이 얼마나 되는지에 따라 사람의 격格이 가늠된다. 백수들은 이러한 구별 짓기의 서글픈 대상으로 범주화된다.

그러한 현실에 의해 일방적으로 규정당하지 않도록 삶의 철학과 양식을 새롭게 구성하는 것은 청년 실업자들의 몫이다. 돈이 없으면 아무것도 할 수 없는 상황에 틈새를 만들어, 상품과 서비스를 최소한으로 구매하면서도 즐겁게 살아갈 수 있는 방법을 터득해야 하는 것이다. 그를 위해서는 사회 통념에 저항하는 발상과 주인으로서 자기 삶을 꾸려가겠다는 용기가 필요하다. 김현진과 고미숙의 다음과 같은 조언은 그 메시지를 전해주고 있다.

어차피 우리한테 물려지는 자본은, 사실 거의 남은 게 없다고 봐야 해요. 그래서 어떻게 하면 돈을 많이 벌 수 있을까 생각하는 것보다 어떻게 하면 돈을 적게 쓰고 재미있게 살 수 있을까, 그런 창조성이나 상상력이 필요한 때라고 생각해요. 기업에서 얘기하는 것처럼 돈 벌려고 하는 발랄한 상상력이 있어야 하는 게 아니라 새로운 상상력이 필요한 아주 중요한 때지요. 이런 험한 시기가 오는데, 정말 돈이 없어서 괴로워하면 안 돼요. [……] 나 돈 없어서 백화점도 못 가, 이렇게 신세 한탄을 하는 게 아니라 시장에서 파는 옷이랑 똑같네, 이런 마음을 넓게 가질 필요가 있는 것 같아요. 비싼 여성 화장품은 에센스만 십몇만 원 하는데, 그걸 바르면 임수정이 될 것도 아니고 어쩌겠다는 거야, 이런 마음 자세가 있어야 할 거 같아요.

—김현진[4]

20대가 힘들다고 하지만, 돈을 쓰는 흐름을 보면 소비 위주로 되어 있어요. 돈이 없고, 실업(률)이 높고, 살기 어렵다는 말도 맞지만 실제 물적 토대 활용하는 자체가 열심히 일해서 책을 사는 게 아니라 옷 사고 핸드폰 바꾸는 거죠. 돈이 있는 애건 없는 애건, 핸드폰 신형 나오면 바꿔야 된다는 게 골수에 박혀 있거든요. 80년대는 부잣집 애들도 1년 내내 군복식 검은 물들인 거 입고 다녔거든요. 일부러 빈티를 내야 지성이라고 했을 정도였지요.

요즘 가난한 애들은 절대 가난한 티를 안 내요. 사실 이래서 더 예속이 되는 거잖아요. 가난을 긍정해서, 겉으로 드러나는 그까짓 게 아무것도 아니다, 그렇게 가야지, 반대로 가리는 쪽으로 갔어요. 이거 자체가 문제가 있는 게 아닌데, 이것이 나를 건강하고 활기차게 해주냐 물어야 해요. 그렇게 해주면 아주 좋은 일이죠. 젊음을 제대로 살고 있는 일이에요. 정답이

책이다, 공부다가 아니라 이것이 내가 능동적으로 선택한 것이냐 물어야
해요.

—고미숙[5]

지금처럼 돈의 위력이 점점 막강해지는 상황에서, 그런
내공을 갖기란 쉽지 않을 것이다. 자기다움을 포기하기 쉬운
교육 환경에서, 젊은이들이 자기가 진정으로 원하는 것을 깨
닫기는 매우 어렵다. 왜소한 자아는 폭주하는 정보와 반짝이
는 상품 스펙터클 속에서 더욱 희미해지기 쉽다. 어떻게 하면
'나'를 잃지 않을 수 있을까. 참담한 지경에서도 고귀함을 지
키려면 무엇을 해야 할까.

우선 지금의 어려운 처지를 자신의 무능 탓으로 돌리며 자
학하지 않아야 한다. 그를 위해서 공부가 필요하다. 글로벌한
경제 상황을 파악하고 고통과 부조리의 사회적인 맥락을 포착
해야 한다. 그리고 구조적인 모순을 바로잡기 위한 정치적인
모색이 요구된다.

정치적 행위는 거시적 차원에서만 이뤄지는 것이 아니다.
견고해 보이는 세상 곳곳에 숨어 있는 틈새들을 찾아내야 한
다. 발랄한 상상과 과감한 실행이 가능한 거점을 확보하여 변
화의 에너지를 비축해야 한다. 유쾌한 놀이 감각으로 새로운
현실을 창조하면서 저항력을 키울 수 있는 동지들을 모으자.
대기업 정규직이나 전문직에 대한 맹목적 강박, 아르바이트로

적당히 용돈만 벌며 편하게 살자는 룸펜 근성, 그 양극의 굴레에서 벗어날 수 있는 좌표가 거기에서 모색될 수 있다. 지금 젊은이들에게 필요한 것은 편안하게 머물면서도, 스스로를 꾸준하게 단련시킬 수 있는 사회적 공간이다. 어수룩한 모습을 있는 그대로 인정받으면서도, 아직 드러나지 않은 잠재력을 탐사할 수 있도록 자극과 격려를 주고받는 공동체다. 그 안에서 젊은이들은 외형에 의해 규정당하지 않으면서 고유한 품성을 당당하게 표출하고, 각자의 목표 의식을 공동의 전망 속에서 추구할 수 있다.

암중모색에 갈채와 지원을

현재를 살아가는 젊은이들의 의식과 감수성은 글로벌한 맥락에서 형성되어왔다. 취업을 위해 필수 코스처럼 다녀오는 어학연수나 교환학생, 자유롭게 지구촌을 누빌 수 있는 배낭여행, 미디어에 넘쳐나는 낯선 땅에서의 삶과 풍경, 촘촘한 구성과 탁월한 연출 감각으로 시청자를 사로잡는 미국과 일본의 드라마, 커피에서 패션에 이르기까지 오감을 세련되게 디자인해주는 명품 브랜드…… 이러한 경험들을 통해 그들의 꿈과 욕망은 그 어느 세대보다 부피가 커지고 색깔도 다양해졌다. 여행을 통해 자각하게 된 이국취미, 상품 시장과 정보 세계의 현란한 스펙터클이 온갖 매혹적인 삶에 대한 상상을 자극한다.

그러나 다른 한편 노동 시장도 글로벌한 무대로 넓어지고 있다. 이른바 무한 경쟁이 가속화된다. 취업과 승진을 위해 필요한 자질의 목록은 계속 늘어나고 업무의 강도도 높아진다. 변화가 가속화되면서 상수常數는 줄어들고 점점 더 많은 것이 유동적인 변수로 흔들린다. 자칫하면, 어느 날 저 멀리에서 갑자기 밀려들어 온 물결에 휩쓸려 나갈 수 있다. 그러한 생존 조건이 실존의 불안을 자아내고, 그래서 온 힘을 다해 안전지대를 찾아 나선다. 공무원, 공기업, 교직 등 이른바 안정된 평생직장이 최고로 여겨진다.

상품 시장에서는 글로벌한 소비에 대한 환상을, 노동 시장에서는 글로벌한 경쟁에 대한 두려움을 가지고 살아가는 20대에게 무엇이 필요한가? 범지구적으로 확장되는 세계의 지평을 냉철하게 인식하면서 생활 세계를 탄탄하게 구성해가는 힘, 환경에 유연하게 적응하면서 미래를 기획하고 변화를 주도하는 두뇌, 화폐 기준으로 당장 측정되지 않지만 장차 엄청난 가치로 발현될 문화의 씨앗을 발견하는 눈, 기존의 사회적 범주로 환원되지 않는 자기 삶의 고유한 뜻 그리고 타자의 시선에 매이지 않고 행복한 경험을 다양하게 창조할 수 있는 마음 같은 것이다. 성찰과 수행을 통해 그러한 자질을 습득해가는 과정이 곧 어른이 되는 과정이다. 그것은 우선 젊은이들 스스로 달성해야 할 과제다.

그러나 그것은 개인적인 프로젝트만은 아니다. 지금의 젊은이들은 어릴 때부터 각개전투에 익숙해 있고 사회적 연대

solidarity의 경험이 상대적으로 적다. 젊은이들끼리 힘을 모으고 키우면서 사회의 기반을 창조해갈 수 있는 커뮤니티가 다양하게 출현해야 한다. 앞서 소개한 일본의 ETIC에서 시도하는 인턴들 사이의 교류도 그 한 가지려니와, 최근 한국에서 일고 있는 몇 가지 움직임 또한 그런 의미에서 주목할 만하다. 청년유니온, 알바노조, 기본소득청'소'년네트워크 등은 청년들의 삶의 여건을 개선하려는 조직으로 활약하고 있다. 그런가 하면 성북신나협동조합처럼 지역을 기반으로 펼치는 운동이 있고, 문화로놀이짱처럼 문화 예술에 집중하는 활동도 있다.

근대적 고용 사회의 경로가 더 이상 작동하지 않게 된 지금, 청년들은 너무나 절박한 사각지대에서 괴로워하고 있다. 경제적인 궁핍 때문만이 아니다. 사실 그보다 더한 가난도 꿋꿋하게 버틴 시절이 있다. 인간이 절망하고 무너지는 것은, 자신이 아무런 보호막이나 버팀목 없이 허허벌판에 내동댕이쳐져 있다고 느낄 때다.

이 세상은 그래도 살 만한 곳이고 타인을 믿고 의지할 수 있다는 신뢰가 있을 때, 젊은이들은 난관을 뚫고 앞으로 나아갈 수 있다. 성인기로 이행하는 파이프라인이 균열되어 힘겹게 암중모색하는 프레카리아트*들이지만, 사랑과 정성이 깃든 삶의 자양분이 공급된다면 험난한 미로 속에서도 출구를 찾아갈 것이다. 무한 경쟁에 시달리며 10대를 보내고 거기서 풀려났으나 여전히 그 장래가 첩첩산중이요 현재는 고립무원인 청

---

*　프레카리아트Precariat는, 'Precarity'(불안정성)와 'Proletariat'(프롤레타리아트)를 합성한 조어造語로서 '불안한 프롤레타리아트'를 뜻한다.

년들에게, 신뢰와 애정을 보내줄 용의가 기성세대에게 있는
가. 그 고단한 발걸음에 측은지심을 가지면서 그들에게 손 내
밀어줄 어른은 누구인가.

아주 희미한 빗줄기를 앞세워 어둔 길 걸어본 적 있네

손을 잡아줄 사람 하나 그리워하며 벼랑 끝을 간 적 있네

입속에 고인 얼마간의 침을 되새김질하며 걸었네

등에 짊어진 몇 권의 책과 동전 지갑과 한줄기 바람

나 그 짐을 지며 기꺼이 길을 떠났네

살아가며 겨우 몇 발자국 밖으로 걸어본 듯한 청춘의 어느 날.

—정은숙, 「청춘」에서[6]

30대, 생애의 속살을 엿보다

청춘은 덧없이 지나갔는데

나이 서른에 우린 어디에 있을까. 어느 곳에 어떤 얼굴로 서 있을까. 나이
서른에 우린 무엇을 사랑하게 될까. 젊은 날의 높은 꿈이 부끄럽진 않을까.
우리들의 노래와 우리들의 숨결이 나이 서른에 어떤 뜻을 지닐까. 저 거친
들녘에 피어난 고운 나리꽃의 향기를 나이 서른에 우린 기억할 수 있을까
—노래마을, 「나이 서른에 우린」에서[1]

나 다 자랐다, 삼십대, 청춘은 껍처럼 씹고 버렸다, 가끔 눈물이 흘렀으나
그것을 기적이라 믿지 않았다, 다만 깜짝 놀라 친구들에게 전화질이나 해
댈 뿐, 뭐 하고 사니, 산책은 나의 종교, 하품은 나의 기도문, 귀의할 곳이
있다는 것은 참 좋은 일이지, 〔……〕 삼십대, 다 자랐는데 왜 사나, 사랑
은 여전히 오는가, 여전히 아픈가, 여전히 신열에 몸 들뜨나, 산책에서 돌
아오면 이 텅 빈 방, 누군가 잠시 들러 침만 뱉고 떠나도, 한 계절 따뜻하
리, 음악을 고르고, 차를 끓이고, 책장을 넘기고, 화분에 물을 주고, 이것
을 아늑한 휴일이라 부른다면, 뭐, 그렇다 치자, 창밖, 가을비 내린다, 삼

십대, 나 흐르는 빗물 오래오래 바라보며, 사는 둥, 마는 둥, 살아간다

—심보선,「삼십대」²

전통 사회에서 서른 살이라 하면, 완전히 성인의 대열에 들어선 연령이었다. 어린 시절부터 집과 마을에서 생활 및 생산의 기술들을 자연스럽게 익히며 이미 성인의 세계에 편입되어 있었고, 결혼도 일찍 했다. 『예기禮記』에서는 태어나서 10년은 어린 시절로서 온전히 배워야 할 시기로 유幼라 칭하고, 20세는 유약하면서도 성인이 되어 관을 쓰는 나이로 본다('약관弱冠'이라는 말이 거기서 유래했다). 그리고 30세는 건장한 나이라 하여 '장壯'이라 하고 집家, 처妻을 가지는 때로 보았다. 그런가 하면 공자는 30세를 '이립而立'이라 하였는데, 거기에는 '드디어 서다' '어느 정도 일가를 이루다 또는 학문적 성과를 거두다'라는 뜻이 내포되어 있다.

실제로 우리가 잘 알고 있는 인물들 가운데 30대에 큰 뜻을 실현한 이들이 많다. 예수는 서른 살에 공생애를 시작해 서른셋에 삶을 마감했다. 알렉산드로스 대왕도 광활한 제국을 건설하고 또 다른 원정을 준비하던 서른셋 나이에 요절했다. 프랑스혁명을 주도했던 조르주 당통의 나이도 혁명 당시 불과 서른 살이었다. 고려와 조선 시대 왕들의 평균수명이 40세 정도였으니, 30대엔 한창 막강한 권력을 휘두르고 있었다고 보아야 한다. 예술 쪽으로 오면, 지금도 그런 예가 많지만 30대

에 위대한 업적을 이룬 이들이 많다. 모차르트, 슈베르트, 반 고흐, 김소월, 이중섭(만 40세에 별세) 등도 30대에 생을 마감하면서 주요한 작품들을 죽기 몇 해 전에 대거 쏟아냈다.

근대사회로 접어들면서, 학교 교육이 보편화되고 대학 진학률이 높아짐에 따라 개인의 사회로의 진입은 점점 늦어져 왔다. 그러나 한국의 경우 1970~80년대 고도 성장기에는 모든 조직이 워낙 빠르게 확장되었기에, 30대에 꽤 높은 지위(예를 들어 군대에서 영관급이나 대기업에서 부장, 대학에서 처장 등)에 오르는 경우가 많았다. 인구 성장과 경제성장이 폭발적으로 이뤄지는 가운데, 사회 각 부문에서 승진의 관문이 계속 열리던 시절이었다. 그리고 2000년 무렵 IT 계통을 중심으로 벤처 기업이 활성화될 때, 30대가 그 신화의 주역이었다. 20대의 열정과 의욕을 그대로 이어가면서 더욱 패기 왕성한 모습으로 자기 생을 꾸려갈 수 있었던 것이다.

그런데 지금 세상은 30대에게 그리 호락호락하지 않다. 경제성장에 급제동이 걸리고 인구구조도 피라미드형에서 항아리형으로 빠르게 전환되는 가운데, 다양한 삶의 기회들이 갑자기 축소되고 있다. 우선 워낙 취직이 어려운지라 20대 후반에 몇 년 고배를 마시다 보면, 눈 깜짝할 사이에 30세를 맞는다. 사회에 진입조차 못 하고 부모로부터 독립도 하지 못한 채 청년기를 졸업하는 것이다. 설령 기업에 취직했다 해도 안심할 수 없다. 40세 이후가 보장되지 않기에 30대에 고군분투해서 든든한 사회경제적 기반을 마련해두어야 한다. 20대의 불안은 30대에 들어서 훨씬 더 가중되거나 다른 뉘앙스로 변주된다.

'젊은 날의 높은 꿈'이 빛을 바래 '부끄럽지 않을까' 걱정하던 1980년대의 청춘들은 얼마나 행복했던가. 2000년대에 30대였던 시인은 청춘을 "껌처럼 씹고 버렸다"라고 고백한다. 귀의할 곳도 없고 찾아올 사랑도 없이 빈둥빈둥 흘러가는 세월은 허망하면서도 무겁기만 하다. 이기선 시인도 「삼십대의 병력病歷」이라는 시³에서 그런 심경을 담담하게 묘사하고 있다.

대체로 비가 자주 내렸다 우산은 잘 펴지지 않았고 사랑은 나를 찾아주지 않았다 인적 끊긴 밤길을 신파조로 걸었다 [……] 나는 성냥알을 다 긋고도 불을 붙이지 못해 낯선 사람에게 말을 건네야 했다 담배를 거꾸로 물었다고 그가 일러주었다 [……] 두 눈을 부릅떴지만 사랑은 보이지 않았다 앓을 만큼 앓아야 병이 낫던 시절이었다

"나이가 들어간다"라는 말이 어울리고 실감도 나기 시작하는 연령, 그러나 그에 걸맞은 연륜이나 인격을 갖추었다고 말하기 어려운 것이 지금의 30대다. 사회적 위치는 달라지지만, 스스로 제어할 수 있는 변수는 별반 늘어나지 않는다. 오히려 무력감과 막막함이 더욱 깊어지기 일쑤다. 이것저것 갖춰야 한다고 요구되는 항목은 늘어나는데, 그것들을 충족시키기에는 자산과 능력이 너무 빈약하다고 느낀다. 시간의 가속

도가 붙기 시작하는 즈음, 가파른 템포에 재촉당하지 않고 삶의 페이스를 만들 수 있을까. 두려움의 암운이 깔리는 미래를 길고 깊은 호흡으로 맞아들이려면 무엇을 준비해야 할까.

삶의 모습이 천차만별로 분화되는 때

30세에 접어들었다고 해서 어느 누구도 그를 보고 더 이상 젊지 않다고 말하지는 않으리라. 하지만 그 자신은 일신상에 아무런 변화를 찾아낼 수 없다 하더라도, 무엇인가 불안정하다고 느낀다. 스스로를 젊다고 내세우는 게 어색해진다.

—잉에보르크 바흐만, 『삼십세』에서[4]

지금 한국인의 인생에서 30대는 어떤 자리일까? 30대는 지금 한국인의 세대 구분이나 생애 경로에서 다소 애매한 범주다. '20~30대'로 지칭되듯이 청년층으로 편입되기도 하고, '30~40대'라고도 하듯이 장년층으로 뭉뚱그려지기도 한다. 달리 보자면 30대는 미숙한 청년도 원숙한 장년도 아닌, 한가운데 끼인 세대일 수 있다. 싱그러운 젊은이들을 부럽게 바라보지만, 그렇다고 완전히 어른으로 독립하지는 못한 나이다. 과거를 되돌아보기엔 살아온 세월이 너무 짧고 발등에 떨어진 불이 시급하다. 미래에 대해 순진한 희망을 갖기엔 세상을 너무 많이 알아버렸다. 그런데 젊은이에서 기성세대로 넘어가는 그 시기 동안, 중대한 변화들이 일어난다. 그리고 그 기간에 형성된 사회적 진로와 삶의 방식 등은 이후 생애에 결정적인 벡터vector가 된다.

20대까지 한국인의 삶의 양상은 거의 비슷하다. 대학 진학률이 80퍼센트가 넘는 상황에서, 20대 청년들은 대부분 학생 신분으로 전반기를 보내고 남자들의 경우 군 복무가 끼어든다. 학교생활이나 군대 생활은 거의 정해진 틀에서 이뤄진다. 졸업 후 직장인이 되어서도 아직 초년생 시절이라 연봉이나 직위, 전문성 등에서 그렇게 커다란 편차는 없다. 설령 직장을 잡지 못했다 해도, 곧 취직하겠지 하는 기대를 갖고 주변에서 보아준다. 스스로도 내심 초조하기는 해도 완전히 낙오자가 되었다면서 자포자기하기에는 아직 이른 감이 있다. 남녀 관계는 어떤가. 연애와 실연을 엄청나게 많이 해본 젊은이와, 한 번도 해보지 못한 젊은이는 인생관이나 행복감 등에서 많이 다르겠지만 외형적으로는 큰 차이가 없다.

물론 20대에 이미 나뉘기 시작하는 등급(?)이 있기는 하다. 우선 어느 '레벨'의 대학에 다니는가이다. 대학의 서열에 따라 본인의 정체성이나 자부심 그리고 교우 관계의 범위가 정해지는 형편이다. 다른 중요한 변수는 부모의 경제력이다. 풍족한 가정 형편 덕분에 어학연수나 해외여행 등 여러 가지 경험을 할 수 있는 처지와, 가난에 시달리면서 아르바이트로 학비와 생활비를 마련해야 하는 처지 사이에는 엄청난 간극이 있다. 이렇듯 20대에 이미 삶의 격차가 생겨나기는 해도, 기본적으로는 사회에 진입하기 전의 '예비 어른'이라는 공통분모를 갖고 있다.

그런데 30대에 접어들면, 삶의 방식이나 존재의 조건이 훨씬 더 큰 폭의 스펙트럼으로 분화된다. 같은 대학을 졸업한 이들 사이에도 엄청난 편차가 생겨난다. 비슷한 집안 배경을 가지고 있다 해도 살아가는 방식이 천차만별로 갈라진다. 누구는 고액 연봉을 받으면서 경제적 기반을 착실하게 닦아가고 누구는 창업을 해서 사장님 행세를 하고 다니는데, 나는 아직도 빈털터리다. 누구는 신혼의 단꿈에 젖어 있고 누구는 벌써 이혼에 재혼 경력까지 있는데, 나는 아직 연애조차 제대로 해본 적이 없다. 누구는 아이 키우는 재미에 푹 빠져 있고 누구는 벌써 초등학생 아이를 둔 엄마로 학부모 회의에 나가는데, 나는 아직 부모 집에 얹혀살면서 엄마의 잔소리와 꾸지람에 매일 시달린다.

30대에 접어들면, 머뭇거림이나 시행착오에 대해 세상이 더 이상 관대하지 않음을 절감한다. 이제 '어른' 축에 들어가는 때인 만큼, 여기저기 기웃거리며 떠돌아다니는 것은 무능해 보인다. 남들은 쭉쭉 잘 뻗어 나가는데 나만 제자리에서 맴도는 듯하다. 다 컸을뿐더러 이제 슬슬 늙기 시작하는 처지에 아직 부모의 슬하를 벗어나지 못한 것도 점점 부담스러워진다. 인생의 승부를 어디에 걸 것인지 선택이 강요되는 분위기다. 더 이상 연습 게임은 없다. 냉혹한 실전을 치러야 한다. 비

정한 세상에서 진검 승부를 하면서 자신의 서식처를 확보해가
야 하는 것이다.

어른을 키우는 사회

30대는 일생에서 가장 왕성하게 일할 나이다. 모든 조직에
서 중추적인 실무를 담당하고 있는 이는 거의 30대다. 20대는
아직 일을 배워가는 단계에 있고, 그래서 많은 책임이 부과되
지 않는다. 반면에 40대는 슬슬 현장과 실무에서 거리를 두면서
기획하고 관리하고 결재하는 쪽으로 무게중심을 옮겨간다. 특
히 한국 직장인들은 너무 일찍 책상물림이 되어버리는 경향이
있다. 결국 30대의 어깨에 무거운 짐이 얹히는 것이다. 대기업
으로 보자면, 대리에서 과장급 정도의 직위로 머리를 써야 하
는 일이 많아지는 한편, 궂은일도 마다하지 않아야 하는 직책
이다. 신참 사원들의 미숙한 부분을 메우고 다독거리랴, 상사
들의 비위 맞추랴 마음고생도 적지 않다.

그런데 한국의 30대는 직장에서 얼마만큼 성장하고 있는
가. 그 나름의 전문가로 실력을 갖출 수 있는 통로는 열려 있는
가. 일본 사이타마 대학 우종원 교수는 한국 기업들이 사람을
키우지 않고 있다는 점을 지적하면서, 그것이 가져오는 결과를
경고한다. 대기업은 인재 육성보다 스카우트에 열을 올리고,
중소기업은 교육 훈련에 더욱 인색하다. 이런 나라에서 경쟁력
은 감퇴할 수밖에 없다는 것이다. 그가 쓴 칼럼 「어른을 키우

는 사회가 선진국이다」의 일부를 인용해본다.

한편 좁은 문을 뚫고 취직했다 해서 조직 내에서 성장할 수 있는 여건이 충분한 것도 아니다. 직장 생활을 해본 사람이라면 'Off-JT'(직장 밖 훈련)보다 체계적인 'OJT'(일하면서 받는 훈련)가 인재 육성에 더 효과적이라는 사실을 잘 안다. 좋은 상사에게 제대로 지도받는 것이 성장의 지름길인 것이다. 이때 중요한 것은 권한을 이양받고 재량껏 업무를 수행하는 것이다. 스스로 책임 있는 일을 할 때 사람은 가장 많이 성장한다.
유감스럽게도 우리 기업 문화의 주류는 이와 다르다. 기본적으로 중앙집권적이고 통제적이다. 신속성이란 이름 아래, 위로부터 내려온 결정을 빨리 실행할 것을 요구한다. 이런 '돌격주의'적인 조직 문화 속에서 종업원이 창조적으로 육성되길 바라기는 힘들다.[5]

생애를 통해 꾸준하게 경력을 쌓아나가야 하는 젊은이로서는 직장에서 자신이 성장한다기보다 소모되고 있다는 느낌이 들 때, 장래의 청사진을 밝게 그리기 어렵다. 천신만고 끝에 취직해놓고 1년도 되지 않아 그만두는 신입 사원들이 많은데, 이는 1차적으로 본인이 자신의 능력과 적성을 고려하지 않은 채 직장을 결정한 것 그리고 조그마한 난관에도 쉽게 좌절하는 나약함 탓이다. 하지만 그와 함께 직원을 소외시키는 조직 문화도 지적하지 않을 수 없다. 업무의 하중만큼 권한이 부여되고, 의사 결정에 주체적으로 참여하면서 책임도 나눠 갖는 자리에 젊은 사원들을 세워야 한다. 그러지 않고 조직 안에서 언제든 대체 가능한 부품처럼 취급할 때, 그들이 일을 통해 성장할 수 있는 길은 막혀버린다.

직장이 성장의 발판이 된다고 느낄 때, 그에 대한 고마움은 아랫세대에 대한 배려로 나타날 수 있다. 일반적으로 30대가 되면 후배들이 생기기 시작한다. 그들을 명령과 조종의 대상이 아니라 함께 배우며 이끌어야 할 후배 동료로 받아들이면, 그만큼 일이 즐겁고 업무 성과도 높아진다. 최근 기업에서도 멘토링이나 코칭의 중요성이 점점 강조되고 있는데, 30대는 멘토와 멘티 양쪽에서 역할을 갖게 된다. 멘토링은 멘티만이 아니라 멘토 자신의 성장에도 도움이 된다. 자신의 경험과 노하우를 객관화하고 정보화하면서 그 의미를 한층 깊이 이해할 수 있기 때문이다. 그리고 그것이 그 누군가에게 소중한 지침이 될 수 있음을 깨달으면서 자신의 존재감을 확인할 수 있다.

지위나 성취로 환원되지 않는 '나'의 정체

로마는 하루아침에 이뤄지지 않았다. 남자도 하루아침에 사십이 되진 않는다. 삼십대를 어떻게 보냈는지에 따라 그 결과는 대단히 달라진다. 삼십의 방황은 그럴 만하지만 무엇을 어떻게 했느냐는 것이 문제가 된다. 그 축적이 충분하다면 사십이 되어도 흔들림 없이 직진할 수 있다. 그러므로 자신이 무엇을 원하고 있는지를 적어도 삼십대에는 확신을 못할지언정 결정은 해야 한다. 그 때문에 삼십에 서라고 하지 않았던가.

만일 당신이 자서전을 쓴다면, 30대를 다루는 장章에 어떤 제목을 붙이겠는가. 아직 30대가 되지 않은 젊은이든, 현재 30대든, 마흔 이후의 기성세대든 인생 전반의 방향과 골격이 잡히는 시기로 규정하지 않을까 싶다. 마흔 이후에 직업이나 생활양식을 완전히 바꾸는 경우도 없지는 않지만, 대개 30대에 형성된 삶의 모습이 그 이후 인생의 기조가 된다. 말하자면 명실상부한 사회인으로서 자리를 마련하고, 지금까지 많이 접하지 못했던 다양한 부류의 사람들을 만나게 된다. 그리고 각종 직무를 수행하는 과정에서 나이 차가 많이 나는 위아래 세대와도 관계를 맺는다. 다른 한편 사적인 영역에서는 배우자를 만나 가정을 이루며, 아이를 낳아 부모의 역할과 정체성을 얻게 된다. 부모와의 권력관계도 역전되기 시작한다.

정리하자면, 10대의 삶을 입시에 저당 잡혀야 하는 한국에서 뒤늦은 사춘기를 20대에 보내고, 30대는 뒤늦게 자기 생의 빛깔을 찾는 시기라고 할 수 있다. 질풍노도와 좌충우돌의 방황을 어느 정도 정리하고 본격적인 탐색과 피드백에 들어가는 것이다. 말하자면, 정신을 차리고 진짜 자기 인생을 살기 시작하는 시기다. 영어에서 '장년壯年'을 'the prime of life'라고 칭하는데, 그 의미가 우리의 맥락에도 잘 닿는 듯하다. 어쩌면 30대는 인생의 기나긴 등정登頂에서 베이스캠프를 치는 시기라고 비유할 수 있을지도 모르겠다.

물론 시행착오는 계속된다. "이 길이 아닌게벼"라면서 되돌아와 원점에서 다시 출발하는 일도 흔하다. 고액 연봉을 받고 주변의 부러움을 사면서 잘나가는 듯했던 사람이 어느 날 문득 모든 것을 청산하고 여행을 떠나거나, 예술 세계에 입문하거나, 카페를 차리는 경우도 종종 있다. 뜻을 확고하게 세우고 길을 분명하게 정해 밀고 나가면 좋겠지만, 지금처럼 요동치는 세상에서 이는 쉬운 일이 아니다. 흔들림은 여전하고 불가피하다. 여전히 갈팡질팡하는 자신의 모습에 번민하는 30대에게 시오노 나나미는 앞서 언급한 책에서 위로의 한마디를 건넨다. "'30에 뜻을 세운다立志'라고 하듯이 30대 남자는 10대, 20대에 축적한 것을 바탕으로 '뜻을 세우는' 정도는 해야 한다. 무엇을 시작해야 한다. 그러나 '흐트러지지 말라'라는 사항은 사십에 들어가서 지키면 되니까, 세운 것에 흔들림이 있는 것은 상관이 없다. 아니 그편이 자연스럽다."[7] 물론 남자들에게만 해당하는 이야기는 아닐 것이다.

그런데 흐트러지고 망설이고 헷갈리면서도 삶의 근본 바탕은 오히려 더욱 탄탄하게 다져질 수 있다. 그것은 자아의 본질을 어떤 차원에서 규명하느냐에 달려 있다. 나는 과연 누구인가. 나의 직업이나 직장이 곧 정체성인가. 현재 내가 담당하고 있는 역할들이 나를 설명하는 전부인가. 내가 속해 있는 집단으로 나를 범주화해도 괜찮은가. 그렇지 않아도 부대끼는 경쟁 사회에서 번민을 가중시키는 것은, 그러한 외형적인 요소들이 곧 자기 자신이라고 동일시하는 생각이다. 자신이 현재 수행하고 있는 기능을 정체성의 핵심으로 삼게 될 때, 순수한 존재는 가려져 버린다.

지위나 연봉이나 성취로 환원되지 않는 '나,' 그 자체를 만나야 한다. 그러나 흑백론이나 이분법은 금물이다. 사회적 입지를 마련하는 일에 소홀해도 된다는 말이 아니다. 최선을 다해 능력을 키우고 발휘하며 적절한 직함도 확보해야 하고 정당한 대가와 인정을 받기 위해 애써야 한다. 그러나 그 결과가 자신을 이루는 전부가 아니라는 것을 명심해야 한다. 세속적인 기준으로 세워진 직업의 위계 서열에 복종하지 않고, 내가 스스로 도달하고자 하는 인생의 급수를 정해 그에 매진해야 한다. 아직 드러나지 않은 존재의 비밀에 대해 계속 질문하고, 또 다른 가능성들을 끊임없이 모색하는 정신의 스태미나가 필요하다. 그것이 충분하지 않을 때, 30대의 생애는 취약한 기초 위에서 흔들리기 쉽다. 알량한 성취와 성과에 안주하면서 우쭐대거나, 상대적으로 뒤늦은 진출이나 일시적인 정체停滯 또는 작은 실패에 필요 이상의 자괴감을 느끼게 되는 것이다.

느림과 빠름의 역설을 위하여

여러분의 시간은 한정되어 있습니다. 그러니 다른 사람들의 삶을 사느라 그것을 낭비하지 마십시오. 도그마에 걸려들지 마세요. 그것은 다른 사람들의 생각의 결과에 얽매이는 것입니다. 타인들의 의견이라는 소음이 당신의 내면에서 우러나오는 목소리를 집어삼키지 못하도록 하십시오. 무엇보다도 중요한 것은 당신의 마음과 직관을 따르는 것입니다. 그것은 당신이 진정으로 무엇이 되고 싶은지를 이미 알고 있습니다. 나머지 모든 것들은 부차적이지요.

—스티브 잡스[8]

예전에 하버드 대학 총장이 졸업생들에게 졸업 후 얼마간 동문들을 만나지 말라고 당부한 적이 있다. 모처럼 친구들과 상봉한 자리에서 연봉을 비교하며 열등감을 느끼거나, 잘 다니고 있던 직장에 대해 회의감을 가지며 흔들리는 이들을 많이 보았기 때문이다. 옆집 잔디가 더 푸르러 보이는 것도 있고, 자존심을 내세우며 자신의 처지를 약간씩 부풀리다 보면 부질없는 열등감이나 불안감에 휩싸인다. 그런 가면무도회에 자주 드나들다가는 자기 자신에 대해서도 허상과 실상을 구별하지 못한다.

외형적인 위세 겨루기에 민감하고 타인과의 비교 속에서 자신의 위치를 가늠하는 마음의 습관은 한국이 훨씬 더하리라. 이러한 문화일수록 자아를 있는 그대로 드러내고 정직한 평가와 격려를 받으면서 성장할 수 있는 관계가 절실하다. 경제적 기반 못지않게 중요한 것은, 바로 그러한 사회적 지지 기반이다. 서로의 말을 깊이 들어주고 차분하게 응시해줄 수 있는 안전한 공간이 있어야 한다. 관심사와 정보를 공유하면서 지성을 날카롭게 다듬어주고, 결함과 허물이 드러나거나 좌절과 실패에 부딪쳤을 때 부드럽게 보듬어주는 만남이 거기서 이뤄진다.

30대에 설정한 인생의 지향과 얼개는 그 이후의 삶을 그리는 윤곽이 된다. 그 시기에 확보되는 사회적 적소適所, niche 와 네트워크도 꽤 꾸준하게 지속된다. 평생 이어갈 우정도 이 시기에 대충 걸러진다. 서로 상승의 시너지를 낼 수 있는 동지인지 여부를 검증하고 조율하는 기회와 장場도 다양하게 열린다. 그만큼 인간관계의 쓴맛도 많이 본다. 누구를 믿을 것인가. 무엇을 붙잡을 것인가. 타인과 세계에 대해 심각하게 고뇌하기도 하는 시기다. 그와 함께 자기 안에서 꿈틀거리는 이중인격도 발견하게 된다. 눈앞의 이익을 위해 배신을 하고 음흉한 일을 꾸미는 악마의 얼굴을, 어느 날 문득 자화상으로 마주하게 되는 것이다.

내가 궁극적으로 추구하는 것은 무엇인가. 목숨과도 바꿀 수 없는 가치는 어떤 것인가. 죽고 난 후에 "그 사람은 이러이러하게 살다가 갔다"라고, 누구로부터 어떻게 평가받고 싶은가. 이러한 질문들을 소홀히 하면, 인생의 화살이 엉뚱한 과녁을 향해 날아가 버린다. 제로섬 게임에서 하나라도 더 차지하는 것이나 개인의 영달만을 지상 목표로 삼을 때, 끝없는 괴로움의 굴레에 휘말리게 된다. 타인을 경쟁자만이 아니라 협동의 파트너로 인식할 수 있을 때, 삶의 부피가 커지고 밀도도 단단해진다. 세상을 이롭게 하면서 더불어 행복해지고자 하는 열정은 즐거운 상상력을 한껏 불러일으킨다. 디자이너 김영세는 그 누군가에게 기쁨을 주려는 마음이 자신의 창조성을 일깨우는 원천이라고 말한 바 있다.

　　그러한 마음의 생태학을 참고하면서 인생의 설계도를 그려보자. 파란만장한 세태에 신중하게 포석을 깔면서 진로를 잡고, 묵직한 호흡과 긴 안목으로 삶의 리듬을 만들어가야 한다. 다른 사람들과의 단편적이고 피상적인 비교에 현혹되지 않고 자기 성장에 꿋꿋하게 투자할 수 있는 배짱이 요구된다. 자기 삶이 아닌 다른 사람의 삶을 사는 것이야말로 어리석은 시간 낭비라는 스티브 잡스의 충고가 통렬하다. 때론 역주행이라도 하고 싶은 마음이 들 정도로 실타래가 엉키고 꼬일지라도, 조급해하지 않고 냉철하게 상황을 주시하면서 침착하게 전진해야 한다. 자기만의 속도를 깨달을 것. 느림과 빠름의 역설을 실현할 것. "서 있으면 벽이지만 밀면 문이다"라는 말처럼, 미지의 시공간을 두드리면서 존재의 심층을 탐사할 것. 30대는 선택과 도전과 책임의 연쇄 고리를 발견하면서 숨을 고르는 시기다. 인간관계와 사회생활의 요지경을 구경하면서 생애의 속살을 엿보기 시작하는 때다.

2부

남과 여

연애, 또 다른 행성으로의 모험

인생에서 가장 행복한 순간

아름다워라, 젊은 날 사랑의 대꾸는 / 어딜 가? / 어딜 가긴 어딜 가요?
// 아름다워라, 젊은 날 사랑의 대꾸는 / 널 사랑해! / 그래도 난 죽어도
싫어요! // 눈 오는 날 사랑은 쌓인다. / 비 오는 날 세월은 흐른다.

一천상병, 「회상1」[1]

　　이만수 전 야구 감독은 코치 시절, 선수들의 애인 이름을
기억해두었다가 훈련할 때 종종 그 이름으로 선수들을 부르
곤 했다. 팀의 분위기에 활력을 불어넣기 위해 고안해낸 아이
디어다. 이름만 떠올려도 가슴 뭉클한 연인을 호명해줄 때 선
수들의 기력이 솟구치는가 보다. 애인의 이름으로 자신이 지
칭되면 우쭐한 기분에 몸놀림도 한결 가뿐해질 것이다. 그런
데 얼핏 고약한 상상도 스친다. 만일 그 선수가 애인과 심각한
갈등에 빠져 있거나 이미 헤어진 상황이라면? 코치가 그 사실
을 모르고 계속 이름을 부른다면? 마음이 불편해지고 몸도 굳

어버릴 것 같다. 오히려 사기가 떨어질 가능성이 높다. 그러나 어느 경우든 연애가 심신과 생활에 중대한 영향을 미치는 것은 분명하다. 애인이 있는 전과자들의 경우, 재범률이 낮다는 연구 결과도 있다.

한국을 가리켜 '연애 공화국'이라고도 한다. 미디어를 보면 그것을 확인할 수 있다. 대중문화에서 사랑 이야기를 빼면 남는 것이 별로 없다. 대중가요와 드라마, 영화는 연애를 둘러싼 애환을 끊임없이 변주한다. 10대들을 겨냥한 솜사탕 같은 통속소설에서 20~30대 여성의 직업과 일상을 다루는 칙릿 chick-lit에 이르기까지, 로맨스는 핵심 모티프를 이룰 때가 많다. 천편일률적인 사랑 타령도 새롭게 들린다. 그런가 하면, 방송과 인터넷에는 연예인들의 '섬싱'에 관한 풍문이 꼬리에 꼬리를 문다. 누가 누구와 사귄다느니, 잘 사귀던 두 사람이 요즘 삐걱거린다느니, 닳고 닳은 줄거리인데도 귀가 솔깃해진다.

현실에서도 많은 젊은이들이 연애로 분주하다. 주말에 대도시 번화가에 나가 행인들을 눈대중으로 헤아려보라. 가장 많은 조합은 남녀 커플이다. 이에 대해 두 가지 해석이 가능하다. 젊은이들이 워낙 연애를 많이 하고 있거나, 아니면 짝이 없는 젊은이들은 주말에 외출을 삼가거나. 그 어느 경우든 많은 젊은이들에게 연애가 초미의 관심사요 중대한 '사업'임을 짐작할 수 있다. 연애를 못 하면 뭔가 무능한 듯 여겨지는 분위기다. 그 '능력'에 대한 강박이 만연하면서, 사랑이라는 '감정'보다 연애라는 '형식'이 더 중요하게 여겨진다는 지적도 나온다. 연애와 사랑 사이의 등식이 깨졌다는 것이다.

연애를 하는 사람들은 자신의 감정을 사랑이라고 확신한다. 특히 연애 초기에 그렇다. 인생에서 가장 행복한 순간은 사랑이 시작될 때라고 셰익스피어가 말했던가. 그때 세상은 전혀 다르게 체감된다. 연애는 잃었던 시력을 되찾는 것이라는 말이 있듯이, 만물이 신선하게 다가오고 스쳐가는 바람 한 자락도 예사롭지 않다. 그러나 사랑을 잃을 때 그 환희는 한순간 비탄으로 바뀐다. 황홀하게 펼쳐지던 천국이 닫히고 암울한 지옥의 문이 열린다. 세상의 꼭대기에 올라섰다가 바닥없는 절망과 모멸감의 심연으로 추락한다. 천하의 모든 것을 다 얻은 듯한 포만감은 모든 것을 다 잃은 듯한 상실감으로 돌변한다. 그 뜨거움과 차가움의 체험은 인생의 나이테에 흔적으로 남는다. 거기에서 우리는 무엇을 배우는가. 눈처럼 쌓였던 사랑이 녹아 세월의 빗물로 흘러내릴 때, 그 바닥엔 어떤 침전물이 쌓이는가.

서로에게 절대자가 된다는 것

최근 대학에 연애 강좌가 속속 개설되어 학생들에게 인기를 얻고 있다고 한다. 서울대에서 집단 상담 형태로 진행되는 연애 코칭 프로그램의 경우, '내 연애 스타일 확립' '이성에게 다가가기 실습' '갈등 해결 전략 습득' 등의 소주제로 구성되어 있고, 심리·성격 검사도 병행된다. 연세대에서는 '화성남, 금성녀'라는 워크숍을 열었고, 이화여대는 '행복하게 연애하기' '데이트 관계에서의 의사소통' 등의 특강을 개최했다. 다른 한편, 연애 전문 학원도 등장하여 '솔로 탈출 비법 전수'를 내걸고 전문 트레이너가 화법과 미팅 요령 등에 대해 지도해 준다고 한다.[2] 바야흐로 연애의 기술도 특별한 프로그램을 통해 배워야 하는 시대가 되었다. 도대체 사랑이 뭐기에?

빅토르 위고는 세상의 모든 것이 한 사람으로 축소되고, 그 사람이 곧 신이 되는 것이 사랑이라고 말했다. 근대사회에 들어 종교가 세상을 지배하던 시대가 막을 내리면서, 신의 자리에 많은 것이 들어섰다. 이성, 과학, 국가, 예술, 혁명, 스포츠…… 그리고 그 반열에 연애도 들어섰다. 사랑은 인간이 발휘할 수 있는 가장 신령한 힘이다. 그런데 특정한 인물 한 명만을 절대화한다는 것은 기이한 일이다. 『결혼은 미친 짓이다』라는 소설과 영화가 있지만, 연애 역시 제정신으로는 할 수 없는 일이다. 맨 정신이라면 어떻게 오로지 한 사람에게 그렇게 홀딱 빠져들 수 있겠는가. 연애 감정은 일종의 중독 또는 착란 증세이고, 조금 과장해 말하자면 '광기'라고도 할 수 있다. 선한 광기.

아닌 게 아니라 뇌 과학에서는 연애 감정을 신경생리학적 메커니즘으로 해명하고 있다. 사랑에 빠진 남녀의 뇌는 특정 부위가 활성화되고 어떤 화학물질이 분비된다고 한다. 미국 브룩헤이븐국립연구소 노라 볼코 박사에 따르면, "마약 중독자와 사랑에 빠진 사람의 뇌 활동은 놀라울 정도로 비슷하"며, "사랑에 빠진 사람이 연인이 없으면 슬퍼하며 탄식하는 것은 중독자에게 마약을 주지 않을 때와 비슷한 현상이다." 또한 미시간 대학 로버트 프라이어 교수는 "사랑에 빠졌을 때 분비되는 세로토닌 등은 상대의 결점을 인식하지 못하게 해 사람을 눈멀게 만든다"며, "이때가 되면 뇌에서 화학물질이 마구 쏟아져 나오므로 주변에서 아무리 얘기해도 소용이 없다"라고 말한다.[3]

그렇듯 뇌의 격렬한 이변은 언제든 일어날 수 있다. 일흔을 넘긴 노인들끼리도 사랑에 빠진다. 그러나 성적 욕망이 싹트고 왕성해지는 사춘기와 청년기에 솟구치는 연정戀情에 비할 바는 아니다. 젊은이들이 갈구하는 사랑은 몸과 마음을 송두리째 사로잡는다. 구차한 일상에 찌들어 있던 갑남을녀들이 '눈이 맞으면' 서로의 세상을 요리조리 둔갑시키는 마법사로 변신한다. 그 열망은 버거운 삶을 지탱하는 에너지가 되어준다.

인간은 누구나 타인의 관심을 끌 수 있다. 사람이 그 신기한 매력을 타고났음을 아기들은 잘 보여준다. 지하철에서 엄마 등에 업혀 빵긋한 표정을 짓고 있는 아기에게 어른들은 자연스럽게 미소 짓거나 말을 걸게 된다. 탐욕으로 가득 찬 사람도 그 시선과 마주치는 순간, 무심코 빨려든다. 아기들은 존재 그 자체로 보는 이의 마음을 흡입하는 것이다. 누구나 어릴 때는 그러했다. 그런데 나이가 들수록 그런 매력이 서서히 감퇴하여, 성년이 되면 타인에게 감흥을 주기가 대단히 어려워진다. 아기 때는 티 없는 눈망울만으로도 부모를 황홀하게 했건만, 사춘기에 접어들면 서로 시선을 피하는 경우가 많다. 집 바깥에서도 마찬가지다. 주변의 관심을 끌고 싶지만, 사람들은 여간해서 눈길을 주지 않는다. 남다른 매력으로 어디에 가든 초점이 되는 인물들이 부럽기만 하다. 연예인들은 그 정점에 있다.

그런데 보통 사람도 타인을 사로잡는 상황이 있으니, 바로 연애할 때다. 연애의 매혹은 무엇일까? 나는 그에게, 그는 나에게 유일한 존재가 된다는 것이다. 서로에게 온전히 헌신하면서 절대자의 위치에 마주 서고 싶어 한다. 낭만적 사랑에 대한 욕구는 오로지 그와의 배타적 관계에서만 채워진다. 상대방이 나를 세상의 중심으로 치켜세워줄 때 살아 있음을 확신하게 된다. 그와 하나 됨을 느끼는 순간은 곧 영원한 현재다. 그 어느 누구도 이 둘만의 오롯한 우주에 침입하지 못한다. 친구나 선후배, 직장 동료 그리고 스승과 제자 사이에는 그렇듯 배타적인 관계가 맺어지지 않는다.

열망, 살아 있다는 증거

운명에게도 사람에게도 버림받았을 때 / 나는 홀로 버려진 신세를 탄식하며 / 대답 없는 하늘을 향해 헛되이 외쳐보고 / 내 신세를 돌아보며 운명을 저주한다. / 하지만 문득 그대를 생각하면 / 나의 마음은 / 천국의 문턱에서 노래를 부른다. / 다른 사람들에 비해 많이 부족하고 / 덜 가진 자신을 경멸하고 / 심지어 그런 처지의 운명을 저주하다가도 / 그대를 생각하면 마음이 부자가 된다. / 그래서 나는 내 신세를 왕과도 바꾸지 않겠다.

—윌리엄 셰익스피어, 「소네트 29번」

　　이성에 눈을 뜬다는 것은 성장 과정에서 각별하고도 중대한 경험이다. 유년 시절 또래 집단을 통해 가족 이외의 타인과 의미 있는 관계를 맺으면서 사회로 나아간다면, 사춘기 이후 벌어지는 연애는 자기만의 정신세계를 추구하면서 고유한 개성을 확립하는 결정적 계기가 된다. 부모에게도 친구에게도 쉽게 털어놓지 못하는 비밀이 연애에서 가득 생겨난다. 사회학자 앤서니 기든스의 분석에 따르면, 근대사회는 합리성의 원리에 입각해 세계를 구축하면서 감정의 문제를 사적 영역으로 추방했다. 거기에서는 공적 영역의 이성과 대조적으로, 친밀성이라는 정서가 중심 테제를 이룬다. 근대적 개인주의도 그러한 감정 세계와 병행하여 성립되었다고 할 수 있다.

　　개인주의가 지배하는 시대에, 우리는 정체성에서 직업에 이르기까지 자기의 존재 방식과 생애 경로를 스스로 결정해야 한다. 여기서 연인은 처음으로 다가오는 인생의 중대 선택 대상이다. 부모에게서 일방적으로 사랑을 받기만 하다가, 내가 그 누군가를 능동적으로 사랑할 수 있다는 것은 경이로운 발견이다. 상대방을 선택하는 것만 황홀한 것이 아니다. 상대방에게 선택당하는 것 또한 그전까지는 없었던 진기한 경험이다. 가족 이외의 관계에서 나를 그토록 소중하게 여기고 내 실존의 중심으로 다가오는 사람을 만난다는 것은 감격스러운 사건이다. 한 사람이 다른 한 사람을 간절하게 원하고 서로를 깊이 알아가려고 애쓴다는 것은, 인간이 누릴 수 있는 지고의 희열이다.

특히 한국의 젊은이들에게 연애는 한결 매혹적으로 다가온다. 자기에 대해 질문하면서 내면의 요모조모를 탐색해야 할 청소년기를 온통 입시 공부에 저당 잡혀 있다가, 뒤늦게 사춘기를 겪기 때문이다. 사율 학습조차 강요당할 만큼 모든 시간을 철저하게 관리당하고 두발과 복장에서부터 18세 이하 출입 금지에 이르기까지 신체마저 구속당하던 시기를 지나면, 갑자기 자유로운 신분이 된다. 이 순간 연애는 자신이 처음으로 자발성을 발휘해볼 수 있는 중대한 프로젝트로 부각된다. 그 누구의 강압이나 제도적인 규제가 개입되지 않는 '순수한 관계'를 나의 의지로 창출할 수 있기 때문이다. 대학의 전공조차 제 뜻대로 선택하지 못할 만큼 수동적으로 살아가는 한국의 젊은이들에게, 무엇인가를 능동적으로 선택하고 그 결과에 대해 책임을 져보는 기회는 연애에서 처음 주어지는 것이 아닌가 싶다.

물론 그 선택에는 실패의 위험이 도사리고 있다. 그래서 언제나 불안하다. 그런데 바로 그 불안함 자체가 사랑의 묘미다. 상대방이 나를 어떻게 생각하는지 잘 알지 못하면서 '작업'을 건다. 거절당할지도 모르지만 내 감정을 '커밍 아웃'한다. 그것은 일종의 모험이다. 좌절의 가능성을 무릅쓰고 과감하게 마음을 던지는 도전이다. 그 불확실성이 짜릿한 즐거움이다. 젊은이들은 무언가에 존재를 걸지 않으면 아무것도 얻을 수 없다는 것을 연애를 통해 깨닫는다. "아픈 만큼 성숙한다"라는 말처럼, 짝사랑이나 실연의 경험을 통해서도 마음의 이치를 배운다.

　　연애가 주는 뿌듯함의 본질은 무엇일까? 현대인들은 자기가 살아 있다는 증거를 찾기가 점점 어려워지고 있다. 학교와 회사에서는 거대한 관료제에 갇혀 지내야 한다. 엄격한 규율과 치열한 경쟁 속에서 개개인은 통제와 조종의 객체 또는 사무 처리와 평가의 대상으로 전락한다. 거기에서 마모된 자존감을 보상하는 영역이 바로 소비 세계다. 그러나 상품 미학의 코드와 규격 속에서 구매와 소유의 맥락을 떠나 자기를 실감하기란 매우 어렵다. 그렇듯 스스로의 뜻대로 삶을 꾸리지 못하고 정체성이 희박해지는 시대에, 연애는 존재감을 확인할 수 있는 유일한 통로처럼 여겨진다. 명령과 위계의 경직된 질서를 벗어나, 자유롭게 표현하고 소통하는 해방구가 거기서 발견된다. 그 안에서 자신은 온전한 인격체로, 더 나아가 유일하고 특별한 사람으로 확인된다. 사랑은 그러한 상호 승인을 향한 열렬한 소통이다.

연애 감정의 모순들

"여자들은 불안을 사랑으로 착각하지."
―영화 「그는 당신에게 반하지 않았다」에서

"사랑이 어떻게 변하니?" 영화 「봄날은 간다」(허진호 감독)에 나오는 이 한마디는 상대방의 식어가는 사랑 때문에 냉가슴을 앓는 이들의 심경을 압축하고 있다. 영화에서 이혼 경험이 있는 여자 주인공은 사랑은 변할 수밖에 없다고 생각한다. 그러나 처음 사랑에 빠진 남자 주인공은 그것을 이해할 수 없다. 사랑에 빠지면 누구나 그 사랑이 변하지 않으리라 믿는다. 지독한 배신을 당해 사랑에 대해 환멸을 느끼고 연애 따윈 이제 거들떠보지도 않으리라 다짐한 사람도 다시 큐피드의 화살을 맞으면 그 모든 악몽을 말끔히 잊어버린다. 그리고 믿는다. 바로 이 사람을 만나기 위해 그 사람이 떠나간 것이라고. 이 사랑은 진짜라고. 그런 최면에 걸리지 않고 영화의 여주인공처럼 '쿨'하게 상황을 관조할 수 있는 사람은 아주 드물다.

그러나 새롭게 다가온 사랑 또한 순탄치 않다. 황홀은 짧고 번민은 길다. 처음 사랑이 시작될 때는 함께 있다는 것만으로도 충만하고 감사했다. 빈 마음으로 존재 그 자체를 누린 것이다. 그런데 시간이 지나면서 욕심이 생긴다. 상대방에 대해 요구하는 것이 많아지고, 그것이 관철되지 않으면 짜증과 분규가 생긴다. 처음에는 가벼운 미소 한 자락 보내준 것만으로도 감동했지만, 이제는 문자 메시지에 곧바로 답을 보내지 않는다고 낙심하고 투정 부린다. 기대에 부응해주지 않는 상대방에게 끊임없이 채근한다. 왜 너는 내가 너를 생각하는 만큼 나를 생각해주지 않느냐고 닦달한다. 존재의 향연이 막을 내리고 소유의 실랑이가 시작된 것이다. 그러한 집착 속에서 관계는 끊임없이 흔들린다.

연애 감정의 모순이 바로 이것이다. 최초에는 오로지 상대방의 됨됨이 그 자체에 매료되고 그 사람 위주로 생각하고 행동한다. 그것이 사랑의 본디 모습이고, 누구에게나 그러한 순정이 있어서 연애의 첫 단계를 채워준다. 그러나 시간이 지나면서 아집이 싹튼다. 애당초 아무런 대가를 바라지 않고 아낌없이 베풀었건만, 뒤늦게 그에 대해 보상을 요구한다. 서로의 감정을 견주는 게임이 관계의 중심에 자리 잡는다. 남녀 관계의 경우, 성적 충동이 중첩되면 강박은 고조된다. 하지만 그러한 변질을 자각하기는 쉽지 않다. 사랑의 이름으로 상처를 주고받는 까닭이 바로 여기에 있다. 그 복잡다기함과 우여곡절은 대중가요와 드라마, 영화에서 줄기차게 다뤄져 왔다.

다행히 둘 사이에 호흡이 척척 맞아 순조롭게 행진하는 경우도 많다. '눈에 콩깍지가 씌어' 늘 붙어 다니며 남 보기에 민망한 언행도 서슴지 않는다. 그러나 그 상호 독점의 균형 상태가 얼마나 갈 수 있으랴. 상대방을 사로잡기 위해 알뜰하게 준비해 구사하던 유머도 고갈되고, 달콤한 데이트를 위한 이벤트의 레퍼토리도 식상해진다. 심각한 것은 기법이나 프로그램의 문제가 아니다. 근본적으로 처음의 열정이 식어간다. 상대방에 대한 호기심이 사라지고 만남과 대화에서도 긴장감이 줄어든다. 타성에 길들여지면서 '아주 오래된 연인들'이 되어가는 것이다.

저녁이 되면 의무감으로 전화를 하고 관심도 없는 서로의 일과를 묻곤 하지 가끔씩은 사랑한단 말로 서로에게 위로하겠지만 그런 것도 예전에 가졌던 두근거림은 아니야
—015B, 「아주 오래된 연인들」에서[4]

　바로 여기에 연애 감정의 또 한 가지 모순이 있다. 상대방과의 안정된 관계를 희구하나, 막상 안정되고 나면 감정이 희석되어버린다. 이 세상 어디든 쫓아가 함께하리라던 다짐, 무슨 일이 있어도 변치 말자던 언약이 무색해진다. 왜 그렇게 될까? 어쩌면 상대방을 사랑했다기보다 그 누군가를 사랑하는 자기감정에 도취되었는지도 모른다. 여기서 대상 그 자체는 별로 중요하지 않을 수 있다. 또는 정반대로 처음부터 그 사람에게 인정받고 싶은 욕망을 사랑이라고 착각했는지도 모른다.

그 사람이 나를 좋아하도록 만드는 것이 연애의 목적이었던 것이다. 루보미르 라미는 『우리는 왜 친구의 애인에게 끌리는가』라는 책에서, 사랑은 정말로 사랑하는 것이 아니라 '사랑한다고 믿고 있는 것'에 지나지 않는다고 말한다.[5] 그 믿음을 굳게 하기 위해 사랑 그 자체가 아니라 여러 역학 관계를 고려해 상대를 선택하고, 지속적으로 그 상대를 바꿔나가고 있을 뿐이다. 어떤 상대와 안정된 관계에 들어섰을 때, 이제 그 사람의 마음을 쟁취하였기에 나의 매력이 그를 사로잡을 수 있음을 확인하였기에, 더 이상 추가적인 '투자'가 필요 없다. 그래서 어쩌면 연인 사이가 가장 사랑하기 어려운 관계인지도 모른다. 이기적인 욕망이 사랑이라는 허울을 쓰고 나올 때가 많기 때문이다.

에크하르트 톨레는 현대인들이 빠지는 사랑의 대부분이 에고의 결핍감과 욕구가 극대화된 것이고, 상대방에 대해 자신이 가지고 있는 이미지에 중독된 것이라고 말한다. 그는 그 욕구의 실체를 다음과 같이 파헤친다.

낭만적인 관계의 초기 단계에서는 상대방으로부터 매력을 끌기 위해 어떤 모습을 연출하는 것이 공통된 일이다. 특히 에고가 '나를 행복하게 해주고, 나를 특별한 존재로 느끼게 해주고, 나의 모든 욕구를 충족시켜줄 사람'이라고 여기는 상대방을 유혹해 옆에 두기 위해서는 그것이 필요하다. "나는 당신이 원하는 사람의 모습을 연기할 테니, 당신은 내가 원하는 사람의 모습을 연기해줘." 말로는 하지 않지만 이것이 서로 간의 무의식적인 동의다. 하지만 어떤 모습을 연기하는 것은 힘든 일이며, 따라서 그 모습은 무기한 유지될 수 없다.[6]

남녀가 자발적으로 건설하는 오붓한 소우주, 그것은 피곤한 현대의 삶에서 벗어나 숨을 고르며 힘을 회복하는 발판이다. 그러나 그곳은 자칫 이기심의 결합으로 변질되어, 정직한 자아를 외면하는 도피처가 될 수도 있다. 사랑이라는 미명하에 집착과 강박으로 매이고, 상호 학대의 병적인 증상이 열정이라고 착각된다. 경쟁으로 인해 위축된 자존감, 소비를 통해 비대해진 욕망이 관계와 소통을 비틀어댄다. 속물적인 겉멋과 자아를 드높여 세우면서 우상숭배의 자리에 상대방을 무릎 꿇게 한다.

완전한 합일을 향하여

이웃나라 일본엔, 헤어지기로 마음먹은 연인들이 마지막으로 함께 찾아가서, 자신들의 이별을 고하는 연절사緣絶寺라는 절이 있다고 합니다. [……] 그런데 가끔 아주 가끔은, 도저히 그날 당장 헤어질 사람들로는 보이지 않는 다정한 모습의 커플들도 그 절을 찾는다고 합니다. '그동안 정말 고마웠어' '나도 고마웠어'라고 말하면서 그 나름의 이별 의식을 치르는 그들은, '아마 난 앞으로도 너같이 좋은 사람은 다신 만날 수 없을 거야'라고 하면서, 때론 흐느끼기도 한다는데요. 그렇게 진지한 이별식을 치르고 나서 각자 자신의 집으로 돌아간 그들은, 다음 날 아침 마치 새로운 사람을 만난 것처럼 다시 만난다고 합니다. [……] 오래 사귀다 보면 서로를 편하게 대하게 되고, 그러다 보면 그냥 헤어져버리게 되는 경우가 많은데요. 그렇게 멀어지기 전에, 서로를 아끼는 연인들은 함께 연절사에 가서 어제까지의 연인 사이를 청산하는 거짓 이별식을 치른다는 거지요. [……] 그러니까 연절사의 거짓 이별식은, 사랑을 영원히 지키고 싶어 하는 젊은이들이, 신을 상대로 벌이는 깜찍한 쇼와 같은 셈인데요.[7]

   연애를 통해 젊은이들은 인생살이의 질풍노도를 새삼스럽게 경험하게 된다. 세상에 존재하는 온갖 감정들이 연애라는 블랙박스 안에 담겨 있었음을 발견하고 당황한다. 외로움, 망설임, 떨림, 설렘, 수줍음, 어색함, 두근거림, 초조함, 간절함, 답답함, 모호함, 애절함, 그리움, 은근함, 흐뭇함, 반가움, 즐거움, 놀라움, 감격, 위로, 환희, 화끈함, 통쾌함, 뜨거움, 감사함, 듬직함, 충만함, 후련함, 포근함, 평온함, 고요함, 아늑함, 안도감, 자신감, 확신, 자랑스러움, 홀가분함, 씁쓸함, 연민, 열등감, 수치심, 우울, 두려움, 의심, 무덤덤함, 밋밋함, 낯섦, 서운함, 겸연쩍음, 썰렁함, 따분함, 권태, 근심, 탐욕, 음탕함, 치졸함, 비겁함, 가식, 이중인격, 실망, 짜증, 얄미움, 황당함, 질투심, 허영심, 허탈함, 초라함, 불신, 배신감, 분열증, 히스테리, 죄책감, 미련, 자기혐오, 후회, 환멸, 분노, 적개심, 복수심, 화해와 용서, 양가감정…… 연애 안에는 사람과 사람 사이에 생겨날 수 있는 모든 정황이 압축되어 있고, 세상을 살아가면서 마주치게 되는 마음의 뭇 풍경들이 집약되어 있다. 연애에 입문하여 우리는 사람에 대해 깊이 공부하면서 자아의 여러 얼굴을 새롭게 바라볼 수 있게 된다.

마음에서 마음으로 이어지는 길은 대단히 험난하다. 자연스럽게 끌리는 에너지와 저절로 타오르는 열정에만 편승하다가는 느닷없는 파국을 만나기 일쑤다. 연절사에서 이별을 통해 더욱 탄탄한 인연으로 거듭나려는 연인들에게 어떤 시간이 기다리고 있을까. 호감의 절정을 지나, 갈등으로 점철된 애증의 파노라마를 통과한 다음, 평상심으로 친밀한 관계를 건설해가는 과정에서 인격은 시험대에 오른다. 상황을 객관화하는 분별력, 자아에 대한 깊은 성찰력, 타자에 대한 상상력, 상대방의 허물을 보듬어 안는 포용력, 즐거운 체험을 빚어내고 나누는 창조성 등이 요구된다.

연인들은 완전한 합일合一을 바란다. 그것은 단절되고 외로운 삶이 자아내는 욕망이다. 니체에 따르면, "아무리 고독하게 사는 사람이라 해도 그는 누군가에게 사랑의 채권자이고 또한 누군가에게는 사랑의 채무자이다." 라이너 마리아 릴케의 말을 빌리면, 사랑은 '두 개의 고독이 서로를 방어하다가 서로를 접하고 인사하는 것'이다. 서로 남남이었던 두 남녀가 하나가 된다는 것은 결코 범상한 일이 아니다. 온갖 허식을 벗고 자기의 솔직한 내면을 내보이지 않으면 안 된다. 중심과 중심을 잇는 통로가 투명해야 한다. 그런데 우리는 바로 그것을 두려워한다. 가까워지고 싶지만, 자기를 활짝 열어젖히지 못한다. 허물없는 소통을 바라지만, 드높은 장벽을 좀처럼 거두려 하지 않는다. 누군가를 초대하기엔 자기만의 방이 너무 어수선하고 초라하기 때문이리라. 깊은 속을 보여주지 않은 채로 이루어지는 사귐은 피상적인 심리 유희요 상투적인 퍼포먼스다.

사랑에 대한 수많은 언어와 이미지가 홍수를 이루지만, 정작 사랑이 무엇인지를 가르쳐주는 사람은 별로 없다. 성장 과정에서 그것을 제대로 체험하기가 점점 어려워진다. 그럴수록 애정에 대한 갈증은 심해진다. 그리고 그것을 모두 연애 속에서 충족시키려 한다. 부모에게서 받았어야 할 사랑, 사회적 성취를 통해 세워야 할 자존감까지도 연인에게 채워달라고 손을 벌린다. 그러나 상대방 역시 사랑에 목말라 있기는 마찬가지며, 갈증을 달래줄 생수 역시 충분치 않기는 매한가지다. 그래서 욕망의 흥정과 거래는 부도수표의 파산으로 끝나고 만다. 연인을 만나 세상을 다 얻은 듯한 전능감에 사로잡히지만, 곧 사랑에 무능한 자아를 대면하게 된다. 너를 위해서라면 무엇이든 하겠노라던 고백이 허망한 공약空約으로 판명되면서, '내 마음 나도 모르겠다'라고 독백한다.

그러나 바로 그것이야말로 연애가 주는 최고의 선물이 아닐까. 시행착오와 좌충우돌을 거듭하면서, 변덕스러운 감정에만 나를 맡길 수 없다는 것을 깨닫는다. 그 감정들을 조련하고 다스리면서 인생을 하나둘씩 알아간다. 비좁은 나에서 해탈하여 더 큰 나로 나아간다. 누군가와 온전히 어우러지기 위해 집착과 강박에서 탈각하는 기법을 배운다. 그 과정에서 겪게 되는 숱한 부대낌과 괴로움도, 나를 알아가기 위해 치르는 대가로 여긴다면 결코 낭비는 아니다. 감정에 대한 성찰과 자기에 대한 신뢰를 얻기 위한 수업료다. 에리히 프롬은 다음과 같이 말한다.

사랑이란 아무런 갈등이 없는 상태를 의미한다는 환상이 있다. 이런 생각을 하게 되는 참된 원인은 대부분의 사람이 느끼는 '갈등'이 진짜 갈등을 피해보자는 의도에서 나왔기 때문이다. 그들은 일의 성질상 애써 해결해야 하거나 명백히 밝히지 않아도 되는 사소하고 피상적인 일에 대해서만 서로 다툰다. 그들의 깊숙한 내면적인 실체의 수준에서 체험하는 진정한 갈등은 결코 파괴적인 것이 아니다. 그러한 갈등을 거친 후 두 사람에게 모두 새로운 힘과 이해를 증진시켜주는 카타르시스를 겪는다. 사랑이란 두 사람이 모두 자기 실존의 가장 중심부와 교섭함으로써 비로소 가능해진다. 인간의 실체는 이 중심 체험central experience에 있으며, 여기에만 생명감이 있고 사랑의 터전이 있다.

—에리히 프롬, 『사랑의 기술』에서[8]

자율과 성찰의 소우주

사랑은 자기 스스로에 기초해 있다. 사랑은 항상 그리고 오직 감정적인 토대 위에서만 자리 잡을 수 있다. 이를 조작적 용어로 말하면, 연인들 외에는 아무도 두 사람이 사랑하고 있는지를 결정할 수 없음을 뜻한다. 이것은 두 사람을 위한 민주주의의 근본적 형태이자 가장 순수한 형태로 개인이 모든 책임을 진다는 것을 의미한다. 사실 사랑은 아주 극단적이어서 무책임한 것도 사랑에 포함된다. 연인들만이 사랑을 끝내기로 결정할 수 있기 때문이다. 예컨대 오직 감정이 변했다는 이유만으로도 한 사람이 다른 사람에게 등을 돌릴 수 있는 것이다.

—울리히 벡 외, 『사랑은 지독한, 그러나 너무나 정상적인 혼란』에서 [9]

　　신화학자 조지프 캠벨에 따르면, 사람들이 궁극적으로 추구하는 것은 인생의 의미라기보다는, 살아 있음의 경험 그 자체라고 한다. 지금 우리의 불행은 바로 그러한 경험을 획득하지 못하는 '삶의 부재'인지 모른다. 숨 가쁘게 몰아치는 변화, 폭주하는 지식과 정보, 한없이 늘어나는 업무, 날로 복잡해지는 제반 시스템, 현란한 상품 디스플레이, 행복을 약속하는 수많은 카피 문구…… 이런 환경 속에서 살아가는 우리는 늘 외로움과 공허함에 시달린다.

　　한편, 사랑은 놀라운 세계를 열어준다. 거기에서 우리는 역할이나 지위, 소속을 벗어나 순수한 인격으로 서로를 만난다. '노동자'라는 기능으로 도구화되거나 '소비자'라는 욕망으로 대상화되는 가운데 실감하지 못했던 '총체적 자아'를 마주한다. 부분적이고 피상적인 접속에 머물렀던 인간관계를 사뿐히 뛰어넘어 중심과 중심을 두텁게 잇는 것이다. 연애는 서로의 유일성을 발견하고 절대화하는 만남이다. 있는 그대로의 모습을 무조건적으로 용납하면서 존재를 전폭적으로 승인하는 관계다. 상대방에게 보내야 하는 관심과 애정은 거의 무한하리라고 약속되고 기대된다. 종교적인 경지에 비유될 수 있을 만큼 열정과 헌신이 요구된다. 그래서 이 세상 그 누구도 알지 못하는 내밀한 영토가 거기서 열린다. 감미로운 언어의 성찬이 베풀어지고, 절정을 향해 황홀한 몸짓이 펼쳐진다.

그런데 그 성스러운 유토피아는 불안하고 깨지기 쉽다. 자발적인 상승 에너지로 가열되던 단계를 지나, 책임감과 의지로 관계를 지속시켜야 하는 상황에서 사랑의 능력이 시험된다. 겉도는 만남과 헛도는 가면무도회의 정체가 드러날 때, 모든 인간관계에서 피할 수 없는 균열과 마찰이 들어설 때, 오로지 당사자들끼리만 해결해야 한다. 갈등을 중재해줄 권위나 기구가 없고, 냉정한 시선으로 사태를 진단하고 조정해줄 제삼자도 없다. (부부의 경우 이혼을 상담해주기도 하고, 법원에서도 기계적인 판결 이전에 당사자들이 좀더 차분하게 생각해볼 수 있도록 이혼 숙려 기간을 두고 있다.) 가슴을 울리던 언약이 제멋대로 해석되고 어처구니없이 배반당해도 하소연할 데가 없다. 그 모든 소통의 과정을 지켜본 외부의 증인이 없기 때문이다.

그렇듯 오로지 두 사람에 의해 좌지우지되는 삶의 영역은 많지 않다. 역사를 돌이켜볼 때, 이렇게 많은 사람들이 그 비좁은 밀실에서 교감하던 시대는 없었다. 그런데 바로 그런 취약함이 현대사회에서 민주주의가 자라날 수 있는 계기가 된다고 울리히 벡은 말한다. 사회학자 앤서니 기든스도 비슷한 견해를 피력하고 있다. 두 사람이 관계를 정의하고 스스로 입법자가 되어 권리와 의무를 협상하는 사적 영역에서 일상생활의 민주화가 시작된다는 것이다. 성문화된 규칙이 아니라, 서로의 인격을 신뢰하고 자율성을 훈련하면서 성찰 능력이 육성된다.[10]

'모든 인간관계는 사랑할 능력이 없는 사람과 사랑받을 자격이 없는 사람 사이의 관계'라고 시인 엘리엇은 말했다. 자신이 사랑에 무지하고 무능하다는 것부터 인정해야 한다. 사랑에 반反하는 체제와 문화 속에서 자라났음을 자각하는 데서 혁명은 시작된다. 나르시시즘의 유혹을 물리치고, 겸허한 마음으로 사랑을 차근차근 배워가야 한다. 표면에서 출렁이는 감정의 잔물결에 휩쓸리지 않도록 내면의 단단한 바탕 위에 굳세게 서야 한다. 혼자 찾아 나섰으나 도달하지 못한 생의 어떤 비밀을 거기서 발견할 수 있다. 삶을 변화시키면서 새로운 현실을 창조하는 힘이 솟구친다. 진선미眞善美에 대한 각성으로 생애의 의미에 눈을 뜨게 된다.

사랑은 전혀 다른 행성에서 온 타자를 향해 뻗어 나가는 영혼의 운동이다. 그와 동거할 또 다른 행성을 건설하는 모험이다. 각자의 삶을 가치 있게 향상시키면서, 더불어 성장해야 하는 과제가 거기에서 주어진다. 상대방에 대한 순전한 관심으로 자기를 초월하는 역설, 자기를 한없이 비워내면서 그의 여백을 빚어내는 신비가 바로 사랑이다. 우리는 사랑을 통해 인간의 아름다움에 대한 상상력을 확장하고, 내 안에 깃들어 있는 숭고한 미덕을 조명한다. 그 반짝임으로 험한 세상을 견디면서, 삶의 한구석 텃밭에 씨앗 하나 심으며 새로운 존재를 잉태하고 싶다. 그 발아를 기다리는 심경은 다른 행성까지의 거리만큼이나 아득하지만, 사랑의 능력을 믿으며 하루하루 나아간다.

해와 달, 별까지의
거리 말인가
어쩌겠나 그냥 그 아득하면 되리라

사랑하는 사람과
나의 거리도
자로 재지 못할 바엔
이 또한 아득하면 되리라

이것들이 다시
냉수사발 안에 떠서
어른어른 비쳐 오는
그 이상을 나는 볼 수가 없어라

그리고 나는 이 냉수를

시방 갈증 때문에

마실밖에는 다른 작정은 없어라

—박재삼, 「아득하면 되리라」[11]

싱글, 마음과 대화하는 자유 시간

노처녀에서 골드미스로?

"난 싫어요. 난 싫어요. 당신 같은 사내는 싫어요."

하다가 제물에 자지러지게 웃는다. 그러더니 문득 편지 한 장을(물론 기숙생에게 온 '러브 레터'의 하나) 집어 들어 얼굴에 문지르며,

"정 말씀이야요? 나를 그렇게 사랑하셔요? 당신의 목숨같이 나를 사랑하셔요? 나를, 이 나를."

하고 몸을 추스르는데 그 음성은 분명히 울음의 가락을 띠었다.

"에그머니, 저게 웬일이야?"

첫째 처녀가 소곤거렸다.

"아마 미쳤나 보아. 밤중에 혼자 일어나서 왜 저러고 있을꾸?"

둘째 처녀가 맞방망이를 친다.

"에그 불쌍해!"

하고 셋째 처녀는 손으로 고인 때 모르는 눈물을 씻었다……

—현진건, 「B사감과 러브 레터」에서[1]

한국 근대 단편 문학의 대표작을 꼽을 때 빠지지 않는 이 작품은 기숙사 사감이라는 권력자의 이중성을 묘사하고 있다. 마흔 살이 다 된 노처녀 B사감은 기숙생들의 생활 관리에 철저한데, 특히 연애편지를 엄격하게 검열한다. 그런데 공적 역할을 수행하면서 드러내는 냉정한 성격과 달리, 그녀는 로맨스에 대한 환상을 내밀한 곳에 간직하고 있었다. 그 감추어둔 감정을 남몰래 발산하는 모습이 학생들에게 발각되고, 그들의 입에서 경멸과 연민의 언사들이 흘러나오는 장면으로 이 소설은 끝난다. 사내들은 모두 마귀라고 야멸치게 폄하하고 비난하던 독신주의자, 그런 그녀의 혐오감은 남성에게서 선택받지 못한 원망의 표출이었던 듯하다.

　　독신자에 대해 불편함을 느끼는 사람들이 있다. 모든 동물이 짝을 짓고 새끼를 낳아 대를 잇거늘, 그런 자연의 '순리'를 거스르는 삶이 탐탁지 않은 것이다. 실제로 그 어느 동물보다 가족의 존속 기간이 긴 인류는 최근까지 대부분 노후의 삶을 후손들에게 의존해왔기에, 독신으로 살아간다는 것은 매우 위험천만하고 험난한 일로 보인다. 그래서 이른바 결혼 적령기에 접어든 청춘 남녀들에게 사방팔방에서 혼인의 압박이 가해지고, 가족 중에 '노총각' '노처녀'가 있을 경우 근심이 날로 깊어간다. 동생들에게 '똥차' 취급을 받으며 미안해하고, 부모에게는 불효의 자책감을 갖고 살아야 한다. 남에게 해를 입힌 것도 아니고 그저 자기 할 일을 열심히 하고 있을 뿐인데, 단지 결혼하지 않고 나이 들어간다는 이유만으로 구박을 받고 죄인이 된다.

독신의 문제는 개인과 가족의 사적인 문제로 끝나지 않는다. 출산율의 급감으로 노동력 재생산에 대한 위기감이 날로 심각해지면서, 저출산의 주범 가운데 하나로 독신자들이 지목되고 있다. 결혼율의 감소는 경제 불황에도 적지 않은 원인이 되는 것으로 분석된다. 예식장, 드레스, 웨딩 촬영, 관광버스, 피로연 음식, 신혼여행, 가전제품 및 가구 등의 혼수품, 주택, 산부인과와 소아과에 이르기까지 결혼에서 파생되는 시장은 실로 막대하기 때문이다. 그렇게 지탄의 대상이 되는 것도 못마땅한데, 세금 제도나 금융 대출까지도 기혼자 중심으로 수립되어 불리한 점이 많다. 게다가 이따금 뉴스를 보면, 독신자는 결혼한 사람에 비해 병에 걸릴 확률이 몇 배 높다느니 평균 수명이 얼마만큼 짧다느니 하는 기사가 나와 더욱 우울해진다.

그런데 언제부터인가 독신의 음울한 자화상을 깔끔한 이미지로 갈아입히는 명칭이 등장했다. 바로 '싱글'이다. 똑같은 말인데도, 영어로 바꾸면 더 세련되게 여겨진다. 싱글은 누구인가? 노처녀나 노총각과 달리, 결혼을 못 한 것이 아니라 안한 것이라는 뉘앙스가 더 짙게 배어난다. 일에 몰두하느라 연애 따위엔 신경 쓸 겨를이 없다. 아니, 혼자 사는 것이 오히려 홀가분해 그것을 선택했다. 연애의 구차스러운 감정 게임에 얽매이지 않고, 가족 관계와 가사 및 육아에 시달리지 않는다.

오로지 나만을 위해 시간과 돈을 자유롭게 쓴다. 그래서 화려한 싱글이다. 골드미스니 스완족(성공을 거둔 미혼의 강인한 여성들)이니 하는 말들도 흔해졌다. 그들에게서 노처녀 히스테리 같은 망령은 찾아보기 어렵다.

주변을 돌아보면 독신들이 넘쳐난다. 예전 같으면 결혼해서 아이 두셋은 키우고 있을 나이에 여전히 처녀 총각이다. 만혼晩婚 내지 비혼非婚이 늘어나는 까닭은 무엇인가. 취직난과 결혼난의 함수관계는? 대중문화와 소비 상품과 미디어의 효과는 거기에 어떻게 맞물리는가. 그리고 지금 시대에 결혼을 하지 않고 살아간다는 것은 어떤 경험인가. 그들은 무엇을 생각하고 느끼고 있으며, 자신의 미래를 어떻게 구상하고 있을까.

독신이 늘어나는 까닭

아무도 날 찾는 이 없는 외로운 이 산장에 단풍잎만 채곡채곡 떨어져 쌓여 있네 세상에 버림받고 사랑마저 물리친 몸 병들어 쓰라린 가슴을 부여안고 나 홀로 재생의 길 찾으며 외로이 살아가네
—권혜경, 「산장의 여인」에서[2]

1957년에 발표되어 크게 유행했던 이 노래는 지금도 많은 사람들에게 애창곡으로 불리고 있다. 그런데 그 가사를 보면 매우 처절하다. 병든 것도 고통스러운데 세상으로부터 버림받

기까지 해 아무런 희망이 없는 처지를 읊고 있다. 왜 이런 가사가 씌었을까? 이 노래를 지은 작사가 반야월은 결핵으로 투병 중이던 작곡가 이재호를 만나러 마산의 요양소를 찾아갔다가, 거기에서 어느 여성 환자가 쓸쓸하게 산책하는 모습을 목격했다. 창백하고 수심 가득한 얼굴에 붉은 노을이 비치면서 더욱 애처롭게 보였다. 이에 반야월이 바로 노랫말을 썼고, 거기에 즉시 이재호가 곡을 붙였다고 한다.

전쟁의 상처가 아직 아물지 않고 가난에서 벗어날 날도 아득하기만 했던 시절, 사람들은 이 비가悲歌의 주인공이 겪고 있을 심신의 아픔과 설움을 떠올리며 고단한 삶을 위로받았으리라. 이 노래로 일약 스타가 된 권혜경은 「호반의 벤치」 「물새 우는 해변」 「한 송이 물망초」 같은 잔잔한 노래로 대중의 마음을 사로잡았다. 그러나 그녀는 일찍이 무대에서 은퇴한 뒤, 결혼하지 않은 채 충북의 외딴 시골에서 외롭게 지냈다. 2008년 78세의 나이로 세상과 결별했을 때, 그녀는 자신의 노래 「산장의 여인」처럼 홀로 질병과 싸우고 있었다.

독신의 삶은 그 자체로 외롭고 불편한 점이 많지만, 사회적으로 부당한 낙인이 찍히는 경우 더욱 서럽다. 서양에서도 독신 여성은 20세기까지 조롱과 가십거리가 되었고, '남아도는 여성extra women'이나 '노처녀spinsters'라고 불렸다. 1957년 미국의 여론조사에 따르면, 독신을 선택한 사람들은 '병에 걸렸거나' '신경과민이거나' '부도덕한' 사람이라고 대답한 이들이 무려 80퍼센트나 되었다.[3] 여성들의 사회 진출이 활발해지면서 독신도 늘어났지만, 1990년대까지도 독신 여성은 비극적인 운명의 소유자로 비쳐졌다.

수녀나 신부나 스님처럼 종교적인 이유가 아니라면, 절대로 결혼하지 않겠다고 작정하는 사람은 드물다. 단지 짝을 찾지 못하고 있을 뿐이거나, 그런 상태로 나이가 들어가며 독신으로 굳어진 이들이 대부분이다. 어찌어찌하다 보니 계속 미혼으로 남아 있는 것이다. 간혹 중한 질병에 시달리느라, 또는 집안의 경제적 어려움을 해결하느라 혼기를 놓친 이들도 있다. 그런가 하면, 일에 빠져든 워커홀릭이나 취미 생활에만 매달리는 마니아들 가운데 결혼을 계속 뒷전으로 미뤄두는 경우도 종종 있다. 자기만의 세계에 몰입하면서 교제의 기회를 갖지 못하는 것이다.

한편, 직장의 빡빡한 업무 구조로 인해 연애할 틈을 내기 힘든 것도 만혼의 중요한 원인으로 거론된다. 경제가 순탄하게 고도성장할 때는 청춘의 낭만을 만끽하며 직장 생활을 영위하는 것이 어렵지 않았다. 그러나 IMF 금융 위기 이후에 글로벌한 경쟁이 가속화되고 직원들의 실적을 꼼꼼하게 따지는 상황이 되면서, 사내에서 또는 거래처에서 짝을 찾기엔 분위기도 삭막하고 마음의 여유도 없다. 살아남기 위해서는 과로를 무릅쓰지 않을 수 없고, 주말이면 밀린 잠을 보충하기에도 시간이 부족하다. 그래서인지 요즘은 평일 점심시간을 이용해 간단한 소개팅을 하는 직장인들이 생겨나고 있고, 노조가 나서서 미팅을 주선하기도 한다.

한비야와 「섹스 앤 더 시티」 그리고……

"고양이나 개도 좋지만 빨리 인간 수컷을 키우도록 노력하게."

—요네하라 마리, 『인간 수컷은 필요 없어』에서[4]

　미혼 여성이 늘어나는 데는 보다 근본적인 이유가 있다. '괜찮은' 신랑감이 점점 줄어든다는 것이다. 많은 나이에도 미혼으로 남아 있는 남자들은 무능하거나 성격파탄자거나 아니면 플레이보이이더라는 편견 섞인 푸념도 나온다. 어쩌면 여성들의 눈이 높아졌는지도 모른다. 여성들의 의식은 빠르게 변하는 데 비해, 남성들은 답보 상태거나 너무 더디게 변한다. 그 이면에는 가부장제 질서가 의연하게 버티고 있다. 가사와 육아의 부담은 여전히 여성의 주된 몫으로 주어지고, 사회적·정책적 지원도 아직 미미하다. 고부간의 갈등은 여전히 만만치 않다. 이런 상황에서 결혼이 여성에게 주는 메리트는 점점 줄어들 수밖에 없다.

　1980년대 이후 발전해온 페미니즘의 자장 속에서, 많은 여성들이 가부장제에 대한 비판 의식을 갖게 되고 사회적 성취에 대한 욕구도 높아졌다. 기존 질서의 고루함에서 탈피하려는 몸부림을 통해 자의식은 예리하게 가다듬어졌다. 적어도 남녀 관계의 측면에서는 진보적인 입장을 당연하게 받아들이고, 세상의 변화에 민감하게 반응하면서 적극적인 자기 개조를 감행한다. 그 길에서 결혼은 걸림돌로 여겨지기 일쑤다. 아버지의 부당한 권력 행사나 무능함에 염증을 느끼고, 그 속에서 고생하는 어머니의 구차한 삶을 지켜보며 결혼에 대한 부정적인 관념이 형성된 경우도 적지 않다. 가정은 개인의 보호막이나 행복의 전당이 아니라, 암울하고 고통스러운 감옥으로만 기억된다. 어머니는 자기처럼 살지 말고 "무소의 뿔처럼 혼자서 가라"라고 권유한다.

그렇게 '불우한' 가정에서 자라나지 않았다 하더라도 여성들의 의식은 점점 진취적이 되어가고 있다. 아들딸 구별 않고 자녀를 키운 부모들이 거기에 큰 몫을 했다. 경제력과 문화 자본을 갖춘 고학력 부모의 슬하에서 태어난 알파걸들은 구김살 없이 자랄뿐더러 잠재력 개발에 충분한 지원을 받는다. 대학에 들어가서는 어학연수, 교환학생, 배낭여행 등을 통해 드넓은 세계를 몸소 경험하면서, 한국 사회를 멀리서 조망하며 상대화할 수 있는 시각을 얻는다. 온갖 연줄에 매달리며 권력 카르텔을 형성하는 남자들의 세계에서 오로지 자기 힘으로 살아남아야 한다는 일념으로 알뜰하게 실력을 쌓는다.

젊은 여성들의 인생 설계에서, 대중문화는 그 상상력을 한껏 넓혀주었다. 박완서의 『그대 아직도 꿈꾸고 있는가』, 공지영의 『무소의 뿔처럼 혼자서 가라』 등 결혼의 환상을 깨는 소설들이 등장해 여성들을 계몽하기 시작한 것은 1990년대 초반이다. 1992년 개봉한 영화 「그대 안의 블루」(이현승 감독)에서 주인공은 남자와의 안정된 결혼 생활보다 자아실현이라는 모험을 택한다. "이제 나만의 색깔을 찾아가겠어요"라는 유림(강수연 분)의 선언은 여성들에게 미련 없이 가부장제를 박차고 나올 수 있는 용기를 불어넣었다. 그런데 낡은 굴레에서 벗어나긴 했는데, 이제 어디로 갈거나. 그때 혜성처럼 등장한 이가 한비야다. 30대에 촉망받던 전문직을 박차고 나와 오지 탐험에 나서고, 다시 길을 바꿔 국제 구호 전문가로 나선 그의 행보는 많은 여성들에게 희망의 아이콘으로 떠올랐다.

1999년 개봉한 「처녀들의 저녁식사」(임상수 감독)는 독신 여성들의 존재 방식에 대해 또 다른 지평을 열어주었다. 여성들의 성적 욕망을 대담하게 묘사하면서도 과거 「애마부인」처럼 남근 중심이 아닌, 여성의 주도적인 면모를 쿨하게 드러낸 것이다. 그리고 2003년 개봉한 「싱글즈」(권칠인 감독)는 독신 여성의 라이프스타일을 다채롭게 묘사했다. 그 무렵, 그러한 영화의 원전이라고 할 수 있는 「섹스 앤 더 시티」를 직접 시청하게 되면서 많은 여성들의 욕망은 글로벌한 채널을 따라 증식되었다. 그리고 『여자생활백서』 같은 책이 출간되어 그러한 환상을 현실로 만드는 구체적 지침들을 친절하게 안내해주었다.

누구와 함께 살 것인가

만혼과 독신이 늘어나면서 좋은 점 중 하나는 비슷한 처지의 사람들끼리 서로 의지할 수 있다는 것이다. 비록 같은 공간에 살지는 않지만, 함께 식사를 하고 여가를 즐기고 또 필요할 때 서로의 삶을 돌봐주며 사는 관계들이 점점 늘어나고 있다. 영화 「싱글즈」처럼, 이제 독신들은 더 이상 '혼자'로 남기보다 다양한 관계 맺음을 통해 새로운 관계를 만들어간다. 독신 문화가 한국보다 일찍 정착한 일본이나 서구에서는 그러한 라이프스타일에 걸맞은 집합 주택들이 다양하게 선보이고 있다. 넓은 거실이나 주방을 공유하면서도 개인의 사생활이 보장되는 물리적 구조가 일반적인데, 그를 통해 경제성과 안전성을 확보할 수 있고 공동체의 즐거움도 누리게 된다.

교우 관계나 공동생활은 나이가 들수록 절실해진다. 젊었을 때야 아직 건강하고, 일에 심취할 수 있으며, 돌아다닐 곳도 많다. 그러나 노후에는 독신 생활이 만만치 않다. 병들었을 때 돌봐줄 배우자나 자녀도 없다. 경제적으로 의존할 사람도 보이지 않는다. 황혼의 고독을 삭여줄 동료가 필요하다. 누구와 함께 살 것인가. 아직 젊을 때 코드가 맞는 친구들을 열심히 사귀어두어야 한다. 일정 기간 동거를 실행해볼 필요도 있다. 막상 함께 몸을 부대끼며 생활하다 보면, 그전에 미처 발견하지 못했던 마찰과 갈등이 생긴다. 나 자신의 모난 부분들도 새삼스럽게 눈에 들어온다. 결혼 생활의 적응 과정과 크게 다를 것이 없다.

상대적으로 여성들은 동성끼리의 동거에 대해 거부감이 많지 않은 듯하다. 대중문화에서도 싱글 여성들의 생활공동체를 주로 보여준다. 그 유대감이 가족보다 끈끈한 경우도 있다. 「섹스 앤 더 시티」에서 일찌감치 부모로부터 독립한 미란다(신시아 닉슨 분)는 보호자 동반이 필요한 수술에 혈육도 애인도 아닌, 친구 캐리(사라 제시카 파커 분)를 자신의 보호자로 내세운다. 「처녀들의 저녁식사」에서도 호정(강수연 분)이 사귀던 유부남의 부인에게 봉변을 당할 때, 연(진희경 분)이 나서서 단호하게 수습해준다. 독신 여성들은 자매애라는 접착제로 똘똘 뭉쳐 사는 데 익숙하다. 아무래도 여성들은 관계 중심적인 편이라, 그런 실험이 크게 어렵지 않은 듯하다.

그에 비해 남성들은 동성끼리 함께 사는 데 상대적으로 덜 익숙하다. 실제로 어느 싱글 남성 두 명이 1년 동안 함께 살기로 약속하고 동거에 들어갔는데, 한쪽이 여느 가부장적 남편처럼 손 하나 까딱하지 않았다고 한다. 상대방이 거실 청소를 하면, 소파에 앉아 텔레비전을 보면서 발만 살짝 드는 식이었다. 살림을 도맡게 된 남자는 상대방의 그런 모습에 실망하여 빨리 약속한 1년이 지나기만을 기다린다나.

그러나 정도의 차이는 있을지언정, 여성이든 남성이든 다른 누군가와 함께 살아간다는 것은 결코 쉬운 일이 아니다. 타인과 몸으로 생활을 공유한다는 것은 언제나 그런 마음고생을 수반한다. 말하자니 치사하고, 그냥 참고 넘어가자니 잠이 오지 않는 일들에 거듭 직면하게 된다. 그런 걸림돌들을 능숙하게 딛고 넘어갈 수 있는가. 그 점에서 독신들의 공동생활도 결혼 생활에 버금가는 수행修行을 요구한다고 할 수 있다.[5]

삶의 다양한 존재 가능성

즐거운 곳에서는 날 오라 하여도 내 쉴 곳은 작은 집 내 집뿐이리 내 나라 내 기쁨 길이 쉴 곳도 꽃 피고 새 우는 집 내 집뿐이리 오 사랑 나의 집 즐거운 나의 벗 내 집뿐이리.

—「즐거운 나의 집Home Sweet Home」에서

위대한 성취로 역사에 귀중한 문화유산을 남긴 이들 가운데 독신자가 적지 않다. 예수, 간디, 엘리자베스 1세, 잔 다르크, 나이팅게일, 플라톤, 데카르트, 칸트, 쇼펜하우어, 칼릴 지브란, 슈베르트, 브람스, 슈만, 레오나르도 다빈치, 장승업, 한창기, 김옥길, 고정희, 권정생…… 위에 인용한 노래의 작사가 존 하워드 페인도 평생 독신으로 지내며 이곳저곳을 방랑하다가 삶을 마감했다. 배우자도 자녀도 가져본 적 없는 이가 지어낸 노랫말이 200년 가까이 불리면서 사람들에게 가정의 소중함을 되새겨준 것이다. 그는 어린 시절 애틋했던 가족의 추억을 더듬으면서, 또는 오붓한 가정을 꾸리고 싶은 간절한 소망을 담아 그 가사를 썼는지 모른다.

전통 사회에서 결혼은 모든 인간이 당연히 거쳐야 할 삶의 과정으로 여겨졌다. 그러나 근대 이후, 결혼은 점점 더 선택 사항이 되어왔다. 이제 어떤 사람의 됨됨이를 판단하는 데 결혼 여부는 중요한 변수가 아니다. 결혼한 사람들이 오히려 타인에 대한 배려가 부족한 경우가 얼마든지 있고, 자녀를 키워본 적 없는 사람들이 아이들을 훨씬 더 잘 이해하고 아껴주는 예는 무수히 많다. 관념적으로는 '정상 가족'에 대한 환상과 집착이 끈질기게 지속되지만, 현실에서는 급속도로 깨져나가고 있다. 이혼율의 증가뿐만 아니라, 기러기 아빠라 불리는 기혼의 독신자들도 급속히 늘어났다. 또한 함께 살고 있지만 '사실 이혼' 상태로 사는 부부들, 하숙생처럼 서로를 낯설어하는 부모와 자녀도 적지 않다. 반면에 독신이기에 폭넓은 인간관계를 맺으면서 풍요로운 인생을 꾸리는 이들도 많다.

노후에 접어들면, 기혼자와 독신자 사이의 차이가 크게 줄어든다. '황혼 이혼'에 '대입 이혼'(자녀가 대학에 입학하면 이혼하는 것), 최근엔 '졸혼'까지 가세하고 있다. 자녀가 자신을 봉양할 거라 기대하는 부모들은 이제 많지 않다. 가끔 미디어에서 보도되듯 황당하게 버림받거나 방치되지 않으면 다행이다. 금슬 좋은 부부라도 배우자를 먼저 떠나보내고 평균 5년 정도 독수공방해야 한다. 누구나 마지막엔 홀로 된다. 결혼했다 해도 노후의 막막함은 마찬가지다. 그 황혼기를 어떻게 건널 것인가. 서로에게 다리가 되어줄 사람은 누구인가.

근대 이후, 사적 영역의 단위는 계속 축소되어왔다. 대가족에서 핵가족으로, 거기에서 다시 개인들로 분화되어온 것이다. 혼자 사는 세대가 늘어나고 있다. 그들은 혈연에 얽매이지 않고 새로운 공동체를 자유롭게 실험할 수 있는 조건에 있다. 그런 의미에서 독신자들은 혈연을 넘어선 가족의 가능성을 탐색할 수 있는 선구자들이라 할 수 있다. 이미 '싱글맘'이라는 존재가 당당하게 정착하고 있고, 선진국에서는 젊은 독신자들과 독거노인들이 한데 어우러져 사는 다세대 공생형 집합 주택이 등장하기도 했다. 대안적 가족의 모습에 대한 통쾌한 상상을 불러일으킨 영화 「가족의 탄생」(김태용 감독) 같은 스토리가 결코 황당하지 않은 시대로 넘어가고 있는 것이다. 싱글들은 생면부지의 타인과도 깊은 유대를 맺으면서, 서로를 신실한 돌봄의 상대로 만날 수 있는 관계를 진취적으로 열어갈 수 있다.

싱글들이 늘어나는 데는 여러 가지 이유가 있다. 무상의 주부 노동으로 지탱해온 가부장제에 대한 거부감, 남녀 사이의 의식 비대칭, 가족에 의존하지 않고 정체성을 구성하고 싶은 욕망, 날로 치솟는 집값과 사교육비, 다채롭고 매혹적으로 제시되는 자아실현의 시나리오들, 개인 생활의 여백을 허용하지 않는 빡빡한 업무 구조, 미래에 대한 두려움과 비관주의, 젊은이들의 독립을 어렵게 만드는 취업난…… 그 어느 이유에서 싱글로 살아가든, 그들은 다양한 라이프스타일을 잉태하면서 문화의 풍성함을 암시하는 자유인일 수 있다. 혼자이기에, 미지의 세계로 가뿐한 발걸음을 내디딜 수 있다.

독신, 그것은 예찬이나 동경, 호기심의 대상이 아니거니와 연민의 대상은 더욱 아니다. 싱글들은 저마다 자기에게 주어진 인생의 길을 걸어가고 있다. 그저 고독이라는 인간의 궁극적인 실존을 좀더 자주 경험하는 것이고, 마음에 귀를 기울이면서 자화상을 오래 마주하고 있을 뿐이다. 사람이라면 누구나 견뎌야 할 저마다의 외로움을 삶의 다양한 존재 가능성으로 고양하고 확장하려는 소망이 거기에 있다.

결혼식, 경건한 어울림의 예약

사회 재생산의 핵심 기제

신부는 팔을 높이 올려 한삼으로 얼굴을 가리운다.

다홍 비단 바탕에 굽이치는 물결이 노닐고, 바위가 우뚝하며, 그 바위틈에서 갸웃 고개를 내민 불로초, 그리고 그 위를 어미 봉鳳과 새끼 봉들이 어우러져 나는데, 연꽃·모란꽃이 혹은 수줍게 혹은 흐드러지게 피어나고 있는 신부의 활옷은, 그 소맷부리가 청·홍·황으로 끝동이 달려 있어서 보는 이를 휘황하게 하였다.

"하이고오, 시상에 워쩌면 저렇코롬……"

초례청을 에워싼 사람들의 뒤쪽에서 누군가 참지 못하고 탄성을 질렀다. 거의 안타까운 목소리다. 〔……〕 마당을 가득 채운 웃음소리와 덕담, 귓속말들, 옷자락에 흥건히 배어들 만큼 질탕한 갖가지의 음식 냄새와 청·홍, 오색의 휘황함에 짓눌리기라도 한 것일까, 아니면 모든 것이 아직은 어색한 탓일까, 나이 어린 신랑의 얼굴은 굳어 있었다.

―최명희, 『혼불』에서[1]

의례는 종합예술이다. 굿에서 장례식에 이르기까지, 거기에는 음악이나 곡哭이 있고 설치물이나 장식품이 있으며 몸짓의 퍼포먼스가 있다. 공동체의 심미적 역량을 총집결하여 오감으로 소통하는 이벤트가 전통 사회의 의례였다. 혼례 역시 그러한 문화의 소산이었다. 마을에서 일어나는 몇 안 되는 경사慶事로서, 온 주민이 모여 음식을 나누며 즐기는 잔치가 혼례였던 것이다. 불후의 명작 『혼불』의 첫 부분에는 바로 그 의례의 장면이 상세하게 묘사되어 있다. 그 모든 순서에는 당대의 세계관이 형상화되어 있다. 의식儀式이 진행되는 동안 일상의 공간은 상징으로 가득 찬 우주, 엄숙함과 흥겨움이 어우러지는 비일상의 공간으로 변모한다.

인간 사회에서 혼인은 사회를 재생산하고 집단 간의 결속을 재구성하는 핵심 기제다. 이른바 정략결혼이 전형적인 예로, 그런 극단적인 경우가 아니라도 혼맥婚脈이라는 것은 그 어느 인맥보다 막강한 힘을 발휘한다. 그래서 근대 이전에는 집안이나 친족의 가장 높은 어른이 직접 나서서 신중하게 치르는 중대한 일이었다. 혼담이 오가는 것부터 사주를 보고 예식 날짜를 정하고 의례의 방식을 정하는 것까지, 결혼 당사자들이 선택할 수 있는 것은 거의 없었다. 그리하여 갑돌이와 갑순이의 애석한 사연들이 숱하게 생겨났다. 푸치니의 오페라 「자니 스키키」에 나오는 '오 사랑하는 나의 아버지'는 연인과의 결혼을 허락해달라고 아버지에게 매달리는 노래로, 수많은 여인들의 애절한 간청이었다.

근대에 들어서자 결혼의 성격이 달라진다. 예전처럼 가문들끼리 이뤄지는 집단적 결속이 아니라, 남녀가 자신의 선택과 책임하에서 치르는 개인적 약속으로 바뀐 것이다. 그런데 아직 예전의 결혼관이 혼재되어 있는 한국 같은 사회에서는 부모와 결혼 당사자 사이에 갈등이 종종 빚어진다. 더불어 다른 사회적인 변화들 속에서 결혼은 점점 만만치 않은 일이 되어간다. 결혼과 가족에 대한 남녀의 인식 차이, 취직난과 집값 상승으로 인해 독립하기가 점점 어려워지는 상황, 생물학적 나이와 사회적 연령 사이의 간극, 최근에는 성비의 극심한 불균형 등이 가중되어 결혼의 진입 장벽은 자꾸만 높아지고 있다. 그런 가운데 외국인 여성과 결혼하는 남성들이 급증하여, 국제결혼의 비율이 어느덧 매년 10퍼센트를 넘어서고 있다.

결혼의 본질이나 그것을 둘러싼 상황이 달라졌어도, 결혼식은 여전히 사회적으로 매우 중요한 의례로 여겨진다. 그리고 그 어느 의례보다 화려하고 성대하게 치러진다. 연예인들의 결혼식이 뉴스로 다뤄지고, 영국의 왕실이나 일본의 황실 결혼식은 세계적인 미디어 이벤트로 연출된다. 그러나 그런 유명 인사들이 아니더라도, 결혼식은 누구에게나 자신이 주인공이 되는 가장 큰 잔치다. 생일 파티나 돌잔치나 회갑연, 그 어느 자리에도 결혼식만큼 많은 하객을 초대하지 않는다. 그리고 그 어느 가족 행사보다 많은 비용이 들어간다. 그런데 우리는 왜 결혼식을 치르는가. 신랑 신부와 그 가족들에게 그것은 어떤 의미인가. 그리고 하객들은 어떤 즐거움을 누리는가.

유일한 사회적 의례?

우리의 도시에는 점점 직선이 늘어난다. 아파트와 오피스 빌딩이 자꾸만 높아지고 곳곳을 최단 거리로 잇는 도로가 계속 깔리기 때문이다. 그런데 그 딱딱한 풍경에서 이따금 곡선이 눈에 띈다. 바로 예식장 건물이다. 동화 속의 왕궁을 연상시키는 이미지로 지붕과 탑을 꾸며놓았다. 과연 '행복의 전당'답다. 예식에는 장례식 등 여러 가지가 있지만, 예식장이라고 하면 거의 결혼식만 치러진다. 요즘에는 아예 '웨딩 홀'로 이름을 바꾸었다. 결혼식장이 그렇게 독자적인 공간으로 존재하는 나라는 세계적으로 드물다.

예식장이 왜 그렇게 많을까? 서양의 경우, 워낙 기독교 문화가 지배적이었기에 교회가 예식장의 기능을 담당해왔다. 반면 한국의 경우, 급속한 서구화 과정에서 집 마당과 동네 안에서 유교식으로 올리던 '구식' 혼례를 탈피할 수 있는 대안으로 예식장이 대거 형성되었다. 서구화가 되었다 해도 기독교가 생활 문화를 지배한 것은 아니었기에, 교회가 예식 공간이 되는 데는 한계가 분명했다. 결혼하는 당사자나 그 부모들이 사회에서 점점 복잡하고 광범위한 인간관계를 맺어가기에 그 모든 하객들을 집으로 불러들이기는 어려웠다. 예식장과 함께 드레스는 세련된 서양 문화의 중요한 표징이 되었다. 가난 때문에 결혼식을 올리지 못한 부부들이 쉰이 넘어 식을 올리는 경우가 있는데, 드레스 차림의 신데렐라가 되어보지 못한 여성의 아쉬움을 뒤늦게나마 푸는 데 의미가 크다.

인간 사회에서 그 개개인이 주인공이 되는 의례는 결혼식 이외에도 매우 많다. 백일잔치, 돌잔치, 생일 파티, 성인식, 입학식, 졸업식, 취임식, 이임식, 환영회, 송별회, 회갑과 칠순·팔순, 장례식…… 이 가운데 통과의례적인 성격을 띠는 것들이 적지 않다. 통과의례의 기능은 무엇인가. 시간의 마디를 그음으로써 그 전과 후를 구별하고 인간의 사회적 위치나 관계가 달라졌음을 공표하는 것이다. 당사자는 자신의 위상이 달라진 것을 분명하게 인식하면서, 장차 자신에게 기대되는 역할과 행동을 준수할 것을 다짐한다. 더불어 의례에 참여한 사람들은 그 중요한 순간을 몸으로 함께함으로써, 공동체 구성원들의 유대를 확인하고 강화한다.

결혼식은 그 어느 의례보다 절대적인 의미를 갖는다. 다른 의례들이 점점 상실해가는 사회적 효력을, 결혼식만큼은 굳건하게 담보하고 있다. 예를 들어 돌잔치나 생일 파티나 회갑연을 치르지 않았다고 해서 나이가 한 살 더 많아졌음을 인정받지 못하는 것은 아니다. 입학식 참여 여부가 학생 신분을 획득하는 데 영향을 끼치지 않고, 졸업식에 빠졌다고 해서 졸업장이 무효화되지 않는다. 기관장이 정년 퇴임식을 갖지 못했다고 해도 퇴직에는 아무런 지장이 없다. 너무나 당연한 이야기지만, 어떤 사람이 사망했을 때 우리는 장례식을 치렀는가를 따지지 않고 그 사람의 죽음을 받아들인다.

그런데 결혼식은 다르다. 법적으로 따진다면, 혼인신고만 하면 부부로서 자격을 획득하고 관청에 등록된다. 그러나 그 절차만 밟고 결혼식을 올리지 않으면, 지인들에게 부부로 인정받기 어렵다. 만일 혼인신고만 하고 동거를 하다가 임신을 한 채 결혼식을 올리는 부부가 있다면, 하객들은 그 불룩한 배를 보고 '속도위반'이라고 히죽거릴 것이다. 그와 반대로 결혼식을 올려놓고 혼인신고를 하지 않았다면?(차일피일 미루다가 많이 늦어질 수도 있지만, 요즘엔 '만일의 사태'에 대비해 일부러 미루는 경우도 있다.) 사람들은 아무 거리낌 없이 부부로 인정한다. 그리고 그렇게 살다가 갈라섰다면? 주변 사람들은 물론 본인들도 '이혼'했다고 생각하고 그렇게 말한다. 법적으로는 아무런 변화가 없는데도 말이다.

이렇듯 결혼식은 법적인 구속력과 상관없이 막강한 사회적 강제력을 갖는다. 구청에 가서 행정적으로 신고하는 것보다 만인 앞에서 신고하고 승인받는 것이 훨씬 중요하다는 말이다. 사실혼이 문제가 되는 것은 자녀의 출생신고나 재산상의 문제 등 사적인 차원에서일 뿐, 결혼식만 치렀다면 사회적 관계에서는 아무런 문제가 되지 않는다. 왜 그럴까? 근대 이전에는 그 공동체나 지역사회에서 결혼의 정당성을 인정받는 것이 곧 법적인 효력을 획득하는 것을 의미했기 때문이다. 개인주의가 더 진척된 서양에서는 이제 그런 구차스러운 의례를 생략하고 단둘이 신부를 찾아가 결혼하거나 관청에 가서 약식 결혼식을 올리기도 하지만, 한국처럼 집단 내지 관계가 중시되는 사회에서는 쉽사리 실행하기 어려운 일이다. 이따금 한국에서도 일부 연예인이나 유명 인사가 미디어의 취재를 피해 극비리에 결혼식을 올리는 일이 있긴 하다. 그러나 대부분의 사람들에게 결혼식은 결혼 그 자체라고 할 수 있다.

결혼 산업과 위세 경쟁

현대사회에서 결혼이 당사자의 선택이 되었다고는 해도, 한국에서는 아직도 결혼 준비 과정에서 부모가 행사하는 권력이 막강하다. '아들을 여의었다' '딸아이를 치웠다'라는 식의 표현에서 알 수 있듯이, 부모들은 자녀를 결혼시키는 것까지가 최소한의 의무라고 생각한다. 그리고 사위나 며느리를 맞이할 때 어른들이 무엇보다 신경을 곤두세우는 것은 상대방의 집안이다. 더 구체적으로 말하면, 사돈의 경제적 수준 또는 사회적 지위다. 결혼 당사자와 부모의 의견이 서로 어긋날 경우, 심각한 갈등이 생긴다. 사랑하는 사람과 부모 가운데 택일해야 할 때도 있다.

이른바 상류층일수록 상대방 집안이 어떤지를 까다롭게 따지고, 비슷한 수준끼리의 배타적 결속에 집착한다. 그러한 연결을 전문적으로 도와주는 업체가 등장한 지도 오래됐다. 어느 결혼중매회사의 광고에 "명문가가 원하는 배우자감 따로 있다"라는 문구가 크게 씌어 있는 걸 본 적 있다. 그리고 그 아래에는 '명문가 노블 회원들의 직업군별 만남 현황표'라는 것이 그려져 있었는데, 그동안 그 회사를 통해 맺어진 커플들을 경영계, 의료계, 법조계, 정계, 문화 예술 및 교육계, 금융계로 나눠 그들 사이에 얼마나 빈번하게 결혼이 이뤄지는지를 실증하고 있었다.

그런 점에서 결혼은 자신의 집안이 사회적으로 어느 정도 위치에 있는지를 가장 집약적으로 확인하고 보여주는 계기인지도 모른다. 서로의 격㤢을 세밀하게 가늠하면서, 자신이 혹시 꿀리지 않는지 요모조모 견주는 심리 게임이 거기에서 벌어진다. 신랑 쪽이 과도한 혼수를 요구해올 때, 신부 쪽에서는 복잡한 계산을 하게 된다. 우리 딸이 뭐가 모자라서 그렇게 바리바리 싸서 보내야 하는가 하고 속상해하면서도, 혹시 시집에서 평생 무시당하지 않을까 또는 친정의 빈궁한 재력이 드러나지 않을까 무리해서라도 부응하는 경우가 종종 있다. 말하자면 체면을 극도로 민감하게 따지는 것인데, 그 강박은 결혼식을 통해 더욱 분명하게 표출된다. 이때 양쪽 집안은 경쟁하면서도 연합하는 관계가 된다. 양가 모두 대단한 집안이라는 것을 대외적으로 과시함으로써 위세를 입증해야 하기 때문이다. 결혼식에 엄청난 비용이 들어가는 까닭도 그에 있다.

보통의 젊은 남녀가 부부로 결합하고 독립하는 데 한국처럼 돈이 많이 들어가는 나라는 지구상에 없을 것이다. 그리고 결혼식을 치르는 데 당사자와 가족들이 신경 써야 할 일들이 이렇게 많은 경우도 드물 것이다. 예식장 선정, 주례자 섭외, 청첩장 발송, 혼수 장만, 부동산 계약, 가재도구 마련과 이사, 사진 촬영, 신혼여행, 친지들 찾아뵙기…… 이 모든 일을 3~4개월 안에 해치워야 하는 경우도 허다하다. 그 일감의 규모로 볼 때, 웬만한 이벤트 하나 치르는 정도 이상이다. 그러니 그렇게 큰일을 치러본 경험이 없는 젊은이들로서는 엄청난 스트레스를 받는 경우도 많다. 커플 또는 양쪽 집안 사이에, 그리고 결혼 당사자와 부모 사이에 심각한 갈등이 생기기도 한다. 이것저것 챙기느라 정신없이 뛰어다니고 갖가지 이견들로 마음이 부대끼고 하는 과정에서, 갑자기 결혼에 회의를 느끼고 우울해지는 이들도 종종 있다.

예의 없는 의례

　　주말마다 도시에는 말끔한 정장 차림으로 외출하는 사람들이 눈에 많이 띄는데, 그 대부분이 결혼식에 가는 이들이다. 서울에서 지방으로, 지방에서 서울로 이동하는 하객들도 엄청나게 많다. 거기에 소요되는 경제적·시간적·사회적 비용을 모두 계산하면, 한국 사회에서 결혼식을 위해 들이는 비용은 가히 천문학적 수준으로 늘어난다. 한국인들이 평소에 지출하는 경조사비는 세계 최고 수준이고, 대부분 그에 대해 부담을 느끼며 살아간다. 청첩장은 초청장과 동의어인데, 고지서처럼 여겨지기 일쑤다. 아주 드물기는 하지만, 아예 청첩장에 계좌번호를 넣는 경우도 있다. 하기야, 결혼식 참석의 목적이 어차피 축의금 전달에만 있다면, 그렇게 간편하게 주고받는 편이 합리적이리라.

이러한 냉소적 제안에 일리가 있다고 생각된다면, 그것은 결혼식에서 별다른 의미나 감흥을 느끼지 못해서이다. 그럴 수밖에 없는 것이, 우선 의례 자체가 지극히 단조롭고 빈약하다. 양가 어머니의 촛불 점화, 신랑 신부의 입장과 맞절, 부모와 하객들에 대한 인사, 주례사, 서약 및 성혼 선언, 축가, 신랑 신부 퇴장. 대략 이 순서로 진행되는데, 소요 시간이 20분도 채 되지 않는 경우가 많다. 주례사가 짧을수록, 예식이 빨리 끝날수록 모두가 좋아하는 분위기다. 예식 자체가 중요한 것이 아니기 때문이다. 하객들은 축의금을 내고 친구와 친지들을 상봉하고 밥을 먹는 것에만 관심이 있다. 그래서 예식에 별로 집중하지 않는다. 주례사가 진행되는 동안, 옆자리에 앉은 사람과 잡담을 하는 이들도 적지 않다.

결혼식을 주최하는 가족들 역시 결혼식 자체에는 큰 관심이 없어 보인다. 양가 부모들은 하객이 얼마나 많이 오는가, 결혼 당사자들은 자신들이 얼마나 예쁘고 멋지게 비치는가에 신경을 곤두세우고 있는 듯하다. 말하자면, 눈에 보이는 외형에 엄청난 에너지를 쏟는다는 이야기다. 그리고 그것은 사진이라는 기록으로 남는다. 한국인의 결혼식은 사진 촬영이 목적이라고 해도 과언이 아니다. 예식 중에 이곳저곳을 마음대로 휘젓고 다니는 사진사들, 예식이 끝난 다음 예식보다 더 시간과 정성을 들이는 각종 사진 촬영은 다른 나라에서 보기 어려운 광경이다. 그리고 사진사나 예식장 직원이 예식이나 폐백의 절차를 일일이 지시하는 것도 기이한 모습이다. 의례의 주인이 과연 누구인지 의심하게 되는 대목이다.

결혼식과 함께 치러지는 것이 피로연이다. 피로연이란 '기쁜 일을 널리 알리기 위해 베푸는 잔치'다. 잔치란 주인이 융숭한 마음을 담뿍 담아 손님들을 깍듯하게 대접하는 것이다. 유교 전통에서도 제사를 모시고 손님을 접대하는 것은 양반다움의 중요한 미덕으로 여겨졌다. 그 관점에서 보자면, 우리의 결혼식은 빈곤하고 무례하기 그지없다. 연회에 아무런 세리머니가 없을뿐더러, 잔치의 주인들은 모습을 보이지 않거나 잠깐 돌아다니면서 인사를 나누는 정도에 그친다. 가족사진 찍고 폐백 하기에 바쁘기 때문이다. 그 일이 끝나면, 신랑 신부는 서둘러 신혼여행을 떠난다. 하객들은 바쁜 시간을 쪼개어 찾아와 축의금까지 냈건만, 들러리 신세로 푸대접만 받고 가는 셈이다.

우리의 결혼식은 가족 행사인가? 그렇다면 가까운 친지들만 모여서 조촐하게 치르는 것이 맞다. 손님 대접하느라 이런저런 비용 들이며 신경 쓰는 대신, 온전히 결혼식 자체를 알차게 꾸릴 수 있다. 가족 행사가 아니라 사람들을 널리 불러 모으는 잔치인가? 그렇다면 제대로 대접하자. 하객 한 명 한 명을 VIP로 귀하게 모시자. 축의금을 내고 식권을 받아 밥 한 끼 얻어먹는 듯한 기분을 선사하지 말자. 그런 홀대를 받은 사람이 혼주가 되어 결혼식을 주최하면, 똑같은 식으로 손님들을 대하게 된다. 그 악순환을 선순환으로 바꾸려면, 인간에 대한 예의와 상식을 회복해야 한다.

축하는 쉬워도 축복은 어렵다

이 처녀가 내가 안고 다니던 그 작은 소녀인가? 이 청년이 놀이에 골몰하던 그 장난꾸러기였던가? 나는 나이 든 것을 기억하지 못하는데, 언제 저들은 이렇게 커버렸나? [……] 해가 뜨고, 해가 지고, 세월은 화살같이 흘러가네. 어린 나무는 밤사이에 해바라기로 바뀌고, 우리가 보는 가운데도 열매도 맺네. [……] 내가 그들에게 무슨 지혜를 전할 수 있으리. 내가 그들을 어떻게 편히 살도록 도울 수 있을까. 이제 그들은 서로에게서 날마다 삶을 배워나가야 하지.

—「선 라이즈 선 셋Sun Rise Sun Set」에서

영화 「지붕 위의 바이올린」(노만 주이슨 감독)의 결혼식 장면에서 흐르는 노래다. 마을 공터에서 주민들이 지켜보는 가운데 예식이 치러지고, 아이들을 결혼시키는 부모들의 착잡하고

도 뿌듯한 심경이 잔잔한 선율에 실려서 흘러나온다. 그런데 그 섭섭함과 간절함은 가족뿐 아니라 마을 사람 모두의 것이기도 하다. 하객들의 얼굴 하나하나에 신랑 신부를 온 마음으로 축복하는 눈빛이 담겨 있다. 어른들은 대견해하고 아이들은 부러워하는 신랑 신부의 모습, 어른으로서 내딛는 그 첫걸음에 아낌없이 갈채를 보내며 격려하는 그 의례는 또 하나의 성인식이라고도 할 수 있다.

그런 풍경은 전통 사회에서라면 흔히 볼 수 있었으리라. 앞서 인용한 『혼불』에서 보이듯, 예식이 진행되는 동안 하객들의 뭇시선은 신랑 신부에게 온전히 집중된다. 그러한 몰입이 가능한 것은, 그들 모두가 서로를 잘 알고 있기 때문이다. 그날의 주인공들이 어릴 때부터 성장해온 과정을 지켜봐왔기 때문이다. 하객들 사이에 어떤 경험이 공유되고, 이야기를 통해 그것이 흐뭇하게 재생되는 관계에서는 프로그램이 특별히 훌륭하지 않아도 즐거운 이벤트가 될 수 있다. 별것 아닌 한마디에도 왁자지껄 웃고 맞장구를 치는 대화가 만발한다.

전통 사회의 공동체가 더 이상 남아 있지 않은 오늘날에도 그러한 의례 분위기는 얼마든지 만들어낼 수 있다. 하객들이 '들러리'로 소외되지 않고, 잔치의 기쁨을 함께 만들고 나누는 주인공이 될 수 있다. 어떻게? 스토리텔러로서의 역할을 하는 것이다. 내가 참석한 결혼식들 중에서 기억에 남는 것들은 모두 그러한 순서였다. 신랑 신부를 잘 아는 친구나 직장 동료 그리고 친지들 가운데서 네댓 명이 나와 그들에 대해 짤막하게 회고하고 축하 메시지를 던진다. 몇몇 영상들이 스크린에 띄워지기도 한다. 판에 박힌 주례사보다 훨씬 재미있고 알찬 이야기들이 거기에서 쏟아져 나온다. 예식장에서 하는 결혼식이라 해도, 이런 시간을 조금만 집어넣으면 의례가 한결 재미있어진다. 현란한 수사修辭나 달변이 아니라도 좋다. 신랑 신부를 정말로 아끼는 사람의 말이라면, 하객들의 눈과 귀를 모으고 감흥을 줄 수 있다.*

전통 결혼식에는 주례나 주례사라는 것이 없었다. 집례자가 예식을 진행할 뿐이었다. 그런데 기독교가 전파되면서 신식 결혼식이 함께 들어왔고, 선교사들이 그 중간에 설교를 한 것이 주례사의 원형이 되었다. 기독교를 믿지 않는 경우, 성직자 대신 덕망 높은 집안 어른이 주례를 보았다. 그러다가 1960년대에 상업 예식장이 생기면서 지금과 같은 주례사가 정착되었다는 것이 전문가들의 견해다. 그렇다면 재미없는 주례사만 읊는 대신, 말 그대로 '예식을 주관하는' 사람으로서 분위기를 이끄는 역할을 하는 것도 얼마든지 시도해볼 수 있다.

지금 우리의 결혼 문화에서는 주례사가 지극히 형식적이고 상투적인 내용으로 퇴락해간다. (오죽하면 문학 비평에서도 텍스트에 대한 냉철한 분석 대신 입에 발린 칭찬으로 채우는 비평을 가리켜 '주례사 비평'이라고 하겠는가.) 결혼식을 준비하는 당사자나 가족들도 주례에 대해서는 별반 신경 쓰지 않고, 어떤

---

* 결혼식이 얼마나 즐거운 언어의 향연이 될 수 있는지를 잘 보여주는 영화로 「레이첼, 결혼하다」(조너선 데미 감독)가 있다. 결혼식 장면이 들어간 영화는 많지만, 이 영화는 처음부터 끝까지 결혼식 전야제부터 그다음 날까지를 배경으로 흥겨운 장면과 이야기를 풀어내고 있다.

경우에는 예식장과 연계하여 직업적으로 주례를 하는 사람들에게 사례비를 주고 부탁하기도 한다. 신랑 신부를 전혀 알지 못하는 사람이 하는 주례사가 감흥을 주기란 어려운 일이다.

요즘 들어 아예 주례 없는 결혼식을 치르는 경우도 많이 있다. 그 덕분에 오히려 의례의 분위기가 살아나기도 한다. 어떤 부부는 "보통 주례 선생님은 신랑과 신부 둘 중 한 명만 아는 분일 경우가 많다"며, "저와 신랑에게는 매우 중요한 날인데 한 사람에게 치우친 주례사가 된다거나 주례 선생님 혼자만 말씀하시는 결혼식이 되면, 주인공인 우리가 배제되는 것 같아 주례 없는 결혼식을 시도했다"라고 말했다. 그들은 서약서를 읽고 반지를 교환하고 양가 부모님의 말씀을 들은 뒤, 친구들의 축가를 듣고 신랑 신부가 직접 노래를 부르는 것으로 식을 마쳤다고 한다. 형식적인 주례사 대신 신랑 신부·양가 부모 등의 생동감 있는 이야기가 하객에게 공감을 불러일으킨 것 같다고 평가하기도 했다.

이러한 흥겨운 분위기가 만들어지려면 무엇보다 규모가 적절해야 한다. 신랑 신부를 전혀 모르는 하객들이 너무 많으면 아무래도 주의가 산만해질 수밖에 없다. 따라서 결혼식을 주최하는 쪽에서는 거대한 규모로 외형을 과시하고 싶다거나, 그동안 축의금으로 투자한 돈을 회수하겠다는 욕심을 줄여야 한다. 소박한 가운데 치러지는 결혼식이 오히려 축복의 자리로 더욱 빛날 수 있다.

    김소연 시인은 『마음사전』이라는 책에서 축하와 축복을 대비시키고 있다. "축하하기는 쉬워도 축복하기는 어렵다. 축하는 마음 없이 객관화된 폭죽 터트리기를 하고, 축복은 마음을 다해 주관화된 폭죽 터트리기를 한다."[2] 피상적이고 상투적인 축하의 언사가 아니라, 전심全心이 담긴 축복의 눈빛으로 예식을 환하게 밝힐 수 있다면 결혼식은 삶을 드높이는 잔치가 될 수 있다. 그윽한 애정 담긴 말 한마디로 100만 송이 장미보다 귀한 감동을 줄 수 있다면, 그 잔치는 모두를 위한 영예로운 선물이다.

인간의 긍지를 빚어내는 생의 향연

악樂이란 어울림을 위한 것이요樂者爲同

예禮란 분별을 위한 것이다禮者爲異

어울리면 친밀해지고同則相親

분별하면 공경하게 된다異則相敬

—『예기禮記』에서

    의례는 삶의 질서를 드러내는 사회적 행위다. 구성원들이 공유하는 상징과 세계관을 확인하면서 결속을 다지는 문화적 장치다. 고단한 세상이지만 인생은 살 만한 것이라는 믿음, 일상을 올곧게 가다듬는 비일상적 계기가 거기에서 생겨난다. 의례는 엄숙하면서도 흥겨운 만남이다. 그것은 인간관계에 예와 악이라는 두 가지 상반된 원리가 공존해야 한다는 『예기』의 가르침과 일맥상통한다. '예'는 차이, 분별, 질서, 형식, 규율, 긴장이 지배하는 원리고, '악'은 통합, 융화, 해소, 자유, 이완의 원리다. 이것은 의례에도 그대로 적용될 수 있다. 더구나 예와 악의 균형이 부부에게 꼭 필요한 덕목이라고 볼 때, 결혼식은 그 상반된 원리를 함축적으로 구현해야 하지 않을까.

혼례는 경건하면서도 유쾌해야 한다. 그 자리는 부부의 결합을 거룩하게 선포하는 제단이면서, 신명을 분출하는 놀이마당이다. 결혼식이 하나의 의례로서 권위가 서기 위해서는 모든 절차에 짜임새가 있어야 하고, 하객들은 그 의미를 온마음으로 헤아리면서 분위기를 채워주어야 한다. 비록 차림새가 다소 어수룩하다 해도, 어린아이 같은 웃음으로 화사해질 수 있다. 돈을 많이 들이지 않고도 의례의 품위와 격조를 세울 수 있는 것은 공손한 마음과 몸가짐이다. '예禮'라는 글자는 '시示'와 '풍豊'으로 구성되어 있다. '示'는 귀신을 뜻하고 '豊'은 풍년을 의미한다. '豊'은 원래 '豐'으로 쓰였는데, 그릇에 제물을 담아 제상에 올려놓은 형상이다. 그러니까 '禮'는 신에게 귀한 것을 바치면서 칭송하는 것을 뜻한다. 풍요로움이 없으면 예를 올릴 수 없다. 축제는 잉여의 발산이다. 그 낭비는 아름다운 호혜로 이어질 수도 있고 천박한 과시로 끝날 수도 있다.

무한한 이윤 동기와 맹목적 권력 동기로 삭막해지기 쉬운 일상에서, 결혼식은 여러 가지 의미를 부여받을 수 있다. 축제는 살아 있음을 기뻐하고 서로를 있는 그대로 승인하며 격려하는 만남이다. 소유와 지배에 휘둘리는 대신, 존재를 누리는 시공간이다. 다함없는 사랑으로 배필을 모시겠다는 신랑 신부의 서원誓願 앞에서, 하객들은 마음의 옷깃을 여미며 자신의 삶을 돌아본다. 그 웨딩 마치에 갈채를 보내면서 하늘 아래 인간으로 함께 살아가고 있음에 자랑스러움을 느낄 수 있다. 거기서 우리는 상대방을 주인공으로 떠받들며 자기도 덩달아 정갈하고 고귀해진다. 결혼식은 그렇듯 인간의 긍지를 빚어내고 나눠 갖는 생의 향연이다.

부부, 사소한 것들의 중요함을 배운다

그이의 본색이 드러날 때

우리 집 여편네의 경우를 보니까, 여자는 한 마흔이 되니까 본색이 드러난다. 이것을 알아내기에 근 20년이 걸린 셈이다. 오랜 시간이다. 한 사람을 가장 가까이 살을 대 가며 관찰을 해서 알게 되기까지 이만한 시간이 필요하다는 것을 생각하니 여자의 화장 본능이 얼마나 뿌리 깊은 지독한 것인가에 어안이 벙벙해진다.

—김수영, 「벽」에서[1]

누가 듣기 좋은 말을 한답시고 저런 학 같은 시인하고 살면 사는 게 다 시가 아니겠냐고 이 말 듣고 속이 불편해진 마누라가 그 자리에서 내색은 못 하고 집에 돌아와 혼자 구시렁거리는데 학 좋아하네 지가 살아봤냐고 학은 무슨 학, 닭이다 닭, 닭 중에도 오골계烏骨鷄!

—정희성, 「시인 본색」[2]

어떤 여자가 우연히 남편의 수첩에 자기 사진이 꽂혀 있는 것을 보았다. 부부 관계가 애틋하기는커녕 걸핏하면 싸움으로 날밤을 새울 만큼 험악하기에, 남편의 그런 행동에 적잖이 놀랐다. 그래서 어느 날 조용히 물어보았다. 왜 내 사진을 넣고 다니느냐고. 남편은 대답했다. 힘들 때마다 살짝 꺼내서 본다고. 아내는 가슴이 뭉클했다. 원수처럼 지내지만 그 사람 참 속 깊은 데가 있구나. 마음으로는 나를 끔찍하게 아끼는구나. 아내는 며칠 후에 다시 조용히 물어보았다. 그래, 힘들 때마다 내 사진을 보면서 무슨 생각을 하느냐고. 남편의 대답이 걸작이었다. "당신 사진을 보면서 '세상에 이보다 더 힘든 일이 있을까'라고 생각하지."

여러 가지 재치 있는 독설을 남긴 극작가 버나드 쇼에게 누군가가 물어보았다. "금요일에 결혼하는 부부는 오래가지 못한다는 속설이 있는데, 이에 대해 어떻게 생각하십니까?" 그는 서슴지 않고 대답했다. "암, 그렇고 말고요. 금요일이라고 해서 예외가 될 수 있겠습니까?" 이혼이 워낙 빠르게 늘어나고 있던 서구의 현실을 반영한 농담이지만, 이제는 전혀 낯설게 느껴지지 않을 만큼 한국의 부부들 역시 점점 쉽게 갈라서고 있다. 칼로 물 베기라는 부부 싸움은 유리가 박살 나듯 돌이킬 수 없는 파국으로 이어지기 일쑤다.

"그래서 그 두 사람은 오래오래 행복하게 잘 살았대요." 사랑의 우여곡절을 그리는 동화들은 그렇게 끝이 나는 경우가 많다. 그 뒤에 펼쳐지는 이야기는 독자들의 몫이지만, 그다지 흥미로운 상상을 유발하지는 못한다. 노래를 봐도 그렇다. 어느 나라든 유행가를 보면, 연인들 사이의 달콤한 속삭임이나 애틋한 그리움 또는 가슴 아픈 이별에 관한 가사가 많다. 그러나 결혼 이후의 부부 관계를 노래하는 것은 매우 드물다. 한국의 경우를 보더라도 1970년대 중반에 하수영이 부른 「아내에게 바치는 노래」가 있고, 양희은의 「당신만 있어 준다면」, 김목경의 「어느 60대 노부부의 이야기」 정도가 떠오른다. 연애보다 훨씬 긴 결혼 생활이기에 숱한 사연들이 쏟아져 나올 법도 한데, 좀처럼 노랫말로 담기지 않는다. 그에 비해 텔레비전 드라마 쪽으로 오면, 부부의 삶을 묘사하는 작품들이 엄청나게 많다. 그 대부분은 부부가 날카로운 대립 속에서 갈등하고 번민하는 모습이다.

연애가 비일상의 운문韻文이라면, 결혼은 일상의 산문散文이라고 해야 할 것이다. 생활에 부대끼고 자질구레한 일들에 시달리면서, 연인 시절 가슴을 가득 채웠던 낭만의 시적 언어는 빛이 바랜다. 그 때문일까. 시인 김수영과 정희성은 부부에 관한 이야기를 각각 산문과 산문시로 담아냈다. 흥미롭게도 그 두 글에서 '본색'이라는 말이 핵심어로 등장한다. 여러 해 동안 서로 살을 부비면서 살고 나서야 가까스로 알게 된 상대방의 정체, 집 바깥에서 드러내는 점잖은 모습과는 판이한 속사람에 대해 사뭇 냉소적이고 자조적으로 묘사하고 있다. 과연 결혼은 연애의 무덤인가. 어떻게 하면 부부가 흐뭇한 삶의 동반자가 될 수 있는가.

부부는 친밀한 적대 관계?

유로2008대회 조별 시합에서 꼴찌를 기록한 프랑스 대표
팀의 감독 레이몽 도메네슈는 경기가 끝났을 때 이런 말을 남
겼다. "지금 이 순간 내 머릿속에는 여자 친구에게 청혼해야
한다는 생각뿐이다. 인생엔 아름다운 순간이 있다." 감독들은
시합 후 소감을 묻는 질문에 경기 내용과 선수들에 대해 언급
하는데, 그는 전혀 엉뚱한 말로 참담한 심경을 피력하여 팬들
을 어리둥절하게 했다. 청혼이라는 것이 고통스러운 상황을
잊는 진통제가 될 만큼 달콤했던 셈이다.

연애는 여러 번 해볼 수 있지만, 청혼은 그다지 자주 이뤄
지지 않는다. 그리고 그것이 받아들여졌을 때의 황홀함은 평
생 잊히지 않는다. 결혼의 성사는 당사자뿐 아니라 주변 사람
들에게도 화제가 된다. 비밀로 사내 연애를 하던 남녀가 "우리
결혼하기로 했어요"라고 깜짝 선언을 하여 모두가 눈이 휘둥
그레지는 경우도 종종 있다. 특히 연예인들의 결혼은 매스미
디어와 팬들에게 초미의 관심사다. 일부 매체와 프로그램에서
는 그 소식이 특종으로 다뤄지고, 그들이 결혼 후에 어떻게 살
아가는지를 생생하게 보여주는 코너까지 등장했다.

결혼은 인간의 발명품이다. 결혼은 하나의 제도로서, 결
합하는 남녀와 그 사이에서 낳은 아이의 사회적 위치를 규정

한다. 사생아를 영어로 'natural child'라고 하듯이, 공인된 결혼의 테두리에서 탄생하는 아이만 정당한 사회 구성원으로 받아들여진다. 인류가 문화를 형성하던 단계에서부터 존재해온 결혼은 집단과 집단 사이에 치러지는 중대사였고, 혼담이 오가는 것부터 의례를 치르는 일까지 모든 과정을 어른들이 주관했다. 한국 또한 불과 반세기 전까지만 해도 자기 배필을 스스로 정하는 일은 매우 드물었다. 결혼에 당사자들 사이의 사랑이 전제되어야 한다는 생각도 지극히 최근에 생겨난 것이다.

이제 사랑은 배우자의 선택과 결합에서뿐만 아니라 결혼 생활의 지속에도 중대한 요소로 자리 잡았다. 근대 이전에는 부부 사이에 내밀한 애정을 나눈다는 것이 아주 희귀한 일이었고, 성적인 접촉도 그 관계 안에서만 이뤄지지 않는 경우가 많았다. 사랑과 결혼과 성이 삼위일체로 결합된 것은 근대에 접어들면서부터다. 애정이 식었다는 것이 결혼 생활에 심각한 위기 징후로 여겨지고, 혼외의 성관계는 가정의 파탄으로 이어질 수 있다. 사회적인 제도로 묶여 있으면서도, 서로에 대해 정서적인 책임을 져야 하는 관계가 현대의 부부다. 두 사람 사이에 사랑의 물줄기가 마르지 않도록 끊임없이 노력해야 하고, 그 본분에 소홀하면 곧 간극과 균열이 생긴다.

그런 점에서 볼 때, 핵가족 시대의 부부 관계는 근본적으로 취약하다. 전통이나 공동체의 굴레에서 자유로워진 개인들이 정체성과 생활양식을 스스로 정해야 하듯이, 부부도 그 관계의 내용을 스스로 채워야 한다. 노동과 출산으로 생명을 재생산하는 것이 가족의 주된 기능이었던 전근대사회와 달리, 이제 가정은 그 자체로 삶의 궁극적인 행복을 누리는 전당으로 기대된다. 정서적 친밀감으로 소통을 돈독하게 다져가면서 관계의 질을 유지하지 않으면 메마르고 공허한 껍데기만 남게 되고, 작은 마찰이 걷잡을 수 없는 갈등과 파국으로 이어질 수 있다.

- 프러포즈한 / 그날로 돌아가서 / 거절하고 싶다.

- 쓰레기 버리는 날 / 버리러 가지 않으면 / 내가 버려진다.

- 지금 집에 갈게 / 마누라의 답신 / 벌써 오려고?

이것은 일본의 하이쿠俳句* 경진 대회에서 수상한 작품들이다. 결혼 생활에 만족하지 못하거나 아내에게서 외면당하는 남자들의 답답하고 불안한 심정이 배어 나온다.

겉으로는 다정해 보이지만, 실제로는 남남으로 살아가는 부부들도 적지 않다. 텔레비전에 출연해서 잉꼬처럼 살아가는 듯 과시하던 연예인들이 줄줄이 이혼하는 모습에, 시청자들이 배신감을 느낀 적도 많았다. 그러나 비단 연예인뿐이랴. 연애 시절 충실하게 따르던 사랑의 각본, 결혼식에서 화려하게 연출하고 과시하던 환상적인 커플의 자태는 부부 생활에 접어들어 곧 빛이 바래기 시작한다. 연인으로 사귈 때는 참으로 말끔

　　* 최대한 짧은 문구로 많은 것을 표현하는 일본 전통문학의 한 장르.

하고 아리따웠던 아가씨가 후줄근하고 펑퍼짐한 아줌마로 변신해간다. 밀어를 속삭이던 목소리는 바가지 긁는 잔소리의 파열음으로 격앙된다. 남편은 어떤가. 데이트할 때는 그토록 너그럽고 매너 좋았던 사람이 집안일이나 육아에는 무신경하면서 소소한 일들에 걸핏하면 신경질을 부린다. 듬직했던 어깨가 그렇게 좁아 보일 수 없고, 근사했던 남성미는 치졸한 남성 우월주의로 변질되어간다.

나이가 들면서 '본색'은 점점 선명하게 드러난다. 젊은 시절 가졌던 서로에 대한 호기심이 퇴색해가며 고리타분한 타성에 길들여진다. 아이를 키우기 시작하면서 부부보다는 부모로서의 정체성이 강해진다. 특히 교육열이 뜨거운 한국에서는 자녀의 뒷바라지를 위해 '각자의' 역할에 전력투구하다 보면, 배우자 사이를 잇는 통로가 희미해진다. 모처럼 관계의 회복을 위해 함께 여행을 떠나보기도 하지만, 거기에서 오히려 갈등이 불거지는 경우도 많다. 실제로 여름휴가가 끝난 뒤에 이혼율이 늘어난다고 한다. 그래서 아예 속 편하게 마음이 맞는 친구들과 어울린다. 아이들 다 키워놓고 이제 단둘이 살갑게 지낼 만한 즈음에, 남자들끼리 여자들끼리 등산을 다니는 모습에서 그러한 속사정을 짐작해본다.

그러나 그렇게 제각각 생활하던 부부도 명절에는 함께 행동해야 한다. 여자 입장에서는 불편하고 일도 많이 해야 하는 시댁에서 오랜 시간을 보내야 하기 때문에, 명절에 부부의 갈등이 첨예화되는 경우가 많다. 부부 사이에 깊어가던 골이 시댁 식구와의 갈등으로 폭발하는 것이다. 다음 사례를 보자.

회사원 조영호(가명·32) 씨는 지난 추석 직후 이혼을 결심했다. 조씨는 부인 유소영(가명·34) 씨와 결혼 후 크고 작은 문제로 다투어왔다. 그러나 이혼할 만큼의 큰 싸움은 아니었고 바로바로 화해도 했다. 이런 그들이 이혼하게 된 결정적인 계기는 지난해 추석 명절에 시댁에서 일어난 사건 때문이다. 추석 며칠 전 부부 싸움을 한 뒤 감정이 풀리지 않았던 두 사람은 굳은 얼굴로 시댁을 찾았다. 시댁 식구들은 음식을 만드는 유씨에게 "웃는 얼굴로 하라"며 나무랐고, 유씨는 "나도 사람인데 내 감정을 숨기면서까지 거짓으로 웃고 싶지 않다. 식구들이 너무하는 것 아니냐"며 남편에게 화풀이를 했다. 소곤소곤 대화하던 부부의 목소리는 커졌고 급기야 폭언과 폭행이 오갔다. 시댁 식구들이 싸움에 끼어들어 조씨의 편을 들었고, 분을 참지 못한 유씨는 시어머니에게까지 폭언을 하기에 이른다. 남편 조씨는 1년여의 결혼 생활을 끝낼 결심으로 최근 법원에 이혼소송을 제기했다.[3]

좋지 않은 일들이 늘 그러하듯이, 이 경우에도 여러 악조건들이 겹쳐 파국에 이르렀다. 하필 추석 며칠 전에 싸웠고, 싸웠더라도 화해를 했으면 좋았으련만 그러지 못했다. 화해를 못했더라도 시댁에서 굳은 얼굴로 티를 내지 않았으면 괜찮았을 텐데, 그것도 아니었다. 그를 본 시댁 식구들이 무슨 좋지 않은 일이 있나 보다 하고 넘어갔으면 사건이 터지지 않았을 텐데…… 이런 식으로 계기들이 이어져, 결국 시어머니에게 폭언하는 사태에까지 이르렀다. 부부 싸움을 할 때 가장 조심해야 하는 것이 상대방의 가족을 싸잡아 비난하거나 문제의 원인으로 물고 늘어지는 것인데, 이 부부는 그 정도가 아니라 직접 폭언을 해버렸기에 도저히 수습하기 어려운 국면으로 가고 만 것이다.

모처럼 가족들이 모여 정을 나누어야 할 명절이 갈등의 온상이 되는 것은, 여성들의 의식 변화에 걸맞지 않은 가부장적인 문화가 존속하기 때문이다. 앞의 사례처럼 시댁에서 갈등이 적나라하게 표출되는 경우는 드물다. 명절을 시댁에서 보내면서 쌓인 불만을 마음에 억누른 아내가 귀가하여 터뜨리면서 싸움이 나는 경우가 대부분이다.

표현과 공감의 생태학

여성 커뮤니티 사이트 '아줌마닷컴www.azoomma.com'은 부부 사이에 서로 상처를 주는 말을 누리꾼들에게 공모한 바 있다. 아내에게 상처가 되는 남편의 말은 다음과 같았다. "이젠 살 좀 관리하시지." "옷이 그게 뭐야. 그 옷밖에 없어?" "당신이 집에서 하는 일이 뭐야?" "아줌마가 뭘 알아?" "자기가 좋아서 직장 다니면서 생색내지 마." 그리고 남편에게 상처가 되는 아내의 말은 다음과 같은 것이었다. "돈을 잘 벌어와, 집안

일을 해, 애들한테 잘하기를 해." "내가 못났으니까 이렇게 살지." "당신 어머니는 대체 왜 그런대?" "그런 건 남자가 알아서 해야지." "(집안일을 한 남편에게) 난 그런 일 매일 하거든."

　가족은 가장 가까운 사이라고 여겨져 상대에 대한 긴장이 쉽게 느슨해진다. 그래서 다른 사회적 관계에서라면 앞뒤를 따져가며 삼갈 말들을 아무 생각 없이 내뱉는다. 공공장소에서라면 사람들의 시선을 의식해 자제할 폭언이나 폭력이 가정에서는 너무 쉽게 행사된다. 결혼 이전에 각자의 성장 과정에서 형성된 감정의 습관이 불쑥불쑥 튀어나온다. 부모들이 주고받던 화법이 자기에게도 무의식적으로 재현된다. 가학과 피학이 실타래처럼 꼬이면서 대물림되는 복잡다기한 가족사가 끈질기게 지속되는 것이다.

　생각해보면, 우리는 자기감정을 다스리는 방법에 대해 가정에서나 학교에서나 제대로 배운 적이 없다. 그래서 소통이 왜곡되고, 비본질적인 것들에 에너지를 낭비하는 경우가 많다. 분노를 표출하지만, 정작 자기가 무엇을 원하는지 전달하지는 못한다. 더글러스 스톤은 『대화의 심리학』이라는 책에서 다음과 같이 말한다. "흔히 감정적으로 되는 것과 감정을 분명하게 표현하는 것을 혼동하는데 그것은 서로 다르다. 감정적으로 되지 않고도 감정을 잘 표현할 수 있는가 하면, 아무것도 표현하지 못하면서 극도로 감정적으로 될 수도 있다. 그러므로 감정에 대해서 제대로 분명하게 말하려면 신중해야 한다."[4]

대화에서 상대방을 이해하는 것은 문장을 기계적으로 해석하는 과정과 다르다. 똑같은 말도 어떤 표정과 어투로 하느냐에 따라 전혀 다른 메시지가 된다. 듣는 이는 말하는 이의 감정을 미묘하게 헤아리는 촉수를 가동하면서 그 심기를 모니터링하기 때문이다. 문제는 자신의 발화發話 속에 깔려 있는 감정을 스스로도 의식하지 못하는 경우가 많다는 점이다. 또는 의식한다 해도 그것을 말로써 분명하게 표현하지 않고, 빙빙 둘러 이야기하거나 퉁명스럽게 다그치고 따져 묻는 식으로 감정을 드러낼 뿐이다. 그것은 또다시 상대방의 부정적인 감정 에너지를 자극하는 악순환으로 이어진다.

신체의 건강을 유지하기 위해 정기적으로 진단을 받듯이, 부부도 관계의 건강을 수시로 점검해야 한다. 대화 중에 가장 많이 나오는 단어는 어떤 것들인가? 갈등이 일어나는 지점들은 일반적으로 무엇인가? 사소한 마찰이 걷잡을 수 없는 충돌 국면으로 돌변하게 되는 계기는? 말 한마디에 깔려 있는 감정, 상대방에 대한 나의 기본적인 태도가 무엇인지 정직하게 분석해보자. 단정, 비난, 추궁, 협박, 경멸, 무시…… 이런 것들이 기조를 이루는 소통이라면, 더 늦기 전에 근본적인 리모델링에 들어가야 한다.

서로의 마음에 그리고 둘 사이의 관계에 인화 물질이 쌓여가고 있지 않은지 살펴보자. 언제 폭발할지 모르는 화약고가 발견되거든, 일단 거기에 불을 붙이는 언행만큼은 자제해야 한다. 그리고 그 무의식 내지 잠재의식의 영역을 차분하고 정밀하게 탐사해봐야 한다. 티격태격 싸우는 부부보다 침묵 속에 냉담한 부부가 더 위험할 수 있다. 오마르 워싱턴의 「나는 배웠다」라는 시에 다음과 같은 구절이 있다. "나는 배웠다 〔……〕 두 사람이 다툰다고 서로 사랑하지 않는 게 아니며 다투지 않는다고 해서 사랑하는 게 아니라는 것도."

듣고 말하고 드러내자

누군가 내 이야기에 귀를 기울이고 나를 이해해주면, 나는 새로운 눈으로 세상을 다시 보게 되어 앞으로 나아갈 수 있다. 누군가 진정으로 들어주면 암담해 보이던 일도 해결 방법을 찾을 수 있다는 것은 정말 놀라운 일이다. 돌이킬 수 없어 보이던 혼돈도 누군가 잘 들어주면 마치 맑은 시냇물 흐르듯 풀리곤 한다.

—칼 로저스[5]

매일 똑같이 반복되는 싸움에 지친 어느 부부가 각자의 감정을 암호로 표시하여 싸움을 예방하는 방법을 생각해냈다. 군인인 남편은 퇴근할 때 모자를 비뚤게 쓰는 정도로, 그를 맞이하는 아내는 머리를 꼭 동여매는 정도로 기분의 저조함을 나타내는 것이다. 그래서 기분이 괜찮은 쪽이 좋지 않은 쪽을 배려해주자는 원칙을 세웠다. 신기하게도 그때부터 싸움이 줄어들었다. 서로의 기분을 섬세하게 살피게 될 뿐만 아니라, 배우자를 마주하기 전에 자신의 기분을 돌아보면서 '정말로 지금 내 기분이 그렇게 나쁜가?'라고 자문하게 되었다. 그리고 기분이 좋은 날에는 확실하게 표현함으로써 기쁨을 증폭시킬 수 있었다. 그러던 어느 날 남편이 모자를 아주 비뚤게 쓰고 퇴근했다. 공교롭게도 아내 역시 머리를 질끈 동여매고 있었다. 그런 모습으로 마주친 부부는 처음엔 매우 당황하여 서로를 어색하게 바라보다가, 곧 와락 달려들어 포옹했다고 한다.

공감이라는 것이 얼마나 중요한지를 감동적으로 보여주는 이야기다. 이 이야기는 깜찍한 표현 방법 하나로 소통의 폭이 얼마나 넓어질 수 있는가를 암시한다. 연애할 때 상대방을 기쁘게 하기 위해 짜내던 아이디어의 절반만 발휘해도, 부부 관계는 훨씬 부드러워질 수 있으리라. 기발한 깜짝쇼를 말하는 것이 아니다. 감정이 오갈 수 있는 물길이 여러 갈래로 트여야 한다는 이야기다.

부부 싸움은 필요한 것이지만, 매우 소모적으로 반복되는 경우가 많다. 상대방의 문제만 지적하면서 일방적으로 변화를 요구하기 때문이다. 그 근거와 논리는 대개 타당하다. 그러나 논쟁으로는 사람이 바뀌지 않는다. 공격적인 태도로 나를 변화시키겠다고 달려드는 사람 앞에서는 마음을 열기 어렵기 때문이다. 그럴수록 방어적인 자세를 취하고, 더 나아가 오히려 적반하장으로 나올 수 있다. 인간은 이성보다 감정의 지배를 훨씬 많이 받기에, 누군가가 아킬레스건을 건드리면 거의 본능적으로 반발하는 심리가 발동한다.

그러면 대안은 무엇인가. 앞서 인용한 『대화의 심리학』에 이런 구절이 있다. "서로가 배우는 것을 목적으로 하는 대화에 누군가를 참여시키면 종종 변화가 일어난다. 〔……〕 사람들은 자기를 이해해주고 이야기를 잘 들어주고 존중해준다고 생각하는 경우 변화될 가능성이 높다. 자신이 변화하지 않아도 된다는 자유를 느낄 때 변화의 가능성은 더욱 높아진다."[6]

상대를 대상화하고 그 사람이 가지고 있는 문제를 따지고 드는 대신, 내가 소망하는 바를 분명하게 표현하면서 공감의 지대를 넓혀가는 일이 필요하다. 내 감정을 이해받았다고 느낄 때, 변화의 동력이 안에서부터 우러나올 수 있기 때문이다. 결혼 준비 과정에서 이러한 연습이 시작된다면, 부부 관계를 더욱 탄탄한 기반 위에 세울 수 있다. 실제로 어느 예비부부 교실에서는 서로 마주 앉아 마음 깊숙히 드리워 있는 '그늘'을 드러내도록 한다. 어릴 때 부모로부터 받은 상처, 성장하면서 친구들에게 따돌림 당한 얼룩, 실패와 좌절로 인해 생긴 열등 감 등을 솔직하게 털어놓는 것이다. 저마다 내면 한구석에 숨기고 있는 어둠을 사랑하는 이의 눈빛으로 비춤으로써, 자아를 있는 그대로 온전하게 받아들이는 용기를 얻을 수 있다. 그리고 서로의 아픔을 어루만지면서 동병상련과 측은지심으로 유대를 돈독하게 할 수 있다. 권인숙 교수도 다음과 같이 조언한다.

남편과 아내는 시간이 갈수록 점점 이해하기 힘든 상대가 되기도 합니다. 하지만 상대방의 상처, 콤플렉스, 죄의식을 알면 세상에 이해 못 할 판단이나 행동이 없어지죠. 또한 콤플렉스, 상처, 죄의식은 드러낼수록 줄어듭니다.

살면서 무슨 일이 벌어질지는 모릅니다. 그러나 부부가 서로의 감춰진 욕망과 상처를 안다면, 그리고 치유를 나누고 있다면 위기와 갈등에 훨씬 나은 결과를 낳지 않을까요.

결혼 생활 첫 1~2년 '서로의 콤플렉스 드러내기'에 투자해보세요. 남편과 아내가 '사람'으로, 또 '연민의 대상'으로 바뀔 것입니다.

—권인숙, 「서로의 콤플렉스를 드러내세요」에서[7]

군자의 길로 정진하는 수행의 동반자

군자의 도는 평범한 부부 사이에서 시작되지만, 그 지극한 경지는 하늘 땅 끝까지 미친다 君子之道 造端乎夫婦 及其至也 察乎天地.

—『중용』에서

"저와 잠깐 결혼해주시겠어요?" 프랑스에서는 청혼할 때 이렇게 능청을 떠는 이들이 있다고 한다. 결혼 지속 기간이 점점 짧아지는 세태를 드러내는 유머다. 어디 프랑스뿐이랴. 미래학자 자크 아탈리는 30년 내에 일부일처제가 사라질 것이라고 예언한 바 있다. 인류사에서 일부일처제가 표준화된 것은 지극히 최근의 일로서, 인간에게 가장 적합한 제도인지 아직 충분히 검증되지 못한 상태다. 그러나 이미 새로운 결혼 형태들이 출현하고 있다. 구미에서는 동성 결혼이 정식으로 이뤄지는가 하면, 우리나라에서도 결혼을 졸업한다는 의미의 '졸혼卒婚'이라는 풍속이 등장했다. 이혼과 달리 법적으로는 부부 관계를 유지하되, 상호 합의하에 각각 완전히 독립된 삶을 살아가는 것이다. 영화로도 나온 박현욱의 소설 『아내가 결혼했다』는 매우 파격적인 부부 관계를 통해 일부일처제의 당위성을 질문하고 있다.

그러나 그 어느 경우든 부부에게 요구되는 생활의 기술은 크게 다르지 않을 것이다. 연애 시절의 낭만적 열정이 자연스럽게 식어갈 때, 그 공백을 새로운 의미와 재미로 채워가는 능력이 요구된다. 초고속 압축 성장이 이뤄지는 가운데 외형적 성취에만 매진해온 한국인들은 마음의 힘으로 삶을 디자인하는 감각을 많이 잃어버렸다. 결혼 생활의 어려움은 거시적으로 보아 그러한 사회적 결손에서 비롯된다고 할 수 있다. 가정, 학교, 지역 어디에서도 가족을 이뤄 살아간다는 것의 의미와 거기에 필요한 자질에 대해 제대로 배우지 못한 채, 결혼에 대한 환상만 가득 부풀리는 문화의 폐해가 개개인의 불행으로 나타나고 있다.

이를 뒤집어보면, 부부 관계와 가족은 생의 보람을 일구면서 문화를 가꾸어가는 거점이 될 수 있다. 앞서 언급했듯 앤

서니 기든스는 핵가족이 '상호 인정에 기반한 소통의 잠재력이 자라나는 곳'으로서, 일상생활의 민주화를 구현하는 장소라고 규정한 바 있다. 그 가치는 단지 가족이라는 사적 영역에 국한되지 않는다. 사회의 모든 영역에서 소통의 중요성이 부각되고, 감성지수NQ나 사회적 지능social intelligence이 강조되고 있다('짝짓기 지능mating intelligence'이라는 개념도 등장했다). 가족 관계를 원만하게 유지하는 사람이 사회적으로도 유능한 사람이 되는 시대다.

결혼은 인간 사이에 맺어지는 가장 강력한 결합 가운데 하나다. 부부는 살림살이를 분담하는 경제 공동체이면서 축제를 더불어 누리는 정서 공동체다. 설거지, 청소, 기저귀 갈기 등 온갖 자질구레한 일들을 나눠야 하고, 감정을 섞으면서 언어의 향연을 차리고 성적인 희열에 함께 올라야 한다. 세상 꼭대기에서 단둘이 포옹하고 있는 듯한 극락의 황홀경에 취하다가도, 돌연 가슴에 싸늘한 냉기류를 내뿜으며 반목反目의 구렁텅이로 추락하기도 하는 것이 부부 관계다. 정말로 별것 아닐 수 있는 일이나 말 한마디로 감정이 뒤집히고 유치한 신경전에 말려들기도 한다. 작은 것이 작은 것이 아니다. 사소한 일들에 정성을 다하고 너그러움으로 상대방을 품어주는 그릇이 없으면, 늘 어긋나고 끊임없이 부딪치게 되어 있다. 그 함정들을 조심스레 살피면서 원숙한 파트너로 동행하는 것은 그 자체로 큰 수행이라 할 수 있다.

부부 사이에서 시작된 군자의 도가 천하에 이른다는『중
용』의 구절을 되새김질해본다. 부부가 그러한 경지를 향해 정
진하는 도반道伴으로 맺어진다면, 함께 내딛는 발걸음은 육중
하면서도 가뿐하다. 경청과 공감의 지대를 넓히면서 변화와
성장을 꾀하고, 그 대견한 모습을 격려하는 부부는 서로를 고
분고분 닮아간다.

긴 상이 있다

한 아름에 잡히지 않아 같이 들어야 한다

좁은 문이 나타나면

한 사람은 등을 앞으로 하고 걸어야 한다

뒤로 걷는 사람은 앞으로 걷는 사람을 읽으며

걸음을 옮겨야 한다

잠시 허리를 펴거나 굽힐 때

서로 높이를 조절해야 한다

다 온 것 같다고

먼저 탕 하고 상을 내려놓아서도 안 된다

걸음의 속도도 맞추어야 한다

한 발

또 한 발

—함민복, 「부부」[8]

외도, 바깥의 길은 어디로

이루어질 수 없는 사랑, 그 짜릿함

그런데 이렇게 말씀하시면 또 신여성치고 항용하는 소리라 하실는지 모르지만 남편 되는 이와 저는 연령도 취미도 성격도 도무지 맞지를 않아서 가정에서는 기름기라고 아니 돕니다. [······] 이미 이렇게 생을 결정함에 남편 이외에 다른 분이 있었으면! 하는 생각도 불현듯 하여 보는 때가 있습니다. 야소교 성경에는 죄라고 하였지만 저는 이제 다시 이성의 동무를 가진다 하여도 결단코 성적으로 불순한 곳에 이르기를 피하고 그저 재미있게 이야기나 하고 제가 좋아하는 음악이라도 들어주시고 비평하여주실 정도의 남성을 친하고 싶소이다. 이것도 죄이리까요.

—「애인과 남편」, 『삼천리』, 1929년 11월호에서[1]

어느 부부 사이에 아이가 네 명 있었다. 그런데 위의 세 명은 한결같이 똑똑하고 잘생기고 성격도 올곧았다. 문제는 막내였다. 그 아이만 멍청하고 못생긴 데다가 성격도 삐딱했다. 남편은 그 아이가 과연 자기 핏줄인지 의심하기 시작했고,

아이가 자라날수록 의심은 점점 확신으로 바뀌어갔다. 그래서 어느 날 작심하고 아내에게 조심스럽게 물었다. 이미 지난 일을 가지고 분란을 일으킬 마음은 없다, 저 아이를 어떻게 하겠다는 것도 아니다, 다만 사실만큼은 분명하게 짚고 넘어가고 싶다. "막내, 저 녀석의 진짜 아버지가 누구인지 솔직하게 말해줘." 아내는 한참을 망설이다가 대답했다. "사실은…… 그 아이만 당신 피붙이야."

　이런 이야기도 있다. 어느 아가씨가 이웃 마을 남자를 사귀게 되었다. 사랑이 무르익어 결혼을 약속하는 단계에 이르자 아버지에게 그 사실을 알렸다. 이러이러한 남자를 만나고 있는데 함께 가정을 꾸리고 싶다고. 그러자 아버지는 몹시 당황하면서 고민하는 표정이 역력했다. 딸은 영문을 알 수 없었다. 며칠을 끙끙 앓던 아버지가 조용히 딸을 불러 아주 조심스럽게 말문을 열었다. "이제 와서 솔직하게 털어놓지 않을 수 없게 되었는데, 그 남자아이 말이다. 사실은 오래전에 아빠가 그 어머니랑 사귀면서 임신한 아이였단다. 결국 너와 한 핏줄인 셈이니 결혼은 곤란하지 않겠니." 이에 충격받은 딸은 며칠을 고민하다가 어머니에게 가서 사실을 폭로하며 하소연했다. 그런데 그 말을 들은 어머니는 너무도 태연했다. 그러면서 한다는 말이 걸작이었다. "나도 이제 와서 털어놓는데, 너 네 아빠 딸 아니거든. 그러니 그 남자애하고 너는 피 한 방울 안 섞인 셈이지."

외도, 불륜, 간통, 간음, 혼외정사, 바람…… 배우자 이외의 다른 이성과 성관계를 맺는 행위를 지칭하는 용어들이다. 동서고금을 막론하고, 신화에서 문학 그리고 영화와 드라마에 이르기까지 끊임없이 애용되어온 모티프가 불륜이다. 많은 경우 선정적이면서도 천편일률적인 시나리오지만, 때로는 그를 통해 인간의 실존을 깊고 예리하게 통찰하기도 한다. 불륜이라는 상황 자체가 워낙 절묘하고 스릴 넘치기에 이야기가 훌륭하지 않아도 금방 흥미를 끌 수 있다. 그래서 한국의 텔레비전 드라마는 늘 비난받으면서도 외도를 단골 메뉴로 올린다. 신분 격차나 부모의 반대로 이루어질 수 없는 사랑 같은 줄거리는 이제 식상하다. 그에 반해 한 사람 또는 둘 다 기혼자이기 때문에 이뤄질 수 없는 사랑은 언제 봐도 '드라마틱'하다. 상투적인 시나리오를 재탕, 삼탕 해도 최소한의 재미가 보장된다.

하지만 현실이 픽션보다 더 흥미진진하다. 귀가 솔깃해지는 기사들이 있다. "남성의 ○○퍼센트가 외도 경험, 그 가운데 현재 진행형이 ○○퍼센트" "주부들 가운데 ○○퍼센트가 애인과 교제, 나머지 가운데 ○○퍼센트 기회가 오면 사귈 용의" "기혼 직장인의 ○○퍼센트가 정신적 외도 경험"…… 표본 집단을 어떻게 잡느냐에 따라 엄청난 편차가 드러날 수밖에 없는 통계지만, 세태가 변하는 것은 분명한 듯하다. 과거에는 간통죄의 존속 여부가 여성의 권리 차원에서 주장되었지만, 어느새 여성의 외도가 늘어 남편 쪽이 이혼을 신청하는 경우도 적지 않다. 앞서 인용한 사연의 주인공이 몇십 년의 세월을 건너와 이 현실을 본다면, 정신이 혼미해질 것이다.

한때 유선방송에서 오랫동안 방영되었던 미국의 「치터스」라는 프로그램은 연인이나 배우자 몰래 다른 애인을 만나는 장면을 방송국 카메라가 급습하면서 삼자를 대면*시키는 내용으로, 타인의 음침한 사생활을 폭로하는 '쾌감'을 시청자에게 선사했다. 그러나 역시 평범한 사람들 사이에서 벌어지는 해프닝보다 훨씬 호기심을 당기는 것은 권력자나 연예인 등 유명인들의 염문이다. 신정아 사건 같은 희대의 구경거리가 터지면 장안에 모처럼 화제가 만발하고, 온갖 뒷말들이 꼬리에 꼬리를 문다.

가볍고 쿨하게 즐기는 하룻밤 정사에서부터 지고한 순정을 바치는 사랑에 이르기까지 외도의 스펙트럼은 매우 넓다. 그 어느 경우든 당사자들에게는 짜릿한 쾌락이지만, 배신당하는 파트너에게는 우주가 무너지는 청천벽력이다. 남몰래 연애의 절정에 빠져 있을 때는 황홀한 천국이지만, 그로 인해 삶이 파멸로 치달을 때는 모든 것이 끔찍한 지옥으로 돌변한다. 평온한 일상을 엄습하는 불온한 쾌락의 유혹에 사람들은 어떻게 대처하는가. 로맨스와 스캔들의 두 얼굴을 가진 외도, 그 험난하고 비좁은 길에서 무엇을 경험하는가.

* '대질confrontation'은 이 프로그램의 절정이다.

비밀을 공유하기에 돈독해지는 유대감

"오랫동안 고장 나 쓰지 못했던 감정의 통신선이 갑자기 수리된 것 같은 느낌이 들었다. 다시 어리석어질 수 있고, 이상주의자가 될 수 있을 것 같았다." 줄리언 반스의 소설 『그녀가 나를 만나기 전』에서 주인공인 30대 후반의 역사학자 그레이엄은 어느 파티에서 만난 전직 여배우에게 빠져들면서 그렇게 고백하고 있다.[2] 아내와 결혼해 함께 살아온 세월 15년, 삶이 무미건조하다고 느끼고 있던 무렵, 새로운 여인이 혜성처럼 나타나 그의 영혼을 사로잡는다. 소설은 그로부터 빚어지는 의심과 질투의 격동을 그리고 있다.

권태는 부부 관계에서 피할 수 없는 정황이다. 연애와 신혼기의 달콤하고 뿌듯했던 순간들을 지나 배우자에 대한 신비감이 감쪽같이 사라지면서, 판에 박히고 습관적인 관계에 길들어간다. 영화 「밀애」(변영주 감독)에서 남편의 외도 사실을 알고 삶의 공허함에 시달리다가 동네 의사에게 빠져들기 시작하는 전업주부 미흔(김윤진 분)은 이렇게 토로한다. "삶이, 참을 수 없이 하찮아. 하찮아서 미칠 것 같아." 단지 심심하고 지루한 정도가 아니라 자기 인생이 너무나 시시하다고 느껴져 견딜 수 없다는 절규(?)에 공감하는 부부, 특히 주부들이 적지 않으리라. 그 남루한 처지를 벗어날 수 있는 출구는 없는가. 이때 또 다른 이성과의 만남은 극적인 반전을 일으켜준다. 남편이나 아내, 아저씨나 아줌마가 아닌 한 명의 '남자'나 '여자'

로 호명해주는 목소리에 가슴이 뭉클해진다. 내 존재의 절대
성을 일깨워주는 그의 시선과 손길에 홀연히 빨려든다.

　연애와 불륜은 두 남녀 사이의 배타적인 관계라는 공통점
을 갖는다. 애틋하게 서로를 보살피고 끌어안아 주다가도, 돌
연 싸늘한 눈초리로 맞서는 감정의 기복 역시 닮은꼴이다. 그
러나 불륜에는 연애와 다른 속성이 있는데, 철저하게 비밀에
부쳐지는 만남이라는 점이다. 연애에서도 초기에는 쉬쉬하는
경우가 있지만, 얼마 지나지 않아 공개되기 마련이다. "우리
사귀고 있어요." 주변에 선언하고 과시하고 축하를 받으면서
둘 사이의 연정은 더욱 농밀해진다. 그에 비해 불륜 남녀는 머
리카락 보일라 꼭꼭 숨어야 한다. 가장 가까운 친구 몇 명에게
나 겨우 털어놓을까, 사람들의 시선을 피해 몰래 만나는 밀회
의 연속이다.

　바로 그러한 비밀의 공유가 둘 사이의 결속을 돈독하게
만들어준다. 일탈이나 범죄를 함께 저지르는 사람들 사이에
각별한 유대감이 생겨나듯, 도덕률에 위배되는 교제를 행하는
남녀 사이에는 일종의 공범자 의식 같은 것이 형성되는 것이
다. '나는 그동안 네가 한 일을 모두 알고 있다. 너 또한 내가
한 일을 속속들이 알고 있지.' 그렇듯 서로의 가장 은밀한 마음
을 목격하고 노출시킨 우리는 둘도 없는 일심동체다. 양심에
찔리고 손가락질 받을 만한 일을 하고 있지만, 위대한 사랑은
모든 것을 용서해주리라. 그렇게 서로가 서로의 감정과 행위

를 정당화해준다.

　도덕과 규범의 틀을 깨는 통쾌함이 사회적 유대를 강화하는 예는 청소년들에게서 쉽게 발견된다. 교복을 아슬아슬하게 고쳐 입고 교칙을 일부러 어기기도 하면서 집단적 소속감이 농밀해지는 것이다. 위반은 죄책감과 불안을 자아내면서도 자신이 살아 있음을 확인하는 계기가 되기도 한다. 혼외정사의 쾌락도 바로 그러한 위반에서 비롯되는 것이라고 할 수 있다. 조르주 바타유는 일찍이 그 핵심을 잘 간파했다.

에로티즘과 관련하여 결혼이 지니는 함정은 습관이다. 무한히 허용되는 위반은 더 이상 위반이 아니다. 간단히 말해 결혼은 성행위를 습관화하고, 습관적 성행위에는 위반의 느낌이 약화되고, 위반의 부재는 관능의 부재를 야기한다. 만일 혼외정사가 에로티즘을 증폭시킬 가능성이 있다면, 거기에는 육체적인 이유보다 정신적인 이유가 더 클 것이다. 다시 말해 혼외정사에 흥분, 기대, 죄의식이 소용돌이치는 강렬한 위반의 느낌이 없다면, 그것은 격렬한 에로티즘을 불러일으키기 힘들 것이다.[3]

　미디어 환경의 변화는 비밀스러운 접선을 용이하게 해주었다. 모바일과 이메일 덕분에 주변 사람들에게 전혀 티를 내지 않고, 그 누군가와 1대 1로 소통할 수 있게 되었다. 특히 시공간의 제약을 거의 받지 않는 휴대전화, 다른 사람이 옆에 있어도 감쪽같이 실시간으로 교신할 수 있는 문자 메시지와 온라인 메신저는 프라이버시의 용량을 크게 늘려주었다. 혼외 교제로 들어가는 진입 장벽이 그만큼 낮아진 셈이다. "함께 있으니 편하네요. 차 한잔하실까요?" 이런 '작업' 메시지들을 여러 가지 우회적인 또는 직설적인 화법으로 띄워볼 수 있는 회로가 크게 열린 것이다. 물론 조금만 부주의하면 발각되기 일쑤다. 실제로 문자 메시지가 물증이 되어 꼬리가 밟히는 경우도 적지 않다. 의심스러운 배우자의 뒤를 밟아 사실을 확인하고 물증을 확보해주는 흥신소나 심부름센터도 있다.

그런데 물증이 없는데도 제삼자로부터 추궁을 당하고 돈까지 뜯기는 일이 벌어진다. 중년 남성들에게 무작위로 전화를 걸어 "당신의 여자관계를 알고 있고 그와 함께 호텔에 들어가는 사진을 찍어놓았다"면서 돈을 보내라고 협박하는 범죄가 가끔 보도된다. 그들이 노린 대상은 홈페이지에 이름과 직위, 전화번호가 공개되어 있는 공무원이나 공사公社 직원, 연구원 등 국가기관 종사자로, 그 가운데 과장급 이상이 주된 표적이었다. 그렇게 협박받은 사람들 가운데 상당수가 하루 이틀 안에 입금해, 순식간에 거금을 손에 넣을 수 있었다고 한다.

사이버 공간의 확장으로 새로운 양상의 불륜도 등장했다. 한때 미국에서 선풍적인 인기를 모았던 게임「세컨드 라이프」가 그것이다. 그 게임에 접속하면, 일정한 아바타의 모습으로 타인을 만나고 지역사회 주민이 되고 교회도 다닐 수 있다. 말 그대로 또 하나의 인생이다. 기존의 자아 정체성이나 인간관계에 구애받지 않고, 다양한 관계 맺기를 시도해볼 수 있다. 그러다 보니, 멀쩡하게 배우자가 있음에도 「세컨드 라이프」에서 다른 이성과 결혼하는 일도 벌어진다. 물론 그 상대방 역시 아바타로서, 실제로는 한 번도 만나본 적 없고 얼굴도 모르며 심지어 성별도 불확실하다. 그러나 사이버 공간에서 두 사람은 시도 때도 없이 만나 사랑을 고백하고 섹스도 즐긴다. 만일 당신의 배우자가 그런 연애에 빠져 있다면, 이는 불륜인가 아닌가. 사이버 세상이 넓어지면서 불륜의 경계 또한 모호해지고 있다.

「자유부인」에서 「바람난 가족」까지

인문학이나 사회과학에서 불륜을 주제로 진지하게 연구한 글이나 책은 연애나 결혼에 비해 적은 편이다. 주제의 속성상 자료 확보의 어려움이 큰 걸림돌이리라. 반면에 대중문화에서는 굵직한 흐름이 이어져온다. 『보바리 부인』에서 『아내가 결혼했다』에 이르기까지 수많은 소설이 당대의 규범을 비껴 상상의 나래를 펼쳤다. 영화는 스토리에 관능적인 소리와 영상까지 곁들이면서, 대중들의 섹슈얼리티에 막강한 영향력을 발휘해왔다. 한국에 소개된 외국영화 중 불륜 소재 작품의 시초라고 할 만한 것으로, 성불구자 남편을 둔 여성이 산지기를 만나 자아의 가치를 발견하는 「차타레 부인의 사랑」, 외교관 부인이 상류사회 여인들의 문화를 접하면서 성적 욕망에 눈

떠가는 「엠마뉴엘」 등을 들 수 있다. 이후 「위험한 정사」「데미지」「피아노」「아메리칸 뷰티」「화양연화」「언페이스풀」 등이 이어지면서, 혼외정사의 다채로운 세계를 그려냈다.

　한국 영화로는 1956년 개봉한 「자유부인」(한형모 감독)이 원조라고 할 수 있다. 착실하게 가정을 꾸리던 대학교수 부인이 서구의 개방 풍조에 영향을 받아 춤바람이 나고, 자신이 일하는 양품점 사장과 호텔까지 가게 된다. 마침내 남편도 그 사실을 알게 되면서, 주인공은 고개 숙인 죄인의 모습으로 가정에 복귀한다. 이 줄거리는 1954년 정비석의 원작 소설이 신문에 연재될 때부터 이미 파장을 일으켰다. 지금의 기준으로 보면 전형적인 정절 이데올로기와 가부장적 가치관에 충실한 결말을 맺고 있지만, 당시에는 중산층 여성의 혼외 관계를 영상에 담는 것 자체가 충격이었다.

　1960~70년대에는 한국 영화가 엄청나게 쏟아졌지만, 군사정권의 검열 체제하에서 불륜은 다루기 어려운 주제였다. 5·16군사쿠데타 전에 만들어진 「하녀」(남편이 가정부와 육체관계를 맺다가 결국 함께 죽음에 이르게 되는 줄거리의 스릴러물), 「미워도 다시 한 번」(기혼남과 미혼녀 사이에서 태어난 아들이 엄마와 이별하고 재회하는 멜로드라마) 정도가 있었다. 1970년대에도 「영자의 전성시대」「별들의 고향」 등 청순한 여성이 애틋한 사랑을 갈구하지만 운명이 꼬이는 호스티스 멜로 영화들이 나오는 정도였다.

그러다가 1980년대에 접어들어 여성의 '본능'을 적나라하게 그리는 영화들이 등장했으니, 1982년 개봉한 「애마부인」(정인엽 감독)이 그 선두 주자였다. 남편의 무관심과 외도에서 비롯된 주인공의 성적 방황은, 수많은 남자들을 유혹해 오르가슴을 추구하는 데 이른다. 그러나 아무리 탐닉해도 채워지지 않을 만큼, 그녀의 육욕은 히스테리하고 불안하다. 이 영화에서 연출한 판타지와 엑스터시는 그 이전의 어떤 영화에서도 감히 보여주지 못한 파격이었다. 기혼녀가 자신의 성욕을 그렇듯 적극적으로 표출하고 흥분하는 모습은, 1990년대 중반 홍수를 이룬 '젖소부인'류의 에로 비디오에서 더욱 노골화된다.

1990년대 말은 불륜 영화의 새로운 분기점이 된다. 남성의 관음적인 시선으로 여성을 대상화하는 것이 아니라, 결혼의 울타리를 적극적으로 뛰어넘는 여성의 내면에 천착하기 시작한 것이다. 「해피엔드」와 「정사」가 그 뚜렷한 출발점이다. 지극히 단조로운 남편과의 관계에 찌들어 있던 주인공들은 각각 옛 애인, 동생의 약혼자와 뜨거운 사랑을 나눈다. 그런데 섹스 그 자체에 병적으로 집착했던 「애마부인」과 달리, 그들의 에로티시즘은 사뭇 우아하고 깔끔해 보인다. 결혼과 가족이라는 굴레에 연연하지 않고 자신의 욕망을 충실하게 좇는 여성의 이미지는 이후 「결혼은 미친 짓이다」 「밀애」 「생활의 발견」 「바람난 가족」 「누구나 비밀은 있다」 등으로 이어졌다.

한 가지 흥미로운 것은, 지난 반세기 동안 혼외정사를 다룬 한국 영화의 주인공이 언제나 여성이었다는 점이다. 서양의 경우, 주인공이 아들의 약혼녀와 사랑에 빠지는 「데미지」나 딸의 친구에게 끌려드는 「아메리칸 뷰티」 「랑페르」처럼, 엉뚱한 이성에게 매료되는 남성의 심리와 갈등 상황을 다룬 영화들이 종종 나온다. 그에 비해 한국 영화는 외도 중에 있는 남성의 마음에 카메라를 들이대지 않는다. 이를 어떻게 해석해야 할까.

모순과 자기 분열의 굴레

사랑은 정본이지만 불륜은 복사본이다. 사랑은 종신형이지만 불륜은 벌금형이다. 사랑은 심해를 달리는 고래의 붉은 눈이지만 불륜은 새장 속에 갇힌 문조의 맑은 눈이다. 시작은 알 수 있으나 끝은 알 수 없는 미궁이 사랑이라면, 불륜은 끝이 보이는 시작이다.

—장석주, 「카프카를 읽던 시절, 그녀를 앓던 시절」에서⁴

　불륜을 다루는 영화나 소설에는 해피엔드가 거의 없다. 아이러니하게도 영화 「해피엔드」는 제목과는 달리 남편의 잔혹한 복수로 결말을 맺고 있다. 작가나 감독 들도 어떤 식으로 이야기를 마무리 지어야 할지 매우 고민이 많을 것으로 짐작된다. 자유의 대가를 혹독하게 치르는 「자유부인」처럼, 보수적인 가치관에 기댈 수 있었던 시절에는 차라리 편했을 것이다. 아예 성을 적나라하게 상품화하는 「엠마뉴엘」이나 「애마부인」

의 경우에는 피날레 자체가 그다지 중요하지 않다. 남자들의 음욕을 충족시키는 농염한 자태와 끈적거리는 신음 소리를 얼마나 실감나게 삽입하고 배치하는가가 관건이기 때문이다.

문제는 1990년대 말 이후 페미니즘의 자장 속에서 여성의 욕망을 차분하게 묘사하는 영화들의 경우다. 고루한 도덕률에 입각해 징계할 수는 없고, 그렇다고 마냥 쾌락을 예찬하는 것도 경박하다. 그 딜레마를 돌파하는 길은 좁아 보인다. 여전히 가족의 소중함을 역설적으로 확인시키는 듯한「해피엔드」나「엄마에게 애인이 생겼어요」, 여성이 기존의 가족 관계를 거부하고 과감하게 새로운 인생을 찾아나서는「정사」나「바람난 가족」, 이도 저도 아니게 씁쓸하고 진부한 일상으로 돌아오는「밀애」나「결혼은 미친 짓이다」등 그 어느 경우든 혼외 관계의 안정적인 지속은 불가능하다는 것을 확인시켜준다. 그렇다고 고리타분한 어조로 바람피우지 말라고 훈계하지는 않는다. 다만 불륜을 감행하려면, 소중한 것을 잃어버리거나 돌이킬 수 없는 상처를 받을 각오도 해야 한다고 암시하는 듯하다.

영화는 현실을 얼마나 반영하는 것일까. 스토리의 전개 과정을 보면, 황홀하고 달콤한 순간보다도 고통과 번민의 순간이 훨씬 더 많은 비중을 차지한다. 실제로도 그러하리라. 외도 상담 창구에 접수된 사례들을 봐도 그렇고, 인터넷에서 솔직하게 고민을 털어놓는 사람들의 이야기에서도 확인할 수 있다. 떳떳한 연애와 달리, 불륜은 그 자체에 근원적인 갈등과 분열의 요소를 내포하고 있다. 즉, 상대방에게 끌리면 끌릴수록 그 감정을 억제하고 모든 것을 원점으로 되돌려야 하는 이유가 커진다. 서로에게 깊이 빠져들수록 두려움도 커진다.

양심의 가책이나 들킬지 모른다는 불안 때문만은 아니다. 만남의 미래상이 그려지지 않는 것은 참으로 답답한 노릇이다. '끝이 보이는 시작'이라는 시인의 통찰은 그래서 날카롭다. 관계의 저변에는 심히 불안정한 기류가 흐르고, 언제 깨질지 모르는 살얼음판이 되어간다. 지금의 만남을 즐기면서도, 하루빨리 이 갈등 상황에서 해방되고 싶다는 소망이 함께 자라난다. 그래서 상대에 대한 호감이 조금만 식거나 관계에 약한 고리가 생기면, 기다렸다는 듯 감정 정리 단계에 들어가기 일쑤다. 미혼 남녀의 연애라면 애정의 흔들림이나 퇴색도 하나의 과정이라 생각하면서 위기를 극복할 수 있지만, 불륜의 경우에는 잠시 희미해져 있던 도덕률이 명쾌하게 작동하면서 급속하게 정리 모드로 돌입하기 쉬운 것이다.

다행히 바로 그 시점에 상대방도 그러한 심경의 변화를 겪고 있다면, 순조로운 관계의 결말을 맞게 될 것이다. 그런데 하강 국면으로 접어드는 변곡점이 시간적으로 일치하기는 대단히 어렵다. 한쪽에서는 한참 상승 무드로 가고 있는데 다른 쪽에서는 내리막길로 방향을 선회할 경우, 정리당하는 이에게 몰아치는 감정의 파도는 매우 사납다. 안식처를 잃은 외로움과 허전함, 물불 가리지 않는 집착, 실컷 이용만 당하고 싸늘하게 버려졌다는 배신감, 끓어오르던 욕정만큼이나 힘차게 치밀어 오르는 복수심……

구질구질하게 매달리지 않기로 약속하고 시작한 혼외 관계도 시간이 지나면서 아쉬움이 생기고 주체할 수 없는 피해의식에 사로잡힌다. 「결혼은 미친 짓이다」(유하 감독)에는 그 심리를 잘 보여주는 장면이 나온다. 남자 주인공은 여자 주인공의 결혼식에 하객으로 참석할 만큼, 결혼과 연애를 별개로 생각하는 파트너를 '쿨'하게 받아들였다. 하지만 그녀가 안정된 결혼 생활을 잘 유지하면서, 자신과도 쿨한 연애를 지속하니 짜증을 부린다. 상대방은 가정의 안과 밖을 넘나들며 남녀 관계를 즐기는 반면, 자신은 늘 그 사람만 기다리고 있는 처지가 문득 초라하게 느껴진 것이다. 인간의 마음은 그렇다. 미국의 히피족 등 급진적인 자유주의자들의 실험이 종종 있었지만, 남녀 관계에서 배타적 소유욕까지 넘어서는 데는 늘 한계를 드러냈다.

욕망과 감정의 모호한 신호

좋아하면서도 그 악함을 알고, 미워하면서도 그 아름다움을 아는 사람은 세상에 매우 드물다好而知其惡, 惡而知其美者, 天下鮮矣.

—『대학』에서

배용준과 손예진이 주연한 영화 「외출」(허진호 감독)은 불륜 중에 교통사고를 당한 어떤 커플의 배우자들이 같은 병원에서 간호하면서 서로의 힘든 처지를 위로하다가 불륜에 빠져드는 스토리다. 연출과 연기 모두 함량 미달이라는 혹평을 받았지만, 마지막 장면에서 주인공 남녀가 자동차를 타고 함께 나서며 가냘프게 주고받는 대사는 일품이었다. "우리 어디로 가는 거예요?" 잠시 침묵 후 돌아온 대답. "어디로 갈까요?" 갑갑하고 숨 막히는 현실, 짜증 나고 한심한 일상에서 벗어날 수 있는 출구는 찾았지만, 막상 외출을 하고 보니 어디로 가야 할지 막막하기만 하다. 바깥에 있는 길(외도)에 설레는 가슴으로 올랐지만, 목적지가 없는 것이다.

이성을 향한 욕망의 정체는 쉽게 규명할 수 없는 미스터리다. 외도는 '교통사고'와 같은 것이라는 말이 있을 만큼, 어느 날 갑자기 마법에 걸려든 듯 시작된다. 찻잔 속에 태풍이 일어난다. 내 마음속에 그 사람이 가득 들어차고, 그에 대한 애달픈 상념이 넝쿨처럼 뻗어 나간다. 누구도 그러한 충동에서 자유롭다고 안심하지 못한다. 제아무리 고결한 인격의 소유자나 거룩한 성직자라도, 그리고 일편단심으로 성실하게 살아온 남편이나 아내도 장담할 수 없다. 평생 절대자에 대한 사랑만을 좇는 성직자에게도 에로스는 강렬한 유혹이다. 쥘 마스네의 오페라 「타이스」에서 주인공인 수도사는 퇴폐에 젖은 무희를 구원하려 개종시키지만, 도리어 자신이 그 육체에 매혹되어 타락해간다. 그러한 한계상황에서는 절대자도 별로 도움이 되지 못하는 듯 보인다.

누가 누구에게 돌을 던질 수 있을까. 사람이 사람의 욕망 그 자체를 단죄하기는 어렵다. 엄숙주의의 가면을 쓰고 손가락질하는 타인의 스캔들이, 원초적인 본능처럼 나의 실존을 휘감는 로맨스로 둔갑할 수 있다. 그 야누스의 얼굴은 사람들의 마음과 태도에서도 발견된다. 불륜에 관한 소문에 귀를 쫑긋 세우고 온갖 악플을 달면서 이야기를 부풀리는 사람들은, 내심 그에 대한 선망을 도덕주의로 은폐하고 있을 가능성이 높다. 무의식에 도사린 정체불명의 에너지를 인정하지 않는 사람들이 그 부정과 억제의 고삐가 풀릴 때, 더욱 걷잡을 수 없는 일탈로 빠져드는 경우가 적지 않다. 따라서 자기 안에 꿈틀거리는 욕망을 솔직하게 인정하는 태도가 필요하다. 그러나 욕망을 인정하는 것이 그것을 고스란히 따라가는 것을 의미하지는 않는다.

우리는 자기 자신을 잘 모른다. 내가 모르는 자아의 영역은 무한하다. 욕망은 그다지 신뢰할 만한 신호가 아니라는 것을, 그것에 주책없이 끌려갈 때 감당할 수 없는 궁지에 몰리기 쉽다는 것을, 여러 현인들의 가르침에서 그리고 우리의 많은 경험에서 확인하게 된다. 감정은 매우 변덕스럽다. 삶을 송두리째 바꿔놓을 듯 활력과 생동감을 주던 만남도, 부부 관계와 마찬가지로 또는 그보다 훨씬 빠르게 매너리즘에 빠지고 권태에 젖어든다. 그토록 간절하게 원했던 관계가 극도의 혐오스러운 질곡으로 변질된다. 끝까지 사랑할 것처럼 온갖 제스처를 보내고 고백을 남발했던 자신에게 환멸을 느낀다. "로맨틱한 사랑은 자기를 기만하는 것으로 시작해, 타인을 기만하는 것으로 끝난다"라는 오스카 와일드의 말은 불륜에 훨씬 타당하다.

하지만 모든 에로스가 그렇게 불순한 것일까. 불륜이지만 '순수한' 사랑이 있을 수 있지 않을까. 배우자가 있는데, 거역할 수 없는 또 다른 사랑이 뒤늦게 운명처럼 다가오는 경우 말이다. 운명적 사랑 같은 것은 없다고 누구도 단언하지 못한다. 그것은 객관적으로 논증될 수 있는 것이 아니기 때문이다. 바로 이것이 나의 진짜 사랑이라는 확신, 그 절대성과 필연성에 무릎 꿇는 사람들이 있다. 평온한 가정을 꾸리고 살던 주부가 어느 날 혜성처럼 나타난 남자와 4일간의 깊은 사랑에 빠지는 영화 「매디슨 카운티의 다리」(클린트 이스트우드 감독)에서, 남자 주인공 로버트는 여자 주인공 프란체스카를 만난 지 13년이 지나 편지를 보낸다.

우리는 우주의 먼지 두 조각처럼 서로에게 빛을 던졌던 것 같소. 신이라고 해도 좋고, 우주 자체라고 해도 좋소. 그 무엇이든 조화와 질서를 이루는 위대한 구조 속에서는, 지상의 시간이 무슨 의미가 있겠소. 광대한 우주의 시간 속에서 보면 나흘이든 4억 광년이든 별 차이가 없을 거요. 그 점을 마음에 간직하고 살려고 애쓴다오. 하지만 결국, 나도 사람이오. 그리고 아무리 철학적인 이성을 끌어대도, 매일, 매 순간, 당신을 원하는 마음까지 막을 수는 없소. 자비심도 없이. 시간이, 당신과 함께 보낼 수 없는 시간의 통곡 소리가, 내 머릿속 깊은 곳으로 흘러들고 있소. 당신을 사랑하오. 깊이, 완벽하게 그리고 언제나 그럴 것이오.

사랑에는 여러 가지 방식이 있다. 영화에서처럼 사랑하기 때문에 떠나야 하는 경우도 있다. 떠나지는 않더라도 일정한 단계에서 멈춰야 할 때도 있으리라. 나와 상대방의 인생에 무엇이 최상인가를 두루 살피고 냉정히 따지지 않으면, '순수한' 사랑도 얼마든지 지옥을 빚어낼 수 있기 때문이다. 누군가를 사랑한다는 것은 그가 놓여 있는 삶의 조건까지도 사랑하는 것이어야 한다. 그것이 깊고 완벽한 사랑에 가까운 것이리라. 우리는 모두 불완전한 세상에 살고 있고, 삶은 모순으로 가득 차 있다. 하지만 그런 불완전성과 모순을 뛰어넘고 승화할 수 있는 것 또한 사랑의 힘이다.

바깥의 길은 다시 안으로

몸과 몸의 만남, 규竅('구멍'이라는 뜻으로 동양 고전의 표현이다)와 규의 만남, 우리는 그 만남을 통해 인간관계의 자유로움을 획득한다. [……] 그러나 그 자유는 결코 내적으로, 외적으로 모두 유지될 수 없는 것이다. 모든 자유는 순간이다. 그것은 세속적 규율을 해탈시키는 듯이 보이지만, 결국 더 큰 규약과 제재와 규율 속에 있는 것이다. 그러한 규약과 규율의 질서를 획득하지 못할 때 사랑은 파괴적이 되고 만다. 그래서 인간의 모든 비극이 생겨나는 것이다 사랑이야말로 인간존재의 패러독스의 조건이다.

—김용옥, 『노자와 21세기(上)』에서[5]

사랑이 자명한 질서를 이루면서도 거기에 가치의 체계가 있다는 것은 사랑의 행위에 선택이 있을 수 있다는 것, 그리고 그것이 어려워질 수 있다는 것을 말한다. 그러니까 사랑의 질서는 규범적으로도 존재하고 현실적 사실로도 존재한다. 그러니만큼, 사람이 실천하는 사랑에는 현실적 한계가 있고 동시에 보다 넓은 것으로의 진화의 가능성이 있다. 이것은 개인의 경우에나 사회와 역사 문명의 경우에도 마찬가지이다. 개인과 사회 그리고 시대는 그 한정된 여건 아래에서의 사랑의 사명을 다하면서 보다 큰 완성을 가리킨다.

—김우창, 『정의와 정의의 조건』에서[6]

사랑 자체는 죄가 될 수 없다. 인간에게는 타인을 사랑해야 할 의무와 권리가 있다. 특히 남녀 간의 사랑은 우리가 삶에서 누릴 수 있는 최고의 선물 가운데 하나다. 무미건조하고 지루한 생활 속에서, 누군가와 사랑에 빠진다는 것은 일종의 기적으로 체감된다. 내게 아직 이런 애틋한 감정이 남아 있음이 놀랍다. 그런데 모든 연애 감정이 정말로 사랑일까. 매우 쉬우면서도 엄청나게 어려운 것이 남녀 간의 사랑이다. 세차게 흐르는 강물에 저절로 실려 가다가도, 느닷없이 메마른 골짜기를 헤매기도 하는 것이 에로스다. 생애의 모든 단계를 스스로 선택하고 책임져야 하는 현대사회에서, 그러한 감정과의 조우는 삶 전체를 뒤흔드는 위기일 수도 있다.

에로스의 에너지가 솟구쳐 오를 때, 사랑은 저절로 이뤄지는 듯하다. 하지만 바로 거기에 맹점이 있다. 자기 욕망을 사랑으로 착각하는 것이다. 성정性情을 채우고자 하는 충동을 애정이라는 이름으로 포장한다. 불륜 관계에서는 그러한 은폐가 훨씬 철저하게 이뤄지고, 그 정체가 폭로되는 과정도 매우 격렬하다. 온전하고 숭고한 애정에서 출발했건만 결국엔 엉큼한 정부情夫요 몹쓸 팜 파탈(악녀)로 치부되고 마는 것, 그것이 우리가 받아들여야 하는 모순이라면 모순이리라. 그 딜레마는 일부일처제에서만 비롯되는 것이 아니다. 인간이 만들어온 모든 사회질서는 일정한 수준에서 개인의 욕망을 제어하는 기제였고, 거기에서 남녀 관계는 통제의 핵심 대상이었다.

평균수명이 늘어나면서, 결혼한 남녀는 과거 그 어느 때보다 긴 부부 생활을 해야 한다. 그것도 일부일처제 속에서. 그런데 그 관계는 매우 취약한 상황으로 변해간다. 사회가 부부 관계의 즐거움과 성숙을 지원하기는커녕, 고단한 노동으로 심신을 피폐하게 하고 온갖 선정적인 정보들로 권태를 부추긴다. 구차한 일상을 벗어나 멋진 신세계에 이르는 로드 맵이 여러 가지 버전으로 제시된다. 소설이나 영화에서 불륜을 다루는 수위는 점점 높아져 '나도 한번 해볼까' 하는 호기심이 발동한다. 처음부터 외도를 결심하고 시작하는 경우는 별로 없다. 한 발 두 발 조금씩 가다 보면, 어느덧 선을 넘고 있는 자신을 발견한다.

그러나 픽션의 세계가 아무리 리버럴해진다 해도, 현실은 여전히 보수적이다. 아니, 더 정확하게 말하면 이중적이다. 배우자들이 관대해진 것도 아니고, 거기에서 비롯되는 사태의 연쇄반응이 호락호락한 것도 아니다. 영화나 드라마를 보면서는 불륜에 매우 너그러운 듯한 사람들도, 개인의 구체적인 문제로 가면 비난과 경멸의 화살을 꽂는다. 그러니 대리 만족을 위해 만들어진 스토리를 섣불리 실현하려 했다가는 난감한 궁지에 몰리기 십상이다. 폭력 영화를 보고 그대로 따라 하는 아이들처럼, 어른들도 얼마든지 어리석어질 수 있다.

감정이 전혀 무의미한 것은 아니다. 새로운 사랑에 대한 갈구, 그것은 실존의 결핍을 알려주는 신호일 수 있다. 새로운 이성에 대한 맹목적 충동은 사람을 온전히 '목적'으로 대하거나 또한 그렇게 대접받고 싶은 갈망의 폭발이다. 타인과 온전히 하나가 되어 활활 불타오르고 싶다는 생명의 몸부림이다. 하여 그것은 구태의연하고 천박해진 삶, 도대체 살맛 나지 않는 세상에 대한 항거인지도 모른다. 문제의 본질은 내 안에 있다. 변덕스러운 감정과 불확실한 타인에게 의지하기보다는, 내가 진정으로 무엇을 원하는지를 탐구하는 것이 우선이다. 낭만적 사랑에 대한 과도한 숭배 풍조와 성적 환락에 대한 도발적인 이미지들에 조건 반사하는 충동이 아니라, 당당하고 확고하게 서고 싶다는 의지에 집중해보는 것이다.

자기 배반의 덫에 걸려들지 않고 삶의 절정을 맛볼 수는 없을까. 파멸의 위험을 떠안지 않고 미지의 세계에 도전하는 스릴은 가능할까. 외도의 유혹은 희박한 존재감에 대한 각성일 수 있다. 불륜의 번민은 자신을 깊이 알아가면서 삶을 크게 배우는 공부의 계기가 되어야 한다. 바깥의 길은 다시 안으로 향한다. 사랑의 본거지에 이르는 여정이다. 에리히 프롬은 『소유냐 삶이냐』라는 책에서 '쾌락'과 구별되는 '기쁨'을 환기시키며, 그 핵심으로 '내적 탄생birth within'을 역설했다.[7] 매 순간 다시 태어나며 언제나 살아 있다는 느낌, 삶에 스며드는 희열과 자아의 신화는 어떻게 실현되는가. 행복의 연금술사를 찾아 방황하는 우리에게 빅토르 위고는 이렇게 말한다. "행복은 자기도 모르게 스스로의 힘으로 사랑받고 있다는 확신이다."

3부

양육과
노화

어머니, 자궁의 힘은 무엇인가

숭고함과 물신숭배 사이에서

느티나무 둥치에 매미 허물이 붙어 있다 / 바람이 불어도 꼼짝도 하지 않고 착 달라붙어 있다 / 나는 허물을 떼려고 손에 힘을 주었다 / 순간 / 죽어 있는 줄 알았던 허물이 갑자기 몸에 힘을 주었다 / 내가 힘을 주면 줄수록 허물의 발이 느티나무에 더 착 달라붙었다 / 허물은 허물을 벗고 날아간 어린 매미를 생각했던 게 분명하다 / 허물이 없으면 매미의 노래도 사라진다고 생각했던 게 분명하다 / 나는 떨어지지 않으려고 안간힘을 쓰는 허물의 힘에 놀라 / 슬며시 손을 떼고 집으로 돌아가 어머니를 보았다 / 팔순의 어머니가 무릎을 곧추세우고 걸레가 되어 마루를 닦는다 / 어머니는 나의 허물이다 / 어머니가 안간힘을 쓰며 아직 느티나무 둥치에 붙어 있는 까닭은 / 아들이라는 매미 때문이다

—정호승, 「허물」[1]

"청소 어머님의 노고를 생각하여 화장실 바닥에 침을 뱉거나 담뱃재를 털지 맙시다." 오래전 어느 대학교의 남자 화장

실에 붙어 있던 팻말이다. 아주머니 대신 어머님이라는 표현을 쓴 것이 흥미롭다. 한국의 친족 호칭은 가족을 넘어선 관계에서도 자주 사용된다. 동네 아이들끼리는 물론, 대학생들 사이에서도 언니, 오빠, 형, 누나라고 부르는 것을 자주 들을 수 있다. 특히 '언니'는 전혀 모르는 관계에서도 쓰이는데, 가게에서 물건을 살 때 여자 점원을 종종 그렇게 부른다. 손님의 나이와 상관없이 그렇게 칭하는 경우가 많고, 식당 같은 곳에서는 심지어 아저씨가 자기 딸만큼 어린 점원에게 '언니야~'라고 부르는 일도 흔하다.

'어머니'와 '아버지'는 어떠한가. 장모와 시어머니, 장인과 시아버지를 그렇게 부르고, 교사가 학생의 부모를 '어머니' '아버지'라고 부르는 경우가 떠오른다. 다른 상황에서도 그 호칭들이 가끔 사용되지만, 흔히 쓰이지는 않는다. 앞서 인용한 화장실 문구의 경우, 만일 청소하는 분이 남자였다면 '청소 아버님'이라는 표현을 썼을까? 그랬다면 틀림없이 어색하고 우스꽝스럽게 느껴졌을 것이다. 다른 예를 들어보자. 식당 간판 중에 '어머니'나 '이모'나 '할머니'가 들어간 이름들이 있다. '손맛'을 강조하기 위해서다. 이삿짐센터나 간병 서비스 업체의 상호 가운데도 어머니라는 말이 들어간 경우가 있다. 다음과 같은 아파트 광고 문구도 있다. "집에 엄마가 없으면 집이 텅 빈 것 같다. 집은 엄마다." 이렇듯 모계 호칭은 각종 상호로 많이 나오는 데 비해, 부계 호칭은 거의 등장하지 않는다. 가령 목공소나 수리점처럼 손재주가 중요한 가게라고 해서, '아버지'나 '삼촌'이나 '할아버지'라는 이름을 사용하는 경우는 드물다.

대부분의 문화권에서 어머니는 각별하게 자리매김한다. 모차르트의 「아 어머니께 말씀드리죠」나 드보르자크의 「어머니가 가르쳐주신 노래」에서부터 막심 고리키의 『어머니』에 이르기까지, 예술에서 어머니는 숭고한 이미지로 형상화되어왔다. 기독교에서 성부聖父는 신이지만, 성모 마리아는 인간으로서 성령을 통해 성자를 잉태하였다. "신이 모든 곳에 있을 수 없어 어머니를 만들었다"라는 말이 있을 만큼, 모성은 신성한 존재로 추앙된다. '어머니의 날'은 '아버지의 날'보다 먼저 생겼을뿐더러 훨씬 많은 나라에서 지켜지고 있다. 아이를 낳고 키운 고생에 대한 상징적 보상이라고도 볼 수 있지만, 인간이 태어나 가장 먼저 만나는 타자가 어머니이기 때문일 수도 있다. 아이에게 엄마는 절대적인 의존 대상이요 삶의 기반이다. 특히 한국인에게 어머니는 특별한 울림을 지니는 존재다. 수많은 '사모곡'에서부터 깜짝 놀랄 때 외치는 '엄마야!'라는 감탄사에 이르기까지.

그런데 언제부터인가 어머니들의 모습이 달라졌다. 또는 어머니에 대한 사회적 인식이 바뀌었다. 부동산 투기의 치맛바람과 과도한 교육열 그리고 자녀 억압의 주역으로 종종 지탄을 받는 대상이 어머니들이다. 가난과 시집살이의 혹독함을 이겨내던 억척스러움이, 어느덧 물신숭배의 허욕으로 탈바꿈한 것일까. 다른 한편, 극도의 생활고로 자식을 내팽개치고 집을 나가버린 엄마들, 심지어 자식들의 손을 붙잡고 죽음의 세계로 뛰어드는 엄마들도 있다. 한국인의 삶에서 어머니는 어떻게 자리매김해왔는가. 가족과 그것을 둘러싼 사회가 급속하게 변모하는 가운데, 어머니의 미래는 무엇인가.

인간의 성장과 모성의 역할

인간은 '나실 제 괴로움'을 가장 심하게 겪는 동물이다. '귀빠진 날'이라는 표현에서 알 수 있듯, 출산에서 태아의 머리가 빠져나오는 것이 고비다. 머리는 빠졌는데, 어깨가 빠지지 않아 고생하는 경우는 없다. 태아의 머리 크기는 성인의 4분의 1밖에 되지 않고 영장류에 비하면 3분의 2 크기에 불과하지만, 여성의 골반이 좁기 때문에 유난히 고통이 큰 것이다. 인류가 직립을 하게 되면서 치러야 하는 가장 큰 대가를 어머니들이 감당하고 있다고 볼 수 있다. 괴로움은 출산에서 끝나지 않는다. '기르실 제 밤낮으로 애쓰는' 일 또한 만만치 않다. '진자리 마른자리 갈아 뉘'는 수고를 몇 년 동안 들여야 한다. 배변의 뒤처리 훈련은 인간의 성장에서 첫번째로 통과해야 하는 관문이다. 생물학적으로 제 앞가림을 하는 데 인간만큼 오랜 시간이 걸리는 동물은 없다.

그러나 제 몸뚱이 하나 간수한다고 해서 자립하는 것은 아니다. 수유가 끝나고 배변 습관이 들었을 무렵, 새롭게 주어지는 과제는 언어 학습이다. 언어는 단순히 의사소통의 도구가 아니다. 인간은 말을 배우면서 먹을 것과 먹지 말아야 할 것을 식별하는 능력을 익힌다. 그래서 가장 먼저 배우는 단어 가운데 하나가 '지지'라는 명사다. 더 나아가 인간은 언어를 통해 사회생활의 규칙과 마음의 기술도 함께 습득한다. 이 중대한 프로젝트를 책임지는 이 역시 엄마다. '모국어mother tongue'라는 표현대로, 사람은 엄마에게서 말을 배운다. 그리고 할머니에게서 수많은 옛날이야기를 듣는다. 육아에서 할머니가 한몫을 하는 것도 인간의 독특한 점인데, 그 역할 가운데 전통과 문화를 전승하는 일은 매우 중요하다.*

　이렇듯 여성은 젊어서부터 늙어 죽을 때까지 새끼들 키우는 데 필요한 온갖 궂은일을 도맡는다. '손발이 다 닳도록 고생'한다. 자식의 생활과 몸을 챙기는 것은 거의 본능처럼 작동한다고 느껴질 때가 있다. 예전에 내 어머니가 다리가 부러져 응급실에 실려가신 적이 있는데, 연락을 받고 병원에 갔을 때 어머니가 던진 첫마디는 지금도 잊히지 않는다. "밥 먹었냐?" 골절이 수반하는 엄청난 통증에 시달리면서도, 아들을 보자마자 식사 여부부터 챙기는 것은 한국 어머니들의 못 말리는 보호 본능인가 보다. 가난한 살림살이 속에서 어머니가 당신의 것을 가장 나중으로 미루던 모습은 많은 이들의 성장기에 한 페이지로 남아 있다. 이런 어머니의 모습은 자녀의 눈으로 애

* 인간이 가임 기간이 지나고 나서도 오랫동안 사는 것을 손주들을 보살피는 역할 때문이라고 설명하기도 하는데, 이를 '할머니 가설'이라고 한다. 침팬지의 경우, 폐경기를 지나고도 생존하는 비율은 3퍼센트 정도다.

틋하게 포착되기도 한다.

　한국 문학에서 모정母情은 확고한 위치를 차지하고 있는
듯하다. 윤동주는 「별 헤는 밤」에서 별 하나에 아름다운 말을
한마디씩 부르며, 멀리 북간도에 계신 어머니를 그리워한다.
신석정의 「그 먼 나라를 알으십니까?」, 그리고 "아! 어머님 안
녕하셨습니까"로 끝나는 조병화의 「고요한 귀향」²도 있다. 소
설에서도 여러 장면들을 펼칠 수 있을 것이다. 이청준의 자전
적 소설 『눈길』은 고향 집에 잠시 다니러 온 아들에게 애옥살
이에 찌든 모습을 애써 감추고, 다시 서울로 올라가는 아들을
배웅하면서 품었던 어머니의 염원을 받아 적는다. "내 자석아,
부디 몸이나 성히 지내거라. 부디부디 너라도 좋은 운 타서 복
받고 살거라." 많은 작가들이 품고 있는 망향望鄕의 아련함에
는 그러한 어머니의 자태가 깊게 드리워 있으리라. 경상도 사
투리로 '어매 어매 어매'라고 절규하다가 돌아가신 권정생 선
생처럼, 어머니는 자식의 무의식 그 심연에 뿌리내리고 있는
듯 보인다.

　## 모권과 자궁 가족

그래서 아들이 연애할 때만 해도 며느릿감을 보기도 전에 우선 반대부터
했다. 이유 같은 건 없었다. 자식의 배필을 정하는 데 무엇보다도 먼저 부
모의 의견이 존중되어야 하는 건 부모의 천부의 권한이라고 생각했기 때
문에 천부의 권한을 함부로 침해한 자식을 용서할 수 없는 것 또한 천부

의 권한이었다.

—박완서, 『서 있는 여자』에서[3]

　　한국의 전통 가부장제를 논의할 때 종종 쟁점으로 떠오르는 것이 여성의 권력이다. 여성들은 칠거지악, 재가 금지, 정절 규범 등이 강하게 부과되는 가운데 숨 막히는 시집살이를 해야 했다. 그런데 다른 한편으로 결혼해도 성姓을 바꾸지 않았고 모권母權이 부권 못지않게, 아니 때로는 훨씬 강하게 작동했다. 이렇듯 상반된 권력의 구도를 어떻게 볼 것인가. 성을 바꾸지 않은 것은 핏줄의 절대성을 따르는 것이면서, 시집의 일원으로 온전히 받아들이지 않는다는 상징으로 해석할 수 있다. 그러니 언제든 쫓아낼 수 있는 것이다. 그렇게 쫓겨났다고 해서 친정에서 받아주는 것도 아니었지만.

　　모권이 강했던 것은 분명하다. 자식을 키우거나 집안의 대소사를 처리하는 데서 어머니의 권한은 막강했다. 묘지를 만들고 제사를 드리는 데서도 아버지와 어머니는 동등한 대우를 받는다. 아니, 부친보다 모친을 더 깍듯하게 모시는 경우도 많다. '노모老母'라는 말이 '노부老父'보다 훨씬 많이 쓰이는 것에서 알 수 있듯, 노년의 어머니는 아버지에 비해 존재감이 크다. 효행의 미담들을 살펴봐도 딸보다 아들이, 아버지보다 어머니를 극진히 보살핀 이야기가 더 많다.* 가부장제 사회였지만, 여성들이 누린 권력도 의외로 만만치 않았음을 알 수 있는

---

* 효녀비가 없는 것은 아니지만 열녀비가 더 많고, 효행의 경우에는 친정 부모가 아니라 시부모를 잘 봉양한 효부孝婦들이 화제가 되기 일쑤다. 지금도 '효부상'이 종종 수여된다.

대목이다.

그러나 그것은 말 그대로 모권이지, 여권은 아니라는 것이 여성학자들의 해석이다. '어머니'가 아닌 '여성'으로서 가정이나 사회에서 누릴 수 있는 권한은 거의 없었다. 시집에 아들을 낳아 그 핏줄을 이어주는 역할을 하기 시작하면서 권력이 생긴다. 그리고 아들의 성장과 함께 그 권력은 점점 커지고, 며느리가 들어오면서 배가된다. 따라서 남편 없는 과부보다 아들이 없는 어미가 더 가련했다. 여성학에서는 이를 가리켜 '자궁 가족'이라고 하는데, 시집이라는 '타지'에서 자신의 존재 기반을 구축하기 위해 아들과의 밀착된 관계를 강화하고 며느리까지도 그 권한의 자장 속으로 흡수한다.[4]

뿌리 깊게 지속되어온 고부 갈등의 정체는 바로 그러한 전통 가부장제의 맥락에서 파악할 수 있다. 며느리의 입장에서 남편은 배우자인 자신보다 시어머니와 강한 유대를 형성하고 있었다. 그 두터운 막을 뚫고 들어가서 독자적인 부부 관계를 구축하는 것은 거의 불가능했다. 이때 채택되는 전략이 자기 나름의 자궁 가족을 확보하는 방법이다. 즉, 아들을 낳아 모자 관계에 공을 들이는 것이다. 언젠가 자기도 시어머니가 되어 '여가장'으로서 목소리를 낼 수 있음을 기약하며 오늘의 설움을 견뎌낸다. 남편과 아내의 수평적인 관계보다 어머니와 아들이라는 수직적인 관계가 확고한 가족 구조에서는, 고부간에 긴장과 억압이 재생산될 수밖에 없다.

아들 하나 남부럽지 않게 키우는 것이 어머니들의 거의 유일한 소망이 되었던 것도 그러한 권력의 지형 속에서 이해할 수 있다. 아들의 입신양명은 곧 어머니의 자아실현이다. 남편이 무능할수록 그 야망은 더 커진다. 아들을 위해서라면 어떤 희생도 감수할 수 있다. "너 때문에 모든 걸 참고 살아왔다." "너 없으면 난 죽는다." 그렇게 아들 하나 바라보고 살아온 어머니의 입장에서는 며느리가 불편한 존재일 수 있다. 아들이 배우자를 맞이하는 과정에서 어머니가 까탈을 피우게 되는 이유가 거기에 있다. 앞서 인용한 소설에서 작가는 그러한 심경의 바탕을 해부하고 있다. 일단 반대부터 하고 보는 것, 그것은 어미를 무시하지 말라는 선언이기도 하다. 그러한 입김이 먹히던 시절만 해도 시어머니들은 행복했다.

강박과 무기력의 악순환

인생에서 아이를 낳아 키우는 일은 엄청난 경험이다. 아이를 처음 받아 안던 순간 느끼는 황홀감, 온 세상을 다 얻은 듯한 그 느낌을 어머니들은 결코 잊지 못할 것이다. 아이가 젖을 빨고 있을 때는 무조건적이고 절대적인 사랑의 힘에 사로잡힌다. 아장아장 걸음마를 하고 옹알이가 언어의 꼴을 갖춰가는 것을 지켜보면서 인간의 신비에 경탄한다. 그런데 아이가 커갈수록 존재와 존재로서 온전히 만나던 시간이 희미해진다. 학년이 올라가면서 조건부 사랑이 되고, 이런저런 일들로 자주 부딪치고 언성이 올라간다. 유아기 때는 아기자기한 관계였지만, 아이가 자라면서 하나둘씩 잔소리가 늘어나기 시작한다. 초등학교 고학년에 접어들면 갈등이 잦아진다. 대입을 염두에 둔 성적에 대한 불안으로 초조해지면서 말투가 점점 날카로워지고, 관계는 급격하게 악화일로로 치닫기 일쑤다.

요즘 아이들이 듣기 싫어하는 엄마의 말들은 이러하다. "내 말 안 들려?" "그런 식으로밖에 못 하겠니?" "도대체 정신을 어디다 두고 다니는 거야?" "넌 누굴 닮았니?" "넌 손이 없니, 발이 없니?" "엄마는 화내고 싶어서 화내는 줄 아니?" 자녀의 성적에 인생의 성패를 걸 때, 도구화된 모성은 신체적·언어적 폭력으로 치닫기도 한다. 강박과 무력감을 상호 재생산하는 악순환으로 이어진다.

그러한 말들의 앞뒤에 따라붙는 자녀의 말들이 쉽게 연상된다. 그리고 그 표정과 분위기도 넉넉히 짐작할 수 있다. 손발 부르트며 자식 뒷바라지하는 엄마의 모습에 감동하는 자녀들을 만나기가 점점 어려워지고 있다. 학원비 보태려고 파출부에 나서고 심지어 노래방 도우미까지 마다하지 않아도, 자녀들은 그런 엄마에게 눈물겨운 고마움을 느끼지 못한다. 아침 등교에서부터 저녁 학원 순례까지 아이를 자동차로 실어나르는 육체노동, 입시 설명회에 쫓아다니고 대입에 관한 온갖 정보를 수집하고 분석하는 정신노동에 이르기까지 전력을 다해 뛰어도 자녀와의 관계는 오히려 더 삭막해진다.

관계가 나빠지는 것보다 더 심각한 문제가 있다. 모든 것을 엄마가 알아서 해주다 보니, 아이 스스로 할 수 있는 능력을 키우지 못하는 것이다. 사실 입시 설명회에 엄마들만 와서 앉아 있는 것도 생각해볼 만한 일이다. 이제 어엿한 성인이 되었는데 자기 인생에서 중요한 일을 스스로 챙기지 못하고, 엄마가 일일이 쫓아다니며 해결해주어야 하니 말이다. 물론 그것은 입시를 코앞에 두고 오로지 공부에만 전념해야 하는 상황 때문에 어쩔 수 없다고 볼 수도 있다. 그런데 자녀가 대학생이 되어서도 수강 신청에서 학점 이의 신청까지 엄마가 나서는 경우가 생기고 있다. 졸업 후 취직을 한 다음에도 부서 배치나 연봉 협상에 자녀 대신 나서서 회사 쪽과 교섭하는 엄마들도 나오기 시작했다.

가난하고 배고팠던 시절, 자녀의 장래를 위해 헌신하는 어머니의 노고는 나름대로 열매를 맺는 경우가 많았다. 반면에 지금은 오히려 자녀를 무능하고 미성숙한 채로 묶어두는 결과로 이어지기 쉽다. 왜 그렇게 되었을까? 예전에는 워낙 궁핍했기에 학업에 전념할 수 있는 여건 자체를 만드는 것만으로도 빠듯했고, 나머지는 아이 스스로 알아서 해야 했다. 고등교육을 받을 형편이 안 되는 청소년들이 많아 경쟁도 그다지 심하지 않았다. 반면에 지금은 거의 모든 아이들이 대학을 목표로 무한 경쟁에 돌입하고, 엄마들의 학력이 점점 높아져 고도의 '기획력'을 발휘하면서 자녀를 '관리'한다. 이런 상황에서 엄마들의 헌신이 극진하면 할수록, 자녀들은 압박감에 시달리며 수동적인 인간으로 퇴화한다.

체험적 모성과 돌봄 사회

오늘날 모성은 굉장히 도구화돼 있어요. 내가 살 길은 아들이 잘되는 것밖에 없으니까. 여자가 당당하고 자기 할 일이 있으면 진짜 아들 딸 차별하지 않고 다 사랑하게 돼요. 제도로서의 모성이 아니고 체험으로서의 모성, 그게 바로 측은지심이라고 보는데 그것이 가정에서 살아나고 사회에서도 살아나면 좋은 사회가 되는 거예요.

—조한혜정[5]

"엄마가 보고 있다." 인터넷 등에서 아이들끼리 재미 삼아 급훈을 뽑을 때 자주 나오는 것 가운데 하나다. 엄마의 시선을 의식하면서 열심히 공부하자는 뜻이다. 그런데 엄마의 그 눈빛은 여러 가지로 상상될 수 있다. 한결같은 정성으로 보살피고 지원하는 자애로운 눈빛에서, 생활의 일거수일투족을 시시콜콜 감시하고 점검하는 냉혹한 눈빛에 이르기까지 여러 가지 이미지가 떠오른다. 과연 어느 쪽을 연상하는 아이들이 많을까.

지금 모성은 크게 위협받고 있다. 한편에는 끝없는 허욕에 치여 아이에게 초인적인 능력을 요구하며 심신을 혹사시키는 엄마들이 있는가 하면, 다른 한편에는 막막한 생계의 벼랑에 몰려 아이에게 기본적인 보살핌조차 제공하지 못하고,

심지어 모성을 완전히 포기해버리는 엄마들이 있다. 왜곡된 사랑의 힘을 거두지 않으면 모-자녀 관계의 고통은 피할 수 없을 것이다. 그리고 최소한의 어미 노릇을 하기도 버거운 워킹맘들에게 국가와 사회가 관심을 갖고 지원해주지 않으면, 인간 재생산의 근간은 더욱 흔들릴 것이다. 모성은 공동체의 뿌리다. 공동체의 기반 위에서 그것은 상생의 에너지로 발현된다.

『엄마 학교』의 저자 서형숙은 엄마 노릇에서 가장 중요한 것은 아이를 반갑게 맞아주는 것이라고 말한다.[6] 그것은 자녀를 독립된 주체, 더 나아가 내가 잘 모르는 타자로 바라볼 때 가능할 것이다. "어린아이도 한울님을 모시고 있으니 때리지 말라"라는 해월 최시형 선생의 가르침대로, 그 타자 안에서 하나의 신령한 인격을 발견할 때 자존과 공경의 관계가 싹튼다. '수많은 인연 가운데 저 아이가 나를 통해 이 세상에 와서 한평생 함께 걸어가는구나.' 그 새삼스러운 자각은 출산 직후 아이를 처음 대면했을 때의 전율을 상기시킨다. 그리고 서로를 기쁘게 맞이하는 반가움이 일상에서 되살아난다. 자녀의 삶을 가치 있게 드높여주는 힘과 지혜가 거기에서 생겨난다.

다른 한편, 어머니 자신의 생애를 의미화하는 작업도 필요하다. 어머니들이 가족을 위해 묵묵히 헌신해온 삶은 미화되어서도, 비하되어서도 안 된다. 가부장제의 굴레 속에서 사회적으로 강요된 측면이 있지만, 온갖 악조건에도 불구하고 세대를

잇고 살림을 꾸려온 노고의 가치와 열매는 긍정되어야 마땅하
다. 『엄마를 부탁해』의 저자 신경숙 씨는 어느 인터뷰에서, 소
설 속 엄마의 삶을 통해 궁극적으로 무엇을 이야기하려 했느냐
는 질문에 다음과 같이 답한 바 있다.

엄마들이 자기 삶을 사랑하지 못했던 지점들이 있어요. '나처럼 살지 마
라.' 그 말은 자기 삶에 충만함을 갖지 못했다는 거지요. 그런 엄마의 딸
들은 '나는 엄마처럼 살지 못하겠다'고 해요. 그 사이에 그 엄마들은 어디
로 간 거예요. 오늘의 우리를 있게 해준 분들인데. 그 힘을 그렇게 간단하
게 묻어버릴 건 아니라는 이야기를 하고 싶었어요. 사회적으로도, 문학적
으로도, 그렇게 산 엄마들의 삶을 되짚어보고 인정하고 그 노고를 음미해
보지 않았어요. 엄마의 인생을 제대로 조명하지도, 배려지도 않은 결과
소설 속의 엄마는 상처로 푹 팬 발에 파란 슬리퍼를 신고 추운 거리를 헤
매죠. 지금은 엄마를 잃어버린 시대라고 봤어요. 엄마라는 의미가 죽는 순
간, 모든 것이 막을 내려요. 누굴 돌보지도 않고 성장시키지도 않는 시대
로 간다고 생각해봐요.7

　"땅 아끼기를 어머님 살같이 하라." "지금까지는 부인을
압박하였으나 지금 이 운을 당하여서는 부인 도통으로 사람
살리는 이가 많으리니. 이는 사람이 다 어머니의 포태 속에서
나서 자라는 것과 같으니라." 해월의 말씀이다. 생명을 틔우고
그 성장을 돌보는 어머니의 경험은 타자의 아픔과 약함을 어

루만지는 측은지심의 원천이 될 수 있다. 도구적 모성이 아닌, 체험적 모성이 돌봄 사회를 이루는 바탕이다. 그 사랑의 기운은 사람뿐 아니라 만물에 대한 포용으로 확대된다. 탐욕의 횡포로 죽어가는 땅에 살림의 씨앗을 심는 기적은 자궁의 갸륵함을 되돌아보는 마음에서 일어난다.

땅은 바로 어머니다.
모든 자연의 어머니, 모든 인간의 어머니다.
땅은 모든 것의 어머니다.
그 속에 모든 것의 씨앗을 묻고 있기에……
─힐데가르트 폰 빙엔

아버지, 그 침묵이 말하는 것

아버지 됨의 어려움

아버지와 간극을 메우고 싶은 한 젊은이가 아버지에게 전화를 걸었다. 그는 몇 년 사이 아버지에게 전화한 적이 없었다.

"안녕하세요, 아버지. 저예요."

"어, 그래! 잘 있었냐? 엄마 바꿔주마……"

"아니, 엄마 바꾸지 마세요. 아버지하고 얘기하고 싶어요."

"왜? 돈이 필요하냐?"(혹시 "무슨 사고라도 쳤냐?")

아들은 아버지가 자신을 대학에 보내주고, 먹여 살리느라 힘이 드셨고, 자신이 이만큼 자라게 된 것은 아버지 덕분이라고 말했다. 감사하고 존경한다는 말도 했다. 아들의 말을 듣고 한참 동안 말이 없던 아버지가 마침내 입을 열었다.

"너, 술 마셨냐?"

— 스티브 비덜프, 『남자, 그 잃어버린 진실』에서[1]

사람이 다른 동물과 구별되는 여러 가지 특징 중 하나는 아버지의 역할이 중요하다는 점이다. 인간의 가족제도는 아버지를 발견하면서 성립되었다고 이야기된다. 동물의 세계에서 어미는 자기 몸으로 새끼를 낳기 때문에 그 존재가 당연하고 확실하다. 그에 비해 아비는 누가 자기 새끼인지를 확인할 길이 없다. 암컷 및 새끼와 지속적인 유대를 전혀 맺지 않는 대부분의 동물은 물론이거니와, 가족 비슷한 것을 유지하는 침팬지나 고릴라의 경우에도 암컷이 낳은 새끼의 아버지가 누구인지는 알 수 없다. 엄밀하게 말해, 이것은 인간 사회에서도 마찬가지다. 자궁을 갖지 못한 아버지에게 자녀와의 생물학적 유대는 자명하지 않다.

따라서 남자에게 '자식'이라고 하는 것은 근원적으로 관념의 산물이다. 아버지의 '발명'이 문화의 기원이라고 보는 인류학적 설명은 바로 거기에서 비롯된다. 왜 아버지가 필요했을까. 인류는 숲에서 벗어나 들판으로 나아가면서 광범위한 지역에서 먹이를 구하기 시작했다. 남자들은 먼 거리를 이동하며 사냥해야 했는데, 그렇게 구해 온 양식을 가족에게 지속적이고 안정적으로 제공하는 집단이 진화 과정에서 살아남을 수 있었다. 뿐만 아니라 남성들이 중심이 되어 집단을 형성하고 공적 영역을 창출함으로써 생존의 토대를 보다 튼실하게 다져갔다. 그것은 폭력과 전쟁으로 사회를 조직화하는 과정이기도 했다. 남성들은 종교와 제의의 기능을 주관할 뿐 아니라, '하나님 아버지'의 경우처럼 신의 존재도 부친의 이미지로 형상화되었다.

가족에서 아버지의 자리를 확보한다는 것이 문명사적으로 부자연스러운 과정이었듯이, 개인의 발달에서도 남성의 정체성을 세우는 것은 다소 의식적이다. 발달심리학에서는 남자가 성장 과정에서 겪는 심리적 곤경에 일찍부터 주목했다. 남자아이든 여자아이든 처음에는 어머니라는 타자와 직접적이고 즉자적인 관계를 맺게 된다. 딸은 자기를 어머니와 동일시하면서 정체성을 형성해간다. 태생적으로 주어진 모녀 관계의 연장선상에서 여성성을 체득해가는 것이다. 그에 비해 아들은 자신이 어머니와 다른 범주에 속한다는 것을 어느 순간 깨달으면서 혼란에 빠지고, 어머니라는 여성과의 근본적인 유착에서 벗어나 여성성을 부정하는 방식으로 남성성을 확립해간다. 원초적인 관계를 단절하면서, 작위적으로 성체성을 수립하는 것이다.

물론 이것은 이론적인 설명일 뿐이다. 아버지와 어머니의 역할이 생물학적인 성과 반드시 일치하지 않는 사회나 가정도 있다. 그러나 가족의 존재 양식이 급격하게 변화하고 개개인의 생애 경로가 심하게 흔들리는 지금의 상황에서, 젠더의 형성 과정을 근원적으로 성찰해보는 작업은 유용하다. 특히 남자가 자라면서 아버지와 관계를 맺고 아버지가 되어 아들과 관계를 맺는 것이 결코 쉽지 않은 이 시대에, 부성父性에 대한 질문이 날카롭게 제기된다. 아버지가 된다는 것은 무엇인가.

남자의 인생에서 그것은 축복인가. 한국의 아버지들은 지금 어떤 모습으로 서 있는가.

집 안에 자리가 없는 가장

근대 이전의 대다수 사회에서 아버지는 가정에서 분명한 위치를 차지하고 있었다. 상징적인 권력이든 실질적인 역할이든 부권은 확고했다. 그런데 산업사회로 접어들어 삶터와 일터가 분리되면서 아버지는 대부분의 시간을 가정 바깥에서 보내게 되었다. 자녀들은 아버지가 일하는 모습을 볼 수 없고, 그와 따스한 관계를 맺기도 어렵다. '훌륭한 아버지＝훌륭한 직장인'이라는 등식하에서, 일터에서 열심히 일해 돈을 잘 벌어 오는 능력만이 요구되었기 때문이다.

한국의 경우, 지난 100여 년에 걸쳐 극도의 혼란기와 고도의 압축 성장을 겪어오며 가정에서 아버지의 존재감은 더욱 희미해졌다. 미당 서정주의 「자화상」이라는 시를 보자. "애비는 종이었다. 밤이 깊어도 오지 않았다. / 〔……〕 / 갑오년甲午年이라든가 바다에 나가서는 돌아오지 않는다 하는 외할아버지 〔……〕"[2] 라는 구절이 있는데, 아버지의 부재와 고아 의식은 많은 근대문학 작품에서 주요한 모티프가 되었다. 나라를 잃고 전쟁에 휘말리는 역사에서, 아버지들은 사회적 패배자였을 뿐 아니라 가장으로서도 자리를 제대로 지키지 못했다. 반면에 고난의 시대가 지나고 산업화의 화려한 성공 신화를 써

나갈 때는, 아버지들이 온통 일에 얽매여 있어 가족들과 함께 시간을 보내지 못했다. 하지만 그런 가운데서도 집 안에서 아버지의 존재는 분명했다. 생계를 책임지는 가장으로서 그리고 일종의 슈퍼에고로서 위엄이 있었다. 박완서의 동화 『자전거 도둑』에는 이런 구절이 나온다. "소년은 아버지가 그리웠다. 도덕적으로 자기를 견제해줄 어른이 그리웠다."[3]

  그나마 승승장구하던 경제가 주춤하면서 아버지들의 존립 기반은 결정적으로 흔들리기 시작했다. IMF 금융 위기 이후 그리고 최근의 글로벌 경제난을 겪으면서 아버지들은 다시한 번 패자의 자리에 몰리게 되었다. 나라를 잃고 혼란하던 시대만 하더라도 그나마 가부장적인 문화가 존속하고 있어서 그 권위가 가까스로 유지될 수 있었지만, 이제는 가냘픈 어깨에 풀이 죽은 뒷모습만 어렴풋이 비칠 뿐이다. 대량 실직의 쓰나미가 휩쓸고 지나간 자리엔 고개 숙인 남자들이 우두커니 서 있다. '부자 아빠'가 아니면 '가난한 아빠'로 이분화되는 현실, 살아남기조차 점점 버거워지는 혹독한 경쟁 사회에서 대다수 아버지들은 도태에 대한 두려움에 사로잡힌다. 가족을 위해 온몸을 바쳐 일했는데, 일터에서 설 자리를 잃게 되면 자신의 존재 가치는 전면적으로 부정되기 때문이다.

  돈 버는 기계로 마모되는 동안, 가족과의 관계는 점점 불편하고 어색해진다. 그도 그럴 것이, 아이와 정서적 관계 맺음의 기초를 놓아야 할 30~40대 초반에 야근과 출장이 가장 많다. 아빠 얼굴을 본 지가 너무 오래되어, 모처럼 안아주려 하면 낯을 가리며 우는 아이도 있다. 초등학생 아들이 낮에 아빠 얼굴이 잘 떠오르지 않는다고 말해 충격을 받은 아버지도 있다. 그렇게 시간이 흐르다 보면, 아버지는 어느새 손님이 되어 있고 애완견보다 대접받지 못하는 신세로 전락하기도 한다. 무기력함, 쓸쓸함, 초라함, 소외, 냉담…… 언제부터인가 아버지들을 묘사하는 수사修辭는 그런 음울한 단어들로 채색되었다.

신해철의 「아버지와 나」의 한 구절처럼 "집 안 어느 곳에서도 지금 그가 앉아 쉴 자리는 없다. 이제 더 이상 그를 두려워하지 않는 아내와 다 커버린 자식들 앞에서 무너져가는 모습을 보이지 않기 위한 남은 방법이란 침묵뿐이다."⁴ 그런데 아버지만 침묵하는 것이 아니다. 가족들도 아버지 앞에서 침묵한다. 그리고 바깥에서 아버지에 대해 좀처럼 이야기하지 않는다. 가정에서 그리고 사회에서 아버지의 자리는 비좁다. 힘없는 독재자요 나약한 직장인일 뿐이다.

아들의 입장에서 오랫동안 극복 내지 부정의 대상이었던 아버지는 이제 보이지 않는다. 부권에 도전하고 싶어도 실체가 사라져버렸다. 최근의 문학에서도 그러한 상황이 간간히 드러난다. 예를 들어 박민규의 소설은 아버지를 냉장고에 넣는다거나, 사라졌던 아버지가 기린이 되어 돌아온다거나, 아버지가 아예 없는 미래를 꿈꾸고 있다.⁵ 극단적인 상황 설정을 통해 아버지는 무의미하게 해체되어간다. 예전에는 아버지의 부재가 일종의 허전함 내지 상실감으로 체감되었다면, 이제는 그 부재 자체가 아예 의식되지 않거나 오히려 홀가분하게 여겨지는 듯하다.

자녀 교육을 뒷바라지하느라 힘든 노동을 감수하는 노고에 감사하기는커녕, 가정에서 오히려 낯설고 불편한 존재가 되는 것은 얼마나 억울한가. 자녀들이 본격적으로 입시 준비에 들어가면, 면학 분위기를 위해 가능한 한 집에 있지 말아달라는 부탁을 받는 아버지도 있다. 언론인 홍사종은 자신과 주변 친구들의 경험을 토로하면서, 그러한 아버지들의 소외가 사회적으로 어떤 문화를 빚어내는지 다음과 같이 진단한 바 있다.

사랑채를 없애고 자녀 교육 때문에 남편을 집 밖으로 몰아낸 사회는 또 다른 남자들만의 공간을 만들어냈다. 거리에 비일비재한 룸살롱 등 유흥업소는 정상적으로 일탈하지 못한 남자들의 비정상적 탈출구다. 이런 공간에서는 절제가 있을 리 없다. 암사자와 새끼들을 경쟁자에게 빼앗긴 수사자의 절망과 광폭함처럼 남자들이 지금 집 밖에서 펼치는 불안·초조·광기의 활극은 암세포처럼 룸살롱에서뿐만 아니라 사회 도처로 옮겨 다니며 세상을 어지럽힌다. 말초적 쾌락 속에서 부수고 물어뜯고 등 떠밀어 죽이는 모든 사회 혼란과 갈등의 원인 속에 바로 이 쫓겨난 남자들의 허무주의와 방황이 한몫하고 있다는 것이 나의 소견이다.

—홍사종, 「방황하는 남자들에게」에서[6]

그러나 그 모든 심신의 고난을 꿋꿋이 견디게 하는 힘 가운데 하나가 바로 가족이다. 그 극단적인 형태가 '기러기 아빠'로, 오로지 한국에만 있는 현상이다. 자녀의 행복을 위해서라면 이산의 외로움도 기꺼이 받아들이는 기러기 아빠들에게 자기 행복은 일찌감치 포기되었거나 먼 훗날로 보류된 일이다. 그러나 그것은 기러기 아빠들만의 이야기가 아니다. 많은 아버지들이 가족을 위해 스스로를 도구화시킨다. 관계 맺기와 소통이 들어설 자리가 없다. 함께 살든 따로 살든, 사실상 별로 차이가 없다. 어차피 돈만 벌어오면 되니까. 바로 그런 풍토에서 기러기 아빠가 대거 생겨난 것이라고 볼 수 있다. 자녀가 유학을 가지 않고 한집에 살고 있어도 마음으로는 이산가족처럼 살아가는 가족이 적지 않다. 엄밀하게 말하면, 그들도 반쯤은 기러기 아빠 신세라고 할 수 있다.

조폭에게도 애틋한 가족애가 있나니

동요 「꽃밭에서」부터 「아빠와 크레파스」에 이르기까지 '아빠'들은 자녀에게 친근한 경우가 많지만, '아버지'로 넘어오면 관계의 끈이 갑자기 가늘어진다. 그렇듯 왜소해진 아버지에 대해 연민의 시선 또는 성찰의 언어가 싹튼 것일까. 2007년 무렵, 한국 영화는 갑자기 '아버지'들을 대거 주인공으로 등장시켰다. 「우아한 세계」「아들」「날아라 허동구」「이대근, 이대은」「눈부신 날에」「마이 파더」「브라보 마이 라이프」「즐거운 인생」 등이 그것이다. 이 가운데 특히 좋은 반응을 불러일으킨 작품이 「우아한 세계」(한재림 감독)다. 천만 관객을 돌파한 영화 「괴물」에서 가족을 위해 고군분투하며 뜨거운 부성애를 발휘했던 배우 송강호가 여기에서도 주연을 맡았다. 이른바 '생활 누아르'라는 장르를 개척했다고 평가받는 이 작품은, 조직 폭력배를 주인공으로 내세우면서도 암흑가의 음모와 혈투만을 보여주지 않는다. 오히려 그의 사생활, 즉 가족과의 삶을 담담하게 묘사하고 있다는 점이 특징이다.

줄거리는 이러하다. 주인공은 건설업 쪽에서 폭력을 동원해 큰 공사의 수주를 따주며 그 대가로 돈을 챙기는 조폭이다. 계약 당사자를 밀실로 끌고 와 협박하고 구타하여, 결국 강제로 계약서에 손도장을 찍게 하는 것이 그의 업무다. 그런데 그 '업계'에도 파벌과 라이벌이 존재한다. 그는 원래 속해 있던 조직에서 밀려나 따로 '영업'을 하고 있는 상황인데, 옛 동료들과 자꾸만 영역 다툼이 벌어진다. 지금 진행하고 있는 일에서 손을 떼고 자기들에게 이권을 양보하라는 협박도 공공연하게 들어온다. 그런 알력이 끝내 살벌한 싸움으로 이어져 대낮에 큰 도로에서 혈투를 벌이기도 한다. 우여곡절 끝에 옛 동료를 죽이게 되고, 그 때문에 옥살이도 치른다.

그런데 이런 줄거리는 영화의 주제를 전달하기 위한 배경일 뿐이다. 주인공에게는 소박한 가정이 있고 그 가족과의 관계가 이 영화의 중심이다. 아버지는 아내와 아이들을 온 마음으로 사랑한다. 그래서 그렇게 험악한 일도 마다하지 않고 목숨까지 걸고 돈을 벌어온다. 그러나 가족들은 늘 핀잔이다. 언제 그 일을 그만둘 거냐고, 남들에게 가장의 직업을 떳떳하게 말할 수 없는 처지가 부끄럽고 한심하다고 구박이다. 경찰서에서 얼굴을 감추고 조사받는 아버지의 모습을 우연히 텔레비전에서 본 딸은 아빠가 죽어버렸으면 좋겠다고 일기장에 적는다. 우연히 딸의 일기장을 들춰본 아버지는 마침 귀가한 딸에게 부엌칼을 쥐어주면서 당장 자신을 죽이라고 난동을 피운다. 딸은 어쩔 수 없이 경찰에 신고하고, 아버지는 또다시 끌려가게 된다.

매사가 그런 식이다. 바깥에서는 온갖 위험을 무릅쓰고 일을 처리해내는 폭력배지만, 집에 돌아와서는 아내와 딸에게 보잘것없는 천덕꾸러기에 불과하다. 가족을 위해 목숨 걸고 뛰어다니건만, 돌아오는 것은 냉소와 짜증이다. 자상한 모습으로 다가가려 해도 항상 어긋나고 겉돌 뿐이다. 아내가 사람 때리는 일로 돈 버는 남편과 사는 것이 지긋지긋하다며 친정으로 도망가자, 주인공은 아내를 찾아가 이 지옥 같은 삶에서 탈출하겠으니 좀만 참아달라고 애원하여 이혼은 면한다. 그러나 아내의 마음은 여전히 굳게 닫혀 있다. 그런 그에게는 꿈이 있다. 평범한 가장이 되는 것, 그래서 가족들과 아기자기한 행복을 누리며 살아가는 것이다. 그런데 그 '우아한 세계'에 이르는 길이 너무도 험난하다. 이 지긋지긋한 여정이 언제 끝날지 모른다.

　마침내 기회가 왔다. 그가 감옥에 있는 동안, 평소 알고 지내던 조폭이 면회를 와서 함께 큰 건 하나 올리자고 유혹한다. 그러려면 주인공이 옛 조직과 보스를 배신해야 한다. 결국 그 제안을 받아들인 주인공은 천신만고 끝에 큰돈을 손에 쥐게 된다. 드디어 그토록 오랫동안 간직해온 꿈을 실현할 수 있게 된 것이다. 조폭 일을 청산하고 좋은 남편, 훌륭한 아버지가 되고 싶었던 그는 누추한 집을 처분하고 교외의 어느 근사한 타운 하우스 한 채를 구입하여 입주한다. 이제 다 이루었다. 가족들은 행복하고 생활은 우아하다.

가족에게 돌아가고 싶어도

　그런데 경제 사정이 넉넉해지면서 두 아이는 아내와 함께 미국으로 유학을 떠난다. 기러기 아빠가 된 것이다. 조폭 출신의 기러기 아빠. 그토록 바라 마지않던 꿈을 이루었건만, 이제는 가족과 떨어져 살아야 한다. 영화의 주인공은 기꺼이 그 길을 선택한다. 가족의 행복을 위해서라면 어떤 고생도 감수할 수 있다. 그는 이제 큰 집에서 혼자 살아간다. 타국에서 단란하게 지낼 가족들을 생각하며 쓸쓸함을 달랜다. 혼자서 대충 끼니를 때우면서, 모처럼 풍족하게 생활하고 있을 가족들 생각으로 포만감을 대신한다.

그러던 어느 날 소포가 도착한다. 미국에서 가족들이 보내온 비디오테이프다. 자신들이 생활하는 모습을 촬영하여 편집한 영상이 담겨 있다. 그는 라면을 먹다가 그것을 배달받고는 허겁지겁 뜯어 비디오 플레이어에 집어넣는다. 그로부터 이어지는 마지막 5분 정도가 이 영화의 백미다. 화면에 등장하는 가족들은 정말로 행복해 보인다. 잔디 정원에서 배드민턴을 즐기고 호스로 물장난을 친다. 집 안으로 들어와 먹는 음식을 보니 정말로 맛깔스러운 요리들이다. 아버지는 사뭇 기쁘다. 그럼 그렇지, 내가 고생한 덕분에 우리 가족이 저렇게 잘 지내는구나. 얼굴 가득 미소가 번져온다. 정말로 우아한 세계에서 가족들은 행복을 구가하고 있는 것이다.

그런데 2~3분쯤 지나면서 주인공의 표정이 달라진다. 영상에는 가족들의 즐거운 모습이 계속 이어지는데, 아버지의 얼굴은 서서히 굳어진다. 눈물이 고이기 시작한다. 송강호 특유의 내면 연기가 압권이다. 이윽고 손에 들고 있던 라면 그릇을 집어 던진다. 아무런 대사도 없지만, 관객들은 그 비참한 심경에 홀연히 이입된다. 무엇이 그토록 설움과 분노를 자아냈을까? 짐작컨대, 아버지는 일종의 배신감 같은 것을 느꼈으리라. 처음에는 가족들의 쾌활한 모습을 보면서 뿌듯해했지만, 돌이켜보니 자기 앞에서는 가족들이 한 번도 그런 표정을 지은 적이 없다. 자기 없이도, 아니 자기가 없기 때문에 저렇게 행복하구나. 저 호강을 위해 나는 온갖 궂은일을 다 해냈고 지금도 홀아비 신세로 고생하고 있는데, 가족들은 저곳에서 자기 없이 저렇게 '잘' 지내고 있구나 하는 생각에 순간적으로 화가 치밀어 오른 것이리라. 그것은 결국 자기 자신에 대한 원망이기도 하다.

영화의 마지막 장면은 처연하다. 홧김에 라면 그릇을 집어 던졌지만, 그렇게 한들 무엇이 달라지겠는가. 심지어 치워줄 사람도 없다. 그래서 그는 어린아이처럼 훌쩍훌쩍 울면서 라면을 다시 그릇에 주워 담는다. 우아한 저택에서 즐거운 시간을 보내는 가족의 영상이 계속 비디오에 흐르고, 그 옆에서 주인공은 후줄근한 얼굴에 러닝셔츠와 반바지 차림으로 청소를 하고 있다. 그 두 상황을 하나의 장면 안에 병렬시킨 연출이 인상적이다. 어느 조폭 영화에서도 볼 수 없는 설정이다. 험악한 폭력의 세계 이면에서, 인간적이고 소박한 행복에 목말라하고 괴로워하는 주인공의 모습은 '생활 누아르'라는 장르의 특징을 집약하고 있다.

'행복경제학'을 연구하는 조승헌 박사에 따르면, 남성들의 행복 체감도에서 한국은 특이한 유형에 속한다고 한다. 한국을 포함해 많은 나라에서 남성들의 행복 그래프는 40대 초·중반에 바닥을 친다. 그 시기가 바로 자신이 목표로 했던 경제력이나 지위 등 이상과 현실 사이의 괴리가 가장 클 때이기 때문이다. 그런데 이른바 선진국의 남성들은 그 나이를 거치면서 성공과 출세에 대한 집착을 서서히 거두고 행복의 새로운 출구를 모색한다. 가족, 취미, 종교 등이 그것이다.

그런데 한국의 경우는 사정이 다르다. 40대 초·중반에 최저점으로 내려온 행복의 곡선이 생애 막판까지 거의 그대로 최저 수준을 유지한다고 한다. 사회적인 성취 이외에 다른 행복의 원천을 발견하지 못하기 때문이다. 한국의 가장들은 자녀의 행복을 위해 온갖 고초를 감내하지만, 설령 그렇게 해서 자녀들이 어떤 목표를 이루었다 해도 아버지 자신의 행복감은 증진되기 어려운 듯하다. 가족과의 관계를 회복하기에는 이미 늦었다. 닫혀 있는 마음, 막혀 있는 말길을 열기에는 너무 벽이 높고 두꺼워진 것이다. 평소 한국의 아버지들은 자녀와 함께하는 시간이 세계에서 가장 짧은 것으로 알려져 있다. 영화「우아한 세계」는 그러한 가족 관계의 막막한 결말을 그리고 있다.

아버지는 저절로 되지 않는다

좋은 아버지가 된다는 것이 점점 힘들게 느껴지는 세상이다. 가족의 생계를 책임지는 것만으로도 버거운데, 집 안에서의 역할까지 요구된다. 가사와 육아를 분담하라고 하고, 가족들과 친밀한 대화도 나누라고 한다. 늦둥이를 둔 40~50대 아빠들은 자신의 늙은 모습 때문에 행여 아이가 주눅 들까 봐 간단한 성형까지 한다. 그러나 정작 아버지 노릇fathering의 본질 면에서 남성들에게는 역할 모델이 없다. 여성들은 어머니의 생활을 가까이에서 보며 자랐을뿐더러, 부모도 양육 과정에서 딸이 언젠가 엄마(아내 그리고 며느리) 역할을 수행할 것이라는 점을 염두에 두고 행동거지를 가르친다. 적어도 지금의 엄마들이 자랄 때는 그러했다. 그런데 남자들의 성장 과정에서는 예나 지금이나 오로지 사회적인 성공만이 강조된다. "너 그런 식으로 해서 나중에 남편 노릇 할 수 있겠냐? 아버지가 되려면 모름지기……" 이런 식의 훈계는 받지 않는 것이다.

잉태와 출산 그리고 수유를 통해 모성을 체득하는 어머니와 달리, 남성은 정자만 제공하고도 아버지가 될 수 있다. 결혼이라는 제도만이 아버지의 자리를 가까스로 보장한다. 그나마 전통 사회에서는 문화가 아버지의 위상을 든든하게 떠받쳐주었다. 존재 자체로 권위를 지닐 수 있었다. 그러나 이제 그러한 기반이 무너져버린 상황에서 부성은 새롭게 구성되어야 한다. 아버지는 저절로 되는 것이 아니라, 스스로 그 역할과 의미를 창출해가는 것이다. 아버지 노릇이란 무엇인가. 자신의 일생에서 그것은 어떤 경험으로 자리매김하는가. 남자들은 자아를 향한 그와 같은 질문에 직면하게 되었다.

아버지들은 자신의 침묵, 그 베일에 가려진 마음에 넌지시 다가가볼 일이다. 그 안에 묻어둔 깊은 소리에 귀 기울이면서 가슴을 열어보자. 신생아실에서 아이를 처음 받아 안았을 때의 감격, 아기를 키울 때 온갖 장난을 치면서 깔깔대던 희열을 떠올려보자. 그런데 아이가 커가면서 그런 즐거움이 사라졌다. 세대 간의 단절을 심화하는 문화, 점점 가중되는 입시의 압박, 시간과 정신의 여유를 허락하지 않는 업무 등이 그 배경에 깔려 있다. '가족 친화적인 기업' '일과 삶의 균형'(워라밸) 등이 지금 우리 시대의 화두로 떠올랐지만, 아직 충분하게 이뤄지지 않고 있는 실정이다. 아이들이 아직 어릴 때 충분한 시간을 나눌 수 있도록 회사가 배려해주어야 한다. 어머니뿐 아니라 아버지에게도 출산휴가나 육아휴직을 쓸 수 있게끔 허용하는 나라들의 사례는 이미 많이 알려져 있다. 그러한 배려는 아버지 자신은 물론, 그 가정과 더 나아가 사회를 위한 투자라고 할 수 있다. 특히 아이가 어릴 때 몸과 몸이 부대끼면서 두텁게 쌓아놓은 정서는, 이후 튼실하게 관계를 이어가는 데 결정적인 바탕이 된다.

세대 간 소통은 삶의 만남에서

너 처음 세상 향해 / 눈 열려 / 분홍 커튼 사이로 하얀 바다 보았을 때 // 그때처럼 늘 뛰는 가슴 가져야 한다 // 까막눈보다 한 권의 책만 읽은 사람이 / 더 무서운 법 // 한 눈으로 보지 말고 두 눈 겨누어 살아야 한다 // 깊은 산속 키 큰 나무 곁에 / 혼자 서 있어도 화안한 자작나무같이 / 내 아들아 // 그늘에서 더욱 빛나는 얼굴이어야 한다

—최상호, 「내 아들아」[7]

강의실에서 만난 어떤 남학생이 다음과 같은 이야기를 들려주었다. 그는 사춘기 때 아버지에게 불만이 많았다. 집 안에

서 언제나 어두운 낯빛을 하고 무뚝뚝한 분위기를 풍기는 것이 싫었다. 아버지의 직업은 식당에 채소를 납품하는 일이었다. 그런데 대학에 다니던 어느 날, 팔을 다치신 아버지를 대신해 한 달 정도 자신이 그 일을 해야 했다. 그 과정에서 그는 아버지가 얼마나 힘들게 일하셨는지 알게 되었다고 한다. 육체적으로 고된 것은 익히 짐작한 바였으나, 채솟값을 잔뜩 외상으로 달아놓고 돈을 제때 주지 않는 식당들의 행태는 미처 알지 못했다. 아버지가 그 때문에 얼마나 마음고생이 심하셨을까. 집에 돌아와서 침울한 표정을 지으신 데는 그런 말 못 할 사정이 있었구나 하며, 뒤늦게 아버지를 이해할 수 있게 되었다고 한다.[8]

　세대 간의 단절이 점점 깊어진다고 걱정하는 사람들이 많다. 그런데 흔히 '꼰대' '틀딱 노인'이라 칭해지는 기성세대에게서 문제의 원인을 찾는가 하면, 반대로 젊은이들을 'ㅇㅇ세대' 'ㅇㅇ족'이라는 이름으로 범주화하며 그들의 생소한 사고방식과 생활양식에 그 책임을 돌리기도 한다.

　특히 세대 간의 문화적 이질화는 공동의 체험이나 활동의 영역이 사라진 데서 비롯된다. 일터와 배움터와 삶터가 제각각 분리된 현대사회에서, 아이들은 세상에 관한 지식과 이미지를 교과서나 미디어를 통해 얻는다. 어른들의 생업 활동은 대부분 아이들의 시야에서 사라졌다. 부모가 사회의 한 구성원으로서 활동하는 현장을 접하지 못하기 때문에, 그 권위에 대한 경외감도 막연하다. 어른의 세계를 모르기 때문에, 청소년들은 자신의 미래를 구체적으로 상상하고 설계하기가 더욱 힘들어진다.

결국 세대 간의 대화가 메마르게 된 것은 그 안에 삶이 부재하기 때문이다. 어른은 자신의 내면을 감춘 채 간섭하고 훈계만 하려 한다. 그런 가운데 부모와 자녀의 관계는 피상적으로 겉돌거나 상투적인 잔소리로 경직되어간다. 이제 근본적인 동기를 바꿔보자. 가끔은 살아가면서 겪는 애환을 솔직하고 담담하게 털어놓자. 아이는 부모가 겪는 삶의 드라마에 조금씩 공감하면서 철이 들어간다. 어려움을 꿋꿋하게 뚫고 나아가는 모습에서 인간으로서의 부모를 발견하고, 또한 거기에 자아를 투영한다. 어른들은 자신의 삶을 이야기함으로써 젊은 이들에게 자연스럽게 다가갈 수 있다. 어버이의 인생은 자녀들에게 의미 있고 재미있는 콘텐츠가 될 수 있다.

그러한 교류는 학교 교육이 채워주지 못하는 실물 감각을 키워준다. 예를 들어 늦은 밤 술자리에서 세계 경제 시스템에 대해 열변을 토하는 아버지, 그 시간에 학원에서 그 개념을 지루하게 암기하는 아이, 그들이 집에서 마주 앉아 토론을 벌이면 즐거운 학습이 될 것이다. 때로는 아이가 부모의 일터에 찾아가 업무 현장을 참관하는 것도 흥미로운 체험이 될 수 있다. 주5일제 근무 및 수업 등으로 늘어난 자유 시간의 창조적 활용 방안이 다양하게 모색되는 지금, 세대의 경계를 넘나드는 만남의 레퍼토리를 멋지게 구상해보자. 삶의 중심에서 중심으로 이어지는 마음의 실타래를 풀어보자.

함께 있다는 것의 소중함

어느 날, 직장에서 밤늦게 야근을 하다 딸과 통화를 한 적이 있다. 전화기를 내려놓고 생각해보니 아이는 기분이 좀 우울한 것 같았다. 그래서 복사기 유리 위에다 내 얼굴을 딱 붙이고 복사를 했다. 아주 쭈글쭈글하고 웃기는 모습이었다. 사랑한다는 내용의 간단한 메모를 써서 딸에게 팩스를 보냈다. 이게 아이의 기분을 아주 좋게 한 모양이었다. 지난주 아이에게 빌려준 잡지를 찾기 위해 딸애 방에 들어갔을 때 내가 보낸 얼굴 팩스 용지를 모아놓은 커다란 서류철이 있는 것을 발견했다. 나는 그 순간 아주 감동했다.

—월 글레넌,『파더링』에서 [9]

작가 조정래는 2008년, 어린아이들이 읽을 수 있는 인물 이야기를 시리즈로 출간했다. 아들에게 위인전이나 동화를 써주고 싶었는데 바빠서 하지 못하다가, 이제야 손자들을 위해 썼다고 한다. 그런데 조정래는 아들과의 관계가 어떠했을까? 이 시대 최고의 문인 가운데 일인이요 타고난 이야기꾼이니까 아이와의 관계에서도 풍부한 상상력과 감수성으로 아기자기한 대화의 세계를 만들어갔으리라 짐작하기 쉽다. 그러나 실제로는 그렇지 않았다.

그는 아들을 키우면서 겪은 일 하나를 「아들과 떠난 여행」[10]
이라는 제목의 수필에 담았다. 그에게는 아들이 하나 있는데,
그 아이가 중학교에 들어가면서부터 자신이 아비 노릇을 잘못
했구나 하는 자각이 들었다고 한다. 외아들이라 자칫 응석받
이가 될까 염려해 어릴 때부터 조금만 잘못해도 심하게 매질
을 하는 등 너무 엄하게만 키웠고, 부부가 글 쓰는 직업으로
바쁘게 지내면서 아이에게 정성을 기울이지 못했던 것이다.
그 결과 아이는 사람보다 장난감과 어울리기를 좋아하고, 아
버지는 무서워하기만 했다.

어느 날 그는, 아버지는 자기를 사랑하지 않고 자기에게
아무 관심도 없다는 아들의 말을 전해 듣고 충격을 받았다. 더
이상 그대로 방치할 수 없다는 생각에, 집필 계획으로 빡빡한
일정에서 과감하게 며칠을 비워 아들과 함께 여행을 떠났다.
아들이 고등학교 1학년 때였다. 떠날 때 그는 다음과 같이 마
음의 채비를 하면서 한 가지 원칙을 정했다.

나는 아들이 예상하고 예측하고 상상하고 있을 언행은 단 하나도 하지
않기로 작정하고 있었다. 그래서 사흘 동안 나는 공부에 대해서, 앞으로
진학에 대해서, 그리고 그 어떠한 훈계조의 말도 단 한마디 하지 않고 사
흘을 보냈다. 차창 밖의 경치 이야기를 했고, 제일 값비싼 생선을 골라 회
를 시켜 먹었고, 이틀 밤을 제가 좋아하는 영화를 골라 보였고, 텔레비전
도 애국가가 나올 때까지 보게 했고, 겨울비가 오기에 일부러 우산을 한

개만 사서 등 감싸 안고 받쳐주었고, 비바람 몰아치는 경포대 바다를 둘이 꼭 붙어 서서 30분 정도 바라보았고, 호텔 커피숍에 마주 앉아 바다의 거친 파도와 경포 호수의 잔잔한 물결에 대해서 이야기를 나누었다.

우리는 살아가면서 함께 있다는 것의 소중함을 잊을 때가 많다. 같은 장소에 공존한다는 것, 몸과 몸이 부대끼면서 체온을 나누는 것, 아름다운 풍경을 바라보고 그냥 느끼는 것, 그 분위기를 공유하는 것 등이 얼마나 고귀하고 감사한 일인지를 망각하는 것이다. 이런 욕심, 저런 강박에 얽매여 부분과 부분으로만 서로를 접속하기 때문이다. 존재 전체로 만난다는 것은 놀라운 변화를 가져다줄 때가 있다. 과연 이 부자에게 사흘간의 여행은 어떤 의미였을까. 그에 대해 작가는 다음과 같이 쓰고 있다.

그 뒤로 아들은 제 어머니에게 여행의 사흘 동안을 몇 번이고 이야기하더라는 것이다. 변화는 그뿐만이 아니다. 내가 밤늦게까지 글을 쓰고 있으면 물 잔이나 먹을 것을 가지고 들어오게 되었다. 그리고 몇 매나 썼는지 힐끗 보고 나가고는 하는 것이다. 그 묵직한 정 표시에 나는 가슴이 시리며 글 쓰는 고달픔도 잠시 잊고는 했다.

경포대에서 바다를 바라보면서 그 부자는 어떤 이야기를 나누었을까. 무언無言의 교감 속에서, 인생의 오솔길을 함께

걸어가는 동반자로 서로를 발견했으리라. 시간을 나누는 것만
으로도 큰 힘이 되었으리라. 조금 무뚝뚝하면 어떤가. 표현에
서툰 것도 그냥 편안하게 받아들이자. 가장 중요한 아버지 노
릇은 자녀와 함께 느끼는 것이다. 아이의 성장을 지켜보고 응
원하면서 곁에 있어 주는 것이다.

공감은 살아갈 힘을 불어넣어 준다. 남루한 마음자리를
보듬으면서 존재에 깊이 참여하기 때문이다. 친밀한 소통으로
재건되는 그 관계에서, 아버지는 침묵 속에 감춰두었던 지혜의
보석들을 하나둘씩 꺼내 건넬 수 있다. 아이의 눈을 통해 세상
을 다시 바라보면서 원대한 소망을 그려낼 수 있다. 자녀들은
아버지가 그립다.

나는 그림을 그릴 때면
하늘을 넓고 넓고 푸르게 그립니다

집과 자동차를 작게 그리고
하늘을 넓고 넓고 푸르게 그립니다

아빠의 눈이 시원하라고
하늘을 넓고 넓고 푸르게 그립니다
　　─피천득, 「그림」[11]

중년 여성, 갱년을 어떻게 할까

'왈순 아지매'에서 몸짱 아줌마로

2007년 서울 지하철에서 어떤 여성이 아기에게 모유를 먹이다가 주변 승객들로부터 핀잔을 들은 일이 있다. 아이가 심하게 보채기에 하는 수 없이 카디건으로 가슴을 가리고 젖을 물렸는데, 주변에 있던 청년들이 "아줌마들은 역시 얼굴이 두꺼워. 애 낳으면 다 저러냐" "더럽다. 화장실 가서 먹여라"라는 등의 폭언을 퍼부었다고 한다. 그 일을 당한 주부가 인터넷에 사연을 올리고 그에 대해 수천 건의 댓글이 이어졌다. 비슷한 경험들도 올라왔는데, 어느 주부는 소아과에서 모유를 먹이다가 옆에 있던 남자에게서 "짐승 같다"라는 소리를 들은 적이 있다고 한다.[1]

1970년대 무렵까지만 해도 공공장소에서 주부들이 아이에게 젖을 주는 광경을 볼 수 있었다. 그보다 몇십 년만 더 거슬러 올라가면, 아낙네들이 외출할 때 젖꼭지를 훤히 드러내고 있는 모습이 많은 사진으로 전해진다. 당시 여성의 유방은 수

유를 위한 신체 기관일 뿐으로, 그러한 자태는 아무런 거부감 없이 자연스럽게 받아들여졌다. 그러나 시간이 지나면서 젖가슴은 주로 성적인 의미를 띠게 되었다. 이러한 변화에는 서양 문화가 절대적인 영향을 끼쳤다고 볼 수 있다. 이제 여성이 가슴을 노출하는 것은 그 자체로 엄청난 자극이요 도발이 된다. 임신과 출산, 육아는 사적인 세계로 은폐되고, 여성의 몸은 성적인 매력을 발산하는 만큼만 사회에서 인정받을 수 있게 된 듯하다.

1980년대에 어느 회사에서 있었던 일이다. 만삭의 몸으로 출근하는 여직원이 엘리베이터에서 우연히 사장과 마주쳤는데, 사장은 어떻게 그런 몸으로 회사에 다닐 수 있느냐며 대뜸 호통을 쳤다. 임산부가 무리하게 일을 하면 본인과 태아의 건강에 무리가 올 수 있음을 걱정해서 그런 것이 아니었다. 날씬한 몸매의 아가씨들이 직장의 분위기를 산뜻하게 가꿔주는데, 배가 불룩한 아줌마가 왔다 갔다 하니까 불쾌한 기분이 솟구친 것이다. 지하철에서 아기에게 젖을 물리고 있는 여성에게 험악한 말을 퍼붓은 남자들과 마찬가지로, 그런 모습이 장소와 어울리지 않는다고 여기는 인지부조화로 인해 매우 신경질적인 반응을 보인 것이라고 할 수 있다.

2000년대에 접어들어, 대중문화에서 아줌마의 위상이 크게 위축되기 시작했다. 지난 반세기 동안 「고바우 영감」과 함께 쌍벽을 이루면서 신문 만화의 주인공으로 사랑을 받아온

「왈순 아지매」, 온갖 세태를 꼬집으며 정치적인 발언도 서슴지 않던 그 아줌마가 퇴장한 것은 2002년 12월이었다. 47년간의 대장정이 막을 내린 것이다. 그리고 그의 퇴장을 기다렸다는 듯, 2003년 몸짱 아줌마 정다연이 등장했다. 그가 세간의 이목을 집중시킨 것은 전혀 '아줌마답지 않은' 외모 때문이었다. 웬만한 아가씨들은 주눅이 들 만큼 매끈한 S라인에 경탄과 선망의 눈길이 끌린 것이다. 그는 '아줌마'의 사회적 이미지를 깨고, "설거지가 쌓이든 말든 하루에 운동하는 시간만큼은 무엇에도 양보 안 하는 것이 제 몸매의 비결"이라 당당히 밝혔다. 성적인 매력을 지니지 않은 아줌마들은 이제 조용히 자리를 비켜주거나, 아니면 독하게 마음을 먹고 섹시한 몸매를 되찾아야하는 시대로 접어들었다. 오리지널 아줌마들은 어디로 가야 하는가. 여자의 일생에서 나이가 든다는 것은 무엇인가.

초경에서 폐경까지

한국 사회에서 아저씨와 아줌마는 정확하게 대칭을 이루는 범주가 아니다. 우선 그것이 포함하는 연령대에서 차이가 난다. 남자들은 고등학교를 졸업하면 자연스럽게 아저씨 소리를 듣기 시작한다. 길을 지나가는 꼬마들은 자기보다 나이 많은 남자들을 보면 그냥 아저씨라고 부른다. 그래서 '국군 장병 아저씨께'라는 위문편지를 받을 무렵이면, 그것이 전혀 어색하지 않게 느껴진다. 그러나 여성들은 다르다. 국군 장병 아저씨들과 연애편지를 주고받는 이들은 아줌마가 아닌 아가씨들이다. 만일 길을 지나가는 아가씨에게 꼬마가 멋모르고 '아줌마'하고 부른다면? 몹시 속상해하거나 화를 낼 것이며 자신이 처음으로 아줌마로 불린 날을 좀처럼 잊지 못할 것이다.

이렇듯 '아저씨'의 대칭 범주는 '아가씨'와 '아줌마'로 나뉜다. 그것 말고도 한국어에서 여성을 지칭하는 단어는 남성에 비해 훨씬 세분화되어 있다. 여인, 미혼모, 여사, 사모님, 영부인, 미망인, 노파…… 이 각각의 용어들에 대응하는 남성 범주는 없다. 아줌마를 가리키는 용어도 아주머니, 아낙네, 주부, 부녀자 등으로 다양하고, 남편에 대응하는 말도 부인, 아내, 마누라, 여편네, 와이프 등으로 나뉜다. 여성을 가리키는 용어가 남성의 경우에 비해 세분화된다면, 그 경계들은 무엇으로 구성되는가. 하나는 나이다. '아가씨'와 '아줌마'가 대표적이고, '여인'은 그 두 연령대를 얼추 아우르는 범주라고 할 수 있다. 그리고 다른 하나는 사회적 위신이다. 영부인이나 사모님처럼 극진하게 떠받드는 호칭에서부터 여편네나 마누라처럼 약간 깔보는 호칭에 이르기까지 스펙트럼이 다양하다.

여성의 호칭이 나이에 따라 달라지는 것은 그만큼 불연속적인 생애 경로를 밟아간다는 것을 반영한다. 여성은 남성에 비해 일생을 통해 여러 차례 급격한 변화를 겪는다. 우선 사춘기에 초경을 하면서, 갑자기 어른의 몸이 된 것을 확인한다. 그다음은 결혼이다. 남자와 달리 여자에게 결혼은 시댁이라는 전혀 새로운 환경에 적응할 것을 요구한다. 결혼 후에 임신하고 출산하고 아이를 키우는 과정 역시 여성에게 엄청난 짐으로 부과된다. 직장이나 학업과 육아 사이에서 갈등을 하다가 가정주부로 '들어앉는' 결단을 내리기도 하는데, 이는 남자들에게 거의 일어나지 않는 일이다.

　나이 들면 신체적으로도 큰 변화가 오는데, 바로 갱년기 증상들이다. 남성과 달리 여성들에게 중년은 폐경이라는 명확한 신호를 수반한다. 그래서 영어에서는 여성의 갱년기를 아예 '메노포즈the menopause'(폐경기)라고 부른다. 폐경기에는 여러 가지 증세가 일어나기도 한다. 얼굴이 화끈거리며 붉게 달아오른다거나 골다공증, 체구 위축, 탈모, 질과 유방의 위축, 피부 건조와 가려움, 기미, 압박골절, 요실금, 관절통, 퇴행성관절염, 두근거림, 불면, 초조감 등 다양한 갱년기 장애가 뒤따르는 것이다. 결혼 이후 주부습진과 요통 등 잔병치레로 이어져온 고생은 폐경 이후 더욱 심해져, 중년 여성의 삶은 질병으로 점철되는 경우가 많다. 여성들이 남성보다 노화에 민감한 이유는 바로 그러한 생리적 조건에서 비롯된다고 할 수 있다.

아줌마는 힘이 세다. 하지만……

· 목욕탕에서 수건을 몸에 두르면 아가씨 / 머리에 두르면 아줌마
· 파마할 때 예쁘게 해달라고 하면 아가씨 / 오래가게 해달라고 하면 아줌마

· 의자에 앉을 때 다리를 꼬면 아가씨 / 한쪽 다리 접어 앉으면 아줌마

· 모임에서 서로 '언니 언니' 하면 아가씨 / '형님 형님' 하면 아줌마

· 버스를 탔을 때 빈자리가 있을 경우 주의를 살피고 앉으면 아가씨 / 앉고 나서 주위를 살피면 아줌마

· 운전할 때 선글라스 끼면 아가씨 / 흰 장갑에 창 모자 쓰면 아줌마

· 하이힐 신고도 뛸 수 있으면 아가씨 / 운동화 신고도 못 뛰면 아줌마

—인터넷에 떠도는 유머

    강의실에서 대학생들에게 '아줌마'란 단어에서 어떤 이미지가 떠오르는지 물어보면, 대개 비슷한 모습들을 이야기한다. 가장 많이 거론되는 것은 지하철에서 문이 열리자마자 허겁지겁 밀고 들어와 자리를 찾으려고 우왕좌왕하는 장면이다. 그러한 모습에서 드러나는 아줌마의 속성은 뻔뻔스러움과 막무가내 같은 것이다. 그 드센 기질은 부당한 현실이나 이해관계가 걸린 사안에 맞부딪쳐 맹렬한 힘으로 표출되기도 한다. 한때 도시 빈민가에서 자주 벌어진 철거민 투쟁에서 아기를 업고 경찰에게 돌진하거나, 포크레인 앞에 몸을 내던지는 아줌마들이 있었다. 요즘도 종종 벌어지는 각종 혐오 시설 반대 시위 현장에서 아줌마들은 격앙된 목소리와 거친 몸싸움으로 경찰들을 몰아세운다. 1995년에 개봉한 영화 「개 같은 날의 오후」(이민용 감독)에서도 아줌마들은 아내를 구타하는 동네 남자를 집단적으로 응징하다가 살인을 하게 되고, 그 일을

수사하러 온 경찰에게 맞서 옥상에서 격렬하게 저항한다.

그런 악다구니와 힘은 어디에서 오는 것일까.* 어려운 여건 속에서 아이를 키우고 살림을 하며 키워진 억척스러움은 아닐까. 호된 시집살이를 견디고 권위주의적인 남편의 비위를 맞추며, 쥐꼬리만 한 월급으로 가계를 꾸리고 자녀 교육까지 번듯하게 시키면서 단련된 강인함이리라. 지하철에서 '교양 없이' 자리 차지에 혈안이 되는 것도 제 몸 돌보지 못하고 가족을 위해 일하느라 뼛속 깊이 누적된 고단함 때문이리라. 질펀한 시장 바닥에서 행상을 하는 아줌마들의 힘센 팔뚝, 이제 그 터전마저 잃고 대형 할인 마트의 비정규직으로 들어가 고단한 나날을 보내는 아줌마들의 부르튼 손에서 경제 성장의 그늘을 본다. 그저 묵묵하게 화장실을 청소하는 아줌마, 식당에서 종일 쉴 틈 없이 그릇을 나르는 아줌마의 고달픔에 세상은 무심하다.

그런가 하면, 정반대의 처지에 있는 아줌마들도 적지 않다. 남편 출근시키고 아이 학교 보내고 나서 우아하게 브런치 콘서트를 즐기거나, 뮤지컬 「맘마미아」를 관람하면서 열렬하게 춤을 추는 이들 말이다. 그런 아줌마들에게 초점을 맞추었는지 프랑스의 『세계언어사전』에는 '아줌마ajumma'가 '집에서 살림하는 40대 이상의 여자로, 자녀를 다 키운 뒤 시간과 경제적 여유가 있어 높은 구매력을 가진 한국 특유의 집단'이라고 풀이되어 있다. 그러나 보통의 중산층 주부들은 대개 아침 드

---

* 기술연구소 조사에 따르면, 여성의 쥐는 힘은 40대에 가장 강하고 20대는 50대보다도 약한 것으로 나타났다.

라마, 여성 잡지, 헬스, 미용실 수다 정도로 권태를 달랜다. 거기에서 좀더 나아가 일탈을 감행하는 이들은 매스미디어의 단골 표적이다. 알코올중독에 빠지고 나이트클럽을 전전하며 노래방 도우미에 나섰다가 보도용 카메라에 잡힌 주부들은 이 사회의 부도덕을 한 몸에 안고 손가락질 당한다.

빈부나 학력에 상관없이 아줌마들에게 한 가지 공통점이 있다. 익명의 존재라는 점이다. 아줌마에게는 이름이 없다. 예전에는 '안성댁'이나 '수원댁' 등 출신 지명으로 이름을 대신하다가 아이를 낳으면 아무개 엄마로 통했다. 아파트나 연립주택에 사는 인구가 많아지자 'OO호 아줌마'가 널리 통용되고 있다. 그래서 같은 동네나 이웃에 10년을 살며 반말까지 쓸 정도로 친해졌으면서도, 정작 서로의 이름은 알지 못하는 경우가 많다. 그런데 무명의 아줌마들이 자기의 고유한 이름으로 지칭되는 곳이 있으니, 바로 교회다. 거기서는 '아줌마'라는 호칭이 완전하게 삭제되고 각자의 이름으로 불린다. 신자로 등록하고 나서 얼마 지나지 않아 집사님이 되고, 나이가 들면 권사님으로 대접받는다. 특별한 학력이나 경제력이 없어도 공식적으로 'OO님'으로 불릴 수 있는 곳이 교회다. 한국 사회에서 교회가 급성장한 까닭, 특히 여성 신도들이 많은 이유를 거기에서 찾을 수도 있을 것이다.

수다, 경험이 이야기될 때

산업사회에서 주부들은 사인화私人化되었다. 가정이라는 사적인 영역을 지키면서 허드렛일만 하는 역할로 제한된 것이다. '집구석'이라는 표현대로, 사회의 중심은 공적 영역에 있고 그 권력은 주로 남자들이 쥐고 있다. 그러나 후기산업사회로 들어와 주부들이 처한 삶의 자리는 새로운 의미를 갖기 시작한다. 한 예로, 인터넷 세상이 열리면서 '와이프로거'라는 집단이 활발하게 활동 중이다. '와이프'와 '블로거'를 합성하여 만든 말로, 자신만의 살림 노하우를 바탕으로 하여 각종 상품에 대해 평가를 내리는 그들의 영향력이 만만치 않은 것이다. 인터넷 커뮤니티가 활성화된 한국에서 그들이 내는 입소문은 막강한 힘을 발휘하고 있으며, 이들의 마음을 사로잡은 홍보 전략은 세계 시장에서도 충분히 활용할 수 있다고 글로벌 기업의 마케팅 전문가들은 말한다.

주부들이 이러한 위상을 갖게 된 것은, 물건을 구매하고 생활을 경영하는 경험에서만 생겨날 수 있는 특유의 감각 때문이다. 기업의 제품 개발이나 마케팅에서 주부들의 코드를 무시하면 성공할 수 없다. 더 나아가 주부들이 살림을 하면서 겪은 불편함을 해결하기 위해 고안해낸 아이디어가 획기적인 발명품으로 이어져, 사업으로 대박을 터뜨리는 예도 적지 않다. 뜨거운 수증기가 나오는 스팀 청소기나 칸막이가 있는 전기밥솥 등이 그것이다. 하찮아 보이는 일상사를 세심하게 들여다보면서 얻어낸 보물들은 그 외에도 많다. 미국에서 힐러리 클린턴, 오프라 윈프리와 함께, 가장 영향력 있는 여성으로 꼽히는 '살림의 여왕' 마사 스튜어트도 그런 예에 속할 것이다. 사소한 경험들을 갈고 다듬어 놀라운 작품으로 빚어낸 주부 작가들 또한 국내외에 수없이 많다.

그러나 그렇게 사회적으로 성공을 거두지 않는다 해도, 크게 주목받는 생이 아니라 해도, 아줌마들은 자신의 경험을 이야기로 풀어내면서 삶의 기쁨으로 만들어간다. 그 '능력'을 새롭게 인식할 필요가 있다. 수다를 떠는 것은 여성 문화의 꽃이다. 아무런 준비 없이 생각나는 대로 이야기를 주고받는 것은 그 자체로 즐거움이요 일종의 문화 생산이지만, 그것을 좀더 다듬고 한 단계 고양시키는 것도 의미 있는 일일 것이다.

2007년 광주 북구의 문화의 집에서 그 가능성을 보여주는 이벤트가 일주일 동안 열렸다. 아줌마 축제 '수다 호르몬'이라는 제목으로 마련된 전시회로, 아줌마들이 주인공이 되어 삶의 이야기를 풀어내도록 스스로 기획하여 진행한 행사였다. 그들은 일상의 현장을 전시 공간으로 재구성했다. 거실, 부엌, 작은방, 화장실, 침실, 화단, 유치원 앞, 유아 사랑방 등을 구성하고, 거기에 사진, 아카이브, 설치미술, 벤치 등을 전시한 것이다.

전시의 테마들을 보자. '아이의 키 성장 고민의 모든 것' '책만 보면 환장한 여자' '통신수단에 따른 미남이의 수다 변천사' '고된 시집살이' '겸손을 배워가는 과정, 나의 여행길' '화장실 변천사에 따른 나의 이야기' '딸도 행복하다' '태교 일기, 우행시' '백번 선본 처녀, 아줌마 되다' '7년간 배워온 꽃꽂이로 정원 만들기' '결혼 12년 동안 열 번 이사하며 만난 사람들' 등이다. '통신수단에 따른 미남이의 수다 변천사'에는 어릴 적 국군 아저씨에게 썼던 위문편지와 남자 친구에게 썼던 연애편지, 숫자로 암호를 만들어 날렸던 '삐삐,' 휴대전화 문자, 미니홈피 방명록 등의 내용이 빼곡히 채워져 있는가 하면, '고된 시집살이'에는 딸 셋을 낳고 시어머니와 겪은 갈등, 임신 중에 태교 일기를 쓰면서 행복했던 순간들이 이야기되었다.

갱년기는 인생의 갱신기

중국에 이런 이야기가 있대. 여성들은 폐경이 돼야 세상을 투명하게 바로 볼 수 있다고. 생리를 하는 동안에는 항상 핑크빛 베일이 가린 눈으로 세상을 본다고. 그래서 가부장제 사회에서의 여성들은 더 이상 여성으로 인정되지 않는 폐경의 나이가 되어야 인간이 된다는 거지.

—일레인 김과의 개인적 대화에서[2]

'모녀 마케팅'이라는 것이 있다. 엄마와 딸이 비슷한 옷차림을 하고 함께 여행이나 쇼핑을 즐기는 이미지를 내세우면서 시장을 넓히는 것이다. 딸은 친구 같은 엄마와 동행할 수 있어서 좋고, 엄마는 아가씨의 취향을 만끽하며 젊음을 회복할 수 있어서 좋다. 자신이 아직 늙지 않았다는 것을 확인시켜주는 상품은 경쟁력이 있다. 가가호호 방문하여 상품을 판매하는 어느 유능한 영업사원의 비결은 이러하단다. 벨을 눌렀을 때 안에서 나이 든 여성이 나오면, 그는 곧바로 질문한다. "어머니는 안 계세요?" 효과는 즉시 나타난다고 한다. 자신을 아직 어린 딸로 봐준 데 대한 감동이 충동구매로 이어지는 것이다.

한국에서 나이 든 여성은 서럽다. 육아 때문에 직장을 그만두었다가, 사교육비라도 보탤 요량으로 다시 직업을 찾으려 하면 마땅히 갈 곳이 없다. 그래서 보험 영업, 식당 서빙, 파출부 등 비정규직으로만 몰린다. 외국 항공사처럼 중년 여성이 비행기 승무원으로 활약하는 모습을 한국에서는 찾아보기 힘들다. 공적 영역에서만 차별받는 것이 아니다. 늦둥이를 낳아 학교에 보내면 같은 학부모들 사이에서 은근히 왕따를 당한다. 똑같은 아줌마인데 조금 늙었다고 그룹에 끼워주지 않는 것이다. 게다가 아이마저 나이 든 엄마가 창피하니까 학교에 찾아오지 말라고 부탁한다.

젊은 여성들이 자신의 미래를 상상하면서 주목할 만한 아줌마들은 없는가. 조금만 찬찬히 살펴보면, 매우 풍요롭게 인생을 꾸려가는 아줌마들이 눈에 들어온다. 여러 영역에서 탁월한 성취를 드러내는 전문가들, 남성 지배 문화에 물들어 있던 조직을 부드러운 힘으로 바꿔가는 리더들, 축구단을 조직하여 틈만 나면 운동장을 뛰면서 원기 왕성한 나날을 보내는 아마추어 선수들, 밴드나 연극 동아리를 꾸려 끼와 솜씨를 키워가는 놀이꾼들, 동네 놀이터의 안전 상태를 모니터하여 개선을 촉구하는 주부들, 보이지 않는 곳에서 약자를 보살피고 치다꺼리를 마다하지 않는 호스피스들…… 사사로운 세계에 갇혀 있지 않고, 시민으로 나서서 살 만한 세상을 만들어가는 그들의 이름은 당당한 아줌마다.

중년의 남성과 마찬가지로, 중년의 여성에게 무엇보다도 중요한 것은 자신을 사랑할 수 있는 능력이다. 삶을 아름답게 가꿔갈 자원과 실존의 공간이다. 갱년기란 무엇인가. 인생을 갱신하는 시기다. '폐경閉經' 대신 '완경完經'이라는 말도 나왔다. 육신은 분명히 노화에 접어들지만, 인생은 내리막길이 아니라 한 단계를 매듭짓고 새로운 무대로 나아가는 전환기라는 뜻이다. 이름 없이 빛도 없이 살아온 구차한 세월일지라도 당신은 그것으로 한 편의 서사시를 쓸 수 있다. 연극 「엄마는 오십에 바다를 발견했다」에서처럼, 야속함으로 얼룩진 나날을 홀홀 털고 무변無邊의 세계 앞에 서서 이 순간을 보듬어 안을 수 있다. 해풍을 가슴으로 끌어안으며 시간의 가장자리에서 원대한 여생을 설계할 수 있다. 갈매기의 끼룩거림으로 살아 흔들리는 생, 그 주인공은 바로 당신 자신이므로.

흐린 하늘에서 빗줄기가 내려온다 모로 누운 해안선이
부스스 눈을 뜬다 물결이 물끄러미 해변을 엿보는데

살찐 갈매기가 뒤뚱뒤뚱 걸어간다

흔들리는 生! 새들이 세상을 뜨지 않는다

비상만이 내 꿈이 아니란 걸

깨닫는다 바다 한쪽이 기우뚱한다

바람이 물결따라 달려 나온다 놀란 파도가 파편처럼

튀어 오르고 새로 놓인 다리 바다를 긋는다

웬 불빛이 물빛처럼 차다

좁아지는 모래사장 삶이란

이렇게 자꾸 작아지는 것이라고 중얼거린다

나는 다시

숨 쉬며 끼룩거린다 살아 흔들린다

　　─천양희, 「겨울 해운대」[3]

중년 남성, 이모작의 갈림길

안개 속에 사라지는 이정표

갓길 없음 / 안개 주의

—권오표, 「마흔여섯의 길 건너기」[1]

무진을 둘러싸고 있던 산들도 안개에 의하여 보이지 않는 먼 곳으로 유
배당해버리고 없었다. 안개는 마치 이승에 한이 있어서 매일 밤 찾아오는
여귀가 뿜어내 놓은 입김과 같았다. 해가 떠오르고, 바람이 바다 쪽에서
방향을 바꾸어 불어오기 전에는 사람들의 힘으로써는 그것을 헤쳐 버릴
수가 없었다. 손으로 잡을 수 없으면서도 그것은 뚜렷이 존재했고 사람들
을 둘러쌌고 먼 곳에 있는 것으로부터 사람들을 떼어놓았다. [……] 사람
들로 하여금 해를 바람을 간절히 부르게 하는 무진의 안개.

—김승옥, 「무진기행」에서[2]

　　만물을 고스란히 덮어버리는 안개는 때로 어떤 풍경보다
아름답다. 그것이 자아내는 분위기가 몽환을 불러일으킨다.

그래서 사진이나 영화에 등장하는 안개는 현실이나 일상에 대비되는 것으로 설정될 때가 많다. 소설 「무진기행」에서도 그렇다. '무진'은 기계적인 질서로 작동하는 서울과 대비되는, 또 다른 욕망과 순수함의 가상공간이다. 이성의 규율에서 풀려나 나른한 감성에 몸을 맡길 수 있는 장소로 묘사되는 것이다. 그런데 거기에서 체감되는 안개는 정체를 알 수 없는 거대한 힘이기도 하다. 손에 잡히지 않는 입자들이 모여 마을을 감싸버리는 입김, 해와 바람만이 거두어갈 수 있는 그 육중한 장막 앞에서 사람은 그저 무력할 뿐이다.

실제로 안개는 무섭다. 2006년 서해대교에서 발생한 사상 최대의 29중 추돌 사고에서처럼, 안개는 대형 참사의 원인이 되기도 한다. 교통 전문가들에 따르면, 안개가 낀 날이 눈비가 내리는 날보다 사고가 많다. 시계視界가 나쁠 뿐 아니라 노면도 미끄러운데, 운전자들이 그 점을 알지 못하고 속도를 줄이지 않기 때문이라고 한다. 큰 눈이 내리면 눈싸움이나 눈사람을 생각하며 신명 나는 것이 아니라 교통 정체를 걱정하듯이, 안개도 이제는 여유로운 관상의 대상이 아니라 생활에 불편을 끼치고 생명을 위협하는 장애물로 여겨진다. 안개 속을 거니는 낭만보다는, 그것을 뚫고 자동차를 운전할 때의 가슴 졸이는 모험이 도시인들에게 더욱 친숙하다. '안개 정국'이라는 표현에서처럼 그것은 불확실한 미래를 상징하며, 속도가 점점 빨라지는 세상에서 흐릿한 시계는 공포스럽기까지 하다.

권오표 시인은 그렇듯 불투명한 상황을 마흔여섯의 삶에 비유하고 있다. 앞이 보이지 않고 옆으로 비껴갈 수 있는 갓길도 없는 것이, 한국 중년의 실존인가 보다. "인생이란 안개에 싸여 있는 길이다"라는 밀란 쿤데라의 말이 실감나게 와닿는 즈음이다. 한국 남성의 40대 사망률은 세계 최고를 기록한 지 오래고, 그나마 살아남은 사람들도 '사오정'이니 '오륙도'니 하면서 초라하게 내몰린다. 소설가 김훈의 표현대로 "내일이 새로울 수 없으리라는 확실한 예감에 사로잡히는 중년의 가을은 난감하다."[3]

고도성장의 엔진을 달고 오로지 앞으로만 내달려왔건만, 인생의 절반이 꺾이는 가파른 고비에서 이정표가 갑자기 사라진다. 앞길은 온통 오리무중, 가속의 페달을 밟을 수도 없고 그렇다고 속도를 늦출 수도 없다. "삶의 늪에 발목 잡혀 / 허우적거리다가 [……] 겨우 빠져나와 / 이정표 바라보는 순간, / U-Turn"(윤희환, 「끝없는 반복」에서[4]). 그러나 그렇게 막다른 길목을 만난다 해도 유턴해서 되돌아갈 수 없다.

평균수명이 점점 늘어나면서 중년의 삶은 자꾸만 버거워진다. 예전 같으면 석양을 바라보며 생애의 갈무리에 들어갈 나이이건만, 지금은 아직 해가 중천에 떠 있고 갈 길은 아득하다. 상황이 이럴진대, 갑자기 찾아온 노안老眼 때문에 가까운 사물이 오히려 흐릿하게 보인다. 안개 낀 도로를 주행하는 것만큼이나 답답하다. 모질게 살아온 발자취를 되돌아보며 생애를 결산하고 추수하고 싶은데, 세간에서는 인생의 이모작을 준비하라며 새로운 출발을 권유한다. 자기만의 행복한 경험을 찾으라고 충고한다. 가능할까. 몸이 예전 같지 않다는 확실한 느낌에 사로잡히는 나이에 생기를 되살릴 수 있을까. 지인들의 부모 상喪을 주로 조문하던 시절을 지나 친구들의 부음訃音이 점점 자주 들려오는 즈음, 내일을 즐겁게 상상할 수 있을까.

신사를 찾습니다

그 많던 어린 날의 꿈이 숨어버려 잃어버린 꿈을 찾아 헤매는 술래야 이제는 커다란 어른이 되어 눈을 감고 세어보니 지금은 내 나이는 찾을 때도 됐는데 보일 때도 됐는데

—조용필, 「못 찾겠다 꾀꼬리」에서[5]

　　지금 한국인의 생애 주기에서, 중년은 경제적으로 가장 부담이 많은 시기라고 할 수 있다. 치솟는 사교육비와 대학 등록금으로 자녀 양육은 곧 경제적인 압박으로 체감되고, 그들의 결혼 비용까지 마련하려면 과로를 감내해야 한다. 그렇게 해서라도 독립을 시킬 수 있으면 다행이지만, 대학을 졸업해도 취직하지 못해 얹혀사는 청년 실업 자녀들은 두고두고 큰 짐이 된다. 게다가 연로하신 부모의 병원비가 때론 감당하기 어려운 수준으로 청구되기도 한다. 축의금과 조의금 지출도 만만치 않다. 이런저런 책임들을 감당하느라 분주하게 살아가

다 보면, 건강을 챙기지 못해 의사로부터 엄중한 경고 또는 느닷없는 중병의 통보를 받는다.

이러한 부하負荷를 얼마만큼 견디는가는 경제력과 어느 정도 관련이 있다. 그 '능력'에 따라 중년의 삶은 스펙트럼이 대단히 넓게 분포된다. 한편으로 보면, 지금 한국의 중년은 산업화의 혜택을 가장 많이 누린 세대라고 할 수 있다. 일제 식민 지배와 한국전쟁의 혹독한 시기를 통과한 부모 세대의 기반 위에서, 이들은 고도 성장기에 자라나거나 사회에 발을 들여놓음으로써 "하면 된다"라는 믿음을 구체적인 경험으로 실감할 수 있었다. 열심히 일한 대가를 인정받을 수 있었을 뿐 아니라, 부동산 가격의 상승으로 인해 자기 노력이나 능력보다 훨씬 더 많은 보상을 받기도 했다.

그렇게 해서 경제적 기반을 닦은 이들은 지금 각 조직에서 중요한 의사 결정을 하고 정치와 경제의 향배를 좌우한다. 산업화와 민주화 과정에서 역사를 바꾸는 주역들이었으나, 언제부터인가 기득권에 안주하면서 젊은 세대의 앞길을 가로막고 역사의 시곗바늘을 거꾸로 돌려버린 혐의도 있다. 어려운 경제 상황에 아랑곳없이, 공공 부문에서 요직을 독점하면서 특혜를 누리는 이들이 바로 그 세대다. 한국의 지난 반세기 역사는 그들을 위한 무대로 세팅되어 있었던 듯하다. 더구나 그들의 실세는 각종 인맥이 씨줄과 날줄로 견고하게 짜여 있어서, 당분간 크게 흔들리지 않을 것으로 보인다.

그러나 그러한 권력의 이너 서클에 들어가 있거나 성공의 신화를 구현한 이들은 극히 일부에 지나지 않는다. 오히려 점점 더 많은 중년들이 경제 위기 속에서 삶의 기반 자체를 잃고 있다. 뭔가 새로운 것을 시작해보려 해도 나이 제한에 걸려든다. 그렇게까지 극심한 곤경에는 이르지 않았다 해도 피곤하고 불안한 마음으로 나날을 이어가는 것이 대부분 중년의 삶이다. 언제 정리 해고될지 모른다는 위기감, 점점 늘어나는 업무에 대한 중압감, 자녀를 남부럽지 않게 뒷바라지해야 한다는 책임감, 건강하게 활동할 수 있는 날이 얼마 남지 않았다는 초조감……

감정이 늙기 시작하면?

「기본만 알면 배바지 아저씨가 센스만점 신사로…」[6] 중년 남성들에게 세련된 패션 감각을 귀띔해주는 어느 신문 기사의 제목이다. '신사'의 지위를 20~30대에게 빼앗기고 '아저씨'로 통칭되는 중년 남성들에게도 회춘의 길이 있다는 희소식이다. 그러나 그런 지침을 따라 메트로섹슈얼하게 코디를 하면 젊어질 수 있을까.[7]

일본의 스테디셀러 가운데 『사람은 '감정'부터 늙어간다人は「感情」から老化する』라는 책이 있다. 오랫동안 고령자들을 대상으로 한 임상 경험을 가지고 있는 정신과 의사 와다 히데키가 쓴 책으로, 그에 따르면 인간의 노화는 지력이나 체력에 앞

서 우선 감정에서부터 시작된다.[8] 지능이나 지성은 늙어서도 그다지 쇠퇴하지 않으며, 보행 능력 등 운동신경도 생각보다 오래 유지된다. 그러나 감정은 세월에 매우 취약하다. 그 영역의 노화는 쉽게 일어난다. 예를 들어, 한 번 화가 나면 좀처럼 통제가 되지 않는다거나 자발성이나 의욕이 감퇴하는 것이 감정의 노화 증세다. 뇌를 촬영해보면 그것을 금방 알 수 있는데, 기억을 관장하는 해마보다 감정을 관장하는 전두엽에서 먼저 위축이 일어난다고 한다. 그것을 그대로 방치할 경우, 몸과 정신이 모두 급속히 늙어버린다.

와다 히데키가 제시하는 감정 연령 테스트 목록 가운데 몇 가지를 추려보면 다음과 같다.

· 최근에 친구를 불러내 놀아본 적이 없다.
· 실패하면 예전보다 훨씬 오랫동안 위축되어 있다.
· 자기 생각과 다른 의견을 받아들이지 못한다.
· 성욕과 호기심이 현저하게 감퇴했다.
· '이 나이에 뭘'이라고 생각한다.
· 최근에 뭔가에 감동을 받아 눈물을 흘려본 기억이 없다.
· 요즘 젊은이들은 도대체 알 수가 없는 녀석들이라고 종종 탄식한다.
· 지난 6개월 동안 단 한 편의 영화도 보지 않았다.
· 지난 한 달 동안 한 권의 책도 읽지 않았다.
· 지난 몇 년 동안 여행을 스스로 계획하지 않고 언제나 남들에게 얹혀 다

녔다.

이런 질문들에 그렇다고 답하는 비율이 높을수록 마음이
늙었다고 보면 된다. 저자의 오랜 임상 경험에 비춰볼 때, 감
정의 노화는 40대에 시작된다고 한다. 그 이유는 우선 생리적
차원에서 두 가지가 있다. 갱년기 장애와 맞물려 전두엽 기능
이 쇠퇴하면서 감정의 통제 기능이 떨어지는 것, 그리고 세로
토닌이라는 신경 전달 물질이 줄어들면서 정신의 안정과 균형
이 쉽게 흔들리는 것이 그것이다. 다른 한편, 사회적 차원에서
도 중요한 이유가 있다. 장유유서의 문화 속에서 나이가 들고
지위가 높아질수록 타인의 감정을 섬세하게 헤아릴 필요가 없
게 되는데, 일례로 일찍부터 대접받는 데 익숙한 교사 등의 직
업군은 정서지수EQ가 낮다고 한다. 나이에 따른 서열 매김이
나 권위주의 문화라면, 한국이 일본보다 훨씬 심하다. 따라서
저자의 진단과 경고는 우리에게 더욱 솔깃하게 와닿는다.

특정 직업만이 아니다. 한국 직장인들의 스트레스 지수는
매우 심각하다. 당장 일을 그만두고 쉬거나 치료를 받지 않으
면 언제 쓰러지거나 폭발할지 모르는 위험군의 비율이 세계에
서 가장 높은 것으로 나타난다. 경제 위기 속에서 인원 감축이
실시되고. 그에 따른 과중한 업무로 만성적인 피로 증후군에
시달리는 직장인들이 많다. 일의 양 못지않게 힘들게 하는 것
은 정신적인 상황이다. 한국은 기적 같은 경제성장을 이룩하

여 많은 사람들이 큰돈을 벌 수 있게 되었지만, 그것을 획득하기 위해 치러야 하는 대가는 훨씬 가혹해졌다. 게다가 초고속으로 급성장하다가, 삽시간에 저성장 시대에 돌입한 한국 사회는 일종의 패닉 상태에 빠져 있다.

그 속에서 우리는 전쟁 같은 삶을 영위한다. 돈 몇 푼 손에 넣기 위해 또는 직장에서 살아남기 위해 최소한의 자존감마저 포기한다. 권력관계가 예민하게 의식되면서 경직된 시스템과 문화가 형성된다. 타인을 오로지 경쟁이나 조종의 대상으로만 바라보는 세상에서 감정의 소통은 불가능하다. 유감스럽게도 많은 직장인이 그러한 정황에 놓여 있다. 한때 베스트셀러였던 『회사가 당신에게 알려주지 않는 50가지 비밀』에 나오는 한 대목을 보자. "상사에게 맞서는 것은 지는 게임이다. 상사는 반드시 복수한다." 그런가 하면 『이기는 심리의 기술 트릭』이라는 책을 소개하는 어느 신문 기사의 제목은 '직장 상사에게도 때론 협박이 먹힌다'라고 나왔다. 상대방을 생존 투쟁의 구도 속에서만 바라보는 인간관계에서, 가슴은 딱딱하게 굳어가고 심근(마음의 근육)경색이 악화된다.

"검찰은 가장 비인간적인 직업이다." 예전에 어느 검찰총장이 30년 동안 몸담은 검찰을 떠나면서 남긴 말이다.[9] 한때 머리 좋다는 남자들이 가장 선망하던 법대를 나와, 무소불위의 막강한 권력을 손에 쥐었던 파워 엘리트의 고백이 의미심장하다. 성공한 중년 남자의 반열에 충분히 오르고도 남은 그에게서 왜 그런 자탄의 말이 나왔을까. 종일 범죄 혐의자들과 씨름해야 하는 검찰은 업무의 원활한 수행을 위해 감정을 원천 봉쇄해야 한다. 선후배 사이의 위계 서열은 그 어느 조직보다 엄격하고, 나약한 내면을 드러내 보이거나 친밀한 느낌을 편안하게 교감하는 것은 거의 불가능하다. 폭탄주 문화가 거기에서 나온 이유를 알 듯하다. 그러한 직종이 여전히 많은 젊은이들에게 꿈인 사회에서 행복은 어떤 이데아일까. 퇴직한 검찰총장은 인생의 후반부를 어떻게 보내고 있을까.

수정하고 결단해야 할 때

사람은 자신의 가슴속을 들여다볼 때 비로소 시야가 트이게 된다. 바깥을 보면 꿈을 보지만, 안을 들여다보면 깨어날 것이다.

—카를 구스타프 융

가장 좋은 때는 아직 오지 않았으며, 인생의 후반을 위해 인생의 초반이 존재한다.

—랍비 벤 에즈라

상담심리학자 임경수 교수는 중년의 위기가 불가피한 과정이 아니라고 이야기한다. 흔히 중년에서 발생하는 격동과 혼란은 심리적인 원인에서 비롯되기보다, 개인들이 철저하게 교육받지 않았기 때문에 발생하는 결과로 볼 수 있다는 것이다.

그의 분석에 따르면, 중년의 전형적인 심리 경향을 전혀 경험하지 않은 사람들도 있으며, 이렇듯 그들이 중년의 위기를 뛰어넘을 수 있었던 까닭은 그들이 교육을 통해 초자아를 잘 형성하고 그것으로 적절하게 현실의 자아를 표현할 수 있었기 때문이라고 말한다.[10] 생각해보면, 우리는 성인이 되는 과정에 대해 제대로 학습할 기회를 갖지 못했다. 어느 교과과정에서도 중년 이후의 삶을 어떻게 빚어가야 하는지에 대해 배운 바 없다.

그러나 중년의 삶이 어떠해야 하는지에 대해서는 많은 학자들이 논구한 바 있다. 일찍이 정신분석학자 카를 구스타프 융은 중년기를 '인생의 정오'라 칭하며, 40세 전후가 인생을 탈바꿈할 수 있는 결정적인 전환기라고 했다. 이 시기가 되면 많은 것을 성취한 사람도 자신이 살아온 날을 되돌아보면서, 그것이 도대체 무슨 의미가 있는가 하고 회의한다고 한다. 미처 준비하지 못했는데, 갑작스럽게 닥치는 그 허무함에 당황하게 된다. 말하자면 제2의 사춘기로서, 다시 한 번 방황과 좌절을 경험하는 것이다. 그러나 그 고비를 잘 넘기고 생의 나침반을 제대로 설정하면서 성숙을 위한 근본적인 변화를 꾀한다면, 그 이후의 인생이 달라질 수 있다.

발달심리학자 에릭슨은 중년에 직면하는 문제의 본질을 '생성 대 정체generativity vs stagnation'라는 구도로 설파한다. 여기서 'generativity'란 한국어로 정확하게 대응하는 개념이 없

는데, 학자에 따라 '창조성' '생식성生殖性'이라고 번역하기도
한다. 그 어근이 되는 동사 'generate'가 '발생시키다' '일으키
다'라는 뜻을 갖고 있고, 'generation'이 '세대'라는 의미이므로,
그 뉘앙스를 포착할 수는 있을 것이다. 에릭슨에 따르면, 이
시기가 되었을 때 사람들은 자기가 죽고 난 후에도 지속될 그
무엇을 창조하거나 양육해야 한다. 그것은 다른 사람에게 이
로움을 끼치는 긍정적인 변화를 꾀함으로써 가능하다. 그것을
성공적으로 해낸다면 자신이 쓸모 있는 존재라는 확신과 충만
감을 얻게 되지만, 그렇지 못할 경우 세계와 피상적인 관계를
맺으면서 삶이 정체되어버린다.

　전문가들의 조언은 대체로 비슷하다. 중년이 되면 다시
금 성장과 도약을 위해 결단해야 한다는 것, 그동안 외부로만
향했던 시선과 지향을 깊은 내면으로 돌리기 시작해야 한다는
것, 그러한 성찰과 변화를 통해 자아는 한층 고결한 차원으로
통합되고 조화로운 인격으로 완성되어간다는 것이다. 소설가
김형경은 『천 개의 공감』이라는 책에서 그러한 메시지를 간결
한 필치로 정리하고 있다. 그는 중년에 해야 할 중대한 과제로
목표의 수정을 제시하면서, 다음과 같이 말하고 있다.

생애 초기에 우리가 설정한 삶의 목표는 그 시기의 결핍감이 반영된 것들
입니다. 그동안 삶을 추진시킨 에너지 역시 성적 욕망과 공격적 추동에서
나왔습니다. 그것은 사랑받기 위해, 결핍을 메우기 위해, 질투하고 시기하

는 힘에 의해 추진되는 에너지였습니다. [······] 이제는 새롭게 형성된 정체성에 맞춰 삶의 목표를 수정해야 합니다. 하던 일을 바꾸라는 게 아닙니다. 그 일을 계속해서 더욱 전문성을 쌓으면서, 내면의 목표를 수정하는 것입니다. 예전에는 사업을 해서 멋진 사옥을 짓는 게 목표였다면, 이제는 그 사업을 통해 어떻게 사회적인 책임을 완수할 것인가를 생각합니다.[11]

더 늦기 전에 변신을 시도하고 싶다. 익숙한 것들에만 머물던 시선을 조금 비끼어 낯선 것에 대한 호기심을 일깨우고 싶다. 40대까지 좋아하던 음식, 취미, 음악, 이성 타입 등은 그 이후에도 거의 그대로 이어진다고 한다. 나이가 들수록 몸과 마음의 습관을 바꾸기 어렵다는 말이다. 단순히 기호나 취향의 문제가 아니다. 어떤 보람으로 살아갈 것인가. 실존의 의미 충전 방식을 근원적으로 리모델링하지 않으면, 허욕에 치여 옹색해질 것이다. 인생의 궤도에 변화를 꾀하지 않으면, 고지식한 채로 현실에 순응하면서 조로早老해버릴 것이다. 반면에 낡은 껍질을 벗고 혁신과 도전을 감행한다면, 새로운 존재로 거듭날 수 있을 것이다.

지금 한국의 남성들을 짓누르는 강박은 무엇인가. '끗발'에 대한 야망이다. 남부럽지 않은 자리에 올라 떵떵거리고 살고 싶은 오기 같은 것이다. 그것이 그동안 급속한 경제성장의 에너지가 된 것도 사실이다. 하지만 이제 그 신화가 끝나고 어쩔 수 없이 내리막길에 들어선 마당에 인생관을 수정하지 않으면 안 된다. 패배와 낙심도 삶의 자연스럽고 불가피한 일부분으로 받아들이고, 자기와 타인의 나약함을 보듬어 안는 측은지심이 요구된다. 유능함과 무능함 사이의 좁은 거리를 확인하면서 세상에 대해 보다 겸허해져야 한다. 하산하는 길에서 인생의 아름다움을 발견할 수 있는 눈을 열어야 한다.

그런데 지금 우리 사회는 그 하산길이 너무 가파르다. 아예 길이 없고 평지에서 갑자기 낭떠러지로 이어지는 지형도 많다. 어느 날 갑자기 해고 통지를 받으면, 모든 것을 빼앗기고 추락하는 듯한 절망감에 사로잡힌다. 경제적인 어려움 때문만은 아니다. 사회적으로 설 곳을 잃었다는 것, 그래서 아침에 집을 나서도 갈 곳이 없다는 것이 막막하다. 쓸모없는 잉여 인간이 아니라 아직은 능력 있는 직업인으로서 자기를 확인하고 싶은 것이 조기 퇴직자들의 공통된 소망이다. 그것이 쉽게 이뤄지지 않는다면, 잠깐의 실직이 무의미한 공백이 되지 않도록 하는 완충장치가 필요하다. 자기 존중감을 보전하면서 인생의 다음 단계로 이행할 수 있는 사회적 안전망 말이다. 당연히 그것은 제도적 시스템과 물리적 공간의 확충을 수반해야 한다. 직장을 잃은 중년들에게 우선 필요한 것은, 당장의 사회적 지위에 얽매이지 않으면서 유지할 수 있는 최소한의 사회적 위신이다.

일본에서는 실직자를 겨냥한 업종이 등장한 지 오래다. 직장을 그만두었지만, 차마 그 사실을 가족이나 지인에게 알리지 못하는 이들을 위해 직장인 행세를 할 수 있도록 도와주는 것이다. 유령 회사 명함을 만들어주고, 전화가 오면 '여직원'이 지금 외근 중이라고 하면서 메모를 받아주고, 퇴직금을 맡고 있다가 그대로 매달 꼬박꼬박 월급처럼 통장에 입금해준다. 실업자라는 낙인이 남달리 부담스러운 사람들에게 필요한 맞춤형 서비스라고 할 수 있다. 몇 달 정도 그렇게 버티다가 새로운 직장을 구하게 되면, 일시적인 실직 상태는 감쪽같이 감춰진다.

　미국에서는 지방정부 차원에서 실직한 지식 노동자들에게 도움을 주기도 한다. 서비스의 내용은 실직자가 '사회성'을 유지하면서, 다음 직장을 위해 차분히 준비할 수 있도록 지원하는 것이다. 방식은 간단하다. 일정한 사무실 안에 칸막이를 쳐서 최소한의 개인 사무공간을 마련할 수 있게끔 독자적인 공간을 빌려준다. 실직자는 직장을 잃었지만, 아침에 집을 나와 '갈곳'이 있는 것이다. 그리고 이 사무실에는 실직자들에게 도움을 주는 직원이 마치 비서처럼 대기하고 있다. 그는 각각의 실직자들이 직장을 구하는 데 필요한 정보를 찾아주거나, 그들에게 간간히 조언을 제공하기도 한다. 직장을 잃은 이들이 자존감을 잃지 않으면서 새로운 진로를 찾아갈 수 있도록 지원해주는 사회에서, 인생 후반부의 존재 방식을 다양하게 구상하는 문화적 역량은 한결 풍부해질 수 있다.

즐거운 인생은 어디에

"난 지금 내 마음속 이상향을 향해 도전 중이다." 리더십 부재에 시달리는 일본의 정계가 호소카와 모리히로 전 총리에게 손짓을 보냈을 때, 그가 단호하게 거절하며 했던 말이라고 한다. 지금 그의 직함은 '전 총리'가 아니라 '도예가'다. 1998년 정계 은퇴 후 일본 도예계의 최고봉 쓰지무라 시로의 문하생으로 입문하여 도자기 굽는 일에 정진해왔으며, 자신의 작품 130점으로 전시회를 열기도 했다. 정치권은 아쉬워하지만, 국민들은 그 모습에 갈채와 존경을 보낸다. 전성기의 영광을 미련 없이 떨쳐버리고, 전혀 낯선 예술 세계에 도전한 그의 발자취에 사람들은 매료되었다.

과거의 출세나 성취에 스스로를 묶어두지 않고 끊임없이 자아를 새롭게 창조하며 살아가는 중년은 멋지다. 2007년에 개봉한 한국 영화 「즐거운 인생」과 「브라보 마이 라이프」는 직장 생활에 지치고 가장 노릇에 버거운 남자들이 록 밴드를 결성하여 생애의 궤도를 바꾸는 이야기를 담고 있다. 앞만 향해 전력 질주하다가, 갑자기 막다른 길목 또는 바닥없는 낭떠러지에 맞닥뜨려 '나는 누구인가?'라는 질문을 꺼내든 사내들의 풋풋한 모험담이라고 할까. 스스로를 배려하지 못한 채 물신 경쟁의 거대한 장치에 속절없이 도구화되었던 삶, 거기에 뒤늦게 회춘의 기운을 불어넣는 올드 보이들의 몸짓에 관객들은 애틋한 갈채를 보냈다.

실제로 일본에서는 중년 아저씨들의 밴드가 전국 각지에서 붐을 일으킨 바 있다. 지방의 소도시나 외딴 농촌 마을이 그 발원지다. 고향을 떠나 도시에서 직장 생활을 하다가 50세쯤 유턴하여, 출신지에서 새 삶을 시작하며 음악에 입문하는 남성들이 그 주역이다. 흥미로운 것은 그저 제 흥겨움에 겨워 시작한 일인데, 그것이 쇠퇴 일로에 있던 지역사회에 활력을 불어넣고 있다는 점이다. 덕분에 동네에 상시적인 공연 및 댄스 공간이 열려 젊은이들이 마음껏 여흥을 분출할 수 있다. 대도시와 달리 주거지가 밀집되어 있지 않고 비어 있는 건물과 장소가 많기에, 연습이나 공연이 웬만큼 시끄러워도 전혀 문제가 되지 않는다(영화 「즐거운 인생」에서도 연습장 겸 공연장은 교외 변두리의 한적한 곳이었다). 심지어 해변이나 강가에 무대를 만들기도 한다. 그 특유한 분위기에 끌려, 여기저기에서 관광객들이 찾아와 축제를 함께 즐기기도 한다.

한국에도 마흔이나 쉰을 넘은 나이에 밴드를 결성하여 음악에 흠뻑 빠져 사는 아저씨들이 등장하고 있다. 음악 이외에도 댄스 스포츠, 스쿠버 다이빙, 에어로빅 등의 취미에 발을 들여놓으면서 삶의 활력을 틔우는 이들이 눈에 띈다. 어느 술꾼은 우연히 들른 카페에 놓여 있던 드럼을 보고, 어릴 적 기억을 더듬어 두들겨 보고는 그 재미에 사로잡혀 아예 클럽에 가입했다. 그는 드럼을 치게 되면서 술을 줄이고 아이와의 대화도 풍부해지고 아내에게도 멋진 모습을 보여줄 수 있게 되었다고 한다. 전혀 새로운 배움의 세계에 입문하여 인생의 커다란 전환점을 만든 남성도 있다. 다음 사례를 보자.

나는 '넘어진 김에 쉬어 간다'는 말을 좋아한다. 바로 일어나려고, 오뚝이처럼 원상회복하려고 아등바등 대지 말고 차라리 마음이라도 편히 먹는 게 나을 때가 많다는 말이다. 숲 해설가 양경모(49) 씨는 1998년 외환위기 사태 와중에 넘어졌다. 다니던 종합금융회사가 망했기 때문이다. 생계 대책에도 위협을 느끼던 중 우연히 자연 체험의 세계에 눈뜨게 됐다. 두 아이를 데리고 우리나라 자연 체험 학교의 원조로 꼽히는 두밀리 자연학교(경기도 가평) 캠프에 참가한 일이 계기였다. 두밀리 학교는 농촌운동가·교육자이자 'ET 할아버지'라는 별명으로 잘 알려진 채규철 씨가 세운 학교다(채씨는 지난해 12월 별세했다). 숲 해설가로 변신한 양씨는 요즘 숲 해설 강사들을 가르치는 한편, 자연 체험 교구教具 업체를 운영하며 아주 즐겁게 지내고 있다.

—노재현, 「넘어진 김에 쉬어 가기」에서[12]

　　문화의 시대다. 행복의 다양한 시나리오가 요구된다. 우리 사회가 비정하고 잔혹해지는 까닭은, 대다수 사람들의 인생 목표가 몇몇 한정된 자원의 획득으로 집중되어 제로섬 게임만 하기 때문이다. 삶의 보람을 발견하고 재미를 창출하는 다양한 영역이 있다면, 많은 사람들이 성공과 위신에 대한 압박에서 그만큼 자유로워질 수 있다. 이것은 이른바 양극화가 완화되는 한 가지 경로이기도 하다. 부자들이 돈에 대한 무한 집착에서 풀려나는 만큼, 가난한 사람들이 먹고살 수 있는 터전이 확보된다. 알량한 권력에 비굴하게 기대지 않고 자존自尊의 힘을 넉넉하게 세울 수 있는 남자들이 많아질수록 사회의 격조는 높아진다. 그런 점에서 이제는 자기 삶을 즐겁게 꾸려가는 것만으로도 사회에 크게 기여하는 것이라고 할 수 있다. 남들이 알아주지 않아도 저마다 고유한 '이상향'을 찾아 나서고, 거기에 사람들을 초대하는 중년들. 젊은이들은 그 선배들을 바라보면서 자신의 미래상을 보다 폭넓게 그려갈 수 있다.

인생의 이모작을 어떻게 준비할 것인가. 후반전을 역전의 드라마로 펼쳐가기 위한 작전타임을 언제 부를 것인가. 그 쉼표를 찍으면서 남자들은 내면을 부드럽게 다지고 싶다. 말 그대로 '젠틀맨'이 되고자 한다. 자기에게는 엄격하나 타인에게는 너그러운 심성이 중년을 아름답게 한다. 안개 같은 삶, 미래의 음울한 전망을 꿰뚫어 저 너머에 있는 커다란 나를 바라볼 수 있는 눈빛이 거기에서 켜진다. 즐거운 인생은 어디에 있는가. 이 응달진 일상에 다사로운 햇살 한 줄기 들여놓을 수 있다면. 세상에 대한 냉소가 자아에 대한 미소로 바뀔 수 있다면. 그 간절함으로 오늘 이 순간을 클릭할 때, 천복天福과 같은 꽃 한 송이가 피어난다.

나는 가끔 후회한다

그때 그 일이
노다지였을지도 모르는데……
그때 그 사람이
그때 그 물건이
노다지였을지도 모르는데……
더 열심히 파고들고
더 열심히 말을 걸고
더 열심히 귀 기울이고
더 열심히 사랑할걸……

반벙어리처럼
귀머거리처럼
보내지는 않았는가
우두커니처럼……
더 열심히 그 순간을
사랑할 것을……

모든 순간이 다아
꽃봉오리인 것을,
내 열심에 따라 피어날
꽃봉오리인 것을!
　　─정현종, 「모든 순간이 꽃봉오리인 것을」[13]

노년, 무無를 위한 정진

사회의 짐이 되어버린 노인들

오래전에 방송된 스웨덴의 한 텔레비전 공익광고를 본 일이 있다. 그 내용은 아주 단순했다. 화면은 온통 암흑으로 가득 차 있다. 조금 후에 작은 소리가 들리기 시작한다. 통조림 캔을 따는 소리다. 뒤이어 자막이 나온다. "이것은 세상에서 가장 슬픈 소리입니다." 왜 그 소리가 슬픈가. 어느 가난한 노인이 먹을 것이 없어서 고양이 사료로 나온 통조림을 사다가 뜯는 소리이기 때문이다. 그 광고는 노인복지에 대한 관심을 환기시키기 위해 만들어졌다. 고양이 먹이로 간신히 연명하는 노인의 설움을 어루만져 달라는 메시지였다.

인간이라는 동물은 함께 밥 먹는 것을 좋아한다. 먹이를 가운데 놓고 사이좋게 둘러앉아 오순도순 식사를 하는 모습을 짐승들에게서는 찾아보기 어렵다. 밥상은 인간 공동체의 가장 원초적인 매개물이라고 할 수 있다. 특히 한국인은 혼자 식사하는 것을 싫어한다. 아무리 훌륭한 음식이라도 식당에서 혼자 먹는다면 그 맛을 제대로 음미할 수 없는 듯하다. 싱글로 사는 어려움 가운데 하나도 집에서 늘 혼자 식사를 챙겨 먹어야 한다는 점이다. 싱글이 아니라 해도 집 바깥에서 함께 밥을 먹을 사람이 없을 때, 차라리 굶고 마는 경우가 있다. 실존의 외로움은 식사를 둘러싸고 매우 구체적으로 확인되는 것이다.

그 고독은 노인에게 더욱 싸늘하게 체감된다. 그나마 돈을 주고 식당에서 밥을 사 먹을 수 있는 처지는 낫다. 노인들을 위한 무료 급식소에 가보면, 엄청나게 긴 행렬과 마주치게 된다. 식판에 밥을 받아 쪼그려 앉은 채로 식사하는 모습에서 '진지를 드신다'는 말은 왠지 어울리지 않는다. 옹기종기 앉아 식사를 하는 노인들은 많지만, 결코 '함께' 식사하고 있다고 말할 수 없다. 밥상 대신 식판으로 끼니를 때우는 노인들의 풍경은 우리 시대의 자화상이다.

한국은 인류 역사에서 어느 사회도 경험해보지 못한 속도로 고령화가 진행되고 있다. 평균수명과 기대 수명이 점점 늘어나, 팔순은 물론 구순을 넘긴 고령자가 주변에 드물지 않다. 100세 이상 노인도 2006년 통계로 1,400명을 넘었다(그 가운데 90퍼센트가 여성이다). 50대 중반에 사회에서 은퇴해도 법적으로 노인으로 인정받지 못하고, 65세가 되어도 살아갈 날이 창창하다. '여생餘生'이라고 하기엔 너무 긴 세월을 견뎌야 한다. 그런데 노년이 점점 연장되는 것과는 대조적으로 노인들의 삶의 질은 오히려 떨어지고 있다. 가족으로부터 학대받는 노인들이 늘어나고, 노인 자살률도 2000년 무렵부터 10년 동안 세 배 이상 증가했다.

지나온 생애를 되돌아보면서 그 애환을 음미하고 남은 시간을 침착하게 마무리해야 할 노년이, 어느덧 눈칫밥을 먹으며 궁핍에 내몰리는 지경이 되었다. 묵직한 경륜을 자산으로 후손들에게 인생의 지혜를 전해주기는커녕, 사회의 낙오자로서 부담스러운 짐이 되어버렸다. 역사상 이렇게 많은 노인들이 이토록 비좁은 궁지에서 곤혹스러워한 적은 없었다. 늙음을 편안하고 자연스럽게 받아들일 수 있는 이들은 얼마나 되는가. 육신은 쇠약해지지만 영적으로 오히려 고양되고 드넓어질 수 있는 노인은 누구인가. 그러한 노년을 지탱해주는 사회와 문화는 어떤 모습일까.

늙음을 바라보는 시선

나그네 마음 떨어지는 잎에 놀라라 / 한밤에 앉아 가을바람 소리를 들으며 / 지샌 아침에 얼굴과 귀밑머리를 보니 / 한평생이 거울 속에 있구나
—설직, 「가을 아침에 거울을 보다秋朝覽鏡」

추리소설 작가 애거사 크리스티의 두번째 남편은 고고학자였다. 누군가가 크리스티에게 물었다. 혹시 고고학을 하는 남편을 둔 것에 좋은 점이 있느냐고. 그는 이렇게 대답했다. "물론 있지요. 내가 나이가 들수록 남편이 나에 대해 점점 관

심이 많아진다는 것입니다." 오래된 유적이 세월의 흔적을 간직하고 있기에 귀중한 것과 마찬가지로, 인간의 생애에도 연륜의 가치가 배어 있다. 그런데 그것을 스스로 반추하고 타인에게서 인정받기 어려운 것이 지금 세상이다. 근대 이후, 사람들은 늙음을 감추거나 멀리하고 싶어 한다.

오래전 유럽의 영화관 풍경이다. 높은 모자를 쓴 채 영화를 관람하는 여성들이 많아 뒷사람의 시야를 가렸다. 그래서 극장 관리인은 스크린 옆에 "모자를 벗어주세요"라고 써 붙였다. 그런데도 모자를 쓰는 여성들이 계속 있었다. 고민 끝에 관리인은 그 문구에 한마디를 추가했다. 그랬더니 거의 다 모자를 벗었다. 무슨 문구였을까? 정답은 "단, 노인은 써도 무방함."

불로초不老草라는 영묘한 식물에 얽힌 수많은 이야기에서 확인되듯, 불로장생에 대한 염원은 오래전부터 강렬했던 듯하다. 그런데 거기에서 방점은 '불로'보다는 '장생'에 찍혀 있었다. 즉, 늙지 않는 것 자체가 아니라 죽음을 최대한 늦추는 것이 중요했던 것이다. 건강하기만 하다면, 단지 나이가 많다는 이유로 구박받지는 않았다. 오히려 대개의 전통 사회에서는 연장자가 대접받았고, '원로원'이라는 기구로 상징되듯이 노인들의 식견과 판단이 사회의 운영에서 매우 존중되었다. 지역 공동체에서도 촌로村老는 일정한 권위를 지니고 있었고, 그 사회가 축적해온 자료와 스토리와 이론을 줄줄이 꿰고 있는 일종의 '마을 도서관'이었다. 세상을 보는 눈, 삶을 경영하는 지혜, 타인과 관계 맺는 능력, 사물을 다스리는 방법 등 모든 면에서 노인들은 젊은이들보다 우위에 있었다.

"시방, 니들이 뭘 알 것냐." 영화 「인어공주」(박흥식 감독)에 나온 대사다. 이 영화는 목욕탕 때밀이로 고단한 삶을 이어가는 엄마(고두심 분)의 억척스러움에 신물이 난 딸(전도연 분)이 가출한 아버지를 찾아 제주도에 이르는데, 거기에서 엄마의 청순했던 스무 살 시절과 사랑 이야기를 만나게 되는 판타지 로맨스다. 위의 대사는 다시 현재 상황으로 돌아와, 그 어머니가 남자 친구와 좌충우돌하는 딸의 모습을 바라보면서 한숨 섞인 어조로 내뱉은 말이다. 걸출한 입담과 선 굵은 연기로 투박한 카리스마를 발휘하는 배우 고두심에게 잘 어울리는 대사였다. 세상의 모진 고비와 인생의 온갖 굴욕을 다 겪으면서 살아온 부모가, 사소한 일로 흔들리고 뒤엉키는 철부지 자식에게 보내는 연민과 애정의 표현이다. 구순의 어머니가 환갑을 넘긴 아들에게 차 조심하라고 잔소리하듯이, 자식은 아무리 커도 여전히 부모의 슬하에 머무는 법이다. 하물며 이제 갓 스무 살을 넘긴 딸아이는 얼마나 애송이로 보이겠는가. 비단 부모만이 아닐 것이다. 전통 사회에서 모든 어른은 모든 젊은이의 본보기였다.

그런데 근대사회로 넘어오면서 그 구도가 달라지기 시작했다. 전문 지식이 경험을 대체하게 되면서, 인생의 연륜은 점점 무의미해질 뿐 아니라 때로는 오히려 걸림돌이 된다. 나이가 어릴수록 세상에 적응을 잘한다. 사회의 변화가 빨라질수록, 특히 테크놀로지의 혁신이 활발하게 일어날수록 젊은이들의 민첩함과 유연함은 돋보인다. 그 숨 가쁜 흐름을 따라잡지 못하는 기성세대는 젊은 세대에게 거추장스러운 짐이 되기도 한다. 영화 「8월의 크리스마스」(허진호 감독)에 나오는 한 장면은 그것을 잘 보여준다. 주인공(한석규 분)이 아버지에게 텔레비전 리모컨 작동법을 가르치는데, 몇 번을 설명해도 자꾸만 틀리니까 끝내 화를 참지 못해서 방문을 박차고 나가버린다. 「인어공주」의 모녀 관계와 대조적인 부자 관계가 연출되고 있는 것이다.

현대사회에서 변화에 민첩할뿐더러 그것을 주도하는 젊음은 지고한 가치로 숭배된다. 관능의 이미지가 지배하는 소비사회에서 젊음은 절대적인 욕망 코드로 정착되었다. 그것은 사람들의 감성과 행복관을 빚어낸다. 그래서 나이보다 어려 보인다고 말해주는 사람에게는 빈말인 줄 알면서도 호감이 간다. 정반대로 나이 들어 보인다는 말을 들으면 의기소침해진다. 늙었다는 것은 곧 낡았다는 것으로 등식화되고, 실제로 노인들은 무능하고 불필요한 존재로 버려지기 일쑤다.

이러한 상황이 빚어진 데는 미디어의 영향이 매우 크다. 대중매체는 노인을 어떤 모습으로 비추는가. 이에 대해 덕성여대 정진웅 교수는 「노년의 꿈, 타자화된 노년과 공상적 노년 담론을 넘어서」라는 글에서 이 문제를 상세하게 분석하고 있다.[1] 텔레비전에서 노인은 극도로 궁핍하고 외롭고 병든 불우 이웃이거나, 한때 유행했던 「장수 퀴즈」에서처럼 촌스럽고 무지하고 우스꽝스러운 사람으로 등장한다. 물론 거기에는 '훼손되지 않은 순박함'에 대해 보내는 '향수'의 시선이 함께 있지만, 노년에게 보내는 그 '따뜻한 시선'은 늘 노인을 과거에 묶어놓고 칭송한다는 공통점이 있다. 그것은 오래전에 종영된 「전원일기」류의 드라마나 극영화 「집으로」, 다큐멘터리 「워낭소리」에서도 마찬가지다. 현대의 도시에서 평범하게 살아가는 노인을 긍정적으로 조명하는 프로그램은 매우 드물다. 즉, 매스미디어는 입맛에 맞는 측면들만 부각시켜 보여줄 뿐, 노인들의 생애 경험 그 자체에 심도 있게 천착하려 하지 않는다. 그것은 단지 미디어만의 문제는 아니다. 정진웅 교수에 따르면, 공적 담론의 장에서 노년은 의미가 증발해버린 일종의 '문화적 황무지'가 된다. 그래서 노인이 되면 일종의 '삶의 시간표' 혹은 '문화적 각본'이 갑자기 '증발'해버린 채, 남은 생을 어떻게 꾸려가야 할지에 대해 매우 난감한 처지에 놓이게 되는 것이다. 그의 말을 들어보자.

'영원한 젊음'의 신화는 기력이 약해지고, 병들고, 또 죽음에 근접해가는 등 노년의 고유한 경험에 대해 긍정적이든 부정적이든 간에 아무런 언급을 하지 않는다. 곧 노년 담론의 증발이다. 나이 듦에 필연적으로 부수되는 육체적 쇠퇴, 의존, 죽음 등의 과정에 아무런 도덕적·영적인 의미를 부여하지 못하는 후기산업사회의 문화는 이제 육체적 쇠락이나 죽음과의 대면 자체를 회피한다. 그 결과 문화가 의미 부여를 포기한 늙음과 죽음의 과정은 혼란스러운 개인들이 사적으로 맞이해야 하는 삶의 과정이된다.

앞서 인용한 당대 시인 설직의 시에서처럼, 거울을 물끄러미 들여다보면서 자기 앞의 생을 조감할 수 있는 고즈넉한 시공간이 우리 삶에서는 매우 옹색하다. 이러한 문화에서 죽음으로 가는 길은 사뭇 초라하고 두려운 것이 된다.

노인은 무엇으로 사는가

길들이 사방에서 휘고 있다 / 그림자 거뭇한 길가에 쌓이는 침묵 / 거기서 초 단위로 조용히 늙고 싶다 / 늙어가는 모든 존재는 비가 샌다 / 비가 새는 모든 늙은 존재들이 / 새 지붕을 얹듯 사랑을 꿈꾼다 / 누구나 잘 안다 이렇게 된 것은 / 이렇게 될 수밖에 없었던 것이다
—심보선, 「슬픔이 없는 십오 초」에서[2]

지금 세계는 대량생산 시대에서 또 다른 전환을 모색하고 있다. 그와 함께 선진국들은 진즉에 고령화 사회에 접어들었고, 한국도 최근 급격하게 그 대열에 합류했다. 그 과도기에서 많은 노인들이 비참한 신세로 전락하고 있다. 물건을 만드

는 기계 신세로 마모된 뒤, 폐기 처분당하는 것이다. 압축 성장을 해온 한국 사회의 경우 급격한 사회변동이 인생에 가하는 충격은 더욱 가중될 수밖에 없는데, 이는 노인들에게 극명하게 체험된다. 지금 한국의 노인들은 최소한의 위신을 지키기도 어려운 여건에 있다. 열악한 복지제도, 약자를 배려하지 않는 공간 환경, 젊은이들에게만 영합하는 대중문화 등 노년을 긍정하고 만년을 만끽하기에는 장애가 너무 많다. 이러한 제반 상황과 여건들은 크게 바뀌어야 한다.

그와 함께 노년 문화 그 자체가 형성되어야 한다. 지금 노인들의 삶이 구차한 지경에 떨어진 것은 단순히 물질적 궁핍 때문만이 아니다. 근본적으로 자아를 지탱해주는 문화를 상실한 탓이다. 문화는 긴 세월에 걸쳐 서서히 변화하고 축적된다. 문화적인 창의력과 수용 능력은 꾸준한 학습과 연마를 필요로 한다. 지금의 노인들은 그러한 시간과 잉여를 허락받지 못한 채 황혼을 맞이했다.

자아상의 빈곤은 사회경제적 지위와 상관없이 노년을 궁색하게 만든다. 아니, 현역 시절에 높은 자리에 있었던 사람일수록 퇴직 후의 삶을 '리셋'하는 데 오히려 더 어려움을 겪는다. 어디에 가든 자기를 알아봐주고 중요한 '윗분'으로 깍듯하게 모시던 사람들이 더 이상 주변에 없기 때문이다. '아랫사람'들로부터 대접받는 데만 익숙해져서 일상의 소소한 일들을 스스로 챙기는 데 너무 미숙하고, 그런 자질구레한 것들에 얽매이는 것에 자괴감마저 느낀다. '이래 봬도 왕년에 내가 ○○였는데……'라는 아집이 현재의 처지와 인지부조화를 일으킨다.

그 괴로움의 터널에 들어가지 않기 위해 계속 일정한 지위를 유지하려 애쓰는 이들이 있다. 그런 이들의 사회적 연명을 위한 자리가 여기저기에 마련되어 있다. 그 대부분은 공공부문이다. 높은 연봉에 비서와 운전사 딸린 승용차까지 제공되지만, 실제로는 거의 역할이 없는 직책도 많다. 그 비용은 경제적인 차원에만 국한되지 않는다. 그들을 떠받들고 비위 맞추기 위해 아랫사람들이 업무 안팎으로 적잖은 수고를 해야 한다. 몇몇 사람들의 위신을 지켜주고자 엄청난 공공 자원이 들어가는 것이다. 덕분에 그들은 우아한 노후를 보낼 수 있겠지만, '경로' 비용치고는 지출이 너무 크다.

그러나 대부분은 그런 자리에 아예 접근조차 못 한다. 정년을 맞아 쓸쓸하게 사회에서 물러나지만, 갈 곳이 없다. 집에서도 눈치가 보이고 지역사회에는 아예 설 자리가 없다. 그나마 소일거리나 지역에서 마련한 프로그램도 지극히 빈약하다. 다행히 대도시에서는 노인에게 지하철 무임승차권을 제공하기에 부담 없이 외출이 가능하다. 그래서 서울의 경우, 종묘공원 등에 노인들이 대거 몰려들어 시간을 보낸다.

내면이 초라한 노인들이 살아가는 방식은 여러 가지 스펙트럼으로 나타난다. 끝없는 노욕으로 권력을 움켜쥐고 사회의 부가가치를 고갈시키거나, 알량한 권위 의식으로 가족들 위에 계속 군림하다가 끝내 외면당하거나, 알코올중독 등으로 제 몸 하나 추스르지 못해 부랑자 신세로 시설에 수용되거나, 더 이상 살아갈 이유를 찾지 못한 채 끝내 스스로 생을 마감하거나…… 자아를 갱신하고 삶을 재건할 수 있는 문화적·심리적 자원이 없는 상황에서 경제적 열악함과 가족 관계의 증발까지 중첩될 때, 노년은 지옥에 다름 아니리라. 노인이 한 인간으로서 지녀야 할 최소한의 존엄과 품격을 유지할 수 있는 사회적 기반이 허물어질 때, 늙음은 차라리 저주가 된다.

도전과 개척으로 삶의 활력을

우리는 선돌 옆 낙엽이 깔린 오솔길에 몸을 주저앉히고 눈앞에 펼쳐진 오색단풍의 바다를 보며 한동안 넋을 잃었다. [……] 곁에서 밥을 먹던 아내가 문득 입을 떼었다. "늙는 것과 여무는 것은 다르겠죠? 저 아름다운 단풍들처럼 잘 여물어야 할 텐데!" 아내가 건네준 말이 새삼스러워 나는 곱게 물들어가는 늦가을 산에서 오래도록 눈길을 거두지 못했다.

—고진하, 「늙지만 말고 잘 여물어가게나!」에서[3]

나이가 들면 기억력이나 민첩성은 줄어들지만, 호기심은 계속 유지할 수 있다. 인간은 호기심이 사라지는 순간부터 노화가 시작된다고 한다. 방송인 송해 씨는 젊은이들의 독점 지대가 된 방송계에서 아흔이 넘은 나이에도 노익장을 과시하고 있다. KBS 「전국노래자랑」은 그 없이는 성립되지 않는다. 비결은 무엇일까. 그는 녹화가 있는 지방에 하루 일찍 도착해서 하룻밤을 묵는다. 그리고 항상 대중교통을 이용한다. 현지에 가면 꼭 들르는 곳이 두 군데 있는데, 시장과 목욕탕이다. 그곳에서 사람들의 이야기를 듣고 고장의 분위기를 파악하여 방송을 진행할 때 필요한 정보를 얻는다. 매너리즘에 빠지지 않기 위해 바지런하게 발품을 팔고 왕성한 호기심으로 관찰한다고 한다.

칠순을 넘긴 나이에도 새로운 영역에 도전하는 노인들이 점점 많아진다. 노인들이 아마추어로서 참여하는 뮤지컬이나 연극 단원을 모집하는 기획이 종종 있는데, 신청이 쇄도해 엄격한 오디션을 통해 선발해야 한다. 사회 활동에 다시 나서기 위해 성형과 임플란트 수술을 받는 노인들도 있다. 이른바 '신新노인 시대'가 도래했다고 한다. 앞으로 노인층의 학력이 점점 높아지면서 문화 향수와 자아실현의 욕구는 계속 늘어날 것이 분명하다. 현재 실버산업은 의료나 단순한 관광 정도에 머물고 있지만, 이제 노년만을 위한 문화 상품이나 미디어가 다양하게 등장할 것이다.

평생학습 분야에서도 개척의 여지가 매우 많다. 지난 몇 년 사이에 평생학습 정책이 활발하게 전개되고, 지자체 차원에서도 중요한 도시의 비전으로 내세우고 있다. 그러나 지금 노인들이 참여하는 학습 프로그램은 다소 판에 박힌 취미 교양의 차원을 넘지 못하고 있다. 우리보다 앞서 노인에게 다양한 배움의 장을 제공해온 선진국들의 사례는 미래의 평생교육을 설계하는 데 많은 시사점을 준다. 예를 들어 교육 여행educational travel을 표방하는 미국의 '엘더호스텔www.elderhostel.org'은 흥미로운 곳들을 여행하면서 새로운 사람들을 만나고 여러 전문지식을 배우며, 그것을 토대로 자원봉사도 하는 코스를 다채롭게 개발한다. 유스호스텔을 통해 젊은이들이 낯선 땅을 밟고 거기에서 친구들을 만나듯이, 노인들에게 미지의 세계를 탐험하고 교류할 수 있는 기회를 제공한다는 취지다.

그러한 학습의 연장선상에서 노인들의 생애를 정리하고 그것을 이야기로 엮어내는 작업도 중요할 것이다. 인간의 삶에는 저마다 고유한 색깔과 결이 있다. 거기에서 우러나오는 메시지가 있다. 변화와 혁신이 아무리 빠른 속도로 진행된다 해도, 인생의 연륜에 축적되고 발효되는 통찰력과 지혜는 사회적으로 유용한 자산이다. 그 보배를 가꿔가는 노인은 단순히 늙는 것이 아니라, '잘 여물어가'는 것이라 할 수 있다.

초라한 퇴장? 우아한 격상!

내 나이의 이별이란 / 헤어지는 일이 아니라 단지 / 멀어지는 일일 뿐이다. / 네가 보낸 마지막 편지를 읽기 위해선 / 이제 / 돋보기가 필요한 나이, / 늙는다는 것은 / 사랑하는 사람을 멀리 보낸다는 / 것이다. / 머얼리서 바라다볼 줄을 / 안다는 것이다.

늙어서 평화롭게 죽는다는 건, 별까지 걸어간다는 거지.

—빈센트 반 고흐

    늙음은 피할 수 없는 운명이다. 노익장을 과시하는 '젊은 노인'들도 언젠가 누워서 꼼짝 못 하게 될 날을 맞는다. 새파란 청춘을 만끽하는 젊은이들에게도 먼 훗날 지하철에서 처음으로 자리를 양보받게 되는 때가 온다. 그 경험은 사뭇 충격적일 수 있다. 육신이 노쇠하면, 마음도 무력해지고 일상사를 타인에게 점점 더 의존해야 한다. 그러한 변화는 자존감의 퇴락을 수반하기 쉽다. 더 이상 쓸모가 없을뿐더러 주변 사람들에게 짐만 될 것이라는 생각에 우울증에 빠지기도 한다.

    그러나 늙음은 존재의 본질을 드러낸다. 신체의 나약함은 인간의 근원적인 상태가 아닐까. 질병에 걸려 삶과 사물을 보다 명징하게 깨닫게 될 때도 많다. 또한 노약자의 느림은 속도 중독에 걸려 있는 문명을 성찰하게 해준다. 노인들이 지하철을 타고 다니면서 물건을 배달해주는 '실버 서비스'를 이용할 때, 그것을 새삼 느꼈다. 그분들은 거동이 느린 데다 귀가 어두워, 건물의 위치를 설명해드려도 정확하게 알아듣지 못한다. 그래서 근처까지 와서도 시간이 지체되는 경험이 종종 있다. 짜증이 나서 다음부터는 '퀵 서비스'를 이용해야지 하고 생각했다가, 잠깐 멈춰 서서 물어본다. 그런데 그까짓 몇십 분 빠르고 늦는 것이 뭐가 그렇게 중요하지?

고령화 사회는 당연시되는 관행들에 제동을 걸 수 있는 계기를 마련해준다. 승객들을 짐짝처럼 취급하면서 급정거와 급출발을 반복하는 버스, 파란불로 바뀌자마자 걷기 시작해도 빠른 걸음이 아니면 다 건너기 전에 빨간불로 바뀌는 신호등, 휠체어를 타고 다니기에는 너무 울퉁불퉁해 불편하고 위험하기까지 한 보도블록…… 이런 환경에 대해 문제를 제기할 수 있는 근거를 고령화 사회는 자연스럽게 제출하고 있다. 거기에 돌봄 사회로 가는 이정표가 있다. 노인이나 장애인들이 안심하고 다닐 수 있는 도시는 모든 사람에게 편리하다. 그리고 그런 공간은 낯선 사람들에게도 친절하다. 그래서 관광 친화적이다.

스포츠에서 경기에 출전하지 못한 선수를 가리켜 '벤치 신세'라고 표현한다. 일시적인 경기력 저하로 또는 어느덧 노쇠해 기량이 떨어져서 코치와 함께 자리에 앉아 있는 처지는 딱하다. 노인도 그와 비슷한 입장일 수 있다. 그러나 생각하기에 따라서는, 그러한 벤치 신세도 나름의 가치와 재미가 있을 수 있다. 한발 물러나 큰 시야로 풍경을 조망하는 자리이기 때문이다. 헤르만 헤세는 나이가 들면 인생을 한 폭의 그림으로 볼 줄 알아야 한다고 말했다. 그러한 시야가 열린다면, 노년은 초라한 퇴장이 아니라 우아한 격상이 될 수도 있다.

소설가 박완서는 나이 일흔을 넘기면서 늙어가는 것이 이렇게 좋은 줄 몰랐다고 말한 바 있다. 세상을 보는 눈이 나날이 새롭게 열리면서 어떤 고귀한 경지에 이르게 되어 황홀한 기쁨을 느낀다는 것이다. 인생의 가혹함과 축제의 절정을 모두 겪은 뒤 지나온 날들에 얽힌 영욕의 파노라마를 회고하면서 체득하는 혜안, 생의 막바지 길목에서 뭇 욕심들을 홀연히 떨쳐버리는 마음자리에 은총처럼 임재하는 깨달음이라고 했다. 물론 이것은 평생 치열한 고뇌와 각고의 언어로 정신세계를 수련해온 작가에게 주어진 선물이라고 할 수 있다. 그러나 정도의 차이는 있을지언정, 모든 사람에게 그러한 가능성은 열려 있다. 문제는 자신의 인생을 대하는 태도일 것이다.

단 한 번도 축복받지 못한 생애라 할지라도, 소외되어 밀려나는 길에서 한 발짝 벗어나 한 차원 높게 '초탈'할 수 있다. 이 세상에 살고 있지만 반쯤은 저세상에 이미 가서 살고 있는 영혼, 현실의 속물적인 이해관계를 넘어서 공정하고 투명하게 사리를 분별할 수 있는 안목, 영욕의 세월을 되돌아보면서 생애의 고결하고도 황홀한 기쁨을 빚어내는 내공…… 그러한 위상에서 노인의 권위도 되살아날 수 있다. 점점 길어지는 노년은 자투리 인생이 아니라 또 다른 도약을 위한 시간이다. 시인은 그렇듯 무無를 향해 단독자로서 정진하는 노인의 다짐을 담담하게 묘사한다.

나는 이미 흔적일 뿐 / 내가 나의 흔적인데 / 나는 흔적의 서민 / 흔적 없이 살아가다가 / 흔적 없이 사라지리라.

—황인숙, 「노인」에서5

죽음이 말을 걸어올 때

내가 죽어간다고 해서 세상에 무슨 일이 일어나는지 관심 없으리라 생각하나? [……] 내가 고통을 당하고 보니, 이전보다 고통을 겪는 사람들이 더 가깝게 느껴지는 거야. 저번 날 밤에는 텔레비전에서 보스니아인들이 거리를 달려가다가 총 맞아 죽는 것을 봤어. 아무 죄도 없는 희생자들이었어…… 울음이 터져 나오기 시작하더군. 바로 내가 당한 일처럼 그들의 분노가 느껴졌어. 물론 나랑은 모르는 사람들이지만. 이런 기분을 어떻게 설명해야 좋을까? 하지만 난…… 그런 사람들에게 빠져 있다구.

—미치 앨봄, 『모리와 함께 한 화요일』에서6

죽음이 웃을 일은 아니지만, 우리를 웃거나 안도하게 하는 것 역시 죽음이다. 죽음은 우리 몸 밖에서 먹이를 기다리는 하나의 실체가 아니다. 오히려 우리 내부에서 삶과 함께 존재하다가 개인이 죽음을 맞으며 육체가 끝날 때 죽음도 함께 끝나는 것이다.

—주제 사라마구7

「우리 읍내」라는 연극이 있다. 손튼 와일더가 1938년에 발표한 작품으로, 한국에서도 여러 극단이 공연을 한 바 있고 뮤지컬로도 각색되어 무대에 올려졌다. 어느 평범한 시골 마을을 배경으로 거기에 사는 여러 주민의 일상을 아기자기하게 보여주는 이야기 속에는, 가족과 이웃의 삶이 어우러지는 마을 공동체가 잘 묘사되어 있다. 이 연극의 진수는 3막에 있다. 9년 전 아이를 낳다가 죽은 에밀리가 영혼으로 나타나 다른 죽은 주민들을 만나게 되고, 마을에 찾아가 아직 살아 있는 사람들을 물끄러미 지켜본다. 그리고 그 시절이 너무 그리워, 에밀리는 열두 살이 되던 해의 생일로 돌아가 가족들과 잠시 지내게 된다. 그 과정에서 그는 살아 있을 때는 잘 알지 못했던 일상의 소중함을 느낀다. 다시 돌아갈 수 없는 시절, 거기에 깃들었던 행복을 뒤늦게 깨닫고 아쉬워하는 것이다.

일본 영화사에 거장으로 우뚝 서 있는 구로사와 아키라 감독이 남긴 수많은 기념비적 작품 가운데 「이끼루生きる(산다)」라는 영화가 있다. 1952년에 발표된 이 영화의 줄거리는 이러하다. 주인공 와타나베(시무라 다케시 분)는 시청의 말단 과장이다. 전형적인 공무원인 그는 다람쥐 쳇바퀴 돌 듯 주어진 일을 기계적으로 수행한다. 자신이 하는 일에 조금의 열정도 없이 주어진 규정의 범위 내에서 타성적으로 최소한의 일만 한다. 그러던 어느 날, 그는 위암 선고를 받는다. 갑자기 인생의 무상함에 허탈해진 와타나베는 모든 의욕을 잃고 거리를 방황하기 시작한다. 그러다가 그는 음식점에서 어느 소녀를 우연히 만난다. 공장에서 인형을 만든다는 그 가난한 여공女工은 상냥

하고 활달한 얼굴로 와타나베를 친구처럼 대해준다. 살아가는 형편과 처지로 보아 결코 즐거울 수 없는데, 저토록 행복해하는 까닭은 무엇일까? 소녀는 인형을 만드는 것이 그렇게 재미있을 수가 없다면서 그 경험담을 시시콜콜 늘어놓는다.

와타나베는 소녀와의 만남을 계기로 생각을 고쳐먹는다. 일상 속에 매몰되어 잊고 있던 자신에 대해 깊이 성찰하기 시작한다. 이제 얼마 남지 않은 시한부 삶, 어떻게 마무리할 것인가. 그는 뭔가 의미 있는 일 하나만이라도 해내야겠다고 결심한다. 그때 그의 눈에 들어온 것은 동네에 놀이터를 만들어 달라는 시민들의 청원이었다. 여느 때 같으면 그냥 묵살되고 말 사소한 사안이었다. 그러나 와타나베는 그것을 실현하기 위해 백방으로 뛰기 시작한다. 자기 부서 외에도 여러 담당자들을 만나 설득하고 협조를 구한다. 천신만고 끝에 동네에 놀이터가 만들어지던 날 밤, 그는 그네에 앉아 평화롭게 죽어간다.

"메멘토 모리―죽음을 기억하라." 이 말은 중세 유럽의 수도사들이 아침 인사로 나누던 말이라고 한다. 죽음은 모든 생명체에게 가장 확실한 미래다. 다른 동물들과 달리 인간은 그 사실을 알고 있고, 죽음 이후의 세계에 대해서까지도 다채로운 상상을 펼친다. 그런데 인간이 사는 모습을 보면, 그 어느 동물보다 죽음을 의식하지 못하는 듯하다. 마치 자기는 이 세상에서 영원히 살 것인 양 착각한다. 그렇게 애써 외면하던 죽음이 어느 날 갑자기 얼굴을 내밀어 인생의 시한時限을 선언하면, 모든 것이 달라진다. 생의 종말이 가시권에 들어올 때 걷잡을 수 없는 슬픔과 허무와 두려움에 사로잡힌다.

한국인들은 장수長壽를 으뜸가는 복福으로 여겨왔을 만큼, 죽음을 회피하거나 싫어한다. 이런 현세 지향적인 문화에서는 어떻게 죽을 것인가에 대한 철학이나 예술이 상대적으로 빈약할 수 있다. 그런 가운데서도 선조들은 나름대로 죽음을 삶 속에 초대하는 관습을 지니고 있었다. 동양철학자 조용헌은 칼럼에서 다음과 같이 밝히고 있다.

우리 조상들은 죽음을 미리 준비하는 문화적 장치를 가지고 있었다. 첫째는 자기가 죽은 뒤에 들어갈 묏자리, 즉 신후지지身後之地를 미리 마련해 놓는 일이었다. 대략 40대 중반이면 죽을 날이 멀지 않았다고 보고, 자신의 신후지지를 미리 보아놓았다. 자식들에게 나 죽으면 여기에다 묻어라! 시간이 날 때마다 수시로 자신이 들어갈 묏자리에 가보았다. 그 묏자리에서서 앞산도 보고 뒷산도 보면서 자신이 죽은 뒤를 생각했을 것이다. 죽은 사람의 묏자리인 음택陰宅은 산 사람의 거주처인 양택陽宅과 동일한 비중으로 다루었다. 이는 죽음의 공포를 극복하기 위한 문화적 장치로 보아야 한다.[8]

삶과 죽음은 항상 함께 있다. 생명체는 그 자체로 늘 죽음을 내포하고 있고, 시간의 흐름에 따라 죽음을 향해 계속 달려가고 있다. 또한 살아 있는 사람들 주변에는 늘 죽은 자들의 혼적이 남아 있다. 유품이나 묘소가 그것이다. 그런데 언제부터인가 우리는 죽음을 멀리해왔다. 화장터나 납골당이 극도의 혐오 시설로 여겨지는 데서 알 수 있듯, 죽음은 매우 불길한 것이 되어버렸다. 가족 이외의 죽음에 대해서는 철저하게 기피하는 것이다. 그리고 이제는 가족의 죽음도 가까이에서 접하기가 어려운 현실이다. 임종이 주로 병원에서 이뤄지기 때문에, 우리는 죽음에 이르는 과정을 일상에서 경험하지 못한다. 특히 어린아이들에게 죽음은 실존이 아니라 인터넷 게임이나 영화 같은 가상현실에서 오락으로 경험된다.* 그래서 늙음은 망각되고 자신의 죽음이 의식되지 못한다.

이러한 상황에서 죽음에 이르는 과정은 매우 외롭고 고통스러운 일이 된다. 인생의 최후 마무리 단계에서 노인들은 죽음을 맞이하는 준비에 곤혹스러워한다. 그것을 가까이에서 지켜보는 가족들도 힘들다. 늙고 병들고 죽어가는 것에 차분하게 동참하기에는 사회가 너무 분주하고 일상이 너무 들떠 있다. 미디어에는 하루에도 수많은 죽음들이 보도되지만, 정작 그 주인공이 '나' 또는 가족이나 친구가 되었을 때 어떻게 대처해야 하는지는 제대로 배우지 못했다. 죽음에 대한 관심이 박약하고 문화적 해석이 빈곤하기 때문이다.

죽음은 삶의 무의미한 해체일 수도 있고 아름다운 완성일 수도 있다. 죽음을 삶으로 끌어들이는 것은 역설적으로 생명을 쇄신하는 작업이기도 하다. 앞서 인용한 모리 선생의 말대

* 그렇게 가공된 죽음을 '포르노화된 죽음'이라고 한다.

로 죽음을 선고받고, 삶과 세상과 타인에 대한 연민이 한결 강해질 수 있다. '나'라는 개체가 지닌 생명의 한계를 명확하게 인식할 때 그것을 넘어서 생명의 드넓은 그물망, 우주의 연기 緣起로 나아갈 수 있다. 종교와 예술은 그 길을 다양한 언어로 제시한다. 죽음과 정직하게 대면하기. 죽음에 말 걸면서 삶을 일깨우기. 오늘 내가 서 있는 자리를 다시 돌아보면서 인생을 가꿔갈 힘을 그 화법을 통해 노인들에게서 배울 수 있다면, 삶의 격조가 높아질 것이다.

"죽음은 인생 최고의 스승으로서 살아 있는 자들을 새롭게 한다"라고 죽음학의 창시자 퀴블러 로스 박사는 말했다. 나쓰메 소세키는 '죽음은 삶보다 편안하고 고귀한 것'이라고 했다. '평온하고 존엄하게 죽음을 맞이하는 것이야말로 삶에 있어서 가장 위대한 성취'라고 테레사 수녀는 말했다. 임종하면서 남긴 시인들의 한마디는 그 고귀하고 위대한 세계를 암시한다.

저 세상이 / 나를 받아들일 줄 / 미처 몰랐네.
— 하진이 죽음을 맞이하며 남긴 하이쿠

한적한 오후다 / 불타는 오후다 / 더 잃을 것이 없는 오후다 // 나는 나무 속에서 자본다
— 오규원 시인이 임종 직전 제자의 손바닥에 손톱으로 남긴 시[9]

늙어보니 "버리고 갈 것만 남아서 홀가분하다"라는 고 박
경리 선생의 고백을 많은 노인들이 실감할 수 있을 때, 세상은
부드럽고 너그러워질 것이다. 되돌아보니 아름다운 소풍이었
다고, 생의 막바지 길목에서 뭇 욕심들을 홀연히 떨쳐버리는
마음자리에 깃드는 깨달음은 후손들에게도 커다란 은총이 될
것이다. 무욕無慾의 현자들이 보헤미안처럼 살아가면서 '생의
비밀을 가꾸고 그 화원에 만인이 초대된다면, 암울한 시대에
박명薄明의 새벽빛으로 저마다 생명의 소실점을 비춰볼 수 있
다. 죽음에 바짝 다가가는 노인들의 발걸음, 유유자적 자유롭
게 방랑하는 모습을 마음에 아로새기면서, 우리는 저마다 멋
진 종말을 꿈꾸고 나날의 생활을 축복한다.

네가 세상에 태어날 때
너는 울었지만
세상은 기뻐했지.

네가 죽을 때
세상은 울지만
너는 기뻐할 수 있도록
그런 삶을 살아라.
— 나바호 인디언 격언

1부 성장과 자립

유년, 마음껏 뒹굴고 싶다

1 장 피에르 카르티에·라셀 카르티에, 『농부 철학자 피에르 라비』, 길잡이
   늑대 옮김, 조화로운삶, 2007, 87쪽.

2 라이너스, 「연」 가사 중 첫 소절 인용, 조진원 작사·작곡, 1979.

3 엔도 야스히로, 『이런 마을에서 살고 싶다』, 김찬호 옮김, 황금가지, 1997,
   193~202쪽.

4 리처드 루브, 『자연에서 멀어진 아이들』, 김주희 옮김, 즐거운상상, 2007,
   281쪽.

5 김동석, 「창간89특집—세계는 학교체육 혁명 중: 비디오 게임 하듯… 미
   美 학교 스포츠 '과학＋오락' 날개 달다」, 『조선일보』, 2009년 3월 5일.

사춘기, 길 찾기의 어려움과 즐거움

1 바버라 스트로치, 『십대들의 뇌에서는 무슨 일이 벌어지고 있나?』, 강수
   정 옮김, 해나무, 2004, 26쪽.

2 조지프 캠벨·빌 모이어스, 『신화의 힘』, 이윤기 옮김, 이끌리오, 2002, 35쪽.

3 「KBS 일요스페셜—십대, 욕에 중독되다」, KBS1, 2009년 3월 8일 방영.

4 장영희,「괜찮아」, 박원순 외,『견디지 않아도 괜찮아』, 샘터사, 2008, 15~
16쪽.

5 우석훈,「한국 문화의 꽃, 영화가 위기다」,『시사IN』, 2009년 2월 2일.

공부, 지성이 자라나는 뿌듯함

1 정미경,「초대석─'다중지능 이론' 창시자 가드너 하버드大 교수」,『동
아일보』, 2007년 7월 4일.

2 채창균·유한구,「사교육 경쟁, 바람직한가?─사교육 무한경쟁과 교육
생산성」, 서울대 교육종합연구원 주최 학술대회 '한국 교육 어디로 가고
있나.' 2008년 11월 21일.

3 강지남,「좌절과 두려움 키우는 '대치동식 교육법'」,『주간동아』, 2006년 9
월 5일.

4 사토 마나부가 쓰고 손우정·김미란이 옮긴 책『배움으로부터 도주하는
아이들』(북코리아, 2003)에서 가져온 표현이다.

5 김동은·강병한·임은주,「사법연수원 25時(下)─거세지는 '변화' 요구」,
『경향신문』, 2006년 10월 25일.

6 강수돌,『강수돌 교수의 '나부터' 교육혁명』, 그린비, 2003, 152쪽.

7 사토 마나부,『수업이 바뀌면 학교가 바뀐다─배움이 있는 수업 만들
기』, 손우정 옮김, 에듀케어, 2006.

8 S. 페인스타인,『부모가 알아야 할 청소년기의 뇌 이야기』, 황매향 옮김,
지식의날개, 2008, 18~19쪽.

9 정병호·김찬호 외,『교육개혁은 왜 매번 실패하는가』, 창비, 2008, 190~
91쪽.

10 김찬호,『문화의 발견─KTX에서 찜질방까지』, 문학과지성사, 198쪽.

11 미하이 칙센트미하이·바버라 슈나이더,『어른이 된다는 것은』, 이희재 옮
김, 해냄, 2003, 297쪽.

12 한비야,「꽃 피는 때는 다 따로 있다」,『한겨레21』, 2006년 12월 21일.

20대, 동지를 만나고 일거리를 만들고

1   소영현, 『문학청년의 탄생』, 푸른역사, 2008, 4쪽.

2   장훈, 「얼지 마! 죽지 마! 부활할 거야!」, 『시사IN』, 2009년 1월 24일.

3   혁신적 커뮤니티를 위한 기업가 트레이닝 Entrepreneurial Training for Innovative Communities 홈페이지 참조. http://www.etic.or.jp

4   이인, 「김현진 인터뷰―"내새끼주의, 정말정말 끔찍해요"」, 『오마이뉴스 블로그 꺄르르♡인』, 2009년 1월 11일. http://blog.ohmynews.com/specialin/249147

5   이인, 「고미숙 인터뷰―얼굴은 20대, 몸은 70대, 정신줄 놓은 젊은이들」, 『오마이뉴스 블로그 꺄르르♡인』, 2009년 1월 21일. http://blog.ohmynews.com/specialin/247627

6   정은숙, 「청춘」, 『나만의 것』, 민음사, 1999, 34쪽.

30대, 생애의 속살을 엿보다

1   노래마을, 「나이 서른에 우린」, 백창우 작사·작곡.

2   심보선, 「삼십대」, 『슬픔이 없는 십오 초』, 문학과지성사, 2008, 108~109쪽.

3   이기선, 「삼십대의 병력病歷」, 김종길 외, 『설운 서른』, 버티고, 2008, 14쪽.

4   잉에보르크 바흐만, 『삼십세』, 차경아 옮김, 문예출판사, 2000, 9쪽.

5   우종원, 「어른을 키우는 사회가 선진국이다」, 『중앙일보』, 2007년 7월 25일.

6   시오노 나나미, 『남자들에게』, 이현진 옮김, 한길사, 2002, 174쪽.

7   같은 책, 173쪽.

8   스티브 잡스, 「끊임없이 갈망하라, 우직하게 나아가라 Stay Hungry, Stay Foolish」, 스탠포드 대학 졸업식 축사, 2005.

2부 남과 여

연애, 또 다른 행성으로의 모험

1 천상병, 「회상1」, 『천상병 전집―시』, 평민사, 2007.

2 정환보, 「연애도 과외 시대」, 『경향신문』, 2009년 5월 16일.

3 신동호, 「신비한 '♥'의 뇌과학…갈망·끌림·애착」, 『동아일보』, 2003년 2월
   12일자에서 재인용.

4 015B, 「아주 오래된 연인들」, 정석원 작사·작곡.

5 루보미르 라미, 『우리는 왜 친구의 애인에게 끌리는가』, 박수현 옮김, 브
   리즈, 2008.

6 에크하르트 톨레, 『NOW―행성의 미래를 상상하는 사람들에게』, 류시
   화 옮김, 조화로운삶, 2008, 108쪽.

7 '사람과 풍경,' 「출발 FM과 함께」, KBS FM1, 2008년 2월 4일 방송.

8 에리히 프롬, 『사랑의 기술』, 황문수 옮김, 문예출판사, 2000, 138쪽.

9 울리히 벡 외, 『사랑은 지독한, 그러나 너무나 정상적인 혼란』, 강수영
   외 옮김, 새물결, 1999, 329쪽.

10 앤서니 기든스, 『현대사회의 성 사랑 에로티시즘』, 배은경 외 옮김, 새물
    결, 2000.

11 박재삼, 「아득하면 되리라」, 『천년의 바람』, 민음사, 1995.

싱글, 마음과 대화하는 자유 시간

1 현진건, 「B사감과 러브 레터」, 『운수 좋은 날』, 문학과지성사, 2008, 191~
   92쪽.

2 권혜경, 「산장의 여인」, 반야월 작사, 이재호 작곡.

3 줄리아 배어드, 「싱글들의 사랑과 성」, 『뉴스위크』 한국판, 2008년 6월
   4일.

4 요네하라 마리, 『인간 수컷은 필요 없어』, 김윤수 옮김, 마음산책, 2008,

5쪽.

5   편집부 엮음, 『누구와 함께 살 것인가』, 또하나의문화, 2003.

결혼식, 경건한 어울림의 예약

1   최명희, 『혼불』 1권, 매안출판사, 2009년, 14~16쪽.
2   김소연, 『마음사전』, 마음산책, 2008, 69쪽.

부부, 사소한 것들의 중요함을 배운다

1   김수영, 「벽」, 『김수영 전집 2—산문』, 민음사, 2018, 180쪽.
2   정희성, 「시인 본색」, 『돌아다보면 문득』, 창비, 2008, 67쪽.
3   최현정, 「흔들리는 부부… '명절 이혼' 경계경보」, 『동아일보』, 2007년 2
     월 20일.
4   더글러스 스톤 외, 『대화의 심리학』, 김영신 옮김, 21세기북스, 2003,
     150쪽.
5   마셜 B. 로젠버그, 『비폭력 대화』, 캐서린 한 옮김, 바오출판사, 2004,
     167쪽에서 재인용.
6   더글러스 스톤 외, 『대화의 심리학』, 196~97쪽.
7   권인숙, 「서로의 콤플렉스를 드러내세요」, 『한겨레21』, 2008년 9월 29일.
8   함민복, 「부부」, 『말랑말랑한 힘』, 문학세계사, 2005, 21쪽.

외도, 바깥의 길은 어디로

1   「애인과 남편」, 『삼천리』, 1929년 11월호, 김진송, 『서울에 딴스홀을 허
     하라』, 현실문화연구, 1999, 236쪽에서 재인용.
2   줄리언 반스, 『그녀가 나를 만나기 전』, 권은정 옮김, 문학동네, 1998,
     14쪽.
3   유기환, 『조르주 바타이유』, 살림, 2006, 195쪽.
4   장석주, 「카프카를 읽던 시절, 그녀를 잃던 시절」, 김용택 외, 『떨림』,

알에이치코리아, 2007, 168쪽.

5   김용옥, 『노자와 21세기(上)』, 통나무, 2000, 67쪽.

6   김우창, 『정의와 정의의 조건』, 생각의나무, 2008, 75~76쪽.

7   에리히 프롬, 『소유냐 삶이냐』, 김진홍 옮김, 기린원, 1989, 148쪽.

3부 양육과 노화

어머니, 자궁의 힘은 무엇인가

1   정호승, 「허물」, 『포옹』, 창비, 2007, 18~19쪽.

2   조병화, 「고요한 귀향」, 『고요한 귀향』, 시와시학사, 2001.

3   박완서, 『서 있는 여자』, 세계사, 2012, 15~16쪽.

4   조한혜정의 『한국의 여성과 남성』(문학과지성사, 1999) 2장에 그 개념과
    맥락이 잘 분석되어 있다.

5   조성식, 「인터뷰: 여성학 선봉 조한혜정 교수 "여성성 회복이 남성을 구
    원한다"」, 『신동아』, 2001년 2월호.

6   서형숙, 『엄마 학교』, 큰솔, 2006, 118쪽.

7   한윤정, 「경향과의 만남―"우리를 있게 해준 '엄마의 힘' 간단히 묻어선
    안 되죠"」, 『경향신문』, 2009년 1월 20일.

아버지, 그 침묵이 말하는 것

1   스티브 비덜프, 『남자, 그 잃어버린 진실』, 박미낭 옮김, 젠북, 2007, 74쪽.

2   서정주, 「자화상」, 『선운사 동백꽃 보러갔더니』, 시인생각, 2012, 14쪽.

3   박완서, 「자전거 도둑」, 『자전거 도둑』, 다림, 2000, 45쪽.

4   신혜철(NEXT), 「아버지와 나」, 신해철 작사·작곡.

5   박민규, 『카스테라』, 문학동네, 2005.

6   홍사종, 「[삶과 문화] 방황하는 남자들에게」, 『중앙일보』, 2003년 11월

26일.

7   최상호, 「내 아들아」, 도종환 엮음, 『부모와 자녀가 꼭 함께 읽어야 할
     시』, 나무생각, 2004, 20쪽.

8   김찬호, 『교육의 상상력』, 지식의날개, 2008, 93쪽.

9   윌 글레넌, 『파더링―아버지가 된다는 것』, 이종인 옮김, 즐거운상상,
     2005, 199쪽.

10   조정래, 「아들과 떠난 여행」, 『누구나 홀로 선 나무』, 문학동네, 2002.

11   피천득, 「그림」, 『피천득 시집』, 범우사, 1999.

중년 여성, 갱년을 어떻게 할까

1   이여영, 「시끌벅적댓글―지하철에서 모유 먹인 죄?」, 『중앙일보』, 2007년
     10월 12일.

2   김은실, 「아줌마들이 만드는 탈성별화의 세상을 기대하며」, 『당대비평』 24
     호(2003년 겨울)에서 재인용.

3   천양희, 「겨울 해운대」.

중년 남성, 이모작의 갈림길

1   권오표, 「마흔여섯의 길 건너기」, 『여수일지』, 문학동네, 1997.

2   김승옥, 『무진기행』, 민음사, 2007, 10~11쪽.

3   김훈, 『내가 읽은 책과 세상』, 푸른숲, 2004, 13쪽.

4   윤희환, 「끝없는 반복」, 『깊은 물속에 누워 있었네』, 대학사, 2008, 64쪽.

5   조용필, 「못 찾겠다 꾀꼬리」, 김순곤 작사, 조용필 작곡.

6   예진수, 「기본만 알면 배바지 아저씨가 센스만점 신사로…」, 『문화일
     보』, 2007년 11월 12일.

7   남성성에 대한 새로운 모색을 소개하는 책으로 매리언 살츠먼 외, 『남자
     의 미래』(이현주 옮김, 김영사, 2006)가 있다.

8   和田秀樹, 『人は「感情」から老化する』, 祥伝社, 2006, 32~40쪽.

9   박지웅, 「"검찰은 가장 비인간적인 직업…" 30년 몸담은 검찰 떠나는 정
     상명 총장의 회한」, 『해럴드경제』, 2007년 11월 19일.

10   임경수, 『인생의 봄과 가을—중년의 심리 이해와 분석』, 학지사, 2005,
     215~17쪽.

11   김형경, 『천 개의 공감』, 사람풍경, 2012.

12   노재현, 「넘어진 김에 쉬어 가기」, 『중앙일보』, 2008년 2월 29일.

13   정현종, 「모든 순간이 꽃봉오리인 것을」, 『사랑할 시간이 많지 않다』, 문
     학과지성사, 2018, 9쪽.

노년, 무無를 위한 정진

1   정진웅, 「노년의 꿈, 타자화된 노년과 공상적 노년 담론을 넘어서」, 『당대
     비평』 22호(2003년 여름).

2   심보선, 「슬픔이 없는 십오 초」, 『슬픔이 없는 십오 초』, 문학과지성사,
     2008, 20쪽.

3   고진하, 「늙지만 말고 잘 여물어가게나!」, 『경향신문』, 2008년 11월 1일.

4   오세영, 「원시遠視」, 『천년의 잠』, 시인생각, 2012, 16쪽.

5   황인숙, 「노인」, 『자명한 산책』, 문학과지성사, 2003, 57쪽.

6   미치 앨봄, 『모리와 함께한 화요일』, 세종서적, 2002, 73쪽.

7   김태훈, 「'죽음의 중지' 국내 출간하는 사라마구 단독 인터뷰 "죽음 때문에
     슬퍼하지만 죽음이 없다면 행복할까요"」, 『조선일보』, 2009년 2월 16일.

8   조용헌, 「죽음을 준비하라」, 『조선일보』, 2009년 3월 15일.

9   오규원, 「시인의 말」, 『두두』, 문학과지성사, 2008, 3쪽.